國家出版基金項目
NATIONAL PUBLICATION FOUNDATION

續修四庫全書總目提要

總目提要 經部

續修四庫全書總目提要編纂委員會 編

上海古籍出版社

**圖書在版編目(CIP)數據**

續修四庫全書總目提要·經部 / 續修四庫全書總目提要編纂委員會編. —上海：上海古籍出版社，2015.12（2025.3重印）
ISBN 978-7-5325-7920-4

Ⅰ.①續… Ⅱ.①續… Ⅲ.①《續修四庫全書總目提要》—內容提要 Ⅳ.①Z833

中國版本圖書館 CIP 數據核字(2015)第 288493 號

特約編審　金良年
責任編輯　余鳴鴻
封面設計　何　暘
技術編輯　隗婷婷

續修四庫全書總目提要　經部
續修四庫全書總目提要編纂委員會　編

上海古籍出版社出版發行
（上海市閔行區號景路159弄A座5F　郵政編碼 201101）
(1) 網址：www. guji. com. cn
(2) E-mail：guji1@guji. com. cn
(3) 易文網網址：www. ewen. co
上海世紀嘉晉數字信息技術有限公司印刷
開本 787×1092　1/16　印張 31.5　插頁 5　字數 728 千字
2015 年 12 月第 1 版　2025 年 3 月第 5 次印刷
ISBN 978-7-5325-7920-4

Z·439　定價：288.00 元

ISBN 978-7-5325-7920-4

9 787532 579204

# 續修四庫全書總目提要
## 工作委員會

主　任

宋木文

副主任

伍　傑

委　員

李國章　王興康　高克勤　張静山

# 續修四庫全書總目提要
# 編纂委員會

## 主　編

傅璇琮　趙昌平　劉　石　高克勤

## 分卷主編

經部　單承彬

史部　劉韶軍

子部　劉　石

集部　謝思煒

# 續修四庫全書總目提要·經部

主　　編　單承彬

撰寫人員（按姓氏筆畫爲序）

| | | | | | |
|---|---|---|---|---|---|
| 王小盾 | 王長紅 | 王耐剛 | 王　群 | 王　磊 | 王曉靜 |
| 王學成 | 由墨林 | 伍三土 | 杜以恒 | 杜澤遜 | 李兔園 |
| 呂士遠 | 谷繼明 | 沈　芳 | 沈　娟 | 沈圓圓 | 沈　暢 |
| 宋光宇 | 宋怡心 | 林詩叢 | 岳書法 | 侯乃峰 | 侯振龍 |
| 侯　静 | 姚文昌 | 馬士遠 | 袁　茵 | 耿　佳 | 耿曉鋆 |
| 畢立紅 | 徐　峰 | 徐淑瑜 | 殷傑茹 | 高思旻 | 高倩雲 |
| 高瑞傑 | 郭　沖 | 郭　彧 | 郭超穎 | 郭曉東 | 陳　峴 |
| 陳錦春 | 孫文文 | 孫　飆 | 黄　銘 | 黄　騰 | 許　倩 |
| 張天棋 | 張玉婷 | 張怡雯 | 張建勇 | 張詒三 | 張鴻鳴 |
| 張　濤 | 張曦文 | 董韋彤 | 閔曉瓊 | 單承彬 | 曾　亦 |
| 湯佰會 | 楊　可 | 楊世文 | 楊勝祥 | 趙興魯 | 廖名春 |
| 齊義虎 | 劉　舫 | 劉嬌嬌 | 劉曉東 | 劉曉静 | 劉曉麗 |
| 潘素雅 | 潘華穎 | 賴　岩 | 諶　衡 | 龍三金 | 豐子翔 |

# 總　序

　　1994 年,中國出版工作者協會、深圳市南山區人民政府與上海古籍出版社合作,組建"《續修四庫全書》工作委員會"和"《續修四庫全書》編纂委員會",並邀請啟功、饒宗頤、程千帆、楊明照、任繼愈、李學勤等二十餘位著名學者爲學術顧問,正式開始《續修四庫全書》的編纂出版工作。在學術界、圖書館界的緊密合作下,上海古籍出版社歷經八年,於 2001 年完成全書精裝一千八百冊的出版。

　　《續修四庫全書》既補輯清朝乾隆以前有價值而爲《四庫全書》所未收的著作,更系統選輯清中期以後至 1911 年辛亥革命前各類代表性著作,共收書五千二百十三種,爲《四庫全書》所收量的一倍半。出版後,學術界反響很大,認爲這套大型叢書與《四庫全書》配套,中國古代的重要典籍大致齊備,構築起了一座中華基本典籍的大型書庫。

　　2002 年 5 月 9 日,在北京人民大會堂舉行《續修四庫全書》出版座談會,時任全國政協主席李瑞環同志出席,他在講話中充分肯定此書的歷史文化價值,稱"這是一項了不起的工程,對保存、研究和弘揚中華民族的傳統文化,必將產生重大影響"。2002 年下半年,此書獲國家圖書獎榮譽獎。

　　《續修四庫全書》開始編纂時,已計劃仿《四庫全書》之例,對所收之書逐篇撰寫提要,一些部類如《經部》易類、《集部》詩文評類等已請學者着手撰寫。但由於《續修四庫全書》提要工作量大,任務艱巨,編纂工作並未能正式展開。商務印書館於 2008 年出版的《四庫總目學史研究》一書(陳曉華著)指出:"《續修四庫全書》在學術界引起巨大反響,但這部叢書至今尚未編撰書目提要。如果有關此叢書的書目提要問世,那麼由它反映出來的對《四庫全書總目》續編的學術價值也必將是對《四庫總目》學的重大貢獻。"學術界對《續修四庫全書總目提要》編撰、出版的期望,由此可見一斑。

　　2008 年 4 月,上海古籍出版社與清華大學中國古典文獻研究中心磋商,正式啟動提要編纂工作。主編由清華大學中國古典文獻研究中心主任、《續修四庫全書》主編傅璇琮教授,上海古籍出版社時任總編輯趙昌平編審,清華大學中文系主任劉石教授,上海古籍出版社社長高克勤編審聯合擔任。又延請曲阜師範大學文學院院長單承彬教授擔任《經部》提要主編,華中師範大學歷史文化學院院長劉韶軍教授擔任《史部》提要主編,劉石教授擔任《子部》提要主編,清華大學中國古典文獻研究中心常務副主任謝思煒教授擔任《集部》提要主編。

　　2009 年 11 月,在清華大學舉辦"目録學與《續修四庫全書總目提要》編纂"學術研討會,邀請二十餘位學者、出版工作者參加,在研討傳統目録提要學的基礎上,就本書編纂的目的、方法和體例等進行了深入研討。

《續修四庫全書》工作委員會領導也很關心提要編纂工作。2012 年 4 月,在上海古籍出版社召開《續修》提要編纂工作會議,宋木文、伍傑、王興康、李國章等同志參加,對加快編纂進度、保證提要質量認真研討,提出明確要求。

《續修四庫全書總目提要》包括所收全部五千二百十三種古籍的提要,每種提要的内容,均包含著者仕履、内容要旨、學術評價、版本情況等幾個方面。

著者仕履,凡本部首次出現的著者,均作生平簡要介紹,側重於: 姓名、生卒年、字號、別名、謚號、籍貫、科第出身、歷官及最高官爵;非仕宦者的職業或特長;經歷的主要生活事件;學術淵源、造詣,主要著作,生平傳記資料出處等。

内容要旨,包括著述緣起、成書過程、書名由來、體例結構、内容梗概、學術源流、序跋簡介等,以及若干書籍的特殊性所決定的必須介紹的方面。

學術評價,主要評價原書内容及形式特點、成就與貢獻,分析其欠缺與局限,在學術史上的地位。觀點力求公允平實,以公認的和較爲流行的説法爲主,個人的見解必須做到慎之又慎。

版本情況,主要介紹所收版本基本情況與版刻源流。有獨特價值的善本可述及流傳收藏的過程。爲説明所收版本在原書各版本中的地位,也可述及原書的版本系統。

《續修四庫全書》所收之書,不但數量衆多,而且類別繁細,許多書籍鮮有專門研究。這就要求提要撰寫者一方面要細讀原書,一方面要探索該書所屬學術類別的系統資料,將之置於學術史的視野下,考察其學術價值與地位,工作量和學術難度都是很大的。

在當今的學術考評制度下,《續修四庫全書總目提要》組織工作甚爲不易。全書主編和分部主編爲此付出很大努力,邀約許多國内外相關專業學有專長的學者參與其事。我們可以從參加《續修四庫全書總目提要》工作者的名單中發現,既有在學術界嶄露頭角的中青年學人,更有不同學術領域享有盛名的專家、學者,總共約有百餘位之多。上海古籍出版社更集中了十數位資深編審與骨幹編輯對來稿進行了認真細緻的審讀修訂,拾遺補闕,清暢文句,各部均費時近兩年。這些極大地保證了各提要撰寫的學術質量,也使這部《提要》成爲體現古典文獻學界集體力量的一個成果。

現在所撰寫的提要,很重視各書内容價值與版本情況,有的更以版本源流的闡述爲重點,對各書的内容介紹與評議,亦多能注意釐清其學術源流及其在學術史上的特點與價值。撰寫時充分參考和吸收已有成果,其間糾正前人及當代學人之誤者也時或可見,這也是體現這套提要學術質量的一個方面。

就《續修四庫全書》這部大書所收五千餘種古籍撰寫的《總目提要》,從規模看,是繼清乾隆時期官修《四庫全書總目提要》之後二百餘年來規模最大的目録提要類著作,從内容看,將成爲對中國傳統學術最後二百年之重要典籍及藉此而呈現的學術脈絡加以梳理和總結的基本參考文獻。

　　今天的古典學術研究水平、學術環境和學術體制，較之過去有很大的不同。與乾隆時期官修《四庫全書總目提要》相比，《續修四庫全書總目提要》雖必定有自己的特點，然而出於衆手，百密一疏，當也有不足之處。但我們希望，《續修四庫全書總目提要》能够與清修《四庫全書總目提要》合在一起，對中國古代學術典籍構成的學術史作系統和全面的梳理與總結，並爲後世的古典學術研究搭建一個堅實的平臺。

《續修四庫全書總目提要》編纂委員會

2013 年 7 月

# 凡　例

一、本書爲《續修四庫全書》(後簡稱《續修》)所收書之内容提要,依經、史、子、集四部各爲一册。

二、本書按《續修》四部所收書立目;原則上依照《續修四庫全書總目録 索引》(后簡稱《總目録》)所登録品種設立條目;個别品種,容有分合。

三、提要條頭包括書名、卷數、朝代、著者及著述方式等項,並注明《續修》所在册數;《總目録》所述有疑義者,除個别必需者,一般不作改動,而於正文中略作辨正。

四、提要正文内容大致包括著者生平、内容要旨、學術評價、版本情況四個方面。

五、著者生平大抵包括姓名、生卒年、常用字號及别名、籍貫、科第出身、主要宦歷,並擇要略及職業或特長、學術淵源造詣、公私謚號、主要著作。以上各項,視作者之具體情況有所側重或省略。

六、著者生卒年一般在其姓名後以圓括號注公元年,不注歷史年號。生卒年有一不詳者代以問號,有疑問或爲估計年代者前加"約"字。生卒年均不詳者,或注明"不詳",或不書;行事不詳者同之。

七、著者生平出處,若正史(二十五史)有傳,則徑出正史書名而略其卷次;見諸其他文獻者則注明卷次或篇章名。

八、同一部中同一著者有多部著作,其生平僅在首見時介紹,後見時僅注明參見條。

九、古代地名除著者籍貫、出生地、住地加注今地名或今屬、今治地名外,如非必需,一般不再加注。

十、内容要旨大致包括著述緣起、成書過程、書名由來、體例結構、内容梗概、學術源流、序跋簡介,以及若干書籍特殊性所決定的必須介紹的方面。以上各項視具體情況而有所側重或省略。

十一、學術評價主要點評原書内容及形式特點、成就與貢獻、欠缺與局限、在學術史上的地位等。觀點以公認的和較爲流行的説法爲主。

十二、版本情況主要介紹所收版本基本情況,或略及版刻源流、流傳收藏過程、是書其他重要版本。

十三、提要末段均舉此書在《續修》中所據底本,除上海古籍出版社所藏與藏家不願披露者外,並注明收藏單位。

十四、每一條目後用括弧標列撰稿人姓名。

十五、提要撰寫的本位是《續修》所收“此書此本”。“此書”,指《續修》所收之書,如程廷祚《論語
　　　説》(第 153 册),於《論語》與孔子不作介紹,《論語説》及其著者程氏才是提要撰寫主體。
　　　“此本”,指《續修》所收之版本,提要重點介紹此版本之内容特點,其刊刻、流傳、收藏等
　　　情况。

十六、提要不采用脚注或文後注形式,必需的注釋性文字融入正文中,用圓括號附於所注詞
　　　句後。

十七、本書原則上使用規範繁體字,唯古籍情况複雜,故異體、古今、通借等字之統一與否,依具
　　　體情况而酌定,不强求劃一。

十八、引用書名一般爲通行的規範全稱,簡稱使用必符合古籍整理或著述約定俗成之表述方式。

十九、公元紀年及《續修》所在册數采用阿拉伯數字,其他數字一般用漢字。

二十、中國歷史紀年及夏曆、回曆,一般加注公元紀年。唯同一篇提要中,同一年號内各年,一般
　　　只在第一次出現時加注公元紀年。

二十一、本書采用新式標點,唯古籍體例繁雜不一,本書又取近世文言,而作者行文簡繁更多有
　　　不同,故不免與頒定標點符號用法時相扞格。如原書引文不全者是否加引號;序、跋、凡例之
　　　屬,注、箋、疏證之類,一書中篇名、章節名、條目名是否用書名號或引號;並稱之地名、人名、
　　　器物名、朝代名等中間是否加頓號等等:或屬兩可,或隨文氣。故本書以文氣省净,符合習慣
　　　表述方式而不致滋生歧義爲原則,允許變通而不强行統一,以免削足適履。

# 前　言

　　《續修四庫全書》的收録範圍，包括《四庫全書》以外的現存中國古籍，即補輯乾隆以前有價值的而爲《四庫全書》所未收的著述，以及系統輯集乾隆以後至民國元年(1912)前各類有代表性的著作。經部分爲十類，凡收書一千二百一十九種，其中易類二百二十二種，書類九十二種，詩類一百零五種，禮類一百七十種，樂類三十四種，春秋類一百三十一種，孝經類十四種，四書類九十五種，群經總義類六十五種，小學類二百九十一種(含訓詁八十五種、文字一百一十八種、音韵八十八種)。各類選目多寡不同，正説明了各學科發展的不平衡。

　　上述一千二百一十九種經部著述，情況又有不同。第一，《四庫全書》已收而换用了新版本的凡十六種。如魏王弼、晉韓康伯注，唐孔穎達疏的《周易注疏》，《四庫全書》收有内府刊本，但南宋初浙東路茶鹽司所刻號稱"越州六經"的《周易注疏》十三卷，是中國歷史上第一個經、注、單疏合刻本，學術價值遠在《四庫》本之上，故仍予收入。又如唐孔穎達《春秋左傳正義》，《四庫全書》收有六十卷本，而南宋慶元六年(1200)紹興知府沈作賓於任所刻有該書的三十六卷本，也是"越州六經"之一種，被阮元稱爲宋刻《正義》之第一善本，故也予收入。第二，列入《四庫全書》存目的有一百六十五種，如《四庫》既收有王夫之《尚書稗疏》，而認爲其《尚書引義》"復推論其大義"，且不乏"臆斷之辭"，故入存目，然該書"議論馳騁，頗根理要"，於學術研究尚有可取之處，爲全面研究王氏學術思想，還是輯入《續修》之中。又如宋代學者王柏的《書疑》《詩疑》，也因爲四庫館臣的排斥宋學，被列入存目，《續修》則予以收入。第三，屬於《四庫全書》應收而未收之書凡二百零五種。如元刊本宋陳大猷《尚書集傳》十卷、《或問》二卷，清修《四庫全書》時只見到《或問》二卷，以爲《集傳》已佚，《續修》則將新查檢到的《集傳》補入，使陳著復爲完璧。又如蔡傳《書考辨》二卷，是考辨《古文尚書》的一部重要著作，反映了宋人疑古的學術風氣，《四庫》失收，《續修》則補入。第四，屬於《四庫全書》成書以後行世的書八百三十三種，占經部總數的68.4%，顯示出《續修四庫全書》收録之重點在清乾隆以後，完全符合《凡例》所謂"冀爲中國傳統學術最後二百年之發展理清脈絡"的編纂大旨。另外，《續修四庫全書》還對流傳於海外或後來出土的經學著述十分重視，收録了近三十種此類圖書，如馬王堆所出帛書《周易》經傳、敦煌所出《經典釋文·尚書》殘卷及法國圖書館藏敦煌《周易》殘卷等，都彌足珍貴。

　　《續修四庫全書》編纂伊始，就有爲各書撰寫提要及各類小序的設想。由於種種原因，提要的撰寫工作一直延宕至今。一般説來，因爲有二十世紀四十年代中華書局版的《續修四庫全書總目提要》(經部)可供參考，經部提要的編撰相對應該容易一些。不過，中華版《提要》並不符合今天的編纂體例,且許多書籍亦不在其中,仍然需要下大力氣重新做起。在編纂過程中,我們遇到的主要困難在於:首先,目前參與提要編撰工作的許多作者,沒有參與《續修四庫全書》的編纂工作,對《續修四庫全書》的編纂宗旨,以及經部選目的原則和過程沒有確切的瞭解,因而也就難以洞悉某書之所以被收錄《續修》的最初考慮,提要撰寫也因之會流於平泛而不得要領。其次,一部學術著作的學術價值,必須在該領域的學術發展中體現出來,如果沒有對《四庫全書總目提要》的深刻領會,沒有對《續修四庫全書》該部類圖書的總體把握,是很難準確判斷這部書在學術史上的地位。這就對參與提要編撰的學者提出了極高的學術要求。第三,經部提要的編撰工作耗時既久,其間出現了各種各樣的情況,參與人員多有更替,這也必然會影響提要的編纂質量。

學貴專攻,亦貴淹博,然知也有涯,識有限局。大量、系統地通讀諸種典籍已屬不易,遑論洞幽燭微、高屋建瓴地評判是非。提要作者自知才疏學淺,指摘失當、議論未允之處在所難免,當然也會承擔相應的責任。所幸前輩學者對於經學之貢獻俱在其著作之中,或者不因區區提要而掩其輝光也。

單承彬

2014 年 12 月

# 目　録

總序

凡例

前言

## 易　類

馬王堆帛書周易經傳釋文 ......... 1

周易鄭注十二卷敘録 ......... 2

敦煌周易殘卷 ......... 3

關氏易傳一卷 ......... 4

周易經典釋文殘卷 ......... 4

周易正義十四卷 ......... 5

周易注疏十三卷 ......... 5

易經解不分卷 ......... 6

周易新講義十卷 ......... 7

晦菴先生校正周易繫辭精義二卷 ......... 8

古易音訓二卷 ......... 8

泰軒易傳六卷 ......... 8

易經訓解四卷 ......... 9

勿軒易學啟蒙圖傳通義七卷 ......... 10

周易通義八卷發例二卷識蒙一卷或問
　　三卷 ......... 10

太易鉤玄三卷 ......... 11

周易訂疑十五卷首一卷 ......... 11

周易經疑三卷 ......... 12

周易四卷 ......... 12

周易旁註前圖二卷周易旁註二卷卦傳
　　十卷前圖二卷 ......... 12

易經旁訓三卷 ......... 13

八卦餘生十八卷 ......... 13

周易通略一卷 ......... 14

易學象數舉隅二卷 ......... 14

易經圖釋十二卷 ......... 15

玩易意見二卷 ......... 15

周易贊義十七卷 ......... 16

涇野先生周易説翼三卷 ......... 16

周易議卦一卷 ......... 17

蓮谷先生讀易索隱六卷 ......... 17

學易記五卷 ......... 18

易學四同八卷 ......... 18

易學四同別録四卷 ......... 18

讀易記三卷 ......... 19

周易義叢十六卷首一卷 ......... 19

周易不我解六卷存一卷 ......... 20

胡子易演十八卷 ......... 20

讀易纂五卷首一卷 ......... 21

易經正義六卷 ......... 21

周易傳義補疑十二卷 ......... 21

易象彙解二篇 ......... 22

今文周易演義十二卷首一卷 ......... 22

周易象義六卷讀易雜記四卷 ......... 23

九正易因不分卷 ......... 23

易原八卷 ......... 24

易學十二卷 ......... 24

易意參疑首編二卷外編十卷 ......... 25

生生篇 ......... 25

易筌六卷附論一卷 ......... 25

易象管窺十五卷 ......... 26

新刻易測十卷 ......... 26

周易正解二十卷讀易一卷 ......... 27

石鏡山房周易説統十二卷 ......... 27

周易古本全書彙編十七卷 ......... 28

周易象通八卷 ......... 28

周易可説七卷 ......... 29

周易揆十二卷 ......... 29

周易古文鈔四卷 … 30
周易宗義十二卷 … 31
周易疏義四卷 … 31
易經增註十卷易考一卷 … 31
周易時論合編二十三卷 … 32
易説一卷 … 33
周易禪解十卷 … 33
周易爻物當名二卷 … 33
九公山房易問二卷 … 34
説易十二卷 … 34
易經解醒四卷 … 34
大易則通十五卷閏一卷 … 35
易圖親見一卷 … 36
卦義一得二卷 … 36
讀易隅通二卷 … 36
周易本義爻徵二卷 … 37
周易説略八卷 … 37
周易大象解一卷 … 38
周易内傳六卷内傳發例一卷周易外傳
　七卷 … 38
易内傳十二卷易傳外篇一卷 … 39
易觸七卷 … 39
周易疏略四卷 … 40
陸堂易學十卷首一卷 … 40
周易本義拾遺六卷 … 41
周易本義註六卷 … 41
易經徵實解一卷 … 41
易圖解一卷 … 42
讀易便解不分卷 … 42
讀易管見一卷 … 42
易通十四卷 … 43
易經如話十二卷首一卷 … 44
易互六卷 … 44
周易本義辨證六卷 … 44
易學圖説會通八卷續聞一卷 … 45
周易解九卷 … 46
觀象居易傳箋十二卷 … 46
周易詳説十八卷 … 47

畏齋周易客難一卷 … 47
古易匯詮四卷 … 47
彖傳論二篇 … 48
彖象論一卷 … 48
繫辭傳論 … 49
八卦觀象解二篇附卦氣解一篇 … 49
周易象考一卷辭考一卷占考一卷 … 49
周易證籤 … 50
周易二閭記三卷 … 51
重訂周易小義二卷 … 51
易經揆一十四卷易學啟蒙補二卷 … 51
易守三十二卷易卦總論一卷 … 52
學易慎餘録四卷 … 53
周易篇第三卷首一卷 … 53
易考二卷易續考二卷 … 53
子夏易傳釋存二卷 … 54
退思易話八策 … 54
周易卦象彙參二卷 … 55
易卦圖説一卷 … 55
周易略解八卷 … 56
孫氏周易集解十卷 … 56
周易引經通釋十卷 … 56
周易恒解五卷首一卷 … 57
周易述補五卷 … 57
易圖存是二卷 … 58
易説十三卷 … 58
周易虞氏義九卷 … 59
周易虞氏消息二卷 … 59
虞氏易言二卷虞氏易言補一卷 … 60
虞氏易禮二卷 … 60
虞氏易事二卷 … 60
虞氏易候一卷 … 61
周易鄭荀義三卷 … 61
易圖條辨一卷 … 61
周易述補四卷 … 61
易章句十二卷 … 62
易通釋二十卷 … 62
易圖略八卷 … 62

周易補疏二卷 …………………… 63

易話二卷 ………………………… 63

易廣記三卷 ……………………… 63

李氏易解賸義六卷 ……………… 63

易經異文釋六卷 ………………… 64

學易五種十四卷 ………………… 64

卦本圖考一卷 …………………… 65

干常侍易注疏證一卷集證一卷 … 65

虞氏易消息圖説一卷 …………… 65

周易虞氏略例一卷 ……………… 66

周易擇言六卷 …………………… 66

周易考異二卷 …………………… 66

周易通解三卷釋義一卷 ………… 66

易例輯略不分卷 ………………… 67

六十四卦經解八卷 ……………… 67

易學管窺十五卷易文言傳一卷 … 67

易用五卷 ………………………… 68

方氏易學五書五卷 ……………… 68

周易集解纂疏十卷 ……………… 69

易釋四卷 ………………………… 69

易古訓一卷 ……………………… 70

周易姚氏學十六卷 ……………… 70

周易通論月令二卷 ……………… 70

姚氏易斅闡元一卷 ……………… 71

周易漢學通義八卷略例一卷 …… 71

周易述翼五卷 …………………… 71

周易諸卦合象考一卷 …………… 72

周易互體卦變考一卷 …………… 72

周易述傳二卷續録一卷 ………… 73

周易解故一卷 …………………… 73

易經象類一卷 …………………… 73

周易推六卷 ……………………… 73

周易屬辭十二卷通例五卷通説二卷 74

卦氣表一卷卦氣證一卷 ………… 74

周易虞氏義箋九卷 ……………… 75

周易考異不分卷 ………………… 75

鄭氏爻辰補六卷 ………………… 75

易象通義六卷 …………………… 75

易經本意四卷首一卷末一卷 …… 76

周易倚數録二卷附圖一卷 ……… 76

陳氏易説四卷附録一卷 ………… 76

讀易漢學私記一卷 ……………… 77

周易釋爻例一卷 ………………… 77

周易舊疏考正一卷 ……………… 77

易貫五卷 ………………………… 78

艮宧易説一卷 …………………… 78

周易互體徵一卷 ………………… 78

卦氣直日考一卷 ………………… 78

周易爻辰申鄭義一卷 …………… 78

還硯齋周易述四卷 ……………… 79

還硯齋易漢學擬旨一卷 ………… 79

周易本義辨證補訂四卷 ………… 80

周易消息十五卷 ………………… 80

虞氏逸象考正一卷續纂一卷 …… 80

九家逸象辨證一卷 ……………… 81

虞氏易義補注一卷附録一卷 …… 81

漢儒傳易源流一卷 ……………… 81

易象集解十卷 …………………… 81

需時眇言十卷 …………………… 82

周易注疏賸本一卷 ……………… 82

周易故訓訂一卷 ………………… 82

十翼後録二十四卷 ……………… 83

李氏易傳校一卷 ………………… 83

周易通義十六卷 ………………… 84

周易經典證略十卷末一卷 ……… 84

易學節解五卷 …………………… 85

知非齋易注三卷首一卷末一卷 … 85

知非齋易釋三卷 ………………… 85

易説二卷 ………………………… 85

鄭易小學一卷鄭易馬氏學一卷鄭易京

　氏學一卷 ……………………… 86

周易易解十卷周易示兒録三卷周易説

　餘一卷 ………………………… 86

周易注二卷 ……………………… 87

易漢學考二卷 …………………… 87

易漢學師承表一卷 ……………… 87

周易消息升降爻例 …………………… 87
周易集義八卷 ………………………… 88
周易漢讀考三卷 ……………………… 88
周易述聞一卷 ………………………… 89
周易補注四十一卷周易例表十卷 …… 89
易漢學舉要一卷訂誤一卷 …………… 89
周易説十一卷 ………………………… 90
周易釋貞二卷 ………………………… 90
費氏古易訂文十二卷 ………………… 90
易經古本一卷 ………………………… 91
重定周易費氏學八卷首一卷敘録一卷 … 91
河圖洛書原舛編一卷 ………………… 91
易緯略義三卷 ………………………… 92
易緯通義八卷 ………………………… 92
周易繁露五卷 ………………………… 92
古三墳書三卷 ………………………… 92

**尚書類**

古文尚書十三卷 ……………………… 93
經典釋文尚書殘卷 …………………… 93
尚書正義二十卷 ……………………… 94
書集傳十二卷或問二卷 ……………… 94
書古文訓十六卷 ……………………… 94
書疑九卷 ……………………………… 95
書經注十二卷 ………………………… 95
尚書音釋一卷 ………………………… 95
涇野先生尚書説要五卷 ……………… 96
尚書譜五卷 …………………………… 96
尚書辨解十卷 ………………………… 96
書經要義六卷 ………………………… 97
尚書引義六卷 ………………………… 97
尚書蔡傳證訛六卷 …………………… 97
書經參義六卷 ………………………… 97
尚書小疏一卷 ………………………… 98
晚書訂疑三卷 ………………………… 98
古文尚書考二卷 ……………………… 98
尚書注疏考證一卷 …………………… 99
畏齋書經客難三卷首一卷 …………… 99

尚書考辨四卷 ………………………… 100
尚書既見不分卷 ……………………… 100
尚書釋天六卷 ………………………… 100
尚書集注音疏十二卷卷末一卷外編一
　卷 …………………………………… 100
尚書後案三十卷尚書後辨附一卷 …… 101
尚書義考二卷 ………………………… 101
尚書協異二卷 ………………………… 102
尚書質疑二卷 ………………………… 102
古文尚書冤詞補正一卷 ……………… 102
尚書考六卷 …………………………… 103
古文尚書撰異三十二卷 ……………… 103
古文尚書辨偽二卷 …………………… 103
古文尚書條辨五卷 …………………… 104
尚書今古文考證七卷 ………………… 104
尚書今古文注疏三十卷 ……………… 104
同文尚書不分卷 ……………………… 105
尚書補疏二卷 ………………………… 105
尚書序録一卷 ………………………… 105
尚書隸古定釋文八卷 ………………… 106
尚書證義二十八卷 …………………… 106
尚書今古文集解三十卷 ……………… 106
書序述聞一卷 ………………………… 107
尚書略説二卷 ………………………… 107
尚書譜一卷 …………………………… 107
尚書集解三十卷 ……………………… 107
書古微十二卷 ………………………… 108
尚書啟幪五卷 ………………………… 108
尚書餘論一卷 ………………………… 108
今文尚書經説考三十二卷首一卷敘録
　一卷 ………………………………… 109
尚書傳授同異考一卷 ………………… 109
書傳補商十七卷 ……………………… 109
尚書曆譜二卷 ………………………… 110
尚書舊疏考正一卷 …………………… 110
虞書命羲和章解一卷 ………………… 110
達齋書説一卷 ………………………… 110
龍岡山人古文尚書四種 ……………… 111

尚書講義一卷 …………………………… 111

尚書故三卷 ……………………………… 112

尚書微一卷 ……………………………… 112

尚書駢枝一卷 …………………………… 112

尚書古文疏證辨正一卷 ………………… 112

今文尚書考證三十卷 …………………… 113

尚書箋三十卷 …………………………… 113

尚書孔傳參正三十六卷 ………………… 113

尚書集注述疏三十五卷附讀書堂答問
　　一卷 ………………………………… 114

尚書商誼三卷 …………………………… 114

尚書誼詁八卷 …………………………… 114

尚書誼略二十八卷敘録一卷 …………… 115

古文尚書鄭氏注箋釋四十卷 …………… 115

禹貢圖説一卷 …………………………… 115

禹貢要注一卷 …………………………… 116

禹貢匯疏十二卷圖經二卷神禹別録一
　　卷 …………………………………… 116

禹貢古今合注五卷圖一卷 ……………… 116

禹貢三江考三卷 ………………………… 117

禹貢鄭注釋二卷 ………………………… 117

禹貢説二卷 ……………………………… 117

禹貢集釋三卷附禹貢蔡傳正誤一卷禹
　　貢錐指正誤一卷 …………………… 118

禹貢九州今地考二卷 …………………… 118

禹貢班義述三卷附一卷 ………………… 118

禹貢説一卷 ……………………………… 119

禹貢鄭氏略例 …………………………… 119

禹貢易知編十二卷 ……………………… 119

禹貢本義一卷 …………………………… 120

尚書逸湯誓考六卷書後一卷 …………… 120

定正洪範集説一卷首一卷 ……………… 120

召誥日名考一卷 ………………………… 121

尚書大傳疏證七卷 ……………………… 121

尚書大傳補注七卷 ……………………… 121

尚書中候疏證一卷 ……………………… 121

**詩　類**

毛詩（敦煌殘卷） ……………………… 122

毛詩音（敦煌殘卷） …………………… 122

詩集傳二十卷 …………………………… 123

放齋詩説四卷首一卷 …………………… 123

詩辨妄一卷附録四種 …………………… 124

詩序辨説一卷 …………………………… 125

詩解鈔一卷 ……………………………… 125

毛詩要義二十卷譜序要義一卷 ………… 125

詩説十二卷總説一卷 …………………… 126

詩疑二卷 ………………………………… 126

詩傳注疏三卷 …………………………… 127

詩集傳附録纂疏二十卷詩傳綱領附録
　　纂疏一卷詩序附録纂疏一卷 ……… 127

直音傍訓毛詩句解二十卷 ……………… 128

詩集傳名物鈔音釋纂輯二十卷 ………… 128

新編詩義集説四卷 ……………………… 128

讀風臆補十五卷 ………………………… 129

毛詩原解三十六卷 ……………………… 129

毛詩序説八卷 …………………………… 130

詩經類考三十卷 ………………………… 130

詩經剖疑二十四卷 ……………………… 131

詩經説約二十八卷 ……………………… 131

詩通四卷 ………………………………… 131

詩經偶箋十三卷 ………………………… 132

詩廣傳五卷詩譯一卷 …………………… 132

白鷺洲主客説詩一卷 …………………… 133

毛詩日箋六卷 …………………………… 133

詩觸六卷 ………………………………… 133

詩經通論十八卷首一卷 ………………… 134

陸堂詩學十二卷讀詩總論一卷 ………… 135

朱子詩義補正八卷 ……………………… 135

風雅遺音二卷 …………………………… 135

毛詩名物圖説九卷 ……………………… 136

詩益二十卷 ……………………………… 136

毛鄭異同考十卷 ………………………… 137

毛鄭詩考正四卷 ………………………… 137

詩學女爲二十六卷 ……………………… 137

草木疏校正二卷 …………………… 138

詩譜補亡後訂一卷拾遺一卷 ……… 138

毛詩故訓傳定本三十卷 …………… 139

詩經小學四卷 ……………………… 139

讀風偶識四卷 ……………………… 139

毛詩證讀五卷讀詩或問一卷 ……… 140

毛詩説六卷詩藴二卷 ……………… 140

詩疑筆記七卷後説一卷 …………… 141

毛詩天文考一卷 …………………… 141

毛詩物名考七卷 …………………… 142

詩問六卷 …………………………… 142

詩問七卷 …………………………… 143

毛詩補疏五卷 ……………………… 143

陸氏草木鳥獸蟲魚疏疏二卷 ……… 143

毛詩草木鳥獸蟲魚釋十二卷 ……… 144

詩氏族考六卷 ……………………… 144

詩小序翼二十七卷首一卷 ………… 145

毛詩後箋三十卷 …………………… 145

毛詩紬義二十四卷 ………………… 146

毛詩通考三十卷 …………………… 146

毛詩傳箋通釋三十二卷 …………… 146

毛詩呁訂十卷 ……………………… 147

毛詩禮徵十卷 ……………………… 148

毛詩重言三卷 ……………………… 148

毛詩雙聲疊韻説一卷 ……………… 148

詩經廣詁三十卷 …………………… 149

詩毛氏傳疏三十卷 ………………… 149

釋毛詩音四卷 ……………………… 150

毛詩説一卷 ………………………… 150

毛詩傳義類一卷 …………………… 151

鄭氏箋考徵一卷 …………………… 151

詩誦五卷 …………………………… 151

讀詩劄記八卷詩章句考一卷詩樂存亡

　譜一卷詩經集傳校勘記一卷 …… 152

學詩毛鄭異同籤二十三卷 ………… 153

詩緒餘録八卷 ……………………… 153

毛鄭詩釋四卷 ……………………… 154

鄭氏詩譜考正一卷 ………………… 154

毛詩草木鳥獸蟲魚疏校正二卷 …… 154

詩説考略十二卷 …………………… 155

學詩詳説三十卷學詩正詁五卷 …… 155

讀詩考字二卷補編一卷 …………… 155

詩地理徵七卷 ……………………… 156

毛詩鄭箋改字説四卷 ……………… 157

毛詩多識十二卷 …………………… 157

詩經原始十八卷首二卷 …………… 157

詩本誼一卷 ………………………… 158

毛詩傳箋異義解十六卷 …………… 159

説詩章義三卷 ……………………… 159

詩毛鄭異同辨二卷 ………………… 159

達齋詩説一卷 ……………………… 160

毛詩釋地六卷 ……………………… 160

詩管見七卷首一卷 ………………… 161

詩地理考略二卷圖一卷 …………… 161

毛詩異文箋十卷 …………………… 162

詩毛氏學三十卷 …………………… 162

齊詩翼氏學四卷 …………………… 163

齊詩翼氏學疏證二卷敍録一卷 …… 163

韓詩内傳徵四卷補遺一卷疑義一卷敍

　録二卷 …………………………… 163

詩經異文釋十六卷 ………………… 164

詩考異字箋餘十四卷 ……………… 164

詩異文録三卷 ……………………… 164

詩經四家異文考五卷 ……………… 165

三家詩補遺三卷 …………………… 165

三家詩遺説考 ……………………… 166

三家詩遺説八卷補一卷 …………… 166

詩古微上編六卷首一卷中編十卷下編

　三卷 ……………………………… 167

詩三家義集疏二十八卷首一卷 …… 167

詩緯集證四卷附録一卷 …………… 168

禮　類

宋黄宣獻公周禮説五卷首一卷末一

　卷 ………………………………… 168

周禮因論一卷 ……………………… 169

周禮完解十二卷　169

周禮問二卷　169

周官辨非一卷　170

周禮輯義十二卷　170

周官析疑三十六卷考工記析疑四卷　170

周官辨一卷　171

周禮質疑五卷　171

周禮古義一卷　171

畏齋周禮客難八卷　171

石谿讀周官六卷　172

周禮撮要三卷　172

周官記五卷　172

周官説二卷補三卷　173

周禮軍賦説四卷　173

溝洫疆理小記一卷　173

周禮摘箋五卷　173

周禮漢讀考六卷　174

周官肊測六卷敍録一卷　174

周官心解二十八卷　175

周禮畿內授田考實一卷　175

周禮序官考一卷　175

周官指掌五卷　176

周禮學二卷　176

周禮故書考一卷　176

周官故書考四卷　177

周禮故書疏證六卷　177

周禮學一卷　177

周官恒解六卷　178

周禮補注六卷　178

周禮釋注二卷　178

周禮注疏小箋五卷　178

周禮札記一卷　179

周禮正義八十六卷　179

九旗古義述一卷　179

讀周禮日記一卷　179

冬官旁求二卷　180

考工記圖二卷　180

考工創物小記八卷　180

考工記考辨八卷　181

考工記考一卷圖一卷　181

磬折古義一卷　181

車制考一卷　182

考工記車制圖解二卷　182

考工記鳥獸蟲魚釋一卷　182

輪輿私箋二卷圖一卷　183

鳧氏爲鍾圖説一卷　183

儀禮(武威漢簡殘編)附釋文九篇　183

儀禮節解十七卷讀儀禮一卷　184

儀禮通論十七卷　184

儀禮經傳內編二十三卷外編五卷首一

　卷　184

儀禮紃解十七卷　184

儀禮釋例一卷　185

儀禮管見三卷附録一卷　185

儀禮注疏詳校十七卷　186

儀禮彙説十七卷　186

儀禮古今考二卷　186

儀禮肊測十七卷敍録一卷　186

儀禮釋官九卷首一卷　187

儀禮經注疏正譌十七卷　187

儀禮學一卷　188

儀禮蠡測十七卷　188

禮經釋例十三卷　188

儀禮古今文異同五卷　189

儀禮精義不分卷補編一卷　189

讀儀禮記二卷　189

儀禮圖六卷　189

儀禮古今文疏證二卷　190

儀禮恒解十六卷　190

儀禮古今文疏義十七卷　190

儀禮正義四十卷　191

儀禮經注一隅二卷　191

學禮管釋十八卷　191

儀禮釋注二卷　192

儀禮私箋八卷　192

讀儀禮日記一卷　192

禮經凡例一卷附容經學凡例一卷 ⋯⋯ 192

壽樸廬儀禮奭固十七卷 ⋯⋯⋯⋯⋯ 193

壽樸廬儀禮奭固禮器圖十七卷首一卷
　末三卷 ⋯⋯⋯⋯⋯⋯⋯⋯⋯⋯ 193

禮經校釋二十二卷 ⋯⋯⋯⋯⋯⋯ 193

禮經學七卷 ⋯⋯⋯⋯⋯⋯⋯⋯⋯ 194

昏禮辨正一卷 ⋯⋯⋯⋯⋯⋯⋯⋯ 194

喪禮吾說篇十卷 ⋯⋯⋯⋯⋯⋯⋯ 194

五服圖解一卷 ⋯⋯⋯⋯⋯⋯⋯⋯ 195

喪服表一卷殤服表一卷 ⋯⋯⋯⋯ 195

儀禮喪服文足徵記十卷 ⋯⋯⋯⋯ 195

五服異同彙考三卷 ⋯⋯⋯⋯⋯⋯ 196

喪服會通說四卷 ⋯⋯⋯⋯⋯⋯⋯ 196

五服釋例二十卷 ⋯⋯⋯⋯⋯⋯⋯ 196

喪服經傳補疏二卷 ⋯⋯⋯⋯⋯⋯ 197

喪服鄭氏學十六卷 ⋯⋯⋯⋯⋯⋯ 197

禮記要義三十三卷 ⋯⋯⋯⋯⋯⋯ 198

讀禮日知二卷 ⋯⋯⋯⋯⋯⋯⋯⋯ 198

禮記通解二十二卷讀禮記一卷 ⋯ 198

禮記思五卷 ⋯⋯⋯⋯⋯⋯⋯⋯⋯ 199

禮記章句四十九卷 ⋯⋯⋯⋯⋯⋯ 199

禮記偶箋三卷 ⋯⋯⋯⋯⋯⋯⋯⋯ 199

禮記章義十卷 ⋯⋯⋯⋯⋯⋯⋯⋯ 200

禮記章句十卷 ⋯⋯⋯⋯⋯⋯⋯⋯ 200

禮記疑義七十二卷 ⋯⋯⋯⋯⋯⋯ 201

禮記章句十卷 ⋯⋯⋯⋯⋯⋯⋯⋯ 201

續禮記集說一百卷 ⋯⋯⋯⋯⋯⋯ 202

禮記纂編十卷附錄一卷 ⋯⋯⋯⋯ 202

禮記附記十卷 ⋯⋯⋯⋯⋯⋯⋯⋯ 203

禮記補注四卷 ⋯⋯⋯⋯⋯⋯⋯⋯ 203

禮記集解六十一卷 ⋯⋯⋯⋯⋯⋯ 203

禮記箋四十九卷 ⋯⋯⋯⋯⋯⋯⋯ 204

禮記補疏三卷 ⋯⋯⋯⋯⋯⋯⋯⋯ 204

禮記恒解四十九卷 ⋯⋯⋯⋯⋯⋯ 204

禮記訓纂四十九卷 ⋯⋯⋯⋯⋯⋯ 205

禮記釋注四卷 ⋯⋯⋯⋯⋯⋯⋯⋯ 205

禮記鄭讀考六卷 ⋯⋯⋯⋯⋯⋯⋯ 205

禮記質疑四十九卷 ⋯⋯⋯⋯⋯⋯ 206

禮記鄭讀考一卷 ⋯⋯⋯⋯⋯⋯⋯ 206

讀小戴日記一卷 ⋯⋯⋯⋯⋯⋯⋯ 207

禮記識二卷 ⋯⋯⋯⋯⋯⋯⋯⋯⋯ 207

檀弓辨誣三卷 ⋯⋯⋯⋯⋯⋯⋯⋯ 207

王制箋一卷 ⋯⋯⋯⋯⋯⋯⋯⋯⋯ 208

內則章句一卷 ⋯⋯⋯⋯⋯⋯⋯⋯ 208

學記箋證四卷 ⋯⋯⋯⋯⋯⋯⋯⋯ 208

坊記新解不分卷 ⋯⋯⋯⋯⋯⋯⋯ 209

深衣解一卷 ⋯⋯⋯⋯⋯⋯⋯⋯⋯ 209

深衣釋例三卷 ⋯⋯⋯⋯⋯⋯⋯⋯ 209

大戴禮注補十三卷附錄一卷 ⋯⋯ 210

大戴禮記正誤一卷 ⋯⋯⋯⋯⋯⋯ 210

大戴禮記解詁十三卷目錄一卷 ⋯ 211

大戴禮記補注十三卷序錄一卷 ⋯ 211

大戴禮記斠補三卷 ⋯⋯⋯⋯⋯⋯ 212

校正孔氏大戴禮記補注十三卷 ⋯ 212

曾子問講錄四卷 ⋯⋯⋯⋯⋯⋯⋯ 212

孔子三朝記七卷 ⋯⋯⋯⋯⋯⋯⋯ 213

夏小正詁一卷 ⋯⋯⋯⋯⋯⋯⋯⋯ 213

夏小正考注一卷 ⋯⋯⋯⋯⋯⋯⋯ 213

夏小正補注四卷 ⋯⋯⋯⋯⋯⋯⋯ 214

夏小正疏義四卷釋音一卷異字記一卷
　附天象圖 ⋯⋯⋯⋯⋯⋯⋯⋯⋯ 214

夏小正釋義不分卷 ⋯⋯⋯⋯⋯⋯ 214

涇野先生禮問二卷 ⋯⋯⋯⋯⋯⋯ 215

四禮翼八卷 ⋯⋯⋯⋯⋯⋯⋯⋯⋯ 215

宗法論一卷 ⋯⋯⋯⋯⋯⋯⋯⋯⋯ 216

郊社考辨一卷 ⋯⋯⋯⋯⋯⋯⋯⋯ 216

學禮闕疑八卷 ⋯⋯⋯⋯⋯⋯⋯⋯ 216

禘說二卷 ⋯⋯⋯⋯⋯⋯⋯⋯⋯⋯ 217

明堂大道錄八卷 ⋯⋯⋯⋯⋯⋯⋯ 217

宗法小記一卷 ⋯⋯⋯⋯⋯⋯⋯⋯ 217

釋服二卷 ⋯⋯⋯⋯⋯⋯⋯⋯⋯⋯ 218

禮箋三卷 ⋯⋯⋯⋯⋯⋯⋯⋯⋯⋯ 218

弁服釋例八卷表一卷 ⋯⋯⋯⋯⋯ 218

經傳禘祀通考一卷 ⋯⋯⋯⋯⋯⋯ 219

冕服考四卷 ⋯⋯⋯⋯⋯⋯⋯⋯⋯ 219

三禮陳數求義三十卷 ⋯⋯⋯⋯⋯ 219

三禮義證十二卷 ………………………… 220
禮學卮言六卷 …………………………… 220
明堂考三卷 ……………………………… 220
禮經宫室答問二卷 ……………………… 221
求古録禮説十六卷補遺一卷校勘記三
　卷 ……………………………………… 221
禮説四卷 ………………………………… 222
燕寢考二卷首一卷 ……………………… 222
禘祫問答一卷 …………………………… 222
親屬記二卷 ……………………………… 222
佚禮扶微二卷附録一卷 ………………… 223
禮書通故五十卷校文一卷 ……………… 223
禮説六卷 ………………………………… 223
魯禮禘祫義疏證一卷 …………………… 224

## 樂　類

樂書要録十卷 …………………………… 224
律吕新書箋義二卷附八音考略一卷 …… 225
大樂律吕元聲六卷大樂律吕考注四
　卷 ……………………………………… 225
雅樂發微八卷 …………………………… 226
樂律纂要一卷 …………………………… 226
樂典三十六卷 …………………………… 226
樂經元義八卷 …………………………… 227
李氏樂書六種二十卷 …………………… 228
律吕正論四卷律吕質疑辨惑一卷 ……… 228
太律十二卷外篇三卷 …………………… 229
大成樂律全書一卷 ……………………… 230
律吕新義四卷附録一卷 ………………… 230
樂經或問三卷 …………………………… 231
樂經律吕通解五卷 ……………………… 231
樂器三事能言一卷 ……………………… 232
律吕古誼六卷 …………………………… 232
燕樂考原六卷 …………………………… 233
晉泰始笛律匡謬一卷 …………………… 234
樂律心得二卷 …………………………… 234
管色考一卷 ……………………………… 234
荀勗笛律圖注一卷 ……………………… 235

律吕臆説一卷 …………………………… 235
古今樂律工尺圖 ………………………… 235
律話三卷 ………………………………… 236
律吕賸言三卷 …………………………… 237
古今聲律定宫八卷 ……………………… 238
庚癸原音四種四卷 ……………………… 238
音分古義二卷附一卷 …………………… 239
聲律通考十卷 …………………………… 240
樂記異文考一卷 ………………………… 241
律吕元音一卷附録一卷 ………………… 241
樂律明真解義一卷 ……………………… 241
樂律明真明算一卷 ……………………… 242
樂律明真立表一卷 ……………………… 242
樂律擬答 ………………………………… 243

## 春秋類

春秋傳服氏注十二卷 …………………… 243
春秋左傳正義三十六卷 ………………… 244
左氏摘奇十二卷 ………………………… 244
音注全文春秋括例始末左傳句讀直解
　七十卷 ………………………………… 244
春秋左傳類解二十卷 …………………… 244
左氏春秋鐫二卷 ………………………… 245
春秋左傳注解辨誤二卷補遺一卷 ……… 245
春秋左傳典略十二卷 …………………… 246
左氏春秋集説十卷春秋凡例二卷 ……… 246
左傳經世鈔二十三卷 …………………… 247
左氏條貫十八卷 ………………………… 247
春秋左傳姓名同異考四卷 ……………… 248
春秋左傳杜注三十卷首一卷 …………… 248
春秋内傳古注輯存三卷 ………………… 248
讀左補義五十卷首二卷 ………………… 249
春秋左傳會要四卷 ……………………… 250
左傳官名考二卷 ………………………… 250
左傳通釋十二卷 ………………………… 250
春秋左氏古經十二卷附一卷 …………… 250
左通補釋三十二卷 ……………………… 251
春秋左傳詁二十卷 ……………………… 251

春秋世族輯略二卷春秋列國輯略一
　卷 ............................................ 252
春秋左傳補疏五卷 ........................ 252
春秋左傳釋人十二卷附録一卷 .... 253
春秋左傳補注三卷 ........................ 254
春秋左氏傳補注十二卷 ................ 254
春秋左氏傳地名補注十二卷 ........ 254
左氏春秋考證二卷 ........................ 255
左傳釋地三卷 ................................ 255
左傳杜注辨證六卷 ........................ 256
春秋左氏傳賈服注輯述二十卷 .... 256
左氏古義六卷 ................................ 256
春秋左傳識小録二卷 .................... 257
春秋左氏傳舊注疏證不分卷 ........ 257
春秋傳禮徵十卷 ............................ 258
左傳杜解集正八卷 ........................ 258
左傳札記七卷 ................................ 259
春秋異地同名考一卷 .................... 259
春秋名字解詁補義一卷 ................ 259
春秋左傳杜注校勘記一卷 ............ 260
駁春秋名字解詁一卷 .................... 260
春秋左傳杜氏集解辨正二卷 ........ 261
春秋左傳讀敍録一卷鎦子政左氏説一
　卷 ............................................ 261
公羊墨史二卷 ................................ 261
公羊春秋經傳通義十一卷敍一卷 .... 262
公羊經傳異文集解二卷 ................ 262
春秋公羊禮疏十一卷 .................... 263
春秋公羊問答二卷 ........................ 264
春秋公羊經何氏釋例十卷後録六卷 .... 264
公羊逸禮考徵一卷 ........................ 265
春秋決事比一卷 ............................ 265
春秋公羊注疏質疑二卷 ................ 266
公羊義疏七十六卷 ........................ 266
春秋公羊傳歷譜十一卷 ................ 267
春秋公羊傳箋十一卷 .................... 267
何氏公羊解詁三十論三卷附一卷 .... 268
春秋復始三十八卷 ........................ 268

穀梁廢疾申何二卷 ........................ 269
穀梁大義述三十卷 ........................ 269
穀梁禮證二卷 ................................ 270
春秋穀梁經傳補注二十四卷首一卷末
　一卷 ........................................ 270
穀梁申義一卷 ................................ 271
重訂穀梁春秋經傳古義疏十一卷釋范
　一卷起起穀梁廢疾一卷 ........ 271
春秋集傳二十六卷 ........................ 272
涇野先生春秋説志五卷 ................ 273
春秋私考三十六卷 ........................ 273
春秋三傳通經合纂十二卷 ............ 274
春秋四傳私考二卷 ........................ 274
春秋翼附二十卷 ............................ 275
春秋疑問十二卷 ............................ 275
春秋直解十五卷讀春秋一卷 ........ 275
春秋歸義十二卷 ............................ 275
春秋三發三卷 ................................ 276
春秋傳注三十六卷提綱一卷 ........ 276
春秋家説三卷 ................................ 277
春秋條貫篇十一卷 ........................ 277
學春秋隨筆十卷 ............................ 278
春秋三傳異同考一卷 .................... 279
春秋通論十五卷論旨一卷春秋無例詳
　考一卷 .................................... 279
春秋傳注四卷 ................................ 280
春秋義存録十二卷首一卷 ............ 280
春秋直解十二卷 ............................ 281
春秋集傳十六卷首一卷末一卷 .... 281
春秋取義測十二卷 ........................ 282
春秋傳十二卷 ................................ 282
春秋正辭十一卷春秋舉例一卷春秋要
　指一卷 .................................... 282
讀春秋管見十四卷 ........................ 283
讀春秋存稿四卷 ............................ 283
春秋經傳集解考正三十卷 ............ 283
春秋三傳比二卷 ............................ 284
春秋小學八卷 ................................ 285

春秋慎行義二卷春秋刑法義一卷春秋
　使師義一卷 ⋯⋯⋯⋯⋯⋯⋯⋯⋯⋯ 285
春秋列國官名異同考一卷 ⋯⋯⋯⋯ 285
春秋日食質疑一卷 ⋯⋯⋯⋯⋯⋯⋯ 286
春秋説略十二卷春秋比二卷 ⋯⋯⋯ 286
春秋三傳異文釋十二卷 ⋯⋯⋯⋯⋯ 287
春秋三傳異文箋十二卷附録一卷 ⋯ 287
春秋屬辭辨例編六十卷首二卷 ⋯⋯ 288
推春秋日食法一卷末一卷 ⋯⋯⋯⋯ 288
春秋朔閏表發覆四卷首一卷 ⋯⋯⋯ 289
春秋經傳比事二十二卷 ⋯⋯⋯⋯⋯ 289
春秋朔閏異同二卷 ⋯⋯⋯⋯⋯⋯⋯ 290
春秋三家異文覈一卷 ⋯⋯⋯⋯⋯⋯ 290
春秋平議一卷 ⋯⋯⋯⋯⋯⋯⋯⋯⋯ 291
春秋亂賊考一卷 ⋯⋯⋯⋯⋯⋯⋯⋯ 291
春秋釋四卷 ⋯⋯⋯⋯⋯⋯⋯⋯⋯⋯ 291
增訂春秋世族源流圖考六卷 ⋯⋯⋯ 292
春秋女譜一卷 ⋯⋯⋯⋯⋯⋯⋯⋯⋯ 292
學春秋理辯一卷 ⋯⋯⋯⋯⋯⋯⋯⋯ 293
春秋古經説二卷 ⋯⋯⋯⋯⋯⋯⋯⋯ 293
春秋日南至譜一卷 ⋯⋯⋯⋯⋯⋯⋯ 294
春秋世族譜拾遺一卷 ⋯⋯⋯⋯⋯⋯ 294
春秋經傳日月考一卷 ⋯⋯⋯⋯⋯⋯ 294
達齋春秋論一卷 ⋯⋯⋯⋯⋯⋯⋯⋯ 295
春秋朔閏日至考三卷 ⋯⋯⋯⋯⋯⋯ 295
春秋日食辨正一卷 ⋯⋯⋯⋯⋯⋯⋯ 296
春秋朔閏表一卷 ⋯⋯⋯⋯⋯⋯⋯⋯ 296
師伏堂春秋講義二卷 ⋯⋯⋯⋯⋯⋯ 296
春秋圖表二卷 ⋯⋯⋯⋯⋯⋯⋯⋯⋯ 297
春秋日食集證十卷 ⋯⋯⋯⋯⋯⋯⋯ 297
春秋世系表不分卷 ⋯⋯⋯⋯⋯⋯⋯ 298
春秋繁露注十七卷題跋附録一卷 ⋯ 298
春秋繁露義證十七卷卷首一卷考證一
　卷 ⋯⋯⋯⋯⋯⋯⋯⋯⋯⋯⋯⋯⋯ 299

**孝經類**

古文孝經（敦煌殘卷） ⋯⋯⋯⋯⋯ 300
孝經一卷 ⋯⋯⋯⋯⋯⋯⋯⋯⋯⋯⋯ 300

孝經總類十二卷 ⋯⋯⋯⋯⋯⋯⋯⋯ 301
孝經本義一卷 ⋯⋯⋯⋯⋯⋯⋯⋯⋯ 301
孝經贊義一卷 ⋯⋯⋯⋯⋯⋯⋯⋯⋯ 302
孝經大全二十八卷首一卷或問三卷孝
　經翼一卷 ⋯⋯⋯⋯⋯⋯⋯⋯⋯⋯ 302
孝經内外傳五卷孝經正文一卷 ⋯⋯ 303
孝經詳説六卷 ⋯⋯⋯⋯⋯⋯⋯⋯⋯ 304
孝經集解十八卷 ⋯⋯⋯⋯⋯⋯⋯⋯ 304
孝經精義一卷後録一卷或問一卷原孝
　一卷餘論一卷 ⋯⋯⋯⋯⋯⋯⋯⋯ 304
孝經義疏補九卷首一卷 ⋯⋯⋯⋯⋯ 305
孝經述注一卷 ⋯⋯⋯⋯⋯⋯⋯⋯⋯ 305
孝經集證十卷 ⋯⋯⋯⋯⋯⋯⋯⋯⋯ 306
孝經學七卷 ⋯⋯⋯⋯⋯⋯⋯⋯⋯⋯ 306

**四書類**

讀論語叢説三卷 ⋯⋯⋯⋯⋯⋯⋯⋯ 306
論語詳解二十卷讀論語一卷 ⋯⋯⋯ 307
論語説四卷 ⋯⋯⋯⋯⋯⋯⋯⋯⋯⋯ 307
皇氏論語義疏參訂十卷附録一卷 ⋯ 308
論語古注集箋十卷論語考一卷附一
　卷 ⋯⋯⋯⋯⋯⋯⋯⋯⋯⋯⋯⋯⋯ 308
論語後録五卷 ⋯⋯⋯⋯⋯⋯⋯⋯⋯ 308
論語駢枝一卷 ⋯⋯⋯⋯⋯⋯⋯⋯⋯ 309
論語古訓十卷附一卷 ⋯⋯⋯⋯⋯⋯ 309
讀論質疑一卷 ⋯⋯⋯⋯⋯⋯⋯⋯⋯ 309
論語魯讀考一卷 ⋯⋯⋯⋯⋯⋯⋯⋯ 310
論語通釋一卷 ⋯⋯⋯⋯⋯⋯⋯⋯⋯ 310
論語旁證二十卷 ⋯⋯⋯⋯⋯⋯⋯⋯ 310
論語説義十卷 ⋯⋯⋯⋯⋯⋯⋯⋯⋯ 311
論語偶記一卷 ⋯⋯⋯⋯⋯⋯⋯⋯⋯ 311
論語異文考證十卷 ⋯⋯⋯⋯⋯⋯⋯ 311
論語後案二十卷 ⋯⋯⋯⋯⋯⋯⋯⋯ 312
論語正義二十四卷 ⋯⋯⋯⋯⋯⋯⋯ 312
論語孔注證僞二卷 ⋯⋯⋯⋯⋯⋯⋯ 313
論語經正録二十卷 ⋯⋯⋯⋯⋯⋯⋯ 313
朱子論語集注訓詁考二卷 ⋯⋯⋯⋯ 313
戴氏注論語二十卷 ⋯⋯⋯⋯⋯⋯⋯ 314

論語稽二十卷 ⋯⋯⋯⋯⋯⋯⋯⋯⋯ 314
天文本單經論語校勘記一卷 ⋯⋯ 314
鄉黨圖考補證六卷校鄉黨圖考補證札
　記一卷 ⋯⋯⋯⋯⋯⋯⋯⋯⋯⋯⋯ 315
孟子要略五卷首一卷 ⋯⋯⋯⋯⋯ 315
標孟七卷 ⋯⋯⋯⋯⋯⋯⋯⋯⋯⋯ 316
孟子札記二卷 ⋯⋯⋯⋯⋯⋯⋯⋯ 316
孟子字義疏證三卷 ⋯⋯⋯⋯⋯⋯ 317
孟子四考四卷 ⋯⋯⋯⋯⋯⋯⋯⋯ 318
逸孟子一卷 ⋯⋯⋯⋯⋯⋯⋯⋯⋯ 318
孟子篇敘七卷年表一卷 ⋯⋯⋯⋯ 319
孟子文說七卷 ⋯⋯⋯⋯⋯⋯⋯⋯ 319
孟子正義三十卷 ⋯⋯⋯⋯⋯⋯⋯ 320
孟子趙注補正六卷 ⋯⋯⋯⋯⋯⋯ 320
孟子趙注考證一卷 ⋯⋯⋯⋯⋯⋯ 321
大學古本傍釋一卷大學古本問一卷 321
大學辨一卷 ⋯⋯⋯⋯⋯⋯⋯⋯⋯ 321
大學知本圖說一卷 ⋯⋯⋯⋯⋯⋯ 322
大學疏略一卷 ⋯⋯⋯⋯⋯⋯⋯⋯ 322
大學辨業四卷 ⋯⋯⋯⋯⋯⋯⋯⋯ 322
大學困學錄一卷 ⋯⋯⋯⋯⋯⋯⋯ 323
大學說一卷 ⋯⋯⋯⋯⋯⋯⋯⋯⋯ 323
大學偶言一卷 ⋯⋯⋯⋯⋯⋯⋯⋯ 323
大學古義說二卷 ⋯⋯⋯⋯⋯⋯⋯ 324
大學章句質疑一卷 ⋯⋯⋯⋯⋯⋯ 324
大學古義一卷 ⋯⋯⋯⋯⋯⋯⋯⋯ 324
讀中庸叢說二卷 ⋯⋯⋯⋯⋯⋯⋯ 325
中庸說要一卷 ⋯⋯⋯⋯⋯⋯⋯⋯ 325
中庸疏略一卷 ⋯⋯⋯⋯⋯⋯⋯⋯ 325
中庸傳注一卷中庸傳注問一卷 ⋯ 325
恕谷中庸講語一卷 ⋯⋯⋯⋯⋯⋯ 326
中庸困學錄一卷 ⋯⋯⋯⋯⋯⋯⋯ 326
易大義一卷 ⋯⋯⋯⋯⋯⋯⋯⋯⋯ 326
中庸札記一卷 ⋯⋯⋯⋯⋯⋯⋯⋯ 326
中庸補注一卷 ⋯⋯⋯⋯⋯⋯⋯⋯ 327
中庸章句質疑二卷 ⋯⋯⋯⋯⋯⋯ 327
四書箋義纂要十二卷補遺一卷續遺一
　卷 ⋯⋯⋯⋯⋯⋯⋯⋯⋯⋯⋯⋯⋯ 327

四書待問二十二卷 ⋯⋯⋯⋯⋯⋯ 328
四書輯釋四十三卷 ⋯⋯⋯⋯⋯⋯ 328
四書近語六卷 ⋯⋯⋯⋯⋯⋯⋯⋯ 329
四書評十九卷 ⋯⋯⋯⋯⋯⋯⋯⋯ 329
焦氏四書講錄十四卷 ⋯⋯⋯⋯⋯ 329
大學意一卷中庸意二卷大學說一卷中
　庸說一卷語孟說略二卷 ⋯⋯⋯⋯ 330
四書說約三十三卷 ⋯⋯⋯⋯⋯⋯ 330
四書湖南講十一卷 ⋯⋯⋯⋯⋯⋯ 331
重訂四書說叢十七卷 ⋯⋯⋯⋯⋯ 331
四書約說六卷題說二卷 ⋯⋯⋯⋯ 332
四書箋解十一卷 ⋯⋯⋯⋯⋯⋯⋯ 332
讀四書大全說十卷 ⋯⋯⋯⋯⋯⋯ 333
四書稗疏二卷附考異一卷 ⋯⋯⋯ 333
四書改錯二十二卷 ⋯⋯⋯⋯⋯⋯ 334
四書反身錄六卷續錄二卷 ⋯⋯⋯ 334
呂晚村先生四書講義四十三卷 ⋯ 334
顏習齋先生四書正誤六卷 ⋯⋯⋯ 335
四書按稿三十卷 ⋯⋯⋯⋯⋯⋯⋯ 335
四書古人典林十二卷 ⋯⋯⋯⋯⋯ 336
四書溫故錄十一卷 ⋯⋯⋯⋯⋯⋯ 336
四書考異七十二卷 ⋯⋯⋯⋯⋯⋯ 336
四書典故辨正二十卷附錄一卷 ⋯ 337
四書典故辨正續五卷 ⋯⋯⋯⋯⋯ 337
四書經注集證十九卷 ⋯⋯⋯⋯⋯ 337
四書偶談內編二卷外編一卷續編內編
　二卷外編一卷 ⋯⋯⋯⋯⋯⋯⋯⋯ 338
四書續談內編二卷補一卷外編二卷補
　一卷 ⋯⋯⋯⋯⋯⋯⋯⋯⋯⋯⋯⋯ 338
四書疏記四卷 ⋯⋯⋯⋯⋯⋯⋯⋯ 338
四書典故考辨一卷 ⋯⋯⋯⋯⋯⋯ 338
駁四書改錯二十一卷 ⋯⋯⋯⋯⋯ 339
補餘堂四書問答二十四卷附錄一卷 ⋯ 339
四書典故覈八卷 ⋯⋯⋯⋯⋯⋯⋯ 339
四書釋地補一卷續補一卷又續補一卷
　三續補一卷 ⋯⋯⋯⋯⋯⋯⋯⋯⋯ 340
四書解瑣言四卷補編一卷 ⋯⋯⋯ 340
四書地理考十五卷 ⋯⋯⋯⋯⋯⋯ 340

四書釋地辨證二卷 … 340
四書緯四卷 … 341
四書説苑十一卷首一卷補遺一卷續遺一卷 … 341
四書辨疑辨一卷 … 341

**群經總義類**

五經異義疏證三卷 … 341
駁五經異義疏證二卷 … 342
六藝論疏證一卷 … 342
鄭志疏證八卷鄭記考證一卷答臨孝存周禮難一卷 … 343
九經疑難十卷 … 343
疑辨録三卷 … 344
石渠意見四卷補缺一卷 … 344
五經疑義二卷 … 345
談經九卷 … 345
敬修堂講録不分卷 … 345
經義雜記三十卷敘録一卷 … 346
經玩二十卷 … 346
經考五卷 … 347
惜抱軒九經説十七卷 … 347
群經識小八卷 … 348
經讀考異八卷句讀敘述二卷 … 348
群經義證八卷 … 348
五經小學述二卷 … 348
經傳小記三卷 … 349
經學卮言六卷 … 349
頑石盧經説十卷 … 349
周人經説四卷 … 349
王氏經説六卷 … 350
隷經文四卷續隷經文一卷 … 350
群經宮室圖二卷 … 350
詩書古訓六卷 … 351
經義述聞三十二卷 … 351
左海經辨二卷 … 351
娛親雅言六卷 … 352
惕齋經説四卷 … 352

介菴經説十卷介菴經説補二卷 … 352
實事求是齋經義二卷 … 353
讀書偶識十卷附一卷 … 353
巢經巢集經説一卷 … 353
句溪雜著六卷 … 353
通介堂經説三十七卷 … 354
通義堂集二卷 … 354
茶香室經説十六卷 … 354
群經平議三十五卷 … 355
群經説四卷 … 355
經學博采録十二卷 … 356
經述四卷 … 356
國朝漢學師承記八卷附録一卷 … 356
兩漢五經博士考三卷 … 357
經學歷史一卷 … 357
今古學考二卷 … 358
新學偽經考十四卷 … 358
經學通論五卷 … 358
經典釋文考證三十卷 … 359
十三經注疏校勘記二百十八卷附釋文校勘記二十七卷 … 359
十三經注疏校勘記識語四卷 … 360
歷代石經略二卷 … 361
石經補考十二卷 … 361
石經殘字考一卷 … 361
漢魏石經考三卷 … 361
唐石經考異十三卷 … 362
唐開成石經考二卷 … 362
唐石經校文十卷 … 362
蜀石經殘字三種四卷 … 362
北宋汴學二體石經記一卷 … 363
緯攟十四卷 … 363
緯學原流興廢考三卷 … 363

**小學類**

爾雅三卷爾雅音釋三卷 … 363
爾雅疏十卷 … 364
爾雅新義二十卷敘録一卷 … 365

爾雅注疏參義六卷 .................................... 365

爾雅補注四卷 ............................................ 365

爾雅補郭二卷 ............................................ 366

爾雅校議二卷 ............................................ 366

爾雅注疏箋補三卷 ..................................... 366

爾雅郭註補正九卷 ..................................... 367

爾雅古義二卷 ............................................ 367

爾雅釋地四篇注一卷 .................................. 368

爾雅正義二十卷 ........................................ 368

爾雅注疏本正誤五卷 .................................. 368

爾雅郭注義疏二十卷 .................................. 369

爾雅郝注刊誤一卷 ..................................... 369

爾雅小箋三卷 ............................................ 370

爾雅一切註音十卷 ..................................... 370

爾雅匡名二十卷 ........................................ 371

爾雅古義二卷 ............................................ 371

爾疋舊注考證二卷 ..................................... 371

爾雅古注斠三卷 ........................................ 372

爾雅經注集證三卷 ..................................... 372

爾雅正郭 ................................................... 373

爾雅釋例五卷 ............................................ 373

讀爾雅日記一卷補記一卷 ........................... 374

爾雅稗疏四卷 ............................................ 374

爾雅郭注佚存補訂二十卷 ........................... 374

雅學考一卷 ............................................... 375

小爾雅廣注四卷 ........................................ 376

小爾雅疏八卷 ............................................ 376

小爾雅義證十三卷補遺一卷 ........................ 376

小爾雅訓纂六卷 ........................................ 377

小爾雅約注一卷 ........................................ 377

小爾雅疏證五卷 ........................................ 377

釋名疏證八卷續釋名一卷釋名補遺一

　　卷 ..................................................... 378

廣釋名二卷 ............................................... 378

釋名疏證補八卷續釋名一卷釋名補遺

　　一卷釋名疏證補附一卷 ........................ 379

廣雅疏義二十卷 ........................................ 379

廣雅疏證十卷博雅音十卷 ........................... 379

廣雅疏證補正一卷 ..................................... 380

續廣雅二卷 ............................................... 380

釋蟲小記一卷 ............................................ 380

釋草小記二卷 ............................................ 381

果臝轉語記一卷 ........................................ 381

奇字名十二卷 ............................................ 381

釋大八卷 ................................................... 382

拾雅二十卷 ............................................... 382

比雅十九卷 ............................................... 382

駢字分箋二卷 ............................................ 383

證俗文十九卷 ............................................ 383

駢雅訓纂十六卷卷首一卷 ........................... 384

支雅二卷 ................................................... 384

釋穀四卷 ................................................... 384

小學駢枝八卷 ............................................ 385

疊雅十三卷 ............................................... 385

別雅訂五卷 ............................................... 385

方言據二卷續録一卷 .................................. 386

方言疏證十三卷 ........................................ 386

續方言二卷 ............................................... 386

輶軒使者絶代語釋別國方言疏證補一

　　卷 ..................................................... 387

輶軒使者絶代語釋別國方言箋疏十三

　　卷 ..................................................... 387

續方言補正二卷 ........................................ 387

續方言疏證二卷 ........................................ 387

廣續方言四卷拾遺一卷 .............................. 388

續方言又補二卷 ........................................ 388

越語肯綮録一卷 ........................................ 388

直語補證一卷日貫齋塗説一卷筆史一

　　卷 ..................................................... 389

恒言録六卷 ............................................... 389

通俗編三十八卷 ........................................ 389

吳下方言考十二卷 ..................................... 390

方音一卷 ................................................... 390

邇言六卷 ................................................... 391

新方言十一卷 ............................................ 391

重訂冠解助語辭二卷 .................................. 391

助字辨略五卷 ………………………… 392

虛字説一卷 …………………………… 392

經傳釋詞十卷 ………………………… 393

文通十卷 ……………………………… 394

一切經音義一百卷續一切經音義 …… 394

一切經音義二十五卷 ………………… 395

經籍籑詁一百零六卷補遺一百零六
卷 …………………………………… 395

小學鉤沈十九卷 ……………………… 396

小學鉤沈續編八卷 …………………… 396

六書統溯原十三卷 …………………… 397

説文解字補義十二卷 ………………… 397

六書精藴六卷音釋舉要一卷 ………… 398

六書正義十二卷 ……………………… 398

六書長箋七卷 ………………………… 399

惠氏讀説文記十五卷 ………………… 399

説文引經考二卷補遺一卷 …………… 400

六書説一卷 …………………………… 400

説文解字理董十五卷 ………………… 401

説文理董後編六卷 …………………… 401

説文答問疏證六卷 …………………… 401

轉注古義考一卷 ……………………… 402

汲古閣説文訂一卷 …………………… 402

説文解字注三十卷 …………………… 403

説文解字義證五十卷 ………………… 403

説文解字群經正字二十八卷 ………… 404

説文蟸箋十四卷 ……………………… 404

説文解字斠詮十四卷 ………………… 405

説文解字校勘記一卷 ………………… 405

説文引經考二十卷 …………………… 405

説文古語考二卷 ……………………… 406

説文五翼八卷 ………………………… 406

説文解字校録十五卷 ………………… 406

段氏説文注訂八卷 …………………… 407

説文新附考六卷續考一卷 …………… 407

説文段注訂補十四卷 ………………… 407

説文訂訂一卷 ………………………… 408

説文校議三十卷 ……………………… 408

説文校議議三十卷 …………………… 408

説文校定本二卷 ……………………… 409

説文解字段注匡謬十五卷 …………… 409

説文假借義證二十八卷首一卷 ……… 410

説文辨疑一卷 ………………………… 410

説文繫傳校録三十卷 ………………… 411

説文釋例二十卷 ……………………… 411

説文解字句讀三十卷句讀補正三十
卷 …………………………………… 411

文字蒙求四卷 ………………………… 412

説文引經異字三卷 …………………… 412

説文通訓定聲十八卷分部柬韻一卷説
雅一卷古今韻準一卷補遺一卷 …… 412

廣瀟研堂説文答問疏證八卷 ………… 413

説文引經證例二十四卷 ……………… 413

説文古本考十四卷 …………………… 414

説文經典異字釋一卷 ………………… 414

説文字通十四卷 ……………………… 414

席氏讀説文記十五卷 ………………… 415

説文引經考異十六卷 ………………… 415

説文新附考六卷 ……………………… 415

説文逸字二卷附録一卷 ……………… 416

説文解字段注考正十五卷 …………… 416

説文解字注箋十四卷説文檢字三卷説
文重文檢字一卷説文疑難檢字一卷
今文檢字一卷 ……………………… 417

唐寫本説文解字木部箋異一卷 ……… 417

説文引經例辨三卷 …………………… 418

説文外編十五卷補遺一卷 …………… 418

説文經字考一卷第一樓叢書垳考一
卷 …………………………………… 418

説文引經考證七卷説文引經互異一
卷 …………………………………… 419

説文佚字考四卷 ……………………… 419

説文淺説一卷 ………………………… 420

説文發疑六卷 ………………………… 420

説文經斠十三卷補遺一卷 …………… 420

説文正俗一卷 ………………………… 421

説文經字正誼四卷　421
六書舊義一卷　421
説文二徐箋異二十八卷　422
玉篇（殘卷）　422
新修絫音引證群籍玉篇三十卷　422
成化丁亥重刊改併五音類聚四聲篇海
　十五卷　423
番漢合時掌中珠不分卷　423
篇海類編二十卷附録一卷　424
華夷譯語不分卷附高昌館來文一卷譯
　文備覽一卷　424
重訂直音篇七卷　425
新校經史海篇直音十卷　425
重刊詳校篇海五卷　426
字彙十二卷首一卷末一卷附韻法直圖
　一卷韻法橫圖一卷　426
字彙補十二卷　427
正字通十二卷附字彙舊本首卷一卷　427
字林考逸八卷附録一卷補本一卷補附
　録一卷　428
古今文字通釋十四卷　428
俗書證誤一卷　428
正名要録附字樣（敦煌殘卷）　429
字寶（敦煌殘卷）　429
俗務要名林（敦煌殘卷）　429
集篆古文韻海五卷　430
隸韻十卷碑目一卷隸韻考證二卷碑目
　考證一卷　430
增廣鐘鼎篆韻七卷　430
續古篆韻六卷　431
續復古編四卷　431
古俗字略五卷漢碑用字一卷俗用雜字
　一卷　431
問奇集二卷　432
字學指南十卷　432
隸書正譌二卷　432
廣金石韻府五卷字略一卷　432
榕村字畫辨訛一卷　433

辨字通考四卷首一卷　433
經典文字辨正不分卷　433
説文解字舊音一卷經典文字辨證書五
　卷音同義異辨一卷　434
四庫全書辨正通俗文字不分卷　434
隸八分辨一卷　434
金石文字辨異十二卷　435
漢隸異同十二卷　435
正字略定本一卷　435
字辨證篆十七卷　436
汗簡箋正七卷首一卷　436
通俗字林辨證五卷　437
隸通二卷　437
楷法溯源十四卷古碑目録一卷集帖目
　録一卷　437
隸篇十五卷隸篇續十五卷隸篇再續十
　五卷　438
隸樣八卷　438
六朝別字記不分卷　438
六書類纂八卷讀篆臆存雜説一卷字學
　尋源三卷　439
漢隸辨體四卷　439
彙鈔三館字例六卷　440
碑別字五卷　440
説文古籀疏證六卷　441
説文古籀補十四卷補遺一卷附録一
　卷　441
古籀餘論三卷　441
古籀拾遺三卷宋政和禮器文字考一
　卷　442
急就章考異一卷　442
倉頡篇輯本一卷續本一卷補本二卷　442
柴氏古韻通八卷附正音切韻復古編一
　卷　443
毛詩古音參義五卷首一卷　443
聲韻考四卷聲類表九卷首一卷　444
六書音均表五卷　444
韻徵十六卷　444

漢學諧聲二十四卷説文補考一卷説文
　　又考一卷 ……………………… 445
詩音表一卷 …………………………… 445
古韻譜二卷 …………………………… 445
漢魏音四卷 …………………………… 446
音切譜二十卷 ………………………… 446
詩聲類十二卷詩聲分例一卷 ………… 446
説文聲系十四卷 ……………………… 446
古音諧八卷首一卷 …………………… 447
説文聲類二卷 ………………………… 447
毛詩古韻雜論二卷 …………………… 447
毛詩古韻五卷 ………………………… 447
毛詩奇句韻考四卷 …………………… 448
韻譜一卷 ……………………………… 448
諧聲補逸十四卷 ……………………… 448
説文解字音均表二卷 ………………… 449
形聲類篇二卷餘論一卷校勘記一卷 … 449
古韻發明不分卷 ……………………… 449
諧聲譜五十卷附録二卷校記一卷 …… 450
江氏音學十書十二卷 ………………… 450
詩古韻表廿二部集説二卷 …………… 451
五韻論二卷 …………………………… 451
説文諧聲孳生述不分卷 ……………… 452
説文聲統十二標目二卷 ……………… 452
古音類表九卷 ………………………… 452
古韻通説二十卷 ……………………… 452
述均十卷 ……………………………… 452
聲譜二卷 ……………………………… 453
聲説二卷 ……………………………… 453
詩古音繹一卷 ………………………… 454
古音輯略二卷古音備考一卷 ………… 454
唐寫本切韻（殘卷）…………………… 454
唐寫本唐均（殘卷）…………………… 455
刊謬補缺切韻 ………………………… 455
刊謬補缺切韻五卷 …………………… 455
刊謬補缺切韻五卷 …………………… 455
新刊韻略五卷 ………………………… 455
書學正韻三十六卷 …………………… 456

交泰韻不分卷 ………………………… 456
書文音義便考私編五卷難字直音一
　　卷 …………………………………… 457
音韻日月燈六十四卷 ………………… 457
詩詞通韻五卷首一卷反切定譜一卷 … 458
音學辨微一卷 ………………………… 458
四聲切韻表一卷凡例一卷 …………… 458
集韻考正十卷 ………………………… 459
切韻考六卷切韻考外篇三卷 ………… 459
切韻表五卷 …………………………… 459
四聲韻譜九卷首一卷 ………………… 460
切韻求蒙一卷 ………………………… 460
圓音正考一卷 ………………………… 460
集韻編雅十卷 ………………………… 461
唐律通韻舉例二卷 …………………… 461
韻鏡一卷 ……………………………… 461
皇極聲音文字通三十二卷 …………… 462
音聲紀元六卷 ………………………… 462
聲韻雜著一卷文韻考衷六聲會編十二
　　卷 …………………………………… 463
五先堂字學元元十卷 ………………… 463
韻表三十表聲表三十表 ……………… 464
元韻譜五十四卷 ……………………… 464
韻通一卷 ……………………………… 464
大藏字母九音等韻十二卷 …………… 465
諧聲韻學十六卷 ……………………… 465
善樂堂音韻清濁鑑三卷 ……………… 465
拙菴韻悟一卷 ………………………… 466
馬氏等音一卷 ………………………… 466
類音八卷 ……………………………… 466
等切元聲十卷 ………………………… 467
詩韻析五卷首一卷末一卷校勘記一
　　卷 …………………………………… 467
五聲反切正均不分卷 ………………… 467
等韻精要一卷 ………………………… 468
切韻考四卷 …………………………… 468
四聲均和表五卷示兒切語一卷 ……… 468
音泝一卷 ……………………………… 469

正音切韻指掌一卷 ⋯⋯⋯⋯⋯ 469

音韻逢源四卷 ⋯⋯⋯⋯⋯ 469

韻籟四卷 ⋯⋯⋯⋯⋯ 469

等韻學不分卷 ⋯⋯⋯⋯⋯ 470

蒙古字韻二卷 ⋯⋯⋯⋯⋯ 470

韻略易通二卷 ⋯⋯⋯⋯⋯ 470

併音連聲字學集要四卷 ⋯⋯⋯⋯⋯ 471

音韻正訛四卷 ⋯⋯⋯⋯⋯ 471

西儒耳目資不分卷 ⋯⋯⋯⋯⋯ 471

五方元音二卷 ⋯⋯⋯⋯⋯ 472

新鐫彙音妙悟全集不分卷 ⋯⋯⋯⋯⋯ 472

彙集雅俗通十五音八卷 ⋯⋯⋯⋯⋯ 473

李氏音鑑六卷 ⋯⋯⋯⋯⋯ 473

同音字辨四卷 ⋯⋯⋯⋯⋯ 474

# 經 部

## 易 類

**馬王堆帛書周易經傳釋文**　（第 1 冊）

1973 年底,湖南長沙馬王堆三號漢墓出土了帛書《周易》經傳,二萬餘言。1994 年 12 月,參考馬王堆漢墓帛書整理小組馬王堆帛書《六十四卦》釋文、陳松長及張政烺帛書《繫辭》釋文、池田知久帛書《要》釋文後,廖名春根據湖南省博物館藏帛書《周易》經傳原件照片,做出了該《釋文》,凡三萬餘言。

該《釋文》內容包括:一、馬王堆帛書《易經》釋文;二、馬王堆帛書《二三子》釋文;三、馬王堆帛書《繫辭》釋文;四、馬王堆帛書《衷》釋文;五、馬王堆帛書《要》釋文;六、馬王堆帛書《繆和》釋文;七、馬王堆帛書《昭力》釋文。最後爲《跋》,交代了馬王堆帛書《周易》經傳之概況、整理體例等。

帛書《易經》卦畫陽爻與今同,陰爻作⊔∟。其卦名多有與今本相異者,如"乾"作"鍵"、"否"作"婦"、"遯"作"掾"、"履"作"禮"、"无妄"作"無孟"等。帛書《易經》卦、爻辭與今通行本亦多有不同。概而言之,帛書《易經》多用假借字,今本多爲本字。帛書《易經》四千九百餘字,通假字即近八百,約占全部字數的六分之一。外此,衍、脫、訛處亦多於今本。故此,帛書《易經》雖爲現今所見最早之抄本,然非善本。帛書《易經》與今本之最大不同爲卦序。它不分上、下經,起於《鍵》(乾)、《婦》(否)而終於《家人》、《益》。

其排列有嚴格的規律性,其特點爲采重卦方法,分六畫卦爲上下兩個三畫卦,以三畫之八卦爲單位,分六十四卦八組。

帛書《易傳》第一篇《二厽(三)子》以黑圓點分爲三十三節。第一節文字較長,論述"龍之德";從第二節起,始釋《周易》之卦、爻辭,依次論述《乾》、《坤》、《蹇》、《解》、《鼎》、《晉》、《屯》、《同人》、《大有》、《謙》、《豫》、《中孚》、《小過》、《恒》、《艮》、《豐》、《未濟》等十七卦之卦、爻辭。其論述及引《易》以今本卦序爲準,與帛書《易經》卦序相異。

帛書《繫辭》與今本《繫辭》略同。所不同者,除通假字較多外,主要是比今本《繫辭》缺少若干章節。具體而言,帛書本缺少今本《繫辭上》第九章,今本下篇第五章一部分,第六、第七、第八、第九章一部分,第十、第十一章。外此,尚有一些重要的異文,如今本"太極"帛書本作"大恒"。

《衷》爲帛書《易傳》第三篇。其內容,第一行至第二行論說陰陽和諧相濟,爲《易》之精義。第三行至第十行歷陳各卦之義,其說解多從卦名入手。第十三行至第十五行左右,爲今本《說卦傳》前三章。第二十二行至第三十四行,分述《鍵》(乾)、《川》(坤)之"羊(詳)說"。從第三十四行至第四十五行,爲今本《繫辭下》第六、第七、第八、第九章。

帛書《易傳》第四篇爲《要》,其第一至第八行基本殘缺,但篇首墨釘仍在。察其殘存文字,第一、第二行內容應爲今本《繫辭下》第十章。第九至第十二行,主要爲今本《繫辭下》第五章之後半部分。第十二行至第十八行,載孔子晚年與子貢論《易》事。第十八行最後兩字至第二十四行末尾爲其最末一章,記孔子爲其弟子講述《周易》《損》、《益》二卦之理。

帛書《繆和》、《昭力》爲帛書《易傳》的第五、第六篇。《繆和》篇第一至第五段爲繆和向"先生"問《易》,第六至第八段爲吕昌向"先生"問《易》,第九至第十段爲吴孟向"先生"問《易》,第十一、十二段爲張射、莊但分別向"先生"問《易》。第十四段至第二十四段解《易》之形式大變,徑以"子曰"解《易》及以歷史故事證《易》。此種大量用歷史故事解説《周易》卦、爻辭之法,開以史證《易》派之先河。

《昭力》篇共三段,皆爲以昭力問《易》、"先生"作答形式出現。第一段闡發《師》卦六四爻辭、《大畜》九三爻辭及六五爻辭"君卿大夫之義",第二段闡發《師》卦九二爻辭、《比》卦九五爻辭、《泰》卦上六爻辭"國君之義",第三段闡述"四勿之卦"之義。與《繆和》等比較,《昭力》解《易》綜合性强。《繆和》與《二三子》等,乃就具體的一卦一爻之義進行討論,《昭力》則糅合數卦數爻之辭,闡發它們的共同意藴。

要之,於研究《周易》卦爻辭之真義,於研究以孔子爲代表的義理易之起源,馬王堆帛書《周易》經傳均甚有價值。

原計劃將馬王堆帛書《周易》經傳原件照片與釋文同時刊發,但由於某些原因,帛書《周易》經傳照片未能刊出,僅剩釋文,頗爲遺憾。(廖名春)

## 周易鄭注十二卷 (宋)王應麟輯 (清)丁杰後定 (清)張惠言訂正 敘録 (清)臧庸輯 (第1册)

王應麟(1223—1296),字伯厚,鄞縣(今浙江寧波)人。淳祐元年(1241)進士,寶祐四年(1256)復中博學宏詞科,歷浙西安撫司

幹辦公事,官至禮部尚書兼給事中,後辭官歸鄉,專事著述。更著有《玉海》、《困學紀聞》、《玉堂類稿》、《掖垣類稿》等。《宋史》有傳,又見《宋元學案》卷八五。

丁杰(1738—1807),字升衢,號小疋,歸安(今屬浙江湖州)人。乾隆四十六年(1781)進士,官寧波府學教授。肆力經史,旁及《説文》、音韻、算數,擅長校讎之學,《四庫》館開,參與校勘。更著有《大戴禮記繹》、《漢隸字原考正》等。《清史列傳》卷六八有傳。

張惠言(1761—1802),字皋文,武進(今屬江蘇常州)人。嘉慶四年(1799)進士,官編修。深於《易》學,更著有《周易虞氏義》、《易候》、《茗柯文編》等,又選《詞選》、《七十家賦鈔》。《清史稿》有傳,又見《碑傳集》卷五一、卷一三五。

臧庸(1767—1811),初名鏞堂,字在東,改名庸,字用中,號拜經,武進(今屬江蘇常州)人。一生未仕,以諸生終,學術精審,尤精校讎。更著有《拜經日記》、《拜經堂文集》等。《清史列傳》卷六八、《國朝先正事略》卷三三有傳。

是書卷首有盧文弨乾隆四十五年《周易鄭注序》;次爲丁杰《注無所附》及丁杰、張惠言撰《正誤》;再次爲《易贊》、《易論》;其後又有臧庸所輯《敘録》。正文凡十二卷:卷一《上經乾傳第一》、卷二《上經泰傳第二》、卷三《上經噬嗑傳第三》、卷四《下經咸傳第四》、卷五《下經夬傳第五》、卷六《下經豐傳第六》、卷七《繫辭上第七》、卷八《繫辭下第八》、卷九《文言第九》、卷十《説卦第十》、卷十一《序卦第十一》、卷十二《雜卦第十二》。盧文弨《序》稱"明胡孝轅"將王應麟輯《周易鄭康成注》"附梓於李氏《集解》之後"、明代"姚叔祥更增補二十五則"、"皇朝東吴惠定宇棟復加審正,蒐其闕遺,理其次第,益加詳焉"、"歸安丁小疋孝廉復因胡氏、惠氏兩本重加考定"。然盧氏並未提及當時年僅二十

歲之張惠言。盧氏《抱經堂文集》録此序題"丁小疋校本鄭注周易序"，其所見可能是稿本，後經張氏參訂。卷首《正誤》中有張氏案語，每卷首皆有"武進張惠言訂正"字樣。丁杰"後定"及張惠言"訂正"之時，多有批評王應麟、惠棟之語，如"厚齋爲《漢上易》所誤"、"惠不知所出"、"定宇又爲厚齋所誤"、"惠删之非是"等等。臧庸付梓刻本，於非王應麟所輯"注文"之左，皆有"惠補"、"姚補"、"丁補"、"臧補"、"今補"字樣。

此本據復旦大學圖書館藏清嘉慶二十四年蕭山陳氏湖海樓刻《湖海樓叢書》本影印。（郭彧）

**敦煌周易殘卷**　（魏）王弼注　（第1冊）

王弼（226—249），字輔嗣，山陽（今山東濟寧）人。王粲之孫。幼而察慧，好老氏，通辯能言。魏正始（240—248）中，補尚書郎，十年（249），司馬氏專權，以事免。同年秋病卒。好論儒、道，開玄學清談之風。更著有《老子注》、《周易略例》、《老子指略》等。《三國志·魏書》有傳。

此殘卷影印件二十一頁，本魏王弼《周易注》抄寫，其"伯二五三〇"最後下半頁於"周易卷第三"五字之左寫有"五言　金山下淚泊　秦地斷長川語似清江上分/首共姜然相凴書今日後語不知年顛君寮住馬/□渝欲動　顯慶五年五月十四日午時記"字樣。"顯慶"乃唐高宗年號，"顯慶五年"爲公元660年，又本卷内"虎"字缺筆，其"周易卷第四"之"民"字亦缺筆，然不避唐玄宗諱，可知此卷爲唐初寫本。

此殘卷收録伯二五三〇、二五三二、二六一六、二六一九四件，羅振玉、劉師培於二五三〇、二五三二、二六一九有題跋，見王重民《敦煌古籍敘録》；又許建平《敦煌經籍敘録》有抄卷年代之考訂。此殘卷文字始於《噬嗑》卦六五爻辭之王弼注"剛以噬於物"，至

於《既濟》卦九五"象曰東鄰殺牛不如西鄰之時也　在於合時　不在物豐也　實受其福"而終。此殘卷闕"周易卷第二"及"周易卷第五"全部内容；"周易卷第一"闕《乾》、《坤》、《屯》、《蒙》四卦内容，及《需》卦部分内容；"周易卷第三"闕《噬嗑》卦部分内容；"周易卷第四"闕《咸》、《恒》、《遯》、《大壯》、《晉》、《明夷》、《家人》、《睽》、《蹇》九卦内容，及《解》卦部分内容；"周易卷第六"闕《豐》、《旅》、《巽》、《未濟》四卦内容，及《兑》、《既濟》兩卦部分内容。

唐代流傳的王弼《周易注》，與今《四庫全書》本多有不同。如《小畜》卦經文及注之"輻"字，庫本"上九説征之輻"，敦煌《周易注》殘卷則作"上九説征之輹也"；庫本《小過》九四"象曰弗過遇之，位不當也。往厲必戒，終不可長也"，敦煌《周易注》殘卷則作"象曰弗過遇之，位不當也。往厲必戒，終不長也"等等。

今見《四庫全書》本《周易注》，其《周易繫辭上第七》、《周易繫辭下第八》、《周易説卦第九》乃晉代韓康伯所注，將王弼《周易略例》附於書末則始於宋代。唐代之王弼《周易注》，僅《周易乾傳第一》至《周易豐傳第六》。惜乎此敦煌《周易注》殘卷部分内容抄寫潦草，更多有漫滅不清之處。儘管如此，若細心校對，亦可發現諸多後人妄改王弼《周易注》之處，於《周易》文獻學研究多有裨益。

宣統二年（1910）十月，法人伯希和氏以其所得敦煌石室中唐寫本諸經殘卷影照寄羅振玉，其中有王弼《周易注》殘卷，羅振玉隨即撰寫《敦煌寫本周易王注殘卷校字記》和《敦煌本周易王弼注殘卷跋》二文，分别異同，校勘得當，足資參考。

此本據法國國家圖書館藏寫本殘卷影印。（郭彧）

**關氏易傳一卷**　（北魏）關朗撰（唐）趙蕤注（第 1 册）

關朗，生卒年不詳，字子明，河東解（今山西解縣）人，關羽裔孫。有經濟大器，妙極古算，浮沉鄉里，不求宦達。孝文帝太和末，王虬封晉陽尚書，署朗爲公府記室，與談《易》，以爲奇才，薦於帝。詔見，問《老子》、《易經》。俄帝崩，遂不仕。事見《文中子》書末《録關子明事》及《古今圖書集成·氏族典》卷一七二。

趙蕤（659—742），字太賓，梓州（今四川鹽亭）人。隱居長平山，開元中三詔不赴。李白嘗師事之，所謂趙徵君也。更著有《長短要術》等。事略見《全唐文》卷三五八。

是書僅一卷，首有趙氏序，正文凡十一篇，分題卜百年義第一、統言易義第二、大衍義第三、乾坤之策義第四、盈虚義第五、闔闢義第六、理性義第七、時變義第八、動静義第九、神義第十、雜義第十一。《四庫全書總目》易類存目有《關氏易傳》一卷，提要謂是書《隋志》、《唐志》皆不著録，晁公武《讀書志》謂李淑《邯鄲圖書志》始有之，《中興書目》亦載其名，云"阮逸詮次刊正"。陳師道《後山談叢》、何薳《春渚紀聞》及邵博《聞見後録》皆云阮逸當以僞撰之稿示蘇洵，則出自逸手更無疑義云云。

趙氏注《關氏易傳》之内容，歷代易學家於著作中多有引用，如宋代朱震《漢上易傳》、王宗傳《童溪易傳》、郭雍《郭氏傳家易説》、明代熊過《周易象旨決録》、潘士藻《讀易述》、清代張次仲《周易玩辭困學記》等。然宋代學者税與權、朱熹、方實孫、董楷、胡方平等人著作中所引"關朗子明云《河圖》之文，七前六後，八左九右。《洛書》之文，九前一後，三左七右，四前左二前右，八後左六後右"之文，並不見於此《關氏易傳》，而出自《洞極經》。故世人多疑《關氏易傳》爲"僞書"。

此本據上海圖書館藏明范氏天一閣刻本影印，卷首有"天水趙蕤注　四明范欽訂"字樣。（郭彧）

**周易經典釋文殘卷**　（唐）陸德明撰（第 1 册）

陸德明（約 550—630），名元朗，以字顯，吴縣（今屬江蘇蘇州）人。善言玄理，通曉經學，歷仕陳、隋，爲國子助教；入唐，爲秦王府文學館學士，拜國子博士。撰《經典釋文》，開唐人義疏之先河。兩《唐書》有傳，又見《元和姓纂》卷一〇。

此寫本殘卷影印件十六頁，編號伯二六一七，可識别内容始於《泰傳第三》之《大有》卦，闕《乾傳第一》之《乾》、《坤》、《屯》、《蒙》、《需》、《訟》、《師》、《比》、《小畜》、《履》和《泰傳第二》之《泰》、《否》、《同人》，凡十三卦，其下爲《謙》、《豫》、《隨》、《蠱》、《臨》、《觀》六卦音義；接《噬嗑傳第三》之《噬嗑》、《賁》、《剥》、《復》、《无妄》、《大畜》、《頤》、《大過》、《習坎》、《離》十卦音義；接《咸傳第四下經》之《咸》、《恒》、《遯》、《大壯》、《晉》、《明夷》、《家人》、《暌》、《蹇》、《解》、《損》、《益》十二卦音義；接《下經夬傳第五》之《夬》、《姤》、《萃》、《升》、《困》、《井》、《革》、《鼎》、《震》、《艮》、《漸》、《歸妹》十二卦音義；接《下經豐傳第六》之《豐》、《旅》、《巽》、《兑》、《涣》、《節》、《中孚》、《小過》、《既濟》、《未濟》十卦音義；接《繫辭上傳第七》音義；接《周易繫辭下第八》音義；接《説卦第九》音義；接《周易序卦第十》音義；接《周易雜卦》音義；最後是《周易略例》音義。

此抄本殘卷末有跋語五行，載明抄寫於開元二十六年（738）九月九日，並載抄寫人員名氏。又云《周易略例》音義則本晉州衛呆本抄寫，抄寫時間爲開元二十七年五月廿五日。

今見《經典釋文》（包括其中之《周易音義》）版本衆多，有宋刻本、明刻本、清《四庫全書》本、阮元《周易注疏》本等，然此敦煌抄寫本則爲最古之本，將其與宋刻本比較，會發現内容多有不同，對於研究陸氏《經典釋文》

遞變情況大有裨益。

　　清光緒年間，原寫本爲法國探險家自莫高窟藏經洞掠走。宣統二年（1910），羅振玉從法人伯希和氏處得到殘卷照片，並撰《敦煌本易釋文跋》一文。又，尚秉和曾爲此殘卷撰過提要，許建平《敦煌經籍敘錄》亦有考訂。此件與斯五七三五原爲同一卷，其原寫本殘卷，今藏法國國家圖書館，此本據以影印。（郭彧）

**周易正義十四卷**　（唐）孔穎達撰（第 1 册）

　　孔穎達（574—648），字沖達，一作仲達，冀州衡水（今河北衡水）人，孔子第三十二代孫。隋末，登進士第，入唐，歷遷國子博士、國子司業、國子祭酒，奉敕編纂《五經正義》，《周易正義》爲其中之一。兩《唐書》有傳。

　　是書卷首有長孫無忌所上《五經正義表》，次爲孔穎達所撰《周易正義序》。卷一內容爲“八論”，即《論易之三名》、《論重卦之人》、《論三代易名》、《論卦辭爻辭誰作》、《論分上下二篇》、《論夫子十翼》、《論傳易之人》、《論誰加經字》；卷二爲《乾》卦正義；卷三爲《坤》、《屯》、《蒙》、《需》、《訟》五卦正義；卷四爲《師》、《比》、《小畜》、《履》、《泰》、《否》、《同人》七卦正義；卷五爲《大有》、《謙》、《豫》、《隨》、《蠱》、《臨》、《觀》、《噬嗑》、《賁》、《剝》十卦正義；卷六爲《復》、《无妄》、《大畜》、《頤》、《大過》、《習坎》、《離》七卦正義；卷七爲《咸》、《恒》、《遯》、《大壯》、《晉》、《明夷》、《家人》、《睽》、《蹇》、《解》十卦正義；卷八爲《損》、《益》、《夬》、《姤》、《萃》、《升》、《困》、《井》、《革》九卦正義；卷九爲《鼎》、《震》、《艮》、《漸》、《歸妹》、《豐》六卦正義；卷十爲《旅》、《巽》、《兑》、《渙》、《節》、《中孚》、《小過》、《既濟》、《未濟》九卦正義；卷十一、卷十二爲《繫辭上》正義；卷十三爲《繫辭下》正義；卷十四爲《説卦》、《序卦》、《雜卦》正義。

　　孔穎達對《周易注》之疏解，主張窮盡易理，杜絕“辭尚虛玄，義多浮誕”。因爲“王輔嗣之注獨見古今”，雖然以《周易注》爲藍本，但是却持有“先以輔嗣爲本，去其華而取其實，欲使信而有徵，其文簡，其理約，寡而制衆，變而能通”之態度。如孔氏疏“潛龍勿用”曰：“自然之氣起於建子之月，陰氣始盛，陽氣潛在地下，故言初九潛龍也……諸儒皆以爲舜始漁於雷澤，舜之時當堯之世，堯君在上，不得爲小人道盛，比潛龍始起在建子之月，於義恐非也。”意謂將“舜始漁於雷澤”喻作“潛龍勿用”，無易理可言。

　　此本據國家圖書館藏宋刻遞修本影印。書中有南宋俞琰、清季振宜、民國傅增湘等人藏書鈐記。書末之附頁，列有北宋太宗端拱元年（988）與編輯校人員名單，其中宣奉郎守太子右贊善大夫李説爲再校官，中散大夫守國子祭酒柱國孔維爲都校官，故清翁方綱據此斷定爲北宋刻本，而傅增湘則斷定爲“南渡覆雕”，其理由則是據王應麟《玉海》之有關記載。今據《玉海》“紹興九年九月七日，詔下諸郡索國子監元頒善本校對鏤板”記載及雕版斷裂和缺字情況考察，或許亦有“校對”北宋遺存雕版而再印之可能。國家圖書館稱之爲“宋刻遞修”，較之“南渡覆雕”更爲接近歷史事實。（郭彧）

**周易注疏十三卷**　（魏）王弼（晉）韓康伯注（唐）孔穎達疏（第 1 册）

　　王弼，注《敦煌周易殘卷》，已著録。

　　韓康伯（332—380），名伯，字康伯，潁川長社（今河南長葛）人。清和有思理，簡文帝司馬昱居藩，引爲談客。歷仕司徒左西屬、豫章太守、侍中、太常，官至吏部尚書。好學，善言玄理。更著有《辯謙論》、《周易繫辭注》等。《晉書》有傳，又見許嵩《建康實録》卷九。

　　孔穎達，有《周易正義》，已著録。

　　是書前有錢求赤朱筆寫於康熙四十七年（1708）之《記》及顧炎武《記》，兩《記》之後皆有陳鱣之《記》，小字雙行低一格書寫。卷一前有唐長孫無忌所上《五經正義表》、孔穎達《周易正義序》及《八論》。正文凡十三卷，卷一爲《乾》卦注疏；卷二爲《坤》、《屯》、《蒙》、《需》、《訟》五卦注疏；卷三爲《師》、《比》、《小畜》、《履》、《泰》、《否》、《同人》七卦注疏；卷四爲《大有》、《謙》、《豫》、《隨》、《蠱》、《臨》、《觀》、《噬嗑》、《賁》、《剥》十卦注疏；卷五爲《復》、《无妄》、《大畜》、《頤》、《大過》、《習坎》、《離》七卦注疏；卷六爲《咸》、《恒》、《遯》、《大壯》、《晉》、《明夷》、《家人》、《暌》、《蹇》、《解》十卦注疏；卷七爲《損》、《益》、《夬》、《姤》、《萃》、《升》、《困》、《井》、《革》九卦注疏；卷八爲《鼎》、《震》、《艮》、《漸》、《歸妹》、《豐》六卦注疏；卷九爲《旅》、《巽》、《兑》、《涣》、《節》、《中孚》、《小過》、《既濟》、《未濟》九卦注疏；卷十和卷十一爲《周易繫辭上》注疏；卷十二爲《周易繫辭下》注疏；卷十三爲《周易説卦》注疏、《周易序卦第十》注疏和《周易雜卦第十一》注。書末有陳鱣之《跋》。

日本足利學所藏《周易注疏》，爲南宋陸游子陸子遹“標閲”之本，乃名副其實的南宋初兩浙東路茶鹽司刻八行本。此本則爲清代陳鱣補修之南宋刻本。陳鱣自吳賈處所得宋板《周易注疏》僅十二卷（卷二至卷十三，原爲明孫景芳藏書），原缺之第一卷是他據錢求赤所藏抄本補刻。卷一共補刻三十一板，均無刻工姓名。其所補第一卷，與日本足利學藏原南宋刻本對比，相異者多達五十多處。如：“欲以法天之用”原作“欲使人法天之用”；“應天象以教人事”原作“因天象以教人事”；“三者老陽數九”原作“二者老陽數九”；“所以重體”原作“所以重錢”；“竟”字原缺末筆等等。

明孫景芳所藏第二卷至第十三卷《周易注疏》，已多有修補。第二卷共三十一板，補刻十三板，補修一板；第三卷共三十一板，補刻七板；第四卷共三十九板，補刻二十七板；第五卷共三十一板，補刻八板；第六卷共三十八板，補刻五板；第七卷共三十八板，補刻七板，補修一板；第八卷共二十七板，補刻七板；第九卷共三十三板，補刻十八板；第十卷共二十三板，補刻十六板；第十一卷共二十五板，補刻十五板；第十二卷共三十五板，補刻十八板。第十三卷共二十一板，補刻十三板。以上事實説明，陳鱣自吳賈手中所得《周易注疏》十二卷，已非南宋初兩浙東路茶鹽司雕版原貌，其中補刻達一百五十四版之多。補版在避諱方面表現混亂，一頁中之某字或避或不避，當避諱者却反而不避。其補刻時間甚至延長至明代，並非如陳氏所言“其刷印則在乾道、淳熙間也”。

宋刻《周易注疏》原本爲四百二板，然陳鱣補刻者卷一溢出一板。有藏書家在是書卷一加蓋“宋本”、“甲”朱記，乃版本考據之誤。

陳鱣跋云：“孔穎達等《周易正義》，序云十有四卷，《新唐書·藝文志》及《郡齋讀書志》同，惟《直齋書録解題》作十三卷，引《館閣書目》亦云今本止十三卷。”又云“按序所云十有四卷者，蓋兼《略例》一卷而言，若《正義》原本止十三卷”。

此本據國家圖書館藏宋兩浙東路茶鹽司刻宋元遞修本影印。（郭彧）

**易經解不分卷**　（宋）朱長文撰（第 1 冊）

朱長文（1039—1098），字伯原，號樂圃，吳縣（今屬江蘇蘇州）人。仁宗嘉祐四年（1059）進士，因墜馬傷足不仕，築室樂圃坊，著書閲古，名動京師。哲宗元祐（1086—1093）中，召爲太學博士，遷秘書省正字兼樞密院編修文字。於六經皆有辯説，尤長於書法理論，更著有《墨池編》、《琴臺志》、《樂圃餘稿》等。《宋史》有傳，又見《樂圃餘稿》附録張景修所撰墓志銘、《寶晉英光集》卷七佚名撰《樂圃先生墓表》。

是書卷首有紹聖元年（1094）九月既望朱

長文原序，稱有感於漢魏以來，諸儒《易》注雖夥，而或執陰陽，或泥象數，或推互體，或祖虛無，言若幽深艱奧，而義理扞格拘牽，於是探求義理，演列《易》圖，擷諸儒之説，抒一己之見，重加注訂，力求顯明條暢，詳簡適宜，通達《易》旨，以爲後學之助云云。書末有崇禎四年（1631）王文禄跋文，稱書爲其據所藏宋本重加校勘刊刻而成云云。全書分《易圖》和《經傳解》兩部分。《易圖》又分爲兩部分：首列《八卦取象歌》、《分宫卦象次序》、《上下經卦名次序歌》、《上下經卦變歌》；次爲《易象圖説》，先圖後説，有《河圖洛書》、《伏羲八卦次序》、《伏羲八卦方位》、《伏羲六十四卦方位》、《伏羲六十四卦次序》、《文王八卦次序》、《文王八卦方位》、《卦變圖》、《筮儀》，皆抄自朱熹《周易本義》。其經傳注解亦分兩部，分題上經、下經，多襲取程朱傳義之説，依傍爲言，而《屯》、《蒙》、《否》、《蠱》、《剥》、《大過》、《遯》、《明夷》、《睽》、《夬》、《困》、《震》、《歸妹》、《旅》、《小過》、《既濟》十六卦，並無一字詮釋。

邵懿辰《增訂四庫簡明目録標注》稱何夢華《文海遺珠》載宋朱長文《易經解》四卷，云影寫明刊本，此書各家書目未見，疑爲僞託。柯劭忞考其文辭多抄自程朱，又諸書目皆無著録，刊本首出明末王文禄氏，又考朱彝尊《經義考》及書末王文禄跋所稱朱長文與朱震、朱熹關係之不實，以爲是書乃明人僞作無疑。

此書有明崇禎四年（1631）王文禄刻本，《碧琳琅館叢書》、《芋園叢書》俱收録。此本據湖北圖書館藏明崇禎四年刻本影印。

（廖名春）

### 周易新講義十卷　（宋）龔原撰　（第 1 册）

龔原，生卒年不詳，字深父，一字深之，時稱括蒼先生，處州遂昌（今浙江遂昌）人。少師王安石，仁宗嘉祐八年（1063）進士，元豐（1078—1084）中爲國子直講，助王安石改學校法，歷神、哲、徽三朝，官至寶文閣待制。徽宗崇寧元年（1102）奪職，後居和州，卒年六十七。更著有《易傳》、《春秋解》、《論語孟子解》等。傳見《宋史》及《東都事略》卷一一四。

龔氏繼王安石《易解》而注《易》，是書或爲其太學時之講義。龔氏以爲太易者以渾淪爲體，無物而非易，無時而非易，變化因革，各以其時，要在體而行之。學《易》者當因象以窮變，因物以明道，而以道因民。是書據王弼本各加詳解，凡上下經七卷，《繫辭》兩卷，《説卦》、《序卦》、《雜卦》三傳合爲一卷。其不注明上下經，亦不以上下經分卷，頗爲獨特。所注主以義理，實承王弼、安石之風，而詳過之。其注較忠實於安石學，而以成卦説解《易》，又多引老莊之説，學者多推崇之。如鄒浩序稱其易學爲衆所推先，自熙寧以來，凡學《易》者，靡不以之爲宗師；晁公武則稱其書與王安石、耿南仲注偕行於場屋數十年；其後，李衡《周易義海撮要》、趙汝楳《筮宗》、李簡《學易記》、熊良輔《周易本義集成》、董真卿《周易會通》多援引其説。然洛學中人不以爲然，如龜山楊時則稱龔氏説《易》，元無所見，可憐一生用功，都無是處云云，顯爲學派意氣之説，不足爲據。

《宋志》著録龔原《易傳》十卷，陳振孫《書録解題》著録卷數同，晁公武《郡齋讀書志》則作二十卷，疑二爲衍文。《宋志》又著録龔原《續解易義》十七卷，馮椅稱其十五卷後乃雜義，有《釋卦》、《釋彖》、《釋象》、《辨重卦》、《辨上下位》、《辨上下繫》、《辨古今篇》，或爲續王安石《易義》而作，故諸書援引其説，或與此書互有出入。是書自明《文淵閣書目》已無著録，朱彝尊《經義考》亦稱未見，是國内久佚不傳，至清後期始自日本傳回，然間有佚文脱字。

此本據復旦大學圖書館藏日本文化五年活

字印《佚存叢書》本影印,書前鄒浩撰《周易新義序》末雙行小字注"從朱彝尊《經義考》錄補"。(廖名春)

## 晦菴先生校正周易繫辭精義二卷　(宋)呂祖謙編 (第2冊)

呂祖謙(1137—1181),字伯恭,學者稱東萊先生,金華(今浙江金華)人。孝宗隆興元年(1163)進士,復中博學宏詞科。歷官著作郎兼國史院編修官,參與重修《徽宗實錄》,博學多識,爲學主張明理躬行,反對空談心性,開浙東學派先聲。更著有《東萊呂太史集》、《歷代制度詳說》等。《宋史》有傳,又見《呂太史集》卷一四《家傳》。

是書引用胡瑗(安定胡氏)、周敦頤、張載、程頤、胡宏(五峰胡氏)等易學家的解說內容,涉及《二程遺書》、楊時(龜山楊氏)《南都語錄》等其他著作,以闡明《周易·繫辭傳》之精義。其引《周易·繫辭傳》內容次序與朱熹《原本周易本義·繫辭傳》有所不同。

《四庫全書總目》易類存目有《周易繫辭精義》二卷,提要謂舊本題宋呂祖謙撰。祖謙有《古周易》,已著錄。初程子作《易傳》不及《繫辭》,此書似集諸家之說補其所缺,然去取未爲精審。陳振孫《書錄解題》引《館閣書目》,以是書爲託祖謙之名,殆必有據也云云。考呂祖謙《古周易》成書於淳熙八年(1181),朱熹《原本周易本義》成書於呂祖謙《古周易》之後,初稿名《易傳》,定稿歷經二十餘年。原本依呂祖謙《古周易》本,經與傳分開不混,共十二卷,上下經各一卷,十翼十卷。而是書之後"乾道五年(1169)十月既望東萊呂祖謙謹書"中所謂"近復得新安朱熹元晦所訂,讎校精甚,遂合尹氏、朱氏書,與一二同志參合其同異,兩存之,以待知者"之言,顯爲後人假託呂祖謙之言無疑。

此本據清光緒十年黎庶昌日本東京使署刻《古逸叢書》本影印。(郭彧)

## 古易音訓二卷　(宋)呂祖謙撰 (清)宋咸熙輯 (第2冊)

呂祖謙,有《晦菴先生校正周易繫辭精義》,已著錄。

宋咸熙(1766—1834後),字小茗,又字德恢,仁和(今屬浙江杭州)人。嘉慶十二年(1807)舉人,官桐鄉教諭,罷歸,設帳於周氏拳石山房。工詩,更著有《思茗齋集》、《耐冷譚》等。生平事跡見《清詩紀事》嘉慶朝卷。

是書前有仁和宋咸熙寫於嘉慶七年(1802)三月的《刻呂氏古易音訓序》。朱熹於淳熙九年夏六月庚子朔旦書呂氏《古周易》之末曰:"《古文周易》經傳十二篇,亡友東萊呂祖謙伯恭父之所定,而《音訓》一篇,則其門人金華王莘叟之所筆受也。"則知是書成於呂氏弟子王莘叟之手。

今見《四庫全書》本《經典釋文·周易音義》屯六二"屯如邅如",宋代刻本作"屯如亶如"。《漢書·敘傳》:"紛屯亶與蹇連兮,何艱多而智寡。"師古曰:"《易·屯卦》六二爻辭曰'屯如亶如';《蹇卦》六四爻辭曰'往蹇來連',皆謂險難之時也。"可知漢代儒者作"屯如亶如"(亶音竹延反,音'詹')。呂氏依據宋刻本《經典釋文》作"屯如亶如",而南宋王弼《周易注》刻本(單注本與注合音義本)皆作"屯如邅如",唐《開成石經》依據王弼《周易注》刻作"屯如邅如","亶"字似乎從魏王弼始而改作"邅",也未可知。讀者依據唐《開成石經》以及宋代《經典釋文》刻本,結合呂氏此書即可了解到《周易》音義的流變情況。

此本據復旦大學圖書館藏清嘉慶七年刻本影印。(郭彧)

## 泰軒易傳六卷　(宋)李中正撰 (第二冊)

李中正,生卒年不詳,字伯謙,淳安(今浙江淳安)人。淳安唐時爲清溪縣,故舊題清溪。或題清源,源乃溪字之誤。李氏事跡,不載《宋史》，但其書屢引邵雍、程顥語，卷末又有嘉定上章執徐董洪跋。考嘉定十三年（1220）李氏已卒，則李氏當爲南宋初孝宗、光宗時人。

此書卷末刊迪功郎福州福清縣尉李舜舉編集、迪功郎漳州龍溪縣尉李熙績校正，董洪跋又稱“遊從”、“聽講”、“未獲睹其全，今其書編次已就緒”、“喜其刻梓之成”，則此書乃李中正授徒之講義，李舜舉始編集成書，非李中正手訂。此書只解上、下經及《彖》、《象》、《文言》，阮元《四庫未收書提要》認爲“《繫辭》以下本闕”，其實王弼注、程頤傳有成例，原本如此，非有所闕佚。

此書解《易》主於義理，釋卦、爻辭往往以前代史事爲證。如釋《坤》初六爻辭云：“田氏篡齊來於威公之霸，六卿分晉肇於文公之興，趙高之奸蓄於始皇之時，竇憲之亂始於光武之世，司馬懿之禍生於魏武之手，五胡之亂基於平吳之後，皆當其盛時而不之覺也。”釋《泰》上六爻辭云：“開元承平，可謂泰矣，恃此不戒，一旦胡雛之禍猝起，而天子六軍不能受甲，豈非‘勿用師’之象乎？”釋《渙》上九爻辭云：“如周公制禮作樂，退而就曲阜之封；伊尹將告歸，乃陳戒於德，皆遜出以遠害也。”其説大多貼切自然，符合《易》旨。

此書非但以史證《易》，且以《易》爲史。前人僅以《升》六四爻辭之“亨于岐山”、《既濟》六五爻辭“西鄰之禴祭”爲周文王與商紂王時事，此書則自《乾》之九三、九四迄於《未濟》之六五、上九，其以殷、周時事當之者高達百數十條，並云：“六十四卦始於《乾》飛龍之在天，終於《未濟》象小狐之汔濟，無非寓文王與紂之事。”其説足以成一家之言。

此書雖主義理，但亦不廢象數，於漢儒之説，間有采之。如《坤·象》注，引《京房易傳》以爲證；《乾·文言》“大哉乾乎”注，“以六爻旁通諸卦，初九變爲《姤》之初六”，“九二變爲《同人》之六二”，“九三變爲《履卦》之

六三”云云，則用虞翻旁通之義；《坤·文言》注“一陽復出而爲震者，餘慶之不泯也”，“一陰既始而爲巽者，餘殃之猶在也”云云，本虞氏之消息；外此，鄭氏之爻辰、互卦，亦時有采用。

在句讀上亦有新説。如解“否之匪人，不利君子貞”云：“不利作一讀，謂時有不利，而君子則無往而不貞。”

以史證《易》，《四庫全書總目提要》以宋人李光、楊萬里爲代表，實則馬王堆帛書《繆和》篇已開風氣，可謂源遠流長；視《易》爲殷、周之史，此書實爲先聲。由此言之，此書在《易》學史上自應有它的地位。

此書《宋史·藝文志》未著録，諸家書目失收，《經義考》、《四庫全書總目》未及，唯日本有足利學所貯文明中影本。1808 年，日本天瀑山人（林述齋）刊入《佚存叢書》，用活字印刷，清嘉慶時傳入我國。同治元年（1862）有南海伍崇曜《粤雅堂叢書》刻本，一函六册；光緒八年（1882）有滬上黃氏木活字翻刻《佚存叢書》本，一函四册。此本據復旦大學圖書館藏日本寬政十二年活字印《佚存叢書》本影印。（廖名春）

**易經訓解四卷**　題（宋）熊禾訓解（第 2 册）

熊禾（1247—1312），字去非，號勿軒，晚號退齋，建陽（今屬福建南平）人。幼年穎慧，有志於濂、洛、關、閩之學。師事朱熹門人輔廣。遊浙江，受業於劉敬堂。登南宋咸淳十年（1274）進士，受任汀州司户參軍。入元不仕。更著有《三禮考異》、《春秋論考》、《勿軒集》等。傳見《宋史翼》卷三四和《勿軒集》附録。

是書卷首有陳子龍明崇禎癸未（1643）序及“陳子龍印”、“臥子父”兩鈐記，下録程頤《周易序》。卷一訓解《周易》上經《乾》至《離》三十卦；卷二訓解《周易》下經《咸》至《既濟》三十四卦；卷三訓解《繫辭》上傳和

《繫辭》下傳；卷四訓解《說卦》、《序卦》和《雜卦》。其訓解文字加在經文之右或頁面上方，采所謂"標題"集疏方式。是書經傳原文一本朱熹《周易本義》次序及分章體例，以明熊氏學本朱子。

是書當非熊禾所撰。元代董真卿於《周易會通》裡引用熊禾《易說》七處，均不見於此《易經訓解》內。清李清馥《閩中理學淵源考》記熊禾"公平生著作悉稟文公家法，於《易》、《詩》、《書》、《春秋》、小學、四書皆有集義"；清朱彝尊《經義考》記"熊氏禾《周易集疏》，《一齋書目》作'講義'"稱"未見"。其書中未見《易經訓解》之記載；《四庫全書總目》別集類載《勿軒集》八卷，提要稱其《易》學著作有《易經講義》，亦不見關於《易經訓解》之任何記錄。故是書顯爲書坊、編選之本，藉熊、陳之名以標榜。

此本據復旦大學圖書館藏崇禎十六年刻本影印。（郭彧）

### 勿軒易學啟蒙圖傳通義七卷　（宋）熊禾述（第2冊）

熊禾，有《易經訓解》，已著錄。

是書體例本朱熹《易學啟蒙》，每開卷則署"建安後學鰲峰熊禾去非述"。卷一列朱熹的《河圖》、《洛書》，配有多圖以闡發其義；卷二則列八卦橫圖、圓圖及六十四卦圓圖，闡明與《先天圓圖配河圖》、《先天圓圖配洛書》等義；卷三則列《先天六十四卦方圖》及其自作數卦之"方圖"，用以發揮朱熹《易學啟蒙》"原卦畫第二"之義；卷四首列《十二月卦氣圖》闡明陰陽消息之義，次列《先天變後天圖》說明"文王八卦"與"伏羲八卦"之關係，又次列《後天八卦和河圖四象圖》進一步發揮張南軒之說，卷五首列《文王八卦次序和河圖四象圖》說明八卦數之"自然之妙"，次列六十四卦《互體圖》闡明《繫辭》"雜物撰德"之義；卷六首列《納甲納音之圖》說明"造

化之妙"，次列多幅《掛扐圖》發揮朱熹《易學啟蒙》"明蓍策第三"之義；卷七首列《過揲陰陽老少之圖》進一步闡明朱熹《易學啟蒙》"明蓍策第三"之義，次爲"考變占第四"內容，增補占例，進一步宣揚朱熹《易學啟蒙》"考變占第四"之占法。最後總結之曰"愚謂《啟蒙》四篇，竊意易之爲易，陰陽進退而已。河圖陰陽老少一進一退而相交"云云，無非加圖增說發揮朱熹《易學啟蒙》而已。相較元董真卿於《周易會通》中引用熊禾《易說》之內容，此書是否出於熊禾之手，尚待考證。

此本據國家圖書館藏清抄本影印。（郭彧）

### 周易通義八卷發例二卷識蒙一卷或問三卷（元）黃超然撰（第2冊）

黃超然（1236—1296），字立道，號壽雲，黃巖（今屬浙江台州）人。宋鄉貢進士，後師從經學家王柏。宋亡不仕，創立義塾，名西清道院，以著述爲事。更著有《西清文集》、《詩話筆談》、《地理撮要》、《凝神會曆》等。事見《宋元學案》卷八二、《元史類編》卷三六。

是書前有黃氏咸淳八年（1272）秋八月吉日自序，稱少而讀《易》，不得其門，乃求之周子、邵子之書，又取朱子《本義》讀之，始粗窺蹊隧，尚恨《本義》朱子嘗欲再修而未及，於是參稽互考，始則采之先儒以盡其情；中則反之蔀闇以竭其陋；終則本之經意以斂其歸，因而成帙，曰《通義》。"通義"者，蓋將即夫子之義，通文王之義，以上溯伏羲之義也云云。可知是書學本晚年朱熹，強調"伏羲畫之，文王繫之，夫子翼之，同爲出於理氣象數之自然"，因於書前列《先天圖》、《後天八卦方位之圖》、《陰陽升降之圖》、《天圓地方之圖》、《六十四卦反對圖》、《卦變圖》，並附有圖說。

黃氏通六十四卦之義，以《象傳》、《大象傳》、《小象傳》內容附經，認爲所有"彖曰"、"象曰"皆爲漢儒所加，一律"刪去"。卷一通

《乾》、《坤》至《習》、《坎》、《離》三十卦之義；卷二通《咸》、《恒》至《既濟》、《未濟》三十四卦之義；卷三通《繫辭上傳》之義；卷四通《繫辭下傳》之義；卷五通《文言傳》之義；卷六通《說卦傳》之義；卷七通《序卦傳》之義；卷八通《雜卦傳》之義。

黄氏爲"或咎余不當"而著《周易發例》二卷，爲"《周易》精藴，學者不盡知"而著《識蒙》一卷，又爲回答"或者提問"而著《或問》三卷，大要從象數卜筮方面立言答疑，並涉及《左傳》筮例及互體變爻等。

此本據上海圖書館藏明抄本影印。（郭彧）

### 太易鉤玄三卷　（元）鮑恂撰（第 3 册）

鮑恂，生卒年不詳，字仲孚，崇德（今屬浙江桐鄉）人。少從臨川吴澄學《易》，得其所傳。順帝至元元年（1335）進士，薦授温州路學正。明洪武四年（1371），召爲會試同考官，試畢辭歸。洪武十五年，召拜文華殿大學士，時年八十餘，以老病固辭。學者稱西溪先生。更著有《西溪漫稿》、《易傳大義》、《卦爻要義》等。《明史》有傳，又見《明詩紀事》甲籤卷三。

是書三卷，原名《學易舉隅》，收入《四庫全書總目》易類存目，其三傳弟子程蕃訂正。卷首有寧王權序，題曰"旂蒙單閼"，時宣德十年乙卯（1435）。其書權爲刊板始更名《太易鉤玄》。卷上九篇，分題作易之由、易字訓義、伏羲易、文王易、周公易、孔子易、古易十二篇、古易之變、古易之復；卷中八篇，分題看河圖洛書法、看伏羲四圖法、看文王八卦圖法、看伏羲始畫卦法、看文王係卦法、看周公係爻辭法、看孔子作十翼法、看易總法；卷下二十篇，分題卦爻訓義、卦名始於何人、卦何以止六爻、卦德、卦象、卦體、卦變、卦才、上下經卦多寡不同、上下經始終之義、爻分六位、爻稱九六、爻分奇偶、爻分三才、爻分中正、爻

分君臣、爻分承乘應之别、爻言吉凶悔吝无咎屬之異、六爻取象例、論易中无字。

是書雖處處學本朱熹，時有言曰"如朱子《易學啟蒙》"、"則當於《易啟蒙》求之"、"當以邵子、朱子之説爲主"等等，但與朱熹觀點大相徑庭處亦復不少，如"若求伏羲作《易》所以取則於河圖之法，則無明説可考"、"朱子專以近爻升降言卦變，是以一卦有自數卦來者，然至涣卦柔得位上同之語則有礙"等等，顯爲對朱子《易》學之批評。是書内容多爲啟蒙初學，且多有朱熹之錯誤見解，原名《學易舉隅》似更爲恰當，而易名《太易鉤玄》則名不副實。

此本據國家圖書館藏清抄本影印。（郭彧）

### 周易訂疑十五卷首一卷　（清）董養性撰（第 3 册）

董養性（1616—1672），字邁公，號毓初，樂陵（今山東樂陵）人。以明經通判寧國，攝南陵、太平兩縣。康熙十一年（1672）卒於官，享年五十八。生平潛心理學，著有《四書訂疑》、《春秋訂疑》等。四庫館臣疑其爲著《高閈雲集》之元末董養性，説不可信。今人蔡維有《兩董养性考》一文，足資參考。

是書《四庫全書》列入易類存目，提要稱是書前有自序，謂用力三十餘年乃成。其説皆以朱子爲宗，不容一字之出入，蓋亦胡一桂、陳櫟之末派云云。其實未必如此。是書雖多引朱熹《周易本義》、蔡清《易經蒙引》、來知德《周易集註》等説，但其通過"訂疑"而明辨是非，却多有獨到見解。例如"周易圖説訂疑"，針對朱熹《易學啟蒙》之"河圖洛書"，訂疑曰："此皆後人以意爲之。"針對朱熹《易學啟蒙》之《伏羲六十四卦次序》，訂疑曰："此袁侍郎所論黑白之位尤不可曉者也。……愚謂前八卦次序，四象既作二畫，八卦既作三畫矣，何至此忽作黑白相間之圖乎？"針對朱熹

《易學啟蒙》之《文王八卦次序》、《文王八卦方位》二圖，訂疑曰：“邵子曰此文王八卦乃入用之位，後天之學也。《本義》從之。愚謂《睽》、《革》彖傳皆取二女之説，如六十四卦果伏羲所名，則後天之次序不始於文王矣。”針對朱熹《易學啟蒙》之《卦變圖》，訂疑曰：“朱子謂彖傳或以卦變爲説，故作此圖以明之，而以卦變爲孔子之易。愚按，彖傳於《隨》、《蠱》、《无妄》、《升》，《本義》於《賁》，皆以卦變釋卦名義，則是卦變之説，亦非起于孔子矣。”他如“朱子據此而盡定爲伏羲之名，愚未敢信其必然也”、“此處恐是朱子未及更定之説耳。《本義》似此者不止一處”、“朱子曰，六十四卦，只是上經説得整齊，下經便亂董董底；繫辭也如此，只是上繫好看，下繫便没理會。訂疑：自予言，倒是上繫有些寬泛籠統處，可任人游移説底，下繫便句句貼實，有吃緊爲人處，着學者有實落下手處”、“《本義》謂爲伏羲八卦之位則是，而其説則非也”等等，亦非“皆以朱子爲宗，不容一字之出入”。

此本據南京圖書館藏清正誼堂刻本影印。（郭彧）

### 周易經疑三卷 　（元）涂溍生撰（第4冊）

涂溍生，生卒年不詳，字自昭，宜黄（今江西宜黄）人。邃於《易》學。三試禮部不第，授江西贛州濂溪書院山長。更著有《四書斷疑》、《易義矜式》等。事略見《江西通志》卷八一，又見《萬姓統譜》卷一三。

是書目錄下注元至正己丑（九年，1349）三月印行。書中設爲問答，卷一、卷二問答《周易》六十四卦象、爻辭及《彖傳》、《象傳》及《文言傳》内容；卷三問答《繫辭傳》、《説卦傳》等内容。前兩卷，或問題頂格，回答則低一格；卷三回答頂格，問題則或低一格。卷一有一百個問題；卷二有三十一卦問題；卷三有七十一個問題。是書以或問爲主，有些問題

並無回答内容。

阮元《四庫未收書提要》卷三有是書提要，云“是書題曰經疑，元以經疑取士，蓋擬之而作也”，則此書爲應舉册子，於經學無大價值。卷端署名稱“擬”亦可證。

是本據清嘉慶《宛委別藏》寫本影印。（郭彧）

### 周易四卷 　（元）董中行注（第4冊）

董中行，生卒年不詳，據是書署名，知其字若水，餘事不詳。

是書本王弼《周易注》體例，合《彖傳》、《象傳》、《文言傳》於六十四卦經文，於《周易》白文之下輔以簡約解説而已。其解説《乾》、《坤》《文言》，分節則本孔穎達《周易正義》。卷一《周易上經》，解説《乾》、《坤》至《習坎》、《離》三十卦；卷二《周易下經》解説《咸》、《恒》至《既濟》、《未濟》三十四卦；卷三解説《繫辭上傳》、《繫辭下傳》（分章及内容次序一本朱熹《周易本義》）；卷四解説《説卦傳》（分章亦本朱熹《周易本義》）、《序卦傳》、《雜卦傳》。

董氏解説雖不明引各易家之説，然其觀點大要以程頤、朱熹見解爲主。其對《序卦傳》較之朱熹則多有釋文。如解説《繫辭》“河出圖，洛出書，聖人則之”曰：“伏羲時，天不愛道，龍馬負圖出于河，以五生數統五成數而同處其方，數之體也。大禹時，地不愛寶，神龜載書出于洛，以五奇數統四偶數而各居其所，數之用也。故聖人則圖以畫卦。”顯本於朱熹。要之，是書似爲初學者而作，不出程頤《伊川易傳》和朱熹《周易本義》之藩籬。

此本據國家圖書館分館藏清孔氏嶽雪樓抄本影印。（郭彧）

### 周易旁註前圖二卷周易旁註二卷卦傳十卷前圖二卷 　（明）朱升撰（第4冊）

朱升（1299—1370），字允升，休寧（今安徽

休寧）人。元至正五年（1345）舉人，授池州學正，避亂隱居石門，世稱楓林先生。朱元璋克徽州，召問時務，獻策"高築墻，廣積糧，緩稱王"。洪武中，官至翰林學士。於五經皆有旁註，而《易》尤詳。更著有《楓林集》等。《明史》有傳，又見《國朝獻徵録》卷二〇。

是書先爲朱氏《周易旁註前圖序》，次爲"前圖上"，列《河圖》（元代吴澄"龍馬旋毛"圖）、《洛書》（元代吴澄"神龜坼甲"圖）、《河圖洛書合一圖》、《伏羲始畫八卦圖》、《六十四卦圖》、《先天八卦方位圖》、《先天六十四卦方圓圖》、《後天八卦方位圖》、《先天後天合一圖》、《周易序卦圖》、《卦變圖》、《卦主圖》、《互體圖》、《卦數圖》、《卦位圖》、《八卦納甲圖》、《讀易十字樞》、《讀易三大義》、《三陳九卦圖》、《蓍卦變占圖説》、《卦變圖》、《蓍七卦八方圓圖》；第三是"前圖下"，列《蕭氏讀易考原全書》、《三十六宮圖》。《周易旁註》分十二部分，分題上經、下經、彖上傳第一、彖下傳第二、象上傳第三、象下傳第四、繫辭上傳第五、繫辭下傳第六、文言傳第七、説卦傳第八、序卦傳第九、雜卦傳第十。《四庫全書》易類有《讀易考原》一卷，係從朱升書中采録，並將《三十六宮圖説》誤作蕭漢中書中内容。

朱氏自序曰："愚自中年以經書授徒教子，每於本文之旁着字以明其意義。其有不相連屬者，則益之於兩字之間，苟又有不明不盡者，則又益之於本行之外。學者讀本文而覽旁註，不見其意義之不足也。惟《易旁註》則有《前圖》者，《易》之爲易其本也圖象而已。文王、周公、孔子之書，實爲圖象作注脚，故明此經者，不得不求其本也。"由此觀之，朱氏解《易》注重象數與易理相結合。

是書雖本朱熹《易學啟蒙》列"本圖書"，然却列出了吴澄發明之《河圖》與《洛書》，圖説亦引"河圖者羲皇畫卦之前河有龍馬出而馬背之旋毛有此數也"、"洛書者大禹治水之時

洛有神龜出而龜甲之坼文有此數也"之説，顯見朱升認爲《易學啟蒙》中黑白點數《河圖》、《洛書》不如吴澄《易纂言外翼》所列"合理"。

《四庫全書》將是書列入易類存目，提要稱"是書原本十卷，冠以圖説上下二篇，上篇凡八圖，下篇則全録元蕭漢中《讀易考原》之文。萬曆中，姚文蔚易其旁注列於經文之下，已非其舊。此本又盡佚其注，獨存此《圖説》二篇"，可知時山東巡撫采進本並非完秩，此當爲其列入存目之原因。

此本據首都圖書館藏明刻本影印。（郭彧）

### 易經旁訓三卷　（第5册）

是書無撰人名，亦無序跋。其體例，於六十四卦經文及《彖傳》、《象傳》、《文言傳》文字之右以小字注爲訓，故曰"旁訓"。卷一旁訓上經，卷二旁訓下經，卷三旁訓《繫辭傳》、《説卦傳》、《序卦傳》及《雜卦傳》。卷首《易經卦目》，列六十四卦名及朱熹《周易本義》之"八卦取象歌"。

是書訓解可謂至簡，如訓"乾元亨利貞"爲"純陽至健大通宜正固"；又訓"潛龍勿用"爲"象陽之藏占時當隱"。其訓《繫辭傳》内容則依據朱熹《周易本義》改易之次序，以"天一地二"一節爲第九章之首。其訓"河出圖，洛出書，聖人則之"則曰：《圖》、《書》有金、木、水、火、土之數，則之畫卦方位，定此四者，聖人作易之所由也。"由是觀之，是書一味學本朱熹，無所發明。

此本據南通圖書館藏明萬曆二十四年陳大科刻本影印。（郭彧）

### 八卦餘生十八卷　（明）鄧夢文撰（第5册）

鄧夢文（1349—1425），字志文，號潛溪。祖籍河南，爲南陽望族，係漢高密侯鄧禹之裔，後徙居安成（今屬江西吉安）。明洪武十

三年(1380),在家鄉設文會堂授徒講學,避
世著述,更著有《月亭小集》等。見是書前署
名“同邑西關後學路璧”撰《鄧潛溪先生
本傳》。

是書首有天順元年(1457)劉鉞敘,次《鄧
潛溪先生本傳》,次自敘,次爲總論五條:一
偶感、二記憶、三論應、四論五位、五論變,其
後目錄。是書分卷十八,卷一至十六各論說
二至五卦不等,卷十七《繫辭上傳》,卷十八
《繫辭下傳》、《說卦傳》、《序卦傳》、《雜卦
傳》等。《四庫全書總目》易類存目有《八卦
餘生》十八卷,提要稱是書“大旨主於以身爲
易,不假著筮而自然與造化相符,多掊擊前人
之說,而攻《程傳》爲尤甚。至《繫辭》諸傳,
則併攻傳文”云云。其實鄧氏之說,亦頗有
可采,如其對《序卦》內容之非議,與朱熹之
說暗合,今天亦不算無理。

此本據中國科學院圖書館藏清乾隆四十二
年文會堂刻本影印。（郭沖）

**周易通略一卷**　（明）黃俊撰　（第5冊）

黃俊,生卒年不詳,字熙彥,豐城(今江西
豐城)人。《江西通志》列其名於宣德四年己
酉(1429)鄉試榜中,注云“豐城人,檢討”。

是書前有明英宗天順元年丁丑(1457)冬
十月黃氏自序,稱:“嘗助教國學,諸生從予
講明,既授之以《四書會要》及作文法,間有
未能融會通貫者,予遂編集聖賢成說以訓之。
《易》三十三條,《書》二十八條,《詩》二十一
條,《春秋》十七條,《禮記》十條,五經各一
卷,設爲難疑答問,辨其同異,名曰《五經通
略》。各經有相同衆見《四書會要》者,皆不
重出,只存問題以備參考。然而五經唯《禮
記》多出於漢儒,傅會而有純駁,各經傳注亦
然。是則分爲五經,合爲一理也。若《河
圖》、《洛書》,相爲經緯,八卦九章相爲表裏,
《書》與《易》同一揆也。”可知是書爲《五經通
略》之殘卷,《千頃堂書目》著錄《五經通略》

二卷,參之自序,當爲五卷,後他書均佚,僅存
明鈔本《周易通略》一卷。今《豫章叢書》有
後附胡思敬撰《校勘記》一卷之刻本。

是書設爲問答,辨析異同,回答問題多引
《周易本義》、《易學啓蒙》、《朱子語類》及
《文公易說》內容。大抵發明朱子之學,承襲
明初《周易大全》說經之意,其要不出朱熹易
學觀點之藩籬。

此本據南京圖書館藏明抄本影印。（郭彧）

**易學象數舉隅二卷**　（明）汪敬撰　（第5冊）

汪敬,生卒年不詳,字思敬,一字益謙,徽州
府婺源(今江西婺源)人。宣德八年(1433)
進士,詔修《宣宗實錄》,竣事乞歸以母老求
終養,家居十餘年,起授戶部主事。更著有
《易傳通釋》等。傳見《(道光)徽州府志》卷
一四。

是書卷首有“新安後學汪敬”明英宗天順
六年(1462)序,稱早受程朱傳義,日誦一卦,
未盡解其旨,沉潛有年。晚因避誼楂山,退藏
於密,乃復取是書讀之云云。可知汪敬學本
程朱,與前輩汪克寬、汪時中同爲皖南理學名
家,且於休官之後撰寫本書。

是書上下二卷,卷上內容分題天地自然之
易、包羲易按、文王易按、周公易按、孔子易
按、諸儒傳易、先天卦圖、後天卦圖、本圖書象
數通釋、上下經卦數、象數變通、乾坤卦象數、
各卦象數、卦畫象數會通圖、卦畫象數會通圖
釋;卷下分題先天數衍圖、五經參兩數圖、蓍
數、天地數、乾坤策數、二篇策數、八干配卦象
數圖釋、卦氣象數圖釋、八卦納甲象數體用
圖、宮春來往圖釋、十三卦器象釋、九卦通釋、
觀象玩辭通釋、易不專於卜筮、繫辭釋、周邵
圖書本易釋、先天太極象數會通圖釋、經世書
全數。大體因襲朱熹《易學啓蒙》、吳澄《易
纂言》及朱升《周易旁注》內容發揮成書。

是書前有《題養浩先生遺像》,末署“後學
鏡山李汛拜贊”;另有刑部右侍郎楊寧之《薦

章》。《江南通志》載："李汛，字彥夫，祁門人。弘治乙丑（1505）進士。"《明史》載："楊寧，字彥謐，歙人。宣德五年進士，授刑部主事。"書後汪衢跋曰："先子養浩先生晚年潛心易學……或謂朱子《啟蒙》發四聖之微，先子是書發《啟蒙》之微。"書後署"嘉靖己亥（1539）歲秋七月一日曾孫汪奎應鳳應瑞應經校刻"。汪奎爲汪衢之子，汪衢爲汪思敬之孫。顯然，李汛、汪衢、汪奎均以爲此書出汪思敬之手。

《江南通志》記"汪思敬，字養浩，祁門人……著有《易學象數舉隅》"；清朱彝尊《經義考》記"汪氏思敬《易學象數舉隅》四卷"；清黃虞稷《千頃堂書目》記"汪思敬《易學象數舉隅》四卷，名敬，以字行，祁門人"。三家皆以爲《易學象數舉隅》爲汪思敬之書。

《易學象數舉隅》之作者究爲何人，汪敬與汪思敬是否爲同一人？應予以考證。程敏政爲明憲宗成化二年（1466）進士，與汪思敬過從甚密。程氏《新安文獻志·先賢事略上》記"汪思敬，祁門人，所著詩文曰《養浩齋集》"；《篁墩文集·節壽堂記》"胡孺人爲士人璟之妻，爲養浩先生思敬之冢婦……養浩先生復以文學行義爲鄉碩儒"，皆未提及汪思敬著有《易學象數舉隅》。由是觀之，《易學象數舉隅》一書作者，當是有過功名之汪敬，而非隱居鄉里之汪思敬。

此本據安徽省圖書館藏明嘉靖十八年汪奎刻本影印。（郭彧）

**易經圖釋十二卷**　（明）劉定之撰（第 5 冊）

劉定之（1409—1469），字主靜，號呆齋，永新（今江西永新）人。明英宗正統元年（1436）進士，授編修，景帝即位遷洗馬。成化二年（1466）入值文淵閣，進工部右侍郎兼翰林學士，四年遷禮部左侍郎，卒於官。學問淵博，更著有《否泰録》、《呆齋集》等。《明史》有傳。

是書卷首録石潭先生汪俊序；次接自序，謂"家君以《易》誨我，不肖自少至長，今年二十有七矣"，可知此書著於進士及第之前。次接定之九世孫劉能永清乾隆二十八年（1763）《後跋》。

是書收入《四庫全書總目》易類存目，其體例，基本依照朱熹《原本周易本義》目録以及章節安排。卷首列《伏羲六十四卦圓圖》、《伏羲八卦圓圖》、《伏羲先天八卦次序圖》、《伏羲先天八卦方位圖》、《伏羲先天六十四卦次序圖》、《伏羲先天六十四卦方位圖》、《文王後天八卦次序圖》、《文王後天八卦方位圖》，大抵本《周易本義》卷首之圖，唯圖名略有異。唯獨不列《周易本義》之《河圖》、《洛書》和《卦變圖》。劉氏雖羅列伏羲、文王、先天、後天諸圖，然圖說之中亦不乏疑問之語，如曰"此圖二經十傳皆無明文"。又於圖末結之曰："已上諸圖，昔者學易之家失其傳，而異端方士秘傳焉。邵子始復取歸於《易》，程子與之同時，而於《易傳》向置之不論，豈未嘗得見此於邵子歟？"

正文內容，卷之一《上經經辭爻辭》；卷之二《下經經辭爻辭》；卷之三《彖傳上》；卷之四《彖傳下》。卷之五《大象傳》；卷之六《小象傳》；卷之七《文言傳》；卷之八《繫辭傳上》；卷之九《繫辭傳下》；卷之十《説卦傳》；卷之十一《序卦傳》；卷之十二《雜卦傳》。

劉氏圖釋《周易》經傳皆以墨線分合交貫而成圖表，頗有面向童蒙直講之意。

要之，劉氏學本程朱圖釋《易經》，雖列有象數之圖，然仍以義理爲重。

此本據上海圖書館藏清乾隆二十八年崇恩閣刻本影印。（郭彧）

**玩易意見二卷**　（明）王恕撰　（第 5 冊）

王恕（1416—1508），字宗貫，號介，又號石渠，三原（今陝西三原）人。英宗正統十三年（1448）進士，選庶吉士。後爲大理寺左評事,遷左寺副,又歷任揚州知府、江西布政使、河南巡撫、南京刑部左侍郎、左副都御史、南京兵部尚書兼左副都御史,官至少傅兼太子太傅。更著有《石渠意見》、《王端肅奏議》等。《明史》有傳。

是書收入《四庫全書總目》易類存目,稱王氏於程朱之說有所未愜於心者劄記以成此書云云。是書前有正德元年(1506)春正月望日王氏自序,謂“至宋伊川程先生既爲之傳,晦菴朱先生又爲之本義,自是以來至於今,以二先生傳、義爲準的,師儒之講學,科目之取士,皆不外此而他求……老夫依文尋義,間有不愜於心者,乃敢以己意言之,言之非敢自以爲是”,由此可知,此書大體本於程朱易學。

是書卷一釋《乾》至《離》三十卦;卷二釋《咸》至《未濟》三十四卦,內容摘録“不愜於心者”之卦辭、爻辭、象傳辭、象傳辭、文言辭者闡述個人意見。如:“‘乾卦象曰大哉乾元萬物資始乃統天’,《本義》謂象即‘文王所繫之辭,卦下元亨利貞是也’,意見以爲此‘象曰’者是《象傳》,乃孔子釋象之辭,非象之本文也。餘卦放此。”其實所謂“卦辭”既是“象”,《乾》卦下“元亨利貞”既是象辭,一般認爲爲文王所繫,故朱熹並不錯,實王恕以“象曰”本是《象傳》辭而錯誤理解《本義》之說。

《繫辭上》曰“君子居則觀其象而玩其辭;動則觀其變而玩其占”,此爲王恕書名《玩易意見》之依據。

此本據山東省圖書館藏明正德元年刻本影印。(郭彧)

### 周易贊義十七卷(存卷一至卷七)　(明)馬理撰　(第5冊)

馬理(1474—1555),字伯循,三原(今陝西三原)人。正德九年(1514)進士,歷稽勛主事、考功主事,以諫南巡受廷杖告歸。嘉靖初,起稽勛員外郎,後累遷光禄卿。更著有《溪田文集》等。《明史》有傳。

是書首有馬氏自序,次鄭綱、朱睦㮷二刻書序。是書收入《四庫全書總目》易類存目,提要謂是書大旨主於義理,多引人事以明之。朱睦㮷序稱此書發凡舉例,闡微摘隱,博求諸儒異同,以弘通簡易爲法,以仁義中正爲歸,得十餘萬言,原書十有七卷,其門人涇陽龐俊繕録藏於家,河南左參政莆田鄭綱爲付梓。僅存七卷,《繫辭上傳》以下皆佚。《四庫全書》易類存目所收者,爲散佚之《繫辭下傳》、《説卦傳》、《序卦傳》、《雜卦傳》。

是書鄭綱刻序曰:“先生參酌四氏(鄭、王、程、朱),旁求諸說,由詳而約,考異而同,於是乎象辭之旨,變占之法乃燦然明矣!”觀是書大要以講求義理爲宗,以程頤、朱熹易説爲主,間有涉鄭玄、王弼易説之處。如其解《家人》以爲“家人之道在正倫理,倫理正而後恩義篤”,解《蒙》“君子以果行育德”以爲“(君子)以果決其行而由乎義泉之達也,養育其德行而居乎仁山之止也,此君子之蒙也。”《繫辭上傳》本朱熹更定的次序,“天一地二”一節在第九章之首,下接“天數五,地數五”一節,繼而接“大衍之數”一節。其解説“天數五,地數五”一節,依據朱熹十數黑白點《河圖》。解説“河出圖,洛出書,聖人則之”,亦依據朱熹之説。書中亦多有以史解《易》之處。

此本據國家圖書館藏明嘉靖三十五年鄭綱刻本影印。(郭彧)

### 涇野先生周易説翼三卷　(明)呂柟撰　(第5冊)

呂柟(1479—1542),原字大棟,後改仲木,號涇野,學者稱涇野先生,高陵(今屬陝西西安)人。正德三年(1508)進士,授翰林修撰。因宦官劉瑾竊政,引疾歸。瑾死復官,入史館纂修《正德實録》,官至南京禮部侍郎,署吏部事。更著有《涇野子內篇》、《涇野集》、《周子抄釋》、《涇野詩文集》等。《明史》有傳,又見《獻徵錄》卷三七。

是書收入《四庫全書總目》易類存目,提要謂乃柟門人馬書林、韋鸞、滿潮等錄其講授問答之語。每卦皆有論數條,專主義理,不及象數。前有嘉靖己亥王獻芝序,後有李遂跋云云。

呂柟學宗程朱,故清大學士張廷玉爲其作傳曰:"時天下言學者,不歸王守仁則歸湛若水,獨守程朱不變者,惟柟與羅欽順。"其實朱熹並非"不及象數",其晚年所著《易學啟蒙》即爲校正"其涉於象數者又皆牽合傅會"之書。呂氏傾向於程頤《易傳》及朱熹《周易本義》,却不涉獵朱熹《易學啟蒙》,可見其理學之正統。

是書卷一爲《乾》至《離》三十卦之"說翼"問答;卷二爲《咸》至《未濟》三十四卦之"說翼"問答;卷三爲《繫辭上》、《繫辭下》、《說卦》、《序卦》和《雜卦》之"說翼"問答。是書並不全釋經傳原文,僅據學生有關問題予以回答。

呂柟之後,不乏引用其說者,足見其影響之大。

此本據國家圖書館藏明嘉靖三十二年謝少南刻《涇野先生五經說》本影印。(郭彧)

**周易議卦一卷** (明) 王崇慶撰 (第6冊)

王崇慶(1484—1565),字德徵,號端溪,開州(今河南濮陽)人。正德三年(1508)進士,授户部主事,嘉靖八年(1529)任河南按察使,尋改遼東苑馬卿,官至南京吏部、禮部尚書。更著有《五經心義》、《端溪文集》、《南户部志》、《開州志》、《海樵子》、《山海經釋義》等。事見《趙浚谷文集》卷五。

是書收入《四庫全書總目》易類存目,提要謂是書泛論卦名卦義,間亦推及爻辭。原載《五經心義》,曹溶摘入《學海類編》云云。《明史·藝文志》記"王崇慶《周易議卦》二

卷";清黄虞稷《千頃堂書目》記:"王崇慶《周易議卦》一卷"。清朱彝尊《經義考》記:"王氏崇慶《周易議卦》二卷,存。孔天胤曰:先生自晉東還,日以著書爲事。《易》有《議卦》,《書》有《說略》,《詩》有《衍義》,《春秋》有《斷義》,《禮》有《約蒙》,深體往聖之精,頗定後儒之惑。蔣一葵跋曰:易無辭,初亦無畫,無畫而有畫也,有畫而有辭也,非聖人意也。矧畫之上更加圈乎? 故尼父《十翼》,說者猶或疑之,則辭何容贅也。後有君子悟在畫前而得其無辭之蘊,直證先天,是爲深於易爾。"

是書前有嘉靖己酉(二十八年,1549)蘇祐及黄洪毗二序,其後有嘉靖丙申(十五年,1536)二月王氏自序,謂易以象道而顯神開務而昭化,行年四十九始取而讀之,然而未之入也,則以六十四卦大義本諸象、質諸象而又參諸人事,乃作《議卦》云云。序後跋語數行。

此本據國家圖書館藏清抄本影印。(郭彧)

**蓮谷先生讀易索隱六卷** (明) 洪鼐撰 (第6冊)

洪鼐,生卒年不詳,字廷器,自稱蓮谷道人,壽昌(今屬浙江建德)人。正德間(1506—1521)舉人,授福建邵武教諭。廣置學舍館,諸生之貧者而衣食之。薦推國子助教,出判鳳陽,歸築室蓮谷,精研理學。更著有《大學參義》、《中庸通旨》、《八詠析言》等。事略見《(嘉靖)邵武府志》卷四。

前有嘉靖甲辰(二十三年,1544)洪氏自撰《讀易索隱敘》,次年門生吴御《後序》。是書《四庫全書總目》入易類存目,謂朱彝尊《經義考》載有是書,注曰未見,蓋刻於朱彝尊之後也。其書不載經文,但隨意標舉某節某句而說之。大旨主於良知之學,故於朱子《本義》、蔡清《蒙引》頗有所辨駁云云。

此本據遼寧省圖書館藏明嘉靖二十六年順

裕堂刻本影印。（郭彧）

## 學易記五卷 （明）金賁亨撰 （第 6 册）

金賁亨（1483—1568），字汝白，號一所，臨海（今浙江臨海）人。正德九年（1514）進士，官至江西提學副使。學通經史，尤長於《易》，更著有《學庸義》、《台學源流》等。生平見《閩書》卷四八、民國《福建通志·名宦傳》卷一四。

此書乃金氏晚年讀《易》時所作，不録經文，第一卷論《九圖》，第二、第三卷論六十四卦並《彖傳》、《象傳》、《文言》，第四卷論《繫辭傳》，第五卷論《説卦傳》、《序卦傳》、《雜卦傳》。全書博采宋、元以來《易》説凡五十餘家，其中不少《易》家原著之書久佚，其學説僅載於此書，則尤有益於汲古鉤沉。柯劭忞云是書“采取程朱以外諸家之説，斷其是非，不依傍古人，亦不掊擊古人，蓋得之澄心涵養，非耳剽目襲者所及也”，是爲的論。

此本據國家圖書館藏明嘉靖刻本影印。（廖名春）

## 易學四同八卷 （明）季本撰 （第 6 册）

季本（1485—1563），字明德，號彭山，會稽（今浙江紹興）人。從王守仁學，正德十二年（1517）登進士第，授建寧府推官，徵爲御史，以言事謫揭陽主簿，官至長沙知府。嘉靖二十二年（1544）解職還鄉，寓禹跡寺講學。更著有《詩説解頤》、《讀禮疑圖》、《廟制考議》、《春秋私考》、《樂律纂要》、《孔孟事蹟圖譜》、《説理會編》等。生平見《明儒學案》卷一三及《獻徵録》卷八九。

是書前有嘉靖辛酉（四十年，1561）胡松《易學四同序》，次嘉靖己未（三十八年）季氏自序，卷一《上經》辨説《乾》至《離》三十卦，卷二《下經》辨説《咸》至《未濟》三十卦，卷三《彖象爻傳上》，卷四《彖象爻傳下》，卷五《繫辭傳上》，卷六《繫辭傳下》，卷七《文言傳》，卷八《説卦傳》、《序卦傳》、《雜卦傳》。

朱熹謂“有天地自然之易，有伏羲之易，有文王之易，有孔子之易，四者不同”，季氏反對其説，故有《易學四同》之書名。季氏讚同歐陽修之説，認爲“《繫辭》爲講師所傳，非孔子所作”，從現今所出土帛書《周易》觀之，確爲的論。是書收入《四庫全書總目》易類存目，提要謂“其大旨乃主於發明楊簡之易，以標心學之宗”云云。明代官學大力推廣朱熹易學，季氏此書更顯難能可貴。

此本據北京大學圖書館藏明嘉靖刻本影印。（郭彧）

## 易學四同別録四卷 （明）季本撰 （第 6 册）

季本，有《易學四同》，已著録。

季氏《易學四同序》云：“本窺此學踰三十年，輒不自揆，爲書八卷，名曰《易學四同》，而別爲《圖文餘辯》、《蓍法別傳》各分内外篇，爲四卷以附其後。”可知朱彝尊《經義考》云“二書各一卷”有誤。朱彝尊又謂季本有《古易辨》一卷，則不在此《易學四同別録》之中。

是書首爲《圖文餘辯序》，次《圖文餘辯目録》，次《蓍法別傳序》，再次《蓍法別傳目録》；卷一《圖文餘辯内篇》，卷二《圖文餘辯外篇》，卷三《蓍法別傳内篇》，卷四《蓍法別傳外篇》。

季本《圖文餘辯序》謂，“圖文”者，易中圖書之文也；“餘辯”者，辯諸儒説圖未盡之意也。今以《本義》之九圖爲主，而先後之序則以類相從，他圖有相發明者，亦附見焉，義繫於九圖者，爲内篇。不繫於九圖而自成一家者，爲外篇。各辯其下，庶幾發先儒未盡之意而盡易之情云云。

季本《蓍法別傳序》謂，其所存揲蓍之術詳見於《易學啟蒙》，然亦但能辨明郭雍初掛後不掛之誤，而其餘悉皆仍舊。所謂“明蓍策”者，既不知七八常多、六九常少之偏；而所謂

"考變占"者,亦多牽合,且不究之卦九六之老,不可以占本卦七八之少。其譏雍法,亦猶五十步笑百步耳。書凡二篇,其發明著法本旨者,定爲占辯、占例、占戒、占斷,合卜筮論爲内篇。若象占取應於易辭之中物類,增分於易象之外及以己意斷占有驗,而非出於易理之自然者,並列外篇,以備推測之一術云云。

由是觀之,季氏於朱熹《周易本義》卷首九圖及《易學啟蒙》四篇内容皆有異議,謂"其譏(郭)雍法,亦猶五十步笑百步耳"。其批評朱熹易學之僞,先於黄宗羲、毛奇齡、胡渭等人數十年,尤爲難得。又於書中特別指出《梅花易數》一書非邵雍作,乃爲元人託名,亦頗有見地。

此本據北京師範大學圖書館藏明嘉靖刻本影印。(郭彧)

### 讀易記三卷　(明) 王漸逵撰 (第6册)

王漸逵,生卒年不詳,字用儀,號青蘿子,番禺(今屬廣東廣州)人。正德十二年(1517)進士,官刑部主事,未幾,請告侍養,以臺省薦起刑曹,旋乞歸。更著有《讀書記》、《讀詩記》、《讀禮樂記》、《中庸義略》、《大學義略》、《王氏宗禮》、《春秋集傳》、《四書邇言》、《歷年圖》、《嶺南耆舊傳》、《正學記》、《青蘿山人集》等。傳見《廣東通志》卷四五、《大清一統志》卷三四〇。

是書前有王氏自序,卷上釋"上經"《乾》、《坤》至《坎》、《離》三十卦,卷中釋"下經"《咸》、《恒》至《既濟》、《未濟》三十四卦,卷下釋《繫辭上傳》、《繫辭下傳》,至於釋《説卦》、《序卦》及《雜卦》則無標題。

王氏"讀易",以自繹表達"明於吾心,切於吾身"者爲主,間引前儒之説則多出於胡廣《周易大全》,其中以引用程頤《伊川易傳》、朱熹《周易本義》、東萊吕氏(祖謙)《古周易》、天台董氏(楷之)《周易傳義附録》、鄱陽董氏(真卿)《周易會通》、雙湖胡氏(一桂)《周易本義附録纂疏》、雲峰胡氏(炳文)《周易本義通釋》及厚齋馮氏(椅)《厚齋易學》内容居多。其獨立見解亦不少,如曰"聖人畫卦準於太極、陰陽、四象處來,並非因河圖而作也"、"伏羲畫卦時觀陰陽奇偶之象自成八卦文,何與於《河圖》、《洛書》? 諸儒一以《河圖》、《洛書》相配,恐非畫卦之本意也"、"邵子曰'伏羲八卦之位,乾南、坤北、離東、坎西、兑居東南、震居東北、巽居西南、艮居西北',恐未是。天地定位,乾上坤下"等等,其説皆甚有理。

此本據南京圖書館藏明刻本影印。(郭彧)

### 周易義叢十六卷首一卷　(明) 葉良佩輯 (第7册)

葉良佩(1491—1570),字敬之,號海峰,太平(今屬浙江台州)人。嘉靖二年(1553)進士,官至刑部郎中。更著有《海峰堂稿》、《葉海峰文》等。傳略見《明詩紀事》戊籤卷一五。

是書前有葉氏自序及刑部尚書應大猷序。是書内容,首爲"圖説",列朱熹《周易本義》卷首《河圖》、《洛書》、《伏羲六十四卦次序圖》、《伏羲六十四卦方位圖》及《河圖序數圖》、《洛書序書圖》、《先天則河圖生數圖》、《先天則河圖方位圖》、《先天合洛書圖》、《先天變後天圖》、《周易反對卦變圖》、《周易爻變圖》、《太玄准京氏卦氣圖》,並配以圖説。卷一至卷十二爲六十四卦,卷十三《繫辭上傳》,卷十四《繫辭下傳》,卷十五《説卦序卦傳》,卷十六《雜卦傳總義》。卷十六後爲《先賢先儒姓氏》,録歷代先賢一百六十九家,又《拾遺》録八家。

是書《四庫全書總目》收入易類存目,提要謂據王弼本,采輯古今易説,自子夏傳迄元龍仁夫,凡一百七十七家。或自抒己見,則稱

“測曰”以附於後。諸家皆有去取，惟《程傳》全錄。諸家皆以時世爲次，惟朱子《本義》則升列衆説之首云云。

是書解説《繫辭上傳》“河出圖，洛出書，聖人則之”，在引用朱熹“此四者，聖人作易之所由也。《河圖》、《洛書》詳見《啟蒙》”解説之后，則“測曰”：“河出圖，洛出書，皆具五行之數，聖人則之以爲大衍之數。”此與朱熹“《河圖》、《洛書》盖皆聖人所取以爲八卦者”的説法有異，亦與其序言“仍以子朱子《本義》冠之端首，盖以其兼明象占故也”有矛盾。就朱熹的《河圖》、《洛書》而言，並無“聖人則之以爲大衍之數”之説。是書匯集朱震、朱熹有關《河圖》與《洛書》之言論而不予分辯，有誤導讀者之嫌。（朱震以九數爲《河圖》，朱熹則以九數爲《洛書》。）易學研究，自漢至明，衆説紛纭。葉氏不知朱熹《河圖》、《洛書》實乃易置北宋李覯《洛書》、《河圖》而來，匯集而成“義叢”却不能予以甄別，實乃敗筆。

此本據國家圖書館藏明嘉靖刻本影印。（郭彧）

### 周易不我解六卷存一卷　（明）徐體乾撰（第7冊）

徐體乾，生卒年不詳，字行健，長淮衛（今屬安徽蚌埠）人。嘉靖二年（1523）進士，通曉天文地理之學。散見於《江南通志》卷一七一、《經義考》卷五四等。

是書前有萬曆庚戌（三十八年，1610）徐氏自序，備述著書經歷。其後有《古易辯》、《六爻相應辯》、《乾龍辯》、《希夷龍圖》、《時乘六龍辯》、《剛柔辯》六篇，其後爲解《乾》、《坤》二卦。朱彝尊《經義考》曰：“徐氏體乾《周易不我解》六卷，闕。”《四庫全書總目》易類存目提要謂之“二卷”者，盖以書前《古易辯》、《六爻相應辯》、《乾龍辯》、《希夷龍圖》、《時乘六龍辯》、《剛柔辯》爲一卷，以書後解

《乾》、《坤》二卦内容爲一卷。是書中縫有“周易不我解卷之一”八字，爲僅存一卷。

《四庫全書總目》存目提要謂，徐氏著述大旨，乃以天星配四時，解《乾》卦六龍，即指龍星，解《坤》爲牛，亦指犧牛星，盖即林光世《水村易鏡》之説而變幻之，殊爲附會。書中多引邵子及《左傳》占法，而以青陳左邵並稱，其名“不我解”者，言解不以我也云云。

此本據南京圖書館藏明萬曆刻本影印。（郭沖）

### 胡子易演十八卷（存卷九至卷十六）　（明）胡經撰（第7冊）

胡經，生卒年不詳，號前岡，廬陵（今屬江西吉安）人。嘉靖八年（1529）進士，官至翰林侍講，太常少卿，提督四類館事。事略見《四庫全書總目》卷七。

是書收入《四庫全書總目》易類存目，其提要謂，《明史・藝文志》載胡經《易演義》十八卷，此本但稱《易演》，疑史衍文也。其書用注疏本，移《乾・象傳》“大明終始”三句於“乃利貞”之下，謂是《周易》原本，得之於《師》者，《蒙》卦六爻皆主君臣。凡若此類，大約喜爲新説，務與朱子立異。夫朱子之《易》固不能無所遺議，然經以尋章摘句之學，於古義無所考證，而漫相牴牾則過矣云云。

案是書前八卷原闕，始自第九卷至第十六卷爲“周易下經”。其解經方法，於經文之下加“演”字，其後爲解説内容。如《咸》卦“咸亨利貞取女吉”：“演：咸爲感。子曰‘无思也，无爲也，寂然不動，感而遂通天下之故’，曰咸言无心感物而物自應也。有感則必通矣，故亨。夫貞者，感之理也。感不以正，是謂苟合。其何能通天下之志，未可謂之咸也，故得正則利而亨矣。夫感應之道大而莫先於夫婦，取女則婚姻之禮成，室家之願遂，以承宗祀，以繼後世，以明父子，以正君臣，以措禮

義,以成陰陽之教,是萬化之原也。"要之,胡氏於"演"字下,多引用"程子曰"、"朱子曰",其"易演"內容不出程、朱解說之外,亦是學本《周易大全》而演繹。就所存後八卷內容觀之,似乎無多少"喜爲新說,務與朱子立異"的內容。

此本據天一閣藏明抄本影印。(郭彧)

**讀易纂五卷首一卷** (明)張元蒙撰(第8冊)

張元蒙,生卒年不詳,據是書序及卷前署名,知其字叔正,婁東(今江蘇太倉)人。

是書卷首有弇州山人王世貞《讀易纂序》,謂嘉靖中婁有茂才異等二人,曰陸允清先生、張叔正先生。陸治《易》,張治《詩》。張稍晚出,而試時相甲乙。當是時,二先生以經術師範名三吳。然陸竟不第死,春秋僅五十餘,有遺書《說易》三卷。而張先生膺貢徙太學上舍,當有官矣,亦竟以病目廢。王氏自郡而始從張先生遊,稍稍出其《讀易纂》,爲卷亦三,中采陸說凡四之一,而金貫亨、崔銑二氏復得五之一。它所稱治《易》家者,亦時時采及之。大較本程、朱之故而稍酌以己意……其於象占變數位應之類,苟不當於心,不盡從也。陸最名精於《易》,其所發揮有確然而不可易、灑然而自得於言意之表者,然間或刻而流於鑿,張先生能衷之云云。

王序下,接是書引用諸儒姓氏、《凡例》、萬曆壬午(1582)七月既望張氏《小引》;濂溪周先生《太極圖》(朱熹改造之圖)及圖說;伊川程先生《易傳序》;慈湖楊先生《己易》;甘泉湛先生《學易三要》;莊渠魏先生《太極圖解》;南陽歐陽先生《上下經義》;北沙陸先生《河圖洛書》。

是書卷一、卷二內容爲《周易上經》;卷三、卷四內容爲《周易下經》;卷五內容爲《繫辭上傳》、《繫辭下傳》、《說卦傳》、《序卦傳》、《雜卦傳》。是書本旨蓋纂諸家之說易者而會通之,不拘一家也。程主理而略象,朱兼象

而重占,此纂兼程朱而互用之。凡《大全》所載諸家說易者,亦兼用之。

此本據北京大學圖書館藏明萬曆王世貞刻本影印。(郭彧)

**易經正義六卷** (明)鄢懋卿撰(第8冊)

鄢懋卿,生卒年不詳,字景卿,豐城(今江西豐城)人。嘉靖二十年(1541)進士,由行人擢御史,累進左副都御史。附嚴嵩,市權納賄,濫徵苛斂,官至刑部右侍郎。嚴嵩敗後,落職戍邊。《明史》有傳。

是書前有鄒守益嘉靖四十年(1561)序,其後爲《晦菴易說》、《附錄》。正文凡六卷,卷一、卷二解說《周易上經》;卷三、卷四解說《周易下經》;卷五、卷六解說《繫辭傳》、《說卦傳》、《序卦傳》、《雜卦傳》。

鄢氏此書雖學本朱熹《周易正義》,然其解說內容卻非一味依據朱說。例如:"不可徒泥於《本義》訓詁之文而失其意也"、"《本義》之作專主卜筮,欲人因占以玩辭,因辭以窮理而措之事也。其所以示人占法,決不可作正意以失周文之本旨"、"《本義》所謂卦變,悉具於卦變圖說,非畫卦作易之本旨也。讀者不可以此遂認爲九六之變"、"《本義》謂卦名出於伏羲,不知何據。蓋伏羲之時有畫無文,豈有六十四卦之名耶"等等,皆爲反駁朱熹之見。

鄢氏闡明《正義》之體例亦與衆不同,不羅列《易經》原文,而將所需內容夾雜於解說之中。即便《繫辭傳》亦爲直接引用內容,無《繫辭上》、《繫辭下》等名目。

此本據上海圖書館藏明嘉靖四十年吳初泉刻本影印。(郭彧)

**周易傳義補疑十二卷** (明)姜寶撰(第8冊)

姜寶(1514—1593),字廷善,號鳳阿,丹陽(今江蘇丹陽)人。嘉靖三十二年(1553)進士,授編修,官至南京禮部尚書。更著有《春

秋事義全考》、《資治大政記綱目》、《姜鳳阿文集》等。生平見《丹陽縣志》。

是書收入《四庫全書總目》易類存目，提要謂是編大旨以《程子易傳》主理、《朱子易本義》主占。其初頗有所疑，既而研究十五年乃定，從傳、義者十之八九，旁及諸家者十之一二。於傳、義或有所疑者，亦以己意斷之，故曰《補疑》云云。

是書內容，卷一補疑《乾》、《坤》二卦；卷二補疑《屯》至《否》十卦；卷三補疑《同人》至《觀》八卦；卷四補疑《噬嗑》至《離》十卦；卷五補疑《咸》至《蹇》九卦，卷六補疑《解》至《困》八卦；卷七補疑《井》至《豐》八卦；卷八補疑《旅》至《未濟》九卦；卷十補疑《繫辭上傳》；卷十一補疑《繫辭下傳》；卷十二補疑《說卦傳》、《序卦傳》、《雜卦傳》。

是書體例，引用朱熹《周易本義》原文，之下附錄“程子云”、“平菴項氏”、“云峰胡氏”、“俞琰氏”等人之說。又是書頁眉多有草書批語，難以辨認，未知出自誰手。

此本據國家圖書館藏明萬曆十四年古之賢新安郡齋刻本影印。（郭彧）

## 易象彙解二篇　（明）陳士元撰（第 8 冊）

陳士元（1516—1597），字心叔，號養吾，應城（今湖北應城）人。嘉靖二十三年（1544）進士，次年任灤州知州，二十八年三月辭官歸里。更著有《易象鉤解》、《五經異文》、《九經考異》、《論語類考》、《孟子雜記》、《荒史》、《古俗字略》、《夢林元解》、《名疑》、《姓彙》等。生平見《（光緒）應城縣志》，近人胡文玉（鳴盛）著有《陳士元先生年譜》。

是書分上、下二篇，上篇分《天象解》（七章）、《地象解》（八章）、《人象解》（五章）、《身象解》（十五章）、《獸象解》（十章）、《木象解》（四章）、《衣象解》（三章）、《食象解》（四章）、《宮室象解》（四章）、《器象解》（十七章）、《政學解》（七章）；下篇分《說卦傳象解》（二十章）、《大象解》（四十二章）、《數象解》（十四章）。

是書之刻板區區三十四板，所謂之“章”不過問答數十字而已。

陳氏說“易象”，以卦之初、二爲地道，三、四爲人道，五、上爲天道，無可厚非，因《說卦》曰“立天之道曰陰與陽；立地之道曰柔與剛；立人之道曰仁與義，兼三才而兩之，故易六畫而成卦”。其曰“田、淵何謂也？偶畫，地道也。二、四偶也。四在卦下爲淵，猶初在卦下爲潛也”，則又以三爻之初爲地道，二爲人道，上爲天道，此說與《說卦》不合。《四庫全書》收陳氏《易象鉤解》四卷，提要曰《明史·藝文志》載其《彙解》二卷、《鉤解》四卷，則《彙解》亦發明象學者，以未見其書，故不著錄云云。

此本據國家圖書館藏明萬曆刻《歸雲別集本》影印。（郭彧）

## 今文周易演義十二卷首一卷　（明）徐師曾撰（第 9 冊）

徐師曾（1517—1580），字伯魯，吳江（今屬江蘇蘇州）人。嘉靖三十二年（1553）進士，授兵科給事中，改吏科，頻有建白，因嚴嵩用事，乃於三十九年告歸。通陰陽曆算醫卜之學，學者稱魯菴先生。更著有《禮記集註》、《文體明辨》、《湖上集》、《吳江縣志》、《宦學見聞》等。生平見《獻徵錄》卷八〇及王世懋《王奉常集》文部卷二〇《徐魯菴先生墓表》。

是書《四庫全書總目》收入易類存目，提要謂作者初從呂祖謙本爲《古文周易演義》一書，後以明代取士用注疏本，乃復爲此書。大指以闡發《本義》爲主。初刻於杭州，隆慶戊辰又修改而重刻云云。

是書前有徐氏《刻今文周易演義序》。卷首《讀易通例》；卷一演義《乾》、《坤》二卦；卷二演義《屯》至《履》八卦；卷三演義《泰》至《觀》十卦；卷四演義《噬嗑》至《離》十卦；卷五演義《咸》至《睽》八卦；卷六演義《蹇》至《困》九卦，卷七演義《井》至《豐》八卦；卷八演義《旅》至《未濟》九卦；卷九演義《繫辭上傳》一至八章；卷十演義《繫辭上傳》九至十二章；卷十一演義《繫辭下傳》；卷十二演義《説卦傳》、《序卦傳》、《雜卦傳》。

是書爲學子應對科舉而作，一本朱熹《周易本義》而加以"演義"，雖間有與朱熹見解不同之處，然其大要不出朱熹解説之藩籬。

此本據國家圖書館藏明隆慶二年董漢策刻本影印。（郭彧）

### 周易象義六卷讀易雜記四卷 （明）章潢撰 （第 9 册）

章潢（1527—1608），字本清，南昌（今江西南昌）人。自幼好學，建此洗堂於東湖之濱，聚徒講學，尚主白鹿洞書院講席，與意大利人利瑪寶結交，與吳與弼、鄧元錫、劉元卿並號"江右四君子"。萬曆乙巳（1605）薦授順天府學訓導，時年七十九，不能赴官。更著有《詩經原體》、《書經原始》等，又輯《圖書編》百二十七卷。傳附《明史·鄧元錫傳》，又黄宗羲《明儒學案》卷二四有其學案。

是書六卷，卷一述《乾》至《大有》十四卦之象義；卷二述《謙》至《離》十六卦之象義；卷三述《咸》至《困》十七卦之象義；卷四述《井》至《未濟》十七卦之象義；卷五爲《易大象義敘》，卷六爲《易圖象義》（列有《古太極圖》、《外先天八卦内後天八卦圖》）、《易卦反對象義敘》（列有《序卦反對圖》）、《易序卦反對大旨》、《易序卦反對象義》。

《四庫全書總目》易類存目收有章潢撰《周易象義》十卷，同名之書，章潢之前尚有宋丁易東《周易象義》十六卷、明唐鶴徵《周易象義》四卷。觀是書六卷内容，與《四庫提要》之言多有出入。其"取象"之例，除六十四卦爻象義之外，多是闡述《大象傳》象義、《序卦》反對象義以及《古太極圖》、《外先天八卦

内後天八卦圖》等易圖象義。或館臣所見之十卷本並非此書，亦未可知。《四庫提要》所謂"引張行成説以駁晁公武主理之論"、"雜引虞翻、荀爽《九家易》及李鼎祚、鄭汝諧、林栗、項安世、馮椅、徐大爲、吕楼卿諸家而參以己意"，"其取象之例甚多，約其大旨不出本體、互體、伏體三者"等，均不見於章潢此書，却見於宋丁易東《周易象義》。朱震《漢上易傳卦圖》載李之才《變卦反對圖》，似可爲章氏所本，然而章氏所列《古太極圖》却是黑白魚形圓圖，與朱震所列周敦頤《太極圖》大不同，亦並非《四庫提要》所謂"以《漢上易傳》爲椎輪"者。由是觀之，《四庫全書總目》易類存目所收之章潢《周易象義》提要當爲丁易東《周易象義》之提要。

《千頃堂書目》、《經義》皆録此書十卷，疑皆併《象義》六卷、《雜記》四卷而言之。

就"象數言意，四者不可缺一"而言，章潢此書闡述《周易》之象義，則無可厚非。孔子《象傳》即爲析象以發揮義理之先例，故章潢此書大有可觀之處。

此本據國家圖書館藏明抄本影印。（郭彧）

### 九正易因不分卷 （明）李贄撰 （第 9 册）

李贄（1527—1602），號卓吾，別號温陵居士，晉江（今福建晉江）人。嘉靖三十一年（1552）舉人，不應會試，歷共城知縣、姚安知府等，後棄官，寄居麻城講學。爲學頗反傳統，更反對以孔子之是非定是非，被當局誣爲妖言，逮捕嚴問，自殺死。更著有《焚書》、《續焚書》、《藏書》、《李温陵集》等。傳見《焚書·卓吾論略》、《珂雪齋文集》卷八及《（乾隆）泉州府志·李贄傳》等。

此書體例，每卦先列卦爻辭、《彖傳》、《象傳》之文，次以己意總論卦旨，又附録諸家之説於每卦之後。書止六十四卦，《繫辭》以下諸傳皆未之及。李氏晚年先有《易因》之作，

凡二卷,明萬曆間秣陵陳邦泰曾爲刊刻行世(張國祥《續道藏》亦收入此書),後又多次刪訂改正,遂成《九正易因》。其《自序》曰,《易因》一書,蓋其既老復遊白門而作。三年就此,封置筴筒。上濟北,讀《易》於通州馬侍御經綸之精舍,晝夜參詳,更兩年,而《易因》之舊者存不能一二,改者且至七八矣。侍御曰:"樂必九奏而後備,丹必九轉而後成,《易》必九正而後定。宜仍舊名'易因',而加'九正'二字。"遂定其名曰《九正易因》云云。《四庫全書總目》易類存目收入是書,並指出:"贄所著述,大抵皆非聖無法。惟此書尚不敢詆訾孔子,較他書爲謹守繩墨云。"

此本據遼寧省圖書館藏清初毛氏汲古閣刻本影印。(廖名春)

### 易原八卷　（明）陳錫撰（第 10 册）

陳錫,生卒年不詳,字南衡,臨海(今浙江臨海)人。嘉靖三十五年(1556)進士,授禮部主事,官至禮部員外郎。更著有《千古辨疑》等。事略見《四庫全書總目》雜家類存目《千古辨疑》提要。

《明史・藝文志》著録"陳錫《易原》一卷"。該陳錫當爲廣東南海人,號天游,更著有《詩辨疑》、《尚書經傳別解》等,萬曆、崇禎、康熙、道光等《南海縣志》均有載。《四庫全書》收録宋程大昌《易原》八卷,然不收陳錫此書,亦不見存目。

是書卷首有萬曆己亥(二十七年,1599)鄒元標撰門人蕭來鳳書《重刻陳南衡易原序》,謂公著述滿家,《易原》其猶著者云云。書凡八卷,卷一述《乾》、《坤》兩卦,卷二述《屯》至《履》八卦;卷三述《泰》至《賁》十二卦,卷四述《剥》至《離》八卦,卷五述《咸》至《解》十卦,卷六述《損》至《井》八卦,卷七述《革》至《旅》八卦,卷八述《巽》至《未濟》八卦。

陳氏謂:"《乾》爲馬,《震》爲龍。今《乾》六爻取龍者,以《乾》一爻即得《震》體。陽之

動,非龍曷以狀其變化之妙哉!"此説甚是。以《復》卦解初九"潛龍",既是以下卦《震》爲龍,而以《乾》卦解上九"亢龍",則是以《乾》上九一爻爲龍。至謂"荆公曰,陰盛於陽,故與陽俱稱龍;陽衰於陰,故與陰俱稱血。謂之龍戰,則陽固龍而陰亦龍也;謂之玄黃,則陽固傷而陰亦傷也",則失其本真。王安石原話只是"陰盛於陽,故與陽俱稱龍;陽衰於陰,故與陰俱稱血",後半段"謂之龍戰,則陽固龍而陰亦龍也;謂之玄黃,則陽固傷而陰亦傷也"則出於元梁寅周之《易參義》,是明蔡清《易經蒙引》將王安石與梁寅之説混在一處,並曰"此王介甫之言也"。

以占筮解卦,是陳氏之特點。如解"初九潛龍勿用",則曰:"筮得初爻而策純奇,故言九,其畫爲口,陽中虛矣,猶未析爲一也。如策純偶,其畫爲乂,陰中實矣,猶未合爲一也。初九之云,言筮初爻而得九數矣。"

此本據北京師範大學圖書館藏明萬曆二十七年刻本影印。(郭彧)

### 易學十二卷　（明）沈一貫撰（第 10 册）

沈一貫(1531—1615),字肩吾,鄞縣(今屬浙江寧波)人。隆慶二年(1568)進士,萬曆二十二年(1594),由南京禮部尚書入爲東閣大學士,累加中極殿大學士,卒諡文恭。擅詞章,更著有《敬事草》、《經世宏辭》、《詩經纂注》等。《明史》有傳。

是書收入《四庫全書總目》易類存目,提要謂是書掃除先天之説,惟偶及象與卦變,亦不甚以爲主。大旨斟酌於《伊川易傳》、《東坡易傳》之間,惟以人事爲主。較糾紛奇偶者尚爲篤實近理,然頗借以寓其私意云云。評論較爲公允。

是書不拘泥朱熹《周易本義》之説,多以歷史故事爲解。如解説《繫辭上傳》"天生神物"一節,曰:"既言蓍、龜,又言圖、書,具闡天地之秘也。四象即此四語,非陰陽老少之

四象也。……聖人自以其仰觀俯察而得之耳。心易之妙，與造化冥合，雖無著龜，《易》書必作。……豈若後人之作補輳牽强哉!"是爲的論!

此本據首都圖書館藏明刻本影印。（郭彧）

**易意參疑首編二卷外編十卷**　（明）孫從龍撰　（第10册）

孫從龍，生卒年不詳，字化光，吴江（今屬江蘇蘇州）人。隆慶二年（1568）進士，授行人，出知廣信府，陞江西按察副使，乞疾歸。生平具見《吴江縣志》，又見《古今圖書集成》氏族典卷一五〇。

是書卷首有瑯琊王世貞萬曆丁丑（五年，1577）八月吉旦之《叙易意參疑首》，謂其於伊川、紫陽氏之説，初不爲抵牾，乃其發於象占之外而理之所未備者，雋永乎其言之也。世之真能信《易》者，獨孫君也云云。正文凡分二編，首編卷一爲《圖極略第一》、《先後天圖略第二》、《名義略第三》、《易例略第四》；首編卷二爲《筮法略第五》、《體用略第六》、《讀易略第七》、《用易略第八》、《傳易略第九》。外編卷一《乾》至《師》七卦；外編卷二《比》至《臨》十二卦；外編卷三《觀》至《離》十一卦；外編卷四《咸》至《益》十二卦；外編卷五《夬》至《歸妹》；外編卷六《豐》至《未濟》十卦；外編卷八《繫辭上傳》；外編卷九《繫辭下傳》；外編卷十《説卦傳》、《序卦傳》、《雜卦傳》。

是書爲演繹《周易本義》而作，雜糅先儒之説，却無是非之定論。

此本據上海圖書館藏明萬曆五年書林翁時化刻本影印。（郭彧）

**生生篇**　（明）蘇濬撰　（第10册）

蘇濬（1542—1599），字君禹，號紫溪，晉江（今福建晉江）人。明萬曆元年（1573）中解元，官至廣西按察使。曾主持修撰《廣西通志》。更著有《周易冥冥篇》、《易經兒説》、《四書兒説》、《韋編微言》、《紫溪集》等。生平見《閩書》、李清馥《閩中理學淵源考》、《（道光）晉江縣志》等。

是書前有蔡獻臣、黄文炳等序，蘇氏自序，又有蘇氏自撰《論易》一篇。是書不標卷數，内容凡分七部：《上經一》（《乾》至《臨》）、《上經二》（《觀》至《離》）、《下經一》（《咸》至《益》）、《下經二》（《夬》至《未濟》）、《繫辭上傳》、《繫辭下傳》、《説卦》。書後有匡南後學吴道長跋。

蘇氏謂"如曰象爲潛龍，占爲勿用，非之非矣"、"時舍二字，《本義》所解未是"、"聖人則之，非規規然模仿其方位與數也。《圖》、《書》之縱橫黑白，不出陰陽易之儀象，卦爻不出奇偶，即擬形容象物宜也。悟一陰陽字，便勘破《圖》、《書》之義矣。數中有理，豈必虚中儀中即卦？豈必分其合補其空？甚矣，《啓蒙》之支也"等等解説，均爲駁朱熹易説之非。要之，是書强調"心易"，提出了諸多批評朱熹《周易本義》、《易學啓蒙》僞學之見，頗資參助。

此本據浙江省圖書館藏明萬曆二十五年刻本影印。（廖名春）

**易筌六卷附論一卷**　（明）焦竑撰　（第11册）

焦竑（1540—1620），字弱侯，號澹園、漪園，江寧（今江蘇南京）人。萬曆十七年（1589）殿試第一，授翰林院修撰，充東宫講官，二十五年主持順天鄉試，以舉子卷中多有險誕之語，被劾謫爲福寧州同知，後竟削籍，歸家不復出，專事著述。更著有《國史經籍志》、《焦氏筆乘》、《老子翼》、《莊子翼》、《類林》、《禹貢解》、《考工記解》等二十餘種。《明史》有傳，又見《明儒學案》卷三五。

是書卷首有焦氏萬曆壬子（四十年，1612）自序，交代了其撰是書之宗旨："筌"者，捕魚之具,儒者學易以求"窮理盡性至命"之"魚"也。是書卷一詮釋《乾》至《大有》十四卦;卷二詮釋《謙》至《離》十六卦;卷三詮釋《咸》至《革》十九卦;卷四詮釋《鼎》至《未濟》十五卦;卷五詮釋《繫辭上傳》、《繫辭下傳》;卷六詮釋《説卦傳》、《序卦傳》、《雜卦傳》。《附論》多是辯駁之文,如謂後世混文王象辭與孔子《象傳》爲一、批評"儒者於《河圖》、《洛書》獨深求之而不已,何其過也"、"《易》但言'河出圖,洛出書'而已,未有龜龍之説也"等等,亦不乏正確見解。

是書收入《四庫全書總目》易類存目,提要謂是書大旨欲以二氏通於《易》,每雜引《列子》、《黄庭内景經》、《抱朴子》諸書以釋經云云。然僅就焦氏詮釋《乾》、《坤》二卦言,所引皆出儒家,如班固、張衡、管輅、鄭康成、王肅、張璠、胡安定、横渠(張載)、楊廷秀(楊萬里)、秦淮海、項安世、伯厚(王應麟)等,並非"雜引"。焦氏研究《周易》用功頗深,每有獨到見解。如,解"用九"、"用六"曰:"《乾》、《坤》二卦獨有用九、用六,何也? 六十四卦剛柔之用於此發其凡也。剛過則競,故欲後而不先;柔過則邪,故欲正而能久。六十四卦盡於《乾》、《坤》,《乾》、《坤》盡於九、六。蓋一經之中,非九則六,故聖人於篇首特立此例。《旁注》以爲六爻皆變,與介甫之説皆非。"又如:"《坤》之'元、亨、利'三德同乎《乾》,'貞'則獨指一事,曰'牝馬之貞'。王輔嗣誤讀'利牝馬之貞',後相沿襲,非也。"

此本據中國科學院圖書館藏明萬曆四十年刻本影印。(郭彧)

**易象管窺十五卷** (明) 黄正憲撰 (第 11 册)

黄正憲,生卒年不詳,字懋容,秀水(今屬浙江嘉興)人。與其兄少詹事洪憲皆喜談《易》。更著有《春秋翼附》等。見《四庫全書總目》卷七。

是書收入《四庫全書總目》易類存目,提要謂此書所用乃王弼之本,所注專主於義理。前有《膚見》七條,即其凡例也。正憲自記稱是書始於乙未,成於壬寅,凡六易稿。每早起則讀《金剛經》,終朝則讀《周易》云云。

是書内容,卷一至卷六爲《上經》;卷七至十二爲《下經》;卷十三爲《繫辭上傳》;卷十四爲《繫辭下傳》;卷十五爲《説卦》、《序卦》、《雜卦》。

黄氏論《繫辭上傳》"河出圖,洛出書,聖人則之"曰:"如儀鳳在庭、鳴鳥在郊,有感必有應,各值其時,孔、班之論,當是定見。且'天生神物'未必不指'河圖',而'聖人則之'之辭亦重複,則先儒所謂《繫辭》中亦有附會之説,未必非此類也。"此見與朱熹《周易本義》主張"聖人則河圖畫卦"大不同。又論《序卦》曰:"愚謂此必漢儒恐後學者失六十四卦之序,故牽合附會以便誦記,不暇求其辭義之順耳。"論《雜卦》曰:"若此篇,無論次序雜亂,辭乖義舛,孔子亦何不憚煩,既《序》之復《雜》之,紛紛置喙耶? 此必春秋以後易學失傳,筮師所遺占斷之説耳。傳者遂附於《易》,以爲聖人之書,何謬哉!"今長沙馬王堆出土之書《周易》裡並無《序卦》及《雜卦》内容,早在明代黄氏就已懷疑其非聖人之書,可謂富有見地。要之,有明一代如同黄氏如此管窺《周易》者,實屬少見。其謂"程、朱《傳》、《義》,然亦不能無齟齬處",亦爲事實。故是書可備一讀。

此本據復旦大學圖書館藏明刻本影印。(廖名春)

**新刻易測十卷** (明) 曾朝節撰 (第 11 册)

曾朝節(1535—1604),字植齋,臨武(今湖南臨武)人。萬曆五年(1577)進士,授編修,官至禮部尚書,充東宫侍講。更著有《臆言》、《經書正旨》等。生平見《臨武縣志》,又見《古今圖書集成》氏族典卷三二一。

是書内容，卷一《説凡》；卷二至卷五《上經》；卷六至卷九《下經》，卷十《繫辭上傳》、《繫辭下傳》、《説卦》、《序卦》、《雜卦》。

《四庫全書總目》易類存目有《易測》十卷，提要謂取王弼注、孔穎達疏、程子傳、朱子《本義》及楊氏《易傳》之説，參互考訂。大旨主於觀辭玩占，一切卦圖卦變之説，悉所不取，頗足掃宋《易》之葛藤，然其去取衆説，則未能一一精審也云云。如《説凡》曰："伏羲奇偶之畫得之《河圖》"；"八卦者天地鬼神之府宅，萬事萬物之符契"；"'象曰'，大象辭也，周公作；小象辭，亦周公作。小象辭之下'象曰'，孔子《象傳》也"；"卦以一爲初，六爲上，初上無位"；"乾之六爻，以定位言"；"《易》因象以繫象，因位以繫爻"；"《河圖》之數，成變化行鬼神，伏羲得之而畫奇偶"；"《大象》，周公自爲一書"；"乾之象爲龍"等等，多發前人之未發，且多自相矛盾。他如"《象傳》疑有錯簡"，"賢人沉在下位而孤立無輔"（《繫辭》曰"聖人之大寶曰位"，帛書《周易》"賢人在亣下矣，立而无輔"），"至於河出八卦之圖，洛出九疇之書，聖人亦則之焉"等等，亦是與衆不同，惜乎多不中的。

此本據南京圖書館藏明萬曆刻本影印。（廖名春）

### 周易正解二十卷讀易一卷　（明）郝敬撰
（第 11 册）

郝敬（1558—1639），字仲輿，京山（今湖北京山）人。萬曆十七年（1589）進士，歷官縉雲、永嘉二縣知縣，擢禮科給事中，遷户科，尋謫宜興縣丞，終於江陰縣知縣。著述頗豐，《儀禮》、《周禮》、《詩》、《書》均有解，另有《山草堂集》等。《明史》有傳，又見《明儒學案》卷五五。

是書收入《四庫全書總目》易類存目，提要謂此書用王弼注本，凡上下經十七卷，其説較詳。《繫辭》以下僅三卷，則少略。大旨以義

理爲主，而亦兼及於象。其言理，多以十翼之説印正卦爻，其言象亦頗簡易。然好恃其聰明，臆爲創論。如釋《蠱》卦爲武王之事，而以先甲後甲爲取象甲子昧爽，其他亦多實以文武之事。蓋本"作《易》者其有憂患"一語，輾轉旁推，遂横生穿鑿云云。

郝氏深曉朱熹易學之僞，雖官方提倡學本朱熹，亦不以爲圭臬，且明顯予以批評。至於郝氏仍然堅持"易數本于《河圖》"、"《河圖》，蓍策所由生"、"右《河圖》（朱熹《周易本義》所列十數黑白點圖），伏羲作《易》，河中地産龍馬，馬八尺以上曰龍，毛色有點似卦畫奇偶，伏羲摹以爲圖"等説，囿於《繫辭》"河出圖，洛出書，聖人則之"之原文，仍然不出朱熹説《易》之藩籬。要之，是書所謂"正解"，確有可讚揚之處，然而亦有誤解之處。瑕不掩瑜，可備一讀。

此本據浙江省圖書館藏明萬曆郝千秋、郝千石刻郝氏《九經解》本影印。（廖名春）

### 石鏡山房周易説統十二卷　（明）張振淵撰
（第 12 册）

張振淵，生卒年不詳，字彦陵，仁和（今浙江杭州）人。據《四庫全書總目》卷八。又是書前虎林張元徵萬曆乙卯（四十三年，1615）孟冬序，有曰："余友彦凌氏，幼而孤，長而砥名行攻文辭，老而數奇不遇，恬漠寡營，實有所證入，而溘焉長逝，嗟乎！彦凌一生所閱皆《易》也。"是知此時，張氏已然故去。

是書收入《四庫全書總目》易類存目，提要謂是編大旨宗程朱傳義，凡諸儒説理可互證者亦旁采並存，標爲四例：其與《本義》相左而理有闡發者曰"附異"；其互有異同與《傳》、《義》相發明者曰"附參"；其出自獨見者曰"附别"；其可以觸類旁通者曰"附餘"。凡所援引，各標姓氏，間或附以己意，則以"彦陵氏"别之云云。

是書難得之處在於"附異"，引用與朱熹

《周易本義》"相左而理有闡發者"。儘管少之又少，然總算有所發現。例如，"蘇子瞻曰，道之大全，未始有名而《易》"，則與朱熹説法有所不同，而且在理。令人遺憾者，張氏仍如朱熹一樣主"《圖》、《書》則《易》之原"、"《圖》、《書》則金木水火土生成克制之數，則之而卦畫方位以定"，而不知所謂《河圖》與《洛書》乃"《易》外之物"。要之，是書一以程頤《伊川易傳》及朱熹《周易本義》爲主，並"旁求博采"引用蘇軾、胡宏、楊簡、吳澄等人的易説，分作"附證"、"附異"、"附別"、"附餘"、"附參"、"總論"以及"彦陵氏曰"等名目予以説解。其中不乏個人見解，亦有獨到之處。

是書乾隆《欽定續通志》、《欽定續文獻通考》皆作十二卷，然《浙江通志》與朱彝尊《經義考》皆作二十五卷。此本目録"俱已刻"有十二卷，"俱嗣刻"爲"圖説一卷"、"卦例一卷"、"易説綱領一卷"、"《本義》發明三卷"、"象外別傳八卷"，計十四卷，"俱已刻"合"俱嗣刻"當爲二十六卷。

此本據浙江省圖書館藏明萬曆四十三年石鏡山房刻本影印。（廖名春）

### 周易古本全書彙編十七卷　（明）李本固撰（第 12 册）

李本固，生卒年不詳，字維寧，臨清（今山東臨清）人。萬曆二十年（1592）進士，官至太僕寺少卿。生平見《臨清州志》。

是書《明史‧藝文志》、朱彝尊《經義考》均著録爲"《古易彙編意辭集》十七卷"，《四庫全書總目》易類存目作"《古易彙編》十七卷"。是書前兩序分別作《周易古本全書序》和《古易彙編敘》，卷一至卷十二爲《意辭集》，卷一前有《古易考》一篇，大旨謂費直、鄭玄、王弼變亂古易次序，將十翼部分內容合於《易經》之內，而己所彙編之書一本吕祖謙、朱熹，從而"復吕朱更定之古易，以矯近

世俗儒之失"。李氏於卷之十二"雜卦辭會"末論曰："象數則述漢注，義理則述宋儒，擇其尤雅者著于篇，會理象爲一，如項氏《玩辭》、劉濂《象解》之例。非敢爲異也，因命曰《辭會》。"

卷十三至卷十七爲《古易彙編意辭象數變占集》內容。又分《意辭集》、《象數集》、《變占集》三部。卷十三爲《意辭集》，下有小目，分題明意、釋名、詳易、玩辭、誤異、易派。卷十四、十五爲《象數集》，卷十四分題圖書象、圖數、蓍數、總論、畫象、三易；卷十五分題廣象、觀象、衍數。卷十六爲《變占集》，分題蓍變、之變、反對、變例、小成變占、觀變、不卜、玩占；卷十七分題卜筮考、斷法等。

此三部又合稱"古易三集"，卷十三之前刻板中縫有"古易三集"字，並胡國鑒《古易彙編三集雜論敘》。

此本據北京大學圖書館藏明萬曆刻本影印。（郭彧）

### 周易象通八卷　（明）朱謀㙔撰（第 12 册）

朱謀㙔（1564—1624），字鬱儀，南昌（今江西南昌）人。明太祖十七子寧獻王朱權七世孫，封鎮國中尉，萬曆間攝石城王府事。著述甚豐，有《水經注箋》、《春秋戴記》、《枳園近稿》等。傳見《江西通志》卷六六，又見《列朝詩集小傳》閏集。

是書卷首有吳用先、李維楨、湯顯祖、曹學佺、俞琳《序》，內容多是"友人"依附阿諛之言。其後"圖説"列所謂"宋徽宗考古搜奇始出示于中外"之《河圖》及《衍河圖説》、《伏羲重卦圖》、《文王次易卦圖》。正文卷一述《乾》至《比》八卦；卷二述《小畜》至《豫》八卦；卷三述《隨》至《復》八卦；卷四述《无妄》至《恒》八卦；卷五述《遯》至《解》八卦；卷六述《損》至《井》八卦；卷七述《革》至《旅》八卦；卷八述《巽》至《未濟》八卦。書末爲付梓者《易象通跋》（缺頁不知作者）。

是書收入《四庫全書總目》易類存目，提要謂是書惟釋上下經文不及十翼，大旨欲稍還古義而轉生臆説。如不用陳摶《先天圖》，亦不用周子《太極圖》是矣，而別造《河圖》四，謂“三代以來厥圖世藏秘府以爲寶，學者莫得而窺，迨宋徽宗考古搜奇始出示於中外”，是出何典記乎？如謂“乾居西北當奎婁白虎之尾，故曰履虎尾”，已屬穿鑿附會。至於解《既濟》云“涉者多繫匏以防危厲，《離》爲大腹，匏瓜之象，則涉者也。《坎》爲川瀆，則津濟也”。因外卦爲《離》而生大腹，因大腹而生匏瓜，因匏瓜而牽合於繫匏涉水，以遷就《既濟》之象，易果若是之迂曲乎？又解《困》卦初爻、二爻云“《坎》爲叢棘，初其株也。六三居泉谷之間，故爲石梁。株木石梁皆因未涸而爲橋梁，是急於濟渡而遭困也”。因《坎》生叢棘，因在初爻而變文曰株木，因六三在《兑》、《坎》之間生泉谷，因泉谷而生石梁，而省文曰石，《易》果若是之晦澀乎？作者以博洽名此書，尤爲曹學佺所推許。其實多出臆見，不爲定論也云云。可謂切中要害。

此本據國家圖書館藏明萬曆刻本影印。

（郭彧）

### 周易可説七卷　（明）曹學佺撰　（第 13 册）

曹學佺（1574—1646），字能始，號石倉。侯官（治今福建福州）人。萬曆二十三年（1595）進士，授户部主事，曾任南京户部郎中、四川按察使、廣西右參議等。後遭魏忠賢黨羽參劾去職，家居二十年。南明唐王時起授太常卿，進禮部尚書加太子太保。唐王事敗，投繯而死。更著有《五經可説》、《蜀中廣記》、《石倉詩文集》等。《明史》有傳。

是書内容，卷首爲《總論》八篇，卷一説《乾》至《否》十二卦；卷二説《同人》至《離》十八卦；卷三説《咸》至《困》十七卦；卷四説《井》至《未濟》十七卦；卷五説《繫辭上傳》；卷六説《繫辭下傳》；卷七説《説卦傳》、《序卦傳》、《雜卦傳》。

是書收入《四庫全書總目》易類存目，提要謂是書以象占爲主，於前人中多采來知德《易注》，而深疑朱子《本義》。如謂“凡詞皆象也，《本義》一詞而分爲象、占，如‘潛龍勿用’本一句，而以‘潛龍’爲象，‘勿用’爲占者非”，其説頗允。又謂“陰變爲陽，陽變爲陰，然只是剛柔相推而生變化，非真陰變爲陽，陽變爲陰也。……假如男子有時含忍巽順行陰柔的事即可變作婦人否？婦人有時勇往裁决行剛方的事即可變作男子否”，則殊膠，固不知變論其德不論其人也云云。褒少貶多，至謂“是書以象占爲主”，則有失偏頗。是書解卦象數與義理並重。比如，曹氏《總論》曰：“凡成卦之主力量最重，亡論陽剛，即《姤》之一陰，便爲‘女壯’，五陽便安身不住；《小畜》亦只是一陰，便云‘富以其鄰’。大都陰陽爻不在多寡，只看其所處之時位何如。”“倘認得成卦之主出來，則一卦六爻之義可以旁通矣。”此則爲王弼《周易略例》之發揮。又曰：“自王弼掃象，范寧比之桀紂，程伊川專治文義，不論象數，自云止説得七分；《朱子語録》亦云‘卦要兼象看始親切，但失其傳，便是理會不得’。近日來瞿唐以爲象未嘗失傳也，研窮山中三十年得之，故其所注《易》，先訓象而後言理。”可知曹氏解卦重象數並不廢義理。

此本據甘肅省圖書館藏明崇禎刻本影印。

（郭彧）

### 周易揆十二卷　（明）錢士升撰　（第 13 册）

錢士升（1574—1652），字抑之，號御冷，晚號塞菴，嘉善（今浙江嘉善）人。萬曆四十四年（1616）進士，授修撰。天啓初，以養母乞歸。崇禎元年（1628）起少詹事，累官禮部尚書，兼東閣大學士。精研易學，更著有《南宋書》、《遜國逸書》等。事跡附見《明史·錢龍錫傳》，又見《小腆紀傳》卷五七。

是書內容，卷一至卷四爲上經；卷五至卷九爲下經；卷十《繫辭上傳》；卷十一《繫辭下傳》；卷十二《説卦傳》、《序卦傳》、《雜卦傳》。

是書收入《四庫全書總目》易類存目，提要謂是書用注疏本，雜采前人之説，斷以己意。自《屯》以下，於每卦前設互卦，後設對卦，舉氣與理象而兼融之，此《揲》之所以名也。在明人《易》解中，持擇尚爲詳審。特溺於《河》、《洛》反對之説，體例糾紛，未能盡除錮習耳云云。其要不出程頤《伊川易傳》、朱熹《周易本義》及來知德《周易集註》之外，無非偏重象數而已。

此本據浙江省圖書館藏明末賜餘堂刻本影印。（廖名春）

### 周易古文鈔四卷　（明）劉宗周撰（第 13 冊）

劉宗周（1578—1645），字起東，號念臺。山陰（今浙江紹興）人。萬曆二十九年（1601）進士，授行人，天啓初爲禮部主事，歷右通政。因劾魏忠賢、客氏，削籍歸。崇禎初，起順天府尹，奏請不報，謝疾歸。八年再起，授工部侍郎，累擢左都御史。後以論救姜埰、熊開元，革職歸。福王監國，起原官，痛陳時政，並劾馬士英、阮大鋮等，皆不聽，乞歸。杭州失守，絕食卒。嘗講學蕺山，學者稱蕺山先生。著作頗豐，有《劉蕺山集》、《劉子全書》、《論語學案》、《聖學宗要》等。《明史》有傳，又見《明儒學案》卷六二。

是書收入《四庫全書總目》易類存目，提要謂宗周長於理，其學多由心得，故不盡墨守傳義。其删《説卦》、《序卦》、《雜卦》三傳，雖本舊説，已失先儒謹嚴之義。至於經文次序，每以意移置，較吳澄《纂言》更爲無據，亦勇於竄亂聖經矣。故其人可重而其書終不可以訓云云。

是書之首有劉氏崇禎癸未（十六年，1643）《小引》，曰：“余先人舊存遺書止得《古文易》一部，與今文迥異。”又曰：“今年春罷官京師，居外邸，頗與友人論太極之説，覺語不可了，輒舉《易》以對。因憶先人所遺古文，取而稱述之。隨爲之援筆立書，敍其位次。爲羲易、爲文易、爲周易、爲孔易，四家之旨犁然，猶未能竟悖今文也。而姑從其理之可通者，以存古文之萬一，其敢謂遂能讀先人遺書。至於手抄之下，間存疑義，亦竊忘其固陋而記之……越月而成帙，題之曰《古易鈔義》。脱稿較正者堉王生毓芝，而友人祝子開美淵更加訂定焉。”

《小引》後爲《易贊》（有《剛德贊》至《神物贊》計十一贊）；次爲《易鈔圖説》（列《河圖》、《洛書》、《太極兩儀四象八卦總圖》、《八卦子母相生蘊六十四卦之圖》、《羲易原》、《六十四卦圓圖》、《六十四卦方圖》、《六十四卦縱橫圖》、《卦變圖》、《文王序卦圖即反對圖》十圖）；第三爲《上經》（《乾》至《離》三十卦之“鈔義”）；第四爲《下經》（《咸》至《未濟》三十四卦“鈔義”）；第五爲《繫辭傳上》（分十二章）、《繫辭傳上》（分十二章）、《説卦傳》（分十一章）、《序卦傳》、《雜卦傳》。

劉氏非“長於理”而忽視象數，雖所列圖像本出於朱熹《易學啓蒙》，然多有改造。尤其是《六十四卦方圖》，却是前人未列出之圖。是書有《説卦》、《序卦》、《雜卦》三傳，亦非四庫館臣所謂“删《説卦》、《序卦》、《雜卦》三傳”。至於“經文次序，每以意移置”之説，亦不符合實際。劉氏於《乾》卦之前曰：“《周易》者，文王本伏羲畫卦而爲之繫彖辭，周公又繫爻辭，而得名也；至夫子乃繫《彖傳》及大小《象傳》，則傳體也。合之皆得稱《周易》。然三家次第本是秩然，後人渾而錯之，遂令古文不傳於世。幸《乾》卦尚存古文之舊，今姑推其例以及其餘，一一爲之更定，凡爲經二卷。”既稱“姑推其例以及其餘”，概依照《乾》卦內容次序則爲：卦符號圖像（伏羲）→彖辭（文王）→爻辭（周公）→《彖傳》→《大象傳》→《小象傳》→乾坤兩卦《文言傳》(孔子)。其《繫辭傳》與《説卦傳》之分章,則爲本朱熹《原本周易本義》。

是書由姜希轍校刻,同校者爲吕留良、黄百家、姜垚等。校畢之年爲戊辰(1688),時當康熙二十七年。

此本據上海師範大學圖書館藏清初姜希轍刻本影印。(郭彧)

**周易宗義十二卷**　(明)程汝繼輯　(第14册)

程汝繼,生卒年不詳,字志初,又字敬承,婺源(今江西婺源)人。萬曆二十九年(1601)進士,初授餘杭知縣,後任南京刑部郎中,官至袁州府知府。生平深究《易經》,康熙朝御纂《周易折中》,多取其説。傳略見《浙江通志》卷一四九。

是書卷首序前有缺頁,末無署名。其後爲門生姚星吳萬曆己酉(三十七年,1609)序,謂朱子探本以合宗,先生立宗以會本。《本義》、《宗義》其爲見易於心云云。再繼之汪懷德同年撰《題程敬承先生周易宗義敘》,謂故乘先生之請,聊爲粗述遊歷及所勤梓人之意云云,可知汪氏當是組織刻書者。據朱彝尊《經義考》記,是書另有朱之蕃之序,今已不見。

是書卷一至卷四爲"上經",卷五至卷八爲"下經"。卷一《乾》至《蒙》四卦"宗義";卷二《需》至《同人》九卦"宗義";卷三《大有》至《賁》九卦"宗義";卷四《剥》至《離》八卦"宗義";卷五《咸》至《蹇》九卦"宗義";卷六《解》至《困》八卦"宗義";卷七《井》至《旅》九卦"宗義";卷八《巽》至《未濟》八卦"宗義";卷九、卷十《上繫辭》"宗義";卷十一《下繫辭》"宗義";卷十二《説卦傳》、《序卦傳》、《雜卦傳》"宗義"。

是書收入《四庫全書總目》易類存目,提要謂是書前有自述凡例云"以朱子本義爲宗",故名曰《宗義》,然亦往往與朱子異。朱之蕃序稱"萬曆辛卯遇汝繼於天界禪林,方以易

學應制舉",又稱"比擢南曹,乃得乘其政暇羅列諸家之説,不泥古不執今,句櫛字比,必求其可,安於吾心以契諸人心之所共安而後録之"。蓋其初本從舉業而入,後乃以意推求,稍參别見。非能原原本本究易學之根柢者,故終不出講章門徑云云。

此本據國家圖書館藏明萬曆三十七年自刻本影印。(郭彧)

**周易疏義四卷**　(明)程汝繼撰　(第14册)

程汝繼,有《周易宗義》,已著録。

此書《明史·藝文志》、清黄虞稷《千頃堂書目》、朱彝尊《經義考》均無記載,《四庫全書》亦無隻言片語提及。

是書卷首有序一篇,未署撰人名氏,其後爲姚星吳崇禎乙亥(八年,1635)之《易經疏義序》,稱志初先生潛心易學,其所著《宗義》既已出入蒼淵,星日爲昭矣……其子聖先氏出先生所手編,依《本義》而略加數字,爲之系引珠聯,令學者讀而怡然理順,涣然冰釋也,命之曰《疏義》云云,由此可知,所謂"疏義",乃以朱熹《原本周易本義》爲底本"略加數字"而已。

是書正文全抄朱熹《原本周易本義》内容,所謂"略加數字"僅於正文之右加數小字。比如,於"九三君子終日乾乾夕惕若厲无咎"之朱熹注"言能憂懼如是則雖處危地而无咎也"之右,加"思慮極審處置極周　終免于危"十二小字;又如,於"未濟亨小狐汔濟濡其尾无攸利"之右,加"狐本疑畏小狐則不知畏"十小字。總之,是書的確"不出講章門徑"。

此本據上海師範大學圖書館藏明崇禎八年姚學心等刻本影印。(郭彧)

**易經增註十卷易考一卷**　(明)張鏡心撰　(第14册)

張鏡心(1590—1656),字孝仲,號湛虚,晚號晦臣,自號雲隱居士,北直隸磁州(今河北

磁縣)人。天啓二年(1622)進士,授蕭縣知縣,後改定遠縣、泰興縣知縣。崇禎二年(1629),授吏科給事中,四年升任禮科右給事中,後任都察院右僉都御史、兵部右侍郎,官至都察院右副都御史、兵部尚書銜,任薊遼總督。明亡後,隱居不仕。更著有《雲隱堂集》、《馭交紀》等。傳見《國朝耆獻類徵初編》卷四六三。

是書《明史‧藝文志》作"易經增註十二卷",乾隆《欽定續通志》與《欽定續文獻通考》作"易經增註十卷"。朱彝尊《經義考》作"張氏鏡心易經增注十二卷,存"。是書内容,首《易考》一卷;卷一至卷三爲《上經》;卷四至卷六爲《下經》;卷七《繫辭上傳》;卷八《繫辭下傳》;卷九《説卦傳》;卷十《序卦傳》、《雜卦傳》。書末爲其子張溍康熙丁未(六年,1667)之《述言》,評價其父易學,云:"凡經生傅會術士穿鑿之論,一切芟除,獨能觀象玩辭,深思静悟,以求合於天道人事之宜,而後大《易》本旨昭然若揭。"

是書收入《四庫全書總目》易類存目,提要謂是書用注疏之本,隨文闡發,多釋義理,無吊詭之詞,亦無深微之論。説《易》家之墨守宋儒者也云云。是書注解六十四卦,多引用歷史故事爲説;注解《繫辭》亦有獨到見解,如曰:"一元澄徹,天光昭著,以之問旨,所以受命如嚮。崔後渠曰,自宋以來,言太極者,謂陰陽之外别有一物立於上,以主張乎是,别理氣而二之,愈煩而愈支。夫合而言之太極也,分而言之儀也象也卦也。……若天有理氣二道,人有理氣二性,豈不異哉!"然而亦有牽强附會之處,如曰:"《易》則《河圖》畫八卦,蓍筮始焉;《書》則《洛書》作九疇,龜卜兆焉。《圖》、《書》之理一也。"於《説卦》萬物類象,補"荀九家"之逸象。於《序卦》、《雜卦》但録原文,幾無疏解。要之,雖專主義理,然有别於朱熹《周易本義》,於《四庫全書》存目明代易學書籍中,具有一定閲讀價值。

此本據國家圖書館分館藏清刻本影印。(廖名春)

**周易時論合編二十三卷**　(明)方孔炤(明)方以智等撰 (第15册)

方孔炤(1590—1655),字潛夫,號仁植,桐城(安徽桐城)人,方以智之父。萬曆四十四年(1616)進士,授嘉定州知州,歷兵部郎中,魏忠賢當政時削籍,崇禎時起尚寶卿,以副都御史巡撫湖廣。張獻忠由鄖陽渡河,孔炤與戰不利,遭彈劾下獄,崇禎末起故官,屯田山東、河北,兼理軍務。李自成陷京師,孔炤南奔,後歸隱。更著有《春秋竊論》、《全邊紀略》、《環中堂集》等。事蹟附見《明史‧鄭崇儉傳》。

方以智(1611—1671),字密之,號鹿起,桐城(今安徽桐城)人,方孔炤之子。崇禎十三年(1640)進士,官檢討,清兵入粤後,在梧州出家,法名弘智。學問淵博,尤精於西方科學知識,更著有《學易綱宗》、《通雅》、《物理小識》等。《清史稿》有傳,又見《清史列傳》卷六八。

清朱彝尊《經義考》記"方氏孔炤《周易時論》十五卷",合方以智《周易圖象幾表》八卷,總編二十三卷。據方孔炤自述,《周易時論》成書於明熹宗天啓甲子後三年(1627)。書前有黄道周崇禎辛巳(十四年,1641)及白瑜崇禎甲申(十七年,1644)序。書後有方以智崇禎癸未(十六年,1643)跋。崇禎十六年,方孔炤命子以智及孫中德、中通、中履、中泰編寫《周易圖象幾表》。至清順治十七年(1660),方以智遣其子中德向"蘆中人余颺賈之"求序,同年《周易時論合編》二十三卷刻板成書,"淮徐兵使者"李世洽爲之序。

《周易圖象幾表》八卷,卷一《圖書》,卷二《卦畫》,卷三《八卦》,卷四《蓍策》,卷五《旁徵》,卷六有《五運六氣圖》、《三陰陽圖》、《律吕聲音圖表》等;卷七有《崇禎曆書約》、《兩間質約》等;卷八有《極數概》。大體以朱熹《易學啟蒙》之"象數"爲主,比較漢代以來諸家之説而發表評論。至謂"馬毛甲坼,鄭漁仲載之,蔡元定言之"則失於考據,南宋鄭樵《通志》和蔡氏父子所有著作中皆無,是自元代吳澄始方有"馬毛甲坼"之説。

《圖象幾表》後有《周易時論》十五卷,卷一至卷四《上經》;卷五至卷八《下經》;卷九至卷十《上繫》;卷十一至卷十二《下繫》;卷十三《説卦》;卷十四《序卦》;卷十五《雜卦》。大體以朱熹《周易本義》爲主,雜引諸家之説以比較異同,間有"潛老夫"之解。

是書收入《四庫全書總目》易類存目,提要謂其立説以時爲主,故名時論,其講象數,窮極幽渺,與當時黃道周、董説諸家相近云云。

此本據北京大學圖書館藏清順治十七年刻本影印。(郭彧)

**易説一卷**　(明)王育撰　(第15冊)

王育,生卒年不詳,據書前署名,知其字莊溪。

此書專釋六十四卦卦義及各卦取名之字義,不解經文,亦不涉《彖傳》、《象傳》。於訓釋卦名,頗能獨發新見。尚秉和《易説評議》云:"大抵説卦義皆就舊説敷衍,故空泛者多,精實者少。説字義則頗有可取者",雖偶有疏略,"然能獨立爲説,不爲故訓所拘,不爲義理所縛,在明代象學大亡、野文極盛之時,能刊落浮辭若此者,亦少也"。

此本據復旦大學圖書館藏清道光十三年刻《婁東雜著》本影印。(廖名春)

**周易禪解十卷**　(明)釋智旭撰　(第15冊)

釋智旭,生卒年不詳,明僧人,書中題"北天目道人蕅益智旭著"。

此書卷一至卷七解六十四卦,卷八、卷九解《繫辭》以下諸傳,卷十附《圖説》八篇。

前有自序,稱其書"以禪入儒,務誘儒以知禪",故通釋《周易》經傳,皆援禪理以爲説,並名書曰《禪解》。按,《四庫全書總目·楊氏易傳》提要云,以心性説《易》,始宋人王宗傳、楊簡,"至於明季,其説大行,紫溪蘇濬解《易》遂以《冥冥篇》爲名,而《易》全入禪矣";《童溪易傳》提要又云:"明萬曆以後,動以心學説《易》,流別於此(楊簡及宗傳)二人。"據此,智旭《易》學似遠源於楊、王二人,爲《易》家之別派。近人尚秉和指出:此書"援引禪理,間雖不免傅會。然亦頗有可取者","未可以其援禪入儒而悉非之"。

卷後有作者自撰《易解跋》稱,此書初創於明崇禎十四年(1641),是年作者游温陵(今福建泉州)之月臺,因郭氏子問《易》義,遂舉筆屬稿,先成《繫辭》以下五傳,次成上經,而下經之解未及半乃擱置未果。越三載有奇,於石城(今屬江蘇南京)又續完之,時清順治二年(1645)。故此書之撰述,歷明末至清初,而作者門弟子釋通瑞之刊刻印行亦當在順治間。今《中國古籍善本書目》定此書爲"崇禎十四年刻本",蓋誤以屬稿之年爲刻書之年矣。

此本據上海圖書館藏清初釋通瑞刻本影印。(廖名春)

**周易爻物當名二卷**　(明)黎遂球撰　(第16冊)

黎遂球(1602—1646),字美周,番禺(今屬廣東廣州)人。天啟七年(1627)舉人,再應會試不第。崇禎中,陳子壯薦爲經濟名儒,以母老不赴。南明隆武朝官兵部職方司主事,提督廣東兵援贛州,城破殉難。更著有《黎遂球文集》、《蓮鬚閣詩文集》。事見《蓮鬚閣集》後附《明兵部職方司員外郎贈資政大夫兵部尚書謚忠愍美周黎公傳》。

是書前有張溥、章美、徐世溥、曾文饒諸序,下接黎氏崇禎乙亥(八年,1635)自序。是書內容,首出《易爻總論》,次爲《傳例》,第三爲《上經》,敘《乾》至《離》三十卦,第四爲《下經》,敘《咸》至《未濟》三十四卦。

是書收入《四庫全書總目》易類存目，提要謂其書惟載三百八十四爻，以互變推求其象。然互體、變卦雖古法，而遂球所推則自出新意，往往支離蔓衍，附會成文，不必盡當名辨物之本旨也云云。

此本據北京大學圖書館藏明崇禎刻本影印。（郭彧）

## 九公山房易問二卷 （明）郝錦撰 （第16冊）

郝錦，生卒年不詳，字絅卿，號于菴，六安（今安徽六安）人。崇禎十年（1637）進士，授豐城縣令，官至福建道御史。謝病歸，結廬九公山。更著有《九公山房集》、《尚書家訓》等。事跡見《江南通志》卷一五○，又見《古今圖書集成》氏族典卷五二五。

是書出於《九公山房類稿》，前有任天成《易問序》，略曰：「每以所見異同疏密于象數之間，積久成册曰《易問》。」

是書正文爲問答體，以卷上《上經》問答、卷下《下經》問答爲次序。如：「問初九潛龍勿用，曰：有二意。陽是上進的，却居下，時不可爲矣。正宜潛藏以待。乃欲爲上，所謂反時爲禍也。又一陽在下，且如子月，陽氣初生，其息尚微，正好護惜他，使他漸去盈滿克足。若便發生出來，必至摧折而不可爲矣。勿也者，戒之也。」此答通俗易懂。又如：「問：『地勢』與『天行』如何？曰：乾陽主氣言，變化之周流不息處是行；坤陰主形言，高下之相因處是勢，勢是順的，厚在順內，不厚未有能順者也。」此答非同一般，他人往往連釋「天行健」、「地勢坤」。其實，「天行」即爲☰（乾）卦，「地勢」即爲☷（坤）卦。

此本據中國科學院圖書館藏清初刻本影印。（郭彧）

## 説易十二卷 （明）喬中和撰 （第16冊）

喬中和，生卒年不詳，内邱（今河北内邱）人。崇禎拔貢，曾官太原府通判、別駕。一生苦學，終日不倦，更著有《大易通變》（又名《焦氏易林補》）、《圖書衍》、《元韻譜》等。見《四庫全書總目》卷八。

此書卷一爲《圖説》，取劉牧「九爲河圖、十爲洛書」之説；卷二以下，發揮卦象、《象傳》、爻象、《文言》、《繫辭傳》、《説卦傳》、《序卦傳》、《雜卦傳》之義例，大旨根據程頤、朱熹《易》學，義尚醇正，清李光地撰《周易折中》屢引其説。喬若雯《弁言》稱，近代言《易》諸家，推吳臨川（澄）、熊南沙（過）、文西極（安之）、鄧武林（伯羔）、楊信州（時高）、西洋利氏（利瑪竇），此數子者，皆所稱精義入神、窮神知化。而中和兼之。柯劭忞以爲：「未免推崇過當。又自吳草廬（澄）外，其餘數子著述具存，亦未足當『精義入神』之譽也。況利瑪竇乃創《時憲曆》新法者，與中和之《説易》尤無關涉者乎？」評價中肯。

是書收入《四庫全書總目》易類存目，提要稱朱彝尊《經義考》載中和《易林補》四卷，又名《大易通變》。今此書名《説易》，板心又標「躋新堂集」，疑即從文集中析出單行，而其卷數不止四卷，則《易林補》又當在此書之外云云。

此本據復旦大學圖書館藏明崇禎十年喬鉢刻《躋新堂集》本影印。（廖名春）

## 易經解醒四卷 （明）洪守美 （明）鄭林祥輯著 （第16冊）

洪守美，生卒年不詳，據是書署名及序，知其字在中，古歙州（屬今安徽涇縣）人。少以《易》名家，《涇縣志》著錄其著作尚有《易經揆一》、《調元要錄》。

鄭林祥，生卒事跡不詳。

是書卷首有曾化龍《易醒序》，曰：「有古歙洪生在中，絶頂聰明，研精歲月，彙諸家語録而導擇之，標其名曰《易醒》，屬予鑒定，此非學一先生知見所能料量也。……洪生起詔年而剋心此道，淵然開愚而符聖，可以表章訓諰,而爲歷世儒者功臣。"是知洪守美原著名曰《易醒》。《明史·藝文志》記"洪守美《易説醒》四卷"。清朱彝尊《經義考》記"洪氏守美《易説醒》四卷,存"。

是書卷一首頁題"温陵霖寰曾先生鑒定易旨醒元集"、"洪守美在中父輯著",説《乾》至《離》三十卦;卷二首頁題"温陵霖寰曾先生鑒定易醒亨集"、"洪守美在中父輯著",説《咸》至《未濟》三十四卦;卷三首頁題"温陵霖寰曾先生鑒定易醒利集"、"鄭林祥木仲父輯著",説《繫辭上》之十二章;卷四首頁題"温陵霖寰曾先生鑒定易旨醒貞集"、"洪守美在中父輯著",説《繫辭下》之十二章、《説卦傳》十一章(列有《伏羲八卦方位》、《文王八卦方位》兩幅圖)、《序卦傳》和《雜卦傳》。

由是觀之,是書原缺《繫辭傳》之上"天尊地卑乾坤定矣"至"不言而信存乎德行"内容,後學鄭林祥補足之爲卷三,而《繫辭傳》"八卦成列象在其中矣"至"失其守者其辭屈"以至於《雜卦傳》仍爲原存"洪守美在中父輯著"之内容,是爲卷四。是書既刻於明末,則鄭林祥爲明末人無疑。

吳承仕《檢齋讀書提要》有是書提要,謂是編上不攀京、孟、荀、虞之緒餘,下不及河洛圖書之新説,即訓詁名物,亦所不談,唯敷釋程、朱,一以心身性命、修齊治平之道爲主,意者專明義理,亦足自名其家。然好談文章理法,拘拘於起訖照應之同,遣詞造句,尤與八比制度相近。其所援引程敬承、張彦陵之倫,如凡例所云,兼采衆説,仿先儒《四書滌理》、《易經九鼎》諸書體例。《滌理》、《九鼎》,疑是舉業講章之流,以此爲則,足以窺其著述宗旨云云。可見,所謂"説醒"不過輯録諸家解説之語,爲"舉業講章之流",閲讀價值不大。

此本據杭州大學圖書館藏明末東吳銘新齋刻本影印。(郭彧)

**大易則通十五卷閏一卷**　(清)　胡世安撰
(第17册)

胡世安(?—1663),字處静,號菊潭,井研(今四川井研)人。明崇禎元年(1628)進士,改庶吉士,累官詹事府少詹事。入清,授原官。順治時,累官武英殿大學士,兼兵部尚書。康熙元年(1662),改秘書院大學士,以疾乞歸。更著有《秀岩集》、《襖帖綜聞》、《異魚圖贊箋》等。《(嘉慶)井研縣志》卷八有傳,又見《清史列傳》卷七九。

是書黃虞稷《千頃堂書目》、朱彝尊《經義考》皆不著録;然收入《四庫全書總目》易類存目,提要謂是書專主闡明圖學,彙萃諸家之圖,各爲之説。雖亦及於辭變象占,而總以數爲主。其閏卷則續采明羅喻義《讀易珊瑚筯》及劉養貞《易遺象義》之説云云。

是書前有朱之俊、高陽門人李霨、北平孫承澤、姚江門人馬晉允、雅安門人穆貞胤等人序,又胡氏自序。正文十五卷,皆收録前人易學圖象,引用前人之説,間有"説"若干"則"之發揮,亦多不到位。如,胡氏説"乾一至坤八方位與羲圖合",是以朱熹《易學啓蒙》所列《伏羲八卦方位圖》當作"伏圖"或"羲圖"。其實,《易傳》但言伏羲仰觀俯察以作八卦,而所謂"伏羲八卦"之説始出於邵雍《皇極經世》,然後纔有朱熹之《伏羲八卦方位圖》。邵雍之前有"伏畫"而無"伏圖",是爲歷史事實,胡氏却不明於此。又如,胡氏説"是圖不知作於何人何代,因其流傳之久標以古太極圖",其實是圖先見於明初趙撝謙《六書本義》黑白魚形迴之《天地自然河圖》,至章潢《圖書編》始改稱爲"古太極圖"。本宋濂之説,此圖出於新安羅端良。胡氏失於考據,因而有此臆説。

總之,是書輯録之圖多見於宋代以來易學書籍,胡氏以己意予以編輯引用諸家之説,且多於圖末"擬補"己説。如明代儒者所説之十數《河圖》與九數《洛書》出於朱熹《易學啓蒙》。原其本,是北宋李覯删定劉牧弟子黃黎獻臆造之三幅圖而成二幅,以十數爲《洛書》、九數爲《河圖》。胡氏强調易圖之重要性,却對各種易圖出處與演變失於考據,令人遺憾!讀其序"猶夫望洋者目眩,尾閭之洪輸,初不識溯原有星宿海也",似爲學識淵博者,惜乎其不當涉獵易圖學,並且失於考據,以不知爲知也。

此本據山東省圖書館藏清順治十五年朱之俊刻本影印。(郭彧)

### 易圖親見一卷　(清)來集之撰　(第17册)

來集之(1604—1682),初名偉才,又名鎔,字元成,號倘湖、元成子,蕭山(今浙江蕭山)人。明崇禎十三年(1640)進士,官安慶府推官,遷兵部主事,南明福王時官至太常寺少卿。精於《易》,更著有《讀易隔通》、《卦義一得》等。生平略見毛奇齡《故明中憲大夫太常司少卿兵部給事中來君墓志銘》、《明詩紀事》辛集卷二一及來氏自作《八十自壽》詩。

是書分列《序卦大圓圖》、《序卦大方圖》等三十三圖、《上繫第八章所引七爻之序》等五圖、《三陳九卦之序》等四圖、《合雜卦傳次序分爲三節》等八圖、《先後兩圖同取橫圖之圖》等八圖、《先天卦數加河圖東南皆陰西北皆陽圖》一圖,皆繫以"圖説"。

是書收入《四庫全書總目》易類存目,提要謂用力雖勤,却不免牽强湊合,亦可見其出於臆度而非本自然云云。然縱觀來氏所列諸圖,其依據之本圖則出於朱熹《易學啟蒙》,如《先天八卦圖》、《後天八卦圖》、《河圖》等。其餘則多有來氏獨創之圖,很少見於前人之易學著作。其《序卦》諸圖可稱讚之處在於對《序卦》之卦序研究,較之元代蕭漢中《讀易考原》更爲深入。

此本據清華大學圖書館藏清順治來氏倘湖小築刻本影印。(郭彧)

### 卦義一得二卷　(清)來集之撰　(第17册)

來集之,有《易圖親見》,已著錄。

是書前有"皖上門人齊維藩"甲申(1644)序,略謂乃師不自詡,標曰《一得》,謂得者一失者不啻十百云云。

《四庫全書總目》收本書於易類存目,提要謂是書於每卦約舉大義,所發明不過數語,故名"一得",其中頗有精澈之語,然支離處亦復不少云云。

是書目録分全書爲"上經"、"下經"。上經述《乾》至《離》三十卦;下經述《咸》至《未濟》三十四卦。既謂之"一得",則見仁見智無可厚非。如其述《乾》卦曰:"六子之卦,乾坤之分體也,坤又乾之分體也,乾則無不包矣。故曰'大哉,乾乎'。元亨利貞贊之者四,而不得不統之一元;剛健中正純粹精贊之者七,而不得不統之一剛。是知六爻者,三爻之合也;三陽者,一陽之積也。而初九乃曰'潛龍勿用',何哉?此正乾道之所以各正而保合耳。一爻之勿用,所以爲三百八十四爻之無不用矣。"此"一得之見",不無道理。又如其述《訟》卦曰:"仰而視之,地之外皆天也;俯而視之,地之外皆水也。兩大有相爭之勢焉。天開于子,見其始矣,而不見其終;水歸于壑,見其始矣,而不見其終。是則天水之訟,可以謀始而不可以成終也。"訟之大《象》曰"天與水違行,訟。君子以作事謀始",《訟》卦上九曰"或錫之鞶帶,終朝三褫之",此"一得之見",亦無可厚非。

此本據清華大學圖書館藏清順治來氏倘湖小築刻本影印。(郭彧)

### 讀易隔通二卷　(清)來集之撰　(第17册)

來集之,有《易圖親見》等,已著錄。

是書卷首有來氏甲申(1644)自序,略謂於巡城防寇"稍疏寇遠"之時讀《易》,一有所得即刻"引紙而書之",乃成是書。

是書收入《四庫全書總目》易類存目,提要

謂是書多觸類旁推，以求其融貫，然皆不免於穿鑿云云。是書卷上有"圖書尊一"至"勿用"八十七大條；卷下有"後天卦圖爲周家全象"至"後天兩圖同取於橫圖"一百二十二大條。

其"圖書尊一"條曰："天辰在北而衆星拱之，人君居北而天下歸之。北者，位之最尊者也。《河圖》、《洛書》雖用數不同，不得不以至尊之數還至尊之位而同位於北焉。"此説實本朱熹黑白點十數《河圖》與九數《洛書》而發。惜乎來氏不知此"河洛圖書"之由來，尊之爲伏羲畫卦"則之"之神物，則不免放空。又其"後天卦圖爲周家全象"條曰："文王後天卦圖，本以深觀時令並天地自然之理而成之。及卦成而周家奄有四海之全象已寓。試從圓圖細究之，真無一不貼合者。文王太姒小心服事而爲西伯，此乾坤所以退聽於西也。武王邑姜居然治内治外，而坎離南北矣。何以取坎乎？武王則伯邑考之弟而周公之兄也。震爲伯邑考，處於東，猶方春之萌芽而未及大明其志。艮少男，當屬周公……巽爲女又爲風，文王之風被於江漢……兑金也，弓矢專征焉。兑説也，以對天下焉，而西方諸侯之伯終身勿替矣。"是北宋邵雍把《説卦》"帝出乎震"一節描述之卦位圖，定義爲"文王八卦圖"，前此陳摶稱之爲"帝出震圖"。即便稱之爲"後天文王八卦圖"，來氏以乾坤居西爲武王父母，則父處西北、母處西南，於理相悖。至謂東南方之巽爲"文王之風"，則又與周家人異。無怪乎四庫館臣批評其"不免於穿鑿"。來氏自謂學《易》有助於打退賊寇，亦是其得益於用《易》之一道。

此本據清華大學圖書館藏清順治黄正色刻本影印。（郭彧）

**周易本義爻徵二卷** （清）吳曰慎撰（第17冊）

吳曰慎，生卒年不詳，字徽仲，號敬菴，休寧（今安徽休寧）人。諸生，盡心於宋五子之書，曾講學紫陽、還古兩書院。更著有《易義集粹》、《周易本義翼》、《大學中庸章句翼》等。事略見《江南通志》卷一六四。

是書卷首有吳氏康熙甲子（二十三年，1684）三月自序，可知吳氏於康熙二十二年夏在石林書院講《易》，二十三年春三月輯成是書。

是書卷上爲《上經》，卷下爲《下經》。吳氏解經，主張"因經會史"。如，解《乾》卦"潛龍勿用"曰："初九有潛龍之象，是聖賢在下，如舜之側陋、伊尹耕莘、吕尚釣渭、説築傅巖、顔居陋巷之類。"又如，解《姤》卦"九二包有魚无咎不利賓"曰："如唐高宗初立，以李義甫爲中書舍人，長孫無忌惡之，奏斥壁州司馬，是包有魚也。義甫於是請立武昭儀爲后，復留，未幾爲相。義甫柔恭陰賊，凡忤意者皆中傷之，則不利賓矣。"以史解《易》，出土《帛書周易》之内既有六則歷史故事用以解釋卦、爻辭，至宋，李光《讀易詳説》及楊萬里《誠齋易傳》亦爲以史解《易》之佼佼者。吳氏是書亦爲以史解《易》之作。

此本據復旦大學圖書館藏清道光二十年李錫齡刻《惜陰軒叢書》本影印。前有鰲峰路德道光甲午（十四年，1834）、庚子（二十年，1840）序，歷述刊刻端末。（郭彧）

**周易説略八卷** （清）張爾岐撰（第17冊）

張爾岐（1612—1678），字稷若，號蒿菴，濟陽（今屬山東濟南）人。明季諸生，入清不仕，遂志好學，篤守程朱，教授鄉里以終。更著有《儀禮鄭注句讀（附監本正誤）》、《石經正誤》、《蒿菴閒話》、《蒿菴集》、《春秋傳議》四卷、《夏小正傳注》等。《清史稿》有傳，又見《碑傳集》卷一三〇。

是書卷前有張氏康熙六年（1667）九月自序，謂自四十讀《易》，時取以授子姪門人。每病俗説之陋，而《本義》又不易讀，乃本其説稍爲敷衍，名曰《説略》，以便童蒙。儻讀者因此以得朱子之説,復因朱子之説以求四聖人之説,庶幾見聖人設卦繫辭待用於無窮者,果非質言之所能詳,而依其影似隨事擬議以盡變焉,將不容言之旨,亦依稀可睹云云。可知是書乃簡略朱熹《周易本義》爲啟發童蒙而作。

是書八卷,每卷之首皆有"周易説略卷之囗"字樣。卷一爲《乾》至《比》八卦;卷二爲《小畜》至《觀》十二卦;卷三爲《噬嗑》至《離》十卦;卷四爲《咸》至《益》十二卦;卷五爲《夬》至《艮》十卦;卷六爲《漸》至《未濟》十二卦;卷七爲《繫辭上傳》;卷八上爲《繫辭下傳》;卷八下爲説《卦傳》、《序卦傳》、《雜卦傳》。

《四庫全書總目》易類存目有《周易説略》四卷,提要云惟第四卷分爲二,故亦作五卷,李焕章作爾岐傳云八卷者誤云云。是此書有作四卷、五卷、八卷者,泰山徐志定乃取八卷本刊印。

此本據國家圖書館藏清康熙五十八年徐氏真合齋磁版印本影印。徐志定又撰刻書序,置於張氏自序之前,並云:"既喜其書之不終於藏而人與俱傳,且并樂此刻之堪以歷遠久也。"(郭彧)

### 周易大象解一卷 (清) 王夫之撰 (第18冊)

王夫之(1619—1692),字而農,號薑齋,衡陽(今湖南衡陽)人。晚年隱居湘西石船山,被稱爲"船山先生"。其一生著述豐富,經史子集無所不涉。道光年間,王世全與鄧顯鶴始搜集散佚,刻成《船山遺書》一百五十卷,稱鄧顯鶴刻本。後世多次輯佚、整理、重刊。船山思想體系博大精深,與顧炎武、黃宗羲並稱明清之際三大思想家,學界更有"船山學"之稱。《清史稿》有傳。

此書專釋《十翼》中的《大象傳》。書首自序云《大象》與彖、爻自別爲一義。取《大象》以釋彖、爻,必齟齬不合;而强欲合之,此

《易》學之所由晦也。惟《大象》則純乎學《易》之理,而不與於筮云云。《大象》源於魯太史所藏之《易象》,有"周公之德"與"周之所以王"之道,不喜占筮的孔子,晚年歸魯,老而好《易》,當與《易象》有關。船山謂《大象》不與於筮,當爲的論。《大象傳》與《小象傳》本非一時一人之作,解《易》方法迥異,世人却皆混而爲一,船山析而爲二,可謂獨具慧眼。

柯劭忞稱,夫之撰《易內傳》,詮釋《大象》之義已詳盡矣。此書作於《易內傳》之前,詞義與《內傳》間涉重複。然謂"否而可以儉德避難"、"剥而可以厚下安宅"、"歸妹而可以永終知弊"、"姤而可以施命告四方",略其德之兇危,而反諸誠之通復,則深切著明,有裨於反身之學,不當以義有重複而廢之矣。夫之《自序》,其文又見於《易內傳發例》云云。柯氏此説,可備參考。

此本據復旦大學圖書館藏清同治四年湘鄉曾氏金陵節署刻《船山遺書》本影印。(廖名春)

### 周易内傳六卷内傳發例一卷周易外傳七卷 (清) 王夫之撰 (第18冊)

王夫之,有《周易大象解》,已著録。

《內傳》大旨在闡發六十四卦經傳義蘊,並參以著者思想,衍論自然、社會哲學。末附《發例》一卷,則重在綜述作者易學觀點,旁涉對歷代易家之評價,爲王夫之易學思想綱領性著作。

柯劭忞謂,(夫之)易學以乾坤並建爲宗,錯綜合一爲象,彖爻一致、四聖一揆爲釋,占學一理、得失吉凶一道爲義;闢京房、陳摶、日者、黃冠之圖説,即朱子之《易本義》,亦以專言象占擯之於《火珠林》之列,謂與孔子窮理盡性之言顯相牴牾。夫之服膺宋五子之學,然於朱子不肯瞻徇如此,蓋獨抱遺經,發抒心得,視勦説雷同、依託前賢之門户

者,不可同日語矣。夫之前明遺逸,志節皎然,自稱志無可酬,業無可廣,惟《易》之爲道則未嘗旦夕敢忘於心,而擬議之難又未敢輕言也。曾文正公序其書,謂其著述太繁,不免醇駁互見。按夫之説《易》之大綱,以乾坤並建爲第一義,夫地道無成而代有終,陰順從於陽,惡有所謂乾坤並建者乎? 是亦薑齋之駁義也。

據王氏《周易内傳發例》稱,《外傳》乙未年作於晉寧山寺。"乙未"乃清順治十二年(南明永曆九年,1655),時爲王夫之咯血解職之後。故此書多援引歷代史事,借衍申經傳義理,以寄託作者嫉憤現實及對史學、哲學之見解。柯劭忞指出: 夫之自謂《外傳》以推廣於象數之變通、極酬酢之大用。其實夫之從永明王於廣西,其時權臣恣肆,朋黨交訌,諫不行而言不聽,憤而丐去,假學《易》以明其忠悃……其言感慨淋漓,雖不必爲經義之所應有,尚論者亦可以悲其志事矣。

此本據復旦大學圖書館藏清同治四年湘鄉曾氏金陵節署刻《船山遺書》本影印。(廖名春)

**易内傳十二卷易傳外篇一卷**　(清) 金士升撰　(第18册)

金士升,生平事跡不詳,據自序及署名,知其字初允,清江(今屬江西樟樹)人。明末諸生。

是書以義理爲主,頗引史事。如於《小畜》上九曰:"原其初,小人豈必有害正之心,但欲專大柄,勢必泥君子。迨君子與之争,乃不得不肆其毒謀,是君子既不善爲國謀,且不善爲己謀,而君子始意易視小人,欲使彼爲我用,豈知用小人反爲小人用而不覺乎? 觀《彖》、《象》辭曰'上下應',曰'不能正室',曰'尚德載',俱咎君子之自失其健也。"蓋指明末之黨争。於《大畜》九三曰:"《乾》以《艮》爲小人,《艮》又指《乾》爲小人,是牛、李

之黨相傾也。蓋四五與初二異志,故相軋;上與三合志,故相成。各持私心,則門户分立,共矢公忠,則功過一體。"於義亦可取。於《遯》上九曰:"見理明,識事早,乃能斷然不回。否則窮遍足以疑之,利害足以疑之,毁譽足以疑之,欲自全難矣。三病其係上,明其無疑,爲諸君子告也。"非自喻其志乎? 若謂:"《履》上之'視、考'與《比》之'原筮',同一考德問心之事。"又以《坎》二五爲誠,《離》二五爲明,《坎》、《離》互有,猶誠明相生,皆得精微之理。於《序卦》之次,亦能體其情。於《賁》曰:"《賁》次以《剥》者,外勝内也。惟分剛文柔,故柔變剛。《復》次以《无妄》者,内勝外也。"惟"剛反",故"自外爲主于内",於四卦見聖人重剛之意。《泰》之後爲《否》,《賁》之後爲《剥》,《晉》之後《明夷》,《夬》之後爲《姤》,《既濟》之後《未濟》,同一"思患豫防"之旨。此《賁》、《剥》及《復》、《无妄》之間非綜卦也,能見及"分剛"及"剛反"之理,斯乃可貴。惟全書不言取象,本上下兩體之應以明理,則於卦爻之變化疏焉。

此書之刊,當清道光二年(1822),距成書之時已百六十餘年矣。《自序》中明言"《内傳》十二卷",未及"外傳"、"外篇"之名,或欲作各卦之總論曰"外傳"而未成歟? 乃門弟子集得數文以附於書末,名之曰"外篇"。

此本據北京大學圖書館藏清抄本影印。(廖名春)

**易觸七卷**　(明) 賀貽孫撰　(第18册)

賀貽孫,生卒年不詳,字子翼,號水田居士,廬陵(今屬江西吉安)人。明季諸生,明亡隱居不出。順治七年(1650),學使慕其名,特列貢榜,不就。更著有《詩觸》、《激書》、《水田居文集》等。《清史稿》有傳。

是書内容,卷一上經《乾》至《否》十二卦;卷二上經《同人》至《離》十八卦經;卷三下經

《咸》至《井》十八卦;卷四下經《革》至《未濟》十六卦。卷五《繫辭上傳》;卷六《繫辭下傳》;卷七《説卦傳》、《序卦傳》、《雜卦傳》。

是書前有作者《易經總論》,謂易理難窮,此特發蒙之要語云云。故通篇所言"易理"皆不出程、朱之外。如所謂"伏羲格天,龍馬負圖出於河,因則之以畫卦,太極立其本而列之儀、象,序之八卦,莫非衍圖之數也。大禹格地,神龜載書出於洛,因則之以序疇,皇極居其中,而始之五行,終之福、極,莫非衍書之數也。觸曰:聖人作《易》不過天地自然之理,而則之、效之、象之云爾,豈容心於其間哉?無心而運,斯謂之神"云云,故是書本爲發蒙之書而述朱子之義。

此本據上海圖書館藏清咸豐二年刻《水田居全集》本影印。(郭彧)

**周易疏略四卷**　(清) 張沐撰 (第 19 册)

張沐(1630—1712),字仲誠,上蔡(今河南上蔡)人。受學於容城孫奇逢,順治十五年(1658)進士,康熙元年(1662)授直隸内黄縣知縣。晚年主講河南,教授四方學者。更著有《書經疏略》、《詩經疏略》、《禮記疏略》、《春秋疏略》、《溯流史學鈔》等。《清史稿》有傳,又見《碑傳集》卷八九。

是書卷首列《周易本義》八圖,不列《卦變圖》,圖説亦間有表達異議處。如曰:"則此圖者,察其理爲曆象之祖,衍其數爲蓍德之神。自古帝王所以與天地鬼神爲徒者恃此而已,故孔子直注以大衍而不及他。世儒牽合畫卦本此,誤矣。孔子曰'包犧氏之王天下也,觀象於天,觀法於地,觀鳥獸之文與地之宜,近取諸身遠取諸物,於是始作八卦',自有明訓。定欲牽合,不第失畫卦之本,而聖人成變化行鬼神之能事浸失傳矣。"此言甚有理。又云:"學者每談《易》,多問卦變,此没要緊處。六十二卦者,皆從乾坤變化來,此最要緊。"由此可見張氏不列朱熹《卦變圖》之

理由。

張氏《周易疏略小記》曰:"一本孔訓、程、朱及諸先儒説,有足發明孔子之意者悉取入,悖者不録,惜不便盡著姓氏。"其疏解以《周易本義》爲底本,節録朱熹之説並雜以己意。一般初學者,難以區分哪段爲"注",哪段爲"疏"。

是書正文,"上經一"疏《乾》至《履》十卦;"上經二"疏《泰》至《離》二十卦;"下經一"疏《咸》至《歸妹》二十四卦;"下經二"疏《豐》至《未濟》十卦、《繫辭上傳》十二章、《繫辭下傳》十二章、《説卦傳》十一章、《序卦傳》、《雜卦傳》。

是書收入《四庫全書總目》易類存目,提要謂,其解《周易》,自謂悉本孔子《十翼》之義,所注多取舊文,融以己意,不復標古人名氏。書中力排京房、陳摶、邵康節之學,而摶等所造《河圖》、《洛書》及伏羲、文王諸圖仍列於卷首。其《洛書》條下注"聖人因之以明吉凶,著於《易》之首",爲以今本九圖爲孔子所定也。又撲著求卦,必自内而外,由初而上,故古本相傳卦畫之下所注皆先下後上。沐獨用朱睦㮮之例,改爲先上後下,於卦爻之始初終上、《繫辭》之小成、大成,俱無一可通云云。其説可參。

此本據中國科學院圖書館藏清康熙十九年陳如升刻本影印。(郭彧)

**陸堂易學十卷首一卷**　(清) 陸奎勳撰 (第 19 册)

陸奎勳(約 1663—1738),字聚緱,號坡星,又號陸堂,平湖(今浙江平湖)人。康熙六十年(1721)進士,官翰林院檢討。更著有《今文尚書説》、《陸堂詩學》、《戴禮緒言》、《春秋義存録》、《陸堂詩文集》等。生平具見《清史列傳》卷六七,又見《碑傳集》卷四八。

是書收入《四庫全書總目》易類存目,提要謂是編講《易》,宗朱子者十之六,宗諸儒

者十之四,間以己意訓釋,於前人亦無大異同,惟謂伏羲但畫八卦而無卦名,黃帝始立蓍數乃名以乾、坤、震、巽、坎、離、艮、兑,堯舜始增加屯、蒙諸卦名,更定方圖卦位,文王始定序卦之錯綜與夫揲蓍,周公集成乾坤八卦之象。

是書内容,卷首易象二十三條附圖説;第一卷《周易·上經》《乾》卦至《大有》卦;第二卷《周易·上經》《謙》卦至《離》卦;第三卷《周易·下經》《咸》卦至《升》卦;第四卷《周易·下經》《困》卦至《未濟》卦;第五卷《周易·象上象下傳》;第六卷《周易·象上象下傳》;第七卷《周易·繫辭上傳》;第八卷《周易·繫辭下傳》;第九卷《周易·文言傳》、《周易·説卦傳》;第十卷《周易·序卦傳》、《周易·雜卦傳》、《本義筮儀》、《啟蒙占法》,附《重卦定名説》、《觀象説》、《蓍數起黃帝説》、《先天後天易辯》、《參天兩地倚數説》。

此本據上海圖書館藏清乾隆刻本影印。(郭彧)

**周易本義拾遺六卷** (清)李文炤撰 (第19册)

李文炤(1672—1735),字元朗,號恒齋,善化(今湖南長沙)人。清康熙五十二年(1713)舉人,授穀城教諭,未赴任,潛心程朱之學。後主講嶽麓書院,從游者甚衆,湖湘理學興盛一時。更著有《恒齋文集》、《正蒙集解》、《近思録集解》等,又參與纂修《湖廣通志》。傳見《清史列傳》卷六七。

是書收入《四庫全書總目》易類存目,提要云:"其書用朱子古本併爲六卷,自序謂《本義》於辭多得之,而於象未深考,因爲補葺。釋經則以象數爲主,釋傳則以義理爲歸。各條載《本義》全文,而以己説附於後。於變爻互體言之特詳,而所釋諸象則大抵隨文附會。至於爻辭之首卷,冠以本卦六畫,而以所值之畫,陽作○陰作□以別之。如世傳錢卜動爻之式,其法雖見賈公彦《周禮疏》中,乃卜筮

者臨時之所記,用以詁經則非矣。"此所謂"朱子古本",即爲《四庫全書》所收之十二卷《原本周易本義》(上、下《經》二卷,《十翼》十卷)。李氏則合《象上》、《象下》爲一卷,合《象上》、《象下》爲一卷,合《繫辭上》、《繫辭下》爲一卷,合《文言》、《説卦》、《序卦》、《雜卦》爲一卷。

此本據北京師範大學圖書館藏清四爲堂刻《李氏成書》本影印。(郭彧)

**周易本義註六卷** (清)胡方撰 (第19册)

胡方(1654—1727),字大靈,自號信天翁,學人稱金竹先生,新會(今屬廣東江門)人。康熙歲貢生。講求理學,教人以力行爲主。四十後杜門著述,更著有《四子書注》、《莊子注》、《鴻桷堂詩文集》等。《清史稿》有傳,又見《清史列傳》卷六七。

是書内容,卷一注《上經》,含《乾》至《小畜》九卦;卷二注《上經》,含《履》至《離》二十一卦;卷三注《下經》,含《咸》至《鼎》二十卦;卷四注《下經》,含《震》至《未濟》二十四卦。卷五注《繫辭上傳》;卷六注《繫辭下傳》、《説卦傳》、《序卦傳》、《雜卦傳》。

胡氏是書,不録《周易本義》"圖目"、"卦歌"、"筮儀"内容。先引朱熹之説,後以"注"發揮己意。卷五至卷六内容之分章,一本朱熹《周易本義》。胡氏篤信朱熹"《易》本卜筮之書"説法,故注釋六十四卦皆不出朱熹藩籬。其注《繫辭》"河出圖洛出書聖人則之",亦本朱熹"此四者聖人作易之所由也"之説而發揮之,曰"則圖書,猶云以九六七八定老少也"。

此本據復旦大學圖書館藏清道光三十年南海伍氏粤雅堂刻《嶺南遺書》本影印。(郭彧)

**易經徵實解一卷** (清)胡翔瀛撰 (第19册)

胡翔瀛(1639—1718),字嶧陽,號雲嶼處

士,人稱嶧陽先生,即墨(今山東即墨)
人。更著有《易象授蒙》、《解指蒙圖説》、
《柳溪碎語》、《寒夜集》等。生平略見《萊州
府志》。

是書所謂"徵實",即以史説易。其以史解
《易經》六十四卦,引用歷史人物故事非常廣
泛,僅《乾》卦即引用虞舜、大禹、皋陶、伊尹、
武王、霍光等人故事解説卦辭與爻辭。如解
《乾》卦九三"君子終日乾乾,夕惕若,厲无
咎",則曰:"大禹盡克艱之責而思日孜孜;皋
陶存兢業之心而思日贊贊。"然未免有牽强
附會之嫌。

此本據首都圖書館藏民國五年鉛印《胡嶧
陽先生遺書》本影印。(郭彧)

**易圖解一卷**　(清)德沛撰(第19冊)

德沛(1684—1752),字濟齋,鄭獻親王濟
爾哈朗從曾孫、貝子福存之子。雍正十三年
(1735)五月,封三等鎮國將軍,繼授兵部侍
郎。乾隆間歷任甘肅巡撫、閩浙、兩江總督,
皆有善政,擢吏部尚書,乾隆十五年(1750)
七月襲爵簡親王,卒謚儀。更著有《周易補
注》、《實踐録》等。《清史稿》有傳,又見《碑
傳集》卷二。

是書前有李紱、甘汝來、李鍇乾隆元年三
序。下接德沛乾隆元年自序,謂宋儒諸子,規
矩前人,研覈至道,復爲講解,理留而道具,言
簡而該通,已臻其妙,惟於羲、文諸圖,多未詳
注,因思以宋儒諸子之賢,猶多未詳之語,益
知斯道之大、斯理之難明。乃掇拾補遺,別爲
一書,以待識者就正。其羲、文諸圖,先儒略
載,故倍加摩究,積三十年之久,僅有一得之
愚云云。

是書所列易圖,出於朱熹《周易本義》卷
首。所列易圖有:《伏羲八卦次序圖》、《伏羲
六十四卦次序圖》、《伏羲六十四卦方圓圖》、
《伏羲八卦圓圖》、《文王八卦圓圖》、《文王乾
坤六子圖》、《河圖》、《洛書》。是書計刻五十

七版,中間並無闕頁。因未列《卦變圖》,故
書前有"滿洲耆齡"於宣統壬子(1912)題字
曰"此雖非足本"云。

是書采録朱熹《周易本義》卷首所列九圖
之八圖,大旨爲解決"惟是於羲、文諸圖,多
未詳注"之問題,而予以"掇拾補遺"詳注。
其間亦不乏發明之處,如注曰"伏羲之圓圖
尚對待,尚象;文王之圓圖尚流行,尚用也。
故對待有對待之理,流行有流行之道。此二
圖只可言體用,不必言先天後天",可謂發前
人之未發。所謂"先天"與"後天"之説起於
北宋邵雍,特別是朱熹予以發揮推廣之。實
則《易傳》之中並無此説,所以德沛主張以
"體用"解説而"不必言先天後天",可謂大有
見地。

此本據國家圖書館藏清乾隆元年刻本影
印。(郭彧)

**讀易便解不分卷**　(清)盧見曾撰(第20冊)

盧見曾(1690—1768),字抱孫,號雅雨山
人,德州(今山東德州)人。康熙六十年
(1721)進士,歷官洪雅知縣、灤州知州、永平
知府、兩淮鹽運使等。少時有詩名,後轉治經
學,喜刻書,曾校刊《雅雨堂叢書》,更著有
《雅雨堂文集》等。《清史列傳》卷七一有傳,
又見《國朝詩人徵略初編》卷二二。

是書《上經》含《乾》至《離》三十卦;《下
經》含《咸》至《未濟》三十四卦;《繫辭上傳》
十二章;《繫辭下傳》十二章;《説卦傳》十一
章;《序卦》上下篇;《雜卦》。

盧氏是書乃爲學《易》而作,期間多有修改
之處,大體本朱熹之説而立意,並無多少
發明。

此本據山東省圖書館藏清抄本影印。
(郭彧)

**讀易管見一卷**　(清)程廷祚撰(第20冊)

程廷祚(1691—1767),字錦莊,又字啟生,

晚號青溪居士,上元(今屬江蘇南京)人。諸生,乾隆元年(1736)舉博學鴻詞,未中,自此棄舉業,閉門窮經。更著有《大易擇言》、《易通》、《春秋職官考略》、《春秋地名辨異》、《左傳人名辨異》、《尚書通議》等。《清史稿》有傳,又見《金陵通傳》卷二九、《碑傳集》卷一三三。

《四庫全書》收錄程氏《大易擇言》三十六卷,提要謂程氏"力排象數之學,惟以義理爲宗者"。

此書前有吳銳《題辭》,曰晉王輔嗣清言析理,不主象數,乃爲超超元著。程君啟生著述甚富,尤邃於經學。觀其說《易》諸篇,直將天道人事六通四闢,實有妙會,非關見聞。實王輔嗣之亞,披月窟天根之奧云云。

是書各篇分題易簡圖說、論乾元、論易簡、論易簡二、論易簡三、論四德、論用九用六、論內陽外陰、論剛中、論中正、論應、論恒、論既濟、論一陰一陽之謂道、論卜筮、復友人論易書附。

《易簡圖說》以"乾元之象"、"乾坤奇偶之象"、"奇偶相交之象"、"天道人道之象"、"天人合一之象"諸圓形圖案構成《易簡圖》,用以發明《繫辭》"乾知大始,坤作成物;乾以易知,坤以簡能"之義。《圖說》曰:"其在於人,知不由慮,能不由學。知即乾之易,能即坤之簡。"此則以"象"釋《繫辭》,似學本朱子晚而不廢象數之學。

又其《論應》曰:"《易》之所貴,不在應。且有其德,未有無其應者也,則雖不見於象而應可知。如無其德,則雖有相應之象,而不爲用,未濟是也。故在易象惟有剛中之德者多應,而柔之得位得中者,又必有應於剛而後爲貴。"此則強調有德者應,非絕口不談象數。

此本據國家圖書館藏清乾隆年間三近堂刻本影印。(郭彧)

**易通十四卷** （清）程廷祚撰（第20冊）

程廷祚,有《讀易管見》,已著錄。

是書前有李紱、晏斯盛、方苞序,下接姪孫廷鑨序及程氏乾隆庚申(五年,1740)自序。自序謂自以爲三聖人之設卦繫辭,當必有其故,清夜思之,不知涕之无從,既有所見,不能自已,爰自乾隆丙辰迄於庚申,五易寒暑,著《易通》若干卷。乃盡去舊說之未安者,以求合於孔子之說,以上溯乎包犧、文王之意,而冀其萬有一得云云。

是書凡《易學要論》二卷、《周易正解》十卷、《易學精義》一卷,又附錄《占法訂誤》一卷。《易通》乃其總名。是書收入《四庫全書總目》易類存目,提要謂其《要論》盡去漢人爻變、互體、飛伏、納甲諸法,未免主持稍過。然舉宋人河洛、先天諸圖及乘承比應諸例,掃而空之,則實有芟除繆轇之功。其《正解》乃經傳之義疏,不用今本亦不用古本,以《彖傳》、《小象》散入經文,十翼併爲六翼,頗嫌變亂而詮釋尚爲簡明。其《精義》統論義理,通其說於道學,略如《語錄》之體。其《占法訂誤》謂畫有奇偶,九六而上下進退於初二三四五上之際,所謂六爻發揮者,《易》之變惟在於此。之卦則所以識別動爻之用,而所取仍在本卦。故以《洪範》之說爲占法,而以《春秋內外傳》所載爲附會變亂,不與《易》應云云。

程氏曰:"卜筮,《易》之一端,因而淫於術數者,君子弗貴也。然古者卜筮之法,今亦不可得而詳矣。《左》、《國》所記、後儒所言,余嘗疑其多不與《易》應。夫不與《易》應,則非自然之道矣,豈以聖人而爲之哉!朱子以《易》爲卜筮之書,而所作《啟蒙》往往謬于《大傳》。朱子且然,而況他乎!此余所以屢置之而不敢議也。"又曰:"占法宜宗《洪範》,《左》、《國》雖善于推演,其變亂古法者,似未可以盡據也。"程氏此說,可謂在理,並無"矯枉過直"之處,當無可厚非!

此本據北京大學圖書館藏清乾隆十二年程廷鑣道寧堂刻本影印。（郭彧）

### 易經如話十二卷首一卷 （清）汪紱撰（第21冊）

汪紱（1692—1759），一名烜，字燦人，號雙池，又號重生，婺源（今江西婺源）人。清乾隆初諸生，時爲東南名儒，學識淵博。生活清苦，一生未經仕途，以宋五子之學爲宗，精研不輟。更著有《雙池文集》等。傳見《清史列傳》卷六七。

是書内容，卷首《易圖說》、《筮儀》，卷一《周易上經》，卷二《周易下經》，卷三《象上傳》，卷四《象下傳》，卷五《象上傳》，卷六《象下傳》，卷七《文言傳》，卷八《繫辭上傳》，卷九《繫辭下傳》，卷十《說卦傳》，卷十一《序卦傳》，卷十二《雜卦傳》。

其《易圖說》，列有《古河圖》（吳澄《易纂言外翼》之《龍馬旋毛圖》）、《河圖圖》（朱熹《周易本義》黑白點十數圖）、《古洛書》（吳澄《易纂言外翼》之《神龜甲坼圖》）、《洛書圖》（朱熹《周易本義》黑白點九數圖）；《伏羲八卦次序橫圖》、《伏羲八卦方位圓圖》、《伏羲六十四卦次序橫圖》、《伏羲六十四卦方位圓圖》、《伏羲六十四卦方位方圖》（以上五圖本《周易本義》卷首之"伏羲四圖"衍出）；《文王八卦次序圖》、《文王八卦方位圖》、《卦變圖》（以上三圖出於《周易本義》）。汪氏本朱熹"論他太極，中間虛者便是。他亦自說圖從中起，今不合被橫圖在中間塞却，待取出放外"之說，把《周易本義》卷首《伏羲六十四卦方位圖》之六十四卦方圖"取出放外"成《伏羲六十四卦方位方圖》。其圖說多本邵雍《皇極經世·觀物外篇》和章潢《圖書編》内容而發揮。

其《筮儀》篇，亦不出朱熹《周易本義》藩籬，僅略加以個人體會而已。其對《周易》經傳之解說，亦僅在朱熹基礎之上有所發揮。

此本據國家圖書館分館藏清同治十二年活字印本影印。（郭彧）

### 易互六卷 （清）楊陸榮撰（第21冊）

楊陸榮，生卒年不詳，字采南，青浦（今屬上海）人。康熙間諸生，學者稱潭西先生。更著有《禹貢臆參》、《五代史志疑》、《三藩紀事本末》等。傳略見《四庫全書總目》卷九、卷一四。

是書收入《四庫全書總目》易類存目，提要謂是書卷一曰《卦互》，若《乾》、《坤》反對。卷二曰《爻互》，若《小畜》、《大有》、《大畜》、《需》、《大壯》、《夬》、《泰》，下卦皆三畫陽，則相互；《姤》、《同人》、《履》、《遯》、《訟》、《无妄》、《否》，上卦皆三畫陽，則相互，而皆統以《乾》，推之《巽》、《離》、《兑》、《艮》、《坎》、《震》、《坤》七卦皆然。卷三曰《卦爻互》，若《姤》初爻陰與《復》初爻陽互；《夬》上爻陰與《剥》上爻陽互。卷四、五曰《雜說》上下，卷六曰《輯參》，乃經文及句讀異同者。大抵本何楷、黃道周之餘論也云云。按楊氏之多"互"之說實發端於鄭玄之"互體"說。明何楷《古周易訂詁》"論互體"針對《繫辭》"若夫雜物撰德辯是與非則非其中爻不備"而言，又本京房《易積數》以二三四爲互體、三四五爲約象。如初九變爲《姤》；九二變爲《同人》；九三變爲《履》；九四變爲《小畜》；九五變爲《大有》；上九變爲《夬》，皆謂乾卦之互體。楊氏之多"互"之說實發端於鄭玄"互體"說，並非"何楷、黃道周之餘論"。

此本據國家圖書館藏清乾隆十三年刻《楊潭西先生遺書》本影印。（郭彧）

### 周易本義辨證六卷 （清）惠棟撰（第21冊）

惠棟（1697—1758），字定宇，號松崖，人稱小紅豆，元和（今屬江蘇蘇州）人。一生讀書治學，終身未仕。自其祖父之後，三代以治《易》學聞名。治學以漢儒爲宗，以昌明漢學爲已任。更著有《易漢學》、《周易述》、《易微言》、《後漢書補注》、《松崖筆記》等。《清史稿》、《清史列傳》卷六八有傳，又見《碑傳集》卷四六。

是書作年未詳，按書中有云"説詳《易漢學》"，可見此書較《易漢學》晚成，然未知其詳。

考惠氏專心經學在五十歲後，所可貴者，能旁搜遠紹，而恢復漢易，即成《易漢學》八卷。其後或即著此書，蓋以古義以辨證朱子之《本義》。間頗采《朱子語類》及宋後諸家之説，以足成《朱義》，於《折中》亦多所引用。凡於《本義》，或則推明其義之所出，或則考其用字之異同，或則糾正其未當，或則補足其未備；故實能發揮朱子之説，較一意奉行《本義》者，反爲有功於朱子者也。他如正朱子從郭京《舉正》之非，以卦變爲卦體之疑（《語類》中已謂上下往來疑當爲卦變，而《本義》尚謂卦體），皆是。又《文言》"賢人在下位"，朱子謂九五以下；今惠氏謂九三，更切合於象。《漸》之三言"孕婦"，朱子不曉其象；惠氏補之曰："案三至五約象《離》，《離》中女，故稱婦；爲大腹，故稱孕；《離》體非正，故不育。三、五皆體《離》，故皆稱'孕婦'。互體約象之説，朱子所不用，故云'不可曉'也。"凡此等每多可取，蓋能以宋理合諸漢象，説《易》之正也。若《繫》首章之末句曰："馬、王肅作'而《易》成位乎其中'，荀慈明曰：'陽位成於五，陰位成二；五爲上中，二爲下中，故曰成位乎其中。'韓康伯云：'成位況立象。'此言成《易》之位，非言成人之位。'易則易知'以下，《本義》謂人法乾坤之道；而以成位乎中，爲聖人參天地之事；愚竊以爲不然。"此以《釋文》馬、王之説，以增"易"字，乃與"易行"、"易立"同例，故可取。然成《易》之位猶成人之位，朱義亦可取，五二之位中，即人參初四地，三上天也。

夫詳觀全書，雖得失互見，然能推本求原，

以明其意，故已能貫通漢、宋；讀《本義》後，此書亦宜讀之。且可見朱子之言皆有本，豈以意説經者所可望其項背？

此本據北京大學圖書館藏清惠氏紅豆齋抄本影印。（廖名春）

### 易學圖説會通八卷續聞一卷　（清）楊方達撰（第21冊）

楊方達，生卒年不詳，字符蒼，一字扶倉，武進（今江蘇武進）人。更著有《周易輯説存正》、《尚書約旨》、《尚書通典略》等。事略見《四庫全書總目》卷一〇。

是書前有乾隆二年（1737）儲大文、任啟運、金德瑛序，而楊氏乾隆三年自序則缺失首頁。是書收入《四庫全書總目》易類存目，提要引楊氏《自序》云："尋繹宋元經解及近代名家纂述，見其精研象數，或著爲圖，或著爲説，有裨於《易》者類而録之，左圖右説，集成八卷。一曰太極探原；二曰圖書測微；三曰卦畫明德；四曰變互廣演；五曰筮法考占；六曰律呂指要；七曰外傳附證；八曰雜識備參。"該段文字此本缺失。提要又謂是書大旨以《朱子本義》九圖爲主而博采諸家，間附己論，蓋專講先天之學云云。

由是書觀之，楊氏於易圖，一味羅列而缺乏考證，故其立説不免承襲朱熹等人之誤。如其謂"《周子太極圖》，第一空運，太極圖也；次爲陰陽圖；又次爲五行圖；又次爲成男成女圖；又次爲萬物化生圖"，則爲本朱熹改造之《周子太極圖》説話，不知周敦頤之圖爲表達《繫辭》"易有太極"一節之含義而畫。其四層圖式皆爲"太極"，第一層表達"易有太極"；第二層表達"是生兩儀"；第三層表達"四象"與"八卦"；第四層表達"大業"之六十四卦。原圖無"五行相生"而是"分土王四季"，並以"四象、八卦"爲"二生三"之象。又楊氏不考朱熹《河圖》與《洛書》之本源，不知其從北宋李覯《河洛圖書》易名而來，更不知原出於真宗時太常博士彭城劉牧弟子黃黎獻之《續易數鉤隱圖》一書。又所列朱熹再版《易學啟蒙》之"六橫圖"及《胡雙湖太極生六十四卦之圖》，其八卦之《乾》、《坤》與六十四卦之《乾》、《坤》，皆由一畫之"陽儀"生出，顯違背先儒"獨陽不生，寡陰不成"之說。

楊氏既爲《易學圖說會通》，復出己意成《續聞》三十二條。《四庫全書總目》存目提要稱其總不離陳摶之學，其後泛衍及於天文、地理、雜類諸說，皆牽合比附，務使與《易》相通云云。

此本據國家圖書館藏清乾隆復初堂刻本影印。（郭彧）

### 周易解九卷　（清）牛運震撰（第21册）

牛運震（1706—1758），字階平，號空山，又號真谷，滋陽（今山東兖州）人。雍正十一年（1733）進士，歷任平番、徽縣、兩當等縣令，去官後，又任隴川、皋蘭、三立、河東、少陵諸書院山長，性好金石，精經術，重考據。更著有《空山堂文集》、《空山堂春秋傳》、《金石經眼錄》、《金石圖》等。《清史稿》有傳。

《四庫全書總目》易類存目有《空山易解》四卷，提要謂其務在通漢晉唐宋爲一，然大旨主理不主數，故於卦氣值曰及虞翻半象、兩象等說，皆排抑之。是仍一家之學，不能疏通衆說云云。然《皇朝文獻通考》引其《自識》曰："運震自識曰：學《易》之法，本之《繫辭》、《說卦》以括其綱，證之乾、坤二卦以比其例，考之六十二卦以盡其變，參之《彖》、《象》以指其歸，通之大象、半象、虛象、實象以廣其類，然後求之揲蓍占事以定其向。"

究牛氏"通之大象、半象、虛象、實象以廣其類"，抑或"於卦氣值曰及虞翻半象、兩象等說，皆排抑之"？

案，是書《乾卦六爻取象解》曰："易者象也，象者像也。象數之說明，則卦爻之義昭然如揭矣。今以《乾》卦例之。《說卦》云《乾》

爲天，《乾·大象》曰天行健。《乾》六爻不言天而言龍者，何也？天統元氣，渾淪穆清，不可以象名。龍秉純陽之性，有飛騰變化之能，故言剛健者莫尚焉。言龍即以言天也。《說卦》曰《震》爲龍，《九家易》曰《乾》爲龍《震》得《乾》之健，《乾》得健之全，《乾》、《震》同體，故《震》爲龍，《乾》亦稱龍也。"另有《文言釋六爻取象解》、《坤卦六爻取象解》、《屯卦六爻取象解》、《蒙卦六爻取象解》等亦多言象數，而非《四庫存目》提要所云"於卦氣值曰及虞翻半象、兩象等說，皆排抑之"。然《四庫全書》易類存目云"《空山易解》四卷"，清嘉慶二十三年刻《空山堂全集》則爲九卷，且無《自識》，當爲其晚年增定之本。

此本據復旦大學圖書館藏清嘉慶二十三年刻《空山堂全集》本影印。（郭彧）

### 觀象居易傳箋十二卷　（清）汪師韓撰（第22册）

汪師韓（1707—1774），字抒懷，號韓門，錢塘（今浙江杭州）人。雍正十一年（1733）進士，改翰林院庶吉士。散館授編修，曾官湖南學政，後主蓮池書院講席。更著有《詩學纂聞》、《上湖分類文編》、《理學權輿》等。傳見《清史列傳》卷七一。

是書内容，卷一《象傳上》，卷二《象傳下》，卷三、卷四、卷五《象傳上》，卷六、卷七、卷八、卷九《象傳下》，卷十《繫辭傳》，卷十一《文言傳》、《說卦傳》、《序卦傳》，卷十二《雜卦傳》（附圖）。

是書卷一至卷二解六十四卦之卦辭，即是汪氏所謂之"文王序包犧之卦而繫之辭，曰彖"。晉杜預注《春秋左氏傳》始有"卦辭"之說，朱熹正之，此爲汪氏所本。卷三至卷九解六十四卦之大象、爻辭並小象，汪氏謂之皆"周公"所作。卷十至卷十二解孔子所作之《繫辭傳》、《文言傳》、《說卦傳》、《序卦傳》、《雜卦傳》，如此則打亂"十翼"皆爲孔子作之說。

是書《目次》首有汪氏識語，稱是書作於乾隆戊辰、己巳（十三、十四年，1748—1749），年過六十，方鋟諸版，以期他日更有所進，鑿舊而補新云云。汪氏解説《周易》多與衆不同，甚至獨出心裁別爲新意，所謂“鑿舊補新”，然鮮有可取之處。

此本據上海圖書館藏清刻本影印。（郭彧）

### 周易詳説十八卷　（清）劉紹攽撰　（第22冊）

劉紹攽，生卒年不詳，字繼貢，號九畹，三原（今陝西三原）人。雍正十一年（1733）拔貢生，官四川南充縣知縣。工詩古文，博通經史，喜講古韻及方程勾股。歸里主蘭山書院。更著有《春秋筆削微旨》、《春秋通論》、《書考辨》等。事見《碑傳集》卷一三九。

是書前有周長發、項樟序及劉氏自序。是書內容，卷一爲論説，有《論漢晉説易》、《論王輔嗣易例》、《論宋儒説易》、《論觀象》、《論玩辭》、《論觀變》、《論玩占》、《論本義九圖》等；卷二《論本義》；卷三至卷六詳説《上經》；卷七至卷十詳説《下經》；卷十一詳説《繫辭上傳》；卷十二詳説《繫辭下傳》；卷十三詳説《説卦傳》；卷十四詳説《序卦傳》；卷十五詳説《雜卦傳》；卷十六和卷十七爲《左氏筮法》；卷十八爲《卜筮附論》、《納甲直圖》、《納甲納十二支圖》、《納音》、《五行》、《飛伏》、《論易林》、《論卦氣值日》、《附論卜法》。

《四庫全書總目》易類存目有《周易詳説》十九卷，然此本僅十八卷，疑丢失一卷，抑或第十八卷原分作兩卷，亦未可知。

《四庫存目提要》稱是書大旨以《程傳》爲宗，與《本義》頗有同異，於邵子先天之説亦不謂盡然，不爲無見。惟於漢儒舊訓，掊擊過當，頗近於偵。其議論縱橫，亦大抵隨文生義，故往往自相矛盾云云。

要之，劉氏此書多本朱熹《周易本義》，並引李光地等人之説予以“詳説”，甚至補充諸

多術數內容，用以補充朱熹《易學啟蒙》言象數之不足。

此本據國家圖書館分館藏清乾隆劉氏傳經堂刻本影印。（郭彧）

### 畏齋周易客難一卷　（清）龔元玠撰　（第22冊）

龔元玠（1716—?），字瑑山，號畏齋，南昌（今江西南昌）人。乾隆十九年（1754）進士，授銅仁縣知縣，緣事降撫州教授，再以承審失實，罷職歸。好讀書，博通群籍，更著有《黃淮安瀾編》、《十三經客難》等。傳見《清史列傳》卷六八。

是書爲《十三經客難》之一。所謂“客難”，即設爲問答以申明其義。是書問答涉及王弼《周易注》、程頤《伊川易傳》及朱熹《周易本義》等，似未提及漢代易學。

是書前有龔氏乾隆癸巳（三十八年，1773）自序，稱是書兼説義理於象占之中。至於先儒所偶未及，及説之有未安者，見於《總序圖説》及上下經若干條、十翼若干條。至南北極説太極，後天八卦歸之包羲則大別於舊説云云。

近人尚秉和於《易説評議》卷六論及是書，以爲其所説多疏淺，又多穿鑿鄙俚；至其説經，多以史事比附，浮泛不切；至解經而誤者屢見不鮮，如《蒙》“初六用説桎梏以往吝”，《本義》及王安石、王宗傳皆以“以往”爲以後，並以讀他經之法強與上文相屬。龔氏不知其大誤而從之，陋已云云。可謂切中要害。

此本據北京大學圖書館藏清道光二十六年刻《十三經客難》本影印。（郭彧）

### 古易匯詮四卷　（清）劉文龍撰　（第22冊）

劉文龍，生卒年不詳，字體先，寧化（今福建寧化）人。見清阿桂編《經笥堂文鈔》卷下《劉體先傳》。

是書內容，第一冊古易，有圖一：《伏羲六

十四卦方圓圖》；書二：上篇三十卦、下篇三十四卦；傳十：《象辭》、《釋象上》、《釋象下》、《釋爻上》、《釋爻下》、《大傳》、《説卦》、《文言》、《序卦》、《雜卦》。第二册匯詮上經，第三册匯詮下經，第四册匯詮《象辭》、《大傳》、《説卦》、《文言》、《序卦》、《雜卦》。

劉氏《匯詮》多從《周易大全》與《御纂周易折中》二書輯出，《凡例》云："蓋吾寧僻處萬山，藏書實寡，兼龍伏在草莽，獨學无朋，安所得探名山之藏、抽枕中之秘而愉快乎？惟是萬古不朽之經，非一人一時之見所能盡。願通天地人之君子，矜其矇瞶，曲賜指南，俾得聞所未聞，至所可至，是區區今日災木請正之心也。質雖凡庸，志誠无已。"統觀全書，只是"匯詮"而已。其説多本於程頤與朱熹，而對於朱熹之舛誤並没有予以糾正。

是書前有冶城丁圖南雍正戊申（六年，1728）序，又有南昌魏元曠宣統二年（1910）序，後有宣統二年裔孫梅生跋、民國九年（1920）七世孫映奎跋及《勘誤表》。封面有"雍正甲寅新鎸"、"聚園藏書"等字樣，《凡例》後有"雍正十二年歲在甲寅清明前三日閩寧化劉文龍謹識"字樣，可知是書初刻於雍正十二年，而後又有刻於宣統二年之本。

此本據中國科學院圖書館藏民國九年鉛印本影印。（郭彧）

**彖傳論二篇**　（清）莊存與撰（第22册）

莊存與（1719—1788），字方耕，號養恬，武進（今江蘇武進）人。乾隆十年（1745）進士，授編修，歷官內閣學士、禮部侍郎，入值南書房及上書房，提督湖北、直隸、山東、河南等省學政，曾任《四庫全書》總閱官。更著有《彖象論》、《繫辭傳論》、《春秋正辭》、《尚書概見》等，均輯入《味經齋遺書》。《清史稿》及《清史列傳》卷二一有傳。

是書爲《味經齋遺書》之一，分上、下二篇，

上篇論《乾》至《離》三十卦之《彖傳》；彖下篇論《咸》至《未濟》三十四卦之《彖傳》。

莊氏之論，頗有新意。如曰："'大明終始'乾之五也"；"'君子攸行'坤之二與五也"；"'利建侯'屯之五也"；"'尚中正'訟之五也，'剛來得中'二也"等，皆以《彖傳》辭與爻位對應。其論又多引史，如："箕子知文王克盡仁義之艱，而先王猶若得其時之易，則晦其克念以從罔念，務獲其心意焉。此閎天、散宜生得以藉手而解文王於難也"等。

雖言"彖傳論"，然其論亦多及於爻辭及《象傳》辭以爲輔助。如曰："師之'丈人'二也，'以此毒天下而民從'則王也，'大君'也五也，《象》曰'懷萬邦'，《彖》言'毒天下'，是之謂視民如傷。"

此本據上海圖書館藏清道光莊綬甲寶研堂刻《味經齋遺書》本影印。（郭彧）

**彖象論一卷**　（清）莊存與撰（第22册）

莊存與，有《彖傳論》，已著録。

是書爲《味經齋遺書》之一，要論《乾》至《未濟》六十四卦彖辭（亦即卦辭）、爻辭與卦象、爻象之關係。如，論"坎之初每有失焉，習坎則失道"，則舉《師》初六之"師出以律否臧凶"、解初六之"无咎"爲例。曰："師出則'失律'；'解，緩也'，緩必有所失，何以'无咎'乎？坎之失以險也。夫物之險者，常失之於急也。獄急則不恤其枉，失道也。師急者，則不慎，其敗'失律'也。走險如鶩矣，解在險中，'動'乃得免焉，辟險者也。"

《繫辭》曰："其初難知，其上易知，本末也。初辭擬之，卒成之終。若夫雜物撰德辯是與非，則非其中爻不備。噫！亦要存亡吉凶，則居可知矣。知者觀其彖辭，則思過半矣。二與四同功而異位，其善不同，二多譽四多懼，近也。柔之爲道不利遠者，其要无咎，其用柔中也。三與五同功而異位，三多凶五多功，貴賤之等也。其柔危其剛勝邪。"此則是莊氏

立言論"彖象"之根據。一般謂文王繫彖，周公繫爻辭。莊氏《彖象論》所謂之"象"則包括爻辭在內，所謂之"象"則包括上下卦之象、爻位之象。

此本據上海圖書館藏清道光莊綬甲寶研堂刻《味經齋遺書》本影印。（郭彧）

**繫辭傳論** （清）莊存與撰（第22冊）

莊存與，有《彖傳論》等，已著錄。

是書爲《味經齋遺書》之一。原書未標卷數，分上下兩篇，後附《序卦傳論》。雖名曰《繫辭傳論》，然觀其引文，皆雜乎《文言》、《説卦》、《序卦》統而論之，不過稍有側重而已。如，其論"天尊地卑乾坤定矣"一段，則引《文言》"天地變化"、《彖傳》"乾道變化"、《説卦》"震爲雷，巽爲風"等説明之，另引《春秋》、《詩》、《尚書》等以佐論，此亦莊氏立言一大特點，如曰"禹敘九疇"、"日入三商"、"周公之誥"、"十二國之風"之類。

莊氏之論，亦有獨到之處。如論"是故易有太極"一節，曰："以在天地之間者言之，地有極，人有極，一於天而不二，天，大極也。兩儀，天之陰陽也。四象，陰陽有大有少也。八卦，乾兌離震巽坎艮坤……是故易有太極，不可圖也。"又如論"河洛圖書"，曰："河出圖，洛出書，古之聰明睿智神武而不殺者受之矣。天不言，聖人之言則天之言矣。文王繫易，箕子陳洪範，是謂天道。舍是而言天道，非聖人之言，吾懼其獲罪於天也。"莊氏能夠追本溯源，摒棄"河圖"、"洛書"、"太極圖"之成説，可謂當時儒者之中罕見者。

此本據上海圖書館藏清道光莊綬甲寶研堂刻《味經齋遺書》本影印。（郭彧）

**八卦觀象解二篇附卦氣解一篇** （清）莊存與撰（第23冊）

莊存與，有《彖傳論》等，已著錄。

是書爲《味經齋遺書》之一。《八卦觀象解》首列《八卦觀象圖》，圓式五層，自內向外，分別爲玄枵、星紀等十二次；二十四節氣；二十八宿；十二月；六十四卦。是圖不見於其他易學書籍之中，似爲莊氏自作之圖。正文分上下二篇。

莊氏所謂"八卦觀象"，是觀天象而説八卦或六十四卦。如曰："行百一十四度見于危，其卦爲夬，《象》曰'揚于王庭'。自古明聖，未有無誅而治者。熒惑加焉，'君子道長，小人道憂'也。歷斗之會以定填星之位，三百七十七日有奇而壹見星，斯行不盈十三度，自晨始見，在斗十二度，廟也。歲星爲震，熒惑爲離，大白爲兌，辰星爲坎，填星爲四維，位乎艮，是主思心，傳曰'兼山艮，君子以思不出其位'。順日行十五分一步，八十七日留于斗十七度，其卦爲蹇，初六曰'往蹇來譽'。"由是觀之，雖莊氏的確通曉當時流行之天文星宿與地理分野知識，然不當用以附會《周易》。其謂《艮》"主思心"，然非《説卦》所謂之艮象。引用《艮》之大《象》文"思不出其位"附會"填星爲四維，位乎艮，是主思心"，則未免牽強。至於其以"震兌以南二十八卦應乎天，震兌以北三十六卦應乎地"，則似依據邵雍《先天圖》説而演繹，似無其道理可言。

其《卦氣解》一篇，如曰："乾辟巳，坤辟亥，攝提方也，巽候申，艮候亥，日月會也。巽後而艮先，天行有進退也。先卯中而晉，後酉中而明夷，歲之晝夜也。晉近而明夷遠，勸賞畏刑之義也。"其説，亦與前儒"十二辟卦卦氣説"迥異。

莊氏之學，本不以《易》顯，故《續清經解》僅錄其《卦氣解》一篇。

此本據上海圖書館藏清道光莊綬甲寶研堂刻《味經齋遺書》本影印。（郭彧）

**周易象考一卷辭考一卷占考一卷** （清）茹敦和撰（第23冊）

茹敦和（1720—1791），字遜來，號三樵，會稽(今浙江紹興)人。乾隆十九年(1754)進士,授直隸南樂知縣,官至湖北德安府同知,有政聲。通五經,尤精《易》學。更著有《周易證籤》、《讀易日札》、《竹香齋文集》等。傳見《碑傳集補》卷二二、《國朝耆獻類徵初編》卷二五五。

所謂"象考",乃基於《繫辭》"聖人設卦,觀象繫辭"之説。聖人爲六十四卦所設之象辭與爻辭,當與"觀象"大有關係。《説卦》已敘述了一些八卦之象,東漢荀爽及三國虞翻又補充諸多"逸象"。茹氏此書,則爲考證諸家之説。

是書考證從"命"、"魚"、"冰"至"帝"、"車"、"輪"凡二百一十六條。如"玉"字條,茹氏按:"乾爲玉,考之皆變象,而荀九家又有'震爲玉',複出,宜删。"又如"龍"字條,茹氏按:"《説卦傳》兩言'震爲龍',而乾爻六龍,在《彖傳》明言乾元統天,本無疑義。荀九家乃直作'乾爲龍',今未敢以後師之義改易聖言。"

是書"考象",徵引《國語》、"虞氏易"、"荀九家"、"杜氏《左傳》"、《集解》等,以卦變、互體、飛伏、半象、覆、應等法予以對應,再提己見,可謂用心良苦。近人尚秉和、吳承仕均爲此書撰有提要,可資參考。

《辭考》撰寫體例與《象考》同,從"揚"、"願"、"試"、"嘉"至"宗"、"習",僅六條,似未寫畢之書。所謂"辭考",則爲取兩卦、三卦或四卦之象,以比較相同之辭語。如"揚"字條,茹氏按:"夬之揚于王庭,指上六而言。大有互夬,大有之五即夬之上,亦曰揚焉。"

其法以卦與卦互證,用互體、重卦、卦變、爻位、有應等象,考相同內容之辭,可謂發前人之未發。然"嘉"字條謂"《文言》曰'亨者,嘉之會也',則嘉有會義,故二五之應曰嘉。以坎填離,兩卦互相伏亦有會義,亦曰嘉",則過於牽強。

所謂"占考",皆爲有關"志"字之出處,既無按語亦無涉如何占筮。有"上合志"至"志有待"二十一條。是書僅兩版,第二版末有"校字"者名字,似未缺版。亦或爲茹氏未竟之書。

是書內容,如"大得志　上得志　得志"條之右,記:"明夷三南狩之志乃大得"(《象》辭);"損上"(《象》曰:"大得志也。");"益五"(《象》曰:"大得志也。");"升五"(《象》曰:"大得志也。");"賁上上得志"(《象》曰:"上得志也。");"无妄初得志"(《象》曰:"得志也。")。其他二十條體例相同,皆出於各卦之《象傳》或《象傳》。

此本據上海圖書館藏清乾隆刻《茹氏經學十二種》本影印。(郭彧)

**周易證籤**　(清) 茹敦和撰 (第23冊)

茹敦和,有《周易象考》等,已著録。

是書未標卷數,包含"上經上"、"上經下"、"下經上"、"下經下"四篇,命之曰"證籤"有"驗證"、"貫穿"之義。

茹氏之"證籤"簡短明了,義理與象數兼顧,亦頗有新意。如"證籤"《乾》卦,曰:"《説卦傳》震爲龍,乾不爲龍。然震者乾初,故得以震象象之。惟震故龍,惟初故潛,惟潛故勿用"、"見者,不潛之謂。凡言田者,皆震初"、"震足故躍"。

茹氏之"證籤",多用卦變,以彼卦而證此卦。如解《屯》卦"初九,磐桓,利居貞,利建侯。《象》曰:雖磐桓,志行正也。以貴下賤,大得民也",曰:"此言初爲觀上之變也,在觀上則利居貞,在屯初則利建侯。志行者,省方觀民之志行。"《觀》上之初成《屯》,因爲一"利"字而將兩卦牽扯在一起,將《觀》之大《象》"省方觀民設教"附會於《屯》小《象》"志行正"。此種解經方法,的確如同尚秉和氏所云"漫衍無經"。倘慣用此法,則經中無一字不可用象解説。聖人"觀象繫辭"當不會若是之繁瑣。

此本據藏上海圖書館清乾隆刻《茹氏經學十二種》本影印。（郭彧）

### 周易二閭記三卷　（清）茹敦和撰（第23冊）

茹敦和，有《周易象考》等，已著錄。

是書曰“二閭”，乃“茶閭”、“薑閭”二人與茹氏設爲問答。内容分上、中、下三卷。

“二閭”乃假設之人，實則茹氏自問自答而成帙。茹氏假“茶閭”、“薑閭”之口作答，引經據典，可謂面面俱到。有《詩傳》、《周禮》、《周語》、《洛誥》、《左傳》、《穀梁》、《三國注》、《孔傳》、《孟章句》、《易林補遺》、《考工記》、《康成尚書注》、《説文》、《爾雅》、《中庸》、《公羊傳》、《論語》、《孟子》、《國語》、《三都賦》、《通卦驗》、《史記》、《周易本義》、《檀弓》、《經典釋文》、《前漢書》、《桓譚新論》、《荀子》、《月令》等等，不勝羅列。尤以引《詩經》内容爲多，如說解《井》卦辭語，“茶閭”曰：“《詩》‘爰有寒泉，在浚之下’，浚之下者，浚之深也，則井也……且《詩》又言‘冽彼下泉’矣。”又如說解《漸》卦辭語，曰：“於《詩》曰‘鴻飛遵陸，公歸不復’，於《易》曰‘鴻漸于陸，夫征不復’，其辭若一也……《詩》又有之，‘公孫碩膚，赤舄几几’，非與？”

茹氏設爲問答解說《周易》經文，其法有二：一是引用經典内容及《易》學名家之言；一是采“互體”、“卦變”、“飛伏”、“位應”、“重卦”之法，顧此即彼，以甲卦解乙卦，足見其學識淵博，善於廣徵博引。其缺點，則尤顯雜亂無章，過於穿鑿附會，故尚秉和氏評之曰：“强詞奪理，則自是太過也。又篤信卦變，至理所不能釋，則以卦變爲解。”

此本據上海圖書館藏清乾隆刻《茹氏經學十二種》本影印。（郭彧）

### 重訂周易小義二卷　（清）茹敦和撰（清）李慈銘訂

茹敦和，有《周易象考》等，已著錄。

李慈銘（1830—1894），初名模，字式侯，後改今名，字㤅伯，號蒓客，室名越縵堂，晚年自署越縵老人，會稽（今浙江紹興）人。光緒六年（1880）進士，官至山西道監察御史。學識淵博，承乾嘉漢學之餘緒，治經學、史學，蔚然可觀。其日記三十年不斷，朝政、治學無不收錄，爲一生心力所萃，另有《越縵堂文集》等。《清史稿》有傳，又見《碑傳集補》卷一〇。

是書前有茹氏《周易小義序》，謂初受易辭於二田，未卒業而去，記之備遺忘，未爲義也。歲辛卯，官評事曹務稀簡，公退杜門，無所事事，因撮其要者爲義，得百餘條，定名曰《周易小義》云云。

茹氏所謂“百餘條”，上卷“龍”、“朋”、“黄裳”至“大耊”、“突”四十三條；下卷“腓”、“脢”、“易”至“蒼筤竹”、“寡髮”六十條。所謂“小義”，乃自謙不敢爲探賾索隱以求深之義。

南宋鄭樵《通志》曰：“《易》雖一書，而有十六種學：有傳學，有注學，有章句學，有圖學，有數學，有讖緯學，安得總言易類乎！”歷來對於《周易》之訓詁、章句之學爲研治《易》學者之必修課程。茹氏《小義》，即於《易》學訓詁、章句方面有所發明。如其“龍”條，訓“震爲龍”之義，以駁“乾爲龍”之“逸象”，可謂大有見地。特別“即‘乾乾’、‘惕若’不言龍，亦無非龍者”之說，更發前人之未發。諸如此類，頗資參考。

此本據復旦大學圖書館藏清光緒十四年徐氏鑄學齋刻《紹興先正遺書》本影印。（郭彧）

### 易經揆一十四卷易學啟蒙補二卷　（清）梁錫璵撰（第23冊）

梁錫璵（1696—1774），字確軒，介休（今山西介休）人。雍正二年（1724）舉人，乾隆十四年（1749）授國子監司業，官祭酒、少詹事，與修《御纂周易述義》、《御纂春秋直解》。

《清史稿》有傳,又見《清史列傳》卷六八。

梁氏被刑部左侍郎錢陳群保舉時,曾經以所撰《易經揆一》呈御覽。乾隆十六年六月十一日梁錫璵蒙恩召對於勤政殿。此爲是書刻板題"御覽易經揆一"之由來。"揆"有"準則"義,"揆一"出於《孟子·離婁》"前聖後聖,其揆一也"。

是書《凡例》曰:"謹遵孟子先後揆一之旨,取以綴於經名之下,以徵四聖心源之合";又曰:"觀取畫卦非一,而則圖爲尤著。漢儒雖有論説,後遂失傳。邵子傳自希夷而朱子表章之。乃或疑而未信,或改易圖書。夫'河出圖,洛出書',《繫傳》言之,何疑之有?犧則《圖》畫卦以明道;禹則《書》敘疇以開治";又曰:"先後天爲卦之關鍵,亦朱子取之邵子,而於後天則未詳"等。觀《凡例》此説,即可明了其所謂"揆一"不出朱熹《周易本義》和《易學啟蒙》之藩籬。

是書内容,卷一解《乾》至《履》十卦;卷二解《泰》至《離》二十卦;卷三解《咸》至《井》十八卦;卷四解《革》至《未濟》十六卦;卷五解《彖上傳》;卷六解《彖下傳》;卷七解《象上傳》;卷八解《象下傳》;卷九解《文言傳》;卷十解《繫辭上傳》;卷十一解《繫辭下傳》;卷十二解《説卦傳》;卷十三解《序卦傳》;卷十四解《雜卦傳》。

近人尚秉和曾爲是書撰寫提要,略曰:"乃觀其《易》説,全以《河圖》、《洛書》爲本,而所用之數,於古法常違。……統觀全書,立説蕪雜,雅詁甚少。於所不知,不甘缺疑;所創誤解,觸目皆是。不知當時君若臣何以矜重若是,豈果明《易》者無一人乎?"尚氏之説,可謂擊中要害。

《易學啟蒙補》分上下二卷,每卷若干篇,分題本圖書第一、原卦畫第二、闡卦蘊第三、立易教第四、明蓍策第五、考變占第六。是書《本圖書》篇,將朱熹《河圖》規作圓形,《洛書》則依舊,並引邵雍"蓋圓者河圖之數,方者洛書之文"之説爲證。其實,南宋魏了翁於《鶴山集·答蔣得之》中曰:"《河圖》、《洛書》之數,古無明文。漢儒以後,始謂羲卦本之《圖》、禹疇本之《書》。本朝諸儒始有九爲《圖》十爲《書》、九爲《書》十爲《圖》之説,二者並行,莫之能正。"且指明邵雍並未指明其數,以九數作圖亦可以爲圓,以十數作圖亦可以爲方。

是書《原卦畫》篇,所補"太極"至"八卦"四圖,則來源於南宋林至之《易裨傳》;又自作"八分爲十六"和"十六分爲三十二"之圖。《周易》有八卦,重之而得六十四卦,何來"十六卦"與"三十二卦"?此正袁樞批評之"四爻五爻者無所主名"。僅此足見梁氏以訛傳訛,不值深評。

此本據復旦大學圖書館藏清乾隆刻本影印。(郭彧)

### 易守三十二卷易卦總論一卷 　(清) 葉佩蓀撰 (第 24 册)

葉佩蓀(1731—1784),字丹穎,號辛麓,歸安(今屬浙江湖州)人。乾隆十九年(1754)進士,累官湖南布政使。更著有《學易慎餘錄》、《傳經堂詩文集》等。《清史稿》有傳,又見《碑傳集》卷八五。

是書封面有"嘉慶庚午年鐫"(1810 年刻)、"慎餘齋藏版"字樣。前有《易卦總論》,論及《乾》、《坤》、《師》、《比》、《小畜》、《履》、《泰》、《同人》、《謙》、《蠱》、《臨》、《觀》、《噬嗑》、《賁》、《困》、《井》、《革》、《鼎》、《震》、《艮》、《漸》、《歸妹》、《中孚》二十三卦。其中多引《老子》、《孟子》之説,謂"宋程子專揭主敬之旨以繼往聖,而朱子述而明之。斯道之寄,其不在于是哉"云云。卷一至卷十五解上經,卷十六至卷三十二解下經,每卷解兩卦。

《易卦總論》不見於是書《目錄》,書口亦無"易守"字樣;題名爲"歸安葉佩蓀撰",而《易守》題名則爲"歸安葉佩蓀學",可見《總論》本爲單獨作品,慎餘齋將二者合刊。

葉氏解經恪守《易傳》,將其内容融會貫通於經解之中。如解"元亨利貞"則曰:"文王演《易》以明一卦之象,所謂彖辭者也。在《乾》爲四德,而他卦則俱爲大亨而利以貞者,三才之道異也。蓋元之義爲始爲大,莫始于天而萬物皆處其後,莫大于天而萬物皆形其小。故乾知大始,獨得稱元。《乾》一而《坤》二,在二已不得爲元。因《乾》之始物資坤以生,故《坤》亦稱元,乃德合無疆,以配天之元也。其餘六十二卦,則皆乾坤之所生,以盡人事之範未有能並始齊大于乾者,故自屯以下,但言元亨而不可專言元也。"

是書雖本於程頤《易傳》及朱熹《周易本義》,然多有闡述作者自得之内容,且體例亦與衆不同,可供便覽。

此本據復旦大學圖書館藏清嘉慶十五年慎餘齋刻本影印。(郭彧)

**學易慎餘録四卷** (清)葉佩蓀撰(第24册)

葉佩蓀,有《易守》,已著録。

是書每卷分篇若干。卷一分題易原、易名説、周易加代名説、卦字義説、彖象字義説、爻字義説、重卦説、周公作爻辭説、十翼説;卷二分題卦體乾坤説、卦德説、卦象説、卦時説、卦位説、應爻説、近爻説、反覆二卦説、六虚説、中四爻初卦説、辭例考;卷三分題古本周易説、傳辭不當稱彖象説、十二月卦説;卷四分題河圖洛書、先天圖、卦變、立象盡意論等。

葉氏深於《易》學,此書爲黄宗羲、胡渭之後,系統清理朱熹言説象數舛誤之作。間有錢大昕、王鳴盛批注,或對葉氏之著作簡要評注,如曰"通達貫串,純而不雜",或指正葉氏之誤,如曰"箕子當作荄兹"、"此誤"等皆然。卷一後又有一跋,未知出自誰手,云"前有錢辛楣先生跋,後有王西莊先生跋",然錢跋則脱略不見。後有王鳴盛跋,稱是書但以針砭

邵、朱之紕謬,則有餘矣云云。

此本據南京圖書館藏清抄本影印。(郭沖)

**周易篇第三卷首一卷** (清)李榮陛撰(第24册)

李榮陛(1727—1800),字奠基,號厚岡,萬載(今江西萬載)人。清乾隆二十八年(1763)進士,歷任湖南永興縣知縣,一年之後以憂去。乾隆三十九年,受命爲湖南鄉試同考官,後分發雲南權知雲州兼緬寧通判,尋補呈貢縣知縣。性嚴毅,淡泊名利,居官清廉。著作頗豐,更著有《禹貢山川考》、《黑水考證》、《江源考證》、《年曆考》、《尚書考》、《四書細論》、《地理考》、《古今體詩文集》等。《清史列傳》卷六八有傳,又見《國朝耆獻類徵初編》卷二四〇。

是書卷首爲《周易篇第舉要》,論篇第章節之分"亦不可拘"並及"錯簡"之分析。卷一解上經,卷二解下經,雖延用王弼本之體例,但將《文言》移出。卷三爲《繫辭傳》上、《繫辭傳》下、《文言》、《説卦》、《序卦》、《雜卦》。

此本據北京大學圖書館藏清嘉慶二十年亙古齋刻《李厚岡集》本影印。(郭彧)

**易考二卷易續考二卷** (清)李榮陛撰(第24册)

李榮陛,有《周易篇第》,已著録。

全書爲筆記體。《易考》卷一多考圖説及爻辭作者、《繫辭傳》錯簡、《易傳》"子曰"三事;卷二彙考古《易》及後人《易》本,以明歷代《易》本之沿革。尚秉和指出:此書所考,多"確然有見,不徇流俗","於先儒無所褊袒,亦能不失持平。獨其尊信顧炎武太過,竭力引申其'卦爻無別象'之説,以明《易》無互卦。夫互象明見於《左氏傳》,左氏之説若不可信,則其他先儒更無足言矣!此一蔽也"。

李氏著《易考》未成而卒,其子光宬、光宸

爲之編定，凡已脱稿者定爲《易考》，未脱稿者名爲《易續考》。

《續考》亦兩卷，所考者八事，卷上爲《重卦》、《生蓍》、《立卦》、《説卦》，卷下爲《羲圖總考》、《河洛考》、《定點陣圖考》、《出震圖考》，末附河圖左旋右旋等九圖。尚秉和指出：“是書本係未定之稿，故往往臚列舊説，論而未斷。然其徵引有據，提撮得要，不爲門户之見，不爲苛刻之談，學不分漢宋，人不論今古，惟其是者而從之，可謂信心自立之倫。至如論《説卦》，謂：‘羲皇僅發其凡，以一反三，存乎其人。’又謂：‘如伏羲《説卦》僅局此百十餘物，是八卦不能盡之物尚無算矣！’謂‘文王繫辭仍局定《説卦》諸物，是書不盡言之意尚未通矣，惡足以窺兩聖日新富有之宏旨哉？’若此之論，蓋已深知卦象之重，及《説卦》之不足以盡《易》象矣。惜其書未成而卒，致未能於《易》象有所發明也。”

《清史列傳》云李氏《易考》四卷，蓋即《易考》與《易續考》合稱。

此本據北京大學圖書館藏清嘉慶二十年亙古齋刻《李厚岡集》本影印。（廖名春）

## 子夏易傳釋存二卷 （清）吴騫撰 （第 24 册）

吴騫（1733—1813），字槎客，又字葵里，號兔牀，海寧（今浙江海寧）人。諸生。學識淵博，能畫工詩，喜藏書，藏書樓名拜經樓，常與同里陳鱣、周春，吴縣黄丕烈往來，鑒賞析疑，互相抄校。更著有《愚谷文存》、《拜經樓詩集》，輯《拜經樓叢書》。傳見《清史列傳》卷七二。

是書卷首有吴氏乾隆癸丑（五十八年，1793）序，稱間從各經掇拾裒輯，雖單辭斷句並所不遺，並稍通其意指，仍依《隋志》釐爲二卷，曰《子夏易傳釋存》。非敢儗鈎沉於五經，庶幾存古訓於百一，通經之儒更進而匡益之云云。

是書初名《子夏易傳疏》，後改今名。此爲吴氏手寫稿本，卷末有乾隆六十年“乙卯六月十二日杭東里人盧文弨細觀畢”題字一行；另有“甲寅十月五日嘉定錢大昕讀畢”題字一行。又有盧文弨手書序，後收入《抱經堂集》卷三。

吴氏所作之“疏”，確爲“稍通其意指”，並無多少發明。如《經典釋文》“嗛，謙也”，疏曰：“謙卦，古作嗛。《漢·藝文志》曰：‘《易》之嗛嗛，一謙而四益。’徐鍇《説文繫傳》曰：‘嗛猶謙也。’此云‘嗛，謙也’，可以互證。”惠棟《周易述》亦作“嗛”，則與出土帛書《周易》合。

要之，吴氏此書屬“易文獻學”範疇，於訓詁方面具有一定參考價值。

此本據北京大學圖書館藏吴氏稿本影印。（郭彧）

## 退思易話八策 （清）王玉樹撰 （第 24 册）

王玉樹，生卒年不詳，字松亭，又字廷楨，安康（今陝西安康）人。乾隆五十四年（1789）拔貢生，曾任廣東惠州通判。少馳騁於考訂文字之學，晚乃宗其鄉前輩李二曲之學，揭出“存心”二字，爲主身攝性之宗。更著有《説文拈字》、《志學録》等。生平事跡見李慈銘《越縵堂日記》光緒丙戌（十二年，1886）八月初五日條。

此書鈔撮漢宋諸家《易》説。全書以策代卷。第一策《漢學》，第二策《古義》，第三策《宋學》，第四策《圖書》，第五策《諸儒詮釋》，第六策《各家異義》，第七策《篇章》，第八策《字句》。其《自序》云：“取諸家《易》説讀之，分其源流，考其時事，其有論解詳明及古今本不同者，悉筆記之……題曰《退思易話》。”柯劭忞指出：“其書不分卷而分策，蓋取簡策之義，未免好爲立異。”又云：“惟玉樹此書成于道光乙酉。乾、嘉之際張惠言治虞氏《易》，海内推爲絶學，玉樹艫列漢學，獨無一言及之，蓋僻處鄉閭，未見其書也。然于孟、京之卦氣，陳、邵之圖書，俱能言其大概，較之空談義理者，終有取焉。”

此本據中國科學院圖書館藏清道光十年芳棳堂刻本影印。（廖名春）

**周易卦象彙參二卷** （清）譚秀撰（第24冊）

譚秀，生卒年不詳，據卷首署名，知其字瀛芝，濰陽（今山東濰坊）人。

是書內容，卷一《上經》，解《乾》至《離》三十卦，卷二《下經》，解《咸》至《未濟》三十四卦。

譚氏承襲前人之說而言卦象，舛誤多多，且多與《說卦》違背。如解說《乾》卦象曰：“此卦六爻皆陽，不動，以九五爲正卦之主。”解說初九爻辭“潛龍勿用”，即引用朱熹《河圖》與《洛書》，又以“卦變”、“動爻”、“互體”解說九四“或躍在淵”，曰：“陽爻主動，故躍。四變下互兌澤，澤在上卦之下，故象淵，上變巽，爲進退，爲不果，故或之。能隨時進退，斯无咎矣。”解說《坤》卦象曰：“此卦六爻皆陰，不變，以六二爲正卦之主。”解說初六爻辭“履霜堅冰至”，則不用“卦變”與“互體”，曰：“霜，一陰之象；冰，六陰之象。……坤言堅冰，即《姤》卦女壯之戒。”此則似晉干寶以十二《辟》卦解說《乾》、《坤》十二爻之例，然而卻不用《復》卦解說“潛龍勿用”。譚氏解說卦象，還用“相錯”、“正應”、“乘承”。如解說《坤》卦“六三，含章可貞。或從王事，无成有終”曰：“二居正位，爲卦主，三乘之，五應之。”何來“柔乘柔”之說？五應二是爲“敵應”，何以能“從王事”？諸如此類，可見是書學術價值不高。

此本據山東省圖書館藏清樂易堂抄本影印。（郭彧）

**易卦圖說一卷** （清）崔述撰（第24冊）

崔述（1740—1816），字武承，號東壁，直隸大名府（今屬河北邯鄲）人。乾隆二十八年（1763）舉人，歷任福建上杭、羅源知縣。清朝著名辨僞學者。更著有《考古提要》、《夏考信録》、《商考信録》、《豐鎬考信録》、《洙泗考信録》、《孟子事實録》等，門人陳履和彙刻爲《崔東壁先生遺書》。《清史稿》有傳。

是書卷首有崔氏《易卦圖說序》，略曰：“近世學者談《易》者頗多，余竊怪之。嘗試舉以問人彖、爻之詞與《十翼》何人所作，則曰彖詞文王作，爻詞周公作，《十翼》孔子作也。問其何以知之，則曰朱子《本義》云爾。問朱子何以知之，則瞠目不能對也。此其最淺近者，猶且如是，若欲通於易理，知聖人所以命卦繫詞之意，吾恐其難也。余家世傳《周易》，至余凡四世矣。然余獨未敢輕談《易》，何者？聖人之義蘊宏深，固非後學所能輕窺也。雖然讀《易》有年矣，於先儒之說亦間有一二未安者，初不敢自謂是。數十年來，蓋屢思之久而終不能易所見。《考信録》既成，乃取平日所見之一二繪爲圖而繫以說，以待後世通於《易》者正其得失焉。”

是書列《奇偶兩畫三重爲八卦圖》、《八卦各重八卦爲六十四卦圖》、《純卦交卦綱領之圖》、《乾坤共統八卦》、《泰否共統十有六卦》、《咸恒損益分統十有六卦》、《震艮巽兌分統八卦》、《易十二卦應十二月圖》計八圖，並且附有圖說。末附《讀易瑣說》一篇。

《易》非因圖而作，所有易圖皆是因《易》而推演。易圖之作用是輔佐易說之不足，即是所謂“左圖右書”者。崔氏深諳此理，因而列出輔佐易說之八圖。與一般大談聖人依據“河圖”畫卦者，不可同年而語。

雖崔氏不言“卦變”，然其《泰否共統十有六卦》、《咸恒損益分統十有六卦》二圖卻於李廷之《卦變圖》默契。乾坤爲父母，自然有《乾坤共統八卦圖》。

惟其所列《易十二卦應十二月圖》，圖說與前儒有所不同。尚秉和曰：“又謂十二消息卦與月不相應，如泰否天地平，應當二分，爲卯月酉月,不當爲寅月申月。冬至日短極寒極,不當爲復,復一陽生,應爲丑月,不當爲子月;夏至日長極熱極,不當爲姤,姤一陰生,應爲未月,不當爲午月。又乾坤不應當巳亥月,應當子午月。按十二月卦,其見於《易》者,坤上六行至亥,乃乾原居亥,故與龍戰,臨曰'八月有凶',臨爲丑月,至八月則遯未,丑未衝故凶。其見於《左傳》者,晉筮遇復,曰'南國蹙,射其元王中厥目',謂陽氣自北射南也,以復居子也。且無論寒暑驗陰陽之非,而欲將古聖留遺之定法而改之,亦太過矣。"

卷末所附《讀易瑣説》,要謂"朱子卦變之圖所推或不盡合則有之矣,若謂無卦變之説則誤也"、"觀經傳中未有訓畜爲止者"、"朱子《本義》亦但以盛大爲説,而於此卦所以名豐之故,皆未深言"等數條,大都富有見地。

此本據復旦大學圖書館藏清道光四年陳履和刻《崔東壁遺書》本影印。(郭彧)

**周易略解八卷** (清)馮經撰 (第25册)

馮經,生卒年不詳,南海(今屬廣東佛山)人。乾隆三十五年(1770)舉人,官教諭。精研《周易》及算學,更著有《四書學解》、《群經互解》等。傳見《清史列傳》卷六七。

是書所謂之"圖"、"書",本朱熹《周易本義》卷首之十數《河圖》、九數《洛書》改用數字畫成《河圖捷式》、《洛書捷式》二圖;所謂之"圖式",則列朱熹黑白之位小橫圖,易名曰《橫圖舊式》。三圖之圖説,較之朱熹並無新意。所謂"儀象卦畫",則述説自一畫"陽儀"與兩畫"陰儀"之大小二橫圖,然太極生兩儀、四象、八卦之過程,又及於大小二圓圖。要以樹根及樹枝爲比喻,亦延續朱熹"獨陽能生,獨陰能成"説之舛誤。所謂"先天後天",則獨出心裁畫内"先天"外附"後天"之圖。所謂"掛扐會通",則以手掌"伸指"説揲蓍之法。所謂"卦變占用",則述説大衍之數

十有八變成卦之法。所謂"卦目",則是本上下經各十八卦象而附會"三十六宮都是春"之説。

馮氏解説《周易》並無新義,僅就《周易本義》而簡略之,似爲初學者而作。

此本據中國科學院圖書館藏清道光三十年刻《嶺南遺書》本影印。(郭彧)

**孫氏周易集解十卷** (清)孫星衍撰 (第25册)

孫星衍(1753—1818),字伯淵,一字淵如,號季述,陽湖(今屬江蘇常州)人。乾隆五十二年(1787)進士,改刑部主事,官至山東督糧道。星衍初以文學著稱,後專事經史文字音韻訓詁之學,更著有《平津館叢書》、《尚書今古文注疏》等。《清史稿》及《清史列傳》卷六九有傳。

此書取李鼎祚《周易集解》合於王弼《周易注》,又采集書傳所載馬融、鄭玄諸家之注,及唐史徵《周易口訣義》中古注,附於其後;凡許慎《説文解字》、陸德明《經典釋文》、晁説之《古易音訓》所引經文異字、異音,亦採録附見於本文,命曰《周易集解》。後伍崇曜以王弼《注》、李鼎祚《集解》各有單行之本,世所常見,乃甄録孫氏所輯者,署曰《孫氏周易集解》,刊入《粵雅堂叢書》中别行,亦作十卷。孫氏是書,實由畢以田協助哀輯,以田亦爲究心訓詁之學者。伍崇曜《跋》稱,星衍搜羅之富,抉擇之精,當與所撰《尚書今古文注疏》並傳。

此本據湖北省圖書館藏清咸豐五年南海伍崇曜刻《粵雅堂叢書》本影印。(廖名春)

**周易引經通釋十卷** (清)李鈞簡撰 (第25册)

李鈞簡,生卒年不詳,字秉和,一字小松,黄岡(今湖北黄岡)人。乾隆五十四年(1789)進士,官至倉場侍郎。生平略見《國朝耆獻類徵初編》。

作者以爲,《論語》"學《易》"章後,繼言

"《詩》、《書》執《禮》",則《易》爲"五經"之原,孔子删訂群經,無往而非《易》,後之學《易》者,以群經明之可也。遂依通行本《周易注疏》篇次,博采《書》、《詩》、《三禮》、《春秋三傳》、《論語》、《孟子》、《國語》、《大戴禮記》、《爾雅》、《逸周書》、《山海經》、《孔子家語》中關涉象爻義類之文,爲大字録於經傳本文之下,又自爲小注附於引書之下。《自序》謂:"字釋其詁,句釋其義,節釋其旨,以疏通而證明之。"吳承仕《檢齋讀書提要》指出:是書"有類於誦詩斷章,非以經解經之謂",且所引所注亦頗有"迂闊""不切"之處,"然其《自序》稱'積思數十年,廣覽注家,博參經解'云云,用力之久,輯録之勤,自可概見。治《易》者涉獵及之,資爲旁證,亦未始無補云耳"。

此本據上海圖書館藏清嘉慶鶴陰書屋刻光緒七年王家璧補修本影印。(廖名春)

**周易恒解五卷首一卷** (清)劉沅撰(第26册)

劉沅(1768—1855),字止唐,一字訥如,號清陽居士,雙流(今四川雙流)人。乾隆五十七年(1792)舉人,居鄉講學,弟子廣佈川西、川南地區,世稱"槐軒學派"。道光五年(1825),授文職正二品資政大夫。更著有《法言彙纂》、《十三經恒解》等,後人編有《槐軒全書》。傳見劉氏著《儀禮恒解》書前之《國史館本傳》)。

是書爲其《十三經恒解》之一。卷首列朱熹《易學啓蒙》"太極"一圖、"兩儀"陰陽爻、"四象"六七八九、"四象生八卦"、"八卦生六十四卦"之圖和《周易本義》九圖之《伏羲八卦方位圖》、《文王八卦方位圖》、《伏羲六十四卦方圓圖》、《河圖》、《洛書》(不取"黑白之位"《伏羲八卦次序圖》、《伏羲六十四卦次序圖》、《文王八卦次序圖》和《卦變圖》),增入《六十四卦反對變不變圖》四幅。諸圖之後還有《周易本義》之《八卦取象歌》、《上下

經卦名次序歌》和《分宫卦象次序》内容。劉氏所謂之"折衷",依舊不出朱熹"易圖學"之藩籬,不知以陰陽兩畫爲"兩儀"乃朱熹發明,根本與"四聖人"無涉,與其"惟期不謬於聖人則得"之語大相徑庭。

正文内容,仍然依據《周易本義》體例及章節區分。卷一《周易上經》《乾》至《泰》;卷二《周易上經》《同人》至《離》;卷三《周易下經》《咸》至《困》;卷四《周易下經》《井》至《未濟》;卷五上《繫辭上傳》,卷五下《繫辭下傳》、《説卦傳》、《序卦傳》、《雜卦傳》。

近人黄壽祺論曰:"總觀全書,雖不廢象數,實全重義理;既以玄虚爲不可尚,而稱王弼之功甚偉。程傳、《本義》與王弼雖皆演空理,而義實各别。乃劉謂程、朱皆演王説,似是實非。又謂用九、用六乃承上九、上六而言,以先儒通釋全書九、六説爲非。又謂不得以陽爲君子,以陰爲小人。若此之類,既與前儒相違,抑亦不協經旨。而沅自謂不必沾沾求合於傳注,唯期不謬於聖人。徒爲大言,不足重也。"可謂擊中要害。

是書不過以朱熹《周易本義》爲藍本推演"折衷",幾無個人系統經解,且某些議論頗爲淺顯,確是"徒爲大言,不足重也"。

此本據上海圖書館藏清嘉慶刻本影印。(郭彧)

**周易述補五卷** (清)李林松撰(第26册)

李林松(1770—1827),字心庵,號易園,上海(屬今上海市)人。嘉慶元年(1796)進士,授户部主事,歷任廣東鄉試副考官、廣西鄉試副考官,嘉慶十六年以母病逝告歸。擅長訓詁文字,考訂名物制度。主纂《(嘉慶)上海縣志》、《(嘉慶)松江府志》、《(道光)金華志》,更著有《中庸禮説》等。《清史稿》有傳。

清惠棟著有《周易述》二十三卷,其注疏缺下經《鼎》卦至《未濟》卦内容,同時缺此十五卦之《彖傳》與《象傳》内容,又缺《序卦》、

《雜卦》兩傳。是爲未竟之書。其再傳弟子江藩著有《周易述補》，完全依照惠氏著述體例予以補足。

李氏此書自成五卷，其補寫體例則與惠氏、江氏大異。如其補所缺十五卦之“象曰”以及“象曰”皆綴於象辭與爻辭之後，且去“象曰”、“象曰”字樣，不同於惠氏、江氏單獨成卷。除補惠氏《周易述》所缺内容外，李氏《周易述補》還有卷五之《讀易述劄記》、《擬考定惠本十三則》、《續考定》、《易會通》和《雜言》五篇内容。

惠氏三世傳經，其《易》學功底深厚，《周易述》乃是惠氏自注自疏之書。李氏是書乃補惠之作，然所補不及江氏。其引用惠氏《周易本義辯證》内容以爲之注疏，則多屬於宋元人之語，與惠氏、江氏多引漢儒而罕及宋元人之説有所不同。至於其第五卷内容，多引用錢大昕《潛研堂答問》有關内容，可備一覽。

此本據清光緒十四年南菁書院刻《皇清經解續編》本影印。（郭彧）

**易圖存是二卷**　（清）辛紹業撰　（第 26 册）

辛紹業（1755—1814），字服先，號敬堂，萬載（今江西萬載）人。嘉慶元年（1796）進士，官國子助教。博研群書，既通籍，曾與翁方綱校勘《説文》。更著有《冬官旁求》、《周禮釋文問答》、《律吕考》、《九歌解》、《古文詩稿》等。傳見《民國萬載縣志》卷一〇。

是書上下二卷，每卷下分目若干。上卷分題因重圖解、卦位圖解、卦變圖解；卷下分題互卦圖解、剛柔陰陽説、爻變説、費直不改易説。卷上“因重圖解”有《剛柔相摩圖》、《八卦相盪圖》二圖；“卦位圖解”有《東西南北卦位》、《左右卦位》、《甲庚卦位》、《賓主卦位》内容及《附〈左傳〉一條》内容；“卦變圖解”存《兩卦成變圖》、《本卦互變圖》二圖。卷下“互卦圖解”有《卦爻辭取象之互》、《十三卦

取象之互》、《左傳筮法之互》、《大卦解》。

是書處處以《易經》六十四卦之卦象考證相關易圖，並用卦變、互體等卦象考證與六十四卦象辭與爻辭之間相關程度，用以證明所見易圖之合理性。如針對朱熹《周易本義》及《易學啟蒙》所列之《河圖》、《洛書》曰：“朱子《本義》首列《河圖》、《洛書》及先後天諸圖，其意尤重《河》、《洛》及《先天圖》也。然諸圖實邵子之學，而必不可以解經。何也？彼所據以爲《河圖》者，以《大傳》天一地二之文也。然《大傳》之意第謂天地之數奇耦各別耳，即云‘五位相得而各有合’，亦謂天地之數自相配合耳。其如何配合，《傳》未嘗言，曷嘗謂爲《河圖》之數？《河圖》至東遷後已無人得見，宋人何由見之？且創爲圖書者何人乎？希夷也。希夷《易龍圖》謂《河圖》始出，但有五十五數，天數位上，地數位下，兩不相合，合而用之乃由伏羲，于是離合變通述爲二十餘圖。最後兩圖，其一形九宫者標爲《河圖》；其一生成相配者標爲《洛書》，是圖書之分，希夷原不謂河洛本文。今既誤認爲真，又兩易其名，僞復加僞，此則圖書之説不可信也。”是辛氏讀過雷思齊之書，從而有此確切結論。其他針對《先天圖》、《伏羲八卦次序》、《伏羲六十四卦次序》等圖，皆有所辯證。

是書重“互體”之説，舉例甚多。尤以《左傳》筮例，説明《易》之互體不可廢。其爲費直正名一條，認爲變亂《易經》内容參合《文言》、《彖傳》、《象傳》始於鄭玄，至王弼《周易注》通行之，可謂有見。

此本據國家圖書館藏清嘉慶刻本影印。（郭彧）

**易説十三卷**　（清）郝懿行撰　（第 26 册）

郝懿行（1755—1823），字恂九，號蘭皋，棲霞（今屬山東煙臺）人。嘉慶四年（1799）進士，授户部主事，潛心學問，尤長於名物訓詁

考據之學。更著有《爾雅義疏》、《山海經箋疏》、《竹書紀年校正》等。《清史稿》、《清史列傳》卷六九有傳。

是書署"《易說》十三卷"，實《易說》十二卷，卷一《周易上經》、卷二《周易下經》、卷三《象上傳》、卷四《象下傳》、卷五《象上傳》、卷六《象下傳》、卷七《繫辭上傳》、卷八《繫辭下傳》、卷九《文言傳》、卷十《說卦傳》、卷十一《序卦傳》、卷十二《雜卦傳》，後附《易說便錄》一篇。

此書依《周易》經傳，隨文注釋，未有特出發明。郝氏自序謂，是書薈萃儒先，氾濫衆說；昔孔氏疏《詩》，既列己意於前，復取《毛傳》、《鄭箋》各附篇末，乃用其例，己說大字單行，其傳義異同用細字夾註於下云云。柯劭忞則認爲自從說經家均無此體例。至謂《毛詩正義》前列己意，後附傳箋，按《正義》先釋經文，後標傳箋釋之，非前列己意也。懿行經學大師，不應鹵莽如此，疑此書出於後人之抄撮。

此本據上海圖書館藏清光緒八年東路廳署刻《郝氏遺書》本影印。（廖名春）

**周易虞氏義九卷**　（清）張惠言撰（第26册）

張惠言（1761—1802），字皋文，武進（今屬江蘇常州）人。嘉慶四年（1799）進士，授庶吉士，官至翰林院編修，其學要歸六經，而尤深《易》、《禮》。更著有《周易虞氏義》、《虞氏消息》等。《清史稿》、《清史列傳》卷六八有傳。

李鼎祚《周易集解》採錄漢魏《易》家之說，於虞氏最爲詳備。惠棟《周易述》，大抵宗禰虞氏，其未能盡通之處，則補以他家之義。學者或以未能專一少之。惠言繼起，獨宗虞氏，窮探力索，積三年而後通虞學，遂成是書。其《自序》謂，虞翻之學既世（按，謂世傳孟喜《易》學），又具見馬、鄭、荀、宋氏書，考其是否，故其義爲精。又古書亡，而漢魏師說可見

者十餘家，然唯鄭、荀、虞三家略有梗概可指說，而虞又較備。故求其條貫，明其統例，釋其疑滯，信其亡闕，爲《虞氏義》九卷云云。惠言早卒，阮元得是書爲之序，惠言弟子陳善爲刊行之。

是書體例，據陳善《周易虞氏義後序》，則經文皆依李氏、陸氏本，間有從衆家者，亦有依注改者，以有《釋文》及注可證，不著出處；注文或分象入卦辭，或分象入爻辭；宋人《易》說所引，概置不錄；近時《易》說，於惠棟外附載江承之說。《繫辭》分章，有師說可考者大書，無可考而以文義分者細書；音義，有讀爲、讀如，而無反切，依經注立義。注文隱奥者句讀之，錯脫者補之，訛謬者正之。

此本據復旦大學圖書館藏清嘉慶八年阮氏琅嬛仙館刻本影印。（廖名春）

**周易虞氏消息二卷**　（清）張惠言撰（第26册）

張惠言，有《周易虞氏義》，已著錄。

是書歸納虞氏《易》學之綱要。凡立十六目，上卷分題易有太極爲乾元第一、日月在天成八卦第二、庖犧則天八卦第三、乾坤六位第四、乾坤立八卦第五、八卦消息成六十四卦第六；下卷分題卦氣用事第七、乾元用九第八、元第九、中第十、權第十一、反卦第十二、兩象易第十三、《繫辭》引爻第十四、歸奇象閏第十五、占第十六。就虞氏《易》學之要例，條分縷析，辨解至詳；惟六十四卦消息爲虞氏最精之義，故以"消息"名書。

阮元《周易虞氏義序》曰："其大要明乾元以立消息之本，正六位元以定消息之體，敍六十四卦以明消息之次，推九六變化以盡消息之用。始於'幽贊神明'，終於'乾元用九而天下治'。"柯劭忞稱："其義例精深，初學不易入門，亦可謂孤經絶學矣。"

此本據復旦大學圖書館藏清嘉慶八年阮氏琅嬛仙館刻本影印。（廖名春）

**虞氏易言二卷虞氏易言補一卷**　（清）張惠言撰（清）劉逢禄補（第26冊）

張惠言，有《周易虞氏義》等，已著録。

劉逢禄（1776—1829），字申受，號申甫，又號思誤居士，武進（今屬江蘇常州）人。嘉慶十九年（1814）進士，改翰林院庶吉士，散館，授禮部主事。道光四年（1824），補儀制司主事，卒於任。精研《春秋公羊傳》，爲清代今文經學一大家。更著有《公羊解詁》、《左氏春秋考證》、《春秋公羊經何氏釋例》。《清史列傳》卷六九、《續碑傳集》卷七二有傳。

《易傳》有《文言》一篇，專闡説《乾》、《坤》兩卦的象徵義旨，餘六十二卦則無。朱熹《周易本義》指出：“此篇申《彖傳》、《象傳》之意，以盡《乾》、《坤》二卦之藴，而餘卦之説，因可以例推云。”張氏依《乾》、《坤》二卦《文言》之例以撰是書，自《屯》、《蒙》始，至《鼎》卦終，亦本《彖傳》、《象傳》之意以推言諸卦大義；又以三國虞翻爲《易》學專家，因兼取虞氏義以發揮其言，遂名書曰《虞氏易言》。然書中多引群經古義，以相佐證，則是書又非僅闡述虞氏一家之言。作者於説《易》之際，時或據己之思想抒發議論，柯劭忞謂其經義宏深，固非墨守章句之士所能窺其涯涘云。惟此書缺《震》以下十四卦，則屬未成之帙。

惠言殁後，其甥董士錫以劉逢禄治《易》亦主虞氏，乃請劉補完之。所補之文載《劉禮部集》卷二《易言篇》，篇末跋語及卷五《易虞氏五述序》述此事甚詳。

劉氏所補內容有《震》、《艮》、《漸》、《歸妹》、《豐》、《旅》、《巽》、《兑》、《涣》、《節》、《中孚》、《小過》、《既濟》、《未濟》十四卦。

一般以爲，所謂“虞氏易言”乃彙集虞翻解《易》之言，此説有誤。虞翻《易》説僅見於李鼎祚《周易集解》，他處不見。《周易集解》六十四卦緝“虞翻曰”多達九百五十餘條，張惠言之《虞氏易言》與劉逢禄之《虞氏易言補》皆不引李鼎祚所集內容。

近人黄壽祺論曰：“惠言之易以虞氏爲宗，其辨章句者備於《虞氏義》，闡消息者備於《虞氏消息》，考典禮者備於《虞氏易禮》，説人事者備於《虞氏易事》，推時訓者備於《虞氏易候》。獨虞氏之微言大義尚未有所明，故又本乾坤《文言》之例，作《易言》以推衍其説。通體舍象變而論義理，雖未知其悉中虞氏之旨否，要其説理樸實，遣辭典雅，無穿鑿附會、支離謬葛之習，較其他書特爲平正。苟能合劉氏所補而行之，亦爲言義理者所必當取資焉爾。”

《虞氏易言》據上海圖書館藏清道光元年合河康氏刻本影印，《虞氏易言補》據北京大學圖書館藏清抄本影印。（楊可　郭彧）

**虞氏易禮二卷**　（清）張惠言撰

張惠言，有《周易虞氏義》等，已著録。

此書以爲虞翻解《易》與鄭玄依《禮》釋《易》有相合之處，遂爲之牽連辨述。柯劭忞指出：“鄭君據《禮》釋《易》爲專家之學；虞氏詆鄭注爲不得其門，則虞氏不主言《禮》可知。惠言謂‘揆諸鄭氏原流本末，蓋有合焉’，未免曲爲附會。然其原文本質，發揮經義，足以補康成之缺，正不必援虞入鄭，混淆家法也。”是爲的論。

此本據上海圖書館藏清道光元年合河康氏刻本影印。（廖名春）

**虞氏易事二卷**　（清）張惠言撰（第26冊）

張惠言，有《周易虞氏義》等，已著録。

張氏認爲，《周易》之學唯“天道”、“人事”而已，虞氏論象皆氣，人事雖具，却略不貫穿，遂撰是書以通説之。書中徵引廣泛，雖名《虞氏易事》，實不囿於一家之學。柯劭忞指出：“惠言云：‘比事合象，推爻附卦’，實爲治《易》者之準的；至云：‘象無所不具，而事著於一端’，則舉一反三，是在善學者之得其通而已。”

此本據上海圖書館藏清光緒刻《仰視千七百二十九鶴齋叢書》本影印。（廖名春）

**虞氏易候一卷**　（清）張惠言撰（第 26 冊）

張惠言，有《周易虞氏義》等，已著録。

張氏以爲，《易》氣應卦必以其象，遂取虞翻《易》以發明占候之義，據虞《易》消息以推時訓，撰爲是書。書中所辨析虞氏《易》象與《易》候之旨，頗爲廣博。柯劭忞指出：“惠言詮釋詳明，然亦時有疏舛。”

此本據上海圖書館藏清道光元年合河康氏刻本影印。（廖名春）

**周易鄭荀義三卷**　（清）張惠言撰（第 26 冊）

張惠言，有《周易虞氏義》等，已著録。

張惠言以鄭玄、荀爽俱爲費氏學，故述兩家《易》義，合爲一編，前二卷爲《鄭氏義》，後一卷爲《荀氏九家義》。柯劭忞指出：惠言“謂鄭言《禮》，荀言升降，按以《易》例言之，當云鄭言爻辰，不當云鄭言《禮》”，然其駁鄭玄“七八九六”説、“爻辰”説及荀爽“乾坤升降”説則“義皆精當，學《易》者不可不知”；又指出：“虞氏謂荀異俗儒，鄭未得其門，特以荀言卦變、言消息、言乾升坤降、成《既濟》定，與虞學差近耳，其實鄭君據《禮經》以説《易》”，“其學説非荀、虞所及也”。

此本據上海圖書館藏清道光元年合河康氏刻本影印。（廖名春）

**易圖條辨一卷**　（清）張惠言撰（第 26 冊）

張惠言，有《周易虞氏義》等，已著録。

歷來《易》圖之辨，自毛奇齡撰《河圖洛書原舛編》、黃宗羲撰《易學象數論》、黃宗炎撰《圖書辨惑》、胡渭撰《易圖明辨》，對古今有關“河圖洛書”之各種説法進行考辨，基本澄清“河圖洛書”之來源及傳世《易》圖之始末。

惠言繼各家之後，賡續辨之，拾遺補缺，尤無罅漏，集各家之大成，而又多所補正。是書所辨，有河圖洛書、靈樞經太乙九宮、劉牧太極生兩儀圖等十餘條，除引毛氏、黃氏、胡氏諸家之説外，多援據古義，悉心研究，頗多創獲。如謂趙仲全《古太極圖》出於元初，明人盛傳之，托於宋蔡元定，亦無證據，而胡渭深信不疑，以爲陳摶所撰，邵雍所傳，實屬誤謬。又謂《先天圖》不曾離得漢人，故《皇極經世》云“太玄見天地之心”，可知邵雍之學之所本，乃源於道家，亦非講先天之學者所知，又謂《皇極經世書》非講《易》之書，皆爲確論。其説獲清代以來學界主流首肯。

此本據上海圖書館藏清道光元年合河康氏刻本影印。（廖名春）

**周易述補四卷**　（清）江藩撰（第 27 冊）

江藩（1761—1831），字子屏，號鄭堂，甘泉（今江蘇揚州）人。監生，受學於余蕭客、江聲，治經學專宗漢儒，嘗受阮元聘爲淮安麗正書院山長。更著有《國朝漢學師承記》、《國朝宋學淵源記》、《爾雅小箋》等。《清史列傳》卷六九有傳。

江氏爲惠棟再傳弟子，棟曾著《周易述》二十卷，未竟而卒，缺《鼎》至《未濟》十五卦及《序卦》、《雜卦》二傳，後書雖刊行而缺帙如故。江氏以其師承之學，起而補足之，遂成是編。凌廷堪《敘》稱：“讀其所補十五卦，引證精博，羽翼惠氏”，並謂其遵循惠書舊體，嚴守荀爽、虞翻諸家之義例，“方之惠書殆有過之無不及也”。然柯劭忞指出：“惠氏于荀、虞諸家之説，融會貫通，爲一時之絶學；藩淵源有自，贅續其書，不失家法，然謂過於原書，談何容易？廷堪爲失言矣。藩於訓詁之學，研究特細”，所釋字義多“援證古義，發前人所未發。”

此本據上海圖書館藏清嘉慶刻本影印。
（廖名春）

### 易章句十二卷 （清）焦循撰（第27冊）

焦循（1763—1820），字理堂，一字里堂，甘泉（今江蘇揚州）人。嘉慶六年（1801）舉人。學宗戴震，精於算學、孟學、易學，於《周易》用力最深，著《易學三書》（《易章句》、《易通釋》、《易圖略》）。更著有《孟子正義》、《天元一釋》等。《清史稿》、《清史列傳》卷六九有傳。

該書爲《雕菰樓易學三書》之一。焦氏治《易》有三術：曰旁通，曰時行，曰八卦相錯。其《易圖略自序》稱：“初不知其何爲相錯，實測經文、傳文，而後知比例之義出於相錯……初不知其何爲旁通，實測經文、傳文，而後知升降之妙出於旁通；……初不知其何爲時行，實測經文、傳文，而後知變化之道出於時行。”此書即就“旁通”、“時行”、“相錯”之説，以疏解《周易》經傳之文。柯劭忞指出：“阮文達公謂其書‘處處從實測而得。聖人復起不易斯言’，高郵王文簡公則謂‘一一推求，至精至當，足使株守漢學者爽然自失’，均未免推崇過甚。按伏羲‘十教’曰‘乾、坤、震、巽、坎、離、艮、兑、消息’，荀、虞、馬、鄭之學未有不出於消息者。循獨別開門徑，不從消息人手，謂之爲一家之學則可，如謂非此説不能通羲、文、周、孔之微言大義，則不敢信也。”

此本據上海圖書館藏清江都焦氏刻《雕菰樓易學》本影印。（廖名春）

### 易通釋二十卷 （清）焦循撰（第27冊）

焦循，有《易章句》，已著録。

該書爲《雕菰樓易學三書》之一。焦氏治《易》，曾疑《易》辭、《易》象何以或見於此卦又見於彼卦者，遍閲説《易》之書而無從得解。及研習天文算學，以數之比例求《易》之比例，所疑盡釋，乃撰是書。書中舉經傳之文相互引證會通，字字求其貫徹。以爲伏羲之卦，文王、周公之辭，孔子之《十翼》，皆參互錯綜，無不“旁通時行相錯”。論説頗有新異支離而無當於《易》學者。尤多因假借字引申《易》中辭義，如謂“遯”與“豚”、“疾”與“蒺”通假同意之類，學者多有非議。柯劭忞指出：“通假之字，有可以就本字引申者，有音同義異不能引申者。此由經師口授，音異而義遂異。非羲、文之《易》，即有通假字也。若藉口於音聲文字之本，遂謂：‘遯’與‘豚’同意，‘疾’與‘蒺’同意，則鑿矣。”

此本據上海圖書館藏清江都焦氏刻《雕菰樓易學》本影印。（廖名春）

### 易圖略八卷 （清）焦循撰（第27冊）

焦循，有《易章句》等，已著録。

該書爲《雕菰樓易學三書》之一。焦氏既撰《易通釋》二十卷，復提其要爲《圖略》。全書凡《圖》五篇：《旁通圖》、《當位失道圖》、《時行圖》、《八卦相錯圖》、《比例圖》；《原》八篇：《原卦》、《原名》、《原序》、《原彖象》、《原辭》上下、《原翼》、《原筮》；《論》十篇：《論連山歸藏》、《論卦變》上下、《論半象》、《論兩象易》、《論納甲》、《論納音》、《論卦氣六日七分》上下、《論爻辰》。尚秉和《易學群書平議》云：“歸納其書，不外兩端：前者所以表明其自所建樹，後者所以破漢儒諸説之謬。當清代乾、嘉之隆，舉世崇尚漢學，好古不好是，風氣正盛之時，而循能獨立爲説，力辟荀、虞及康成諸家之謬，固可謂豪傑之士。惟其所建立諸例，以測天之法測《易》，以數之比例求《易》之比例，雖曰自成一家之説，竟皆牽合膠固，無當經旨，較之鄭氏爻辰有過之而無不及。又以荀、虞卦變爲不當，乃循所著《易通釋》少則一卦五六變，多則十餘變……視荀、虞爲尤甚。所謂明于燭人暗於自照者，非耶！”

此本據上海圖書館藏清江都焦氏刻《雕菰樓易學》本影印。（廖名春）

**周易補疏二卷**　（清）焦循撰　（第 27 冊）

焦循，有《易章句》等，已著録。

焦氏以爲王弼之學雖尚空談，而以六書通假解經之法，尚未遠於馬、鄭諸儒，特孔穎達所撰《正義》不能發明之，乃作《補疏》二卷，以訂孔氏之漏。柯劭忞云：此書所論，"皆援據精確，足以補《正義》所不及。惟循自命太高，而視古人太淺，其《自序》稱弼'或可由一隙貫通，惜其秀而不實'，儼若嚴師之誨弟子，非著書之體也"。

此本據上海圖書館藏清道光六年半九書塾刻《六經補疏》本影印。（廖名春）

**易話二卷**　（清）焦循撰　（第 27 冊）

焦循，有《易章句》等，已著録。

焦氏既著《易學三書》，又取《三書》外之餘義，撰爲《易話》二卷。上卷有《學易叢言》（凡十八則）、《易辭舉要》（凡九則）、《性善解》（凡五則）、《類聚群分説》等十篇，下卷有《説太極》、《説當位》、《説旁通》等十五篇。柯劭忞云："其上卷《易辭舉要》，詮釋句法，最有益於初學。然循謂兩卦旁通，每以彼卦之義繫於此卦之辭，則虞仲翔旁通之法固如此，不自循發之；《性善解》無關《易》説，亦屬駢枝。下卷謂《易》至春秋淆亂於術士之口，乃推而求之《易》義，惜杜易服，劉規杜，均不能言之。按尚辭、尚占本自分途，循詆《左氏傳》所載之謬悠，而易以比例、旁通之説，亦未見其確當。至《爾雅》'倫，敕，勞也'，以倫與輪同聲，謂'勞謙'之勞即'曳其輪'之輪；敕與勞聲轉，《井》之'勞民'，即《噬嗑》之'敕法'，支離附會，安能與經義相比附乎？"

此本據上海圖書館藏清道光六年半九書塾刻《六經補疏》本影印。（廖名春）

**易廣記三卷**　（清）焦循撰　（第 27 冊）

焦循，有《易章句》等，已著録。

焦氏自序稱，自漢魏以來二千餘年，凡説《易》之書必首尾閲之，其説有獨到者，則筆之於策，撰爲是書；命曰《廣記》者，乃取其可以"廣見聞、益神智"之意云云。

柯劭忞指出："按卷一楊誠齋《易傳》，宋臣寮請抄録此書狀云：'自淳熙戊申八月下筆，至嘉泰甲子四月脱稿，閲十七年而後書成'，循自謂學《易》前後三十年，僅有四五年無一日不窮思苦慮，乃日有進境，楊氏之十七年未必能專一於此。周漁《加年堂講易自序》，循稱其學《易》艱苦，真不我欺，然或數月、或數年而通一卦，則與循異；循之稿成一次，以一、二處之疑則通身更改，其成之艱，較周氏尤甚。皆自述其學《易》之勤苦，無與於見聞神知也。其稱倪元璐《易嚮》上下篇'奇博精奥，可與顧亭林《日知録》論卜筮參看'。按元璐之《兒易内儀以》六卷、《外儀》十五卷，前《提要》謂'依經立訓，不必以章句訓詁核其離合'；今觀其《易嚮》上下篇，循以'奇博精奥'推之，信爲知言，其識在館臣上矣。"

此本據上海圖書館藏清道光六年半九書塾刻《六經補疏》本影印。（廖名春）

**李氏易解賸義六卷**　（清）李富孫撰　（第 27 冊）

李富孫（1764—1844），字既汸，又字薌止，別號校經叟，嘉興（今浙江嘉興）人。嘉慶六年（1801）拔貢，初時遊幕浙省，後主麗正、繡川、金沙、安瀾書院，晚與修《福建通志》。通經學、史學、金石學，精小學。更著有《校經廎文稿》、《説文辨字正俗》、《七經異文釋》等。《清史稿》、《清史列傳》卷六九有傳。

是書前有李氏自序，稱唐李鼎祚采漢以來三十六家古注成《周易集解》十卷，嗜而好之，又以爲三十六家遺文剩義，未采入者尚多，乃從陸德明《經典釋文》、《易》、《書》、

《詩》、三《禮》、《春秋》、《爾雅》等義疏及《史記集解》、《後漢書》注、《隋書》、《唐書》、李善《文選》注、《初學記》、《太平御覽》、《北堂書鈔》、唐宋人《易》說中，輯録李鼎祚《集解》所遺三十六家之説，仿《集解》之例，編成此書。所不同者，《集解》只標舉易家之姓名，而此書於每條後，詳注出處。如說出多家，則分別異同。於僞書與有完書者不録，於唯出自元、明人所稱引者不采云云。如《繫辭傳》"大衍之數五十，其用四十有九"，此書補京房説、馬融説、荀爽説、鄭玄説、姚信説、董遇説、蜀才説等，每條後均注明所引之書，有出自《周易正義》、《漢上叢説·易卦圖中·筮宗》者，有出自《經典釋文》者，有出自《禮記疏》者。特別是引姚信、董遇説"天地之數五十有五者，其六以象六畫之數，故減之而用四十九"，實質以爲"大衍之數"即"天地之數"，"五十"之後脱"有五"二字。此至要。故盧文昭序稱許："其命意高而用力勤，又加之以謹嚴，述之之功遠倍於作。今學者多知寶資州之書，則安得不併寶是書？"可謂確論。

然此書雖有補《集解》之功，但亦不無疏漏之處。如《乾》"利見大人"，《史記索隱》引向秀説"聖人在上，謂之大人"。《文言傳》"上下無常，非爲邪也；進退無恒，非離群也"，《周易正義》引何妥説"所以進退無恒者，時使之然，非苟欲離群也。言上下者，據信也；進退者，據爻也"。此書皆失收。而馬國翰《玉函山房輯佚書》所輯《周易向氏義》、《周易何氏講疏》皆收入。

此本據國家圖書館分館藏清嘉慶種學齋刻本影印。（廖名春）

**易經異文釋六卷**　（清）李富孫撰　（第 27 册）

李富孫，有《李氏易解賸義》，已著録。

此書取《易經》各本、各家之衆多異文，廣引群籍，詳爲考釋辨證。柯劭忞指出："《易》異文較諸經尤多，師讀不同，文以音異，義又以文異；文有今古，有通假，有傳寫之訛，紛紜雜糅，不易爬梳。富孫博引旁徵，以釋經之異文；又采惠棟、錢大昕、段玉裁諸家説，爲之證佐，使佔畢之士，不致囿于一先生之説，洵爲讀《易》者不可少之書。"雖偶有遺漏之處，亦屬"百密一疏，時所不免"。

此本據清光緒十四年南菁書院刻《皇清經解續編》本影印。（廖名春）

**學易五種十四卷**　（清）王甗撰　（第 28 册）

王甗，生卒年不詳，字瑶甸，武進（今屬江蘇常州）人。嘉慶時人。教讀終身，治經學不輕於立異，著書則以纂輯前人之説爲主。更著有《春秋王氏義》、《梨文閣雜文》等。傳見《續碑傳集》卷七一。

是書爲王氏《學易》五種合刻，卷一至卷八《周易半古本義》，卷九《周易象纂》，卷十、卷十一《周易圖贅》，卷十二《周易辯占》，卷十三、卷十四《周易校字》，統曰《學易五種》。

王氏所謂"周易半古本"，爲其異於鄭玄、王弼、吕祖謙及朱熹之處。將《彖上傳》、《象上傳》分別附於上經各卦之後，《文言傳》分別附於《乾》、《坤》兩卦之後；《彖下傳》、《象下傳》附於下經各卦之後，共成六卷。卷七爲《繫辭傳》；卷八爲《説卦傳》、《序卦傳》、《雜卦傳》。如此分法，自言本於費氏。其將《大象傳》和《小象傳》統稱之爲《象傳》，每卦之後先列大象辭，下接小象辭。至於費直是否如此，則不可考。

其《周易象纂》，本於《説卦》所言之類象及《繫辭》而發揮，多取《九家易》之逸象。

其《周易圖贅》，對歷代之易圖有所取捨，其取捨"標準"則爲："於漢宋無所專主，而一衷諸經。凡經之所有，吾信之；經之所無，雖先儒論定，弗敢阿也。爰自太極、乾元以及卦位、消息、納甲、卦變之屬皆別裁之，而以河、洛終焉。"所謂"別裁之"則本胡渭《易圖明辨》而另加圖説,多反朱熹《易學啟蒙》。

其《周易辯占》,乃據《本義》、《啟蒙》著卦考誤之旨,參以李氏《通論》與内外傳占法而芟繁録要。

其《周易校字》,則參考李鼎祚《集解》、陸德明《音義》、吕祖謙《音訓》及惠棟《九經古義》之文字訓詁,爲五種書籍裏最具閱讀價值。

此本據北京大學圖書館藏清道光二年爐雪山房刻本影印。(郭彧)

## 卦本圖考一卷　(清)胡秉虔撰　(第 28 册)

胡秉虔(1770—1840),字伯敬,一字春喬,績溪(今安徽績溪)人。嘉慶四年(1799)進士,官刑部主事,改甘肅靈臺縣知縣,升丹噶爾同知,卒於官。自幼嗜學,博通經史,尤精於聲韻訓詁。更著有《惜分齋詩文集》、《消夏録叢録》、《對牀夜話》、《小學卮言》、《槐南麗澤編》、《説文管見》等。《清史稿》、《清史列傳》卷六九有傳。

是書卷首有胡氏小序,稱漢人解《易》,多云此本某卦,或云此卦本某。今亦依用,命曰《卦本圖考》云云。

是書引用《九家易》荀爽、京房、馬融、鄭玄、宋夷、虞翻、陸績、姚信、翟子玄、蜀才、侯果、盧氏、陸希聲、李之才、惠棟等人卦變説,用以闡明卦變之本。

朱震《漢上易傳》、黄宗羲《易學象數論》、胡渭《易圖明辨》皆列《虞仲翔卦變圖》與《李挺之卦變圖》,虞翻將《中孚》、《小過》列爲"特例之卦",不參與卦變,然李挺之則以《小過》本《臨》來,《中孚》本《遯》來。《易九家》中荀爽等早於虞翻,當時針對卦變各自立説,至虞翻方歸納成一家之言。胡氏意圖展現虞翻前後諸儒有關卦變之説,以明卦變説之來龍去脈。

此本據上海圖書館藏清道光三十年增刻錢熙輔《藝海珠塵》本影印。(郭彧)

## 干常侍易注疏證一卷集證一卷　(清)方成圭撰　(第 28 册)

方成圭(1785—1850),字國憲,號雪齋,瑞安(今浙江瑞安)人。嘉慶二十三年(1818)舉人,任景山官學教習,後升任海寧州學正、寧波府教授。精研小學,尤勤於校勘。更著有《集韻考正》、《字鑒校注》、《寶研齋詩鈔》等。《清史列傳》卷六九有傳。

干常侍爲東晉文人干寶,《晉書》記其著"《春秋左氏義外傳》,注《周易》、《周官》凡數十篇"。干氏注《易》内容,散見於李鼎祚《周易集解》與陸德明《經典釋文》。清代搜集干寶注《易》内容,方氏之前有屠曾、張惠言、孫堂、馬國翰四家集本。

方氏《疏證》搜集干寶注《易》内容並爲之疏,始於《易經·乾卦》至《易傳》之《雜卦》。方氏之疏多引前儒有關疏解之内容,如孔穎達《周易正義》、《周易集解》李鼎祚按語等,且多引史以疏證。

方氏又引《易緯乾鑿度》、《孟喜易》、《京氏易》、《易緯是類謀》、《九家易》逸象、"虞氏逸象"、"鄭康成爻辰"等内容,編著《干令升易注集證》一篇以爲附録(缺末頁),以證干寶《易注》之源頭。

此本據國家圖書館藏清抄本影印。(郭彧)

## 虞氏易消息圖説一卷　(清)胡祥麟撰　(第 28 册)

胡祥麟(？—1823),字仁圃,秀水(今浙江嘉興)人。嘉慶十八年(1813)舉人。自名其齋曰"省過"。更著有《省過齋詩鈔》。《清史列傳》卷六九有傳。

胡渭《易圖明辨》列《虞仲翔卦變圖》,至張惠言則著《周易虞氏消息》,其實二者所談卦變内涵並無不同。胡渭從"卦本"角度談虞翻卦變,張惠言則從"消息"角度談虞翻卦變。胡氏此書,則以圖表形式進一步表達張氏之"卦變消息"。

胡氏本張氏"蓋乾坤十二辟卦爲消息卦之正"說,又將十二辟卦分作"息正卦"與"消正卦"列於頂格(含"從乾坤生者不從爻例,每二卦旁通則皆消息卦"者,而"自臨遯否泰大壯觀生者謂之爻例"者除外),體例爲"張曰"云云接胡氏按語,如頂格"復䷗息正卦[卦名]張曰復反也陽始反動〇案陽始反者上九從艮反于初也……"等等。《復》、《臨》、《泰》、《大壯》、《夬》、《乾》六卦爲"息正卦",《姤》、《遯》、《否》、《觀》、《剝》、《坤》六卦爲"消正卦"。以此十二消息卦生卦,自下而上者爲"正例",自下而上者爲變例,又有"旁通例"。然胡氏之圖說,至爲繁瑣,是其弊病。

此本據清光緒十四年南菁書院刻《皇清經解續編》本影印。(郭彧)

### 周易虞氏略例一卷　(清)李鋭撰　(第28冊)

李鋭(1773—1817),字尚之,元和(今江蘇蘇州)人。諸生。長於經義,尤精於曆算之學,嘗助阮元校《禮記正義》、輯《疇人傳》等。更著有《開方說》、《勾股算術細草》、《弧矢算術細草》、《回回曆元考》等。《清史列傳》卷六九有傳,又見《碑傳集》卷一三五。

此書專述虞翻《易》學,釐爲十八篇條例,辨析周詳細密。柯劭忞謂:"備載虞氏《易》注,每篇後附以己說,則皆發揮虞義,或引古訓以明之;至虞所未言,與後人疑虞爲誤者,概不竄入,體例尤爲謹嚴。"又謂其書有糾正張惠言釋虞義之誤者,稱其"亦不愧茗柯諍友也"。

此本據復旦大學圖書館藏清光緒十九年刻《聚學軒叢書》本影印。(廖名春)

### 周易擇言六卷　(清)鮑作雨撰　(第28冊)

鮑作雨(1772—?),字瑞昌,號雲樓,瑞安(今浙江瑞安)人。嘉慶十七年(1812)拔貢生,道光元年(1821)舉人。嘗修《樂清縣志》,孫星衍評爲"淵雅"。更著有《六吉齋詩鈔》等。生平見於《(嘉慶)瑞安縣志》及《晚晴簃詩匯》卷一三〇。

是書闡析《易》旨,旁考諸家之說,而不囿於門戶宗派之見,尤不介於漢學、宋學之爭,惟擇善而從,獨抒精義。柯劭忞指出:"作雨潛心《易》學,項傅梅序其書,謂于《易》性命相依,一身之出處,遇事之疑難,一一卜之于《易》。蓋講求義理之學,參彙諸家,不斷斷于漢、宋者也……是時惠棟、張惠言之漢學,爲一時所崇尚;李文貞以理學名儒,纂《周易折中》,備載先後天之說,亦人無異詞。獨作雨引繩批根,不肯雷同,可謂能自樹立者矣。"

此本據上海圖書館藏清同治三年南堤項傅梅刻本影印。(廖名春)

### 周易考異二卷　(清)宋翔鳳撰　(第28冊)

宋翔鳳(1779—1860),字于庭,長洲(今屬江蘇蘇州)人。嘉慶五年(1800)舉人,歷官泰州學正、旌德訓導、湖南興寧(今資興)知縣。精研今文學家,通訓詁名物。更著有《過庭錄》、《論語說義》、《樸學齋文錄》等。《清史稿》、《清史列傳》卷六九有傳。

柯劭忞云:"是書考證異文異義,與李富孫《周易異文釋》相出入,不及富孫書之詳備,而研究細密則在富孫之上。"

此本據清光緒十四年南菁書院刻《皇清經解續編》本影印。(廖名春)

### 周易通解三卷釋義一卷　(清)卞斌撰　(第28冊)

卞斌(1778—1850),字叔均,號雅堂,歸安(今浙江湖州)人。嘉慶六年(1801)進士,由刑部郎中外簡常州知府,升授廣西左江道,官至光禄寺少卿。曾主講紫陽書院。好讀書,精研經訓,尤喜《易》漢學。更著有《緯雅》、《粤西風物略》等。傳見《碑傳集》卷一六。

是書前有作者自序,稱蒙束髮受《易》,嗜

而玩之，且四十年。述其所知，成《通解》三卷、《釋義》一卷云云。

是書內容本王弼體例，卷一至卷二解上下經，卷三解繫辭、説卦、序卦、雜卦。其通解多承惠棟《易漢學》、《周易述》，一本"漢人十翼解經之旨"。附《釋義》一卷，闡述己釋《周易》之通例，有"釋中天重卦"、"釋六十四卦之德"、"釋易有三通"、"釋消息六卦"、"釋陽卦陰卦"、"釋坎離二卦"、"釋過不及四卦"、"釋諸卦爻"、"釋制器尚象"、"釋爻等義象"、"釋象義異同"、"釋經傳異文"、"釋易多通詁"、"釋後天八卦"、"釋序卦"、"釋雜卦"等目，多本漢儒之説而不從朱熹。

此本據復旦大學圖書館藏民國十二年吳興劉承幹嘉業堂刻《吳興叢書》本影印。（郭彧）

**易例輯略不分卷**　（清）龐大堃撰　（第 28 冊）

龐大堃，生卒年不詳，字子方，一字厚甫，常熟（今江蘇常熟）人。嘉慶二十四年（1819）舉人，道光中官國子監學録。博覽群經，晚年專心小學，於音韻之説尤深。更著有《古韻輯略》、《形聲輯略》、《等韻輯略》等。傳見《清史列傳》卷六九、《續碑傳集》卷七三。

清代惠棟曾撰有《易例》二卷，乃考究漢儒之傳以發明《易》之本例，凡九十類。其有録無書者十三類，實未成之本。龐氏是書，乃本惠棟《易例》以補足之。

是書內容，凡分三十六篇，分題納甲、十二消息、卦氣、五號（以上孟氏）；八宮世卦、八卦六位、卦主、應、伏、互（以上京氏）；三義、易數、八卦用事、爻體、爻辰、三才、六位、中、據承乘、河圖洛書（以上鄭氏）；乾坤升降、泰否終始、往來、前後、反卦（以上荀氏）；太極生八卦、乾坤立八卦、六十四卦消息、爻變、兩象易、半象、元、時、爻位、筮、占（以上虞氏）。

此本據清光緒十四年王先謙、繆荃蓀刊刻《南菁書院叢書》本影印。（郭彧）

**六十四卦經解八卷**　（清）朱駿聲撰　（第 29 冊）

朱駿聲（1788—1858），字豐芑，號允倩，吳縣（今屬江蘇蘇州）人。嘉慶二十三年（1818）舉人，授黟縣訓導，師錢大昕，於小學音韻外，兼長天文。著作淹博，尤以《説文通訓定聲》飲譽學界。更著有《左傳旁通》、《數度衍約》、《夏小正補正》等。《清史稿》、《清史列傳》卷六九有傳。

朱氏此書，原以稿本藏於家，其孫師轍交付刊行。全書闡釋六十四卦經義，以《彖傳》、《象傳》、《文言傳》分附各所當之卦辭、爻辭後，雜采歷代諸家舊注爲釋，間發己意，而不及《繫辭》、《説卦》、《序卦》、《雜卦》諸傳。朱師轍《跋》稱，先大父著《易》六種，而以是書爲最要。綜核漢宋以來各家之《易》説，詳論其短長，附見於注中；訓詁必窮其源，廣引古籍蘊義、歷史事實，以證明人事。又《易》之異同，咸爲臚列，而判其得失。其於之卦變化、互卦文義相通者，言之尤詳。非精熟深思，經數十年博覽考證研究之功，不克臻此。蓋其用力於《易》，與《説文通訓定聲》相等云云。尚秉和《易説評議》亦云："朱氏蓋精于小學，只訓詁字義，獨爲真切，爲可取耳。"

此本據浙江圖書館藏稿本影印。（廖名春）

**易學管窺十五卷易文言傳一卷**　（清）俞檀撰　（第 29 冊）

俞檀，生卒年不詳，據是書署名，知其爲鄞（今屬浙江寧波）人。

是書前十一卷摘録六十四卦文句並《彖傳》辭及《象傳》辭爲解；後四卷摘録《繫辭傳》、《説卦傳》、《序卦傳》、《雜卦傳》文句爲解。所謂"管中窺豹，可見一斑"，即爲書名之由來。其解多本漢儒，幾不涉程頤、朱熹《易》學。書後附《易文言傳》一卷，有"乾四德"、"確乎其不可拔"、"修辭立其誠"等十八條。

此本據上海圖書館藏清抄本影印。（郭彧）

### 易用五卷　（清）毛一豐輯　（第 29 册）

毛一豐，生卒年不詳，據自序及是書署名，知其字安洲，吳郡（今江蘇蘇州）人。爲當地名醫，主張“易醫同源”，學本來知德《周易集注》，用功十有五年寫成此書。

是書前有朱珤、陳奐、楊鐸等序，皆謂其學本於來氏，而又勝於來氏。作者自序亦稱，欲知象數之學者，當從來氏爲本。是集繼來氏變象之餘，爲卜筮尚占之説，故名《易用》，即節録經傳互訂異同。卷首爲《卦爻集説》，次爲《繫辭傳集説》。其中遵述御案宗旨，並采先賢明訓，凡明辨以哲足資考驗者皆録。次爲《易理總論集説》、《古例卦值衍數集説》。次爲《春秋傳古占考證》。又節録《醫易》卷内間有管窺附按，以備參稽。復爲《衍數推原》，又爲《太極總卦合圖》、《六爻變卦例圖》，皆撲著明象之法。又稱思象數之學，原出性道之先，因此會梓互考，略資意見。如能觀象玩辭，觀變玩占，化而裁之，變通盡利，利用安身，以崇其德，精義入神，以致其用。庶幾其用熟，其數精而其理亦析，其理析其數精而其用益深。所謂聖人制而用之謂之法，民咸用之謂之神。廣大悉包之中，無非體物不遺。此易道之所以流行於天地之間，而人生有不可不用者云云。

於毛氏自序亦足見其所言之内容一本來知德之書，一味奢談象數而及於卜筮，大抵合乎大衆口味。然與民間術數家所不同者，毛氏“其數精而其理亦析，其理析其數精而其用益深”而已。

此本據上海圖書館藏稿本影印。（郭彧）

### 方氏易學五書五卷　（清）方申撰　（第 30 册）

方申（1787—1840），字端齋，儀徵（今江蘇儀徵）人。道光諸生，精於虞氏《易》。《清史稿》有傳，又見《續碑傳集》卷七三。

是書含《諸家易象别録》一卷、《虞氏易象彙編》一卷、《周易卦象集證》一卷、《周易互體詳述》一卷、《周易卦變舉要》一卷五種。

《諸家易象别録》旨在輯録漢代諸家《易》象。所撰集，以《易緯》及鄭君《易緯注》爲大宗，《易》注則取之李鼎祚《集解》。若他書所引，則往往遺之，且多有非逸象而强名爲象者。

《虞氏易象彙編》以爲，述虞翻《易》象者，以惠棟、張惠言最爲詳備，然遺漏、舛誤、脱字、重見、錯出者亦頗有之；故就二家所述，凡有疑者則置之，有誤者則正之，有脱者則補之，字之通用者則仍存之，義之各殊者則並列之，重見者則疊引之，錯出者則分紀之，共得虞氏逸象一千二百八十七則，都爲一卷。柯劭忞云：“其爬羅剔抉，辨析異同，較前人實爲精細。惟錯出之文分見各門，未免重複無謂……然則中自謂得逸象一千二百八十七，斠其重複，宜汰十之三四矣。”

《周易卦象集證》以爲，兩漢以前，注《易》者無不引《説卦》以證經文，至王弼、韓康伯則倡“得意忘象”之説；唐以後，引《説卦》以解《易》者罕有其人，棄卦象如弁髦。於是博考古注、《易緯》及《左傳》、《國語》注所引卦象，條理次第，各繫於本文之下，共得象二百零四例，用以對照《説卦》之象、求證經文，無不相符，遂謂“忘象者斷不能得意也”。柯劭忞指出：“申之論切中舍卦象講義理之流弊，雖其書爲襞積之學，亦有裨考證也……義例矜慎，不同臆爲去取者”。

《周易互體詳述》大旨謂《周易》“互體”之别有九類：爲二、三、四爻互卦之法，三、四、五爻互卦之法，中四爻互卦之法，下四爻互卦之法，上四爻互卦之法，下五爻互卦之法；上五爻互卦之法，兩畫互卦之法，一畫互卦之法。這九類之中，凡四畫、五畫能互成諸卦，三畫又爲四畫、五畫之本，均爲“正例”；而二畫僅互八卦，一畫又分二畫之餘，均爲“附例"。柯劭忞指出:"賈公彥《儀禮疏》、孔沖遠《左傳正義》,俱云凡卦爻三至四,二至五,兩體交互,各成一卦,先儒謂之'互體'。以交互釋互體,最爲明瞭。二畫已不得謂之互,況一畫乎? 申謂一畫分二畫之餘,豈有當於交互之義? 申《自序》'確守先哲之舊章,不用後儒之新説',其實自逞胸臆,漢、宋諸家俱無此等學説也。"

《周易卦變舉要》大旨依據《周易》經傳之文及漢儒舊注,歸納卦變義例:爲"旁通"、"反復"、"上下易"、"變化"、"往來"、"升降";又以變化附於旁通,往來附於反復,升降附於上下易;"變化"則兼及某宫第幾卦,"往來"則兼及陰陽消息,"升降"則兼及當位、不當位。柯劭忞云:"(其書)務使端緒分明,閲者易瞭,雖無精深之義,亦可爲學《易》之初階。惟申所謂'變化'者,即《易》之'爻變';《繫辭》'爻者,言乎變者也',不若改稱'爻變',較爲確當矣。"

此本據上海圖書館藏清光緒十四年江陰南菁書院刻《南菁書院叢書》本影印。(廖名春)

**周易集解纂疏十卷** （清）李道平撰（第30冊）

李道平(1788—1844),字遵王,號遠山,一號蒲民,安陸(今湖北安陸)人。嘉慶二十三年(1818)舉人,授嘉魚縣教諭。學宗漢儒,治《周易》尤用力。更著有《理學正傳》、《獲齋文集》等。事見《清儒學案小傳》卷二一。

李氏以爲,唐李鼎祚《周易集解》一書表章漢學,使象數之説綿延弗絶,然行世千餘載却無人起爲作疏,遂毅然獨任之。書中所作疏語,以采擇惠棟父子及張惠言成説爲多,參合成文,然不詳著姓氏。《集解》所録古人《易》説,不拘宗派,兼收並蓄,多兩存其説,道平之疏亦兩釋之,以重家法,間有注義未協經旨者必詳加辨正;《集解》所録舊義亦有不詳不確,道平或兼引諸家、另申一説以備參考者,

但加"案"字,而自據己見者則加"愚案"以別之。全書義例謹嚴,條理秩然。然書中内容亦難免有不善者,陳寶彝《重校纂疏識略》即列舉五事:一曰擅改古書;二曰抄所發明,復窮佐證;三曰援引多誤;四曰襲諸家之説以爲己見;五曰用漢儒《易》義以釋王弼、韓康伯、孔穎達三家之説。除陳氏所舉之外,書中疏義不甚了徹妥切者尚多。尚秉和《六菴易話》曾指出《乾》卦《彖傳》"大明終始"一語,《集解》録荀爽注以十二月消息卦爲説,而《纂疏》未指出消息方位却徒以一陰、二陰、一陽、二陽爲釋,使荀義不明;又《觀》卦九五爻辭、《繫辭下傳》"重門擊柝"語,《集解》録虞釋注均用覆象,而《纂疏》不知虞氏此例,所釋未切。柯劭忞亦謂李氏此書之名物訓詁有未盡翔實之處,"蓋考訂之事非其所尚也"。然此書對《易》學研究之貢獻仍應充分肯定,故尚秉和又云:"要之,道平于《集解》疏通證明,厥功已多,雖有一眚,固不足以掩其大德矣。"

此本據清道光刻本影印。(廖名春)

**易釋四卷** （清）黄式三撰（第30冊）

黄式三(1789—1862),字薇香,號儆居,定海(今浙江舟山)人。道光歲貢生,終身治學。更著有《論語後案》、《儆居集》、《周季敍略》等。《清史稿》、《清史列傳》卷六九有傳。

此書卷一爲《象爻合釋》,卷二爲《同辭合釋》,卷三爲《疑義分析》,卷四爲《通釋》。前有傅夢占序,稱先儒注《易》,隨文曲衍,或象與爻悖,或爻與爻悖,彼此矛盾,卦義難明,此《象爻合釋》之不能不作也。同一"有它",於《比》則爲正爻,於《中孚》則爲正應;同一"中行",於《師》、《泰》則爲二、五,於《復》、《益》則爲三、四,前後矛盾,《易》例何存? 此《同辭合釋》之不能不作也。説"見群龍無首"者,忘《乾》爲首之本義;説"龍戰血玄黄"者,

昧《震》爲龍、爲玄黃之由來,管窺天小,全體不明,此《疑義分析》之不能不作也。不信"八卦成列"之文,而伏羲六十四卦之圖出;不信"乾坤二策當期之日"之文,而焦、京六日七分卦氣之説出,術數滋疑。經傳益晦,此《通釋》之不能不作也云云。柯劭忞指出:傳序"推崇是書,以爲囊括古今,不無過當。然式三謂著書者,非依據古人則不能獨傳,必盡同古人則可以不作。故其書貫穿經義,辨析是非,一掃標榜漢、宋之陋習。惟書中間標獨得之義,有失於穿鑿附會者",則爲"自創新奇,亟當訂正者矣"。

此本據上海圖書館藏清光緒十四年定海黃氏家塾刻《儆居遺書》本影印。(廖名春)

**易古訓一卷**　(清)劉寶楠撰　(第30册)

劉寶楠(1791—1855),字楚楨,號念樓,寶應(今江蘇寶應)人。嘉慶二十四年(1819)優貢生,道光二十年(1840)年進士,歷任文安、元氏、三河等縣知縣。以經學名家,學兼漢宋。更著有《論語正義》、《釋穀》、《殉揚録》、《寶應圖經》等。《清史稿》有傳,又見《續碑傳集》卷七三。

是書爲劉氏未成之稿,幾經修改,故漫漶難認。撰寫體例,則爲徵引古籍以訓釋六十四卦部分彖辭及爻辭。劉氏所據古籍,有《禮記》、《論語》、《説文》等。其訓詁亦不依據《易經》六十四卦次序,如開篇首引《恒》卦九三"不恒其德或承之羞",次則引《既濟》卦九五"東鄰殺牛不如西鄰之禴祭實受其福",再次則引《无妄》卦六二"不耕穫不菑畬凶"(頁上注:"今易無凶字")。

劉氏多先引典籍"子曰"内容,後提及"易曰"内容。如《禮記・表記》子曰:"事君,大言入則望大利,小言入則望小利,故君子不以小言受大禄,不以大言受小禄。《易》曰:'不家食,吉'。"朱氏彬曰:"《象》曰:'不家食,吉,養賢也。'君有大畜積,不與家食之而已,

必以禄賢者也。"劉氏所引"朱氏彬曰",實乃鄭玄注内容。

要之,劉氏是書對《易》之訓詁,大多見於惠棟《周易述》。有所突出者,乃劉氏著重引用了典籍裏"子曰"内容。至於所引"易曰差之毫釐謬以千里",則見於《史記》及《易緯》。

此本據上海圖書館藏稿本影印。(郭彧)

**周易姚氏學十六卷**　(清)姚配中撰　(第30册)

姚配中(1792—1844),字仲虞,旌德(今安徽旌德)人。道光諸生,博覽經史百家,尤精於《易》學。弟子汪守成等人刊刻其生前著述、文集爲《一經廬叢書》。《清史列傳》卷六九有傳。

此書闡解《周易》經傳,大體宗鄭玄《易》學,兼采荀爽、虞翻諸家之説,而以己意發揮辨析。卷首《通論》三篇,爲《贊元》、《釋數》、《定名》,乃全書總綱,以示其治《易》主張。柯劭忞云:"自張惠言以後,治虞氏《易》者一時風靡。配中研究漢《易》,獨謂鄭君最優,殫精竭思,至形夢寐,初爲《周易參象》十四卷,又爲《論》十篇説其通義;後乃點竄原書至什七八,删《通義》十篇爲三,冠於卷首,改名《周易姚氏學》。大旨主發明鄭學,鄭君所未備者,取荀、虞諸家補之,然必與鄭義相比附;荀、虞諸家所未及者,附加案語,亦本鄭君家法,由卦象以求義理,一洗附會穿鑿之陋。至鄭君間取爻辰、徵之星宿爲後人所駁者,配中悉皆删去,一字不登,尤見擇善而從,不爲門户之標榜,可謂善學鄭君者矣。"又云:"《通論》三篇,爲全書之綱領,繁稱博引,奧衍宏深,實不出鄭學範圍之外。"

此本據上海圖書館藏清道光二十五年汪守成等活字印《一經廬叢書》本影印。(廖名春)

**周易通論月令二卷**　(清)姚配中撰　(第30册)

姚配中,有《周易姚氏學》,已著録。

姚氏曾於注《易》之暇,會通《易》與《月令》之相關聯者,撰《月令箋》五卷;又探研其間微言大義,統而論之,自成條貫,爲《周易通論月令》二卷。是書上卷用"七八九六"之義,與《月令》之五神、五蟲、五音、五味、五祀、五藏及干支十二律相比附,雜引群書以證之;下卷專以卦象説七十二候,一依李溉所傳孟喜《卦氣圖》爲準。吳承仕謂其説牽強不切,指出:"姚氏自命巧慧,左右采獲,穿穴無所不通,加之博徵古義,旁引馬、鄭、荀、虞,訓辭深厚,似若深有典據,宋翔鳳至以'豪傑之士'稱之,其實乃漢學之末流,惠棟、張惠言之遺法,其違於皖南樸學之風遠矣。"

此本據國家圖書館分館藏清道光二十五年汪守成等活字印《一經廬叢書》本影印。
(廖名春)

**姚氏易斆闡元一卷**　(清)姚配中撰　(第31册)

姚配中,有《周易姚氏學》,已著録。

是書内容凡三篇,爲《贊元第一》、《釋數第二》、《定名第三》,原置於姚氏所著《周易參象》之前。多引漢代著作如《乾鑿度》、《周易參同契》等,以及漢儒荀爽、馬融、鄭玄、虞翻等之説而立論。

書後有張壽榮光緒壬午(八年,1882)跋,極稱姚氏此書,曰:"於卷首即列《贊元》、《釋數》、《定名》三篇,以闡發《易》中微言精義,而一歸於元……明元之義説,甚確鑿精深,有神學者不淺。"

此本據復旦大學圖書館藏清光緒八年蛟川張氏刻《花雨樓叢鈔》本影印。　(郭彧)

**周易漢學通義八卷略例一卷**　(清)黃瓚撰　(第31册)

黃瓚,生平事跡不詳。

是書卷首《略例》一卷,内容有"旁通"、"兩象"、"消息併圖"、"互體"、"鄭氏爻辰"、"六位"、"荀氏消息説"、"京房飛伏例"等三十

項。卷一至卷八内容悉依鄭氏本,卷一《上經乾傳第一》、卷二《上經泰傳第二》、卷三《上經噬嗑傳第三》、卷四《下經咸傳第四》、卷五《下經夬傳第五》、卷六《下經豐傳第六》、卷七《繫辭上第七》、《繫辭下第八》、《文言第九》、卷八《説卦第十》、《序卦第十一》、《雜卦第十二》。

本書稿内有清人馮桂芬、湯紀尚批校,書於書眉或紙籤之上。紙籤或粘固於書葉,或夾於册内。是本則附印於書後。卷八之後有馮桂芬同治六年(1867)夏日跋語,稱易虞氏學自張氏皋文出,學者多墨守之,鮮有自出手眼者。是書獨能博采鄭、荀等説,下及魏、晉至國朝諸家,融會貫通以發明虞義爲主。皋文之説亦多采取而不爲所囿,糾正其失者不下數十條,可謂不苟同矣。且不但於張氏不爲苟同,即於虞注亦不爲苟同,書中不從虞義者亦數十條……另紙籤録。極知疏淺,藉呈是正爲幸云云。知抄成於同治六年。然原書著於何時則不得而知。

此本據復旦大學圖書館藏清抄本影印。
(郭彧)

**周易述翼五卷**　(清)黃應麒撰　(第31册)

黃應麒,生卒年不詳。據是書自序,知其字厚菴,番禺(今廣東番禺)人。清道光間舉人。

是書前有山陰宋澤元序,稱其綜核諸家論説,擷其菁華,芟其蕪雜,簡練以爲揣摩者十年,殊有心得,嘗著《周易述翼》一書。蓋推本十翼之義而發明之,詮解精詳,詞旨宏暢云云。

是書體例與王弼本不同,自序稱王氏以《文王傳》附《乾》、《坤》,《上象傳》、《下象傳》附於彖,《上象傳》、《下象傳》附於爻。凡"文言曰"皆王氏所加,以其便於初學故因之,今書坊所刻本是也。夫亦其便初學言,則讀書者不知"乾,元亨利貞"所由來,即講《易》者必另究"乾,元亨利貞"所由起,難矣,

故先爲之《序卦傳》以編其次;《說卦傳》以廣其象;首上經,次下經;《文言傳》以通乾坤之秘;《上象傳》、《下象傳》以探六十四卦之微;繼《上象》、《下象》以盡三百八十四爻之蘊。然後《上繫辭》、《下繫辭》以會其通;《雜卦傳》以撰其德云云。故黃氏以己意變亂《周易》次序,其解則以孔子之言爲主,取經文以解經,亦無新義且多舛誤。尚秉和《易學群書平議》有此書評議,可以參考。

此本據上海圖書館藏清光緒山陰宋氏刻《懺花盦叢書》本影印。(郭彧)

### 周易諸卦合象考一卷　(清)任雲倬撰(第31冊)

任雲倬,生卒年不詳,據是書署名,知其字漢卿,江都(今屬江蘇揚州)人。更著有《周易互體卦變考》。

是書輯荀爽注言合象五則;鄭康成注言合象十九則;虞翻注言合象六十則;干寶注言合象三則;九家集注言合象三則;侯果注言合象一則;李鼎祚集注言合象七則;服虔左傳解誼言合象一則;杜預左傳集解言合象五則;韋昭國語注言合象一則。

所謂"注言合象",乃某人之注與卦象有合之意。如荀爽"巽坎合爲井"一條,任氏考曰:"井《象》云'巽乎水',謂陰下爲巽也。而上水謂陽,上爲坎也。木入水,出井之象也。"又如鄭康成"乾艮合爲天衢"一條,任氏考曰:"大畜上九爻注云'乾爲天、艮爲徑路',天衢象也。"又如虞翻"乾震合爲上帝"一條,任氏考曰:"鼎《象傳》注云'震爲帝,在乾天上,故曰上帝'。"

然從李鼎祚《周易集解》觀之,諸儒之"注言"遠不止如此,而任氏所輯一百有五則,爲其個人認爲與象有合之內容。儘管如此,任氏所輯內容仍可給人以啟發,即所謂"聖人設卦,觀象繫辭"當爲事實,而脫離卦象空言"易理"者,實不足取。

此本據復旦大學圖書館藏清光緒二十六年南陵徐乃昌刻《鄦齋叢書》本影印。(郭彧)

### 周易互體卦變考一卷　(清)任雲倬(第31冊)

任雲倬,有《周易諸卦合象考》,已著錄。

所謂"互體",據宋王應麟編《周易鄭康成註》,鄭玄曰:"凡卦爻二至四、三至五兩體交互各成一卦,先儒謂之互體。"鄭注《蒙》互體《震》,《觀》互體《艮》,《賁》互體《坎》,《大畜》互體《震》"等等,皆爲"卦爻二至四、三至五兩體交互各成一卦"。至朱熹則有"夾畫"、"厚畫"、"大畫"之說。至俞琰《讀易舉要》謂"互體"則曰:"互體者,上下兩卦之體交相互也。有三畫之互,又有六畫之互。三畫之互有兩,六畫之互有五。"

是書考"互體"則兼收並蓄。如考《乾》互體曰"有本卦在內,互出《乾》者共八卦",列《乾》、《同人》、《大有》、《大過》、《遯》、《大壯》、《夬》、《姤》八卦;考《坤》互體曰"有本卦在內互出坤者共八卦",列《坤》、《師》、《節》、《比》、《臨》、《觀》、《剝》、《復》、《頤》八卦。

其法依《序卦》六十四卦之序,以"上五畫"、"下五畫"、"上四畫"、"中四畫"、"下四畫"爲標準,因而有"本卦他卦皆不能互出此卦"例,如《復》卦後之《无妄》、《大畜》;《大壯》卦後之《晉》、《明夷》等。倘以"不能互出此卦"之卦考"互體",則結果不同。

任氏考"卦變",其"旁通反復上下易"仍依《序卦》六十四卦次序,本卦之下列"旁通"(六爻全變)、"反復"(覆卦,初變上,二變五,三變四)、"上下易"(兩象易)。如本卦《夬》,旁通(變)爲《剝》,反復(覆)爲《姤》,上下易(兩象易)爲《履》。

是書最後有"消息"、"當位"統計圖表。其"消息"統計,如"凡一陽五陰息卦《復》、《師》、《謙》共三卦";"凡一陰五陽消卦《姤》、《同人》、《履》共三卦"等;其"當位"統計,如“師,六四、上六當位;初六、九二、六三、六五不當位”等。

要之,任氏所謂之“互體卦變考”,僅爲統計彙總而已。

此本據復旦大學圖書館藏清光緒二十六年南陵徐乃昌刻《鄩齋叢書》本影印。(郭彧)

### 周易述傳二卷續錄一卷　(清)丁晏撰　(第31册)

丁晏(1794—1875),字儉卿,號柘堂,山陽(今江蘇淮安)人。道光元年(1821)舉人,咸豐間以在籍辦團練,由内閣中書加三品銜,治學以漢儒爲宗,長於訓詁。平生校書甚多,有《尚書餘論》、《頤志齋叢書》等四十餘種。《清史稿》、《清史列傳》卷六九有傳。

是書前有桂林朱琦序、丁氏自敘,後有丁氏《書程子易傳後》及高均儒跋。卷一述上經《乾》至《離》三十卦,卷下述下經三十四卦;《續錄》一卷,述《隨》、《夬》二卦。此書祖述程頤《程氏易傳》,援引史事,比照《易》義,頗有引申發揮,故命曰《述傳》。柯劭忞據書首朱琦《序》指出:“此書爲晏晚年所作,因涉歷憂患,於程子之書獨有心得,藉經義以爲高攀貴手者。琦《序》又謂‘能以漢學而通宋學者,獨晏一人’,竊謂學問之途,無分漢、宋,琦之説殆猶皮傅之論矣。惟程傳間引史事證經,晏之《述傳》遂氾濫於史事,援引恒不切當。”因之,柯氏評其發揮程傳,多精切之義,瑕不掩瑜。

此本據復旦大學圖書館藏清同治元年刻《頤志齋叢書》本影印。(廖名春)

### 周易解故一卷　(清)丁晏撰　(第31册)

丁晏,有《周易述補》,已著録。

是書前有丁氏自序,後《國史館儒林傳》載丁氏傳,末《附録》一篇。是書摘取《易》辭訓詁有疑義者,博引衆説,爲之考辨。丁氏自序稱本之訓詁以正其文,求之義理以衷其解,而

訓詁則非博考不明,非研究不精。故是正文字,未可以識小而忽之云云。又譏從事漢學者“展轉販鬻,無異攘他人之滕篋而有之”。柯劭忞云:“今核其所作,蓋自卅‘識小’者,而‘輾轉販鬻,無異攘竊他人’,晏亦不免此病也。”然書中所辨析,多‘愜心貴當,不愧義之安、理之是。附録《利執言解》,謂‘執言’即執訊;《舊井無禽解》,引《易林》‘舊井無魚’,謂‘無禽’爲無魚,漢人已有此義。辨析群疑,亦有功於訓詁”。

此本據復旦大學圖書館藏清光緒十九年廣雅書局刻《廣雅書局叢書》本影印。(廖名春)

### 易經象類一卷　(清)丁晏撰　(第31册)

丁晏,有《周易述補》,已著録。

是書前有丁氏自序,稱《易》之爲書,比物連類,而象分焉,乃取辭之相類者比而連之,間附解義,期於文約旨明,無取於穿鑿回穴之説,傳之家塾,以發童蒙云云。其所詮釋,多采之虞氏《易》,亦兼取王弼《注》、程子《易傳》,皆能擇善而從,不墨守一家之説者。

此本據復旦大學圖書館藏清光緒二十六年南陵徐乃昌刻《鄩齋叢書》本影印。(廖名春)

### 周易推六卷　(清)狄子奇撰　(第32册)

狄子奇,生卒年不詳,字惺菴,或作惺垣,又作叔穎,溧陽(今江蘇溧陽)人。主要活動於清嘉慶、道光年間。家世業儒,弱冠補弟子員,以監生肄業成均,究心經籍,不屑章句。道光十五年(1835)舉人,主講安徽宿州、河南覃懷書院。更著有《四書質疑》、《四書釋地辨疑》、《鄉黨圖考辨疑》等。事略見《溧陽縣續志》卷一一《人物志》。

是書前有狄氏自序,次爲《易象》、《易例》兩部分内容。正文録“蕭山毛氏原本”而“溧陽狄子奇參訂”,卷一、卷二、卷三“上經”;卷四、卷五、卷六“下經”。書後有吳縣胡玉縉跋,稱是書雜采漢宋説,以象數、義理兼通爲

主,每卷題蕭山毛氏原本而不全載其文。凡用原文者注上加○,本其文而參訂之者加△,然祇什之一二。其明從毛説、明駁毛説,則又見於夾注中,體例未爲盡善云云。要之,是書折中於朱熹與毛奇齡之間,試圖雜采漢代象數與宋代義理彙通爲一。

此本據湖北省圖書館藏稿本影印。多有漫漶不清者。(郭彧)

### 周易屬辭十二卷通例五卷通説二卷　(清)

蕭光遠撰 (第32冊)

蕭光遠(1804—1885),字吉堂,號鹿山,遵義(今貴州遵義)人。道光五年(1825)舉人,選清溪縣教諭,未赴任。以教書爲業,弟子衆多。畢生研究《易》學、《詩》古文辭。更著有《毛詩異同説》、《鹿山詩鈔》、《鹿山雜著》等。傳見《清代貴州名賢像傳》第一集第二卷。

卷首楊兆奎、丁嘉葆、李蹇臣、莫友芝、鄭珍諸序,又有蕭氏咸豐三年(1853)自序。自序稱嘗私怪象、爻、《翼》,何以一語而再見、數見、十數見,疑此中必有義例。乃悉屏舊説,專取經文觀玩。初如面墻,積久似得端緒。因將同句、同字、同旁、同音及不同字分彙鈔集,又以全《易》一千三百餘字,據許叔重《説文》逐一比勘,漸次推出義例十數條。乃編易例、易注若干卷……最後得直卦例,遂逐爻變直爲主。所定《周易屬辭》十二卷、《通例》五卷、《通説》二卷,不及舊稿十之二三。大要卦象字爲母,爻、《翼》字爲子,析及偏旁、諧聲,見六十四卦三百八十四爻互相關通,故曰《屬辭》。初時《屬辭》繁,乃著《通説》以分之,又於《通例》中著解以分之,又於《通例》中著十數類以分之。三編離合棄取,冥思默索,獨往獨來,遂閲十六寒暑,百人咸與厥事,十易稿乃成云云。

初讀是書者,茫然不知所云。據《屬辭》目錄後蕭氏子永京跋語曰:"其每爻象注加△者,爻變、爻直也。變直所推出之卦與《小象》相關者,則○以別之。《上繫》、《下繫》、《説卦》及《通例》中加○,皆示彼此聯屬,例與爻象同。"再讀其《通例》,方能有所體悟。

如"潛龍勿用"屬辭:"變姤直乾,姤初直屯綜蒙。'龍'取蒙童。乾對咸,咸初直漸,'潛'取漸旁,'勿用'取屯。"因《姤卦·象》有"勿用"二字,故云"姤直乾";因《屯·象》有"勿用"二字,故云"姤初直屯";因《屯》覆爲《蒙》,故云"屯綜蒙";因《説文》"龍,鱗蟲之長,能幽能明,能細能巨,能短能長,春分而登天,秋分而潛淵,从肉飛之形,童省聲",故云"龍取蒙童";因《咸》卦互體《乾》,故云"乾對咸";因《咸·象》與《漸·象》皆有"利貞"二字,故云"咸初直漸";因"潛"與"漸"皆有"氵"旁,所以説"潛取漸旁";因《屯·象》有"勿用有攸往",故云"勿用取屯"。

要之,蕭氏用功十六年編纂所成是書,體例獨特,令人匪夷所思。雖難視爲覆瓿,然其牽強附會實屬太過。

此本據湖北省圖書館藏清咸豐三年刻《遵義蕭氏遺書》本影印。(郭彧)

### 卦氣表一卷卦氣證一卷　(清)蔣湘南撰

(第32冊)

蔣湘南(1796—1847),字子瀟,固始(今河南固始)人。道光十五年(1835)舉人,歷任幕僚及書院主講,工詩文,通經史,曉水利,精曆法,纂修方志諸多。更著有《七經樓文鈔》、《春暉閣詩鈔》等。生平事蹟見《清史列傳》卷七三、《碑傳集補》卷五○等。

此書將漢代《易》家所倡揚之"卦氣"圖衍化爲表,細加解説;後附《卦氣序》、《卦氣證》。尚秉和指出:蔣氏之説卦氣,謂《歸藏》爲黃帝之曆,以卦氣爲《歸藏》之法,"既無舊義可證,亦頗嫌近臆説。惟其變圖爲表,加入宮度日躔斗建八風十二律,以補《卦氣圖》之缺,頗爲明備,亦便省覽。末有《卦氣序》,義多精當;又有《卦氣證》,徵引亦翔實可觀,固不得以其主張《歸藏》爲黄帝之曆而並議之也"。

此本據湖北省圖書館藏清光緒十四年豫山湖南桌署刻本影印。(廖名春)

**周易虞氏義箋九卷**　(清)曾釗撰(第32冊)

曾釗(?—1854),字敏修,號勉士,南海(今廣東南海)人。道光五年(1825)拔貢生,曾官合浦教諭、欽州學正。纂《新寧縣誌》、《新今縣誌》,更著有《周禮注疏小箋》、《詩毛鄭異同辨》等。《清史稿》、《清史列傳》卷六九有傳。

此書取張惠言《周易虞氏義》詳爲考索箋釋,書中偶有未切之處,然凡所補充惠言之疏漏,一準虞氏家法;其駁正惠言之義,尤爲審細。柯劭忞極稱:"虞氏《易》推張惠言爲專家,惠言以後,惟釗可以繼之。"又謂此書中箋釋精切之説,"皆爲治虞《易》者不可不知之義"。

此本據上海圖書館藏清道光七年面城樓刻本影印。(廖名春)

**周易考異不分卷**　(清)徐堂輯(第33冊)

徐堂(1797—1837),字仲升,號澹人,吳江(今屬江蘇蘇州)人。治經宗漢儒,兼工詩。更著有《三家詩述》、《爻辰圖説》、《書古訓》等。傳見《續碑傳集》卷七一。

是書本王弼、韓康伯《周易注》本,廣采先儒考證結果進行個别字與"誤文"之"考異"。内容有《易學傳受源流》、《漢儒傳易表》、《上經》、《下經》(包括繫辭、説卦、序卦、雜卦)、《補遺》。多引"子夏"、鄭玄、馬融、荀爽、虞翻、陸德明、郭京、項安世、朱震、惠棟等人之考證結果,比較"正字"與"俗字",並予評判。惜乎其稿本文字潦草,且初稿與二稿重複,頗難閲讀。

此本據國家圖書館藏稿本影印。(郭彧)

**鄭氏爻辰補六卷**　(清)戴棠撰(第33冊)

戴棠,生卒年不詳,據自序及署名,當爲丹徒(今屬江蘇鎮江)人。

鄭玄爻辰説,今零星散見於《易緯》注文及《毛詩正義》、《春秋公羊正義》、《三禮正義》所引,僅存十餘條。戴棠謂以爻辰釋《周易》三百八十四爻,當無不可通,遂比附鄭義,逐爻補之;卷首載惠棟《鄭氏爻辰圖》,張惠言《二十八舍值宿圖》,王昶《六十四卦爻辰分配圖》、《天文近南北極星圖》,采擇頗爲詳備。柯劭忞以爲:"此書以爻辰釋《易》三百八十四爻,附會穿鑿之失,均所不免。正所謂強經義以就爻辰者。用力雖勤,亦皮傅之學而已。"

此本據國家圖書館分館藏清道光二十九年燕山書屋刻本影印。(廖名春)

**易象通義六卷**　(清)秦篤輝撰(第33冊)

秦篤輝,生卒年不詳,據是書署名,知其號榆村,漢川(今湖北漢川)人。

是書首有秦氏自序,稱《易》有義而象以立,有象而義以明;義者象之所以然,象者義之所當然,通象而後通義,故名其書曰《易象通義》。又稱卦變、互體實爲象爻取象之樞紐,自晉以前,讖緯、卦氣、納甲、飛伏之術,亂之於《易》外而《易》存;自宋以後,先天卦序、橫圖方圖之説,亂之於《易》中而《易》亡;漢學鄭康成諸家之説業已散佚,惟王輔嗣注號爲近古,解義明正,十居六七;至孔沖遠《正義》,雖以王、韓注爲主,而兼取百家,包羅萬有,非王、韓所能籠罩,誠得明者抉擇,實《易》學之標準;此外精義理者,以義理取之,不涉老莊、禪寂,明象數者,以象數取之,不假河洛、先天云云。秦氏著書宗旨,蓋畢具於此。柯劭忞指出:"自宋元以後,崇尚程、朱之學,孔沖遠之《周易正義》已弁髦棄之。然《注疏》究爲《易》學根柢,不可誣也。阮文達公謂:'經學當從《注疏》始。空疏之士,高明

之徒,讀《注疏》不終卷而思卧者,是不能潜
心研索,終身不知有聖賢諸儒經傳之學。'實
爲先正格言。若篤輝者,可謂能讀《注疏》者
矣。至謂'取象不外陰陽剛柔;舍畫言象,舍
參伍錯綜言象,舍當名辨物、雜而不越言象,
非象也',其持論尤爲平實。讀書有得之士,
所由與剿説雷同者異歟!"

此本據復旦大學圖書館藏清光緒十七年三
餘草堂刻《湖北叢書》本影印。(廖名春)

### 易經本意四卷首一卷末一卷　(清)何志高撰　(第33冊)

何志高,生卒年不詳,號西夏,萬縣(今屬
重慶)人。道光間廪生。更著有《易經圖
説》、《春秋傳説》等,收入《西夏經義》。見
《(同治)增修萬縣志》卷二九。

是書目録書名作《易經本意圖象經傳註
説》,卷首爲《易經圖説》,含《易序》、《伏羲氏
易象本圖》等二十四篇。正文四卷,不以《彖
傳》、《象傳》附經,卷一、卷二爲經文,卷一上
經,論説《乾》至《離》三十卦,卷二下經,論説
《咸》至《未濟》三十四卦;傳文亦分兩卷,卷
三《易傳序》、《彖象上》、《彖象下》、《文言
傳》,卷四《繫辭上傳》、《繫辭下傳》、《説卦
傳》、《序卦傳》、《雜卦傳》。卷末《大易演
圖》,有《演圖序》、《六十四卦直列圖》及《辨
正》等十四篇。尚秉和指出:"察其意,頗欲
復古《易》篇第。然古《易》十二篇,經兩篇,
而傳十篇,則《彖傳》與《象傳》各分篇別上
下,今以《彖象上》爲一篇,《彖象下》爲一篇,
且參雜而行,使《十翼》僅有八篇,則復古而
不盡,失所據矣。至其注釋經傳之辭,大抵推
闡義理而證史事,説理尚爲平實,援引亦多切
當,蓋宗法程傳、朱義而益之以李光、楊萬里
之説歟。"

此本據遼寧省圖書館藏清道光十八年刻
《西夏經義》本影印。(廖名春)

### 周易倚數録二卷附圖一卷　(清)楊履泰撰　(第34冊)

楊履泰,生卒年不詳,據是書自序及劉世珩
跋,知其字子安,丹徒(今江蘇丹徒)人。道
光庚子(二十年,1840)舉人。邃於《易》學。
曾經參與編纂《丹徒縣志》。

是書卷首有楊氏咸豐十年(1860)自序,稱
嘗紬繹經文,彙參衆説,久之怳有所得。爰踵
前賢之言象言理者,專考其數,擇而詳之凡百
則,釐爲二卷曰《周易倚數録》。其數之由算
見者,圖式於後《附録》一卷云云。

是書内容,卷上有《八卦之數》至《三年有
賞於大國》五十九則;卷下有《八卦相盪》至
《大有衆也小畜寡也》四十一則。其後《算式
附卷》有《第一圖積數疊法》至《第十五圖天
度高弧距地法》十五則,列有四十一圖及
一表。

此本據復旦大學圖書館藏清光緒貴池劉氏
刻《聚學軒叢書》本影印。(郭彧)

### 陳氏易説四卷附録一卷　(清)陳壽熊撰　(第34冊)

陳壽熊(1812—1860),字獻青,一字子松,
吳江(今屬江蘇蘇州)人。諸生。其學兼宗
漢、宋,於《易》用力尤深。更著有《讀易漢學
私記》、《周易集義》、《周易本義箋》等,然多
佚。《清史列傳》卷六七有傳,又見《續碑傳
集》卷七一。

陳氏《易》著甚豐,因罹兵災,頗多散佚。
其弟子凌淦家存《獻青治易稿》一種,就《周
易正義》本蟻書之,有駁正《注疏》之言,有節
乙《疏》文,眉列旁行,冗雜複沓,又屢以散
稿,塗改漫漶,不可辨次。凌淦因請其友諸福
坤等爲之編次,去複存疑,釐訂繕録,編爲四
卷:上經一卷,下經一卷,《繫辭上傳》、《繫辭
下傳》一卷,《説卦傳》、《序卦傳》、《雜卦傳》
一卷;又別爲《附録》一卷,題爲《陳氏易説》。
書中大旨,以推衍虞翻"之正"等説爲主。尚

秉和指出："虞氏之《易》,於消息、卦變之外,間有用覆象者","惟不多見耳,至壽熊乃大暢其論","蓋已探明乎象覆而辭即於覆中取義之意,駁駁乎與《焦氏易林》取象之消息相通。是不獨爲能紹述虞氏之義,抑且發揮而光大之矣。惜其書破碎不完,雖經諸福坤董之苦心整理,其條貫仍不悉具。福坤嘗疑此書即《周易集義》之稿,不知信否。世倘得其完書,則其見重當不在惠棟、張惠言之下,可斷言也"。

此本據上海圖書館藏清光緒二十一年刻本影印。(廖名春)

**讀易漢學私記一卷** (清)陳壽熊撰 (第 34 冊)

陳壽熊,有《陳氏易説》,已著録。

陳氏以惠棟所著《易漢學》一書,規模略具,考核實疏,乃作是書以正之。其體例,先引惠氏論説,於其後低一格加按語,以指陳惠氏之未備。柯劭忞謂,其書多"抉摘精當,非好學深思之士不能辨此",然亦有"吹求過甚,或失其平"者。

此本據清光緒十四年南菁書院刻《皇清經解續編》本影印。(廖名春)

**周易釋爻例一卷** (清)成蓉鏡撰 (第 34 冊)

成蓉鏡(?—1883),字芙卿,自號心巢,寶應(今江蘇寶應)人。縣學生。光緒初,曾主講長沙校經堂。經學之外,旁及象緯、輿地、聲韻、訓詁。更著有《尚書曆譜》、《切韻表》、《國朝學案備忘録》等。《清史稿》有傳,又見《碑傳集補》卷三八。

是書内容,有"凡二五爻稱中"、"亦稱中正"、"亦稱正中"、"亦稱正"、"亦稱中直"、"亦稱直"、"亦稱中道"、"亦稱中行"、"亦稱黃";"凡三四爻稱内"、"亦稱際"、"亦稱惑"、"亦稱疑"、"亦稱商"、"亦稱進退"、"亦稱來往"、"亦稱次且";"凡初爻稱始"、"亦稱下"、"亦稱卑"、"亦稱足"、"亦稱趾"、"亦稱

履"、"亦稱屨"、"亦稱藉"、"亦稱尾"、"亦稱窮";"凡上爻稱終"、"亦稱末"、"亦稱上"、"亦稱尚"、"亦稱高"、"亦稱亢"、"亦稱窮"、"亦稱極"、"亦稱天"、"亦稱首"、"亦稱頂"、"亦稱角"、"亦稱何"等條目,頂格書寫,搜集相關爻辭、《彖傳》、《象傳》、《文言》内容低一格綴其左。如"凡三四爻亦稱際"左綴"泰九三《象傳》無往不復天地際也"、"坎六四《象傳》剛柔際也",釋之曰:"按,三爻者内卦之終,四爻者外卦之始,故稱際。泰九三天地際,謂外坤内乾間也。"

成氏釋文,再低二格綴於後,前加"按"字,又以"凡二五爻稱中"内容居多,釋文篇幅亦長。《繫辭》有"二多譽,四多懼"、"三多凶,五多功",早已經表明"二五居中,相應爲和"之道理。言"時中"、"位中",既是於時空方面取中。成氏非但彙集内容,且給予進一步論證,大有益於初學者。

此本據清光緒十四年南菁書院刻《皇清經解續編》本影印。(郭彧)

**周易舊疏考正一卷** (清)劉毓崧撰 (第 34 冊)

劉毓崧(1818—1867),字伯山,一字松崖,儀徵(今江蘇儀徵)人。道光二十年(1840)優貢生。曾入曾國藩、曾國荃幕府,主金陵書局,以編書、校書終生。更著有《通義堂文集》、《通義堂詩集》、《通義堂筆記》等。《清史稿》、《清史列傳》卷六九有傳,又見《續碑傳集》卷七四。

劉氏以孔穎達《周易正義序》稱"江南《義疏》十有餘家",而《正義》所引者唯莊氏、張氏、褚氏三家;褚氏即褚仲都,或謂孔《疏》多本仲都,實則多襲取前人,往往並采諸説,以致間有彼此互異不能一貫,故摘其所引六朝舊疏前後抵牾者十八事,細爲考正,都爲一帙,題爲《周易舊疏考正》。柯劭忞指出:劉氏所考,偶亦失檢、不切,然多"抉摘精當,實爲讀《正義》者必不可少之書"。

此本據清光緒十四年南菁書院刻《皇清經解續編》本影印。（廖名春）

**易貫五卷**　（清）俞樾撰（第34册）

俞樾（1821—1907），字蔭甫，晚號曲園居士，德清（今浙江德清）人。道光三十年（1850）進士，授翰林院庶吉士。咸豐五年（1855）出任河南學政，七年罷歸，主講蘇州紫陽書院、杭州詁經精舍。治學以高郵王氏爲宗，於群經、諸子、語言、訓詁及小説、筆記，皆有撰述，成就卓著。更著有《群經平議》、《諸子平議》、《古書疑義舉例》等，收在《春在堂全書》。《清史稿》有傳，又見《續碑傳集》卷七五。

此書旨在考究《易》象，評析漢魏《易》家之説，研索六十四卦經傳一貫之義。柯劭忞指出：“樾經學大師，其平生精力萃於《群經平議》一書。此書爲五十以後所撰，推求《易》象，觸類引申，大旨與焦氏循之學説相出入，而詳密過之，尤足見其精力之不懈。”又云：“樾《自序》曰：‘聖人之辭亦姑就所見者而繫之。其不必皆同者，機之所觸，無一定也；其不妨偶同者，使人得由此而測之也。’不愧通儒之論。然則樾之釋經，雖字字欲其貫通，固非刻舟求劍，勉强附會者比矣。”

此本據復旦大學圖書館藏清光緒二十五年刻《春在堂全書·第一樓叢書》本影印。（廖名春）

**艮宦易説一卷**　（清）俞樾撰（第34册）

俞樾，有《易貫》，已著録。

此書爲俞氏讀《易》劄記，旨在以其文字訓詁之學，考究《易》中詞義象理。柯劭忞指出：“樾精研訓詁而求義理，不涉穿鑿附會之習。此書爲樾讀《易》時所劄記，《自序》謂‘未離訓詁’，然精義實多。”又云：其説雖有“偶然失檢”之處，但多數爲“自創新義，突過前人”，“獨得經義”。

此本據復旦大學圖書館藏清光緒二十五年刻《春在堂全書·俞樓雜纂》本影印。（廖名春）

**周易互體徵一卷**　（清）俞樾撰（第34册）

俞樾，有《易貫》等，已著録。

俞氏以爲《易》有“互體”乃爲古法，故引《左傳》“陳侯之筮”以證之；又取《泰》六五、《歸妹》六五之象論析辨明互體之義，撰爲是編。柯劭忞謂其“引證古義，最爲的確”；而據《泰》、《歸妹》“二卦以明互體，尤顯而可徵矣”。

此本據復旦大學圖書館藏清光緒二十五年刻《春在堂全書·俞樓雜纂》本影印。（廖名春）

**卦氣直日考一卷**　（清）俞樾撰（第34册）

俞樾，有《易貫》等，已著録。

此書取資《易緯》及其他典籍記載，專考漢代《易》家之卦氣直日學説。第一篇考四正卦，第二篇考十二辟卦，第三篇考六十四卦次序，第四篇考公辟侯大夫卿之名所自始，第五篇考每卦六日七分之説，第六篇考京房之説，第七篇考北齊《天保曆》之説。柯劭忞謂，《緯書》義既艱深，文字又多訛奪，樾詮輯詳明，務使初學易了。京房六日七分之説，與《天保曆》依《易通統軌圖》之説，僧一行雖言之，然略而不詳，樾分別異同，並列圖於後，亦便於初學之尋覽。張惠言疑一行所謂京氏注者，傳京氏者失之，又疑齊曆之謬，皆不及俞氏之審細。至謂卦氣直日西漢經師固有此説，視後世以先天圖分配節候者實遠勝之，尤不刊之論云云。

此本據復旦大學圖書館藏清光緒二十五年刻《春在堂全書·曲園雜纂》本影印。（廖名春）

**周易爻辰申鄭義一卷**　（清）何秋濤撰（第34册）

何秋濤（1824—1862），字願船，光澤（今福建光澤）人。道光二十四年（1844）進士，官刑部主事，曾主講保定蓮池書院。以外患日深，關心時政，尤重視邊疆史地研究，撰《北徼彙編》，被咸豐帝賜名《朔方備乘》。更著有《王會篇箋釋》、《校正元聖武親征録》、《一鐙精舍甲部稿》等。《清史稿》、《清史列傳》卷七三有傳。

鄭玄爻辰之説，清惠棟、錢大昕、張惠言等人皆曾撰述，頗示扶微起廢之旨；而王引之、焦循則獨辭辟之，抉摘不遺餘力。秋濤以爲，爻辰之義，必有所受，今可見者出於殘缺掇拾之餘，非鄭氏説之全貌，是非已難具悉；即有迂曲，亦當過而存之，不得以訛闕見棄，故糅合近儒駁鄭之説，設爲“十難”而自答之，故題曰《爻辰申鄭義》。柯劭忞論清戴棠所撰《鄭氏爻辰補》，特引何氏此書曰：“爻辰者，《易》之一象，而非《易》之全義。鄭君之説爻辰，亦隨事取象，而非注釋全經。鄭取象於爻辰者，尚不必泥；況鄭未取爻辰之象者，又豈概求諸爻辰乎？”並稱此説“實爲持平之論”。吳承仕指出：此書所辨析，雖“似亦綽然有理據”，但《易》道難知，而附會則易，自消息、辟雜、納甲、世應以下，苟可塗傅，皆足自名其家，爻辰特其一術耳。何氏雖辨，亦言‘鄭義不免有迂曲穿鑿之處，諸儒攻之，誠中其短。譬之納甲、卦氣，不可盡廢而亦不可專用；以爻辰之説爲無與於經者，固矯枉過正，而欲强經義以從爻辰，亦皮傅之學’云云。蓋鄭説既見斥于王、焦之倫，義難强通，故爲此模棱兩可之論。以此申鄭，則所申者亦廑矣。何氏既審知爻辰不可盡信，乃謂《大傳》‘道有變動故曰爻，爻有等故曰物’二語，即以爻直辰所由仿。夫等物之誼，廣矣大矣，安見其必爲十二辰乎？”

此本據湖北省圖書館藏清光緒五年淮南書局刻一鐙精舍甲部稿本影印。（廖名春）

**還硯齋周易述四卷**　（清）趙新撰　（第 34 册）

趙新（？—1877），字又銘，侯官（治今福建福州）人。咸豐二年（1852）進士，由檢討歷官詹事贊善，又奉命册封琉球，終陝西儲糧道。更著有《學庸題解參略》、《續琉球國志略》等。

是書前有郭伯蔭光緒壬午（八年，1882）序，稱又銘邃於《易》，其學一以漢儒爲宗，出入孟喜、京房、荀爽、鄭康成諸家，而折衷於虞氏之説爲夥。自其迴翔館閣，洊歷臺諫，出爲監司，官暇未嘗不從事乎此。今取而讀之，蓋未成者猶十之一二云云。由此可知，趙氏注重《易》漢學，特別取虞翻《易》説爲多，且所著《周易述》爲未竟之書。

是書內容，卷一述《屯》至《豫》十四卦之義；卷二述《隋》至《離》十四卦之義；卷三述《咸》至《損》十一卦之義；卷四述《繫辭上傳》、《繫辭下傳》、《説卦傳》、《序卦傳》、《雜卦傳》之義。

是書本惠棟《周易述》之注疏爲多，又有所詳細。如《離》卦符號之下，惠氏注爲“八純卦，象火，消息夏至”，而趙氏“述義”則爲“八純卦，卦從乾坤來，旁通坎，於六子爲方伯卦，消息初六夏至，入北白露正坎”。諸如此類，此不一一。

尚秉和謂趙氏“説多虛浮，於訓詁尤少闡發”，可謂中的。至於所謂“其注以《欽定周易述義》爲主，每卦先舉《述義》之説”，則失於細考。其實，趙氏每卦之“述義曰”乃自謂解説之語，與乾隆《欽定周易述義》一書並無關係。

此本據上海圖書館藏清光緒八年刻《還硯齋全集》本影印。（郭彧）

**還硯齋易漢學擬旨一卷**　（清）趙新撰　（第 34 册）

趙新，有《還硯齋周易述》，已著録。

本書之作先於《還硯齋周易述》，因官事繁忙而輟筆，至光緒丁丑（三年，1877）又續作，僅寫得《乾》、《坤》、《蒙》、《需》、《師》、

《比》、《小畜》、《履》、《泰》、《同人》、《大有》、《謙》、《豫》、《隋》、《臨》、《觀》、《賁》、《復》、《无妄》、《大畜》、《頤》、《坎》、《離》、《咸》、《恒》、《遯》、《大壯》、《晉》、《家人》、《睽》、《解》、《損》、《益》、《夬》、《姤》、《萃》、《升》、《困》、《井》、《革》、《鼎》、《艮》、《漸》、《歸妹》、《豐》、《巽》、《兌》、《渙》、《節》、《中孚》、《既濟》、《未濟》五十二卦,且個別卦僅有一條爻辭。大旨徵引《説卦》之象與虞翻等"逸象"説解彖辭、爻辭與相關《彖傳》、《象傳》内容,其於訓詁少有發明。

此本據上海圖書館藏清光緒八年刻《還硯齋全集》本影印。（郭彧）

### 周易本義辨證補訂四卷　（清）紀磊輯（第34册）

紀磊,生卒年不詳,字位三,號石齋,烏程（今屬浙江湖州）人。諸生,精研漢《易》,積思三十年,成《易》學著述十數種,數種已佚;是書外,今尚存《周易消息》、《虞氏逸象考正》、《虞氏易義補注》、《九家易象辨證》、《漢儒傳易源流》等,民國間劉承幹爲之刊入《吳興叢書》。生平略見《清朝續文獻通考》卷二五七。

按惠棟曾撰《周易本義辨證》五卷,謂朱熹《本義》沿僞已久,宜有刊正,故字或謬誤則據陸德明《經典釋文》、呂祖謙《周易音訓》以正之,義有隱略則采《周易程氏傳》、《朱子語類》以補之,説有違異則推漢、魏以來之舊義以廣之。紀氏謂惠棟《辨證》,從漢儒之象數,參宋儒之義理,剖析詳明,有功朱子,惜尚有漏略處,故復疏證朱熹之書,參訂惠棟之注,續撰《辨證補訂》四卷。其書仍依通行本《周易本義》,先論圖書,次釋經傳,皆條舉朱、惠原文,而自爲案語於後。吳承仕以爲,紀氏之補訂,有可取者,亦有偏頗不當者,並指出《本義》卷首《九圖》,乃後人依倣《啟蒙》爲之,非《本義》所舊有,王懋竑考之審矣,紀

氏撰《辨正補訂》時,或未見王氏書。

此本據復旦大學圖書館藏民國十二年吳興劉氏嘉業堂刻《吳興叢書》本影印。（廖名春）

### 周易消息十五卷　（清）紀磊撰（第34册）

紀磊,有《周易本義辨證補訂》等,已著録。

此書卷首爲《凡例》及《河圖》、《洛書》、《雜卦圖》,卷一至卷十四則依經傳作注,大體用王弼之本,然次《文言》於《繫辭傳》後、《説卦傳》前,則又參用鄭玄本。全書旨趣,以爲《雜卦傳》一篇乃文王所定、孔子所述,而"消息"皆從此出,遂據以立體例、作卦圖,以解説經傳;書中所用卦象,或比附《説卦傳》,或雜采漢儒之説,或自創新意,至爲繁多。吳承仕指出:"是書獨以《雜卦》爲消息,事不師古,又廣爲塗傅,取象乃增倍于荀、虞,蓋欲兼綜舊聞,創通條例,以自名其家;而經訓字詁之學,審思明辨之力,遠下于焦循、姚配中。故其爲書也,似通而實拘,似博而實陋,則姑視爲漢學之末流,《易》家之別子可矣。"

此本據復旦大學圖書館藏民國十二年吳興劉氏嘉業堂刻《吳興叢書》本影印。（廖名春）

### 虞氏逸象考正一卷續纂一卷　（清）紀磊撰（第35册）

紀磊,有《周易本義辨證補訂》等,已著録。

虞翻《易》説,取象廣博,惠棟《易漢學》曾采輯其逸象三百三十一例;張惠言《周易虞氏義》録四百五十六例,較惠氏約多一百二十五例;紀磊取惠、張二家説,考正二百零四例,成《考正》一卷,又續搜得虞氏逸象一百三十七例,成《續纂》一卷。吳承仕指出:紀氏"説義拘滯,時亦有之","惠、張之論,誠不免於穿鑿,若紀氏者又穿鑿之拙者邪";然又謂其書"雖有疏失,亦治漢《易》者所宜取資也"。

此本據復旦大學圖書館藏民國十二年吳興劉氏嘉業堂刻《吳興叢書》本影印。（廖名春）

### 九家逸象辨證一卷　（清）紀磊撰（第35冊）

紀磊，有《周易本義辨證補訂》等，已著録。

陸德明《經典釋文》曾云，《荀爽九家集解》本有八卦逸象三十一例。宋以來朱震、項安世、朱熹、吳澄等皆有訓説；惠棟著《易漢學》，取各家義而考其得失。紀氏又依惠書略加辨證，撰爲是編。吳承仕指出：紀氏所辨，頗有“無以自持其説者”，“然惠氏以逸象爲古《易》之遺文，紀氏則云‘此爲漢經師釋《易》義訓。如虞氏逸象之類，《集解》乃誤入經中，朱子又從而信之，殊無謂也’，斯説得之”。

此本據復旦大學圖書館藏民國十二年吳興劉氏嘉業堂刻《吳興叢書》本影印。（廖名春）

### 虞氏易義補注一卷附録一卷　（清）紀磊撰（第35冊）

紀磊，有《周易本義辨證補訂》等，已著録。

紀氏以爲，漢季《易》師以虞翻爲巨擘，然其説支離，其注存者殘缺，雖張惠言治虞氏學，亦不得不采他説以補之；蓋虞主納甲而本於《參同契》，鄭玄主爻辰而本自《乾鑿度》，今張氏每引《乾鑿度》文，則雖曰“虞氏”而實非虞氏本然。於是遂撰《補注》一卷，凡張惠言引《乾鑿度》、《稽覽圖》以析虞義及其他立説未審者，皆駁正之；又以《書張氏虞易消息後》一篇，爲《附録》一卷。吳承仕指出：“紀氏以虞主《參同契》，是也；謂鄭之爻辰本於《乾鑿度》，蓋襲取惠棟《易漢學》之説。錢塘以爻辰本月律；焦循則謂爻辰爲鄭氏一家之學，不本《乾鑿度》，亦不本月律。然則紀氏説亦未足爲定論也。”又云書中間有沿訛襲謬、取證未切之説。

此本據復旦大學圖書館藏民國十二年吳興劉氏嘉業堂刻《吳興叢書》本影印。（廖名春）

### 漢儒傳易源流一卷　（清）紀磊撰（第35冊）

紀磊，有《周易本義辨證補訂》等，已著録。

此書主要摘抄朱彝尊《經義考》中有關兩漢《易》家及其著述之資料，魏晉以後見於《經典釋文》、《周易正義》、《周易集解》者亦抄録之，餘則從略。書中間爲案語，略加評述，以明諸家之授受源流。吳承仕謂此書“隨手抄撮，取便省覽”，“體例實多可議”。又指出：“蓋雜抄《經義考》，不復原書檢照，而又意爲去取，間下案語，亦疏略無所發明，或聊爲輯録，未嘗視爲著述定本也。劉承幹跋語云：‘是書自兩漢下逮隋唐，師師相傳之緒，信者著之，疑者闕之，不附會以失真，抑亦求漢《易》師承者所可徵信。’斯真過譽失實者矣。”

此本據復旦大學圖書館藏民國十二年吳興劉氏嘉業堂刻《吳興叢書》本影印。（廖名春）

### 易象集解十卷　（清）黃守平輯（第35冊）

黃守平（1776—1857），字星階，號莅田，即墨（今屬山東青島）人。道光十八年（1838）歲貢，幼喜《周易》。更著有《黃氏家乘》、《漱芳園詩草》等。生平見於《即墨黃氏族譜》。

是書爲黃氏摘録《周易》編成講義，作爲家塾課本，初名《説易鑿語》，繼約《易象彙鈔》，晚年乃定爲《易象集解》。其大旨以明《易》象爲主，所采多漢、魏諸儒及清人之説，但皆綜合舊注，熔貫成文，未標舉名字。於宋代陳摶、邵雍、程頤、朱熹之説，則皆不取。尚秉和以爲：宋儒之説，未可盡廢，“守平既不取于朱子，又何取乎漢《易》哉？斯皆胸有成見，未盡爲能持平之論也。雖然，《易》也者，象也。象爲《易》之本，後儒不識久矣。守平獨能奮然自拔，以搜集《易》象爲職志，則其識有過人者。觀其於《説卦傳》之末，廣八卦象，除本《釋文》補入《荀九家》逸象外，又增以毛西河所采輯于《左傳注》、《國語注》及漢、魏以來儒者馬融、鄭玄、虞翻、何妥、干寶、蜀才、盧氏、侯果諸家之象尤夥,則其重視《易》象,洞明《易》本,求之晚近,實鮮其人,斯足貴也。"

此本據湖北省圖書館藏清同治十三年漱芳園刻本影印。(廖名春)

**需時眇言十卷** （清）沈善登撰 （第 35 冊）

沈善登(1830—1902),字穀成,桐鄉(今浙江桐鄉)人。同治六年(1867)舉人,次年入京會試中貢士殿試二甲,授進士出身朝考一等翰林院庶吉士,後主講本邑桐溪書院及德清仙潭書院。其學雜糅經學、佛學和西學。更著有《論餘適濟編》、《經正民興説》、《報恩論》、《沈氏改正撰著法》等。傳見《清儒學案》卷一八一。

是書前有曹元弼光緒二十八年(1902)七月十三日序,極稱沈氏窮高極微,精博深通,與顧、黃同而會歸於《易》,其足以發後人之神智而開備物致用之先幾,似有過譽之嫌。

是書卷一《綱領》,多用數學方法推算"大衍之數"、"河圖洛書之數";卷二《原易》,多以漢代《易》學資料立論;卷三《原筮》,多以數學論述"揲著之法"、"卦變",兼及朱熹《河圖》與《洛書》;卷四《原象》,多用易圖表述易象;卷五《原數》,多用勾股術以及曆法數推算之;卷六《圖説》,有《重卦圖説》、《剛柔相推圖説》、《乾坤成列圖説》、《世系譜》等等;卷七、卷八《圖説》,有《重卦十六倍先後甲庚氣形遞變譜》、《重卦流行甲庚十六周圖譜》、《河圖五位方周爻象直日圖》等數十幅圖;卷九《大衍勾股法三表》;卷十《補遺》。

沈氏是書,確與前人迥異。其精通西方數學,且雜糅於《易》學之中,當爲開所謂"科學易"先河之重要人物。

此本據國家圖書館分館藏清光緒沈氏豫恕堂刻《沈穀成易學》本影印。(郭彧)

**周易注疏賸本一卷** （清）黃以周撰 （第 35 冊）

黃以周(1828—1899),字元同,號儆季,又號哉生,定海(今浙江舟山)人。黃式三子。幼承父教,以"傳經明道"爲己任。同治九年(1870)舉人,初任浙江分水縣(今浙江桐廬)訓導。光緒十四年(1888)賜內閣中書銜,十六年陞教授。更著有《禮書通故》、《子思子輯解》、《儆季雜著》等。《清史稿》、《清史列傳》卷六九有傳。

此書乃黃氏約所作《周易故訓訂》而成,僅及《乾》、《坤》、《屯》三卦,爲未完之書,其弟子唐文治爲刊入《十三經讀本》中。全書體例,"注"采漢、魏諸家《易》説,如有隱略異同則自己意,仿鄭玄注《周禮》之例以"周謂"云云以別之;"疏"則雜引書傳及漢、宋儒言以申"注"義。吳承仕《檢齋讀書提要》有是書提要,云:"假令經傳畢訖,誠《易》家之偉業也。觀其所輯各注,字詁一依雅訓,注釋爻象,亦用荀、虞升降、旁通諸例以明取象所由,而爻辰、納甲、世應、飛伏等,皆所不用,是其著作大旨。及援引各家《易》義,皆與《故訓訂》略同,唯彼隨文作解,故雜用漢、唐、宋、清儒言;此名《注疏》,體例有殊,故注則一準舊説,以簡要爲歸,疏則雜引諸家,以辨析爲職,斯其異也。"又云:"當黃氏以此稿本授唐文治而語之曰:'讀此,則于《易》例得過半矣。'按《易》道廣大,自立凡例以名其家者古今多有,要以《大傳》釋經者最爲近之,此爲集注體,《易》例在是,恐不盡然。然廣收佚義,擇善而從,並自爲疏證以考辨之,誠治《易》者之一術,後生有作所宜矜式,書雖不具,固應過而存之。"

此本據復旦大學圖書館藏民國十三年吳江施肇曾刻《十三經讀本》本影印。(廖名春)

**周易故訓訂一卷** （清）黃以周撰 （第 35 冊）

黃以周,有《周易注疏賸本》,已著録。

黃氏十九歲時,即有《十翼後録》之作,後

約其説爲《周易故訓訂》，僅成上經，其弟子唐文治爲刊入《十三經讀本》中。此書旨在闡釋經傳大義；其篇章次第，似以鄭玄舊本爲據，故於《乾》、《坤》二卦不録《文言傳》，蓋退在《繫辭傳》之後。《自序》云："學者必廣搜古注，互證得失，務求其是。若夫舍古求是，詎有獨是？多見其不知量也。雖然學必求古，而古亦未必其盡是矣。……惟願學者擇是而從，勿矯異，勿阿同，斯爲善求古、善求是也。"吳承仕《檢齋讀書提要》指出："綜觀全書體例，有若集注。而題爲《故訓訂》者，謂平議舊義，擇善而從，實事求是，無所偏執。斯《漢書·儒林傳》所謂'訓詁舉大誼'者邪？頗疑以周以《十翼後録》爲少作，故約爲此編。又因專研《禮》書，無暇兼顧，僅訖上經而止。"又稱："其審定文字也，以陸氏《釋文》、李氏《集解》爲據，詳列異同而不輒改；其説義也，不分漢、宋，不偏主義理與象數，雜采古義而折衷以己意。"

此本據復旦大學圖書館藏民國十三年吳江施肇曾刻《十三經讀本》本影印。（廖名春）

**十翼後録二十四卷**　（清）黄以周撰　（第36—37 册）

黄以周，有《周易注疏賸本》，已著録。

是書前有黄氏道光戊申（二十八年，1848）十一月自敘，述是書體例：其有先儒象爻之注未悖於聖傳，可以兼録之而明其義者，亦必移置於聖傳之下，先儒各説均臚列姓字；舊注之兩異或四五異者，於理无悖，兼録之以廣異聞；各經注疏及史文史注諸子文選之有《易》義者，亦兼采之以補殘闕；疑義之當析者，條列而辨之，不辨其失，則是者不見也。疑之不敢質者，詳録先儒舊説以備稽考。自漢魏以及元明諸儒，以時之前後分次，後或本於前者，止録其前云云。

是書卷一至卷八上經《彖象傳》；卷九至卷十六下經《彖象傳》；卷十七至卷二十《繫辭傳》；卷二十一《文言傳》；卷二十二《説卦傳》；卷二十三《序卦傳》；卷二十四《雜卦傳》。

以周十歲受家傳《易》學，二十歲秉承父命，廣搜《易》注四百餘家，草成《十翼後録》二十四卷。是書恪守黄式三《易釋》之門徑，以經傳爲宗，於辭變象占各有所主。其内容引用《易釋》之處頗多。如《乾·象傳》"雲行雨施，品物流形，大明終始，六位時成，時乘六龍以御天"條末注即直接引用《易釋》"疑義分析三·上篇經傳"的首段全文；"用九，天德不可爲首也"條亦直接引用《易釋》的相關内容；《坤·象傳》"坤厚載物，德合无疆。含弘光大，品物咸亨"條亦直接引用《易釋》相關内容，等等。由是觀之，黄氏《易》學之家傳淵源。

是書爲歷代輯録漢代至元明諸儒注釋"十翼"内容最爲廣泛、最爲精湛之《易》學著作，可備一覽。且有關朱熹《易學啟蒙》象數内容，一概不録，尤其對待所謂"河圖"、"洛書"，更是態度明確，如"孔安國曰，河圖，八卦是也"條，"以周案"曰："孔説見《論語注》，孔疏此引，按僞《古文尚書序》，不録。"又如録《説卦》亦不録所謂"先天八卦"和"後天八卦"之説。此足見其秉持《易》學之正統，無涉奇談怪論。

此本據國家圖書館藏黄以周手稿影印。（郭彧）

**李氏易傳校一卷**　（清）陸心源輯　（第38 册）

陸心源（1834—1894），字剛甫，號存齋，歸安（今屬浙江湖州）人。咸豐九年（1859）舉人，官至福建鹽運使。富收藏，精金石之學，爲清季四大藏書家之一，有藏書樓曰"皕宋樓"。刻印《十萬卷樓叢書》。更著有《金石學録補》、《宋詩紀事補遺》，輯有《宋史翼》等。傳見《碑傳集補》卷一八。

是書爲校勘唐代李鼎祚《周易集解》之作，

以影宋鮮于中刻本校勘盧見曾之雅雨堂刻本。卷前小序曰："李鼎祚《周易集解》自序云十卷，《唐志》作十七卷，與自序不同。明朱西亭刻本原出李中麓家，宋本世不多見。胡震亨《秘册彙函》本，雖分卷與自序合，奪誤最多。近時刻本以盧見曾雅雨堂本爲最善，惟分卷十七，與自序不合。余舊藏抄本十卷，以宋嘉定壬申鮮于中之刻本影寫，頗有勝盧本處。今以影宋本爲正，大字正書，而以盧本注于下。"

《四庫全書》收錄《周易集解》，李氏自序稱，采群賢之遺言，議三聖之幽賾，集虞翻、荀爽三十餘家，刊輔嗣之野文，補康成之逸象，各列名義，共契元宗。先儒有所未詳輒加添削，每至章句，僉例發揮……至如卦爻象象，理涉重元，經注文言，書之不盡，別撰《索隱》，音義兩存。王氏《略例》仍附經末，凡成一十八卷云云。由此可知，王弼《略例》一卷、《索隱》六卷，所集"虞翻、荀爽三十餘家"爲十卷。李氏《集解》"大字正書"者十卷，"盧本注于下"者十七卷。內容皆起自《乾》"元亨利貞"，終於《雜卦》"故殷自野以教敬敬之弊鬼"。盧氏刻本不當以己意將本十卷內容之《周易集解》刻意分作十七卷。

陸氏謂影寫刻本頗有勝盧本處，此言不虛。如，"通爲嘉會"乃李鼎祚原文，"通"爲避"亨"字諱，而盧本則作"亨爲嘉會"；又如，"正之危也"，盧本作"正之厄也"等等。然宋本亦有不若盧本處。如，"王凱仲曰"，盧本作"王凱沖曰"。查《新唐書》記"周易王凱沖注十卷"；又如，"盧氏曰此本否對"，盧本作"盧氏曰此本否卦"等等。

陸氏所藏宋刻本之影寫本今在日本。此《李氏易傳校》一書，可得見宋刻本與盧氏雅雨堂刻本之異同，可謂大有裨益。

此本據復旦大學圖書館藏《群書校補》本影印。（郭彧）

**周易通義十六卷**　（清）莊忠棫撰（第38册）

莊忠棫，生卒年不詳，字中白，丹徒（今屬江蘇鎮江）人，流寓泰州。九歲入貲，以部郎候選，後又改府同知。時遭兵亂，功業無成，家道中落。光緒四年（1878），未及五旬即殞歿。好讀緯書，嘗著《易緯通義》，更著有《荀氏九家易》、《静觀堂文》、《東莊筆談》等。事見本書譚獻序。

是書分十六卷八十一篇，篇各有贊。其學以董仲舒《公羊春秋》爲準，謂之"孔門微言所寄"，故是書仿《繁露》而作，試圖合《易》與《春秋》爲一。內容起於"精氣第一"，結束於"貞下起元第八十一"。作者以此書自比揚雄《太玄》，嘗曰"以待後世子雲者"。

此本據復旦大學圖書館藏清光緒六年冶城山館刻本影印。（郭彧）

**周易經典證略十卷末一卷**　（清）何其傑撰（第38册）

何其傑（1834—?），字俊卿，號小波，山陽（今江蘇淮安）人。同治甲子（1864）舉人，官至內閣中書，委署侍讀。事略見《清代硃卷集成·同治甲子科鄉試硃卷》。

是書體例，純以他經解此經，或藉證子、史諸集皆與《易》義詞異而義同者，或時有采輯解《易》各家注釋列入夾注中；引《易》之書以左氏爲最古，亦最富。編中謹列全段，庶可以觀其象而玩其詞；是編據惠氏、江氏本，然訛舛雜出，則更正之，外蒐采所及與其見合者即存之；末附列四圖，以便初學省覽。

是書內容，卷一上經，卷二下經，卷三上象、下象，卷四上象、下象，卷五上繫，卷六下繫，卷七文言，卷八説卦，卷九序卦，卷十雜卦，卷末圖説附。

是書博采他書有關於《易》之內容，爲之解説《易經》與《易傳》，可謂發前人之未發，自成一家之言。然博而不精，牽強附會之處在所難免。如，解《需》九五"需于酒食"，則引

《春秋傳》曰："水火醯醢鹽梅以烹魚肉,燀之以薪。宰夫和之,齊之以味,濟其不及,以洩其過。君子食之,以平其心。"此文見於《左傳》昭二十年,實乃晏子對景公語,與《易》"需于酒食"無關。

此本據湖北省圖書館藏清光緒十二年刻《景袁齋叢書》本影印。(郭彧)

**易學節解五卷** (清) 丁澤安撰 (第 38 冊)

丁澤安,生卒年不詳,據是書署名,知其字勉初,貴陽(今貴州貴陽)人。

是書名"節解"者,乃本朱熹《周易本義》章節,以彖辭、爻辭、《彖傳》、《大象傳》、《小象傳》爲次序,分節予以詮釋。雖依六十四卦次序,然並不涉及全部經傳之文,而刻意有所節選。

是書《凡例》稱,解之已詳者,無煩再解,惟其間或有未盡而猶有可商者,竊節取而解之;其當解者,亦既解之,其不當解者,則不必解。或有任意穿鑿,究之與《大傳》無涉,概不敢從也;於經文、《大傳》頗以是會於心,故間有與舊說異者,非敢求異於先賢也,則取朱子之意云云。由是可知,丁氏本《御纂周易折中》程頤與朱熹之說而間有與舊說異者,其"節解"内容則爲有未盡而猶有可商者。

雖丁氏自詡甚高,然觀其"節解"内容却並無過人之處。丁氏復自謂有未盡者節取而解之,然前儒如干寶等已多有確解,而丁氏之"節解"似是而非,無異畫蛇添足。

要之,是書"節解"無非追隨程頤、朱熹於義理方面有所發揮而已,又因其忽視卦象,往往難以自圓其說。

此本據天津圖書館藏清光緒刻《自得齋易學四種》本影印。(郭彧)

**知非齋易注三卷首一卷末一卷** (清) 陳懋侯撰 (第 38 冊)

陳懋侯(1837—1892),字伯雙,閩縣(今福建閩侯)人。光緒二年(1876)進士,官翰林院庶吉士,累官至江南道監察御史。更著有《周易明報》、《知非齋易注》、《知非齋易釋》等。生平見《閩侯縣志》。

陳氏先有《周易明報》鋟行,後慮經注過簡,且恐學者誤會"明報"二字類於佛氏"因果"之說,遂取舊注略加增潤,改題是名。書中於各卦爻下仍逐句注"失"或"得"字,與《明報》體例同。《明報》卷末附有《易義節録》及《讀易要言》兩篇,此書改《易義節録》爲《綱領》,移置卷首;《讀易要言》則散附注中,不另名篇。尚秉和謂其書中釋"用九"、"用六",陰陽"應與"等頗有謬誤;又謂其立注常泥於"扶陽抑陰"之旨,疑其生當同、光之際,睹女后之專橫,惕嗣君之幼弱,乃有激於中而欲借經義以寄意云云。

此本據湖北省圖書館藏清光緒十四年陳懋侯刻本影印。(廖名春)

**知非齋易釋三卷** (清) 陳懋侯撰 (第 38 冊)

陳懋侯,有《知非齋易注》,已著録。

此書分類詮釋《周易》之象辭意義、故訓名物,其體例頗類《爾雅》。凡十四目,卷上七目,爲《釋象》、《釋辭》、《釋位》、《釋名》、《釋義》、《釋得》、《釋失》;卷中三目,爲《釋天》、《釋地》、《釋人》;卷下四目,爲《釋身》、《釋物》、《釋鳥獸》、《釋草木》。尚秉和先生《易學群書平議》以爲:卷上七篇析義或有不切者;至卷中、下釋"天","地","人","身","物""草木""鳥獸",其分析故訓名物雖無所發明,且訓義解詁大抵祖述先儒,無多臆造,則仍不失爲有本之學。

此本據湖北省圖書館藏清光緒十四年陳懋侯刻本影印。(廖名春)

**易説二卷** (清) 吳汝綸撰 (第 38 冊)

吳汝綸(1840—1903),字摯甫,桐城(今安徽桐城)人。同治四年(1865)進士,官冀州知府。光緒時,充京師大學堂總教習,加五品卿銜。曾師事曾國藩,與張裕釗、黎庶昌、薛福成稱"曾門四弟子"。嘗赴日本考察教育制度,著《東游叢録》,又爲嚴復譯《天演論》、《原富》作序。著作輯爲《桐城吳先生全書》。《清史稿》有傳,又見《續碑傳集》卷八一。

吳氏說《易》,自謂宗於揚雄;又謂於古今衆說無所不采,亦無所不掃。書中每求《周易》經傳文字之古言古義,由訓詁文字而通於象數之學。其中認爲"易"字本義指"占卜",又揭出《易》爻"陽遇陰則通"之例,均有一定影響。全書頗取揚雄《太玄經》證解《易》旨,認爲《太玄》擬《易》六十四卦,皆含精深之義。柯劭忞稱其據《玄》言以通《易》詁,可謂好學深思,心知其意者云云。

此本據復旦大學圖書館藏清光緒三十年王恩紱等刻《桐城吳先生全書》本影印。（廖名春）

### 鄭易小學一卷鄭易馬氏學一卷鄭易京氏學一卷　（清）陶方琦撰（第38冊）

陶方琦（1845—1884）,字子珍,號湘湄,會稽（今浙江紹興）人。光緒二年（1876）進士,授翰林院編修,督學湖南。篤學好古,曾拜同鄉李慈銘爲師。更著有《淮南許注異同詁》、《漢孳室文鈔》、《蘭當館詞》等。《清史稿》有傳。

《鄭易小學》爲《漢孳室經學》卷一。卷前有陶氏自序,卷末有里人姚振宗識語。是書内容,《乾》卦之"夕惕若厲"至"位乎天位"二十六條爲陶氏原撰,"君子以飲食宴樂"至"繫于苞荒"二十九條爲姚振宗所補。是書大旨依據丁杰及張惠言訂正之十二卷《周易鄭注》爲藍本,輔以《經典釋文》、《六臣注文選》、《詩經正義》、《公羊傳》、《周禮注疏》、《古易音訓》、《正義集解》等書之相關内容,一以"方琦按"（包括補文）闡述之。是書較之丁杰、張惠言訂正本更爲詳盡。

《鄭易馬氏學》爲《漢孳室經學》卷二,卷前有陶氏《鄭易馬氏學敘》,末有姚振宗識語。是書自《乾》卦"聖人作二萬物覩"始,至"爲黔喙之屬"止,計五十三條,每條皆以"方琦按"予以疏解。是書用功頗多,廣搜相關資料,以證鄭氏《易》學與馬氏《易》學之淵源。

《鄭易京氏學》爲《漢孳室經學》卷三,卷前有陶氏《鄭易京氏學敘》,末有姚振宗識語。是書始於《乾》卦"時乘六龍以御天",止於"大衍之數五十其用四十有九",計二十三條,後附臧氏《經義雜記》一條、《拜經日記》二條。引用書籍有《經典釋文》、《周易集解》、《五經異議》、《易訓詁傳》、《古易音訓》、《周易口訣義》、《陸氏易解》、《周易鄭注》、《京氏章句》等。

此本據上海圖書館藏清光緒徐氏鑄學齋抄本影印。（郭彧）

### 周易易解十卷周易示兒録三卷周易說餘一卷　（清）沈紹勳撰（第38冊）

沈紹勳（1849—1906）,字（一說號）竹礽,錢塘（今浙江杭州）人。更著有《泰西操法》、《地雷圖說》等。生平見唐文治《錢塘沈竹礽先生傳》。

此書大旨,蓋欲破除漢宋門户之見,合象數、義理於一爐而冶之,故所采擇歷代《易》說,上極漢師,下兼宋世諸儒之學,包羅廣博,而於"先天之說",主之尤力。尚秉和謂先天之說,清儒攻訐不遺餘力,而不知《左氏》及《焦氏易林》並漢人《易》注言之已詳,特後人不察耳。沈氏生清儒之後,而能不惑於清儒之好惡,是真可謂能獨立爲說者。然沈氏解《易》,好用爻變,常以殷周史事參證《易》爻,又或雜用術數之學,雖創解甚多,而違失固亦難免云云。

此本據國家圖書館分館藏民國二十年鉛印本影印。（廖名春）

**周易注二卷** 李士鉁撰 （第 39 册）

李士鉁（1851—1926），字嗣香，天津（今天津）人。李春城次子。光緒三年（1877）進士，爲翰林院庶吉士，授編修，轉翰林院侍讀學士，歷充文淵閣校理、武英殿提調、國史館纂修等。更著有《金剛經注釋》、《三昧録》等。

李氏以爲周文王重八卦爲六十四卦，又彖辭爲文王所作，爻辭爲周公所作，所以謂之《周易注》。細考李氏之注，雖不注釋《十翼》，然運用《文言》、《繫辭》、《説卦》内容解説經文則比比皆是。如用《文言》解説《乾·彖》辭"元亨利貞"；用《説卦》"三才"之道解説"潛龍勿用"、"見龍在田"、"飛龍在天"爻辭等；又説象引《説卦》"乾爲冰"、"坤爲布"、"艮爲石"、"坎爲弓"等。

李氏多以互體説象，如"互坤爲土"、"互艮爲山"、"互卦之艮止"等；復以正應、敵應"乘承"説象，如説《屯》"二五相應"、"乘初之剛"、"上承互坤"等；又引漢儒"逸象"，如"乾爲德"、"震爲木"、"坎爲法律"等。可稱道者，李氏一律先下卦而後上卦，如"乾下乾上"、"坤下坤上"等，不似朱熹"風地觀"、"水雷屯"等，先上卦而後下卦。

又李氏注釋經文多引《詩》、《尚書》、《三禮》等内容以作佐證，更參以歷史故事。此亦是書一大特點。

要之，李氏此書作於憂患之時，有諷時刺世之意，可備一讀。

此本據上海圖書館藏 1936 年周氏《師古堂所編書》本影印。（郭彧）

**易漢學考二卷** （清）吴翊寅撰 （第 39 册）

吴翊寅（1851—?），字孟棐，陽湖（今江蘇武進）人。平生邃於《易》學，更著有《易訓詁述》、《易漢學師承表》等。見《光緒辛卯科江南鄉試硃卷》。

清代治漢《易》者，惠士奇、惠棟父子開其先，張惠言以專研虞學繼其後，均爲時人所宗

仰。吴氏此書，在前人成果基礎上續爲考辨，其大旨在考明兩漢《易》學各四派之基本特徵與説《易》條例，對惠棟《易漢學》考之不審者詳加辨正。卷一依《易漢學》之例，首述兩漢師承，次考孟氏、京氏、鄭氏、荀氏、虞氏五家之學，後附《易緯考》二篇；卷二復用惠氏《易例》之例，作《重卦考》、《三易考》、《消息考》、《之變考》、《元亨利貞考》、《七八九六考》七篇。全書辨析流別之異同，是正義訓之得失，頗具見識。徐紹楨序稱其洞達貫穿，求之經傳，若合符節，與惠、張二家孰得孰失，後世必有能辨之者云云。唯其崇信緯書，謂孟、京、鄭、荀之學皆自緯出，學者頗有異議。吴承仕謂："夫緯始哀、平，漢人通説，且孟、京佚義今所傳者，非盡漢師之舊。謂卦氣與緯候相參，可也；謂孟、京悉出於緯候，不可也。"

此本據湖北省圖書館藏清光緒十九年廣雅書局刻本影印。（廖名春）

**易漢學師承表一卷** （清）吴翊寅撰 （第 39 册）

吴翊寅，有《易漢學考》，已著録。

是書略依洪亮吉《傳經表》之例，分漢代《易》家爲楊何、施讎、孟喜、梁丘賀、京房、費直六派，根據史傳，博采雜書，將各派《易》家列表歸類排列，題别姓名，略注事蹟，間爲案語以疏通證明之，較洪氏《傳經表》更爲詳審；唯其中子夏、楊何、韓嬰、焦延壽、高相、荀輝等人，其事蹟、流别舊有異説或疑義者，未能周密考證，亦爲小失。吴承仕謂其專治漢《易》，所得甚多，考據之事，偶失檢照，固無傷大體云云。

此本據湖北省圖書館藏清光緒十九年廣雅書局刻本影印。（廖名春）

**周易消息升降爻例** （清）吴翊寅撰 （第 39 册）

吴翊寅，有《易漢學考》，已著録。

是書不分卷，首爲《周易消息升降爻例》，

吳氏釋之曰《乾》、《坤》爲衆卦之祖，十二消息卦皆《乾》、《坤》所生，五十雜卦皆消息卦所生，辨陰陽之升降，而消息寓乎其間云云。次爲《周易消息升降爻例敍目》，以《易經》上下篇之卦序標以消息升降爻例，又分別統計上下篇自消息卦所生雜卦之數目。又次爲《周易消息升降卦本圖》、《周易旁通反對卦變圖》。《消息升降卦本圖》，大旨謂《周易》六十四卦，本由《歸藏》坤、乾所演而推；《旁通反對卦變圖》，則依十二消息卦可旁通爲義，五十雜卦皆反對而不能旁通之説。

吳氏所謂之"消息"，乃指《乾》本《坤》卦，陽息陰消，《坤》又交《乾》，凡六變生消息卦六"和《坤》本《乾》卦，陰息陽消，《乾》又交《坤》，凡六變生消息卦六"而言，所謂"升降"乃指以十二消息卦爻變生五十雜卦而言。究其本，實自胡秉虔《卦本圖考》演繹而出。自惠棟專門於《易漢學》，後有張惠言又專門於《虞氏易》，則"消息"之説盛行。吳氏謂張惠言"主消息，不主升降"，又謂虞翻多改"師説"，乃有是書之作。

此本據湖北省圖書館藏清光緒十九年廣雅書局刻本影印。（郭彧）

### 周易集義八卷　（清）强汝諤撰（第39冊）

强汝諤，生卒年不詳，溧陽（今江蘇溧陽）人。曾官震澤訓導。生平見《溧陽縣續志》。

此書大旨，宗程頤《易傳》，以闡明義理爲主，而不涉漢魏以降象數之學。於元代以後《易》家，獨取明來知德言"錯綜"及王夫之釋《繫辭》之説。尚秉和謂其書中或有考據疏略、前後矛盾、惶惑多歧者，因其衛道心切，故多客氣之談；義理念深，則考據之功自疏。惟其一意欲效法乎《程傳》，故於"太極"、"無極"之紛紜，《河圖》、《洛書》之繳繞，以及近世一切聲、光、化、電之新學説，尚能無所沾染傅會云云。

此本據復旦大學圖書館藏民國吳興劉氏刻

《求恕齋叢書》本影印。（廖名春）

### 周易漢讀考三卷　（清）郭階撰（第39冊）

郭階，生卒年不詳，據書前諸序，知其字子貞，蘄水（今湖北浠水）人，少受業於儀徵劉毓崧。

是書前有丁晏、劉毓崧等序及郭氏自序。全書凡分上中下三卷，其校閲漢《易》異同，仿段玉裁《周禮漢讀考》之例，取馬季長、鄭康成、荀慈明、宋仲子、陸公紀、虞仲翔、姚德祐七家音讀之見於陸氏《釋文》、李氏《集解》者，計七十六事，條舉件繫，稽之衆説，折以己意，乃爲是書。

郭氏生於咸、同間，因惠、張之所鈎稽，戴、段之所校理，取精用弘，名理日出，每説一事，皆有義據，亦固其所。如《謙・六四》"撝謙"。鄭注："撝讀爲宣。"郭氏云，撝之本義爲裂，由裂引申爲離，馬訓撝爲離，義爲溥散，未免周折。荀訓爲舉，王訓爲指，皆未融洽。蓋撝與宣乃一聲之轉，宣通則無不利，《京氏傳》所謂上下通，足以證鄭君宣謙之説。按撝、宣爲歌、寒對轉。《漢上易》引《子夏傳》云"化謙"。撝之爲化，猶"譌言"之爲"訛言"，撝之爲宣，猶"華表"之爲"桓表"、"和布"之爲"宣布"矣。然則此之鄭讀，蓋本之《京氏傳》及《子夏傳》者也。

然而箋疏之敝，每失之支離，音讀多通，或流於附會。《坤・初六》"履霜堅冰至"。鄭注："履讀爲禮。"郭氏引劉氏《通義堂集》云：禮、履音相近，而又皆有行義，此爻"禮"是正字，"履"是假字。虞氏逸象云："坤爲禮。"又云："坤爲事。"又云："坤爲致。"乾與坤旁通，乾爲神，又爲福。乾爲神而坤事之，乾爲福而坤致之，與《説文》訓禮爲"事神致福"，其事正同。荀氏《文言》注云："霜者，乾之命令。"是霜爲乾象，而禮爲坤象，禮霜爲祭霜。所謂禮霜，與《大宗伯》之"禮天地四方"，《儀禮》之"禮日月四瀆山川丘陵"，文義正同。鄭之讀履爲禮,固洞澈乎消息往來之例,而非獨聲音訓詁之精矣。按“禮霜”之典,經傳無文,荀、虞逸象,鄭所不用。臧庸校云:“鄭本經文當作‘禮’,鄭注之云‘禮讀爲履’,後人依注改經,又依經改注。”説雖無證,理似近之。至若學人好怪,妄爲穿穴,苟會之以聲音,通之以取象,參之以禮説,《易》無達占,牽引多通,如涂涂附,則滋蔓又安所底乎? 又如,《乾·象傳》:“大人造也。”《釋文》云:“鄭徂早反,爲也。王肅七到反,就也、至也。劉歆父子作聚。”《正義》云:“姚信、陸績之屬,皆以爲造至之造。”可知子雍之義,同於陸、姚、輔嗣之意,本之鄭讀。按: 郭氏專明漢讀,而置之不録,意爲取舍,將何以明? 是皆可議者。

此本據上海圖書館藏清光緒十五年刻《春暉雜稿》本影印。(廖名春)

### 周易述聞一卷 　(清) 林慶炳撰 (第39冊)

林慶炳,生卒年不詳,字耀如,侯官(今福建福州) 人。官廣東候補鹽大使。更著有《焚餘偶録》、《説文字辨》、《周易集解偶箋》等。事略見是書吴种序。

此書摘論《易》義及辨析鄭玄爻辰、虞翻旁通等例之得失。其内容凡十八篇,各有小目,分題夕惕若厲、〢、同人于宗等。薈萃衆説,獨抒己見以折衷之,持論平正通達。柯劭忞亦謂其薈萃群言,以己意折衷之,大抵淵源古義,非游談無根者比;至於鄭之爻辰,虞之旁通,王氏引之攻駁最力,慶炳斤斤辯護,亦等於起廢箴言云云。

此本據清光緒八年刻本影印。(廖名春)

### 周易補注四十一卷周易例表十卷 　(清) 段復昌撰 (第39冊)

段復昌(1839—1895),字嶰烇,衡陽(今湖南衡陽) 人。曾師事湘潭石門名儒王壬秋,後投筆從戎赴新疆無果,遂歸里潛心著述。

更著有《周易義證》、《漢魏易學略》等。見是書前衡陽程崇信所撰《清故銓選訓導段君嶰烇公傳》。

據程崇信所撰《傳》,是書采秦漢以來迄唐宋諸家軼説補李鼎祚《集解》,乃大綜古義,比附經傳,廣虞氏例意,爲《易補注》及《例表》四十四卷。稿凡數十易。是書今存《周易補注》四十一卷、《周易例表》十卷,合五十一卷。

《補注》内容,上經五卷,下經五卷,上象五卷,下象五卷,上象五卷,下象五卷,上繫二卷,下繫二卷,文言二卷,説卦二卷,序卦二卷,雜卦一卷,合計四十一卷。乃以李鼎祚《周易集解》一書爲藍本,一以漢儒易象爲主,摒棄宋人義理之學,多有勝於空談敷衍義理者之處。然其所采繁雜,漫無甄別,亦是其一病。

其《周易例表》十卷,以羽翼《補注》,有《五十八卦有元亨利貞及吉凶悔无咎》、《六卦无元亨利貞及悔》、《六陽爻有元亨利貞及吉凶悔吝无咎》、《六陽爻无元亨利貞及吉凶悔吝无咎》等十表。

此本據中國科學院圖書館藏清光緒十五年船山書院刻本影印。(郭彧)

### 易漢學舉要一卷訂誤一卷 　(清) 張鼎撰 (第39冊)

張鼎,生卒年及履歷不詳。是書署“武原張鼎”,當爲浙江海鹽人。

張氏是書專門針對惠棟《易漢學》一書予以“舉要”和“訂誤”。其舉要凡十六條,分題消息、六日七分(以上《孟氏易》)、納甲、世應、遊魂、歸魂、六親、飛神、伏神、六日七分(以上《京氏易》)、互卦、爻辰(以上《鄭氏易》)、納甲、旁通、之卦、之正(以上《虞氏易》),乃簡化惠棟《易漢學》並突出要點。其訂誤,乃訂正惠棟《易漢學》書中之舛誤,凡四條,分題六卦議、張晏京房傳注誤、六日七分孟京異法、誤字。如“誤字”一條曰:“卷一第三葉下九行注‘四卦皆在分至之首’，‘首’當作‘前’。”此則爲張氏訂誤有得。

要之，張氏熟讀惠氏《易漢學》，非但能列舉要點，且能够發現其舛誤，於研究漢代易學者當可參助。

此本據上海圖書館藏清蔣氏別下齋抄本影印。（郭彧）

**周易説十一卷**　王闓運撰　（第40冊）

王闓運（1833—1916），字壬秋，號湘綺，湘潭（今湖南湘潭）人。咸豐三年（1853）舉人，曾入曾國藩幕，先後主講成都尊經書院、長沙思賢講舍等，清末授翰林院檢討，加侍讀，辛亥革命後任清史館館長，治經宗法公羊，詩文模漢魏六朝，爲晚清擬古派推重。更著有《湘軍志》、《尚書義》、《公羊傳箋》等。《清史稿》有傳。

此書節取李鼎祚《周易集解》，而以己意説之，故名《周易説》。是書內容，上下經六卷，《繫辭傳》上下各一卷，《説卦傳》、《序卦傳》、《雜卦傳》各一卷，凡十一卷。《乾》、《坤》二卦，依《集解》本，附《文言》於《象傳》後；自《屯》卦以下，則首列卦爻辭，次列《彖傳》、大小《象傳》，又與《集解》本異。解釋經傳文字，每據互體、旁通之例，以明取象所由。但其説多怪異新奇，或附會俗説，吳承仕曾舉例極力指責之，並謂《易》家末流雖多怪迂，亦未有若斯之甚者。

此本據上海圖書館藏清光緒三十二年刻《湘綺樓全書》本影印。（廖名春）

**周易釋貞二卷**　王樹枏撰　（第40冊）

王樹枏（1852—1936），字晉卿，號陶廬、陶廬主人、陶廬老人、綿山老牧等，新城（今河北高碑店）人。光緒十二年（1886）進士，官至新疆布政使，民國後曾任約法會議議員、參政院參政等職。更著有《陶廬文集》、《陶廬外編》等。《清儒學案》卷一八四有傳，又見其自撰《陶廬老人隨年録》。

此書專釋《周易》中的“貞”字，謂《易》爲卜筮之書，《三易》掌于太卜，《周易》凡言“貞”者，皆“占”之假字；“貞”上從卜，其義可知；貞、占一聲之轉云云。並舉《周禮·春官·天府》“季冬陳玉，以貞來歲之媺惡”鄭衆注，及《太卜》“凡國大貞，卜立君，卜大封”鄭玄注，以證明“貞”字之義必爲“占問”。按《周易》卦爻辭中的“貞”字，舊説爲“正”、“固”之義，《象傳》、《文言傳》均有明訓，《子夏易傳》、《春秋左氏傳》亦有解説，歷代《易》家皆遵守之，允非無據。王氏必欲堅執其説，以“占問”釋“貞”推廣全《易》，於是便訾《文言傳》爲“僞”，《子夏易傳》爲“不足據”，《左傳》解《易》乃“筮家占斷之法，不必與《易》相符”，甚至懷疑《同人》卦《象傳》“君子正也”之“正”字“當是‘貞’字，爲後儒竄易”。此論未免勇於自信，過於疑古。“貞”、“鼎”實本同字，因而有定義，引申而有静義，有不爭義，有正義。《周易》卦爻辭中，並無“占問”義。以《周易》卦爻辭“貞”爲“占問”，乃堅持其卜筮性而否認其哲理性，實不足取。

此本據復旦大學圖書館藏民國十三年刻《陶廬叢刻》本影印。（廖名春）

**費氏古易訂文十二卷**　王樹枏撰　（第40冊）

王樹枏，有《周易釋貞》，已著録。

此書大旨在於辨明《周易》今、古文之異同。漢儒治經，分今、古文兩派。《易》學之中，施讎、孟喜、梁丘賀、京房皆治今文，唯費直治古文。西漢費《易》不列於學官，故未能盛行。東漢鄭衆、馬融、鄭玄、荀爽等均傳費學，於是費氏古文《易》大爲流行。至魏王弼作《周易注》，立説雖異於鄭玄，然所據經傳文字，仍依鄭本，亦即費學之流。故後人凡言費學，蓋不得不以上述諸家爲斷。王氏訂正費直古《易》，正以馬融、鄭玄、荀爽三家爲主要依據。鄭衆未傳《易注》，其説散見於其他經注足資考證者,亦備爲採録。王弼《易》説,亦間有取資。全書斷制謹嚴,家法慎明。書中訂正文字,多所發見。尚秉和謂近世言費氏者二家,桐城馬氏(其昶)及王氏,然若律以漢人家法,則王氏較爲得之云云。

此本據復旦大學圖書館藏清光緒十七年青神刻本影印。(廖名春)

**易經古本一卷** 廖平撰(第 40 册)

廖平(1852—1932),原名登廷,字旭陔,旋改名平,字季平,井研(今四川井研)人。早年師事王闓運,光緒十五年(1889)進士,歷充教職。1888 年以前研求宋學,漸專習今古文經學,後尊今抑古,守今文家法。更著有《今古學考》、《四益館叢書》等。生平見於廖幼平《廖平年譜》。

是書先引《繫辭傳》“《易》之爲書也”三節、“《易》之興也”二節、“書不盡言”二節,以爲序例。其次以《乾》、《坤》、《坎》、《離》、《頤》、《中孚》、《大過》、《小過》等八錯卦,皆三爻反復爲六爻,一卦自爲一圖;其餘五十六綜卦,則六爻反復繫辭,每二卦合爲一圖,共計三十六圖。最後再將《乾》、《坤》等八錯卦分立八圖,以見八卦自綜之義;又合爲四圖,以見連反錯綜之法。按廖氏運用此類圖式,表明六十四卦所以反易、不反、變易及錯綜諸義,圖解明顯,足資考覽。但前代學者所言“《易經》古本”,皆指《漢書·藝文志》“十二篇”舊次第,未有以“錯綜”諸圖當“古本”者。故廖氏此書立名實未切當。書中又言:“合上下經諸卦,有順逆兩讀。而每卦又有順逆兩讀之法。上經主内,順行,每卦由初而上,舊讀不誤;下經逆行,主外,每卦當由上初而下。”尚秉和則認爲此説昔儒所無,亦無其確切之義據,未免故爲新説以矜奇立異。

此本據復旦大學圖書館藏民國四年存古書局刻《新訂六譯館叢書》本影印。(廖名春)

**重定周易費氏學八卷首一卷敘録一卷** 馬其昶撰(第 40 册)

馬其昶(1855—1930),字通伯,晚號抱潤翁,桐城(今安徽桐城)人。少承家學,學古文辭,並問業於吳汝綸,宣統二年(1910)入都,應聘編纂“禮經”課本,授學部主事,充京師大學堂教習;1916 年,任清史館總纂,主修儒林、文苑及光、宣大臣傳。工古文,守桐城派古文義法。更著有《抱潤軒文集》、《桐城耆舊傳》等。生平見陳三立《學部主事桐城馬君墓志銘》(《碑傳集三編》卷四一)、劉聲木《桐城文學淵源考》卷一〇等。

此書注釋《周易》經傳者八卷,卷首《易例舉要》一卷,卷末《序録》一卷,凡十卷。馬氏曾主講潛川書院三年,成《易費氏學》八卷,光緒三十一年(1905)其門人李國松刊入《集虛草堂叢書》;十餘年後,馬氏又加重定,即成是本。馬氏《易》學主張,大旨有四:一觀《易》象以窺制禮之原,二明《易》辭以舉大義,三言《易》變必察時位當否,四論《易》占不信焦、京、管、郭及諸讖緯書。其書以採録歷代諸家《易》説爲主,上自周秦,下訖清末,所採將及四百家,參考既博,抉擇亦精。並或參以己説,立論多甚允當。唯其以“費氏學”名書,説者頗有非議,以爲該書乃雜採衆家,非僅傳述費氏之學。

此本據復旦大學圖書館藏民國七年抱潤軒刻本影印。(廖名春)

**河圖洛書原舛編一卷** (清)毛奇齡撰(第 40 册)

毛奇齡(1623—1716),字大可,號初晴,又號西河,蕭山(今屬浙江杭州)人。明諸生,康熙時薦舉博學鴻詞科,授翰林院檢討,充明史館纂修官。主治經史及音韻學,對程、朱理學有所批評,又能詩善詞,通音律。更著有《西河詩話》、《西河詞話》、《竟山樂録》等。其他著述甚豐,後人編爲《西河合集》。《清史稿》、《清史列傳》卷六八有傳。

此書考辨宋以來所傳河圖洛書之非，極力排擊"異學"。是書收入《四庫全書總目》易類存目，提要謂，河圖洛書，辨者既非一家，駁者亦非一說。奇齡謂：今之河圖，即大衍之數，當名"大衍圖"，而非古所謂"河圖"；今之洛書，則"太乙行九宮"之法，亦非《洪範》九疇。既著其說於前，更列其圖於後。其排擊異學，殊有功於經義。顧其所列之圖，又復自生名例，轉起葛藤。左右佩劍，相笑無休，是仍以鬥解鬥，轉益其鬥而已云云。

此本據復旦大學圖書館藏清康熙李塨等刻《西河合集》本影印。（廖名春）

**易緯略義三卷** （清）張惠言撰 （第 40 冊）

張惠言，有《周易虞氏義》等，已著錄。

作者以爲，《易緯》八種之中，《乾、坤鑿度》僞書不足論，《乾元序制記》乃宋人抄撮爲之，《坤靈圖》、《是類謀》、《辨終備》亡佚頗多而不可指說。唯《稽覽圖》、《乾鑿度》、《通卦驗》三書接近完整，《稽覽圖》論"六日七分"，《通卦驗》論八卦暴氣，乃孟喜、京房陰陽之學；《乾鑿度》論陰陽消息，統於一元、正於六位，《易》之大義存於其間，爲漢初田何、楊何以來先儒所傳習。故就三書尋其醇者而疏論之，凡《通卦驗》十三則、《稽覽圖》十五則、《乾鑿度》十八則，條而次之，以類相從，通說其可知者，闕其不可知者，曰《略義》。柯劭忞謂，《乾鑿度》言消息之精義，鄭君注尤爲詳盡，可與其《易注》相表裡；《稽覽圖》、《通卦驗》雖陰陽占候之學，然亦傳義所有，不可廢也。張惠言刪訂三書，實有功於《易》學。是書張惠言子成孫依江承之鈔本，復以《聚珍四庫》本校之，審別異同，注於下方，尤爲精核云云。

此本據中國科學院圖書館藏清道光元年合河康氏刻本影印。（廖名春）

**易緯通義八卷** （清）莊忠棫撰 （第 40 冊）

莊忠棫，有《周易通義》等，已著錄。

張惠言撰有《易緯略義》三卷，內容涉及《易緯通卦驗》十三條、《易緯稽覽圖》十五條、《周易乾鑿度》十八條，內容分題易三義、六位、八卦用事、六日七分、七十二候、六十四卦主歲、卦軌、入厄、卦氣、風雨、雷、霜水旱、雜異、通卦驗八卦候、六十卦候、二十四氣候、圖書等；而莊氏是書內容則爲"述卦候第一"；"述卦候第二"；"述貞辰第三"；"述中孚傳第四"；"述卦驗第五"；"述暑景第六"；"述異聞第七"；"述圖書第八"。莊氏此書，蓋爲歸納合併張氏《易緯略義》內容並有所擴充。

是書前有莊氏敘，論及撰是書之大旨，稱今第緯書所論，其旨有三：一則六日七分；一則貞辰卦軌；一則八卦暑氣。要其所言，皆爲曆學旁通發揮云云。

內容如卷一《卦候》，則本惠棟《易漢學》所列《六日七分圖》，引《易緯稽覽圖》"甲子卦氣起中孚"之說，以"公中孚、辟復、候屯、大夫謙、卿睽"直至"公大過、辟坤、候未濟、大夫蹇、卿頤"爲序，分別予以通釋。

此本據國家圖書館藏莊氏稿本影印。（郭彧）

**周易繁露五卷** （清）莊忠棫撰 （第 40 冊）

莊忠棫，有《周易通義》等，已著錄。

是書內容凡五卷，每卷分篇若干，卷一"精氣第一"、"射隼第二"、"鞠英第三"，卷二"負且乘第四"、"珠華第五"，卷三"地道第六"、"鴻寶第七"，卷四"設險上第八"、"設險中第九"、"設險下之上第十"、"設險下之下第十一"，卷五"乘墉上第十二"。無"乘墉下"，則知爲未竟之書。

此本據國家圖書館藏稿本影印。（郭彧）

**古三墳書三卷** （第 40 冊）

此書不著撰人，漢、隋、唐《志》俱不著錄，晁氏《讀書志》經籍類始載之。前有宋毛正仲漸《序》，謂元豐七年得於唐州之比陽道民舍。其書凡分《山墳》、《氣墳》、《形墳》三篇，以《連山》爲伏羲《易》，以《歸藏》爲神農《易》，以《乾坤》爲黄帝《易》。按“三易”之名見於《周禮》，干寶注稱“伏羲之《易》小成爲先天，神農之《易》中成爲中天，黄帝之《易》大成爲後天”。杜子春注稱“《連山》伏羲，《歸藏》黄帝合《周易》爲三代之書”。賈公彦疏亦然。是書出於杜撰傳會，故所稱伏羲《易》合而神農、黄帝《易》則不合。至其所衍之卦，所繫之《傳》，其名其辭皆淺陋拙謬，不可究詰。晁氏以爲張天覺商英撰，雖未可必，總之出於北宋人所僞耳。此本及《説郛》、《秘書二十一種》所收無注人名，《漢魏叢書》本又題爲“晉阮咸注”，所謂僞中之僞也。

此本據國家圖書館藏宋紹興十七年沈斐婺州州學刻本影印。（廖名春）

# 尚書類

### 古文尚書十三卷　題（漢）孔安國傳（第 41 册）

孔安國（約前 149—約前 90），字子國，西漢魯（今山東曲阜）人。孔子十一世孫。官至侍中、諫大夫、臨淮太守。安國受《詩》於申公，受《尚書》於伏生。孔壁書出，安國以今文讀之。武帝時爲《尚書》博士，授業兒寬、司馬遷，開創漢代古文《尚書》學派。《尚書》傳注雖題爲安國所作，實出晉人而託名之。更著有《古文論語訓》、《古文孝經傳》等。生平散見《漢書·藝文志》、《漢書·儒林傳》。

是書凡十三卷，係日本鐮倉幕府後期沙門素慶所刊刻《尚書》經注之影鈔本，鈔寫年代亦在當時。以曾爲内野皎亭弄藏，故世多稱“内野本”，今藏於日本静嘉堂文庫。《尚書》一經自天寶間衛包以唐時通行之今字改定，

古字文本遂漸湮没。而素慶刻本所據唐寫本，即爲改定前之隸古定本。然刻本止見於島田翰《古文舊書考》之跋語，今所傳者僅存是書，藉此以存古文《書經》面貌，如“驛”作“圍”，“陂”作“頗”，“剔”作“劳”等。另據吉川幸次郎考證，是書行間所附釋文與今本多異，而與敦煌殘卷合，亦足可貴。自清以來《尚書》校勘尤重宋槧，而是書早出，較宋槧多有勝者。如《堯典》孔傳“世掌天地之官”，傳世刻本如宋八行本、元刊明修十行本“天地”下皆有“四時”二字，而阮元據《史記集解》他校、據疏文之意理校疑二字爲衍，是書亦無二字，可爲佐證。然山井鼎、阮元皆無緣得見，惟 1925 年日本京都東方文化研究所校印《尚書正義定本》據校此本，稱引甚夥。1939 年該研究所又予影印，卷末分别附 1332 年沙門素慶跋語、俞樾光緒三十一年（1905）題記及吉川幸次郎 1939 年跋語。

此本據復旦大學藏 1939 年日本京都東方文化研究所影印舊寫本影印。（郭沖）

### 經典釋文尚書殘卷　（唐）陸德明撰（第 41 册）

陸德明，有《周易經典釋文殘卷》，已著録。

《經典釋文》爲陸氏所作《易》、《書》、《詩》、《三禮》、《三傳》、《孝經》、《論語》、《爾雅》、《老》、《莊》等十四部經典之音義。此敦煌殘卷《尚書》，存《堯典》、《舜典》二篇，或爲晚唐寫本，現藏法國國家圖書館，編號伯三三一五。《經典釋文》自北宋開寶間陳鄂奉敕以隸書删定，隸古定本遂漸不傳。此殘卷以古字寫定，可一窺原書之貌，如“成”作“戌”，“歲”作“戡”，“齊”作“亝”等。又今本於陸氏義訓多有删削，是書則更近原貌，如“百揆，葵癸反，度也”，今本無“度也”二字。另孔穎達撰《尚書正義》用姚方興所呈孔傳本，陳鄂删定亦據孔傳，而此殘卷未經删削，馬、王傳注皆有保存。如“朝者，直遥反”，“朝者”二字與《史記集解》引馬融注合，而今本

作"來朝",吳承仕認爲此爲陳鄂妄改以從偽孔傳。其經文、句讀亦有異於今本者,多有裨考據。

此本據法國國家圖書館藏敦煌西域文獻本影印。(郭沖)

### 尚書正義二十卷　(唐)孔穎達等撰　(第41冊)

孔穎達,有《周易正義》等,已著録。

孔穎達等所删定義疏自唐永徽四年(653)頒布後皆以單疏形式流傳,至南宋紹興初年,兩浙東路茶鹽司始補配經、注,於越州刊刻經、注、疏合刻本,半頁八行,世稱"八行本"。是書即八行本《尚書正義》,凡二十卷。卷首有宋端拱元年(988)孔維等《上書表》、唐永徽四年長孫無忌等《上五經正義表》、孔穎達《尚書正義序》。其體例爲經文大字,下接注文,小字雙行,再下疏文,亦爲小字雙行。疏文次序,先經後注。後世經書刊刻,多依循此例,而參入釋文,即經、注、疏、釋文合刻本。是書雖有誤脱衍倒,然所出較早,具有較高的校勘價值,如《堯典》注文"北稱幽都南稱明",與魏了翁《尚書要義》同,今刻本"都"字皆作"則",阮元以作"則"非。然是書海内不存,流入日本,僅存兩部,森立之《經籍訪古志》著録:一足利學校藏宋、元遞修本;一亦原藏足利學校,清末楊守敬自日本購回,今藏國家圖書館,所闕卷七、卷八、卷十九、卷二十係據足利本影鈔補配。自嘉靖李元陽、萬曆北京國子監、毛氏汲古閣、乾隆武英殿以至嘉慶阮元,《十三經注疏》校刻皆祖元刊明修十行本,是書校勘之利未及參用。山井鼎《七經孟子考文》始據校足利八行本,阮元校勘記有所引用,即所稱"宋本"者。足利本與楊守敬本文字亦有出入,而後者更接近宋槧原貌。

此本據國家圖書館藏宋兩浙東路茶鹽司刻本影印。書前有光緒十年(1884)楊守敬跋,卷末附紹熙三年(1192)黄唐刻書題識,係日人據八行本《禮記正義》卷末題識影寫迻録。(郭沖)

### 書集傳十二卷或問二卷　(宋)陳大猷撰　(第42冊)

陳大猷(1176—1256),名忠泰,號東齋,大猷爲宦名,東陽(今浙江東陽)人。紹定二年(1229)進士,歷官兩浙都轉運使,六部架閣侍郎。其治學不主一家,訓詁、義理兼重。事跡見《敬鄉録》卷一三、《金華先民傳》卷七。

《書集傳》凡十二卷,著録古文《尚書》五十八篇,先列經文,次陳諸家之説,再述陳氏之解,"諸家説依經文爲次敘,先訓詁而後及意義⋯⋯間有己意,則以'愚曰'別之"(《集傳條例》)。是書博綜群言,參以己意,先訓字詞,後闡經義,仿吕祖謙《吕氏家塾讀詩記》體例。卷前有《綱領》、《書始末》、《書序》、《傳註傳授》、《集傳條例》、《進〈書集傳〉上表録本》、《後省看詳申狀録本》。

《或問》凡二卷,卷前小記云:"大猷既集《書傳》,復因同志問難,記其去取曲折以爲《或問》,其有諸家駁難已盡,及所説不載於《集傳》而亦不可遺者,併附見之,以備遺忘。"是編仿朱熹《四書或問》體例,以"或問"二字發難,辨疑析難,以明《集傳》去取之由。

《書集傳》至清代流傳甚少,朱彝尊《經義考》曰"未見",康熙間納蘭性德彙刻《通志堂經解》及《四庫全書總目》亦以是書已佚而僅録《或問》。

此本據北京圖書館藏元刻本影印。(馬士遠)

### 書古文訓十六卷　(宋)薛季宣撰　(第42冊)

薛季宣(1134—1173),字士龍,號艮齋,永嘉(今浙江永嘉)人。紹興三十年(1160)以恩蔭任鄂州武昌令,乾道四年(1168)改知常熟縣,入爲大理寺主簿,進大理寺正,知湖州。乾道九年,調知常州,未到任即卒。季宣首倡事功之學,爲永嘉學派創始人。更有詩文集

《浪語集》。《宋史》有傳。

是書凡十六卷,前十五卷分列古文《尚書》諸篇,經文依古文字形改宋時通行之楷體書之,加以考辯,卷十六列諸篇篇序並爲之訓釋。卷前有薛氏自序,論讀書之法。

是書收入《四庫全書總目》書類存目,提要謂是書以古文筆畫改爲今體,奇形怪態,不可辨識,較篆書之本尤爲駭俗。其訓義亦無甚發明,《朱子語録》謂其惟於地名上用功,頗中其病云云。然薛氏治學主實,博覽群書,立説精確,是書裁剪詁訓,發明經義,不拘章句,間爲之訓,時有詳核之考、精當之論,對地名之考辯尤爲詳備。四庫館臣之説不免太過,孫詒讓《温州經籍志》卷二對其進行批駁,所論較爲公允。

此本據復旦大學圖書館藏清康熙刻《通志堂經解》本影印。(馬士遠)

### 書疑九卷 　(宋) 王柏撰 (第 42 冊)

王柏(1197—1274),字會之,一字伯會,號長嘯,更號魯齋,金華(今浙江金華)人。朱熹三傳弟子。然柏之學,名出朱子,實則疑經更甚。更著有《讀易記》、《讀書記》、《詩疑》等。《宋史》有傳。

是書凡九卷,著録王氏對《尚書》諸篇發疑考異之文。前有納蘭成德序。是書爲"復聖人之舊",故王氏略於訓注,動以脱簡爲詞,重訂錯簡,移易補綴全經。如其據《孟子》所讀《堯典》,認爲戰國時二《典》未嘗分離,故並《舜典》於《堯典》,删除姚方興本二十八字。是書收入《四庫全書總目》書類存目,提要批其"師心杜撰,竄亂聖經"。王氏是書雖不嚴謹,紕繆甚多,然亦頗有可取之處。如他指出姚方興二十八字中,"玄德"不見於六經,而是晉代玄學之言,故知其絶非本語。納蘭成德序贊其"卓然偉論,即以補伏孔所未逮可也",亦有失偏頗。

此本據復旦大學圖書館藏清康熙刻《通志堂經解》本影印。(馬士遠)

### 書經注十二卷 　(元) 金履祥撰 (第 42 冊)

金履祥(1232—1303),字吉父,號次農,又號桐陽叔子,以居仁山而人稱仁山先生,蘭溪(今浙江蘭溪)人。南宋德祐初,以史館編修召,不赴。宋亡後隱居,教授以終,卒謚文安。金氏師承金華王柏,其解經風格秉承朱學傳統,立足元典,在力求探得經文原意的基礎上闡發義理,而非空談性理。更著有《尚書表注》、《大學疏義》、《論孟集注考證》、《金仁山文集》等。《元史》有傳。

金氏治《尚書》之學著述有二,其《尚書表注》爲晚年定本,《四庫全書》已收。是書爲金氏早歲之作,然清時已爲稀見,四庫館臣未得見,至同治、光緒間陸心源訪得秦蕙田舊藏,校正刊刻,方又流行於世。是書凡十二卷,對《古文尚書》五十八篇分卷進行訓釋,先解字句,後釋章篇,訓釋詳明,異解頗多。如言"舜……五十載涉方"之"涉方"訓爲"升遐",涉即昇,昇天也。又"宅西曰昧谷"之"宅"訓爲"度",宅、度古文通,意爲度其所宜爲授時之節。諸如此類,訓釋新奇且不流於穿鑿,以古爲訓,自成一家。

此本據上海辭書出版社圖書館藏清光緒五年陸心源刻《十萬卷樓叢書》本影印。(馬士遠)

### 尚書音釋一卷 　(元) 鄒季友撰 (第 43 冊)

鄒季友,生卒年不詳,字晉昭,元鄱陽(今江西鄱陽)人。見《千頃堂書目》卷一。

是書引《尚書》經文,依經附注,於字音之辨解頗爲詳備,注文出處,悉以標明。亦訓釋字義,然重在釋音,所釋字句大抵較爲粗略,不甚詳明,瞿氏《鐵琴銅劍樓藏書目録》以其爲元時家塾課本。其注釋多爲"某字某聲"、"某字某某反"、"某字音某"、"某字音同某"。重見之字,不復釋矣,僅注"下章同"或"下同”。是編音釋博采先儒衆説，於許氏《説文》，馬、鄭、孔傳，陸氏《釋文》，孔疏，玄度《九經字樣》及蔡傳之説多有參引，較其異同，加以決斷。如《泰誓》“今商王受弗敬上天”一句，注曰“受，是酉反”，其後又引孔傳、馬氏之説“受，紂也”，引鄭氏之言“號曰受德，時人轉稱爲紂”，及陸氏之論“立政篇受德爲紂之字”，又斷以己見對陸説加以否定。鄒氏所論，大抵如是。

此本據國家圖書館藏明刻本影印。（馬士遠）

### 涇野先生尚書説要五卷 （明）呂柟撰（第43册）

呂柟，有《涇野先生周易説翼》等，已著録。

是書凡五卷，録呂氏及其門人論《書》之説，卷一論虞書五篇，卷二論夏書四篇，卷三論商書十七篇，卷四、卷五論周書三十篇。是書以問答方式表述己意，問句多以“云何”“者何”收煞；答句多以“曰”提起，“也”收煞。問答條目按《書經》篇目分類編次，條理甚明。所論之事大抵爲《書經》義理，於篇名、天文、地理、律曆之屬亦訓釋甚詳。是書收入《四庫全書總目》書類存目，提要謂呂氏解經與蔡傳間有出入，其中不乏精核可從者，如以《舜典》在璇璣、玉衡爲北斗之例；然以《洪範》篇爲《洛書》，以《伊訓》元祀十有二月證三代不改月之類沿襲蔡氏誤解，其所云《禹貢》水土之序、五服之遠近爲無據臆度之詞云云。

此本據國家圖書館藏明嘉靖三十二年謝少南刻《涇野先生五經説》本影印。（馬士遠）

### 尚書譜五卷 （明）梅鷟撰（第43册）

梅鷟（約1483—1553），字致齋，旌德（今安徽旌德）人。正德八年（1513）舉人，官南京國子監助教，終鹽課司提舉。更者有《南雍志‧經籍考》、《古易考原》、《尚書考異》、《春秋指要》等。事跡見《四庫全書總目》卷七《古易考原》提要。

是書凡五卷，各卷編下皆題“旌川梅鷟學”。卷一言伏生所授二十九篇確鑿可信；卷二排先漢僞《泰誓》暨十六篇；卷三排東晉古文二十五篇；卷四排南齊姚方興偶見、開皇購求得之二十八字，兼排孔穎達與蔡沈；卷五盛讚吳澄《尚書纂言》。卷首有序，未署名，似爲自序，卷末有自序及《自敘譜》，鋪陳《書經》受裂、書序受誣之事，自述全書篇章結構及擬立宗旨，然其所列之次第門目與其書中所録不盡相合。其後又有朱休承所作跋。著《書序》於卷末。是書所論重在辨僞，言東晉晚出二十五篇係皇甫謐所作之僞書，孔壁十六篇乃孔安國所作。

清閻若璩《尚書古文疏證》卷八稱此書“專攻古文書之僞……讀來殊武斷也，然當創辟弋獲時，亦足驚作僞者之魄”。《四庫全書總目》著録梅氏《尚書考異》一書，提要稱《尚書譜》大旨略同，而持論多涉武斷，故僅存其目不複録云云。然是書辨古文《尚書》之僞開創之功亦不可没。

此本據國家圖書館藏清孔氏藤梧館抄本影印。（馬士遠）

### 尚書辨解十卷 （明）郝敬撰（第43册）

郝敬，有《周易正解》等，已著録。

郝氏窮二十年之力撰《九部經解》一百六十五卷，是書即爲辨解《書經》之作。是書列《讀書》及《尚書篇目》（伏生二十八篇）於卷首，論今古文風格之異，言《書經》真僞之別，力主伏生二十八篇爲真古文，孔氏《古文尚書》及《書序》係僞作，對孔氏大加貶謫，謂其“語多浮響，意不切題”，“或先賢記聞或後人假託，天壤懸隔，烏可相亂也”。正文共十卷，前八卷解《今文尚書》二十八篇，後兩卷辨孔氏《古文尚書》，故題曰“辨解”。郝氏解經先釋書名，次解篇目，次引經文，隨文訓釋語意,於經文之内注小字以釋字音,至於篇目、篇章分合有異於孔氏者,悉注文中。其解經之言雖有創見然多可商榷。是書收入《四庫全書總目》書類存目,提要謂其説多與先儒異,蓋其解經率憑臆度云云。

此本據湖北省圖書館藏明萬曆郝千秋、郝千石刻《九部經解》本影印。(馬士遠)

### 書經要義六卷　(清)王建常撰　(第43册)

王建常(1615—1701),字仲復,號復齋,人稱渭野先生,朝邑(今陝西大荔)人。明亡後放棄科舉,閉户讀書。更著有《小學句讀記》、《律吕圖説》、《復齋録》等。《清史稿》有傳。

是書卷首有張慄、上官汝恢二序。正文凡六卷,以條目詮釋經意,文中雜有雙行小字箋注。是書參孟子之言,又引據蔡氏、吕氏、朱氏諸先儒之説,後斷以己意,於天文、地理、陰陽九疇之屬考辨甚詳,所論治曆、治水之事,援據鏊訂,尤爲博洽。《禹貢》一篇多指明某州爲今某處,某河流經、注入某處,如謂"太岳即今河東平陽府霍山是也,沿水出於太原,南流經霍山,至絳州,西折入河。"

此本據國家圖書館分館藏清雍正崇陽公署刻本影印。(馬士遠)

### 尚書引義六卷　(清)王夫之撰　(第43册)

王夫之,有《周易大象解》等,已著録。

是書初稿成於清康熙二年(1663),於康熙二十八年重新修訂。書凡六卷,皆以《尚書》之篇章次第爲序,卷一、卷二論《虞夏書》,卷三論《商書》,卷四至卷六論《周書》,共二十七論,計五十篇,借闡釋《尚書》經意發表其政治、學術主張,針砭明代政治之弊,駁斥佛家、老莊、程朱、陸王之學,如批判佛道"消所以入能,而謂能爲所"之説,强調人力之功用,云"所著於人倫物理之中,能取諸耳目心思之用"。其"心有兩端之用,而必合於一

致"、"因所以發能"、"能必副其所"、"行可兼知,而知不可兼行"、"已成可革"等觀點,見解獨到,頗具代表,影響甚廣。《四庫全書總目》謂是書"議論馳騁,頗根理要",然又以其臆斷權謀之説不可訓,故僅存其目,實則館臣之宥。

此本據南京圖書館藏清道光二十二年王氏守遺經書屋刻本影印,卷首冠以《四庫全書總目》該本提要。(馬士遠)

### 尚書蔡傳證訛六卷　(清)左眉撰　(第43册)

左眉(1740—1812),字良與(一作良宇),號静菴,桐城(今安徽桐城)人。乾隆三十年(1765)拔貢,曾任州判。師事姚鼐,私淑方苞,專研古文,徐松爲其弟子。更著有《静菴詩集》、《静菴文集》、《十三經音注異同》、《左傳補注》等。生平見《道光桐城續修縣志》卷一六、《桐城文學淵源考》卷四。

是書凡六卷,引蔡傳之誤,依《尚書》編次羅列,旁引孔安國傳、孔穎達疏及晁錯、馬融、朱熹等先儒衆説,相互佐證,融會貫通,折中己意。文中多論蔡傳曆法、地理之謬,於訛誤原因,亦有探究,如"地勢有在南在北之異,蔡氏據地中而言,故晝夜刻數長極于六十,短止于四十"。蔡傳引文出處亦著録於文中。此書旁徵博引,論據詳實,駁證訛誤頗有可取之處,然乃鈔撮他説爲主,頗乏創見。

此本據南京圖書館藏清刻本影印。(馬士遠)

### 書經參義六卷　(清)姜兆錫　(第43册)

姜兆錫(1666—1745),字上均,號素清學者,丹陽(今江蘇丹陽)人。康熙二十九年(1690)舉人,乾隆元年初薦充《三禮》館纂修官。究心於性理經學,更著有《周易述藴》、《禮記章義》、《大戴禮翼删》、《九經補注》等。《清史稿》有傳。

是書爲姜氏《九經補注》之一,卷首列《書

經蔡傳原序》，後有自序及《正訛》，正文凡六卷。是書收入《四庫全書總目》書類存目，提要謂蔡傳未經朱子是正者頗多，因作是書正之，計經文錯互篇簡者兩條、段落錯分者五條、錯混句讀者二條、錯解文義者十二條、定錯復錯者一條，其所改大抵推求字句，以意竄定，未能確有考證云云。

此本據南京圖書館藏清雍正十二年寅清樓刻《九經補注》本影印。（馬士遠）

**尚書小疏一卷**　（清）沈彤撰　（第43冊）

沈彤（1688—1752），字冠雲，號果堂，吳江（今屬江蘇蘇州）人。師從何焯，與惠棟交遊頗深。乾隆元年（1736）薦舉博學鴻詞科不遇，參修《三禮》及《大清一統志》，書成授九品官，不就，歸鄉養母。更著有《周官祿田考》、《儀禮小疏》、《春秋左氏傳小疏》、《果堂集》等。《清史稿》有傳。

是書凡一卷，僅注明《虞書》、《夏書》等書名，至於篇名，則未列文中，亦未引《書經》全文，僅以條目釋之，且僅釋《堯典》至《禹貢》數十則，其所釋訓，不專主一家。如孔傳《堯典》“九族”以高祖以至玄孫，蔡傳釋云“五服異姓之親亦在其中”，沈氏謂蔡《傳》較孔說尤備，而又當作“異姓有服乃無弊”。是編所解，多存異說，然其考據往往牽合，無有確證，不足爲據。是書收入《四庫全書總目》書類存目，提要亦指摘其失，如謂沈氏所疏《禹貢》篇，欲勝胡渭之《禹貢錐指》，反其說而謂“荊州之域，直統交趾”，實則謬誤。阮元彙刻《皇清經解》收入是書。

此本據華東師範大學圖書館藏清乾隆刻《果堂全集》本影印。（馬士遠）

**晚書訂疑三卷**　（清）程廷祚撰　（第44冊）

程廷祚，有《讀易管見》等，已著錄。

程氏治經不蹈陳規，猶重考證，既反對墨守漢學，亦反對墨守宋學，一生所著秉持此道，

著錄頗豐，於《尚書》之學頗有建樹。是書乃辯駁毛奇齡《古文尚書冤詞》之作。毛氏竭力反駁閻若璩之《尚書古文疏證》，著書爲偽古文鳴冤，以辨其爲真。程氏早年便作《冤冤詞》專爲批駁毛氏，此又作《晚書訂疑》辨析古文《尚書》之偽。“晚書”者，係據孔穎達《尚書正義序》所云古文經“晚始得行”。是書卷首有惠棟序與程氏自序及篇目。正文凡三卷，卷上有論十二篇，分題《史》、《漢》載古文《尚書》之由、古文之名以字體訓詁不以篇章、安國十六篇不傳、二漢《尚書》之學、安國注《論語》之證、許氏《說文》之證、《隋志》與《正義》之誣、東晉不見有晚《書》、晚《書》見於宋元嘉以後、南、北二《史》之證、安國自序之謬、孟子所見之《武成》尚存。卷中辨《書序》。卷下爲“雜論晚《書》二十五篇”及附錄今古文《尚書》授受源流。程氏據《隋書·經籍志》所載南齊姚方興所進之本始立國學，提出晚《書》不出東晉，而於宋元嘉以後。其考辨《書序》認爲漢代古文實有十六篇，而非二十四篇。是書爲辨偽力作，誠如惠棟序言“縣莊既糾其繆，又爲分疏其出處，使偽造者無遁形，可謂助我張目者矣”。程氏於閻、惠之後依然能有所創見，實屬不易。是書與惠棟《古文尚書考》、段玉裁《古文尚書撰異》辨駁古文，偽作之訟，基本定讞，其論雖有考辨不明、審查不甚之處仍難掩其功。王先謙彙刻《皇清經解續編》即收入是書。

此本據國家圖書館分館藏清乾隆刻本影印。（馬士遠）

**古文尚書考二卷**　（清）惠棟撰　（第44冊）

惠棟，有《周易本義辨證》等，已著錄。

是編爲惠棟辨《尚書》真偽之作，分上下二卷，上卷“據真古文以辨後出者之偽”，專門駁斥孔穎達《尚書正義》之謬，論證孔壁古文爲真，而孔傳及晚出的《古文尚書》二十五篇是偽書。下卷“盡發其剽竊之根源”，詳細考

證僞古文之源頭,將其作僞抄襲之出處一一列舉,羅列詳盡,使得"作僞之情形無能隱遁矣"。惠氏書與閻若璩《尚書古文疏證》多有暗合,然惠氏文詞明晰,更其條貫,具體考證,又有勝於閻氏之處。如閻氏於《泰誓》猶沿孔穎達之誤,認爲其是僞書,惠氏則以東晉《泰誓》爲僞,以西漢《泰誓》爲真。其所論較閻氏精而約,其治學之嚴謹猶勝閻氏。是書爲《尚書》辨僞史上里程碑之作,阮元彙刻《皇清經解》收入是書。卷首有沈彤及錢大昕爲之作序,卷末宋廷弼爲之作跋。

此本據國家圖書館分館藏清乾隆五十七年宋廷弼刻本影印。(馬士遠)

### 尚書注疏考證一卷 (清) 齊召南 (第44冊)

齊召南(1703—1768),字次風,號瓊臺,晚號息園,天台(今浙江天台)人。乾隆元年(1736)博學鴻詞科,爲庶吉士,授檢討,官至內閣學士、禮部侍郎。以族兄齊周華遭文字獄案,革職回鄉。善書法,精輿地之學。參修《大清一統志》、《大清會典》、《續文獻通考》,以及參與武英殿經、史考證的編輯。更著有《外藩書》、《水道提綱》等。《清史稿》有傳。

《古文尚書》至清代經閻若璩、惠棟等疏證辨疑,僞書之案幾已定讞。而毛奇齡等辯護其真,多出私意。齊氏則爲雖知其僞而仍予維護者,其《寶綸堂文鈔》卷三《進呈〈尚書注疏考證〉後序》謂《古文尚書》平易淺近,言道粹然,而其流傳中經手甚衆,增減緣飾,雖非原貌,不必苛求。又孔傳義質辭簡,孔疏徵引賅博、剖析折衷,雖亦有所失,仍不可全廢云云。是論爲清代《尚書》辨僞之風下維護其經典地位之代表性觀點,爲周春《古文尚書冤詞》所採。

乾隆四年(1739),詔設經史館隸屬武英殿修書處,以萬曆北京國子監本爲底本校刻《十三經注疏》、《二十四史》,以召南編輯《尚書》、《禮記》及《漢書》三書之考證,張照、陳浩等亦與其事。至乾隆八年《尚書注疏》完成,以考證附於每卷之後。是書即采輯召南考證之五十餘條,非專校勘而多辯證孔傳、孔疏之失。如《舜典》"群后四朝"孔傳:"各會朝於方岳之下,凡四處,故曰'四朝'。"召南以《史記》注引鄭玄"四朝"爲四方諸侯間隔四年朝於京師之說,與《經典釋文》所引鄭注爲"四季朝京師"之說,雖有微異而皆勝孔傳。又疑《堯典》於"日短星昴,以正仲冬"脱正義一段,爲浦鏜《十三經正字》、阮元《十三經注疏校勘記》、吉川幸次郎《尚書定本》所採。殿本考證條目分散各卷,取閱不便。阮元彙刻《皇清經解》收入是書,然較殿本所存,裁剪甚多。如《尚書注疏序》、《尚書序》、《尚書注疏原目》之考證皆未取;又如卷一考證七條、卷二考證八條皆僅取其三。

此本據上海辭書出版社圖書館藏清道光九年學海堂刻《皇清經解》本影印。(郭沖)

### 畏齋書經客難三卷首一卷 (清) 龔元玠 (第44冊)

龔元玠,有《畏齋周易客難》等,已著録。

是書卷首撰有《尚書總論》,龔氏之主張於此處論述甚明。龔氏以爲孔子無删《書》百篇之事;科斗文不足爲信,於卷首自序亦言其爲"作僞亂真以惑後人也";安國卒於太初前;增多之《古文尚書》爲姚方興與開皇年間人所僞造;伏生口授二十八篇亦存遺漏;《禹貢》、《康誥》、《酒誥》三篇次序倒亂,當爲作僞者傳寫所致;篇名諸如《堯典》之類亦存可疑之處。又有補正、辨明前儒之未善者,如龔氏據《左傳》以證《虞書》爲原名,蔡傳及王樵《尚書日記》俱失考,以爲《堯典》本名《帝典》。其所論大抵援引古書爲證,然亦有佐證略顯單薄之處。

此本據華東師範大學圖書館藏清道光二十六年刻《十三經客難》本影印。(馬士遠)

**尚書考辨四卷** （清）宋鑒 （第44册）

宋鑒（1727—1790），字元衡，號半塘，安邑（今山西運城）人。乾隆十三年（1748）進士，官至南雄府通判，署連州。學出閻若璩，精於訓詁考據。更著有《易見》、《尚書彙鈔》、《漢書地理考》、《説文解字疏》等。《清史稿》有傳。

是書凡四卷。卷一今文、古文考辨，《今文尚書》、《古文尚書》考辨，辨今文、古文、僞古文之源。卷二真《古文尚書》三十一篇考辨。卷三僞《古文尚書》二十五篇考辨，考僞古文抄襲之源，兼辨篇章之分合等。卷四續考僞《古文尚書》，考證《論語》、《孟子》、《春秋左傳》、《禮記》、《書序》及其逸篇與僞古文之文字差異，以發其僞。其引述《論語》、《孟子》、《書序》等經典皆低一格，引述閻若璩、姚際恒等學人著述則低兩格，宋氏見解低三格加“敬考”以別之。是編考辨亦有另辟蹊徑之處，如其在梳理《尚書》傳承中猶重杜林的作用，以爲“傳古文《尚書》”者，惟杜林一人而已”。明確杜林漆書本即孔壁之本。又如其考辨《尚書》篇數，以義理爲據劃分篇章等。至於其駁證考辨真僞之處，闕疑慎言，不妄下斷語。宋鑒與閻若璩幾近同時，又爲同里，其書影響雖不及《古文尚書疏證》，然其行文頗爲簡潔，辨析條理分明，頗具章法，多有可取之處。孫星衍《尚書今古文注疏》序稱其與惠棟、唐焕之作皆能辨正僞傳。

此本據湖北省圖書館藏清嘉慶四年刻本影印。（馬士遠）

**尚書既見不分卷** （清）莊存與撰 （第44册）

莊存與，有《彖傳論》等，已著録。

莊氏提倡今文，然亦不排斥古文，可謂兩者兼顧。清時學者有主廢僞《古文尚書》者，莊氏則秉持不同態度，並撰寫《尚書既見》、《書説》等肯定僞《古文尚書》價值，使其“竟獲仍學官不廢”。是書不分篇卷，僅以條目辨明《尚書》義理。考證時多引用《尚書》中各篇章句交互佐證，亦參見先儒論著引以爲證。阮元評價莊氏治《尚書》“不分今古文文字異同，而剖析疑義，深得夫子序《書》、孟子論世之意”，此言較爲公允。然是編亦有值得商榷之處，如常稱引僞古文中的《大禹謨》、《伊訓》等，頗爲當時學者所詬病。

此書據北京大學圖書館藏清乾隆五十八年刻本影印。（馬士遠）

**尚書釋天六卷** （清）盛百二撰 （第44册）

盛百二（1720—?），字秦川，號柚堂，秀水（今浙江嘉興）人。乾隆二十一年（1756）舉人，官至山東淄川知縣。更著有《皆山閣吟稿》、《問水漫録》、《柚堂筆談》。事跡見《湖海詩傳》卷二〇、《疇人傳》卷四二。

盛氏感先儒之書論及曆象時或相背而馳，或承襲多於創見，故著是書，考證《尚書》中《堯典》、《舜典》、《胤征》、《洪範》等篇中涉及天文曆算之處，故而名曰“釋天”，如著述天爲幾重、日月運轉、二十八宿、日食等天文現象。其天文推算之法借鑒西方算學，然其論及置閏之事，猶采傳統方法進行演算。是編多以圖示附綴文中，其所論句櫛字比，以蔡沈《書集傳》爲主，旁采徐光啟、顧炎武、黃鎮成諸書而疏證之，大旨以西學爲宗。此書疏證詳盡，條理分明，不乏可取之處。《皇清經解》收入是書。

此本據華東師範大學圖書館藏清乾隆十八年刻本影印。（馬士遠）

**尚書集注音疏十二卷卷末一卷外編一卷**
（清）江聲 （第44册）

江聲（1720—1799），本字鱷濤，後改叔澐，晚號艮庭，元和（今屬江蘇蘇州）人。一生未仕。師從惠棟，宗漢儒經説，長於旁搜博引，孫江沅及弟子顧廣圻、江藩皆傳其學。更著有《六書説》、《論語質》、《恒星説》、《艮庭小慧》。生平見《漢學師承記》卷二、《碑傳集》卷一三四。

江氏釋篇名曰："集合先儒之解，並己之意並注於經下，所以著明經誼。故曰集注。""字有數誼則彼此異音，初學難辦。……爲之引申以疏通之，故曰音疏。"江氏深受乾嘉考據大家惠棟影響，是書亦以惠氏《古文尚書考》及閻若璩《尚書古文疏證》之成果爲基礎，取惠氏《周易述》之體例，以《尚書》二十九篇爲十卷，百篇之敘一卷，逸文一卷，凡十二卷。卷末補誼、附識僞字、敘及後敘爲一卷，又外篇《尚書經師系表》。是書以《尚書大傳》及《史記》所載《尚書》之章句爲底本，廣集漢儒之説，漢儒之説未善者，則又搜羅旁證，斷以己意，於《泰誓》一篇考證最詳，爲世人所稱道。江氏於是書中多有創見，如通過辨證《古文尚書》之内容、分篇、作者等，以證其僞；據《史記》、《説文》等補正《尚書》經文，力圖恢復舊本《尚書》原貌。

梁啓超《中國近三百年學術史》評是書"裁斷之識較薄"，且其他缺點甚多，然是書於清代《尚書》之學影響頗深，王鳴盛《尚書後案》、孫星衍《尚書今古文注疏》亦采其説。桂馥、臧庸等亦有糾補其疏之作。皮錫瑞評是書"疏解全經，爲國朝之最先，有篳路藍縷之功，惟今文搜集未全，立説亦有未定"。此書刊刻之後，多爲後人所承襲引用，然亦有不少學者對其疏漏進行補正。是書原刻有篆、真二本，《皇清經解》收入真字本，另有附續補誼五條。

此本據湖北省圖書館藏清乾隆五十八年近市居刻本影印，爲篆書本。（馬士遠）

### 尚書後案三十卷尚書後辨附一卷　（清）王鳴盛撰　（第45冊）

王鳴盛（1722—1798），字鳳喈，號禮堂、西莊，晚號西沚居士，嘉定（今屬上海）人。乾隆十九年（1754）進士，官至禮部侍郎。早年學詩於沈德潛，後又從惠棟問經義。以漢學考證方法治史，精研經學、小學。更著有《周禮軍賦説》、《十七史商榷》、《耕養齋詩文集》、《蛾術篇》等。《清史稿》有傳。

是書爲王氏經學研究代表著作之一，歷三十餘年而成。王氏於其自序中言及是編命名緣由："名曰'後案'者，言最後所存之案也。"王氏尊崇漢學，篤信鄭説，直陳著書意旨曰："《尚書後案》何爲作也？所以發揮鄭氏康成一家之學也。"王氏遍觀群書，搜羅鄭注，若鄭注殘缺、亡佚，則取馬融、王肅傳疏益之，後附案語以釋鄭義，凡馬、王傳疏異於鄭氏者，則"條析其非，折中於鄭氏"。文中凡引先儒之説，均注明出處，條理甚明，此爲其長處。然經學大師孫星衍、江聲等皆以爲其論説過於拘泥鄭義，釋義時有失偏頗，因而多爲世人所詬病。梁啓超《中國近三百年學術史》亦認爲王氏所輯鄭注摻雜僞傳，又未載《史記》與《尚書大傳》異説。是書於三十卷末附《後辨》一卷，專門考辨《尚書》二十五篇，以爲晚書二十五篇均爲僞書，且僞《古文尚書》與孔安國書傳當出自王肅或皇甫謐之手。《皇清經解》收入是書。

此本據華東師範大學圖書館藏清乾隆四十五年禮堂刻本影印。（馬士遠）

### 尚書義考二卷　（清）戴震撰　（第45冊）

戴震（1724—1777），字慎修，號東原，休寧（今安徽休寧）人。乾隆時特招入館任《四庫全書》纂修官，並賜同進士出身，授翰林院庶吉士。師從江永，有弟子段玉裁、王念孫、孔廣森。更著有《考工記圖》、《深衣解》、《孟子字義疏證》、《毛鄭詩考正》等。《清史稿》有傳。

是書卷首列本書義例，詳陳其體例及注文取捨。書内所引與今注疏本異者皆從宋本校正,各書所引歐陽、大小夏侯氏之説及賈、馬、鄭之注,詳略必載。然宋以來之鑿空衍説則舉不勝舉,故嚴加删汰,不復盡收。是書意在發明經意,故仿許慎《五經異義》之意,對於數義各異者,則按其先後爲次,後加案語,或折中諸家以明去取,或先儒之説未及則謹慎推敲以得其意。

此本據上海辭書出版社圖書館藏清光緒劉氏刻《聚學軒叢書》本。(馬士遠)

## 尚書協異二卷　(清)戴祖啟撰(第45册)

戴祖啟(1725—1783),字敬咸,別字東田,號未堂,上元(今屬江蘇南京)人。乾隆四十三年(1778)進士,官至國子監學正。後主關中書院。篤志經學,以宋儒爲宗。更著有《尚書涉傳》、《師華山房文集》等。《清史稿》有傳。

是書凡二卷。卷首《序説》云其嘗參見他經傳子史及諸古注家引書考,由此知伏生所授不大異於今所行之五十八篇中之三十三篇。故"竊簡唐本先爲協異,以明古今文字小異而不失大同。然後識經文之有所定,既乃略説其指趣,命曰'涉傳'"。故是書著力於考校經文之異同。戴氏另著有《尚書涉傳》十六卷,探尋《尚書》經意。是書取伏生今文二十八篇,且將《康王之誥》合於《顧命》之内,仿《儀禮疏》之家法,"擇義勝者著於經,其所不從者疊見於注","參取漢司馬、班、許、馬、鄭諸家,更校文字一二",兼考衆説,斷以己意。如今本《舜典》"僉曰益哉",戴氏入《堯典》引《史記·五帝本紀》作"皆曰益可",引馬、鄭、王注作"禹曰益哉",與孔疏亦引三家注同。戴氏以此認爲"《史記》愈於三家本",又可證孔疏。江瀚謂是書有折衷而非漫無抉擇之作。

此本據南京圖書館藏清嘉慶元年田畿資敬堂刻本影印。(馬士遠)

## 尚書質疑二卷　(清)趙佑撰(第45册)

趙佑(1727—1800),字啟人,號鹿泉,仁和(今屬浙江杭州)人。乾隆十七年(1752)進士,改庶吉士,授翰林院編修,官至都察院左都御史。歷充主考官,郝懿行、牟庭等人皆受其提拔。工制業及古文。更著有《草木疏校正》、《讀春秋存稿》、《四書温故録》、《清獻堂集》。生平見《清史列傳》卷八〇、《國朝先正事略》卷四二。

趙氏於卷首自序中言其不安於治書之陋且狹,乃"上求諸漢唐……又求諸宋以下,及于御纂則稍稍知所信,而仍不能無疑",故做是篇云云。是編共有説十九篇、釋十五篇、疏三篇、辨五篇、考七篇、議一篇、書後八篇,後又增一篇,共計五十又九篇,析爲上、下兩卷。趙氏篤信《古文尚書》,其論斷多有參見毛奇齡《古文尚書冤詞》之處,對於宋儒朱氏之説則大肆輕壓。趙氏是書不迷信先儒之説,抒發己見,自成一家之言,其闡釋經意亦不乏獨到之處。然是編中亦存偏激之辭,有失治學著書之體,爲後人所詬病。

此本據華東師範大學圖書館藏清乾隆五十二年刻《清獻堂全編》本影印。(馬士遠)

## 古文尚書冤詞補正一卷　(清)周春撰(第45册)

周春(1729—1815),字芚兮,號松靄,晚號黍谷居士,海寧(今浙江海寧)人。乾隆十九年(1754)進士,後授廣西岑溪知縣。師事宋鑒,與王鳴盛同年。更著有《爾雅補正》、《十三經音略》、《西夏書》、《海昌勝覽》等。《清史稿》有傳。

閻若璩著《古文尚書疏證》極言古文尚書之僞,其後宋鑒、王鳴盛、江聲等人亦踵閻氏而排古文,周氏深恐閻、宋、王、江等啟"毀經、廢經之漸",懼其説誑惑學者,遺誤後人,故著是編,意欲崇經衛道。是書凡一卷,卷首有吳騫及周氏序二則,末有周廣業跋。是書篤信毛奇齡之《古文尚書冤詞》,爲之補正,極力辯駁《古文尚書》並非僞書。朱子僅疑孔傳未疑古文,毛氏好詆朱子,遂以疑經之説歸獄朱子。而周氏推崇朱子,乃於篇首爲其辯護。書中於清代徐乾學、顧炎武、方苞、齊召南諸家之論亦有評騭。吳騫於序中贊是書"意見卓而辭理宏,足徵信道之篤"。然古文之僞業已定讞,周氏所論存有偏頗。

此本據國家圖書館分館藏清抄本影印。（馬士遠）

### 尚書考六卷 （清）李榮陛撰 （第45册）

李榮陛,有《周易篇第》等,已著録。

是書六卷,每卷下分篇若干,分别考證論斷《尚書》諸多主要問題,如百篇序、删書説、禹貢輿地説等都加以考證,博引先人之説,後加按語斷以己意。書中多有創見,未桎梏於先儒之見,如卷一《今文篇第考》論證今文《尚書》篇第,言伏生傳《尚書》二十八篇,虞書四、商書五既以代位次,其篇目亦該從之,故"伏生書先《金滕》、《大誥》而後《康誥》、《酒誥》,先《召誥》而後《多方》,先《洛誥》而後《多士》皆失其次"。云《大誥》有二,後《大誥》乃周公命庶殷城東都所作,誥亡而序存,前誥即伐殷之《大誥》,則誥存序亡,二者篇名相同,故亂其次。又如李氏據古文多數篇章較今文三家尤缺、古文逸篇賴今文而明、古文十餘逸篇殘脱仍多等,言古文不如今文完善。是編多有新説,然亦存臆斷之辭。

此本據北京大學圖書館藏清嘉慶二十年亘古齋刻《李厚岡集》本影印。（馬士遠）

### 古文尚書撰異三十二卷 （清）段玉裁撰 （第46册）

段玉裁(1735—1815),字若膺,號茂堂,晚年又號硯北居士、長塘湖居士、僑吳老人,金壇(今江蘇金壇)人。乾隆二十五年(1760)舉人,任國子監教習,官至玉屏、巫山等縣知縣。皖派樸學大師,師事戴震,與錢大昕、邵晉涵、姚鼐等論學。更著有《毛詩故訓傳定本》、《詩經小學》、《周禮漢讀考》、《春秋左氏古經》、《説文解字注》、《六書音均表》。《清史稿》有傳。

是書析《古文尚書》二十九篇爲三十一篇,外加《書序》一篇,凡三十二篇,因篇爲卷,卷一《堯典》含《舜典》,凡三十二卷。卷首有序,歷數《尚書》之七厄：秦之火一也,漢博士之抑古文二也,馬鄭不注古文逸篇三也,魏晉之有僞古文四也,唐《正義》不用馬鄭用僞孔五也,天寶之改字六也,宋開寶之改《釋文》七也。此言提綱挈領,總括出各時期《尚書》聚訟之主要原因,正文論證亦據此列一千餘條,以句爲目,參東漢賈逵之傳説以别今古,糾晉、唐以降學者妄改之處,考源流,正訛誤,釋經意,力求"正晉唐之妄改,存周漢之駁文",意欲還《尚書》之本來面目。其考釋猶重文字,多存可取之處,然亦有妄語,如其對古文之袒護多有欠缺考證不當之處。《皇清經解》收入是書。

此本據華東師範大學圖書館藏清乾隆道光間段氏刻《經韻樓叢書》本影印。（馬士遠）

### 古文尚書辨僞二卷 （清）崔述撰 （第46册）

崔述,有《易卦圖説》等,已著録。

崔氏作《考信録》,對《尚書》之真僞詳加考辨,復作是書溯流窮源,因究作僞之由,提出"六證六駁"：一證孔安國於壁中得《古文尚書》,於二十九篇外復多十六篇,並無得此二十五篇之事;二證東漢以後傳《古文尚書》者皆止二十九篇,並無今書二十五篇;三證僞書所增二十五篇較之馬、鄭舊傳三十一篇文體迴異,當爲後人僞作;四證《史記》引二十九篇甚多,未引今書二十五篇一語;五證《漢書·律曆志》嘗引十六篇之文,不與今書二十五篇相合;六證自東漢至吳晉,未有一人見二十五篇者。一駁"古文、今文分於文字之同異,不分於篇第之多寡";二駁"伏生之今文亦其壁中所藏之書,并無其女口授之事,不得與二十五篇文體互異";三駁班固已斥張霸僞書,"無反以僞書爲古文之理";四駁王莽及章帝時已立孔安國古文於學官,"並未散軼,不容諸儒皆不之見";五駁《晉書》中無《正義》所言古文授受之事;六駁從《論語集解》中可見孔安國、鄭沖皆未見《古文尚書》,梅賾亦未嘗奏上此書。卷二末又附述之弟邁所作《讀僞古文尚書黏籤標記》,録《古文尚書》抄襲之文百餘條。

其間亦言及前人論《尚書》真僞之説,及《堯典》分出《舜典》考辨等問題,頗具條理,自成章法,甚有創見。此書著於崔氏晚年,其雖未見閻氏之《尚書古文疏證》,然其結論却與閻氏有相同之處。

此本據北京大學圖書館藏清道光四年東陽縣署刻本影印。（馬士遠）

**古文尚書條辨五卷**　（清）梁上國撰（第46冊）

梁上國(1748—1815),字斯儀、九山,長樂(今福建長樂)人。乾隆四十年(1775)進士,選庶吉士,官至太常寺卿。精通經學,勤於著述。更著有《駁毛氏大學證文》、《粤西遊記》、《山左遊記》等。《清史稿》有傳。

梁氏以條目形式援引閻若璩《尚書古文疏證》,次列辨正閻氏之論,間或附餘論,意欲糾閻氏之訛誤,補正其文中疏漏,就《尚書》之真僞、篇卷、傳播、釋文等問題展開論述,故名曰"古文尚書條辨"。如閻氏據《漢書》、《後漢書》記載《古文尚書》較今文多出十六篇,而梅賾所獻則增多二十五篇,言梅氏所獻篇數不合,斷定其僞。梁氏辨正以閻氏所論獨援《漢書》,而未及《史記》謂其未溯源流。梁氏篤信《古文尚書》不只多出十六篇,故而不能據此言古文爲僞。梁氏力求補正閻氏之誤,於書中亦不乏創見,然其評價閻氏之言論頗爲不當,有失公允。如言閻氏"數典忘

祖"、"真妄誕之極矣"、"大謬矣"等等。

此本據北京圖書館分館藏清抄本影印。（馬士遠）

**尚書今古文考證七卷**　（清）莊述祖撰（第46冊）

莊述祖(1751—1816),字葆琛,號珍藝先生,武進(今屬江蘇常州)人。乾隆四十五年(1780)進士,累官至桃源同知。常州學派代表人物。更著有《五經小學述》、《説文古籀書證》、《明堂陰陽夏小正經傳考釋》等。《清史稿》有傳。

是書凡七卷,考證經文訛誤及今、古文。是書援引《周禮》、《史記》、馬鄭之説、漢石經、《説文解字》、《正義》等以爲佐證,先書篇名,次引經文,以句爲目,附以辨正,考證内容句首低一格。然考證大多較爲簡略,以羅列各家之言爲主。如考"共工方鳩僝功"一句,僅言:"《説文》:'述,斂聚也。'《虞書》曰:'述僝功。'"僅十餘字,不復多言。

此本據上海辭書出版社圖書館藏清道光十六年刻《珍執宙遺書》本影印。（馬士遠）

**尚書今古文注疏三十卷**　（清）孫星衍撰（第46冊）

孫星衍,有《孫氏周易集解》等,已著録。

是書凡三十卷,書前有孫氏自序,其後有凡例。自序謂援引先儒典籍始於漢魏迄於隋唐,恐滋臆説,故是書舍宋儒之説,又采近代王鳴盛、江聲、段玉裁、王念孫、王引之諸人之《書》説,存其是而去其非,削其煩而增其簡。至於所引經文,則謹依孔穎達《正義》之本,參用《開成石經》即今世列學官循誦之本,唯有前人俱以爲非不得不改之處,從舊本以合二十九篇之數云云。是書引據頗豐,考名物、明地理、釋文字、闡經意,論證頗爲詳實。孫氏於凡例中稱夏、殷、周、魯已有不同於今之處,故言及曆法,則參見《考靈曜》及《淮南·

天文訓》、《史記》之《曆書》與《天官書》、《漢書·律曆志》等引證,不采西法及六朝唐人之說。注《禹貢》之經文,則補江聲之未備,皆以今名釋郡縣名,以便學者檢閱。注疏依從汲古閣之家法:注爲中字,疏爲雙行小字云云。是書爲清人《尚書》研究之總結性著述。故清人皮錫瑞《經學通論》云:"治尚書當先看孫星衍《尚書今古文注疏》。"《皇清經解》收入是書。

此本據華東師範大學圖書館藏清嘉慶二十年孫氏冶城山館刻《平津館叢書》本影印。(馬士遠)

**同文尚書不分卷** （清）牟庭撰 （第 47 册）

牟庭(1759—1832),初名廷相,字陌人,號默人,棲霞(今山東棲霞)人。乾隆四十六年(1781)優貢,曾任觀城訓導,後以病辭官。與訓詁學家郝懿行友好,受阮元賞識。更著有《詩切》、《投壺算草》、《帶縱和數立方算草》等。事跡見《清史列傳》卷六九。

是書研核今、古文,不偏主一家,取《禮記》"書同文"之語。爲牟氏傾力之作,幾經修改,於道光元年(1821)基本成稿,歷四十餘年。是書爲訓釋之作,分節兼采各家之長,訓解經文,其後又以今語敘述。而在經文選擇上,是書不依家法,在訓釋上亦不桎梏於今文、古文一家之成見,而是廣加徵引擇善而從,對於先儒未善之處,則盡數摒棄他說,陳以己見。牟氏此書不用《古文尚書》,僅於伏生所傳二十八篇基礎上,增《康王之誥》,且將《盤庚》析爲三篇,撤除《虞書》之名,亦勘定了部分篇名。

此本據山東省圖書館藏清抄本影印。(馬士遠)

**尚書補疏二卷** （清）焦循撰 （第 48 册）

焦循,有《易章句》等,已著錄。

是書上、下兩卷,卷首《尚書補錄敘》,言晚出二十五篇係僞作,而《堯典》以下二十八篇"固不僞也",故僅釋《堯典》至《秦誓》之經文六十餘條,其注文多爲辯駁鄭氏之說。此書先引《書經》之字句,次引傳文,間於其後加以按語,以"循按"領起,注文出處,悉以雙行小字標出。《敘》中亦詳述是書異於且優於鄭說之處及緣由,如焦氏論《堯典》"曰若稽古帝堯"一句,注文中否定鄭氏釋"稽古"爲"同天"之意,因"稽古"二字亦施於皋陶,皋陶爲人臣,人臣豈可僭天子之稱頌? 若以堯之"稽古"爲"同天",皋陶之"稽古"作別釋,則"文同義異岐出無理"。然原《敘》缺損,《敘》末署名缺失,故不知其著錄者,觀其行文字句,當爲焦氏自序。

此本據復旦大學圖書館藏清道光六年半九書塾刻《焦氏叢書》本影印。(馬士遠)

**尚書序錄一卷** （清）胡秉虔撰 （第 48 册）

胡秉虔,有《卦本圖考》等,已著錄。

是書合《書經序》之字句,分列條目,以雙行小字隨經附注,以"錄曰"領起,多考字句訛誤、缺衍,篇章分合,對其詳加辯駁。其所注釋,大抵摘錄先儒衆説,以孔傳、孔疏、馬氏、鄭氏、陸氏及先儒舊説爲據,相互斧正,融會貫通,有時亦參引王鳴盛《尚書後案》及江聲《尚書集注音疏》之論斷,而後表述己意,引經據典加以補充。如釋"啟知紂必亡而奔周,命爲宋公,爲湯後"一句,先引《正義》云啟"遁於荒野,非去紂即奔周也";次引《左傳》云"許僖公見楚子,面縛銜璧",楚子問之於逢伯,逢伯對曰:"昔武王克殷,微子啟如是";次引《宋世家》,云微子克殷,始歸周也;又《樂記》言"武王克殷,既下車投殷之後於宋,爾時未爲殷後也,不知何爵,此時因舊宋命之爲公,使祀湯耳";次著錄胡氏按語"錄曰:傳之謬,不待言,《左傳》、《世家》所載亦非事實,前人已辨之矣"。胡氏釋文,大抵循此例。

此本據清同治十二年刻《滂喜齋叢書》本影印。（馬士遠）

### 尚書隸古定釋文八卷　（清）李遇孫撰（第48册）

李遇孫（1765—?），字慶伯，號金灡，嘉興（今浙江嘉興）人。嘉慶六年（1801）優貢，官處州府訓導。幼受祖訓，淹貫經史，嗜金石，擅考證。更著有《括蒼金石志》、《天香録》、《金石學録》等。《清史稿》有傳。

李氏因《宋史・藝文志》録有孔安國《隸古文尚書》二卷，而秉持“古文未嘗亡絶”之説，且謂宋薛季宣所作《書古文訓》“亦即是本”。然薛氏僅疏其義而非釋其文字，故李氏作是書加以補正，“悉依薛氏原本注釋”，未將“字書所有古字妄爲竄入”。李氏因《書經》篇目之次第訓釋隸字，於經古文下先注今字，後加證據，先録《説文》，次《汗簡》、《玉篇》、《集韻》等，經史碑碣及諸儒之説有可考鏡者亦必援引，重見之字，不復訓釋。李氏治學，秉持嚴謹之風，恐“今本摹寫失真”、“有不成字體者”，又附《刊訛》於後。

清孫星衍爲之作序，論及《古文尚書》之源流，謂李氏此作“以行世俾《尚書》小學源流大顯於世，亦不朽之業也”。此書將自序、通論、凡例、目録別爲首卷，體例完備，内容指要一覽可知。卷末有跋，題“壬戌三月永觀堂記”。

此本據國家圖書館藏清嘉慶九年寧儉堂刻本影印。（馬士遠）

### 尚書證義二十八卷　（清）周用錫撰（第48册）

周用錫（?—1817），字晉園，平湖（今浙江平湖）人。乾隆六十年（1795）副榜貢生，歷任兩淮板浦、豐利鹽場大使。更著有《公穀正義》。生平見《當湖文繫初編》、《平湖縣志》。

周氏《自序》中言清朝閻氏、惠氏、宋氏考辨《尚書》“皆抉剔僞古文之采掇補綴未嘗即二十八篇而討論其奥義”。王鳴盛作《尚書後案》、江聲作《尚書音疏》爲“鄭氏功臣”，然江氏“改從籀篆而失之略”、王氏“辯駁孔傳而失之繁”，故周氏作是書，旨在補前人之有無，發先儒所未發。

是書釋前聖之言，薈萃諸説，衆考群集，又不拘泥於先儒之論，“貫穿群言折中經旨”，於“異同得失亦不置辨”，如釋“曰若稽古”一句不迷信鄭説，《康誥》錯簡則取蘇氏之説，蓋其注文大抵如是。書中句讀皆以孔傳爲正，如有不從孔氏者，悉以注明，凡援引馬、鄭之説皆於後案標明。浙江督學使者山陽汪廷珍序稱其“推聲音文字之原，究古今假借之變，言必有物，義必師古”。

此本據浙江省圖書館藏清嘉慶友伏齋刻本影印。（馬士遠）

### 尚書今古文集解三十卷　（清）劉逢禄撰（第48册）

劉逢禄，有《虞氏易言補》等，已著録。

是書彙集今古文訓注，爲述劉氏舅父莊述祖一家之學而作。莊氏子循博卒於旅寓，劉氏啟其行篋而得莊氏所作《書序説義》一卷、《尚書授讀》一卷，劉氏感其説多有創見，故“推舅氏未竟之志，綴爲是編”。是書隨經附注，重正字，於經文之下審其音釋，別其字句，考其衍文脱文，析其同異；博徵古義，釋文多援引馬、鄭、王注。先儒所注之“差謬過甚”者，悉爲其釐正；祛門户之見，不因人而廢言，集衆思廣公益；注文崇《正義》，對諸家之説“詳載博辨，體同考索”；至於述其師外祖父莊存與、舅氏莊述祖之説，凡聞自其師者皆别出，“獨下己意者，以謹案别之”。是書依今文，斥古文，然其所述亦多有可取之處。

此本據清光緒十四年南菁書院刻《皇清經解續編》本影印，各編下題“武進劉逢禄申受著”、“南菁書院”，各卷末皆題“仁和邵順穎、

桐城姚永樸校”，卷首録劉氏自序，言明著書意旨及凡例。後附劉葆楨、劉翰藻撰校勘記一卷。（馬士遠）

### 書序述聞一卷　（清）劉逢禄撰　（第48册）

劉逢禄，有《虞氏易言補》等，已著録。

是書爲《書序》作注，重在辯駁今古文之家法，劉氏秉承今文經學，不信古文，貶斥古文之謬誤、迂腐，以嚴今文家法。劉氏師承其外祖父莊存與、舅氏莊述祖，故其著作多襲莊氏之説，蓋是編爲述其聞於莊氏之作，間下己意而成，故謂之“述聞”。是編於祭祀、年代、曆法、篇章分合、帝王承襲等加以考證，其所論亦含精核者，如卷首駁《爾雅》“夏曰歲，商曰祀，周曰年，唐虞曰載”及李巡注“各自紀事，唐虞三代示不相襲也”，劉氏援引《禹貢》、《洪範》、《金縢》、《洛誥》等篇章爲據，謂“商曰祀”、“虞亦稱祀”、“商稱年”、“夏亦稱年”，故“足語唐虞三代之通義哉”。然其考定亦有過於拘泥者，失之臆斷而别無確證。劉氏凡引其師説，悉以别出，謂“莊先生曰”云云；獨下己意者，亦標明文中，謂“謹案”某某。

此本據清光緒十四年南菁書院刻《皇清經解續編》本影印。（馬士遠）

### 尚書略説二卷　（清）宋翔鳳撰　（第48册）

宋翔鳳，有《周易考異》等，已著録。

是書凡二卷，考辨宗族、天文、禮制、四時、郡縣之屬，其考訂釐正博引古籍，古籍有未善者，則以己意解之。宋氏治經多本西漢今文經學，是書亦多援引今文家之説以明經義，如訓“九族”一詞，引《白虎通·宗族篇》於前，次云“翔鳳謹案：今文家皆以九族兼外親言，《書》歐陽、夏侯，《儀禮》並今文也”，又引《儀禮·喪服》云云。宋氏之學承襲其舅父莊述祖，重名物訓詁，通微言大義，是書亦有體現。宋氏解經多存異説，如其謂“伯夷封許，故曰

許由”，篤信伯夷、許由爲一人。然其新説亦存臆斷穿鑿之嫌，此爲其治經之失。

此本據清光緒十四年南菁書院刻《皇清經解續編》本影印。（馬士遠）

### 尚書譜一卷　（清）宋翔鳳撰　（第48册）

宋翔鳳，有《周易考異》等，已著録。

是書以爲《書經》皆孔子所撰集，故《論衡·書虛篇》所言“欽明文思”以下皆爲孔子之言。是書列《虞夏書》二十篇、《商書》四十篇、《周書》四十篇之篇目，以圖表示今古文篇章之有無，次引古説，論篇章之分合、通字句之有無、辨篇章之由來，而以案語折衷己意。如宋氏據孔子《書序》但言作“大禹皋陶謨”，不言作“大禹謨”、“皋陶謨”，而斷言“禹、皋之謨同在一篇中也”，由此又言“孔子序書有數篇合爲一篇者，如《堯典》、《舜典》及《大禹皋陶謨》、《益稷》是也；有一篇分爲數篇者，如《盤庚》、《大誓》是也”。又如宋氏考“余一人有罪無以萬夫，萬夫有罪在余一人”一句，徵引《墨子·兼愛》、《吕氏春秋·順民》之論，駁韋昭、孔安國之言，以爲“《周語》、《墨子》之《湯誓》乃因旱禱天之誓，非伐桀之誓”。宋氏所論，大抵若此。

此書據清光緒十四年南菁書院刻《皇清經解續編》本影印。（馬士遠）

### 尚書集解三十卷　（清）卞斌撰　（第48册）

卞斌，有《周易通解》等，已著録。

所謂“集解”者，集衆儒解經之言也，是書刺取伏生傳、孔氏古文説，本諸馬、鄭諸家之論，又附以《史記》、《説文》、《白虎通》之屬以爲旁證，先儒之言有不妥或不足者，則以按語加以駁正、補充。卞氏注經之取捨，於卷末《尚書敘説》自述甚明，是書沿襲漢代師説《書經》二十九篇，合《書序》一篇，凡三十卷之舊説，謹以經文次第標列。然其中

《太誓》篇未能采其原書,故"姑從近人補葺者"錄之。其注文"稍分今文古文,兼及異文,識其小,拾其缺",如論及《皋陶謨》,於其下注"皋陶,古文作咎繇",以明今古文之異同。其徵引立論,條理甚明。卞氏擅校勘考證,《說文》之學尤爲精專,是書亦有體現。

此本據上海圖書館藏稿本影印。(馬士遠)

**書古微十二卷**  (清)魏源撰(第48冊)

魏源(1794—1857),原名遠達,字默深,又字墨生、漢士,邵陽(今湖南邵陽)人。道光二十五年(1845)進士,官高郵知州,晚年棄官歸隱。早歲習陽明心學,後隨劉逢祿治公羊今文之學,重經世致用,倡師夷長技以制夷。更著有《詩古微》、《元史新編》、《海國圖志》等。《清史稿》有傳。

魏氏於清道光初年始作是書,成稿於咸豐五年(1855),爲今文經學之力作。魏氏於《序》中述及著書緣由:"《書古微》何爲而作也? 所以發明西漢《尚書》今、古文之微言大誼,而闢東漢馬、鄭古文之鑿空無師傳也。"

是書以爲東晉梅氏所獻《古文尚書》及《尚書孔氏傳》皆係僞作,又謂馬傳、鄭注亦非真孔安國之說,略舉其不可信者五端。

魏氏此書亦援引先儒衆說,然其不肯蹈襲前人,多有創見,發前人所未發。書前自序謂旁搜遠紹乃成是書,其得於經者凡四端:一曰補亡,補《舜典》、《九共》、《湯誥》、《泰誓》三篇、《武成》二篇、《牧誓》下篇及補《度邑》、《作雒》爲《周誥》之佚篇。二曰正訛,如正《舜典》、《皋陶謨》"稽古"一詞。三曰稽地,如考禹河、稽江漢。四曰象天,如考《堯典》"璇機玉衡",乃謂"黃道極爲維斗之極","可爲外璇機,亦可爲大玉衡,而非北斗之玉衡"云云。魏氏是編專析兩漢異同,無關於古文者不載。《皇清經解續編》收入是書。

此本據北京大學圖書館藏清光緒四年刻本

影印。(馬士遠)

**尚書啟幪五卷**  (清)黃式三(第48冊)

黃式三,有《易釋》等,已著錄。

黃氏以爲江聲、王鳴盛、段玉裁、孫星衍四君子治《尚書》之學有大功,"收輯漢儒散殘之注,補所未備",其著作相踵而出後,"所謂佶詘聱牙苦於難讀之書,至此文從字順,各識職矣"。故是編依馬融說不錄《泰誓》,取伏生今文經二十八篇,參略江氏《尚書今注音疏》之音韻訓詁、王氏《尚書後案》之地理名物、段氏《古文尚書撰異》之解文釋義、孫氏《尚書今古文注疏》之地理考證,釋文多以此四家爲藍本,而後間下己意。至於四家之說不盡相同而又皆可通者,則並列於書中,先儒見解較爲繁瑣者,則僅舉其要旨,不復贅述。

此本據湖北省圖書館藏清光緒十四年黃氏家塾刻本影印。(馬士遠)

**尚書餘論一卷**  (清)丁晏著(第48冊)

丁晏,有《周易述傳》等,已著錄。

是書前有丁氏自序,謂自清儒臧琳力攻王肅僞作之後,諸多大家學者對其觀點加以附和,王氏作僞已成定論,然清惠棟、王鳴盛等雖頗疑王肅作《尚書》之僞,然其論述皆"未能暢明其恉",故丁氏作是書以申辨之,因繼惠、王、李諸先生之後,因名曰"餘論"云云。丁氏是編多從閻氏《尚書古文疏證》之觀點,據"王肅注書多同孔傳";"古文之排比細弱,勦襲複沓,其爲魏晉間文字";"肅好作僞,以難鄭君,鄭君之學昌明於漢,肅爲古文孔傳,以駕其上,後儒遂誤信";"孔安國祇傳授真古文,未嘗著爲傳也"等斷定《家語後序》及《釋文正義》諸書"係王肅僞作。丁氏觀點符合主流,然其用詞遣句又過於決絕,失之於武斷,有失偏頗。

此本據華東師範大學圖書館藏清咸豐七年刻本影印。(馬士遠)

**今文尚書經説考三十二卷首一卷敘録一卷**

（清）陳喬樅撰（第49册）

陳喬樅（1807—1867），字樸園，一字樹滋，閩縣（今福建福州）人。道光五年（1825）舉人，官至撫州知府。陳壽祺子。以經術飾吏治，居官有聲。好漢學，治經知師法，能修世業，張大其家法。更著有《歐陽夏侯經説考》、《毛詩鄭箋改字説》、《禮記鄭讀考》等。《清史稿》有傳。

是書秉承先人教誨，依今文經學家法、三家之《書》，詳考今文。其所論，雖奉西漢今文經學爲正宗，然亦博采西漢以降馬、鄭及諸子之論説，詳加考證、辯駁，如諸説有未善及未見者，則以己意補之，"析前人所未析"。其卷首自序云："凡所采摭，經史傳注及諸子百家之説，實事以求是，必溯師承；沿流以討源，務隨家法。而參詳考校，則亦有取於馬、鄭之傳注，爲之旁證而引伸之，前後屢更寒暑而後卒業焉。"陳氏此編頗爲詳實明備，旁搜博引，是爲劉逢禄之《尚書今古文集解》、魏源之《書古微》所不能及。然亦有未善及訛誤者，如據荀爽治《尚書》而臆測其子荀悦、荀彧亦然等等。皮錫瑞《經學通論》評價是書最爲公允，言："陳氏博采古説，有功今文，惟其書頗似長編，搜羅多而斷制少，又必引鄭君爲將伯，誤執古説爲今文，以致反疑伏生，違棄初祖。"《皇清經解續編》收入是書。

此本據華東師範大學圖書館藏清刻《左海續集》本影印。（馬士遠）

**尚書傳授同異考一卷**　（清）邵懿辰撰（第50册）

邵懿辰（1810—1861），字位西，仁和（今屬浙江杭州）人。道光十一年（1831）舉人，授内閣中書，後升刑部員外郎。能文章，以名節自厲，於近儒尤慕李光地、方苞之學，文宗桐城派。與曾國藩、梅曾亮、朱次琦等時有往來，探討學問。篤志於學，專治義理、目録學。更著有《尚書通義》、《禮經通論》、《孝經通論》、《增訂四庫簡明目録標注》等。《清史稿》有傳。

是書凡一卷，分"伏生所傳今文"、"僞今文《泰誓》"、"孔安國古文"、"張霸僞撰百兩篇"、"劉歆所造二十四篇僞書"及"杜林古文"六部分，首陳史料，隨文加注，後加案語，斷以己意。如第一部分廣引《史記・儒林傳》、顔師古注《漢書》引衛宏《定古文尚書序》、《漢書・藝文志》、《漢書・儒林傳》、陸德明《經典釋文》、《隋書・經籍志》、洪氏《隸釋》諸史料，述伏生今文傳授系統。

是書前有胡玉縉敘，總結該書之觀點云："此書以伏生今文自有簡策，《大傳》非伏自作，今文《泰誓》及百兩篇爲僞，皆確有根據，以逸十六篇爲劉歆僞造，則本孔疏而小變之，以杜林古文爲非孔壁本，亦足以備一通。"卷後有邵章《後跋》，述是書刊行緣起。

此本據南京圖書館藏民國十八年仁和邵氏刻《半巖廬所著書》本影印。（馬士遠）

**書傳補商十七卷**　（清）戴鈞衡撰（第50册）

戴鈞衡（1814—1855），字存莊，號蓉洲，桐城（今安徽桐城）人。道光二十九年（1849）舉人。矢志通經致用，爲方東樹弟子。更著有《味經山館詩文鈔》、《公車日記》等。《清史稿》有傳。

是書前有《序例》，云："鈞衡治《尚書》盤誥諸篇，先取漢唐以來諸説縷列辨之，既以煩而無當也。""蔡氏本師意折群言以成《集傳》"，"其於古文諸册，辨義晰理，如日中天，無可復議，獨於盤誥諸篇，義奥辭艱，不無失經本恉之處"。戴氏"壹以蔡傳爲之主，差諸家之精當者，參以管見，補伸其義，商榷其謁"。故書名"補商"。

是書凡十七卷，含《盤庚》、《微子》、《金縢》、《大誥》、《康誥》、《酒誥》、《梓材》、《召誥》、《洛誥》、《多士》、《君奭》、《多方》、《立政》、《顧命》、《康王之誥》、《呂刑》諸篇，擇今文中佶曲聱牙之篇而爲之訓釋。首列經文，次引各家注解，後陳戴氏案語，主簡括大義，闡發義理。

此本據北京大學圖書館藏清刻本影印。（馬士遠）

### 尚書曆譜二卷 　（清）成蓉鏡撰 （第50冊）

成蓉鏡，有《周易釋爻例》等，已著錄。

是書凡二卷，列《尚書》商大甲元年、周文王受命元年至文王二十年、成王元年至成王三十六年、康王元年至康王十二年曆譜，首列年份，後列月日，陳各說史料與具體年月之後，隨文加注，再加成氏案語。是書列《尚書》曆譜，直觀陳列《尚書》史料之各說歧解，案語解說詳備，詳述曆年算法。成氏治學講求實事求是，不拘漢、宋門户，是書多從曆法角度考校各說，博綜史料以推算曆年。如"文王受命元年，入甲申統五百九年"一條，先引《史記·周本紀》之史料合考"文王受命"爲受商王之命而非受天命，次論《周本紀》所本皇甫謐《帝王世紀》以文王四十二年歲在鶉火，更爲受命元年，後依《三統曆》推證之，末引《世經》、《逸周書文傳解》之史料以證文王受命元年是歲入甲申人統五百九年。《皇清經解續編》收入是書。

此本據上海圖書館藏清光緒刻《成氏遺書》本影印。（馬士遠）

### 尚書舊疏考正一卷 　（清）劉毓崧撰 （第50冊）

劉毓崧，有《周易舊疏考正》等，已著錄。

是書凡一卷，考證《尚書序》、《堯典》、《舜典》、《皋陶謨》、《禹貢》、《五子之歌》、《胤征》、《帝告釐沃》、《仲虺之誥》、《祖乙》、《高宗肜日》、《泰誓》、《武成》、《洪範》、《歸禾》、《無逸》、《君奭》、《將蒲姑》、《立政》、《周官》、《賄肅慎之命》、《康王之誥》、《畢命》、《呂刑》二十四篇中的三十三條經文，首列經文，次陳孔傳、孔疏等諸家註釋，劉氏考正以案語綴後。王鳴盛有孔疏中之義疏均取自隋朝經學家顧彪、劉焯、劉炫三人之觀點，劉氏是書即本此說，其案語重在考定傳與正義不合之處以證唐人經疏實爲六朝舊疏之說。

劉氏承父志以修六朝舊疏，精於校勘，劉承幹《通義堂文集序》謂其考證能"近俞理初而無其曼衍"，所論多精當。

此本據清光緒十四年南菁書院刻《皇清經解續編》本影印。（馬士遠）

### 虞書命羲和章解一卷 　（清）曾釗撰 （第50冊）

曾釗，有《周易虞氏義箋》等，已著錄。

是書前有曾氏跋語，述其作書之意，謂《羲和》爲曆學之祖，後世"恒星七政，各有一天"之說、歲差之說、里差之說、定氣之說，"準北極高卑以分晝夜，漏刻多寡"之說皆源於此。而治經者於曆學未詳，術士又不通經，以諸術爲西士創獲。又欲糾戴震"五星爲唐虞所未及測"之疏，故"於六職之分、四宅之地、因夷之解、古今紛如者，亦以己意，刺取古義，爲之注，並爲之疏。"是書凡一卷，考辯《尚書》天文曆法之問題，多有精當之論。書後伍崇曜跋稱其所論極爲明快，"知治經者畏曆學難明，特舉其易明者引之，以進於曆學"，可謂博學之善教。

此本據華東師範大學圖書館藏清同治二年伍氏粵雅堂刻《嶺南遺書》本影印。（馬士遠）

### 達齋書説一卷 　（清）俞樾撰 （第50冊）

俞樾，有《艮宦易説》等，已著錄。

達齋爲俞氏書齋名，以此題篇。是書凡一卷，列"曰若稽古帝堯"、"乃命羲和"、"輯五瑞既月乃日覲四岳群牧班瑞于群后"、"東迤北會于匯"、"大戰于甘乃召六卿"、"用罪伐厥死用德彰厥善"、"予念我先神后之勞爾先"、"汝有戕則在乃心"、"周人乘黎"、"微子若曰父師少師"、"武王既勝殷邦諸侯班宗彝"、"武王崩三監及淮夷叛"、"召公爲保周公爲師相成王爲左右召公不説周公作君奭"、"伯相命士須材"、"臣妾逋逃"、"吕命穆王訓夏贖刑"、"伯父伯兄仲叔季弟幼子童孫"十七條經文，融通各家之説，重在訓釋字義。如"乃命羲和"一條，俞氏以爲孔傳所云"羲和"爲"羲仲、羲叔、和仲、和叔"與馬鄭以"羲和"爲天地之官者，二説不同而皆非，"羲和"當爲一職，與"羲仲"、"羲叔"、"和仲"、"和叔"共爲堯之五吏。凡此種種，皆重訓詁，考證精審，所論平實。

此本據浙江圖書館藏清光緒二十五年刻《春在堂全書・曲園雜纂》本影印。（馬士遠）

### 龍岡山人古文尚書四種　（清）洪良品撰（第50冊）

洪良品（1827—1896），字敘澄，號右臣，別號龍岡山人，黃岡（今屬湖北武漢）人。同治七年（1868）進士，歷任翰林院編修、户科給事中等職，熱心時政，在中法和中日戰爭中積極主戰，建言頗豐。從政之餘，更從事著述，在古文《尚書》考辨、湖北地方志編修等方面均有建樹。更著有《龍岡山人詩文鈔》、《經説徵是》、《古今稱謂考》等。事跡見《碑傳集補》卷一〇、《宣統湖北通志》卷一五二。

《龍岡山人古文尚書四種》包括《古文尚書辨惑》、《古文尚書釋難》、《古文尚書析疑》及《古文尚書尚是》。

是書前有潘祖蔭、傅雲龍二序及洪氏自序。傅序云"疑今文兼疑古文始吳棫而朱子繼之，然未僞之也。吳澄以收拾無遺，首發難端，梅鷟指爲蒐竊，閻、惠諸人遂斷爲采輯"；《辨惑》卷前饒登逵跋云"僞古文之説惑人也甚矣，毛氏大聲呼冤而冤莫白，張氏、王氏繼之而書莫顯"，洪氏遂復起而辨之。洪氏自序稱古文必不可僞者有三：其一曰事理不可僞；其一曰道理不可僞；其一曰文理不可僞。

《辨惑》凡十八卷，前有《凡例》、饒登逵跋。

《凡例》列攻古文之異説，洪氏特爲之辨乃成是書。卷一卷二考辨尚書今古文流傳本末、卷三考辨論説解、卷四考攻古文尚書各家書目、卷五至卷十一辨諸家古文尚書各條、卷十二爲十四家論辨、卷十三至卷十六附録四家著述書後、卷十七爲《古文尚書或問》、卷十八爲《古文尚書餘論》。卷後有王裕宸《後跋》。洪氏是書搜羅往籍，採擇群言，不拘門户，折衷至當。

《釋難》上下二卷，條列洪氏與其友人諍論之説。對洪氏《辨惑》一書，其友人頗有違言，常與之辯，故洪氏條列諸難而詳爲之辨，駁友之難以證其古文不僞之論。卷前有洪氏自序。

《析疑》凡一卷，前有劉嶽雲序及洪氏自序，卷後有《書諸儒論古文尚書後寄某孝廉》。是書爲洪氏因世之疑古文者多人云亦云，故而析其疑非所疑，再申古文《尚書》非僞之論。

《商是》一卷，著録洪氏與其友商論古文真僞書信二十篇。洪氏以爲古文作僞一説是非無中立，故與其友往復商論，以期定於一是。卷前有洪氏自序。

此本據北京大學圖書館藏清光緒十四年鉛印本影印。（馬士遠）

### 尚書講義一卷　（清）黃以周撰（第50冊）

黃以周，有《周易注疏賸本》等，已著録。

是書一卷，爲黃氏之子家辰、家岱述黃氏口授之言，凡二十三篇，分別爲《堯典》、《堯典二》、《大禹謨》、《皋陶謨》、《皋陶謨二》、《禹貢》、《甘誓》、《五子之歌》、《湯誓》、《仲虺之誥》、《伊訓太甲咸有一德説命》、《太甲》、《盤庚》、《高宗肜日》、《西伯戡黎》、《微子》、《金縢》、《大誥》、《康誥》、《洛誥》、《洛誥二》、《君奭》、《立政》。黃氏治學不拘門户，博綜群言，兼宗漢鄭宋朱。是書不分今、古，簡括大義。卷端分別有黃以恭、黃家岱序，卷末有黃氏《儆孫嬰藝軒諸書題辭》。

**尚書故三卷** （清）吳汝綸撰 （第 50 冊）

吳汝綸，有《易說》等，已著錄。

是書凡三卷，輯今文《尚書》二十八篇及《書序》一篇，加五十八篇目，附錄《夏小正私箋》。首列經文，次陳各家註釋，後爲吳氏案語。如卷一《皋陶謨》“欽四鄰”條，《史記》“敬四輔臣”，《大傳》“古者天子必有四鄰，前曰疑，後曰丞，左曰輔，右曰弼”。吳氏案語列《淮南·精神篇》、《易象傳》、《幽通賦》中鄰爲輔義之例。

吳氏師從曾國藩，承其精於訓詁之法，治學講究博求慎取，窮其原委。是書兼采漢宋，廣引《大傳》、《說文》、《史》、《漢》、馬、鄭及金履祥、惠棟、臧琳、江聲、戴震、錢大昕、孫星衍諸說，融通群言，重在訓釋詞義。吳氏治經得於《史記》者尤深，故是書訓釋尤重《史記》。

此本據華東師範大學圖書館藏清光緒三十年王恩綬等刻《桐城吳先生全集》本影印。（馬士遠）

**尚書微一卷** （清）劉光蕡撰 （第 51 冊）

劉光蕡（1843—1903），字煥唐，號古愚，晚號瞽叟，咸陽（今陝西咸陽）人。光緒元年（1875）舉人，後會試不進，遂潛心教育。歷任味經書院山長、崇實書院主講。更著有《大學古義》、《孝經本義》、《論語時習錄》、《煙霞草堂遺書》等。事跡見《劉古愚年譜》。

是書一卷，闡發其對《尚書》中《西伯戡黎》、《微子》、《牧誓》、《洪範》、《金縢》、《大誥》、《康誥》、《酒誥》、《梓材》、《召誥》十篇中的百一十餘條經文的研究心得，考證詳實，論述精當，頗有創見。

卷末段維趌跋云是書“《洪範》、《梓材》暨《康誥》、《召誥》，考證皆詳，而《金縢》一篇，引《逸周書》‘武王有疾，以位讓周公事’，謂‘周公之

禱爲天下之民，非爲武王一身’云云，批隙導窾，尤足發前人所未發”，贊劉氏此書融通馬、鄭經解與崔、蔡文章，“其辭奧，其旨遠”。

此本據華東師範大學圖書館藏民國十二年刻《煙霞草堂遺書續刻》本影印。（馬士遠）

**尚書駢枝一卷** （清）孫詒讓撰 （第 51 冊）

孫詒讓（1848—1908），幼名效洙，又名德涵，字仲容，別號籀廎，瑞安（今浙江瑞安）人。同治六年（1867）舉人，五應會試不中。官刑部主事，旋歸不復出，專攻學術。晚年出任溫州府中學堂、溫州師範學堂總理，又被公推爲浙江教育會會長。受維新思想影響，治學講求經世致用，在經學、諸子學、文字學、考據學、校勘學等方面均卓有成就。更著有《周禮正義》、《大戴禮記斠補》、《古籀餘論》、《墨子閒詁》、《溫州經籍志》等。《清史稿》有傳。

是書前有孫氏自序，謂少治《書》，苦於商周命誥不能盡通，逮依段、王義例以正其讀，則大致文從字順，乃知昔之增益傅到以爲釋，而綴粢晦澀仍不可解者，皆不通雅辭之蔽。乃擇《尚書》中與昔儒殊異者七十餘條，別寫存之，編成是書云云。“駢枝”者，語出《莊子·駢拇》，言多餘無用之意，是書“約舉古文辭之要略”，“藉文字句讀以進求古經之大義”。是書融通舊說，重在訓詁，對昔之歧見臆斷，能辨其誤漏，發明新義，訓釋精審。孫氏又精於金石，其據金文考校文字，亦有創見。如據古鐘鼎款識“文”皆作“𤔲”（悆），與“寧”絕似，推斷《大誥》“寧王”、“寧武”當爲“文王”、“文武”之訛。

此本據華東師範大學圖書館藏民國十八年燕京大學鉛印本影印。（馬士遠）

**尚書古文疏證辨正一卷** （清）皮錫瑞撰（第 51 冊）

皮錫瑞（1850—1908），字鹿門，一字麓云，善

化(今屬湖南長沙)人。因景仰西漢伏勝之治《尚書》,署所居名"師伏堂",學者因稱之"師伏先生"。光緒八年(1882)舉人。三應會試未中,遂潛心著書講學。博覽群書,創通大義,今文經學造詣頗深。更著有《尚書大傳疏證》、《尚書中候疏證》、《王制箋》、《師伏堂叢書》、《師伏堂筆記》、《師伏堂日記》等。事跡見《皮鹿門年譜》。

是書向有重名,治《尚書》者奉爲圭臬,然皮氏以爲閻若璩《疏證》未明古今文家法,且多引宋人臆説,詆斥古義,頗有疏誤。有鑑於閻氏"能辨《古文孔傳》之僞,未識今文《尚書》之真",皮氏取《疏證》而加以辨正。丁晏《尚書餘論》已辨正數條,皮氏具列之而廣其未備,對義有未安者加以籤記。是書凡七十八辨,成一卷,對閻氏之書,或匡正其誤,或增益其説,論證精當,多有創解。然因皮氏崇尚西漢今文學家伏生之立場,是書不免流露出推漢斥宋、宗今抑古之傾向。

此本據湖北省圖書館藏清光緒二十三年思賢講舍刻本影印。(馬士遠)

### 今文尚書考證三十卷　(清)皮錫瑞撰(第51冊)

皮錫瑞,有《尚書古文疏證辨正》,已著録。

皮氏治《書》崇今斥古,推漢抑宋。是書凡三十卷,《今文尚書》二十九篇各爲一卷,末加書序一卷。卷首有王先謙序及《凡例》。《凡例》稱司馬遷《史記》列《尚書》之文,爲守歐陽生今文之法,又受教於孔安國,得古文之傳,故以《史記》今、古文皆備。乃宗伏生《大傳》與司馬遷《史記》,纂輯經説,考定是非,發明經義,仿孫星衍《尚書今古文注疏》體例,經字改從今文,正文用通行本,小字分注今文云云。是書徵引詳核,考證精審,多有信而可徵之論。王先謙序稱"條理今文,詳密精審,兼諸大儒之長而去其蔽,後之治今文者得是編爲前導可不迷於所往"。

此本據華東師範大學圖書館藏清光緒二十三年刻《師伏堂叢書》本影印。(馬士遠)

### 尚書箋三十卷　(清)王闓運撰(第51冊)

王闓運,有《周易説》等,已著録。

是書凡三十卷,《尚書》二十九篇各爲一卷,末加《書序》一卷。首列《尚書》經文,經文下引經文異字,次陳《尚書大傳》、《史記》、歐陽、大小夏侯及馬、鄭等各家註釋,後加王氏箋釋。卷前附《目録》,分列《尚書》百篇篇目、《大小夏侯章句解故二十九卷目》、《歐陽章句三十一卷目》、《古文經四十六卷目》、《古文經五十七篇目》及《鄭注書三十二篇目》,篇目下或有簡釋。

是書采漢人箋注形式,取宋明考據之方法,兼及古、今,名爲箋釋,實重訓詁,主訓字詞,間及義理。王氏治學承清末今文治《書》矜慎一派之風,徐世昌《晚晴簃詩匯》稱其"主簡括大義,不務旁徵博引"。箋釋簡明,頗有確斷,多有前賢未發之新義。然間以己意定是非,亦不免流於臆斷之嫌。

此本據復旦大學圖書館藏清光緒二十九年刻《湘綺樓全書》本影印。(馬士遠)

### 尚書孔傳參正三十六卷　(清)王先謙撰(第51冊)

王先謙(1842—1917),字益吾,號葵園,長沙(今湖南長沙)人。同治四年(1865)進士,授翰林院庶吉士,曾任國子監祭酒、江蘇學政,主講岳麓、城南書院。博覽古今圖籍,研究各朝典章制度,治學重考據、校勘。更著有《詩三家義集疏》、《釋名疏證補》、《十朝東華録》、《漢書補注》、《荀子集解》等。《清史稿》有傳。

是書前有《序例》,其後爲《書序百篇異同表》,羅列僞古文孔傳、馬鄭古文書疏、《史記》大傳今文、伏生二十九篇及歐陽大小夏侯二十九篇各本篇目之異同。王氏以爲今文經學"厥功甚鉅",而古文經學"功令所布,家傳僮習",亦莫敢廢。且國朝諸儒治《書》"散而無紀,尋繹爲難”，致“學者束髮受《尚書》，垂老而不明真僞、古今之辨”，有鑑於此，故其采孔傳《尚書》經傳原文，附諸考證，成三十六卷，“自《史》、《漢》、《論衡》、《白虎通》諸書迄於熹平石經，可以揮發三家經文者采獲略備，兼輯馬、鄭傳注，旁徵諸家義訓，其有未達，間下己意”，以使“今、古文説炳焉著明”。是書兼取古、今，考證翔實，蒐羅衆説而詳爲參正，皮錫瑞謂是書“詳明精審，最爲善本”。

此本據復旦大學圖書館藏清光緒三十年王氏虛受堂刻本影印。（馬士遠）

### 尚書集注述疏三十五卷附讀書堂答問一卷
簡朝亮撰　（第 52 册）

簡朝亮（1851—1933），字季紀，號竹居，以里簡岸鄉，又稱簡岸先生，順德（今廣東順德）人。師從朱次琦，與康有爲同門，研習經史，治經漢宋兼采，以經通經，以子、史證經。更著有《論語集注補正述疏》、《孝經集注述疏》、《讀書草堂》等。事跡見《簡朝亮年譜》。

是書有簡氏前序及後序。前序詳古文之僞，辨書序之誤，求漢學之是，以明孔子所謂書教者。後序述其集群子之説以證經之志，立論精當，論證詳明。

是書卷一至卷二十九爲《尚書》經二十九卷，卷三十至卷三十二逸文三卷，另有卷首一卷，附録卷末上、下，凡三十五卷。凡要義，於注登之，異文異説之要，於疏存之，注文宜簡，疏文宜詳，其或微引，詳於疏中。簡氏慎擇群言，融會漢宋，所論大體詳備精練，偶有冗繁亦無所傷。書後附簡氏門弟子張子沂編《讀書堂答問》一卷，凡百十一條，俱爲簡氏答問繫乎《尚書》者。

此本據復旦大學圖書館藏清光緒三十三年讀書堂刻本影印。（馬士遠）

### 尚書商誼三卷　王樹柟撰（第 53 册）

王樹柟，有《周易釋貞》等，已著録。

是書凡三卷，前有王氏自序，稱馬、鄭所傳漆書古文雖非孔氏原書，然馬、鄭去古未遠，當時孔氏舊説必猶有存者云云。他批評江聲《尚書集注音疏》“多穿鑿淺陋之説”、孫星衍《尚書今古文疏證》“多抄襲僞孔氏、蔡氏及王、江諸説之舊”的弊病，推崇其友吳汝綸據《史記》以注《尚書》。故是書條記江、孫之失，並參吳氏之書，對經文字句加以闡發辨析，所舉條目涉及《今文尚書》除《甘誓》、《湯誓》、《西伯戡黎》、《金縢》、《費誓》之外的二十五篇（《盤庚》篇分爲上、中、下三篇）。卷三後半部分對《康誥》、《酒誥》、《梓材》、《召誥》、《多方》的成篇時代及《顧命》的受册情況等問題加以辨析，據典爲辨，折衷各家，可備一説。

此本據湖北省圖書館藏清光緒十一年刻本影印。（馬士遠）

### 尚書誼詁八卷　馬其昶撰　陳漢章補注　（第 53 册）

馬其昶，有《重定周易費氏學》等，已著録。

陳漢章（1864—1938），字雲從，號倬雲，又號伯弢，象山（今浙江象山）人。光緒十四年（1888）舉人，後入京師大學堂，曾任北京大學、中央大學教職。治學嚴謹，尤善考據。更著有《綴學堂叢稿初集》、《十三經疏中疏》等。事跡見《民國人物碑傳集》卷六項士元所撰《傳》。

是書前有陳漢章序，稱馬氏與姚永樸同治《書經》，“實事求是，凡詁訓之讀應爾雅者從之，漢學家支離之説弗取也；凡誼訓之勃窒理窟者從之，宋學家剟襲之説弗取也”。是書訓釋經文，博采衆説，陳氏補注增録他説，折衷去取，“惟以經之大誼爲從違”。解經采“漢學家以經證經”之法，“引《儀禮》諸公以證《酒誥》之惟君，引《大戴禮記》歷獄以證《梓材》之歷人，引《春秋繁露》四十慎以證《立政》之庶慎”，微言大義，多有創説。

卷首列《今文尚書源流》及《古文尚書源

流》,卷一收《虞書》兩篇、卷二録《夏書》兩篇、卷三收《商書》五篇,卷四至卷七録《周書》十九篇,卷八釋《大禹謨》、《五子之歌》、《胤征》、《仲虺之誥》個別字句,未録原文。陳氏部分批校寫於紙簽,此本悉檢出附與卷末,並以序號標明原批校處之位置。

此本據中國科學院圖書館藏稿本影印。（馬士遠）

### 尚書誼略二十八卷敍録一卷　姚永樸撰（第 53 册）

姚永樸（1861—1939）,字仲實,晚號蜕私老人,桐城（今安徽桐城）人。光緒二十年（1894）舉人,曾任清史館纂修、北京大學文科教授等職。爲馬其昶内弟。治經會通衆説,爲文質樸平實,爲桐城派晚期代表。更著有《群經考略》、《十三經要述》、《諸子考略》等。事跡見《桐城文學淵源考》卷一〇。

是書二十八卷分載《今文尚書》二十八篇,敍録一卷,廣録衆説。姚氏緊承桐城之法,不囿一家,漢、宋皆采,且多録桐城派方苞、姚鼐、吳汝綸、馬其昶等人之説,博稽約取,所論平允,偶有新解。如卷四《甘誓》題下列序、《史記》、鄭、馬、孔、孫星衍諸説以論《甘誓》之成篇;卷一二《金縢》“公乃自以爲功”下列孫星衍“自以爲功,以身爲質”、王“與神約誓”之説,所論平實。如《敍録》中“右論古文尚書可疑”、“右論古文《尚書》當信”、“右古文尚書折中之論”等篇,例證詳實,言辭平和。

此本據上海辭書出版社圖書館藏清光緒三十一年刻《集虚草堂叢書·甲集》本影印。（馬士遠）

### 古文尚書鄭氏注箋釋四十卷　曹元弼撰（第 53—54 册）

曹元弼（1867—1953）,字谷孫,又字師鄭,一字懿齋,號叔彦,晚號復禮老人,又號新羅仙吏,吳縣（今屬江蘇蘇州）人。光緒二十一年（1895）進士,官太史、翰林院編修,後任廣雅書局總校、兩湖書院主講、存古堂總教等職。長於經學,與兄曹元忠俱爲藏書家。更著有《禮經校釋》、《禮經學》、《孝經學》、《周易鄭氏注箋釋》、《大學通義》、《周易學》等。事跡見《民國人物碑傳集》卷七王大隆所撰《行狀》。

曹氏是書分四十卷,對《古文尚書鄭氏注》三十四篇序一篇進行箋釋,首有敍録一卷,後加逸文一卷。《條例》云“鄭注融會《大傳》、《史記》,折中精當”,故曹氏治《書》以孫星衍《古文尚書馬鄭注》、袁鈞《鄭氏佚書》爲本,損益別裁之意隨文注明。“經文字句一依唐石經,參以《釋文》注疏善本”,與鄭本有異文者悉取鄭本,而以異文著於紙簽,於釋語中詳爲申辯,不輕改經文。鄭氏治《書》依古文作注,而訓義兼包今古文各家,曹氏所治鄭注本,亦是融會經文,去取衆説,折衷己義,合校細推以求其本真,反復考證以正其積誤。

此本據復旦大學圖書館藏稿本影印。寫於紙簽上的批校悉數檢出附於卷末,以序號標明原書批校位置。（馬士遠）

### 禹貢圖説一卷　（明）鄭曉撰（第 54 册）

鄭曉（1499—1566）,字窒甫,號澹泉翁,謚號端簡,海鹽（今浙江海鹽）人。嘉靖二年（1523）進士,累官至刑部尚書。更著有《禹貢要注》、《吾學編》等。《明史》有傳。

是書分《禹貢圖》與《禹貢説》兩部分。凡圖二十有四,包括總圖一幅、九州分圖九幅及導水圖十四幅。圖内間有考辨之辭。如《徐州疆界圖》中標有“羽山”,而於圖白處注有“此別一羽山,非舜殛鯀者,殛鯀之羽山在登州府蓬萊縣”。圖後旁綴有説,後列《禹貢》全文,逐句進行闡發。其説論述詳備,不乏精審之論,《四庫全書總目》云“其中精核可從者,胡渭《禹貢錐指》每徵引之”。然鄭氏是書所解亦多疏漏舛訛之説,故徵引時當慎加考辨。説後列《九州土色性歌》、《包篚歌》、《貢道歌》、《九州算田法》、《九州算賦法》等押韻小詩。卷末列《禹貢九州總歌》。

此本據上海圖書館藏明刻項皋謨校本影印。(馬士遠)

### 禹貢要注一卷　(明)鄭曉撰　(第54册)

鄭曉,有《禹貢圖説》等,已著録。

是書前有海寧祝逢源序,云:"歲癸未於藏書家得明代鄭澹泉先生要註一册,條分縷晰,易於循覽,蓋取宋代諸書而櫽括其大旨焉。讀《禹貢》者以是書爲筌蹄也可。"序後載《禹貢所載隨山濬川之圖》。題名下注"山名作△,水名作囗,地名作囗",隨文標注,便於閱讀。鄭氏此書據南宋蔡沈《書集傳》中《禹貢》篇爲本,采其精要,删其繁蕪,以成此要注。如"冀州"之下,《書集傳》注:"冀州,帝都之地,三面距河。兗河之西,雍河之東,豫河之北。……八州皆言疆界,而冀不言者,以餘州所至可見。晁氏曰:亦所以尊京師,示王者無外之意。"鄭氏注曰:"冀州,帝都之地,又河水所經,故治之獨先,不言疆界者,以餘州所至可見,亦以尊京師,示王者無外之意。"鄭氏是書註釋言簡意賅,簡明易讀。

此本據復旦大學圖書館藏清光緒十年朱氏刻朱墨套印本影印。(馬士遠)

### 禹貢匯疏十二卷圖經二卷神禹別録一卷
(明)茅瑞徵撰　(第54册)

茅瑞徵,生卒年不詳,字伯符,號苔上愚公、澹樸居士,歸安(今浙江湖州)人。萬曆二十九年(1601)進士,歷任泗水知縣、兵部主事,遷郎中,官至南京光禄寺卿。更著有《象胥録》、《澹樸齋集》等。事跡見《四庫全書總目》卷一四《虞書箋》提要、《静志居詩話》卷一六。

是書首列茅氏自序、申紹芳序,接以凡例、考略及目録。序目之後列圖經兩卷,上卷二十四圖,以鄭曉《禹貢圖説》爲原本稍作訂正,如導水圖每圖皆加名稱,《導黑水圖》中考辨之辭略作修訂。下卷二十四圖爲茅氏所增補,輯入京都河源並歷代地圖及當朝漕河總圖。次爲匯疏,將《禹貢》全篇析爲十二卷詳爲注疏,雜取古今,以漢孔氏傳、唐孔穎達疏爲主,兼收蘇長公《書傳》及諸儒引證論著之説,匯爲此書。末列《神禹別録》一卷,多采有關大禹的種種神怪之説。茅氏《自序》云:"讀《禹貢》者詳九州之山川,則可供聚米之畫;習漕渠之歧路,則可商飛輓之宜;察東南之物力,則當念杼軸之空;考甸服之遺制,則當興樹藝之利……"由此可見茅氏之志不在解經,而在借經以論時事。然其匯取諸説,不免流於蕪雜,尤其《別録》一卷,擇諸雜家而談鬼神之事,與解經論事均無益。

此本據北京大學圖書館藏明崇禎刻本影印。(馬士遠)

### 禹貢古今合注五卷圖一卷　(明)夏允彝撰
(第55册)

夏允彝(1596—1645),字彝仲,號瑗公,松江華亭(今屬上海)人。崇禎十年(1637)進士,授長樂知縣。南明弘光時授吏部考功司主事,未就職。清軍南下後從事反清,後投水死。子夏完淳,亦殉國。好古博學,與陳子龍結幾社。更著有《幸存録》等。《明史》有傳。

是書首陳子龍序,次《凡例》,次列圖一卷,凡四十七圖,大體采茅瑞徵《禹貢匯疏》之圖,惟删其《考訂漆沮全圖》、《星野總圖》、《輿地總圖》而增《九州分野》、《禹貢九州與今省直離合圖》二圖。五卷合注博采群書,雜取《水經注》及麗言秀句,旁搜山川奇怪之説。夏氏在《凡例》中稱茅瑞徵《禹貢匯疏》"網羅備具,可爲一代鴻典,但意在博綜,便于稽考不便于誦讀,重復渙散類不能免",而夏氏"融貫其意,使前後成章,閲者心目爲清"。陳子龍序云:"《禹貢》則聖人治天下之書也……今夏子之書，引伸觸類，窮覽史傳，博訪公卿，山水之經郡國之誌無不採，險要之區泉澤之利無不載，探奇攬勝之跡、物產方俗之異無不記，皆附見於經文之下，可謂宏博而核矣。"然夏氏是書雖搜羅萬象，旁徵博引，實則於經文關聯不大，其所用亦同於茅氏《禹貢匯疏》，在借經以證時務。

此本據北京圖書館藏明末刻本影印。（馬士遠）

**禹貢三江考三卷** （清）程瑤田撰（第55冊）

程瑤田（1725—1814），字易田，一字易疇，號讓堂，歙縣（今安徽歙縣）人。乾隆三十五年（1770）舉人，與戴震同師事江永，精通訓詁，學兼漢宋，雖重考證而不廢義理。更著有《溝洫疆理小記》《考工創物小記》《磬折古義》、《通藝錄》、《釋蟲小記》、《釋草小記》等。《清史稿》有傳。

是書凡三卷，考證《禹貢》"三江"之說。其自序云："《禹貢三江考》者，所以別異於諸說三江必分三條水也。"開篇立論，以"凡言某江爲北、某江爲中、某江爲南者，皆非《禹貢》經文之三江"。"三江"之說頗多異解，《水經注》以大江爲北江，分江水爲南江。而後世更將"三江"劈空劃開爲三條水，以納三出三之理而強解之爲北江、中江、南江。此諸附會之說皆有悖經文原意。程氏疑三江"止一江耳"，言"蘇氏以爲三江止一江，其識卓矣"，並詳爲考辨，依經說義，糾諸說之謬，成一家之言。

其及門弟子洪黻言："先生力破二千年來諸家之說，而專涵泳《禹貢》導漢、導江及荊、揚二州諸經文，得其端緒而是正之者也。"程氏工於考據，所論精審，旁究群經，詳辨異同，持論篤實，釋字博徵而入微。《皇清經解》收入是書。

此本據上海師範大學圖書館藏清嘉慶刻《通藝錄》本影印。（馬士遠）

**禹貢鄭注釋二卷** （清）焦循撰（第55冊）

焦循，有《易章句》等，已著錄。

是書分上下兩卷，對班氏、鄭氏關於《禹貢》之說詳加辨析，以《漢書·地理志》與鄭玄注互相參證，折衷立論。是書前有焦氏自序，言班固《漢書·地理志》"采獲舊聞，考跡詩書，推表山川……其所采博，所擇精，漢世地理之書莫此爲善"，而鄭注尊班氏《地理志》，在注經時常據班說，"或明標所自，或陰用其說，間有不合者亦必別據地說等書，明言其所以易之義"。是書"專明班氏鄭氏之學"，"於班曰志，於鄭曰注，而以《水經》、《禹貢》山水地澤所在一篇條列而辨之於末"。汪萊跋云："此書粗視之不過抄撮舊文，蒐羅殘簡，然而釐原流，區真贗，精批導，慎斡旋，若閱者真神不充，則作者內心全隱，萊讀此蓋竭三月之功乃稍稍得其紛緒，彌歎作之之不苟也。"足見焦氏所論之審慎。然焦氏尊班說而不辨其誤，對班氏之誤強爲附會，流於削足適履之弊。

此本據復旦大學圖書館藏清道光八年刻《焦氏叢書》本影印。（馬士遠）

**禹貢說二卷** （清）魏源撰（第55冊）

魏源，有《書古微》等，已著錄。

前有陳澧序，稱魏氏每於某地有疑，常往而觀之，慎而考之，爲學之篤甚矣，故信而可徵云云。是書凡兩卷，上卷凡十五篇，包括《通釋禹貢》、《釋禹貢貢賦》五篇、《釋道山三條四列》、《釋道山北條陽列》兩篇附一篇、《釋道山北條陰列》兩篇、《釋道山南條陽列》、《釋道山南條陰列》一篇附一篇。卷下凡十一篇，包括《釋道山北條河水》、《釋道北條沇水》、《釋道北條弱水黑水》、《釋道南條九江》、《釋道山南條三江》、《釋導南條漢水》、《釋導南條漾沔》、《釋導南條淮水》、《釋江源》、《釋江漢》、《釋雲夢》。

魏氏所釋，每以問提挈，詳加考辨，如《釋

《江源》篇以"問：江有三源，最遠爲繩水，一名黑水，即金沙江，次爲若水，即鴉龍江，又次爲岷江。凡水以最遠爲正源，而《禹貢》敘江源舍遠取近者何?"開篇，後分考黑水、鴉龍江、岷江，繼論《禹貢》敘江舍遠取近之緣由，引《山海經》、《漢志》及當朝奏諭諸材料，所論詳實。

此本據湖北省圖書館藏清同治六年方氏碧瓃瓏館刻本影印。（馬士遠）

### 禹貢集釋三卷附禹貢蔡傳正誤一卷禹貢錐指正誤一卷　（清）丁晏撰（第55冊）

丁晏，有《周易傳》等，已著録。

是書前有丁氏自敘，稱釋《禹貢》者莫善於司馬子長、班孟堅、桑君長三家，酈注擇精語詳，補《水經》所未及，明此數家，於《禹貢》思過半矣。漢鄭君古注僅有存者，許君《説文》亦有古文説，皆卓然古學，此皆《禹貢》之津筏，舍此而欲通《禹貢》，譬猶杭絶流斷港而欲至於海也。胡渭《禹貢錐指》搜采歷代義疏、方志，論辯詳明，爲宋以後注《禹貢》之冠，然《錐指》一書踵謬沿訛，悖古文而逞臆見，致後之學者無所取正，乃博取司馬遷、班固、桑欽、酈道元、鄭玄、許慎諸家之説，以匡胡氏之謬云云。是書經文頂格，低一格録舊注，低二格己説。丁氏治經學以漢儒傳注爲宗，亦不廢宋儒之説，博采古文舊説，兼取漢儒諸家、後代學者之説及相關地理志，録於傳後，材料詳實，便於稽查。附録《禹貢蔡傳正誤》及《禹貢錐指正誤》者，擇其訛誤，群採諸説，斷以己意，而匡正之。《皇清經解》收入《禹貢錐指正誤》。

此本據華東師範大學圖書館藏清同治山陽丁氏六藝堂刻本影印。（馬士遠）

### 禹貢九州今地考二卷　（清）曾廉撰（第55冊）

曾廉（1856—1928），字伯隅，號瓠菴，邵陽（今湖南邵東）人。清光緒二十年（1894）舉人，曾任國子監學正、陝西道員等職，與修《大清會典》。反對新學，政見保守，於戊戌、辛亥皆有攻詰。更著有《元史考訂》、《瓠菴集》等。事跡見《邵東縣志》、《湖南省志》。

是書卷首爲曾氏自序。序後分兩卷詳敘《禹貢》九州，先敘各州水道之源流、分佈狀況及其變遷，後陳各州今地分列，雜取諸説，折衷而論，條理清晰。如在《揚州》篇中，不采"以分江水爲南江則自石城至餘姚中多崇嶺複崗"之擬義，而取魏默深"南江即自震澤分出，由今嘉興達杭州府海寧州入海"之説，並考《漢志》與《史記·封禪書》以證魏説之確。曾氏所論，或采前人之説而考證之，或以己意斷之，然書中不免有牽強之説。卷尾附校勘記四則及校刊姓氏。

此本據湖北省圖書館藏清光緒三十二年刻本影印。（馬士遠）

### 禹貢班義述三卷附一卷　（清）成蓉鏡撰（第55冊）

成蓉鏡，有《周易釋爻例》等，已著録。

是書首有劉文淇序，次成氏自序。劉序稱《史記》以外莫古於《漢書》……《地理》《溝洫志》釋《禹貢》之義……自來解《禹貢》者未曾專述班氏之義，孫氏《尚書今古文注疏》以《史記·夏本紀》與馬鄭之注並列而《漢志》則僅載於疏中，焦氏《禹貢鄭注釋》以《漢志》與鄭注相參究，非以班義爲主，惟同郡成君芙卿所撰《禹貢班義述》全據《地志》，實專門名家之學。於今文、古文之同異莫不縷析條分，即鄭注與班義偶殊者必一一爲之辨證，而班義與經文不合者亦不曲護其非，洵可謂引史證經、實事求是者云云。是書分上、中、下三卷，據《漢志》以考《禹貢》，條古今文之異而詳辨之，去取精當，故多受時人推崇。下卷後附録《漢糜水入尚龍谿考》。卷末成氏自跋敘其成篇緣由。

此本據湖北省圖書館藏清光緒十四年廣雅

書局刻本影印。（馬士遠）

**禹貢説一卷** （清）倪文蔚撰（第 55 册）

倪文蔚（1823—1890），字茂甫，號豹岑，望江（今安徽望江）人。咸豐二年（1852）進士，授翰林院庶吉士，後官至廣西、廣東、河南巡撫，兼河道總督。更著有《荆州萬城堤志》、《兩疆勉齋詩文集》等。事跡見《清史列傳》卷五九。

是書考紛紜聚訟之疑獄，對《禹貢》中彭蠡、雲夢、三江、九江、敷淺原東陵五處久無定論之處進行考辯，博徵群經，斷以己意。《彭蠡篇》據《史記·封禪書》之説而辨蔡傳、桐城姚氏諸説之誤；《雲夢篇》據《周禮·職方》、《爾雅》、《子虚賦》、《史記索隱》、《左傳》等考禹時雲夢之狀，辨宋儒以九江爲雲夢之誤；《三江篇》駁孔、蔡二説之誤，補桐城姚氏、儀徵阮氏二説之未備，敍三江之變遷；《九江篇》廣列《漢志》、《史記》、劉歆、胡渭諸説，考九江之所在，並引《水經》以佐之。《敷淺原東陵篇》據方氏《通雅》、《唐韻》諸材料駁姚郎中"敷淺原當在今之和州、六合間"之不然，而於東陵則取姚氏之解而去阮文達之説。是書博采衆説，去取審慎，論證精練，可備一説。

此本據清光緒十四年南菁書院刻《皇清經解續編》本影印。（馬士遠）

**禹貢鄭氏略例** （清）何秋濤撰（第 55 册）

何秋濤，有《周易爻辰申鄭義》，已著録。

是書首有何氏自敍，云："國初胡東樵氏作《禹貢錐指》謂鄭注閒見義疏及他籍，三江一條足爲祕寶，自是説經家始知重之。乾隆以來，王西莊氏、江艮庭氏、孫淵如氏爲《尚書》今古文之學咸以鄭注爲主，雖互有得失，而於《禹貢》則未能專明其誼。"敍中列鄭注言地理之長者三，次列王氏後案、江氏集注音疏、孫氏注疏三家述鄭之失，何氏因惜鄭學未明，

經旨有舛，特爲《禹貢鄭注略例》一卷，因鄭注已佚，故由諸書中掇拾而成。何氏於諸書中擇鄭之説而歸析其疑滯，成《援》、《地理志疑》、《導山釋義》、《導水釋義》、《改讀正字》、《明書法》、《政令》、《禮制》、《名物》、《附訂誤》諸篇。何氏於鄭注徧觀而詳考之，旁推曲通，拾遺補佚，精於考據，精審可據，成一家之言。

此本據清光緒十四年南菁書院刻《皇清經解續編》本影印。（馬士遠）

**禹貢易知編十二卷** （清）李慎儒撰（第 55 册）

李慎儒（1836—1905），字子鈞，號鴻軒，丹徒（今屬江蘇鎮江）人。清同治三年（1864）舉人，任刑部郎中等職。博聞强識，涉獵廣泛，尤專於地理。更著有《遼史地理志考》、《瀛環新志》、《鴻軒雜著存稿》等。事跡見《民國續丹徒縣志》卷一三。

是書首有李氏自序，次凡例，次目録。自序稱，歷來講《禹貢》諸家，精考據者不免繁冗，究義理者多屬空虚，初學讀之，轉滋茫昧。有鑑於此，特輯此書以便初學，以蔡傳爲宗，而於蔡傳之謬誤皆駁正之。兼收漢宋，審慎去取，書中所論，根據前人之言，其以鄙見論斷處亦皆從前言中尋繹得來，無一自造者云云。是書十二卷，九州各爲一卷，導山一卷，導水上一卷、導水下及總結一卷，每卷末均附補注，務使"繁者簡、空者實"。凡例云："是編專爲質實以示初學，故雖咸豐以來水道之變更者亦載之，而蒙古部落、青海、新疆、回疆、衛藏，其地理爲古人所未知而可以發明禹貢者亦所不遺。"是書所引者，除鄭注、孔傳、孔疏、《漢書·地理志》外，還采胡渭、徐文靖、夏之芳、焦循、丁晏、成蓉鏡、蔣廷錫、王鳴盛等後儒之説。外此，是書還引清代諸地理著作及西洋人所著各書，博徵而慎取。

此本據湖北省圖書館藏清光緒二十五年刻本影印。（馬士遠）

**禹貢本義一卷** （清）楊守敬撰（第55冊）

楊守敬（1839—1915），字惺吾，號鄰蘇，宜都（今屬湖北宜昌）人。同治元年（1862）舉人，曾任駐日大使隨員，後任兩湖書院地理教習、參政院參政等職。治學博通，於版本目錄、金石文字、輿地、經學多有建樹。更著有《歷代輿地圖》、《水經注疏》、《日本訪書志》等。《清史稿》有傳。

楊氏是書凡十三篇，分別對《禹貢》中治梁及岐、恒衛既從、碣石、漾、三江、九江、沱潛既道、涇屬渭汭、大別、衡山、黑水及三危、北過降水、又東至于澧諸問題進行考辯，以今證古，考證精當。如其論漾一篇，列《史記・河渠書》、《漢書・溝洫志》、《漢書・地理志》、《水經注》及桑欽諸說而加以辨析，考歷代漾水之況，問疑於左全孝，終斷以己意。

卷首有楊氏自序，稱是書“依附經傳，無取乎鑿空，折衷群言，不嫌於獨斷”。楊氏博觀群籍，綜覽形勢，廣徵博引，論證精審，沿前人之成果，時斷之以己意。每有疑慮，或親歷而考證，或問之於別家，審慎去取，頗具價值。

此本據南京圖書館藏清光緒三十二年刻本影印。（馬士遠）

**尚書逸湯誓考六卷書後一卷** （清）徐時棟撰（第55冊）

徐時棟（1814—1873），字定宇，一字同叔，號柳泉，又號淡淵、淡齋，別號西湖外史，鄞縣（今屬浙江寧波）人。清道光二十六年（1846）舉人，以輸餉授內閣中書。勤學博覽，治經以先秦遺說爲主，以經學解釋經書。更著有《四明舊志詩文鈔》、《煙嶼樓文集》、《煙嶼樓詩集》等。事跡見《續碑傳集》卷八〇。

是書卷五《敘錄篇》云：“逸湯誓考者，所以考商書禱旱之誓之放佚者也。”徐氏以爲，《湯誓》本有二篇，一爲伐桀之詞，一爲禱旱之誓，今本《尚書》中的《湯誓》爲伐桀之詞，

而先秦經中《論語》，傳中《國語》，子中荀、墨、尸、呂等所引《湯誓》卻鮮涉革夏之事，這些經籍中的引文非今本《湯誓》之佚文，而應是記禱旱之詞的《湯誓》。

是書凡六卷十篇，書後一卷。前有陳繼聰序、董沛序。前四卷以《徵引》、《非伐》、《旱禱》、《稱誓》、《兩同》、《湯說》、《僞誥》、《考證》八篇證其所說，卷五記徐氏自敘與書錄，卷六載《校勘》一篇，王蜺作《書後》一卷。

《湯誓》久佚，舊典殆湮，徒有旁引之辭，莫任補亡之責。徐氏博綜群言，融會漢宋，根據先秦以糾衆難，汎覽曲證，成一家之言。

此本據南京圖書館藏清同治十一年徐氏城西草堂刻本影印。（馬士遠）

**定正洪範集說一卷首一卷** （元）胡一中撰（第55冊）

胡一中，生卒年不詳，字允文，諸暨（今浙江諸暨）人。泰定四年（1327）進士，授紹興路錄事。更著有《童子問序》、《四書集箋》等。事跡見《（萬曆）紹興府志》卷四三。

是書前有胡氏自序及貢師泰序。自序謂，《洪範》一篇，王柏、文及翁、吳澄皆有考定本，所見不同，互有得失。乃在三家考訂本的基礎上各取所長，參以己意，以成是書云云。

是書首一卷列《引用集說諸賢姓氏》、《河圖洛書作範宗旨》、二十八圖圖說及《洪範》經文。《四庫全書總目》書類存目有《定正洪範》二卷，提要謂其所列二十八圖，大抵支離破碎，至於“無偏無黨”亦以五行生克立論，尤爲無理。其以九爲《河圖》，十爲《洛書》，沿用劉牧之說。於彼法之中自生輵轕，猶其小焉者矣。且說既穿鑿，理多窒礙，乃於必不可通者，更遁爲錯簡之說以巧飾其謬。遂割裂舊文，强分經傳，移彼綴此，臆爲顛倒云云。

此本據復旦大學圖書館藏清康熙刻《通志堂經解》本影印。（馬士遠）

**召誥日名考一卷**　（清）李鋭撰（第55册）

李鋭，有《周易虞氏略例》等，已著録。

李鋭師從錢大昕，長於經義，精於天文、曆算。《召誥》開篇"惟二月既望，越六日乙未，王朝步自周，則至於豐"，鄭注云："是時周公居攝五年，二月，三月當爲一月，二月，不云正月者，蓋待治定制禮，乃正言正月故也。"江聲、王鳴盛以爲，據《洛誥》十二月戊辰逆推之，鄭説不核。後世諸説，多異於鄭注。李氏"案鄭君精於步算，此破二月、三月爲一月、二月，以緯候入蔀數推知，上考下驗，一一符合"。李氏由"入蔀三十年"推至"入蔀五十五年"，列干支紀年，記歷年年號與要事，推得及甲申周公居攝五年作《召誥》。其後李氏分列一月、二月每日干支紀日名，一月既望後推六日即爲乙未，而二月則不然。由此而證鄭注"二月三月當爲一月二月"之確。李氏融匯古曆，詳以推算，發明經術，頗具乾嘉之風。

此本據復旦大學圖書館藏清道光間刻思賢講舍本影印。（馬士遠）

**尚書大傳疏證七卷**　（清）皮錫瑞撰（第55册）

皮錫瑞，有《尚書古文疏證辨正》等，已著録。

後儒綴輯《大傳》者，以福州陳壽祺爲最善，然陳輯本亦有訛漏，且無疏解，不便學者誦習。皮氏是書分七卷，對陳氏所輯《尚書大傳》重加釐訂，爲作疏解，"原注列鄭，必析異同"，其中所載名物，亦詳引徵。書前有夏敬莊序及皮氏自序，卷七末附補遺、刊誤。是書廣徵博引，考據詳審，對伏生、鄭注多有發揮。對後儒之説，則多批駁，《自序》有言："近人併伏、鄭爲一談，昧古今之殊旨。西莊之作《後案》，阿鄭實多；樸園之考今文，詆伏尤妄。"

是書"殫精數年，易藁三次"，可謂竭皮氏平生之所學，其《自序》冀此書"扶孔門之微言，具伏學之梗概"，夏敬莊言是書"足以昌

明濟南一家之學"，可謂治《尚書大傳》中不可多得之作。

此本據復旦大學圖書館藏清光緒二十二年刻《師伏堂叢書》本影印。（馬士遠）

**尚書大傳補注七卷**　王闓運撰（第55册）

王闓運，有《周易説》等，已著録。

是書前有王氏自敘，稱《尚書大傳》盧見曾言元時猶存，至明而亡，孫之騄抄撮爲四卷，殘闕殊甚。盧文弨又以孫本所有者爲《補遺》，而自作《續補遺》及《考異》。陳壽祺又兼采孔廣林本爲三卷，自謂詳覈而妄謂《暢訓》爲《略説》，言多專輒。早年曾買得盧氏本《大傳》，改其譌誤，補鄭注之闕略，分爲四篇。晚年又取家本對陳本重加審定，仍爲七卷云云。在《自敘》中，王氏還歷數八十三篇中的七十七篇目，以爲《大傳》"殆可謂無闕矣"。此論斷似無所憑依，未免專斷。是書凡七卷，分列《唐傳》、《虞傳》、《虞夏傳》、《夏傳》、《殷傳》、《周傳》、《略説》上下及《洪範五行傳》，書中補注多確鑿可信，立論嚴謹，考辯詳備。

此本據復旦大學圖書館藏清光緒刻民國十二年彙印《王湘綺先生全集》本影印。（馬士遠）

**尚書中候疏證一卷**　（清）皮錫瑞撰（第55册）

皮錫瑞，有《尚書古文疏證辨正》等，已著録。

是書前有皮氏自序，謂《中候》之文與《書》同出，鄭君之論六藝，以爲孔子定書百篇，百二篇爲《尚書》，十八篇爲《中候》。《尚書》與《中候》本當同源，相爲表裏，《尚書中候》不見於《唐書》，似唐以後已亡佚，清袁鈞輯鄭玄注，並間附考證。是書據袁鈞輯本，參以《玉函》，推原注義，撰爲疏證，明兩漢天人之學，辨一孔目論之非云云。

是書一卷，對《中候》中勅省圖、握河紀、運衡、考河命、題期、立象、儀明、苗興、契握、雒

予命、稷起、我應、雉師謀、合符後、摘雉戒、霸免、準纖哲、覜期十八篇詳加疏證（其中考河命、題期兩篇僅有篇名），先列經文，次列袁氏考證，再陳皮氏疏證。卷末附一篇，列不知何篇之文數條以俟考證。

書中所論，頗多臆説，對於一些無所依據之論，常斷以己意，有失準確，且多流於穿鑿，爲後世所詬病。

此本據復旦大學圖書館藏清光緒二十五年刻《師伏堂叢書》本影印。（馬士遠）

# 詩　類

**毛詩（敦煌殘卷）**　佚名撰　（第 56 册）

此殘卷存法國巴黎國家圖書館，編目爲伯二九七八號。寫本字劣。紙色灰黄，質鬆。每紙十九行至三十二行不等，共存三張半，題曰《毛詩詁訓傳》。自《小雅・節南山之什・小旻》之第四章，至《甫田之什・瞻彼洛矣》之卒章止，所録詩篇爲《小旻》、《小宛》、《小弁》、《巧言》、《何人斯》、《巷伯》、《谷風》、《蓼莪》、《大東》、《四月》、《北山》、《無將大車》、《小明》、《鼓鍾》、《楚茨》、《信南山》、《甫田》、《大田》及《瞻彼洛矣》，凡十有九首。雖題"毛詩詁訓傳"之名，然本文之外，僅具小序，録《傳》之文僅十一處，蓋鈔者信手爲之，非有意取舍。卷中多存古字，與通行注疏本相校，異文至夥。

就篇名而言，《小宛》，寫本作《小菀》，取自詩首句"菀彼鳴鳩"。"宛"、"菀"於義皆妥，然"菀"字似有勝處。就小序而言，《小菀》："大夫刺幽王也。"阮刻作"宣王"，《校勘記》臚列各本，定"幽王"爲正，寫本爲其力證。篇中異文，姜亮夫曾校出一百餘處，如《小旻》"如彼築室於道謀，是用不潰于成"，寫本無"謀"字，於"道"字句絶。《小宛》"明發不寐"，寫本作"寢"；"飲酒温克"，寫本作

"尅"；"庶民采之"，"民"作"人"；"題彼脊令"，"脊令"並從鳥；"宜岸宜獄"，"獄"從山作"嶽"；《小弁》"鞠爲茂草"，"鞠"作"鞫"；"疢如疾首"，"疢"作"疹"；"不罹于裏"，"罹"作"離"，唐石經正同；"君子秉心"，"子"作之"；"析薪扡矣"，"扡"作"杝"，從木，唐石經亦同；"予之佗矣"，"佗"作"他"等。

又，寫本於《蓼莪》脱"南山律律，飄風弗弗"二句，於《小明》脱"嗟爾君子，無恒安處"二句，應係筆誤。卷中"民"字不避，"淵"字缺筆，當作於唐高祖時。

此本據法國國家圖書館藏敦煌西域文獻本影印。（岳書法）

**毛詩音（敦煌殘卷）**　（晉）徐邈撰　（第 56 册）

敦煌卷子本《毛詩音》有二，斯二七二九號爲英藏，伯三三八三號爲法藏，相較而言後者價值更高，也更爲學者所重。伯三三八三號《毛詩音》爲起《毛詩・大雅》之《文王之什・旱麓》至《蕩之什・召旻》共二十七篇詩的音義，計九十六行，存注音條目六百九十三條。卷中泰半注音爲一字一音，亦有一字二音甚至三音者，計有二十一條。

王重民《毛詩音敘録》考定此卷爲東晉徐邈所撰《毛詩音》，並據以定名爲《毛詩音殘卷》（晉徐邈撰）。《隋書・經籍志》注云："梁有《毛詩音》十六卷，徐邈等撰。《毛詩音》二卷，徐邈撰，亡。"《唐志》不著目，而有《鄭玄等諸家音》十五卷，王氏認爲徐邈音就在這十五卷中，《隋志》云亡者，殆謂單本亡也。此殘卷雖僅存九十餘行，而字音已近千條，清馬國翰有是書輯本，纔得二百五十餘條，則其寶貴可知也。早在 1932 年，小島祐馬就撰文考釋，認定非徐邈《毛詩音》，而是《經典釋文》之前某詩音，未能引起重視。劉詩孫亦認爲非徐邈之作，而懷疑爲陸德明《經典釋文》之原本。周祖謨作《唐本毛詩音撰人

考》，否定王、劉之説，推斷殘卷作者爲隋魯世達。潘重規於 1968 年撰《王重民題敦煌卷子徐邈毛詩音新考》一文，對三家説皆不以爲然，而認爲是徐邈以後，《釋文》以前，六朝專家之音。目前來看，該卷作者尚有待進一步考證；然該卷斷爲六朝之作當無疑義，其產生遠在《經典釋文》前，保留了大量《毛詩》古音，又因其注音以反切爲主，所以對《詩經》音義的研究，乃至中古音韻學的研究具有很高的價值。本殘卷在文獻學上也有獨到之處，首先是其字與《釋文》本合，如《大雅·皇矣》"上帝耆之，憎其式廓"，《經典釋文》云："郭，本又作廓。"則陸德明所據本作"郭"，亦見作"廓"之異本。本卷第四行出"式郭"條，存《毛詩》之本字。另，該卷除了注音，尚有三十餘處釋義，所引雖習見之書，也能補載籍之脱誤、輯故書之佚文。此卷"世"字不缺筆，"民"字或缺或否，其他的唐諱都不避，當爲唐初寫本，或在貞觀年間。

此本據法國國家圖書館藏敦煌西域文獻本影印。（岳書法）

## 詩集傳二十卷　（宋）蘇轍撰（第 56 册）

蘇轍（1039—1112），字子由，號潁濱遺老，眉州（今屬四川眉山）人。仁宗嘉祐二年（1057）進士，官至尚書右丞。元豐二年（1079）因"烏臺詩案"貶監筠州鹽酒税，後輾轉各地，徽宗繼位，獲赦。晚年隱居潁水。更著有《欒城集》、《春秋集解》、《孟子解》、《論語拾遺》等。《宋史》有傳。

本書體例，每篇録《詩序》首句，下列《詩經》原文，其間加以簡注，並串講詩句，分析詩旨。按此書《四庫全書》已著録，提要稱其説以《詩》之《小序》反復繁重，類非一人之詞，疑爲毛公之學，衛宏集録，因惟存其發端一言，以下餘文悉從刪汰云云。蘇氏又在卷一總論中云："獨采其可者見於今傳，其尤不可者皆明著其失。"則其於毛氏之學亦不激

不隨，務持其平者。

蘇氏論詩善於從詩篇歷史背景出發，時有精義。如《陳風·墓門》，《毛詩序》云："《墓門》，刺陳佗也。陳佗無良師傅，以至於不義，惡加於萬民焉。"蘇氏則云："桓公之世，陳人知佗之不臣矣，而桓公不能去，以及於亂。是以國人追咎桓公，以爲桓公之智不能及其後，故以《墓門》刺焉。"其説較《毛詩序》更合《詩》之本旨。是書訓詁以毛傳爲主，參以鄭箋，亦不乏己見。如《葛覃》"言告師氏"句，毛、鄭均訓"言"爲"我"，蘇氏則曰："辭也。"《桃夭》"有蕡其實"，毛傳訓"蕡"爲"實貌"，蘇氏曰："蕡，大貌也。"《北門》"王事敦我"，蘇氏訓"敦"爲"敦迫"。此類訓解均較毛、鄭爲優。蘇氏曾作《詩論》以專論《詩經》，其要義爲《詩經》全部作品皆"近於人情"，故應從人情角度理解詩篇。"人情説"爲蘇氏注解《詩經》之指導思想，亦其《詩集傳》所蘊涵各種思想之理論基礎。

此本據國家圖書館藏宋淳熙七年蘇詡筠州公使庫刻本影印，爲二十卷本，與《郡齋讀書志》著録《蘇氏詩解》二十卷、《直齋書録解題》著録《詩解集傳》二十卷合。另明萬曆二十五年畢氏刻和萬曆三十九年顧氏刻焦竑《兩蘇經解》本，卷端題"潁濱先生詩集傳"，計十九卷。《四庫》著録爲十九卷，然提要亦稱二十卷，蓋將二十卷本之十一、十二卷合爲一卷，此恐抄手之誤。（岳書法）

## 放齋詩説四卷首一卷　（宋）曹粹中撰　張壽鏞輯（第 56 册）

曹粹中，生卒年不詳，字純老，號放齋，定海（今屬浙江寧波）人。徽宗宣和六年（1124）進士，除黃州教授。因忤秦檜而隱居，終秦氏之世，未嘗求仕。後以張浚薦，通判建寧。《寶慶四明志》卷八、《宋元學案》卷二〇有傳。

張壽鏞（1875—1945），字伯頌，號泳霓，鄞縣（今屬浙江寧波）人。光緒二十九年

（1903）舉人。辛亥革命後歷任浙江、湖北、江蘇等省財政廳長、滬海道尹等職。1931年辭官，專心講學著述，更著有《諸子大綱》、《史學大綱》、《約園雜著》等。《民國人物碑傳集》卷一有呂思勉撰張氏傳略。

是書前有張壽鏞序，次卷首，徵引《宋元學案》和歷代方志中曹氏事跡較詳。《放齋詩說》南宋時已受推重，多種《詩經》著作采錄其說，如王應麟《詩地理考》徵引《詩說》計四十四條。嚴粲《詩輯》錄曹說亦甚詳。曹氏在《詩經》字義、名物、訓詁方面之創見自不待言，然其最有影響者則是其對《詩序》作者之考定。曹氏根據《詩序》與《毛傳》不同之處，斷定《序》非毛作，很有說服力。該書雖殘存無多，然其重訓詁、抉義理、考地理、稽史實，片言可寶，爲說《詩》者所不可廢。

《放齋詩說》雖載於《宋史・藝文志》，爲三十卷，然《郡齋讀書志》、《直齋書錄解題》均未見著錄，《千頃堂書目》著錄爲十卷，《寶慶四明志》、《延祐四明志》皆稱《詩說》三十卷，未知孰是。是書久佚，張氏自《永樂大典》輯出，仿馬國翰《玉函山房輯佚書》之例，編成四卷，其序猶期願天下學士大夫搜得全書以補正之云。

此本據復旦大學圖書館藏民國三十三年鉛印本影印。（岳書法）

**詩辨妄一卷附錄四種**　（宋）鄭樵撰　顧頡剛輯點　（第56册）

鄭樵（1104—1162），字漁仲，自號溪西逸民，居夾漈山，學者稱夾漈先生，莆田（今福建莆田）人。高宗紹興中以薦召對，授迪功郎，入爲樞密院編修。更著有《通志》、《夾漈遺稿》、《爾雅注》、《詩傳》、《詩名物志》、《六經奧論・詩經》等。《宋史》有傳。

《詩辨妄》元、明時尚存，約亡於明末清初。此輯本共輯得五十九則，基本上是從周孚《非詩辨妄》中輯出，雖一鱗半爪，仍可窺見

鄭樵治《詩》旨趣。宋初出現疑經之風，歐陽修、蘇轍開始懷疑《詩序》，鄭樵繼之，其《通志・藝文略・詩》曰：“《毛詩》自鄭氏既箋之後，而學者篤信鄭玄，故此《詩》專行，三家遂廢。《齊詩》亡於魏，《魯詩》亡於西晉，隋、唐之世，猶有《韓詩》可據，迨五代之後，《韓詩》亦亡。致今學者只憑毛氏，且以《序》爲子夏所作，更不敢擬議。蓋事無兩造之辭，則獄有偏聽之惑，臣爲作《詩辨妄》六卷，可以見其得失。”此後，攻《序》與宗《序》成爲《詩經》學史一大公案，朱熹受鄭樵啟發，由疑《序》到廢《序》，成《詩序辨說》一書，加上朱熹的聲望，攻《序》派影響深遠。《詩辨妄》最得力處在否定《詩序》爲子夏所作，並反對以美刺言《詩》，於探尋《詩經》本義有積極作用。而與之對立的宗《序》派，攻駁亦頗得力，尤以周孚《非詩辨妄》爲痛切。《四庫全書總目》卷四〇鄭樵《爾雅注》提要曰：“其《詩辨妄》一書，開數百年杜撰說經之捷徑，爲通儒之所深非。”又曰：“至鄭樵作《詩辨妄》，決裂古訓，橫生臆解，實汩亂經義之渠魁。南渡諸儒，多爲所惑。”詆之則亦過甚矣。

此本據復旦大學圖書館藏民國二十二年樸社鉛印本影印。後有附錄四種，分別爲：一、周孚《非詩辨妄》。周孚爲濟南（今山東濟南）人，寓居丹徒，行輩較鄭樵略後。是編蓋爲非難鄭氏《詩辨妄》一書而作。其自序云：“撮其害理之甚者，總而次之，凡四十二事，爲一卷。”今書實爲五十一事。周氏所駁大抵空言無據，不得要領，而《四庫全書總目》卷一五九《夾漈遺稿》提要則謂“樵書未見傳本，而孚書巋然獨存，豈非神物呵護，以延風雅一脈哉”，曲爲維護。二、《通志》中《詩》說，與《詩辨妄》頗相表裏。三、《六經奧論》選錄。所錄九篇皆爲與其他鄭樵說《詩》著作旨趣合者，是否爲鄭作尚待考證。四、歷代評論鄭樵《詩》說。自《朱子語類》至《〈經學文鈔〉按語》共二十四篇，大都隻言

片語,亦時有精論,對瞭解宋以後《詩》學源流不無裨益。(岳書法)

## 詩序辨說一卷 (宋)朱熹撰 (第56冊)

朱熹(1130—1200),字元晦,一字仲晦,號晦菴、晦翁、遯翁、滄洲病叟,别稱紫陽、雲谷老人,婺源(今江西婺源)人。紹興十八年(1148)進士,歷官同安主簿、提舉浙東茶鹽公事、秘閣修撰等。慶元二年(1196)落職罷祠。卒諡文。集北宋以來理學之大成,主持白鹿洞、岳麓書院多年,開創閩學。更著有《四書章句集註》、《伊洛淵源録》、《資治通鑑綱目》、《楚辭集註》等。《宋史》有傳。

《詩序辨說》一書,《宋史·藝文志》著録爲《詩序辨》。舊本《詩集傳》常附有《詩序辨說》,後來刊本皆删去,是以該書多以單行本傳世。

朱熹作《詩集傳》,經反復修訂,對《毛詩》各篇前所附小序有一個從尊崇到反對的過程。《朱子語類》卷八〇云:"某向作《詩》解文字,初用《小序》,至解不行處,亦曲爲之説,後來覺得不安。第二次解者,雖存《小序》,間爲辨破,然終是不見詩人本意。後來方知,只盡去《小序》,便自可通,於是盡滌舊説,詩意方活。"可知朱子對《詩序》態度的改變。然朱子疑辨《詩序》,主要受鄭樵《詩辨妄》之影響,經與《史記》、《國語》等書核對,益知《詩序》之不足信,因作《詩序辨説》,分析《詩序》致誤之由。然其解《詩》,並未做到廢《序》言《詩》。此種理論與實踐乖違之法受到後來學者如姚際恒、崔述等人之批評。《詩序辨説》作爲考辨《詩序》之專書,其成就遠在歐陽修、鄭樵、王質諸家之上,可與《詩集傳》互參,於全面瞭解朱子《詩》學成就不可或缺。

此本據復旦大學圖書館藏明崇禎毛氏汲古閣刻本影印。(岳書法)

## 詩解鈔一卷 (宋)唐仲友撰 (第56冊)

唐仲友(1136—1188),字與政,號悦齋,金華(今浙江金華)人。紹興二十一年(1151)進士,三十年再中博學宏詞科。出知信州,以善政聞,移知台州。又上萬言書論時政。後爲朱熹所劾,罷官隱居,肆力於學。更著有《帝王經世圖譜》、《悦齋文鈔》、《九經發揮》、《魯軍制九問》、《愚書》等。《南宋書》卷六三、《宋史翼》卷一三有傳。

此《詩解鈔》一卷爲輯本,關於其本末,刊刻者胡宗懋序謂:"唐悦齋先生所著《六經解》一百五十卷,見《一齋書目》。朱竹垞《經義考》則録其《六經解》、《書解》、《詩解》、《孝經解》,俱稱已佚。清道光《金華縣志》遂别出《易解》、《詩解》、《書解》等目。張作楠氏輯《唐氏遺書》,從《悦齋文粹》中録出三十二條,别爲一卷,並闡明婺儒言《詩》之大旨,推唐氏爲《詩》學正宗。邑人有用活字付印者,余恐日久漶然就湮,據以開雕,爰摭其厓略於此。"該書在所録三十二條説解之前有《四始六義》一篇,以儒家教化説《詩》,體現了唐仲友的正統《詩》學觀。唐氏説《詩》宗毛、鄭,篤信舊説,務求實證,不爲新説所惑,可謂《詩》學正宗。其説雖發明不多,然如謂《碩鼠》爲愛君之至;以《狡童》爲指厲公、子亹之徒;以《鶴鳴》爲修身任賢之喻,皆有補於詩義。唐氏又喜以君臣爲喻解説《詩》旨,如謂"臣以利事君,利盡則離,《氓》之詩可以戒矣;君不以道待臣,新必間舊,《谷風》之詩可以鑒矣"。雖不無新意,似覺牽强。

此本據上海師範大學圖書館藏民國十三年胡氏夢選樓刻《續金華叢書·金華唐氏遺書》本影印。(岳書法)

## 毛詩要義二十卷譜序要義一卷 (宋)魏了翁撰 (第56冊)

魏了翁(1178—1237),字華父,蒲江(今四川蒲江）人。慶元五年（1199）進士，歷官秘書監，知眉州、紹興、福州，拜禮部尚書，卒贈太師，諡文靖。曾築室於白鶴山下，開門授徒，學者稱鶴山先生。治學窮經學古，端正謹嚴。更著有《九經要義》、《經外雜鈔》、《古今考》等。《宋史》有傳。

魏氏取《九經注疏》刪摘成《九經要義》一書，《宋史‧藝文志》分載其書，《毛詩要義》即其一。陳、晁兩家均未著錄，朱彝尊《經義考》則曰“未見”，可知此書流傳不廣。胡玉縉撰《毛詩要義》二十卷提要謂是書內容以錄《疏》爲多，而《傳》、《箋》則間取之，析其辭爲各條，每條自撰“綱領”，亦有一條中不能截分者，則以“綱領”書於眉間。意在取故實，不主說經，故不求詳備，錄之以備忘耳，足徵宋儒亦不忽漢、唐實事求是之學也。又謂其所錄之《注疏》，猶是當時善本，有異於十行本而實勝者，如卷一“鄭氏箋”疏“《詁訓傳》，毛自題之”，不脫“傳”字；《關雎》“若雎鳩之有別焉”，“雎鳩”不作“關雎”；《箋》“雄雌情義”，“雄雌”不作“雌雄”，並同岳本云云。魏氏所據之本，後人多不見，即阮元校勘十三經時亦不得見，其可資訂正今本《毛詩正義》處甚多，其價值自不待言。

此本據日本天理大學附屬圖書館藏宋淳祐十二年徽州刻本影印。書前有莫友芝、錢天樹題識，詳述得書經過及版本情況。是書乃曹寅舊藏本，後歸上海郁松年，郁氏曾覆刻，書歸丁日昌，後流入日本。該書清末刻本、鈔本較多，率有名家題跋與校訂，足資參考。（岳書法）

## 詩說十二卷總說一卷　（宋）劉克撰（第57冊）

劉克，生卒年不詳，書前自序署“信安劉克”，宋理宗時在世。

是書朱彝尊《經義考》始著錄，云崑山徐氏傳是樓有藏本，乃宋時雕本，惜闕第二、第九、第十卷。而此藏本卷末題“吳郡錢同愛藏書”，闕卷同，當據他本鈔補。首自序，次有其子劉坦跋，謂《詩說》每篇條列諸家解，而繫己意於後。其所纂輯家數，視呂祖謙《詩記》加詳，亦互有去取。又以《詩記》所編朱解乃文公初筆，其晚年《詩解》成時，呂成公已下世，更別爲目，繫於“朱曰”之次。書成，藏於篋中有年，恨遭攻劫，遺失數卷。先儒固已各有成書，惟家君所著未曾流佈，茲且以其《說》之僅存者與《書說》對刊，仍錄原本之副於學宮。或補爲完書，以淑後學，則有望於將來之君子云云。述其始末至詳，故本書刊行時，劉坦爲節省篇幅將諸家之解刪除而獨存劉克之說，書又有殘缺，所存已非克書原貌。

是書卷一前列《總說》數十條，皆通論《詩》學大旨，發凡起例。後依次錄《詩經》全文，經文後低一格列其疏解。劉氏詮《詩》，多宗《呂氏家塾讀詩記》，間亦參朱子《集傳》。本書於《詩》旨之探討較深入，有可取之處，其主張廢《序》，以爲失聖人之旨甚多，亦不無道理，然其對《詩》旨之理解充滿道學色彩。唯宋人說《詩》之作，傳之今日不易，存之備參。

此本據國家圖書館藏宋刻本影印。（岳書法）

## 詩疑二卷　（宋）王柏撰（第57冊）

王柏，有《書疑》，已著錄。

是書又稱《詩辨說》，卷一前部爲札記式短文，編次較爲隨意，末爲所謂當刪之三十一篇“淫詩”之篇目及應刪之由，此爲其最爲後世所詬病者。卷二首爲《詩辨序》，後爲性質相近之短文十篇，如《毛詩辨》、《風雅辨》等，與卷一可互爲補充。王氏“刪《詩》”爲《詩經》學史上一大公案，是非功過，前人論之已詳，尤需指明者，其對傳統之懷疑精神仍值得肯定。

王氏行文雅致,對後世於《詩經》之文學探討甚有影響。如:"《凱風》之詩,孝子之心至矣,其爲詞難矣。是詩也,寄意遠而感慨深,婉而不露,微而甚切,可謂能幾諫者也。此孝子自責之詞,《序》曰美孝子,何其謬哉!"其說甚確。又:"《谷風》之詩,婦人爲夫所棄,委曲敘其悲怨之情,反覆極其事爲之苦,然終無絕之之意,與《柏舟》思奮飛大有間矣。此聖人所以制三不去之義,其意深矣。"其持論雖有衛道色彩,而概述詩意則相當精煉,較爲可取。

此本據復旦大學圖書館藏清康熙刻《通志堂經解》本影印。(岳書法)

### 詩傳注疏三卷　(宋)謝枋得撰　(清)吳長元重輯　(第57冊)

謝枋得(1226—1289),字君直,號疊山,弋陽(今江西弋陽)人。寶祐四年(1256)進士。除撫州司户參軍,後以忤賈似道,謫居興國軍。宋亡,居閩中,福建行省參政魏天祐强之北上,遂不食而死。門人私諡文節。更著有《文章軌範》、《疊山集》等。《宋史》有傳。

本書《宋史·藝文志》、焦竑《國史經籍志》皆不見著録,朱彝尊《經義考》雖載其目,不著卷數,且注云"佚"。是書首有吳長元《弁言》,稱原本久佚,卷帙無考,元人解《詩》之書,多有徵引,然詳略各有不同。今於《永樂大典》各韻所載元人《詩經》纂注中採録一百六十四條,歷搜諸書又得一百三十七條,存詳去略,編爲三卷,只標篇目,不録經文,以脱略甚多云云。此三百零一則分屬一百五十九篇,每篇少則一則,多或五六則,每則皆注明出處,以篇名爲目依次編排。

枋得説《詩》,尊《序》,依毛、鄭,然不以訓釋詞義爲務,而著重闡發詩旨、章旨,可作詩話看。釋詩旨,如《何彼穠矣》條:"頌人之德,多美其車馬衣服,多美其宗族兄弟,此風

人之法度。觀《碩人》、《韓奕》,可以觸類而長。"然枋得生當末世,其説《詩》往往借詩言志,寄託其忠君愛國、救危圖强之意。如論《執競》云:"爲人君者當持其自彊不息之心,操之不舍,守之不失,斯可以立天下之大事,成天下之大功。若把握不堅,勤怠不常,非所謂《執競》也。"其更多深義,則如阮元《四庫未收書提要》云:"考枋得生於板蕩,故其説《詩》見志,每多《小雅》憂傷哀怨之思。然據理解經,亦絕非横發議論,若胡安國之《春秋傳》可比。今書中如《無衣》之'與子同仇',隱然見高宗南渡之事;如皇父之'不遺一老',輒復刺似道誤國之事;至於《蓼莪》四章,尤詳明愷切。然則《禮》之所謂'温柔敦厚',與《論語》之所稱'興觀群怨'者,於枋得實無愧焉。"本書在宋元時期有較大影響,在《詩經》學史上亦獨具特色,雖爲輯本,大義尚存,價值頗高。

此本據清乾隆五十年鮑氏刻《知不足齋叢書》本影印。(岳書法)

### 詩集傳附録纂疏二十卷詩傳綱領附録纂疏一卷詩序附録纂疏一卷　(元)胡一桂撰　(第57冊)

胡一桂(1247—?),字庭芳,號雙湖居士,婺源(今江西婺源)人。南宋景定五年(1264)領鄉薦,試禮部不第。入元,退而里居,教授鄉里。生平見《四庫全書總目》卷四。

此書前有揭祐民《朱子詩傳纂集大成序》,是本書初名當爲《朱子詩傳纂集大成》。次録朱子《詩集傳序》及王應麟等序,次列有《詩傳附録姓氏》名表和《詩傳纂疏姓氏》名表。目録後有劉君佐跋語,云:"文場取士,《詩》以朱子《集傳》爲主,明經也。新安胡氏編入《附録纂疏》,羽翼《朱傳》也。增以浚儀王内翰《韓魯齊三家詩考》,求無遺也。今以《詩考》謹鋟諸梓,附於《集傳》之後,合而行

之。學《詩》之士,潛心披玩,蜚英聲於場屋間者,當自此得之。"正文依次爲《詩傳綱領附録纂疏》一卷附《語録輯要》、《詩序附録纂疏》一卷、《詩集傳附録纂疏》二十卷。

正文先列朱子《詩集傳》,再録《朱子文集》、《朱子語録》中論《詩》之語附於後,故謂之"附録";以毛、鄭以來諸家之説作爲《詩集傳》的補充與參證,謂之"纂疏"。有與《集傳》不同者,間一取之,注云姑備參考,以己意斷之者,則加"愚案"、"愚謂"以示區別。此書宗《詩集傳》,而搜羅諸家之説較全面,作者案語有獨到之見,考訂字句亦較嚴謹,爲元代具有代表性之《詩》學著作,亦爲元代坊刻之精者。

此本據國家圖書館藏元泰定四年翠巖精舍刻本影印。(岳書法)

### 直音傍訓毛詩句解二十卷　(元) 李公凱撰 (第 57 册)

李公凱,生平不詳,字仲容,宜春(今江西宜春)人。

本書流傳甚少,始見於黃虞稷《千頃堂書目》,朱彝尊《經義考》等從之。是書首列篇名,次《詩序》,次詩句,每句或每章下雙行小字隨文訓釋,後注音。間亦有於字旁以一兩字簡注字義者,此當即書名所謂"傍訓",如《關雎》之"雎鳩"傍注"水鳥","荇菜"傍注"水草","流"傍注"求"。然此種情況較罕見。雖曰直音,亦多用反切,然不用叶音,但用本音。直音如《鴇羽》"集於苞栩",苞:包;栩:音許。反切如《南山有臺》"保艾爾後",艾:五蓋反。注音較爲嚴謹準確,非一般坊本可比。本書主要内容爲"句解",其内容則本自《吕氏家塾讀詩記》,如朱彝尊《曝書亭集》云:"仲容獨取吕氏之書,檃括以淑後進,其亦異乎勦説雷同者矣。"其訓釋詩義、詩旨雖少新意,然簡明扼要,精練傳神。

此本據國家圖書館藏元刻本影印。(岳書法)

### 詩集傳名物鈔音釋纂輯二十卷　(元) 羅復撰 (第 57 册)

羅復,生平不詳,字中行,廬陵(今江西吉安)人。

該書卷首詳列朱子《詩集傳序》、《凡例》、《圖》、《詩傳綱領》、《詩序》。卷一題"朱子集傳,東陽許謙名物鈔音釋,後學廬陵羅復纂輯",《凡例》後有牌記"至正辛卯孟夏雙桂書堂重刊"。該書全録《詩集傳》内容,唯在篇後或章句末以"音釋"二字加框,下列音釋内容。《凡例》曰:"乃以金華許益之先生《名物鈔》會衆經及諸傳籍,參互考訂,以爲《音釋》,録於經傳之左,以遠其傳。"雖名曰《詩集傳名物鈔音釋纂輯》,實只采許謙音釋内容,而棄其考訂名物部分,故書名《詩集傳音釋》爲妥。

本書名爲"音釋",注音自爲其主要成就,此外亦有解釋詞義、闡釋章旨、甄録各家學説、訂正文字訛誤之處。就音釋言,補充《詩集傳》未注經文之音,且對注文中生僻字詞亦作補充注釋。糾正《詩集傳》中錯誤音讀及誤用叶音之處,並將《詩集傳》中部分直音改爲反切注音。本書於經傳之文及音韵之文,與一般版本多異,雖多有舛誤,於研究《詩經》異文及音讀仍有參助。

此本據國家圖書館藏元至正十一年雙桂書堂刻本影印。(岳書法)

### 新編詩義集説四卷　(明) 孫鼎撰 (第 58 册)

孫鼎(1392—1457),字宜鉉,號飲齋,廬陵(今江西吉安)人。永樂二十二年(1424)登乙榜,授江浦儒學教諭,升松江府教授。正統八年(1443),升御史,督南畿學政,後以親老致仕。《明史》有傳。

據黃虞稷《千頃堂書目》,此書成於明正統

十二年（1447）。書凡四卷，主要采録朱熹《詩經解頤》、彭士奇《詩經主意》、曹居貞《詩義發揮》、林泉生《詩義矜式》及無名氏《詩經旨要》等書，擇其要義，彙爲一編。每篇仍分總論、章旨、節旨各類。該書不盡釋全經，每篇所釋亦詳略不等。如《周南》所釋僅及《關雎》、《葛覃》、《桃夭》、《兔罝》、《麟之趾》等篇，而《關雎》只釋首章，内容頗爲精要，版式字體亦疏朗可觀。

該書所引各家之説較少涉及字詞訓詁，大都是推闡詩旨、詩義之説。此書編纂目的乃爲舉業而設，故其説《詩》多有"上股"、"下股"之言。如《七月》篇引《詩經旨要》曰："此題平作，上股言衣，下股言食。衣食者，民生日用之所繫。上股是先時而有備，則在己者可以無憂；下股是因時而用力，則在上者見之而喜，大概歸重於先公風化。上股就'無衣無褐，何以卒歲'上發意，下股就'田畯至喜'上發意。則於周公戒成王有情，寫出當時豳民勤苦之意以爲戒。此是一詩總括處。"故書中多迂腐之論。然所引元明人説《詩》之作，不少已亡佚，賴是書以存。

此本據1935年商務印書館《宛委別藏》影鈔明刻本影印。（岳書法）

**讀風臆補十五卷** （明）戴君恩原本 （清）陳繼揆補輯 （第58册）

戴君恩（1570—1636），字紫宸，澧州（今湖南澧縣）人。萬曆四十一年（1613）進士，官工部主事。崇禎六年（1633），官至右僉都御史，巡撫山西，次年以禦敵失機革職遣戍。生平見《四庫全書總目》子部雜家類《剩言》提要，經部詩類《讀風臆評》"萬曆癸丑進士"誤作"嘉靖癸丑進士"。

陳繼揆，字舜佰，鎮海（今屬浙江寧波）人。同治六年（1867）舉人。與堂兄陳繼聰同爲姚燮入室弟子。工詩文，精制藝，著述僅存此書。

是書前有陳繼揆撰例言，姚燮、徐發仁二

序，後有陳繼揆總評，陳繼聰題後。是書爲補戴君恩《讀風臆評》而作，其體例之要如例言所云："尾評、眉批俱照原評低一字。旁批不妄參者，恐貽混珠之誚也。惟《豳風·七月》戴公不贊一詞，故旁批亦爲之補綴焉。然戴公原評所不及者，通《國風》中亦有六十六篇之多，另列《風》次，逐一註明。"可見陳氏增補不少。

《四庫全書總目》詩類存目收《讀風臆評》，其提要曰："纖巧佻仄，已漸開竟陵之門。其於《經》義，固了不相關也。"陳之所補有類原作，故此評亦適用。本書高明之處，在於視《詩》若文，並以後人詩賦與《詩》義相印證。如《卷耳》一詩，《臆評》云："詩貴遠不貴近，貴澹不貴濃。唐人詩：'裊裊城邊柳，青青陌上桑。提籠忘采葉，昨夜夢漁陽。'亦猶是《卷耳》四句意耳。試取以相較，遠近濃澹孰當擅場。"《臆補》云："懷人二句，唐人詩：'無端嫁得金龜壻，辜負香衾事早朝。'意本此。後數章託言登高不遂其願，亦是從思念中虛設一番景象者。猶云'我所思兮在泰山，欲往從之梁父艱'，'計程應説到涼州，計程應説到常山'耳。"倫明《續修四庫全書總目提要》謂其以詩證詩，別開一境，"後世詩體悉源於古，論者截經學、詞章爲二，遂致昧其本來。書中一一傅合之，而《三百篇》爲詩家之祖益可信矣"。周作人對此書更是推崇有加，曰："蓋其談《詩》只以文學論，與經義了不相關，實爲絶大特色，打破千餘年來的窠臼。"（《周作人文類編》）此論於矯四庫館臣之偏見大有益處。

此本據復旦大學圖書館藏清光緒六年拜經館刻本影印。（岳書法）

**毛詩原解三十六卷** （明）郝敬撰 （第58册）

郝敬，有《周易正解》等，已著録。

是書前有《讀詩》一卷，除駁朱傳改《序》之非外，對《詩》之源流，詩篇次序，賦比興之運用,詩樂、詩韻等問題進行論述,內容平實可取。正文全錄經文,以小字間注直音,亦用叶韻。後錄《小序》,惟在首句前加"古序曰"三字,餘文則以"毛公曰"別之。下以案語加以辯證,《序》或有所難通者,輒爲委曲生解,多引朱子之說,立意每與之相反,頗爲意氣用事。後分章闡釋章旨,行文流暢而有風致,足備觀覽。最後解釋字詞,考訂名物,雖少發明,亦詳實可讀。

郝氏此書非無可取,其失主要在死守《序》說,如姚際恒《詩經通論》云:"蓋彼於《詩》恪遵《序》說,寸尺不移,雖明知其未允,亦必委曲遷就以爲之辭,所謂專己守殘者。其書令人一覽可擲,何也?觀《序》足矣,何必其書耶?其遵《序》之意全在敵朱。予謂《集傳》驅之仍使人遵《序》者,此也。大抵遵《集傳》以敵《序》,固不可;遵《序》以敵《集傳》,亦終不得。"《四庫全書總目》詩類存目著錄是書,提要謂其用朱子吹求《小序》之法以吹求朱子,是直以出爾反爾示報復之道,非解《經》之正軌云云。此固非解經之正軌,然清人對此書吹求亦似太過。

此本據湖北省圖書館藏明萬曆郝千秋、郝千石刻《九部經解》本影印。(岳書法)

**毛詩序說八卷** (明)郝敬撰 (第58冊)

郝敬,有《周易正解》等,已著錄。

是書前有郝氏天啓五年(1625)七月所作《題辭》,可知作者《毛詩原解》成書多年後,又將《詩序》部分單獨摘出,加以修訂增補而成是書。其先列小序,仍加"古序曰"、"毛公曰"以別之。後低一格以"說曰"引領說解內容。其纂述宗旨如《題辭》云:"《詩》自朱傳行而古《序》塵庋閣矣,朱子未改古《序》之先,譏古《序》爲鑿;既改古《序》之後,人疑朱傳爲猜。然譏古《序》而不求所以是,疑朱傳而不辨所以非,人誰適從?天下義理訾量易而折衷難,兩物質而後功苦見,兩造具而後曲

直分。余取古《序》、朱傳參兩,爲《毛詩序說》。舍《詩》說《序》者,《序》志而《詩》則辭也。孟子云:'善說《詩》者,不以辭害志,以意逆志,是爲得之。'志得而辭可旁通矣。夫說《詩》與說他文字異,他文字切直爲精核,《詩》含蓄爲溫厚。古《序》得其含蓄,朱傳主於切直,反以含蓄爲鑿空,《三百》古《序》,無一足解頤者矣。人非賜、商,未可與言《詩》。余幼承師說,守功令,何敢自異。偶閱古《序》,覺食芹美。人各有心,問之同學,可則與衆共之,若其否也,野人無知,博一笑而已,其敢有它!"看似公允平易之論,實則泥《序》太過。

此本據國家圖書館藏明萬曆崇禎間刻《山草堂集內編》本影印。(岳書法)

**詩經類考三十卷** (明)沈萬鈳撰 (第59冊)

沈萬鈳,生卒年不詳,字仲容,號玉臺,嘉善(今浙江嘉善)人。萬曆二十五年(1597)舉人,萬曆四十三年任香河縣令。《四庫全書總目》經部詩類存目《詩經類考》提要作"萬鈳,字玉臺",《續文獻通考》作"萬鈳,字仲容,號玉臺"。

是書前有沈思孝、沈師昌二序,並沈萬鈳《凡例》八則。書雖曰"類考",實叢集諸家之說分類編纂,如有異同,亦兩存之,而未有所考訂。書三十卷,曰《古今論詩考》、《逸詩考》、《音韻考》、《天文考》、《時令考》、《地理考》、《列國考》、《人物考》、《宗族考》、《官制考》、《飲食考》、《服飾考》、《宮室考》、《器具考》、《珍寶考》、《禮考》、《樂考》、《井田考》、《封建考》、《賦役考》、《刑獄考》、《兵制考》、《四夷考》、《禽蟲考》、《草木考》、《國風異同考》、《小雅異同考》、《大雅異同考》、《三頌異同考》、《群書字異考》。

是書收入《四庫全書總目》詩類存目,提要稱是書於三百篇所載名物典故分門編錄,凡所援據,不能盡本經傳,故往往不精不詳云

云。是書采擇駁雜，且多失考，是其不足。然此書在明人著述中，體例謹嚴，且有衆多學人名家參與校勘，刊刻極精。此書將《詩經》所載名物典故分類編排，以方便檢索。因鳥獸草木關乎比興之旨，爲詩人傳神寫照，故所録特詳。《逸詩考》一卷，擇録精詳，亦足稱道。

此本據復旦大學圖書館藏明萬曆刻本影印。缺卷四第一頁至第二十三頁、卷十七第三十五頁、卷二十七第六十六頁，據中國科學院圖書館藏本配補。（岳書法）

**詩經剖疑二十四卷**　（明）曹學佺撰（第60冊）

曹學佺，有《周易可説》，已著録。

是書無序跋，通録經文，間以小字注音，多叶音。換行低一格詮釋經文，先簡單訓詁字詞，後疏釋義理，較爲婉轉通暢，其説大都折衷毛、朱之間，間亦時出新意，下斷語以明己見。曹氏説《詩》，善就詩中草木鳥獸之情貌推闡詩義，如《鵲巢》之“鳩居鵲巢，未必有是事，但鵲性屬陽，故喜日而男子喻之，鳩性屬陰而女子喻之。鳩居鵲巢，以喻女子之入於夫家也”，頗有新意。另《野有死麕》之“因知二《南》中，未必專爲文王后妃作也。《序》云：‘死麕，惡無禮也。’《左傳》子皮賦以規趙武，欲其不以非禮相加，則爲刺詩明矣”，亦爲公允之論。但如説《静女》曰：“或與朋友相期，偶爾未赴，而贈遺之物，故詩人借美媛以詠之耳。”説《芣苢》曰：“車前者謂生於孔道，直曰車前，瞿曰芣苢。瞿，兩旁也，婦人不敢其直前，而但於其旁取之，故曰‘采采芣苢’。此必婦人望其君子之歸，乃擷去其草，不欲使蔽車軸云爾。”雖出人意表，實揣測之詞，無甚可取。是書多依《序》敷衍枝蔓，少有深意，亦不脱明人遊談無根之習。

此本據遼寧省圖書館藏明末刻本影印。卷十三原缺，據首都圖書館藏本補配。（岳書法）

**詩經説約二十八卷**　（明）顧夢麟撰（第60冊）

顧夢麟（1585—1653），字麟士，號中菴，時稱織簾先生，太倉（今江蘇太倉）人。崇禎時爲副貢生，與三吳名士結應社。入清隱居。更著有《織簾居詩文集》等。傳見《碑傳集》卷一二三。

是書朱彝尊《經義考》已著録，且引吳周瑾之説，曰：“是書亦舉子‘兔園册’也，然於經義頗有發明。”其編纂體例和旨趣如張壽林《提要》云：“每篇首列經文，次摘採諸家之説，融會訓釋，以歸於至善。又次則附以己見，或訓詁文字，或訂正音讀，或詮釋詩旨。大抵皆以朱子《集傳》爲宗，而折衷於毛、鄭諸家之説。”其所采諸家著作頗豐，除傳、箋及孔疏外，尚有歐陽修《毛詩本義》，嚴粲《詩輯》，吕祖謙《吕氏家塾讀詩記》，朱熹《語類》、《詩序辨説》，朱公達《詩經疏義》等。其折衷於毛、鄭，調和諸家，終以《詩集傳》爲圭臬，僅在細枝末節上有修正與補充。顧氏亦在是書卷十《豳風》按語中自言：“麟此編無一敢與紫陽戾。”

是書雖名“説約”，内容尚稱豐贍，其博采諸説，嚴格去取，又能融會貫通，參合己意，在明末《詩》學著作中可謂出衆之作。是書博采約取，頗能迎合當時舉子應制之需，如黄宗羲在夢麟墓誌銘中所云：“自《説約》出而諸書俱廢，博士倚席而講，諸生帖坐而聽者，皆先生之説也。”

此本據復旦大學圖書館藏明崇禎織簾居刻本影印。（岳書法）

**詩通四卷**　（明）陸化熙撰（第61冊）

陸化熙，生卒年不詳，字羽明，常熟（今江蘇常熟）人。萬曆四十一年（1613）進士，歷官工部郎中、廣西提學僉事。更著有《目營小輯》。生平見《四庫全書總目》卷一七。

是書前有自序，不録經文，以篇目作統領，卷一《國風》，卷二《小雅》，卷三《大雅》，卷四

《頌》。是書收入《四庫全書總目》詩類存目，提要稱是書依文詮釋，尋味於詞氣之間，以闡發詩旨爲主，間亦釋詞。其序云：“朱注所不滿人意者，止因忽於所謂微言、托言，致《變風》刺淫之語，概認爲淫；《變雅》近美之刺，即判爲美耳。”故傳中於鄭、衛之詩多存《小序》，即二《雅》、三《頌》亦多引《序》説，而又間引鄭箋、孔疏以證之云云。其依文衍義，亦不離舉業之習，然如説《静女》“搔首踟躕”曰：“是引領長望，且前且却之狀，蓋恐其或至而難决耳。”説《乘舟》曰：“此詩須會詩人明知二子被害而不忍言，設爲憂疑之意。”體察至微，雖無深意，亦有可存者。

此本據國家圖書館藏明書林李少泉刻本影印。（岳書法）

### 詩經偶箋十三卷　（明）萬時華撰（第61册）

萬時華（1620?—1660?），字茂先，南昌（今江西南昌）人。工詩文，有名於世，與徐世溥、陳弘緒諸人相友善。更著有《溉園集》。《江西通志》卷七〇有傳。

是書體例與陸化熙《詩通》略同。前有徐世溥序與作者自序。自序云：“余僻處而無心，家世業《詩》，閒居偶有所見，隨手識之，義類不能深也。跧伏既久，忽復成書，題之曰《偶箋》。”是所謂名《偶箋》之因。其持論對矯漢學末流之弊是爲有益，然其説《詩》似又過乎流蕩無依，有矯枉過正之嫌。《詩經偶箋》總體受鍾惺、譚元春《詩歸》影響，爲以評點方式説經的典範之作，其説少則一兩語，多則數百言，皆明白暢達，能得詩人之情，文學價值較高。是書收入《四庫全書總目》，提要對其痛加撻伐：“蓋鍾惺、譚元春詩派盛於明末，流弊所極，乃至以其法解經。《詩歸》之貽害於學者，可謂酷矣。”言之太過。

此本據復旦大學圖書館藏明崇禎六年李泰刻本影印。（岳書法）

### 詩廣傳五卷詩譯一卷　（清）王夫之撰（第61册）

王夫之，有《周易大象解》等，已著録。

是書乃王氏讀《詩》之隨筆劄記，全書五卷，卷一、卷二論《風》，卷三論《小雅》，卷四論《大雅》，卷五論《頌》，共分二百三十七篇。作者於《詩》學另有《詩經稗疏》，旨在辨正名物訓詁，是書則主涵泳文句、推闡詩意，實爲對《詩經》各篇之引申發揮，故名曰《廣傳》。如論《漢廣》曰：“‘南有喬木，不可休息’，志亢也。‘翹翹錯薪，言刈其楚’，知擇也。‘之子于歸，言秣其馬’，致飾也。飾於己而後能擇於物，擇於物而後亢無有悔也。弗飾於己以擇於物，物亂之矣。弗擇於物以亢其志，亢而趨入於衰，不如其弗亢矣。秉喬木之志，擇乎錯薪而匪楚弗刈，然且盛其車馬以弗自媒焉，漢之游女，豈一旦而獵堅貞之譽哉！”將漢之游女儼然説成遁世高人，與詩旨了不相涉，乃借題發揮，近乎空想。其説亦有切乎詩義者，如論《王風》云：“有《君子于役》之勞，則有《揚之水》之怨；有《揚之水》之怨，則有《兔爰》之怨。下叛而無心，上刑而無紀，流散不止，夫婦道苦，父母無恒，交謗以成乎衰周，情蕩而無所輯，有如是。故周以情王，以情亡，情之不可恃久矣。是以君子莫慎乎治情。”從三篇詩的主題説到周之衰亡，沉痛愷切，頗得興觀群怨之旨。船山引領思想變革，於是書亦可見一斑。其對後世《詩》學亦有影響。魏源稱此書精義卓識，又謂闇與己合，故所著《詩古微》於《詩外傳演》一編幾於全取其説。

《詩譯》一卷，後人將之編爲《薑齋詩話》卷一，共十六條，其内容爲取《三百篇》以論漢魏唐宋之詩者，認爲：“漢魏以還之比興，可上通乎《風》、《雅》。《檜》、《曹》而上之條理，可近譯以三唐。”“不原本於《三百篇》之律度，則爲刻木之桃李。”以此標準用《三百篇》之篇章詩句與漢魏唐宋之名篇名句相互生發，頗多真知灼見。如："知'池塘生春草'、'胡蝶飛南園'之妙，則知'楊柳依依'、'零雨其濛'之於詩，司空表聖所謂'規以象外，得之圜中'者也。"妙語解頤，惜乎僅十數條耳。

此本據華東師範大學圖書館藏清同治四年湘鄉曾氏金陵節署刻本影印。（岳書法）

### 白鷺洲主客説詩一卷　（清）毛奇齡撰（第61冊）

毛奇齡，有《河圖洛書原舛編》等，已著録。

毛氏開乾嘉學風，在經學上又以《詩經》用力最勤，《四庫全書總目》著録者四種，存目二種。是書入存目，提要云："初，施閏章爲江西參議，延湖廣楊洪才講學於吉安之白鷺洲書院，並續招奇齡往。奇齡與洪才論《詩》不合。及與閏章同官翰林，重録其向時所講《毛詩》諸條，皆設爲甲乙問答，故以'主客'爲名。大旨洪才主朱子淫詩之説，而奇齡則謂《鄭風》無淫詩；洪才主朱子《笙詩》無詞之説，而奇齡則謂《笙詩》之詞亡。故是書所論，惟此二事。"朱熹"淫詩"説，影響很大，也成爲清代部分學者攻擊對象，毛氏爲攻"淫詩"説最力者之一。其反駁主要從孔子刪《詩》不當存"淫詩"，孔子云"鄭聲淫"非謂鄭詩淫，《詩》關於史實，《春秋》賦詩，不當賦"淫詩"，鄭詩所謂"淫詩"多友朋相交、相憶，比興寄託之詞等幾個方面進行。如謂："天下可遥斷者理，難懸斷者事。夫詩言志而附事以興者也。時有先後，事有本末，作者之指，於是乎寓。今徒以其詞而曰理當爲淫，猶之盲者聽風聲而曰理當爲水，皆妄言也。"其説雖有道理，然其强爲之説，務求爭勝之處多有，似又走上了另一個極端。至於其攻朱之處，倒多持平通達之論，多有可取。

此本據復旦大學圖書館藏清康熙李塨等刻《西河合集》本影印。（岳書法）

### 毛詩日箋六卷　（清）秦松齡撰（第61冊）

秦松齡，生卒年不詳，字留仙，號對巖，無錫（今江蘇無錫）人。順治十二年（1655）進士，改庶吉士，以江南奏銷案罷歸。康熙十八年（1679）舉博學鴻詞，官至左春坊左諭德。生平見《四庫全書總目》卷一八。

是書以篇名爲目，或通論全詩，或擇句爲釋，或詳或略，不盡解全詩，故曰《日箋》。前有王士禛《手柬》並宋犖序，宋序云："其間雖不盡取《小序》，然能精擇毛鄭舊説，以會粹於歐、蘇、王、吕、程、李、輔、嚴諸儒之言，而折衷於朱子。間發己意必協於義理之正，而於近儒説《詩》，若郝敬、何楷、顧炎武諸家，皆取節焉。獨於明嘉靖時所出之《子貢詩傳》、《申培詩説》排擯不録一語，其於古書之真僞，昭昭然分白黑而別淄澠，其識甚卓。"是書成，松齡曾求序於王士禛，略曰："松齡誦習之餘，間仿《黄氏日鈔》之例，於諸家之説稍爲折衷，而偶有鄙見亦附著焉。"松齡逝後，序終未成，而王士禛有《手柬》曰："前承寄示大著《日箋》，折衷盡善，既正紫陽之誤，亦通毛、鄭之郵，兼去楚望之矯。向欲有所論述，《日箋》出，可無事枝贅矣。"可見本書大旨。如釋《漢廣》"言秣其馬"句，云："歐陽氏曰：言秣其馬，猶古人言雖爲執鞭，猶忻慕焉者是也。嚴氏謂其近於狎暱，然狎暱之想不可有，而悦慕之心不能無也。朱子以爲悦之至敬之深，最得其情矣。"其説大都如此。是書收入《四庫全書總目》詩類存目，提要引王士禛《居易録》云："所論與余夙昔之見頗同，其所采取亦甚簡當，然大旨多以意揣之，不盡有所考證也。"

此本據復旦大學圖書館藏清康熙刻本影印。（岳書法）

### 詩觸六卷　（清）賀貽孫撰（第61冊）

賀貽孫，有《易觸》等，已著録。

其板刻書名曰《詩經觸義》，書前有其族後

學賀恢序，其後有六世姪孫賀鳴盛跋，知是書爲鳴盛主持刊刻。其《凡例》云："偶爲兒子説《詩》，以爲可與漢唐以後詩人觸類旁通，故名《詩觸》。"可知所以命名之由。是書凡六卷，分專論與正文。專論二十六篇，有《國風論》四篇，《二雅論》二篇，《周頌論》、《商頌論》、《魯頌論》各一篇，各國風又有《周南召南論》、《邶風鄘風論》、《衛風論》等十三篇，置卷首與書中相應之處，書末以《思無邪論》作結。正文則全録經文，下先録《小序》首句，次釋詞，次解説。

此書《四庫全書總目》詩類存目作四卷，此作六卷者，乃賀鳴盛編刻者，卷數分併與之不同。其得失，提要論之頗詳，稱貽孫解《詩》，尊《小序》，然只取首句，而删其以下之文，以爲毛萇、衛宏之附益，此宗蘇轍之例。其解説大旨調停於《小序》、朱傳之間，作詩之旨多從《序》，詩中文句則多從傳；《國風》多從《序》，《雅》、《頌》則多從傳。每篇先列《小序》，次釋名物，次發揮詩意。主《孟子》"以意逆志"之説，每曲求言外之旨，故頗勝諸儒之拘腐云云。其善於分析詩之篇章結構及行文特點，並揣摩詩人作詩之隱微情感和表達方式，與明末學者説《詩》之風相類。至於其專論二十六篇亦得失互參，有可取者，尤以其"美刺"之辨有超越前人處。

此本據遼寧省圖書館藏清咸豐二年敕書樓刻本影印。序跋原缺，以國家圖書館分館藏本補配。（岳書法）

## 詩經通論十八卷首一卷　（清）姚際恒撰（第 62 册）

姚際恒，生卒年不詳，字立方，號首源，仁和（今屬浙江杭州）人。諸生。少折節讀書，後盡棄詞章之學，專治經學。有《九經通論》、《庸言録》、《古今偽書考》等。生平見《清史列傳》卷六八。

是書爲姚氏所著《九經通論》之一種。據所署康熙四十四年《自序》，知其爲姚氏較晚之作。卷首一卷爲《詩經論旨》及《詩韻譜》。《論旨》評判歷來各家《詩經》著作之得失，少有能入姚氏眼者。正文爲《三百篇》之注解。各類詩前有解題，各詩篇先録經文，後以《小序》首句爲引導，辨正詩旨，再分章加以解析。詩篇文句旁加有姚氏的評點符號，文句下則有押韻説明、標注賦比興，和其他評點語。

姚氏自序謂"折中是非者，惟在《序》與《集傳》而已"，故是書重點即論《序》與《集傳》。姚氏以爲《序》乃衛宏所作，駁雜不可信；對《集傳》更是大加批評，尤其"淫詩"説，更被姚氏譏爲淫穢。姚氏雖力詆《序》與《集傳》，然又能脱宗《序》與廢《序》的門户之争，而從詩篇本文中探尋詩旨，如自序云："惟是涵泳篇章，尋繹文義，辨別前説，以從其是而黜其非，庶使詩意不致大歧，埋没于若固、若妄、若鑿之中；其不可詳者，寧爲未定之辭，務守闕疑之訓，俾原詩之真面目悉存，猶愈于漫加粉蠹，遺誤後世而已。"

姚氏説《詩》，既有不肯盲從的懷疑精神，又有窮源竟委的探索精神。如説《擊鼓》，《詩序》以爲怨州吁用兵，《鄭箋》更以爲魯隱公四年衛國與宋、陳、蔡伐鄭之事，幾爲定説。獨姚氏能破千年疑案，據《左傳》所記，詳爲剖析，謂是魯宣公十二年宋伐陳、衛，穆公出兵救陳時事。姚氏説詩旨有得有失。如説《采葛》云："《小序》謂'懼讒'，無據。且謂'一日不見于君，便如三月以至三歲'，夫人君遠處深宫，而人臣各有職事，不得常見君者亦多矣；必欲日日見君，方免于讒，則人臣之不被讒者幾何！豈爲通論。《集傳》謂'淫奔'，尤可恨。即謂婦人思夫，亦奚不可，何必淫奔！然終非義之正，當作懷友之詩可也。"其説甚妥。其失如説《摽有梅》，姚氏將其解爲"卿大夫爲君求庶士之詩"，失其本旨。

此本據北京大學圖書館藏清道光十七年鐵琴山館刻本影印。（岳書法）

### 陸堂詩學十二卷讀詩總論一卷　（清）陸奎勳撰（第 62 册）

陸奎勳，有《陸堂易學》等，已著録。

是書前有自序並張尚瑗序，正文前有《讀詩總論四十五則》。正文首卷有《删詩論》、《大小序辨》，又《風》、《雅》、《頌》並每國《風》前後各有《辨》、《説》和《書後》。每首詩則分條爲論，少者一兩則，多者十餘則。陸氏説《詩》，如張序云：“陸君博覽强記，研精經史，旁及子集百家之言，方言雜説，流覽無不該洽，自謂六經注我，而後可以我注六經，且合六經以注一經。”是書入《四庫全書總目》詩類存目，提要則評其“雖託名闡發朱子《集傳》，而實則務逞其博辨。大抵自行己意，近王柏《詩疑》；牽合古事，近何楷《詩世本古義》”。學問博洽固爲有益，然過於武斷則爲妄矣。其妄者亦非止一處，如謂《柏舟》之“共伯”即公子伋；謂《丘中有麻》之“子國”爲鄭武公字，其子嗟當作子多，爲鄭桓公字；謂《小明》之“共人”爲二相共和。皆於古無徵，然猶可説。至謂《詩》三百篇爲史克所定，非孔子所删；謂《檜》、《魏》二風，一無援據，可知爲漢後之書。真是不知所謂。然其書亦有可取，如對水經、地志綜核詳考，無所漏誤。又其對《詩經》文學性的分析亦頗精彩。

此本據上海師範大學圖書館藏清康熙五十三年陸氏小瀛山閣刻本影印。（岳書法）

### 朱子詩義補正八卷　（清）方苞撰（清）單作哲編次（第 62 册）

方苞（1668—1749），字靈皋，又字鳳九，號望溪，桐城（今安徽桐城）人。康熙四十五年（1706）進士，康熙五十年，因戴名世《南山集》案牽連下獄，後得李光地營救，召直南書房。雍正即位，赦歸原籍，授左中允，累遷侍講學士、内閣學士、禮部侍郎，以足病辭官。更著有《望溪先生文集》、《周官集注》、《離騷正義》等。《清史稿》有傳。

單作哲，生卒年不詳，字明山，高密（今山東高密）人。乾隆元年（1736）進士，曾任河北饒陽、山東棗强知縣，擢安徽池州府同知。受業於方苞，更著有《五經補注》、《讀史瑣録》等。傳略見《（乾隆）棗强縣志》等。

是書無序跋，不列經文，以篇目統領，内容以論説詩旨爲主，多考論史實，間亦釋詞。方氏治學，尊奉程朱理學，卷一論《國風》云：“孔子删詩，於叢細之事、淫汙之辭，備存而不削，所以使萬世之人君因此以識治體，而深探其本也。《芣苢》、《兔罝》何關國事，然婦人皆樂勤其職業，野夫皆自厲於忠良。自非聖人以至誠感人心，以王政運天理，不能有此氣象。”至謂存鄭、衛、齊、陳之姦聲，以警發昏愚、砥維世教，視陳雅、頌之音而尤切者。其説尤過。是書雖名補正朱子，實補朱子者甚少，托名而自爲己説也，實亦折衷《集傳》、《小序》之間。其補正《集傳》者，如論《魯頌》：“朱子謂成王賜伯禽以天子禮樂，魯於是乎有《頌》。”“程、朱二子皆以成王之賜、伯禽之受爲非，而未察其本無其事。故補正之。”其維護朱子者，如論《行露》：“以朱子之勤經，豈其未見嬰、向之書，蓋嚴而斥之以無濊後人。而群儒乃援《集傳》禮或未備一語，以曲證其誣解，不亦悖乎？”皆平實可信。另糾正朱子論“笙詩無辭”之説亦具説服力。

此本據北京大學圖書館藏清乾隆三十二年刻本影印。（岳書法）

### 風雅遺音二卷　（清）史榮撰（第 62 册）

史榮（約 1675—約 1753），一名闕文，字漢桓，號雪汀，鄞縣（今屬浙江寧波）人。諸生。以負氣任性而三遭冤獄，被革功名。精小學，工書畫篆刻。更著有《竹東集》等。生平見

《國朝耆獻類徵初編》卷四三五。

是書前有史氏自序、姜炳璋序、陶燮跋。其自序謂今本朱子《集傳》所載之音，非惟與《釋文》乖，並《集傳》中語，時或背之，決非朱子手定。據朱子後人朱鑑所作《詩傳補遺後序》，知《集傳》原本有音未備，其音多後人所妄加，即原有者亦妄改之云云。因檢《釋文》及諸字韻書，爲之考訂，書於坊本之上，後又條其所誤之由，並其當有音而闕者與兼有他音者補之，共得十五類：一曰《集傳》用舊訓義而無音，二曰《集傳》有異義而不別爲之音，三曰音與《傳》義背，四曰古今未有之音，五曰聲誤，六曰韻誤，七曰音誤，八曰誤音爲叶，九曰誤叶爲音，十曰四聲誤讀，十一曰泛云四聲之誤，十二曰《邶風》注與某同之誤，十三曰補音，十四曰叶音闕誤，十五曰叶音誌略。其後附有《經文誤字》、《經文疑義》、《京本音切考異》、《釋文叶韻紀原》、《吳棫韻補考異》、《集傳相沿之訛》、《俗書相沿之訛》、《集傳偶考》、《俗音訂誤》九類，凡二十四類。史氏所列各類音考，大都可取，亦有刻意吹求之處。是書入《四庫全書總目》詩類存目，提要指其失曰："榮考今音頗詳，而古音則茫無所解，故叶音闕誤、叶音誌略二門所言，往往大謬。吳棫《韻補》見行於世，榮自言未見其書，摭諸書所引爲考異，尤爲贅疣。至於舊音舛謬之處，動輒謾罵。一字之失，至詆爲全無心肝，亦殊乖著書之體。蓋考證頗有所長，而蕪雜亦所未免焉。"

此本據浙江省圖書館藏清乾隆十四年一灣齋刻本影印。（岳書法）

**毛詩名物圖説九卷**　（清）徐鼎撰　（第62冊）

徐鼎，生卒年不詳，字峙東，號雪樵，吳縣（今屬江蘇蘇州）人。優貢生。詩、古文、八股文、書畫俱有名。更著有《靄雲館詩文集》。生平見《墨香居畫識》。

是書前有徐氏自序及《發凡》七條。其體例，頂端爲物名，中爲圖，圖兩側標篇名出處，注釋於圖下。一物重出，不復有圖。有同物異名者，無圖而有説，即附其末；有同名異物者，各分圖説。其《發凡》云："物狀難辨者，繪圖以別之。名號難識者，薈説以參之。爰據《山經》暨唐宋《本草》，有或未備，考州郡縣志，諏之士人，凡期信今傳後云。"其有關經義者，則采朱子之説。九卷内容分別爲：卷一鳥，卷二獸，卷三蟲，卷四魚，卷五至卷七草，卷八至卷九木，有圖二百九十五幅。是書徵引博洽，辨析亦精，然亦有疏誤處，如誤"倉庚"爲"黃鳥"。又謂"今人謂'常棣'爲'唐棣'者誤"。其實不然。《説文》木部"栘，棠棣也"，則許以"唐棣"名"棠棣"。李善《文選注》引《詩》"常棣"作"棠棣"者，正本許書，非誤讀也。雖然，《詩經》名物圖説著作由來已久，今多不傳，存世以此本爲最早。

此本據湖北省圖書館藏清乾隆三十六年刻本影印。（岳書法）

**詩益二十卷**　（清）劉始興撰　（第63冊）

劉始興，生卒年不詳，字子彥，金壇（今江蘇金壇）人。雍正甲辰（1724）舉人，曾應乾隆元年（1736）博學鴻詞科，後官霍邱縣教諭，好講求經學，《詩益》爲其主要著作。生平見《丙辰博學鴻儒科徵士題名録》。

是書前有劉氏《就正啟》及自序，又有其弟辰駿所述《要旨》，即凡例也。是書卷一至卷八《詩本傳》，卷九、卷十《詩次問》，卷十一《詩次補言》，卷十二、卷十三《詩表》，卷十四《總辨》，卷十五至卷二十《雜辨》。《詩本傳》、《詩次問》、《詩表》、《詩辨》各卷首又有《序略》。《詩本傳》參取毛、鄭、朱子，旁及近代諸家，頗爲精當。然因其不通音韻訓詁之學，所得有限。其發前人所未發者，爲《詩次問》和《詩次補言》。劉氏自序謂《詩》爲孔子所編，故《詩》有詩人之義，有孔子編《詩》之義。一篇之義小而全《詩》之義大。一篇之義,詩人之旨也;全《詩》之義,孔子編次之意也云云。倫明所作本書提要認爲:"孔子之編《詩》也,凡列於風者,皆足以別國政之盛衰。凡列於雅者,皆足以考王道之得失。凡列於頌者,皆足以見古先王創制垂統之義。"《詩表》則概況上述編詩之義而爲前後兩表,前表略陳詩旨,後表縱橫陳列詩人之意和編次之義。《詩辨》則分辨舊説之疑似可否,於近人依附舊説詆訐朱子者分辨尤詳。劉氏説《詩》,頗爲矜嚴,闕疑多而臆斷少,然其武斷牽强處亦難免。

此本據中國科學院圖書館藏清乾隆八年尚古齋刻本影印。（岳書法）

**毛鄭異同考十卷**　（清）程晉芳撰（第 63 册）

程晉芳(1718—1784),字魚門,號蕺園,歙縣(今安徽歙縣)人。乾隆三十六年(1771)進士,官吏部主事,任四庫全書館纂修官,改編修。少時從程廷祚問經義,從劉大櫆學古文,與袁枚等甚相得。於諸經均有所撰述,成就以《詩》爲最。更著有《諸經答問》、《群書題跋》、《勉行堂集》等。《清史稿》有傳。

是書爲其五十歲左右時在京所作。其作當在戴震《毛鄭詩考正》後,以嘗引其説故也。其《凡例》云:"是編先列《傳》、《箋》,間取《釋文》,再及《正義》,《正義》可節者節之,其不可節者,寧失之繁,以便觀玩。"又云:"是書之作,非特辨毛、鄭得失,兼欲學者博觀宋以降書,故凡有裨於二家者咸載之,而陳長發《稽古編》所采尤備。"是書以詩句爲目,引列諸説辨毛、鄭異同,二家説同者不録,其同而未確及異者辨之。如釋《關雎》"悠哉悠哉":"案:毛、鄭皆訓悠爲思,無可易,而訓詁未有以悠爲思者。荆公曰:'悠者,思之長也。'義乃完足。宋人講解俱有可取,大率類此。"其説能折衷諸説,然其自得頗爲有限。

此本據國家圖書館藏清抄本影印。（岳書法）

**毛鄭詩考正四卷**　（清）戴震撰（第 63 册）

戴震,有《尚書義考》,已著録。

戴氏欲作《群經考》,後僅成此種。其先成《毛詩補傳》,後分撰爲《杲溪詩經補傳》和《毛鄭詩考正》。是書前有其所校訂《鄭氏詩譜》作爲《卷首》,正文内容則如周中孚《鄭堂讀書記》卷八所云:"是書於毛傳、鄭箋無所專主,多自以己意考證。或專摘傳、箋考證之,或專摘一家考證之,或止摘經文考證之。大都俱本古訓古義,惟求其是,而仍以輔翼傳、箋爲主,非若宋人説《詩》諸書,專以駁毛、鄭而别名一家也。"是書主要對傳、箋文字訓詁進行考辨,有糾毛、鄭之誤者,有補毛、鄭之缺者。每一考辨皆徵引廣博,反覆參正,大都言之成理,信而有徵,能補鄭箋之失。如《小雅·小明》"昔我往矣,日月方除",箋云:"四月爲除。"戴震引《爾雅》、《廣韻》並方以智等人觀點證明"除"通"涂",當爲十二月。其説甚確。其發明毛傳者,如《召南·鵲巢》"維鳩方之",傳:"方,有也。"戴氏認爲"方"、"房"通用,有"居之"之意,説可通。其辨異文、明假借、通音韻處尚多。其考證名物、制度、地理處,亦皆有所得。在清代以樸學治《詩》的著作中,是書具有代表性。

此本據復旦大學圖書館藏清乾隆四十二年微波榭刻《戴氏遺書》本影印。（岳書法）

**詩學女爲二十六卷**　（清）汪梧鳳撰（第 63 册）

汪梧鳳(1726—1771),字在湘,號松溪,歙縣(今安徽歙縣)人。諸生。從劉大魁學古文,請江永、戴震等積學之士居其家治學。更著有《松溪文集》、《楚詞音義》等。生平見《碑傳集》卷一三三。

汪氏治《詩》頗有心得,然所存僅有此書。書前有自序並《總論》,自序云:"泊兒子灼既長,業《詩經》,時有質問,因歷舉古今傳説異同,而通會以己意,計日程課,積而大備,乃命灼編次成集。"汪氏認爲《詩》以正性情爲本,多識乃餘事，是亦望其子之所爲也，故書名《詩學女爲》。其采擇以《詩集傳》爲主，間及《小序》，有不可通者乃博采衆説而會通之。汪氏善説詩旨，所定《還》、《汾沮洳》、《駉》等詩詩旨多爲後世採納。其體察詩義精深微妙之處亦高出常人。如説《陟岵》云：“此詩孝子至情，全在瞻望二字。其親之念已祝已俱從瞻望中想象出來。不言己之念親，而反言親之念己；不言己之自慎，而反言親之欲其慎。則所以念其親者益切，而所以保其身者益至矣。”其藝術手法且爲唐人所繼承。如此以文學手法説《詩》之處尚不少，都十分可貴。另外，如其辨《采薇》、《出車》、《杕杜》爲宣王時詩之類，亦具卓識。

此本據復旦大學圖書館藏清乾隆不疏園刻本影印。（岳書法）

### 草木疏校正二卷　（清）趙佑撰（第64冊）

趙佑，有《尚書質疑》等，已著録。

陸璣《毛詩草木鳥獸蟲魚疏》早佚，《四庫全書》收録者爲輯本，提要云“不知何人所輯，大抵從《詩正義》中録出”，文多訛闕。是書之校正以元陶宗儀《説郛》本、明毛晉《津逮秘書》本爲底本，又以前者舛錯頗多，故以毛本爲主，“取二本異同，校以諸家別録，而是正之，凡應改定題目，增訂文字，可疑之處，悉附見於本文中。率以《詩》、《爾雅》疏、《釋文》爲之主，并繫之案”。書前有毛本目録，末録《魯詩》、《齊詩》、《韓詩》、《毛詩》論四篇，爲《四庫》本原有。某些條下間有丁杰校語，當是丁杰別有校本，佑兼取之也。陸疏之誤不少，就題目而言，如：“誰謂荼苦”當爲“采苦采苦”；“白華菅兮”當爲“可以漚菅”；“梓椅梧桐”當爲“椅桐梓漆”；“狼跋其胡”當爲“並驅從兩狼兮”等等。趙氏之校正，如“中谷有蓷”條，其校“萑，當作蓷”，並作案語曰：“《爾雅》萑、蓷一物，不應言似。郭注云：今茺蔚也。葉似荏，方莖，白華。華生節間，

又名益母。即璣此語也。《釋文》：荏，而甚反。則此似萑，乃似荏之誤。今《詩集傳》本亦誤荏爲萑，予于《詩細》言之，而毛子晉未察其爲坊俗譌字也。”辨析精準可據。然趙氏校本僅限於《説郛》本及毛晉本之異同、源流，故其校勘多有未完善者。

此本據復旦大學圖書館藏清乾隆白鷺洲書院刻本影印。（岳書法）

### 詩譜補亡後訂一卷拾遺一卷　（清）吳騫撰（第64冊）

吳騫，有《子夏易傳釋存》等，已著録。

是書前有俞思謙《題辭》並吳氏識語。是書原本宋歐陽修《詩譜補亡》，而就戴震《毛鄭詩考正》之《詩譜》所考正而重加校定，以補其疏闊處。正文首列《詩譜序》，下爲《周南召南譜》、《邶鄘衛譜》、《檜鄭譜》等十五譜。歐之《補亡》所缺《三頌圖》，亦從馬驌、戴震諸本補之。吳氏之考訂附於各譜之末，低兩格以別之，間亦用雙行小字夾注於正文之中或之末。

吳氏之考訂較爲簡約，多有可參者，如《曹譜》中考詩次云：“歐補《候人》以下三詩列於頃王，即《序》所謂其詩不知早晚則列於最後者也。然考共公立於惠王末年，卒於頃王元年秋，其在襄王時三十餘年，不應無一詩，而在頃王時，半歲却有三詩，且如《序》所云‘近小人’、‘侵刻下民’等，亦不必定在臨卒數月。馬氏《繹史》列三詩於襄世，今從之。”如據《候人》爲刺曹共公不禮重耳之作，重耳過曹在曹共公十二年，即周襄王十一年。此推論確爲有據。亦有欠妥者，如考訂《詩譜序》“陶唐之末，中葉”云“疑作‘夏之中葉’。《公劉》序云夏之始衰，公劉見迫逐，遷於豳，蓋太康之後也”。今人馮浩菲《鄭氏詩譜訂考》謂：“吳氏《後訂》本疑而未妥，不可從。又其所謂‘《公劉》序’云云，實非序文，乃其誤箋爲序，讀書不細，以致張冠李戴。”

此本據清乾隆五十年拜經樓刻本影印。
（岳書法）

## 毛詩故訓傳定本三十卷　（清）段玉裁撰
（第 64 冊）

段玉裁，有《古文尚書撰異》等，已著録。

是書經傳合爲一篇，傳置於經後，以復古經傳別行之舊，爲其主要特徵。是書前有《題辭》，謂毛傳、鄭箋與經文久相雜廁，世人云治《毛詩》，實所治者朱子《集傳》耳。故釐次傳文，以還其舊，所以具載經文，爲免學者兩讀云云。是書先列篇目章句數，次經文，次傳，作者校語以雙行小字附入其間，井然有序。段氏又謂《毛詩》傳自子夏，曰《故訓傳》者，乃其述古義與記古今異言並置，爲小學之大宗。且取《大序》爲子夏作，《小序》爲子夏、毛公合作之説，並加以辨證。段氏此書出，多爲後之治毛傳者取法，如陳奐作《詩毛氏傳疏》。段氏此書間有校勘經傳文字訛誤處，頗有可取。然其疏失處亦不少，如《碩人》傳，依誤本《玉篇》改傳文“頎長貌”爲“頎頎具長貌”。其失之大者，如《葛覃》“歸寧父母”，傳云“父母在則有時歸寧耳”，段氏曰“或云：此九字恐後人所增”，徒啟疑竇，引後人紛争。後丁晏著《毛鄭詩釋》，末附《書段氏校定毛詩故訓傳後》一篇，指出段氏誤改傳文十餘例。

此本據浙江省圖書館藏清嘉慶二十一年段氏七葉衍祥堂刻本影印。（岳書法）

## 詩經小學四卷　（清）段玉裁撰（第 64 冊）

段玉裁，有《毛詩故訓傳定本》，已著録。

據段氏自述，是書成於乾隆四十一年（1776）其四十二歲時，總三十卷，後又略加訂補，段氏歿後十年，道光五年（1825）春抱經堂雕板。是板有王念孫藏本，現收藏於上海圖書館。

此四卷本，前有臧庸《刻〈詩經小學録〉序》，知乾隆五十六年，段氏遊常州，以《古文尚書撰異》屬臧庸校讎，因甚合其意，故又以《詩經小學》全書數十篇授臧庸，臧復爲删煩纂要，《國風》、小大《雅》、《頌》各録成一卷。段見而喜曰：“精華盡在此矣，當即以此付梓。”嘉慶四年（1799），爲報知己之德，臧氏聚資刻此節本於廣東南海縣。後此四卷本被收入《皇清經解》，流傳益廣。經比對，知臧氏據以節録之本優於道光本，知道光本所據爲更早之未定稿。然此本雖保留了《詩經小學》之精華，亦有失當之處。因此書撰成不久，《毛詩故訓傳定本》亦成，此節録本又在其後十餘年，而臧氏所録有爲《定本》已改正之條目，如卷二“在彼空谷”條，卷四“靈雨即零”條。因此，臧氏此選本有“以自省覽”之目的，加上其識力有限，故選擇有隨意性和不妥處。此書頗采其師戴震之説，書中精華又爲陳奐采入所著《詩毛氏傳疏》中。

此本據復旦大學圖書館藏清嘉慶二年武進臧氏拜經堂刻本影印。（岳書法）

## 讀風偶識四卷　（清）崔述撰（第 64 冊）

崔述，有《易卦圖説》等，已著録。

是書四卷，每卷分篇若干，卷一《通論詩序》、《通論二南》、《周南十有一篇》，卷二《召南十有四篇》、《通論十三國風》、《邶鄘衛風》，卷三《王風》、《鄭風》、《齊風》、《魏風》、《唐風》，卷四《秦風》、《陳風》、《豳風補説》、《通論讀詩》。

崔氏八九歲時便讀《讀風臆評》，雖不解其意，而頗愛其抑揚宛轉，不承襲漢宋之念，摒棄當時盛行的毛、鄭詩學，自成一派。主於體會經文，不以前人附會之説，保持勇疑善辯、考信求真的學術精神。是書大膽批判，超越古人，例如卷一《桃夭》篇云：語意平平無奇，却覺故初風俗之美，此外都不可論。

卷一《通論詩序》論《詩》之大旨，謂《毛詩》後出，不如齊、魯、韓三家詩近《詩》之本旨。

又以爲《詩序》爲衛宏一人所作，而非子夏作，亦非子夏、毛公合作。說《詩序》平衍淺弱，多枝蔓之語，至於牽强之處，逐一摘出批評，如謂《詩序》好取《左傳》之事附會，"然考傳所紀，及《詩》所言，往往有毫不相涉者，伐鄭之役，五日而還，而强屬之居處喪馬之章，宋襄之立衛在楚邱，而猶欲以刀葦杭河而渡"。此兩事尚屬中肯，其餘或失之太過，宜分別觀之。對朱子之言作頗多肯定，却不盡從其說。在《周南》有言"朱子亦覺其不合，故訓河云北方流水之通名，此乃近時之俚俗，然三代以上不如是也"，《樛木荄斯》中更云"余從朱子之意，是以不敢盡從朱子之言"。述不以篇次論《詩》，謂《詩》不能以篇次論其高下。其專主詞意，惟以文論文，就事論事，舉實考辯，"合於詩意者則從之，不合者則違之"。曰《關雎》者在康王之世，夫婦之道，男先乎女之義也。次曰《葛覃》以下皆在康王以後，皆言婦德。又曰《二南》爲成王時詩，"周公、召公分治，各采風謡以入樂章，周公所采爲《周南》，召公所采爲《召南》"。

此本據清道光四年陳履和刻《崔東壁遺書》本影印。（岳書法）

### 毛詩證讀五卷讀詩或問一卷　（清）戚學標撰　（第64册）

戚學標（1742—1825），字鶴泉，一字翰芳，太平（今浙江温嶺）人。乾隆四十五年（1780）進士，任河南涉縣知縣，改寧波教授，未幾歸。曾館於曲阜孔氏，盡讀其藏書。精於考據，更著有《漢學諧聲》、《鶴泉文鈔》等。生平見《清史列傳》卷六八。

是書未標卷數，首有熊寶泰、諸以謙二序，次《凡例》，次《讀詩或問》，正文分《國風》（上、下）、《小雅》、《大雅》、《頌》五部分。《讀詩或問》要旨在通過對於《詩經》讀音的二十二問說明"情發於聲，聲成文謂之音。

音即今所謂韻。古人爲詩，音以聲成，後人爲詩，聲爲韻限"。又如："魏晉以前書不見韻字，安所得韻書，而以規三百篇之出入離合，然言音而人不知，又不得不姑仍其稱曰詩必有韻矣。"

此書要旨在於論音以諧聲爲主，遵從漢儒讀若之法，如熊序云：今《證讀》即用讀若法以復古音，而叶韻反切五音諸說盡廢。謂沈韻偶合古音則可，以古音盡叶於沈韻則不可。又如諸序稱：其書詳音而略義，力爲人所不能爲，約其用意有數端焉。《説文》曰韻者和也，夫音生於聲，聲生於氣，氣和而後音和。偶爾有變例，大旨取譬况。如國風中《周南·關雎》"求之不得，寤寐思服"下注"讀若匐，韻書得在職部，服在屋部，六朝俗音非古"。江瀚評曰："如《鄭風》'抑釋掤忌，抑鬯弓忌'，謂古人無所爲韻，顧炎武《唐韻正》東、蒸之辨，失之太拘。《周頌》'烈文辟公，惠我無疆'，謂顧氏公、疆各自爲韻，歌詩音節既欲就彼，又欲就此，恐無是理。《魯頌·閟宫》末章謂《唐韻》陌、鐸、昔、藥四部分隸，音讀錯雜，後人展轉通叶，蓋諧聲之學自魏晉後失傳久矣。均極有見。"（民國《續修四庫全書提要》，以下簡稱《提要》）此書重音略義，見解精到但仍有訛誤，如江瀚所云："《齊風》'盧重環'注正作'鐶'。雖《白孔六帖》引《詩》作鐶，《説文》金部無鐶字，惟《玉篇》有之，然第云胡關切，初無訓，蓋俗體也。"

此本據南京圖書館藏清嘉慶十年涉署刻本影印。（岳書法）

### 毛詩説六卷詩藴二卷　（清）莊有可撰　（第64册）

莊有可（1744—1822），亦名獻可，字大久，武進（今屬江蘇常州）人。諸生。博通諸經傳，皆有傳述。尤精《春秋》，有《春秋注解》，已佚。生平見《清史列傳》卷六八。

《毛詩説》六卷,前有莊氏自序。其行文按照經文次序爲之注釋,一篇一章一句之意,分而按之,皆各成其解。其説詩頗爲詳審,多有創新,如釋《谷風》:"逐臣怨也,君不可怨,故託爲棄婦之辭。"釋《摽有梅》:"急取士以待貢也,古者諸侯歲貢士于天子。"釋《静女》:"思隱士也。"釋《柏舟》:"石碏憂國也。莊公夫人莊姜無子,以娣子完爲己子,莊公惑於嬖妾,妾子州吁有寵,完雖爲世子而無威,故石碏憂之。"亦有僅從舊説、簡約精準之處,如釋《凱風》:"孝子自責。"釋《擊鼓》:"怨久役也。"釋《麟趾》:"美文王子孫之多而仁也。"釋《桃夭》:"美之子也。"然正如自序所云:"孔子删《詩》,取風、雅、頌,而不收賦、比、興,蓋亦《春秋》得半之意也","蓋孔子删《詩》與《書》,本以輔《春秋》也","而後知其大意與《春秋》不必求和,而自不相悖"。作者並且認爲"《序》多不詞,傳、箋亦且或晦或支",故在書中多借春秋時事立穿鑿附會之説,如以《國風·齊風·著》刺襄公不親迎,以《東方之日》刺襄公荒於内等,皆爲附會之辭。

《詩藴》二卷,共一百二十二條。卷首有自序曰:"《詩》非聖人之所作也,而爲聖人所删定,則雖非聖人所作而亦猶之作也,聖人之文義無不包,不得其説固似是而仍非,或得其説亦逢原而即是。"是篇詳考詩之篇數、章數、句數、字數,並比附天地變化、日月離合,取義完備,亦有數學算式之法,但稍顯繁雜。

此本據復旦大學圖書館藏民國二十四年商務印書館印抄本影印。(岳書法)

**詩疑筆記七卷後説一卷**　(清) 夏味堂撰
(第64冊)

夏味堂(1745—1825),字鼎和,號澹人,高郵(今江蘇高郵)人。乾隆四十二年(1777)舉人,年五十棄科舉,乃發憤爲文,以辭章名世,又以整理鄉邦文獻,編撰地方史志爲己

任。更著有《遂園詩鈔》、《拾雅》、《三百篇原聲》等。《廣陵思古編》卷二〇《制義感舊集序》後有夏氏附傳。

是書前有自序,稱《詩》必卜子夏氏而後可疑也,後毛、鄭及唐宋諸儒説《詩》固且愚,斯又可疑也,故申而辨之,俾後世通儒奪其説而正之云云。其説頗爲自負。其書摘句爲釋,或釋字詞,或辨詩旨,較爲詳博,然其所失不少,所得則有限。其失之大者,如解《伯兮》"爲王前驅",江瀚曰:"以詩中王字不必定指天子,於是《北門》之'王事適我'、'王事敦我',《鴇羽》之'王事靡盬',《無衣》之'王于興師'皆以王爲君上通稱,謂王號本屬天子,周自平、桓以後,天子幾與列國等,王可降而爲風,則諸侯可進而稱王。且援《左氏傳》,《春秋》楚子也,不得不循其國之故而稱王。孟子對齊梁之君,亦不能獨異。以是爲證,謬已甚矣。楚及齊、梁之君並僭稱王,若衛、若唐、若秦,當時何嘗僭稱王邪?"(江瀚《續修四庫提要》)又如説《殷武》"歲事來辟",以爲箋、疏皆訓爲來王爲未妥,而訓"辟"爲"侯",以歲事來述其侯職。其説雖可曲通,然訓"辟"爲"侯",不僅無徵,且不講文句,其牽強甚矣。至其所得,如説《鵲巢》"維鳩方之",謂"方"爲"居而宜之也",並引《左傳》杜注爲説,以爲"詩蓋隱寓宜其室家之義"。體察至微,頗爲可取。夏氏善疑前人,然啓後人之疑者亦復不少。

此本據國家圖書館分館藏清嘉慶十九年梅華書屋刻本影印。(岳書法)

**毛詩天文考一卷**　(清) 洪亮吉撰 (第65冊)

洪亮吉(1745—1809),初名禮吉,字君直,一字稚存,號北江,晚號更生居士,陽湖(今江蘇常州)人。乾隆五十五年(1790)進士,授翰林院編修。嘉慶初,以上書指斥時政謫戍伊犁,不久赦歸。遂於史地、聲韻、訓詁之學,工詩、駢體文。更著有《春秋左傳詁》等,

合輯爲《洪北江全集》行世。《清史稿》有傳。

是書一卷。洪氏以當時之天文知識,對《詩經》中涉及天文之詩句進行訓釋。觀其行文,先列所訓詩句,後附各家之説。如"三星在天",引毛氏説"三星,參也",而鄭氏、安定劉氏皆云三星乃爲心宿。劉氏又曰"三星者,非心之一宿",蓋與心相連者,亢、氐、房也。洪氏主是説。又如"七月流火",《周禮》曰"三月出火,九月納火",鄭司農注則曰"三月出火"、"九月納火",皆從心星位置而定。《左傳》、鄭氏均以火星爲寒暑之候。"維天有漢",其注多涉玄説,如《河圖括地象》曰"河精上爲天漢",《陽泉物理論》曰"漢,水之精也",《抱朴子》曰"天河從北極分爲兩頭,河者,天之水也,隨天而轉入地下",宋《中興天文志》曰:"石氏云,天漢蓋天一所生,凝毓而成者,天所以爲東西南北之限也"。蓋當時之天文觀測,尚不足對此作出合理辨證,故洪氏僅列其説。"維北有斗",《周禮·天官》云北斗爲七星,劉向、徐整皆云爲九星,《北斗經疏》云其二星爲輔弼二星,王世貞《四部稿》則曰:"第八星名矛頭招搖,第九星名盾。"衆説各異,本無定論,故洪氏曰:"按諸家言,九星者不同,未知誰是。"至於邶、鄘、衛、鄭等地之譜,江瀚《提要》曰:"具列分野諸星,其原雖古,然以今考之,環海六洲,除中國皆無與分野,寧有是理乎?"洪氏案之,各國之分野諸星,當是各國初封之時,其歲星所行之宿也。時至今日,則或星在而國已不在。故洪氏之考釋,止列舊説於此。

此本據湖北省圖書館藏清道光三十年張氏崇素堂刻本影印。(岳書法)

**毛詩物名考七卷** (清) 牟應震撰 (第65冊)

牟應震(1744—1825),字寅同,號盧坡,棲霞(今山東棲霞)人。乾隆四十八年(1783)舉人,官至青州教授,五年後歸故里,閉門著書。更著有《夏小正考》、《毛詩質疑》、《周易直解》等。

牟氏《毛詩質疑》收其《詩》學著作六種,《物名考》爲其中之一。是書前有牟氏自序,稱自童年喜考校物類,於物之形色性情,或能得其一二,及反而證之《爾雅》諸書,多有不合,今古異呼,方土殊名,傳寫之訛謬,假借、轉注之變移,然則以物注《詩》,不如以《詩》注物云云。又有孟廣均序,稱其與族兄松巖、陌人講解《毛詩》,兼采《説文》、《爾雅》諸説而不盡信,引古證今,凡《詩》所載一名一物,靡不折中異同,晰疑辨似,詳考而備録之云云。此書分鳥、獸、鱗介、昆蟲、木、草、穀七卷,每卷首有總考,其間每小類有分考。應震不盡依前人綜述,把穀類分爲一部,卷七總考有語云:"穀,雜草而生者也,上古聖人別其味,拔諸薈蔚,加以栽培,變茹毛爲粒食……《爾雅》合於草部,未當也。""憑目見以徵信,目所及而《詩》未及者,附以備考,《詩》已及而目未及者,缺以待詳。"此盡心竭力之作,理精而語奧。

此本據清華大學圖書館藏清嘉慶牟氏刻道光咸豐朱氏補修《毛詩質疑》本影印。(岳書法)

**詩問六卷** (清) 牟應震撰 (第65冊)

牟應震,有《毛詩物名考》,已著録。

是書爲牟氏《毛詩質疑》所收六種之一,前有牟氏自序及朱廷相跋。書凡六卷,卷一至卷三《國風》,卷四《小雅》,卷五《大雅》,卷六《頌》,以問答形式申述己見,以辨疑義。

今人洪湛侯《詩經學史》論及是書,稱其體例頗似注疏之體,每篇皆録經文,經文之後有簡注,詳於詩旨而略於釋詞,與注疏又稍異。每篇篇題之下列有篇旨,如《卷耳》"懷征夫也",《漢廣》"慕游女也",《甘棠》"思召伯也",實即自定之詩序。其下爲全篇概述,議論縱橫,乃全書精義所粹。牟氏論《詩》,不信《詩序》,不循舊説,主張探討詩篇全文,循文立論,多疑善辨,大膽探索,思路之活躍,持論之新奇,一時罕見云云。

此本據國家圖書館分館藏清嘉慶牟氏刻道光咸豐朱氏補修《毛詩質疑》本影印。(郭沖)

### 詩問七卷　(清)郝懿行撰　(第 65 册)

郝懿行,有《易説》等,已著録。

卷前有郝氏自序及王照圓《葩經小記序》。自序稱是書録其與妻子王照圓間居答問之語,非注詩也,不具録,録其稍可者云云。王照圓,號瑞玉,字婉佺,著《葩經小記》。她與丈夫共同研究七年,以答問形式,寫出對《詩經》的新解,至嘉慶年間,成《詩問》七卷。是書作注較詳盡,注解中引各家語。如卷一《樛木》篇,引申培《詩説》"南國諸侯樂文王也",及毛傳云"南,南土也",且采用鄭箋語以釋"南有樛木"。其答問涉及諸多關於婦人之問題。如卷一諸篇,《關雎》:"成婦德也。"《葛覃》:"婦職也。"《桃夭》:"美賢女也。"《鵲巢序》云:"婦人之德也。"又涉及很多政事,如卷一諸篇,《北門序》云:"刺仕不得志也。"《静女序》云:"刺時也。"卷三諸篇,《白駒序》云:"大夫刺宣王也。"《黄鳥序》云:"刺宣王也。"《節南山序》云:"刺伊氏也。"《十月之交序》云:"大王刺幽王也。"郝氏此書,其於注疏實可謂融會貫通,但亦有疏漏之處,正如江瀚所云:"其他言《詩》亦往往有失當者。如《周頌·酌》篇'遵養時晦',謂'武王之師陳於商郊,其時雨甚冥晦,武王循養而俟之,甲子昧爽雨止,而時大清明矣'。懿行學者,乃有此不根之談。"(《提要》)

此本據清光緒八年東路廳署刻《郝氏遺書》本影印。(岳書法)

### 毛詩補疏五卷　(清)焦循撰　(第 65 册)

焦循,有《易章句》等,已著録。

是書前有焦氏自敘,稱幼習《毛詩》,嘗爲《地理釋》、《草木鳥獸蟲魚釋》、《毛鄭異同釋》三書,共二十餘卷。嘉慶十九年(1814)暮春,删録合爲一書。二十三年夏又加增損爲五卷,次諸《易》、《尚書補疏》之後。孔穎達《毛詩正義》於諸經疏中爲最詳善,然毛、鄭義有異同,往往混鄭於毛,比毛於鄭,而聲音訓詁之間,疏略亦多云云。是書於傳、箋異同之分析詳盡明暸,且稱毛傳精簡,得《詩》意爲多。因此,作者論《詩》時,大都申毛抑鄭。如"政事一埤益我",傳云:"埤,厚也。"箋則云:"有賦税之事,則減彼一而以益我。"作者補傳之缺,釋"一"爲"一即專一之義,言有政事則專厚益我。猶《孟子》所謂'我獨賢勞也',鄭義迂曲非毛義"。又如"匪車不東",傳解爲"不東,言不來東也"。箋解爲"汝非有戎車乎?何不來東迎我君而復之"。焦氏以爲若謂"匪是車之不東,是不救患恤同也",則箋於"匪車"之解迂曲毛義,不足取。是書亦匡正孔疏,如"我心匪鑒,不可以茹",則云茹即謂察,形鑒可茹,我心不可茹。如可察形,則知兄弟之不可據,不致逢彼之怒,則箋迂曲非傳義云云。

此本據上海辭書出版社圖書館藏清嘉慶刻本影印。(岳書法)

### 陸氏草木鳥獸蟲魚疏疏二卷　(清)焦循撰　(第 65 册)

焦循,有《易章句》等,已著録。

是書卷上首有焦氏乾隆五十九年(1794)自序,謂以陸璣之書既殘闕不完,而後世爲是學者,復不能精析,因撰《草木鳥獸蟲魚釋》,既成,又據毛晉所刻之本,參以諸書,凡兩月而後定云云。《陸疏》就焦氏所見,有陶宗儀《説郛》、陳繼儒《眉公秘笈》、毛晉汲古閣《津逮秘書》諸本,然皆訛舛相承,次序凌雜,明係後人摭拾之本,非陸氏之原書,故有是書之作。焦氏又謂陸氏爲《毛詩》學,如此書或稱

《毛詩草木鳥獸蟲魚疏》，或稱《毛詩義疏》，而汲古閣本末所附《毛詩》篇偽跡顯然，因又就書末所附《呂氏讀詩記》所錄之《毛詩》殘文進行考辨。焦氏此書之優，首在眉目清晰，其重新編排了原書條目，按草、木、鳥、獸、蟲、魚順序分爲六類，再依條目篇次先後排列，且各類皆有小計，凡草五十三條、木四十條、鳥二十一條、獸十條、蟲十四條、魚十一條，共計一百四十九條。較趙佑本多十條，其間雖有分合未當處，總體看更爲合理，而其所訂條目與趙亦往往不謀而合。另外，此書每條詳列徵引書名卷次，以雙行小字書於條末，間以辨證。共列徵引著作二十餘種，以《毛詩正義》、《太平御覽》、《爾雅注疏》和《詩緝》爲多。經其全面核對，進行校訂，大大增加了該書的準確性和文獻價值。焦氏此書體例完備，撰述嚴謹，有功于《陸疏》者良多。

此本據復旦大學圖書館藏清光緒十四年刻《南菁書院叢書》本影印。（岳書法）

## 毛詩草木鳥獸蟲魚釋十二卷　（清）焦循撰（第65—66 冊）

焦循，有《易章句》等，已著録。

上海圖書館藏焦循《毛詩草木鳥獸蟲魚釋》稿本有二，一爲三十卷本，一爲此本，此本據前者反覆修訂删補而成。書前焦氏自序謂，辛丑、壬寅間，始讀《爾雅》，又見陸佃、羅願之書，心不滿之，思有所著述，以補兩家所不足，創稿就而復易者三。丁未，館於城東壽氏，復改訂之，至辛亥訖，爲三十卷。壬子至乙卯，又改一次，未愜也。戊午春，更删棄繁冗，合爲十一卷。以《考證陸璣疏》一卷附於末，凡十二卷云云。又，序後附記明確説明是書創始於壬寅年，至今十八年，尚有未愜意處，且云"壬戌自都中下第歸，又閲一過，覺尚有宜删削處"。是焦氏勤力此書十九年，六易其稿，其間歷經艱辛而堅持不懈，終能卒業，其堅韌的治學態度和刻苦的治學精神得

到了充分的體現。據三十卷本的自序，此書初名《毛詩多識》，改爲《毛詩物名釋》，再改爲《毛詩鳥獸草木蟲魚》，最後才定名爲《毛詩草木鳥獸蟲魚釋》，另從十二卷本之編次及題記中也可見三十卷本即是本之底本。此本先列傳、箋，低一格引《釋文》、《正義》，後以按語加以考釋。有不必釋者不贅一詞，不爲空論，不尚新奇，毛、鄭有誤處則加以辨正，然其維護毛、鄭之傾向亦很明確。是書精華後采入《毛詩補疏》之中，可參。

此本據上海圖書館藏稿本影印。（岳書法）

## 詩氏族考六卷　（清）李超孫撰（第66 冊）

李超孫，生卒年不詳，字奉墀，號引樹，嘉興（今浙江嘉興）人。乾隆六十年（1795）舉人，官會稽縣教諭。精經義，尤深於《詩》。更著有《拙守齋集》等。傳見《清史列傳》卷一八。

是書前有超孫之弟富孫所撰敍，稱草木蟲魚則有疏，名物則有解，地理則有考，而《詩》中所偁之人，則未有纂輯成書。因取詩人之氏族名字，博考經史諸子以及近儒所著述，並列國之世次，洎其人之行事，莫不搜羅薈萃，而詩人美刺之意惝，蓋可得而觀感云云。是書體例，先寫毛傳、鄭箋等對該人物之考證，若毛傳、鄭箋甚簡或未做記載，則徵引字典、辭書、史書、傳記等資料，以印證之，或糾其錯訛、補其不足。糾錯之例如卷一《簡兮》篇對"簡"之考證，李氏徵引《子貢詩傳》及《申培詩説》之記載，認爲"簡"當作"柬"，而毛傳"誤簡爲柬"。李氏又指出雖《子貢詩傳》和《申培詩説》爲偽書，不足據，然據顏師古"柬，古簡字。柬簡二字本通。毛誤簡爲柬亦非"，定毛傳對"簡"之考證有誤。印證傳、箋之例如《載馳》篇"許穆夫人"，箋云："許穆夫人，公子頑烝于宣姜所生。"李氏引《列女傳》及《左傳》記載，印證箋之説。李氏是書，非僅憑一家之言，而廣徵《呂氏春秋》、《列女傳》、《公羊傳》、《穀梁傳》、《左傳》、《史記》

等,資料更加豐富、準確,彌補了《詩經》注之空缺,極具價值。

此本據上海辭書出版社圖書館藏清道光海昌蔣氏刻《別下齋叢書》本影印。（岳書法）

### 詩小序翼二十七卷首一卷　（清）張澍撰（第66册）

張澍(1781—1847),字時霖,一字伯瀹,號介侯,又號介白,武威(今甘肅武威)人。嘉慶四年(1799)進士,官貴州玉屏、四川屏山、江西永新等縣知縣。長於姓氏之學,工詞章,兼治金石,留心關隴文獻。更著有《姓氏五書》、《續黔書》、《秦音》、《養素堂集》等。生平見《續碑傳集》卷七七。

自唐韓愈不以子夏作《詩序》,衆説紛紜,朱子以後,欲蓋彌彰。宋歐陽修、鄭樵、程大昌、蘇轍、王質等各立異説,清崔述以爲衛宏所作,至今有十餘種説法。張氏於是書首《題辭》曰“《小序》子夏所作也”,以班固《漢書》、晉皇甫謐《三都賦序》、唐司馬貞之言證之。

是書爲張氏手稿,首爲《作詩時世圖考》,以《詩譜》之意而作。全書二十七卷,每卷先列小序原文,提行低一格,載鄭箋、孔疏於下。廣徵博引,有《釋名》、《五經通論》、《列女傳》等,以抒己見。如卷一《葛覃》序下先注鄭箋,曰躬儉節用由於師傅之教,而後可以歸安父母;又言《白虎通》曰“婦人所以有師何,學事人之道也”,且《昏禮》經曰“教于公宫三月,婦人學一時足以成矣”;“女必傅姆何,學之也”,《春秋傳》“傅至而姆未至”,《昏禮》注云“姆,婦人五十無子,出而不復嫁”,能以婦道教人,若今時乳母;何休云“選老大夫爲傅,大夫妻爲姆”,非也;范氏亦曰“王業之本,在知稼穡艱難;内治之本,在知女功之事”,采用循序漸進、推演之法,以言此篇之本爲婦之道。又宋以來説《詩》之書,有可與相發揮者如吕祖謙、嚴粲、范處義、蘇轍、黄

標、李樗、曹粹中、王應麟及顧炎武、陳啟源、徐文靖諸人所論,咸加采輯。至郝敬、何楷,每多新説,僅擇其與序附離者入之。朱熹《詩序辨説》,朱駿聲《詩序異同彙參》四卷對《詩序》研究頗有成就,駿聲著述性質與成書年代,均與此書相伯仲,然專解《小序》之書,仍當以此爲首。

此本據上海圖書館藏稿本影印。（岳書法）

### 毛詩後箋三十卷　（清）胡承珙撰（第67册）

胡承珙(1776—1832),字景孟,號墨莊,涇縣(今安徽涇縣)人。嘉慶十年(1805)進士,選庶吉士,累官臺灣兵備道。究心經學,著意《毛詩》。更著有《儀禮古今文疏義》、《小爾雅義證》、《爾雅古義》、《求是堂詩文集》等。《清史稿》有傳。

承珙早年精研小學,熟於《爾雅》、《説文》,以之治經,重名物,更重訓詁,創獲頗豐。胡氏在京之時就常與郝懿行、胡培翬等聚談經義,更常與馬瑞辰、陳奂辯難質問《毛詩》。官閩、臺間及辭官歸鄉後,還通過書信往來與陳奂商討《毛詩》疑難,《毛詩後箋》之説多爲其答陳奂之所請益者。該書寫作歷時十餘年,四易其稿,至第二十九卷《魯頌·泮水》篇而染疾,竟不能卒業,抱志而歿,所餘部分爲陳奂以其《詩毛氏傳疏》語條録補綴而成。

是書體例猶讀書劄記,首爲篇名,次録《詩序》,然後引諸説足資辯證者折中論斷,持論較爲平和。亦有《詩序》無足辯者,則付之闕如;最後録《詩經》四字一句爲目,進行考證發明。其書主於申述毛義,從毛者十之八九,從鄭者十之一二。始則求之本篇,不得則求之本經,不得則證以他經,又不得則泛稽周秦古書。自注疏而外,於唐、宋、元諸儒之説有與毛傳相發明者,亦廣徵博引;而於名物、訓詁,及毛與三家詩文有異同,類皆剖析精微,折衷至當,能於毛傳本文前後會出指歸,又能於西漢以前古書中反復尋考,貫通詩義,對

《毛詩正義》乃至鄭箋疏失之處多所糾彈。如《衛風・有狐》"有狐綏綏,在彼淇厲",胡氏曰:"此厲當爲瀨之借字。"並以《史記》、《漢書》之異文及《楚辭》用語加以論證,可稱達詁。尤可貴者,是書非唯毛是從,亦以三家詩糾正毛傳,其或完全撇開毛傳釋義,彰顯胡氏之治學態度。

此本據南京圖書館藏清道光十七年求是堂刻本影印。(岳書法)

**毛詩紬義二十四卷** (清)李黼平撰 (第68冊)

李黼平(1770—1832),字繡之,又字貞甫,嘉應(今廣東梅州)人。嘉慶十年(1805)進士,選庶吉士,散館改官江蘇昭文縣知縣。爲政寬和,而以虧挪繫獄數年。治漢學,究心於考證。更著有《易刊誤》等。生平見《清史列傳》卷六九。

是書前有李氏自序,謂《毛詩正義》成於衆手,疏略時形。其後屢經校勘,淆訛彌甚。有傳、箋本同而《正義》強分之者,有傳、箋本異而《正義》強合之者,有誤釋傳、箋義者,有漏釋傳、箋義者,乃作是書,依傳、箋以正孔穎達《毛詩正義》之誤。如卷一《鵲巢》篇"百兩御之",傳解爲"諸侯之子嫁于諸侯,送御皆百乘",《釋文》注:"御,五嫁反。本亦作訝,又作迓,同。"又云:"送御,五嫁反。一本作迎。"《正義》述傳爲"送迎",而傳本作訝。傳曰:"御,迎也。"李氏以爲:"此經若作御,毛必先訓迎矣。鄭經本作御,故箋云'御,迎也'。"李氏又指出傳、箋對《詩經》之解釋有差異,而《正義》將兩者誤合在一起。如卷三《相鼠》篇"人而無儀",傳解釋"儀"爲禮儀,箋云:"儀,威儀也。"而《正義》在述經時則將"禮儀"和"威儀"混而爲一。李氏不拘一家之言,博采衆家之說,廣徵《周禮》、《經典釋文》、《左傳》等著作,使得本書內容更加充實,注釋更爲準確。如卷二《雄雉序》,在對"夫人"進行論證的時候,李氏徵引《左傳》、

《史記》所記史實,比對傳、箋的注釋。箋據《左傳》記載,認爲"夷姜爲宣公上烝父妾也",《正義》亦承襲此說法。作者依據《史記》記載"宣公愛夫人夷姜,夷姜生子伋,以爲太子",申傳抑箋。在解釋字詞方面,李氏依據《說文》、《爾雅》、《經典釋文》等。如卷一釋"詁訓",《說文》云:"詁訓,故言也。"又如卷十六《白華》篇"有扁斯石",《釋文》:"扁,邊顯反,又必淺反。"旨在對比各家《詩經》注,匡正其錯誤,使各家注更加貼近《詩經》原著。

此本據國家圖書館分館藏清道光七年箸花菴刻本影印。(岳書法)

**毛詩通考三十卷** (清)林伯桐撰 (第68冊)

林伯桐(1778—1847),字桐君,號月亭,番禺(今廣東番禺)人。嘉慶六年(1801)舉人。阮元督粵,延爲學海堂學長。更著有《脩本堂集》等。生平見《清史列傳》卷六九。

是書乃考鄭箋異義,或指毛鄭之異,或指鄭失毛義,或指毛鄭似異實同,或指毛鄭似同實異,或指毛鄭本同而孔疏強爲分別。前有識語謂鄭云注詩宗毛爲主,毛義若隱略,則更表明,如有不同,即下己意,使可識別,是鄭特偶識己意,非立異也。傳、箋不同者,大抵毛義爲長云云。

此本據上海辭書出版社圖書館藏清道光二十四年林世懋刻《脩本堂叢書》本影印。(岳書法)

**毛詩傳箋通釋三十二卷** (清)馬瑞辰撰 (第68冊)

馬瑞辰(1775—1853),字元伯,桐城(今安徽桐城)人。嘉慶十五年(1810)進士,官至工部員外郎。曾主白鹿洞、廬陽書院講席。太平軍破桐城時,以不降被殺。《清史稿》有傳。

馬氏早年遊宦京師之時,開始留心著述,尤

好《詩經》。與胡培翬、胡承珙、郝懿行等相友善，討論學術。與胡承珙二人更是志同道合，共治《毛詩》，朝夕過從，相互質問。然馬氏真正用力此書，還是在其四十歲以後，乞身歸養之時。書前自序曰："爰取少壯所采獲及於孔疏、陸義有未能洞澈於胸者，重加研究。以三家辨其異同，以全經明其義例，以古音古義證其譌互，以雙聲疊韻別其通借。意有省會，復加點竄，歷時十有六年，成書三十二卷。"該書初名《毛詩翼注》，後改爲《毛詩傳箋通釋》，以示其不拘門戶之見。其實，正如其爲胡承珙《毛詩後箋》所作序中所云，己之《通釋》、胡之《後箋》，名雖異而實則同，皆以發明《毛詩》古義爲己任。

是書前有自序及《例言》七則，卷一爲《詩入樂說》等十九篇短文，對詩入樂、國風次序、風雅正變等《詩經》學史上的一些重要問題進行考證，雖有牽強之論，亦詳而辨，時有創新之處。卷二至卷三十二爲本書正文，亦是摘句爲釋，不列經文，訓釋詞語爲主，間亦考證名物，體例與《毛詩後箋》略同。行文如其《例言》所云："先列毛、鄭說於前，而唐、宋、元、明諸儒及國初以來各經師之說，有較勝漢儒者亦皆采取以闢門戶之見。"由於《毛詩》用古文，其經字多假借，大都本於雙聲、疊韻，而《毛詩正義》疏失不少。馬氏此書善以三家詩辨其異同，以全經明其義例，以古音、古義證其譌互，以雙聲、疊韻別其通借，廣博融通，創獲良多。

是書最大成就還是在訓詁方面，其訓詁，或糾毛鄭之失，如《邶風·靜女》"愛而不見"，傳、箋皆以本義釋"愛"字，馬氏則考證當爲"薆"或"僾"之假借，句意當爲"薆然不可得見"，即隱而不見；或補其不足，如《小雅·正月》"曾是不意"，箋云："女曾不以是爲意乎？"馬氏則進一步分析認爲，"意"與"隱"爲一聲之轉，古通用，"隱"爲測度之義，並用大量事例進行說明。此說較鄭箋更爲明白曉暢。在訓釋詞語方面亦有創見，如《秦風·蒹葭》"宛在水中央"，馬氏通過與下文"水中坻"、"水中沚"用法比對，得出"中"爲語助詞之結論，"央"與"旁"義同。本書之不足亦較明顯，如過於拘泥《詩序》，從而妨礙了對詩義的正確理解和詞語的正確訓釋。尤其是本書引用書證不夠嚴謹，甚至有改竄之處，這是十分不應該的。

此本據清道光十五年馬氏學古堂刻本影印。（岳書法）

**毛詩呁訂十卷**　（清）苗夔撰　（第 69 冊）

苗夔（1783—1857），字先籨，肅寧（今河北肅寧）人。道光十一年（1831）優貢生。主講翼經書院。治《毛詩》，尤精聲韻之學。更著有《說文聲訂》、《說文聲讀表》等。《清史稿》有傳。

苗氏一生精研音韻之學，二十餘歲即成是書，又有《說文聲訂》二卷、《說文聲讀表》七卷，於古音頗有所得。是書得名之由，據其自序云："近惟陳頌南給諫與一二知己往來過從，自壬寅見其《矗銘通釋》，予作《聲讀表》，遂定七呁。給諫謂此呁字，古文也，旬，籀文也。爲予題《寒鐙訂呁圖》，有'呁旬古籀分'之句，此書題籤遂用呁字，仍而不改云。"苗氏治古音，宗顧炎武《音學五書》，雖亦時有辨其非者，要以去其微瑕，俾其完善爲務。後又見戚學標《詩經證讀》和安古琴《韻徵》，覺二人書較顧炎武《詩本音》更直截明瞭，故采之而成是書。顧氏所立古音十部，宏綱已具，然猶病其太密。其異於顧氏者，首在謂戈、歌既雜西音，不應別立一部，是以併耕、清及蒸、登於東冬部，併歌、戈於支脂部，定以七部隱括群經之韻，《毛詩呁訂》亦即本此旨。是書前有祁寯藻序，對此書始末論之甚詳。正文部分具錄經文，押韻處標示《廣韻》韻部，古音不同於今音者加以辨證。其論歌戈當於支脂，如注《羔羊》"素絲五紽"云："《說文》紽

與蛇俱從它聲,安古琴: 它,古音乘。"《江有
汜》"其嘯也歌"下注云:"歌,居之切,引屈原
《遠游》歌與妃、夷、飛、徊爲昀,知哥從可聲,
與奇從可聲音奇偶之奇同音也。"其説頗爲
有據,可備一説。然苗氏將本就較爲粗略之
古音分部進一步歸併,不符合古音之實際及
古音研究之發展趨勢。

此本據南京圖書館藏清咸豐元年漢專亭刻
本影印。(岳書法)

**毛詩禮徵十卷**　(清)包世榮撰　(第69冊)

包世榮(1784—1826),字季懷,涇縣(今安
徽涇縣)人。道光元年(1821)舉人,揀選知
縣。治《詩經》。更著有《學詩識小録》。生
平見《碑傳集補》卷四一。

是書前有陶澍序、陳鑾序、熊遇泰序、從父
兄世臣序、《行狀》、《墓表》、自序、凡例、目
録,正文十卷,每卷下分篇若干,各有篇題。
是書主要從典禮、祭祀、宗廟、軍旅、騎射等方
面釋經,引經據典,廣徵博引,引用《毛詩正
義》,三《禮》鄭注,孔穎達、賈公彦《義疏》等,
對於各種禮節和禮儀都有比較詳細的敘述,
爲後人研究《詩》、《禮》提供了大量資料。

此本據中國科學院圖書館藏清道光八年刻
本影印。(岳書法)

**毛詩重言三卷**　(清)王筠撰　(第69冊)

王筠(1784—1854),字貫山,號菉友,安丘
(今山東安丘)人。道光元年(1821)舉人,官
山西寧鄉知縣。博涉經史,尤長於《説文》。
更著有《説文句讀》、《四書説略》等。生平見
《清史列傳》卷六九。

是書從文字學角度詮釋《詩經》中之"重
言"。王氏自序云:"詩以長言詠歎爲體,故
重言視他經爲多,而重言之不取義者爲尤多。
或同字而其義迥别,或字異音同而義則比附,
此其正例也,故輯爲上篇。兼取義者,有專字
者也,或取引伸之義者也,而其以音爲重則一

也,故輯爲中篇。其或單詞即同重言者,此雖
他經所有,……其語例未有如《詩》者,兹據
傳、箋、《正義》,亦或以例推之,故輯爲下
篇。"如上篇中對《關雎》篇"關關"之解釋,傳
曰:"和聲也。"《釋詁》曰:"關關,音聲和也。"
《廣韻》曰:"二鳥和鳴。"又如中篇對《桃夭》
篇"灼灼"之解釋,傳曰:"華之盛也。"王氏認
爲毛傳借"灼"爲"焯",並引《説文》爲證:
"灼,灸也。焯,明也。"王氏分析"重言"時,
參照《説文》、《經典釋文》、《廣韻》、《爾雅》、
《玉篇》等辭書,對"重言"之解釋更加準確
具體。

此本據中國科學院圖書館藏清咸豐二年賀
蓉等刻本影印。(岳書法)

**毛詩雙聲疊韻説一卷**　(清)王筠撰　(第69冊)

王筠,有《毛詩重言》等,已著録。

是書對《詩經》中的雙聲詞和疊韻詞進行
標注和解釋。開篇即謂:"同母者謂之雙聲,
同部者謂之疊韻,詩學之小節也,而學子往往
不知。……三百篇者,詩之權輿也。今取以
明之,雖讀成周之詩,不可拘以沈韻(自注:
沈韻不傳久矣,此從其朔命之),而音之流
變,率由雙聲疊韻轉也。即如委蛇,古讀阿
駝,今讀威宜。然《老子》曰'唯之與阿,相去
幾何',則知春秋時音已漸變,而'阿'與
'威'、'駝'與'宜'仍是雙聲,'宜'古讀如
'俄',與'駝'又是疊韻也。"

此編一卷,内容簡要易懂,王氏稱其爲啟蒙
之作。就《毛詩》條分縷析,有正例、變例,如
"今夫雙聲之正例,曰'參差'",自注:"《説
文》引'槮差荇菜',又有蓡差、參縒,並後起
之專字。"又如:"其長言之而演爲重言者,則
嘽嘽、焞焞、濟濟、蹌蹌是也。或别加兩字者,
則有洸有潰、有萋有苴,頡之頏之、挑兮達兮、
猗與那與是也。"如江瀚所説:"又有雙聲在
二四者,在一三者,更有以雙聲字分用於兩章
者,疊韻亦有在二四、在一三者,更有以疊韻

分用於兩句者,復區爲人事類、物類、天地類,可謂備矣。"(《提要》)

此本據中國科學院圖書館藏清咸豐二年賀蓉等刻本影印。(岳書法)

## 詩經廣詁三十卷　(清)徐璈撰　(第69冊)

徐璈(1779—1841),字六驤,號樗亭,桐城(今安徽桐城)人。嘉慶十九年(1814)進士,授户部主事,後以迎養乞改官浙江,授臨海知縣。性强直,不能隨俗,引疾歸。更著有《樗亭詩文集》、《黄山紀勝》、《牖景録》、《河防類要》等。生平見《清史列傳》卷七二。

是書不限一家之説,而博采齊魯韓毛各家之論。前有洪頤煊序,曰:"此書復從千百年後收集散亡,凡古言古字,片語單辭,靡不窮源探委,以期有神於興觀群怨之旨。"例言之後附有詩家源流,各卷之首亦有各國地理介紹。正文三十卷,其例先列詩句,後爲各家注釋及徐氏之注。徵引衆家,大體完備,間以説解辯證,亦較平實。如《關雎》,《魯詩》認爲傷嘆周康王后雞鳴不去君所,《韓詩》曰"刺時也",其餘衆家皆云諷康王也。"窈窕淑女"句,《韓詩》釋"淑女","奉順坤德,成其紀綱";他注皆釋窈窕二字,如《薛君章句》曰"窈窕,貞專貌",王肅曰"善心曰窈,善容曰窕",《廣韻》曰"美色曰窕"。亦有異體字之訓,如"輾轉反側",王逸曰"展轉反側",又注云:"《楚辭·九懷》注,《文選·秋興賦》注,《後漢書·光武紀》注,輾並作展。"且段玉裁曰:"《説文》並無輾字。"《卷耳》"采采卷耳不盈頃筐嗟我懷人寘彼周行"句,《荀子》曰"傾則不精,貳則疑惑",楊倞曰"求正道之心不可以貳",杜預注則曰"是后妃之志,以官人爲急"。《緑衣》,《焦氏易林》曰"黄裹緑衣,君服不宜,淫湎毁常,失其寵光",王肅曰"夫人正嫡而幽微,妾不正而尊顯",韋昭曰"以言古之賢人,正其室家之道,我心所善也",皆以爲此詩爲諷刺妻妾失位所作。朱熹亦曰:"莊公惑於嬖妾,夫人莊姜賢而失位,故作此詩。言緑衣黄裹,以比賤妾尊顯而正娣幽微,使我憂之不能自已也。"今人多以此詩爲悼亡詩,"古人"猶"故人",指亡妻。然書中並未收入此種解釋,蓋當時未見是説也。《柏舟》,《孔叢子》曰"孔子曰於《柏舟》見匹夫執志之不可易也",《韓詩》曰"柏舟,衛宣姜自誓所作也",《列女傳》言宣姜事甚詳。徐氏所主亦爲此論。《擊鼓》"死生契闊"句,《韓詩》曰"契闊,約束也",李賢曰"契闊,辛苦也"。徐氏以爲於軍事之中,"約束"與"辛苦",其義相承也。《釋文》以"死生契闊"爲"死生挈闊"。徐氏曰"契闊"二字,韓、毛、《集傳》、《魏書》所釋各異,韓、毛二説已見,《集傳》訓之爲隔遠,《魏書》則"以契闊爲款洽綢繆之意"。所述蓋已盡詳,然不免推敲過繁也。

徐氏此書,長於考證,廣收衆説,凡詩中名物,靡不有釋,又能發凡起例,多有創新。然正如洪序所言,"凡古言古字,片語單辭,靡不窮源探委",後世學者,或謂其推校過甚矣。

此本據湖北省圖書館藏清道光十年刻本影印。(岳書法)

## 詩毛氏傳疏三十卷　(清)陳奐撰　(第70冊)

陳奐(1785—1863),字倬雲,號碩甫,晚號南園老人,長洲(今江蘇蘇州)人。諸生。先後從學於江沅、段玉裁,與高郵王念孫父子相切磋。精於經學,尤長於《毛詩》。家居授徒,潛心著述,更著有《三百堂文集》等。《清史稿》有傳。

陳氏治《詩》,專主毛傳、《詩序》,而廢去鄭箋不采,因其説已雜而不純。前有陳氏自敍,述是書撰述宗旨:"二千年來,毛雖存而若亡,有固然已。奐不揣檮昧,沉研鑽極,畢生思慮,薈萃於兹,竊以《毛詩》多記古文,倍詳前典。或引申,或假借,或互訓,或通釋,或文生上下而無害，或辭用順逆而不違。要明乎世次得失之跡而吟詠情性，有以合乎詩人之本志。故讀《詩》不讀《序》，無本之教也，讀《詩》與《序》而不讀《傳》，失守之學也。文簡而義贍，語正而道精，洵乎爲小學之津梁，群書之鈐鍵也。”

是書以訓詁爲主，間以考證，采注疏體，每篇前首列《毛詩序》，下爲毛傳及己疏，釋詞精準。商務印書館《國學基本叢書》本《詩毛氏傳疏》有朱記榮後序，謂是書“訓詁準諸《爾雅》，通釋證之《説文》，引據賅博，疏證詳明，毛義彬彬，於斯爲最，潛研考索之深，駕先儒而上之，洵毛氏之功臣也”。梁啟超亦十分推崇該書，認爲“毛詩三大家”之作以該書爲最，爲疏家之模範。至其疏失處，其自序謂齊、魯、韓可廢，毛不可廢。然該書於齊、魯、韓三家與毛同字同義者亦多采之，且有強齊、魯、韓以牽合毛義者，則知其亦未盡守毛傳。另有拘其師段氏之説而曲爲之維護者，皆其不足。詳江瀚所撰《提要》。

據書前《條例十凡》，知陳氏用力此書幾近三十載。書成，經多方籌資，於道光二十七年（1847）八月刻竣，爲此書最早刻本。後此板反覆刷印，板片也被校勘剟改，然牌記仍題曰“吳門南園埽葉山莊陳氏藏版”，修板後的印本更加精善。陳氏《詩》學著作初刻皆單行本，是書外，《釋毛詩音》爲咸豐元年蘇州漱芳齋刻本，《毛詩説》爲道光二十七年武林愛日軒刻本，《毛詩傳義類》爲咸豐九年（1859）王載雲刻本，《鄭氏箋考徵》爲咸豐八年許文一刻本。後重印者多爲五種合訂本，如光緒九年（1883）吳門陳氏校經山房成記重刻《毛詩五種》本、光緒十年徐子静覆刻本。

此本據華東師範大學圖書館藏清道光二十七年陳氏埽葉山莊刻本影印。（岳書法）

**釋毛詩音四卷**　（清）陳奐撰　（第70冊）

陳奐，有《詩毛氏傳疏》等，已著録。

陳氏師段玉裁，又與江聲、王念孫、王引之、江藩等相善，小學功力深厚，初有治《集韻》之志，經王念孫指導先治《毛詩》，成《詩虛字義》，後遺失。《詩》爲韻文，未有不通音而能通《詩》者，東晉徐邈撰有《毛詩音》，有敦煌殘卷本存世。陳氏是書序云：“三代同文而不同音，古韻書久亡。六書諧聲，韻書之權輿也。《詩》三百篇，韻書之經緯也。大毛公生周季，去古近，作《故訓傳》，與三百篇韻甚諧也。由韻以知音，因音以求義。”又云：“執古音不兼通今音，不可與言音也。泥今音而反昧古音，不可與言《詩》也。”故作《詩毛氏傳疏》成，又別撰《釋毛詩音》四卷。是書卷一《國風》，卷二《小雅》，卷三《大雅》，卷四《頌》。仿《經典釋文》體例，首列篇目，後摘字摘句爲釋。用其師段玉裁之學説，字之古音與今音不同，同部者謂之音變；異部者謂之音轉。尤善辨通假，於字形字音之變異、古今音之異類、南北之別讀，詳爲注解辨析。該書以釋音爲主兼及釋義，釋義部分與《詩毛氏傳疏》互有詳略，可對參。

此本據華東師範大學圖書館藏清咸豐元年陳氏埽葉山莊刻本影印。（岳書法）

**毛詩説一卷**　（清）陳奐撰　（第70冊）

陳奐，有《詩毛氏傳疏》等，已著録。

是書一卷，由兩部分構成，其一爲陳疏《毛詩》條例，共十六條：本字借字同訓説、一義引申説、一字數義説、一義通訓説、古字説、古義説、《毛傳》章句讀例、轉注説、假借説、《毛傳》淵源通論、《毛傳》《爾雅》字異義同説、《毛傳》《爾雅》訓異義同説、《毛傳》不用《爾雅》説、《毛傳》用《爾雅》説、毛用借字三家用本字亦有三家用借字毛用本字者説、三家詩不如《毛詩》義優説。皆舉領説明，要言不煩，可視作《詩毛氏傳疏》之訓詁綱領及摘要。其二爲各類圖説及圖表，如陳氏在卷首所言：“《疏》中稱引廣博難明，更舉條例、立表示圖，凡制度、文物，可以補《禮經》之殘闕，而與東漢諸儒異趣者，揭箸數端。"計有：宮室圖説、四廟五廟表、四時禘祫表、天子大禘表、文王受命七年表、周公攝政七年表等；樂縣方位圖説、衣服圖説、玉佩、車輔、旂、旗等圖，以及郊廟衛及草顧昆吾圖和邠邠岐豐鎬及秦圖兩地理圖。圖表皆有文字説明，簡潔明晰，足資參考。

此本據華東師範大學圖書館藏清道光二十七年武林愛日軒刻本影印。（岳書法）

### 毛詩傳義類一卷　（清）陳奐撰（第70冊）

陳奐，有《詩毛氏傳疏》等，已著録。

陳氏對《毛詩》情有獨鍾，在作《詩毛氏傳疏》之前，就已仿《爾雅》體例編作《義類》，後其内容大都收入《詩毛氏傳疏》之中。《毛傳》古義有具於《爾雅》，有不具於《爾雅》，胡培翬曾勸誡陳奐可作一部可以"紹統"《爾雅》之專書，以飼後學，故陳奐晚年於《傳疏》成書之後又重新編撰而成此書。該書輯《毛傳》訓詁之句，仿《爾雅》分類而類編之，共分十九類，計有：一釋故、二釋言、三釋訓、四釋親、五釋宮、六釋器、七釋樂、八釋天、九釋地、十釋丘、十一釋山、十二釋水、十三釋草、十四釋木、十五釋蟲、十六釋魚、十七釋鳥、十八釋獸、十九釋畜。

該書正文大字單行，下雙行小字列出處篇名，一字出現兩次以上，以"二見"、"三見"等標明；一見者不注出處。如《釋故》首句"淑吉良臧穀時義祥慶類價儀善也"，僅注淑、吉、良、穀、類、臧等數字出處，而第三句"流祈干求也"各字均未列出處，雖然簡明，但不便與《詩經》原文相參照，且其所標亦有不確者。此書與《爾雅》相較收詞差别較大，如"大"字條，本書收五十字，《爾雅》收三十九字，同者二十八字，二書可相互參證，故此書又稱《毛雅》。

此本據華東師範大學圖書館藏清咸豐九年王載雲刻本影印。（岳書法）

### 鄭氏箋考徵一卷　（清）陳奐撰（第70冊）

陳奐，有《詩毛氏傳疏》等，已著録。

本書引首云："鄭康成習《韓詩》，兼通齊魯，最後治《毛詩》，箋《詩》乃在注《禮》之後，以《禮》注《詩》，非墨守一氏。《箋》中有用三家申毛者，有用三家改毛者，例不外此二端。三家久廢，姑就所知得若干條，毛古文，鄭用三家從今文，于以知毛與鄭固不同術也。"據此陳氏將鄭箋與毛傳相異者按《詩經》順序進行羅列。其行文格式略如：《鄘風·君子偕老》"邦之媛也"條："箋云：媛者，邦人所依倚以爲援助也。案：《釋文》引《韓詩》作'援云援取也'，取乃助字之譌，箋本韓説。"《豳風·七月》"蠶月條桑"條："箋云：條桑，枝落之采其葉也。案：《玉篇》手部引《詩》'蠶月挑桑'，讀條爲挑，箋用三家説。"所引據三家説除《史記》、《漢書》中三家學者觀點外，還有《説苑》、《列女傳》、《白虎通義》書中之例證，但更多出自《經典釋文》、《毛詩正義》所引三家詩，特别是《韓詩》之佚文遺説。再通過小學著作中之義項進行辨析，最後以案語形式加以論斷。該書眉目清晰，要言不煩，然皆羅列舊説，無其發明。

此本據華東師範大學圖書館藏清咸豐八年許文一刻本影印。（岳書法）

### 詩誦五卷　（清）陳僅撰（第70冊）

陳僅（1787—1868），字餘山，號漁珊，鄞縣（今浙江寧波）人。嘉慶十八年（1813）舉人，歷官安康知縣、寧陝廳同知。經史小學皆有撰著，尤長於《詩》。更著有《群經質》、《竹林答問》、《繼雅堂詩集》等。生平見《晚晴簃詩彙》卷一二五。

此書之要旨在於誦詩之法，蔣湘南序稱，誦乃古人讀詩之法。《漢書·藝文志》曰三百五篇遭秦而全者，以其諷誦不獨在竹帛也。

《儒林・王式傳》亦言試博士誦説有法,可知誦詩之法漢經師尚傳之,漢以後但傳訓詁,不傳聲韻,詩遂有諷而無誦云云。陳氏自序云:"孟子不云乎:'頌其詩。'頌也者,依永和之謂也。凡書皆讀而詩獨主於誦,非誦無以求音韻之諧,極體裁之變,窮其抑揚離合往復疾徐之旨趣,以吻合乎古樂之音容。"

此書以詩話的形式對《詩經》的文學性進行探討。同爲詩話著作,王夫之《詩譯》影響更加廣泛,而陳氏是書則未被學界重視。此書卷一論種種換韵之法,各爲舉例,力駁叶音之説:"後人之所謂叶音,實古人之正音","凡平上去之同紐者,依古音皆不須用叶,惟入聲或分別觀之可也。"又考十五國疆域,均在直隸、山東、河南、陝西四省界内,今西北方土音無入聲,今之北曲亦不分上去入,可以相證。卷二至卷四,就各篇爲説,各卷中多引吳才老《韻補》,每有糾正。卷五專舉朱子《集傳》叶音字數,蓋吳、朱二書甚有資於《詩》學也。亦論及作意,知三百篇之佳妙處非後人所能及,而漢魏至唐之詩體參錯變化,無不本於三百篇。如卷二:"《葛覃》首章上下各分三句,一主一賓,對仗齊整,爲唐律先聲。以'兮、萋、喈'爲韻而間以'谷、木'兩韻,兆唐人轆轤詩格。即此一章已開無限法門。"

此本據浙江省圖書館藏清光緒十一年四明文則樓木活字本影印。(岳書法)

### 讀詩劄記八卷詩章句考一卷詩樂存亡譜一卷詩經集傳校勘記一卷　(清)夏炘撰(第70册)

夏炘(1789—1871),字欣伯,又字弢甫,當塗(今安徽當塗)人。道光五年(1825)舉人,官潁州府教授。嘗爲左宗棠幕僚。學術兼綜漢宋,尤深於朱子。更著有《檀弓辨誣》、《述朱質疑》等。生平見《清史列傳》卷六七。

夏氏精於《詩》、《禮》,尤善説《詩》。《讀詩劄記》前有道光十三年(1833)白鎔序,並

夏氏自序,謂是書乃白督學安徽期間,夏氏問學之劄記。前兩卷多綜論,如論逸《詩》、三家詩等皆有所得。後六卷以發明詩旨爲主,間亦辨析章句,訓詁文字。炘學宗朱子,故以景紫名其堂云云。是書於毛、鄭、三家及朱、吕各説,薈萃折衷,尤以申明毛公及朱子之説爲多。如謂毛公之《詩》,傳自荀卿,而祖述孔子。子思、孟子及發明性善之旨,俱與荀子殊轍。朱子去《序》言詩,後儒頗蓄疑,未定其實。又謂《序》出毛後,且立八證以明之。是皆前人所未及道者。其詮釋文義,多宗《毛傳》及《説文》,名物訓詁亦辯證詳明,足資考證。唯於朱子之廢《序》與"淫奔"之説,曲爲維護,是其一偏。又,其論《汝墳》"王室如燬"云:"《周南》之詩人稱商紂曰王室,自稱其君曰公侯,稱君之子孫曰公子、公姓、公族,其恪守侯度如此。文王何嘗受命稱王乎,即此數語可正漢儒之謬。"此説自朱子意推衍而出,然似較爲武斷,似有務與漢儒争勝之嫌。然總體看,是書還較爲平實,可參處亦多,自有其價值。

《詩章句考》一卷,夏氏以爲《詩》之分章句,始見《左氏傳》,而鄭氏所定已殊毛公,"朱子《集傳》又時有變易,其妙者如化工之造物,蔑以加矣"。其推崇朱子太過,然其所采諸儒之説頗爲詳備,綜而録之,間附己意。如《鄭風・緇衣》,一般分三章,章四句。顧炎武曰:"《緇衣》之詩,敝字一句,還字一句。若曰敝予、還予,則言之不順矣。"夏氏認爲當依顧説,該詩作三章,章六句。並補充道:"經中一字爲句者甚多,況詩以節樂,樂之節奏重疊,歌詠反覆唱歎,何一字不可爲句之有。"再如《召南・騶虞》本二章,章三句。夏氏云:"亦可作二章,章四句。'于嗟乎'一句,'騶虞'一句,與《秦風》夏屋篇'于嗟乎,不承權輿'一例。"如此之類可取者尚不少。

《詩樂存亡譜》一卷。夏氏謂古人祭射燕享,有樂則必有詩,然詩有歌、有賦、有奏、有

樂、有管、有歙之不同。歌誦之詩，頌在學官，學士以時肄業，故至於今不廢；奏歙諸詩，樂人職之，不頌在學官，學士不以時肄業，故樂亡而詩亦與之俱亡。後世因笙詩不存，遂謂有聲無詞，然古人之詩未有無詞者也。故徧檢《周禮》、《儀禮》、《禮記》、《左傳》，凡曰歌、曰賦之詩，無一不存。曰奏、曰樂、曰歙、曰管之詩，無一不亡。明乎此，而後知夫子未嘗刪《詩》，笙詩未嘗無詞。其説言之鑿鑿，確乎有據，爲治《詩》樂所必參。

《詩經集傳校勘記》一卷。朱子《集傳》翻刻既多，譌脱不一。《四庫提要》載馮嗣宗、陳啟源等校正經、傳若干條，夏氏重新校勘，合而錄之，共得經文譌異者三十九條，傳文譌異者四十九條，仿《十三經注疏校勘記》之例加以編錄，有功於《朱傳》者良多。

此本據上海辭書出版社圖書館藏清咸豐三年刻本影印。（岳書法）

**學詩毛鄭異同籤二十三卷**　（清）張汝霖（第71冊）

張汝霖，生平事跡不詳。

是書前有嘉慶二十四年（1819）自序，則其書之成當在是時。自序云：“嘗從家訓之餘，側企漢儒之學。謹輯其素所請業與講課問辯之作，爲毛、鄭發者，都爲二十三卷。”蓋就毛、鄭異同而籤其疑義，故名《學詩毛鄭異同籤》。其前二十二卷爲籤，以詩句爲條，錄傳、箋及《正義》解説，後低一格以案語形式進行考辨，計《國風》八十一條，《小雅》一百零二條，《大雅》八十二條，三《頌》二十八條，凡二百九十三條。張氏謂《毛詩》淵源有自，三家詩盛而異説紛起，鄭箋以宗毛爲主，然亦時采異説，爲標新立異，乃至引錄讖緯之説，至如孔氏《正義》、王肅《毛詩義駁》亦各有偏袒，無所折衷。故其籤以申毛説爲主，對鄭箋及《正義》之説多所辨正，引證詳博，辨論精審，特別是對《正義》之曲解的是正最爲中

肯，又能守多聞闕疑之義，頗爲可取。是書第二十三卷爲各類詩説，計有《周召分聖賢後解》、《何彼襛矣篇解》、《鄭氏昏用中春辨》、《毛鄭豳風年表序》、《釋鴉》諸篇，爲其説《詩》最有心得和發明之處，如《何彼襛矣篇解》謂“平王之孫”、“齊侯之子”，蓋詩人揣度王姬謙損之意，但平等於王之孫、齊比於侯之子。雖似勉強，然較有新意，可備一説，其他諸篇皆類此，有可取之處。

此本據國家圖書館藏清道光木活字印本影印。（岳書法）

**詩緒餘錄八卷**　（清）黃位清撰（第71冊）

黃位清（1771—1850），字瀛波，號春帆，番禺（今屬廣東廣州）人。道光元年（1821）舉人，官國子監學正。更著有《松風閣詞鈔》。

是書首有自序及《例言》，謂《詩》學乃聖門雅言之首務，曰多識於鳥獸草木之名，朱子以爲緒餘，又足以資多識，然則鳥獸草木之名特緒餘耳。然緒餘不明，興觀群怨之旨或晦，故緒餘乃學《詩》所必需。是此書所取義也云云。是書從陸疏例，釋草木鳥獸蟲魚，所錄以有關經義者爲主，間有無關經義而有資聞見者，亦偶錄一二以暢其支。所采以毛傳、鄭箋、《爾雅》、陸疏爲主，並及字書、子書與歷代説《詩》之作數十種。以《風》、《雅》、《頌》爲次，名物已見前者不贅錄，間有名物同而取義各當本詩者或更錄之，並注明詳見某篇。所采甚廣博，辨證亦明晰，尤於同名而異物者，辨之尤審。其《例言》羅列較詳，如謂《鵲巢》與《曹風》之鳩爲鳲鳩，《氓》與《小宛》之鳩爲鶻鳩。《將仲子》之樹杞，爲柳屬；《南山有臺》之有杞，與《湛露》杞棘之杞，梓杞也，爲山木；《四牡》之苞杞，與《北山》之采杞，《四月》之杞梗，枸檵也。然是書采擇過雜，編排有不甚合理者。

此本據中國科學院圖書館藏清道光十九年南海葉氏佇月樓刻本影印。（岳書法）

**毛鄭詩釋四卷**　（清）丁晏撰（第71冊）

丁晏，有《周易述傳》等，已著録。

丁氏原有《毛詩古學》之作，後將舊稿刪存什之五，乃成此書。是書四卷，包括《毛鄭詩釋》三卷，《毛鄭詩釋續録》一卷。以《毛詩古學原序》冠於前。第四卷之末附文三篇。丁氏以爲段玉裁校定毛詩頗爲詳審，然亦“有未安者，有出於臆改無據者”，失古人傳疑之旨，乃附《書段氏校定毛詩故訓傳後》於卷末，加以論辯匡正，使後之讀段氏書者知所謹擇。如《豳風》“二之日栗烈”，段氏改作溧冽，案《説文·風部》，颲讀若栗，颲讀若列，栗烈即颲颲之叚借，不必改從溧冽也。他如“兩驂不猗”改作“倚”，“予維音曉”“曉”增之字之類，皆當存其原本，著其異同。又附《詩序證文》，以解後儒關於詩序作者之所惑。又以《毛詩》格言頗多，綴而録爲《毛傳格言録》附於第四卷卷末。如《關雎》傳：“夫婦有別則父子親，父子親則君臣敬，君臣敬則朝廷正，朝廷正則王化成。”又如《鹿鳴》傳：“夫不能致其樂則不能得其志，則嘉賓不能竭其力。”此皆聖人之遺訓也。

此本據復旦大學圖書館藏清咸豐二年楊以增刻本影印。（岳書法）

**鄭氏詩譜考正一卷**　（清）丁晏撰（第71冊）

丁晏，有《周易述傳》等，已著録。

鄭玄《詩譜》久佚，宋歐陽修曾得殘缺《鄭譜》並加以考證，成《詩譜補亡》。然歐陽修所得《詩譜》自周公致太平以上皆闕，故其補亡仍有疑誤。丁氏是書蓋爲訂正歐氏《詩譜補亡》而作。是書正文分《周南召南譜》、《邶鄘衛譜》、《檜鄭譜》、《齊譜》、《魏譜》、《唐譜》、《秦譜》、《陳譜》、《曹譜》、《豳譜》、《王譜》、《大小雅譜》、《周頌譜》、《魯頌譜》、《商頌譜》。三頌譜後皆注明“歐譜闕”，蓋從《毛詩正義》録附。各譜譜文之後爲詩譜圖，按時代世次排列各詩，間加案語，附於圖後，低

一字以別之。詩譜圖中所列詩篇，篇後往往加注序、傳、箋、疏與該詩時地有關之論述，雖注語極簡要，與他本之僅列篇名者仍不盡同。

是書匡歐陽之失，補《鄭譜》之亡，雖“次第略依歐本，但辯論加詳”，援據確鑿。於《周南召南譜》進行重編；於《鄭譜》，正《歐譜》言桓公繫於共和之誤；於《唐譜》，刪《歐譜》列靖侯繫於共和之事；於《秦譜》，《歐譜》謂“秦十一君至於康公有詩者三”，丁氏考《秦風》，補正爲“有詩者四君”，又補出《歐譜》中所脫《車鄰》、《黃鳥》二篇。於《豳譜》七篇之次序，依毛序爲正，不從歐陽修之《補亡》。於《大小雅譜》，補出《歐譜》中《小雅》所脫《鹿鳴》、《魚麗》二篇與《大雅》所脫《皇矣》一篇。又補出《歐譜》所闕《周頌譜》、《魯頌譜》、《商頌譜》。最後輯《總詩譜》附於後，清晰簡明。

此本據清咸豐二年楊以增刻本影印。（岳書法）

**毛詩草木鳥獸蟲魚疏校正二卷**　（清）丁晏撰（第71冊）

丁晏，有《周易述傳》等，已著録。

是書上下二卷，爲丁氏對陸璣《毛詩草木鳥獸蟲魚疏》之校正，其所校據《詩》、《爾雅疏》、《釋文》爲主，其所引有《初學記》、《御覽》、《類聚》、《證類本草》等。丁氏與他人不同者，認爲今存陸璣疏乃原本，並云雖“間有遺文，後人傳寫佚脫爾”。卷首自序，稱魯國毛亨爲《故訓傳》，以授毛萇，徐堅因之，《初學記》載《毛詩》授受悉同此疏，皆可證其爲原本云云。但所釋不盡依《故訓傳》，如易“菉，王芻”之傳，謂菉竹爲一草；易“六駁馬”之傳，謂六駁爲木名之類。書中還解釋其物之方言名稱，所引少量出自揚雄《方言》，大多據實際經驗證之，如“蒹葭蒼蒼”條云“以今語驗之，則蘆葦別草也”。

此本據復旦大學圖書館藏清咸豐七年刻本影印。（岳書法）

**詩説考略十二卷**　（清）成僎撰（第 71 册）

成僎（1777—?），字左泉，海門（今江蘇海門）人。見《清代人物生卒年表》。

成氏説《詩》，宗温柔敦厚之旨，是書之作乃爲用作家塾課本，使生徒輩知所適從，不致創爲異説，或悖乎先聖“思無邪”之明訓。書前有自序並王相序。全書十二卷，卷一至卷四爲通論，如《四始》、《六義》、《四家授受源流》、《逸詩考》之類，所論較爲全面。卷五至卷十二以《三百篇》爲序，分條以釋。全書先以雙行小字標出處録各家之説，其體例如其自序云：“取前人所論注，録其十之二三，分門別類，附以己見，略加裁斷，非敢任意雌黄，但求平允。”所辯説，或尊或否，以討論《詩序》和《詩》樂爲多，間亦訓釋字句。其説《詩》調停於諸家之間，故持論較爲平正，如其論朱子《集傳》云：“學術貴持其至平，經義在協諸至當，固不可似毛奇齡之字字譏彈，以朱子爲敵國，亦何必似孫承澤之字字阿附，以毛氏爲罪人。”然其行文又以祖護傳、箋及《朱傳》爲多。

此本據湖北省圖書館藏清道光十年王氏信芳閣木活字印本影印。（岳書法）

**學詩詳説三十卷學詩正詁五卷**　（清）顧廣譽撰（第 72 册）

顧廣譽（1799—1866），字維康，號訪溪，晚號慎子，平湖（今浙江平湖）人。優貢生。舉咸豐元年（1851）孝廉方正，未赴廷試。按照程端禮《讀書分年日程》鑽研經學，尤精《詩》、《禮》。更著有《四禮權疑》、《悔過齋文稿》等。《清史稿》有傳。

是書先名《學詩求是録》，後易名爲《學詩詳説》。是書寫作之旨，其弟永康在《學詩詳説正詁序》言道：“以補前賢未備之説，且以誌元明以來諸儒先之緒論之僅見於是編者。”《學詩求是録自序》謂：“於是衷之毛、鄭、陸、孔、朱、吕以正其端，參之歐陽、蘇、李、范、嚴以究其趣，采之宋、元、明、國朝諸家以暢其支，擇其合於經者取之，違於經者去之，説似可通而實乖正義者辨之，或申或駁，務直陳所見。”觀其行文，每篇之下，只列篇名，不書詩句，各家訓釋，具陳於左。如《樛木》，傳云“南，南土”，箋云“南土，荆揚之域”，《陸堂詩學》曰“豈岐豐獨無南境乎”，時樞曰“南者，陽方”，朱子謂爲南山者亦此意也，故訪溪曰：“詩與荆揚絕不相涉。”“樂只君子”，箋、疏釋“只”爲“是”，《集傳》作語辭，則以後者爲優。《桃夭》，《集傳》謂是文王之化，首序謂是后妃所致，兼之乃備。於昏姻之候，毛鄭異義，毛以季秋至孟春爲期，鄭以仲春爲期，《集傳》、吕《記》從鄭，李氏、嚴氏從毛。傳謂有室家無踰時，箋謂年時俱當。考之杜佑《通典》，其時非仲春也。蘇氏曰，古者昏禮，以歲之隙，自冬及春皆可也。馮氏應京《詩名物疏》曰：“蓋男女昏姻，惟在順天道人事之宜，歸於不失其時而已，無限定一月之理。”顧氏主是説，故曰：“如蘇馮説，義自該括也。”《河廣》，“之子于歸，言秣其馬”句，箋曰“是子之嫁，我願秣其馬”，歐陽氏易之曰“之子既出遊而歸，我則願秣其馬”，《集傳》、吕《記》從之。顧氏案，《詩》中凡言“之子于歸”，悉指出嫁，此不當獨異。嚴氏曰，秣馬爲親迎之禮。何氏亦主此説。箋之失在訓“言”爲“我”而非訓“歸”爲“嫁”，歐陽易其“歸”之訓而不易其“言”之訓，故仍不能無誤。顧氏參詳衆説，辨其得失，於存疑之處，直抒己見。

此本據上海師範大學圖書館藏清光緒三年刻本影印。（岳書法）

**讀詩考字二卷補編一卷**　（清）程大鏞撰（第 72 册）

程大鏞，生卒年不詳，據是書署名，知其字韻生，南清河（今江蘇啟東）人。

程氏潛心經籍數十年,尤得力於《詩經》,此書外,尚有《毛詩地理證今》十卷,未刊。此書初刻於道光二十五年(1845),咸豐十年(1860)遭匪患,刊板亡失過半。光緒十三年(1887),其子人鵠將殘版修補重刊。此書爲一些重要典籍引《詩》中通用假借字的匯録與考訂。正編上下兩卷,計有十二篇:一《四書》引《詩》異字考,二《左傳》引《詩》異字考,三《禮記》引《詩》異字考,四《孝經》引《詩》異字考,五《爾雅注疏》引《詩》異字考,六鄭箋改字考,七鄭箋異讀考,八鄭箋徑改經字考,九鄭箋用義訓改字考,十鄭箋改正毛傳考,十一《韓詩》字異《毛詩》考,十二《説文》字異《毛詩》考。補編一卷兩篇:補鄭箋用義訓改字,補《説文》引《詩》異字。其考辨部分主要集中在"於鄭箋改字文義攸殊者部而分之,於《釋文》所引之《韓詩》、《説文》字體歧出者析而列之"。其他則以排比羅列爲主,間以雙行小字加以辨析。每一部分前皆有簡單説明,撮其大要。要之,是書考録諸書異文,其要爲通《毛詩》,其詳考鄭箋,亦因鄭箋意在述毛以釋《詩》,信鄭所以申毛也,申毛所以詁經也。是書采録《毛詩》異文雖多,其所辨説或有未當。

此本據北京大學圖書館藏清道光二十五年叢桂軒刻光緒十三年程人鵠補修本影印。
(岳書法)

### 詩地理徵七卷　(清) 朱右曾撰　(第 72 册)

朱右曾,生卒年不詳,字尊魯,一字亮甫,號咀露,江蘇嘉定(今上海嘉定)人。道光十八年(1838)進士,累官至遵義知府,後以失職罷官。潛心著述,尤精訓詁。更著有《逸周書集訓校釋》、《汲冢紀年存真》、《春秋左傳地理徵》等。生平見《清史列傳》卷六九。

宋王應麟《詩地理考》全録鄭氏《詩譜》,又旁采《爾雅》、《説文》、地志、《水經》以及先儒之言,凡涉於《詩》中地名,薈萃成編。是書

雖沿用王氏之書,而並未全按王氏,於存疑處多有辨正。全書共有七卷,前三卷爲《國風》,第四卷爲《小雅》,第五卷爲《大雅》,第六、七卷爲《頌》。其行文,先列詩句中地名,其下附以歷朝先儒之疏。朱氏依據當時掌握之資料,對已有注解進行補充與訂正,其大略可從如下幾例窺知。"汝墳",傳曰"汝,水名;墳,大防也",箋曰"伐薪于汝水之側",《正義》曰"墳,大防",《爾雅·釋水》云"汝有墳"。朱氏案之:"漢之汝陽汝陰皆漬水所逕,而名之曰汝,則漬亦汝矣。"依漬水之所逕考"墳""漬"之通,此先儒所未見也。"江汜",傳曰"決復入爲汜",箋曰"江水大,汜水小,似嫡勝,宜俱行",王氏曰"夏口即《詩》所謂江有汜也"。朱案"夏水在荆州","且王氏既以江沱在梁州而復引荆州之水以實江汜,豈文王之世而有一國而跨二州之境者乎"。此處則王氏之誤。"邶鄘衛",《譜》曰"邶鄘衛者,商紂畿内方千里之地",《地理志》曰"河内本殷之舊都,周既滅殷,分其畿内爲三國,《詩》風邶鄘衛是也"。朱案:"邶鄘衛者一,朝歌也,兼言之,猶殷商、荆楚云爾,亦以別于楚邱之衛也。"其又引《左傳》"季札觀樂,工爲之歌邶鄘衛,札曰,吾聞衛康叔武公之德,如是其衛風乎",則知太師舊第不分三國矣。至漢初,傳《詩》者著之竹帛,以其篇目繁多,異於他國,故分之爲三。"頓邱",《地理志》東郡頓邱縣注曰"以邱名縣",《水經注》曰"淇水東屈而西轉逕頓邱北",故闞駰曰"頓邱在淇水南,又屈逕頓邱西",《輿地廣記》曰"頓邱本衛邑"。朱案:"古頓邱在淇水東,即此經之頓邱也,漢之頓邱則在宿胥故瀆之東南。"《寰宇記》曰"古頓邱城在衛縣西北二里古城",《通典》曰"頓邱舊縣,在今縣北陰安城"。然所提之衛縣與陰安城,皆指後魏及隋之舊,是否與周漢之縣相同,仍未深考也。是書以考訂《詩經》之地理爲旨,廣收前儒舊説,資料豐富,注釋精詳。且並未一味

按古,於存疑處多見己意,推陳出新,裨補缺漏。《詩經》地理之學,此書蓋爲至善矣。

此本據清光緒十四年南菁書院刻《皇清經解續編》本影印。(岳書法)

### 毛詩鄭箋改字説四卷　（清）陳喬樅撰（第72册）

陳喬樅,有《今文尚書經説考》等,已著録。

專門討論毛傳、鄭箋之異者,陳奐《鄭氏箋考徵》與此書也。然二書宗旨不同,陳奐書專考鄭箋用三家説,"于以知毛與鄭固不同術也"。此書則欲申明鄭箋大義。據書前道光九年(1829)自序,其父陳壽祺曾於鰲峰書院講"《毛詩》鄭箋改字説",命喬樅從學。其父認爲鄭箋於訓釋中或改易毛傳之字,或仍用其字而但於訓釋中改其義,改易之處多本之魯、齊、韓三家。其用意在"徵信鄭君深明於文字、聲音、訓詁、通假之源,折衷微言,擇善而從,囊括宏通,其學之卓出諸儒者在是"。陳壽祺欲疏通證明傳、箋之同異而未成,喬樅承父業而成是書。

本書摘句爲釋,先列毛傳,此項或缺,次鄭箋,再指出箋之所本,最後搜討群書,參互考證,以申明鄭箋之説。如:"《韓奕》首章'虔共爾位',傳:共,執也。箋云:古之恭字,或作共。《釋文》:共,毛九勇反;鄭音恭,云古恭字。《正義》曰:共,具《釋詁》文,彼惟共作拱耳。傳讀爲拱,故爲執也。箋以古之恭字或作共,則爲恭敬之義,易傳也。"陳氏復以案語形式廣徵《説文》、《韓詩外傳》、《漢書》、《釋名》,並《詩經》他篇内容詳細考證,指出:"恭、拱義通,則毛讀共爲拱,鄭讀共爲恭,意義實同。"以明鄭箋申毛非易毛之意。陳氏遇有傳、箋實難調和之處則兩置之,對鄭箋之失也鮮有指明,是其不足。

此本據華東師範大學圖書館藏清刻《左海續集》本影印。(岳書法)

### 毛詩多識十二卷　（清）多隆阿撰（第72册）

多隆阿(1818—1864),字禮堂,呼爾拉特氏,滿洲正白旗人。咸豐三年(1853)以驍騎校從軍,後從都興阿轉戰湖北、安徽。同治元年(1862)督辦陝西軍務,官至西安將軍。在鼇陁攻藍大順,受傷死。謚忠武。爲學專肆力於經,爲滿族文人中之博學者,更著有《易原》、《慧珠閣詩鈔》等。生平見《清史稿》。

是書共十二卷,前有自序、劉承幹序,後有金景芳跋,謂舊書有三本,今所印既據三本互校,擇善而從,三本並誤則檢所引原書是正之云云。多氏《再序》言《毛詩多識》爲道光年間讀漢唐注疏,與師友談論所得之札記,恐有散失,於是録爲卷帙,名曰《多識》,曾寄與周華甫先生求正,後因周氏殁而稿本遂失。後偶見原稿尚存,於是"因重加删潤,益以數年聞見參互考證之",於同年七月整理成書。

多氏自序中詳述撰書之由,乃因有感於學者對於鳥獸草木之認識,謂多承沿舊誤不能辨正者,或據此説以攻彼,據彼説以攻此,彼此聚訟,雖極之連篇累牘不能明者。又有注家於鳥則曰鳥名,於獸則曰獸名,於草木則曰草木名,不詳其爲何鳥、何獸、何草、何木,致令讀者開卷茫然,無所適從者,此種注釋之法甚爲不妥,應從夫子之教,不僅要多識鳥獸草木之名,亦欲人識其形色,兼識其性情云云。關於著述體例,劉承幹將《毛詩多識》與同爲解釋《詩經》名物之姚炳《詩釋名解》進行比較,云:"姚著分列門類,此則悉依本經次第。又姚著獨遺蟲魚,此則兼釋。"多氏撰書,態度嚴謹,實事求是,"於先儒之説不必盡同,要期不戾于經",然自評其書有"繁蕪"、"俚俗"之弊病。

此本據民國遼海書社印《遼海叢書》十集本影印。(岳書法)

### 詩經原始十八卷首二卷　（清）方玉潤撰（第73册）

方玉潤(1811—1883),字友石,亦作幼石、勘石，自號鴻濛子，寶寧（今雲南廣南）人。見近人方樹梅《滇賢生卒考》。

方氏擬撰《鴻濛室叢書》三十六種，然絕大部分未撰成或已不存於世。是書爲《叢書》第三種，乃其晚年所作，亦爲其最重要之著作。是書撰述緣由及宗旨，其自序云：“不揣固陋，反覆涵泳，參論其間，務求得古人作詩本意而止，不顧《序》，不顧《傳》，亦不顧《論》（今按，指姚際恒《通論》），唯其是者從而非者正，名之曰《原始》，蓋欲原詩人始意也。雖不知其於詩人本意何如，而循文按義，則古人作詩大旨要亦不外乎是。”

是書正文前有《卷首》兩卷，《卷首》上爲《凡例》十條並圖説、圖表九種。《卷首》下有《詩旨》一篇，集歷代説詩所謂“當理”者，每條加以案語，總括《詩》之大義，發明其意蘊，是作者《詩》學思想的集中呈現。正文結構內容，方氏《星烈日記匯要》云：“其例先詩首二字爲題，總括全詩大旨爲立一序，題下如古樂府體式而不用僞《序》，使讀者一覽而得作詩之意。次録本詩，亦仿古樂府一解、二解之例，而不用興也、比也惡套。庶全詩聯屬一氣，而章法、段法又自分疏明白也。詩後乃總論作詩大旨，大約論斷於《小序》、《集傳》之間，其餘諸家亦順及之。末乃集釋名物，標明音韻。本詩之上眉有評，旁有批，詩之佳處亦點亦圈，以清眉目。然後全詩可無遁義，足以沁人心脾矣。”方氏能撥開歷代説《詩》之迷霧而直探《詩》之本旨，還原了其作爲文學作品的本來面目，在《詩》學史上別樹一幟，影響巨大。方氏通過總評、眉評、旁批的方式對詩義，詩句進行的解讀、賞析，獨到貼切，但就內容而言，其不足之處有如下數端：方氏廢去《毛詩序》而自立新序，給人的感覺是雖欲別出心裁，但總又無法超越，即便有出奇之處則又太過離奇，少有可取；方氏不善名物訓詁，少有發明，採集諸家之説亦較單薄，尤其在音韻方面否認古音學家的成就，是明顯的

錯誤和偏見。

此本據北京大學圖書館藏清同治十年隴東分署刻本影印。（岳書法）

### 詩本誼一卷　（清）龔橙撰（第73冊）

龔橙（1817—1879），初名袨，字公襄，後以字行，改字孝拱，號昌匋，仁和（今浙江杭州）人。龔自珍子。能識滿、蒙文字，通小學，又嗜天竺梵書。工書，落筆險怪。僑居滬上幾二十年，性好揮霍。生平見《海上墨林》卷三。

此書要旨見其自序，云《詩經》各詩“有作詩之誼，有讀詩之誼，有太師采詩、瞽矇諷誦之誼，有周公用爲樂章之誼，有孔子定詩建始之誼，有賦詩引詩、節取章句之誼，有賦詩寄託之誼，有引詩以就己説之誼”。至於如何求取《詩》之本誼，云：“讀詩者自當先求作詩之心以通其詞，而後知古太師與周公、孔子之用與賦詩引詩之用，豈可漫無分別。”“今以三家之序與毛所傳授之序義比觀之，始知三家多説本誼，毛義多説采詩、諷詩、用詩之誼。”“今日三家既亡，本誼益晦，故用諸家所輯三家遺説，正其世次，爲《詩本誼》。涵泳詩詞以補其闕，而坿以樂章之用。其所徵引並注于下，謬者闕之，備説章句、兼治訓故，尚未暇也。”

此多重詩義觀之分析模式及尋求《詩經》本誼之主張乃《詩經》研究之創新。詩前小序也不依《毛詩》，而是根據三家遺説自擬，如“樛木，婦人樂得配君子也”，下注：“《文選·寡婦賦》注：‘二草之託樛木，喻婦人之託夫家。’《毛序》后妃逮下，《續序》逮下而無嫉妒，皆非詩誼。”這種解釋是正確的。但“兔罝，婦人美夫也”，下注“此詩即《樛木》之誼，即《左傳》子南夫也之意”，則太牽強。

此本據上海辭書出版社圖書館藏清光緒十五年刻本影印。（岳書法）

**毛詩傳箋異義解十六卷**　（清）沈鎬撰（第73冊）

沈鎬（1811—？），字愚亭，震澤（今屬江蘇蘇州）人。道光二十七年（1847）進士，官至兵部郎中。事略見《道光二十七年丁未科會試庚戌拔貢覆試齒録》。

是書前有祁儁藻、殷壽彭二序，對該書十分推崇。撰述意旨據其自序云：“爰主以《序》義，參以諸説而爲之解。有從傳者，有從箋者，有傳、箋本同，因《正義》歧之而合之者。有傳、箋本異，因《正義》混之而析之者。”乃薈萃自漢以來諸儒之説，博采約取。其體例或以篇名或以詩句標領，分條爲釋，其善者有三：一曰通乎毛公聲訓之學，引申發明，所獲良多。二曰鄭箋多破字，如云“伊”當作“繄”，“堂”當爲“棖”皆是，至謂“邪”讀如“徐”、“喜”讀爲“饎”、“式”讀曰“慝”，非借其音，即借其義。如此之類，必一一疏剔，使人知鄭之假借亦本於毛之諧聲，而不得以破字爲嫌。三曰解説無所祖護，以不背於《序》且與傳、箋相發明爲指歸。如説《碩人》“説于農郊”，謂《甘棠》“召伯所説”，傳“説，舍也”，《定之方中》及此詩均無傳，毛意蓋同。並引《説文》、《左傳》、《禮記》諸書辨鄭箋之非，十分允愜。再如釋《酌》“我龍受之”，傳“龍，和也”，箋“龍，寵也”，《正義》認爲“和”義無徵。沈氏則反覆辨析“龍”有“和”義，其精細處可見一斑。當然也有取裁失當之處，特別是其説多調停取舍於三家之間，少有新意，是其不足。

此本據湖北省圖書館藏清咸豐棣鄂堂刻本影印。（岳書法）

**説詩章義三卷**　（清）方宗誠撰（第73冊）

方宗誠（1818—1888），字存之，學者稱柏堂先生，桐城（今安徽桐城）人。師事族兄方東樹，治宋學，工詩古文辭。同治間薦補棗强縣知縣，旋隱居著述，論學宗程朱，曾建正誼講舍、敬義書院，集諸生會講，從遊者甚衆。有《柏堂全集》、《志學録》等。生平見《清史列傳》卷六七。

其論《詩》之旨皆自朱子出，如其自序謂：“《風》《雅》《頌》、賦比興體裁雖殊，要非明其章句訓詁，不能知其言之有序；非善於諷詠涵濡，不能知其言之有物。”故作《詩傳補義》以明訓詁，復作是編以明章義。是書之作蓋其同治、光緒之間宰棗强，爲兒子説《詩》一部，隨筆記之之説，較爲淺近。大旨主於孟子“以意逆志”之説，於諷詠涵濡之中，推明各章大義。是書不録經文，以篇章爲次，或通論全篇大義，或就某章某句加以闡釋發揮，或融會衆説，或自出新意，如論《裳裳者華》：“《裳裳者華》四章，每章皆以末二句往復頓挫，文情斐然。首章‘我覯之子，我心寫兮’者何也。以君子有左宜右，有之才德也。末章是一篇之主，反覆詠歎。”再如論《静女》云：“末句一折情深語妙，比二章‘彤管有煒’二句更婉轉可愛。”然所得亦不過如此，且不少篇章只是簡論文法或文氣，無關宏旨。

此本據上海辭書出版社圖書館藏清光緒八年刻本影印。（岳書法）

**詩毛鄭異同辨二卷**　（清）曾釗撰（第73冊）

曾釗，有《周易虞氏義箋》等，已著録。

曾氏曾欲仿孫毓《毛詩異同評》而綜毛、鄭之學，故隨手札記而成是書。據書前引言，其謂群經義疏《詩》、《禮》最精，而《毛詩正義》更精詳。毛鄭異同除隨文異説者外，“大義有四：昏期，一也；出封加等，二也；稷契之生，三也；周公辟居，四也。凡此四端，皆毛長於鄭”，書中凡涉此四端者作者辨之綦詳。其行文先摘引詩句，羅列傳、箋、《正義》之説，然後以“釗案”進行辨説。雖篇幅無多，然所論皆徵引詳博，剔決分明，有可取者。其謂故訓假借，傳大都簡奧，箋所改讀，非盡易傳，《正義》常有誤判處，對此辨析尤多。如辨《車攻》"東有甫草"云："《爾雅·釋地》云，鄭有圃田，即《左傳》所稱之原圃。《元和郡縣圖志》：圃田東西五十里，南北二十六里，西限長城，東極官渡。則其地亦大矣。地大故名曰甫。毛蓋釋其義，鄭則斥其處耳。《爾雅》作圃乃聲近通假，圃亦大也。《正義》以爲鄭易毛，誤矣。"在領會文義方面，《正義》亦有所失，如《南山》首章"南山崔崔，有狐綏綏"，曾氏糾之云："《正義》申毛非毛旨也。毛以南山喻高位，雄狐喻淫行，言君之尊嚴如南山崔崔然，而淫行如雄狐綏綏然，意本相承，與鄭云狐在山上辭別而義不別也。孔乃誤解雄狐爲二雄相隨，喻夫當配妻，故謂毛各自爲喻耳。"其書大旨以申毛爲主，多有發明，大都可取。

此本據湖北省圖書館藏清嘉慶道光間曾氏刻《面城樓叢刊》本影印。（岳書法）

### 達齋詩說一卷　（清）俞樾撰（第73冊）

俞樾，有《易貫》等，已著錄。

是書以篇名或詩句爲目，分條爲釋，或論章句之分合，如"關雎"條；或總論詩旨、《序》意，如"麟之趾"條；或申明《毛傳》之義，如"綠衣"條；或闡發鄭箋之旨，如"其虛其邪，既亟只且"條。但更多的還是訓釋字詞，如"言笑晏晏，信誓旦旦"條，其云："《釋文》云：旦，《說文》作悬悬，愚謂，旦固叚字，晏亦叚字，依《說文》則當作暥暥。《說文》目部：暥，目相戲也。從目，晏聲。此即'言笑宴宴'之本字，《方言》：暥，視也，東齊曰暥。凡以目相戲曰暥。"其發明之處，如釋"莫赤匪狐"，謂《都人士篇》曰"狐裘黃黃"，《論語·鄉黨》曰"黃衣狐裘"。則狐色自當言黃，茲云"莫赤匪狐"，蓋古人方言有以赤爲黃者。《禮記·玉藻》"大夫玄華"。鄭注曰："華，黃色也。"而晉羊舌赤字伯華，孔子弟子公西赤字子華，此古人以赤爲黃之證。其說可從。然亦有失，如說"來朝走馬"，疑"來"字乃

"夾"之誤。古文"甲"與"夾"通，夾朝者，甲朝也。"夾"乃"甲"之叚字，而"來"又"夾"之誤字。未免刻意求新，穿鑿附會之嫌。然俞氏作爲小學大家，其說《詩》之作無多，此書雖只有數十條，亦可珍也。

此本據復旦大學圖書館藏清光緒二十五年刻《春在堂全書·曲園雜纂》本影印。（岳書法）

### 毛詩釋地六卷　（清）桂文燦撰（第73冊）

桂文燦（1823—1884），字子白，南海（今屬廣東佛山）人。道光二十九年（1849）舉人，任湖北鄖縣知縣。善治獄，以積勞卒於任。爲學長於考證。更著有《朱子述鄭錄》、《四書集注箋》、《周禮通釋》、《潛心堂文集》等。生平見《續碑傳集》卷七五。

桂氏爲陳澧弟子，又曾受阮元影響，治經較爲淹通，又以《易》、《詩》所得爲多，其經學著作主要收錄在《經學叢書》中，此爲第三種。《詩》學著述另有《毛詩傳假借考》一卷、《毛詩鄭讀考》一卷、《詩箋禮注異文考》一卷。其說《詩》能博采衆長，不持門戶之見，於此書亦可見一斑。此書以地名爲題，先引詩句出處，然後徵引各種資料，最後加案語以斷。全書列《詩經》正文地名、篇題地名、《詩序》地名、《毛傳》地名共一百五十七題，各題皆按詩篇次序排列。就其所得，首先，其篇題之分合頗見巧思，如將"泉水"、"淇水"、"肥泉"、"泉源"合爲一題，蓋爲同源異流之水。又，"南山"一詞《詩》中凡十八見，涉及十首詩，本書共列"南山"標題四題，除卷二《南山》"南山崔崔"指齊南山，即牛山，卷三《候人》"南山朝隮"指曹南山以外，其餘十六例"南山"，皆指終南山。分類考釋，頗便參稽。其次，其考釋古國、山名、水名之所在與沿革情況亦多可信據，如謂《載馳》"許人尤之"，今河南許州治東三十里有故許城，即新設石梁縣治也；《顨人》"譚公維私"，今山東濟南

府歷城縣東南七十里有譚城；謂《擊鼓》“土國城漕”之“漕”，在今河南滑縣南；《丘中有麻》“彼留子嗟”之“留”，在河南緱氏縣西北。其失在有些地名的解釋穿鑿附會，又或將泛稱做專有地名來釋，皆刻意求新之過，亦在所難免。

此本據國家圖書館藏清光緒二十二年刻本影印。（岳書法）

**詩管見七卷首一卷**　（清）尹繼美撰　（第74册）

尹繼美（1816—1886），字茂才，號湜軒，永新（今江西永新）人。咸豐九年（1859）舉人，曾任鉅野知縣。其經學考據研究，甚得時賢好評。又《詩》學爲其所長，更著有《詩管見》、《詩地理考略》、《詩名物考略》等。見《永新史鑑》第三編《進士舉人》。

是書《卷首》一卷，有袁翼《總序》並時賢劉繹、王贈芳、艾暢等人《題辭》，並附黃之晉《論大車詩剳子》一篇，皆對此書十分推崇。該書七卷，卷一爲《總論》，計有《風雅頌論》、《風雅無正變論》、《詩樂論》四篇、《三百篇爲樂府之祖論》、《樂府爲三百篇之遺聲論》、《二南論》上下、《邶鄘衛論》、《王論》、《唐論》、《豳論》、《十五國風次序論》、《魯頌論》上下、《詩時世論》，後附《樂章類目》；卷二論《國風》《周南》至《衛風》；卷三論《王風》至《豳風》；卷四論《小雅》；卷五論《大雅》；卷六論三《頌》；卷七爲《餘論》，計有《論詩韻》兩篇、《論詩序》、《論淫詩》、《論詩序朱傳異同》、《論三家詩異同》、《論詩篇題》、《論詩章句》、《論詩入今樂》。另，《卷首》及該書首尾皆有作者識語，據此可知作者幼齡即受《詩》先君，後泛覽衆説，五易其稿，晚年乃成是書，用力可謂勤矣。其謂：“善説詩者以意逆志，不苟於立異，亦不苟於從同，惟以通融灑脱之旨爲宗。”又謂：“治經當通大義，《詩》之大義在於入樂，大義通，餘義可迎刃而解，此愚於是書所以不得不作也。”其治《詩》旨趣和重點由此可見一斑。

是書内容有説有辨，有疏解有考證，體例不一，後以加注和評語，其説解環環相扣，層層深入，有勝前人之處。其論詩樂，如《二南論》謂：“二《南》，皆爲文王詩，即文王之樂章也。其詩有得於南國，有作於國中，並謂之南者，以其詩皆南音也。”“南樂之詩固不必盡作於文王時也。或以爲東周詩，亦通，蓋其音南也。太師取而附之二《南》，亦宜然爾，王魯齋欲退入《王風》，豈非不達《南》與《王》殊音之故哉！”再如以《鹿鳴》之樂論古燕饗之禮，都是其發明之大者。其論詩旨，承蘇轍《詩集傳》例，分《詩序》爲首序、下序，雖有從《序》之處，然亦頗辨其非，如謂《豳風·狼跋》“公孫碩膚”，謂“公孫”不當從毛訓成王，又不當從鄭訓公遜。公之子稱公子，公之孫稱公孫。周公，公季之孫，故稱公孫，時追王之禮未行也。説頗爲有得。

此本據中國科學院圖書館藏清咸豐十一年尹繼美鼎吉堂木活字本影印。（岳書法）

**詩地理考略二卷圖一卷**　（清）尹繼美撰（第74册）

尹繼美，有《詩管見》，已著録。

是書前有張維屏題辭，又有尹氏自撰《凡例》並卷首識語和卷末《序後》。可知作者在撰述《詩管見》之時亦留心名物、地理二端，曾成《詩羽翼》，又易名爲《詩地理名物考略》，後分而爲二書，故有此《詩地理考略》二卷。是書爲繼王應麟《詩地理考》而作，較其書詳而有條理。王氏一依經文爲次，是書分國爲編，本國雜見他國之地則別置下卷，二《雅》則仍依經文爲序。所徵引除毛傳、鄭箋、《鄭譜》、孔疏、朱傳外，地學著作則以《漢書·地理志》、《續漢書·郡國志》、杜氏《春秋左傳集注》、《春秋釋例》和酈氏《水經注》爲主，而綜之以《大清一統志》。其翦裁繁蕪，或列入正文，或詳於注語，間有所折衷，或兩説並存,以位置先後寓其優劣。是書對《詩》中地名及其沿革時有精審的考辨,如"鄭、檜"之合併敘述、"密人不恭"之"密"爲"密須"、"戊申"之"申"地的變遷等等。其於古地名下注以今名,詳其沿革,尤便學者觀覽。其不足在於有些地方只是羅列材料而不置可否,甚至有將普通詞語誤作地名爲釋者。

此本據復旦大學圖書館藏清同治三年鼎吉堂刻本影印。(岳書法)

### 毛詩異文箋十卷　(清)陳玉樹撰　(第74冊)

陳玉樹(1853—1906),後更名玉澍,字惕菴,鹽城(今江蘇鹽城)人。光緒十四年(1888)舉人。治經通訓詁。曾上書左宗棠、張之洞論時政利弊。更著有《爾雅釋例》、《後樂堂集》等。生平見《續碑傳集》卷七五。

是書前有自序並凡例,據云,陳父精《詩》學,嘗病嚴杰《經義叢鈔》所載王述曾《毛詩異字考》疏脱謭陋,欲作續考而未果,玉樹承父志而成是書,體例仿趙坦《春秋異文箋》和俞樾《禮記異文箋》。陳氏謂,《毛詩》異文有二,一爲句同文異,歷代《詩經》注疏所引皆是,李富孫《詩經異文釋》所釋即此類。二爲訓同文異,即此書之所箋釋者。假借爲異文自不待言,而毛傳無訓,或鄭箋申毛,或鄭箋改毛,或《釋文》、《正義》申毛,但是同訓,皆爲異文。又訓有似異實同者,如《桃夭傳》"蓁蓁,至盛貌",《無羊傳》"溱溱,衆也",衆亦盛也。《竹竿傳》"瀄瀄,流貌",《黍苗傳》"悠悠,行貌",流亦行也。此類亦爲異文。其訓同而字不通,字通而訓不同者不録。屢見之字或舉有明訓者,或舉首見者,不一一列舉。是書以所訓之字分類,借字居前,正字居後,分條爲釋,次序井然。是書在訓釋字義方面所得頗多,如"駪駪兮駪駪征夫駪駪其鹿"條,辨三者的假借關係來説明其爲"衆多"

義;"不可休息不可求思不可泳思不可方思"條,辨"息"、"思"古音通假,皆引據詳博,辨析入微,很有説服力。

此本據湖北省圖書館藏清光緒十四年刻《南菁書院叢書》本影印。(岳書法)

### 詩毛氏學三十卷　馬其昶撰　(第74冊)

馬其昶,有《重定周易費氏學》等,已著録。

是書前有姚永概、陳漢章二序並馬氏自序。馬氏治《詩》,篤信《小序》而主毛傳。自序云:"予治《詩》一以毛傳爲宗,三家之訓可互通者,亦兼載之,多存周秦舊説。自唐宋到今,不區分門户,義取其切,辭取其簡,其有異解,不加駁難,是者從之,務在審其辭氣,求其立言之法,以明經大義而已。"其書全録經文、《毛詩序》和毛傳,疏解采擇諸家説較詳,於陳奐《詩毛氏傳疏》所録尤多。最後按語亦較簡明,雖間有訓釋字句,但以闡發詩義爲主。其論詩旨,以《將仲子》、《鴟鴞》、《生民》三篇,最爲有識。如論《生民》云:后稷以迹生,《詩》有明文,非讖緯異説也。毛依《爾雅》武迹之訓,是亦承用履迹舊説。特以姜嫄隨帝之後,其所履者帝之迹,不意其中有神迹焉。靈感震動,乃始怪之,見於天,即指禋祀而言。事異尋常,故慎其詞,而曰從於帝以見於天,別嫌明微。此毛傳之精。其不用敏拇之訓者,蓋言迹已該足與拇,不必析言足大指,此訓詁之小異耳。此誠卓識。然其對傳與《序》曲爲維護,乃至迂闊之論亦時有之,如《摽有梅》,《序》謂:"男女及時也。召南之國,被文王之化,男女得以及時也。"其發揮道:"岐邑之化,内無怨女,外無曠夫。觀媒氏設有專官,則知民間婚娶,朝廷皆有區畫,故《序》云被文王之化,得以及時,而《詩》言'求我庶士',蓋媒氏統一方未婚娶之庶士而計之,非一人一家之辭也。"然瑕不掩瑜,其説《詩》能得温柔敦厚之旨,可謂傳統經學之正脉。

此本據復旦大學圖書館藏民國七年鉛印本影印。（岳書法）

## 齊詩翼氏學四卷　（清）迮鶴壽撰（第75冊）

迮鶴壽（1773—?），字蘭宮，號青崖，吳江（今屬江蘇蘇州）人。道光六年（1826）進士。選池州府教授。長於考證。更著有《蛾術編注》等。生平見《清史列傳》卷六九。

《齊詩》自轅固生傳夏侯始昌。始昌明於陰陽，先言柏梁臺災日，至期日果災。翼奉爲始昌再傳弟子，其推陰陽言災異，將《詩經》的解説與五行、讖緯相結合，來闡釋《詩經》的"四始五際"和"六情"之説，因深得皇帝的喜愛而盛極一時。《齊詩》亡後，唯賴《漢書·翼奉傳》存其端緒，此書首列是篇並《齊詩》授受源流，然後闡發"四始五際"名義，逐層疏解，創爲四始圖，五際圖，八部陰陽相乘，八部詩篇循環，五際積年諸圖等，其未明者復爲表例以釋之，如《五性表》、《六情表》之類，將《詩經》篇章與之一一相配，盡力於翼氏之學之推源與闡發，有其開拓之功，特別是其中有些篇章能跳出陰陽五行之樊籬，如《齊詩篇第説》對《齊詩》與《毛詩》差異的比較、《齊詩故傳》對《齊詩》佚文的鉤沉，皆有裨於《詩經》的研究。

此本據南京圖書館藏清嘉慶十七年蓬萊山房刻本影印。（岳書法）

## 齊詩翼氏學疏證二卷敍録一卷　（清）陳喬樅撰（第75冊）

陳喬樅，有《今文尚書經説考》等，已著録。

是書前有陳氏自敍並陳慶鏞敍，其後《齊詩敍録》。《齊詩》於三家先亡，最爲寡證，獨賴《漢書·翼奉傳》一篇，存什一於千百。是編以之爲基礎，疏通而證明之，其佚見於他説者並爲采録，以存《齊詩》翼氏學之梗概。《敍録》述《齊詩》傳授始末，正文除采《漢書》及《注》相關內容外，還録《五行大義》之文，

共得三十一條，每條之後附有疏證，摘引相關文獻，並以案語加以疏解辨證。其疏解內容較爲詳辨，尤於《齊詩》之宗旨，四始、五際、六情之説詳加闡釋。謂爲明天地陰陽終始之理，考人事盛衰得失之原，言王道治亂安危之故，其間微言有綫未絕。如，《翼奉傳》奉奏封事，稱《易》有陰陽，《詩》有五際，《春秋》有災異，皆列終始，推得失，考天心，以言王道之安危。陳氏考證這一內容出自轅固《詩內傳》，並加以申説，以明翼氏統《易》與《春秋》陰陽災異而一之，推貫天人，明陰陽律歷之占，通經致用之意。是書雖內容豐富，然於五行、五藏何以與《詩》相配合諸端，終不能抉其所以然，蓋《齊詩》失傳既久，欲探其奧，終非易事。

此本據華東師範大學圖書館藏清刻《左海續集》本影印。（岳書法）

## 韓詩內傳徵四卷補遺一卷疑義一卷敍録二卷　（清）宋綿初撰（第75冊）

宋綿初，生卒年不詳，字守端，高郵（今江蘇高郵）人。乾隆四十二年（1777）拔貢。官五河、清河訓導。治經長於説《詩》。更著有《釋服》、《困知録》。生平見《清史列傳》卷六八。

是書前有宋氏自序、《韓詩敍録》上下，後有《補遺》一卷、《疑義》一卷，並其子《後識》。內容較爲簡略，如《補遺》及《疑義》總計僅十餘條。是書蓋因宋王應麟《詩考》所輯《韓詩》尚多脱漏，引書亦篇卷不明，故所遺者補之，略者詳之，疑似者去之，群書相發明者，諸家有考正者旁搜博采，引證以窮其歸趣。其所引録，謂《漢志》著録《韓詩》凡四種，《隋志》止有《內外傳》，《內傳》益以《薛氏章句》爲二十二卷。今書載薛注甚多而統曰《韓詩》，從《隋志》也。是書以詩句和字詞爲目，徵引諸家之説，凡有辨證者以雙行小字行文，皆詳標出處。如"和樂且耽"，《釋

文》:"《韓詩》曰:耽,樂之甚也。"慧琳《一切經音義》載《韓詩》"無與士媅",又引《韓詩》云:"媅,樂之甚者也。"是《毛詩》作"耽",《韓詩》作"媅"。有兩説並存無所折衷者。如《汝墳》,《後漢書·周磐傳》注:"《韓詩》曰:辭家也。"《塵史》曰"思親之詩"。宋氏此書特別留意《韓詩》與《毛詩》相通之處,如"緜蠻黄鳥",《韓詩》云:緜蠻,文貌。毛傳云:小鳥貌。其不以雙聲疊韻字象聲同也。其謂毛與三家之異,皆因訓詁生於文字,文字起於聲音,以聲求義,觸類而通。確爲有見。

此本據清乾隆六十年刻本影印。(岳書法)

### 詩經異文釋十六卷　(清)李富孫撰(第75册)

李富孫,有《李氏易解賸義》等,已著録。

富孫幼承家學,壯而出遊,請業於盧文弨、錢大昕、王昶、孫星衍諸人。阮元撫浙,入詁經精舍,遂專心治經,著有《七經異文釋》,此其一也。是書較馮登府《三家詩異文疏證》,徵引特詳。其編排按詩篇順序,以詩句爲目,逐條排列,旁徵博引,詳加考訂,辨誤正訛,信而有徵。如"君子好逑"條,徵引《左傳》、《禮記·緇衣》、《漢匡衡傳》、《釋詁》郭璞注、《經典釋文》、《漢杜欽傳》注、《後漢書》注、《文選》注、《白帖》等,以與《説文》、《爾雅》、《毛傳》、《鄭箋》相質證,並通過《詩經》其他篇章的用字情况,論定"逑匹之逑,《毛詩》皆作仇",十分有説服力。它如《閟宫》"明明魯侯,克明其德",《白虎通》"明明"作"穆穆",則云,此當因上章相涉,故錯引之。《長發》篇"海外有截",《詩考》作"海水有截",則云,《詩考》當以"截"爲異字,寫者誤"外"爲"水",後人遂以"水"字爲異文矣。凡此之類,皆隨條訂正,其徵不苟。此書雖名爲"釋",然其考訂校勘文字之用力實多,所得亦不少,非一般簡單摘録羅列之作可比,在清人《詩經》異文研究著作中可

謂難得之作。

此本據清光緒十四年南菁書院刻《皇清經解續編》本影印。(岳書法)

### 詩考異字箋餘十四卷　(清)周邵蓮撰(第75册)

周邵蓮,生卒年不詳,據翁方綱序及是書署名,知其字湘浦,奉新(今江西奉新)人。

是書前有翁氏序,極論漢學、宋學學者之偏,而謂邵蓮虛懷審慎,不執一説,不偏一家。其間實難以斷定者,則以俟善學者加詳焉。其言甚當。《目録》首有周氏識語,謂是書"間就伯厚未登者録之,前人論著及管見一二附焉"。可知爲補王應麟《詩考》之未備。是書以篇名爲目排列群書所摘引含有異文之詩句,下以小字注明出處。凡有《詩考》原文者,首列之,雜引諸家則另行低一格書後,凡一字數家互見者只載書名,以便省覽。其見於《説文》、《釋文》者備載之,餘則可略者略之。最後以"邵蓮案"作結,或加以梳理,或加以調停,間以論斷,皆要言不繁,平實可據。此書對異文的態度有兩點頗可取:其一,如《行露》條:《釋文》"穿,本亦作穿"。邵蓮謂"穿"乃"穿"之别寫,不應作異文看。其二,如"摻差荇菜"條,邵蓮謂:"《説文》'荇',正字也。'荇',或字也。然'摻'字注引《詩》,則但作'荇'不作'荇'。范家相《三家詩拾遺》竟謂《説文》作'荇',亦未安。竊謂字異如齊、魯、韓三家尚矣,即後來諸家增出,亦有因字以考義,或足資參考者。然或意專求異,但見云某本作某,便欣然收之,實則未檢本書,質其然否,此可爲耳食之戒耳。"即此可見本書之謹嚴可信,非泛泛之作可比。

此本據復旦大學圖書館藏清嘉慶刻本影印。(岳書法)

### 詩異文録三卷　(清)黄位清撰(第75册)

黄位清,有《詩緒餘録》等,已著録。

是書前有黃氏自序並《例言》,據云,是書爲續《詩緒餘錄》而作,《詩緒餘錄》專釋鳥獸草木蟲魚,亦間及異文,此書專錄異文,前書已有者不重出,概補其未備云。其體例以篇目爲次,以詩句或字詞爲條,條下以雙行小字列三家及《說文》以下諸書異文。後低一格爲各家辨證,以馮登府《三家詩異文疏證》爲主,另有范家相《三家拾遺》、趙佑《詩細》、阮元《校勘記》、朱芹《札記》,兼采顧炎武、段玉裁、臧鏞堂諸家之說,最後以“案”語加以論斷。本書編次本意是因各書查檢不易,爲便省覽,故較爲簡略,亦無其闡發。然是書亦時有精論,如“假以溢我”條,《廣韻》引《說文》作“誐以謐我”,《左傳》作“何以恤我”。謂許所稱乃《三家詩》,“謐”徐鉉本作“溢”,係用《毛詩》改,《朱注》本《左傳》。“何”者“誐”之轉,“恤”與“謐”同部,《堯典》“惟刑之恤”,今文亦作“謐”。是書即以“錄”名,其意可知,姑以備檢,不無裨益。

此本據國家圖書館藏清道光十九年刻本影印。(岳書法)

**詩經四家異文考五卷** （清） 陳喬樅撰 （第75 册）

陳喬樅,有《今文尚書經說考》等,已著錄。

是書成於《三家詩遺說考》之後,前有道光二十三年（1843）自序云:“因增緝毛、魯、齊、韓四家詩異文,薈爲此編,釐爲五卷。凡近儒所討論,有資校勘者靡不參互稽覈,附案於後。亦以尋遺經之墜緒,廣古學之異聞云爾。”該書以篇名引領,然後以詩句標目,接著匯錄歷代文獻徵引三家詩並《毛詩》異文,以唐前典籍爲主。《漢書》、《後漢書》、《楚辭》、《文選》並重,《經典釋文》、《太平御覽》和漢魏諸子徵引最多。最後爲案語,說明異文類型,間考四家詩異文之同異、正誤。

該書對異文之辨析非常詳細,或指明四家詩本字,或指明四家間同字異義,或指明毛、鄭異義,至於通假字、通用字、古今字、俗字、避諱字更是本書重點,搜羅比較完備。如:《長發》“率禮不越”,《韓詩外傳》三:《詩》曰: 率禮不越,遂視即發;《漢書·宣帝紀》:《詩》云: 率禮不越;《漢書·蕭望之傳》:《詩》曰: 率禮不越;《蔡邕集·胡公碑》: 率禮不越。案:《毛詩》作“率履”,三家今文“履”作“禮”。陳氏采擇雖廣,亦不無疏漏,考訂亦有疏失者。特別是案語中需詳辨者,則以說詳某詩考作結,直接將讀者引向其《三家詩遺說考》,雖無不可,然影響了此書獨立存在之價值。

此本據湖北省圖書館藏清道光刻本影印。(岳書法)

**三家詩補遺三卷** （清） 阮元撰 （第76 册）

阮元(1764—1849),字伯元,號芸臺,儀徵（今江蘇儀徵）人。乾隆五十四年（1789）進士,授編修,道光間官至體仁閣大學士,加太傅。以提倡學術、振興文教爲己任,倡修《儒林傳》、《文苑傳》,設詁經精舍、學海堂。工書法。卒諡文達。校刊《十三經注疏》、《文選樓叢書》,彙刻《學海堂經解》,更著有《揅經室集》等。《清史稿》有傳。

是書以“魯詩”、“齊詩”、“韓詩”標目,不分卷次,實爲三卷。書前有葉德輝序,後有李智儔跋。據葉序,此書當爲阮氏六十以後之作,未刊,葉得之京師廠肆,後李智儔刻《崇惠堂叢書》,囑葉德輝排比校勘後將其收入。題曰《三家詩補遺》,補王應麟《詩考》之遺也。該書在三家詩輯佚上可謂承前啓後,雖較爲簡略,然與它書互有詳略,至有爲陳喬樅《三家詩遺說考》所未收者,自有其價值。

在三家詩的輯考中,各家的歸屬問題分歧較多,王應麟的處理方式是不知屬何家者列爲“異字異義”,此爲較合理的做法。而阮氏補遺,則對這無所歸屬的一百多條佚文詳加考證,分別列入魯、齊、韓三家中,此舉有所得,但亦不能無失。阮元對異文遺説的增補考訂雖篇幅有限,然因其學術功力深厚,時有精審發明之處。本書《魯詩》部分是其他兩家的數倍,亦可見其推重《魯詩》之傾向。

此本據華東師範大學圖書館藏清儀徵李氏刻《崇惠堂叢書》本影印。(岳書法)

### 三家詩遺説考　(清) 陳壽祺撰 (清) 陳喬樅述 (第 76 冊)

陳壽祺(1771—1834),字恭甫,號左海,閩縣(今屬福建福州)人。嘉慶四年(1799)進士,十四年充會試同考官。後主講鼇峰、清源書院多年。宗漢學。詩文辭藻博麗。有《左海全集》。生平見《清史稿》。

陳喬樅,有《今文尚書經説考》等,已著録。

三家詩輯佚,始於王應麟《詩考》,清中葉今文經學開始興盛,輯考三家詩的學者不少,然單就輯佚而言,陳壽祺父子可謂後來居上,《三家詩遺説考》爲其代表作,堪稱完善。據書前陳壽祺嘉慶二十四年(1819)自序稱,其《遺説考》已大體完備。陳氏臨終命其子卒業。喬樅採輯三家遺説,補其未備,加以考證而成之。其中《魯詩遺説考》六卷《敘録》一卷,《齊詩遺説考》四卷《敘録》一卷,《韓詩遺説考》五卷《敘録》一卷《附録》一卷《補逸》一卷,每書前陳喬樅自序分別作於道光十八年(1838)、二十二年、二十年。本書經陳氏父子二十餘年努力才完成,用力可謂深矣。

本書三家遺説之前除自序外各有《敘録》一卷,自序分別論述三家詩在漢代的授受源流和師承家法。《敘録》則按照師承源流,對傳詩者一一加以考辨,非常詳實。經文後則列舉先秦漢魏典籍中散見的三家遺説,列於前者爲陳壽祺所輯,後爲陳喬樅所

增補,增補部分前加一"補"字,以示區別。遺説之後爲考辨,其中單書"案"者爲陳壽祺語,書"喬樅謹案"者爲陳喬樅語,不論遺説還是考辨,陳喬樅所增部分遠超其父之作,故此書題爲陳喬樅撰亦不爲過。

是書鈎稽三家遺説,廣泛全面,並善於吸收歷來相關成果。據洪湛侯先生統計,《魯詩》輯佚用書七十一種,《齊詩》三十六種,《韓詩》四十六種;所輯佚文,《魯詩》一千七百餘則,《齊詩》八百餘則,《韓詩》六百餘則。徵引繁富,博綜百家,爲歷來治《詩》家所稱道。陳氏父子不只是將材料堆砌在一起,而是詳爲考訂,間及校勘。該書三家遺説雖各自成書,但又相互貫通,注重比較其差異,尤其是與《毛詩》之差異,而對《詩》旨之分析用力更多。該書輯佚成果後爲王先謙《詩三家義集疏》幾乎囊括殆盡,所以其資料價值大爲降低,這也是其不如王書影響大的主要原因。是書之價值,據蔣見元《詩經要籍解題》凡有二端:一是陳喬樅所撰三篇自序及三篇《敘録》,分析考訂三家詩傳授的師承家法,信而有徵;尤其是《敘録》,引經據典,論述每一位經師的承授關係,詳盡而有條理。二是此書三家遺説各自獨立,脈絡分明,行文眉目清晰,極便閱讀,對專研一家之説者尤爲方便。

該書後收入《皇清經解續編》,卷次未變,惟將原標於行首的書目、"補"、"案"等語移至行末或段尾。

此本據華東師範大學圖書館藏清刻《左海續集》本影印。(岳書法)

### 三家詩遺説八卷補一卷　(清) 馮登府撰 (第 76 冊)

馮登府(1783—1841),字雲伯,號柳東,又號勺園,嘉興(今浙江嘉興)人。嘉慶二十五年(1820)進士,官寧波府學教授。治經通漢宋,古文宗桐城。更著有《三家詩異文疏

證》、《十三經詁答問》、《石經閣文集》。生平見《碑傳集補》卷四八。

是編當是馮氏晚年所作，因病將書稿托付友人李富孫並馮氏弟子史詮校錄，馮去世後李校勘一過，並由史詮謄錄，即爲是本。

是書按詩篇順序編排，以篇名引首，下附以三家遺説。微引各家遺説，大體完備，間以説解辯證，亦較平實。至其所列各家遺説，據張壽林謂："如匡衡之師齊説，劉向之師魯説，薛君之師韓説，若此之類，凡史有明文者，固皆彙而輯之，徑目爲齊説、魯説、韓説。餘如賈誼、桓寬、王逸、高誘、焦贛、陸德明、李善之徒，稱述古義，多與毛異，雖史無明文，亦時存三家之舊。他如《春秋》三傳及《荀》、《墨》、《吕覽》、《淮南》、《孔叢》諸書，詮釋《詩》旨，多爲三家之所本。王肅、馬融、崔靈恩諸家，箋注《詩》義，多兼采三家之説。是編亦兼收並蓄，以存三家遺説。"（民國《續修四庫全書提要》）其書雖多因襲之處，然不没人之善，其用力之勤苦有足多者。

此本據天津圖書館藏清抄本影印。（岳書法）

## 詩古微上編六卷首一卷中編十卷下編三卷
（清）魏源撰（第77册）

魏源，有《書古微》等，已著録。

魏源著述豐富，經學著作主要爲《詩古微》和《書古微》，尤以《詩古微》用力更多，影響也大。《詩古微》主要由兩部分構成，一是通論，以篇爲目，如《通論傳詩異同》、《通論詩樂》等；二是答問，如《二南答問》、《小雅答問》等，另有輯集前人論《詩序》及演説《詩》義的内容。魏源以"古微"命名，目的就是要恢復西漢三家《詩》的傳統，闡發今文經學的微言大義。其《自序》云："發揮齊、魯、韓三家《詩》之微言大誼，補苴其罅漏，張皇其幽渺，以豁除《毛詩》美刺正變之滯例，而

揭周公、孔子制禮正樂之用心於來世也。"其借古開今、經世致用的理念非常清楚。魏源對《詩》學史上的一些根本問題思考深入，議論雄辯，但又能兼以詳明的考證，非泛泛而論，如"周時無不入樂之詩"，"古者嫁娶必以燎炬爲燭"等，皆爲後世研究所認可。魏源説《詩》也時有武斷之處，其力詆《毛詩》，排斥古文經學派，也顯示了其門户偏見。

該書爲其早年所作，中年後頗不滿意，故做了修訂和增補，並再次刊刻。其主要版本有初刻本和二刻本兩個系統。初刻本係修吉堂刻，分上下卷，前有李兆洛序，據相關文獻探測當刻於道光初，現湖南省圖書館和湖南師範大學圖書館有藏本。二刻本較爲複雜，復旦大學圖書館藏清道光二十年（1840）刊本《詩古微》當爲二刻本之始，爲二十二卷本，有龔橙批校，咸豐五年（1855）魏源手批改定目爲二十卷。國家圖書館分館藏清道光間刻本爲二十卷本，分上中下三編，此爲二十二卷本之後之道光間刻本，説明在咸豐五年魏源手批之前二十卷已通行了。其實二者差別不大，唯下編數篇内容略有分合。道光本刻成後魏源又曾加以修訂，因未有刻本傳世，具體情況不得而知。以後版本大都由二十卷本翻刻，較好的有光緒乙酉秋飛青閣楊氏刊本。該刻本有楊守敬《重刊詩古微序》，後有李兆洛、劉逢禄兩序。該本與道光本内容無異，唯將有些篇章重新編排組合，併爲十六卷。

此本據國家圖書館藏清道光刻本影印。（岳書法）

## 詩三家義集疏二十八卷首一卷　王先謙撰
（第77册）

王先謙，有《尚書孔傳參正》等，已著録。

是書初名《三家義通繹》，始撰於王氏江蘇學政任上，後中輟，晚年成書。該書遍采

歷來研治三家詩學已有之成果,合《邶風》、《鄘風》、《衛風》爲一卷,以還三家詩舊觀。經文仍據《毛詩》,全録其三百零五篇,以下先列各類典籍中有關三家詩之佚文遺説,疏文首列毛傳、鄭箋,又徵引自宋至清數十家《詩經》學者之論説,兼綜並蓄,精密排比,並參以己意,詳爲疏解,創獲甚多。是書在三家詩佚文的采用上,得力於陳壽祺、陳喬樅《三家詩遺説考》爲多。王氏雖宗今文經學,但對一些古文經學家和今、古文兼通的學者們的成果亦加采納,折衷異同,内容非常豐富。

是書爲輯集三家詩遺説集大成之作,特别是對《毛詩》與三家詩相異點的考察十分細緻。例如《周南・桃夭》,陳喬樅引張冕云:"《桃夭》如爲民間嫁娶之詩。"王氏考辨曰:"張説無徵。然《易林》云:'男爲邦君。'是《齊詩》説不以爲民間嫁娶之詩甚明。參之《大學》'宜家'、'教國'之義,非國君不足以當之。"諸如此類,甚有説服力。

此本據民國四年虚受堂刻後印本影印。(岳書法)

### 詩緯集證四卷附録一卷　　(清) 陳喬樅撰
(第77 册)

陳喬樅,有《今文尚書經説考》等,已著録。

《隋書・經籍志》載:"《詩緯》十八卷,魏博士宋均注。梁十卷。"兩《唐書》亦載爲十卷,宋均注。該書隋以後逐漸亡佚,間有所存,内容亦與雜讖比例齊觀,學者棄置勿道,書遂盡亡。《後漢書・樊英傳》注曰:"《詩緯》《推度災》、《氾歷樞》、《含神務》也。"明孫珏收輯逸緯爲《古微書》,認爲《推度災》諸篇皆讖類,陳氏以爲《隋志》所録,又有《詩雜讖》,所以應該將二者區分開來。但考今《詩緯》中,如云"白之亡,枉矢流,天降喪亂。蒼之亡,彗出房。彗星守咮,南越將

爲亂",若此等語皆係占驗,與《詩》何涉?不得謂之非讖類也。至云"風后,黄帝師,又化爲老父,以書授張良",其爲淺人所附會,尤屬顯然。

《七録》著録《詩緯》爲十卷,其目爲《推度災》、《氾歷樞》、《含神霧》。陳氏是書前三卷即以此標目,網羅散佚,視各家輯本增十之三,而引證亦詳;而舊書所引未詳篇目者别爲一卷,總計四卷。是書爲喬樅爲繼家學並追尋《齊詩》之墜緒而撰,成於所著《齊詩翼氏學》後。以漢儒翼奉、郎顗之説《詩》多出於緯,此蓋《齊詩》所本故也。此書輯録緯説甚多。如卷一《推度災》"建四始五際而八節通"條,喬樅案云:"緯説因金、木、水、火有四始之義,以詩文託之,蓋欲王者法五行而正百官,正百官而理萬事,萬事理而天下治矣。政教之所從出莫不本乎五行,乃通於治道也。"上述《詩緯》佚文和陳氏《集證》,提出《齊詩》四始、五際之説,並將《詩經》中的篇章與陰陽五行相配,用以推論時政,是《齊詩》最有代表性的説解。但陳氏認爲天運循環終始之理,王道治亂安危之故全都囊括在《詩緯》之中,又説其爲詩學之錧鎋,似又推之過甚。

此本據華東師範大學圖書館藏清道光二十六年小琅嬛館刻本影印。(岳書法)

# 禮　類

### 宋黄宣獻公周禮説五卷首一卷末一卷
(宋) 黄度撰 (清) 陳金鑑輯 (第78 册)

黄度(1138—1213),字文叔,號遂初,新昌(今浙江新昌)人。隆興元年(1163)進士,官至禮部尚書、龍圖閣大學士,曾被列入"僞學黨",治學志在經世,其論皆有所據,無牽强附會之弊。更著有《通史編年》、《書説》、《詩説》等。《宋史》有傳,又見《絜齋集》卷一三

《行狀》。

陳金鑑，生卒事跡不詳。

黄度撰《周禮説》原書已佚，清道光十年（1830）由陳金鑑輯爲五卷並刊刻。前有陳氏同年許乃酋序、陳氏自序、《重緝宋黄宣獻公周禮説》凡例，卷首有葉適原序及宋元以來陳振孫、馬端臨諸儒對是書考證，卷末附有黄度《宋史》本傳、行狀、墓誌及校訂者姓氏等。是書不解《考工記》，僅就《天官冢宰》、《地官司徒》、《春官宗伯》、《夏官司馬》、《秋官司寇》五官之職及其所轄職官職掌進行考辨，立於程朱，折衷孔鄭，是鄭非鄭者各半。其説貫通今古，其論詳審持平。

此本據國家圖書館分館藏清道光十年陳氏五馬山樓刻本影印。（王長紅）

**周禮因論一卷**　（明）唐樞撰（第78冊）

唐樞（1497—1574），字惟中，號子一，人稱一菴先生，歸安（今浙江湖州）人。嘉靖五年（1526）進士，授刑部主事，因上書忤帝罷職。隆慶初復官，以年老，加秩致仕。更著有《易修墨守》、《木鐘臺集》等。《明史》有傳。

是書成於隆慶六年（1572）。前有陸光宅跋文，謂唐樞所論蘊發經世之學，云：“先生經世博學不竟於時，而寄於是。識先生之神之精以繼周公之政之事，三代之治可代而興也。”是書以語録體論《周官》之職，貫通古今。《四庫全書總目》禮類存目提要稱是書以民極爲《周禮》本原，蓋本葉時《禮經會元》之説，然其文如語録之體，寥寥數條，未爲詳備云云。

此本據中國科學院圖書館藏明隆慶刻本影印。（王長紅）

**周禮完解十二卷**　（明）郝敬撰（第78冊）

郝敬，有《周易正解》等，已著録。

是書刊刻於萬曆丁巳年（四十五年，1617）季秋，對六官所屬及其職掌詳加考辨詮釋。如卷首《讀周禮》謂《周禮》一書取法天地四時而成，“天惟五行，人惟五事，是書六官以配天辰十二，省司空官屬以法五行而用五數，非缺也。曰：‘然則宜散天官於五官可也，以冬官分寄何也？’曰：‘冬官主事，而四時惟冬無事，萬物冬藏，故其官爲司空。唐虞司空揔百揆，即古之冢宰。天無爲而冢宰知始，冬無事而司空代終，故司空散見於五官。’”故《周禮》非缺，《考工記》非補，五官非周公之所作，冬官考工亦非漢儒所能補；又云“《周禮》隱藏冬官，錯列六屬，牢籠百世學者，即此便是縱橫之習，詳觀其佈置經營，全似《管子》内政。蓋其學本宗聖而雜以刑名功利焉，可誣周公也”等，多發新解。是書入《四庫全書總目》禮類存目，提要謂是書陽分六官以成歲序，陰省冬官以法五行，故穿鑿附會之處甚多。

此本據南京圖書館藏明萬曆郝千秋、郝千石刻《九部經解》本影印。（王長紅）

**周禮問二卷**　（清）毛奇齡撰（第78冊）

毛奇齡，有《河圖洛書原舛編》等，已著録。

自漢至唐，於《周禮》之成書年代雖有爭議，其爲先秦古籍，則爲共識。然至宋代，出現了劉歆僞造《周禮》以媚王莽之説。奇齡以爲《周禮》雖非周公親製，更非劉歆僞造，而爲戰國人之作，故將宋明學者持《周禮》出於劉歆僞造者之證據意見及宋明人所言《周禮》矛盾處設爲疑問，並一一駁斥解答，故名《周禮問》。此書對宋明人所言劉歆僞造説原委、《漢書·藝文志》著録問題、六卿制度與三代之三卿三司不合、冢宰非官、天地四時配六官名實不符、以司徒掌土致使司空無職事、宰夫地位、設職重複、官職數量、禄多田少、分封制度與《王制》《孟子》不合、出現秦法、王無親臣、林孝存駁難雖不存但或許有得、《周禮》不見《詩》《書》《易》及《論》《孟》稱引等問題，詳爲辯解。其方法，於宋人所言

《周禮》不合古制之處，則備引五經所見官職爲之疏解，與《周禮》印證，以證《周禮》六官來源有自；對宋明人所提出《周禮》内部矛盾，則詳爲梳理，努力作合理解釋。

此書旁徵博引、貫通群經，對《周禮》諸問題多有卓識，如解釋六官與天地四時配合係"祇以紀數，不必遷合職掌以自取間隙"。另外，奇齡並未出於尊崇《周禮》而盲目信從周公所作之舊説，而是依據所掌握證據，提出戰國人所作之觀點，較之此後《四庫全書總目》、孫詒讓等之見解更爲通達。然有時亦未免穿鑿，如爲與《王制》、《孟子》制度一致而自創閒田之説，用爵位數替代官職數以彌合"六官之屬各六十"。

此本據上海辭書出版社圖書館藏清康熙刻《西河合集》本影印。（沈暢撰　劉曉東審定）

## 周官辨非一卷　（清）万斯大撰　（第78册）

萬斯大（1633—1683），字充宗，自號跛翁，鄞縣（今浙江寧波）人。萬泰之之子。生於亂世，不事科舉，曾從黃宗羲問學，於寧波創講經會與衆人質疑問難，其經學博而精，爲浙東學派之代表。更著有《學禮質疑》、《學禮偶箋》等。《清史稿》、《清史列傳》有傳，又見《國朝耆獻類徵初編》卷四一三、黃宗羲《萬君斯大墓誌銘》等。

是書前有萬氏同里好友李鄴嗣序，謂萬氏最精於經學，生平於六藝之文辯若秋芒，盡疑其義，更取《周禮》一書，條舉件繫，極辯其非云云。是書以《周官》爲周公之作之説流毒當世，貽禍無窮，故力證《周官》之僞。萬氏以《周官》所載職官職掌與先儒聖典多有牴牾，故於與《五經》、《論》、《孟》相左者詳加辯駁，凡五十五則。其論或援引他説，或斷以己見，雖言之有故，但其拘於《五經》與《論》、《孟》而論《周官》之真僞，實無新意，《四庫全書總目》禮類存目是書提要云："其意未始不

善，而懲羹吹虀至於非毀古經，其事則終不可訓也。"

此本據南京圖書館藏清乾隆二十六年萬福刻《萬充宗先生經學五書》本影印。（王長紅）

## 周禮輯義十二卷　（清）姜兆錫撰　（第78册）

姜兆錫，有《書經參義》，已著錄。

是書約成於康熙五十七年（1718），前有王掞、張大受、王澍序，儲大文後序，《寅清樓撰述書目》、本書目録、《周禮本末考》三則、《周禮輯義》附論十一則。是書收入《四庫全書總目》禮類存目，提要謂多本王與之《周禮訂義》而力攻鄭玄之説，皆詰責過甚，雖偶有新意，然疏於考證，論説多屬臆斷云云。其説與毛奇齡、萬斯大、方苞輩相類，皆屬清初宋學之餘音。

此本據復旦大學圖書館藏清雍正九年寅清樓刻本影印。（王長紅）

## 周官析疑三十六卷考工記析疑四卷　（清）方苞撰　（第79册）

方苞，有《朱子詩義補正》，已著錄。

是書前有顧琮、陳世倌、朱軾三序，據顧琮序可知，《周官析疑》、《考工記析疑》二者原爲一書，方氏《五官析疑》歷三朝而成，康熙辛丑（五十年，1711）陳鵬年刻《天》、《地》二官，雍正辛亥（九年，1731）朱軾刻《春》、《夏》二官，後由周力堂等於乾隆八年（1743）刊刻《秋官》，由陳世倌、朱軾、陳榕門等校訂，並與程崟、王兆符、黃世成校訂之《考工記析疑》合一刻印。是書收入《四庫全書總目》禮類存目，其旨基於宋學，就《周官》所立職官之義、屬官之職掌等加以考辨，揚宋而抑漢，力詰鄭注；又苞乃力詆經文，蓋其徒見王莽、王安石之假借經義以行私，故思思然預杜其源，其立意不爲不善，而不知弊在後人之依託，不在聖人之制作。

此本據華東師範大學圖書館藏清康熙六十

年陳彭年雍正九年朱軾乾隆八年周力堂等遞修本影印。(王長紅)

**周官辨一卷** (清)方苞撰(第79册)

方苞,有《朱子詩義補正》等,已著録。

是書成於康熙五十二年(1713)前後,前有龔綬、顧琮序及方氏自序。是書僅一卷,分辨僞二、辨惑八,凡十篇。是書就載師、閭師、廛人、媒氏、泉府等周官之職通過辨僞與辨惑,以爲程、朱二子雖灼見《周官》非聖人不能作,但於莽、歆增竄未能一一辨明,故六七百年間世儒皆被蒙蔽。方氏於清初漢宋兼采之風漸行之際,持門户之見信宋而疑漢,尊程朱而疑經詆鄭,視康成之注爲悖道賊經之説,故其《周官辨》與宋胡安國、胡宏、包恢之論一脈相承,實爲有清一代禮學歸鄭前之佞敖餘音。是書雍正三年(1725)由龔綬初刻,乾隆七年(1742)顧琮在龔氏雍正刻本之基礎上重校復刻,序跋、評語仍其舊云。

此本據華東師範大學圖書館藏清乾隆刻本影印。(王長紅)

**周禮質疑五卷** (清)劉青芝撰(第79册)

劉青芝(約1674—1755),字芳草,號實天,晚號江村山人,襄城(今河南襄城)人,劉青藜弟。雍正五年(1727)進士,改庶吉士,未散館而卒。更著有《學詩闕疑》、《尚書辨疑》、《江村山人稿》等。事見《國朝耆獻類徵初編》卷一二三。

是書約成於乾隆乙亥(二十年,1755),書梓行未半,劉氏遽然捐館,爲其絶筆之作。前有劉曾輝序、劉氏自序。是書卷分爲五,卷一《天官》,卷二《地官》,卷三《鄉大夫》,卷四《春官》,卷五《夏官》,獨於《秋官》無所質疑。是書收入《四庫全書總目》禮類存目,提要謂是書摘《周禮》舊注及前人經訓互相參證,間亦取後代之事以引伸其義,頗與鄭玄、賈公彦爲難,然臆斷多而考證少云云。劉氏以《周禮》爲太平經國之書,是書酌古凖今,折衷前賢注解之異同得失,並斷以己意,然其治學從宋而詆漢,故其解疏於考證而多與鄭、賈相背。

此本據清華大學圖書館藏清乾隆二十一年刻本影印。(王長紅)

**周禮古義一卷** (清)惠棟撰(第79册)

惠棟,有《周易本義辨證》,已著録。

惠氏一門三世治經,爲士林稱頌,棟幼承祖惠周惕、父惠士奇之訓,矢志向學,由小學而經學,爲乾嘉考據學吴派之宗,其學沿顧炎武,治經宗漢,以昌明漢學爲己任。是書爲其《九經古義》之一,文淵閣《四庫全書》著録爲兩卷,《昭代叢書》併爲一卷,後有沈楙德跋。是書著眼於文字、音韻、訓詁,援以經、史、子、集等,對《周禮》古字之音、形、義詳加辨析,崇漢而不佞漢,於前賢之見是非分明。如《大宗伯》"五命賜則"一條,惠氏援引《漢書·王莽傳》"諸公一同,有衆萬户,土方百里;侯伯一國,衆户五千,土方七十里;子男一則,衆户二千有五百,土方五十里;附城大者食邑九成,衆户九百,土方三十里。自九以下,降殺以兩,至於一城。五差備具,合當一則",謂"十里爲成,成百户,故方百里爲萬户;方七十里爲四千九百户,言五千,舉成數也;方五十里爲二千五百户,皆與王制合。附城猶周之附庸,自九成至一成,降殺以兩,五差計之,合一則二十五成之數"。考證詳審,"五命賜則"之制彰顯於此。

此本據清道光十三年沈氏世楷堂刻《昭代叢書》本影印。(王長紅)

**畏齋周禮客難八卷** (清)龔元玠撰(第79册)

龔元玠,有《畏齋周易客難》,已著録。

是書成於乾隆癸巳(三十八年,1773)四月丁未前。前有龔氏自序,稱《周禮》作於周公攝政之年,原爲完書,後毁於秦楚之火;漢景帝時李氏所獻山巖屋壁之《周官》，因取書不慎而失《冬官》；然以校《周禮》，自《左傳》所載，"則以觀德"四語、《曲禮》"抱孫子不抱子"，除《孟子》所引外，別無一字不見於傳記者，猶幸有《五官》之存云云。龔氏以爲歷代諸儒或誤用《周官》，如劉歆、王安石，或不能用而妄譏《周官》，如臨孝存、何休、胡氏父子，或惑於《周官》注疏之駁雜，如宋代諸儒，故作《周禮客難》匡謬補遺。是書卷分爲八，卷一《天官》，卷二《地官上》，卷三《地官中》，卷四《地官下》，卷五《春官》，卷六《夏官》，卷七《夏官補編》，卷八《秋官》，論説援以經史，考證精深，不盲從前賢，時有己意，多與鄭注有異。

此本據華東師範大學圖書館藏清道光二十六年刻《十三經客難》本影印。（王長紅）

**石谿讀周官六卷**　（清）官獻瑤撰（第79冊）

官獻瑤（1703—1782），字瑜卿，號石谿，安溪（今福建安溪）人。以拔貢生授國子監學正，乾隆四年（1739）進士，改庶吉士，充三禮館纂修官，散館後授編修，曾提督廣西、陝甘學正，遷司經局洗馬等職。更著有《石谿文集》、《讀易偶記》、《尚書偶記》、《讀詩偶記》、《周官偶記》、《春秋傳習録》等。《清史稿》、《清史列傳》卷六七有傳。

是書前有蘇廷玉《重刻讀周官序》與劉氏自序。蘇氏序稱官獻瑤尤善《三禮》，《讀周官》考覆精深，發前人所未發云云。此言過其實，是書按《周禮》六官分卷，然獨於地、秋二官説解稍詳。官氏師從方苞學《周官》，故其解《周官》與方苞之見相類，常非鄭、賈之説，亦爲清初禮學歸鄭前之流波餘音。

此本據中國科學院圖書館藏清道光二十五年刻本影印。（王長紅）

**周禮撮要三卷**　（清）潘相撰（第80冊）

潘相（1713—1790），字潤章，號經峰，安鄉（今湖南安鄉）人。乾隆六年（1741）拔貢，充武英殿校書，二十八年進士，次年四月任山東福山知縣，旋調曲阜知縣，後以昆陽知州致仕。更著有《春秋比事參義》、《毛詩古音參義》、《琉球入學見聞録》等。事見《國朝耆獻類徵初編》卷二四〇。

是書成於乾隆十八年（1753）前，書首有劉志騫《例言》、黃宜中序。黃序稱潘氏以《周禮》爲太平經國之書，所載皆體國經野、安內柔外，鼇官造士、愛民足兵之政，其節目之繁多，內容之龐雜，非《儀禮》所能比，讀者如游鬧市而難窺其要云云，故其別出新意，六官各爲一論，有綱有目，凡經文緊要與傳注精粹連貫其中，各官制度，皆以類相從，不拘官序。如《地官》之制國、經野、賦税、力役，《夏官》之軍制、賦法、馬政、車制等，讀者覽之便知周制之詳、周禮之要。

此本據華東師範大學圖書館藏清乾隆汲古閣刻本影印。（王長紅）

**周官記五卷**　（清）莊存與撰（第80冊）

莊存與，有《象傳論》等，已著録。

是書前有《序冬官司空記》，書後有莊氏孫綬甲跋。卷分爲五，卷一《冢宰記》、卷二《司徒記》、卷三《司馬記》、卷四《冬官司空記》、卷五《司空記》。

古人法天地而設政教，故《周官》一書於《天官》、《地官》、《春官》、《夏官》、《秋官》五官之屬皆有所言，惟不涉冬官，漢人不解其因，取《考工記》以代《司空》。歷代學者，或從漢儒之見，以《考工記》補《冬官》，代不乏人；或以《周禮》爲未成之書，如宋代王應麟、清代江永；或主《冬官》隱於五官説，如宋代俞庭椿、丘葵、元朝吳澄，衆説紛紜，莫衷一是。《三禮》之中，莊氏獨重《周官》，然其《周官記》本於經今文之學，於文字之外闡發微言大義，以爲朝代興衰繫於《周官》，並效仿劉敞爲《儀禮》作義之法，雜采《尚書》、《國語》諸文而成《司空記》，以補《周官》之闕，較漢人取《考工記》以補《冬官》，有過之而無不及，然疏於考證，有主觀臆測之嫌。

此本據浙江圖書館藏清嘉慶八年味經齋刻道光七年增修匯印《味經齋遺書》本影印。（王長紅）

**周官説二卷補三卷**　（清）莊存與撰（第80冊）

莊存與，有《象傳論》等，已著録。

是書凡二卷，補三卷，實爲五卷，其卷五札爛文減闕百七十字。該書與《周官記》相類，亦爲莊氏摭拾《孟子》、《孝經》、《左傳》、《國語》等經史諸典，如郊廟、族屬之類，本於鄭注，折衷前賢而成。

此本據浙江圖書館藏清嘉慶八年味經齋刻道光七年增修匯印《味經齋遺書》本影印。（王長紅）

**周禮軍賦説四卷**　（清）王鳴盛撰（第80冊）

王鳴盛，批點《學易慎餘録》，已著録。

是書稿成於乾隆二十三年（1758）至二十六年間，王氏歸田後刻入《西莊始存稿》，其後單刻梓行，有頤志堂家刻本、漢筠齋刊本、《清經解》本等。此書卷首有王氏自序，稱《周禮》體大思精，於諸經之中最爲難通，即隨舉一事欲究其極，亦非善於讀書者所能爲，而歷代治《周禮》者，惟北海鄭康成能會通衆説後定爲注，賈公彦之疏要爲有功外，趙宋以下諸儒於注、疏發明者甚少，而妄加詆毀者甚多，故其借爲秦蕙田參訂《五禮通考・軍禮門》之際，撰此書以專申鄭説，其於妄駁鄭注者、發明鄭義者兼而列之並述以己見云云。覽觀兩千餘年《周禮》之學，魏晉鄭、王之争，王學獨尊，然曇花一現，慶曆王安石《周禮新義》出，疑經詆鄭之風漸盛，波及元明，清初王夫之、顧炎武、黃宗羲諸儒漢宋兼采，改王芝藻、高愈、高宸、萬斯大、方苞、姜兆錫諸輩攻詰鄭注之宋學餘風。王鳴盛繼而承之以鄭

爲宗，實事求是，詳加考辨，頗有新意。

此本據浙江圖書館藏清乾隆間刻本影印。（王長紅）

**溝洫疆理小記一卷**　（清）程瑶田撰（第80冊）

程瑶田，有《禹貢三江考》，已著録。

程氏説經諸作，匯爲《通藝録》一書，本書即其中之一種，收録程氏所撰論文二十一篇，皆爲考證《周禮》井田溝洫制之作。按溝洫之形制，具於《周禮》之遂人、匠人二職中。匠人之溝洫爲井田之溝洫，遂人之溝洫則非井田之溝洫，二者有形近而實異者，亦有名異而可通者。經注簡略，舊説紛挐，難以窮究。程氏參校經文，考比鄭注，於宋以來諸説駁正之，與時賢往復討論之，又目驗徵實，辨之明而析之密。其説多爲孫詒讓《周禮正義》所采。程氏又貫通小學，故其説亦匯通。如《井田溝洫名義記》："溝，冓也，縱橫之説也。名之曰溝，所以象其形。象形曰溝，會意曰洫。洫字從血，以洫承溝，謂是血脈之流通也。澮，會也，會上衆水，以達於川，初分終合，所以盡水之性情而不使有汎溢之害也。"又繪溝洫圖解十六幅各附於當篇，解説井田溝洫之制，圖文呼應，一目瞭然。

此本據上海辭書出版社圖書館藏清嘉慶刻《通藝録》本影印。（張怡雯撰　劉曉東審定）

**周禮摘箋五卷**　（清）李調元撰（第80冊）

李調元（1734—1803），字羹堂，號雨村、墨莊、醒園等，羅江（今四川羅江）人。乾隆二十八年（1763）進士，官至直隸通永兵備道，後因彈劾永平知府罷官遣戍伊犁，尋以母老贖歸，家居著書自娛。更著有《雨村曲話》等，編有《全五代詩》等。傳見《清史列傳》卷七二。

是書前有自序，言以作《周禮箋》十卷之餘

力"摘取注中經文互異之字而箋之,以折衷于一",因有"摘箋"之名。全書五卷,除夏官司馬與秋官司寇合爲一卷外,其餘四官各爲一卷。卷内不全録經文,僅摘録有異文之經文爲條目,逐條記其異文。所載異文來源有二:其一爲鄭玄《周禮注》所載故書、今書異文與校語,以"注"字引首者即爲此類;其一爲陸德明《經典釋文》所載異文,首無"注"字者多是。異文之下或據經傳故訓發明,或自爲疏説,以"按"字與異文分隔,亦偶有條目僅存異文而不下按語。

清代條析唐前《周禮》異文之著作,最爲著名者當屬段玉裁《周禮漢讀考》及徐養原《周官故書考》。然以成書時間而言,李調元此書首放嚆矢,具有開創意義。且與其後著作相比,李著雖所依據同爲經傳故訓如毛傳、《説文》,但考辨簡明、文筆簡練。異於段玉裁、徐養原者,李氏所言"注中經文互異之字",將陸德明《經典釋文》所載六朝異本攬入,與專注於鄭注之"漢讀"、"故書"範圍明顯不同。二者相較,李氏將鄭玄所見異本與陸德明所見異本合論則略有混雜之感,雖不如專於鄭注異文之範圍嚴密,但李氏眼界較段、徐等後來者寬廣,因爲六朝異本未必不是源於兩漢經師。然李氏學博,於經學則未能醇粹,故是書頗有穿鑿,不如段玉裁、徐養原考證精審。

此本據浙江圖書館藏清乾隆間綿州李氏萬卷樓刻《函海》本影印。(沈暢撰　劉曉東審定)

### 周禮漢讀考六卷　(清) 段玉裁撰 (第80册)

段玉裁,有《古文尚書撰異》等,已著録。

是書六卷,每卷分上下兩篇,書首有段氏自序云:"讀如、讀若者,擬其音也,古無反語,故爲比方之詞;讀爲、讀曰者,易其字也,易之以音相近之字,故爲變化之詞","當爲者,定爲字之誤、聲之誤而改其字也","漢之音,非今之四聲二百六韻也,則非通乎虞、夏、商、周、漢之音,不能窮其條理","不習聲類,欲言六書,治經難矣"。次以阮元序,云段氏"於語言、文字剖析如是,則於經傳之大義必能互勘而得其不易之理"。此書以《周禮》六官次第爲序,以鄭玄《周禮注》爲底本,據以《説文》,證之《詩》、《書》諸經及《國語》、《史記》、《漢書》、《淮南》、《吕覽》等子史之書,以"讀如、讀若"別其音,以"讀爲、讀曰"別其義,以"當爲"正字誤聲誤,由此而明漢儒注經於字發疑正讀之體例,即"一曰讀如、讀若,二曰讀爲、讀曰,三曰當爲"(自序)。該書徵引繁富、考證精賅,爲學者所稱譽,與孫詒讓《周禮正義》同爲有清一代《周禮》研究之代表。

此本據上海辭書出版社圖書館藏清嘉慶刻本影印。(王長紅)

### 周官肊測六卷敘録一卷　(清) 孔廣林撰 (第80册)

孔廣林(1745—1813後),字叢伯,號幼髯,曲阜(今山東曲阜)人。孔廣森之兄、孔繼汾之長子、六十八代衍聖公孔傳鐸之孫。乾隆間貢生,署太常寺博士,後無意舉業,潛研經學,專攻鄭説,深得阮元贊許。更著有《儀禮肊測》、《吉凶服名用篇》等。生平事蹟見《民國續修曲阜縣志》卷五。

是書成於乾隆甲午年(三十九年,1774)後。是年其父孔繼汾校十三經定本刊藏,以示子孫,廣林承父命校讎其父授弟孔廣衡之《周官經》而作此書。凡七卷,前六卷據《説文》等訂正文字訛脱外,又參考《義訓》或先賢注解,有疑者斷以己意,並附以圖示,於鄭注亦有補正;《敘録》言《周官肊測》成書緣起及其治《周官》之心得,多有新見。如其以職掌將《天官》"宫正"及以下職官分爲六類,宫正、宫伯主環衛,膳夫至幂人主膳飲,宫人至掌次主起居,大府至掌皮主賦式財用等;然亦有臆測之處,如其以錯簡爲由,將《考工記》"總敘"分爲兩篇,將所列職官三十篇析爲三十九篇並重新編次,此舉頗顯宋儒疑經改經之陋習。

此本據上海辭書出版社圖書館藏清光緒十六年山東書局刻《孔叢伯説經五稿》本影印。(王長紅)

## 周官心解二十八卷　(清)蔣載康撰(第80册)

蔣載康,生卒年不詳,原名釗,號楊莊,諸暨(今浙江諸暨)人。乾隆三十六年(1771)舉人,曾在甘肅任知縣。博聞强記,好學深思而要以窮經爲本,時人謂其無經不通,尤深《三禮》。更著有《儀禮心解》、《周易新義》等。見是書蔣錦川序及《重修浙江通志稿·考選譜》。

是書凡二十八卷,歷十年而成,其生前因家貧無力付梓,卒後由及門弟子顧大治、吳深及親友諸人於嘉慶丙寅(十一年,1806)襄贊刻印。書首有餘姚邵瑛及蔣氏受業侄錦川序,次以目録、蔣氏長孫蔣如所作凡例、校閱姓氏、校梓姓氏,又次以蔣氏受業外甥顧大治序。蔣氏此書,不墨守經注,亦不拘於前賢諸儒成説,其解通貫全書,據《周官》解《周官》,且援以他經以佐其證並斷以己見。如《秋官·掌客》載"醯醢百有二十甕",蔣氏以爲醯醢之數有誤,解曰"醯醢之數,以醯人、醢人共賓客之數爲正,上公當百,侯伯當八十,子男當六十。若上公百二十,與王何别?此'百二十甕',斷因上'筥米百有二十'而誤";再如其以《秋官》"禁殺戮"爲證,以爲"禁暴氏"之"氏"字爲羨文,其曰"禁殺戮禁官之不法,此職禁不道之民,'禁殺戮'無'氏'字,此職'氏'字亦衍文"。此類通貫全經加以辨説之例,所在多有。此書雖爲別出心裁之作,但于鄭注亦非亦正,無宋明學者以舊説爲淺陋、以篤守爲迂腐而擺落訓詁、獨研義理之弊。

此本書據中國科學院圖書館藏清嘉慶十一年經筪堂刻本影印。(王長紅)

## 周禮畿内授田考實一卷　(清)胡匡衷撰(第81册)

胡匡衷(1728—1801),字寅臣,號樸齋,績溪(今安徽績溪)人。歲貢生。以孝友爲鄉里所重,治經尤善三禮,於經義多有新見,不苟同於前賢先儒舊説。更著有《三禮札記》、《儀禮釋官》、《周禮傳義釋疑》、《莊子集評》等。傳附《清史稿·胡培翬傳》。

胡匡衷與子胡秉虔、孫胡培翬,一門三世,皆精於禮,故世稱"三胡禮學",爲乾道之際徽州之經學流派。《周官》禄田,學者代有關注,歐陽修以"《周禮》官多田少,禄且不給"疑之,似成不刊之論,後世治《周官》者多從之,亦有悖於其説者,如清沈彤《周官禄田考》以爲"官之命者必有禄,禄必稱其爵而量給于公田"等,不一而足。胡氏是書,專論畿内授田之法,其是鄭非鄭者皆有,其據鄭注以爲鄉,遂授田同制,但不囿於鄭,如其以鄭玄"載師"注與"小司徒"注自相違戾等,由此可知其於前賢舊詁可謂實事求是,然《周官》所載官職爵等及禄田制多爲儒生之設想,並非全爲周代官制,胡氏於此書推算雖似縝密,但其未考西周方域及人口,而以經傳所記之數記之,恐難以爲據。

此本據復旦大學圖書館藏清光緒十一年吳氏刻《蟄園叢書》本影印。(王長紅)

## 周禮序官考一卷　(清)陳大庚撰(第81册)

陳大庚,生卒年不詳,據是書題名及張海鵬跋,知其字子堅,常熟(今江蘇常熟)人,諸生,束髮嗜學,尤善三《禮》。

是書由陳氏之舅張海鵬於嘉慶己巳(十四年,1809)録付剞劂,並爲之跋。《周官》所設職官職掌、人數等,學者歷來多有關注,是書據清沈彤《周官禄田考》,對官爵等級及其人數詳加考辨,以爲五官有爵者二千六百四十四人,鄉遂官二萬二千八百七十二人,庶人在官者三萬七千三百有一人,婦官百二十人,女給事千一百五十六人,凡六萬四千有九十三人,無常數者及數之不可考者,亦一一具列,可謂條縷綜貫,鉤稽詳備,用力尤深。

此本據上海辭書出版社圖書館藏清嘉慶十四年《借月山房匯鈔》本影印。(王長紅)

**周官指掌五卷** (清)莊有可撰 (第81冊)

莊有可(1744—1822),亦名獻可,字大久,武進(今屬江蘇常州)人。諸生。好學深思,遍通群經,尤精《春秋》。更著有《春秋注解》、《周官集説》、《考工記集説》、《儀禮喪服經傳分釋圖表》、《禮記集説》等。《清史列傳》卷六八有傳,又見《續碑傳集》卷七二。

是書約成於乾隆五十五年(1790)六月,但其付梓於道光九年(1829)七月後。前有莊氏好友江蘇陽湖左輔序及其自序。左氏序稱此書論説言之有據,法度義理精深,既能嘉惠後學亦有功於古人。莊氏視《周官》爲君王辨方正位、體國經野以爲民極之書,亦爲周設官分職之書,周代之禮雖不盡在於此,然其職掌所及之禮儀多能考證;《周官》官職多缺,冬官盡亡而補以《考工記》,因多牴牾,故有人以其爲未成之書,實不盡然云云。莊氏以爲後世多有誤解,故作《周官指掌》凡五卷百篇,以究其建國立極之大略,其論考證翔實,多異於他人。

此本據華東師範大學圖書館藏清道光間刻本影印。(王長紅)

**周禮學二卷** (清)王聘珍撰 (第81冊)

王聘珍,生卒年不詳,字貞吾,號實齋,南城(今江西南城)人。嘉慶十四年(1809)拔貢,以力學聞,阮元嘗延其校訂古籍。更著有《經義考補編》、《大戴禮記解詁》、《儀禮學》、《九經學》等。《清史列傳》卷六九有傳,又見《碑傳集補》卷三九。

是書旁徵博引,於《周禮》之名及其所列職官職掌詳加考辨,信守鄭説,《清代學人列傳》稱其《大戴禮記解詁》於禮典器數,墨守鄭義,解詁文字,一依《爾雅》、《説文》及兩漢經師訓詁,有不知而闕,無杜撰之言云云。是書亦如此。

此本據清光緒十四年南菁書院刻《皇清經解續編》本影印。(王長紅)

**周禮故書考一卷** (清)程際盛撰 (第81冊)

程際盛(1739—1796),原名炎,字煥若,號東治,長洲(今江蘇蘇州)人。乾隆四十五年(1780)進士,授内閣中書,官至湖廣道監察御史。初學詩於沈德潛,繼專經學。更著有《儀禮古文今文考》、《禮記古訓考》、《説文古語考》、《説文引經考》、《續方言補證》、《駢字分箋》、《清河偶鈔》、《稻香樓集》等。傳見《清史列傳》卷六八、《國朝耆獻類徵》卷一三七。

程氏治禮尊崇鄭注,有《周禮故書考》、《儀禮古文今文考》、《禮記古訓考》三著。漢代《周禮》本經版本有二,即所謂"故書"與"今書"。自古以來,學者就此問題説法不一,迄無定論。程氏《三禮鄭注考序》云:"《周禮》有數本,劉向未校之前,或在山巖石室爲古文,考校後爲今文,古今文不同,鄭據今文作注,每云故書作某";"蓋三禮互異,諸儒各記所聞,不可强合。康成或以今文易之,仍載古文古音,不輕易一字,以爲古經不可改。"《周禮故書考》據此彙集《周禮》故書之字形、字音以及古今異文,旨在考證《周禮》原書面貌,由識字審音以知其義,進而説釋經義。

是書卷首有乾隆五十六年武億序及程氏自序,全書依六官之序,逐條臚列《周禮》古文計四百餘條,書中遍考六官所引"故書曰"及"讀如"、"讀爲"之例,發明較多。少數條目下亦加按語,簡明扼要,多引三《禮》及其他先秦典籍同類異文材料,或引舊注破讀材料爲證，一般不作是非之辨。

武億評價此書云："漢人近古，凡見於文詞者多依用古文，如是其著且明，然則承學之徒不達此旨，反望文生義而曲肆其鑿，説經乃益用晦矣。程君之爲是書也，深欲便受書者，由古文漸而致於古訓，以合夫韓子'凡爲文宜識奇字'之意，其功詎不偉。"今人許嘉璐則認爲："今觀其書，或有拘於舊説而論定不當者。如：《小宰》'掌建邦之宮刑'，鄭注引録杜子春説'宮'皆當爲'官'，程氏施案語，謂：'宮刑當作官刑明矣。'阮元校刊記以爲'宮刑'不誤。研治三《禮》，當以鄭玄注爲宗。玄録舊説而不從，自有其道理。程氏據舊説而駁鄭，殆不可取。"由於程氏該書成書年代較早，雖較其後李調元、徐養原、宋世犖、胡承珙等之疏證研究顯然不够深入，然其草創之功仍不可没。

此本據湖北省圖書館藏清刻《三禮鄭注考》本影印。（劉嬌嬌撰　劉曉東審定）

**周官故書考四卷**　（清）徐養原撰（第 81 册）

徐養原（1758—1825），字新田，號飴菴，德清（今浙江德清）人。嘉慶六年（1801）副貢生，不仕。通六經，善古音、曆算、輿地諸學，阮元撫浙，受聘入詁經精舍校勘《儀禮》。更著有《儀禮古今文異同疏證》、《論語魯讀考》、《春秋三家異同考》、《古音備徵記》等。《清史列傳》卷六九有傳，又見《續碑傳集》卷七二。

是書前有徐氏道光壬午（二年，1822）閏三月自序，蓋書成於此時。序稱基於《周禮》故書、今書之别，據文字、音韻、訓詁，亦博采前賢之説並以己見斷之，撰成此書四卷以饗後學云云。其解禮多崇鄭注，如賈疏以劉向於《周禮》校前爲古文、校後爲今文，徐氏自序則曰："非也。以鄭注考之，凡杜子春、鄭大夫、鄭司農所據之本並是故書。故書、今書猶言舊本、新本耳，《周禮》乃古文之學，何今文

之有？"然其不囿於鄭見而時有創獲，如《天官·司裘》"大喪，廞裘飾皮車"之"廞"，故書即舊本《周禮》作"淫"，先鄭云"廞裘，陳裘也"，後鄭云"廞，興也。若詩人之興，謂象似而作之"，徐氏謂"廞之爲淫，蓋聲之誤，然先鄭直訓淫爲陳，是，不必改從廞也"，並以《説文》"廞，陳輿服於庭也，從廣欽聲，讀若歆"，《爾雅》"廞，熙輿也"，云"此後鄭所本而不能通其意於淫"，或闡發鄭注，或於鄭注而發己見，故多有功於鄭。

此本據復旦大學圖書館藏清光緒陸氏刻《湖州叢書》本影印。（王長紅）

**周禮故書疏證六卷**　（清）宋世犖撰（第 81 册）

宋世犖（1765—1821），字卣勛，號礭山，臨海（今浙江臨海）人。乾隆五十三年（1788）舉人，官陝西扶風知縣，道光六年（1826）以積勞辭官，與王引之、洪頤煊、戚學標諸人交遊。更著有《儀禮古今文疏證》二卷、《礭山樓駢體文》等，又有《台州叢書》。《清史稿》、《清史列傳》卷六八有傳。

是書多從鄭注，對《周禮》故書、今書文字之異，據以《爾雅》、《説文》，援以前賢諸説，由形、音、義加以考辨，如《天官·冢宰》"賓客之禽獻"，注云："獻，古文爲獸。"杜子春云："當爲獻。"宋世犖案："獻獸形近，經典多用獸字，罕見禽獻者，故傳寫或譌。"其論説之詳審，辨言之有據，頗見乾嘉皖派治禮之風。

此本據華東師範大學圖書館藏清光緒六年徐士鑾補刻《礭山所著書》本影印。（王長紅）

**周禮學一卷**　（清）沈夢蘭撰（第 81 册）

沈夢蘭，生卒年不詳，字古春，烏程（今浙江湖州）人。乾隆四十八年（1783）舉人，官湖北宜都縣知縣。《清史稿》有傳。

沈氏博覽漢宋以降諸經注説數十家，以論

説各異、難辨是非爲由,參以《司馬法》、《逸周書》、《管子》、《孟子》、《吕覽》、《伏傳》、《戴記》、《史記》諸書及近儒經説以爲是書,考證邦國都鄙之數、田廬官禄之制、城郭宫室之度、車乘貢賦之法,分溝洫、田里、畿封、邦國、都鄙、城郭、宫室諸類,後多附以圖示,沈氏自謂其考證論説"合之《書》、《詩》、《禮記》、《三傳》、《孟子》,先儒所病其牴牾,無不得其會通"。

此本據復旦大學圖書館藏清光緒十七年祁縣縣署刻《所願學齋書鈔》本影印。(王長紅)

**周官恒解六卷**　(清)劉沅輯注　(第81册)

劉沅,有《周易恒解》,已著録。

是書初刻於清道光十九年(1839),前有劉氏自序,次爲凡例,每卷末皆有總論以概各官大義,凡六卷。此書解經無門户之見,不苟異同,以爲鄭玄闡禮及前賢訓解於天地之心即聖人之心多有不合,故據以孔氏,窮理盡性,視《周官》爲正心誠意之本原,又參以《周易》,旁及釋、道,别有新意;然其以《周官》爲周公制禮作樂、成文武之德、折衷聖人禮法之作,有牽强迂腐之嫌。

此本據上海圖書館藏清刻後印本影印。(王長紅)

**周禮補注六卷**　(清)吕飛鵬撰　(第81册)

吕飛鵬(1771—1843),字雲里,旌德(今安徽旌德)人。少從凌廷堪治學,以通古經義補爲縣學附生。更著有《周禮古今文義證》等。《清史列傳》卷六九有傳,又見《碑傳集補》卷四〇。

是書首有吕氏自序,次以涇邑包慎言跋,後附其子吕賢基後記。書成於清道光癸卯(二十三年,1843)八月,然因其捐館未能付梓,遺稿由吕賢基繕寫定本,先由涇邑包慎言、道州何紹基、平定張穆校訂,後由其子孫及後學吕賢基、吕賢城、吕錦文等人分卷復校,於清道

光己酉(二十九年,1849)剞劂問世。吕氏以漢魏前賢,如賈逵、張衡、孫炎、薛綜、陳劭、崔靈恩諸人之注《周禮》,或合於鄭注,或悖於鄭注,乃博采衆説及他經舊詁,或兼取近儒經説,補其未備,並條繫於經文之下,以明禮之古義。該書以鄭證鄭,多宗鄭注,且有創獲。吕賢基後記云,凌廷堪曾贊之曰:"此書雖爲新學辨僞,抑亦治《周禮》者之一助也。"

此本據浙江圖書館藏清道光二十九年吕氏立誠軒刻本影印。(王長紅)

**周禮釋注二卷**　(清)丁晏撰　(第81册)

丁晏,有《周易述傳》等,已著録。

是書前有丁氏道光三年(1823)自序,稱是書徵之群經,稽之史傳,闡發鄭注,補正賈疏,並擴成周之制度以究本溯源,證《周禮》爲周公致太平之道,其據《爾雅》、《説文》、《廣韻》及前賢舊詁,或正字讀,或考訓詁,或闡其疑,辨正是非,多言而有徵。

此本據復旦大學圖書館藏清咸豐二年聊城楊氏海源閣刻《六藝堂詩禮七編》本影印。(王長紅)

**周禮注疏小箋五卷**　(清)曾釗撰　(第81册)

曾釗,有《周易虞氏義箋》等,已著録。

是書原名《周禮注疏疑》,共五卷,書後有曾氏嘉慶二十三年(1818)、二十五年跋文兩篇,同治十年(1871)潘繼李跋文一篇。卷一爲《天官・冢宰》,先對敘官部分"惟王建國"、"辨方正位"、"設官分職"三條進行箋釋,然後依次箋釋諸官,自"太宰"至"追師"。卷二爲《地官・司徒》,自"大司徒"至"倉人"。卷三爲《春官・宗伯》,自"大宗伯"至"都宗人"。卷四爲《夏官・司馬》,自"大司馬"至"訓方氏"。卷五爲《秋官・司寇》,自"大司寇"至"掌交"。每條先列《周禮》經文,下列鄭玄注文,或亦略摘賈疏,然後以"釗謂"、"釗按"箋釋之。並徵引群經故籍以證

之，多援引賈公彥《周禮義疏》、孔穎達《五經正義》，所爲箋釋，可取甚多。

是書未對《考工記》進行箋釋，曾氏云："《考工》非《周禮》本書，又戴東原氏圖説（戴震《考工記圖注》）確甚，不可易也。"

此本據遼寧省圖書館藏清同治十年刻本影印。（劉嬌嬌撰　劉曉東審定）

### 周禮札記一卷　（清）潘任撰（第81册）

潘任（1874—?），字毅遠，號希鄭，常熟（今江蘇常熟）人。附貢生。好讀書，治群經，曾師李慈銘、繆荃孫諸人。更著有《孝經鄭注考證》、《七經講義》等。事見《江蘇藝文志·蘇州卷》。

此書自"深蒲"至"束矢"，凡二十餘條，考證《周禮》之經義、名物。先舉前人之説，次加辯駁疏通。潘氏極推服鄭玄，嘗輯《鄭君粹言》，作《孝經鄭注考證》，故書中常有疏通鄭注者，又時有辯駁賈疏之誤者，廣引衆説，皆有確證。如"女巫掌歲時祓除釁浴"條，潘氏徵引《西京雜記》、劉楨《魯都賦》、《漢書》，以駁賈氏之誤。潘氏雖宗鄭玄，但書中諸條亦有異於鄭氏者。如篇首"深蒲"條，舉《説文》"葒，蒲蒻之類"，以葒、蒲爲二物，駁鄭氏"深蒲，蒲蒻入水深，故曰深蒲"之語。吳廷燮在《續修四庫全書總目提要》中稱："是書所札記者，雖覺寥寥，而時有精義存乎其間，固治經者所宜留意也。"

此本據復旦大學圖書館藏清光緒二十年木活字印《希鄭堂叢書》本影印。（劉曉麗撰　劉曉東審定）

### 周禮正義八十六卷　（清）孫詒讓撰（第82—84册）

孫詒讓，有《尚書駢枝》等，已著録。

是書前有孫氏自序，稱其草創於同治之季年，始爲長編數十巨册，然疏牾甚多，又因多録近儒異義，辯論滋繁，故更張義例，去繁補缺，廿年以來，屢易其稿，至光緒二十五年（1899）終成云云，凡八十六卷，二百三十餘萬字。該書采摭漢唐以降訖於乾嘉諸經舊詁，發鄭注之簡奥、裨賈疏之遺缺，又兼采近世之西學，折衷是非而不囿於門户。其以《爾雅》、《説文》正《周禮》之訓詁，以《儀禮》、大小《戴記》證《周禮》之制度，每闡一義，皆言之有據，每引一説，皆明其人而不掠美。此書雖有不盡如人意之處，然瑕不掩瑜，其論説之詳審，論據之豐富，已在唐宋前賢之右，實爲鄭注、賈疏之後《周禮》研究之大成。

此本據清宣統楚學社民國二十年湖北籤湖精舍遞刻本影印。（王長紅）

### 九旗古義述一卷　（清）孫詒讓撰（第85册）

孫詒讓，有《尚書駢枝》等，已著録。

是書刊於光緒壬寅年（二十八年，1902）三月，前有孫氏自序，稱該書釋《周禮·春官》司常所掌"九旗"之名義，以爲先秦西漢諸儒如子夏、叔孫通、毛公輩尚能識其大略，而東漢、宋元以降説經者如許慎、鄭玄輩寖失其義，牴牾頗多，皆失其本，雖持異論，然皆無所發明；並以古經文例縝密，非綜校互勘不能通其義，非反復辯證無以釋學者之疑，故述此書以究其説云云。全書分篇爲七，分釋九旗五正、廬物、旐旌、周禮大閲治兵旗物、《爾雅》常旛旂斾、鄉射禮獲旌、士喪禮銘旌。其論説可謂詳審，其駁斥前賢舊詁，勇氣可嘉，然其論斷取捨似爲太過，與其《周禮正義》相差甚遠。

此本據華東師範大學圖書館藏清光緒二十八年瑞安孫氏自刻本影印。（王長紅）

### 讀周禮日記一卷　于鬯撰（第85册）

于鬯（1862—1919），字醴尊，一字東廂，號香草，南匯（今屬上海）人。光緒二十三年（1897）拔貢生，一生致力於經史之學，更著有《香草校書》、《周易讀異》、《尚書讀異》、

《儀禮讀異》等。

于氏治禮時有己見,其據以《説文》、《爾雅》,參以經史,於前賢舊注詳加辯證。如《周禮·天官》"奄上士",鄭意以"奄上士"異於上士、中士、下士之"士",後者爲爵,前者非爵,而稱士者,因其爲奄之賢者,故尊其爲"奄上士",而賈疏意以"奄上士"因有賢行命爲士故稱士也,即以其爲爵之上士,與鄭注相悖。于氏以禮解禮,以"奄上士"之"士"字爲酒人、漿人之"奄",稱奄士,則此"士"非爵之士明矣,奄上士猶奄士,故此三字應連文讀。此類論説不一而足,于氏多言而有證,不盲從鄭注及前人舊詁,所論持平而時見新意。

此本據華東師範大學圖書館藏清光緒十六年刻《學古堂日記》本影印。(王長紅)

**冬官旁求二卷** (清)辛紹業撰 (第85冊)

辛紹業,有《易圖存是》,已著録。

《周禮》六官惟闕《冬官司空》,漢儒以《冬官》亡而取《考工記》補之,鄭玄謂之"此前世識其事者記録以備大數爾",後世治《周禮》者多墨守其説。宋俞庭椿撰《周禮復古編》,延續宋學改經復古之風,以《冬官》之屬散寄於五官,故割裂五官以補之,由此而開《周禮》學"冬官不亡"之新説,厥後元丘葵、吳澄及明何喬新、舒芬、陳深、沈瑴、金瑶、郝敬輩皆承其説。清初宋學未已,王芝藻、高愈、高宸諸儒仍未能脱其窠臼,其説影響之鉅可窺一斑。然辛紹業以爲經傳諸書所載官名雖非《周官》所有,但其職事常與《冬官》所屬相合,司空之職散見於諸書者雖非《周禮》之文,亦不甚相異,由此可窺《冬官》所屬之大概,亦可見《周禮》闕佚之文。他如其以有生於無、實成於虛及不用以爲用釋司空之名等,亦與前人有異。

此本據國家圖書館分館藏清嘉慶二十一年經笥齋刻《敬堂遺書》本影印。(王長紅)

**考工記圖二卷** (清)戴震撰 (第85冊)

戴震,有《尚書義考》二卷,已著録。

是書最早成稿於乾隆十一年(1746),圖後附以己説而無注,後戴氏於乾隆二十至二十一年,節取先、後鄭注而補以己見,數易其稿乃成,是年由紀昀爲之序並出資付梓。上卷前有戴氏自序、下卷末有其後序。戴氏以傳注所解與六經所載制度禮儀違誤甚多,前賢圖解又常詰屈而與本經相異,典章舊制日漸荒謬,故撰此書以糾前賢禮圖之訛謬,以補舊注之未及。如《輿人》"六分其廣,以一爲之軫圍",鄭玄注曰:"軫,輿後橫者也。兵車之軫,圍尺有一寸。"戴震曰:"輿下四面材合而收輿,謂之軫,亦謂之收。獨以爲輿後橫者,失其傳也。《輈人》言'軫間',則左右名軫之證也;如軫與轐、弓長庇軫、軫方象地,則前後左右通名軫之證也。"清代《考工記》研究蔚然成風,其肇自婺源江永,而戴震《考工記圖》鋟版行世,使之獨立於《周禮》研究而成專門之學。

此本據北京大學圖書館藏清乾隆紀氏閲微草堂刻本影印。(王長紅)

**考工創物小記八卷** (清)程瑶田撰 (第85冊)

程瑶田,有《禹貢三江考》等,已著録。

是書凡八卷,後有李尚之《鄭氏求磬倨句圖並説》及程氏《奉答阮中丞示李尚之鄭注磬圖又推論磬鼓直縣書》。程氏爲不謬經義,據《考工記》文,參以諸經傳記,以明己説,以正舊詁,如其以爲鄭玄注"磬折倨句"所云詞多義晦且與經文語氣齟齬,故以車人用矩之法,定其倨句,考其縣孔,於是磬鼓直縣,其法與諸經傳記所言之磬折形無不相合。該書考訂精深,不盲從舊詁,時有創獲,與戴震《圖解》、孫詒讓《正義》等皆爲卓然有識之作。今人聞人軍《考工記導讀》謂程氏是書之最大貢獻在於開創了以考古實物與文獻記載相對照研究《考工記》之方法,故郭沫若推許其爲“中國近世考古學之前驅”云云。

此本據上海辭書出版社圖書館藏清嘉慶刻《通藝録》本影印。（王長紅）

**考工記考辨八卷** （清）王宗涑撰（第 85 冊）

王宗涑，生卒年不詳，字倬甫，嘉定（今屬上海）人。咸豐間諸生，治學謹嚴，精於考證，融通經史而又能獨標精義。更著有《周五禮考辨》《漿人職考辨》等。見《清續文獻通考》卷二五八。

是書凡八卷，前有咸豐二年（1852）晉江陳慶鏞序、旌德呂賢基序及王氏自跋。卷一《總序》，以下凡《輪人》三卷、《輿人》一卷、《輈人》二卷、《車人》一卷，並繪圖以輔其説。該書爲王宗涑受呂賢基之問，辨鄭、賈、戴、程、阮解“輪”“輿”“輈”“車”四職之牴牾而成，然王氏以校勘不精爲由，未應呂賢基之命將其付梓。王氏參諸家之説，佐以經傳，於“輪”“輿”“輈”“車”四職詳加辨説，實事求是，考論精深，於諸家之説擇善而從，引證必確，辨則探本溯原，論則指陳所失，故呂賢基序言贊其“集戴、程、阮諸家之大成而精益求精”。

此本據杭州大學（浙江大學）圖書館藏清鈔本影印。（王長紅）

**考工記考一卷圖一卷** （清）呂調陽（第 85 冊）

呂調陽（1832—1892），字晴笠，號竹廬，彭縣（今四川彭縣）人。同治三年（1864）舉人，光緒間主講本縣九峰書院、敷場鳳樓書院。工書法，以治經爲業。晚居縣城外北惜字宮，講授經世致用之學，兼及史地、訓詁、考證之學。更著有《易一貫》《洪範原數》《詩序議》《古律吕考》《逸經》《群經釋地》《大學節訓》《釋天》《六書十二聲傳》《解字贅言》等，編爲《觀象廬叢書》。生平見《彭縣志·人物志》。

是書首列圖譜，旁附説明。正文不列原文，

其考證大致按《考工記》編排順序，直敘作者對於《考工記》具體問題之考證。開篇敘述《考工記》成書背景，後詳考書中内容，涵蓋製車、兵器、禮器、鐘磬、建築等手工業技術，其中勾畫車輿、兵器、樂器、農具、居室圖譜，嚴密詳細；講解其結構、形制、數據精確；考證先秦製造工藝步驟，謹嚴明晰。

此本據清光緒十四年葉長高刻本影印。

（宋怡心撰　劉曉東審定）

**磬折古義一卷** （清）程瑶田撰（第 85 冊）

程瑶田，有《禹貢三江考》等，已著録。

“磬折”之名來源於《考工記·車人》：“車人之事，半矩謂之宣，一宣有半謂之欘，一欘有半謂之柯，一柯有半謂之磬折。”

此書凡三篇，依次爲《磬折説》《造倨句矩式》《四六尺考》，後附汪萊《通藝録考定磬氏倨句令鼓旁線中縣而縣居線右解》一篇。《磬折説》考矩義以明倨句，據倨句以明磬折。首先對《車人》中宣、欘、柯、磬折及《磬氏》“倨句一矩有半”之定義進行考證。結合欘字本義與斸器實物，考定欘因其本義鋤、斤與柄均成鋭角，故而欘借作角度單位，並推定宣、欘、柯、磬折及矩也爲幾何角度單位，并分別計算出其數值。次依前文所考定幾何角度單位，對《考工記》中涉及幾何角度之“磬氏爲磬”、“冶氏爲戈”、“車人爲耒”、“韗人爲皋陶”、匠人“凡行奠水”數則一一計算考定。《造倨句矩式》設計包含矩、宣、欘、柯、磬折的實用六角尺。《四六尺考》對當時木工流行之“四六尺”之淵源與嬗變失真進行考證，並重新考定設計包含矩、宣、欘、柯、磬折的新四六尺。以此觀之，“磬折古義”堪稱“幾何角度單位古義”。

因去古漸遠，東漢鄭玄已經無法完全理解《考工記》之幾何角度制度，故其釋“一矩有半”爲：將等腰直角三角形一腰往底邊方向延長爲一點五倍，復沿頂角旋轉延長腰，使與底邊延長線相交,所得頂角爲"一矩有半"之磬折"倨句";對《車人》矩、宣、欘、柯、磬折更全部視作長度單位。賈公彥又於鄭説推衍之。瑤田以爲與"磬折"相關之定義均爲幾何角度,發前人之未發,且其觀點多與出土實物相吻合,一掃東漢以來迷霧,確實功不可没。然瑤田又過度强調通例,改《車人》"一柯有半謂之磬折"之"柯"爲"矩"以與《磬氏》强爲彌合,反而忽視磬折制度本身之演變與不同工種制度形成之歷史性,又與部分出土實物相左。

該書有清嘉慶間刻《通藝録》本、清道光九年廣東學海堂刻咸豐十一年補刻《皇清經解》本。此本據上海辭書出版社圖書館藏清嘉慶間刻《通藝録》本影印。（沈暢撰　劉曉東審定）

### 車制考一卷　（清）錢坫撰　（第85册）

錢坫(1741—1806),字獻之,號十蘭,嘉定(今屬上海)人,錢大昕之姪。乾隆三十九年(1774)副貢生,後入阮元幕下,曾與洪亮吉、孫星衍諸儒論訓詁輿地之學,累官知乾州,兼署武功縣,後以疾歸,卒於蘇州。治學廣涉經史,精於三禮及《史記》、《漢書》,著述甚富,有《詩音表》、《史記補注》等。生平事蹟見《清代學人列傳》。

是書不分卷,據以《説文》、《釋名》、《方言》、《廣雅》諸書,或直釋其義,或因聲求義,證以經史,旁及諸子,詳解輪、蓋、輿、輈、馬、器之名之義之制,於前賢注解擇善而從,不駁鄭注,較之戴震、阮元、程瑤田諸儒之《考工記》研究,雖有遜色,然此書考證之翔實,條理之清晰,於清代經學裨益良多。

此本據華東師範大學圖書館藏清乾隆四十二年篆秋草堂刻本影印。（王長紅）

### 考工記車制圖解二卷　（清）阮元撰　（第85册）

阮元,有《三家詩補遺》等,已著録。

是書成於乾隆五十二年(1787),卷首有阮氏自序,稱《考工記注》解釋尚疏,唐後諸儒固守傳注,然今之解《考工記》者,猶有闕疑,故玩辭步筭,詳解"輪"、"輿"、"輈"、"革"、"金"、"推求車度次第"之義,於晦澀難解之處附以圖示云云。該書以《説文》爲據,援以《易》、《詩》、《儀禮》、《禮記》、《老子》、《淮南》、《漢書》等典籍,或爲論説之證,或以禮解禮,不惟鄭玄注、戴震《考工記圖》等前賢之見是從,論説縝密,如《考工記・輪人》"六尺有六寸之輪,綆參分寸之二,謂之輪之固"之"綆",鄭玄注曰"出於輻股鑿之數也",賈公彥疏曰"鑿牙之時,其孔向外侵三分寸之二,使輻股外筭,故云輻股鑿之數也",而阮元以鄭説非是,賈疏誤而不足辯,其曰"'綆參分寸之二,謂之輪之固'者,其意以爲綆三分寸之二,則牙厚二寸,輪乃固,少薄即不固矣。牙厚二寸,試三分分之,每分得六分六釐六豪,内一分與輻蚤曲刻處相齊,中一分爲蚤鑿,外一分當輻骹殺處,是曰綆也,綆寬六分六釐六豪也"等,不一而足。此書較錢坫《車制考》更爲詳備。

此本據湖北省圖書館藏清乾隆七録書館刻本影印。（王長紅）

### 考工記鳥獸蟲魚釋一卷　（清）陳宗起撰　（第85册）

陳宗起(1798—1832),字敬庭,號叔度,丹徒(今江蘇丹徒)人。道光五年(1825)拔貢生,自幼聰慧好學,博覽群籍,廣涉天文、曆算、輿地、小學等諸多領域,於禮用力尤勤。更著有《經説》、《考工訓釋》等。

是書所刻印者乃殘本,僅脂者以上十九條,膏者以下闕。此書據《説文》、《爾雅》、《埤雅》、《廣雅》諸書,廣引群書經文傳注,詳釋鳥獸蟲魚,於有清一代《考工記》研究中獨樹一幟,於鄭注、賈疏等前賢舊詁,或以禮解禮,或以鄭證鄭,或以鄭駁鄭,是鄭非鄭者,皆實事求是,此與戴震、阮元、胡匡衷諸儒相類。如《考工記·鍾氏》"五入爲緅"之"緅",鄭玄注曰"緅,今禮俗文作爵,言如爵頭色也",賈公彦疏曰"爵赤多黑少",鄭玄注《儀禮·士冠禮》"爵弁服"曰"爵弁者,冕之次,其色赤而微黑,如爵頭然",其注《周禮·巾車》"雀飾"之"雀"曰"雀,黑多赤少之色",陳氏引《説文》及《埤雅》所引《雀賦》"頭如顆蒜,目如擘椒"爲據證"雀"即爲"爵"、"爵"即爲"雀",然鄭玄《士冠》及《巾車》二注相矛盾,故陳氏以爲二注必有一誤。

此本據上海辭書出版社圖書館藏清光緒十一年養志居刻本影印。（王長紅）

**輪輿私箋二卷圖一卷**　（清）鄭珍撰　（第 85 册）

鄭珍（1806—1864）,字子尹,晚號柴翁,遵義（今貴州遵義）人。道光十七年（1837）舉人,幼承庭訓,埋首經案,學兼漢宋,廣涉群經,旁通子史,其學由小學而經史,尤精於禮,更著有《儀禮私箋》、《鳧氏爲鍾圖説》、《説文新附考》等。《清史稿》有傳。

是書成於清道光二十七年秋,卷分爲二,首有鄭珍自序,其視唐宋迄清言車制者凡十餘家,注説之繁,皆不得鄭注之要,故撰此書。其説車制,以爲鄭玄之説確不可易,後人改説止憎多口而無益於經,其專守鄭見爲學風使然,然鄭注並非至臻至善,故其雖有功於鄭注,然稍顯迂腐。該書後附《輪輿圖》一卷,前有鄭珍子鄭知同序,稱鄭注精微,然自賈疏以來諸儒論説日益支蔓,如墮雲霧,皆不得正解,得《輪輿私箋》則鄭義瞭若指掌,如再得圖示,則求鄭義尤簡易省力,故繪《輪輿圖》附於《輪輿私箋》云云。有《牙圍圖》、《轂輻牙合材圖》、《車輿合軫輿任正者及受底板圖》、《輿底爲鑿受當兔伏兔鈎心圖》、《車輿全圖》、《軹合衡度數圖》、《國馬之輈圖》、《田馬之輈圖》、《駑馬之輈圖》,凡九圖。

此本據上海圖書館藏清同治七年獨山莫氏金陵刻本影印。（王長紅）

**鳧氏爲鍾圖説一卷**　（清）鄭珍撰　（第 85 册）

鄭珍,有《輪輿私箋》,已著録。

是書爲鄭珍專闡鳧氏鍾制而明前賢略陋之書,前有鄭氏跋語,謂賈公彦疏解鳧氏鍾制略而不明,宋後注解者又多出歧見,於經注不合,故據經依注詳加申明,並繪數圖置於書首,其由文字、音韻、訓詁而注鳧氏車制,旁徵博引,可補賈疏之略。如《考工記·鳧氏》"鳧氏爲鍾,兩欒謂之銑",鄭玄注曰:"故書欒作樂,杜子春云:'當爲欒,書亦或爲樂。銑,鍾口兩角。'"賈疏曰:"欒、銑一物,俱謂鍾兩角。古之樂器應律之鍾,狀如今之鈴,不圓,故有兩角也。"賈公彦疏與鄭注文字相近,讀後仍不明"欒"與"銑"爲何物、故書"欒"作"樂"之因。鄭珍以爲二者乃形近而訛;於"銑",鄭氏由音而求義,其曰"銑之言,先也。先,前也。兩角於全體最在前也",清晰明瞭。

此本據天津圖書館藏清道光二十年高氏刻本影印。（王長紅）

**儀禮（武威漢簡殘編）附釋文九篇**　（第 85 册）

1959 年 7 月甘肅省武威市新華鄉纏山村磨咀子六號漢墓出土竹木簡六百餘枚,除少量爲竹簡外,多數爲木簡。木簡四道編繩,正面或背面編順序號碼,分長短兩種。短木簡九枚,記載日忌雜占,長木簡爲《儀禮》部分篇章。《儀禮》簡分甲乙丙三本。甲本爲七篇《儀禮》,木簡,凡三百七十八枚。存七個篇名:《士相見之禮》、《服傳》、《特牲》、《少牢》、《有司》、《燕禮》、《泰射》,僅《士相見之禮》保存完整。乙本爲《服傳》一篇,丙本爲竹簡《喪服》。《儀禮》三種九篇,總存二萬七千四百餘字,約抄寫於西漢晚期。

據研究,此爲不同於大小戴之另一個本子,其篇次、章句、文字均與傳世本有異,極具經學與校勘價值。學界對簡本之性質看法不同，陳夢家推測可能爲慶氏之學，沈文倬則認爲是糅合今古文之另一傳本。

甘肅省博物館、中國科學院考古研究所進行了整理與編寫，其中敘論、校記、釋文等均由陳夢家分任。1964年文物出版社出版《武威漢簡》一書收録該墓出土竹木簡照片、摹本及釋文，此本即截取其照片圖版及釋文影印。（孫颺撰　劉曉東審定）

## 儀禮節解十七卷讀儀禮一卷　（明）郝敬撰（第85册）

郝敬，有《周易正解》等，已著録。

是書十七卷，由其子郝千秋、郝千石校刻於萬曆四十五年（1617）孟夏，前有其所撰《讀儀禮》，近四千言，不分卷，由此可知郝敬於《儀禮》之基本體認、治禮方法、研禮心得及對前賢舊詁之態度，亦可稱之爲《儀禮節解》之序，次以《儀禮節解》目録。是書入《四庫全書總目》禮類存目，提要謂郝氏作《九經解》，皆好爲議論，輕詆先儒，此編尤誤信樂史"五可疑"之説，謂《儀禮》不可爲經，尤其乖謬，所解亦粗率自用，好爲臆斷云云。如提要所云，郝氏是書與其《周易正解》、《尚書辨解》、《毛詩原解》、《周禮完解》諸書相類，雖與前賢注説相異，然多臆測穿鑿之詞。其流風甚遠，清初宋學未已，姚際恒承其説而著《儀禮通論》，有過之而無不及。

此本據復旦大學圖書館藏明萬曆間郝千秋、郝千石刻《九部經解》本影印。（王長紅）

## 儀禮通論十七卷　（清）姚際恒撰（第86—87册）

姚際恒，有《詩經通論》，已著録。

是書成於康熙三十八年（1699），凡十七卷，姚氏生前未刊刻。此書首有姚氏自序及目録，次以《儀禮論旨》。姚氏治禮承元敖繼公、明郝敬之説，故此書與郝敬《儀禮節解》

相類，務爲新奇，好爲臆測，亦多輕詆前賢而更以己見，略有以下數端：其一，《儀禮》爲"傳"而非"經"；其二，《儀禮》成於周之衰世；其三，疏於考證不求甚解；其四，妄駁前賢斷裂舊詁等，不一而足。究其實質，非姚際恒善爲新論，清初宋學餘風使然。

此本據國家圖書館分館藏鈔本影印。（王長紅）

## 儀禮經傳内編二十三卷外編五卷首一卷　（清）姜兆錫注疏參議（第87册）

姜兆錫，有《書經參義》等，已著録。

是書内外編凡二十八卷，蓋成於雍正十三年（1735），梓行於乾隆元年（1736），書首有巳山王步青序、姜氏自序，次以内編目録、外編目録，卷首有《儀禮序論》六則、《儀禮經傳内外編參議凡例》九則。該書以古無《儀禮》、《周禮》之名及《漢書・藝文志》所載，乃本之《儀禮》而分内外編，自《士冠》至《少牢》凡十四篇，内《士喪禮》、《少牢禮》各釐爲二篇，凡十六篇，並所采補之經傳若干篇爲内編，而《喪服》一篇並所采補之經傳若干篇爲外編。姜兆錫以爲秦漢以後聖學失傳，聖人之大體大用熄矣，五經四子，訖《易通》、《易傳》、《本義》諸書備顯於宋，而三禮之學斑駁而不純、缺略而未備，故奉朱子遺訓，以其所編家鄉、邦國、王朝之禮，用黄榦喪、祭二禮之例通之，自謂不師其跡而師其意。此書雖論説浩繁、偶有新意，然其宗崇宋學、疏於考證，故《四庫全書總目》謂"揆其著書之義，蓋欲補正《儀禮經傳通解》，然不及原書遠矣"。

此本據國家圖書館分館藏清乾隆元年寅清樓刻本影印。（王長紅）

## 儀禮紃解十七卷　（清）王士讓撰（第88册）

王士讓（1687—1751），字尚卿，號南陽，安溪（今福建安溪）人。雍正十年（1732）副貢，乾隆七年（1742）由鄂爾泰、張廷玉薦舉於三禮館纂修《儀禮》,書成,功列一等,故官蘄州通判,卒于任。著有《六經紃解》,《清史列傳》卷六八有傳。

是書前有吳泊邨序、官獻瑤序、張源義刻《儀禮紃解》後序,敘王氏學行及此書撰刻過程甚詳。次以此書目錄。據序言知該書手稿之成,始於乾隆丙辰(1736),終於乾隆戊辰(1748),其間六易其稿,後由官獻瑤編次、林子沅校訂,乾隆己丑(1769)春至庚寅(1770)冬由張源義梓刻。王士讓以《儀禮》爲本,以爲文王、周公法度盡在於此,其篇次先後,據是書卷一爲"始於冠,本於昏,達於相見,和于飲、射、燕、食,尊於聘、覲,重於喪、祭"。是書融通前賢舊詁,博采三禮館諸儒之論說並斷以己見,其說資取者,有桐城方苞、宜興吳泊邨、無錫蔡宸錫、休寧程愫等,不一而足。

此本據國家圖書館分館藏清乾隆三十五年張源義刻本影印。(王長紅)

## 儀禮釋例一卷　(清) 江永撰 (第88冊)

江永(1681—1762),字慎修,婺源(今江西婺源)人。康熙時諸生,博洽多聞,融通古今,長於考據,深諳禮學,於樂律、音韻、天文、地理均有研究,一生著述甚多,更著有《周禮疑義舉要》、《禮記訓義釋言》、《禮書綱目》、《音學闡微》等。《清史稿》有傳,又見《清史列傳》卷六八。

是書僅釋服一類,爲未成之書,故《四庫全書》存其目。首有《四庫全書總目》禮類存目是書提要,後有錢熙祚跋。該書於鄭注、賈疏實事求是,不惟鄭說是從,如《儀禮·士冠禮》"周弁",鄭注曰"弁名出於槃,槃,大也,言所以自光大也",賈疏曰"周之冕以木爲體,廣八寸,長尺六寸,績麻三十升布爲之,上以玄,下以纁,前後有旒,尊卑各有差等",江永曰:"禮家相傳,八十縷爲升,古布幅闊二尺二寸,周尺甚短,以八尺當今之五尺,二尺二寸當今之一尺三寸七分半有奇。如冕延有

三十升,其經二千四百縷,是今尺一分之地須容十七縷有奇,雖績麻極細,亦不能爲,因喪服而誤耳","《大戴禮》及東方朔皆言冕而前旒,所以蔽明,是後固無旒。《玉藻》、《郊特牲》明言十有二旒,未聞二十四旒。《傳》所謂天子用物不過十二,若後則何取於旒? 且而是旒用玉二百八十八,至爲繁重,恐王首不能勝","後漢明帝時制冕,易玉以珠,欲其輕也,旒有前無後,正合古義。聶崇義、陳祥道皆承鄭注之誤,不能辨證何也?"(《儀禮釋例·天子冕服》)江氏不盲從前賢,且驗之以實,佐之以史,故能明鄭注、賈疏之謬。其說時有創見,雖偶有失察之處,然瑕不掩瑜。

此本據清道光二十四年刻錢氏《守山閣叢書》本影印。(王長紅)

## 儀禮管見三卷附錄一卷　(清) 褚寅亮撰 (第88冊)

褚寅亮(1715—1790),字揖生,號鶴侶,長洲(今江蘇蘇州)人。乾隆十六年(1751)舉人,授內閣中書,官至刑部員外郎。深研《禮經》,專主鄭學,兼精天文曆算,更著有《公羊釋例》、《經史筆記》等。《清史列傳》卷六八有傳。

是書前有王鳴盛序、錢大昕序及褚氏自序,次以目錄,書後附有《笙詩有聲無詞辨》、《拜下解》、《旅酬考》、《宮室廣修考》。褚氏治學擇善而從,不墨守家法,以爲李唐以前治《儀禮》者多專注《喪服》而罕及全經,趙宋以降學者發《儀禮》之義蘊者有之,而牴經訾鄭者亦甚多,其說不在解經而專與鄭玄立異,雖有創獲,然刪補舛誤附會特甚,後之學者多誤入歧路。爲正本清源以明鄭學,褚氏撰此書將敖說與鄭注違而實與經文及前賢舊詁相悖者,一一辨正,其說考證精深,專發鄭注,實有功於鄭學。

此本據浙江圖書館藏清乾隆間刻本影印。(王長紅)

**儀禮注疏詳校十七卷**　（清）盧文弨撰（第 88 冊）

盧文弨（1717—1795），字紹弓，號磯漁，又號抱經，人稱抱經先生，餘姚（今浙江餘姚）人，後遷仁和（今屬杭州）。乾隆十七年（1752）進士，授編修，侍讀學士，官至提督湖南學政，乞養歸，於書院講學二十餘年。一生癡迷校刻群書，匯刻所校之書爲《抱經堂叢書》，更著有《群書拾補》、《廣雅注》等。《清史稿》有傳，又見《國朝耆獻類徵初編》卷一二七。

是書凡十七卷，書首有王鳴盛序及盧氏自序，次以鑒定及參校捐梓姓氏，有數十人之多，朱珪、翁方綱、錢大昕、段玉裁、凌廷堪等大儒皆名列其中，再次以稱引姓氏及凡例。盧氏撰此書始於乾隆庚子（四十五年，1780），至乾隆乙卯（六十年，1795）乃成。《儀禮注疏》傳寫訛誤甚多，後之學者或因之而訾鄭、賈之失，或昧於經義，盧氏乃廣收《儀禮注疏》凡十一家，以撰是書。此書本之以乾隆四十年官刻《儀禮義疏》，參以朱熹《儀禮經傳通解》、金曰追《儀禮注疏正訛》、浦鏜《十三經注疏正字》、方苞《儀禮析疑》等注解，一一甄別疏通，注說實事求是，不惟鄭、賈等前賢是從，其以爲鄭注並非至臻至善，賈疏證之他經亦有歧義之處，朱熹《通解》於賈疏所增移皆不見於宋本等，故於各家之注解擇善而取，論說持平。此書校勘精審、稱引廣博，堪稱《儀禮注疏》之善本。

此本據浙江圖書館藏清乾隆六十年盧氏抱經堂刻本影印。（王長紅）

**儀禮彙説十七卷**　（清）焦以恕撰（第 89 冊）

焦以恕，生卒年不詳，江寧（今屬江蘇南京）人。餘事不詳，見《清史稿藝文志及補編》。

是書凡十七卷，鏤版行世於乾隆三十七年（1772），前有葉承序，稱焦以恕之治《儀禮》

"竟其委而源以窮"，"精研注疏，修明於下，以佐文明之運，以承考亭之傳，其功豈僅在語言文字哉"；次以焦氏自跋，備述撰書緣起及前賢舊詁徵引采用之體例，亦可謂之凡例；再次以目錄，仍以《儀禮》之目爲序。此書貫通注疏，於前賢注說之辨正，存疑存異，以"愚按"斷以己意，多明各家舊詁之優劣，如其於敖繼公之説實事求是，是非兼而有之，與其時學者逢敖必非有異。

此本據中國科學院圖書館藏清乾隆三十七年研雨齋刻本影印。（王長紅）

**儀禮古今考二卷**　（清）李調元撰（第 89 冊）

李調元，有《周禮摘箋》，已著錄。

是書凡二卷，書首有李氏自序，以爲今文出於口耳相傳而易致訛，古文出於篆書而存古本，故訓釋《儀禮》應據古文而非今文，鄭注混淆今古使人難辨古今之別，朱熹《儀禮經傳通解》雖本之古經十七篇並兼取大小戴及他書所載，但於古今文之異未詳加箋注，乃撰此書以釋漢宋元明諸儒注禮從今之非、以明古今之別，以存經古文之義云云。其博采群書，考以《説文》、《爾雅》、《釋名》、《集韻》等，參以他説，由字之音、形、義而入，於古今參互者逐一辨正、折衷是非。如卷上"側尊一甒醴"條，其曰"古文'繶'作'庶'，考《釋名》'庶，廡也，覆也，並冀人謂之庌幕酒器也，中寬、下直、上銳、平低'，《疏》謂'庶'，是廡屋兩下，故不從古文非"。其於經文古今之字，用力可謂尤勤，考訂可謂精審，但其據古文而論，似爲太拘，其以《儀禮》爲周公所手著，更爲迂腐。

此本據浙江圖書館藏清乾隆綿州李氏萬卷樓刻《函海》本影印。（王長紅）

**儀禮肊測十七卷敍錄一卷**　（清）孔廣林撰（第 89 冊）

孔廣林，有《周官肊測》，已著錄。

是書與《周官肛測》相類，皆爲孔廣林承其父孔繼汾之命校十三經定本刊藏時所爲。此書凡十八卷，前十七卷本於鄭義，引以其他史經傳訓、先秦諸子等，於疑義之處，一一羅列考訂，如於《儀禮》經文，或正其錯訛，或明其脫衍；於前賢注説，或正其失，或補其闕，於鄭注亦有闡發及補正。此十七卷之目次一仍《儀禮》之舊。卷十八爲敘録，言《儀禮》難以卒讀，加之王安石《周禮新義》出而《儀禮》廢等，學者注疏甚少，故《儀禮》訛錯脫衍尤甚于他經，《開成石經》及朱熹《儀禮經傳通解》雖可參正，然其三豕絡繹，故勘磨此經，引前賢注説一爲互證，凡有疑義，輒不自揣，以所肛測之，得若干條筆而存之，並仿鄭君目録爲之録云云。此書雖名爲“肛測”，然引證博洽，考訂精深，實事求是，時有新意，無《周官肛測》疑經改經之陋，於鄭義亦有所發明。

此本據上海辭書出版社圖書館藏清光緒十六年山東書局刻《孔叢伯説經五稿》本影印。（王長紅）

### 儀禮釋官九卷首一卷 （清）胡匡衷撰 （第89 册）

胡匡衷，有《周禮畿內授田考實》，已著録。

是書剞劂於嘉慶二十一年（1816），前有胡承珙序、汪萊序及胡氏自序，次以例言及目録。胡氏以爲《周禮》六官凡三百六十，雖稱詳備，然皆爲天子之官，不及侯國之官，《左傳》所記列國之官名官職多出東周，有僭設之嫌，故不可據，惟《儀禮》之《燕禮》、《大射》、《聘禮》、《公食大夫禮》諸篇所記爲諸侯之禮，其官名與《周禮》所記雖有異同，因而考之可略見侯國之官制，而《士冠禮》、《士昏禮》、《喪服》、《士喪禮》諸篇則爲士大夫禮，因而考之又可見諸侯家臣之制等，乃撰是書以明侯國官名、爵等、職掌之制。此書凡九卷，卷首爲《鄭氏儀禮目録校證》，

前六卷以《周禮》、《禮記》、《左傳》等經傳所載官制與《儀禮》所記相互參證，以明侯國之制，以補王官之闕，又取《左傳》、《國語》、《戴記》等先秦典籍所及官名爲《儀禮》所未載而驗之《周禮》相合者，輯爲《侯國官制補考》二卷、《侯國職官表》一卷，是爲《儀禮釋官》後三卷。該書廣引經史之書，於鄭注、賈疏，或正其失，或辨其非，或補其闕，論説精確，多有己見。

此本據浙江圖書館藏清嘉慶二十一年研六閣刻本影印。（王長紅）

### 儀禮經注疏正譌十七卷 （清）金曰追撰 （第89 册）

金曰追（？—1782），字對揚，號璞園，嘉定（今屬上海）人。歲貢生，從同鄉王鳴盛學，覃研經術，著有《十三經注疏正譌》。《清史稿》有傳。

是書始撰於乾隆戊子（三十三年，1768），成於乾隆丁酉（四十二年，1777）秋以前，後王鳴盛與費士璣商訂補正此書十餘事。全書由同鄉受業門人張式慎於乾隆五十二年校訂鏤版，前有其師王鳴盛序及同鄉受業門人張式慎後序，王氏序稱唐初而後歷經趙宋朱明，學者罕習，遂使此經傳寫鏤刻之本譌脫較他經尤甚，雖有學者究心於此，依舊舛駁不純，金氏是書精心校讎，尤爲完備，並言鄭賈以後讎勘此經者，以璞園爲首庸云云，多溢美之詞。後次以例言、目録，正文以《儀禮》之目編次。該書本以朱熹《儀禮經傳通解》，又附以楊復《儀禮圖》、敖繼公《儀禮集説》等諸儒禮説，又參以沈彤《儀禮小疏》、馬駉《儀禮易讀》，於其以爲疑義之處，隨條輒録，並仿唐宋《正義》之例，於每節經文標起止各二字，而於所校經注疏著明於下；譌脫、倒衍、異文之處，先書舊本正文而附辨今本誤謬於後，使人展卷一目瞭然。其用力可謂尤深，然其未見宋元舊刊，而據以朱熹、馬駉諸儒之説，失

其舊也。朱熹於注疏之增删改移未必爲確，而專據其説，難免承其弊，可知此書並非王鳴盛所言毫無遺憾。

此本據復旦大學圖書館藏清乾隆五十三年張式慎刻本影印。（王長紅）

**儀禮學一卷** （清）王聘珍撰（第89冊）

王聘珍，有《周禮學》等，已著録。

王氏治禮多發鄭義，然並不盲從，是書於鄭注有疑義之處，依據《説文》、《爾雅》、《廣雅》、《方言》及其他史傳所引，由文字、音韻、訓詁或正鄭玄之失，或補鄭義之闕。如"篋人執筴抽上韇"條，鄭玄注云"韇，藏筴之器也，今時藏弓矢者，謂之韇丸也"，王氏據《説文》、《方言》、《廣雅》及《後漢書·南匈奴傳》"弓韔韇丸"章懷注，以爲藏弓者謂之韔、藏箭者謂之韇丸等，諸如此類，多有發明。

此本據清光緒十四年南菁書院刻《皇清經解續編》本影印。（王長紅）

**儀禮蠡測十七卷** （清）韋協夢撰（第89冊）

韋協夢，生卒年不詳，據是書序，知其字雲吉，蕪湖（今安徽蕪湖）人。乾隆三十九年（1774）舉人，官知縣，曾與翁方綱交，更著有《儀禮集解》、《儀禮章句》，然已亡佚。

是書約成於乾隆四十六年（1781），首有翁方綱乾隆壬寅（四十七年，1782）序及乾隆辛丑（四十六年，1781）韋氏自序。韋氏序述《儀禮蠡測》成書經過，稱此書原爲集解，因其徵引太繁、篇帙太富，恐後學之士或至窮大失居，故韋氏約之又約別爲《儀禮章句》十七卷，後將考之經文而有得、徵之先儒而未安者綴於全書之内，校勘參訂抄撮而成此書云云。該書爲韋氏治《儀禮》之心得，與先儒舊詁多不合，故其不録前人之説，而以已見於鄭玄、賈公彦、敖繼公之解詁及黃幹、楊復之論説有不合者一一辨説。此書雖無引證，然如翁氏序云"於其同事者，則以本經他篇證之；於其節同者，則以本篇上下章證之；經未顯者，必析言之；禮見於文外者，必質言之"。

此本據復旦大學圖書館藏清道光二十五年帶草軒刻本影印。（王長紅）

**禮經釋例十三卷** （清）凌廷堪撰（第90冊）

凌廷堪（1755—1809），字次仲，歙縣（今安徽歙縣）人。乾隆五十五年（1790）進士，官寧國府教授，博覽群書，學尤專於《禮》，旁及六書、曆算、疆域沿革、職官異同等諸多領域。更著有《魏書音義》、《校禮堂文集》等。《清史稿》有傳，又見《碑傳集》卷一三五。

是書始撰於乾隆丁未（五十二年，1787），卒業於嘉慶戊辰（十三年，1808），凡二十二年，五易其稿而成，開雕於嘉慶十四年夏。書前有受業門人阮元嗣子阮常生序，稱此書"凡經中同異詳略之文，多抒特見，務使條理秩然，非鄉壁虛造、憑臆斷以争勝於前人，其功不在后倉、大小戴、慶普諸人之下"等，多溢美之詞；其後有凌氏自序及後序，言撰寫緣起及主要内容等；次以阮元所撰之《凌廷堪别傳》，卷首爲《復禮》三篇，次以全書目録。是書原名《禮經釋名》，凡十二篇，爲凌廷堪仿《爾雅》而作，後凌氏以爲《儀禮》之宏綱細目必以例爲主，非名物訓詁所能賅，治是經不得其例，雖上哲至聖亦苦其難，故其於乾隆五十七年仿杜預之於《春秋》，且删繁就簡將此書定名《禮經釋例》。曩者治禮究其例者，有江永之《儀禮釋例》、杭世駿之《禮例》等，然《儀禮釋例》止於釋服一類，且寥寥數語，實爲未成之書，《禮例》似合《周禮》、《儀禮》而爲之，且疏於《儀禮》。而《禮經釋例》爲凌氏積數十年之功乃成，該書證以群經，分爲通例、飲食之例、賓客之例、射例、變例、祭例、器服之例、雜例，凡八類，論説之翔實、條目之精密，誠爲學禮治禮之一助。

此本據國家圖書館藏清嘉慶十四年阮氏文選樓刻本影印。（王長紅）

**儀禮古今文異同五卷**　（清）徐養原撰（第90冊）

徐養原，有《周官故書考》四卷，已著録。

《儀禮》一經有古有今，據《漢書·藝文志》所云，出於魯淹中及孔氏者爲古文經，魯高堂生傳《士禮》爲今文經，相似者十七篇，然文字多異，鄭玄注經，今古兼采，擇善而從，其注《儀禮》，皮錫瑞《經學歷史》稱"從今文則注内疊出古文，從古文則注内疊出今文"，然其所存異文未必盡然。徐氏此書於鄭注所云異文，如字異而音義亦異之文、字異而音義不異之文，據《説文》、《廣韻》等，參以《儀禮》之文或其他經史之傳、周秦諸子及前賢注説，略爲疏證，或糾鄭注之誤，或明古今之別，或訂文字脱衍。如《儀禮·士冠禮》"賓對曰：'某敢不夙興'"，鄭玄注曰"今文無'對'"，徐養原據上文兩言"賓對"，以爲此處應當有"對"。諸如此類，不一而足。有清一代，學者於《儀禮》鄭注之異文，多有辨言，如李調元《儀禮古今考》、宋世犖《儀禮古今文疏證》、胡承珙《儀禮古今文疏義》、程際盛《儀禮古文今文考》等，此書雖疏證簡略，不若胡承珙《儀禮古今文疏義》詳審完備，然亦有多處足明鄭注之誤，故王先謙《皇清經解續編》兼收二者而不及其餘。

此本據上海辭書出版社圖書館藏清光緒陸氏刻《湖州叢書》本影印。（王長紅）

**儀禮精義不分卷補編一卷**　（清）黄淦撰（第90冊）

黄淦，生卒年不詳，據是書署名，字緯文，武林（今屬浙江杭州）人。

是書前有錢塘朱上林序，稱是書誠爲後學津梁，多讚譽之詞；次以全書目録。該書以《儀禮》之序爲目，據朱熹《儀禮經傳通解》體例，以《士冠禮》至《鄉射禮》爲家禮，以《燕禮》至《覲禮》爲朝廷禮，以《喪禮》至《有司徹》爲喪禮、祭禮，多臚列元敖繼公、明郝敬、

清吳廷華、盛世佐等前儒舊説，務在簡説經義，故而疏於考證。

此本據華東師範大學圖書館藏嘉慶十二年慈谿養正堂刻本影印。（王長紅）

**讀儀禮記二卷**　（清）張惠言撰（第90冊）

張惠言，有《周易虞氏義》等，已著録。

是書上下二卷，上卷自《士冠禮》至《大射禮》七篇，下卷自《聘禮》至《有司徹》十篇。本於鄭玄注説，辨補賈疏等前賢之誤闕，於鄭注亦有所發明，如《儀禮·士冠禮》"洗，有篚在西，南順"，鄭玄注云"篚亦以盛勺、觶"，張氏案云"房中之篚有勺者醴尊，不加勺故也，此尊既加勺，則勺不在篚，注連言之誤也"。其説雖得失兼存，大致得者爲多。

此本據國家圖書館分館藏清刻本影印。（王長紅）

**儀禮圖六卷**　（清）張惠言撰（第90—91冊）

張惠言，有《周易虞氏義》等，已著録。

張氏《儀禮圖》手稿，由阮元嘉慶十年（1805）春於張氏之女夫董士錫處覓得，並由董士錫校寫刻板、阮元付梓而行，前有阮元序，略言張惠言生平、刻書經過及其内容。該書以爲治《儀禮》者，應先明宫室之制，故博采唐宋元及清代諸儒研禮者之義，斷以經注，首列宫室之圖而後以圖比事，次考吉凶冠服之制並爲之圖表，又論喪服由至親期斷之説等。《儀禮》文簡字奥，韓愈歎其難讀，學者論禮多以《周禮》爲本、十七篇爲末，故而將其束之高閣，致使後世多昧於宫室冠服之制、進退升降之儀，宋楊復作《儀禮圖》，據經製圖，以事繪圖，凡二百零五幅，禮文完備，然禮制亦有訛誤，張氏《儀禮圖》一書以宫室圖總領，以圖説制，圖論相間，論説詳審，禮義展卷瞭然，誠裨益於《儀禮》之學。

此本據上海辭書出版社圖書館藏清嘉慶十年刻本影印。（王長紅）

**儀禮古今文疏證二卷**　（清）宋世犖撰（第91冊）

宋世犖，有《周禮故書疏證》六卷，已著録。

是書上下兩卷，前有王引之致宋世犖札，謂此書"勤求古義以釋古經，觸類引伸，四通六闢，中如'袂'當爲'秩'，'酌'當爲'酳'，尤見卓識精思，非熟於諧聲假借之例不能有此"。書後有光緒庚辰（六年，1880）津門徐士鑾跋，略言此書補刻梓行之緣由。該書與其《周禮故書疏證》相類，爲宋氏援引《周禮》、《戴記》、《史記》等經史傳記及周秦諸子等典籍，於《儀禮》鄭注所載古今異文一一編訂，如《儀禮・士冠禮》"旅占"，鄭注云"古文'旅'作'臚'"，宋氏引《周禮・司儀》"旅擯"鄭玄注"'旅'讀爲鴻臚之'臚'"爲證，並參以《漢書・敘傳》"大夫臚岱"顏師古注，以爲"'臚'、'旅'聲相近，其義一也"。《儀禮》古今之別，有清學者多有研究，此書雖參引諸書疏説鄭注古今異文，然疏言簡省，又不明鄭玄注經兼采古今之條例，故其不如胡承珙《儀禮古今文疏義》之詳審，亦不如阮元《儀禮注疏校勘記》之謹嚴。

此本據華東師範大學圖書館藏清刻光緒六年徐士鑾補刻《礀山所著書》本影印。（王長紅）

**儀禮恒解十六卷**　（清）劉沅撰（第91冊）

劉沅，有《周易恒解》等，已著録。

是書蓋成於道光壬寅（二十二年，1842），由其子中書科中書劉楨文初刻於光緒三十一年（1905），重刻於民國十六年（1927）。書首有四川總督錫良奏請朝廷爲劉沅立傳之奏摺，次以國史館劉沅本傳，後有劉沅自序，略言《周官》體大思精，治世規模略備而其法已不可行，《戴記》之書往往不符周制，讀者不知其爲孔孟之徒雜記遺言而反以爲漢儒所葺，惟《儀禮》則奉爲楷模，委屈傅會，然世代遞降，凡宮室、衣服及諸事爲，皆非比矣，有如畫餅，奚益民生，況夫篇中所載，半多不情，其爲後儒所輯昭然可見，而或信以爲聖人之言，曷怪昌黎以爲難讀，故注釋而辨正之云云。該書凡十六卷，卷首有凡例。劉沅以爲道莫大於五倫，凡禮皆所以經緯人倫，人倫之正必由誠意正心，然誠正之功非一日而就，而在於人蒙養以小學，及成童又教之以《大學》與諸多禮儀以約束身心，引之於大道，故其治禮以正心誠意爲要。是書在於疏通經義而略於名物象數之制，以考禮制是否可行於世而不拘泥於儀文節目之間，故此書與其著《周官恒解》相類，詳於經義而疏於考證。

此本據上海辭書出版社圖書館藏民國十五年致福樓重刻本影印。（王長紅）

**儀禮古今文疏義十七卷**　（清）胡承珙撰（第91冊）

胡承珙，有《毛詩後箋》，已著録。

是書成於道光五年（1826），前有胡氏自序，言鄭注三《禮》，從今文者，今文在經而古文出注；從古文者，古文在經而今文出注，然鄭注條例實不止此，故於《儀禮》鄭注所載古今異文一一臚列，據以《説文》，參以經史及前賢注説等，以明鄭注古今異文之略例，如有古文今文各有一字兩作者、有不言今古文但云某或作某者等；以明鄭注古今異文假借條例，有"讀爲"、"讀如"、"當爲"等，正字假借字了然於紙云云。《儀禮》鄭注所載古今異文，清季學者多有辨之，如段玉裁、徐養原、李調元、程際盛、嚴可均等，不一而足，胡氏是書，疏證詳審，雖偶有失誤，然能得鄭注之義旨，其雖自言墨守鄭學，然於鄭注能擇善而從，亦能補鄭注之遺闕，誠爲鄭學之功臣，故王先謙《皇清經解續編》收録其書。

此本據國家圖書館分館藏清道光五年求是堂刻本影印。（王長紅）

**儀禮正義四十卷**　（清）胡培翬撰（清）楊大堉補（第91—92 册）

胡培翬（1782—1849），字載屏，又字竹村，績溪（今安徽績溪）人。嘉慶二十四年（1819）進士，官户部廣東司主事，旋告歸居家創東山書院。其學尤精三《禮》，與從父胡秉虔、祖胡匡衷一家三代研禮，人稱“三胡禮學”，爲世所重。更著有《燕寢考》、《研六室文鈔》等。《清史稿》有傳，又見《續碑傳集》卷七三。

是書四十卷，書首有羅惇衍道光己酉（二十九年，1849）序，稱鄭注而後賈疏盛行，胡氏以爲賈疏解經或與經旨相悖，或申注而於注義有失，故參備衆説，潛研深思，積四十餘年之功而成《正義》若干卷云云。然書未成而遽歸道山，《士昏禮》、《鄉飲酒禮》、《鄉射禮》、《燕禮》、《大射儀》諸篇由門人楊大堉補成。此書旁搜廣輯，於前賢注説擇善而從，以明鄭注之失，以糾賈疏之誤，以辨敖説之非。胡氏疏解之例如其所言有四：一曰補注，補鄭説所未備；二曰申注，申發鄭注之義；三曰附注，附録前賢注説雖與鄭注相異然義可旁通者；四曰訂注，訂正鄭注之失。如《儀禮·士冠禮》“冠者興，賓揖之，適房，服玄端，爵韠，出房，南面”條，前文多言“將冠者”而此處言“冠者”之緣由，鄭注僅云“復出房南面者，一加禮成，觀衆以容體”，鄭注有遺闕不言而喻，故胡氏補“此但言‘冠者’，不言‘將’，以已加冠也”，後又補“‘揖之，適房’，使釋采衣服玄端也”，補鄭注之未明。其後胡氏又於方苞、敖繼公等前賢注説一一辨正，非者正之，是者明之，義可兩通者附而存之。其疏解引證之翔實、論説之公允，賈疏後解此經者，無人能出其右。雖胡氏對歷代圖釋類著作成果利用不足，是其缺點，然是書仍堪稱由宋至清《儀禮》研究集大成之作。

此本據南京圖書館藏清木犀香館刻本影印。（王長紅）

**儀禮經注一隅二卷**　（清）朱駿聲撰（第93 册）

朱駿聲，有《六十四卦經解》等，已著録。

是書上下二卷，梓行於道光己酉（二十九年，1849），卷首有《刻儀禮經注一隅弁言》，稱《儀禮》篇帙佚十七，殊爲難讀，爲授子弟習誦，乃率己意，斷章節，取經、記、注、疏一隅，聊爲墫課速成云云。是書乃爲啟蒙童稚而編，上下卷首均有“朱氏家塾課本”字樣。上卷《士冠》至《大射》七篇，下卷《聘禮》至《有司徹》十篇。

此本據浙江圖書館藏清道光二十九年朱氏家塾刻本影印。（王長紅）

**學禮管釋十八卷**　（清）夏炘撰（第93 册）

夏炘（1789—1871），字欣伯，當塗（今安徽當塗）人。道光五年（1825）舉人，官潁州府教授，嘗爲左宗棠幕僚。學兼漢宋，尤深於朱子。更著有《述朱質疑》等。《清史列傳》卷六七有傳。

是書凡十八卷，成於咸豐五年（1855），目録前有其數語之序，自言少好學《詩》，既冠學《禮》，自《注疏》外，於宋元明人及近儒之説偶有所得，便加詮釋，既不分經，復不區類，隨時記録，聊備遺忘云云。該書正如其自序所言，論説隨筆記録，不分經亦不分類，爲其治禮之心得，故此書於《大戴記》、《小戴記》、《儀禮》、《周禮》皆有闡説，雖有瑣碎之弊，然引證繁富，實事求是，述鄭宗朱，如卷三專説《周官》遂人、溝洫、井田、鄉遂、都鄙之制，其曰：“鄭君明其制，朱子言其義，治《周官》者可以無疑矣，必欲比而合之，是自滋蒙翳而長葛藤也。今述鄭宗朱以祛異議而作斯篇。”然其又不囿於前人，於鄭注、賈疏、敖説等前賢之見或申、或明、或辨、或駁，時有創獲，不乏新意，如此書卷一“釋布席之法”條，其以爲“賈疏以《燕禮》小大卿同在賓左，似不如孔沖遠之《禮記疏》爲優”。

此本據南京圖書館藏清咸豐十年景紫山房

刻本影印。（王長紅）

### 儀禮釋注二卷 （清）丁晏撰 （第 93 册）

丁晏，有《周易述傳》等，已著録。

是書前有道光三年（1823）丁晏自序，略述《儀禮》古今文之異同、兩漢《儀禮》之傳承及爲此書之目的。丁晏治禮宗崇鄭注，如自序曰"《儀禮》舊無師説，馬融僅《喪服注》一篇，其作注者自鄭君始，學禮不從鄭猶欲入室而不由户也"，故爲祛俗儒疑經之妄，使治鄭學者亦有所取。其於此書詳列《儀禮》古今文之學、兩漢經師之授受，本以《説文》、《爾雅》、《釋名》、《玉篇》、《集韻》諸書，參以經史傳記、周秦諸子等，於鄭注所列古今之文，詳加辨之，或由音求義，或明古今之異同，或辨經注古今之訛誤，如《儀禮・士冠禮》"以病吾子"，鄭玄注"古文'病'爲'秉'"，丁晏案云"'病'、'秉'聲相近。《史記・天官書》'斗秉兼之'，《絳侯世家》'侯八歲爲將相，持國秉'，'秉'與'柄'相通，《説文・木部》'柄或作棅'，是其例也"。

此書於鄭注所列古今之文，一一辨明，其引證之賅博，辨説之詳審，於《儀禮》鄭注有功甚大，亦爲有清一代三《禮》歸鄭之一助。

此本據復旦大學圖書館藏清咸豐二年聊城海源閣刻《六藝堂詩禮七編》本影印。（王長紅）

### 儀禮私箋八卷 （清）鄭珍撰 （第 93 册）

鄭珍，有《輪輿私箋》等，已著録。

是書凡八卷，爲鄭珍晚年未成之遺作，獨於《士昏禮》、《公食大夫禮》、《喪服》、《士喪禮》四篇有箋疏，同治三年（1864）鄭珍即世後由子鄭知同哀集校訂，同治五年由唐鄂生剞劂行世。書後有鄭知同後序。

鄭珍治《禮》以鄭説爲依歸，其於經注聚訟可辨之處，或首列鄭注，潛研康成注説之緣由；或先列經文，闡經文之次序、辨經文之訛倒等。如《儀禮・喪服》"君"，鄭玄注曰"天子、諸侯及卿大夫有地者皆曰君"，而賈公彦疏曰"士無臣，雖有地不得君稱，故僕隸等爲其長，弔服加麻，不服斬也"，鄭珍曰"士無地則無臣，不得君稱也"、"卿大夫有地有埰地也，惟有埰地則署中、邑中分職任事，須有常司合官職於外朝，閫家事於内朝，晨揖家朝乃以適公所，蓋自成爲君也，此等卿大夫後即致仕而埰地仍在，禄厚賦多，家事不改，其臣者自如爲斬，應無殊焉"等。此書於鄭注、賈疏、前賢近儒之説，多據實而言，多有補正，且有己見，其雖爲未成之書，然於《喪服》經注引證特詳、闡釋尤深，獨佔是書之半。

此本據華東師範大學圖書館藏清同治五年唐鄂生刻本影印。（王長紅）

### 讀儀禮日記一卷 （清）于鬯撰 （第 93 册）

于鬯，有《讀周禮日記》，已著録。

是書不分卷，卷首有《論〈儀禮〉敘次》一篇，次以《閨考》篇，其後于鬯於《士冠禮》、《鄉飲酒禮》、《鄉射》、《大射儀》、《聘禮》、《公食大夫禮》、《覲禮》、《喪服》、《既夕禮》、《士虞禮》、《少牢饋食禮》、《有司徹》諸篇鄭注、賈疏自相抵牾或彼此聚訟之處，凡十七條，一一疏解，稽考翔實，實事求是，於前賢近儒之説擇善而從，時有己見，如其以爲《儀禮》篇次無須更動，吳廷華不知《周禮》爲國禮、《儀禮》乃士禮，是以《儀禮章句》欲據《周禮・大宗伯》所記吉、凶、賓、軍、嘉五禮之序變易十七篇之次，士禮以人之由生至死祭言之，故《儀禮》始於冠，終於喪，喪盡而後祭等。

此本據華東師範大學圖書館藏清光緒十六年刻《學古堂日記》本影印。（王長紅）

### 禮經凡例一卷附容經學凡例一卷 廖平撰 （第 93 册）

廖平，有《易經古本》，已著録。

《禮經凡例》篇幅較小,凡二十六條。廖氏認爲禮儀與制度不同,禮爲《王制》中司徒所掌之六禮,如今之儀注,即《儀禮》是也。制度則爲經營天下,裁成萬類,無所不包,如《王制》篇是也。應於禮中排除制度方面之内容,專收儀注,故於朱子《儀禮經傳通釋》及秦氏《五禮通考》等均不愜於心。廖氏立足於今文派之立場,以《儀禮》十七篇爲全,若依等級比例推定之,則一篇可作數篇之用,復以《詩》、《書》、《春秋》、兩《戴記》内容相關者補其儀節,依類附於各篇之下,至後世諸家議禮之異説亦輯之。此書雖僅明凡例,然廖氏於禮學之綱領已具於此矣。

《容經學凡例》篇幅亦小,計十六條,附《禮經凡例》之後。廖氏以高堂生所傳即今《儀禮》爲經,"魯徐生善爲頌",賈誼《新書》中之《容經》即徐生所傳之頌,以之爲緯。《容經》與《曲禮》相類,故依其内容分爲門目而附之,於認識《容經》之性質及其在禮學之作用,頗有價值。

此本據民國十年四川存古書局彙印《新訂六譯館叢書》本影印。（杜以恒撰　劉曉東審定）

### 壽櫟廬儀禮奭固十七卷　吳之英撰（第93冊）

吳之英（1857—1918）,字伯竭,號西蒙愚者,名山（今屬四川雅安）人。幼承庭訓,後入尊經書院從王闓運爲學,與宋育仁、劉申叔諸儒皆相交,精三《禮》,好駢文,善書法,更著有《禮器圖》、《禮事圖》、《漢師傳經表》等,編爲《壽櫟廬叢書》梓行。

是書成於光緒二十五年（1899）,後由其子吳鋌及弟子傅守中校勘,於民國九年（1920）梓行於世,前有吳之英光緒二十五年自序,次目録,以《儀禮》篇次爲目,每卷之前皆有題解,述篇名之由來等。該書正文於十七篇經文可疑可議之處,一一論説,或以己見斷經文之義,或闡説經今古文字之異,或辨古今文之

訛脱等。該書偶有新見,然論説不如胡承珙《儀禮古今文疏義》之詳審,其不録前賢近儒儀注,故亦不比胡培翬《儀禮正義》之廣博。

此本據華東師範大學圖書館藏民國九年吳氏刻《壽櫟廬叢書》本影印。（王長紅）

### 壽櫟廬儀禮奭固禮器圖十七卷首一卷末三卷　吳之英撰（第93—94冊）

吳之英,有《壽櫟廬儀禮奭固》,已著録。

是書凡十七卷,由弟子羅紹驥繪圖、其子吳鋌及弟子傅守中等人校訂,於民國九年（1920）與《壽櫟廬儀禮奭固》諸書一並刊版。吳氏以爲士冠、士昏之女主、聘禮、公食大夫禮、士虞禮、特牲饋食禮、少牢饋食禮、有司徹在廟,士昏之男主、士相見禮、燕禮、喪服禮、士喪禮、既夕禮在寢,鄉飲酒禮、鄉射禮、大射儀猶在寢,聘禮之始受命及反命見朝事,覲禮見朝位,故卷首繪廟、朝、寢三圖冠於群圖之首。該書正文首引經説,折衷前賢,次以己見,又據《説文》及其他典籍所載及前人禮圖,繪五百二十二圖以明禮器之形制、禮制之意蘊等,卷末附《周政》三圖、《封建》七圖、《井田》二十九圖、《學校》二圖,加之卷首廟、朝、寢三圖,圖凡五百六十六。治禮且繪圖者,古來有之,然多不如此書禮圖多而入微。該書在承襲前人成果基礎上辨正詳審,論説持平,《儀禮》之禮器禮制,讀者展卷瞭然,其與《壽櫟廬儀禮奭固》互爲表裏,相互參證,誠爲《儀禮》研究之一助。

此本據華東師範大學圖書館藏民國九年吳氏刻《壽櫟廬叢書》本影印。（王長紅）

### 禮經校釋二十二卷　曹元弼撰（第94冊）

曹元弼,有《古文尚書鄭氏注箋釋》,已著録。

是書之撰,始於光緒九年（1883）,成於光緒十七年,後由同里摯友王大綸等校訂,於光緒十八年刊刻。後王大綸復取原稿與刊本一

再對勘,悉心釐訂,以爲補過,王氏跋云"較初印本則有閒矣"。光緒三十四年五月二十三日,江蘇巡撫陳啟泰上書薦舉曹氏是書。書前有光緒三十四年五月廿六日上諭,後次以陳啟泰之奏章及南書房覆奏,其後又有其父訓語一則;曹氏《禮經校釋序》、條例、是書目錄及其《禮經纂疏序》與王大綸跋則附書後。曹氏治經以爲鄭義體大精微,非後世俗儒所能輕疑,故此書以鄭、賈爲宗,兼采折衷前聖近儒時賢之見,於鄭注、賈疏,或明其是,或辨其訛,或申其隱,或補其闕,體例明晰。所引皆表其姓名,論證詳審而持平,無門戶之見。此書所附《禮經纂疏序》宗從鄭、賈,明《儀禮》之由來與功用,述禮學之源流,説《三禮》之消長,評各家之得失等,寥寥數頁,禮學流變盡在於斯;然其以《儀禮》爲周公制禮之作,又稍嫌迂腐,是其憾也。

此本據復旦大學圖書館藏清光緒十八年刻後印本影印。(王長紅)

### 禮經學七卷　曹元弼撰 (第94冊)

曹元弼,有《古文尚書鄭氏注箋釋》等,已著錄。

是書凡七卷,書首有目錄,分"明例"、"要旨"、"圖表"、"會通"、"解紛"、"闕疑"、"流別"七目,下又分小目。此書辨説翔實,時有己見,如曹氏以尊尊、親親、長長、賢賢、男女有別爲禮之大體,爲五倫之道,聖人本之而爲大經大法以垂教天下,後世皆以此辨言正辭,故禮有禮之例、經有經之例,相須而成。凌廷堪《禮經釋例》未及經例,而古之聖者作經皆有法,解經必明其法,治禮者必以全經互求、以各類各篇互求、以各章各句互求,而後辭達義明,故其據以鄭義及凌氏《釋例》得五十經例等,不一而足,多有創獲。三《禮》隱晦,而《儀禮》尤甚,加之文簡而義省,古之學者常苦其難讀,故多束之高閣,鄭玄之後,經文注疏可疑紛紜之處愈多,而後儒疏解,或重古今

文之異,或校文字之訛誤脱衍,或專注於喪服闡釋等,多偏於經注之一隅,而曹氏《禮經學》一書,由經文義例、注疏及讀經之例至經注聚訟之考辨,似雜散而實嚴謹,雖偶有瑕疵,然體系之獨特,多爲他書所未有,如此書"流別"辨章學術、考鏡源流,與《禮經纂疏序》相爲補充,禮學流變,一目瞭然,於禮經研究大有裨益。

此本據中國科學院圖書館藏清宣統元年刻本影印。(王長紅)

### 昏禮辨正一卷　(清)毛奇齡撰 (第95冊)

毛奇齡,有《河圖洛書原舛編》等,已著錄。

是書爲辨"成婦"之義及"成婦"與"廟見"次第之書。毛氏以爲娶婦不謁廟而入房合巹就枕與野合無異,人以《士昏禮》無行媒朝廟之文而謂昏禮無媒妁,昏禮不朝廟爲妄士等,故記其所聞于仲兄毛錫齡之言而成是書。該書引以《詩經》、《周禮》、《左傳》、《公羊傳》等經史傳記及前儒之説,於"謁見"與"廟見"、"成婦之婦"與"夫婦之婦"之義詳加辨析,辨"行媒"、"納采納吉問名"、"納徵"、"請期"、"親迎"、"婦至"、"婦見"、"廟見"、"婿見"之順序,以爲娶婦而不謁廟不成婦,以爲"廟見"非"謁見"之見、"成婦"非"夫婦"之婦等,論説精深,別有新見。

此本據上海辭書出版社圖書館藏清康熙間李塨等刻《西河合集》本影印。(王長紅)

### 喪禮吾説篇十卷　(清)毛奇齡撰 (第95冊)

毛奇齡,有《河圖洛書原舛編》等,已著錄。

是書凡十卷,前有《喪禮吾説篇標記》一篇,稱此篇援據古經多所考辨,其正前儒之誤者非一端矣,兹特舉其與時俗不合者標記於左云云,所標記者如"養疾説"之"病中不遷寢"、"不易床"、"不易衣"、"不辟夫妻男女子婦"、"弔喪説"之"客有苦不拜"、"主必拜客客不答拜"等;其後爲全書目錄。是書入《四

庫全書總目》禮類存目,提要謂毛氏説經,好爲奇論,如以子夏《喪服傳》爲戰國後起之作、以喪服有齊衰而無斬衰等云云。此書雖多舛誤,然亦有新見,如卷七以《孟子・滕文公上》載滕文公問孟子後始定三年之喪、《論語・憲問》載子張問孔子“《書》云‘高宗諒陰,三年不言’何謂”及孔子所答有疑,並引《周書・康王之誥》及《左傳》襄公十六年相關所載,斷定“三年之喪”並非孔子所言“何必高宗,古之人皆然”,乃“商以前之制,而並非周制”,是説爲焦循、傅斯年等學者所遵從。

此本據上海辭書出版社圖書館藏清康熙李塨等刻《西河合集》本影印。（王長紅）

## 五服圖解一卷　（元）龔端禮撰（第95册）

龔端禮,生平事跡不詳,據是書自序及其上書,知其字仁夫,嘉興（今浙江嘉興）人。

是書不分卷,正文前有龔氏至治壬戌（二年,1322）自序、葉知本序、《上萬言書》、汪仲華等《進服書文》、《圖原》、《服例》四則、《五服標目》,其後是《五服八圖》、《五服義解》,書後附黄丕烈嘉慶丁卯（十二年,1807）重裝此書記,略言此書“見諸《讀書敏求記》,其《述古堂書目》以爲元板,此册即遵王舊藏也,因墨敝紙渝損而重裝”云云。該書以五服列五門,先列《五服八圖》,其後逐一闡釋,前圖後文,圖中有文,文圖相間,喪期、喪服圖式等五服瑣碎之制,人之親疏遠近,一目瞭然。該書引《毛詩》、《禮記》、《爾雅》、《廣韻》、《玉篇》等經史之書及鄭玄、賈公彦、朱熹等前賢注説以爲證,辨斬衰、齊衰、大功、小功、緦麻之製作材料等,説苴杖、削杖、杖期、不杖期諸禮之義,説辨翔實,時有己見,如其以爲服有正服、加服、降服、義服四等之服,別具新意。

此本據國家圖書館藏元杭州路儒學刻本影印。（王長紅）

## 喪服表一卷殤服表一卷　（清）孔繼汾撰（第95册）

孔繼汾（1725—1786）,字體儀,號止堂,曲阜（今山東曲阜）人,孔子六十九代孫。乾隆十二年（1747）舉人,官户部主事。博通經史與金石之學,致力於經學研究及鄉邦文獻整理。更著有《孔氏家儀》、《勘議糾謬集》、《闕里文獻考》等。事見《清文獻通考》卷七五、《清通典》卷一八、《清通志》卷七二。

是書不分卷,《孔氏家儀》中亦收。書首有永康胡鳳丹光緒元年（1875）序,書後附梁同書之子梁履繩與汪曾唯數語之跋。《喪服》別親疏、明人倫,故學者代有注説,然五服之瑣碎,人讀之仍未能貫通其制,孔氏乃繪《喪服表》,凡五等之服,著表者三百九十有一,降服袒免者又百一十有七,親疏之別、輕重之差、貴賤之義,簡易明瞭。孔繼汾又以律令無殤服,世多不舉殤禮,時人亦罕留意,故於乾隆辛卯年（三十六年,1771）別爲《殤服》一表,以補《孔氏家儀》原編之未備。二表簡易詳備,易於檢閲,誠有助於喪服研究,故梁履繩乃將此二表重付於梓,道光初年振綺堂復校刊之以廣其傳,後書版毀滅,光緒元年永康胡鳳丹重刻梓行。

此本據中國科學院圖書館藏清光緒元年胡鳳丹退補齋刻本影印。（王長紅）

## 儀禮喪服文足徵記十卷　（清）程瑶田撰（第95册）

程瑶田,有《禹貢三江考》等,已著録。

是書成於嘉慶七年（1802）前,書首有阮元序,後爲目録,目録之首有程瑶田數言之序語,言“治經不涵泳白文,而惟注之徇,雖漢之經師,一失其趣,即有毫釐千里之繆”云云。

程氏治禮由小學而經學,重涵泳經文,不於傳注拾人牙慧,故此書於其以爲經傳文字舛誤或可疑之處等,援據經史,詳加疏通,如

"長殤中殤降一等,下殤降二等,齊衰之殤中從上,大功之殤中從下"四句,程氏以爲傳文則皆依經闡義,無憑空立義之例,然鄭康成以此四句與上文同室生緦之傳連言,加之不審此經義例等,而以其爲傳並爲之注解,故鄭説自相矛盾,程氏合之《喪服》經傳全篇,考其義例證此四句爲經文等,不一而足。該書於鄭注等前賢注説,是非皆有,擇善而從。

此本據上海辭書出版社圖書館藏清嘉慶間刻《通藝録》本影印。(王長紅)

**五服異同彙考三卷**　(清)崔述撰　(第95册)

崔述,有《易卦圖説》等,已著録。

是書稿撰寫始於乾隆四十六年(1781),至五十三年乃成,嘉慶六年(1801)檢閲訂正録而藏之,道光四年(1824)由門人陳履和於浙江東陽縣署校刻行世。書凡三卷,首有崔氏嘉慶十二年自序,略言此書撰寫時間及未將其定本之緣由,其後爲凡例、目録。崔氏以爲《禮》經服制皆以服分之,服同者一章,後世作者率多沿之,然服之輕重貴賤之别見於《禮》經數章,故難以辨察,人讀之不覺,乃撰此書,以尊卑、貴賤、親疏、長幼、男女同者爲一篇,服制輕重之别,讀者展卷瞭然。如其據朱熹《家禮》,以爲"姑姊妹""女子子在室"、"子嫁反在父之室"爲父服喪與男子同服,故將三者之服歸於"至親之服"條中論説,匯通經傳闡説服制之法與吳嘉賓《喪服會通説》相類。此書經傳交互參證,凡傳有與經文相互發明者,或補經之闕者,或與經有異同者,皆一一臚列,並引《孟子》、《唐書》、《明史》等經史所載詳加辨正,明相關注説之是非。

此本據復旦大學圖書館藏清道光四年陳履和東陽縣署刻本影印。(王長紅)

**喪服會通説四卷**　(清)吳嘉賓撰　(第95册)

吳嘉賓(1803—1864),字子序,南豐(今江西南豐)人。道光十八年(1838)進士,改庶吉士,授編修,坐事謫戍軍臺,咸豐初以督團兵援郡城功賞内閣中書,其學宗王陽明,爲古文而宗姚鼐,尤得歸有光法。更著有《周易説》、《禮説》等。《清史稿》有傳。

是書首有吳氏咸豐元年(1851)自序,稱先王之制固有時而易,然喪服爲人之大道,能别親疏、辨貴賤、分男女、序長幼,自古迄今未易,後世治《喪服》者雖衆,然未有能觀其會通者,故不能知先王之道之所以爲權度者,是以通觀《喪服》經文,以經所見者推其所不見者,闡其辭意,圖其等衰,次其先後之序等云云。是書凡四卷,卷一《儀禮喪服經解》,通説喪服之制,如其曰"每章有正服有變服,必先次其丈夫之正服以明義,而變服附見於婦人服中與章末。凡服位不在本章者,見於婦人服中,以婦人序喪之義略也,今謂之間附;服位已見於本章而義稍異者,重見本章末,謂之正附,正附義重,間附義輕"等;卷二、卷三《喪服圖説》上、下,此二卷卷首皆有本卷目録,有《士宗》、《五屬服》、《名服》、《出者服》、《外親服》等圖説,凡十七圖説,以圖釋喪服、喪期、喪位之制,圖文相間,每説獨立爲節,條理清晰;卷四《喪服改制説》,由古今喪服之别明"今之制變于古者多矣,然而有可得而變者,有不可得而變者。喪服,人之本也,不可得而變矣",以今辨古,以古明今,通經辨説,與他人説喪服者有異。

此本據復旦大學圖書館藏清咸豐間刻本影印。(王長紅)

**五服釋例二十卷**　(清)夏燮撰　(第95册)

夏燮(1800—1875),字嗛父,一字季理,别號謝山居士,當塗(今安徽當塗)人。道光元年(1821)舉人。咸豐間曾入曾國藩幕,後官四川永寧知縣。精通音韻,兼長史學。更著有《述韻》、《明通鑑》、《中西紀事》。事見《清朝續文獻通考》卷二六〇、卷二六二。

此書專門研究五服之服制義例,一卷一例,

凡二十例，依次爲釋尊服例、釋正尊私尊服例、釋不降服例、釋尊降例、釋厭降例、釋出降例、釋殤降例、釋從服例、釋報服例、釋女君與妾異同例、釋適子庶子異同例、釋大宗小宗服例、釋族親服例、釋士與大夫以上異同例、釋弔服例、釋五服精麤等殺例、釋五服變除例、釋兼服變除例、釋通禮例、釋變禮例。每大例下分若干小例。小例下先録《喪服》及三《禮》有關服制之文，並鄭玄注，後加疏證，其中不乏對前人見解之辯駁。如釋尊服例下分諸侯爲天子例、臣爲君通例、公士大夫之臣爲其君例等二十五小例。諸侯爲天子小例下先摘“斬衰”之經傳“諸侯爲天子。傳曰：天子至尊也”，然後加以疏證。時有心得創見，如論未傳重者不得稱爲後等。其網羅衆説，以類相從，凡關服制者，互有參會，條理清晰，層次分明，堪稱清代關於古代禮制五服制度研究之代表性成果。吳廷燮於《續修四庫全書總目提要》稱：“清代言禮者頗多，如凌廷堪之《禮經釋例》，與是書及《釋官》諸作，皆極有功於禮經。即偶有瑕累，亦不足爲病。洵可寶貴之編也。”

此本據中國科學院圖書館藏清同治刻本影印。（劉曉麗撰　劉曉東審定）

**喪服經傳補疏二卷**　（清）葉大莊撰　（第95册）

葉大莊（1844—1898），字臨恭，又字損軒，號遜父，閩縣（今屬福建福州）人。同治十二年（1873）舉人，授内閣中書，官至邠州知州，因勞致疾，卒於任。更著有《禮記審議》、《大戴禮記審議》、《寫經齋初稿》、《續稿》等。傳見《（民國）閩侯縣志》卷六八。

是書凡兩卷，爲葉大莊補疏《喪服》經傳之所作。清儒三《禮》之學多從鄭注而非敖氏《集説》、郝氏之解，然葉大莊喪服説，於鄭注、賈疏等前儒之見多有非議，而有是王肅、敖繼公、郝敬之説者。此書於五服之制時有己見，如“諸侯爲天子。《傳》曰‘天子至尊

也’”條，葉氏以爲“諸侯謂天子寰外之諸侯也，其寰内之諸侯與王之卿大夫、士爲天子服，雖同而經不及者，以此經乃諸侯之制也”，故其謂鄭玄注“君至尊也”曰“天子、諸侯及卿大夫有地者皆曰君”而“兼天子”“似欠審察耳”；又其謂此經爲諸侯之制，未知其所據，故雖多發前人所未發，然有臆斷之嫌。該書雖多處引前賢近儒之説以爲證，然疏於考辨，遂於程瑶田《儀禮喪服文足徵記》、崔述《五服異同匯考》、吳嘉賓《喪服會通説》等注説，更與張錫恭《喪服鄭氏學》、胡培翬《儀禮正義》相去甚遠。

此本據華東師範大學圖書館藏清光緒玉屏山莊刻本影印。（王長紅）

**喪服鄭氏學十六卷**　張錫恭撰　（第96册）

張錫恭（1858—1924），字聞遠，號殷南，婁縣（今屬上海）人。光緒十四年（1888）舉人，曾於南菁書院精究《儀禮》，中舉後潛研三《禮》，光緒三十三年開禮學館纂修《大清通禮》，被召爲纂修官，承纂《喪禮》，其治禮專守鄭注，更著有《禮學大義》、《修禮芻議》等。

是書爲張錫恭於禮學館纂修《喪禮》之餘而成，凡十六卷，由劉承幹民國七年（1918）校訂剞劂，書首有劉承幹序，書尾附有《衰前圖》、《衰後圖》、《裳前圖》、《裳後圖》、《中衣前圖》、《中衣後圖》及《釋〈喪服〉注“髺露紒也猶男子之括髮”》一文。該書篤守鄭玄家法，於鄭注有申而無破，於賈疏全録而不遺；於諸儒之言，發明注義者甄録之，與注立異者明辨之；賈疏有誤會注義者，雖録其説而必辨其非。其於《喪服》經注疏文之訛誤脱衍，據以《説文》，參以他經所引及前人之見，詳加辨説，以明其是非。該書徵引賈疏而下前賢時儒注説之廣博、論説之翔實、考辨之精深，堪稱集《喪服》鄭注研究之大成者，於《儀禮》研究功亦大矣。

此本據民國七年吳興劉氏刻《求恕齋叢

書》本影印。（王長紅）

### 禮記要義三十三卷（存卷三至卷三十三）

（宋）魏了翁撰　（第 96 冊）

魏了翁，有《毛詩要義》等，已著録。

是書僅存卷三至卷三十三，無目録，前有拜五經齋主人錫壽數字識語。該書爲魏氏節删《禮記》之文、鄭玄注説、孔穎達《正義》以記《禮記》之要。宋儒多視漢儒如土埂，治經務反鄭注而好爲義理，魏氏經學由訓詁而義理，此書宗從鄭注，亦爲兩宋少數卓然不群之作。如《儀禮·士虞禮》“祥、禫之月”，鄭玄以爲祥、禫分月，其以二十五月爲大祥、二十七月而禫、二十八月作樂，而王肅以爲祥、禫共月，二十五月爲大祥、是月爲禫、二十六月作樂，魏氏節取《禮記·檀弓上》“孟獻子禫”孔穎達正義以明己從鄭棄王之意等，不可勝計。魏氏之書雖多節删前儒注説，然其於宋學興盛之際宗從鄭注，實屬罕見。

此本據國家圖書館藏宋淳祐十二年魏克愚徽州刻本影印。（王長紅）

### 讀禮日知二卷

（明）金渜撰　（第 97 冊）

金渜（1512—1578），字汝東，號松澗，東陽（今浙江東陽）人。嘉靖二十三年（1544）進士，曾官山東按察使等。生平事蹟見《（道光）東陽縣志》。

是書卷分上下，爲金渜隆慶四年（1570）季冬爲其母居廬之時，讀《禮記》日有所知則劄記之，至萬曆元年（1573）乃成，凡上卷十四篇，下卷二十四篇，篇各有目，次年由海陽尹馮君壽梓行於廣東潮州。書首有海陽劉子興序，其後有金氏引言。金氏引言以爲《禮經》減於秦火，而記禮者或非孔子之徒，故於理未能盡合，而其言多不雅正，於禮教不能無病，故撰此書以明聖人之心，以存良知，以爲良知無所蔽則《禮》之全體可庶幾會通云云。該書於經文可疑、可申之處一一臚列，並爲之

説，如《禮記·檀弓上》載有季武子夷杜氏之墓以成其寢而爲己辨説之事，學者頗有疑義，如邵泰衢《檀弓疑問》言其爲必無之事，金渜於此亦有所疑，其曰：“季武子，魯之權臣也，越禮犯分，妨人利己，何所不至？成寢而夷人之墓則有之矣，既夷其墓以爲寢，而杜氏猶敢以合葬請乎？假使請之，以季氏之惡必且置之罪也，肯許其合而又命之哭乎？”辨説申駁，言之確當。

此本據遼寧省圖書館藏明萬曆二年馮氏刻本影印。（王長紅）

### 禮記通解二十二卷讀禮記一卷

（明）郝敬撰　（第 97 冊）

郝敬，有《周易正解》，已著録。

是書首有《讀禮記》一卷，次《禮記通解目録》，正文凡二十二卷，每卷分篇若干，按《禮記》篇目爲次。先列經文，隨附己議，約亦可析以條貫。然總詳解義理，而疏於名物制度，若失憑於訓詁考究，於授受淵源亦不甚爲意。如《檀弓》篇孔子訪父墓事。注疏以孔子殯母於五父之衢，使人怪而問之，故其可因遂而請益，然後得合葬。郝氏言此爲齊東野人語，父早死而終母之世不識父墓，何以爲子。且言六經道喪，百家橫議，惑世誣民不可勝數。鄭玄之徒一切以爲聖經，附會其説，而不折諸理，可怪也云云。近人黄侃言此或屬句讀之誤，而致注疏厚誣宣尼。當爲不知其父殯五父衢，人以爲葬，問耶曼父之母，知其殯，得合葬，而是爲慎。經言之殯，應亦抉坎，其上畢塗，與葬相似，待他日改焉，故人以爲葬云云。皮錫瑞則謂古禮多不近人情，後儒以俗情疑古禮，所見皆謬。即如黄侃所言，雖自圓情理，亦僅爲一説。其中之委曲，仍不可遽斷。注疏以夫子是以幽隱而問人，亦未全然無信之處。

又獻公殺申生事，鄭玄以申生言行可以爲恭，於孝則未之有。郝氏以申生有踽踽之節，

而無烝烝之權,爲人子者當如是也,此即孔子言"爲難矣仁"。《春秋》之義明權變,故目夷設權救父,則《春秋》大之。申生陷父不義,於國將亂而不能救,於禍而不能免,故聖人予恭而不予孝也。郝以衛輒、楚商臣比之,則事屬兩端,無有可匹。故經注所言確係聖人原意無有可疑者。清陳蘭甫言明人氣節獨高,此言到亦有據。由此二例,或一窺郝氏論議之一二。時殊世異,不當以今之情理,而節古之委曲者也。

《四庫全書總目》禮類存目有《禮記通解》二十二卷,提要謂於鄭義多所駁難,然得者僅十一二,失者乃十之八九云云。故是書於禮家專學而言,恐未多實益,然其能倡禮之文義兼和,即雖不能自及,然於此之思,則不可淹沒之。敬居晚明之世,能折節讀書,有稽古勤學之志,且爲吏有能聲,亦是欲踐聖人之説。雖終非禮家經師之材,而亦足有其可觀者也。

此本據明萬曆郝千秋、郝千石刻《九部經解》本影印。(郭超穎撰　劉曉東審定)

**禮記思五卷**　(明)趙僎撰　(第97冊)

趙僎,生卒年不詳,據是書署名及自序,知其字弗如,海州(今屬江蘇連雲港)人。自序作於天啓七年(1627),則其生活於明末。

是書分爲五卷,卷一《曲禮》至《月令》,卷二《曾子問》至《内則》,卷三《玉藻》至《雜記》,卷四《喪大記》至《緇衣》,卷五《奔喪》至《喪服四制》,以每段經之首四字爲標目,對本段經文所記或總括大意,或點評抒情。總體而言並非考辨禮制、訓詁名物。其重在談讀後之感,於禮家專學恐無甚實益,然其所論亦可使人有所啓發。

如《檀弓篇》,曾子謂子思曰:"伋,吾執親之喪也,水漿不入於口者七日。"子思曰:"先王之制禮也,過之者俯而就之,不至焉者跂而及之。故君子之執親之喪也,水漿不入於口者三日,杖而後能起。"此言曾子疾時居喪不能以

禮,子思以正禮抑之之事。趙僎云:"此章與先君子無所失道一節並觀之,可以知子思之中庸。"

此本據明天啓七年白門書林王荊岑等刻本影印。(郭超穎撰　劉曉東審定)

**禮記章句四十九卷**　(清)王夫之撰　(第98冊)

王夫之,有《周易大象解》等,已著録。

是書爲王夫之隱居衡陽金蘭時撰,據卷首自序云,始撰於康熙十二年(1673),完成於十六年秋七月,耗時四年,時年五十九歲。全書依照《禮記》體例,卷次篇目凡四十九卷,每篇先釋題名,後分章概述篇章主旨,復逐章逐句分解,篇末附作者總結。篇中注釋,隨文釋義,不引鄭《注》孔《疏》,擇録先賢之説。唯《大學》、《中庸》兩篇,仍保留朱熹《章句》之解釋,已見則加"衍"以區別,附朱文之後。王夫之學術,多淵源於《周易》。如是書開端便引《繫辭傳》"顯諸仁,藏諸用",釋義不重考據禮規儀文,而以仁、禮並重,專主闡發禮蕴,實可視爲禮學之易學詮釋。該書刊布於清代乾嘉之後,當時禮學研究必稱鄭、孔,説經必由小學;又因晚清以來,學者往往推重王夫之之哲學與史學,故是書不爲學者所重,稱引者較少。

此本據上海辭書出版社圖書館藏曾氏金陵節署本影印。(劉舫)

**禮記偶箋三卷**　(清)萬斯大撰　(第98冊)

萬斯大,有《周官辨非》,已著録。

是書爲萬斯大禮學研究著作之一,與《學禮質疑》、《周官辨非》、《儀禮商》、《禮記偶箋》及《學春秋隨筆》,合稱爲"萬氏經學五書"。本書完成於康熙二十年(1681)。全書依照《禮記》篇目共三卷一百五十二條。萬氏《與陳令升書》認爲"《儀禮》一經,與《禮記》相表裏。考儀文,則《儀禮》爲備;言義理,則《禮記》爲經"。因此書中訓詁較少,主

要研討禮制，承續其在《學禮質疑》中對郊社、禘祫、喪服、宗法問題之考辨。內容上貫通群經，以經文評判傳注得失。如鄭玄注《祭統》"礿禘嘗烝"四時祭爲殷夏禮，注《詩·小雅·天保》"禴祠烝嘗"爲周禮，萬氏認爲鄭玄因信從《禮緯》"三年一祫，五年一禘"之説，將天子與諸侯祭禮誤爲三代祭禮。又，對經文之注釋較爲縝密。如《文王世子》"登餕受爵以上嗣"，不從前人引《儀禮·饋食禮》爲注，認爲儀文雖近似但不可即以此爲注。書前有陸嘉淑序，贊譽該書薈萃衆説，勾稽索隱，能於章句之間爬抉古人所未見。是書收入《四庫全書總目》禮類存目，提要謂其與《學禮質疑》相表裏，皆欲獨出新義而多不能自通云云。

此本據上海辭書出版社圖書館藏清乾隆二十四年《萬充宗先生經學五書》本影印。（劉舫）

### 禮記章義十卷 （清）姜兆錫撰 （第98冊）

姜兆錫，有《書經參義》等，已著録。

是書封面冠以"《禮記》"之名，又有"丹陽姜上均章義"字樣，書前載張大受、王澍二序，繼以序論六則、附論八則，次目録，正文十卷，爲姜氏《九經補注》之一。十三經《易》、《詩》、《論》、《孟》四經而外，朱熹皆未注完全經，姜氏欲補而注之，故合稱"九經"。其於三《禮》皆有成書，此則撰於《周禮》後《儀禮》前。

姜氏以爲《檀弓》、《月令》、《坊記》、《表記》等篇"雖無分章而章段自明"外，他篇概未分章，乃籀繹《記》文，融匯前賢與己意。全書大率以義理爲本，先因章句以言義理，復捨章句而求義理，故全書所論就章句而言義理，疏通講貫，便於體會大義。而亦不乏憑己意推求、改動前人章句之處，雖不爲無見，猶存宋人疑經改經之習。如謂《禮運》"禮義以爲紀"以下二十九字當在後文"未有不謹於

禮者也"之次，即以《記》文語涉老莊相責，不知"禮義以爲紀"本呼應"大人世及以爲禮"而言，秩次井然。是書《四庫全書總目》列入禮類存目，提要稱其動輒排擊鄭孔，實則姜氏既已改經，其辨難對象亦不限於漢唐經師。

此本據中國科學院圖書館藏清雍正十年寅清樓刻本影印。（張濤）

### 禮記章句十卷 （清）任啓運撰 （第99冊）

任啓運（1670—1744），字翼聖，號釣臺，宜興（今江蘇宜興）人。雍正十一年（1733）進士，特授翰林院檢討，歷侍講、侍講學士、都察院左僉都御史、宗人府府丞。更著有《周易洗心》、《四書約旨》、《清芬樓文集》等。《清史稿》有傳。

此書本與《四書約旨》合刊，首乾隆四十年（1775）門人德保序，次康熙五十七年（1718）任氏自敘，次目次，次類例，大抵謂注疏附會駁雜，而不無意蘊可尋；朱子《章句》説理精粹，而末流牽於所聞，不能摒虛求真云云。案《禮記》本非經，然不少篇章關乎倫理綱紀之大與聖賢精義，故啓運尤再三致意。是書《四庫全書總目》列入禮類存目，提要謂自劉向以降，魏、唐、宋、元代有重編《禮記》之事，啓運皆以爲多所未安，遂參酌朱子、吳澄與芮城之説，刪定爲四十二篇云云。其移易篇次、章次，略分統宗、明倫、敬身、立政、五禮、論禮、論樂及通論數類。又采獲他書所引佚文補苴《禮記》，甄選列朝名家説禮之言，間出己意，以俟清廷制禮能於此取材云，故其書封面亦題作"禮記類纂"。啓運後在三禮館主《禮記》，故今《禮記義疏》與此書觀點相合者頗多，而篇章次序則一依古本，不加更動。本書以《學》、《庸》爲冠，猶是宋學遺軌；篇章推翻舊次，自我作古，又不免沾染明人習氣。然在乾嘉考據學興起以前，任氏要不失爲研禮一名家。而章太炎斥以鄉曲徇俗，當屬激憤有爲之辭，未可爲任氏定評。

此本據國家圖書館分館藏清乾隆清芬堂刻本影印。（張濤）

## 禮記疑義七十二卷（存卷十三至卷三十七）（清）吴廷華撰（第99—100冊）

吴廷華（1682—1755），初名蘭芳，字中林，號東壁，仁和（今浙江杭州）人。康熙五十三年（1714）舉人，歷任中書舍人、福建海防同知、興化通判，致仕後再起爲三禮館纂修官。更著有《儀禮章句》、《曲臺小録》、《東壁書莊集》等。生平事跡見沈廷芳《朝議大夫東壁吴先生行狀》。

此書爲吴氏《三禮疑義》之一。廷華禮學在當時頗具聲名，杭世駿嘗言"吾經學不如吴東壁"。惟著述多未刻，學人罕覯，四庫館臣即未見《疑義》。道光中，張金吾覓得《疑義》，列入《詒經堂續經解》中，初謂其書爲鄭賈功臣，後反覺其直以排擊漢唐爲事，深致不滿。案吴氏篤於經學，對三《禮》用功尤勤，少時讀《周禮》九賦"口率出泉"注而疑，塾師爲講周漢經注之别，乃由此而往，盡發疑竇。故其治學重在發疑、存疑、解疑，《疑義》體例本分訂義、疑義兩類，而"疑義"遂專書名。大抵廷華主張以經解經，經無可據則不信傳注而唯理是從，而其所謂理，出於自家體會者爲多，每每與漢注唐疏相鑿枘，雖不無獨見特出，而鹵莽孟浪亦在所不免。如《玉藻》"君無故不殺牛"，疏謂君當指諸侯，而廷華必以君兼天子，又謂天子日食大牢無據，不知"諸侯無故不殺牛"，《王制》有明文，"天子日食大牢"，據《天官·膳夫》及《儀禮》推至而來。蓋漢儒説經淵源有自，未可輕訿，廷華無意理解鄭玄閫奥，專憑己意説經，故不免疑所不當疑。足見其學近宋儒，視乾嘉經師謹遵規矩，迥乎不同。胡玉縉稱其讀書有限，却務與注疏爲難，著實不誣。阮元取《儀禮章句》刻入《清經解》，而不取《疑義》，《四庫全書》亦然，及張金吾之先揚後抑，可以看出吴氏聲名轉

晦，而學術升降之理固自蘊含其中。

《三禮疑義》全書一百六十六卷，今各館所藏殘缺頗多，惟國家圖書館尚有全帙，亦張金吾詒經堂鈔本。此本據上海圖書館藏嘉慶道光間張金吾詒經堂鈔本影印，所存尚不及原書之半。（張濤）

## 禮記章句十卷　（清）汪紱撰（第100冊）

汪紱，有《易經如話》，已著録。

汪氏於百氏九流之學皆有所得，而立之年始專心肆力於經，明制度，闡義理，特好禮學。雜著百萬言，今所存專論禮者，惟《參讀禮志疑》、《六禮或問》、《禮記或問》及此書。

全書一以舊本篇次爲序，各篇分章，引據注疏與宋明儒者之言，兼述心得，條析禮制，闡發義理，常結合《周禮》、《儀禮》爲説，故雖以《禮記》爲名，而實能穿貫三《禮》，即《自序》所謂"因經附傳，而合斯《記》於《儀禮》"。其言章句，如謂《樂記》"脈絡通貫，止是一篇文字"，乃依孔疏次序講解，及《學記》"大學之法"、"學有四失"二章，承"今之教者"章之意而反復論説，皆屬涵泳得法；其言禮制，則詳考深衣尺度，明辨喪服，講究律吕，率皆深造有得，自有理據；其言義理，不主於發明，而持論平穩，分疏細密，然謂《儒行》有過爲矯飾者，則猶不免謹小唯諾之見。其所得於禮者如此。時有未暢厥旨者，則别存於《或問》之中，乃遵朱子先例。又不解《學》、《庸》二篇，云見所著《四書詮義》。至若孔子殯母於五父之衢，認可陳澔之説，又誤信僞石經《大學》，則因終身僻處鄉里，聞見未廣，實可諒宥。乾隆初年，禮學復振，安徽經師當推江永與紱。江氏雖老儒，而大有聲名於後世；紱則無名，門人嘗感歎其"值聖治休明、旁求經學之日，而伏處深山窮谷，不得與稽古之榮"，至爲可惜。

此本據上海辭書出版社圖書館藏清光緒二十一年刻本影印。（張濤）

## 續禮記集説一百卷　（清）杭世駿撰（第101—102 冊）

杭世駿（1696—1773），字大宗，號董浦，又號秦亭老民，仁和（今浙江杭州）人。雍正二年（1724）舉人，乾隆元年（1736）舉鴻博，以一等授編修，與纂《三禮義疏》，校刊武英殿經史，八年二月因考選御史對策中論及滿漢畛域而忤旨，遭革職罷歸。更著有《石經考異》、《續方言》、《三國志補注》、《詞科掌錄》、《訂訛類編》、《榕城詩話》、《道古堂詩文集》等。《清史列傳》卷七一有傳。

是書輯於杭氏參編《三禮義疏》時。時館中撮録《永樂大典》三《禮》資料，杭氏檢閱《禮記》部分，以爲除唐成伯璵《禮記外傳》等少數秘笈外，他無不經見之書，甚或元人經疑雖多至數千篇，而迂緩庸腐，幾乎無一語可以入經解，故今書中採自《大典》者實不多見，其他摘録雖多，實亦有去取別擇。杭氏利用宮廷藏書，廣搜相關文獻，乃成此書。名《續禮記集説》，乃所以補宋人衛湜之書。書首自序，次諸家姓氏，凡一百八十七家，略可分爲三類：衛氏采之未備、有與後儒之説相互發明者，四十一家；在衛湜之前而衛湜未載者，四十五家；衛湜不及見者，宋七家、元十一家、明三十七家、清四十六家，都一百零一家。大抵明以前人數雖多，而所載經説不多，采録最多而價值最大者爲杭氏同時或稍早之人，如李光地、朱軾、姜兆錫、任啟運、吳廷華等，或無《禮記》專著，或有專著而不傳，此書意義即因此而彰顯。後顧頡剛輯佚姚際恒《禮記通論》，仰賴此書爲多。此書於所采諸説，有少數全書備録，其餘則多從節取，僅選其能立新義者，雖不淳，也存備一解，如自序所謂仍衛湜之例，"不施論斷"，欲使讀者觀書自見。而杭氏自爲之説，亦間附條目之末，即其主講粵秀書院時答諸生問難之講記。總之，自衛湜而後，能稱《禮記》"經解淵海"者，此書當屬其一。

杭氏自言"衰耋侵尋，舊雨零落，廠門著書，自謂未經論定，秘不示人者，則采録所未到，均有俟諸異日"，可見其有意不斷增訂，故杭氏生前並未付梓，身後僅以抄本流傳。至光緒二十一年（1895）浙江書局開雕，三十年始刊成。此本據華東師範大學圖書館藏清光緒間浙江書局刻本影印。（張濤）

## 禮記纂編十卷附録一卷　（清）潘相撰（第103 冊）

潘相，有《周禮撮要》，已著録。

《禮記》經文，向稱駁雜，篇目編次，亦無義例。劉向《別録》分四十九篇爲制度、通論、明堂陰陽（記）、喪服、世子法、祭祀、子法、樂記、吉事九類，然實不能切理饜心，故後世頗有分類整理者。潘相以《禮記》一書，本非孔門七十二子所撰，與《易》、《書》、《詩》、《春秋》四經不同，本朱子之意，於乾隆八年（1743）取《喪大記》諸篇，參合《儀禮》、《家禮》，以爲出入，頗有端緒，因及各篇。篇以意序，文以類從，注則兼取鄭、孔諸儒。初稿成，與黃宜中參酌體例，後二十餘年，就正師友，再三易稿，始成此書，可謂用心。

是書首言小學之法，有《曲禮》、《少儀》、《射義》、《投壺》；次言大學之方，有《學記》、《文王世子》、《大學》、《中庸》、《經解》；次言修存之功，有《坊記》、《表記》、《儒行》；次言成人之禮，有《冠義》、《玉藻》、《深衣》、《昏義》、《哀公問》；次言齊家，有《內則》、《大傳》；次言送死，有《喪大記》、《問喪》、《間傳》、《小記》、《服問》、《三年問》、《喪服四製》、《奔喪》、《曾子問》、《雜記》、《檀弓》；次言追遠，有《祭法》、《郊特牲》、《祭統》、《祭義》；次言王朝邦國之禮，有《王制》、《緇衣》、《月令》、《名堂位》、《燕義》、《聘義》、《鄉飲酒義》；終言統論禮樂者，有《禮器》、《禮運》、《仲尼燕居》、《孔子閒居》、《樂記》。各篇之條目，較戴《記》舊文，頗有出入。如《曲禮》、存本記九十五條，入《少儀》四十二條、《玉藻》三十三條、《檀弓》五條、《郊特牲》二條、《內則》一條、《雜記》三條。每條之下，首標字詞之音意，而後解釋經文，重義理而訓詁，考據少。是書於經文割裂竄亂，不免有失，然以類編次，實便於初學。

此本據清乾隆四十一年汲古閣刻本影印。（郭超穎撰　劉曉東審定）

**禮記附記十卷**　（清）翁方綱撰　（第103冊）

翁方綱（1733—1818），字正三，一字敘彝，號忠敘，又號覃溪、彝齋、蘇齋等，直隸大興（今屬北京）人。乾隆十七年（1752）進士，授編修。歷督廣東、江西、山東三省學政，官至內閣學士。長於金石、譜錄、書畫、詞章之學。更著有《兩漢金石記》、《經義考補正》、《蘇詩補注》等。《清史列傳》卷六八有傳。

是書爲翁氏讀《禮記》之札記，每條首列經文，次列前人所論，然後斷以己意。網羅諸書，收采甚富，然考據之功多而義理發揮少，其中條目有純粹考訂字形，與《禮》無涉者。

是書雖多引鄭玄之注、孔穎達之疏，然往往批駁之。如："'拾級'，鄭注：'拾當爲涉，聲之誤也。'陸釋云：'拾音涉。'孔疏云：'拾，涉也。涉等聚足，謂前足躡一等，後足從而併之。'按：孔疏以涉訓拾，則與鄭注涉字聲誤爲拾者稍有間矣。拾涉音雖近，然竟以爲音近致誤，則鄭氏果於自信矣。雖仍其本字而申言之，其誤究宜慎也。鄭注此類極多，姑發其凡於此。"又云："凡說經者，以訓意言，則容有後師之推測；以形聲言，則豈容讀者之僭易乎？若鄭氏之某讀爲某、某訛爲某者，雖仍存經之本字而附綴於下，然此等處直謂之改經可也。豈以鄭氏大儒而必曲爲諱之？"此論似是而非。蓋翁氏研治金石，究心於點畫之間，而經學本非所長，故不知鄭學之精奧。

此本據北京大學圖書館藏稿本影印。（郭超穎撰　劉曉東審定）

**禮記補注四卷**　（清）李調元撰　（第103冊）

李調元，有《周禮摘箋》等，已著録。

元人陳澔著《禮記集説》，以其簡便，又藉考亭之餘蔭，明永樂間，頒《四書五經大全》，廢注疏不用，《禮記》只用陳氏《集説》，遂大行於世。調元少習舉子業，其父即以陳氏《禮記集説》授之，調元以其間穿鑿附會及掛一漏萬之處，不愜於心，乃遍采諸家之説爲之補注。

陳氏《集説》，因其淺近，致有"兔園册子"之譏。調元欲以是書使陳注"由蒙訓而入經術"，惜其學力殊未逮。要之，是書頗有可取之處，然需讀者善擇也。

此本據清乾隆李氏萬卷樓刻《函海》本影印。（郭超穎撰　劉曉東審定）

**禮記集解六十一卷**　（清）孫希旦撰　（第103—104冊）

孫希旦（1736—1784），字紹周，一作肇周，號敬軒，瑞安（今屬浙江溫州）人。乾隆四十三年（1778）賜進士及第。曾參與編纂《四庫全書》，歷任內閣中書、四庫館纂修官、翰林院編修、武英殿分校官、國史三通館纂修官等。潛心經史之學，尤精三《禮》。更著有《尚書顧命解》、《孫太史稿》、《求放心齋詩文集》等。生平事蹟參同鄉後學孫衣言同治十年所撰《敬軒先生行狀》）。

是書以汲古閣本《禮記正義》爲底本。因《大學》、《中庸》兩篇已有朱子《章句》，故於此兩篇僅存其目，下標"朱子《章句》"，以示宗朱。其餘各篇每篇於篇首作題解，釐定各篇大致成書時代及作者，進而釋篇名之義與一篇之大旨。經文之下，附以《經典釋文》之注音，並對經文文字音讀加以勘正，以下録鄭注孔疏，芟其繁蕪，掇其樞要，再下則廣采唐宋以來諸儒九十餘家之説，並加"愚謂"以裁斷之。

孫鏘鳴在《禮記集解序》中稱孫希旦"爲學

一宗程朱”，故該書大體采宋學立場，尤重從
義理説禮，而所闡明禮意，“必求即乎天理人
心之安”。然孫氏並非僅遵程朱，其所引用
固然有二程、朱子、呂大臨、陳澔等程朱正統
道學之説，亦大量引用王安石、方慤、馬晞孟、
陸佃、陳祥道等荆公新學之禮説。孫氏既宗
宋學，然對於文字訓詁與名物度數，亦有考
釋，大多以經證經，必求確有根據，其中不乏
創見勝解。

該書初名《禮記注疏駁誤》，凡五十卷，乾
隆四十四年（1779）孫氏在舊稿基礎上擴充
成六十一卷，並改名《禮記集解》。是以該書
於鄭注孔疏固然發明良多，然亦多所駁正。
如《曲禮上》“侍飲於長者，酒進則起，拜受於
尊所”，鄭玄以爲是燕禮，孔疏稱《燕禮》無
“拜受於尊所”，是“文不具”，而孫氏則批評
鄭氏之説爲“殊不可曉”，又批評孔氏“不以
經正注之失，而反以注疑經之闕，亦可怪
矣”。是以孫衣言於《行狀》中稱其“博取後
儒以疏通鄭孔之窒”。

此本據華東師範大學圖書館藏孫鏘鳴刻本
影印。（郭曉東）

### 禮記箋四十九卷 　（清）郝懿行撰（第104册）

郝懿行，有《易説》等，已著録。

是書爲郝氏《禮》學研究之作，以仿鄭玄箋
《詩》之例，故稱《禮記箋》。據卷首自序稱，
是書始撰於乾隆五十八年（1793），完成於六
十年（1795）。全書依《禮記》卷次分四十九
卷，目録於每篇篇名下引鄭玄《禮記目録》，
次擇列《釋文》、孔疏、方苞《禮記析疑》等諸
家之説，末以“愚按”附以己意，以“〇”加以
區別。箋文先引鄭注，次列王肅、賀瑒、陸德
明、孔穎達、朱熹、呂大臨、陳澔、方苞、齊召南
等各家之説，同樣以“愚按”附以己意，以
“〇”加以區别。箋文以音義訓詁爲主，補正
鄭訓。義理闡發以鄭注爲本，凡見有駁鄭之
説則予以辨正。如《祭統》“祭之日，一獻”，

鄭、孔認爲此諸侯之禮，指上文“尸飲五，君
洗玉爵獻卿”。方苞《禮記析疑》駁説“不宜
獻飲未終而爵命群臣以間”，因此“特假於
廟，故簡其禮而用一獻，天子諸侯所同也”。
然郝氏以爲獻卿畢而未獻大夫之時爵命並不
爲間，當以鄭注、孔疏爲確。由於全書謹守鄭
注，稱引禮家不多，且不論源流，對《禮記》本
身發顯不多。

此本據清光緒八年東路廳署刻《郝氏遺
書》本影印。（劉舫）

### 禮記補疏三卷 　（清）焦循撰（第105册）

焦循，有《孟子正義》等，已著録。

焦氏少讀《禮記》，作《索隱》若干，後佚失。
嘉慶十九年（1814），尋得殘篇若干，爲《禮記
補疏》五卷，復删定爲三卷，爲其《六經補疏》
之一種。焦氏於三《禮》，最重《禮記》，以《周
禮》、《儀禮》爲“一代之書”，《禮記》則爲“萬
世之書”。蓋其以《禮記》“禮以時爲大”一
言，足以“蔽千萬世制禮之法”。焦氏於《禮
記》，尤重《禮器》、《禮運》、《大學》、《中庸》
諸篇，然《補疏》則多考究於訓詁名物，故其
自序又感歎“於大道未之能及”。是書推本
鄭注之義，於孔疏之不達注義者多揭而出之。
如《玉藻》篇“而手足毋移”，鄭注“毋移”爲
“欲其直且正”，孔疏稱“移謂靡迆搖動”，焦
氏則廣引群書，證明“移”當訓爲“裹行”，故
批評孔疏“增出‘搖動’，非注義”。大抵諸如
此類，而辨析周詳，言之有據。

此本據復旦大學圖書館藏道光六年半九書
塾刻《六經補疏》本影印。（郭曉東）

### 禮記恒解四十九卷 　（清）劉沅輯注（第105册）

劉沅，有《周易恒解》，已著録。

是書采諸家之説而進行折衷，且多受《禮
記義疏》影響。《欽定禮記義疏》爲清高宗御
纂《三禮義疏》之第三部，先後由甘汝來、李

緩、任啟運三人主持編纂,歷經十年之久,於乾隆十年(1745)成稿,乾隆十九年(1754)刊刻成書,至乾隆二十年(1755)頒行天下。

是書首有道光八年(1828)劉氏自序,次凡例,正文依《禮記》四十九篇分四十九卷。劉氏欲簡明易習,故有引而省文之爲。總而觀之,其闡述亦不專以禮制考辨而言,蓋意在能於經文有所勒要疏解,故串講疏通,雜糅諸義,於經注疏之誦習似有平易之助。

此本據清道光八年豫誠堂刻本影印。（郭超穎撰　劉曉東審定）

**禮記訓纂四十九卷**　（清）朱彬撰　（第 105 册）

朱彬(1753—1834),字武曹,號郁甫,寶應(今江蘇寶應)人。乾隆六十年(1795)舉人。與外兄劉台拱、王念孫、王引之父子、汪中、邵晉涵等交厚,精訓詁、聲音、文字之學。更著有《經傳考證》、《游道堂詩文集》等。《清史稿》有傳。

明代敕修《禮記大全》,廢鄭玄注、孔穎達疏,用陳澔《禮記集說》,然陳氏立說淺顯,古義盡失。朱彬十五歲學習《禮記》,鑑於陳書淺陋,積畢生之學,晚年刊定是書。全書依照《禮記》卷次篇目分四十九卷,每篇篇名下先錄鄭玄《禮記目錄》及孔穎達《正義》釋篇名,間引《經典釋文》及其他各家說法,按時間順序排列。注釋經文先引鄭注、孔疏,擇引《經典釋文》及其他各家說法,按時間順序排列。如出己意,以"彬謂"或"彬按"示明。最後注音,以"○"號與注釋加以區別。《中庸》、《大學》只釋篇名,不注經文。書前有林則徐序及自序,末有次子朱士達及孫朱念祖二序。

本書以鄭注、孔疏爲主,訓詁參考《爾雅》、《說文》、《玉篇》、《廣雅》,典章參考《北堂書鈔》、《通典》、《太平御覽》。注釋匯集漢以降百餘家,不存門户之見,别擇精審,博而不雜,援據簡賅精準,尤以匯集清人研究成果爲特色,其中江永、王念孫、王引之、方愨之說

居多。

此本據上海辭書出版社圖書館藏清咸豐元年宜禄堂校刻本影印。（劉舫）

**禮記釋注四卷**　（清）丁晏撰　（第 106 册）

丁晏,有《周易述傳》,已著録。

是書清咸豐二年(1852)刊行。書首有丁氏自序云:"庚辰之秋,自都還里,杜門却埽,取《禮記》四十九篇,紬繹讀之,因據《唐石經》,及衛正叔《集說》,校正經注,訂訛補說。古注質奥,孔疏所不能詳者,復旁考諸書,疏其疑滯,自秋徂冬,共積得若干條,藏諸篋衍。壬午夏,齋居多閒,始取舊稿,編録成帙……題曰《禮記闡注》。劉君孟瞻語余曰:賈公彦《儀禮》、《周禮》疏皆稱'釋曰',謂釋鄭注也。今子亦解釋鄭意,何不曰釋注。余韙其言,遂易今名。"

此書編輯嚴謹,據自序,凡釋注"與前人闇合者,删之。亦有先儒所已言而重著之者,必其論辨加詳,足以相舊說之所不及,而後存之"。又皆標所引姓名於前,已案則附於後。李慈銘《越縵堂讀書記》曰:"丁氏此書辨析詁訓,最爲典密。"

此本據復旦大學圖書館藏清咸豐二年聊城楊氏海源閣刻《六藝堂詩禮七編》本影印。（沈芳撰　劉曉東審定）

**禮記鄭讀考六卷**　（清）陳壽祺撰（清）陳喬樅述　（第 106 册）

陳壽祺、陳喬樅,有《三家詩遺說考》,已著録。

陳氏以世人多譏《禮記》鄭注改字而妄,乃發鄭注改讀四例,並欲廣爲徵引以證鄭注改讀之不誣,擬作《禮記鄭讀考》。"鄭讀"即鄭云"某或爲某"、"某今之某"、"某讀爲某"之類。作而未成,會疾革,乃以事付其子喬樅。喬樅乃述所聞於其父者,搜鄭注改讀四百五十條,勒爲六卷,一一爲之疏通證明。書前有

陳壽祺自序,後有陳喬樅後序。

全書依《禮記》目次,分列每篇中改讀之例。每例首列《記》文,下隨鄭注。後時有述壽祺語。"喬樅謹案"下爲喬樅語。其疏通以明字之通假、辨形之譌誤爲主,兼明鄭注體例,如卷一論"凡鄭言古今字謂古今所用字不同",多宗舊注,本故訓,不爲懸想之論。旁搜廣博,凡《説文》、《爾雅》、漢魏舊注、金石著録、古本石經,乃至清人如惠棟、錢大昕、段玉裁等之説,靡不兼采,要之皆以專謹切實爲則。

陳壽祺父子治學,"宗主漢學,篤信許、鄭"(張舜徽語),故其所論皆重文字、音韻、訓詁。然其持論通達公允,雖考《禮記》而不限於一書,如卷一論群經"余""予"之分辨;雖疏通鄭注而不唯鄭注是從,如卷四"有虞氏服韍"下云"鄭君於韍不言畫亞爲飾者,蓋偶失考耳",頗有自得之見。然考其書,雖精於舊注故訓,於通假訓詁偶有粗疏,如屢見其輾轉相通,至如卷二"以德爲車"下依《釋名》訓"車"之本義爲"居"則不免牽强。

此書《後序》作於道光十二年(1832),書成刻入《左海續集》。又有光緒年間南菁書院《皇清經解續編》本,題"侯官陳喬樅樸園著",而於陳壽祺語上皆加"先子曰"三字。此本據上海辭書出版社圖書館藏清刻《左海續集》本影印。(張鴻鳴撰　劉曉東審定)

### 禮記質疑四十九卷　（清）郭嵩燾撰（第106册）

郭嵩燾(1818—1891),字伯琛,號筠仙、雲仙、筠軒,別號玉池山農、玉池老人,湘陰(今湖南湘陰)人。少時就學岳麓書院,與曾國藩、劉蓉游。道光二十七年(1847)進士及第,授翰林院庶吉士。佐曾國藩創建湘軍,先後出使英、法。晚年居湘陰故里,著述講學以老。更著有《大學質疑》、《中庸質疑》、《史記札正》、《養知書屋集》、《郭嵩燾日記》等。

《清史稿》有傳。

卷首有光緒十六年(1890)自序,言是書作於咸豐二年(1852)。又有同治十二年(1873)番禺陳澧序,稱是書"有易注者,有易疏者,有與注疏兼存者,於國朝經師中,卓然爲一家"。又有吳縣潘祖蔭序,稱是書"融會於六藝,貫通於諸子,兼采宋以後諸家之義,平心衡量,無門户騎牆之見,無攻擊争勝之心"。卷末有光緒十六年嵩燾後序。

郭氏謂,本朝發揚鄭學之餘"援引傅會,屈經以從其説者蓋亦多也",謂己若有疑"一準之經以校注之有合與否,不敢意爲從違",可窺其書之旨。是書開篇論述《曲禮》"毋不敬"之語。鄭注:"禮主於敬。"孔疏以"五禮皆以拜爲敬"。嵩燾以《論語》"君子所貴乎道者三"爲據,論孔疏稍失鄭注之意,可備一説。其餘條目大多類此,多爲指摘鄭注、孔疏之言。嵩燾是書所論,得失並存,學者覽之,自有所取。

此本據上海辭書出版社圖書館藏思賢講舍本影印。(姚文昌撰　劉曉東審定)

### 禮記鄭讀考一卷　（清）俞樾撰（第106册）

俞樾,有《易貫》等,已著録。

是書仿段玉裁《周禮漢讀考》而作,於撰《群經平議》之後,專對鄭玄注《禮記》讀爲、讀若之例進行疏證。全書一卷,一百八十六條。每條疏證鄭注爲題,下以按語辨之。鄭注中凡某讀爲某、某讀曰某、某當爲某者,大抵皆言其聲之誤;俞氏則引據經典,證其或以聲相近而義相通,或以聲相轉而義相通,多以他書互假之例,明鄭説相通之由,通之以音理,證之以異文,義據皆明確諦當。如"其器圜以閎。注:閎讀如紘。紘謂中寬,象土含物"條,俞氏推導紘之中寬義,駁孔氏正義以紘爲冠卷之説,實明鄭義。又如"是全要領以從先大夫於九京也。注:京蓋原字之誤,當爲原"條,引《隸釋·戚伯著碑》及《後漢書·銚期傳》注證之。至若"急繕其怒。注：繕讀若勁"條，引異文，辨聲讀，證知古耕元二部之相通，又不唯鄭氏之功臣，而於訓詁聲韻之學，亦不乏發明補益焉。

此本據清光緒二十五年刻《春在堂全書·俞樓雜纂》本影印。（徐淑瑜撰　劉曉東審定）

### 讀小戴日記一卷 （清）于鬯撰（第 106 册）

于鬯，有《讀周禮日記》，已著録。

是書一卷，凡《曲禮》五條，《檀弓》二條，《王制》一條，《月令》一條，《喪服小記》三條，《投壺》二條，《射義》一條，總三十五條，約一萬四五千言。書中所録，侍坐解屨之儀，諸侯之上大夫卿之禮，喪禮與從政之制等，皆有所載，述多家注文，釋其内涵。

全篇分條析説，例證旁引，如"王姬之喪"，引《公羊傳》注，涉音義之解，以此辨析明理。此文考訂舊制，匯集精要，析禮有序，有較多閱讀參考價值。其中多處提出獨到見解，如《曲禮》首條，"兩手摳衣去齊尺"，于氏認爲，"去齊尺，謂兩手摳衣之處去齊一尺耳，非謂齊去地一尺也"；而孔穎達《正義》認爲"謂令裳下緝，去地一尺"，與之相反。于氏指出，若依孔氏之説，"則記當云去地尺，不當云去齊尺矣"，而"鄭注但云齊謂裳下緝，不詮去字之義"，由此于氏得出結論，孔穎達之"令裳下緝，去地一尺"乃其誤解。

此本據復旦大學圖書館藏清光緒十六年刻《學古堂日記》本影印。（閔曉瓊撰　劉曉東審定）

### 禮記識二卷 廖平撰（第 106 册）

廖平，有《易經古本》等，已著録。

是書爲廖平讀《禮記》所作識語，後彙集刊行。乃就《禮記》四十九篇加以批注，但缺《郊特牲》、《雜記下》、《經解》、《哀公問》、《仲尼燕居》、《孔子閑居》、《坊記》、《中庸》、《大學》、《燕義》、《聘義》十一篇，故僅有三十八篇。廖平於《禮記》一書，用功甚勤，對《禮記》之部分篇目單獨闡説，各自成書。如於《王制》則有《王制訂》、《王制集説》，於《坊記》則有《坊記新解》，於《大學》、《中庸》則有《大學中庸演義》，於《禮運》、《禮器》、《郊特牲》則有《禮運禮器郊特牲訂》，故是書於此等篇目，或略或闕。廖氏經學凡經六變，第四變始於光緒二十七年（1901），主要講天人之學，以群經分天、人，人學爲六合之内，天學爲六合之外。人學又分皇、帝、王、伯四等。是書即以皇、帝、王、伯之説闡發《禮記》，當作於四變時期。其識語少則一二語，多則數十字，其中藉《禮記》闡發其大統小統、進化退化、法古俟後之説，尤重孔子微言大義。如以爲《曲禮》所謂"太上貴德"，即"皇帝道德"，"其次務施報"，即"王伯"。"禮尚往來"，即古往今來，通乎百世。又如《檀弓》篇曰："此篇大抵爲微言派。孔子制禮垂法，弟子潤色，可謂詳矣。欲知聖作，所宜研究。"蓋廖平主張孔子爲全球制法，人類文明皆按皇、帝、王、伯順序進化，周而復始。其説不守注疏，專以己意解經。

此本據上海辭書出版社圖書館藏民國十年四川存古書局刻《新訂六譯館叢書》本影印。（楊世文）

### 檀弓辨誣三卷 （清）夏炘撰（第 107 册）

夏炘，有《讀詩劄記》等，已著録。

夏氏以爲《檀弓》一書專門爲訿訾孔門而作，並推測此乃荀、墨之徒所作，於是條列而論辨之。全書分三卷，上卷辨孔門三世出妻之誣，中卷辨孔子不知父墓之誣至夢奠兩楹之誣，下卷辨曾子、子貢入廄修容之誣至子游言禮之誣，凡七十二事，先列《檀弓》正文，次注疏，次先儒議論，於每條之下以按語辨之。

夏氏以後世开官夫人之祀辨孔子出妻之誣，明白正大，可謂有功於名教。所謂"聖人之德始自閨門，達於天下，以傳之後世”，孔門世世出妻，難與聖名相符。故桐城方宗誠嘗稱其《檀弓辨誣》三卷有功孔子。然其辨亦有武斷之處。如“孔子不知父墓”條，夏氏以爲《檀弓》欲誣孔子不能盡其孝道，則過於迂曲。取黃以周《禮書通故》“不知其墓殯于五父之衢，當以十字作一句讀，孔子不知父墓之爲殯也，殯則可合葬，葬則否，初疑之，故不合葬，卒聞而知之，故合葬焉”，即可釋疑。至於《檀弓》專爲詆訾聖門而作之論，恐非記者本意。按夏氏衛道之心過切，不能平心考文證事，故此書多因攻瘢索瘢而反至違實者。曾國藩覆夏氏書中贊其“發千古之覆，成一家之言，足與閻氏《古文尚書疏證》同爲不刊之典”，實爲謬譽。

此本據中國科學院圖書館藏清咸豐間刻本影印。（高倩雲撰　劉曉東審定）

**王制箋一卷**　（清）皮錫瑞撰（第107册）

皮錫瑞，有《尚書古文疏證辨正》等，已著録。

此書始作於光緒三十三年丁未（1907）二月，成於六月，八月間又加校正。前有光緒丁未自序，並有後序。全篇於正文後載鄭注，於箋釋中條列孔疏，擇其合者録之，並采《孟子》、《白虎通》等後儒之説，兼附己意。其主旨據俞樾之説，以《王制》爲素王所定之制，孔氏之遺書，七十子後學所記，斟酌損益虞、夏、商、周四代之法，成一代之新法。其間勘訂文本字句，指正前儒之失，如“天子賜諸侯樂則”，皮氏認爲前儒所言“則”屬下句爲誤；通訓詁，考名物，糾正鄭注之失；斥鄭氏昧於家法，不識素王新制，援《周禮》解《王制》，遇不合之處，即歸爲夏、殷之制，指出鄭注土地、封國、官制、征税、禮典、學制六方面缺失。

自俞樾首倡《王制》爲孔門素王改制立法之作，廖平、康有爲均取其説。然《王制》之年代、作者，本已無從稽考，皮氏出於時代需

要，將其擡高爲孔子改制之作，過分鼓吹孔子素王，此爲其説之一偏，但其“素王新制”觀點在清代今文經學史上仍佔據極爲重要地位。

此本據上海辭書出版社圖書館藏清光緒三十四年思賢書局刻本影印。（袁茵撰　劉曉東審定）

**内則章句一卷**　（清）顧陳垿撰（第107册）

顧陳垿（1678—1747），字玉停，號賓陽，鎮洋（今江蘇太倉）人。康熙五十四年（1715）舉人。精字學、算學、樂律，時稱三絶。治經宗宋學，自命象山後人。更著有《讀四書偶見》、《内則音釋》、《鐘律陳數》、《洗桐軒文集》、《抱桐軒文集》等。《清史列傳》卷六八有傳。

《内則》爲《禮記》之一篇，疏引鄭玄《目録》云：“名曰内則者，以其記男女居室侍父母舅姑之法，以閨閣之内，軌儀可則，故曰内則。”顧氏稱“《内則》一篇至理深情，奇文奧筆，讀之令人駘蕩錯愕”。且養親、教子，誠禮之本。故仿朱子之《大學章句》、《中庸章句》，取《内則》之於《禮記》，作《内則章句》，旨在疏釋文義，彰明經旨。

此書分《内則》爲上下兩篇，以“禮，始于謹夫婦”以下爲下篇。篇下分章，上篇九章，下篇五章，凡十四章。章下分節，節下爲段。層次分明，條理清楚。此書先録經文，次疏釋每節經義，次劃定章節，發明章旨。顧氏離章辨句，明析經理，疏釋文義，於《内則》一篇極爲諳熟，頗有心得。

此本據天津圖書館藏清味菜廬活字印本影印。（劉曉麗撰　劉曉東審定）

**學記箋證四卷**　王樹枏撰（第107册）

王樹枏，有《周易釋貞》等，已著録。

《學記》前人少有專論，樹枏推其學教之原，特爲作箋證。全書依原文篇幅均分四卷，

體例先録原文，後分“箋”“證”兩端，“箋”爲訓詁，“證”爲考證。考證部分主要探求古代文獻所載“先王教民之大略”，而與當時各國學校“教育之法”相證，其中不乏真知灼見，如普通教育爲國民最要之圖，職業教育爲養民之要，强調女子教育的重要性，提出學校教育應與家庭教育並重，認爲“母教爲家庭教育根基”。卷二特將古今中西之小學、中學、大學課程列表於篇，對比東西方教科分合異同。此書以憂世傷時之心，展復古經世之志，備古今中外學校之掌故，可謂明備。但考其原委又有異同，故宋育仁作《學記補注》以引申王氏之所未備。

此本據復旦大學圖書館藏民國三年王氏刻《陶廬叢刻》本影印。（林詩叢撰　劉曉東審定）

**坊記新解不分卷**　廖平撰（第107册）

廖平，有《易經古本》等，已著録。

據廖宗澤《六譯先生年譜》（稿本），是書成於光緒三十三年（1907），仿明黄道周《坊記集傳》之意而作。此時當廖氏“經學四變”之際，以爲孔學之中，不僅有治中國、治世界之大統、小統之學即“人學”，且有治天地鬼神及未來世界之“天學”。是書卷首有民國二年（1913）廖平自序，以爲孔子所處之春秋時代，由禽獸進於野人，大約與今海外程度相同。中國之往事，即世界之將來。孔子撥亂反正，作《禮經》以引進之，故用夏變夷，爲禮以教人，使人自知別於禽獸。由秦漢至今二千餘年，人倫禮教，浹髓入神，端賴至聖之賜。自歐化東行，一二喜新之士乃欲“用夷變夏”，非聖廢禮，所謂以舊坊爲無用而棄之，正爲今世言之。故仿黄氏之意，再解此書，用進化説，獨尊孔經，以撥全球之亂，推禮教於外人，所謂“凡有血氣，莫不尊親”者，禮教固不囿於中國一隅。其書意在以孔經駁西學，尊崇中國禮教，闡發“孔子撥亂反正，立禮爲坊”（卷首《序例》）之旨。

是書民國三年四川《國學薈編》第一期刊載，同年《四川國學雜誌》第十一號刊載《坊記新解序例》。後收入《新訂六譯館叢書》。此本據上海辭書出版社圖書館藏民國十年四川存古書局刻《新訂六譯館叢書》本影印。（楊世文）

**深衣解一卷**　（清）戴震撰（第107册）

戴震，有《尚書義考》等，已著録。

是書篇幅短小，敍述精煉，以《禮記·玉藻》及《禮記·深衣》中所述深衣之制，鄭玄、孔穎達未能盡詳，故爲之解説。凡所論次，皆先引經文，次列鄭注，次列孔疏及戴氏按語。後附有圖解三幅，以與前所論述互相參稽。是書於深衣之尺寸、製法，言之尤詳；字句之訂譌刊誤，亦具灼見。

戴氏此書，推明鄭注，補正孔疏，詳盡解説古代深衣之樣式、尺度、意義，又考訂出古深衣之正確製法，並繪製裁剪製作之尺寸圖樣，對於中國古代禮制及服飾之研究，具有重要參考意義。

是書有稿本存世，乃他人代録，戴震用朱筆改訂。後姚鼐對此稿本作朱筆旁注及後評，標有“鼐按”字樣。姚鼐之後，又有人用墨筆批注，其中包括對姚鼐之匡謬，然未審出自誰手。此本據北京圖書館藏清稿本影印。（王學成撰　劉曉東審定）

**深衣釋例三卷**　（清）任大椿撰（第107册）

任大椿（1738—1789），字幼植，一字子田，興化（今江蘇興化）人。乾隆三十四年（1769）進士，乾隆三十八年授《四庫全書》纂修官，乾隆五十四年升陝西道監察御史，未蒞任而卒。其治學受戴震影響，淹通三禮，諳悉名物。更著有《弁服釋例》、《小學鉤沉》、《子田詩集》等。《清史列傳》卷六八有傳。

是書前有乾隆四十八年（1783）任氏自序，

稱其曾著《弁服釋例》十卷,辨釋"禮經所謂善衣"者。因深衣爲善衣之次,故續著《深衣釋例》,凡三卷。此書卷一自"深衣爲古養老及燕群臣之服"至"又爲童子趨喪之服",後附通說;卷二自"深衣用布十五升"至"凡服殊衣裳,深衣不殊衣裳";卷三"自深衣露著而素紕長袂者曰長衣"至"曰諸于"。就體例言之,此書首推原其用,次引群書,詳其制度,次考深衣之流別,載異名同實者。廣徵博引,衷以己意。

吳廷燮《續修四庫全書總目提要》稱:"是書上考諸經,旁及史志,並及《說文》、《方言》、《急就章》等書,其爲該備……黃宗羲《深衣考》、江永《深衣考誤》等,皆不及是書之廣博。"

此本據復旦大學圖書館藏清乾隆刻《燕禧堂五種》本影印。(呂士遠撰　劉曉東審定)

## 大戴禮注補十三卷附錄一卷　(清)汪照撰(第107冊)

汪照,生卒年不詳,字少山,又字紲青,嘉定(今屬上海)人。少有詩名,通金石,善八分書,晚年精研經學。《清史列傳》卷六八有傳。

是書爲汪氏畢生心血所集,前後三十年始成,但久未刊行。汪氏去世之後,其友王昶訪求汪氏遺書,後經汪氏之甥徐杏所獻,是書方得付梓見世。

《大戴禮記》之傳世,篇闕文訛。盧辯注既簡而復殘,清人盧、戴等始校正其文,然疏解未遑。汪氏有鑒於此,遂作《注補》十三卷。是書參酌衆本,定文辨義,采擷前說,一字之誤,必折衷於至當。是書體例,首卷作篇目考訂,後則逐篇作解。凡有盧注之篇,先列盧注,繼作補釋;無盧注者則直接釋之。正文之中,逐句作解,羅列前說,比較同異,並發揮己見。如《哀公問於孔子第四十一》"內以治宗廟之禮,足以配天地之神明,出以治直言之

禮"條下,先引鄭玄注"直猶正也,正言謂出政教也",後參考吳澄等說,認爲"直言"當是"直信"之訛。諸如此類,書中之例甚繁。書末附盧、惠、戴討論《大戴禮記》文數篇,又錄《大戴禮記》文句散見他書者爲"逸語",尤見周全。

此本據北京大學圖書館藏清嘉慶九年金元鈺等刻本影印。(郭超穎撰　劉曉東審定)

## 大戴禮記正誤一卷　(清)汪中撰(第107冊)

汪中(1744—1794),字容甫,江都(今屬江蘇揚州)人。少孤家貧,助書買鬻書於市,因遍讀經史百家,遂成通人。年二十補諸生,乾隆四十二年(1777)拔貢生。與王念孫、劉台拱爲友,爲學私淑顧炎武,熟於諸史地理,研究三代、兩漢學制及文字、訓詁、度數、名物等。更著有《述學》、《經義知新記》、《廣陵通典》等。《清史稿》及《清史列傳》卷六八有傳。

是書由汪中子喜孫據《大戴禮記校本》編成,"其體例爲先引原書文句,下空一字而指出其中誤字或當作之文,往往有所徵引。小字附其子汪喜孫按語,指明父說出處或別家異同"(黃懷信《大戴禮記彙校集注》前言)。如《禮三本第四十二》"諸侯不敢懷"下,注云:"'不敢懷'當從《荀子》作'不敢壞'。喜孫案:戴校聚珍本云:'"壞",他本作"懷",今從《永樂大典》本、劉本、朱本、沈本。'孔並同,云:'《史記》作"懷",宋本亦同,從元本改。'"全書凡正誤五百七十餘條,與戴震校本相合者近半數,異於戴說者亦百餘條。其說與戴校相異者,如《哀公問五義第四十》之篇題下,注云:"此篇從《(孔子)家語》校。喜孫案:戴校聚珍本改'義'爲'儀',云:'"儀",各本訛作"義",今據《荀子·哀公篇》"大有五儀"訂正。'謹案:先君此不用戴說,故於篇內校補'孔子曰人有五義……'二十四字亦祇作'義',不從《荀子》作'儀'。蓋

以古人'儀'字祇作'義',作'儀'者,今字耳,故不從。"

此本據華東師範大學圖書館藏清道光九年廣東學海堂刻《皇清經解》本影印。(趙興魯撰　劉曉東審定)

## 大戴禮記解詁十三卷目録一卷 （清）王聘珍撰（第107册）

王聘珍,有《周禮學》,已著録。

《大戴禮記》自古未立學官,兩漢經師不爲傳注,幸北周盧辯注解,然自唐宋以來闕失殆半,《大戴禮記》僅存三十九篇,有盧辯注解者亦僅二十四篇,其注亦失之簡略,故清代以來陸續有學者對其整理、校勘,然不知家法,或以王肅《孔子家語》改易經文,或以唐宋類書增删字句,有誤經學。王氏自垂髫時,其父即口授禮經,誦習三十餘年,"惜舊注之少,且後人所改不盡允當,乃融會鄭氏説經諸書,分節注之"(汪廷儒敍)。王氏治經確守後鄭之學,用力勤勉,歷時二十餘年,方始成書。

是書十三卷目録一卷,卷首有嘉慶十二年(1807)阮元敍、汪廷珍敍、凌廷堪敍、汪廷儒敍、王聘珍自敍。分四十篇,引用《尚書》、《孟子》、《史記》、《白虎通》等書,對其中字詞句義、人物生平、典章器物等進行訓釋、校勘、考證。王氏態度頗謹慎,據相傳舊本,不敢妄改古文。自敍云:"其顯然譌誤者,則注云某當爲某,抑或古今文異,假借相成,依聲託類,意義可通,則注云某讀曰某而已。其解詁專依《爾雅》、《説文》及兩漢經師訓詁以釋字義。於古訓之習聞者,不復標明出處;稍涉隱奧,必載原書;亦復多引經傳,證成其義。間有不知而闕,必無杜撰之言。"其中於盧辯注不全録,凡引用者加"盧注云"以別之。有關禮典器數,以采鄭玄之説爲主。

王氏注解《大戴禮記》,皆能根據經史,條分縷析,發蒙解惑,實爲有根底之學。阮元敍評價該書:"其校經文也,專守古本爲家法,有懲於近日諸儒妄據他書徑改經文之失。其爲解詁也,義精語潔,恪守漢法,多所發明,爲孔攝約諸家所未及。"

此本據國家圖書館分館藏清咸豐元年王氏刻本影印。(張玉婷撰　劉曉東審定)

## 大戴禮記補注十三卷序録一卷 （清）孔廣森撰（第107册）

孔廣森(1752—1786),字衆仲,一字攝約,號顨軒,曲阜(今山東曲阜)人。孔子七十代孫。乾隆三十六年(1771)進士,官翰林院檢討,後以養親告歸,及居大母與父喪,哀毀而卒,嘗受經戴震、姚鼐之門,爲三《禮》及《公羊春秋》之學,能作篆、隸書,尤工駢體文。更著有《春秋公羊通義》、《詩聲類》、《禮學卮言》等。《清史稿》有傳。

《大戴禮記》舊有北周盧辯注,孔氏是書即爲補盧氏之未備。廣森據宋刊舊籍,旁稽博采,於盧注所存之二十四篇進行補釋,於盧注所無之十五篇,稍以己意,備其詁訓。所采諸本有淳熙乙未潁川韓元吉建安郡齋刻本、元劉貞庭嘉興路學宫刻本、《漢魏叢書》本、明朱養純刻本、高安本、盧文弨本、戴震校本,又旁參他書,朱熹《儀禮經傳通解》九篇、楊簡《先聖大訓》十三篇、吳澄《儀禮逸經》五篇、《永樂大典》二十二篇,相互讎勘,擇善而從,義有兩通,則並著之;又《小戴禮記》、《荀子》等,與《大戴禮記》之記載相出入,亦並載之;乃成《補注》十三卷。廣森歿後,其弟孔廣廉以乾隆五十九年春付刻,阮元爲之作序。是書之體例,先補釋盧注之未備,冠以"補"字。後校諸本之異同,以圓圈别之。

是書校勘精審,補釋簡明,較之盧文弨、戴震校本,後出轉精。然不免拘守古本,穿鑿附會,王念孫譏之以"守殘之癖",如《保傅》篇"再爲義王",據《賈子》當作"再爲義王","再"即"稱"之古字,而孔注則曰"首止尊世子,葵丘尊周公,爲再明王義"。然綜論全書,瑕不掩瑜。

乾隆五十九年孔廣廉刻本爲該書之始刊本,嘉慶五年(1800)此書彙入孔氏儀鄭堂刊行《顨軒孔氏所著書》中,嘉慶二十二年再版。此本據上海辭書出版社圖書館藏清嘉慶刻《顨軒孔氏所著書》本影印。(楊勝祥撰 劉曉東審定)

### 大戴禮記斠補三卷　（清） 孫詒讓撰 （第107 冊）

孫詒讓,有《尚書駢枝》,已著録。

是書爲孫氏校讀《大戴禮記》之作,全書凡出校記三百七十七條,釐爲三卷。全書所取校讀以孔廣森校改及補注爲最多。其體例爲先出《記》中有疑義句,下列各家校改及疏解,間下案語,斷以己意。校改采孔廣森、馮登府、阮元、劉寶楠、孫星衍等十三家意見,或羅列而定其是非,或駁而斷以己意。其疏解采王引之、王鳴盛、黃以周等諸家之説,旁搜甚廣。

此書凡清諸儒校治《大戴記》者,靡不畢采,旁及《周禮》諸經。其作《周禮正義》,引《大戴記》以證經者二百餘條,此書亦三百餘條,得下案語者凡二百二十條,見其貫通群書之力。旁如金石碑刻,亦采以證。

孫氏於光緒元年(1875)假劉寶楠手録丁杰、嚴元照、趙鉽校本,別以墨筆補録諸字所遺(見《籀廎遺著輯存・籀廎讀書録》),則是書之作肇意於此。然據朱芳圃所撰《年譜》,則此書成於光緒二十五年。此本據華東師範大學圖書館藏民國三年瑞安廣明印刷所石印本影印。(張鴻鳴撰 劉曉東審定)

### 校正孔氏大戴禮記補注十三卷　王樹枏撰 （第108 冊）

王樹枏,有《周易釋貞》等,已著録。

是書後有王氏自識,以明成書顛末。王氏以孔廣森《大戴禮記補注》有"拘守古本,穿鑿附會"之弊,乃引申孔氏之未備,作全面系統之董理,廣稽群籍,參互諸家,補漏訂訛,將校正之文字,附於各卷之後。至於其已詳《音義》中者則不復重爲標識。光緒四年(1878)成書十三卷,王灝刊入《畿輔叢書》。是書爲彙聚清代學者各家校勘、研究《大戴禮記》成果之集成性研究著作,大量徵引前人成説,繼承並吸收者四十餘家。校勘亦頗有特色:一爲大量運用他校,除相關版本外,廣泛徵引《漢書》、《太平御覽》等史籍及類書;二爲注重總結規律並加以運用,如上下文句法一律之原則。

是書爲孔氏《補注》之功臣,用力勤而爲功鉅。張之洞云:"(樹枏)誠不愧北方學者,《大戴校補》極詳審。"該書除收入《畿輔叢書》外,光緒九年復收入《陶廬叢刻》。此本據復旦大學圖書館藏清光緒九年王氏刻《陶廬叢刻》本影印。(楊勝祥撰 劉曉東審定)

### 曾子問講録四卷　（清）毛奇齡撰 （第108 冊）

毛奇齡,有《河圖洛書原舛編》等,已著録。

是書四卷,載許犗以下諸人問難《禮記・曾子問》之辭而各爲之答。前三卷均就經文之第一、第七章逐句講解。自《曾子問》其餘各章選取有疑義之字句,按在書中出現之先後順序,先列經文,再列論辯内容。除極少數經文下有簡短講詞外,一般無講詞。毛遠宗識語謂先生每以三《禮》未注爲憾,又痛感時人疏於禮學,議禮輒致聚訟争執,而自宋迄明並無一人能起而辨得失者。會弟子有以《曾子問》請業者,因爲之講,以救禮經之亡而辟注疏之謬,使讀經者有所推準。爾時擬以次挨講以迄篇末,因先生老病踵至而不可得云云,則此書實未完成之作。

是書收入《四庫全書總目》禮類存目,提要謂是書大抵掊擊鄭注、孔疏,獨標己見云云。並例舉其中決不可通者,如經文:"壻免喪,女之父母使人請,壻弗取,而後嫁之,禮也。

女之父母死，壻亦如之。"孔疏曰："女之父母已葬，壻家使人請，女家不許，壻然後別取，禮也。"奇齡則謂仍嫁此壻，非別嫁也。然按之經文，全不相合。惟謂三月廟見爲廟見舅姑，謂除喪不復昏爲不復行昏禮數條，尚能恪守經文注義，不爲譎變之説耳。然而該書的確指出了鄭注、孔疏的一些錯誤，又力圖補注、疏之所闕。如釋"大祝裸冕，執束帛，升自西階，盡等，不升堂，命毋哭"一句之"堂"字。或詳注、疏所未詳。如釋"太祝裸冕"之"裸冕"。其中亦有解釋確嫌牽強者。如以《周易》"陽數九九"解説束帛一端之爲一丈八尺，以"陰數六六"解説束帛一兩之爲三丈六尺等。

此本據上海辭書出版社圖書館藏清康熙李塨等刻《西河合集》本影印。（張天棋撰　劉曉東審定）

## 孔子三朝記七卷　（清）洪頤煊撰（第 108 冊）

洪頤煊（1765—1833），字旌賢，號筠軒，晚號倦舫老人，臨海（今浙江臨海）人。嘉慶六年（1801）拔貢生，入貲爲州判，權知新興縣事。通經訓，爲其師孫星衍撰《孫氏書目》及《平津館讀碑記》。阮元督粵，延至幕府，相與謿諏經史。更著有《禮經宮室答問》、《漢志水道疏證》、《筠軒詩文鈔》等。《清史稿》及《清史列傳》卷六九有傳。

《漢志》著録《孔子三朝記》七篇，宋王應麟以爲即《大戴記》中之《千乘》、《四代》、《虞戴德》、《誥志》、《小辨》、《用兵》、《少閒》七篇。後之釋《大戴記》者自括於全書中，洪氏乃於《大戴記》中簡此七篇，別爲一書而注釋之，即此書也。

是書卷首《目録》一卷，含自序、《篇目》、《考異》、《著録》四部分。自序稱《三朝記》"至唐以後，篇籍始亡。今所傳者，惟《大戴》所録。遺文謏舛，微言斷絶。注家自北周盧僕射以降，前賢鮮聞緒論，蓋此記之沈埋已千

餘年矣。頤煊董而理之，注成七卷。別作《音義》，校其同異，附於左方"。正文七卷，皆依《篇目》爲次第。

洪注簡明，皆心得之義，於有盧注之篇如《小辨》、《用兵》、《少閒》亦僅略采其注。洪氏所釋雖不盡醇，然多有治《大戴》諸家如孔廣森、汪照、王聘珍等所未能言者。其《音義》參會衆本，定音校字，亦頗可取。

此本據國家圖書館藏清刻本影印。（趙興魯撰　劉曉東審定）

## 夏小正詁一卷　（清）諸錦撰（第 108 冊）

諸錦（1686—1769），字襄七，號草廬，室名絳跗閣，秀水（今屬浙江嘉興）人。雍正二年（1724）進士，由庶吉士改金華府教授。乾隆元年舉博學鴻詞科，授編修，官至左春坊左贊善。治經長於箋疏考證，工詩。輯浙中耆舊詩爲《國朝風雅》，更著有《絳跗閣集》、《毛詩説》、《饗禮補亡》。《清史稿》有傳。

是書注《夏小正》，僅解經文，不録傳語。或采他説，或出己意。詁語極簡，有斷語而乏佐證。李超孫謂是書"專釋名物，多以經詁經"。《四庫全書總目》列入存目，稱"頗斷以臆見"，實乃的評。

此本據國家圖書館藏稿本影印，是本多存原貌，可正傳世《昭代叢書》本之誤。

（潘素雅撰　劉曉東審定）

## 夏小正考注一卷　（清）畢沅撰（第 108 冊）

畢沅（1730—1797），字纕蘅，又作湘蘅，一字秋帆，號弇山，自號靈巖山人，鎮洋（今江蘇太倉）人。乾隆二十五年（1760）進士，授翰林院編修，歷任陝西、河南、山東巡撫，官至湖廣總督。經史、小學、金石、地理之學無所不通。更著有《續資治通鑑》、《經傳表》、《經典辨正》等。《清史稿》、《清史列傳》卷三〇有傳。

是書凡一百二十一條，經文用篆文，所附

釋義,字必求合於《説文》,自成一家之體。考此體例,蓋與北宋張有《復古編》同。書前有乾隆癸卯(四十八年,1783)自敍,謂戴之説是,必曲證以申明之,偶得一間,又求之諸經,以附合本旨云云。其釋義不盡從傳,多有考證,旁徵博引,多所發明。胡玉縉於《續修四庫全書總目提要》嘗謂是書"庶得尊經後傳之義,其辜較也,然其書互有得失"。若"十月,初昏南門正"一條,未知"初昏"爲一事,"南門"爲一事,乃謂是月南門朝見於東南隅,云昏見者誤,直是妄駁經矣。然其書分別正段,頗多可取。顧鳳藻《集解》、馬徵麟《箋疏》,大率本此,蓋非精通小學者不能爲也。至若以篆、隸二體分寫經傳,自屬創意之爲,非文獻原貌,實可不必。故胡氏以爲考畢沅《釋名疏證》乃江聲代撰,此書亦類江聲筆法,疑亦江聲爲之。

此本據華東師範大學圖書館藏清乾隆四十八年畢氏靈巖山館刻《經訓堂叢書》本影印。(張曦文撰　劉曉東審定)

### 夏小正補注四卷　(清)任兆麟撰　(第108冊)

任兆麟,生卒年不詳,初名廷麟,字文田,號心齋,震澤(今屬江蘇蘇州)人。諸生。嘉慶元年(1796)舉孝廉方正,以侍養歸。更著有《字林考逸補正》、《述記》等。《國朝先正事略》附於任大椿《事略》下,《清史列傳》卷六八有傳。

任氏嘗於乾隆五十至五十三年間(1785—1788)輯刻《心齋十種》於任氏忠敏家塾,是書即其一也。《夏小正》或單篇別行,或存於《大戴禮記》中,又缺盧辯注,宋人傅崧卿分別經傳,校正文字,題《夏小正戴氏傳》。任氏此書以傅本爲底本,多采金履祥、黃叔琳、盧文弨、蔡德晉等諸家之説爲注,以補盧辯之缺,故謂之補注。前有王鳴盛、江藩、張肇芊三序。首有《序説》一篇,集《論語》、《禮記》、《史記》等諸書説。江藩稱其書"考古之功,

可謂精且博矣"。王鳴盛序以爲此書"本鄭仲師《周官注》,移'主夫出火'一條在三月,又移'時有見稊始收'一條在五月,又補入'采芑、雞始乳'二條",最爲確當。

此本據上海辭書出版社圖書館藏清乾隆五十一年任氏忠敏家塾刻本影印。(黃騰撰　劉曉東審定)

### 夏小正疏義四卷釋音一卷異字記一卷附天象圖　(清)洪震煊撰　(第108冊)

洪震煊(1770—1815),字百里,臨海(今浙江臨海)人。洪頤煊之弟。嘉慶十八年(1813)拔貢生,嘗入直隸督學幕,助阮元修《十三經校勘記》、《經籍籑詁》。工詩文。更著有《石鼓文考異》等。《清史列傳》卷六九有傳。

《夏小正》專以夏曆記載十二月之節候,文句簡奧,大多二字、三字或四字爲一句。洪氏是書,校勘訂文,逐句作解,旁通他經,羅列諸説,考其訛闕,導其底滯。如"正月啟蟄"句下,洪氏羅列《三禮》注、劉熙《釋名》、蔡邕《月令章句》、《國語》、《漢書・藝文志》、黃叔琳等八家注解,以釋"啟蟄"二字。《釋音》一卷,對《夏小正》文中主要字詞進行釋音,如"正"、"蟄"、"鄉"等,羅列各典籍與字書中本字讀音之例。《異字記》一卷,列舉《夏小正》傳世注本中存疑之字句,以校勘學方法予以勘正。又《天象圖》一幅,附於書後。

此本據上海圖書館藏清嘉慶二十五年刻本影印。(郭超穎撰　劉曉東審定)

### 夏小正釋義不分卷　宋書升撰　(第108冊)

宋書升(1844—1915),字晉之,一字貞階,號旭齋,濰縣(今山東濰坊)人。光緒十八年(1892)進士,欽點翰林院庶吉士。通曉天文曆算,精於考據詞章,而其學一以經術爲根底。更著有《周易要義》、《尚書要義》、《詩略説》、《續春秋三界考》、《孝經釋義》、《宋晉之

遺稿》、《初篁書廬文稿》等。《清史稿·鄭杲傳》有附傳。

此書前後無序跋、目次，正文亦未明確標識卷次，故各家著録或云不分卷，或云一卷，或云二卷，或云十二卷。考是書之體例，以十二月爲次，每月首行題寫書名"夏小正釋義"，次行題"濰宋書升學"，末附"雞始乳"逸文一條，題"夏小正釋義附逸文，濰宋書升學"。是書先録《夏小正》經、傳原文，再爲釋義，博採宋金履祥、清黄叔琳、孔廣森、洪震煊、俞樾等諸家，後以"書升案"加以補充發揮或駁難。又有證之目驗者，如"栀桃"條，徵引《説文》、《爾雅》之外，又云："山桃，人家種植者絶少，久欲目驗之不可得。歲已卯館諸城，始於王侍郎舊園中見之。"見其長於考據之外，又工於體物。民國間胡玉縉曾見此書原稿本，條舉其精者，亦不諱其疏漏處，其《續修四庫全書總目提要》云："其博採衆説，自下己意，考證之文，出以曉暢之筆，在《小正》諸書中，殆所謂罕見焉。"

此本據復旦大學圖書館藏吳縣王氏學禮齋鈔本影印。（王曉静撰　劉曉東審定）

**涇野先生禮問二卷**　（明）呂柟撰（第 108 册）

呂柟，有《涇野先生周易説翼》，已著録。

是書爲呂柟與門人問答之辭。卷一爲冠問、婚問、入學問、射御問、祭問、喪服問等。卷二爲喪問、葬問、廬墓問等。是書入《四庫全書總目》禮類存目，提要稱："未載《入學儀》及渭陽公《祭儀》之類，則此書之附録也。朱彝尊《經義考》載柟《禮問》内外篇二卷，云'未見'。今本卷數相符，而不分内外篇，或彝尊傳聞未確歟？"並評論此書"多循舊義，少所闡發"。今觀其書，於古今禮俗之沿革通變，實不乏卓見。如卷一《婚問》第五條："光祖嘗問：'江南風俗，皆若生女分家貲以隨嫁，與吾秦晉之俗太不同矣。敢問孰爲近古？'先生曰：'江北婚禮浮於男，江南婚禮浮

於女，以言其失古，則均焉。嗚呼！安得復見儷皮鷙降之風乎？'"讚成古代"儷皮鷙降之風"，提倡淳樸之婚姻制度。

此本據國家圖書館藏嘉靖三十二年謝少南刻《涇野先生五經説》本影印。（畢立紅撰　劉曉東審定）

**四禮翼八卷**　（明）呂坤撰（第 108 册）

呂坤（1536—1618），字叔簡，別號新吾、心吾，晚號抱獨居士，寧陵（今河南商丘）人。萬曆二年（1574）賜進士出身，歷任垣縣、大同知縣，户部主事，山西右布政使，右僉都御史，刑部侍郎等，萬曆二十五年以病乞歸，潛心學術。更著有《省心記》、《四禮翼》、《呻吟語》、《閨範》、《實政録》、《交泰韻》、《疹科》、《陰符經注》、《家樂解》、《四禮疑》等，匯編爲《去僞齋文集》傳世。《明史》有傳。

是書成於萬曆元年八月，並收入《四庫全書總目》禮類存目。據呂氏自序，乃以民間日用常行淺近鄙俗可以家喻户曉者析爲條目，凡分爲冠禮翼、婚禮翼、喪禮翼及葬禮翼四部分。"冠翼"有二：養蒙禮、成人禮；"昏翼"有二：女子禮、婦人禮；"喪翼"有二：侍疾禮、修墓禮；"祭翼"有二：事生禮、睦族禮。每禮一卷，下均以二字標題分類詳説，如卷一"養蒙禮"下有"知覺"、"運動"、"情竇"等。自序並云，此書爲"濟四禮之所未備"、"豫於四禮之先而繼於四禮之後"，在"四禮之暇"制禮以防"昏肆邪僻"，其標準及目的，則爲"惟以民間日用常行，淺近鄙俗，可以家喻而户曉者，析爲條目，俾童而習之，白首而安之，斃而後已，兹非體四禮以終身者乎"。

此書與《呻吟語》、《閨範》等書共同構建了呂氏儒家倫理道德思想，體現其作爲一位理學家之"德治"及"修身"主張。

此本據復旦大學圖書館藏明萬曆刻《呂新吾全集》本影印。（賴嚴撰　劉曉東審定）

## 宗法論一卷　（清）萬斯大撰（第 108 册）

萬斯大，有《周官辨非》，已著録。

是書節録自《學禮質疑》卷二《宗法》八篇中之前七篇，爲萬斯大向其師黄宗羲問禮所作，大致成書於康熙十三年（1674）。卷末有沈懋惠跋。全書各條多以經文入手，録質問以自難，其後隨文詳辨以自答，遍考鄭注、孔疏等前人著述，對三《禮》中關於大宗小宗、宗子、别子、士大夫祭高曾祖禰、氏族、爲人後等宗法問題進行闡釋。其中，第三篇繪製了《公子宗道三圖》、《大宗百世不遷之圖》、《小宗五世則遷之圖》，並配以圖説，以作總結，譜系清晰明瞭，頗見其用心。

是書見解獨到，辨説簡净，明白曉暢，其辨大宗、小宗，乃對鄭注之繼承和發展；其論宗子，則彌補了孔疏“小宗有四而難曉”説；其别子論更發前人所未發，故黄宗羲盛讚其爲“冠古絶今必傳之作”。

此本據清道光沈氏世楷堂刻《昭代叢書》本影印。（侯振龍撰　劉曉東審定）

## 郊社考辨一卷　（清）李塨撰（第 108 册）

李塨（1659—1733），字剛主，號恕谷，直隸蠡縣（今河北保定）人。康熙二十九年（1690）舉人，官通州學正。博學，工文辭，學務實用，時會諸名士相與論學，晚交桐城方苞，與之學不同而志相得。更著有《周易傳注》、《恕谷後集》等。《清史稿》有傳。

塨傳顔元之學，世稱顔李，二人著作編爲《顔李遺書》。塨於田賦、禘祫、郊社、宗廟諸大典，靡不研究。本書爲考證郊祀制度之作，李氏曾就此請教陸道威，又問於毛奇齡，附以己見，全文以問答形式爲主，間有李氏按語，成此卷“以俟用禮者鑒焉”。本書主要探究南北郊分祀之説起源時間、古有無合祀之説以及郊祀對言之意等問題，可爲研究《周禮》之參助。是書收入《四庫全書總目》禮類存目，提要稱“立論主南北郊分祀，大致皆本之

毛奇齡”。

此本據北京大學圖書館藏稿本影印。（由墨林撰　劉曉東審定）

## 學禮闕疑八卷　（清）劉青蓮撰　（清）劉青芝訂（第 108 册）

劉青蓮（1670—1739），字華嶽，一字藕船，襄城（今屬河南許昌）人。康熙時歲貢生，遂於經學。更著有《古今孝友傳》、《七一軒詩鈔》、《藕船題跋》等。傳見《國朝耆獻類徵初編》卷四一七。

劉青芝（1675—1756），字芳草，號實夫，晚自號江村山人，劉青蓮弟。雍正五年（1727）進士。官庶吉士，未幾引疾歸，閉門著述凡三十年。更著有《尚書辨疑》、《周禮質疑》、《學詩闕疑》、《史記紀疑》、《史漢異同是非》等。傳見《國朝耆獻類徵初編》卷一二三。

劉青蓮暮年研精經傳，認爲陳澔《禮記集説》多膚淺疏漏處，故著是書正其誤，晰其疑。此書之纂輯始於雍正六七年間，積數年之功，至乾隆四年（1739），僅成《曲禮》至《奔喪》篇七卷，而青蓮於是年冬卒。次年秋，其弟青芝續成《問喪》至《喪服》一卷，並付梓。故是書前七卷題“襄城劉青蓮華嶽纂，同懷弟青芝芳草訂”，第八卷題“同懷弟青芝芳草補纂”。

陳澔《禮記集説》援引鄭注、孔疏至恒軒劉氏説等三十九家，據卷首《凡例》，其解名物度數據古注、正義，道學正論宗程子、朱子，經義詳盡則泛取諸家，發明未備則足以己意。劉氏是書辨定陳氏《集説》，有辨陳氏徵引他説失其本旨者，如卷一“禮不踰節”，青蓮認爲“《集説》補正踰節專爲犯上越分言，較妥。金華莊敬純實單解不侵侮二句，陳氏澔移爲禮不踰節三句全解，亦失應氏本旨矣”。有辨陳氏之説自相矛盾者，如卷一“禱祠祭祀供給鬼神”，青蓮曰：“陳氏澔既謂四者皆以供鬼神，又云供給謂奉薦牲幣器皿之類，何自

相矛盾乃爾。"有辨陳説錯誤之源者,如卷一"水潦降不獻魚鱉",青蓮云:"陳氏《集説》改降爲涸固非,然其説錯自胡氏。"

是書收入《四庫全書總目》禮類存目,提要謂凡有所辨定者,咸著於篇,其無所疑者則不載焉,其辨説多有可取,然詳於議論而略於考據,又時時横生臆説云云。

此本據國家圖書館分館藏清乾隆刻《劉氏傳家集》本影印。(王曉静撰 劉曉東審定)

**禘説二卷** (清)惠棟撰 (第108冊)

惠棟,有《周易本義辨證》等,已著録。

禘爲祭名,乃爲"禘其祖之所自出",三《禮》對"禘"皆有討論以致聚訟紛紜。是書上下兩卷。上卷首有惠棟自序,謂吉禘與時禘皆在明堂,然禘祭之説混亂,乃遍參群書,徵引典核,"刺六經爲《禘説》",將以考證禘之真義云云。下有《四大祭皆配天》、《終王吉禘》、《吉禘四時有三名》、《吉禘,禘重初灌,烝嘗,重備物》、《禘郊大誼》等篇,除《吉禘四時有三名》外,各篇皆附有"説"。下卷分《古制四廟》、《王者天大祖》、《禘用盛樂》、《禘及毁廟》、《禘及功臣》、《禘祫等禮》、《周禘魯禘異同》等篇,除《禘用盛樂》、《禘及毁廟》、《禘及功臣》外,各篇皆附"説"。此書大略言古之聖人生有配天之德,而無配天之祭,於是自太皞以來,行大享之禮於明堂,謂之"禘祖宗"。明堂即太廟,與靈臺、辟雍在古法中爲同一處,而後人將其别爲三處,更知圜丘爲禘而不知爲明堂六帝,又誤據魯禘,以爲周禘爲宗廟之祭而無配天之事。於是明堂之制不詳,而禘禮亦廢。惠氏認爲"禘行於明堂",而"明堂法本于《易》",要瞭解"禘"的本義,還要從《易》中溯源(參《國朝先正事略》)。該書與《明堂大道録》同爲發千載之覆者。

此本據清乾隆間畢氏刻《經訓堂叢書》本影印。(宋光宇撰 劉曉東審定)

**明堂大道録八卷** (清)惠棟撰 (第108冊)

惠棟,有《周易本義辨證》等,已著録。

惠棟精於《易》,於《易》學多有發明,乃在漢代《易》學研究基礎上,以《易》解釋明堂,曾自言"因學《易》而悟明堂之法",乃成是書。

是書卷一首有《總論》,稱明堂爲天子大廟,凡禘祭、宗祀、朝覲、耕籍、養老、尊賢、鄉射、獻俘、治曆、望氣、告朔、行政等大事皆行於其中,故明堂爲"大教之宫"云云。惠氏以爲明堂之法發軔於伏羲之《易》、神農之制。三代以前,其規章非常完備,黄帝及堯、舜、夏、商、周皆遵照而行。因後《冬官》亡佚,明堂之法難以考正。雖六經之中尚存零散内容,然具體情況已不得而詳,以致異説迭出。本書所涉明堂制度問題主要有:一明堂與太廟、太學、清廟、辟雍等機構之關係;二明堂形制,即明堂有幾堂幾室;三明堂位置,即明堂究處於國中,抑或位於國都之外。就所論問題,拈出若干字作爲中心論點,其後援引六經及先儒之説,以述己見。本書與江永《鄉黨圖考》、戴震《明堂考》開啓了明堂研究之先河。

此本據上海辭書出版社圖書館藏清乾隆畢氏刻《經訓堂叢書》本影印。(龍三金撰 劉曉東審定)

**宗法小記一卷** (清)程瑶田撰 (第108冊)

程瑶田,有《禹貢三江考》等,已著録。

宗法載《禮記·大傳》及《喪服小記》,列其節目,明其指歸。有大宗、小宗之名,有遷與不遷之别,又爲之通宗道之窮,究立宗之始,即所謂宗法。是書專論《禮記》宗法,並詳爲考述,分篇十二,首爲《宗法表》,略言宗道,謂宗之道即兄道云云。後依次爲《庶姓述》、《世次順數説》、《庶子不祭明宗説》、《庶子不祭表》等。吴廷燮《續修四庫全書總目提要》評價此書:"甚有功於《禮記》,但未以《左傳》、《世本》諸書以證之,實爲缺點。春秋公子最盛,至秦廢諸侯,隋除功臣五等之國,士族之貴無復存者,宗法亦等於空談。其後雖有廕襲,實無大宗之可言。是書不能即春秋時詳徵實證,固後人所當補也。"

此本據上海辭書出版社圖書館藏清嘉慶刻《通藝録》本影印。(許倩撰　劉曉東審定)

**釋服二卷** (清) 宋綿初撰 (第 108 冊)

宋綿初,有《韓詩内傳徵》等,已著録。

是書首有宋氏自序,稱是書體例爲:本經以訓義,經文依於注。其是者,集注疏各説,正之以雅故;遇有扞格者,則列諸家之論,附己意於下方云云。上卷分兩部分,第一部分題"祭祀朝覲之服",下有十八目,分題冕、天子之冕、諸侯之冕、大夫之冕、天子冕服、諸侯冕服卿大夫冕服、冕服之韍、冕服之芾、冕服之幅、冕服之舄、冕服之帶、爵弁、爵弁服、玄冠、玄端服、玉藻朝元端夕深衣、明衣、寢衣。第二部分題"朝聘聽朔之服",下有七目,分題皮弁、皮弁服、委貌、端服、韋弁服、冠弁服、充耳之制。下卷列目二十七,分題冠制、緇布冠、簪纓之制、衣裳總、大帶、革帶、佩、德佩、事佩、屨、深衣、裘類、天子之裘、國君之裘、卿大夫之裘、士裘、褻襲之制、褻服之類、袍、襦、絝、襌、䄡、雜服、襌衣、繭衣裳、褐。服制爲禮學之重要組成部分,是書網羅經傳關於服制之文,逐條附加案語,徵引諸儒訓解,多以鄭玄爲宗。

此本據南京圖書館藏清嘉慶二十三年書種堂刻本影印。(沈圓圓撰　劉曉東審定)

**禮箋三卷** (清) 金榜撰 (第 109 冊)

金榜(1735—1801),字輔之,又字蕊中,號檠齋,歙縣(今安徽歙縣)人。乾隆三十七年(1772)狀元,授翰林院修撰。散館後養病讀書,不復出仕。少工文詞,亦深經術。更著有《周易考占》、《海曲拾遺》等。《清史列傳》卷六八有傳。

金氏師從漢學家江永,猶精於《禮》。是書注《禮》,專宗鄭玄,猶鄭玄箋《詩》之於毛《傳》,故名《禮箋》。是書首有乾隆五十九年朱珪序,次嘉慶三年(1798)姚鼐序,次目録,目録前有金氏題識,目後有方起泰、胡國輔題識。朱珪序稱:"(金榜)以鄭氏書爲言禮者之舌人,而病賈、孔二疏,不能補其漏疎,宣其奧密,非善譯鄭氏者,乃自著論數十篇。大而天文、地域、田賦、學校、郊廟、明堂,以及車旗、服器之細,罔弗貫串群言,折衷一是。"可知此書以鄭玄注爲本,補賈公彦、孔穎達之疏漏。

據方起泰、胡國輔題識,金氏著《禮箋》凡十卷,因全書未定,秘不示人。乾隆五十八年冬,因髀痛臥床,"刺取其犖犖大者數十事,録寄大興朱大中丞(朱珪)",朱珪乃爲之序。後方、胡二人見此書有益於學林,故將此帙依經敘録,釐爲三卷。卷一自"九賦九式"至"鳧氏爲鍾",凡十五條,辨釋《周禮》。其中附圖四,分別爲《羊子戈圖》、《鄭注戟圖》、《桃氏劍圖》及《鳧氏鍾圖》。卷二自"金奏肆夏"至"陰厭陽厭",凡十七條,辨釋《儀禮》。卷三自"旬之外曰遠某日旬之内曰近某日"至"反三年之練葛",凡十六條,辨釋《禮記》。

阮元《揅經室續集・集傳録存》稱:"榜雖最尊康成之學,然於鄭義所未衷者,必糾舉之,於鄭氏家法不敢誣也。"吳廷燮於《續修四庫全書總目提要》亦稱是書"固可謂注疏之功人也"。

此本據華東師範大學圖書館藏清乾隆五十九年方起泰、胡國輔刻嘉慶三年後印本影印。(劉曉麗撰　劉曉東審定)

**弁服釋例八卷表一卷** (清) 任大椿撰 (第 109 冊)

任大椿,有《深衣釋例》,已著録。

是書首有嘉慶二年(1797)阮元序,次目録,次《五禮弁服釋例表》。卷一、卷二述爵弁服,卷三述韋弁服,卷四、卷五述皮弁服,卷

六、卷七述朝服，卷八述玄端。按群經所述禮服，若以首服分之，大致可分爲冕服、弁服、冠服，形制不同，規格有上下，所服者身份尊卑有差別，而冠、昏、朝、祭用途亦繁。群經中隨文散見，注疏之言亦或有異同，頗難條理。此書以綱目體爲之，先以綜合歸納之例爲綱，後則低一格擇采有關之經文注疏之說，復低一格以案語斷其是非，疏通而證明之。若綱在綱，有條不紊，於弁服之用，可謂詳明。雖其中偶有偏誤之處，然不能揜其大體之精善者。

此本據華東師範大學圖書館藏清嘉慶元年王宗炎望賢家塾刻本影印。（郭超穎撰劉曉東審定）

**經傳禘祀通考一卷**　（清）崔述撰（第 109 册）

崔述，有《易卦圖說》等，已著録。

據卷首崔氏自序，云是書列近世以來關於禘祀之通行說法：“其一以爲不王不禘，魯之禘爲僭禮。其一以爲禘乃殷祭之名，三年一祫，五年一禘。……其一以爲專祭始祖所自出之帝。周禘嚳而配以稷，魯禘文王而配以周公。此則本於王肅之《聖證論》，趙匡衍之，而朱子采之以入《集注》者也。”崔氏乃輯經傳記注之言禘者，別其同異，次其後先，而附之以辨。欲使學者溯流窮源，是非得失之故，可以瞭然於一望之間。如崔氏以爲“禘祭見於《春秋》經文者二，皆非以祭始祖之父”、“禘祭未書於經，而但見於《左傳》者三，皆群廟之祭，亦無祭始祖之父之事”、“禘之文見於《論語》者二，皆未明言其爲何禮，不得以爲祭始祖之父”等，從而訂正朱子《論語集注》“魯禘文王”之說。

此本據北京大學圖書館藏清嘉慶二年映薇堂刻本影印。（殷傑茹撰　劉曉東審定）

**冕服考四卷**　（清）焦廷琥撰（第 109 册）

焦廷琥（1782—1821），字虎玉，號彝齋，甘泉（今屬江蘇揚州）人。焦循之子。諸生。

通經史，工詩文，精曆算，長於訓詁。更著有《尚書申孔篇》、《三傳經文辨異》、《蜜梅花館文録》、《益古演段開方補》、《地圓說》等。《清史稿》、《清史列傳》卷六九有傳。

是書前有焦氏嘉慶十九年（1814）自序，據此可知作書緣由。廷琥之父焦循乾隆五十五年（1790）撰成《群經宮室圖》，嘉慶三年撰成《毛詩鳥獸草木蟲魚釋》，尤重名物考證。他曾面授廷琥云：“三代制度散見於群經，而宮室之外，最宜考覈者，莫如冠禮。學經之士，於冠弁、衣裳、佩韍、履舄之制，茫然莫辨，則經義不可通矣。”廷琥有感於心，立志搜討古冠服制度。後得任大椿所著《深衣釋例》、《弁服釋例》兩書，“考證詳博，足裨後學，而冕服闕如”，故作是書以補之。

此書博引群書，專考冕服之制。首以冕旒，終以偪舄，於秦漢以後冕服沿革，無所不備。卷一自“冕作於黃帝”至“纁裳前三幅後四幅辟積無數”。卷二自“古天子冕服十二章”至“冕服有褖襲之制”。卷三自“衮服以下至玄冕”至“有舄冕服皆赤舄，自天子至卿大夫同”。卷四爲秦漢以後冕服制度。其體例，先列群經中有關冕服之經文，後核以漢唐諸家注疏，並旁徵諸史、《通典》、《通考》諸書。凡其中有不能通者，加以辨正。故吳廷燮《續修四庫全書總目提要》稱：“是書博引群經諸史、《通典》、《通考》，及注疏、《白虎通義》、《獨斷》、《漢官儀》、《古今注》、《車服儀制》、陳祥道《禮書》，並古今諸儒著述涉冕服者，莫不搜集。致力用心，頗爲勤苦。”然此書注重闡釋經文，對冕服之尺寸、飾物，並無圖例分析，不無遺憾。

此本據上海辭書出版社圖書館藏清光緒十六年刻本影印。（劉曉麗撰　劉曉東審定）

**三禮陳數求義三十卷**　（清）林喬蔭撰（第 109 册）

林喬蔭，字樾亭，侯官（今屬福建福州）人。

乾隆時舉人,曾官四川江津知縣。治三《禮》,時稱精賅。更著有《石塔碑刻記》、《瓶城居士集》等。事見《文獻徵存録》卷四。

林氏治三《禮》,見三《禮》之儀物制度往往有不通者,考之注疏猶不能通其意,遂決意重注三《禮》,以通其疑,即是書撰述之緣起。是書三十卷,分題天時、地域、田賦、財用、職官、學校、明堂、廟祧、祭序、祭儀、郊社、群祀、巡狩、師田、朝覲、饗燕、飲射、冠昏、宗法、喪服、喪紀、宮室、冕服等。雖以典章制度別其類而考索,然其職志非僅通考諸禮,乃在就其儀節物度以探求制禮之理念。林氏專取三《禮》本文,反復尋繹,前後相參證,其三《禮》所無則旁徵於諸經,諸經所無乃取證秦漢間人言之近古者。如《飲射》卷下,林氏認爲"先生"是指父兄長老,而非鄭注所言大夫致仕而教於鄉中者。又認爲主人戒賓之時,賓先拜,此禮並非賈疏所説由於賓之位卑。林氏考諸《禮記》,認爲賓先拜爲拜客來訪,固當先拜也。凡此類出新之見,頗資參助。

此本據南京圖書館藏清嘉慶八年刻本影印。(郭超穎撰　劉曉東審定)

### 三禮義證十二卷　（清）武億撰（第110册）

武億(1745—1799),字虛谷,一字小石,自號半石山人,偃師(今河南偃師)人。乾隆四十五年(1780)進士,授山東博山知縣。其學博通經史,長於考證,更著有《群經義證》、《經讀考異》、《四書考異》、《金石三跋》、《金石續跋》、《偃師縣志·金石録》、《錢譜》等。《清史稿》有傳,又見《碑傳集》卷一〇八。

是書前有嘉興錢儀吉序。全書十二卷,卷一至卷六《周禮》,卷七《儀禮》,卷八至卷十二爲《禮記》。每條先擇列經、注、疏之文,下以案語申明己説。廣徵群籍,辨句讀,定訛文,列旁證,明通假,率皆以鄭説爲宗主,駁正孔、賈等違失鄭義者,大體精當,多所發明。若以鄭説不確者,亦獨申己見以正之。

此本據上海辭書出版社圖書館藏清道光二十三年刻本影印。(郭超穎撰　劉曉東審定)

### 禮學卮言六卷　（清）孔廣森撰（第110册）

孔廣森,有《大戴禮記補注》,已著録。

是書解釋古代禮制,與《經學卮言》相配合。《經學卮言》涉及《周易》、《尚書》、《毛詩》、《爾雅》、《論語》、《孟子》、《左傳》,其中雖亦有關於禮之考辨,然均由其他經書所引發,並非專論。

是書分六卷,卷一主要考辨禮儀場所,涉及宮室、明堂、辟雍,并自製禮圖以爲配合。卷二專論《儀禮》,即論禘、論郊、九廟辨、五門考、軍乘考、禮服釋名。卷三《周禮》雜義,卷四《儀禮》雜義,卷五《小戴禮記》雜義,卷六《周禮》鄭注蒙案,專對《周禮》鄭注之若干條目提出辨證。每卷下設若干條目,如論述宮室時下設廟門、中庭、碑、阼階、西階等。每條先舉前人所述,再加以綜合、甄別。

此本據上海辭書出版社圖書館藏清嘉慶刻《顨軒孔氏所著書》本影印。(杜以恒撰　劉曉東審定)

### 明堂考三卷　（清）孫星衍撰（第110册）

孫星衍,有《孫氏周易集解》等,已著録。

全書分上、中、下三卷。上卷有孫氏《自序》一篇,概説"明堂"創制由來、名稱變化、具體規制與學術源流及演變,爲本書綱領,又謂自漢代之後研究明堂者多"不按經典,徒務時用",並闡述了此書爲其"後生與于斯文蓋不能無述焉"之作。

上卷《古合宮遺制考》,分《明堂神農始作》、《黃帝曰合宮曰明臺曰明堂曰明廷》、《五帝曰法宮曰明堂》等七目,論述由神農至周代,各時期"明堂"之不同稱謂,並敘述每一朝代之明堂建制。每一標目下,孫氏均先引典籍中之原文以證標目之觀點,後附按語以具體論述。

中卷《周明堂遺制考》，分《堂基縱六十三尺廣八十一尺周二百八十八尺高九尺階九等》、《九室室各縱十四尺廣十八尺》等二十三目，詳盡論述周代明堂之具體規制，及明堂各部分之分佈情況。其行文體例與上卷同。

下卷《明堂圖考》，含《明堂圖》、《明堂應太微宮圖》、《周名堂漢元始明堂靈臺引水爲辟雍圖》、《漢中元明堂靈臺太學引水爲辟雍圖》、《明堂位圖》、《夏世室圖》、《殷重屋圖》七圖，《明堂位圖》、《夏世室圖》、《殷重屋圖》三圖各附“圖説”，以詳細解釋圖中規制及方位佈局。

全書先文後圖，論述部分先引後論，且全書均可見自注，或以注出引文出處，或以用作補充説明，體例完善。其引書遍及經史，引文與其論相左者，皆用“異義”二字標出，結構嚴謹。

按先秦明堂之制，經傳所載駁雜不一。歷代考索，多方牽合，終難周密。孫氏是書之論，校比衆家所考，互有異同，然其徵引宏富，考證詳實，自有獨到之見。

此本據上海辭書出版社圖書館藏清嘉慶七年孫氏問經堂刻本影印。（鄧子翔撰　劉曉東審定）

### 禮經宮室答問二卷　（清）洪頤煊撰（第110册）

洪頤煊，有《孔子三朝記》，已著録。

是書前有洪氏自序，稱宮室爲禮經之重，感於時人惑於古人制度名位，學者考證有失，遂作此書以資後學云云。

是書上卷爲宮室，下卷爲路寢、明堂及大學。以問答體辨疑解惑，其中考證推論基本依據《禮經》與鄭注、賈疏。然時有辯駁鄭注、賈疏之處。如賈疏本於《鄉射》記鄭注，釋之室堂皆五架，江永亦用此説，然洪氏獨言七架之屋，尚少佐證，但亦可備一説。及宮室則有所折衷，如謂太廟與路寢同制之類。每

卷後附有相關建築結構之圖。此書所附《答胡孝廉書》，録與胡氏關於路寢燕寢之爭論，亦可視作疑點解釋。

洪氏精究經訓，學貫子史。此書廣徵典籍，立論根本經注，論證嚴密，發明前人之説並有所補益，可謂漢學之當行。此書解治《禮》諸疑，超邁前人，乃釋宮之代表作。

此本據浙江圖書館藏清嘉慶間刻《傳經堂叢書》本影印。（高思旻撰　劉曉東審定）

### 求古録禮説十六卷補遺一卷　（清）金鶚撰　校勘記三卷　（清）王士駿撰（第110册）

金鶚（1771—1819），字風薦，號誠齋，祖籍歙縣（今安徽歙縣），清初始遷臨海（今浙江臨海）。嘉慶二十一年（1816）優貢生。曾入詁經精舍，又從孫星衍治考據學。更著有《四書正義》等。《清史稿》有傳。

王士駿，生卒年不詳，據署名，知其爲黃巖（今屬浙江台州）人。

是書卷一至卷十六博考官制、兵制、學制及名物、歲時、地理等，而以禮爲主，故言“禮説”。其後有長洲陳奐、吳縣潘祖蔭跋，再補遺一卷。是書發明新義頗多，若《天子世婦女御考》等，確有見解。然亦有不合者，如卷一《天子四廟辨》，則近於阿附。謂鄭不知寢息在室，其堂乃行禮之地，今云古者祭薦皆在室，是金氏未諳古禮。全文凡一百一十二篇，附缺篇名三十五篇，佚目十六篇，目録不載十八篇。

禮學問題盤根錯節，金氏治學，著書立説，旨在求證古禮，解決爭端。《禮説》釋禮體例，以經解經，約省互見，避免煩言贅述，徵引諸多例證。金氏既不專注於某一典籍，亦不專注於某一家説法，參考諸家學説，態度公允。其方法純粹以考據爲主，重視原典比證，不以鄭説是案，亦不以家法自困。既旁覽文獻，又極有斷制。

因金氏舊刻燬於兵火，光緒初據舊本及鈔

本校定重梓,因成校勘記三卷,凡勘正五百七十一條。

此本據華東師範大學圖書館藏清光緒二年孫憙刻本影印。(耿曉鐅撰　劉曉東審定)

### 禮説四卷　(清) 凌曙撰 (第 110 冊)

凌曙(1774—1829),字曉樓,江都(今屬江蘇揚州)人。國子監生。家貧好學,初爲塾師,後從阮元校書授讀。更著有《公羊禮疏》、《公羊禮説》、《公羊問答》等。《清史稿》、《清史列傳》卷六九有傳。

是書原名《禮論》,原稿八卷,由阮元刪改刻入《皇清經解》,存七十四篇。毛嶽生刪定者存四十篇都爲一卷,名曰《禮論略鈔》,有清道光六年蜚雲閣刻本,前有曾燠、毛嶽生序及凌氏自序。本書綜括漢魏六朝以及清代諸名家言禮者,條舉縷剖,而以鄭玄《儀禮注》裁斷之。

此本據華東師範大學圖書館藏清道光九年廣東學海堂刻《皇清經解》本影印。(李兔園撰　劉曉東審定)

### 燕寢考二卷首一卷　(清) 胡培翬撰 (第 110 冊)

胡培翬,有《儀禮正義》等,已著録。

前人説宮室者詳於正寢,而燕寢恒略,培翬據《詩・斯干》"西南其户"鄭箋而悟東房西室乃燕寢之制,乃鉤稽群籍,爲《考》二卷。是書前有道光二十五年(1845)張文虎序;次《序目》;次卷首,題東房西室疑問;卷上、卷下各三考。是書以爲天子、諸侯、大夫、士皆有燕寢,后夫人、大夫士之妻亦皆有寢;父子異宫;天子、諸侯、大夫、士常居皆在燕寢,惟齋及疾乃居正寢。外此,於燕寢房室户牖堂階、注疏東房西室誤説、廟寢、庶人寢室皆有考述。

是書廣蒐群經,旁徵衆説,集爲專門之考證,用力特勤,爲功尤著。明東房西室之説,俾諸儒所論之是非各見,闡明古義,可爲高密功臣。然某些論點並無完全之證據,如論士昏禮成昏爲燕寢之制,僅以旁證推知,可視作一家之言。

此本據上海辭書出版社圖書館藏清道光二十五年錢氏刻《指海》本影印。(楊勝祥撰　劉曉東審定)

### 禘祫問答一卷　(清) 胡培翬撰 (第 110 冊)

胡培翬,有《儀禮正義》等,已著録。

禘祫之争由來已久,鄭康成之説以禘、祫爲二祭,禘爲分祭各廟,祫爲合祭太祖廟。康成以此禘祫之祭,又結合陰陽五行説,而爲"六天"與"五精感生"之説。胡氏是書總有二十一問,其有守鄭説者,如以禘、祫分稱而別義,三年而祫、五年而禘。亦多有駁鄭以其爲不可信者,如康成《喪服小記》言禘爲郊祀天,謂祖之所自出者感生帝靈威仰。今按禘祫之制,群經所載,諸師之論,互有異同,實難論定。然胡氏此書,自有裁決,而非隨人俯仰,亦可成一家之言。

此本據清光緒十四年南菁書院刻《皇清經解續編》本影印。(郭超穎撰　劉曉東審定)

### 親屬記二卷 (存一卷)　(清) 鄭珍撰 (清) 陳榘補 (第 110 冊)

鄭珍,有《輪輿私箋》等,已著録。

陳榘,生卒年不詳,據是書署名,爲貴筑(今貴州貴陽)人。

鄭珍於解經餘暇綴成此書,以《白虎通・三綱六紀》篇所引逸禮之《親屬記》爲名,考證親屬稱謂之源流演變,由親及疏,鉤稽類列。同義或同類詞聚爲一組,於當條之下進行説解,包括解釋詞義、辨析讀音、審定字形、參引書證。以末世俗稱"瀆亂不經"而不予登攬。

鄭珍所撰脱稿於清咸豐十年(1860),後經鄭珍子知同與陳榘"共補綴之",光緒十二年(1886)貴陽陳氏付刻,光緒十三年刊成上卷,陳榘跋云:"下卷余已補綴成書矣,付之鈔胥,不慎於火,爲煢惑下取,數月心力減没於煙焰中。"故陳刻本僅一卷。後有《廣雅叢書》本、《巢經巢全集》本,後者據陳榘之補訂本而成,内容最爲完整。

此本據湖北省圖書館藏清光緒十二年貴陽陳氏刻本影印。(劉曉静撰　劉曉東審定)

### 佚禮扶微二卷附録一卷　(清) 丁晏撰 (第110 册)

丁晏,有《周易述傳》等,已著録。

自漢以來,皆以《禮》書爲不備。宋王應麟始專列逸篇之目,元吴澄作《儀禮逸經傳》,搜得"逸經"八篇、"逸傳"十篇,逸文逸句則闕而未輯。其别擇去取之間,疏而不備。丁氏有鑒於此而作是書,搜采愈廣,辨識愈精,而輯纂别類亦愈密,其間或附以案語,申明所據之由。是書分爲"佚經"、"佚記"、"佚文"、"附録"、"補遺"五部分。其稿本"佚經"、"佚記"爲上卷,"佚文"爲下卷,後則爲"附録"與"補遺"。《南菁書院叢書》本則依此五部分釐爲五卷,類界尤爲明晰。考《禮》書之佚篇佚文者,此書可謂集成之作,雖其中或小有可議之處,然亦瑕不掩瑜。

此本據國家圖書館藏清稿本影印。(郭超穎撰　劉曉東審定)

### 禮書通故五十卷校文一卷　(清) 黄以周撰 (第 111—112 册)

黄以周,有《周易注疏賸本》等,已著録。

是書以三《禮》爲本,以釋古代禮儀制度,與孫詒讓《周禮正義》並爲清代《禮》學巔峰之作。是書傾注了黄氏畢生心血,歷經十九年方殺青。俞樾在是書序言中對黄氏大加贊許,引用曾國藩對是書的評價:"三《通》之外,得此而四,爲學者不可不讀之書。"俞樾

本人則對是書有"望洋向若而歎"之感。

是書凡五十卷,分一百二目,涉及宫室、衣服、卜筮、冠禮、婚禮、見子禮、宗法、喪服、喪禮、喪祭、郊禮、社禮、群祀禮、明堂禮、宗廟禮、肆獻祼饋食禮、時享禮、改正頒朔禮、耤田躬桑禮、相見禮、食禮、飲禮、燕饗禮、射禮、投壺禮、朝禮、聘禮、覲禮、會盟禮、即位改元禮、學校禮、選舉禮、職官禮、井田、田賦、職役、錢幣、封國、軍禮、田禮、御禮、六書、樂律、刑法、車制、名物等,末附大量禮圖、名物圖。

是書以三《禮》爲本,先盡徵三《禮》,分門别類,又盡舉歷代名家名典之注説,進而對具體問題進行分析。如無異議,則僅陳舊説。如有辨證,則以"以周案"出之。剖辨是非之條目多達三千四百七十事。以周之爲《通故》,其志在融貫古今,成一家之言。俞樾序謂是書:"洵足究天人之奥,通古今之宜,視秦氏《五禮通考》博或不及,精則過之。"可謂定論。

是書卷帙浩繁,據《禮書通故校文》,以周之子黄家鷟、黄家驥奉父之命進行校對,刊刻之役歷六年之久,是爲光緒十九年(1893)黄氏家刻本。此本據華東師範大學圖書館藏清光緒十九年黄氏試館本影印。(杜以恒撰　劉曉東審定)

### 禮説六卷　(清) 黄以周撰 (第 112 册)

黄以周,有《周易注疏賸本》等,已著録。

是書卷首有光緒十九年(1893)以周識語,言讀秦蕙田《五禮通考》,病其《吉禮》難鄭而《軍禮》阿鄭,每一卷畢,輒有所作。繼而撰《禮書通故》,因輟其業。後加訂補而成是書,新增條目多《通故》所未備,後世學者宜合《通故》以觀之云云。

是書説《禮》,多有獨到。如《明堂通釋》,網羅經傳舊説,每條附加按語,詳加考辨。《廟祧》則詳考廟祧古制,辨析東漢以後流變,以袪學者之惑。於自來聚訟紛紜者,以周

辨析精詳，無愧專門。

是書有光緒十四年南菁書院刻《皇清經解續編》本、光緒二十年江蘇南菁講舍刻《僦季雜著》本。《皇清經解續編》本係以周據初稿刪存什五而成，多與《禮書通故》同。《僦季雜著》本則更據舊稿刪五篇，入四篇，另增新作三十四篇，皆補《禮書通故》所未備者（詳《自序》）。此本據上海辭書出版社圖書館藏清光緒二十年南菁講舍刻《僦季雜著》本影印。（姚文昌撰　劉曉東審定）

### 魯禮禘祫義疏證一卷　（清）皮錫瑞撰（第112册）

皮錫瑞，有《尚書古文疏證辨正》等，已著録。

是書爲漢鄭玄《魯禮禘祫志》之疏證。不題"魯禮禘祫志"而題"禘祫義"，從《後漢書·鄭玄傳》所稱也。

錫瑞是書，就袁鈞、盧見曾、馬國翰、黃奭各輯本爲之疏證，大致以孔穎達《毛詩正義》《禮記正義》、賈公彦《周禮疏》之申鄭者爲義據。其他徵引如杜佑禘小祫大之説，馬端臨大禘時禘之説，皇侃、崔靈恩五齊四齊之説，發揮鄭義。是書前有光緒二十四年（1898）自序，云："若夫禘大於祫，祫即是禘，劉歆之所根據，杜預之所引援，斯皆《左氏》之文，大異《公羊》之義。古、今各有家法，師説豈必盡同？且繹杜、孔申《左》之言，亦有常事不書之説。是則僖、文以下，必非禘祫久疏。即以例推，亦非强合。若謂鄭爲傅會，豈嘗別有據依？工訶古人，求異而已。"以此批駁異説，訂正異文，疏通大義。

錫瑞引韋玄成五年再殷祭，言一禘一祫，及劉向三年一祫五年一禘之説，謂韋、劉在緯書未出之前，足正宋人譏鄭溺於緯書之謬。凡此種種，議論有據，甚顯功力，於鄭學尤可謂盡心。至於小失，是書引錢塘《溉亭述古録》"魯禮禘祫考"一條，錫瑞以爲申鄭，胡玉縉

《續修四庫全書總目提要》云其諸經文不可通，鄭義其實不然。然全書可議者止此。

此本據上海辭書出版社圖書館藏清光緒二十五年刻本影印。（董韋彤撰　劉曉東審定）

# 樂　類

### 樂書要録十卷（存卷五至卷七）　題（唐）武曌撰（第113册）

舊題作者爲唐代女帝武曌，近人考爲著作郎元萬頃等人奉召所著，成書於上元二年（675）至永昌元年（685）之間。《舊唐書·經籍志》、《新唐書·藝文志》俱云十卷，現存五、六、七三卷。其他各卷引文散見於《三五要録》、《聲明用心集》等日本樂書。

原書宋元以來於中國久佚其傳。日本天瀑山人得其殘編，刊入所輯《佚存叢書》，題曰："史稱吉備真備靈龜二年爲遣唐留學生，入唐研覃經史，該涉衆藝。天平七年歸獻《唐禮》一百三十卷、《大衍曆經》一卷、《大衍曆立成》十二卷、測影鐵尺一枚、銅律管一部、《樂書要録》十卷……案《樂書要録》之傳於皇國此時爲始。年代邈遠，佚已過半，今所存止第五、第六、第七三卷"云云。

該書所存三卷目次如下：卷五爲《辨音聲審聲源》、《七聲相生法》、《論二變義》、《論相生類例》、《論三分損益通諸絃管》、《論歷八相生意》、《七聲次第義》、《論每均自立尊卑義》、《敘自古書傳論聲義》、《樂譜》；卷六爲《紀律呂》、《乾坤唱和義》、《謹權量》、《審飛候》；卷七爲《律呂旋宮法》、《識聲律法》、《論一律有七聲義》。

是書雖殘本，然唐代樂書傳至今者指不多屈，輾轉流傳彼邦，適可糾正"唐人重實踐，宋人重理論"之舊説。《樂書》、《樂志》二書，皆見唐志而久佚，亦賴此窺斑。律呂相生之法，歷代論律之書往往以"隔八"呼之，法雖

不悖,名則易生歧義。若黃鐘生林鐘,自黃鐘數起,林鐘爲第八律,所謂"隔八"實隔七耳。是書卷五獨以"歷八相生"爲名,歧義遂一掃而盡。該書對日本樂律之學不無影響,若日本樂書論二變頻用"鹽梅"字樣,其語蓋從是書"論二變義"條出也。其卷六《審飛候》,考律管候氣法甚詳。卷七《律吕旋宮法》,分十二均次列六十調之用音,現存唐代文獻記載旋宮理論較系統者惟此而已。其《乾坤唱和》、《十二律相生》、《一律有七聲》諸圖,以直線繫連具五度相生關係之律,呈十二芒星狀,爲同類圖表中較早者。其圖列黃鐘於下方六點鐘方位,明示以左旋爲順、右旋爲逆之理。歷代樂書論樂多以十一月黃鐘爲始,《唐會要・諸樂》載天寶年間樂名獨以太簇宮爲始,論者多不知其故。是書《十二律相生圖》於十一月黃鐘位標"律始"字樣,於正月太簇位標"年始"字樣,可知唐人以太簇爲始蓋欲合以正月爲年始之觀念耳。

此本據復旦大學圖書館藏日本寬政至文化間所刻《佚存叢書》本影印。又有阮元《宛委別藏》本、《叢書集成》本。（伍三土　王小盾）

### 律吕新書箋義二卷附八音考略一卷　（宋）蔡元定撰　（清）羅登選箋義　（第113冊）

蔡元定（1135—1198）,字季通,學者稱西山先生,建陽（今屬福建南平）人。南宋著名理學家、樂律學家、堪輿學家。幼從父學,及長,師事朱熹。朱熹理學的主要創建者之一,有"朱門領袖"、"閩學干城"之譽。一生不仕,潛心著述,長於天文、地理、樂律、曆數、兵陣之說,精識博聞。更著有《大學說》、《大衍詳說》、《燕樂本原辨證》、《皇極經世指要》等,並協助朱熹撰成《近思録》、《資治通鑒綱目》、《周易參同契考異》等著作。《宋史》有傳。

羅登選,生卒年不詳,字升之,號謙齋,衡山（今屬湖南衡陽）人。乾隆時諸生,閉門苦學五十餘年,博學深思,經史子集之外,凡天文、地理、樂律、數學、釋老、醫卜之書無不通覽。更著有《京房易傳解》、《焦氏易解》、《大戴禮記訓古》、《春秋三傳辯異》、《敦本堂詩文集》等。傳見《國朝耆獻類徵初編》卷四二〇。

明清以來,《律吕新書》頗受學者關注,箋注本甚衆。據作者自序,羅氏於《律吕新書》鑽研十三載,始於乾隆二十年（1755）寫定此箋注之書。若《四庫全書總目》經部樂類存目所評,是書"取蔡元定書爲之訓釋,亦有强爲之說者……至於書中所引推步算術之類,尤爲牽合"。該書於蔡氏成說大抵依文爲訓,雖發明不多,亦守成有餘。其《律吕新書箋義序》略能道古來律論之脈絡及蔡子學術之淵源。又於《漢志京房六十律》一節,箋明諸律所應之月份與辰位,不無參證價值。所附《八音考略》一卷,考索名義形制,亦能引據經典,追溯源流。

此本據中國藝術研究院音樂研究所藏清乾隆刻本影印。（伍三土　王小盾）

### 大樂律吕元聲六卷大樂律吕考注四卷　（明）李文利撰　（明）李元校補　（第113冊）

李文利,生卒年不詳,字乾遂,號兩山,莆田（今福建莆田）人。成化十六年（1480）舉人,官思南府教授。事見《獻徵録》卷一〇一。

李元,生卒年不詳,字乾伯,號梅東,莆田（今福建莆田）人,李文利之兄。曾爲廬江縣令。

此二書由李元定稿於弘治十四年（1501）,後由彬州桂陽人范輅校正於嘉靖三年（1524）,由四川監察御史范永鸞主持謄寫並進呈朝廷。二書卷首依次有作者自序、范永鸞《進大樂律吕元聲書》、范輅《大樂律吕元聲引》、李元《大樂律吕元聲序》、楊月湖《論元聲書》、凡例。是書列入《四庫全書總目》經部樂類存目,提要云:"是書據《吕氏春秋》黃鐘長三寸九分之說,駁司馬遷黃鐘長九寸之誤。《明史・藝文志》又載黃積慶作《樂律管見》二卷，駁文利之誤。……文利誤解《呂覽》、韋昭之意，而堅執三寸九分爲黃鐘，并以黃鐘之九寸爲蕤賓，不至舛乎？……其《六十調圖》雖本《律呂新書》，改其次序以從左旋，而每五調之後又列一宮，與大司樂奏歌之説相附。其《雙宮對調圖》則止據奏歌二律分配之，更爲牽强矣。"是書毀譽參半，乃由其黃鐘三寸九分之議。明以來王邦直《律呂正聲》力主此議，何瑭、王廷相、江永輩則"駭然有疑"。此外，是書有《日月會辰合氣生律》一節，於諸樂圖中以月份、辰位、星次、卦象配十二律。觀其《十二月律呂卦氣圖》所配十二卦，與《事林廣記》之《律呂配卦圖》全合，固知各本古法，非徒牽强附會者，於考察古來音樂觀念尚有價值。其《大樂律呂考注》四卷，分律呂、樂本、樂職、樂器、聲容諸目，雜引先秦典籍以稽上古樂事，亦不無心得。

此本據浙江圖書館藏明嘉靖十四年浙江布政司刻本影印。（伍三土　王小盾）

**雅樂發微八卷**　（明）張敔撰　（第 113 册）

張敔，生卒年不詳，字叔成，饒州（州治爲今江西鄱陽）人。官至禮部員外郎。更著有《樂書雜義》。傳見《四庫全書總目》卷三九。

是書前有作者自序、《進雅樂發微表》、費宷《雅樂發微題辭》。是書收入《四庫全書總目》經部樂類存目，提要云："敔論樂大旨，以人聲最低者命爲黃鐘，其最高者爲應鐘之變宮。是書自元聲正半律諸法，以逮樂器、樂歌、懸圖、舞表，分門畢具。後又作《雅義》三卷附之，六十律、八十四調、十六鐘以及累黍生尺之法無不悉究。其《序》謂論琴律本之朱子，論笛制本之杜夔，論旋宮本之《周禮》，論鐘鎛本之《國語》，於樂制頗有考證。"外此，是書論蕤賓生大呂，主《呂氏春秋》、《淮南子》重上生之説；論半律變律，本蔡元定《律呂新書》；論八十四調、四十八調、二十八

調、六宮十一調，本宋志並《詞源》；論瑟制，祖述姜夔《大樂議》；録詩樂，本朱子轉録之趙彥肅《風雅十二詩譜》。諸説博雜賅要，雖未一一注名，實各有所自。"樂之邪正在辭不在律"、"風雅頌不必過爲分別"數語，則發前人所未言。其"大樂二十八調名義"條取《周禮》"王大食，三宥，皆令奏鐘鼓"之語釋"大食調"、"小食調"之名，以非先儒"大食國"之舊解，可備一説。然所涉既廣，亦不免偶有牽强之議。

此本據國家圖書館分館藏明嘉靖十七年孫沐刻本影印。（伍三土　王小盾）

**樂律纂要一卷**　（明）季本撰　（第 113 册）

季本，有《易學四同》等，已著録。

是書成於嘉靖己亥年（十八年，1539）。篇末有熊宇後序，云積累三十年之精力而成。是書收入《四庫全書總目》經部樂類存目，提要云："是書凡十三篇。其論聲氣之源，欲舍古尺而治以耳，亦不甚取候氣之法。其論律管圍徑，頗以祖沖之密率疑胡瑗三分四釐六毫有奇之説。其論黃鐘生十一律，以蕤賓生大呂非本法。其論十二律寸法，以六變律補《鐘律解》之闕。其論正變倍半，駁但用四清聲之非。其論五聲相生，不取沈括《筆談》。論二變聲，不取杜佑《通典》。後附趙彥肅所傳《開元詩譜》十二章，則舊文也。本承姚江之學派，其持論務欲掃滌舊文，獨標心得。至於論禮論樂，亦皆自出新裁。一知半解，雖不無可取，而大致不根於古義。觀其《自序》，亦言無所師承，以意考究而得之也。"

此本據浙江省圖書館藏明嘉靖十八年宋楫刻本影印。（伍三土　王小盾）

**樂典三十六卷**　（明）黃佐撰　（第 113 册）

黃佐（1490—1566），字才伯，號希齋，晚號泰泉，香山（今廣東中山）人。正德十六年（1521）進士，選庶吉士，嘉靖授翰林院編修，

有司請修《廣州志》，以翰林外調，歷江西僉事、廣西學政。因母病辭官歸家。嘉靖十五年以翰林編修兼左春坊左司諫晉侍讀掌南京翰林院，擢南京國子祭酒，穆宗詔贈禮部右侍郎，謚"文裕"。晚年與大學士夏言論河套事不合被罷歸，棄官歸養，築室於禺山之陽，潛心研習孔孟之道。更著有《泰泉鄉禮》等。《明史》有傳，又見《明儒學案》卷五一。

是書前有自序，署"嘉靖甲辰仲春既望後學南海黃佐"，則是書定稿於 1544 年。目録後附有孫學古《書樂典目録後》一文，署"嘉靖二十六年歲次丁未冬十一月"云云，則是書刊印於 1547 年至 1548 年之交。是書收入《四庫全書總目》經部樂類存目，提要論其結構云："是編自一卷至十二卷爲《樂均》，自十三卷至二十一卷爲《樂義》，自二十二卷至二十四卷爲《大司樂義》，自二十五卷至三十五卷爲《樂記》，三十六卷爲《詩樂》。"又論其得失云："其所重者則尤在《樂均》。其言律呂之數，以爲每律虛三分吹口，黃鐘之管其數七十八，半之爲含少，以求合於《呂氏春秋》黃鐘之宮三寸九分之説。……又古者吹律，本爲無孔之管，後乃一律一呂，各爲一聲。每管設孔備五聲二變之數，兼旋宮換調之法。佐乃疑爲無孔之管，氣從下泄，欲每管設孔以爲律始。亦殊臆撰。至於解釋經義，往往支離……徒爲異説而已。《明史》本傳載佐自稱此書泄造化之秘，殆不然乎。"是書卷二十三考古器之形制，具引墳典，並繪圖樣，惜畫工略粗草；末卷録趙彥肅《詩經》樂譜，於原律呂字譜之外並注工尺，可滋校驗。

此本據南京圖書館藏明嘉靖二十六年孫學古刻本影印。（伍三土　王小盾）

**樂經元義八卷** （明）劉濂撰 （第 113 册）

劉濂，生卒年不詳，字浚伯，南宮（今河北南宮）人。正德十四年（1519）舉人，次年中進士。曾任河南杞縣知縣，嘉靖四年（1525）升監察御史。後嚴嵩任首輔，乃謝病歸。更著有《易象解》、《九代樂章》等。事見《四庫全書總目》卷七。

是書收入《四庫全書總目》經部樂類存目，提要論是書結構云："是書第一卷曰《律呂篇》，二卷曰《八音篇》，三卷曰《萬舞篇》，四卷至七卷曰《古詩音調篇》，八卷曰《微言篇》。"又論是書得失云："其論律呂也，專駁《樂記》與《周禮·大司樂》。其論音調也，謂三百篇之中宮、商近雅，徵、羽近淫。每篇每章，分出某宮某律，又於其中分列，有和有亂。其論《頌》，又極駁圜鐘、函鐘。大都自任臆見，無所師承。前有嘉靖二十九年《自序》，稱上下數千年，閲歷聖哲不知凡幾，皆見不及此。亦倨之甚矣。"今按是書考古舞舞容而作《圜丘舞圖》、《方澤舞圖》、《宗廟舞圖》、《文武舞圖》，繪其陣列方位較詳，或雜臆見。又考究八音之器十數種之形制，所繪圖象明晰精細，各有考索，然中編鐘、編磬二圖標明十六律之位次，皆四橫四縱爲伍，是否"古聖人之法"，亦未可知。又以變律代半律而爲四清聲，並非七聲二變之設。又指斥周德清《中原音韻》所舉宮調，謂其"僅備宮商二音、黃鐘太簇二調，正宮、黃鐘、雙調、仙呂、大石調皆宮音黃鐘調也，商調、中呂、南呂、越調皆商音太簇調也"，竟不知是何言語。卷四至卷七之載，略同其《九代樂章》一書。其論《樂經》之亡，言三百篇之曲即《樂經》，遂"取風、雅、頌諸篇，玩辭而審音，緣音而定調，因調而協律"。但諸篇或僅記爲何調而不存其譜，惟《麟趾》、《卷耳》、《殷雷》、《魚麗》、《鹿鳴》、《文王》、《棫樸》、《思文》、《清廟》數篇並存其樂譜：實乃明人爲《詩》譜曲之實踐。其法大抵一字一音，以黃鐘、太簇二律標調，僅用宮、商二音，仿宋趙彥肅《風雅十二詩譜》以律呂字爲識，兼注各律呂字對應之五聲音階音位。朱載堉謂其"字字重複而曲折不分，其與古法相去遠矣"。其論候氣之法而非之，略同明儒之群議。又論聖人制樂至簡，而非《樂記》諸書樂通治道之"神謬古論"並舊儒附會之處。凡此種種，可供質疑與思考。

此本據浙江圖書館藏明嘉靖刻本影印。

（伍三土　王小盾）

## 李氏樂書六種二十卷 （明）李文察撰 （第114冊）

李文察（約1493—1563），字廷謨，號樓雲，平和（今福建平和）人。嘉靖四年（1525）以第一名中貢生，曾任遼州同知，詔授太常寺典簿。洞悉音律。事略見《四庫全書總目》卷三九。

是書總題《李氏樂書》，含六種樂書，即《四聖圖解》二卷、《樂記補說》二卷、《律呂新書補注》一卷、《興樂要論》三卷、《古樂筌蹄》九卷、《皇明青宮樂調》三卷。李氏嘉靖十七年任遼州同知時，表進於朝。是書《四庫全書總目》入經部樂類存目，提要總評其得失云："文察生平所學，具見於《古樂筌蹄》。大旨本《史記・律書》與《周官・大司樂》職文而自爲之說……勉强牽合，莫此爲甚。……其《律呂新書補注》、《青宮樂調》、《興樂要論》三書，大旨不出乎此。"又分別評論云："《樂記補說》，因陳澔之《注》而補之，以發明禮先樂後之旨，不及於器數。《四聖圖解》上卷四圖：一爲《伏羲先天卦圖》，一爲《文王後天卦圖》，一爲《夏禹九疇圖》，一爲《箕子洪范圖》。下卷四圖：一曰《用保聖躬》，二曰《用明聖心》，三曰《用一聖動》，四曰《用直聖政》，更一字不及於樂。據其《自序》，欲以德政爲作樂之本也。然當世宗玄修之日，而引蔡、沈之說稱'老彭得之以養身'云云，毋亦欲希時好乎？"是書補注蔡元定《六十調圖》謂可直觀復可橫觀，此一語頗見心得。諸書於樂理本體固無多深妙闡發，而釋解傳統思想哲學觀念處則頗多。其所附圖表若《五音進退以漸六十調圖》、《聲調合宮五徵九商八

羽七角六之圖》、《黃鐘生十一律之數合宮五徵九商八羽七角六之圖》、《周樂雲門調應五星順行圖》、《周樂咸池調應五星順行圖》、《堂上堂下樂懸圖》，皆耐玩味。餘者若《隔八相生合天進退位圖》、《隔八相生合天進退氣圖》、《更定候氣圖》、《律呂全半數圖》、《裁定律呂管圖》等，並皆不違古法。其《古樂筌蹄》祀天神、地示、宗廟、四望、山川、先祖、先妣七祭樂圖，並各自協律之法，及上古樂舞方位行次諸圖，皆自出心裁；然確如《提要》所論，頗有勉强牽合處。其御朝、中宮、東宮、東宮納配、皇孫、皇太孫納配、燕群臣樂圖並協律法，則所謂"欲希時好"者也。以上種種恐非古制，然不失爲明代音樂舞蹈創作之實例。中《十二宮韶舞舞圖》以北斗七星之形爲四陣，呼應變化，尤其精美。又《皇明青宮歌章》，並録四言之章句與律呂字譜，爲明時宮廷音樂創作之實例，惟未知付諸實用否。其樂器圖考圖文並詳緻，而中編鐘、編磬皆四行六列爲伍，又與劉濂《樂經元義》四四之法有異，似不合古。其周舞文武舞總圖，圖繪服飾甚詳，不知從何夢見。推其用心，似欲重建禮樂於當朝，託名古制而已，或亦時制之實録。

此本據福建省圖書館藏明嘉靖刻本影印。

（伍三土　王小盾）

## 律呂正論四卷律呂質疑辨惑一卷 （明）朱載堉撰 （第114冊）

朱載堉（1536—1611），字伯勤，號句曲山人，生於懷慶府河內縣（今河南沁陽），明仁宗朱高熾五世孫，鄭恭王朱厚烷世子。其父能書善文，精通音律樂譜，載堉頗承父學，究心音律。更著有《樂律全書》、《嘉量算經》、《律呂精義》、《律曆融通》、《算學新說》、《瑟譜》等。《明史》有傳。

是書前有朱氏《古今律曆考序》、《律呂正論自序》，以及《羊頭山圖》、《金門山圖》。前文之末署"萬曆庚戌季春清明節林下七十五

“歲翁”云云,可見是書著成於 1610 年,即朱載堉七十五歲之時。是書正文分《黍竹二山説》、《鈔尺説》、《秬黍説》、《律管説》、《竹黍同異説》、《物皆可以爲律説》、《簫韶琴律説》諸條目,其中《律管説》與《簫韶琴律説》爲全書主體。是書收入《四庫全書總目》經部樂類存目,提要對之評價甚高,云:“是書掃除古法,自生新意。謂《史記》稱黄鐘八寸十分一,乃約十分爲寸;《管子》稱九九以是生黄鐘,乃約九分爲寸;自京房、劉歆始以九寸爲九十分,以空圍相乘得八百一十分,宋蔡元定祖之,其説皆謬。因創爲縱黍、斜黍、横黍三等尺圖。謂元定誤以斜黍之積爲横黍之積,故諸律尺度皆謬。於是每律長短皆列三等新法,以糾其失。又以密術推内外周徑、面冪及積實,而終之以《琴律圖譜》。大抵皆掊擊前人之説也。”又論其得失云:“以載堉所撰《律呂精義》與是書相考……其餘絲忽以下,收零作整者甚多。蓋此書爲載堉草創之本,而《律呂精義》後出,其算術與年俱進,故得數不同也。”按是書另有《簫韶琴律説》,乃録古琴泛音調弦之法,每調一弦,各附十二音以爲校驗之用,旁注古琴減字譜,以“詩言志,歌永言,聲倚永,律和聲”“毋不敬,儼若思,安定辭,安民哉”二十四字反復爲辭配之。其後以古書但取四字與長短句之操縵故,“獨載三字之操縵以補律書之缺”,十二律每律五調,凡六十調六十曲,各曲前注調弦法并守蔡元定起調畢曲之説。一均以下五曲,每曲十二字或十三字,以《夏本紀》舜帝所歌三章及《南風歌》爲辭,每字又各配十二音,以古琴減字譜爲記;十二均六十曲之曲辭則反復因循用之。所附《律呂質疑辨惑》,包含“辨黄鐘非九寸亦非三分損益”、“辨空圍非九分積非八百一十分”、“辨六斗四升非釜之積”等内容,大旨同前,即王賓吾等人序所云:“不獨明斥蔡氏之謬,抑亦深譏管仲已來凡言三分損益、隔八相生者皆非是。”

此本據中國藝術研究院音樂研究所藏明萬曆刻本影印。(伍三土　王小盾)

**太律十二卷外篇三卷**　(明)　葛中選撰　(第114 册)

葛中選(1577—1636),字見堯,號澹淵,河西(今屬雲南玉溪)人。萬曆二十八年(1600)舉人,歷任湖北嘉魚縣令、廣西思恩知府、廣西按察使副使、南京大理寺右評事、陝西苑馬寺正卿等職。博覽群書,善詩、書、畫,尤其精於音韻、律呂之學,晚年回鄉潛心研究。傳見《雲南通志》卷二一。

是書著於萬曆四十六年,每卷各分小目,多寡不等,分題“專氣音”、“專氣聲”、“直氣聲音位”等,凡五十一目。書前有董見龍序、焦竑題辭。卷一拆分十二律律名得“黄、大、太、夾、姑、仲、蕤、林、夷南、射應、寶、無、則、簇、洗”諸字詞爲經,以配聲鈕,以四呼每呼分平、上、去、入四聲爲緯,將數百文字分配入内,名曰“太律音專氣音圖”,共十二子圖,有類宋時《切韻指掌圖》。蓋惑於五音配五聲之舊論,欲强合音樂與音韻學之觀念耳。其卷二列類似圖表,變以“宫、商、角、徵、羽、畢”六音名爲經,又各分内運、外運以配韻部,以四聲每聲分“正、昌、元、通”四規,配開、解、合、撮之呼法以爲緯,名曰“太律聲專氣聲圖”,共三十二子圖。是二圖實同一體系置換經緯坐標而得之不同排序方式耳。卷三又有《太律直氣位圖》,其經緯之設略同卷一《太律音專氣音圖》,而去虚設而實無之音節,諸字之歸並隨之分別於前圖。觀此三圖,其經緯之名固出於附會,而文字之分配自有次序,非深於音韻之學者不能爲也。卷四以圓圖一組繪和樂之法,爲古來樂籍所未見,卦名聲名之外,更有道流之造字,秘難索解;卷五《應聲圖》類之。以下各卷始及樂律本體。卷六、卷七闡釋前圖之餘,録五音十二律及損益倍半之分數甚詳,其間頗雜天人感應、陰陽五行之説及聲鈕之論。卷八論黄鐘、含少之數，以爲《吕覽》"三寸九分而吹之以爲黄鐘之宫"句"而"字乃古篆"五"字之誤，又謂"分，分數也，非分寸也"，蓋舉實數、圓數言而非云圍徑長短。"黄鐘之宫"三寸九分之疑，古來莫衷一是，至此又添一異説也。又論十二律中相隔一律者，若黄鐘太簇、夾鐘仲吕，二宫各自兩兩同管，以釋"六律六同"。此外更非以和謬爲二變、律管候氣之説及漢儒叶韻轉讀之論，頗有詰斷，雖未必一一中的，其敢於疑古者也。

其外篇三卷，分目凡四十一，卷一首爲《雅俗論》，次《音律正調》，列六十正調，井然有序。以下論雅樂清商三調，謂清商樂以夾鐘爲本宫，平調以大吕爲宫、夾鐘爲商，清調以蕤賓爲宫、夾鐘爲羽，側調以應鐘爲宫、夾鐘爲角；又謂楚調以夾鐘爲宫，琴調以應鐘爲宫，合上三調而爲雅樂琴家五調：無深考據而徑下斷語，恐乖古法。卷二論燕樂二十八調"商音七調大吕起宫、宫音七調應鐘起宫、羽音七調夷則起宫、角音七調無射起宫"云云，亦出臆測，不合《補筆談》、《詞源》諸書之載。以下以當時七工尺字論二十八調律位，"大吕爲宫名大食調、黄鐘爲閏名越調"云云，皆錯亂不堪，言中者七之一二而已。卷三論琴律，並附"音律相交總圖"示明各弦各徽律位及倍半，次列十二調弦法，又復縱橫明晰，了無乖謬。篇末又雜論瑟、笛、頭管、笙之形制及鐘懸樂舞之儀。書末有清人陳榮昌重刊之題記。

此本據中國藝術研究院音樂研究所藏明刻本影印。（伍三土　王小盾）

### 大成樂律全書一卷　（清）孔貞瑄撰　（第114 册）

孔貞瑄，生卒年不詳，約生於 1634 年，字璧六，號歷洲，晚號聊叟，曲阜（今山東曲阜）人。孔聞商之子，孔子六十三代孫。中順治

十八年（1661）會試副榜，由泰安學正陞雲南大姚知縣。博學多才，潛心研究經史，尤精算學、韻學。更著有《聊園文集》、《操縵新説》等。傳見《國朝耆獻類徵初編》卷二一九。

孔氏在濟南博士任上受命修樂，樂成奏於廟，爰輯《大成樂律》一書並刊布；後在大姚縣任上再興樂教，遂又重訂爲《大成樂律全書》。康熙五十二年（1713），其姪孔尚先主持刊印是書，此時孔貞瑄已爲八袤老人。

是書前有宫定山、孔尚先、宋敬止三人序。其後爲自序，次圖説，所載《五音相生圖》、《律吕相生圖》蓋本古義，《樂舞圖》、《引導樂圖》則似當時之録。以下録四言迎送奠獻之辭及工尺曲譜，又録《琴七音協律指法式圖》，並六十調弦法圖，亦註工尺。次爲《操縵新説》、《先儒要言》。後有琴瑟合奏曲譜《客窗夜話》，乃十段長短句體之套曲，率意爲辭而不用時俗曲牌。末爲《聊叟小傳》。是書入《四庫全書總目》經部樂類存目，提要云："是編乃貞瑄爲濟南教授時作。推洞簫七調以明三分損益、上生下生之旨，尤詳於琴瑟譜。其節奏大概本之闕里廟中。其辨鄭世子瑟以合宫命之别於旋宫之説有五不可通，頗多訂正。然謂樂亡而求諸俗，至以箏爲瑟之遺制，未免亂鄭聲於雅樂矣。"

此本據中國藝術研究院音樂研究所藏清康熙五十二年孔尚先刻本影印。（伍三土王小盾）

### 律吕新義四卷附録一卷　（清）江永撰　（第114 册）

江永，有《儀禮釋例》，已著録。

是書成於乾隆十一年（1746），至光緒七年（1881）方由李瀚章主持刊行。書凡四卷。是書前有李瀚章序及江永自序。以卷一《皇言定聲》開篇，乃闡發康熙論樂之説，以爲黄鐘爲天地之中聲，半音爲審音之先務。其卷二論《吕氏春秋》含少三寸九分之數，以爲當

作四寸五分而爲黃鐘之半，"古四字疊積四畫，因誤爲三九，亦與五略相似而僞也"。此後復釋《史記·律書》"上九、商八、羽七、角六、宮五、徵九"，謂其理源出河圖，五行本數"一六爲羽，二七爲徵，三八爲角，四九爲商，五十爲宮"，其本數之和滿十而去五，則爲《律書》所載之數。其卷三之上以象數爲導，作五聲、十二律、六十納音諸圖，一變而至二十餘幅，並皆以河圖洛書之數爲歸。又以圓圖、三角圖釋三分損益算法，多從李光地之學。其卷三之下論《樂府雜録》"宮逐羽聲"一語，以爲乃簫笛上轉調之法，謂以舊調之羽當新調之宮云。次論《楚辭·大招》"四上競氣"一語，則謂"四上"即"宮商"之代名。次作《十二律倍半長短上下相生圖》、《蔡邕十二笛圖》，注分寸之數甚細。又作《琴徽圖》、《琴五調圖》，並箋姜夔《大樂議》與《七弦琴説》頗詳。其按宋志所引蔡元定樂書語，推究《燕樂四聲二十八調圖》而未考他書，分配工尺字與平上去入四聲，頗有錯訛。卷四爲《餘論》，首論蔡元定《律吕新書》，考黃鐘之度及古今尺寸，論宋儒算術之誤，並駁候氣之説不可信，辯二變由來已久非雅樂俗樂之判，謂以黃大太夾爲四清聲非上古之法，論樂無凌犯之説，皆發前人所未發。其論古今樂調高下之議屢變，頗服馬端臨之議，謂"士大夫之説卒不能勝工師之説……樂者器也，聲也，非徒以兹議論而已"，並以此説"切中後世學士大夫虛談聲律之病"故，"特録之以爲是書之殿"，可謂目光如炬。書末附録"臮氏注疏考誤"、"鐘體圖"、"磬氏倨句解"。

此本據華東師範大學圖書館藏清光緒崇文書局刻《正覺樓叢刻》本影印。（伍三土 王小盾）

**樂經或問三卷**　（清）汪紱撰（第 114 册）

汪紱，有《易經如話》等，已著録。

是書前有《發凡》、自敍各一篇，云廣采《禮經》所記制度、漢儒傳注所記律吕聲音器數而成書，又云是書重樂之本原，故詳於樂之律吕聲音器數。卷一首論樂教，次論十二律損益相生及六十調旋宮之法，次論十二律之月辰星次，次論八音之樂，次論上古樂舞。卷末附《十二律管三分損益圖》、《十二律隔八相生圖》、《十二律旋相爲宮圖》、《十二宮歌奏相合圖》、《五聲加變徵變宮圖》、《八音宜八風圖》、八音樂器之形制圖，並琴、瑟、笙、巢、編磬、排簫、洞簫、箎、笛諸器之合律圖。卷二論樂理及制作，以《樂記》爲《樂經》，發明《樂記》之文，並收周敦頤《通書·作樂》加以申解。洋洋灑灑，不憚繁瑣，要以音樂治道人心及天人合和之旨爲歸。卷三論樂章，録《詩經》樂章十餘篇，皆一字一音並注工尺與律吕，除《鹿鳴》改訂古傳琴譜，《周南》、《召南》等六篇改訂聶雙江定譜外，皆自新訂。其後備注古琴指法譜字之要，又録"九入弄法"，並前訂《詩經》樂章之古琴減字譜。次録笙之指法譜字，並録笙"五入弄譜"，並前訂《詩經》樂章之吹譜。此外更補笙詩譜六篇，皆注以笙指法譜而兼注工尺。以上樂章俱用黃鐘一宮，又按《周禮·大司樂》十二宮互用之旨，取先秦典籍所載聖賢君王歌辭，補爲琴笙並用之十二宮樂章。以下復論俗樂二十八調配平上去入四聲，則引段安節《樂府雜録》舊文。書末附大成樂舞之樂譜，凡四言而以律吕字並工尺記之，迎送奠獻凡六章，中二章兩用而八奏，云元以來釋奠所用。其後又附鼓譜一章，更取前《詩經》樂章之二，作鐘、磬、鎛、鼓、琴、瑟諸器並用之升歌譜以見例。次引《太樂志僉載》之舞譜，以《大成樂舞六佾位次圖》爲全書之終。

此本據中國藝術研究院音樂研究所藏清光緒二十二年刻本影印。（伍三土　王小盾）

**樂經律吕通解五卷**　（清）汪紱撰（第 115 册）

汪紱，有《樂經或問》，已著録。

汪氏著述往往刊於身後,如《參讀禮志疑》、《春秋集傳》刊行於乾隆三十六年(1771)和五十七年,《孝經章句》、《讀困知記》等刊行於嘉慶二十一年(1816)和二十三年,《理學逢原》等刊行於道光九年至二十九年間(1829—1849),《易經詮義》等刊行於同治十二年(1873)。作爲樂律學著作,《樂經律呂通解》刊行較晚,乾隆八年(1743)已成書,光緒九年(1883)方由同知銜知婺源縣事吳鶚主持刊行。

是書前有吳鶚序、汪紱著述書目、《自敍》並再識。《自敍》記全書要點云:"上采《周禮·考工》,下及儒先注疏,以考其器數、聲容之略",故名《樂經律呂通解》。是書內容頗有與《樂經或問》重見錯出者。其內文分三大部分:卷一箋注《樂記》二十一章。汪氏既深諳《禮記》之學,所注自然精要深萃。附《或問》二十二條,闡發其旨。卷二、卷三箋注蔡元定《律呂新書》,兼述己見。卷四、卷五爲《續律呂新書》,"考證樂器、均調、音節",以補蔡子樂書之未備。其中卷四爲續書上篇,首章《八音考度》備言諸律之數,略同蔡氏《律呂新書》"律第一",末附《八音以宣八風圖》,又虛設九進制之量尺圖樣以示"律呂之數以九爲則"。次章論人聲,而涉清濁高下與音韻之理,脱出宮、商、角、徵、羽五音配脣、齒、喉、牙、舌五聲之觀念,謂宮聲字唱之亦可爲羽,無一字不具五音,非一端所能定,附明人以十二聲鈕配律呂之法。其後九章,次第論八音樂器之制,乃至筍虡、干戚羽籥,而尤詳於琴、笙、簫。卷五爲下篇,首章論樂章定和飾節之法,間引《太常以喉齒牙舌脣譜圖》、《樂府雜録》教坊二十八調分配四聲之論,而以爲二者出於附會而無理;次論上編既述之十二聲鈕分配律呂之法,以爲有理而不可泥。二章録聶雙江所傳《詩經》樂譜六章,及琴曲中《鹿鳴》樂譜一章,謂皆不合宋儒起調畢曲之論而改訂之,皆以律呂字記

之。三章論古琴指法、譜字並調弦法,附入弄九曲之琴譜而兼注工尺,又附前《鹿鳴》、《葛覃》、《卷耳》三曲之古琴減字譜。四章論笙法,譜字並調法,附入弄五曲之譜。五章論上古作樂之儀,附《十二宮歌奏相合圖》、《律呂合五行生成數圖》、《八音五聲有分屬圖》。六章爲《大成樂譜》,録元以來釋奠曲譜並《大侑位次圖》,間有議論。七章、八章論樂教及樂之廣用。

此本據中國藝術研究院音樂研究所藏清光緒九年婺源紫陽書院刻本影印。(伍三土　王小盾)

**樂器三事能言一卷**　(清)　程瑤田撰　(第115册)

程瑤田,有《禹貢三江考》等,已著録。

是書又名《考工樂器三事述之録》,嘉慶七年(1802)由《通藝録》中簡鈔而成,旨在考訂禮樂之器,解説《考工記》鐘、鼓、磬三事,而正從來注家之誤。分《鳧氏爲鐘圖説》、《鳧氏爲鐘章句圖説》、《設旋疑義記》、《周公華鐘圖説》、《磬氏爲磬圖説》、《磬鼓直懸六證記》、《磬氏爲磬章句圖説》、《鳧氏磬氏二記屬文説》、《韗人三鼓圖説》、《韗人三鼓章句圖説》、《戈體倨句外傳義述》等篇章,大小凡二十題。

此本據上海師範大學圖書館藏清嘉慶刻《通藝録》本影印。(伍三土　王小盾)

**律呂古誼六卷**　(清)　錢塘撰　(第115册)

錢塘(1735—1790),字學淵,號溉亭,嘉定(今屬上海)人,錢大昕侄。乾隆四十五年(1780)進士,改教職,選江寧府學教授。塘少錢大昕七歲,相與共學,於音韻、文字、律呂、推步尤有神解。更著有《泮宮雅樂釋律》、《説文聲系》、《淮南天文訓補注》、《述古編》等。《清史稿》有傳。

是書成書於錢塘晚年。書末有錢大昕乾隆

辛亥年（五十六年，1791）序，云"前歲在金陵，寄書於余，請爲是編製序。媿非專門，弗敢應也。未幾遽歸道山，悌矣"。

是書前有自序，稱旨在以古尺推明古律云云。卷一以"明算"開篇，釋圓羃、方羃之算法，次論"較度"、"證律"、"測黍"。其論歷代尺度，據所得漢慮俿銅尺，正荀勗以劉歆銅斛尺爲周尺之非。卷二分"考量"、"審權"、"評龠"、"古龠容黍"、"議管"數題，附《考量羃積表》、《十二律量數》、《古倉曹斛圖》、《漢斛圖》、《玉斛圖》、《十二律權數》、《古權圖》。卷三分"三分損益"、"中呂反生"、"宮商徵相生"、"上下全半"、"有正無變"、"四清二宮"、"倍半諧聲"數題，論生律定調之法，附《五音旋宮表》、《七音旋宮表》示六十調、八十四調之法，而旁注干支以明其序，又附"倍半定數"之表。卷四論旋宮轉調之法。首分外調、內調二種排序方式論雅樂八十四調調法，並附註明各調七聲律位及倍半之外調表。謂"內調一宮有七調，止用一均；外調一宮亦七調，分用七均……取內調一宮之七調分寄七宮則成外調，取外調一宮之七調分還七宮仍爲內調……二法相爲表裏也"，又以"之"、"爲"之調名字面相似，"易惑而當辯"，見識不凡。次論清平調法並附《清平調圖》，據當時琴家所用同名調之弦法逆推，謂平調、清調當雅樂宮聲之徵、羽二調，而平調之角、清調之商角羽並用清聲，故其用音皆高於雅樂之五均。次論燕樂調法，謂燕樂二十八調一均四調當"一正三清"，而據此改訂內調、外調表，以使"雅樂燕樂截然判爲二法"，附《〈律呂新書〉外調表》、《四十八調表》、《重訂外調表》、《重訂內調表》、《重訂四十八調表》等。取其所論二十八調律位，核以宋代樂籍之載，頗有錯亂，恐出於私意而乖古義。以下論曲家俗字字譜，多引沈括《筆談》之說而不能化，謂時俗"一笛轉七調全背古法"，附《二十八調表》，誤同前章，又附工尺《七調表》。繼

論元音字譜，謂燕樂字譜不可用之雅樂，附《十二笛字譜圖》。卷五論鐘、磬，卷六論琴、瑟、笛、簫，各附律表並形制圖。

此本據浙江省圖書館藏清光緒十四年刻《南菁書院叢書》本影印。（伍三土　王小盾）

**燕樂考原六卷**　（清）凌廷堪撰（第115冊）

凌廷堪，有《禮經釋例》，已著録。

是書前有自序，陳全書大旨，蓋本《隋書》鄭譯奏議、段安節《琵琶録》、唐宋樂志、沈括《補筆談》、蔡元定《燕樂》、姜夔《古今譜法》、張炎《詞源》並《遼史·樂志》之載，而言燕樂樂調與雅樂爲截然二事，燕樂二十八調不用黍律而以琵琶弦叶之，琵琶四弦故燕樂四宮，中角羽二宮元以來漸失其用。卷一爲總論，卷六爲後論，中四卷次第論宮、商、角、羽之七調，附《與阮伯元侍郎書》。書末有張其錦跋，言其校刊始末。歷來言樂律者往往潛心雅樂而棄燕樂二十八調不論，或論而不詳，宋蔡元定《燕樂本原》以後，始有廷堪此書繼而以"燕樂"爲名專論之。其燕樂四宮七調應琵琶四弦之説既出，影響甚巨，時輩江藩等推崇備至，歎爲"思通鬼神"，陳澧則且信且疑，近代以來質疑者更接踵而至。燕樂固有七四之序，亦有四七之序，二者互爲表裏，乃同一體系之不同排序方式。其七四者以宋律"黃鐘、大呂、夾鐘、中呂、林鐘、夷則、無射"七律爲宮以定七均，每均凡宮、商、羽、角（閏角，實爲變宮）四調，宋代典籍言之確鑿。其四七者，宮、商、羽、角（閏）四調式，每調式凡七調爲伍，然此同調式之七調，分屬七均，不可謂一均而同宮。廷堪惑於遼志"四旦"之名，誤解同調式之七調爲同宮均，遂有"四宮七調"之論，徒生節外之枝而已。其謂二十八調與殺聲住字無關，蓋惑於元以來宮調名實變亂之狀，不疑元明傳承有誤，偏執沈括"諸調殺聲不能盡歸本律"一語，遍疑宋人之理論實踐，有本末倒置、以今證古之嫌，吳梅謂

宜添一"僅"字而謂"宮調之辨,不僅在起調畢曲"方恰。二十八調稱謂,同均宮調、羽調之名若仙呂宮、仙呂調字面接近,同均商調、角調之名若大石調、大石角亦然。廷堪窺破此秘,而論《樂府雜録》"商角同用,宮逐羽聲",發前人未言,頗有見地。其論調之餘,按宮調梳理隋唐以來曲目,雖限於時代而搜羅未盡,實啟宮調統計學之端緒。其卷六考南北曲源流,謂南曲出於清樂,北曲出於燕樂,皆唐人俗樂之遺聲。又謂南北曲之分不在宮調,而在二變之施用與否,辯明人"九宮十三調"不合古義。其論琴理義明晰,而强調以律呂定弦,駁王坦以五聲二變標示琴聲之便法,皆有可取。

此本據中國藝術研究院音樂研究所藏清嘉慶十六年張其錦刻本影印。另有《粵雅堂叢書》本、《借月山堂匯抄》本等。(伍三土　王小盾)

### 晉泰始笛律匡謬一卷　（清）凌廷堪撰　（第115冊）

凌廷堪,有《禮經釋例》等,已著録。

是書爲鍼砭晉荀勗《笛律》而作。爲凌氏晚年作品,嘉慶十三年（1808）定稿。道光己酉年末（1849）,經包慎言等校勘後刊行。前有自序,末有包慎言跋。其大旨從京房"竹聲不可調度"之論,謂京房管律之數乃律準尺數而非竹聲真度,弦上所得三分損益之數不可逕施於管,而真度存於伶人口耳之傳,以此非晉泰始十年荀勗所制之笛不可實際施用。又疑荀勗正聲、下徵、清角三宮即後世清、平、瑟三調。凌氏嘗作《述笛分別絲聲竹聲之異》等文,是書爲其繼續與發展。

此本據中國藝術研究院音樂研究所藏清光緒十九年劉世珩刻《聚學軒叢書》本影印。另有《校禮堂全集》本。(伍三土　王小盾)

### 樂律心得二卷　（清）安清翹撰　（第115冊）

安清翹（1751—1829）,字翼聖,號寬夫,垣曲（今屬山西運城）人。出身書香門第,從小聰穎好學,博覽群書。乾隆五十五年（1790）進士,曾任陝西三水縣知縣,有政聲。更著有《數學五書》、《周易比例》、《矩堂語録》等。傳略見其《數學五書》序。

此書成於嘉慶二十四年（1819）,後由安氏子孫校勘出版,爲其所撰《數學五書》之一。前有自序,稱律與曆原爲二事,但同依據算數而成立,有心人方可得之,故書名"樂律心得"云云。其内容,卷一三篇,分題論十二律爲虛律,論連比例爲樂律之要,論十二律相生即算術連比例之理;卷二十六篇,分題九九連比例,樂律斷比例,五音之用兼斷比例,七音比例,長短徑圍,三分損益,十二律周徑面冪空積比例,十二律空積徑圍,隔八相生,上生下生一理,七音二變,六十調八十四聲,五音清濁之序,黃鐘之宮,黃鐘之長,度量權衡。彼時西學東漸,清翹嗣習其法,精於等比、天元、圓矩之算,又明曆法而演歲差之變。其論律以數理爲本,以爲上生下生之法本是一理。又分別"律"、"度"二事,謂從來律書所載分數爲虛設之比數,而前人逕指其數爲弦管分寸之數,是視活數爲死數也。其計算諸律,設黃鐘之數爲十,半黃鐘之數爲五,以爲基數。至於求其餘十一律之數,則用西學等比數列之法而得其通項公式,"用乘方、開方等術算之,自三率用開平方,自十三率用開十一次方"。諸律之數逕與黃鐘基數一比開根而得,而諸律互求亦了無障礙,捨向來黃鐘而林鐘、林鐘而太簇二律輪流相比之法,算法尤簡,結果如一而愈加精準。其推演七音亦如此法。

此本據中國藝術研究院音樂研究所藏清嘉慶刻《數學五書》本影印。(伍三土　王小盾)

### 管色考一卷　（清）徐養原撰　（第115冊）

徐養原,有《周官故書考》等,已著録。

是書以宋人俗字譜出頭管、中管,元明始廢

而用簫笛，因考管色之制，圖示孔位，並釋調法。首述緣起，次而論管制、譜法、旋宮、銀字中管、殺聲用聲、辨異、笛制、笛色、吹笛法、造笛法、時下七調譜、考誤。清人考宋俗樂二十八調用聲，往往惑於元明調法以至錯亂，雖凌廷堪亦不曾免，得之者戴長庚、陳澧二人而已。養原據《補筆談》諸書而製《二十八調殺聲表》，除角七調有錯位外，宮、商、羽三調皆無錯訛，見識已出時輩之上。又略知唐宋律高二律之差，並宋元俗字譜可動調、固定調體系之別，且疑宋人自沈括以下以合字當黃鐘不合古法。

此本據華東師範大學圖書館藏清光緒崇文書局刻《正覺樓叢刻》本影印。（伍三土王小盾）

**荀勖笛律圖注一卷**　（清）徐養原撰（第115 冊）

徐養原，有《周官故書考》等，已著録。

是書扉頁題書名曰"邃律"，内文首行題書名曰"荀勖笛律圖注"，以辨證晉荀勖笛律爲主旨。

是書内容，首爲荀勖笛律總論；次爲分論，包含笛像、三宮二十一變圖、律度、笛考、字譜考等項目。其大略，蓋引《宋書》、《晉書》之文以注之，考荀勖十二笛之制，而圖其器形、調法、律度、字譜。又以爲笛七孔而僅用正聲、下徵、清角三宮，中清角不合雅樂而荀氏不言，因作《三宮二十一變圖》。

此本據華東師範大學圖書館藏清光緒崇文書局刻《正覺樓叢刻》本影印。（伍三土王小盾）

**律吕臆説一卷**　（清）徐養原撰（第115 冊）

徐養原，有《周官故書考》等，已著録。

是書雜議律吕生旋及雅俗歌奏事，每涉疑難，或有新見。全書二十餘篇，分題律尺説、律管説、律數説、相生説、黃鐘之宮解、七律解，聲律論，旋宮説，含少解，三樂説，徵羽用濁聲説，二變説，算律論，雅樂論，俗樂論，樂本説，堂上堂下説，歌詩説，書歌詩説後，歌永言説，聲依永説，射節説等。其論律數尺度，謂黃鐘九寸固略有偏差仍爲黃鐘，不必錙銖於毫釐之差，故無需求變律於十二律外。其釋《吕覽》含少之義，謂三寸九分之數爲伶倫截竹之初偶然所得之長短，以肇聲氣之元，既作十二箭以定律吕則此管無用；以"含少"爲伶倫吹管時意中之語，非律名、管名，乃以諸律本於黃鐘故，謂黃鐘之聲包含諸少聲也。其論樂之雅俗，謂雅樂非於俗樂之外別有聲節音調，乃就俗樂而去其繁聲爲雅音耳；變俗爲雅存乎人耳，惟樂器自有雅俗之不同，俗器不可以入雅而雅器可以入俗；五聲雅俗所共，十二律專施於雅樂，而俗樂重聲不重律。又論漢以來三代雅樂本尚存可復之機凡五，惜上下有魏文侯之好，故卒不可復，而三代雅樂未亡於秦而亡于魏晉；歷代俗樂甚繁，而綜其大綱不越南音、西音、北音而已。其論堂上堂下樂，謂堂上重人聲故琴瑟雖尊而僅爲其佐，堂下貴人氣而笙管雖卑而仍爲其君。其論歌詩之法，謂以一字協一聲或一字協數聲皆不合古，古法但遇韻尾數字而曼聲永之，非字字皆永；又以爲唐以前歌詩，聲與詞不相繩約，宋以來倚聲之説出而古法湮滅云云。

此本據華東師範大學圖書館藏清光緒崇文書局刻《正覺樓叢刻》本影印。（伍三土王小盾）

**古今樂律工尺圖**　（清）陳懋齡撰（第115 冊）

陳懋齡，生卒年不詳，字勉甫，上元（今屬江蘇南京）人。乾隆五十七年（1792）副貢生，官安徽青陽教諭。嘗受業於錢大昕、錢塘，通律歷之學。更著有《經書算學天文考》、《六朝地理考》等。傳見《清史列傳》卷六九、《疇人傳》卷四八。

是書成書於道光八年（1828），前有鄧廷楨序、陳懋齡自識。書如其名，以圖爲主，諸圖泰半無題，較向來圖表簡明，或以縱橫直線分割以便閱覽。開卷以元明以來可動調體系之工尺字譯宋傳《風雅十二詩譜》之越調《關雎》，並圖示"無射清商之越調"對應工尺。次圖十二均之五聲，十二律之月辰、星次，律呂分數。次而圖梁武帝十二通尺度，注云"京房律準，王朴亦然"。次繪笛形以圖工尺七調，並宋太常應鐘起宮之笛。又以五度鏈之序圖八十四調，兼注干支以志；其注語論相和五調，以爲平調宮引、清調商引、楚調角引、瑟調徵引、側調羽引。次而圖琴、笙、琶、笛之調法。次圖《宋史·樂十七》所列大曲、小曲、曲破之宮調種類。次以內涵十二芒星之圓圖繪律呂相生之序，而注文繫於本書他圖。次圖"鄭氏通分法"，以及《晉書》黃鐘笛並下徵、清角調法。以下圓圖，以元以來尚傳之十二宮調配十二律，兼注各宮調之工尺七調用字，並燕南芝菴《唱論》所言之宮調聲情，又分別子圖以示各調之工尺。卷尾爲"宮調經緯圖"，以十二律爲經，七聲爲緯，示八十四調理論之工尺用字。

此本據國家圖書館分館藏清道光刻本影印。（伍三土　王小盾）

### 律話三卷　（清）戴長庚撰　（第115冊）

戴長庚（1767—1833），字雪香，休寧（今安徽休寧）人。見蔣文勳《二香琴譜》序。

戴氏熟悉民間音樂，精通律呂之學，結合民間音樂、琴、笛及宋人詞譜研究律呂，以成是書。道光十三年（1833），戴氏陷於老病，其弟子蔣文勳、其子戴禮遂匆忙整理《律話》舊稿，由戴長庚補綴前後，交吾愛書屋刊行。

是書博大淵深，爲明清以來俗樂二十八調及宋代樂譜研究之一大結穴。前有自序，稱所謂今之樂，猶古之禮失求諸野之意。唯是前代談律諸賢，皆從雅樂一途進取，而庚却從民樂一道往來云云。本書本爲教弟子而設，

初衷在"明《史記·律書》一篇之不誤"，然所論廣及宋代樂譜、元明琴譜、琴笛調法並二十八調。前後刪改數載始刊行於世，而遺失引證《九宮譜》、《納書楹曲譜》之時曲一卷並琴譜十八種，卒未補爲完璧；雖然，已蔚爲大觀。

其上卷言《史記·律書》，釋"上九、商八、羽七、角六、宮五、徵九"，以爲乃太史公取洛下閎"縮角一算"之捷訣，而不必求之過深，穿鑿附會，疑其誤字或引入《河》、《洛》。然以"宮五徵九"爲"宮五九徵"之倒抄，恐未必當。又謂音有雅鄭而器無雅鄭，言律者必先知器。其論三分損益生律之序則不取重上生，論黃鐘"八寸七分一"，從司馬貞、沈括之見正爲"八寸十分一"，又以爲《律書》諸律下所注宮、商、角、徵、羽等八字"乃漢時用羽變之轉始宮窮角之法，以起六調"，非誤字。又本《淮南子》"以十二律應二十四時之變。甲子，仲呂之徵也；丙子，夾鐘之羽也；戊子，黃鐘之宮也；庚子，無射之商也；壬子，夷則之角也"一語，推演至六十調而作《五子圖》，以爲以干支配調自此始，而後人作六十納音而變其法，又本《黃帝內經》附"五音太少相生"、"五音齊化兼化"、"南北政"三圖以陰陽五行之說釋之。按五行納音之法秦簡已有之，惜戴氏未得見。其釋自古少徵調曲，以爲宮與徵各爲均主，用律仿佛而僅差一律，宮均易混故然，蓋本姜夔《徵調》詞序之義。其次考《淮南子》、《史記》乃至六朝變律之數，而詳於京房六十律。以下釋《史記·律書》"音始於宮，窮於角"一語，以爲十二律中相隔五律者，若子、辰、申之黃鐘、姑洗、夷則，宮角遞用而三均自旋轉調。次而以《欽定律呂正義》十二律之工尺字與宋人之法相較，言其對位差異。又釋《國語》"七律"、"上宮"之義，解"數始於一，終於十，成於三"之語。次列"十二律呂分數表"，論黃鐘宮、黃鐘角積數。次圖十二律之圓徑，限於時代，而以三爲圓周率之約數。次列十二律對應之固定調體系工

尺,蓋本宋人之法。

　　其中卷爲全書菁華所在。首論旋宮,次本朱子《琴律説》録宋俗字譜。次而列二十八調俗名,並以律吕兼註明其宮均、調式及住字律位,若"雙調"注"夾鐘商,中吕";中七角調又並注閏角、正角,若"商角"注"夷則變宮,無射羽、夾鐘角、林鐘"。此節論二十八調律位,了無錯謬,有清以來一人而已。又以爲以商調殺聲爲新調宮音,則其閏角變宮音爲新調羽音,以此釋"引商刻羽"、"宮逐羽聲"。次爲《二十八調俗呼板眼考》,首論宋時十二律工尺字及二十八調殺聲律位。次而考《宋史·樂十七》十八宮調之曲,而述南宋以漸二十八調僅用十八調乃至十三調之嬗變。次而論笛制而及雌雄笛之别。又論吹口出氣,以爲"氣初入時束緊而力急","至五寸外散漫而力緩",故笛當以出口處粗,末節處細爲佳,不必以上下均積爲通論。次而論工尺字之緣起,謂唐之銀字管、宋之中管、今之雌笛一義。次爲《七音配笛説》、《七音相生表》、《七調圖説》、《二十八調别名考》。其《五律不立調説》,以爲以七律立調蓋限於笛制,餘五律别出中管合之,而引姜夔《越九歌》"中管高般瞻調"之名爲證,又仿《欽定律吕正義》中吕、姑洗二笛圖作《雌雄二笛圖説》。次而據《宋史·樂志》"景祐樂髓新經"、《明史》"十二月按律樂歌"考中管調及其聲曲。《銀字管考》三則釋"流徵"以爲"不定爲流",爲笛音同孔吹之不穩定之謂,又解尉遲青高般涉調吹曲事以證中管之用。以下論《風雅十二詩譜》並《白石道人歌曲》十七首詞樂及《越九歌》之宮調,以宋時固定調工尺字並七聲音階音名譯之,其《鹿鳴》一曲又以可動調工尺、固定調工尺、古琴減字分而作簫、笛、琴三譜。《白石道人歌曲》詞樂十七曲並《越九歌》十曲,爲寶貴的宋代音樂實例,清代始重見天日,系統研究並譯譜則自戴長庚始。觀其譯譜,雖拍號未作譯解,而已得姜譜旋律之

大概。篳路藍縷,以啟山林,戴氏之謂也乎?

　　其下卷論琴制及調法,作琴圖二十四種以圖雅樂之調。其論琴家以三弦仲吕爲正,以爲仲吕具黄鐘之音,仲吕按得之黄鐘較黄鐘爲弦之散聲爲清故取之,而論宮調仍當本乎黄鐘。又論琴曲有詞無詞之别,以爲其有辭者以四聲清濁、唇齒喉舌之法試之,聲與辭終不能合,固知古詞與曲散亡乃氣運使然,既不能追歌永言之旨,而"從無詞中疏其宛結之音"爲琴話。以下以減字譜及七聲音之名録《猗蘭操》、《佩蘭》、《梅花三弄》、《洞庭秋思》、《風雷引》、《塞上鴻》、《搔首問天》、《大雅》、《搗衣》、《八極游》、《古怨》數曲,各有釋文。其間又附《十二分野圖》、《十二月卦圖》、《日升月降圖》、《轉軫説》並調弦泛音圖數種。

　　此本據中國藝術研究院音樂研究所藏清道光十三年吾愛書屋刻本影印。（伍三土　王小盾）

### 律吕臆言三卷　（清）蔣文勳撰　（第115册）

　　蔣文勳（約1804—1860）,號夢菴,又號胥江,吴縣（今屬江蘇蘇州）人。以賈爲業,好讀書鼓琴。師從戴長庚（雪香）學習律吕,師從韓桂（古香）學習琴藝,更著有《梅華菴二香琴譜》。傳見其《二香琴譜》自序。

　　是書脱稿於道光十三年（1833）,次年以梅華菴名義自助出版。書前有江沅序、蔣氏自序。其書上卷注釋《史記·律書》、《管子·地員》、《吕氏春秋》論樂諸篇及《淮南子·天文訓》,而以此四書爲秦火以後能傳伏羲、黄帝所造之古律者,附《十二均住字表》、《旋宮十二均表》,以五行注之。卷中考原琴制,備言弦徽之分數。卷下非中吕復生變黄鐘之法,以爲琴弦一徽以上十三徽以下未嘗無律,而彈者不用以其太過而不及,生律法始於黄鐘止於中吕,此外不必論可矣。其論樂謂二變以濟正聲之不足,雖不可廢亦不當多用而

過於正聲,而非趙彦肅《風雅十二詩譜》以二變作正腔。又以爲古來論律多有泥古穿鑿或憑虛臆測之紙上空談,今之樂尚不能知又何以知千萬年前之古樂,故當以現行之俗樂驗律之是非。

此本據中國藝術研究院音樂研究所藏清道光十四年梅華菴刻本影印。(伍三土　王小盾)

### 古今聲律定宮八卷　(清)葛銘撰　(第116冊)

葛銘,約生於1793年,號警堂,東陽(今浙江東陽)人。著有《河洛正宗》、《乾象彙編》、《寰瀛山水略》、《古今聲律定宮》等書。傳略見是書自序。

是書成書於壬子年(1852),爲作者花甲壽慶之物。

是書於六七卷間分別今古:前六卷總題"歷代聲律定宮",後二卷總題"本朝聲律定宮"。卷一有《律呂相生圖》、《五聲二變圖》、《五聲循環圖》、《律呂正變全半圖》、《十二調圖》、《六十調圖》、《六律五聲揭要》等篇章;卷二有《律呂原始》、《律呂名義》、《黄鐘之實》、《黄鐘生十一律》、《變律半律》、《損益相生》等篇章;卷三有《五聲原始》、《五聲名義》、《五聲二變》、《旋相爲宮》、《聲律七字譜》等篇章;卷四上爲《曲調》;卷四下至卷六上次第論八音之樂;卷六下爲《聲律餘論》,有《在治忽》、《聽軍聲》、《候節氣》、《審度嘉量謹權》、《歷代製律》、《歷代審音》等篇章;卷七有《黄鐘真度》、《十二律真度》、《編鐘律》、《編磬律》等篇章;卷八上論琴而頗取王坦之説;卷八下爲《文廟樂章》、《定宮片議》。大抵祖述前賢,接引時論,抱古守成,考録當朝之制。其卷三所引録《律呂源流》"大司樂十二調"舊譜,他書不載,凡五聲一句爲一調,四調二十音一曲分祭天、地、人。又考"今所傳唐樂篴字譜"之工、凡、六(合)、四(五)、一、尺六字,謂出簫笛孔穴數目名,不用上、勾二字而别於宋人十字之俗字譜,亦他

書未嘗留心,然未言所本。其考二十八調用音及字譜,一本唐宋《樂志》之載與宋儒之説,雖發明有限,然不似時輩以當時工尺七調妄加揣度。本卷又本熊朋來、黄佐之言考明太常舊譜,引徐景安《樂書》語論四聲二韻配五聲音階之法。其卷六《曲調》引《風雅十二詩譜》三章,然非律呂字而工尺,似本熊朋來《瑟譜》,可資校對。書末有鄭清如、錢壎《奉題〈聲律定宮〉》詩二首,言及成書時日,有云"歲在壬子四月吉,先生弧旦慶六秩"云云。

此本據遼寧省圖書館藏清抄本影印。(伍三土　王小盾)

### 庚癸原音四種四卷　(清)繆闉撰　(第116冊)

繆闉,生卒年不詳,字可齊,又字又謙,號卓韓,蕪湖(今安徽蕪湖)人。官工部屯田司,後改任雲南陸涼知州,纂修《陸涼州志》,又升白鹽井提舉司,澄江府知府及甘肅平慶涇道。傳見《新纂雲南通志》卷一八四。

繆氏生官宦世家,幼讀書,見律呂相生圖而好之。其父遂延琴師授以聲樂,愛之甚深。咸豐十年(1860),因事由雲南入京,於固安(今屬河北廊坊)地遇馬君衢,遂結同好。盡閲馬氏所藏之譜,成《律呂通今圖説》一卷,又作《律易》。同治年間重修二書,以始於咸豐庚申成於同治二年(1863)故,合名《庚癸原音二種》,又附存《音調定程》、《弦徽宣秘》二書,於同治五年(1866)付梓。

是書前有桑春榮、楊希珏、何紹京、吳若灝、劉晉潔五人之題識。中國古樂,秦前書不傳,論律自漢班固始。古律有十二而只用七,虛存其度者五。欲考其聲律對應關係,古書無足徵,今琴無足據,繆氏爲此蓄疑三十餘年。其《律呂通今圖説》一書,開篇論律呂清濁,兼述歷來樂論之要,通知古來異説,幾爲律學簡史,而主重上生之説。其論黄鐘九寸非最長,以爲九寸黄鐘以下尚有倍濁之諸律,非止於十二管而已。其論漢至隋初但用黄鐘一均

七音,以爲旋宮之法失傳至周代而始,疑周官所設奏鐘歌呂之制未必古法。又以爲旋宮七調而止,七聲順逆互旋不過十四調而已,歷來旋宮之説八十四調、六十調、四十八調、二十八調中皆多複調。後文又分別均、調之概念,而非等“均”爲“調”者。其分高低八度而論七聲工尺字譜,以爲南曲不用乙、凡二字。其論琴謂七弦各具倍半二律之聲,故旋宮之備莫若琴,而非倍徵、倍羽之名義,又謂《仙翁操》之曲聲與辭清濁不合。其論“九宮”之名謂“九宮”之宮字蓋指起曲之聲字而言,義與五音中之宮字不同,故不必非之。又論琴弦但分粗細二等,駁以五聲之數定弦絲粗細之謬。以下按前文順序附録《七聲遞成次序圖》、《律管損益並進圖》等十五圖表以證前説。次而論琴、簫、笛、笙之調法,並作《琴五調徵分律呂表》(分五子圖)、《琴五調律呂便字圖》(分五子圖)等圖以證,兼考古今尺度。又附《絲竹品銘》、《天地人物納音總圖》、《五音十二律干支宮調指掌》,以《律尺圖式》終全書。

其《律易》一書,“由干支之位推天地之數,乃知律由聲生,聲由數定”,而以易理證律呂之學,圖像精微、自成體系,闡發卦理尤深,合乎古來六律六同大小陰陽、十二律配月應氣之義,以聲氣理數尊古不能貫通故,推演二氣往來之理而廣其説。分《七聲簡易》等十一篇。

其《音調定程》一書,以圖爲主示旋宮之義,大抵本前二書之旨,間有釋文。計有《七聲十四管清濁旋宮圖》、《班蔡七均順逆分旋圖》等九圖,其中《十二調五音定程圖》分六十子圖,各附本調曲目,《正變聲容圖式》分十五子圖。

其《弦徵宣秘》一書,病律呂之道久患紛争,而琴學失傳尤甚,轉弦之法知之者罕,發明“宮之必由角變,而六音出於變宮,諸器製於變徵”之秘,自矜發古人之未宣,故名。其

論古琴調法,分《五調合樂定程》、《五調八準泛和法》、《間徵定律》、《弦徵五調按和法》、《弦徵字譜舉隅》五篇,附《五聲字譜歌訣》。其《弦徵字譜舉隅》一節,附琴五音正調調弦試徵之曲,減字譜以外兼注工尺字以和笙簫,以宮、徵、商、羽、角五調依次對應工尺七調之小工調、四字調、尺字調、六字調、上字調。

此本據中國藝術研究院音樂研究所藏清同治蕪湖繆氏刻本影印。(伍三土　王小盾)

### 音分古義二卷附一卷　(清)　戴煦撰　(第116册)

戴煦(1805—1860),初名邦棣,字鄂生,號鶴墅,錢塘(今屬浙江杭州)人。諸生,絕意仕進,精算數,在研究國外傳入對數運算時發明了“圖表法”。續成項名達《象數原始》,更著有《重差圖説》、《對數簡法》、《續對數簡法》、《外切密率》、《假數測圓》、《求表捷術》、《音分古義》等。傳見《碑傳集補》卷三二。

是書成於咸豐四年(1854),光緒十二年(1886)由新陽趙氏刊行。前有自序,稱於音樂素未研究,馥園王甥酷嗜琴律,每博采群議,以相咨訪,恒苦索解之難。乃稍習其書,間有緒論,輒筆之以備遺忘。積久成帙,爰編次以自娱云云。全書大旨,“一遵《律呂正義》而間有變通”,取朱載堉“管律倍半不相應”説而不取其異徑管律並新法密率,仍祖三分損益之古制,以連比之法算律以定管弦。卷上言律呂之算及定管之法,分《邇言十五則》、《黃鐘定制》、《用連比例定管音法》、《律呂借用倍半》、《六間準分》、《黃鐘同形管》、《黃鐘同形管生各律各間同形管》諸章;卷下言定弦之法及琴律,分《用連比例定絃音法》、《絃音度分配管音律呂》、《琴絃徵分》、《琴絃轉調》四章,又附《用連比例訂正世傳絃音度分法》、《改設管音度分以合世傳絃音度分法》、《改設黃鐘同形管以合世傳絃音度

分法》等三章。

此本據中國藝術研究院音樂研究所藏清光緒十二年新陽趙氏刻本影印。（伍三土王小盾）

**聲律通考十卷**　（清）陳澧撰（第116冊）

陳澧（1810—1882），字蘭甫、蘭浦，號東塾，番禺（今屬廣東廣州）人。道光十二年（1832）舉人，六應會試不中。先後受聘爲學海堂學長、菊坡精舍山長，教人“以經爲主”，不自立説。澧九歲能文，復問詩學於張維屏，問經學於侯康，於天文、地理、樂律、算術、古文、駢文、填詞、書法，無不研習。更著有《琴律譜》、《切韻考》、《説文聲表》、《漢儒通義》、《水經注提綱》、《水經注西南諸水考》、《三統術詳説》、《弧三角平視法》、《申范》、《摹印述》、《東塾讀書記》、《東塾集》、《憶江南館詞》等。《清史稿》有傳。

是書成書於咸豐八年（1858），後二年由粤東城西湖街富文齋刊行，復輯入《番禺陳氏東塾叢書》。前有自序，謂：“《周禮》六律、六同皆文之以五聲，《禮記》五聲、六律、十二管還相爲宮。……今之俗樂有七聲而無十二律，有七調而無十二宮，有工尺字譜而不知宮、商、角、徵、羽。余懼古樂之遂絶也，乃考古今聲律爲一書。”其首卷《古樂五聲十二律還宮考》，列六十調旋宮表；觀其表序列井然，而以“黄鐘爲宮、黄鐘爲商、黄鐘爲角、黄鐘爲徵、黄鐘爲羽”爲“黄鐘均五調”，乃誤解“均”之古義。其卷七、卷八之八十四調表，“均”之名義亦同此誤，而以“移宮”爲“轉調”，概念亦隨之而誤。第二卷《古樂五聲十二律相生考》，論三分損益法，以爲其算皆大略而非極密之數，以致黄鐘不能復，然其差微小而不礙實用，故不必求之過細，因非京房六十律之推演繁難而終不能復黄鐘，其見略同徐養原。第三卷《晉十二笛一笛三調考》，論荀勖笛律，謂諸笛同律位之孔距各有微差，若

黄鐘笛之黄鐘孔據笛首一尺六寸一分一釐，而大吕笛之黄鐘孔據笛首一尺六寸零三釐，相差八釐。又謂當以連比例十三率乘方、開方法算之，方可得笛聲真度。第四卷《梁隋八十四調考》，論八十四調淵源，以爲起於梁武帝四通十二笛舊法，非自蘇祇婆之胡樂始。第五卷《唐八十四調考》，分別律吕式宮調名中常見而易混之“之”、“爲”二種稱謂法，見識尤深。第六卷《唐宋遼二十八調考》，論唐宋俗樂二十八調，以爲二十八調調名有與律名不合者，乃唐宋律吕標準高差二律始然；又從凌廷堪之説論《樂府雜録》“商角同用，宮逐羽音”一語；二説皆得之。陳澧視凌廷堪爲諍友，取其燕樂爲琵琶調並“四宮（均）七調”之説，而頗非其以今證古，執論偏宕處；然觀其圖表與論證之實際，蓋本宋人“七均四調”之載，而不可爲“四宮（均）七調”説張目，是誤解“均”之概念而至名實混淆也。本卷又據《樂府雜録》“四聲七運”之載，參樂工時法，理論設計琵琶調弦法七種，各以七工尺字爲諸弦散聲，輪轉以應二十八調。而以七宮、七商、七角、七羽即“四均”，義理未必誤而“均”之名實又誤矣。第七卷《宋八十四調考》，列圖表示八十四調之律位甚明；又謂一管但能轉七調而不足十二律，故設聲高一律之中管，二笛並吹可應足十二律，轉八十四調；復謂《樂髓新經》與《詞源》所載諸調，稱謂不同而體系實一；皆精警之論。第八卷《宋俗樂字譜考》，考宋人俗字譜，以爲宋管色譜字出於琵琶譜字，十六字應琵琶一弦之十六聲，施於管色則合并高下以就簫笛之孔，遂成九字。是説恐不確，今論者多以爲宋人俗字譜乃簫笛工尺字之半字，又今所見唐琵琶二十譜字亦不同於此。本卷又謂“宋之字譜配律吕，今之字譜代宮商，二者截然不同”，實道破宋代固定調體系工尺字演替爲元明可動調體系工尺字之嬗變。第九卷《歷代樂聲高下考》，以晉尺爲準，圖表以考歷代黄鐘律準高下

甚詳;又以爲"中聲"即人聲之謂,高不過荀勖、王朴,下不過杜夔、和峴。第十卷《風雅十二詩譜考》,存録趙彦肅《風雅十二詩譜》,並以七聲音階及工尺字譯之;朱熹以此譜清聲爲調故,疑諸曲非開元遺聲,陳氏則辯之以爲不必疑;其後又録姜夔《越九歌》十曲並譯之如上。書末有門人殷保康之跋。

此本據中國藝術研究院音樂研究所藏清咸豐十年殷保康廣州刻本影印。(伍三土　王小盾)

**樂記異文考一卷**　(清)俞樾撰　(第116册)

俞樾,有《易貫》等,已著録。

是書爲《曲園雜纂》第九種。前有題識,謂"《樂記》一篇,與《史記·樂書》文字頗有異同。余曾屬詁經精舍諸生,作《樂記樂書異文箋》。因復考之《漢書·禮樂志》、《荀子·樂論篇》、《家語·辨樂篇》、《説苑·修文篇》,作《樂記異文考》一卷示精舍諸生"。全篇輯録《禮記·樂記》與他書相較之異文約兩百條,用於教授經生。

此本據浙江省圖書館藏清光緒二十五年《春在堂全書·曲園雜纂》本影印。(伍三土　王小盾)

**律吕元音一卷附録一卷**　(清)畢華珍撰　(第116册)

畢華珍(約1785—1858),字子筠(一作子雲),鎮洋(今江蘇太倉)人。畢沅侄孫。嘉慶十二年(1807)舉人,歷官浙江淳安、龍游、慈溪等縣知縣。少喜律學,偶有窺測,即筆之於條。善畫山水,以空蒙蕭瑟見稱。又工吟詠,名列《乾嘉詩壇點將録》。晚歲養疴禾城(今浙江嘉興),築梅巢以居,作《梅巢雜詩》、《揖山樓詩集》等。《清儒學案》卷一七二有傳。

是書成於道光二十八年(1848),六年後刊行。前有作者題識,正録之末有錢熙泰校記,

附張文虎《復畢子筠明府書》,論及《白石道人歌曲》歌譜之版本。其正録分篇二十六,分題造律之原、較正黄鐘、黄鐘倍律等。又別録二卷,上卷爲《歷代樂章》、《歷代燕樂(附諸樂器)》;下卷爲《琴譜》、《瑟譜》、《詞曲九宫聲調譜》,皆注"後出"而僅存其目。全書議論皆精簡扼要,切中音理,徑陳己説,而不溺長篇考據引證之時風。其論造律之原,以爲先有本乎人聲之七音,後有十二律。論黄鐘倍律,以爲人聲盤轉上下共得二十一音,半律有盡而倍律無窮。其論四聲配調,非依聲傍字逐字擬定四聲之死法,而以爲清濁不可不辨。其論二十八調,不深考據,徑以後世工尺七調之義强爲解説,惑于今而不知古,而張文虎有疑焉。其論"逸調即京房變律",以爲變律之設,可補逸調不諧之細微音差。又論先古雅樂未必一字一音。

此本據上海辭書出版社圖書館藏清咸豐四年錢培名刻《小萬卷樓叢書》本影印。(伍三土　王小盾)

**樂律明真解義一卷**　(清)載武撰　(第116册)

載武,生卒年不詳,字紹舫,號無爲散人。正紅旗近支第四族宗室,與同治帝、光緒帝爲同族兄弟。生於北京,自幼酷愛數理之物,稍長,游於書法、栽種、畜養之學。三十歲起關注考據,醉心格致測算,流連樂律、光影、算籌之具。更著有《樂律明真明算》、《樂律明真立表》、《樂律擬答》、《排列算法》等。傳見《樂律明真總序》。

是書成於光緒二十年(1894),復於民國四年(1915)增正。前有光緒二十九年大學堂管學大臣張亨批云"宗人府經歷宗室載武呈鑒著作由,據呈物理、算學八本。其《樂律擬答》二卷,理本天然,推闡盡致。《排列算法》四卷,根垛積理,以發明乘方諸數,足示初學門徑。《樂律解義》、《樂律立表》、《樂律明算》諸卷,細入無間,詣屬專門,具見殫勤。

著作實事求是,深堪嘉許。附列未成書目十二種,仰於脫稿後送候審定。寫本共八册,均發還"云云。《樂律明真解義》《樂律明真明算》《樂律明真立表》三書又有《樂律明真總序》,表裏一體,要以七平均律爲歸而各有側重。

是書解釋歷來樂律學名詞之義,如音樂辭典,按名詞字數分排,往往片言見義,簡明扼要,不深考據而尤重七音、工尺與諸樂器之實踐。首釋"響"、"聲"、"音"、"韻"、"律"、"調"、"宫"、"歌"、"謳"、"吟"、"唱"、"曲"、"腔"、"節"、"拍";次而釋"工尺"、"宫商"、"律呂"、"正變"、"清濁"、"大小"、"高低"、"硬軟"、"尖團"、"亮啞"、"長短"、"陰陽"、"剛柔"乃至八音;再次釋"瑶琴徽"、"錦瑟柱"、"月琴品"、"琵琶相"、"三絃碼"、"胡琴碼"、"洋琴岳"、"笙簧序"、"横笛膜"、"頭管哨"、"嗩呐管"、"瓦壎孔"、"瑟中絃"、"胡琴鼓"、"琵琶面"、"各器絃"。其"律呂"一條,附西洋七音之唱名音譯,並其英文字母、數字、幾何符號標記法,乃西學東漸之證。其論"亮啞"而備述諸器樂音不亮之因由,又論"弦爲線長之理,磬爲面積之理,管爲體積之理,鐘爲圓柱之理"、"管哨之長與管體之長甚有相關之理",已略通今之物理聲學。

此本據國家圖書館分館藏抄本影印。(伍三土　王小盾)

**樂律明真明算一卷** （清）載武撰 （第116册）

載武,有《樂律明真解義》,已著録。

是書成於光緒九年(1883),詳釋其自創七音平均律算法,兼言三分損益法之失。其法以等比、乘方、開根爲要,以十萬爲基數,而引入西學之算術符號,或亦參照朱載堉之平均律算法。又設"樂律算學題"十五、"樂律理學題"十三、"樂律格致題"三十以終全書。中國十二律與五音二變,俱以三分損益法爲本上下相生,不能循環往復。十二律相生終

於中吕,以中吕復生黄鐘,所得之律與黄鐘有微差而略高於黄鐘(其差以今之音分法言之約二十四音分)。京房所謂變黄鐘執始之音,執始再生律,所得變林鐘又高林鐘二十四音分矣。五音相生終於角,以角復生音,所得之音與宫音有差而低於宫音約一律,故曰變宫;變宫再生之音較徵音又低一律,故曰變徵。此皆三分損益法之先天數理缺憾使然,歷代言樂律者欲矯之而不能,若京房、錢樂之、萬寶常輩,各以六十律、三百六十律、一百四十四律推演,僅能縮小其差值,黄鐘終不能完美歸復。入明始有朱載堉捨三分損益而創新法密律,雖未付諸實踐,然暗合西人十二平均律之旨趣而早之,乃律學史上一大創見,人所共知。載武是書,不以平均之法施於律,而捨歷來七音間距不用,以平均之法施於七音,亦一創見,而知之者罕。其論重七音甚於十二律,而觀其《樂律擬答》一書,不捨不平均之康熙十四律而施於所創之平均七律,執其兩端,終有未愜。

此本據中國藝術研究院音樂研究所藏清抄本影印。(伍三土　王小盾)

**樂律明真立表一卷** （清）載武撰 （第116册）

載武,有《樂律明真解義》等,已著録。

是書成於光緒九年(1883),本同年所作《樂律明真明算》一書之論,作表以示弦音、管音之律數,以便制器。其弦音表按確音、泛音、生音、分音,列明弦長數表與弦顫數表,並其讀表、定表、造表、用表、對表之法。其管音表僅列一管一音之管長數表,及其讀表、定表、造表、用表、對表之法,謂"其數孔之管,各孔相距皆爲平加數,各孔相距皆同,無須立表。其一音之管,各長相差皆爲循加數,各長相差不同,必須立表"。又以爲"其鐘、磬、鑼、簧,雖皆有法,不能致用,故無須立表,只可實驗而得。蓋鐘磬之小大可算,體質之鬆堅難一;鑼簧之寬徑可得,厚薄之就合難定。

即雖有表,亦難試用”,故不爲弦管以外其餘樂器立表。

此本據中國藝術研究院音樂研究所藏清抄本影印。(伍三土　王小盾)

**樂律擬答**　(清)載武撰(第116册)

載武,有《樂律明真解義》等,已著録。

是書成於光緒二十年(1894),凡三卷,乃爲《律吕正義》後編“樂問”之部分問題作答,故名。卷首題識云:“會典館黄大人以《律吕正義》後編四卷三十五題命校算,因將各題另擬新答,並列詳算。原書四卷,似非一人之作,其三卷、四卷答理甚奥,其一卷、二卷有歉,後有四題原書缺説。”其卷一擬答十二律數、律數五音、含少、黄鐘圍徑、三分損益等問題;卷二擬答朱載堉新説、律數往而不返、中聲、律數合於易、變律、四倍律、七律等問題;卷三擬答五聲二變、律吕分均、絃名假借、絃不易名、八十四聲、絃音度分、還宫無啞鐘、還宫皆黄鐘、絃音生聲取分不同。大抵按《律吕正義》原書之舊題,而略有歸並錯序處,其答語往往不深求經意,每逢疑難即自陳新法以矯古,而多附算術圖表。名雖“擬答”,實毛錐在囊,自脱鋒穎耳。

此本據中國藝術研究院音樂研究所藏清抄本影印。(伍三土　王小盾)

# 春秋類

**春秋傳服氏注十二卷**　(漢)服虔撰　(清)袁鈞輯(第117册)

服虔,生卒年不詳,初名重,又名祇,字子慎,滎陽(今河南滎陽)人。少受業太學,舉孝廉,中平末官至九江太守。以經學著稱。《後漢書》有傳。

袁鈞(1752—1806),字秉國,一字陶軒,號西廬,鄞縣(今屬浙江寧波)人。嘉慶間舉孝廉方正。曾主稽山書院。治經宗鄭玄,輯《鄭氏佚書》。更著有《四明文獻徵》等。事蹟略具《瞻衮堂集》卷首張壽鏞序。

東漢諸儒傳《左氏》者甚衆,賈逵、服虔並爲訓解,至魏行於世,晉時與杜預《春秋經傳集解》俱立國學。後學三傳通講,各有好尚,大抵河洛重服注,江左好杜解。至隋,杜氏盛行,服義遂浸微。《隋志》著録服虔《春秋左氏傳解誼》三十一卷,兩《唐志》作三十卷。此本乃清袁鈞輯本。鈞一生致力鄭學,與友人李賡芸輯《鄭氏佚書》七十九卷,凡二十三種。據《世説新語》,鄭玄欲注《春秋傳》,未成,聞服子慎注《左氏傳義》,多與己同,乃以己所注盡付子慎。袁氏以爲服氏書既出於鄭,亦屬鄭學一脈,存服所以存鄭,故廁列所輯《服氏注》於《鄭氏佚書》之中。

是書摘取《左傳》原文列於前,服氏注列於後,據杜注,本孔疏,博取《詩經》、《儀禮》、《禮記》、《尚書》、《公羊傳》諸經義疏,及《通典》、《文選》、《宋書》、《釋文》、《通志》等,所輯佚文皆標明出處。各條下多有考證,往往辨析訛謬,補正陰失,如卷五僖公五年“均服振振”,《周禮・雞人》疏稱賈、服等皆爲“均”,袁氏考證以爲若作“均”,則同今本矣,故據《文選》注引服説作“袀”是正。亦偶有不察、因訛傳訛處,如卷十昭十一年“孟僖子會邾莊公盟於祥”條,袁氏考證據《公羊疏》謂“服氏注引者直作祥,無祲字”。然《公羊疏》明言“服氏注引者直作詳”,非作“祥”。又如卷九襄公二十三年“趙勝帥東陽之師”條,服氏注以東陽爲魯邑,大謬,然袁輯未能辨證,不能不謂之一失。然漢世言《左傳》之古誼,久佚不傳,此本廣輯衆説而折衷之,雖不若李貽德《春秋左氏傳賈服注輯述》發揮之豐贍,却較馬國翰玉函山房所輯爲詳備。

此本據上海辭書出版社圖書館藏清光緒十四年浙江書局刻《鄭氏佚書》本影印。(單承彬)

## 春秋左傳正義三十六卷　（唐）孔穎達等撰（第 117—118 册）

孔穎達，有《周易正義》已著録。

穎達精於經學，貞觀中奉太宗命領銜編撰《五經正義》凡一百八十卷，爲此後經書之定本，亦爲後《十三經注疏》之基石，《春秋左傳正義》即其中之一。

此本爲南宋吳興沈作賓所刊，書前原有沈氏序文，現尚存於張金吾《愛日精廬藏書志》，其中言及是書經傳注疏合刻之緣起經過。南宋前，諸經注疏皆單獨刊行，有經注本，有單疏本，未有注疏合刻本。陸德明《經典釋文》更是單獨的一種書，並無與經注合刻附行現象。南宋慶元六年（1200），紹興知府沈作賓於任所刻《春秋左傳正義》三十六卷，與前此兩浙東路茶鹽司提舉黃唐等所刊《毛詩》《禮記》《易》《書》《周禮》注疏合，是爲“越州本六經”，版式上采用統一規則，每半頁八行，經傳每行十五或十六字，注疏每格雙行，行廿二字，白口，左右雙邊，開版宏闊，刻印精良。刻工有葛昌、張暉、毛俊等，皆當時浙杭一帶良工。較六十卷本《正義》，此本不僅無陸德明《音義》，無俗體字，即孔疏内容亦略有不同，如隱元年傳“孟子卒”杜注“不稱薨，不成喪也。無謚先夫，死不得從夫謚”下，六十卷本有一段約四百字孔疏，此本則無。又此本卷二十四將傳“會於夷儀之歲，齊人稱郟”置於襄公二十六年《經》之前，亦與唐《開成石經》合，阮元《十三經注疏校勘記》稱其爲宋刻《正義》之第一善本。

各卷卷首鈐有“秋壑圖書”“北平孫氏”“季振宜印”“崑山徐氏家藏”“海鹽張元濟經收”“涵芬樓”等印記，大致反映了該書在賈似道、孫承澤、季振宜、徐乾學、張元濟等處歷代輾轉收藏情況。

此本據國家圖書館藏宋慶元六年紹興府刻宋元遞修本影印。（單承彬）

## 左氏摘奇十二卷　（宋）胡元質撰（第 118 册）

胡元質（1127—1189），字長文，長洲（今屬江蘇蘇州）人。高宗紹興十八年（1148）進士，歷任秘書省正字、校書郎、給事中，出知和州、太平州、建康府，轉四川制置使兼知成都府。以敷文閣學士致仕。更著有《西漢字類》等。事跡具《吳郡志》卷二七、《南宋館閣録》卷八。

是書摘引經傳中字句之古雅新奇者，故名“摘奇”。文句之下，附杜氏集解，略加詮釋。《春秋左氏傳》初多古字古言，至劉歆治左氏，引傳文以解經，轉相發明，由是章句義理備焉，然内中含奇字佳句甚多，胡氏摘録爲十二卷。末有胡氏跋云：“皆手所約取，鋟木於當涂道院。”

此本據國家圖書館藏清嘉慶影宋抄本影印。（潘華穎）

### 音注全文春秋括例始末左傳句讀直解七十卷　（宋）林堯叟注（第 118 册）

林堯叟，字唐翁。生卒事跡不詳。

是書首爲《綱目》，次圖兩幅，曰《四凶圖》、《十二圖戰國圖》，次目録，正文七十卷，分隱公二卷、桓公二卷、莊公三卷、閔公一卷、僖公八卷、文公四卷、宣公五卷、成公六卷、襄公十三卷、昭公十六卷、定公四卷、哀公六卷，凡七十卷。是書解經多依杜氏，兼采止齋陳氏議論，間出己意，推闡經旨。全書大抵逐句箋釋，隨文爲解，故名“句解”。其解雖不若杜注，然於杜注簡略處多有補充，且淺顯易明。如“惠公元妃孟子”杜注：言元妃明始適夫人也，子宋姓。林氏句解：元，大也。嘉耦曰妃。始嫡夫人也，子，宋姓。

此本據國家圖書館藏元刻明修本影印。（潘華穎）

### 春秋左傳類解二十卷　（明）劉績撰（第 119 册）

劉績，生卒年不詳，字用熙，號蘆泉，江夏

（今屬湖北武漢）人，弘治三年（1490）進士，官至鎮江知府。傳略見《四庫全書總目》卷二二、卷三九、卷一〇一。

是書凡二十卷，其目分題周、魯、宋、杞、陳、滕、薛、齊、紀、莒、晉、虢、虞、秦、鄭、許、衛、曹、蔡、吳、越、楚，以邾、小邾附之魯，邢附之衛。列《凡例》、《八風圖》、《躔度分野圖》於卷首。是書併經傳中事類而析之，以國爲綱，以年爲緯。據《凡例》云："各國悉依經傳子史撮其興亡略於前，名壽各具某公下。"書經編年於上，下列《左傳》傳文，於《公》、《穀》二傳各去取附書於後。"分各國經傳處，俱用圈間之"，"若經合在此，而傳爲他國，則取傳附他國，而於經下注'傳見某'"。

是書以爲"理在人心，而事本記載，得事之真，而是非自分"（《凡例》）。故專以釋事爲主，又不廢其義，不承陋襲故，力掃先儒拘例之失。

此本爲明嘉靖七年（1528）崇藩寶賢堂刻本，書前有是年希玄子序，序文後鐫有"希玄子書于寶賢堂"印、"崇國圖書"印及竟陵鍾惺批點。清朱彝尊《經義考·春秋類三十三》著錄劉績撰《春秋左傳類解》二十卷，引曹溶曰："劉氏《左傳類解》，莆田洪珠爲之序，晉藩刻之于寶賢堂。"杜序附陸德明音義。

此本據浙江圖書館藏明嘉靖七年刻本影印。（潘華穎）

### 左氏春秋鐫二卷　（明）陸粲撰（第119册）

陸粲（1494—1551），字子餘，長洲（今屬江蘇蘇州）人。嘉靖五年（1526）進士，選庶吉士，官至工科給事中，因言下詔獄，謫貴州都鎮驛丞，終永新知縣。研心經史，學問宏博，更著有《陸子餘集》、《左傳附注》、《春秋胡氏傳辨疑》等。事跡具《明史》卷二〇六。

是書上卷五十四章，下卷五十九章。前有題辭，後有後記。題辭敘成書大意及作書緣由。是書簡録《左傳》傳文，多爲對話及評論，陸氏批判糾正之語則冠以"鐫曰"附後。

是書入《四庫全書總目》春秋類存目，提要謂成於粲謫都鎮驛丞途中，柳宗元《非國語》之類是也。於左氏釋經之謬，闢之可也，至記言記事，但各從其實，事乖言謬，咎在古人，與紀載者無與。亦謂之鐫左，則非其罪矣。甚哉其固也云云。雖於此書評價不高，然陸氏不以命名定禍福、不以生死繫占夢等觀點亦有可取之處。

陸氏另有《左傳附注》五卷收入《四庫全書》，駁正杜注、孔疏、陸氏音義，"多旁采諸家之論，亦間斷以己意，於訓詁家頗爲有裨"。《左氏春秋鐫》較《左傳附注》有所不同，對《左傳》之批判、糾正，其重點不在訓詁，而在經義。兩書互參，可對陸氏之《左傳》研究有更全面瞭解。

據後記，是書由平越衛學門生劉祥、金鳳、劉奇、楊世雍、戴浚、徐柯等校注，後其子陸延枝重刻於花稿水閣。此本據中國科學院圖書館藏明嘉靖四十二年陸延枝刻本影印。（潘華穎）

### 春秋左傳注解辨誤二卷補遺一卷　（明）傅遜撰（第119册）

傅遜，生卒年不詳，據是書自序，知其字士凱，太倉（今江蘇太倉）人。

是書前有傅氏自序，稱其撰《左傳屬事》時，參《左傳》杜注、陸粲《左傳附注》，雖多有所得，然未能盡得己意，乃作是書云云。是書先列傳文，辨別衆説，折衷論斷。如卷上僖公十五年"此一役也，秦可以霸"下注："杜注言：還惠公，使諸侯威服，可當一事之功。服虔曰：一役者，統韓戰之役也，本上二而執之，服而舍之而言。"傅氏以服氏所言更佳，故於其後標注"其説當矣"。有未經辨議者，創己意而爲之，復博參群籍得有證據爰以自愜。

是書寫成後，傅氏呈全本於内閣王荆石，蒙改正數條示教。又傅氏因辨誤中"易杜尤多"，心有不安，乃復累檢以求其義，然復杜義者止一，復得杜誤十許，故作補遺一卷附後。

是書有傅氏門生顧天埈及其甥金兆登後敍，稱是書弘深精和，非世所擬，左氏之旨晰矣，諸家之謬訂矣，實虚譽過甚。《千頃堂書目》著録是書，評曰："會衆説以折衷杜注之誤，有未經辨議亦創以己意，爲之釐革。"又是書入《四庫全書總目》春秋類存目，提要稱傅氏所辨，視後來顧炎武、惠棟所訂"未堪方駕"云云。

此本據湖北省圖書館藏明萬曆十三年日殖齋刻本影印。（潘華穎）

### 春秋左傳典略十二卷 　（明）　陳許廷撰（第119册）

陳許廷，生卒年不詳，字靈茂，海鹽（今浙江海鹽）人。萬曆時諸生，以薦授兵部司務。事略見《明人小傳》卷四。

是書前有華亭張昂之、長水譚貞默序、陳氏自序。自序稱，其於杜注深膺服之，故不自揆茹，私更埤益。是書於約而盡者，疏其旨；辨而裁者，類其徵；歧而不害者，綴其異。演以靈緯，蔵以鄙裁云云。書以十二公爲十二卷，計隱公十六則、桓公十一則、莊公十六則、閔公二則、僖公二十五則、文公十五則、宣公九則、成公十六則、襄公二十六則、昭公三十一則、定公九則、哀公九則，凡一百八十五則。各則細目，列於每卷之前。是書入《四庫全書總目》春秋類存目，提要稱其摘取《左氏》中單文隻字可資考核者證以他書，繁稱博引，以詭麗爲宗，不專主於疏通經義，然就其所論，亦往往失之穿鑿云云。

此本據上海辭書出版社圖書館藏明崇禎間刻本影印。（潘華穎）

### 左氏春秋集説十卷 （清）朱鶴齡輯　春秋凡例二卷 （明）王樵輯 （清）朱鶴齡參 （第120册）

朱鶴齡（1606—1683），字長孺，吳江（今江蘇吳江）人。明諸生。入清，屏居著述，晨夕不輟，行不識途路，坐不知寒暑，人或謂之愚，遂自號愚菴。與錢謙益、朱彝尊、毛奇齡等友，思覃力於經學，頗有造詣。更著有《愚菴小集》、《李義山詩集注》、《禹貢長箋》、《尚書埤傳》、《詩經通義》、《讀左日鈔》等。《清史稿》有傳。

王樵（1521—1621），字明遠，别號方麓，金壇（今江蘇金壇）人。嘉靖二十六年（1547）進士，授行人。歷刑部員外郎，受張居正賞識，任爲浙江僉事，擢尚寶卿。因忤張居正罷官居家十餘年。復起南京太僕少卿，擢右都御史。及卒，贈太子少保。邃經學，更著有《周易私録》、《尚書日記》、《春秋輯傳》、《方麓集》等。《明史》有傳。

《左氏春秋集説》凡十卷，仿南宋末學者黃震日鈔體而作，以唐順之《讀春秋》冠於首，次朱氏《左氏春秋集説序》、《左氏春秋集説附記》十二則。朱氏自序謂此書主以《左氏傳》，取杜注、孔疏、公、穀、啖、趙數十家之論，聚而觀之，參互權衡云云。朱氏以《左傳》獨詳史事且在公、穀之先，故經文專據之，始隱公元年，終哀公十四年西狩獲麟。左氏所未詳者，參以公、穀傳文，節略其事迹於經文之下。於杜注之疏誤，加以辨證，悖義者則直削之；於孔疏有發明者則録。所引諸家，啖助、趙匡、陸淳三家居多，主以宋代諸家，劉敞、陳傅良、吳澄等擇其善者筆之，以張洽爲朱熹弟子，且其書《春秋集注》較胡傳平正，朱氏志在表微，故采之獨多。輔以明代趙汸、王樵、姜寶諸説，各刊姓氏以别之，取捨一以程朱之宗，間附己意於其後。

核其所録，古今諸儒支離膠固之説刊剟無餘，薈萃衆家之長，頗具參考價值。於杜注多有駁證,桓公二年杜注以爲孔父名嘉字,而朱氏據唊氏認爲孔父必是字,並引王樵言佐證。哀公十三年杜注夫差欲霸中國尊天子,自去其僭號而稱子,朱氏明指此語不知何據,夫子遵王制而書之耳。

《春秋凡例》分上下二卷,陸淳《春秋集傳纂例》十卷具見張洽《春秋綱領》一卷中,王樵所輯《春秋凡例》全采用之,朱氏參以趙汸之説,附己見於後。《四庫全書》所收王樵《春秋輯傳》亦含《春秋凡例》,與是書大體相同,提要謂其比類推求,不涉穿鑿,較他家特爲明簡云云。

此本據中國科學院圖書館藏清道光二十九年强恕堂刻本影印。(潘華穎)

### 左傳經世鈔二十三卷　(清)魏禧撰　(清)彭家屏參訂　(第120冊)

魏禧(1624—1680),字冰叔,一字叔子,號裕齋,寧都(今江西寧都)人。明末諸生,明亡後隱居寧都翠微峰,築易堂,爲易堂學之領袖。年四十出游江南,入浙中,以文會友,并傳播其明道理、識時務、重廉恥、畏名義的學説,結納賢豪,以圖恢復。康熙間,舉博學鴻詞,托疾不應。有《魏叔子文集》。《清史稿》有傳。

彭家屏(1692—1757),字樂君,號青原,夏邑(今屬河南商丘)人。康熙六十年(1721)進士,授刑部主事,累遷郎中。雍正八年(1730)任山西道御史,乾隆六年(1741)任江西布政使。事跡具《清史稿》。

是書凡二十三卷,以彭家屏敘、魏禧自敘、凡例、目錄冠於卷首。魏氏逢明亡之亂,隱居翠微峰二十年,常取《左傳》讀之,於經世大用、《左傳》未發之旨薄有所會,故隨筆評注,以示門人。以爲善讀書者,在發古人所不言,而補其所未備,持循而變通之。是書以此爲旨,意在以論事發隱義,經世致用,闡説君臣大義,人生哲理。是書評編《左傳》"鄭伯克段于鄢"、"石碏大義滅親"、"宋穆公立與夷"等凡三百五十八篇,恐割裂經文,且依傳可推經之大體,故未列經文於前。主於論事,訓釋多取杜、林,字義音釋悉依陸德明音義,諸儒論説不得全登者,以經世名篇而別之。所載評語出魏禧之外,以門人子侄居多,依文義而編次,前後不能畫一。句讀、段落皆以小圈間隔,至於傳文,或連圈,或單圈,或密點,或旁加直畫,各就論事中指其精意之所存,不得拘爲一律。時任江西布政使彭家屏原有是書舊刻九卷,餘暇讀之,偶有所觸,從魏禧之孫溓處得全本,參訂重刻二十三卷。原有凡例稍爲增訂,舊抄本中尚有一二涉於選左餘緒者,茲概從删削,杜、林訓釋倒置錯雜處頗多,今先杜後林,各刊姓氏以別之。至於地名、沿革今昔不同,照方輿訂定。舊本中誤列先儒於魏氏之後,今俱改之,意有所得亦附於後。

魏氏以爲,讀書所以明理也,明理所以適用也。而士大夫多不善讀書,以至讀古書論是非,一旦當大疑、任大事之交,張皇迴惑,莫展一籌,彭氏以是書旨在經世,故猶讀書者之嚆矢。魏禧志於發左氏隱而未發之義,卷二十三"仲由死孔悝",仲由之死人或以爲傷勇,而魏氏以爲子路賢於結纓赴難,而失於孔悝家臣。彭氏對吳越之爭等事件之總結亦頗爲獨到。是書在一定程度上呈現出清初學者在以論事求義理的道路上所獲成績。

此本據上海圖書館藏清乾隆間刻本影印。(潘華穎)

### 左氏條貫十八卷　(清)曹基編　(第121冊)

曹基,生卒年不詳,據曹氏自序及署名,知其字德培,號玉坡,長洲(今江蘇蘇州)人。又門人張兼、張典跋稱"年已七十餘",當生於明末崇禎年間。

是書凡十八卷,前有曹基康熙壬辰(五十一年,1712)自序,門人張兼及張典跋、備考、例言、纂要、總目。曹基以左氏原本以事繫目,列國諸事雜見於一二公之編年,前後懸隔錯綜,翻閱殊難,檢括殊苦其煩,故仿《國語》之例,分國類敘,先標每國於首,凡事之繫於其國者,悉爲編入,聯絡首尾,仍不失編年之舊,以便披覽。其事介乎兩國者,此録則彼删,相互參考。見併於强大之邦者,相屬之事隨所屬之國附載;絶不相蒙者,另列於後。今考其書,取左氏傳文,挨年順月,分屬各國,以國爲綱,以事爲目,依時排比,條理明晰,一國之始末,開卷了然,且其紀事宗於左氏、公、穀之辭義可采者,亦因事附見,以備讀者之參考,兼備事理,其法尤善。

按是書爲曹基以備家塾誦習而作,經門人張兼、張典參訂後付諸剞劂。然是書頗類紀事本末體,實與經學無涉,歸入經部值得商榷。

此本據湖北省圖書館藏清康熙五十一年致和堂刻本影印。(潘華穎)

### 春秋左傳姓名同異考四卷　(清)高士奇撰(第 121 册)

高士奇(1645—1703),字澹人,號江村,謚文恪。錢塘(今浙江杭州)人。家貧,以監生就順天鄉試,充書寫序班。工書法,以明珠薦,入內廷供奉,授詹事府録事。累擢詹事府少詹事,官至禮部侍郎。更著有《春秋地名考略》、《左傳紀事本末》、《春秋講義》、《毛詩講義》、《江村銷夏録》等。《清史稿》有傳。

是書將《左傳》中所出現人物,分國別整理,依身份歸類,大體包括國君名謚,后妃、夫人,王子、公子,諸侯大夫、卿士等。是書入《四庫全書總目》春秋類存目,題《左傳姓名考》,提要稱蓋與《地名考》相輔而行,然體例龐雜,如出二手。其顛倒雜亂、自相矛盾者幾於展卷皆然,不能備數云云。又"春秋地名考"之書名誤置是書卷前,蓋其與《地名考》並刻所致。

此本據湖北省圖書館藏清康熙二十七年朗潤堂刻本影印。(潘華穎)

### 春秋左傳杜注三十卷首一卷　(清)姚培謙撰(第 121 册)

姚培謙(1693—1766),字平山,華亭(今屬上海)人。諸生。善交游,名滿江左。纂《唐宋八大家詩鈔》等,更著有《楚辭節注》、《李義山詩箋注》等。事略見《四庫全書總目》卷一八五。

是書凡三十卷,首一卷。是書以杜氏《經傳集解》爲主,而兼引孔疏,旁及各傳注,凡他説之有裨杜氏而可以並參者,必與《集解》兩存,元元本本,疏通證明,不遺餘力,以供後人采擇其詳。列杜氏序、《春秋王朝興廢説》、《春秋列國興廢説》、《春秋王朝列國紀年》、《春秋一百二十四國爵姓》於卷首,別爲一卷,不入卷中。全書於杜氏《集解》一字不遺,孔疏所以發明杜注者,寧詳毋略,其餘諸家之説,自唐宋元明以逮清朝罔不采録。所增有裨杜氏之説者,列于杜注之後,以一圈隔之,字音依陸氏《釋文》,補其未備,至姚氏自見則加按字。説經以程朱之準,公、穀、胡、張四傳外,有足相參例,得均載經文之下。杜注地名與今不合,參方輿證明即今某處。

是書專於杜注,而不拘泥於杜注,杜注間有未純,謹録先儒成説以寓折衷至事之意,其或彼此俱通,而後人説較明暢,隨文附入,不厭其繁。如卷一隱公四年十二月"書曰衛人立晉衆也"。姚氏按曰公羊説更爲完備。隱公五年六月"鄭二公子以制人敗燕師于北制",引顧炎武説證子元即厲公,杜氏非。

此本據復旦大學圖書館藏清乾隆十一年陸氏小鬱林刻本影印。(潘華穎)

### 春秋內傳古注輯存三卷　(清)嚴蔚撰(第 122 册)

嚴蔚,生卒年不詳,字豹人,吳縣(今屬江蘇蘇州)人。清代藏書家,有藏書室曰"二酉齋"。更著有《石墨考異》、《詩考異補》等。事跡略見盧文弨《抱經堂文集‧二酉齋記》。

是書據何休"三世"之說分爲三卷,上卷隱、桓、莊、閔、僖,中卷文、宣、成、襄,下卷昭、定、哀。嚴氏篤於信古,采録群經正義、《後漢書》、《三國志》注及唐宋人類書所引漢注,賈、服之外,若王肅注等,雖佚而偶有一二言見於他説者,亦有所録。依杜標經、傳二字以分年,於杜預改經之舉,不能一一校對,據釋文刊其謬誤,異同注於本文之下,云某本作某字。有與杜注相異者,且非古今訓義不同所致,力求有理有據,信而有證。諸書所引漢注均標書名於杜注之下,或有一注而數見者,其文句之間有多有少,只録最詳者,餘僅載書目。曰"正義"者,爲孔氏本經正義,他經正義標明某經某正義。賈氏《周禮》、《儀禮》兩疏援引傳注不稱作者姓氏,不能定其誰何,引以它書覆對,以服、賈居多。因有《左傳杜注摘謬》將印,故於古注下不盡指斥。

是書作者雖非大家,然得錢大昕、王鳴盛、盧文弨作序,並給予較高評價,足見當時世人對《左傳》古注之重視。返古爲當時之學術潮流,是書有意采用古字,如"春"作"萅"等,反映了當時依托漢注探尋《左傳》義理之學術風尚。

此本據南京圖書館藏清乾隆五十二年二酉齋刻本影印。(潘華穎)

## 讀左補義五十卷首二卷　(清) 姜炳璋撰 (第 122 册)

姜炳璋(1736—1813),字石貞,號白巖,象山(今浙江象山)人。乾隆十九年(1754)進士,後任四川石泉知縣。歸里後講學金華、鄞縣等地。精於經學,兼長義理考據。二十三年與冒春榮等纂《(乾隆)象山縣志》,次年刊行。更著有《詩序補義》、《周易通旨》、《歷朝紀元考》、《白巖山人詩文集》、《石泉縣志》等。《清史列傳》卷六八有傳,又見《國朝耆獻類徵初編》卷二三八。

是書凡五十卷,以姜氏所輯《春秋綱領》列卷首,析爲二卷。《春秋》書法,有義有例,其所稱凡例,前史所傳,於作傳時,復即事而推之,使學者考見其得失,而於敘事中,發明聖人之義。是書起事於乾隆丙子(二十一年,1751)二月,至丁丑(1752)因姜氏有事於《詩經》而中斷,庚寅(1758)理《春秋》舊業,僅有總評,由次子姜垿手録。從癸未(1763)掌教蘭江書院,於總論之外始釋傳文,附評論於後。至石泉縣,長子姜埭復取前稿續鈔,就稿,購書人繕寫而成清本。後經姜氏增刪,張百斯及門生毛昇合力易稿,至壬辰(1772)而書成,癸巳(1773)刊刻竣事。

左氏要領在發明經義,是書乃詳義略文,其旨詳考兩漢以後歷代諸家之說,用杜者十之六七,杜未明,采之孔疏,疏所未顯,采之諸說,稱某氏或某書。友朋商榷之言,亦著由來。諸說未明,補以己說,以"按"字相別。不載姓氏者,皆杜解。

是書入《四庫全書總目》春秋類存目,提要謂是書欲破說《春秋》者屈經從例之弊,謂《春秋》無例,《左傳》所言之例,皆史氏之舊文云云,故凡杜氏云見某例者刪,經傳解復見者刪,有無待注而自明者刪,有戾經旨、違傳意者刪,而杜氏於地志、水道最核,姑遵之。是集引用說《春秋》諸家書目一百數十種,已刻於徐氏通志堂,見諸朱氏《經義考》;二書之外,另有王震《左翼》、萬斯大《春秋隨筆》、全祖望《經史問答》等十餘種。毛昇復於姜氏所未言,發其緒餘,補綴折衷,於雨亭先生《左評》多所采用。

是書前除姜氏自序外,另有錢維城序、張嗣益序、彭啟豐序,均對姜氏大加贊揚。

此本據中國科學院圖書館藏清乾隆三十八年刻本影印。(潘華穎)

### 春秋左傳會要四卷　（清）李調元撰（第123冊）

李調元（1734—1803），字羹堂，號雨村，別署童山蠢翁，羅江（今四川羅江）人。乾隆二十八年（1763）進士，歷任翰林編修、廣東學政，因忤權相和珅，遣戍伊犁，後以母老贖歸，居家著述終老。更著有《童山全集》，輯刊《函海》等。《清史列傳》卷七二有傳。

是書凡四卷。首有李氏自序，稱《左傳》爲傳，而列於經，故漢儒專治之，然鮮有能盡其蘊者，縱杜元凱號稱左癖，亦不過句梳而字櫛之，俾讀者曉然易解，而其中義蘊之閎、包含之富，則亦不能無遺。於《左傳》原未嘗有所窺測，而習熟既久，偶能綜貫，隨以己見書之於冊，比從書簏中檢得馬氏《事緯》，適協其心，乃重加釐訂，而別爲一書云云。按是書貫穿全傳，條分縷析，考據細緻入微，評論心慮亦密，頗有見識，如卷一之“經用周正傳參夏時”、“周室封建”，卷二之“姓氏”，卷四之“鬼神”等諸條。

此書欲於探尋史迹之中，發其義蘊，實可謂“左傳事類”，似與經義無涉。

此本據華東師範大學圖書館藏清光緒八年鍾登甲樂道齋刻《函海》本影印。（潘華穎）

### 左傳官名考二卷　（清）李調元撰（第123冊）

李調元，有《春秋左傳會要》，已著錄。

是書凡二卷。李氏以《春秋》理大物博，前人於類例研究多有涉獵，如作《左傳地名錄》有嚴彭祖、裴秀、杜預等，作《左傳名臣考》有姚咨，作《左氏人名考》有劉城，而春秋職官名稱之見於《左傳》者，不一而足，未聞有人稽考，遂於公餘之暇作是書。是書以國爲綱，所遇各國官名分別書之，相關傳文標明出處，並附載注疏之説於下，與《周官》參校之，略可見侯國之差錯。其有國異而官同者，兩存之，以仍各國之舊。

李氏是書非簡單羅列，於注疏之後，亦有詳解及相關評説。如卷下“嬪嬙”録引哀公元年“宿有妃嬪嬙御焉”，疏：《周禮》有九嬪，嬪是婦官，知嬙亦婦官。李注：蓋周末婦官有此名，漢成帝時以掖庭王嬙賜匈奴，名因於古。

此本據北京大學圖書館藏清乾隆間綿州李氏萬卷樓刻《函海》本影印。（潘華穎）

### 左傳通釋十二卷（存卷一至卷四、卷十一）　（清）李惇撰（第123冊）

李惇（1734—1784），字成裕，又字孝臣，同州（今江蘇高郵）人。乾隆四十五年（1780）進士，注選知縣。治經深於《詩》及《春秋》三傳。友同郡王念孫、汪中、劉台拱、顧九苞、任大椿諸人，力倡古學，極一時之盛。晚好曆算。更著有《群經識小》、《歷代官制考》等。《清史稿》有傳，又見《碑傳集》卷一三四。

是書凡十二卷，存五卷。卷一《釋國》、卷二《釋世系》、卷三《釋世族》、卷四《釋雜人（婦人附）》，此四卷全。卷五《邑地》、卷六《山水關隘》、卷七《天文災異》、卷八《卜筮》、卷九《官制兵制》、卷十《書數古音》，此六卷缺。卷十一《補長算》，全。卷十二《附録》（凡例、典禮），缺。惇喜《春秋》，嘗作《春秋解義》，爲汪中持去，索要無果，唯《左傳通釋》尚存遺稿五卷，其子培紫付梓刊刻，仿刻遺書例，缺不加增，補存其舊，蟲蛀不敢妄補。

此本據復旦大學圖書館藏清道光九年李培紫刻本影印。（潘華穎）

### 春秋左氏古經十二卷附一卷　（清）段玉裁撰（第123冊）

段玉裁，有《古文尚書撰異》，已著錄。

是書首有段氏《題辭》，歷述是書著述經歷。段氏早讀胡傳，於《左傳》專讀傳文，及長方知左、公羊、穀梁三家經卷數不同，而皆經傳各爲書。自晉杜預取《左》經分年，冠於某年傳首，漢以後學者則析公、穀二家經文冠於某事之首，而無傳者依次附之，於是三家之專經均不可得。逮宋有《春秋正經》十二卷，眉山李燾又令潼川謝疇元錫成《春秋古經》十二篇，今皆亡。段氏僑居姑蘇，深痛其父鄭重授《左傳》而未盡心古經，又憫今之學者只知稍讀《左傳》而於經少有能成誦者，故以七十六歲高齡作是書。因《左》經以下至十六年夏四月己丑孔丘卒乃終，欲存孔子卒故錄魯史之文，而《公》《穀》均無，故是書止於哀公十四年春西狩獲麟。

是書效鄭玄注《禮》及《周禮》存古文、今文故書之例，如卷二桓公元年「春王正月公即位」，段注：《周禮》注鄭司農曰：「古文《春秋經》‘公即位’爲‘公即立’，古者‘立’、‘位’同字」。又附見《公羊》、《穀梁》經文之異，以小字雙行注各條下，如卷一隱公三年「夏四月辛卯君氏卒」，段注：「君」《公》、《穀》皆作「尹」。又以二家卷數之不同附注左氏各篇之末，如卷一末有「春秋古經一篇終，公羊經一卷終，穀梁經一卷終」，段注：《春秋古經》謂「左氏經」也，見《漢志》，《左》曰篇，《公羊》、《穀梁》曰卷。間有考證之語，且未蔓衍其辭。

此本據復旦大學圖書館藏清道光元年經韻樓刻本影印。（潘華穎）

### 左通補釋三十二卷　（清）梁履繩撰（第123冊）

梁履繩（1748—1793），字處素，號夫菴，錢塘（今浙江杭州）人。乾隆五十三年（1788）舉人。善讀書，既擷其英，並正其誤，與兄玉繩相韎錯，有元方、季方之目。其於衆經中尤精《左氏傳》，通《說文》，下筆鮮俗字。其詩清新越俗，兄弟暨所親倡和合刻有《梅竹聯吟集》。《清史稿》有傳。

是書凡三十二卷，後有道光六年（1826）朱文翰作《左通補釋後案》，光緒元年（1875）汪曾唯跋。據《後案》，梁氏著《左通》六種：《補釋》第一、《考異》第二、《駁證》第三、《廣傳》第四、《古音》第五、《臆說》第六，徵引各書，隻義片詞必舉根據。然僅《補釋》付梓刊刻，流行於世。梁氏綜覽諸家，旁采衆籍，於顧棟高《春秋大事表》、惠棟《左傳補注》、張守節《史記正義》、程公說《春秋分紀疆理》等數十家之說中選錄合傳義者，以廣杜氏之未備。是書先列傳文於前，間附杜預集解、孔穎達正義，再以衆說補之，言之未盡未核者，補以己說，以「案」別之。

汪跋引潘介繁評語，謂是書「博采群籍，考證精核」。考梁氏采摭閎通，於衆家說亦有駁證，卷三十二「司馬牛」杜氏集解：牛，桓魋弟也。《史記・仲尼弟子列傳》：司馬耕字子牛，《論語・顏淵》注：牛，宋人，弟子司馬犂。梁氏案：皇氏義疏，犂，牛名也。倉頡廟碑陰云：司馬犂子牛，《戰國・趙策》吳師道注亦然。《論語》、《左傳》並稱「司馬牛」，則「牛」是其名，「犂」其字。史傳以「耕」爲名者，蓋因冉耕字伯牛而誤也。並注：陶宗儀《輟耕錄》二十二載張孟兼弟子章句作司馬犂耕，非。且書中間有「詳見考異」、「詳見駁證及臆說」，故梁氏《左通》雖全書未竣，然觀此書可窺其端倪。

是書前有牌記：「道光九年己丑秋七月錢唐汪氏振綺堂雕版，光緒元年三月補鐫，會稽後學趙之謙題記。」卷名下刻「左通一」，卷一正文前有梁氏小敘，述作書之由，三十二卷卷末下方刻「杭州愛日軒陸貞一董刊」。此本據復旦大學圖書館藏清道光九年汪氏振綺堂刻光緒元年補修本影印。（潘華穎）

### 春秋左傳詁二十卷　（清）洪亮吉撰（第124冊）

洪亮吉，有《毛詩天文考》，已著錄。

是書凡二十卷，經四卷，傳十六卷。首有洪氏自序，謂杜預疏於訓詁、地理之學，望文生義,不臻古訓者十之五六,且於裴秀、京相璠、司馬彪等精輿地之學者之儔未精心采參,以致師心自用。然影響仍鉅,雖有劉炫等糾謬之作,却無能敵者。作者是書依《漢志》例,訓詁以賈、許、鄭、服爲主,地理以班固、應劭、京相璠、司馬彪等爲主,晉以前輿地圖經可信者,亦酌取之。卷中凡用賈服舊注者曰"杜取此";用漢魏諸儒訓詁者曰"杜本此";用京相璠、馬彪諸人之説曰"杜同此"以別之。舊經多古字古音,半亡於杜氏,而俗字之無從鈎校者,又半出此書,因一一依本經與漢唐石經、陸氏《釋文》與先儒之説,信而可證者,逐件校正,疑者闕之,大旨搜尋他經證此經,以別傳校此傳,以前古之人正中古之失,雖旁證曲引,惟求申古人之旨。詁者,古"故"字通,乃欲存《春秋左傳》之古學云云。

自乾嘉漢學學風盛行以來,清儒以漢人治經爲典範,杜注引文不注出處,於義理闡釋多有疏失,遭前所未有之批判。洪氏此書不僅探求杜注之源,並搜羅漢儒賈、服舊注及魏、晉、唐、宋説經諸書所引漢儒説,間采近今治漢學者之論,參酌是正,而後定之,駁證杜注之非。如卷一桓公二年洪氏詁曰:惠棟云:孔父,孔氏之先也,傳曰:"孔父嘉爲司馬",是"嘉"名"孔父"字。古人稱名字皆先字而後名,"祭仲足"是也。鄭有子孔名"嘉"。《説文》曰:"孔,從乙從子,乙請子之鳥也,乙至而得子嘉美之也。古人名嘉字子孔。"《説文》此訓蓋指宋、鄭兩大夫,故先儒皆謂善孔父而書字,杜注輒爲異説,不可從。

是書後有呂培、洪用勤跋,述成書、重刊過程。

此本據上海辭書出版社圖書館藏清光緒四年授經堂刻本影印。(潘華穎)

### 春秋世族輯略二卷春秋列國輯略一卷

(清)王文源撰（第124冊）

王文源,字夢圃,丹徒(今屬江蘇鎮江)人。

王文治(夢樓)弟,乾隆己亥(1779)恩科孝廉,餘不詳。

《春秋世族輯略》析爲上下二卷,世族凡二十五,以國爲綱。卷上:周、魯、衛、晉、虞、虢、蔡、滕、曹、北燕、鄭;卷下:宋、陳、杞、齊、紀、薛、秦、邾、小邾、許、莒、吳、楚、越,晉後附一軍至六軍考,楚後附令尹考。於各國輯略之首冠以興廢,以譜系示沿革,援古者左圖右史之意。人物生平簡以一語概括,記事參以魯國紀年,各國公族、卿族之始末一目暸然。

昔晉杜元凱既作《春秋經傳集解》,又據《世本》別爲《世族譜略》,僅編次人名,不詳行事,且此書早已亡佚,王氏間從注疏中所采輯者,撿校參之《國語》、《戰國策》、《公羊》、《穀梁》、《檀弓》、《史記》、《漢書》及胡氏、林氏傳注,據史傳總括其人之始末,其中有足證杜氏之失、補杜氏所未備者。卷上周"携王",王氏按《竹書》晚出,杜所未見,故舊注皆以携王爲伯服,實非。據王氏跋,作是書後得陳厚耀太史《世族譜》,藉以增補,而代爲釐定者亦不少,較陳厚耀所輯倍密。

北宋蘇東坡作《列國圖説》一百二十四國,其間闕略頗多,前後無序,且僅有一百二十一國。王氏定世族後,復從注疏中録出《春秋列國輯略》,於蘇作脱者補之,如郭國;訛者正之,如郳國,王氏按宣四年《傳》"邳"即此,字書"郳"或作"邳",《圖説》並載誤;疑似者闕之,如姒。次序一以經傳前後爲定,疆域附以清朝州縣規劃,堪爲嘉惠後學之作。

《春秋世族輯略》前有道光二十五年楊文鼎序、張振金序、陳世珍序,後有王文源跋;《春秋列國輯略》後有王文源跋。兩書之後有王氏之子槐廣跋。此本據中國科學院圖書館藏清道光二十五年陳氏敏求軒刊本影印。(潘華穎)

### 春秋左傳補疏五卷　(清)焦循撰（第124冊）

焦循,有《易章句》等,已著録。

焦氏於杜預《春秋經傳集解》頗爲不滿，賈、服舊注惜不全見，雖近世有萬斯大《春秋隨筆》、惠士奇《春秋説》、顧棟高《春秋大事表》等正杜氏之失、糾杜氏之誤，亦徒詳核乎訓詁名物而已，于杜氏撰《集解》之隱衷則未有摘其奸而發其伏者，故作是書。是書間取經文、傳文，後附杜注、《釋例》，焦氏已説以“循按”爲始相別之。焦氏以杜預作《左氏春秋集解》實是爲司馬氏粉飾惡行，忘父怨而事仇，悖聖經以欺世，故其常以魏晉事應春秋事，證杜氏之不孝不忠，如卷一桓公二年以司馬懿、司馬師比華督、宋萬，以曹爽、何晏、王凌、李豐、張緝等比孔父、仇牧；桓公十五年五月“鄭伯突出奔蔡”，杜注：“突既篡立，權不足以自固，又不能倚任祭仲，反與小臣造賊盜之計，故以自奔爲文，罪之也，例在昭三年。”循按：“杜預邪説以爲諸侯自取奔亡之禍，不書逐君之賊者，所以責其君。此説之尤悖者，不可以不辨。孟子曰：‘孔子成《春秋》，而亂臣賊子懼。’如預言，則後世亂臣賊子益無所忌憚，皆將逞志於君矣，何懼之有哉。”此處焦氏另徵引惠士奇之説佐證，有理有據。

焦氏糾杜不僅著眼於義理，於訓詁亦有駁證。如卷五昭公五年《傳》“純離爲牛”，杜注：“《易》離上離下，離畜牝牛，吉。故言‘純離爲牛’。”循按：“易以坤爲牛，不以離爲牛也。明夷上坤下離，離以坤配離，故云純離、純耦也。謂與離相耦者，坤也，即牛也。杜不明《易》，故謬説。”於孔氏《正義》亦如此，如昭公二年《傳》“勿使有所壅閉湫底以露其體”，杜注：“湫，集也。”焦循指出杜讀“湫”爲“揫”，故訓爲“集”，《正義》謂以意爲訓，非也。

各卷卷末標注“侄琮弻校字”。此本據上海辭書出版社圖書館藏清道光六年半九書塾刻《六經補疏》本影印。（潘華穎）

### 春秋左傳釋人十二卷附錄一卷　（清）范照藜撰（第124冊）

范照藜，字乙青，覃懷（今屬河南沁陽）人。生平事跡不詳。

是書首有錢樾序、自序、德昌序，次鑒定、參訂校閱人員名録，次凡例，次目録，次《世系圖》《年表》，正文十二卷有考世次四卷、考臣庶六卷、考婦女一卷、考古人一卷，附録《同名考》《婦人考》《左丘明考》，其後有後序及跋。是書舉二百四十二年之人逐一核定，體例嚴正，考核精詳。考世次，先書名次：某公子、魯某公幾年卒、在位若干年、某背弑遇害，皆據傳文實書之，經傳皆不載而考自他書者，亦書之；考臣庶，以見傳先後爲次第，其有人在先而後見傳者，仍先之；考婦人，夫人皆以君爲次序，其有人在先而見傳在後者仍前列之；考古人，以魯十二公爲綱，各因其見傳先後次第之，其有前後稱引名號不同者，注明於前不再録。載與不載、分類劃分皆能有理有據，公允恰當。如考臣庶，以官職稱者未必皆一族，即一族亦無世系可稽，因官同類聚之，人有兩存者，先列之公族中即位，後始列於諸侯所以徵實。范氏議論淳雅、辯駁明晰，參考馮繼先《名號歸一圖》、王皞《六經圖》、顧棟高《春秋大事表》、馬氏《繹史》等十餘家與杜注相參證：或合前人所分者而剖其譌，或分前人所合者而正其誤，或直闢前人之謬，或曲解前人之疑。卷十二《古人考》“虢叔”一項，注“東虢君”，范氏案曰：“此人當是文王母弟虢叔後人之爲君者，非即文王母弟也。古人伯叔每世稱之，如晉趙氏世稱‘孟’，智氏世稱‘伯’是也。其國滅在春秋前。”“虞仲”一項杜注謂即“仲雍”，范氏以爲謬，引《日知録》證武王封周章之弟於故虞國封地，仍稱虞國，乃有“虞仲”之名，與“仲雍”無關。

遍覽是書，傳中之人無一不悉其本末。范氏以爲，“欲論事者，首貴知人，人之始末未詳，即欲論事，而其道無由也”。故是書秉承

"知人論事"之旨,以求春秋大義。

此本據華東師範大學圖書館藏清嘉慶如不及齋刻本影印。(潘華穎)

### 春秋左傳補注三卷　(清) 馬宗璉撰 (第124 冊)

馬宗璉(? —1802),字器之,又字魯陳,桐城(今安徽桐城)人。嘉慶六年(1801)進士,曾任合肥、休寧、東流教諭。少從舅氏姚鼐學詩、古文詞,後從邵晉涵、任大椿、王念孫游,其學益進。更著有《毛鄭詩詁訓考證》、《周禮鄭注疏證》、《穀梁傳疏證》、《説文字義廣注》、《戰國策地理考》、《南海鬱林合浦蒼梧四郡沿革考》、《嶺南詩鈔》等。《清史稿》有傳。

是書凡三卷,先列經、傳文於前,後附考證、評定之語,間有按語,博徵漢、魏諸儒之説。據馬氏小敘,宗璉於杜氏《集解》頗爲不滿,以其於漢晉諸儒未能擇善而從,其地理又未能揆度遠近,妄爲影附,故有劉炫等規過之作。惠棟廣搜賈逵、服虔、京相璠之注,援引秦漢子書爲證,作《左傳補注》,馬氏深服膺之。故是書一方面引《水經注》、《史記》、《郡國志》等前人舊説證杜注之誤漏;另一方面參評覆議惠氏之遺誤。馬氏考證精核,評斷常有過人之處,如閔二年《傳》"用其衷,則佩之度",杜注:"衷,中也。佩玉者,士君子常度。"馬氏注:"《白虎通》曰:'所以必有佩者,表德見所能也,循道無窮。'"

《清代樸學大師列傳》中稱其嘗以亭林摘《左傳》杜解闕誤,根據經典,率皆精核;惠松崖復廣搜賈、服、京君之注,援引秦漢子書爲證,拾顧氏之遺者尚多,而糾其違失者僅五六條耳,不無挂漏之處;因別撰《春秋左傳補注》三卷。所以匡惠氏之誤固確,其所自爲説,亦足補元凱之略,暨亭林所未及云云。

此本據國家圖書館分館藏清刊本影印,另有學海堂本。(潘華穎)

### 春秋左氏傳補注十二卷　(清) 沈欽韓撰 (第 125 冊)

沈欽韓(1775—1831),字文起,號小宛,吳縣(今屬江蘇蘇州)人。嘉慶十二年(1807)舉人,授安徽寧國縣訓導。欽韓博通諸學,尤長於訓詁考證。更著有《幼學堂詩文稿》、《漢書疏證》、《後漢書疏證》、《水經注疏證》、《左傳地名補注》、《韓昌黎集補注》、《王荆公詩補注》等。《清儒學案》卷一三五有傳,又見《清代樸學大師列傳》卷一五。

是書前有沈氏自序,稱是書發明婉約之旨,臚陳典章之要,象緯堪輿之細碎亦附見,注疏之謬逐條糾駁,悉彰杜氏之醜云云。沈氏尤長《禮》與《春秋》,故解《春秋》多引《禮》經爲佐證,如卷一桓公五年"州公如曹",沈氏結合鄭玄《王制》注及春秋史實,證劉炫以"爵得稱公,土亦應廣"誤。非止于杜注,沈氏亦力闢衆家之淆亂。如隱公五年"則公不射",沈注:"惠云,此指祭祀射牲。按,此謂田獵上殺也,詳《王制》及《毛詩傳》。"

書中雖亦有認同杜氏之處,然批駁之意更甚。如桓公元年"公即位",沈氏注曰:"《周官·宗伯》注古文《春秋》經'公即位'爲'公即立'。古者'立'、'位'同字,然則此'人'旁即是杜預妄改古文。"考《漢書·劉歆傳》謂《左氏傳》多古字,然現存版本所含古字極少,錢大昕《潛研堂文集·答問四》謂"蓋魏、晉以後經師所改",沈氏將所有過錯盡歸杜氏一人,釋"吊生不及哀",更稱杜預爲"古今之罪人",由學術評介升至人身攻擊,有欠妥當。

此本據國家圖書館藏稿本影印。(潘華穎)

### 春秋左氏傳地名補注十二卷　(清) 沈欽韓撰 (第 125 冊)

沈欽韓,有《春秋左氏傳補注》,已著録。

顧棟高以爲"杜氏之最精且博者"莫若"作

《土地名》以考列國之地理,其學誠絕出古今",然杜氏之地理考證,有訓釋過簡之弊。沈氏是書補杜注之未備,舉《左傳》中之地名逐一核定,參考《一統志》、《括地志》、《方輿紀要》、《寰宇記》、《元和郡縣志》、《水經注》及地方志等,正其謬誤,斷其是非,且一一注明出處。是書於杜氏未注者,則補之。如"潁谷封人",沈注:"《水經注》:潁水所出;《一統志》:潁谷,在河南府登封縣西南。"於杜氏略注者,則詳之。如"娶于申",杜注"申國,今南陽宛縣",沈注:"《方輿紀要》:申城,在南陽府北二十里;《括地志》:南陽縣北二十里。"於杜氏之誤注,則改之。如"至于廩延",杜注"廩延,鄭邑。陳留酸棗縣北有延津",沈注:"《一統志》酸棗故城在衛輝府延津縣北十五里。按,《水經注》河水又東經滑臺城北,城即故鄭廩延也。據文'廩延'即今滑縣,唐之滑州,漢晉爲白馬縣,杜預謂酸棗縣之延津,非也。《元和志》滑州西南至鄭州三百里,太叔段所侵之界如此。"

杜預之《左傳》地理考證,經顧炎武、顧棟高、高士奇、惠棟、江永等人的考證,逐步完善,至是書,對杜注地理之補正更趨完備。考證之餘,亦指出今之地點,皆言之有據,於後學大有裨益。

此本據清光緒間潘氏刻《功順堂叢書》本影印。(潘華穎)

### 左氏春秋考證二卷　(清) 劉逢祿撰 (第125冊)

劉逢祿,有《虞氏易言補》,已著録。

是書主公羊之説,係辨僞之作。劉氏卷端小敘,以爲《左氏春秋》猶《晏子春秋》、《吕氏春秋》,直稱《春秋》,乃太史公所據舊名,冒曰《春秋左氏傳》,則東漢以後之以訛傳訛者。因撰此書,以正其名云云。上卷舉《左傳》傳文一百一十九條,各證其非左氏舊文,皆爲劉歆比附之作,以爲凡"書曰"之文皆劉歆所增益,凡例之體皆附益之辭;下卷凡二十四條,摘引《史記》、《漢書》、《後漢書》、《説文解字》、孔穎達《春秋疏》、《經典釋文》諸書,各證左氏不傳《春秋》,統爲劉歆所篡改。此書以後,考辨僞古文經著述相繼出現,引一時之風。

此本據復旦大學圖書館藏清咸豐十年廣東學海堂《皇清經解補刊》本影印。(潘華穎)

### 左傳釋地三卷　(清) 范士齡撰 (第125冊)

范士齡,生卒事跡不詳。據書前自序,知其爲寶應(今江蘇寶應)人,原名人炳,更著有《寶應者舊傳》。

范氏自序稱,少讀《左傳》,於列邦地域茫然不識,後與張先登、李華封等遍游天下者交,於全《傳》地域仍盲於心,故仿《爾雅·釋地》、《春秋釋地》、《四書釋地》作是書云云。是書凡三卷,首繪圖式,以魯十二公爲序,《傳》中地名一一考證,釋某地係古某國,某國係今某地,某地與今某地接壤等,山川古跡、名宦人物間附于末。如卷一隱公"魯",范氏釋曰:《禹貢》徐、兗二州之域,天文奎婁分野,今山東兗州府、東平州、寧海州、高密縣、沂州等處,周公子伯禽封邑。古跡有昌平城、岳雲樓一名杜甫臺、靈光殿、手植檜,名宦則漢鍾離意、王尊,三國裴潛,南北朝張華,烈女如敬姜、黔婁妻等。

清儒《左傳》類地名著作有高士奇《春秋地名考略》、江永《春秋地理考實》、沈淑《春秋左傳分國土地名》、沈欽韓《春秋左傳地名補注》等,與之相較,是書不過讀本類,考證遠不及它書詳盡,然將古今地域變更相對,使人展卷知列國輪廓,披圖識九州南北,頗資參助。

此本據中國科學院圖書館藏清道光六年刻本影印。(潘華穎)

## 左傳杜注辨證六卷　（清）張聰咸撰（第125冊）

張聰咸（1783—1814），字阮林，號傅崖，桐城（今安徽桐城）人。嘉慶十五年（1810）舉人，官八旗教習。通《左傳》及音韻之學，更著有《經史質疑録》、《傅崖詩集》等，事見《碑傳集》卷一四一。

是書前有段玉裁序、張氏自序，據自序，張氏以爲杜解之乖於義者，大端有四：長曆非曆也；論喪短喪也；釋軍制則車法、徒法不分；釋田賦則丘賦、甸賦莫辨。雖有江永、顧棟高、惠棟、馬宗璉等糾誤之作，然或散見未能成帙，或亦有遺漏不足之處。張氏鋭於著述，博聞多識，六經子史罔不尋覽，參以末學之見，更證之群經、諸子及《漢志》載劉歆説之可證者，“欲使劉、鄭、賈、服之古義今時猶得，闚其緒餘。亦知杜解多本之舊説，而删逸其精詳，更易其義例”，乃作是書以辨證之。是書以十二公爲序，列傳文、杜注於前，後引諸説，結以案語加以辨證。張氏以爲杜氏地理之大乖者，莫若以漢水之名不逾江夏，且後世地理學者皆沿其誤，然竟無起而正之者。故在是書中，張氏據《毛詩》、《尚書》，並依班、鄭、桑、京之説定大別山在安豐，訂正漢水入江以後猶得稱漢，並列圖明示，此辨證之功爲最鉅。

張氏博采衆説，徵引繁富，非止於辨證杜失，於衆説皆辨其良莠。如桓公二年《傳》“是以清廟茅屋”，杜注：以茅飾屋，著儉也。清廟，肅然清静之稱。張氏引《漢官篇》胡廣注，惠氏説證“杜注、孔疏皆不能詳也”，又“咸以爲明堂配天之祭，故清廟謂之清明堂。謂之明，蓋清明象天也”，鄭、賈、穎、服之説皆未善，後引蔡邕《明堂月令論》、《大戴禮記·明堂篇》佐證，不偏不倚。故段玉裁稱其“既博且精，咸有根底”。

書前有嘉慶癸午段玉裁序、嘉慶己巳張聰咸自序，後有《附段若膺明府書》、胡培翬跋。此

本據上海辭書出版社圖書館藏清光緒間貴池劉世珩刻《聚學軒叢書》本影印。（潘華穎）

## 春秋左氏傳賈服注輯述二十卷　（清）李貽德撰（第125冊）

李貽德（1783—1832），字天彝，一字次白，又號杏村，嘉興（今浙江嘉興）人。嘉慶二十三年（1818）舉人，對策爲浙士冠，後六上春官不售。更著有《攬青閣詩鈔》、《夢春廬詞》、《韻府大成》、《詩經名物考》等，今均不存。事跡附見《清史稿·孫星衍傳》後。

是書前有朱蘭序、劉恭冕序，述李貽德生平及刊刻經過。次徐士芬撰《李次白孝廉傳》、錢儀吉撰《李次白墓志銘》。是書凡二十卷，於孔疏、《史記》、《通典》等著作中輯録賈、服舊注，援引《公羊傳》、《穀梁傳》、《説文解字》、《白虎通義》、《禮記》諸書，詳加分析賈、服立論之據。如卷一“聲子”，於《通典》卷一百四輯得服注“聲子之謚，非禮也”，貽德引《毛詩鄭箋》、《白虎通義》等以釋“謚”，又據《禮記·郊特牲》“婦人無爵，從夫之爵，然則婦人亦當從夫之謚矣”，以爲“聲子，妾也，以不得蒙惠公之謚，而別爲謚，非禮也”。

劉恭冕稱是書“援引甚博，字比句櫛，于義有未安者，亦加駁難。雖使沖遠復生，終未敢專樹征南之幟而盡棄舊義也”。又時能正賈、服之誤，如“儃動能鼓”之“儃”不取賈逵“發石”義，而從杜注“旍旗”義。《書目答問》稱是書較馬宗槤輯本爲詳，“且有發揮”。是書旁通曲證，使古誼昭若發蒙，詳剖漢儒舊注持論之基，爲後來學者梳理舊注奠定基礎。

此本據浙江圖書館藏清同治五年朱蘭刻本影印。（潘華穎）

## 左氏古義六卷　（清）臧壽恭撰（第125冊）

臧壽恭（1788—1846），字眉卿，初名曜，長興（今浙江長興）人。嘉慶十二年（1807）舉人，後屢試禮部不售，歸閉户著述。嗜漢儒經

學,於經喜《春秋左氏傳》。更著有《南都事略》、《天步證驗句股六術衍》等。《清史列傳》卷六九有傳。

入清以來,補正杜注者益多,臧氏此書廣輯舊說,以復左氏古經、古義,杜氏《集解》於君臣大義晦而弗明者,皆能正其謬。臧氏閱二十載而成是書,本先為《左氏春秋經古義》,後為《左氏傳古義》,歿後其傳稿全佚,惟存其經,有所闕目,為其弟子楊峴補完。

是書摭周、秦、兩漢舊說及賈、服注,且備掇《漢書》所引劉歆之說,以左氏之學興於歆,駁杜注之非。書中間取經文,援引《公》、《穀》、《說文解字》、《漢書》、《史記》等。如卷一隱公三年“癸未,葬宋穆公”注:穆公,《公羊》、《穀梁》曰“繆公”。案:《史記·鄭世家》、《漢書·古今人表》並作“宋繆公”,《禮記大傳》“序以昭繆”,鄭注:“繆”讀為“穆”,聲之誤也。《史記·魯世家》“大公召公乃繆卜”注:徐廣曰,古字“穆”字多作“繆”。臧氏長於時曆,精於算數,故於時曆多親為推衍,以證歆說,如隱公二年“三月,春王二月,己巳,日有食之”,九年“三月癸酉,大雨震電,庚辰大雨雪”,當屬此類。

此本據國家圖書館藏清勞氏丹鉛精舍鈔本影印。卷末有勞格題跋。（潘華穎）

### 春秋左傳識小錄二卷　（清）朱駿聲撰（第125 冊）

朱駿聲,有《六十四卦經解》,已著錄。

是書凡上下兩卷,止昭公元年。多從文字訓詁角度入手,於杜解未安之處,采集惠棟、顧炎武、錢辛楣、沈彤諸說,參以己意。卷上隱公元年“莊公寤生”,杜預《集解》曰“寤寐而已生”,朱氏引顧炎武說、《說文解字》及《史記》證杜注誤,謂“寤”當讀為“牾”,逆也。又隱公三年“憾而能眕者,鮮矣”,朱氏按:《說文》眕,目有所恨而止也,因字從目,故曰目有所恨,恨即憾也。專以《左傳》此句為

說,其實當訓“視”,其訓“止”訓“重”者,讀“眕”為“鎮”也。“鎮”有安定不動之意,《爾雅》“眕”重也,即《廣雅》之“鎮重”也,古多借“眕”為“鎮”,又借“䐉”為“眕”,借“㐱”為“䐉”,故許書“䐉”、“眕”二字亦不甚分明。蓋朱氏生平著述以六書貫穿群經,故於古訓大有裨益。

此本據國家圖書館藏清光緒八年臨嘯閣刻《朱氏群書》本影印。（潘華穎）

### 春秋左氏傳舊注疏證不分卷　（清）劉文淇撰（清）劉毓崧（清）劉壽曾校補（第126—127 冊）

劉文淇（1789—1854）,字孟瞻,儀徵（今江蘇儀徵）人。皖派經學家。嘉慶二十四年（1819）優貢生,候選訓導。精研古籍,貫串群經。更著有《楚漢諸侯疆域志》、《揚州水道記》、《奇門行軍要略》、《藝蘭記》、《青溪舊屋文集》等。《清史稿》有傳。

劉毓崧,有《周易舊疏考證》等,已著錄。

劉壽曾（1838—1882）,字恭甫,號芝雲,儀徵（今江蘇儀徵）人。文淇孫,毓崧子。同治三年（1864）、光緒二年（1826）兩中副榜貢生。更著有《昏禮重別論對駁義》、《臨川答問》、《傳雅堂文集》等。總修《江都縣志》,分纂《江寧府志》、《上元江寧縣志》。《清史稿》有傳。

是書緣起於道光八年（1828）秋,劉文淇與友人劉寶楠、包慎言,門人陳立等赴金陵應試不第,幾人相約各治一經,加以疏證。劉寶楠治《論語》,陳立治《公羊》,劉文淇治《左傳》。文淇嘗謂,左氏之義,為杜注剝蝕已久,其稍可觀覽者,大抵襲取舊說。爰輯《左傳舊注疏證》一書,取賈、服、鄭三君之注,疏通證明。凡杜氏所排擊者糾之,所剿襲者彰之,其沿用韋昭語注者,亦一一標記云云。書中采賈逵、服虔、鄭玄諸人舊義,加以疏證,以糾杜氏之失,尤重典章制度之考證。於孔氏所采

舊疏及所增之處,亦標明出處。於近人顧炎武、惠棟等苟有可采者,咸與登列,末始下以己意,定其從違。又旁稽博考,詳爲證佐。考證重於"禮"與"事",使左氏之微言大義昭然。

沈玉成《春秋左傳學史稿》中評論是書云:"對《左傳》的漢人舊注作了集大成式的總結,賈、服舊説收羅之完備,歸納之清晰都罕有其匹。此外,他還收集其他古文家研究《左傳》的成果,突破了賈、服的局限。他尊崇漢人而不薄後人,對清代學者的成果也擇善而從,……此書取材廣泛,而且不乏個人的論斷,但并不因此而抹殺與自己相反或不同的意見,態度客觀。……體現了一個考據學者在處理文獻資料上所具有的熟練技能和清晰頭腦。"是書被譽爲集采古注以注經之集大成者,止於宣公十八年,文淇僅完成至襄公五年,後由子孫輩補校,惜亦未能完訖,實爲大憾。

此本據上海圖書館藏稿本影印。隱公元年至四年爲十一行二十六字,小字雙行同,其他皆無框格,全書字體多變,多眉批及添加修改痕迹。内含隱公元年至隱公二十二年提綱稿,可窺其成書過程之端倪。(潘華穎)

## 春秋傳禮徵十卷　(清)朱大韶撰　(第128冊)

朱大韶,生卒年不詳,字仲鈞,又字虞卿,華亭(今屬上海)人。嘉慶二十四年(1819)舉人,選懷遠教諭,丁母憂歸。旋主講真儒書院,再補江寧縣教諭,因親老未赴,卒年五十。治經宗高郵王氏,以形聲訓詁、引申假借通古人諸作,尤精熟三《禮》。事跡具是書末張鈞衡跋。

是書凡十卷,取《春秋》之言禮者,合三傳、經史、《通典》及先儒之説,融會貫通,兼舉杜注之誤。朱氏考核甚爲詳備,如隱公元年"歸惠公仲子之賵",朱氏徵曰:仲子者三傳不同,以禮,賵人之母可,賵人之妾不可,故

《穀梁傳》以仲子爲惠公母,律以僖公成風爲是,然其説協諸義,而未協喪服。再如"不譏世卿説"、"不諱狩于河陽説"、"躋僖公説"、"仲嬰齊説"、"不書閏月説"、"初税畝説"、"短喪説"各篇,爬梳古義,見重禮家,得諸説之得失,義據通深。

此本據民國間張氏刻《適園叢書》本影印。(潘華穎)

## 左傳杜解集正八卷　(清)丁晏撰　(第128冊)

丁晏,有《周易述傳》等,已著錄。

是書前有丁氏自序,謂自漢宋之學分,黨同伐異,經學與理學歧而二之,非通儒之學也。《春秋》之學,服虔盡得鄭學,然自晉杜預爲注,攘服氏注爲己説,棄而不言,唐孔穎達曲服阿杜以作《正義》,服注遂微。梁崔靈恩、後魏衛冀隆、隋劉炫等皆辨杜氏之非。近人顧炎武、萬斯大、惠士奇、惠棟、沈彤、江永、洪亮吉、顧棟高等均有補疏,"然猶未能抉其隱微,窮其情僞"。焦循始斥杜氏爲司馬懿之私人,沈欽韓備言杜氏私衷爲司馬昭釋説。丁氏作是書,"蓋欲扶翼正學,昌明世教",使世人"毋歧經學、理學而二之"。

是書凡八卷,卷一爲丁晏所撰《總論》,敘杜氏學説之發展,簡述歷代規杜、糾杜之作,一一臚列杜氏攘服氏説爲己注之證,及杜預阿附王肅之説,尤足以傳服注斥杜解。卷二隱公、桓公,卷三莊公、閔公、僖公,卷四文公,卷五宣公、成公,卷六襄公,卷七昭公,卷八昭公、定公、哀公。書末有張鈞衡跋。全書集諸家之説,正杜氏之非。如卷八昭公二十六年《傳》"萬民弗忍居王于虒",引沈欽韓曰:杜預云,不忍害王也。按與《史記》所載不合。劉炫以爲"不能忍王之虐",按《紀年·厲王十二年》"王,亡奔虒,國人圍王宮,執召穆公之子殺之",此不能忍王之虐之證。丁氏非止於糾杜注之誤,於其他諸家亦多有訂正。張均衡稱其"爲左氏之功臣,而經學于以

不墜"。

是書原僅有稿本,據年譜爲丁氏六十三歲之作,經烏程張均衡訂正前後次序刊行。此本據民國間張氏刻《適園叢書》本影印。(潘華穎)

### 左傳札記七卷　(清)錢綺撰　(第128冊)

錢綺(1798—1858),字映江,又字子文,號竺生、鈍硯、鈍研居士。元和(今江蘇蘇州)人。諸生。好《左傳》,專宗漢人舊注,斥杜預之謬。更著有《東都事略校勘記》、《南明書》等。事見《續碑傳集》卷七九。

是書前有道光二十七年(1847)朱琦序、咸豐七年(1857)錢綺自序,末有錢綺子樹恩等題識。是書七卷,據自序稱,其所論非一事,事非一時者,曰《總札》,如辨宋儒夏時冠周月,舉《禮記·郊特牲》"諸侯不敢祖天子",謂《禮》經定於漢儒,未必盡合三代之制等。專解一辭,專析一疑者,曰《條札》,如論晉以僖侯廢司徒,解孔子之先得氏之源流等。以唐石經與今本究其異同,辨其汩亂,凡補碑、磨改、旁添,一一校對,曰《石經札》。各分上下卷,凡六卷。又集塾中諸刻本,正其訛舛,別附於後,爲第七卷。其説持論允當,極臻細密,援引前儒及近代諸家之説,對錯正誤皆能出己意斷制,大旨宗賈服,於歲星之超辰、分野之次舍亦多推及。

此本據中國科學院圖書館藏清咸豐八年錢氏鈍研廬刻本影印。(潘華穎)

### 春秋異地同名考一卷　(清)丁壽徵撰　(第128冊)

丁壽徵,生卒年不詳,字子靜,山陽(今江蘇淮安)人。丁晏子。更著有《夏小正傳校勘記》、《十六國興亡表》等。見是書署名及《光緒淮安府志》卷三八。

是書於相同地名之下標明異地出處,附以杜注,間有林注,並援引《釋例·土地名》、《漢書·地理志》及近人顧棟高、顧炎武、程廷祚、高士奇諸説加以考證,兼正杜誤。如"五盂"考云:一,僖公二十一年"宋公、楚子、陳侯、蔡侯、鄭伯、許男、曹伯會于盂"。林注,盂,宋地,襄邑西北有盂亭,《大事表》云,今河南睢州,哀二十六年"宋大尹盟六子于唐盂"即此;一,定公八年"劉子伐盂",杜無注,亭林云,周之盂也,《大事表》云,今河南懷慶府河内縣西北;又十四年"蒯聵獻盂于齊",亭林云,衛之盂也,今大名府開州東南有斂盂聚,僖二十八年"齊晉盟于斂盂"即此;又晉有二盂,一昭公二十八年"盂丙爲盂大夫",杜注,晉地,今太原盂縣,《大事表》云,今山西太原府陽曲縣東北八十里有大盂城;一哀四年"齊國夏伐晉取盂",亭林云,此盂當在邢洺之間,《大事表》從亭林説。考核甚爲精當。

是書末有王錫祺跋,稱是書雖不能與閻若璩《四書釋地》、李兆洛《地理韻編》相頡頑,然較之程廷祚《春秋地名辨異》、沈淑《春秋左傳土地名》,蓋有過之而無不及云云。

此本據上海圖書館藏清光緒十三年南清河王氏鉛印《小方壺齋叢書》本影印。(潘華穎)

### 春秋名字解詁補義一卷　(清)俞樾撰　(第128冊)

俞樾,有《易貫》等,已著録。

高郵王氏《經義述聞》中附《春秋名字解詁》二卷,究古人名字相應之義,俞氏以其"鈎深索引,曲而能中,尤爲先儒所未及"。然自唐朝以來,典籍散佚,古義不盡有證,且王氏之書亦有千慮一失之處,故作是書,題曰"春秋名字解詁補義"。是書事依王氏原書之次録之,遍引經、子諸作,前人諸説,於誤者詳加訂正。如"燕級字思,魯孔伋字子思",王氏《解詁》曰:"'級'與'伋',皆'急'字之假借也,急者,憂恐迫切之意。《莊子·天地篇》'汲汲然惟恐其似己也'。'汲'與'急'

通,是'急'爲憂恐,'思'亦憂也,故名'急',字'子思'。"俞氏引《説文解字》以證因爲人名,故加人旁,並無他意,"燕級"之"級",《史記·仲尼弟子列傳》作"伋",昔孔子之教人,曰:"未之思也,夫何遠之有?"又引《禮記》、《荀子》等注,證"伋"即"及"也,名"伋"字"思",取冀及之意。並指出段玉裁、朱駿聲釋"伋"之誤。

此本據清光緒二十五年刻《春在堂全書·第一樓叢書》本影印。(潘華穎)

### 春秋左傳杜注校勘記一卷　(清)黎庶昌撰(第128冊)

黎庶昌(1837—1896),字蓴齋,號麓農山人,室名拙尊園,遵義(今貴州遵義)人。廩貢生,入曾國藩幕,與張裕釗、吳汝綸、薛福成同爲"曾門四弟子"。署理江蘇吳江、青浦知縣,歷任英、法、德、日四國參贊,兩次出使日本,官至川東道。更著有《拙尊園叢稿》、《續古文辭類纂》、《入都紀程》、《西洋雜志》、《曾文正公年譜》、《曾太傅毅勇侯傳略》、《蓴齋筆記》等,並輯刻《古逸叢書》。《清史稿》有傳。

是書爲黎氏出使東瀛時所録。是時黎氏聞得日府有初唐寫本《左傳》,意與今本必有異同,後經多方求借,始得寓目,並將同異筆諸簡端,以備考核。至分巡川東,屬周楚白録爲一卷,即爲是書。全書以魯十二公爲序,摘録有關勘正者,下以小字注明相異之處。如隱公"孟子卒",杜注:先夫死。黎氏校勘曰:無"夫"字。"鄭伯克段于鄢",杜注:段不弟。黎氏校勘曰:"弟"作"第"。"戎伐凡伯于楚丘以歸",黎氏校勘曰:"注凡伯至凡城也在來聘句下。"桓公"隨人使少師董成",杜注:少,去聲。黎氏校勘曰:"'少,去聲'三字作'詩照反'。"

是書前有光緒甲午陳矩序,據陳序,知其爲官無暇,考異甚難,故就黎氏舊校審定刊行,使是書得以嘉惠海內承學之士。

此本據復旦大學圖書館藏清光緒二十年陳鉅刻《靈峰草堂叢書》本影印。(潘華穎)

### 駁春秋名字解詁一卷　(清)胡元玉撰

胡元玉,生卒年不詳,字子瑞,湘潭(今湖南湘潭)人。治經學,尤精文字訓詁。更著有《漢音鉤沈》、《雅學考》等。見《清儒學案》卷一九三。

是書前有胡氏自敘,謂假借之術,實有二端,一是古詩字少,未造本字前,假借他字;二是依聲托事之假借。高郵王氏《春秋名字解詁》釋春秋人物名、字之關聯,破字尤多,雖合於古假借者不少,而專取同音之字爲説,頗不免輕易本字之失,人之名字,不若詩書文理,不當全棄本字,故作是書,以駁王氏之誤云云。

是書駁正數十人,其中有駁有補,要皆先録王氏原文,次下己意。如昭公二十七年傳"楚郤宛字子惡"王氏以爲"宛"當讀爲"怨","宛"、"怨"古同聲,故借"宛"爲"怨"字,又怨、惡義相近,故名"怨"字"子惡"。胡氏駁曰:"宛"故"婉"字,《説文》:"婉,順也。"惡者,貌醜陋之稱,左氏襄二十六年傳,"生佐惡而婉",服注:佐貌惡而心順,……蓋郤宛貌陋故名"婉",字"惡"以警之。王氏原有闕疑,未釋者二十五人,胡氏仍其舊目,悉爲之補。"魯縣成字子祺",小字注曰:上與"榮旂字子祺"相連,疑因此誤衍"字子祺"三字。胡氏補曰:《爾雅》、《説文》皆云:祺,吉也。《詩·摽有梅》、《天保》傳、《説文》皆云:吉,善也。《禮記·檀弓》、《王制》、《少儀》注皆云:成,尤善也。"成"、"祺"義近,不必以"字子祺"三字爲誤衍。雖以"駁"名書,然多立論堅實,條辯清晰,俾覽者得以參校得失,且補王氏闕疑,實有功學林。

此本據清光緒十四年南菁書院刻《皇清經解續編》本影印。(潘華穎)

## 春秋左傳杜氏集解辨正二卷　廖平撰（第128 册）

廖平，有《易經古本》，已著録。

是書前有《井研縣藝文志·經部》所收是書自序。全書十二篇，魯十二公，一公爲一篇，旨在針砭杜氏以義例説經之失，凡杜氏所釋經傳未有盡意者，分條而録之，加以辨證，斷以已意。其論詳核，類皆中理。如隱公元年傳“夏四月，費伯帥師城郎，不書，非公命”。杜注：傳曰，君舉必書，然則史之策書皆君命也，今不書於經，亦因史之舊法，故傳釋之，諸魯事傳釋不書，他皆放此。廖氏駁證稱：據杜此説，分經史爲二是也，他條直以史法説經，則非矣。此傳杜亦以爲經不書者，因孔子時不能以公命赴告爲據，故以爲史法。此本師不以空言説經之例也。凡二傳常事不書見者，不復見諸例，直言筆削而已，本師懲空言流弊恐失其真，故多假托史法言之，此經之史例，非史之史例云云。

廖氏另有《左傳古義凡例》一卷，與是書相輔相成，針砭杜學，於治《春秋》者頗資參考。

此本據中國科學院圖書館藏清光緒三十三年四益館鉛印本影印。（潘華穎）

## 春秋左傳讀敘録一卷鐂子政左氏説一卷　章炳麟撰（第128 册）

章炳麟（1869—1936），初名學乘，字枚叔，更名絳，號太炎，後又改名炳麟，餘杭（今屬浙江杭州）人。近代民主革命家、學者、思想家。清末參加變法，入同盟會，組光復會，後專治學問。更著有《國政論衡》、《新方言》等，後人編輯《章氏叢書》、《章氏叢書續編》和《章氏叢書三編》。

《春秋左傳讀敘録》乃辯駁之作。清劉逢禄作《春秋左傳考辨證》及《箴膏肓評》，本左氏不傳《春秋》之説，謂條例爲劉歆竄入，授受爲劉歆僞造，故章氏作是書，逐一駁證，訂劉氏得失。據章氏自述，是書初名“雜記”，

效臧氏《經義雜記》而作，後更名曰“讀”，取發疑正讀爲義也。以所見輒録，不隨經文編次。諸祖耿在《記本師章公自述治學之功夫及志向》一文中述章太炎之言曰：“既治《春秋左氏傳》，爲《敘録》駁常州劉氏。書成，呈曲園先生，先生摇首曰：‘雖新奇，未免穿鑿，後必悔之。’”雖俞樾評價如此，然章氏此書頗有見地。劉逢禄曰：“夫子《春秋》，七十子之徒口受其傳指，今所傳者，惟公羊氏而已。”章氏駁曰：“左氏、公羊氏皆不在七十子中。而左氏親見素王，則七十子之綱紀。《公羊》末師非其比也。”

《鐂子政左氏説》爲章氏輯《説苑》、《新序》、《列女傳》中記劉向舉左氏事義六七十條，加以辨證，章氏序謂今次第其文，爲之疏證，凡得三十餘事，其直舉傳文，略無損益商權者悉棄之不録云云。《漢書》謂歆治左氏，數以難向，向不能非，間尤自持其《穀梁》義。故作是書，證向綜貫二氏，左、公、穀三家並非相隔絶。隱元年經“天王使宰咺來歸惠公仲子之賵”傳“贈死不及尸，吊生不及哀，豫凶事，非禮也。”章氏引《説苑·修文》劉氏之説，案子政本治《穀梁》，此條則用左氏、公羊説，而又引荀子之説，《穀梁》明此乃三家説春秋制禮之通義，然首引左氏説，則此條實左氏之大義也。

此本據上海辭書出版社圖書館藏民國間浙江圖書館刻《章氏叢書》本影印。（潘華穎）

## 公羊墨史二卷　（清）周拱辰撰（第128 册）

周拱辰，生卒年不詳，字孟侯，桐鄉（今浙江桐鄉）人。歲貢生。明亡遁跡，屢徵不起。更著有《莊子影史》、《離騷草木史》等。傳見《嘉興府志》卷八一。

是書有吳鍾駿、錢儀吉兩序。錢序稱是書名曰《墨史》者，殆取繩墨誠陳，不可欺以曲直之義。觀其察時勢而爲進退，本人情以定褒貶，義正而言厲，真若有繩墨之陳云云。

周氏治《公羊》,不爲句解字析,特見大義,於董仲舒明於天人相與之際、上下勤恤撥亂反正之旨,時有發明。如宣公初稅畝,十五年冬,蝝生。《公羊》曰:"幸之也。幸之者何?猶曰受之云爾。"周氏申之曰:"幸之者,非幸其不爲災也,若曰微此王心其不悟乎,故曰幸之者,受之云爾。山崩兔舞以示天警,而夏商卒亡,桀紂之心不受也。"其意謂受災則知做而自省,不罪歲而行仁政矣。又,成公會吳於鍾離,周氏申《公羊》"自近者始"之意,謂"用貴治賤,用賢治不肖,魯自治而後可以治天下",則始之者,貴其始也。又,成公會晉侯於沙隨,《公羊》謂"公幼不恥",周氏則以爲"不恥,乃恥也"。雖取何休墨守之旨,然於《公羊》多有駁正,抑或實有合於《春秋》之旨者。

此本據上海辭書出版社圖書館藏清道光二十六年刻光緒元年補修《周孟侯先生全書》本影印。（曾亦）

### 公羊春秋經傳通義十一卷敘一卷　（清）孔廣森撰（第 129 冊）

孔廣森,有《大戴禮記補注》等,已著錄。

前有廣森弟廣廉《敘略》及阮元撰《春秋公羊通義序》,末有孔廣森自敘。孔氏謂"《春秋》重義不重事",故於《春秋》三傳,《左傳》記事雖詳,然《公羊》之義實長於《左傳》,故曰"知《春秋》"者,其唯公羊子乎";然又以三傳各有價值,"公羊、穀梁、左邱明並出於周秦之交,源於七十子之黨,學者固不得而畸尚而偏詆也"。則三傳可相資爲用,互相會通。是書以何休《公羊解詁》爲底本,然於何休又頗不滿,以爲其有兩大"不通":其一,"承訛率臆,未能醇會傳意";其二,墨守《公羊》,不肯援用《左傳》、《穀梁》之說。因此,《通義》雖以《解詁》爲基礎,然更"袪此二惑,歸於大通,輒因原注,存其精粹,刪其支離,破其拘窒,增其隱漏,冀備一家之言"。孔氏又不取

何休"三科九旨"之說,而別以天道、王法、人情爲"三科",時、月、日、譏、貶、絶、尊、親、賢爲"九旨"。其中,時、月、日爲"天道科",譏、貶、絶爲"王法科",尊、親、賢爲"人情科"。此說大異何休之說,遂頗爲劉逢祿等清代公羊學者所詬病。外此,其於公羊"三世"說之界定,亦與董仲舒、何休不同。蓋董、何以隱、桓、莊、閔、僖爲"所傳聞世",以文、宣、成、襄爲"所聞世",以昭、定、哀爲"所見世",然廣森不取此說,而采漢代顏安樂之說,即以孔子所生之襄二十三年區分所見與所聞世。

廣森爲戴震弟子,又心儀鄭玄,甚至名其書齋爲"儀鄭堂",故其治《公羊》,頗用力於經文之訓詁考據,則以樸學態度治《公羊》,誠其書之特色。是書實屬清代公羊學之嚴格著述,頗受後人推崇。劉逢祿嘗謂:"清興百有餘年,而曲阜孔先生廣森,始以《公羊春秋》爲家法,於以廓清諸儒據赴告、據《左氏》、據《周官》之積蔽,箴貶衆說無日月、無名字、無褒貶之陳羹,豈不謂素王之哲孫、麟經之絶學。"

此本據上海辭書出版社圖書館藏清嘉慶刻《顨軒孔氏所著書》本影印。（郭曉東）

### 公羊經傳異文集解二卷（存卷上）　（清）吳壽暘撰（第 129 冊）

吳壽暘(1771—1835),字虞臣,號蘇閣,海寧(今浙江海寧)人。與父吳騫,子之淳、之澄,皆能藏書,善守遺籍。有藏書樓曰"拜經樓",集書五萬餘卷。更著有《拜經樓藏書題跋記》。事略見《拜經樓藏書題跋記》序、跋及管庭芬《海昌備志》。

是書前有吳氏自序,以爲《春秋》三傳口授文雜,師讀各異,古音通假轉借文字多有。一字之殊,蓋有根據,一音之別,必有從來,故欲辨明今古,正流清源云云。本書依《春秋》十二公爲序,遍羅三傳異文,列《公羊》文字於

先,《左》、《穀》異文於後,又廣采《說文》、《釋文》、《九經古義》、《五經異義》、《黃氏日抄》、《春秋本義》、《十三經音略》諸家,引據博洽,考證精確,如包浮犁黎並合,兒郳御禦相承,羊之與祥爲一字,詭之於佹無二音,壬臣等於王臣,世室猶之大室,廥牆同用,取堅本通。稽諸家義訓之精,祛曲說拘牽之陋,以求窮盡。自唐啖助、趙匡始,《春秋》學者或兼取三傳,流遁失中;或盡舍三傳,直究聖經。至清常州學派,守顓門家法,《公羊》之統紀遂正。壽暘生逢其時,以《公羊》爲依準,辨析三傳文字差異,斯豈有當於“三科九旨”之一端,或聊以備二類六輔之餘事也。

此書未刊刻,抄本流傳亦不廣,公私書目罕見著錄。國家圖書館藏有吳氏稿本,前有仁和趙坦序,略云:“《春秋》定於孔子,公羊獨多異文,非好爲異也,大率古字通假,古音通轉耳。發其覆而通之,自惠定宇徵君始。吳子采輯漢唐以來文字、聲音、訓詁及諸儒傳說,參在發明,條系目舉而補其闕略,俾讀者心悟神爽,疑義盡釋,其精審爲何如耶!”國圖另有清抄本一部,天頭眉批及正文塗抹改正處甚多,查眉批字體與正文一輒,亦似作者語氣,蓋吳氏手批訂補其底稿。此本殆《公羊經傳異文集解》之初稿本,早於趙坦序本。國家圖書館、《中國古籍善本書目》、《中國古籍總目》皆著錄此書爲二卷,吳氏訂補本卷首亦題“公羊經傳異文集解卷上”,然有卷上而無卷下,且卷上始隱公終哀公,是爲全帙,蓋吳時本意欲分上下,後以字數無多,遂不復分。此本據國家圖書館藏吳壽暘訂補本影印。(王磊)

## 春秋公羊禮疏十一卷　(清) 凌曙撰 (第129 册)

凌曙,有《禮說》,已著錄。

是書首有凌氏嘉慶二十四年(1819)四月、八月二序,謂六經之道同歸,而禮樂之用爲急。《春秋》撥亂反正,文質之改,所變者禮也,故爲禮義之大宗。何休之《解詁》,言禮亦詳。徐彦之疏,詳於例而略於禮,未能如孔、賈之該洽。故取徐氏疏而補疏之,義若隱略,則更表明,如有不同,便徵他議,自鄭氏《三禮注》、晉宋諸志、《通典》、《唐志》,苟有合於何義者,罔不甄宗,凡以疏通證明,而詳其論說云云,乃作是書。序後有凡例,云書中所引,皆無裁斷,“觀其去取,亦可知從違之所在矣。若臚列諸說,而上下其議論,是經說而非疏體”,而於所著《公羊禮說》中,則詳加辨析,施以裁斷。如論親迎之禮,《禮疏》引《五經異義》,《春秋公羊》說以爲,自天子至庶人皆親迎;《左氏》說以爲,天子至尊無敵,故無親迎之禮,諸侯有故若疾病,則使上大夫迎,上卿臨之。許慎從《左氏》說,而鄭玄取《公羊》說,凌氏未有裁斷。至《禮說》“譏不親迎條”方辨之,以爲大夫越竟逆女,於政事有所損曠,故《春秋》譏之。天子、諸侯之任,重於大夫,無越竟逆女之事,當是卿爲君逆可知。故凌氏二書,需合而觀之。然《禮說》所言,未盡《禮疏》之內容,猶有未斷者。故是書體例,雖有述而不作之古風,恐未便於來者。

前人多謂清代公羊學主於微言大義,故以莊存與、孔廣森、劉逢祿爲正宗,所謂賢者識其大;凌氏之學,未善於訓詁,又不涉微言大義,所謂識其小者。如隱公“元年春王正月”條,凌氏僅對“惟王者然後改元立號”詳加論述,認定非天子不得改元,却不言此條有王魯之微言。然凌氏治《春秋》,由聲音訓詁而至禮樂制度,再及微言大義。先明天子改元之禮,方可言王魯之義,若諸侯亦得改元,則無所謂微言,故有先後次第之別。又此書本言禮制,限於主題,故未及王魯,不宜苛責。觀凌氏之序,詳論經史之別,及重義不重事之旨,是深於《春秋》者也。要之,凌氏以禮解

《春秋》，平正篤實，自比識途老馬，爲之前驅，以爲有志於《春秋》者讀其書，不致驚澥洋而悲歧道。

此本據北京大學圖書館藏清嘉慶二十四年蜚雲閣刻本影印。（黄銘）

### 春秋公羊問答二卷　（清）凌曙撰（第129冊）

凌曙，有《禮説》等，已著録。

凌曙治《春秋》，以爲當由聲音訓詁而明乎制度典章，以進求夫微言大義。所著《春秋公羊禮疏》，於傳注所言之禮制，疏通甚詳。然拘於體例，尚有“緒論未著於篇，而不盡涉乎禮者”，故撰《公羊問答》二卷。昔荀爽有《公羊問答》五卷，荀爽問，魏安平太守徐欽答。凌氏仿其體，而自爲問答。

是書前有道光元年（1821）劉文淇序、嘉慶二十四年（1819）凌氏自序，序後爲目録，正文分上下二卷，問答一百一十五事，其中卷上四十九事，卷下六十六事。是書於聲音訓詁，多有發明。注疏所涉之漢制、地名，亦詳加考訂。又徵引他書，證明《公羊》之説，淵源有自。兩漢君臣引《公羊》以決事之文，亦廣爲羅列，所涉甚廣。然是書非全爲識小之學，故於《春秋》大義，間有發明。如論劫質之事，引後漢橋玄、韓浩之例，以爲當迫殺盜賊。又引申之，以爲諸侯死國不死邑，國君被執，求邑則可與之，求國則不可。更論劫人之臣子以要其君父，並擊之可也；劫人君父以要其臣子，並擊之則不可。分別至當。其論紀季之事，則引董仲舒《春秋繁露》，以爲紀季之降齊，實紀侯所命，若紀季自主之，《春秋》方且罪之不暇，而又何賢乎？持論嚴正，可補傳文之未備。要之，是書爲羽翼《公羊禮疏》而作，徵引廣博，持論平實，識大識小，皆有功於《春秋》。

此本據復旦大學圖書館藏清道光元年蜚雲閣刻本影印。（黄銘）

### 春秋公羊經何氏釋例十卷後録六卷　（清）劉逢禄撰（第129冊）

劉逢禄，有《虞氏易言補》等，已著録。

漢世治《公羊》者，以胡毋生、董仲舒爲最著，漢末何休又本胡毋生《條例》，撰《公羊解詁》。嘉慶十年（1805），逢禄撰成《春秋公羊經何氏釋例》，其自敘謂“善董生、何氏之書若合符節”，又謂“尋其條貫，正其統紀，爲《釋例》三十篇”，則《釋例》一書，名爲申何，實纂輯胡毋生《春秋條例》；又以董、何“若合符節”，則《釋例》亦以董、何爲宗主。是書之體例，蓋先列舉經傳及《解詁》之文，分別歸入相關條例，至於本人見解，則以“釋曰”附於每篇之末。全書凡三十篇，分別總結何休《解詁》三十例。

除《釋例》外，另有《後録》收録了逢禄其餘《春秋》類著作。嘉慶十四年，逢禄撰成《公羊解詁箋》（《後録》改題爲《公羊申墨守》），是書不同於《釋例》之“專明墨守”，意在“申其條理，廣其異義，以裨何氏之未備”。又自何休追述李育意以難二傳，作《公羊墨守》、《左氏膏肓》、《穀梁廢疾》，鄭玄因撰《發墨守》、《箴膏肓》、《起廢疾》三書以相論難。逢禄右何休，遂就何、鄭之爭重加反省，《後録》改題逢禄諸書，俱與此有關。故《後録》所收諸書，除《申墨守》外，尚有《公羊廣墨守》，原稿僅十七條，《清經解》作《發墨守評》，止録一條而已，《後録》乃取逢禄讀孔廣森《春秋公羊通義》條記補之；又有《左氏申膏肓》，《清經解》作《箴膏肓評》，蓋排比何、鄭之説以論《左氏》之失；又有《左氏廣膏肓》，《清經解》作《左氏春秋考證》，是書引《左氏》經、傳文，凡一百十九條，證其非《左氏》舊文，而爲劉歆所比附；又有《左氏春秋後證》，《清經解》作《左氏春秋考證》卷二，蓋引《國語》、《史記》、兩《漢書》、《説文》等書，專闢劉歆之僞竄；又有《穀梁申廢疾》卷一，《清經解》作《穀梁廢疾申何》，是書旨在“因申何氏《廢疾》之説,難鄭君之所起";又有《穀梁廢疾》卷二,《清經解》作《穀梁廢疾申何》卷二,蓋舉《穀梁》之説以難之。

逢禄之學,已受時人推崇。阮元刊刻《皇清經解》,即收録逢禄之書。同邑李光洛(字申耆)與逢禄齊名,號"常州二申",嘗撰《禮部劉君傳》,謂"君雖未肯抗行仲舒,以視贏公,固有餘矣"。魏源《劉禮部集》敍則推崇逢禄超乾嘉考據前賢,以進於西漢微言大義。逢禄以後,今文學漸成顯學,而今古之争亦由此而起,遂因推動晚清學術與思想之轉變。

此本據國家圖書館分館藏清嘉慶養一齋刻本影印。(曾亦)

**公羊逸禮考徵一卷**　(清)陳奐撰　(第129册)

陳奐,有《詩毛氏傳疏》等,已著録。

《春秋》爲禮義之大宗,故何休注《公羊》,旁及禮制。是書後有門人陳倬跋,謂先師陳奐以爲,"何卲公不信《周官》,故注《春秋公羊傳》,援據逸禮,間參漢法,中所稱引不少先秦舊典,徐彦疏解多指爲時王之禮,蓋考之未審也",故是書據《毛詩》等書,論朝制、門制、廟制、城制、軍制、禘祫、歸寧之禮,皆撮要以引其耑。奐又云:"《春秋》之學,從《公羊》以知例,治《穀梁》以明禮。"故間取《穀梁》以駁傳,如論妾母不當稱夫人即是。

是書定本於咸豐十年(1860)造亂散失,今所存之一卷乃陳倬求得草稿,校録而成,非爲完書,倬以爲當補述者甚多。就此一卷草稿論之,其言禮有未盡之處。如論未逾年之君,臣下無服,引《喪服·斬衰章》"君"條,以明未逾年不成三年喪,故臣下無服。而徐疏以爲,嗣君未逾年,臣下不可依成君服斬衰;先君已没,又不可以太子之服服期,故無服。兩者相較,徐疏義長。而徐疏"廢重服輕"之誤,亦未及訂正。段熙仲以爲,是書言《公羊》禮制,未及凌曙精審,可謂公允之論。

此本據清同治潘氏刻滂喜齋叢書本影印。(黄銘)

**春秋決事比一卷**　(清)龔自珍撰　(第129册)

龔自珍(1792—1841),字璱人,更名鞏祚,號定庵,仁和(今浙江杭州)人。道光九年(1829)進士,授内閣中書,官禮部主事。博學負才氣,究心經世之學,爲晚清思想界之先驅。著有《定庵集》。《清史列傳》卷七三有傳,又見《碑傳集補》卷四九。

《春秋》明是非,長於治人,故學者多引《春秋》之義以決事,在漢有董仲舒之《公羊治獄》、何休之《春秋漢議》,至清有劉逢禄之《議禮決獄》。龔氏承劉氏之學,效董氏之例,以作是書,得一百二十事,意在闡明清律之得失。是書本有十一卷,即《君道篇》第一、《君守篇》第二、《臣守篇》第三、《不應重律篇》第四、《不應輕律篇》第五、《不定律篇》第六、《不屑教律篇》第七、《律目篇》第八、《律細目篇》第九、《人倫之變篇》第十、《自序篇》第十一。今僅存《自序篇》,及第六至十篇所附《答問》。

龔氏以爲,以《春秋》決事有二難:一爲《春秋》文義隱晦,需微文比較,出没隱顯,方能得之;一爲世易時移,以秦漢後事切劘《春秋》,有專條者什一二,無專條者什八九。故以"不定律"明《春秋》斷獄之法,以爲《春秋》有吏辭,有王辭。吏辭守常奉故,嚴人倫大防;王辭則可原心定罪。又對《春秋》中容隱、復仇諸義詳加論述,使後世之事可推而求之。

龔氏之《公羊》學,以大義爲旨歸,故於傳文意直簡之處,略而不言;於大迂迴之處,則詳辨之。如對季友"緩追逸賊"之辨析,極爲精當,可補傳注之失。然亦有失誤之處,如以"不定律"解里克、公子比之事,又以爲《春秋》非討淫之書,則於義未安。

此本據清光緒十四年南菁書院刻《皇清經

解續編》本影印。（黃銘）

### 春秋公羊注疏質疑二卷　（清）何若瑤撰
（第129冊）

何若瑤，生卒年不詳，字石卿，番禺（今屬廣東廣州）人。道光二十一年（1841）進士，改庶吉士，授編修，大考補授右春坊右贊善，旋辭歸。咸豐間主禹山講席。更著有《兩漢考證》、《海陀華館詩文集》。傳見《碑傳集補》卷一八及本書前《番禺志本傳》。

是書前有何氏自序云：“今文《春秋》，至漢景帝時，公羊氏始著竹帛。其後何氏注之，徐氏疏之，探摘是非，旁通曲邑。然《公羊》得之傳聞，不無失實，而爲之説者，順水曲折，益揚其波。”故是書雖名爲“注疏質疑”，實亦疑傳。故其治《春秋》，比事以求義，於三傳不主一家，若記事有異，必先推定之，而後求義理。故其屢言《公羊》失實，何休迂曲；若《公羊》義長，則申述發明之，以斷《左氏》、《穀梁》是非。

然千載之後以裁定三傳之異，雖比之以書法，度之以情理，終不免於臆測，故三傳離之則美，强合則傷。況《公羊》自有家法，重義不重事，如祭仲非真能行權，而《公羊》借以明行權之義。何氏雖取《穀梁》“死君難臣道”以惡祭仲，實不足以難《公羊》也。且《公羊》之學，由例推義，何氏於此多有疏漏，如嗣君名例，傳明言“君薨稱子某，既葬稱子”，何氏以爲“伯子男既葬亦稱名”，執此爲説，不足以難傳注也。何氏之疑，率多類此。故以調和三傳觀之，是書頗有可取之處；若以《公羊》一家之學言之，則非入室操戈之論。

此本據復旦大學圖書館藏清光緒八年何雲旭《何宮贊遺書》本影印。（黃銘）

### 公羊義疏七十六卷　（清）陳立撰（第130冊）

陳立（1809—1869），字卓人，又字默齋，句容（今江蘇句容）人。道光二十一年（1841）

進士，改翰林院庶吉士，散館授刑部主事，洊升郎中，記名御史。咸豐十年（1860），授雲南曲靖知府，未到任，執教山西介休綿山書院。同治三年（1864）南歸，曾國藩委以勸農局務。同治七年（1868），李瀚章任浙江巡撫，延其司刑案。更著有《白虎通疏證》、《爾雅舊注》、《句溪雜著》等。《清史稿》有傳。

陳氏五歲隨父客居揚州，師事江都梅植之，受詩文之法。又學於江都凌曙、儀徵劉文淇，受《公羊春秋》、許慎《説文》、鄭玄三《禮》，於《公羊》用力尤勤。道光八年，與劉寶楠、劉文淇、梅植之等同赴金陵應試，遂相約各治一經，爲之作新疏，而以《公羊傳》屬陳立。陳氏歷四十餘年，集畢生精力而成《公羊義疏》，凡百餘萬言。該書博稽載籍，不僅廣蒐漢唐以來之《公羊》古義，至於有清一代治《公羊》者，如莊存與、孔廣森、劉逢祿、宋翔鳳、凌曙、包慎言等，莫不左右采獲，整齊排比，融會而貫通之，堪稱清人治《公羊》之集大成者。

蓋陳氏作《義疏》，於《公羊》徐彥舊疏頗有不滿。其《上劉孟瞻先生書》云：“竊思徐氏作疏，只知疏通字義，於《公羊》家法昧乎未聞。”故《義疏》除沿襲舊疏以張何義外，於凡舊疏簡略未備者則完善之，當疏而未疏者則補疏之，至於舊疏有誤者則規正之，而恪守“疏不破注”之原則，皆以何休家法爲準。故凡以《左傳》、《穀梁》説《公羊》者，均批評之；凡與何休持異議者，則駁正之。至於何休之《公羊》科旨，陳氏亦頗有發揮，而於“通三統”、“王魯”諸説發明尤多。

陳氏從凌曙、劉文淇學，而凌、劉二氏皆深於漢學，故其治《公羊》，乃欲彌補孔廣森、劉逢祿以來詳義例而略典禮、訓詁之病，試圖由聲音、訓詁而明乎制度典章，以進求夫“微言大義”，而於文字校勘、訓詁、禮制考證、地名考實諸方面，多有貢獻，故《清史列傳》稱其“淵雅典碩，不尚空言，大抵考訂服制、典禮及聲音、訓詁爲多”,可謂以乾嘉漢學門徑治《公羊》者。考《義疏》一書,勝在完備,然未免失之繁瑣。且長於考據訓詁,貶之者以爲不識“微言大義”,而褒之者則許以深明家法而不過爲穿鑿。

此本據光緒十四年南菁書院刻《皇清經解續編》本影印。（郭曉東）

### 春秋公羊傳曆譜十一卷　（清）包慎言撰（第131册）

包慎言,生卒年不詳,字孟開,涇縣（今安徽涇縣）人。包世臣族子。舉人,嘗居揚州,從世臣遊,受《詩》於季懷。更著有《經義考義》、《論語温故録》等。傳見《清史列傳》卷六九、《清儒學案》卷一三六。

古有黄帝、顓頊、夏、殷、周、魯六曆,慎言用殷術,以隱公元年爲例,推算得入天紀年、入蔀年、閏餘、天正月朔、二月朔、天正冬至、無閏、有閏之法。自隱元年至哀十四年,詳爲表譜。本書共十一卷,除莊、閔合爲一卷之外,其餘每公爲一卷。

《春秋》二時以目歲,取之以爲名,本通於天道。公羊家善言時月日例,明天道人事之紀。何休略依胡毋生,逢禄詳爲條貫,又有崔子方以時月日例爲《春秋》諸例之本,而孔廣森另立“三科九旨”,以時月日爲“天道科”,雖有亂於公羊家法,亦可見時月日在公羊學中之地位。公羊家言時月日,旨在藉以明義,本無意於辨明曆法象數。今慎言詳爲《曆譜》,以曆證經,亦有備於精研古曆之專門學者。

此本據清光緒十四年南菁書院刻《皇清經解續編》本影印。（王磊）

### 春秋公羊傳箋十一卷　（清）王闓運撰（第131册）

王闓運,有《周易説》等,已著録。

王氏是書之著,始於光緒二年（1876）,次

年初稿成,後不斷修訂,至光緒三十四年定稿。歷時多年,可謂用力甚勤。其體例,先列經傳,後附何休《解詁》,再斷以己意。是書新義疊出,頗有可觀之處。如子赤被弑,叔仲惠伯從君而死,與孔父、荀息、仇牧相類。何休以爲,叔仲惠伯不賢,直先見殺爾,不如荀息死之,故無累文。王氏以爲,“《春秋》不見殺赤明文,叔孫不得見累文,則事不得見也”,持論頗嚴正,可補何注之失。又如莊四年傳云:“復仇者,非將殺之,逐之也。”王氏訓也爲邪,有疏通文意之功。再如鞌之戰,郤克曰“使耕者東畝”,國佐曰“使耕者東畝,是則土齊也”,王氏以爲,禮,諸侯藉田東畝,其租悉入於甸師,東畝者,欲盡征其賦。是説頗有理,可與《左傳》利戎車之説並存。

然是書亦有過於立異之處,如《公羊傳》以爲,“《春秋》編年,四時具,然後爲年”,故一時無事,則書首時,似非別有義理,然王氏屢加推測之詞,不免穿鑿。更有歪曲事實、强爲立論之處,如魯桓公夫人文姜,當爲齊襄公之妹,王氏則以爲齊襄之女,故其解“同非吾子,齊侯之子也”,謂“襄文父女,而曰同乃其子,宜襄公之怒矣”。又爲文姜翻案,以爲齊魯不睦,文姜强合之,桓公辱之,文姜不能堪,故訴於父,不意其遂殺也,無淫而殺夫之事,《春秋》不深責婦人。如此奇説,可謂千古未聞。至於祭仲之事,傳文以爲“自貶損以行權,不害人以行權”,王氏則以爲,“權不害己,亦不害人。人全而己不全,祭仲病是也”,又謂“國重於君,突不出,忽不反,亦不足爲病”;祭仲又可觀突之政,“政善固亦可立”,“必使賢臣扶立亡國之君以事之,而爲之死,豈《春秋》之意乎”。諸如此類,絶非傳義。然觀其以縱横之士自居,又勸曾國藩獨立,則此亦似大有爲之言,本無關於經義。

王氏之學,時人病其捨置舊説,自造新義,開著書簡易之路,成末流蔑古之風,似過於嚴苛。章太炎目爲文士,梁啓超以爲學有根底

之人可觀以助理解,不宜初學,蓋得其實。

此本據華東師範大學圖書館藏清光緒三十四年刻本影印。(黃銘)

### 何氏公羊解詁三十論三卷附一卷　(清)廖平撰(第131冊)

廖平,有《易經古本》等,已著録。

蓋平纂述《穀梁》註疏初就,便欲改注《公羊》。其以何休《公羊解詁》"頓兵堅城,老師靡餉,攻城無述,用違其方",又以劉逢禄《何氏解詁箋》"所言多小節,間或據別傳以易何説",乃效洪亮吉《春秋十論》而作此書,所論則以綜括大綱爲主。光緒十年(1884),撰成《何氏公羊解詁十論》。其論三世例,謂"三世爲要例,《解詁》所言,多不得其意。支離遊衍,使人迷炫,此其失也",又謂"三世之精意,不外遠近二字。苟得其要,無俟煩言。今盡削《解詁》之言三世者,而別自起例以説之",則似有取於劉逢禄《釋例》。又論時月日例,謂"何氏誤以月爲正例,則正例有三等,無以進退,而於二主之間,又添一主,則正變不明,端委朦混,治絲而棼,故使人嗤爲牽引射覆,此其巨謬也",蓋其以時、日爲正例,而月則消息其中,乃變例也。又發"素王不王魯"論,以爲《公羊》實主"素王"説,而"王魯"説則始於董仲舒,而成於何休也;又謂董子言"王魯",意仍主"素王",則盡歸獄於何休也。諸如此類,可見是書於何休之失,多所匡正。

光緒十一年,又以"餘意未盡,綴以新解",成《公羊解詁續十論》。據《年譜》,"先生於此書言今古學混亂之由,及學者應守家法。又言今古學之分在禮制,不在文字義理。又言今學之宗旨,以爲古主法古,今主改制。古主《周禮》,今主《王制》。古爲孔子初年之説,今爲孔子晚年之説"。十二年,又成《公羊解詁再讀十論》。是書亦頗駁何休,謂"何君囿於風氣,移於俗染,既以獻媚時君,並欲求合時尚,坐此之故,見黜廟堂,非不幸也",此譏邵公牽引圖讖以解經;又謂"何氏不知源流,昧於先後,以'公羊'爲覆姓,以傳爲皆胡毋生作,以孔子畏罪遠害,不著竹制,於傳之説,不分早晚,無論純駁,一律解之,此大謬也",蓋以《公羊傳》歷先後數代先師所作也。前後凡三十篇,是爲《何氏公羊解詁三十論》。

此本據上海辭書出版社圖書館藏清光緒十二年成都刻《四益館經學叢書》本影印。(曾亦)

### 春秋復始三十八卷　(清)崔適撰(第131冊)

崔適(1852—1924),字懷瑾,又字觶甫,別號觶廬,吳興(今浙江湖州)人。嘗受業於俞樾,後受康有爲《新學僞經考》影響,專講今文學。民國以後,任教於北京大學。更著有《四禘通釋》、《史記探源》等。生平事跡見顧頡剛《記崔適先生》。

崔氏之學,承《新學僞經考》而來,蓋專辨劉歆之僞竄事。民國三年(1914),至北京大學任教,教授"春秋公羊學",《春秋復始》則其講義也。是書嚴守《公羊》壁壘,而排詆《左氏》與《穀梁》。内容分爲五部:卷一《序證》,謂《公羊傳》雖似簡略,實去取頗有斟酌,乃真傳《春秋》者,故當正其名曰《春秋傳》;左丘明乃三家分晉後人,博採異聞,不擇信否而雜録之,真口説流行者也,其後劉歆"以爲事實既不相同,義理更可立異,而復雜取傳記,附以臆説,僞造《左》、《穀》二傳,藉以破壞《春秋》,爲莽飾非,爲己文過之詭計";又以《穀梁》爲古文,亦出於劉歆之僞,而爲《左氏》驅除。卷二至卷八爲始末類,乃集一人行狀者,故有《五霸》、《讓國》、《賢賢》、《諸侯》、《夫人》、《内女》諸篇。卷九至卷三十六爲比例類,乃敍全經之體例,蓋舉經傳之文,各歸其類,以證明之。卷三十七爲《箴何》,謂何休注《春秋》出於胡毋生《條例》，本七十子遺説，然引讖緯以抵制《左氏》，雖出於不得已之苦心，而於經旨則誣，故刺取之以爲《箴何》篇。卷三十八爲《外篇》，乃論《左傳》之失有三：曰鑿空，曰誤析一事爲二事，曰互體。

清代今文學之辨僞，始於劉逢禄攻劉歆之竄亂《左氏》，而龔自珍、魏源繼其後，至廖平、康有爲則集諸家大成，而竟斥劉歆遍僞群書，至其最後完成者，實爲崔適。故梁啟超稱其"皆引申（康）有爲之説，益加精密，今文派之後勁也"，黎錦熙則稱其爲公羊學派最後之殿軍。

此本據上海辭書出版社圖書館藏民國七年北京大學鉛印本影印。（曾亦）

### 穀梁廢疾申何二卷　（清）劉逢禄撰（第132册）

劉逢禄，有《虞氏易言補》等，已著録。

漢末何休作《穀梁廢疾》，鄭玄因作《起廢疾》以排之。是書久佚，僅存一篇。嘉慶元年（1796），逢禄撰《穀梁廢疾申何》，重就何、鄭之争論進行反省。是書《清經解》作兩卷，而《後録》分别作《穀梁申廢疾》與《廣廢疾》各一卷。上卷凡四十條，僅四條輯自鄭玄《起廢疾》語，附於卷末；其餘三十六條，或録經文，或録《穀梁》傳文，其下皆附何休《穀梁廢疾》與范氏所釋，更下則有逢禄之難辭，以明其"難鄭"之意。下卷凡一百五十一條，皆節引《穀梁》傳文，皆《廢疾》所不具，自爲摘出而申之，間及范注，後則爲逢禄之申辭，而以"申何"爲旨。

逢禄以《春秋》有微言大義，而公羊氏皆得傳之，至於《穀梁》，則"不傳建五始、通三統、張三世、異外内諸大旨，蓋其始即夫子所云'中人以下不可語上'者，而其日月之例、災變之説、進退予奪之法，多有出入，固無足怪。玩經文，存典禮，足爲公羊氏拾遺補闕，十不得二三焉"。逢禄意以《穀梁》不傳聖人微

言，不過爲《公羊》"拾遺補闕"而已，故"採擇美善"而爲是書耳。可見，逢禄撰此書，雖有禽墨之意，然有折衷三傳之實耳。然清人周中孚謂是書"仍以《公羊》家言作禽墨之守禦耳"，而楊鍾羲亦謂"逢禄護持任城，作禽息之守禦，排斥《左》、《穀》，大放厥詞，自謂非敢黨同，不可信矣"。

此本據華東師範大學圖書館藏清道光九年廣東學海堂刻《皇清經解》本影印。（曾亦）

### 穀梁大義述三十卷　（清）柳興恩撰（第132册）

柳興恩（1795—1880），原名興宗，字賓叔，號潤江，丹徒（今屬江蘇鎮江）人。道光十二年（1832）舉人，受業於阮元。治《毛詩》、《穀梁》。更著有《毛詩注疏糾補》、《虞氏逸象考》、《續王氏詩地理考》、《儀禮釋官考辨》、《壹宿齋詩文集》等。《清史稿》有傳。

柳氏年四十四始治《毛詩》，以毛公師荀卿，荀卿師穀梁，而《毛傳》中多存穀梁之説，然歷來治《春秋》者，《穀梁》學最爲微茫。清代雖尚樸學，而三傳之中，又以《穀梁》學最爲後起。阮元編纂《皇清經解》，《左傳》、《公羊》皆有專家，而《穀梁》獨缺。興恩乃奮發治《穀梁》，終成此書。

全書按照條例，共分七部：既以《春秋》定此經名，即便無事，猶必舉四時之首月，故首爲述日月例。《春秋》治亂於已然，而禮乃防亂於未然，故述禮爲第二例。《穀梁》之經與《左傳》、《公羊》相異者甚多，按《漢書·儒林傳》，《穀梁》爲魯學，《公羊》乃齊學，或由齊、魯異讀，遂有音轉而字異，故述異文列第三。《穀梁》親受子夏，故傳中多用孔子、孟子説，其他暗合者更多，故第四爲述古訓。自漢以來，《穀梁》鮮有專家，要不得擯諸師説之外，故列述師説於第五。而漢儒師説之可見者，惟尹更始、劉向二家，然搜獲寥寥，其説已亡而名僅存者、自漢以後並治三傳者亦收録，此

乃述經師第六。《穀梁》久屬孤經，所見典籍凡涉《穀梁》者，循次摘録，附以論斷，加之本經廢興源流，此乃述長編第七。

《公羊》予桓公以宜立，《穀梁》罪桓以不宜立，宜立則罪在桓，不宜立則罪在隱。傳曰先君之欲與桓，非正也，邪也。探先君之邪志，以與桓，是則成父之惡也。如傳意，則隱在惠公爲賊子，於周室爲亂臣。按鄭玄《六藝論》之説，穀梁子親受子夏，善於經。是興恩以爲，《春秋》於隱公元年之不書"公即位"，唯《穀梁》之解合乎誅討亂臣賊子之旨，遠勝《左傳》"攝也"及《公羊》"祖之所逮聞也"之説。而范甯襲杜預之説，以爲孔子慨東周之變而接乎隱公，故而托始，是昧於《穀梁》之旨者。

阮元評此書爲"扶翼孤經"，並爲之序。陳澧撰《穀梁箋》，久未成書，既讀其書之後，以爲有此作與鍾文烝之《穀梁補注》，遂不復作《穀梁箋》。梁啟超、吕思勉等皆以此書爲清代《穀梁》學之翹楚。然亦有批評之者，如皮錫瑞以爲，柳興恩以亂臣賊子斥隱公，而不許爲讓國之賢君，則如何處置篡弑之桓公？乃以柳氏之説爲過於刻薄。然皮氏之論，明謂《穀梁》不如《公羊》，亦有失公允。

此本據清光緒十四年南菁書院刻《皇清經解續編》本影印。（陳峴）

### 穀梁禮證二卷 　（清）侯康撰　（第 132 册）

侯康（1798—1837），原名廷楷，字君謨，番禺（今屬廣東廣州）人。道光十五年（1835）舉人。喜讀史，後益精研注疏，盡通諸經。更著有《後漢書補注續》、《三國志補注》等。《清史稿》、《清史列傳》卷六九有傳。

《春秋》之法，誠於已亂；三代之禮，防於未然。然明刑弼教，本自一體，《春秋》與禮，實相爲表裏。三傳之中，禮文之要詳於《左氏》而略於《公》、《穀》。鄭康成言："《左氏》善於禮，《公羊》善於讖，《穀梁》善於經。"侯氏

好史，不免由史觀經，以爲典制莫備於《左氏》，而義理莫精於《穀梁》。至於《公羊》，則因其雜出衆師，時多非常可怪之論，視爲偏駁，故排詆獨多。此書據《穀梁》以證三《禮》，緣禮義以逆禮制，雜引群書，考訂制度，辨析《穀梁》之禮與二傳之不同。李慈銘稱其"引史據經、古義鑿然"。惜其書未完，止於僖公，亦未定而卒，所疏證未能精備。書末之文公一條與昭公四條，以其不相連貫，疑乃刻者掇拾零散而繫於其後。

此本據上海辭書出版社圖書館藏清道光三十年南海伍氏粵雅堂刻《嶺南遺書》本影印。（齊義虎）

### 春秋穀梁經傳補注二十四卷首一卷末一卷

（清）鍾文烝撰　（第 132 册）

鍾文烝（1818—1877），字朝美，又字殿才、子勤，嘉善（今浙江嘉善）人。道光二十六年（1846）舉人，候選知縣。同治中，入江蘇忠義局，與長洲陳奐、平湖顧廣譽同任編纂。主講上海敬業書院十二年。初治鄭玄三《禮》之學，繼而宗朱子學，專研《春秋》，兼究宋元諸儒書。更著有《論語序詳正》、《信美室集》、《乙閏録》等。《清史稿》有傳。

鍾氏以爲，《春秋》爲持世教正人心之書，《穀梁傳》乃《春秋》之本。左氏博采國史書，詳陳事蹟，本末俱見，爲有功於經，但於諸經義則少有合者。而今文之學中，《穀梁》於時近孔子，於地爲魯學，尤得聖人所傳之正。其所傳之經旨，又多與《論語》、《儀禮》、《禮記》、《毛詩》、《易傳》相合。穀梁學雖得啖助、陸淳、葉夢得、胡安國等稱爲意深，却實爲千百年來之孤經，而范寧之注略而舛，楊士勳疏又淺而尨。鍾氏網羅衆家，折衷一是，爲經、傳之補注。自比於梅鷟之辨僞書，陳第之談古韻。又自謂徵引該貫，凡《春秋》中不決之疑，悉數決之。卷首一卷，除序及略例外，著有《論經》、《論傳》二篇，專論六經之中惟

《春秋》爲聖人手筆，而《春秋》之學，穀梁子獨得真傳之義。卷末一卷收律句四十韻又二首、四言一首及《書後》二篇。

鍾氏治《穀梁》，不意門目過碎，義類太煩，而多隨事觀理，得其會通。雖盡列范注，但不盡用漢人家法。至於《左傳》、《公羊傳》之異文，也盡數羅列，並時援引以證《穀梁》。鍾氏以爲，《穀梁》好從簡略，以義修辭，不以記事爲重。並於隱公十一年傳下舉全傳述事者，僅有二十七條。故頗結合其他文獻，間下己意以解經者，尤可見宋人"折衷三傳"之旨對鍾氏之影響。對此，楊鍾羲褒獎其能於三傳殊說中，棄其所滯，擇善而從。然鍾氏最重條例，以爲舍例則無以言義，尤爲重視正例與變例之"變文示義"。對此，楊鍾羲批評《穀梁》之時月例多不可通，如隱四年九月"衛人殺祝吁於濮"，《傳》謂"其月，謹之也"，范注曰："討賊例時，謹其時月所在，以著臣子之緩慢。"鍾氏亦因而解之，楊氏則斥爲荒謬，以爲既不合《左傳》所載之詳實，又未能深考《春秋》"誅討亂臣賊子"之大義。

此本據華東師範大學圖書館藏清光緒二年鍾氏信美室刻本影印。（陳峴）

**穀梁申義一卷**　（清）王闓運撰　（第 133 冊）

王闓運，有《周易說》等，已著録。

《春秋》三傳，以《穀梁》習者甚少，古注之存者，唯范寧《集解》。然范氏通取三傳，注《穀梁》，而有毀傳之詞，誠非專門之學。王氏此書，不全載經傳，獨於巨疑之處，推明《穀梁》立說之原，於范注多有訂正。如經書周天子之名號，有王、天王、天子之異，范注以爲，此因舊史之文，無關義理，王氏則駁曰："凡因史文者，如夏五、伯于陽之類也。若王與天王、天子，其義易知，故岐其文，明必有義。"此說可補《穀梁》之例。又如桓公四年無秋冬，昭公十年不書冬，范注皆云未詳，而王氏以爲，時月日之失繫，傳必有明文解之，

如僖公二十八年之例，今無傳，則經或有闕文。此亦持論有據，可備一說。

然王氏論《穀梁》，每多比附《公羊》，不免強合二傳。如齊襄公滅紀，經書"紀侯大去其國"，《公羊》以爲賢齊襄之復仇，《穀梁》賢紀侯之得衆，又云"不使小人加乎君子"，則惡齊矣。王氏以爲，襄公非惡，又謂"小人者，對紀賢而言，非必絶齊甚于他滅"，則似強爲之說。書中又多引禮書，以證《穀梁》，雖不能皆成定論，然亦屬有根底之言。楊鍾羲以爲，"在所撰經説中，此書最爲矜慎"，當爲平情之論。

此本據國家圖書館分館藏清光緒十七年刻本影印。（黃銘）

**重訂穀梁春秋經傳古義疏十一卷釋范一卷起起穀梁廢疾一卷**　廖平撰　廖宗澤補疏　（第 133 冊）

廖平，有《易經古本》等，已著録。

廖宗澤（1898—？），井研（今四川井研）人。廖平之孫，爲廖平晚年治學之重要助手。

《春秋》三傳，《公羊》之學盛於前漢，《左氏》之學盛於後漢，若《穀梁》學唯顯於宣、元間，前後不過三十年。是故其師法久湮，著書傳世者不逮十家。雖有范寧《集解》，猶依附何、杜，不守舊訓，以反傳爲志，方鑿圓枘，汩亂舊義實多。廖平"痛微言之久隕，傷絶學之不競"，遂撰《穀梁春秋經傳古義疏》，自光緒七年（1881）至十九年，前後十餘年，增補不輟，數易其稿。

《穀梁》與《公羊》雖皆屬今文經學，然其地位歷來有差。皮錫瑞《經學通論》以爲，"《春秋》有大義、有微言，大義在誅亂臣賊子，微言在爲後王立法。惟公羊兼傳大義、微言；穀梁不傳微言，但傳大義；左氏並不傳義，特以記事詳贍，有可以證春秋之義者"，則今文家以《公羊》爲正、《穀梁》爲副，似已成共識。然廖平頗不謂然，以爲二傳同授自子夏，而有

魯學、齊學之分。蓋魯學善以禮説經，齊學善以緯説經。《穀梁》屬魯學，篤信師説、謹守家法，多就中國立説；《公羊》屬齊學，治學恢弘、多主緯候，詳皇帝大一統之法。平以今古學之别不在文字，而在改制與否。就禮制而言，《周禮》爲古學之大宗，乃周公遺存之禮樂舊制；《王制》爲今學之大宗，乃孔子所訂之一王新法。乃以《穀梁》證《王制》，其禮制無所不合；《公羊》與《王制》，則有所合有所不合。鄭玄亦曰：“《公羊》善於讖，《穀梁》善於經。”故《王制》可爲《春秋》之大傳，而《穀梁》乃《春秋》之正宗。

廖平又以《公》、《穀》雖皆主改制，但對改制之理解並不相同。《穀梁》之義，六經既定，垂法百世，後人不能再言改變。孔子以《春秋》爲萬世立法，而公羊先師誤以爲救文從質，僅爲一時之書。故素王撰述，魯學獨專。此書之作志在復明漢學，乃根原《王制》，溝通二傳，存漢師之遺説，而删范楊之野言，多從班氏爲斷。凡所不足，乃下己意，注所不盡，更爲疏之。平針對范氏《集解》信心蔑古、倡言攻傳，又撰《釋范》一卷，臚列專條二十事，以駁范注之非。昔日何休褒《公羊》而貶《左》、《穀》，著《穀梁廢疾》以相責難。鄭玄作《起廢疾》以應之，致同室操戈，彼此攻訐，啟口舌之辯，而淆亂大義，經學由是以衰。平爲祛好辯之弊，故撰《起起穀梁廢疾》一卷，務申本傳之旨，間正何、鄭之誤，平二君之意氣，通二傳之神形。

此書以發明古誼、推原禮證爲主旨，於古義頗多創獲，使孤經絶學於千年之下一朝復明，可謂厥功至偉。張預更盛讚其“執聖人之權，持群説之平，守漢師之法，導來學之路”。清世《穀梁》之學，唯鍾文烝《穀梁補註》可與此書相比倫。

此本據浙江圖書館藏民國二十年渭南嚴氏校刻《渭南嚴氏孝義家塾叢書》本影印。

（齊義虎）

## 春秋集傳二十六卷（存卷一至卷十七、卷二十一、卷二十二）（宋）張洽撰（第133册）

張洽（1161—1237），字元德，清江（今江西樟樹）人。嘉定元年（1208）進士，歷任松滋尉、袁州司禮參軍、永新知縣、池州通判等，官至著作佐郎。更著有《春秋集注》、《歷代郡縣地理沿革表》等。《宋史》有傳。

按是書體例，《春秋》經用《左傳》本，頂格抄寫，《公》、《穀》經文有異者，則雙行小注於其下，衆人集傳低一格擇要抄録，諸説以圈號區隔，除《左氏》、《公羊》、《穀梁》傳文外，杜預《集解》、何休《解詁》、陸德明《經典釋文》、啖助説、孔穎達《正義》亦時加掇取，亦重宋朝前賢之説，凡程伊川、泰山孫復、胡安國諸説采擇尤詳。其折衷群説而成一己之論者，則低兩格附於最後。觀其辯證群説，剖析精當，不避繁複，若其説未安，不惟去取三傳，即程子、胡安國等朱子師承所自，亦多所駁正，不曲爲護囿。其例如博取書傳，以證周人有改月之實，惟以當時兼存夏正，故於經、傳之間互見迭出，人不能曉，致三王改正之説紛紜而淆。左氏在當時，一以夏正爲周正；胡氏居後世，一以周正爲夏正，二者誤均；若程子以周正月非春，特孔子假天時以立義，洽亦引《書序》與《春秋》記會盟津之言以辯證其非。

是書卷首録張氏《進書狀》，自言“嘗從師友傳習講論，凡二百四十二年之事，與漢唐以來諸儒之議論，莫不考覈研究，會其異同，而參其中否”，又“取其足以發明聖人之意者，附於每事之左，以爲之傳，名曰《春秋集傳》。既又因此書之粗備，復仿先師文公《語》、《孟》之書，會其精意，詮次其説，以爲《集註》，而間有一得之愚，則亦竊自附於諸賢之説之後”。則《春秋集傳》與《春秋集注》二書，係傲自先師朱子注《語》、《孟》成例，蓋《集傳》匯聚衆家之説，有類《語孟精義》，斷以己意、詳細辯證則類《或問》，是書先成；

《集注》則取法朱子《論孟集注》嚴於取捨、折衷論定,成書晚於《集傳》之書,卷帙不及《集傳》一半,然大旨不異,而精簡過之。

蓋自明洪武初頒五經四子書於學官,傳注多宗朱子,惟《易》兼用程朱,而《春秋》則胡氏、張氏並存,迄永樂中集《大全》,專以胡氏爲主,采其與胡氏相發明者,而去其與胡刺戾者,至此學者不復知有洽書矣。張壽林謂其書釋"春王正月",本朱子之説,以改月改時爲正,與胡氏"夏時冠周月"之義多別,開卷便枘鑿圓方,宜夫士子之棄之惟恐不遠,而是書亦漸闕失。

此本據《宛委別藏》元延祐刻本影印。(沈娟)

## 涇野先生春秋説志五卷　(明)呂柟撰(第133冊)

呂柟,有《涇野先生周易説翼》等,已著録。

是書收入《四庫全書總目》春秋類存目,提要謂考柟所著他書,率篤實近理,惟此書務爲新説苟論。凡所譏刺,皆假他事以發之,而所書之本事反置不論。如《春秋》所載"公及邾儀父盟于蔑"、"祭伯來"、"公及戎盟于唐"、"鄭人伐衛"、"衛人殺州吁",柟皆以爲著平王之罪。又如"叔孫豹卒",謂《春秋》不書餓死,乃爲賢者諱。又謂"郯子來朝",以其知禮,故《春秋》録之。此類大抵褒貶迂刻,不近情理,至謂《春秋》書季孫意如之卒,爲見天道之左,則似聖人並怨天矣,則是書之失,不止於穿鑿也云云。

案柟師事渭南薛敬之,其學以薛瑄爲宗。館臣以爲"解《四書》平正篤實","柟之學源於河津,最爲篤實",故其關於四書及宋四子之書並入《四庫全書》,而其解五經之作悉入存目,以其解五經之作體例相同,皆是與門人論經問答之語,詮次成帙,有類語録,非專門釋經之作,如謂其《詩》説,以爲"疏解未免太略";至其《禮問》,則以爲"多循舊義,少所闡發",評價俱不高。

此本據國家圖書館藏明嘉靖三十二年謝少南刻《涇野先生五經説》本影印。(沈娟)

## 春秋私考三十六卷　(明)季本撰(第134冊)

季本,有《易學四同》等,已著録。

季氏以《春秋》明王道之本,申是非之心,而一以刪削筆法爲賞罰之要,以作是書。其書詳以干支繫各公紀年之上,使眉目了然。書前有唐順之及作者自序,書末附王交序。史載其"貴主宰而惡自然",反對王畿、王艮諸王門以自然爲宗之風,因"閔學者之空疎,只以講説爲事,故苦力窮經"。其考雖似舍三傳而立新説,實則薈萃諸傳,常取一二傳以爲本,采擷各代經師之説而折衷之,故上自漢晉、下迄厥身,凡有補於通經致用者,莫不眩引,雖似駁雜而無序,然或可破三傳之藩籬,而直達聖人製作之道乎?其書曾"窮九邊,考黃河故道,索海運之舊跡,別三代、春秋列國之疆土、川原,涉淮、泗,歷齊、魯,登泰山……"而求通有用之學,故其於地理古今之沿革、姓名氏族之派分、星曆之數度,禘郊嘗社禮樂兵賦之纖悉、古今之所聚訟,皆辨析毫釐,務極該貫,考證頗詳,時人即稱"經師莫及"。如指垂爲宋衛間之曹地,而糾杜元凱之誤;桓公五年雩祭之禮,遍考《爾雅》、《左傳》、《公羊》、《穀梁》、鄭玄、趙匡、陸淳、程頤、陳祥道、趙汸諸説,而以爲大雩即"遍雩境内山川"之説,亦頗可通。所批評三傳之非,雖或有紕繆,然皆引經據典,而後執以己見,實可自成一説。

季氏治《春秋》,承宋元以來排傳之風,不信三傳,一任私考,難免强爲己説。黃宗羲《明儒學案》卷一三以爲:"《春秋私考》則《公》、《穀》之義例,《左氏》之事實,摧破不遺餘力。……此皆先生信心好異之過也。"《四庫全書總目·春秋私考提要》謂其書"釋經處謬戾不可勝舉。如言惠公仲子非桓公之母,盜殺鄭三卿乃晉人使刺客殺之,晉文公歸國非秦伯所納。諸如此類,皆無稽之談"。此説殆受錢牧齋之影響,然亦不無道理。然總言之,季本於王門後學中獨樹一幟,曾潛心僧寺讀書著述達二十餘載,實非鄙倍放誕之徒。王交稱其"説《春秋》必稱孟子之言爲第一義,故能探索今古,反覆正難,不爲舊聞先入爲窘"。故"私考"者,實非師心自用,而能折衷薈萃,亦有可嘉處。

是書自序作於嘉靖二十四年(1545)冬,唐順之序作於嘉靖二十九年,書末王交序又作於嘉靖三十六年,則是書當刊印於嘉靖三十六年後。此本據天津圖書館藏明嘉靖刻本影印。(高瑞傑)

### 春秋三傳通經合纂十二卷　(明)周統撰 (清)周夢齡 (清)周毓齡增輯 (第134冊)

周統,生卒年不詳,據是書署名及《江西通志》,知其字學之,自號敦厚堂主人,廬陵(今江西吉安)人。成化十三年(1477)舉人,曾任知府。餘事不詳。

周夢齡、周毓齡,據是書署名,爲周統裔孫。夢齡字遘莊,毓齡字問袁。生卒事跡不詳。

是書以十二公各爲一卷,凡十二卷,又以《論略》、《圖考》列於編首,不入卷次。其書合三傳爲一編,分上、下二格,統作下格,而夢齡昆仲增補上格也。下格以經文爲主,然後以《左傳》列首,以《公》、《穀》二傳附其後。其有經無傳者,但録經文,不敢遺漏;至於無經之傳,亦附於經文之前。惟事繁附録,與經不屬,及《公》、《穀》傳内或誤或復者,則間從省焉,又擇杜預、何休、范寧注於經、傳有發明者附於後,以便於讀者。上格則掇拾先儒之説,以發明義例,推究文法,注解字句,詮釋經義等,以廣讀者見聞。是書前有萬曆十六年(1588)郝敬序,言是書"以傳考經之事跡,以經別傳之真偽,崇信闕疑,而不穿鑿以附會,斯經義可通焉",頗合統之原意。

惟統之下格徵引所及,僅限於杜、何、范諸家,未足以暢明經義。周氏昆仲因取漢徐邈,唐孔穎達、楊士勳、啖助、趙匡、陸淳,宋孫復、石介、劉敞、杜諤、孫覺、程頤、蘇軾、蘇轍、陸佃、葉夢得、許翰、王葆、高閌、程迥、陳傅良、朱熹、呂祖謙、薛季宣、張洽、黃仲炎、趙鵬飛、黃震、家鉉翁,元吳澄、程端學、李廉,明汪克寬、黃瀚、湛若水、季本、王樵、王錫爵、卓爾康、陳際泰諸説及各家評語增補之。今考其書,全録三傳舊文,而於其異同是非,則考證寥寥,蓋猶不脱明抄撮之學。惟其徵引諸家之説,時有精義,亦可資參考。

是編前有《論略》若干則,題嘉靖十一年(1532)九月敦厚堂主人學之輯,其下有乾隆四十五年(1780)周氏昆仲跋語,知其書蓋嘉靖十一年周統流寓荆南時所作。至清乾隆四十五年,周氏昆仲始增補之以付梓人。

此本據湖北省圖書館藏敦厚堂家課藏本影印。(高瑞傑)

### 春秋四傳私考二卷　(明)徐浦撰 (第135冊)

徐浦,生卒年不詳,字伯源,號臺石,浦城(今福建南平)人。嘉靖三十二年(1553)進士,官弋陽知縣,擢工科給事中,累官廣西僉事。更著有《歸閑吟稿》。傳見《掖垣人鑒》卷一四。

是書前有姜寶序,後有同邑後學祖之望跋。上下二卷,卷上考隱公至僖公,卷下考文公至哀公。是書舉《左氏》、《公羊》、《穀梁》與《胡傳》之異同,衷以己意。其於《胡傳》之深刻者,多所駁正,持論平允,又頗正三傳之誤。如論"夫人子氏"條,以《公羊》説"太深鑿,決非聖人筆削之旨",蓋用《穀梁》與《胡傳》之説;於莊公九年"及齊師戰於乾時"條,則用《胡傳》之説,"能與仇戰,雖敗亦榮",以正《公羊》之誤;於閔公元年"齊仲孫來"條,據《左氏》説,以爲賢仲孫也,蓋不取《公》、《穀》及《胡傳》之説。然《四庫全書總目》春秋類存目收《春秋四傳私考》十三卷，提要謂其"每就事論事，不相貫串"，如隱公三年"宋公和卒"，謂"於其没不書曰'薨'而書'卒'，《春秋》之微詞也"，不知《春秋》於外諸侯，皆書"卒"也。又，凡徐氏無所論斷之條，皆不存經之原文，似乎删節聖經，亦非體例。

此本據上海辭書出版社圖書館藏清嘉慶十六年祝氏留香室刻本影印。（曾亦）

### 春秋翼附二十卷　（明）黄正憲撰（第135冊）

黄正憲，有《易象管窺》，已著録。

是書前有黄氏友人賀燦然及署名"伯兄正色"二序，其後凡例、目録。是書收入《四庫全書總目》春秋類存目，提要謂是書大旨，蓋以胡安國《春秋傳》過於刻覈，因博采舊聞，自唐孔穎達以下悉爲折衷，於明世諸家，則多取山陰季本《私考》、金壇王樵《輯傳》二書。今觀其所論，如謂尹氏卒爲吉甫之後，非即《詩》家父所刺者；仲孫蔑會齊高固於無婁地，非年婁，亦間有考證。然核其大體，則未能悉精確云云。

此本據北京大學圖書館藏明刻本影印。（曾亦）

### 春秋疑問十二卷　（明）姚舜牧撰（第135冊）

姚舜牧，有《易經疑問》，已著録。

是書收入《四庫全書總目》春秋類存目，提要謂是書不盡從胡安國《春秋傳》，亦頗能掃諸家穿鑿之説，正歷來刻深嚴酷之論，視所注諸經，較多可取，而亦不免於以意推求，自生義例。如列國之事承告則書，《左氏》實爲定説。舜牧於"宿男卒"不書名，既云告不以名矣，乃於"鄭伯克段"條曰："此鄭事也，魯《春秋》何以書？見鄭莊處母子兄弟之間，忍心害理，凡友邦必不可輕與之。此一語專爲後日輸平歸祊、助鄭伐宋起，非謂此事極大，漫書於魯之《春秋》也。"是不考策書之例，但牽引經文，横生枝節。至於桓九年"紀季姜歸

於京師"，則謂自季姜歸後，周聘不復加於魯，乃知以前三聘特在謀婚。此説既無確據，即以年月計之，三聘之首，是爲凡伯，其事在隱公九年，距祭伯之逆十四年矣。焉有天子求婚，惟恐弗得，謀於十四年之前者乎？此併經文亦不能牽合矣。説經不應如此云云。

此本據天津圖書館藏明萬曆刻本影印。（曾亦）

### 春秋直解十五卷讀春秋一卷　（明）郝敬撰（第136冊）

郝敬，有《周易正解》等，已著録。

是書前有《讀春秋》一卷，論説五十餘條，卷一至十三分別解十二公，其中僖公二卷，其餘各一卷，第十四、十五卷爲《非左上》、《非左下》。是書收入《四庫全書總目》春秋類存目，提要謂郝氏曰今讀《春秋》勿主諸傳先入一字，但平心觀理，聖人之情自見，蓋承孫復廢傳之學而加甚。明人論《春秋》，多非胡《傳》、《公》、《穀》，而主《左傳》。郝氏則於《左傳》頗攻訐，謂《左傳》非左丘明所作，其精神全在藻繪，於聖人作經之意都未領略，至其斷例敘事，種種迂謬。提要乃曰末二卷題曰"非左"，凡三百三十餘條，皆摘傳文之紕漏，可謂非左氏諍臣。

郝氏注解，雖或發明大義，申其褒貶，然亦多辯難，有與先儒爭勝之意。提要謂其"曲筆深文，務求瑕釁"，"則不免好爲議論矣"。

此本據復旦大學圖書館藏明萬曆郝千秋、郝千石刻《九部經解》本影印。（谷繼明）

### 春秋歸義十二卷　（明）賀仲軾撰（清）范驤删訂（第136冊）

賀仲軾（？—1644），字景瞻，號養敬，獲嘉（今河南獲嘉）人。萬曆三十八年（1610）進士。初任醴泉令，治有聲，累官至武德兵備。爲官忠直，好學力行。更著有《兩宮鼎建記》。事見《東林列傳》卷一〇。

范驤，生卒年不詳，字文伯，號默菴，海寧（今浙江海寧）人。諸生，工書。著有《默菴集》。事見《國朝書人輯略》卷一。

是書前有張縉彥序、覃懷范序、賀氏自序及孫奇逢撰《殉義景瞻賀公傳》。是書之作，始於萬曆四十六年，至崇禎七年（1634）而成，歷十有七年。范氏讀而愛慕其人，病其序事之繁瑣，因撮其精要，存十有二卷，而以《春秋歸義摘要》爲名。

孫奇逢稱是書務求合孔子筆削之意，翻駁古今成案，獨伸胸臆之所欲言。今考其書，蓋取《公》、《穀》、《左氏》、《胡傳》參會之，而酌以己意，大抵力破諸家屈經從例之弊，謂諸儒說經，執之太嚴，求之太深，遂使義例曲生，穿鑿支離，附會膠固，若法吏之深文巧詆。及其例之不可概施，則又爲正變之說，極而至於正變之所不能通，則又曰“美惡不嫌同詞”，其弊遂至曲經從例，使正經之義，爲之猥碎，直同斷爛朝報。不知《春秋》原本無例，例者國史命名之常，紀事之體，聖人不過竊取其義，神而明之，故其書大旨，惟以尊王爲主，舉《春秋》二百四十二年之事，皆歸於斯義。書中首辨“夏時冠周月”之疏謬，次正創例說經之乖舛，他如諸家所謂聖人竊南面之權、進退天子諸侯大夫、以天子之權予魯，及素王素臣以天自處諸謬說，悉矯其非而辨其惑。

張壽林謂是書持論頗稱精當，雖其間亦多陳陳相因之論，或縣揣臆斷之說，於《春秋》本旨，未能盡愜，然駁正舊說，時有特見，其長固不可沒也。

此本據湖北省圖書館藏清道光八年見山堂刻本影印。（侯静）

## 春秋三發三卷　（明）馮士驊輯　（第 136 册）

馮士驊，生卒年不詳，字仲先，吳縣（今江蘇蘇州）人。崇禎八年（1635）進士。更著有《辟雍紀事》等。事略見《江南通志》卷一二三及談遷《棗林雜俎・聖集》。

是書首爲馮氏自序，次《凡例》，次參訂姓氏，次姚希孟、陳宗之、季星諸序。案元制以《春秋》一經可命題者，不過七百餘條，慮其重複易於弋獲，又創爲合題。明沿元舊，亦用合題之法。其名爲“三發”，蓋一爲單題發，所以抉康侯氏（胡安國）之隱；一爲傳題發，所以暢康侯氏之旨；一爲合題發，所以廣康侯氏之教。凡發單題二卷，發傳題二卷，發合題一卷，總計爲五卷。案自明因元制，於單題外，兼用合題，於是鄒德溥《春秋匡解》、馮夢龍《麟經指月》等書出焉。是書承其餘緒，大旨在詳鄒氏之所略，而約馮氏之所詳。首發單題，單訖而傳繼之，傳繼而合訖之，蓋專擬《春秋》各題，而依題著說，本胡安國《春秋傳》以敷衍其意，間或講究作文之法。自序謂與鄒、馮兩家之書，發源本同，指趣微別，摘幽發伏，粗有一得之長，務使開卷洞然，循序漸進，康侯復起，不易吾言。然究其實，不過皆爲科舉揣摩而作，非通經者之所尚。

此本據北京大學圖書館藏明崇禎八年葉坤池能遠居蘇州刻本影印。（侯静）

## 春秋傳注三十六卷提綱一卷　（清）嚴啟隆撰　（第 137—138 册）

嚴啟隆，生卒年不詳，字爾泰，烏程（今浙江吳興）人。明末諸生。見《四庫全書總目》卷三一。

是書首有朱彝尊跋，稱嚴氏名在復社，甲申（1644）後遁跡，自稱巔軨子，始爲是書示生徒。以胡氏爲非，不敢盡糾其繆。錢尚書受之遺之書，勸其改作，此書乃成云云。其後有錢謙益序及嚴氏自序。後爲嚴氏自撰《提綱》，以明原、明義、明事、明文、明內外、明告、明筆削、明考爲綱。又列《諸國廢興原委》、《諸國官制考》、《諸國用人異制考》、《大夫爲卿考》、《晉中軍楚令尹考》、《晉六卿八卿考》等十九篇論文目録，然此本只見《大夫爲卿考》一篇。

嚴氏以爲，孔子欲討陳恒而不得，故作《春秋》以戒三家。所謂筆削，何以筆？何以削？今既不可見其所削者，就一經而觀之，莫大乎其所絶筆與所托始之意。不始惠公而始隱公者，以隱有鍾巫之難，特託以發凡。不終於陳恒簡公之事，而終以獲麟者，欲以諱而不書，陰愧三家之心。又謂《春秋》治大夫，非治諸侯，以三十六君之事爲經，而其餘爲緯。以文公以前爲賓，而以後爲主。經之義當明，緯之義可以不問；主之義當明，賓之義可以不問。是故嚴氏以爲，《春秋》懲惡勸善，非聖人不能修之，然而《春秋》之旨在義而不在於例。故其説愈煩，其文愈鑿。至於稱爵不稱爵、或名或不名、或人或不人、或日或不日、或月或不月者，則曰聖人之旨皆隱於此。蓋不許以例解經之法。

朱彝尊以爲此書"庶幾起膏肓而針廢疾矣"。是書亦收入《四庫全書總目》春秋類存目，提要謂："嚴氏謂《春秋》一字一句皆史舊文，聖人並無筆削。其意蓋深厭説《春秋》者之穿鑿，欲一掃而空之。而不知矯枉過直，反自流於偏駁也。"是説亦頗精當。

此本據國家圖書館藏清康熙四十七年朱彝尊家鈔本影印。（陳峴）

**春秋家説三卷**　（清）王夫之撰　（第139冊）

王夫之，有《周易大象解》等，已著録。

船山自謂"六經責我開生面"，故於諸經皆有撰述，其治《春秋》，則有《春秋稗疏》、《春秋家説》、《春秋世論》、《續東萊左氏博議》等。此書爲其中最要者，成於康熙七年（1668），時夫之五十歲。名"家説"者，以此書乃其父王朝聘所説，夫之纂而成之。今詳考其實，則其説亦不少，或可視爲其自作。

此書常與胡安國《春秋傳》爲難，間及三傳。序文謂胡《傳》有激者，有疑者。所謂激者，即胡氏好言天變災異；疑者，即胡氏以外憂、内患説《春秋》，既欲外亢雪恥，復欲

内防而忌臣下之權重。然船山以爲外憂可言，而内患之説適以自削，是邪説也。蓋夫之身當明亡之時，痛思懲鑒，以爲自宋以來，藩鎮漸削，地方疲弱，卒至不能當李闖、清兵之鋒。故此書説《春秋》，必先言攘夷，而後尊王，與胡《傳》對立。胡氏好論災異，而夫之則以爲《春秋》録災異，適顯彼時之左道不經，以誡天下後世；又，胡氏論兵好言分兵權，然夫之以爲善説《春秋》者，當廢胡氏之言兵。

夫之身當鼎革之際，其治經常懷經世之意。其解《春秋》，常藉以評騭時事。如於隱五年"考仲子之宫"，論親親尊尊之義，對嘉靖大禮議而發。莊公十年"以蔡侯獻舞歸"，則駁胡《傳》之"國君死社稷"，以爲死社稷之國君，乃諸侯耳，非指天子而言。若李綱以虚名鉗欽宗，使帝王被俘，中原淪喪；光時亨又拾胡《傳》之餘瀋，以微幸陷崇禎於死，陷國家以滅亡，二人並昧於《春秋》大義。諸如此類，皆船山苦心孤詣之所寄，洵能發明"《春秋》經世先王之志"者。

是書收入《四庫全書總目》春秋類存目，提要謂其攻駁胡《傳》之失往往中理，而亦好爲高論，而多横生枝節、於《春秋》無關云云。

此本據華東師範大學圖書館藏清同治四年湘鄉曾氏金陵節署刻《船山遺書》本影印。（谷繼明）

**春秋條貫篇十一卷**　（清）毛奇齡撰　（第139冊）

毛奇齡，有《河圖洛書原舛編》等，已著録。

毛氏前已成《春秋毛氏傳》三十六卷，至爲詳該；而復作此書，欲以綜貫全經，求聖人之深意也。毛氏昔閲《春秋》題時，與時人就考卷而争論。舊法《春秋》四題，單題一，雙題二，脱經題一；清初則去脱經題，一洗佞從胡安國《春秋傳》之風。西河閲《春秋》題有類脱經題者，而不以胡《傳》爲判，故監臨御史

起而攻之,謂《春秋》爲斷爛朝報,無緒而不相屬,不條不貫,惟賴傳而條貫之。毛氏駁之,謂"經之條貫,必出於傳",此杜預之説,且杜氏之意非後人所謂者。經有條貫,傳無條貫。毛氏所謂條貫者,"其事之蛛絲馬跡,歷歷有穿串如此,並非丘明策書所得而條遞之者"也。其《春秋毛氏傳》已分《春秋》爲簡書、策書,孔子所據而修者爲簡書,丘明所采者爲策書。簡書自有條貫,不必待左氏、公羊、穀梁、胡氏而後明也。蓋自王安石詆《春秋》爲斷爛朝報,後人雖多非之,然其貫串群經,多依傍三傳及胡《傳》,以經之條貫待傳而明,是寧信傳而不信經也。故疑者仍可曰:傳雖條貫,而經猶斷爛朝報者。毛氏乃專求經之條貫,以經爲本,聚其事類而比之,先後本末,及其中間委曲,皆有次第;而後始信聖人之經,如日麗天,如水行地,非雜越散漫之邸鈔可比。

《春秋毛氏傳》,依經次而爲傳也;《春秋屬辭比事記》,分事類而求文、禮之例,即禮與文見聖人之意;此《春秋條貫篇》,則又循事之本末而裒聚之,即事見義。是《毛氏傳》者爲體,而《屬辭比事記》與《春秋條貫篇》其用也。《四庫全書總目》謂是書"移後綴前,使相陵亂","欲理之而反棼之",未解毛氏之意焉。是書先依《春秋經》魯十二公爲部類,而後每公之世,以相關聯之事聚爲一類。如宋襄公爭霸一事,毛氏於莊公僖公世檢出十五條,自十九年春"宋人執滕子嬰齊",至二十三年夏五月"宋公茲父卒",凡十五條共爲一貫,以見宋公之惡跡。此體會經文之法,在西河謂之"條貫",在萬斯大則謂之"比事"。毛氏與斯大之研《春秋》也未必相謀,然皆以此解經,是高明所見之同。惟其解説經文,語多與《毛氏傳》雷同,蓋縱説橫説,其意實同,不可避免。

此本據上海辭書出版社圖書館藏清康熙李塨等刻《西河合集》本影印。(谷繼明)

**學春秋隨筆十卷** (清)萬斯大撰(第139册)

萬斯大,有《周官辨非》等,已著録。

此萬氏《經學五書》第五種。康熙十年(1671),萬氏館於錢塘,始纂輯《春秋》注,加以裁量,成二百四十二卷。此蓋爲甬上講經會而作,匯纂諸家尤爲賅博。惜於十二年秋毀於火,不留隻字。二十年,復董理《春秋》,撰是書,至昭公而殁。

萬氏友人鄭梁作《跋翁傳》,嘗論列《學春秋隨筆》主旨,一曰專傳,奉《左氏》爲主;一曰論世;一曰屬辭比事;一曰原情定罪,即其所處之地,察其所處之情。然鄭氏之論,實未足以該是書之旨。萬氏論《春秋》折衷諸傳,不主於一家。彼所謂屬辭者,觀書法之同異,發揮其微言大義;而比事者,則排比一事之先後,窮盡其委曲。如宋楚泓之戰,排比六年内《春秋》所記宋國之事,以觀宋襄公好名而悖德、喪師辱國之過,即是比事。萬氏治《春秋》,最要在於大義,依大義而定條例。大義者,尊君、攘夷、大復仇是也。蓋萬氏之意,明先亡於李闖,是爲君王之辱;再亡於滿清,是爲夷狄之辱。故是書必嚴於君臣、夷夏之分。此亦明清易代之際《春秋》學之共同特點。又頗尊君,如《左傳》右趙盾,萬氏乃論曰:"左氏惑於邪説,乃托仲尼之言以賢趙盾。嗟乎!弑君者爲賢,將何者而後爲不賢乎。"其論陳靈公、泄冶之事,則曰:"爲君不道而殺諫臣,必至於身殺國亡,爲後鑒也。"所鑒者果爲何哉?蓋明朝也。萬氏之"大復仇",亦寄反清復明之意。彼論魯莊之納糾曰:"納糾一事,他國可,魯必不可;魯他公可,莊公必不可。九世復讎,雖不可信,然讎方死而遽忘之,何其忍也。當絶弗與通,以致其終天之恨。"然則明遺民之仕清者,亦在萬氏貶絶之列,觀其擊碎張縉彦神位一事,可知其意。蓋其論大復仇,即寓攘夷之義。

黄宗羲總結萬氏經學,謂"非通諸經,不能通一經;非悟傳注之失,則不能通經;非以經釋經，則亦無由悟傳注之失”，是其學不能爲傳注之學所籠括。黄宗羲、萬斯大本屬陽明一系，其學問重經世、實踐，此王學“知行合一”重行之義；而其説經，則自有主見，未盡步趨於傳注。或謂《經學五書》乃開考據學之先者，似非確論。

此本據上海辭書出版社圖書館藏清乾隆二十六年萬福刻《萬充宗先生經學五書》本影印。（谷繼明）

### 春秋三傳異同考一卷　（清）吳陳琰撰（第139冊）

吳陳琰，生卒年不詳，字寶崖，號芋町，錢塘（今浙江杭州）人。曾官茌平知縣。見是書署名。

此書取通説議論之體，與逐條説經之作不同。吳氏以爲，三傳之異，不特人名地名之别、語音字畫之譌而已，亦有關乎大義者。故其書先列三傳稱人、稱地之互異，而後攻三傳之失。其論三傳之失：一者，《春秋》闕文，而三傳發“何以不書”之怪問，求之過深；二者，《春秋》有教戒，書法以垂教，書事以垂戒，三家不明教戒之説，而但以褒貶爲説；三者，《春秋》雖有義例，要非字字有義，如三傳所云。陳琰又論三傳互有得失。要之，此著簡短，似不得謂之成書。其論三傳異同，但略舉而已，不及諸儒之詳，亦無精深處，非於經學有專門造詣者。然清初經學方興，吳氏能以文人而留心藝文及《春秋》學，實可褒獎。

此本據上海辭書出版社圖書館藏清嘉慶吳氏刻《藝海珠塵》本影印。（谷繼明）

### 春秋通論十五卷（存卷一至卷十，卷十四、卷十五）論旨一卷春秋無例詳考一卷　（清）姚際恒撰（第139冊）

姚際恒，有《詩經通論》等，已著録。

是書成於康熙四十六年（1707），時姚氏六十歲。全書正文凡十五卷，前有序文及《論旨》一卷，概論撰作之大旨；後又有《春秋無例詳考》一卷，專辨訂先儒所立義例之非。

《春秋》自成專經之學以來，作傳者數百家，多探究書法、義例，以求聖人之微旨。《公羊》、《穀梁》弗論矣；即《左傳》亦分傳附經，創通條例，遂有“五十凡”之目。唐宋以降，學者多黜三傳；然以例解經，猶沿舊法也。胡安國《春秋傳》極言義例，籠絡宋元明三朝。及明清之際，學者多貶宋學，其於《春秋》，則多斥以義例解經之法，而姚氏則其最著者。

姚氏之詆先儒，一在例，一在常事不書。蓋言例者多紛擾，諸傳各有其説；一例不足以通全經，又爲變例以彌縫之。姚氏則以爲，聖人修《春秋》，一如化工之自然，雖有己意，亦何必拘泥一字褒貶以爲例。蓋以例説《春秋》，等《春秋》於刑書，是以法家誣聖人也。姚氏又以爲，“常事不書”發自《公羊》，夫如是，則《春秋》所書者皆非禮、非常之事，悉屬夫子貶絶之列，此豈夫子之意乎！姚氏鑒於此，乃廢例舍傳，獨抱本經，據《孟子》“其義則丘竊取之”之語，以“取義”與“書法”説經。所謂“取義”者，魯史舊文雖有大義而不精，夫子重加編次，於其合者仍之，其有未合者則以己意爲之，謂爲竊取之義。書法者，孔子筆削舊文，自當有所釐定，則謂之書法。姚氏又詆“常事不書”，而易以“小事不書”。遂棄傳説經，標出取義與書法，而成一家之言。

今按三傳義例雖各不同，然舍傳求經，豈不更爲懸空揣度？姚氏不用例，而易以“取義”與“書法”，其所據焉在？姚氏又謂言例自杜預始，其實胡毋生説《公羊》，已有條例。夫義例即有微言大義所在，而棄例以“取義”，所取者果夫子之義乎？必悖經任意而已矣。蓋姚氏本爲文人，復染陽明末流空疏橫絶之氣，非毁先儒，不留餘地，其撰諸經通論，多所懷疑；雖推倒一切，而其所建立，則多謬誤。《四庫全書總目》謂其持論恣肆，悍而橫，諒非誣語。近世以來，學者疑經不已，遂至經亡，姚氏可爲厲階。雖然，此書固經學大變之源頭，可爲研究學術史及經學史之資，然不當奉爲說經圭臬。

此書成後久未見於世，民國十八年（1929），倫明於北京書肆購得殘清抄本，此書遂爲世所知。後倫明、北京圖書館皆據此傳抄。倫明藏本，序文缺第一頁，又缺第十三、十四卷，藏國家圖書館，此本據以影印。（谷繼明）

### 春秋傳注四卷　（清）李塨撰（第139冊）

李塨，有《郊社考辨》，已著錄。

塨師從顏元，講求實學；及其留心傳注藝文，則重在發明經文之實用，若《周易傳注》、《大學辨業》、《四書傳注》等皆是也。惟《易》與《春秋》，賾隱奧微，而《春秋》之義尤難。後儒創爲義例以解之，亦不能盡通；復有儒者起，激於"一字褒貶"之苛察繳繞，遂等《春秋》於史傳，至於目爲"斷爛朝報"。塨懲二說之偏頗，乃不從"一字褒貶"之說，亦不夷經爲史，以爲《春秋》即有孔子筆削之跡、褒貶之意。其論《春秋》之大旨，雖不甚用義例，而頗是邵雍"《春秋》孔子之刑書"之說，故能於其中多推求孔子筆削深意及書法同異。

塨嘗從毛西齡學，故此書頗引毛氏《春秋毛氏傳》、《春秋條貫篇》之說，或者以此書多與西河同，其實非也。毛氏說《春秋》以禮及文例，而塨猶本顏元本意，即經濟之書也。毛氏不喜《公》、《穀》、胡《傳》之例，而塨猶時或用之。如桓公三年"春三月"無"王"，塨謂《穀梁》曰不書王以治其罪是也，顯對毛氏此處駁《穀梁》曰"無關義例"而發。其與毛氏之旨不同甚明。此書以《春秋》即孔子經濟之書，亦即萬世致太平之法。所謂改元、即位、朝聘、會盟、侵伐、放殺、封建、郡縣諸事利弊隆替，鑿然可見，是即以"六府三事"說《春秋》也。如於鄭伯克段於鄢，及魯桓公元年即位條，皆論封建之不可復；又於襄十三年晉人執季孫意如條論封建之禍，皆可見塨之寄託。

此本據中國科學院圖書館藏同治八年李繼曾刻本影印。（谷繼明）

### 春秋義存錄十二卷首一卷　（清）陸奎勳撰（第139冊）

陸奎勳，有《陸堂易學》等，已著錄。

是書首有陸氏自序，次爲撮經史之中聖人片語，爲《春秋綱領》三十條；其後復設爲問答之辭曰《春秋或問》，以說明著作之意並論《春秋》之大旨。其名《義存錄》者，取孟子引孔子"其義則某竊取之"語，以爲是書專門發明與存錄《春秋》大義。陸氏以《春秋》之義不獨見於本經中，且散見群經之中，故作《春秋》與贊《易》說《詩》，其揆一也。若《論語》謂齊桓正而不譎，晉文譎而不正之類，亦足與《春秋》相發明。故陸氏採摭群書載籍中夫子論及《春秋》或春秋時人物之言，以說《春秋》，以求其大義。按自來說《春秋》者，多守諸傳，或主《左》、《公》、《穀》及胡氏一家，或會通諸家，要皆多就本文推求書法條例及事情本末。陸氏此書，採他書以說經，或得會通群經之法。又謂《春秋》無褒貶義例之說，蓋《春秋》之例，或家法不同，書法亦多，未必皆是；然必欲舍群傳而取奇零片語以爲根據，是舍康莊而適屯邅也。且他經所載孔子之言，未必專爲《春秋》所發，且孔子言有深淺，時有先後，豈可漫引以說《春秋》哉？如引《論語》"君子成人之美，不成人之惡，小人反是"，以說衛州吁與宋殤公伐鄭，氾濫無歸，不可爲訓。其序謂"破千古之疑端"及"晦翁復起，不易吾言"，亦未免自視過高。然其牽合他經以說《春秋》，猶能言之有物，不尚虛文，故亦可備一家之說。

此本據浙江省圖書館藏清康熙間刻《陸堂

《經學叢書》本影印。（谷繼明）

## 春秋直解十二卷　（清）方苞撰（第 140 冊）

方苞，有《朱子詩義補正》等，已著錄。

康熙五十五年（1716），苞成《春秋通論》四卷九十七章，按所屬之辭，合其所比之事，辨其孰爲舊文，孰爲筆削，分類排比。是書已收入《四庫全書》。方氏又以《通論》言簡意深，非蒙士之所易讀，乃於次年散《通論》於經中，節解句釋，變易文辭，以喻初學，故曰《直解》。據方氏自序，以爲今人著一書，其旨意端緒猶可循，況聖人不得已而有言者云云。故方氏雖不從諸儒之條例，亦不取諸儒以《春秋》爲魯史舊文之説，而自求其義法，此意與李塨略同。彼所謂義法者，即孔子筆削之精義；而筆削者，即修辭是也。蓋苞以古文辭起家，遂特屬意於修辭，至其説《春秋》，猶尋夫子筆削之跡以發義。

昔杜預之論《春秋》，謂孔子因魯史策書成文，考其真僞，而志其典禮；其注《左氏春秋》，間曰此爲赴告，彼爲夫子所修。是先儒多有考其孰爲舊史、孰爲筆削者。苞繼其後，特言之加鑿、變本加厲耳。《四庫全書總目・春秋通論提要》謂其“於二千餘載之後，據文臆斷，知其孰爲原書，孰爲聖筆，如親見尼山之操觚。此其説未足爲信”。然不求聖人筆削之跡，何以見其義，是此未足爲望溪之弊也。且苞之論筆削，多於前儒已論定爲孔子義法處，反謂爲魯史舊文。如其於“公子益師卒”，論書族及日與不日者曰：“此國勢邦交隨世以變，而舊史因之者也。而先儒必求以筆削之旨，或傅會先王之典法，是以終不可通也。”既定爲魯史舊文，則無條例可知。其爲注也，雜引三傳註疏、胡傳而外，及趙匡、孫復、趙鵬飛、蘇轍、程子、陳傅良、汪克寬諸儒，近及李光地等，是其不主一家，擇善而從，雖若漫引，亦有義法於其中，讀者可細心尋求，而其服膺程朱之學亦可見。《四庫全書總目》謂其爲吳澄之流亞，不爲無見。方氏解《春秋》，頗有宋學風氣，又時雜考據於其間，亦可爲學風變革之占也。《春秋通論》分門類而專論大義，此《直解》則隨經文而爲注解，較《通論》爲尤詳，二書宜參互觀之。

此本據上海辭書出版社圖書館藏清乾隆刻本影印。（谷繼明）

## 春秋集傳十六卷首一卷末一卷　（清）汪紱撰（第 140 冊）

汪紱，有《易經如話》等，已著錄。

是書卷首爲吳引孫序，其後自敍、目錄，其後列何休注《公羊傳》序、杜預注《左氏傳》序、范寧注《穀梁傳》序、程傳序、胡傳序，又自撰《春秋綱領》《春秋總論》《春秋列國編年總譜》《諸國興廢》《春秋災變總説》《列國分壤圖説》《春秋紀時總説》及《春王正月考異》八篇論文，以述其治《春秋》之旨。汪氏以爲，《春秋》爲禮義之大宗。天下之治亂，一本於倫紀，倫紀乃禮樂所由興，刑罰之所由立。倫紀正則天下治，倫紀乖則天下亂。周王室之東遷，王師不西指於戎，而外戚仇舅之家。王宰不降德於民，而下賵諸侯之妾。桓王嗣立，比曲沃以伐其君；寵生擅權，假王師以得其志。是君臣父子夫婦兄弟國人之交失其道而諸侯疇不效之，此《春秋》所爲托始也。禍亂之尋有三道，繼世之禍自閨門，強臣之禍自朝廷，戎狄之禍在中國。春秋之亂甚矣。聖人作《春秋》，乃所以正之。故《春秋》之屬辭比事，無論微詞示意或直書褒貶，其大要所在，則曰正倫紀。汪氏謂學不可不知要，然所以得要，正須從學得多，後乃能揀擇出緊要處。故若非理明義精，則未可學《春秋》。

汪氏此書，蓋欲調和諸家異説，以申其“正倫紀”之大義。然既折衷三傳，則仍不出宋人治《春秋》之法門。

此本據上海辭書出版社圖書館藏清光緒二十一年刻本影印。（陳峴）

### 春秋取義測十二卷　（清）法坤宏撰（第140 册）

法坤宏（1699—1785），字直方，一字鏡野，號迂齋，膠州（今山東膠州）人。乾隆六年（1741）舉人，官大理寺評事。學宗王陽明，博通群經，尤邃於《春秋》。更著有《學古編》、《綱目要略》等。《清史稿》、《清史列傳》卷六七有傳。

法氏以爲，《春秋》者，聖人不得已之書。一筆一削，心法存焉，奈何没於經師講説，使聖人之心不可復見。於是發奮究討以折衷至是，閱三十年，書始成，名曰《春秋取義測》。此書以十二公各爲一卷，逐條逐句爲之詮釋。大抵因《春秋》文辭簡約，取義幽微，故采擇諸説外，間下己意，旨在解群説之紛糾，以求合聖裁。是書名“義測”者，蓋測《春秋》之義也。《春秋》微旨寓於筆削，周室既東，王道廢弛。孔子雖有其德，而無其位，欲行其義而無從。故假魯史以達之，其所謂義者，非魯史之義，非孔氏之義，實筆削所取之義。

楊鍾羲以爲，法氏能於三家褒貶之例中無所偏主，推求孔子筆削之義亦往往中理，可資參考。然不許其以日月名字爲褒貶，以爲不出宋儒嚴酷之論。宋儒治《春秋》，多以調和三傳爲宗，而不習家法，法氏之學，亦不出此範式。

此本據北京大學圖書館藏清乾隆五十九年法氏迂齋刻本影印。（陳峴）

### 春秋傳十二卷　（清）牛運震（第140 册）

牛運震，有《周易解》，已著録。

牛氏此書，有三傳皆有取而以胡安國《春秋傳》及諸儒之説未安者，如桓公元年“及其大夫孔父”，《公羊》、《穀梁》皆以孔父爲字，《左氏》亦謂父字而嘉名，然自杜預以孔父稱名，趙匡、劉敞、程子、胡安國等皆以爲君前臣名，牛氏乃證以啖助説，謂孔字父，美稱孔氏

之先，則以三傳而正諸儒之失也。又有駁正《左氏》者，如襄公元年“圍宋彭城”，《左氏》曰“非宋地，追書也”，則以證書宋彭城者，孔子特筆，不予楚之取彭城以置叛人。凡此種種，其所取捨，雖不以一家之言爲宗，然多能搜輯鉤稽，然後斷其可否。

是書有張燾爲其序，稱其解皆依準以經筆，毫無枝葉牽鑿之言，聞識博而辭事簡，洵爲可貴云云。

此本據復旦大學圖書館藏清嘉慶刻《空山堂全集》本影印。（陳峴）

### 春秋正辭十一卷春秋舉例一卷春秋要指一卷（清）莊存與撰（第141 册）

莊存與，有《彖傳論》等，已著録。

莊氏於《春秋》三傳中，尤重《公羊》，蓋以爲能發揮《春秋》之微言大義也。《春秋正辭》所闡發者，以《公羊》義例爲主，朱珔稱其“義例一宗《公羊》，起應實述何氏”，然亦不排斥《左》、《穀》二傳，蓋“事實兼資《左氏》，義或拾補《穀梁》”，又遍采唐宋《春秋》家觀點。其於《公羊》義例之發揮，既上承兩漢《公羊》先師董仲舒、何休之餘緒，又不墨守董、何之成説，故不以何休“三科九旨”爲其論説之重心。就此而言，莊氏似非嚴格之《公羊》家，故朱一新謂其“間有未純”，然又以爲“大體已具”，或可視爲清《公羊》學復興之濫觴。

莊氏於《春秋正辭》中列舉九種“正辭”，即奉天辭、天子辭、内辭、二伯辭、諸夏辭、外辭、禁暴辭、誅亂辭、傳疑辭。圍繞此九種“正辭”，莊氏建構起兩大“相須成體”之主題，即“奉天”與“尊王”。九“正辭”中，“正奉天辭”發明“奉天”之旨，其實質則在“尊王”，而“天”所代表者，乃一整套王權政治倫理與政治秩序。因此，儘管“奉天辭”有“通三統”、“張三世”等子目，但並不具有何休所言“三科九旨”之深義，而不過僅爲“尊王”之依據。

"正天子辭"、"正内辭"、"正二伯辭"等,則提出一套保障王權政治秩序之政治倫理,如"譏世卿"之類。"正諸夏辭"、"正外辭",則爲對"夷夏之辨"之重新闡釋,其意自是"尊王"。至於"誅亂"、"禁暴"諸説,其"尊王"意圖更不待言。因此,整部《春秋正辭》,實爲莊氏借説經而提出之政治思想與政治模式,而以經學面目爲其"尊王"論張本。

莊氏既作《春秋正辭》,又附以《春秋舉例》一卷,蓋推尋《春秋》屬辭比事之法,發凡起例,臚列《春秋》十例,以明其條理。再附《春秋要指》一卷,反覆經文,參合衆解,融會貫通,以闡明《春秋》全經之指。

《春秋正辭》爲莊氏未竟之作,首刊於道光七年(1827),爲莊綏甲寶研堂刻《味經齋遺書》之一種。此本據上海辭書出版社圖書館藏道光七年寶研堂刻《味經齋遺書》本影印。(郭曉東)

**讀春秋管見十四卷** （清）羅典撰（第 141 册）

羅典(1719—1808),字徽五,號慎齋,湘潭(今湖南湘潭)人。乾隆十六年(1752)進士,改庶吉士,散館授編修,官至鴻臚寺少卿,曾兩度主持河南鄉試,督四川學政。後主嶽麓書院講席二十七年。更著有《凝園五經説》等。傳見《國朝耆獻類徵初編》卷九〇。

是書由《春秋》題旨始,自隱公元年春王正月至哀公十四年春西狩獲麟,截取條目,自作管窺之見。此書前人多有評騭,或以是書純以己意説經,或謂其中條目附會穿鑿,他多類此,或謂某説最中當時情事,爲千慮之一得。其中有褒有貶,以今觀之,亦不無創見。

此本據中國科學院圖書館藏清刻本影印。(諶衡)

**讀春秋存稿四卷** （清）趙佑撰（第 141 册）

趙佑(1727—1800),字啟人,號鹿泉,仁和(今浙江杭州)人。乾隆十七年(1752)進士,改庶吉士,散館授編修。歷充主考官,諸道監察御史,督江西、安徽、福建、順天學政。官終都察院左都御史。以八股文聞名海内,更著有《清獻堂集》(一名《趙鹿泉全集》)。傳見《清史列傳》卷八〇、《國朝先正事略》卷四二。

是書前有趙氏自敘,稱《春秋》難讀,有三傳更難讀,三傳注疏彼此相争相護,難讀更甚。至宋時有胡安國,取三者以己意拼合,以期通於三傳之外,自成一家,則《春秋》更難讀矣。古人讀《春秋》有法,先讀《公羊》、《穀梁》而後《左氏》,然後人讀《春秋》,則先《左氏》後《公》、《穀》。以爲其善於《春秋》者,杜預、孔穎達最優,范寧其次,何休最劣,胡安國兼綜之云云。乃據己意,去其可廢者,取其不可廢者,因而討論往復其間,隨時筆除,已具《胡傳舉正》者存稿四十許篇,其未成章者則録爲雜案,可與古之讀《春秋》法交相發明。

是書分四卷,每卷分篇若干,各有篇目,末附《胡傳舉正序》。卷一十一篇,分題惠公仲子、惠公仲子二、君氏卒、禘於太廟用致夫人、鄭莊公、鄭忽、鄭忽二、趙盾、許止、洩冶、叔仲惠伯;卷二十四篇,分題禘説、復讎説、祈死説、救日解、六羽解、肆夏解、惜也越竟乃免解、緩作主讀、會吳於柤補注、公如齊觀社補疏、暨齊平補注、鄒繹補疏、濡水補疏、公羊注補疏、穀梁錯簡;卷三十四篇,分題夏羿事辨、屠岸賈事辨、桃辨、大夫祭用太牢辨、大夫無主辨、閏月辨、一事兩收辨、享饗字辨、鶴鷁字辨、分經合傳考、九合考、東周考、爾雅訂誤、爾雅訂誤二;卷四二篇,分題書楚事例、五戰,又《附存胡傳舉正序》附四卷末。

此本據華東師範大學圖書館藏清乾隆刻《清獻堂全編》本影印。(諶衡)

**春秋經傳集解考正三十卷** （清）陳樹華撰（第 142—143 册）

陳樹華(1730—1801),字芳林,號冶泉,長洲(今江蘇蘇州)人。恩蔭舉貢生,歷任湖南武岡州州同、鄉寧縣知縣等,後誥封奉政大夫。更著有《國語補音訂誤》等。略見《湖海詩傳》卷三五。

是書前有乾隆三十五年(1770)陳氏自序,稱性好《春秋左氏傳》,然俗本承僞,文義益晦,其心甚憂。幸有唐《開成石經》傳世,考其堪爲善本,又取南宋慶元重雕淳化元年監本《春秋正義》,南宋相臺岳氏《集解》本,及元明諸刻本,並舊本陸德明《經典釋文》,悉力互勘,準古酌今,撰成是書云云。是書大抵以考證僞字、審定句讀爲主,音義之失,亦間及之。其所引據,除唐石經及宋元明刻本之外,凡注疏、子史、説文及諸家載籍徵引經傳文句有不同者,亦悉加采擇,援引頗稱賅洽。又於梅賾僞《古文尚書》及刻本之僞,皆置而不論,尤爲矜慎。至其校勘異同亦多精審,如論顧亭林據摹本羼入明嘉靖間王堯惠等補刻與傳世諸經相較,正《左傳》誤字計九十餘條,然細考之,開成石經誤者只數條而已,其蒙冤至此方明,且於石經與監本異同之處,是書亦悉加釐正。如成公十七年"楚公子櫜師襲舒庸",石經不誤,而監本作"櫜師",亭林轉以監本爲是,樹華皆指其謬,亦足資考核。

陳氏以爲"讀九經自考文始,考文自知音始",故其書尤重歷代傳世異文乖字之考察。如隱公六年,"鄭人來渝平",《公》、《穀》皆作"輸平",陳氏遍考史籍,以爲"輸作渝乃古文之僅存者",訓"渝"爲"變"爲俗儒傳寫之僞,亦較可信。是書自敘於卷數留有空格,後盧文弨爲之校定,依《釋文》定爲三十卷。盧氏於陳著之誤或予校訂,或爲增補,所據之書凡數十種,皆一一注明出處。又有孫詒穀校語,並爲逐録於上。段玉裁嘗謂陳氏有《左》癖,覽其書而歎《内外傳》乃有善本,後乃逐録而藏於家,足見其影響。惟其書專論文字,於大義幾一無發揮,或失於瑣屑;如"仲子生而有文在其手曰爲'魯夫人'"條,引《正義》以證手文之必有之類,又往往自亂其例。然總體而言,其書一掃宋明刻本之疏漏,而返求於古經之正,段玉裁評之曰:"古字古言精熟,有過於劉歆。千秋而後過其墓者,知君於《左氏》之學蔡深。"可見是書足以傳世。

此本據國家圖書館藏清盧文弨抄本影印。(高瑞傑)

### 春秋三傳比二卷　(清)李調元輯　(第144冊)

李調元,有《周禮摘箋》等,已著録。

是編上、下二卷,乃以三家異同,次第排比,始於隱公,終於哀公,凡若干條。前有李氏自序,謂《春秋》以《左氏》爲之證,而參以《公》、《穀》二家。彼其因事以屬詞,緣詞以命例,事同則詞同,詞同則命例宜無不同。然而正變相錯,權衡互異,或書或不書、或名或不名、或爵或不爵、或去或不去,三傳扞格處多矣,去聖既遠,靡所適從。則惟有摘録於篇,不加論斷,以自附於闕疑之後而已云云。按此書雖考三家之異同,然一人名地名之微,非熟於三傳者,不能道其隻字,其用功之勤,洵足欽矣。其撰著之由,及闕疑之度,以其之博雅,不事武斷,其虛懷亦足多矣。

據班固《藝文志》云:"仲尼傷杞、宋之亡,徵以魯周公之國,禮文備物,與左丘明共觀《史記》,而作《春秋》。信斯言也。"則傳與經有輔車之倚,其事與詞,無不可信,而何有於《公》、《穀》二家乎?乃漢出鼎立於學宮,《左》猶後出,後人又有浮誇之議,則亦不得崇《左》而黜《公》、《穀》矣。是其互異之處,皆有關當時史事,且由三家之所謂因事、屬詞、命例之各異,即可考見經之微旨,與史之真相。則是書之作,雖不加論斷,亦有功古史,嘉惠來學。

此本據北京大學圖書館藏清乾隆李氏萬卷樓刻《函海》本影印。(高瑞傑)

### 春秋小學八卷　（清）莊有可撰（第 144 冊）

莊有可（1744—1822），原名獻可，字大久，又字岱玖，別號慕良，武進（今屬江蘇常州）人。爲常州名儒莊存與族孫。諸生，博通經傳，尤精《春秋》。乾隆五十一年（1786），坐館北京課徒，五十七年，延校文淵閣《四庫全書》，後主講蓮城書院、卜里書院。嘉慶六年（1801），應合肥知縣左輔之聘，修《合肥縣志》。更著有《慕良雜著》、《慕良雜纂》等。傳見《清史稿》、《清史列傳》卷六八及左輔《大久莊先生傳》。

是書名《春秋小學》，然實非《春秋》之作，乃討論《説文》字義之書。卷首有嘉慶二年自序，謂“於《春秋》之義雖甚微且末，要亦不爲無補”。其書變更《説文》字序，以《説文》之字見於《春秋》者爲序。凡《説文》中字，見於《春秋》者爲正文，不見於《春秋》者爲附文。其謂自倉頡造書以來，義必有由，形必有故，不當僅循餖飣訓詁一偏之説，故由字義之本，求六書原委次第之必然者。是編極詆許慎《説文》，序謂“許氏不通六書之本，止見秦漢小篆，牽合偏旁成字，遂概以諧聲爲主，而象形間見焉，指事、會意尤間見焉，至於轉注、假借，則又全不識”。於《説文》雖有所見，然其斥許氏之不通六書，則過甚也。

此本據上海辭書出版社圖書館藏民國二十四年商務印書館影印本影印。（郭曉東）

### 春秋慎行義二卷春秋刑法義一卷春秋使師義一卷　（清）莊有可撰（第 144 冊）

莊有可，有《春秋小學》等，已著錄。

所言慎行者，蓋凡一舉一動，不可不慎之謂。《春秋慎行義》凡兩卷，首列居，蓋居爲行之本，居能安，則心能守正，而言動無有不當。居以下，莊氏臚列在、出、入、奔、如、至、自、歸、來、次、遷、納、出奔又出奔、如又如、入又入、自又自、歸又歸、來聘又來聘、來又來、居入、至居、出入、出歸、入歸、如至、如自、如奔、如自自諸目，以明《春秋》書法之慎於行者。

《春秋刑法義》一卷，卷首有短序一篇。蓋以春秋之世，亂獄滋豐，刑典壞極，而《春秋》書之，非但正刑典而已，亦是天討天罰，故序謂“與天行之秋令有適相符合者”。下列執、刺、殺、弑、用、獲諸目，以明《春秋》刑法之義。

《春秋使師義》一卷，前有短序一篇，曰：“使也者，玉帛之事，主於合好，賓禮也；師也者，兵戎之事，主於敵愾，軍禮也。”然使有如師如會，師有師城師救，則兵戈俎豆，自可相轉，其樞機之間，成於動者，則或師或使，亦不可不慎，不得漫而委之於命也。

以上三編，皆首列條目，次舉經文爲綱，且各爲之論，亦取屬辭比事之義，其間不乏有自得之説。然論見解之精到，則力或有所不逮。

此本據浙江圖書館館藏清抄本影印。（郭曉東）

### 春秋列國官名異同考一卷　（清）汪中撰（第 144 冊）

汪中，有《大戴禮記正誤》，已著錄。

天下一統，禮自上出。天子三公九卿，諸侯三卿五大夫，各有等差，不得僭越。然諸侯之官，或爲王命，或爲自命。王命之官，上同於周制；自命之官，各據本土，其名則未必一致。自天子式微，王綱解紐，列國官制漸逾禮法，自爲一體，故《春秋》官名之繁亂，雖以《左傳》之詳，亦不得窺其全貌。杜注、孔疏皆依《周官》爲説，雖可明其異而終不能得其情。汪氏此書沿襲舊法，以《周禮》六官爲範本，依據《左傳》，比勘魯、晉、宋、齊、楚等五國之官制，辨其異同，既考官名之異，如宋改司空爲司城，陳改司寇曰司敗，秦、楚以蠻夷之國，地處邊陲，朝聘會盟鮮通於王朝，故官名往往與列國異；又考數量之不同，如春秋列國皆已六卿，晉國更有八卿，比於天子之類。

此本據復旦大學圖書館藏清光緒十一年吳氏刻《蟄園叢書》本影印，其中多有挖改空缺之字。（齊義虎）

## 春秋日食質疑一卷　（清）吳守一撰（第144 冊）

吳守一，生卒年不詳，據《四庫全書總目》卷三一，知其字萬先，歙縣（今安徽歙縣）人。是書卷首署名則作"古歙吳守一萬元考"。

是書推考歲差加減，以證《春秋》所載日食之誤。據馮澂《春秋日食集證・自序》稱，《春秋》三十七日食，世言多殊。其不知者，若杜預《春秋釋例》、顧棟高《春秋長曆拾遺表》之類，徒以《春秋》之經、傳日月以求，經誤傳誤，相去略近，不無乖錯云云。此更詳其進退遲速，以求交限。末附《書》、《詩》日食考二條，以互相參證。

是書收入《四庫全書總目》春秋類存目，提要謂是書所載《春秋》三十七日食事，昔人以爲其中多有訛誤，引陳厚耀《春秋長曆表》、顧棟高《拾遺表》作爲參照，舉例若干，以爲守一與棟高皆從《大衍曆》。生數千載之後，必欲求歲差於秒忽之間，亦未見其悉得，姑存其說焉可矣云云。

此本據浙江圖書館藏清嘉慶十三年刻《借月山房彙鈔》本影印。（諶衡）

## 春秋説略十二卷春秋比二卷　（清）郝懿行撰（第 144 冊）

郝懿行，有《易説》等，已著録。

懿行撰《春秋説略》於早年未第時，初成於乾隆五十七年（1792），六十年復加訂正，嘉慶十年（1805），因讀法坤宏之《春秋取義測》，復檢舊稿，重加校定，爲第三稿。是書據《左氏》經文爲主，故止於哀公而爲十二卷，每卷經文頂格，下空二格簡略疏證四傳得失，以爲《左》、《公》、《穀》、《胡》四傳各有優長，亦各生其弊，故是書欲擇善而從，一主於經。懿行爲乾嘉樸學，於《爾雅》尤致力，學本於實，故終祐《左氏》爲多，而力闢《公》、《穀》字字褒貶之穿鑿，且以字字褒貶乃經生險薄之習，殊非聖人之意。其書前立十例：一曰説《春秋》不得褒貶天王，以明臣子之義；二曰説《春秋》不得妄生褒貶，《春秋》直書其事，褒貶自見；三曰説《春秋》者好於經所無處尋褒貶，《春秋》皆實録，其多一字、少一字皆事實如此，非聖人意爲增減；四曰《春秋》多闕文，然以義推之，皆大略可見，不可於闕文處臆生褒貶；五曰《春秋》經文當從《左氏》，《左氏》闕誤，乃從《公》、《穀》；六曰三傳中惟《左氏》深於經，緣《公》、《穀》説經字字求褒貶，《左氏》但敘本事，褒貶自見，得聖人渾厚之旨；七曰説《春秋》者好緣傳生義，不顧經文，説經當一以經爲主，傳與經合則知其必可信也，傳與經違則知其不可從也；八曰《春秋》刑書也，刑書之例，一成不移，故法必行而人知畏，必不如《公》、《穀》、《胡》之例朝令夕更、輕重任情；九曰《春秋》聖人義理之書，本不待傳而明；十曰比事屬辭，《春秋》教也，事同相比，事異相比，辭同相屬，辭異相屬，其義自見。

懿行解《春秋》恪遵"屬辭比事"之教，義例只取於經文中，既畢《春秋説略》一書，復於嘉慶十四年撰《春秋比》一書。其自敘言"往者望溪方氏《春秋比事》一書，經生家或不道，今取其便於省記，爲芟其繁複，訂其舛訛，放漢人重經之例，題其篇曰《春秋比》"，則《春秋比》乃修訂方苞《春秋比事目録》一書而成。考苞自敘《春秋比事目録》言"恐學者三傳未熟，不能驟尋其端緒，乃取其事同而書法互異者，分類匯録，凡八十有五類"，而懿行《春秋比》乃"剌取前後經文，分別部居，方以類聚而成，或事同相比，或事異相比"，凡七十七類，欲達以經證經、經義賴以發明之效，實與宋沈棐《春秋比事》、元趙汸《春秋金鎖匙》、方苞《春秋比事目録》三書體例相同。

四庫館臣言沈、趙“兩家書俱取其事之相類者，互相推勘，以考究其異同，而申明其正變”，方編則“但類其事，其説則別爲一書，究與兩家書不類”，即方苞《春秋通論》、《春秋比事目録》二書相倚而行，而懿行《春秋説略》、《春秋比》正與此類，以《春秋比》亦但類其事，而其義或例，均緣此而存於《春秋説略》書中。郝氏之以“比”命名其書，乃遵漢儒成法，自敘言漢人重經術，其引經决事輒謂之比。比者例也，立文於此，取則於彼。

楊鍾羲撰《春秋説略》提要，謂“蘄明大義，不以日月説，不以名爵説，不以書王不書王、稱天不稱天説”，又撰《春秋比》提要，謂“以經證經，借以發明經義，與漢人引經决事往往依托經義濟其深文者迥異”，可謂得郝書之旨。

懿行卒後一年，二書即由趙銘彝刊刻，後《郝氏遺書》亦據此版重印。此本據上海圖書館藏清光緒八年東路廳署刻《郝氏遺書》本影印。（沈娟）

### 春秋三傳異文釋十二卷　　（清）李富孫撰（第144冊）

李富孫，有《易解賸義》等，已著録。

是書爲《七經異文箋》之一種，前有李氏自序，以爲《左氏》先著竹帛，《公》、《穀》先縢口授，後著竹帛，所説不能盡同。且歷世既久，安能無展轉傳寫之誤，其間方俗異言，聲音易淆，而文字因隨以變。經師授受，家法各殊，故三傳之文，最爲錯雜。唐陸德明《經典釋文》僅采諸家之文字、音切，而未盡會通其誼。兹就經史傳注、諸子百氏所引，以及漢唐宋石經、宋元槧本，校其異同。凡字之古今，音之通假，悉據古誼而疏證之，而前儒之論説，並爲蒐緝，使正其訛繆，辨其得失，折衷以求一是。意在使學者於經傳之異文，無惑於紛紛之歧説云云。

是書廣羅異説，意在調停，而裁斷甚審。如《左氏》隱公元年，經云“都城過百雉”，《水經注·濟水》引作“京城”。李氏據杜注“凡邑有先君之廟曰都”，以爲作“都城”者，乃概言之。作“京城”者，專指京邑。此則調停二説，以廣異義。然是書所重，在文字之異，而異文所涉之事理，時有未及。如隱公二年，《左氏》之經作“紀子帛、莒子盟于密”，《公》、《穀》之經作“紀子伯”。杜預、鄭玄皆以爲，子帛爲紀國大夫裂繻之字，則此是大夫會君之辭。然據《穀梁傳》“或曰紀子伯莒子而與之盟。或曰年同爵同，故紀子以伯先”，范注訓伯爲長，則此爲兩君之會。李氏詳加考訂，以爲“伯”與“帛”相通，然未可裁斷三傳也。即取杜、鄭之説，然紀子帛以臣先君，却褒而稱字，不足以服《穀梁》也。

此本據清道光蔣氏刻《別下齋叢書》本影印。（黃銘）

### 春秋三傳異文箋十二卷附録一卷　　（清）趙坦撰（第144冊）

趙坦（1765—1828），字寬夫，仁和（今浙江杭州）人。諸生。以經學爲阮元、孫星衍所推重。道光元年（1821）舉孝廉方正，奏給六品頂戴。更著有《周易鄭注引義》、《石經考續》等。傳見《續碑傳集》卷七六。

《公羊》、《穀梁》、《左氏》三家，非唯傳文不同，所據經文亦有差異。是書羅列三傳經文，凡文字、人名、地名、時日之異，皆詳加辨證。自三家傳文、經籍史書，乃至碑刻吉金，皆引以爲證。觀其旨趣，意在調停三傳，還《春秋》經文之本真，裁斷之處，時有善言。如襄公三十年，《左氏》經云“宋災，宋伯姬卒”。《公》、《穀》皆作“伯姬卒”，無“宋”字。趙氏以爲：“繫伯姬於宋，著魯女之嫁於宋者也。”且《公羊》下文有“叔弓如宋，葬宋共姬”之文，故當從《左氏》經文。而《穀梁》經“葬共姬”無“宋”字，亦當補之。此據本經裁斷，甚爲精當。

然三傳經文,亦有版本之差,不可不察。如桓公八年,《公羊》經云"公、夫人姜氏遂如齊",《左氏》作"公與夫人姜氏遂如齊"。趙氏以爲,《穀梁》同《左氏》,當以《左氏》經爲正。然則《穀梁》唐石經本無"與"字,傳文又云"不言及夫人何也? 以夫人之伉,弗稱數也",則義同《公羊》,當無"與"字。且段玉裁云:"《春秋》書'及',書'暨',未有書'與'字者。"若必欲裁定之,則當從《公羊》。趙氏似失據。實則三傳流傳各異,師法有別,事實有差,雖欲平心爲之裁斷調停,不免於據此駁彼。若有本經可依,可據正之,若無本證,不妨並存。

唐陸淳《春秋集傳纂例》中有《三傳經文差繆略》一篇,有不與《經典釋文》及唐石經合者,趙氏録其原文,爲之箋釋,別成附録一卷。

此本據中國科學院圖書館藏清道光九年廣東學海堂刻《皇清經解》本影印。（黄銘）

### 春秋屬辭辨例編六十卷首二卷　（清）張應昌撰　（第145—146冊）

張應昌（1790—1874）,字仲甫,歸安（今浙江湖州）人。嘉慶十五年（1810）舉人,官内閣中書。更著有《國朝詩鐸》、《壽彝堂集》等。傳見《清史列傳》卷六九。

應昌積數十年之力而成是書,條分件繫,綱舉目張,頗爲賅洽。是書纂集漢以來歷朝諸儒訓釋《春秋》之説,並廣甄經史子集中所涉《春秋》者,采摭四百餘家。詳舉事例疏通證明,折衷各説而歸於一。通編六十卷,首有詹事府詹事夏同善等奏繕進在籍中書解經之書奏摺及南書房奏片,次吳縣吳鍾駿序、金陵朱緒曾序、同里羅以智序,次凡例,次總目,次各類中駁辨例説子目,次引書姓氏。別爲卷首二卷:上卷《春秋總義》,下卷《三傳諸家得失》。又著書日書夜、伯主攘楚事、《春秋》霸圖、諸侯相朝聘、來聘、君大夫適外書如、會盟、大夫主會盟征伐、征伐、書侵伐、書戰、書

取、諸侯書爵、嗣君稱子不稱子稱爵不稱爵、姓氏、大夫書氏不書氏、名字褒貶駁辨、諸侯書名不書名駁辨、書人、書出奔、書立納入、書歸入復歸復入、書殺、書執、大夫專國、祭祀、昏禮、凶禮、魯土功、魯城築、災異、魯災異、東周列國、夷狄稱號、四裔共三十五篇總論,另有齊桓、宋襄、晉文等七篇諸侯總論。《春秋》千古史家之祖,而史書於例最嚴。夫《春秋》大旨,曰事,曰文,曰義,而欲明其義必先明其事,明其文。孔子曰:"屬辭比事,《春秋》教也。"孔穎達曰:"《春秋》聚合會同之辭,是屬辭比次褒貶之事。"蓋聖人以褒善貶惡隱寓於載筆記事之間,經書之法在聯屬其辭,排比其事,而其義自見。屬辭、辨例二者,所以類其事,顯其文,而因以著其義也。

此本據上海辭書出版社圖書館藏清同治十二年江蘇書局刻本影印。（徐峰）

### 推春秋日食法一卷末一卷　（清）施彦士撰　（第147冊）

施彦士（1775—1835）,字楚珍,號樸齋,崇明（今上海崇明）人。道光元年（1820）舉人。歷任内邱、正定、萬全知縣。究心實用之學,於天文、地理致力尤深。更著有《海運芻言》、《孟子外書集證》、《春秋朔閏表發覆》等,輯爲《求己堂八種》叢書。傳見《清史列傳》卷七三。

是書前有施氏自序,謂考曆法之疏密,而堅定其是非者,莫如日食。以曆證《春秋》之日月,而破千古之疑似者,莫如求全經之交食。夫交食之法,分秒有差,即不能合。王應麟云《春秋》日食三十六,曆家推驗精者,不過得二十六,唐一行得二十七,宋衛朴得三十五,惟莊十八年三月古今算不入食法。郭守敬《授時曆》法亦密矣,然《元史‧曆志》所推《春秋》三十七事,僖五年九月朔食既缺而不載,桓三年七月日食既僅推得六分四十一秒,

又意在以經證曆,初非以曆明經,未嘗指出失閏之漸云云。施氏參徐發之《天元曆理》,準徐發之法以月建名月比而核之,積年布算,以所推交食全稿録爲一帙,爲《推春秋日食法》一卷。《春秋》日食三十七事,得其三十四,自宣十七年癸卯外所書,無不若合符節。僖公以前合夏正者二,合夏正而失一,閏者五。文公以後合周正者十九,合周正而失一,閏者六。夫亦知《春秋》失閏之有漸,而周正之改月與否,可因此而定,全經朔日,亦可由是而推矣。此書卷末附范景福《春秋上律表》,及《附邅求次年捷法》、《日月頻食説》二文,誠便後學研習天文推步之術。

此本據國家圖書館分館藏清道光十二年求己堂刻本影印。(孫文文)

### 春秋朔閏表發覆四卷首一卷 (清) 施彥士撰 (第147册)

施彥士,有《推春秋日食法》,已著録。

《春秋》日月,俱有義例,周正夏正,聚訟紛如。東遷以後,失曆失閏,冬春上篡,正朔下移,甚至春二月而日南至,十二月而火西流。故孔子嘗譏司曆過,左氏亦謂再失閏,況史文多闕,千載後其孰從而定之?杜預所著《長曆》,惟憑經文朔日前却閏月以求其合,而經誤傳誤,卒不可定。徐發以此正坐不知《春秋》正朔漸變之故,乃以曆證經,考定全經朔日,其書不傳。施氏乃以徐發之術積年布算,以月建名月比而核之,而後可知《春秋》失閏之有漸,全經朔日亦可由是而推矣。

是書卷首,有龔芳桂題辭,次録與張作楠往來書信四通,再次爲《書陳厚耀春秋古曆後》,再次《陳氏春秋古曆朔食命甲異同十四條》、《書陳氏春秋曆存後》、《冬十二月火西流司曆過辨》、《附欽天監天文生陳静菴書》。正文凡四卷,據《春秋》朔閏排列爲表,每頁一年,分十三格,十二月及閏月各居其一格,内書其朔日之干支及經、傳之要事,平年則於

末一格書"無閏"。頁眉列魯君及周王、齊、晉、衛、蔡、鄭、曹、陳、杞、宋、秦、楚之繫年,覽之瞭然,於《春秋》曆學不爲無功。據《續疇人傳》,徐發據《竹書紀年》甲子斥班固《曆志》之非,取《大統法》稍變歲實,以上合於天元甲子爲曆元,彦士獨推崇甚至。漢末去古未遠,宋仲子集七曆以考《春秋》,互有得失,已自不能全合。彦士於宣四年閏七月、六年閏六月、八年十年十二年并閏五月,則其爲遷就求合,亦顯然可見。

此本據湖北省圖書館藏清道光十二年求己堂刻本影印。(孫文文)

### 春秋經傳比事二十二卷 (清) 林春溥撰 (第147册)

林春溥(1775—1861),字立源,號鑑塘,閩縣(今福建福州)人。嘉慶七年(1802)進士,選翰林院庶吉士,授編修,歷任順天鄉試、會試同考官。後陳請歸養,絶意仕途,主講鵝湖、鼇峯等書院,凡十九年。潛心史學,著作甚豐,更著有《古史紀年》、《古史考年異同表》、《竹書紀年補證》、《戰國紀年》等,輯爲《竹柏山房叢書》。傳見《福建省志‧人物傳》。

是書前有林氏自序,稱傳《春秋》者,左氏尚矣。杜預始分經之年與傳相附,讀者便之,元明以降,分年之事與傳相比者,如郝經《春秋三傳折衷》、安熙《春秋左氏綱目》、曾震《春秋五傳》、鄭玉《春秋經傳闕疑》、陳氏《春秋類編》、李廷璣《左傳綱目定注》,皆其流亞也。然據朱彝尊《經義考》,惟鄭、李二書尚存,而春溥未見。今坊刻有吳蘭陔鑒定之《春秋左傳》,蓋以張岐然《春秋五傳》爲藍本,然其經出入三傳,例既不純,編次年月經、傳錯互之處,先後又多失倫,實非善本。乃考《左傳》始末,惜其略也,爲《春秋經傳比事》二十二卷。於有經無傳者,參之《公羊》、《穀梁》以廣其義,附以《國語》、《史記》以補其

遺。又懼其雜而複也，慎而取之，其經則專以《左氏》爲主，而附注其異文，析傳以附經，亦離經以就傳。傳之日月或與經異，則兩不相蒙，移就者注其原次於下。有傳無經者，以圈別之。其每年逸事，不知何月者，附錄於後云云。此書於史料編次詳審，而不自言經義，上承《竹書紀年補證》，下啟《戰國紀年》，三書次第銜接。

此本據上海辭書出版社圖書館藏清咸豐元年竹柏山房刻本影印。（孫文文）

**春秋朔閏異同二卷**　（清）羅士琳撰（第147—148 册）

羅士琳（？—1853），字次璆，號茗香，甘泉（今屬江蘇揚州）人。以監生循例貢太學，嘗考取天文生。博覽天文曆算之書，精習西法，於古演算法尤具神解。嘗以乾隆間明安圖《割圓密率捷法》，校得《八線對數表》誤字。更著有《四元玉鑒細草》、《三角和較算例》、《續疇人傳》、《春秋朔閏異同考》等，諸書合刊爲《觀我生室匯稿》。《清史稿》有傳，又見《碑傳集補》卷四二。

杜預考古今十曆以驗《春秋》，其所置閏，近則頻年成閏，遠或距及四五年。尤可議者，襄二十七年頓置兩閏，《正義》曲爲之解，不無阿私。士琳據黃帝、顓頊、夏、殷、周、魯六曆，益以漢劉歆《三統》，成七術，以推演《春秋》朔閏，依年比次，並徵《長曆》、《正義》洎史乘可據者，附案本條，釐爲《春秋朔閏異同》二卷。所集七曆，各具得失，然士琳此書，但列同異，不稽是非，非若杜預之少有不合，輒改經、傳。士琳自序云：“知而不言，不忠；不知而言，不智。同異，所知也；是非，所不知也。”故疑而不可通之處，闕之不敢臆斷，每以聖人嘗云“吾猶及史之闕文”爲言。士琳精研曆算，而不斷《春秋》朔閏之是非，誠憾事也。然不列同異，何以妄言是非？是以此書雖不稽是非，而欲稽是非者不可無此

書以佐之。

《春秋》改時改月，前儒辨正已明。而告朔書云諸多未協，大率由置閏失者十之四，舊史誤者十之三，傳鈔錯者十之二。元術絕滅，七曆互相後先，則不過十之一。經、傳人名之譌，如宣十七年經書“蔡侯申卒”，哀四年經書“盜殺蔡侯申”，文侯乃昭侯高祖。桓二年夏四月，傳云“臧哀伯諫納郜大鼎”，下有周內史聞之曰“臧孫達有後於魯”之文。莊十一年秋，宋大水，傳云“公使弔，臧文仲曰宋其興乎”，下有“臧孫達曰：是宜爲君”之文，文仲乃哀伯孫，其中疑有一誤。

此本據上海圖書館藏清抄本影印。（孫文文）

**春秋三家異文覈一卷**　（清）朱駿聲撰（第148 册）

朱駿聲，有《六十四卦經解》等，已著錄。

是書無序，末有光緒丙申（二十二年，1896）貴池劉世珩跋，述朱氏是書所由作。朱氏詳考《春秋》三傳異文，爲之會通分辨。至於隱元之“薳”與“眜”、哀十三年之“區”與“彊”，同聲字例得通借；隱元年之“邿婁”即“邿”，此長言、短言之別，凡此之類，則不著錄。

朱氏精於小學，嘗作《説文通訓定聲》。其治經則多以音韻通訓詁。《春秋》三傳人名與地名之歧，多由乎口傳聲音之轉。朱氏以音韻考覈其異文，辨訂正字、借字、譌字，可謂利器以善事。至於考覈人名，則能據名字相應以定之；其考覈年月也，則能推曆以定之；又能貫通全經，前後發明，以論是非。朱氏説經，大多平實，若此書，不專阿《左傳》，與小學家治《春秋》者不同；又雜引宋明人説，不立漢宋門户。李富孫有《春秋三傳異文釋》十二卷，焦廷琥有《春秋三傳經文辨異》四卷，其詳備或過之，然精確處未必能駕於是書也。

此本據上海辭書出版社圖書館藏清光緒劉世珩刻《聚學軒叢書》本影印。（谷繼明）

## 春秋平議一卷　（清）朱駿聲撰（第148冊）

朱駿聲，有《六十四卦經解》等，已著錄。

朱氏既作《春秋三家異文覈》，考校三傳文字異同，復作《春秋平議》，論其義理條例之是非。朱氏以爲，《左》《公》《穀》三傳各有是非，而其注家如杜預、何休、范寧皆各自偏祖，出奴入主；朱氏欲無適無莫，唯義之比，乃不主於一家，作《平議》以齊之。昔何休傳《公羊》學，著《公羊墨守》、《左氏膏肓》、《穀梁廢疾》；鄭康成入室操戈，乃作《發墨守》、《鍼膏肓》、《起廢疾》。朱氏各取其非，成《平議》三篇，曰《達膏肓》、《攻墨守》、《治廢疾》。

夫《春秋》三傳，各爲專門之學，服虔、何休、范寧各承家法以説經傳，不可謂之偏祖。蓋駿聲意屬博通，故與專家之學不同。其書攻駁三傳誤處，如莊元年經云“春王正月”，不云“公即位”，《左傳》云“文姜出故也”；駿聲謂《左傳》害理，是以義理斷《春秋》，持論甚正。又此書常駁三傳之例，如《左傳》有不書之例，或以爲諱，或以爲別有深意，駿聲常以闕文解之。又攻《公》、《穀》解經多“詞費”，謂二傳專以助語之詞一挑半剔，爲解經心法，瑣屑可厭。今按《公》、《穀》善體辭氣，以生義解，亦説經之正途，未可輕易雌黄。蓋駿聲猶是考據家立場，故於《左氏》之言例，及《公》、《穀》之説經，皆有攻擊，雖謂之《平議》，不過考據家之平議，是知平議未易作也。是書前有李盛鐸序，謂“惟此書能持《左》、《公》、《穀》之平，正杜、何、范之失，實讀《春秋》者不可少之書”，似屬過譽之辭，然亦可備一家之言。

此本據上海圖書館藏清光緒十六年李盛鐸刻《木犀軒叢書》本影印。（谷繼明）

## 春秋亂賊考一卷　（清）朱駿聲撰（第148冊）

朱駿聲，有《六十四卦經解》等，已著錄。

是書依《春秋》經文之次，逐條考核弑君、出君之事，復標其目於每條後，讀者開卷瞭然。孟子嘗謂“孔子作《春秋》，而亂臣賊子懼”，然三傳亦似有君臣兩責之文，如《左傳》“凡弑君稱君，君無道也；稱臣，臣之罪也”一例，孔疏云：“欲見君之無道，罪亦合弑，所以懲創將來之君，兩見其義。”顧棟高據此義作《春秋亂賊表》，謂“人君知其漸而豫爲之防，則無太阿旁落之患”。駿聲頗不以爲然，謂如此則暴君頑父懼，而非亂臣賊子懼也。故此書實對顧氏《亂賊表》而發，而嚴君臣之綱，專責於臣也。然李盛鐸謂此書義旨與顧氏《大事表》同，頗爲失考。

亂賊有弑君，有出君。襄公十三年“衛侯出奔齊”，杜注曰：“《春秋》以其自取奔亡之禍，故諸侯失國者皆不書逐君之賊也。”朱氏則以爲，“君之國，君實有之，不予臣爲主，故不書逐君之賊”。《春秋》於弑君又有不稱臣名者，駿聲以爲闕文而已，非責其君而隱其臣。如成公十八年“晉弑其君州蒲”，朱氏謂“晉”下闕“欒書”；而《穀梁》以稱國爲君惡，甚謬。凡此種種，皆爲尊君而發。蓋《春秋》經文簡要，三傳各守其經文，定其義例；朱氏則先立大義，而後規範經文，乃至不惜以經文爲闕。此雖或不免增改經文之失，然扶持大義甚正，且能自成其説，直指《春秋》之要，亦足可傳。

此本據上海辭書出版社圖書館藏清光緒劉世珩刻《聚學軒叢書》本影印。（谷繼明）

## 春秋釋四卷　（清）黃式三撰（第148冊）

黃式三，有《易釋》等，已著錄。

是書前有嚴可均序、黃氏自序。卷一載釋《春秋》經傳同異、釋救執、釋人、釋名、釋族、釋盜、釋以、釋殺、釋歸入、釋王不稱天、釋大夫會盟諸侯例、釋兄弟、釋聘、釋天、釋偏兩卒伍共十五篇,於杜氏《釋例》之譌,言《春秋左傳》之舊例不足。卷二載《春秋》時周十王事提要,卷三載魯十二公事提要,皆敘《春秋》時事之大綱。卷四載宋穆殤莊公、宋公子魚、晉隨武子等三事始末,及管仲子產論、百里奚論、晏子論、宋魚石止華元論、衛元咺論、倉子爨骸論、亂賊懼《春秋》說、讀劉氏《權衡》、讀呂氏《博議》、讀顧氏《朔閏表》、讀戴氏《即位改元考》、讀江氏《春秋兵農已分論》等十二篇,雜著各家之說,論事平允,考校謹嚴。黃氏自敘以爲,《春秋》之義不明,由儒者之不信《左傳》也。《左傳》之不信,由儒者之拘成見而昧舊史之凡例,乃著是書破諸見以彰《左氏》之說云云。

此本據上海辭書出版社圖書館藏清光緒刻《儆居遺書》本影印。(徐峰)

### 增訂春秋世族源流圖考六卷　(清)　常茂徠撰　(第 148 册)

常茂徠(1789—1873),字逸山,號秋厓,又號痛定思痛居士,祥符(今河南開封)人。嘉慶二十年(1815)拔貢,後因屢試不遇,遂專心著述,經史皆有論解。曾任偃師、登封教諭。長《春秋》,精考據,工分書,好金石,尤重鄉邦文獻之搜集整理。更著有《春秋女譜》、《怡古堂文鈔》、《增訂如夢録》等。傳見《祥符縣志·人物》。

春秋之世,自王朝以至諸侯大夫,得姓受氏,各有源流,其見於經傳者,不可殫數。漢唐學者雖有《世本》、《世譜》之作,惜久已湮没不傳。泰州陳厚耀嘗著《春秋世族譜》(常氏自序中誤寫作《春秋世族圖》)一卷,搜採該洽,收入《四庫全書》,然刊本不多,流傳未廣。乾隆末,浦陽吳九成將其刊附於自著之《春秋集義》書末,得以流布。其間又有溧水張道緒冒名翻印之。常氏雅愛其書,惜其刻本多有舛錯,內容不免簡略。故竭三四年之力,爲之訂正譌誤,增補缺遺,擴爲六卷,改題

爲《增訂春秋世族源流圖考》。

是書體例與篇目基本沿襲原著,所增訂者約略有三:其一,縱向之拓展。原著所列之世系限於《春秋》之內,不復詳其始末源流。此書則上溯至於始封,下衍支脈終其末世。由其支以推其本,自其始以要其終,窮原竟委,以期無漏。《春秋》世之君,咸界方以墨色,外此之君則否,以相區別。於其昭穆、本支,必加注釋以説明,務使讀者一覽無餘。其二,橫向之拓展。原書自周魯下迄吳越,著世次者凡二十國,餘皆總彙入"小國諸侯名號"。此書則復摘出虢、虞、唐、紀、鄧、燕、郕、小邾、胡、沈、蕭十一國,爲之圖譜世系,續於吳越之下。另增加"小國以爵稱以人稱者"及"小國國名見於春秋者"兩篇目,附録於卷末。其三,譌誤之訂正。原著有非春秋時人而濫入者,皆删去之;有前後人名重複收録者,則合並之;有因姓氏相同而誤入他國及以地名誤作人名者,皆更正之。

是書內容博洽,考訂詳審,不惟有功於陳氏原著,更有補於顧棟高《世系表》之闕遺。《春秋》氏族之學,幾乎備矣。

此本據中國科學院圖書館藏清道光三十年夷門怡古堂刻本影印。(齊義虎)

### 春秋女譜一卷　(清)　常茂徠撰　(第 148 册)

常茂徠,有《增訂春秋世族源流圖考》,已著録。

是書乃常氏所撰《增訂春秋世族源流圖考》一書之姊妹篇。《增訂》一書所述,乃限於氏族中之男性世系,然《春秋》中亦多涉及各氏族之女性成員,如王后及諸侯之夫人、妃妾、子女,與夫各國諸臣之若妻若妾若子女,旁至姊妹、舅甥、姻亞之屬。對於此類零星散佈、爲數衆多之女性人物,若無譜以維繫之,《春秋》氏族之學仍不免有所遺略。故彼書撰成後,常氏復加蒐考,輯爲是編,以遂其詳益求詳、備益求備之意。

是書大體仍仿《增訂春秋世族源流圖考》之例，分國別而排列之。以周爲首，次以魯、晉、衛、鄭、齊、宋、楚、秦、陳、蔡、杞、紀、息、芮、莒、許、邾、小邾、鄫、郳、郯、江、徐、邿、潞等國，曹、賈、吳三國因無夫人，故附錄於後，總計二十九國。一國之內則先敘其君王之夫人、妃妾、子女，次之以卿大夫妻妾、子女。每條以大字書其名氏，以雙行小字注釋其詳情。對於偶見於經傳而名氏無可考，或因人因地因事以爲名者，則依舊以國爲別、按年編次，名之曰“各國無名雜婦女”，附錄於篇末。至若經傳僅存虛名不可考證者，以其無從徵實，故悉加摒棄。或雖確有其人，而非春秋之時者，亦概不濫入。

是書搜采該洽，條理謹嚴，取捨得當，適足以補充《增訂》一書之闕漏。

此本據中國科學院圖書館藏清道光三十年夷門怡古堂刻本影印。（齊義虎）

**學春秋理辯一卷**　（清）凌堃撰　（第148冊）

凌堃（1795—1861），字仲訥，號厚堂，烏程（今浙江吳興）人。道光十一年（1831）舉人，官金華教諭。其說經皆本漢詁，而自闢門户，無所依傍。更著有《尚書述》、《周易翼》、《學春秋理辯》等。傳見《清史列傳》卷六九、《續碑傳集》卷七三。

據李慈銘《越縵堂讀書記》，《學春秋理辯》本有七十二卷，此書僅爲其第三卷，所記者爲《王朝列國紀年》。古以歲星紀年，以干支紀日。然星紀有歲差，其積年愈遠而差算愈多，約百四十四年而超一辰，凡千七百二十八年而周十二辰。至東漢改爲干支紀年，以六十甲子爲一輪迴，逆推往古，遂不復知古有超辰之法。春秋二百四十二年中，有魯莊二十三年和昭十五年兩次超辰，後人所推甲子因此多有訛誤。具體言之，昭十五年後相差三辰，如哀十六年本己未而今以爲壬戌；昭十五年前則相差四辰，如閔公昭公元年本皆丙辰而

今以爲庚申；莊二十三年前更相差五辰，如隱元年本甲寅而今以爲己未。此書於此皆推算校正，並改魯公紀年爲周王紀年，於王之元年書其歲次及甲子與列國之時君年份。其所更改，雖不免抹殺孔子新周王魯之微言大義，然於紀年之法不無比照校勘之補益。

此本據國家圖書館分館藏清道光凌氏刻《傳經堂叢書》本影印。（齊義虎）

**春秋古經説二卷**　（清）侯康撰　（第148冊）

侯康，有《穀梁禮證》，已著錄。

《春秋》三傳，不惟解經之義不同，其所據之經文亦有異。如《公》、《穀》二傳之經文皆止於“哀十四年，西狩獲麟”，而《左傳》之經文則遲至“哀十六年，孔子卒”，其他文字上之古今差異，更不勝枚舉，遂有今古文經之別。《左氏》雖晚出却先著於竹帛，故漢儒謂之古經。據《漢書·藝文志》載，其時《春秋經》有《古經十二篇》和《經十一卷》兩種題本。侯氏承前人之説，以《古經十二篇》即《左傳》之經文，《經十一卷》乃《公》、《穀》之經文。此書之作，在於參校三傳經文之異同，辨其優劣短長，以定其取捨從違。

侯氏認爲，《左傳》雖晚出而其文實竹帛相傳，《公》、《穀》雖先立學官，而其初皆經師口授。口傳之經文，由於記憶之失真或方音之遞轉，難免出現訛誤。故草野之口授終不及簡編記載之準確可信。且《春秋》有魯史舊文，有夫子特筆，左氏身爲魯史，親見聖人，於此二者皆更能傳真。故相較二傳，《左氏》之義長者多。然《公》、《穀》亦有可匡正《左氏》者，如《左傳》莊三十年夏“次於成”，當依二傳作“師次於成”；僖九年“甲子，晉侯佹諸卒”，“甲子”當依《公羊》作“甲戌”之類。

楊鍾羲稱此書“簡要篤實，義意明通”，其於史文之考據或不無裨益。然《春秋》之旨在大義不在史文，懸置大義而糾辨於史文細節，雖察於毫末亦不過買櫝還珠。昭十二年

"伯于陽"之誤,孔子明知而不改,可見其制作之深意在彼不在此。且公、穀二家所口授者傳文也,非經文,以口授不信責難之,未爲篤論。

此本據上海辭書出版社圖書館藏清道光三十年南海伍氏粵雅堂刻《嶺南遺書》本影印。(齊義虎)

### 春秋日南至譜一卷　（清）成蓉鏡撰　（第148 冊）

成蓉鏡,有《周易釋爻例》等,已著録。

冬至之日,日南至也。《春秋》兩紀"日南至"。《左傳》僖五年"春,王正月辛亥朔,日南至",以周曆推之,入壬子蔀第四章,以辛亥一分合朔冬至。昭二十年"春,王二月己丑,日南至",杜預注云:"是歲朔旦,冬至之歲也。當言正月己丑朔,日南至。時史失閏,閏更在二月後。"日南至者,子月也,周以子月爲正,日至必無在二月者。孟子云:"千歲之日至,可坐而致。"亦謂測驗既往,順推將來,得其常度,可以知之。故蓉鏡以古《四分曆》、《三統曆》推算日至,以作是書。其數排列爲表,每列一年。古《四分曆》録其入蔀年、大餘、小餘;《三統曆》録其入統年、大餘、小餘。大餘者,日也。小餘者,日之分數也。凡十九歲爲一章,故隱十一年、莊元年、莊二十年、僖五年、僖二十四年、文十年、宣十一年、成十二年、襄十三年、昭元年、昭二十年、定七年、哀十一年,皆至朔同日,於表中特顯明之。是以《春秋》二百四十二年日南至之干支時刻,學者可以一覽瞭然,於讀《春秋》者不爲無裨。

此本據清光緒十四年南菁書院刻《皇清經解續編》本影印。(孫文文)

### 春秋世族譜拾遺一卷　（清）成蓉鏡撰　（第148 冊）

成蓉鏡,有《春秋日南至譜》等,已著録。

春秋之世,自王朝以迄諸侯大夫得姓受氏,各有源流。其人見於經、傳者,不可殫數。漢宋衷有《世本》四卷,唐代尚傳。今則久佚,惟孔穎達《正義》中偶載其文。杜預作《春秋釋例》中有《世族譜》一篇,本之《世本》,具載其世系昭穆之詳,而自宋以來,湮没不見。四庫館臣據《永樂大典》輯佚《春秋釋例》,然《世族譜》僅存數條,不免闕略。陳厚耀未睹《釋例》原本,以原書久佚,中外所行皆坊間陋刻,學舍承襲,譌舛實多,因據孔穎達《正義》,傍及他書,勾稽排纂,於康熙五十六年(1717)寫成正本。嘉慶五年(1800),聊城葉蘭淇園拾闕補遺,復成《補鈔》一卷。後高郵茆泮林以手輯《世本》,蓉鏡取以校陳厚耀輯佚之《世族譜》,録其足相補正者,爲《春秋世族譜拾遺》一卷,正誤補闕,於《春秋》氏族之學,庶乎臚采無遺。

此本據上海辭書出版社圖書館藏清光緒十四年刻《南菁書院叢書》本影印。(孫文文)

### 春秋經傳日月考一卷　（清）鄒伯奇撰　（第148 冊）

鄒伯奇(1819—1869),字特夫,南海(今屬廣東佛山)人。精天文曆算,能薈萃中西之説而貫通之。兩詔徵赴同文館,以疾辭。發明"玻璃攝影術",被譽爲"中國照相機之父"。更著有《甲寅恒星表》、《赤道星圖》、《黃道星圖》、《歷代地圖》、《地球正變兩面全圖》、《測量備要》、《乘方捷術》、《格術補》等。《清史稿》有傳。

是書一卷,據《春秋》朔閏及日月食限,排列爲表,每列一年,分十七格,冬至、首朔、太陰、交周、置閏、十二月各居其一格,並附推步術於卷末。日月干支朔閏食限等考證列於眉批,頗屬周詳。如隱元年曰《春秋》置閏乖錯,隱、桓之正多建丑,宣、成以後又往往建亥,又有經、傳置閏各別者。隱三年曰《春秋》日食,有不言朔與日者,亦莫不在朔,而

《公》、《穀》別爲義例,乃有食在晦日之説。莊三十年曰經、傳書晦朔,往往與今所推差早一日,此或由《春秋》曆術先天,非經、傳誤也。昭廿二年曰周曆魯曆置閏有不同,經、傳所據之曆各異。伯奇自謂昔人考《春秋》者多矣,類以經、傳日月求之,未能精確,今以《時憲術》上推二百四十二年之朔閏及食限,然後以經、傳所書,質其合否,乃知有經誤、傳誤及術誤之別。其表覽之瞭然,誠便後學,雖於日月考證有可商榷處,然其判斷,於《春秋》曆學自成一家之言。

此本據中國科學院圖書館藏清光緒二十七年正學堂刻本影印。（孫文文）

**達齋春秋論一卷**　（清）俞樾撰　（第148冊）

俞樾,有《易貫》等,已著錄。

是書舉《春秋》十五事,引三傳經義加以論列,又多以後世史事相證,頗有感發。俞樾治經,號曰“平議”,故於三傳無所專主。書中論“衛人立晉”,則主《公》、《穀》之説,以爲上無天子,下無方伯,自相推奉,大亂之道,不問其當立不當立,苟以其得衆而遂予之,則天下之亂自此多矣,而唐末五代士卒之擁立節度留後,即其流弊也。又論“天王使仍叔之子來聘”,《公》、《穀》與胡安國俱謂發明孔子“譏世卿”之義,然樾獨發世卿可貴之論,其意在絶後世僥倖希進之薄俗,而於封建制之良法美意深致意焉。又論“鄭伯克段於鄢”,三傳俱有罪鄭伯之辭,樾則以爲《春秋》不言弟,罪弟失道也,而鄭伯書爵者,予以能討,明乎有王者作,必先討其門内之亂,而後可以治天下。又論“齊人弑其君商人”,不用三傳,而假魏、晉、宋、齊禪代之事而論《春秋》之書法,以爲曹氏篡漢,托禪讓之名,錫文讓表,真若可以欺後世,未幾而晉宋齊梁,勸進禪位,若出一手。俞氏所論,雖未必盡合經旨,然持論正大,殆宋儒説經,往往如此。

此本據清光緒二十五年刻《春在堂全書·

曲園雜纂》本影印。（曾亦）

**春秋朔閏日至考三卷**　（清）王韜撰　（第148冊）

王韜(1828—1897),初名利賓,字仲弢,號天南遯叟,又號弢園老民,長洲(今屬江蘇蘇州)人。科場失意後絶意仕進,受聘於墨海書館,佐譯委辦本《聖經》及西方科學著作。應英籍傳教士理雅各之招,往英倫佐譯《中國經典》後三卷。歸自泰西後,主筆香港《循環日報》,宣傳維新思想。晚年主講上海格致書院,以著書自娱。更著有《普法戰紀》、《弢園尺牘》、《弢園文錄外編》、《弢園經學輯存》等。傳見《文禄外編》卷一一。

是書即《弢園經學輯存》之一種。其題名,《弢園經學輯存》本題簽及《弢園著述總目》均題作“春秋朔閏日至考”,然《弢園經學輯存》本正文均作“春秋朔閏至日考”。案“日至”及“至日”,均謂冬至、夏至,其義皆通,今從黄遵憲題簽。

是書凡三卷,屬稿於英倫。大旨以經學涉西土算法,推《春秋》朔閏至日。上卷雜論置閏失閏、列國曆異等目,並録與英籍傳教士湛約翰商榷書信。中卷及下卷考證《春秋長曆》之朔閏、日至、建正,及經、傳相關記載。案推算《春秋》曆日者,始於劉歆《三統曆譜》。逮晉杜預始作《長曆》,以古今十曆驗春秋交食,而僧一行、趙東山、衛朴、郭守敬繼之,互相推求,然猶未精。清陳厚耀《春秋長曆》、顧棟高《春秋大事表》、姚文田《春秋經傳朔閏表》三家,稍明曆法,推算亦較密,然算法未精,亦各有所得失。此書於《長曆》正其譌舛,補其疏略,更參用西土算法,詳爲推考。準冬至以定朔日,依經、傳以置閏月,由日食以求歲正,而後《春秋》二百四十二年之日月瞭然如指諸掌。雖後起者易爲功,其間於經、傳或未能盡合,推算亦不免偶疏,然於千載之下以西法考《春秋》日月,不得不謂爲有功於《春秋》之學。

此本據華東師範大學圖書館藏清光緒十五年鉛印《弢園經學輯存》本影印。（孫文文）

### 春秋日食辨正一卷 （清）王韜撰 （第148冊）

王韜，有《春秋朔閏日至考》，已著錄。

是書亦《弢園經學輯存》之一種。韜旅英期間，精研《春秋》曆學，參以西法，作《春秋朔閏日至考》、《春秋日食辨正》、《春秋朔閏表》三書，理雅各以爲論《春秋》年代者莫能媲美，湛約翰謂此可以定古曆之指歸，決千古之疑案。

是書一卷，另有《宣公七年六月癸卯朔日食圖》及《日食五表》附之卷末。其篇首《春秋日食説》謂英國湛約翰以新西法推算周以來日食，以西字列爲一表，特其表多用西國日月。韜因據之，以西法推求日食，以湛約翰之《幽王以來日食表》與春秋時月日互相對勘。《春秋》日食三十七事，以西法推之，合者僅十有六事，餘皆差謬。大抵閏餘失次，日月遂致乖違。案推求《春秋》日食，始於漢之劉歆。後秦之姜岌，唐之僧一行，宋之衛朴、沈括，皆能根據曆法以推步，有合有不合；惟元之郭守敬以《授時曆》上推，詳其交分食限，正其差誤，載諸《元史》，最爲精密。清之閻若璩、江永、梅文鼎、徐發、陳厚耀、姚文田、施彦士、范景福皆有論説。江永之説最爲明允，韜於《辨正》中多所取資。韜彙聚諸家之説，辨正諸家之失，亦多能中理。所推冬至，稿凡三易，頗盡細微，俾學者可以一覽瞭然，於讀《春秋》者不無神益。

此本據華東師範大學圖書館藏清光緒十五年鉛印《弢園經學輯存》本影印。（孫文文）

### 春秋朔閏表一卷 （清）王韜撰 （第148冊）

王韜，有《春秋朔閏日至考》等，已著錄。

是書亦《弢園經學輯存》之一種。其題名，《弢園經學輯存》本題簽作“春秋朔閏表”，然《弢園著述總目》及《弢園經學輯存》本正文均題作“春秋朔至表”。案跋云：“善讀《春秋》者，欲考訂於日月，其事有四，一曰朔日，二曰至日，三曰置閏，四曰日食。”故題曰“朔閏”及“朔至”均有所本，今從題簽。

韜於《弢園經學輯存》目錄云，此皆旅居海外時所作。吳寶忠序《弢園經學輯存》亦稱韜中更憂患，遯跡炎陬荒域異民中，言無與聽，乃西士理君雅各，獨潛心壹志於十三經，於《詩》、《書》、《禮》、《春秋》，次第從事，每至案頭，辨析問難，往復再三。因是反得留心服、杜、鄭、孔諸家之論述，討津溯源，時有著撰，《弢園經學輯存》六種，即此時所作。

是書一卷，據《春秋》朔閏至日，排列爲表，每列一年，分十二格，月居其一格，書其朔日之干支，遇閏年則置十三格，每半頁爲十九列。以朔閏可移，而日至日食不可移，故用平朔不用定朔，用恒氣不用定氣，用食限不用均數。其書始於隱公元年癸亥冬至，終於哀公十八年丁亥冬至，以冬至爲經，朔閏爲緯，積十九年爲一章，於一歲周天之數，不爽分毫。於是經、傳所書日月，或合或不合，瞭然如指諸掌，誠有神於學者。

此本據國家圖書館藏清光緒十五年上海美華書館石印《弢園經學輯存》本影印。（孫文文）

### 師伏堂春秋講義二卷 （清）皮錫瑞撰 （第148冊）

皮錫瑞，有《尚書古文疏證辨正》等，已著錄。

是書爲其教授高等中路師範及長郡中學三校生時所作，取經、傳異同暨漢唐以來諸論辨，而以已意折衷釐正，不作艱深之論，於闡明微言大義外，必取與時代情勢相合與事之關乎政教，反復發揮，以求通經可以致用。然未及成書而歿，其子嘉祐編爲二卷，於宣統元年（1909）以活字排版印行。是書有《尚書》、

《詩經》、《禮記》、《左傳》、《公羊傳》、《穀梁傳》、《論語》、《孟子》、《國語》九種，唯刊行《禮記淺説》與《左傳淺説》二種，至於《公羊傳》部分，現存札記九十三條，其中六十一條乃針對何注、徐疏之失而發。如莊十五年，夫人姜氏如齊。徐彦疏以爲姜氏"復與桓通也"，錫瑞駁之，謂"傳謂齊桓淫姑姊妹不嫁者七人，桓公未必有此事。且夫人姜氏至自齊，至是已三十年，文姜非夏姬，尤不應有此也。疏以其曾與襄通，遂疑復與桓通，亦近誣矣"，則錫瑞未盡從《公羊》説，可見其治經之平允。

此本據北京大學圖書館藏清宣統元年鉛印本影印。（曾亦）

**春秋圖表二卷**　（清）廖平撰（第 148 册）

廖平，有《易經古本》等，已著録。

廖氏嘗作《王制》、《春秋》兩圖表，以《春秋》與群經比附牽綴，不憚求詳，至光緒二十七年（1901），審定增補，併爲《春秋圖表》。其中有圖十、表二十四及考一，弁以《大九州圖》，謂《春秋》、《禹貢》九州，推廣爲八十一州，即全球大九州，等於河漢無極。是説可謂"標新領異，言前人所未言"，然楊鍾羲以爲不過"一家之言"而已。

廖氏治《春秋》，初變時平分今古，謂周公創古學，而孔子定今學；《禮記·王制》爲今文所祖，本孔子《春秋》之傳，而爲新王改制之所在，若古學則尚《周禮》。蓋其據以《曲禮》"天子不言出，諸侯不生名"數節文，與《春秋傳》同，定爲《春秋》説錯簡。《王制》所言二伯，則齊、晉；八方伯，則陳、蔡、衛、鄭、魯、秦、楚、吳；所言卒正，魯則曹、莒、邾、紀、滕、薛、杞。《白虎通》説五伯，首説主兼三代，《穀梁》以同爲尊周外楚。今學二伯，古學五伯，《穀梁》盡合《王制》，《孟子》言二伯與《穀梁》合，疑曹以下皆山東國，稱伯稱子，又與鄭、秦、楚同制爵五等，乃許男在曹伯之

上，檢《王制》大國次國小國之説及二伯、方伯之制，悟《穀梁》二伯乃舊制如此，假之於齊、晉。據《王制》八州八伯，寰内諸侯稱伯，及天子大夫爲監於方伯之國、國三人之説，悟鄭、秦稱伯，單伯、祭仲、女叔之爲天子大夫，遂以《王制》爲改制之書，《春秋》之別傳。《春秋》本爲改制而作，不與古禮合，定今古異同之論，謂當時弟子，皆從此派以説群經，孟、荀以及漢初博士，同主此義，皆今學派。廖氏之論，實非別有授受，不過以經説經，以《春秋》大義與群經互相發明耳，故其作《圖表》，蓋欲爲學者之初階，以入今古論之堂奧也。

此本據國家圖書館分館藏清光緒二十七年成都尊經書局刻本影印。（曾亦）

**春秋日食集證十卷**　（清）馮澂撰（第 148 册）

馮澂（1866—?），字涵初，號清渠，南通（今江蘇南通）人。廩貢生，績學多才，長於格致考證之學。所著有《强自立齋叢書》二十一種，又名《清渠叢書》，凡九十有二卷。

是書即其《强自立齋叢書》之一種，凡十卷，依年條例，以推求《春秋》日食並摭拾諸家之説，以定其從違。書首有光緒戊戌（二十四年，1898）慈谿林頤山敘，謂往歲王先謙爲輯《經解續編》，盡訪《春秋》朔閏之書，得陳厚耀《春秋長曆》、羅士琳《春秋朔閏異同》，擬宋衷集七曆例，據《開元占經》互相參校，以古曆校算朔閏，以證曆志之書中日食現象。然諸書齊備，惟缺《春秋》三十七日食。三十七日食之事，世多有爭議。《元史·曆志》載有《春秋》日食三十七事，而殿本只作三十六事。當時對《春秋》三十七日食事考證較完備者，有鄒伯奇《春秋經傳日月考》、馮澂《春秋日食集證》，因前書當時未得，且鄒氏之書仍是參照古時《授時》之法，所考證只及平朔食限。不及馮澂之書能以新法，推至實朔食限，見食不見食始準

云云。

馮氏自序以《春秋》三十七日食，有經誤、傳誤、術誤之聚訟。其知者，若元郭守敬據《大衍》、《授時》，立術俱疏，故雖上考朔閏，猶易爲力。清儒閻百詩、江慎修、梅定九等，亦並有論説。而日食則推算繁重，先儒視爲畏途，間有用古術及今《時憲術》上推者，亦僅推至平朔食限而止。馮澂以案距交入食限，有入平朔食限而不食，未有不入實朔食限而食者。故求日食，領推至實朔交周始定。援引餘姚黄炳垕《交食捷算》，步至實朔，始有是書。昔人亦據鄒伯奇《春秋經傳日月考》與之相參校，舉例幾種，證得是書推算核實，能含納古今諸家之説，相與辨證，實爲治《春秋》不可或缺之書，足與陳厚耀《長曆》、羅士琳《朔閏異同》鼎足而三矣。

此本據國家圖書館藏《强自立齋叢書》稿本影印。（諶衡）

### 春秋世系表不分卷　（清）周耀藻撰（第149 册）

周耀藻，生平事跡不詳，《凡例》落款爲“楚南周耀藻松屋”。

據其編首凡例所云，耀藻於咸豐二年（1852）始編是書，至九年告竣。其間四易其稿，猶有未慊，故未嘗付剞劂。今見爲原稿不分卷，都凡六册，共計四十九篇。依其内容或可分爲八種：其一爲春秋紀年表；其二爲周王朝及魯、晉、衛、鄭、蔡、曹、齊、宋、楚、秦、陳、吳、越、莒、杞、滕、薛、許、邾十九諸侯世系表，下又細分爲王子、公子、臣、雜姓氏；其三爲《春秋》雜姓氏、《春秋》小國爵姓、《春秋》小國諸臣名氏，其記《春秋》小國爵姓者，又分爵姓具者四十四國、有爵無姓者八國、有姓無爵者三十九國、爵姓俱亡者二十國四種；其四爲《春秋》附庸九國、春秋四裔；其五爲《春秋》所引虞、夏、商時二十四事；其六爲《春秋》諸侯朝聘、《春秋》諸侯會盟、《春秋》諸侯

征伐，以其事跡相近者比例爲説；其七爲《春秋》列國職官；其八爲《春秋》列女。全編依諸國類次，以類比蠻，體例參效杜氏《族譜》及《唐書》世系表，旁行斜上之例。

耀藻曾讀顧棟高《春秋大事表》及陳厚耀《春秋世族譜》，有心合其精要，完其不備。鄭譙云：“譜載繫，所以洞察古今。”按《春秋》之世，自王以迄諸侯大夫，得姓受氏各有源流，其人之見於經傳者，亦不可殫數。是編以經傳爲主，旁采《國語》、《史記》諸書，自云凡有辨之處必摘取纂入，考究異同，砭正疏舛。然其篇目過繁，割裂分配，難免有失。

此本據國家圖書館分館藏清咸豐抄本影印。（徐峰）

### 春秋繁露注十七卷題跋附録一卷（存卷一至卷十三、卷十五至卷十七）　（清）凌曙撰（第150 册）

凌曙，有《春秋公羊禮疏》等，已著録。

凌氏長於以禮解《春秋》，著有《公羊禮疏》、《公羊禮説》。又以董仲舒獨得《公羊》精義，説《春秋》得失頗詳，故賈其餘勇，爲《繁露》作注。其自序云：“《繁露》流傳既久，魚魯雜糅，篇第裦落，致難卒讀。淺嘗之夫横生訾議，經心聖符，不絶若綫，心竊傷之。遂乃搆求善本，重加釐正。又復采列代之舊聞，集先儒之成説，爲之註釋。及隋唐以後諸書之引《繁露》者，莫不考其異同，校其詳略。”是書以聚珍本爲主，參以盧文弨校本、張惠言讀本，另附《史記》董仲舒本傳，及樓郁序文，並爲之作注。今觀其書，凡涉及《公羊》之處，皆列傳文，或引何休《解詁》疏證之，裁剪至當。若董、何義異，則不引何注。如楚公子比之事，經書“楚公子棄疾弑公子比”，董仲舒以爲，此《春秋》赦比之文；何注則以爲，此條主貶棄疾，非赦比也，故凌氏不采。所引諸家之説，能申傳義，而不至於穿鑿。如《玉杯篇》論及許世子止、趙盾之加弑，引《太史公自序》“爲人臣子而不通《春秋》之義者，必陷

篡弑之誅,死罪之名"解説之。又注《玉英篇》之"詭辭",援引莊存與之説,廣論《春秋》之書與不書,及其中緣由,皆精確至當,有舉一反三之效。

是書持論平實,然不免有疏漏之處。如董仲舒分《春秋》三世,以昭、定、哀爲所見世。顏安樂則以襄公二十一年孔子生,之後便爲所見世,與董説不同。注文雖提及顏説,而未加辨證。又如董仲舒以爲趙盾"弗誅無傳"。翻檢傳文,許世子止之"弗誅"則"有傳",即昭公十九年"曰許世子弑其君買,是君子之聽止也。葬許悼公,是君子之赦止也",當引以證之,而凌氏未及。又有若干董學之重要概念,未舉《春秋》之例證之。諸如此類,皆失於過簡。又云:"公羊壽一傳而爲胡毋生,再傳而爲董仲舒。"然據《漢書》之文,董、胡爲同業,非師徒也。凌氏蓋誤信徐疏之言。反之,是書亦有瑣碎之弊,如詳述列國國名之由來、姓氏之源流,至於"子曰"、"嗚呼"之類,亦詳考之,已爲蘇輿所譏。又如注"《春秋》二百四十年"之文,歷數十二公在位年限,則過於枝蔓。此蓋當時風尚,未足爲病也。要之,是書持論平實,引證有據,雖不及後出之《繁露義證》細密,然其嚴守家法則過之,是大有功於董子者也。

此本據上海圖書館藏稿本影印。(黄銘)

### 春秋繁露義證十七卷卷首一卷考證一卷

(清)蘇輿撰(第150册)

蘇輿(1872—1914),字嘉瑞,號厚菴,平江(今湖南平江)人。光緒三十年(1904)進士,由庶吉士授編修,改補郵傳部員外郎。曾問學於王先謙,王氏甚重之,以爲能傳其學者。更著有《辛亥濺淚集》等,編有《翼教叢編》。生平事蹟可參楊樹達《平江蘇厚菴先生墓誌銘》。

董仲舒《春秋繁露》爲後人所輯,非完書也,且多有錯亂。後經清人之校訂,方稍稍可

讀,至凌曙始爲之作注。蘇氏以爲,凌注稱引繁博,然義蘊未究,故作新注,以明董子旨趣。觀其徵引,以何休《解詁》爲主,兩漢經師家説、詔令奏議、諸子傳記及宋明儒之語録、清儒之考訂,亦多節取,無門户之見。又以己意裁斷諸家之説,多有精當之處。如董子言治《春秋》之法,有"屠其贅"之説,凌注未詳,俞樾以爲非經本有之義,當杜絶之。蘇輿則以爲,下文云"有所見而經安受其贅",則"屠其贅"當指經傳無明文而可以例推之者,於義爲長。諸如此類,皆至當之言。

然是書非專爲考訂而作。時康有爲推尊董子,以爲孔門口説之微言,改制之微旨,賴董生大明。故是書於微言、改制等處,皆力辨之,以明康氏之非。如以口説微言,秦漢之人去聖未遠,可得而聞也,千載之後,不可得而聞也。此説甚確。然亦有矯枉過正之處,如以爲董子所言改制者,僅爲正朔服色之類,無實質内容,董子若生於太初後,必不言改制,而《三代改制質文篇》,亦是託《春秋》以諷時主。實董子亦言政教文質之改,非僅爲新民耳目而已,則蘇氏不免失於武斷。又如降"三科九旨"爲條例,非爲微言,《春秋》宜講明者,唯有大義,則皆爲偏頗之論。是書又多有割裂董、何,苛責何休之弊。如以爲董子僅言《春秋》託魯言王義,未嘗尊魯爲王,黜周爲公侯,何氏直云王魯,遂啟爭疑。實則何休亦言王魯爲假託,非真以魯爲王,云王魯者,乃簡略之稱也。蘇氏又云,以《春秋》當新王諸義,不見於傳,蓋爲改正而設,與《春秋》義不相屬,自何休取以注專,轉令經義支離,爲世詬病矣。實則以《春秋》當新王,爲董子原文,改制之説,董、何並無二致。諸如此類,皆强爲之説。

由是觀之,自疏解文字而言,是書之廣博、精審過於凌注,然於公羊學之大關節處,則屢有偏差。蓋是書實屬有爲之作,當分別觀之。

此本據上海辭書出版社圖書館藏清宣統二年刻本影印。（黄銘）

# 孝經類

## 古文孝經（敦煌殘卷）　（漢）孔安國注（第151册）

孔安國，有《古文尚書》，已著録。

《孝經》有今文、古文兩種不同傳本，今文稱鄭玄注，古文稱孔安國傳。《漢志》載《孝經古孔氏》一篇，顏師古引劉向説，稱《庶人章》分爲二，《曾子敢問章》分爲三，又多一章，凡二十二章云云。日本回傳中國之《古文孝經》章數正與此合。

是編出土於敦煌，被伯希和掠至法國巴黎，標號三三八二，起自《三才章》“則天之明，因地之利，以順天下”句，止於《聖治章》“以養父母日嚴”句，其分章與今文本《孝經》同，而與由日本回傳中國之《古文孝經》異。寫本“民”字皆缺末筆，“治”字不避諱，當鈔録於唐太宗貞觀年間。其書體不佳，偶有俗字，如《三才章》引《詩》“民具爾瞻”，“爾”作“尒”；《孝治章》“故得萬國之歡心”，“萬”作“万”等。與今文《孝經》相校，時有異文。如《三才章》“先王見教之可以化民也”，“民”寫本作“天下”；《聖治章》“天地之性人爲貴”，寫本“爲”上有“最”字。寫本時代較早，其義大都爲長。與日本回傳中國之《古文孝經》相校，此本字體皆作正楷，並非隸定古文，其注文亦迴異。

是編原無撰注人姓名，傅振倫《敦煌寫本古文孝經殘卷》提要認爲此爲孔安國所注之《古文孝經》，然其他學者多有異議。此本據1986年臺北新文豐出版公司出版黄永武主編之《敦煌寶藏》本影印，並據傅振倫説題名。（陳錦春）

## 孝經一卷　（漢）鄭玄注　（清）陳鱣輯（第151册）

鄭玄（127—200），字康成，北海高密（今山東高密）人。少爲鄉嗇夫，後受業太學，復事馬融，博通群經，融以爲盡傳其學。後聚徒講學，弟子千人。其學以古文經學爲主，兼采今文經説，自成一家，號稱“鄭學”。更著有《毛詩箋》，並注《三禮》、《周易》、《尚書》、《論語》等。《後漢書》有傳。

陳鱣（1753—1817），字仲魚，號簡莊，海寧（今浙江海寧）人。嘉慶三年（1798）舉人，師從錢大昕、翁方綱、段玉裁等，與吳騫、黄丕烈等交遊，精研文字訓詁，長於校勘輯佚，家富藏書。更著有《經籍跋文》、《續唐書》、《論語古義》、《簡莊文鈔》等。事跡略具《清史列傳・儒林傳》、《清史稿・文苑列傳》及《清儒學案・耕崖學案》附等。

是書前有陳氏《集孝經鄭注序》，云鄭玄注《孝經》，見於《後漢書》本傳，然《鄭志目録》及《晉中經簿》未著録其書，應是鄭玄所注《孝經》當時未成定本，後由其孫鄭小同追録成書云云。六朝立學講論，《孝經》以鄭注爲主。南朝陸澄首發異議，以爲鄭玄不注《孝經》。至於唐代，今文、古文立學之爭遂起。唐玄宗融采孔、鄭二家之説爲注，孔、鄭傳注遂至亡佚。陳氏乃仿宋王應麟《周易鄭康成注》之例，輯録鄭氏《孝經》注，依今文《孝經》分章，經文頂格寫，另起一行低一格寫鄭注，其下標明輯佚出處。凡有説明，則出按語。是書以陸德明《經典釋文・孝經音義》與邢昺《孝經注疏》爲主要依據，並及《毛詩正義》、《周禮注疏》、《儀禮注疏》、《禮記正義》、《廣韻》、《史記集解》、《漢書注》、《南齊書》、《大唐新語》、《北堂書鈔》、《初學記》、《太平御覽》、《玉海》、《五經算術》、《文選注》等四部群書。有清一代，從事輯佚《孝經》鄭注者甚衆，如王謨、洪頤煊、臧庸、黄奭、嚴可均、勞格、袁鈞、孔光林、孫季咸、皮錫瑞等皆是。而陳氏所輯時代較早，體例謹嚴，内容較爲完備，自有價值。

此書或稱《孝經鄭氏注》，或稱《集孝經鄭注》，主要有乾隆間裕德堂刻本和咸豐間蔣光煦輯刻《涉聞梓舊》本。裕德堂本刊刻時間較早，流傳甚少，此本據國家圖書館藏該本影印，並據其版心所題"孝經"二字題名。（陳錦春）

**孝經總類十二卷**　（明）朱鴻編（第 151 册）

朱鴻，生卒年不詳，字子漸，仁和（今浙江杭州）人。《明史·藝文志》著録其《孝經質疑》一卷，《千頃堂書目》著録其《孝經質疑》、《孝經集解》、《五經四書孝語》各一卷。《四庫全書總目》儒家類存目收其《經書孝語》，提要稱朱氏爲"萬曆間諸生"，當有所本。

朱氏推崇《孝經》，於萬曆十一年（1583）至十八年間博求諸本，考較異同，詳定釋義，輯成此書。書首首列張瀚、陶承學、温純、吳自新、蘇濬、袁福徵、沈淮諸人之序，次列戰國至明諸注解《孝經》之名家，再次爲《孝經目録》。全書按地支分十二集：子集爲唐玄宗《孝經注》一卷；丑集爲《今文孝經直解》一卷；寅集爲宋朱申、周翰注《文公定古文孝經》一卷；卯集爲元董鼎注《文公刊誤古文孝經》一卷；辰集爲元吳澄撰《草廬校定古今文孝經》一卷；巳集爲朱鴻撰《家塾孝經集解》一卷、《孝經質疑》一卷、《孝經臆説》一卷；午集爲明孫本撰《古文孝經説》一卷、《古文孝經解意》一卷、《（孝經）釋疑》一卷；未集爲朱鴻撰《古文孝經直解》一卷；申集爲明虞淳熙撰《孝經邇言》一卷、《從今文孝經説》一卷；酉集爲明沈淮撰《孝經會通》一卷，並附晉陶潛《五等孝傳贊》等《孝經雜鈔》一卷；戌集爲朱鴻纂《經書孝語》一卷，自五經、四書中輯出關於孝行的言論，故又或稱《五經四書孝語》，並附《曾子孝實》；亥集爲虞淳熙撰《孝經集靈》一卷。

朱氏所纂輯，殆近於歷代《孝經》著述彙編。今所見存世諸本，或稱《孝經叢書》，或稱《孝經彙輯》，或稱《孝經彙刊》，所輯種數及篇卷皆各不同。儘管朱氏也認爲傳世《孝經》文字存在訛誤，但並不贊同宋以來所傳《古文孝經》，對漢唐諸儒將《孝經》分章立題及朱熹、吳澄等將《孝經》强分經傳等也持異見。朱氏將前修、時賢及自己的著作彙爲一編，亦可算是持平之舉。

是書亦稱《孝經總函》，有南京圖書館藏清丁丙跋内府抄本。上海圖書館、國家圖書館所藏題《孝經總類》。上海圖書館藏本存十集十一卷；國家圖書館藏明抄本經四明張壽鏞收藏，鈐有陰文"張壽鏞詠霓印"、陽文"四明約園張氏藏書"印各一，版本精良。此本據國家圖書館藏明抄本影印。（陳錦春）

**孝經本義一卷**　（明）胡時化撰（第 151 册）

胡時化，生卒年不詳，原名權，字龍匯，餘姚（今浙江餘姚）人。《浙江通志·選舉》云胡氏嘉靖三十四年（1555）舉人，隆慶五年（1571）成進士，萬曆元年（1573）刻《合肥縣志》係其任合肥知縣時與魏像之所著，《河南通志》載胡氏曾任河南按察司僉事。《明史·藝文志》、《千頃堂書目》、《浙江通志》著録胡氏《注解孝經》一卷、《孝經列傳》七卷、《大學注解正宗》一卷、《名世文宗》三十卷等。

是書首列《孝經注解引蒙》，發明讀《孝經》須暸解孔子生平經歷之説，歷敍孔子生平及所遭困厄。次注《唐明皇御製序》，申明《孝經》分章立題之意。再次則《孝經本義》正文，以簡白之語注釋十八章《孝經》，講明其切於世用之大旨。此書尊崇御注，反對朱熹分經立傳，競標風尚，亦可以略窺當時學術。

是書國家圖書館藏有明刻本，其版心魚尾上方記"孝經注解"，故《明史·藝文志》、《千頃堂書目》、《浙江通志》等並題作"注解孝經"。《孝經注解引蒙》首頁版心下方記"北京談志遠寫刻"。談氏是明萬曆間刻工,曾刻南監本《史記集解索隱正義》、《三國志注》、《宋書》、《隋書》、王雲鷺本《隸釋》、彭端吾本《痘疹心法》、《徑山藏》本《攝大乘論釋》等書,故國家圖書館所藏,當亦係明萬曆間刻本,刊刻時間較早,版本較精良,此本據以影印。(陳錦春)

**孝經贊義一卷** (明) 黃道周撰 (第 151 冊)

黃道周(1585—1646),字幼玄,號石齋,漳浦(今福建漳浦)人。天啟二年(1622)進士,授編修,官至南明禮部尚書、武英殿大學士,謚忠烈。道周潛心經學,亦工書畫,更著有《易象正義》、《洪範明義》、《月令明義》、《孝經集傳》等。《明史》、《明儒學案》卷五六有傳。

崇禎十三年(1640)冬,道周以極諫直言忤旨,廷杖下獄。因爲人正直,爲官清廉,無以付獄資,故時時書《孝經》當役錢。此書贊末書"崇禎辛巳",即崇禎十四年(1641),則尚在獄中時所作。《四庫全書》著錄道周《孝經集傳》四卷,館臣以爲亦係獄中所作。是道周不徒書《孝經》本文,亦注重發揮其微言大義。

《孝經集傳》總結《孝經》"五微義"、"十二著義",以本性立教、禮敬中和、謙遜自守、反文尚質、反對佛老等勸君王尊經循禮,修身治國,以復五帝三王之治。其拳拳忠心,可謂純粹。《贊義》則仿史家之法,以今文《孝經》十八章爲本,章各一贊,末重一贊,凡十九首。其要義與《孝經集傳》同,或二書原本即相附而行。

是書或題《孝經本贊》,有清光緒間《小方壺齋叢書》本與南京圖書館藏抄本。《小方壺齋叢書》本贊末題"崇禎辛巳仲冬書於白雲庫下",白雲庫即刑部之獄。倫明撰《續修四庫全書總目提要》謂此書"蓋即作於十一

月"。國家圖書館藏本題《孝經贊義》,末署"崇禎辛巳秋道周又識",可知此書之成,最晚不過當年九月。國圖本係清勞氏丹鉛精舍鈔本,經傅增湘收藏,後歸國家圖書館。鈐有"丹鉛精舍"、"藏園秘籍"陽文、"傅增湘印"、"沅叔"陰文諸印。

此本據國家圖書館藏勞氏丹鉛精舍本影印。(陳錦春)

**孝經大全二十八卷首一卷或問三卷** (明) 呂維祺撰 **孝經翼一卷** (明) 呂維祜撰 (第 151 冊)

呂維祺(1587—1641),字介孺,號豫石,新安(今屬河南洛陽)人。萬曆四十一年(1613)進士,授兗州推官,擢吏部主事,累遷南京兵部尚書,罷職閒居洛陽。維祺精通等韻學,學者稱明德先生,更著有《四禮約言》、《音韻日月燈》、《存古約言》、《明德堂文集》等。《明史》、《明儒學案》卷五四有傳。

呂維祜(?—1643),字吉孺,呂維祺之弟。由選貢生爲樂平知縣,後賦閒居家,崇禎十六年洛陽城破死節。《明史》附呂維祺傳。

呂維祺一生心力盡萃於《孝經》一書,先後成《孝經本義》二卷、《孝經大全》二十八卷、《孝經或問》三卷,又輯有《孝經衍義》、《孝經圖說》、《孝經外傳》等。《孝經本義》依舊分《孝經》爲十八章,而不存"開宗明義"等章題。其主旨在體悟孔、曾心法,以《孝經》乃"孔子爲明先王以孝立教而發孝德之本"。其訓詁字義,發明意旨,皆有所得,而注解簡省便捷,不枝不蔓。《孝經大全》則以《本義》爲本,自爲注疏。其書仿《五經大全》、《四書大全》、《性理大全》之例,故以"大全"爲名。首列呂氏崇禎戊寅(十一年,1638)自序,申明其反對前代學者強分今古,不求大義,及分經立傳、注釋浮譾諸弊。次《進孝經表》,申明進獻《孝經本義》、《孝經大全》、《孝經或問》三書之意;次《孝經大全義例》,概述全書

體例;次《古今羽翼孝經姓氏》,分帝王與儒臣兩部,考歷代遵行《孝經》之行實與著述,不啻一部"《孝經》著述考";次《孝經大全目錄》及《大全》。《孝經大全》卷首爲《孝經節略》,以舊説爲綱,後附吕氏按語,大抵敍述歷代《孝經》著述源流及論贊。卷一至十三爲《孝經》注解,删取程、朱、陸、王諸家之説爲夾注,義取兼宗,理求旁通。卷十四至卷十七分別爲《孔曾論孝》、《曾子孝言》、《曾子孝行》、《曾子論贊》。卷十八至末爲《表章通考》,分《宸翰》、《入告》、述文、紀事、識餘五門。末附《孝經詩》十首。其《或問》一書,設爲問答,以敷暢箋釋未盡之説。《孝經翼》,吕維祐譔。所謂"翼",即羽翼《孝經大全》,撮取全書大旨,概述其要義,又能融會經旨,補《大全》、《或問》所未及。總言之,吕氏沉潛《孝經》三十年,其書於《孝經》學文獻甄録清理極備,而取材廣博,持論精當,校訂訓解,綱明目張,實可與明王朝官修諸《大全》共行於世。

關於吕氏諸書的纂修時間,吕維祺《孝經大全》自序云"以視南廱之明年","成《本義》若干卷,又四年,成《大全》若干卷",吕維祺於崇禎三年(1630)任南京户部侍郎,故倫明撰《續修四庫全書總目提要》以《孝經本義》成於崇禎四年(1631),《孝經大全》成於崇禎八年(1635)。考吕維祺《孝經詩》序,明言"崇禎乙亥元日《孝經本義》成,箋次《大全》,作《圖説》","戊寅元日復訂《孝經本義》、《大全》,作序例,《孔曾論孝》等卷成","己卯九月十七日進呈《孝經》"云云,又《經苑》本《孝經本義》及諸本《孝經大全》並有崇禎戊寅即崇禎十一年(1638)吕維祺序。諸記載與吕氏弟子施化遠等撰吕維祺年譜相合,是《孝經本義》草成於崇禎四年,在崇禎八年大成,定稿於崇禎十一年。而《孝經大全》始纂於《孝經本義》之後,大成於崇禎八年,定稿於崇禎十一年。

此本據天津圖書館藏本影印。考本書首列康熙二年王昊序,末列康熙二年吕維祺之子吕兆琳《刻孝經大全後跋》,故學者多定此本爲"康熙二年新安吕氏刻本"。然王氏序下又列康熙七年(1666)計東序,則此書於康熙二年刻成,於康熙七年之後始刷印,故可定此本爲康熙二年刻後印本,方得名實相符。(陳錦春)

### 孝經内外傳五卷孝經正文一卷 （清）李之素輯 （第 152 册）

李之素,生卒年不詳,字定菴,號雲山,麻城(今湖北麻城)人。康熙間貢生,幼時與鄒士璁同窗,鄒氏於康熙二十七年(1688)成進士,則李氏或生於順、康年間。書後有康熙庚子(五十九年)其長子李焕跋,云"先君子棄養且十年矣",則李氏或卒於康熙四十九年前後。李氏一世功名不顯,惟以教授爲生。

此書名《孝經内外傳》,係輯録典籍所載古人孝言孝行證明《孝經》者。書首有鄒士璁序、王思訓序、馮詠序、俞鴻圖序及吳雯炳跋、御政跋、李氏自序。自序後爲《孝經正文》一卷,以《御注孝經》爲本,每章後略加箋注。其注解簡明,詞旨淺略。其後附《朱子孝經刊誤》,經文之引《詩》、《書》諸語皆加框圍,以示醒目。《孝經内傳》一卷,摘録五經、史傳、諸子、文集等所載古代教孝之言以證《孝經》。《孝經外傳》四卷,通録虞舜至元、明之孝行,以闡明孝德。前三卷爲孝男事跡,後一卷爲孝女、孝婦事跡。此書較爲淺白,對考辨《孝經》之形成、傳播諸史實不無裨益。

此書纂成於康熙十五年,由其長子李焕於康熙五十九年刻成。其篇卷,各家著録頗有出入。《皇朝文獻通考》作"《孝經正文》一卷,《内傳》一卷,《外傳》一卷",與此本差别甚大。《四庫全書總目》列入孝經類存目,著録爲"《孝經正文》一卷,《内傳》一卷,《外傳》三卷",提要云"《外傳》三卷,則大舜以下迄於明末孝子行實也”,與此本相較,蓋闕略《孝經外傳》末卷。

此本據浙江圖書館藏李焕寶田山莊刻本影印。(陳錦春)

**孝經詳説六卷**　(清)冉覲祖撰　(第 152 册)

冉覲祖(1637—1718),字永先,一作永光,號蟬庵,中牟(今河南中牟)人。康熙三十年(1691)進士,官翰林院檢討。曾主講嵩陽書院。精理學,多著述,更著有《書經詳説》、《詩經詳説》、《禮記詳説》、《春秋詳説》、《四書玩注詳説》、《陽明遺案》、《正蒙補訓》等。《清史稿》及《碑傳集》卷四六有傳。

是書遵用今文,注釋全引唐玄宗注,節略宋邢昺之疏,兼采元董鼎、明瞿罕、陳士賢諸家之説,其主旨在辨明吕維祺《孝經本義》、《孝經大全》、《孝經或問》三書。然冉氏書實則多取資於《本義》、《大全》,特芟除其涉及陽明家之説者而已。冉氏論學與吕氏有合有不合,蓋吕氏之學兼入陸、王,冉氏則恪守程、朱。

此書成於康熙三十八年,書首爲胡世藻序與冉氏自序,次爲凡例六則,再次爲《孝經詳説》正文六卷。載籍所記,則多與此本不同。《皇朝文獻通考》著錄作二卷。《四庫全書總目》列入孝經類存目,亦作二卷,提要云是書“末附以朱子《刊誤》”,又“所附《吕氏或問摘錄》一篇,既逐條闡發其義,復附《餘義》一篇,以糾其誤”云云,核之凡例,適相符合。然六卷本既未附朱熹《孝經刊誤》,亦脱落《吕氏或問摘錄》,大概清末業已亡佚。

此本據上海辭書出版社圖書館藏清光緒七年大梁書局刻《五經詳説》本影印。(陳錦春)

**孝經集解十八卷**　(清)趙起蛟撰　(第 152 册)

趙起蛟,生卒年不詳,據是書前諸序及《例言》,知其字司濤,仁和(今浙江杭州)人。更著有《孝傳》等。

此書概從今文之説,以一章爲一卷,合十八卷。經文字句悉遵唐玄宗注《孝經》,如別本文字有不同,則用雙行小字分注於各段下。其集解雜引東漢鄭玄以來諸家之説,若邢昺、司馬光、吳澄、董鼎等,皆其顯著者。趙氏於順治元年(1644)舉家流離播遷,順治十四年又遭遇祝融,原有藏書零落殆盡,故書中所引較爲簡括。書中凡趙氏有説,大都加“愚按”、“愚意”以示區別。趙氏父母去世後哀毁過度,至眼花手顫,此書之成,大意出自趙氏本人,而文字著錄,則其子趙飛鵬等所爲,每章後均署“男飛鵬、鳴謙校對”。

此本據南京圖書館藏清康熙二十三年趙氏家塾刻本影印。書首有謝于道、沈佳、章撫功諸序,卷一鈐“丁氏八千卷樓藏書記”陰文印,是此書經過清代丁申、丁丙兄弟收藏。《八千卷樓書目》卷二著錄此書作“原刻本”,係海内孤本,惜後跋有缺頁,不知亡佚於何時。(陳錦春)

**孝經精義一卷後錄一卷或問一卷原孝一卷餘論一卷**　(清)張敘撰　(第 152 册)

張敘(1690—1775),字濱璜,又字賓王、鳳岡,鎮洋(今江蘇太倉)人。雍正十年(1732)舉人,曾主講潞河書院。乾隆初舉鴻博未中。更著有《易貫》、《詩貫》、《通鑑紀要》、《鳳岡詩草》等。傳略見《四庫全書總目》卷一〇。

張氏認爲歷代學者皆糾纏於《孝經》今古文文字、篇章之爭,破碎大義,難達聖人撰作之旨,故作諸書,以明《孝經》之作者、主旨、授受源流及體例諸端。《孝經精義》大體以“至德”、“要道”、“以順天下”爲《孝經》之綱領,而申釋參證以理學體悟之説。其經文文字以唐宋注疏本爲據,用朱熹《孝經刊誤》校訂典籍之法,分《孝經》爲十三章四支。張氏反對朱熹所分經傳,然其書所分四支,第一章爲第一支,與《孝經刊誤》所分經文相等,其下第二章、第三章爲第二支,第四至第九章爲第三支,第十章至末爲第四支,大抵亦分合朱熹所立之十四章傳而已。《後錄》則張氏以《孝經》有經無傳,故從《禮記》中輯出曾子論孝語四章、樂正子春語一章、《内則》一章、《大戴禮記·曾子大孝》二章,以作《孝經》之傳。其書合爲八章,每章之下,皆敷演大義,務在申成《孝經》。《或問》六條旨在申述《孝經》撰作本義,補《精義》、《後錄》之不備。《原孝》一篇則推原孝之本義及其作用。《餘論》含三篇短文,《孝經源流》考述《孝經》之傳承、經本之異同諸事,《古文今文》辨《古文孝經》之僞,《孝經孔子自作》則明確孔子爲《孝經》之作者。要之,其解雖往往自出胸臆,衡以理學之説,亦非無得。

此書成於乾隆三年(1738),次年由潞河書院刊刻。此本據中國科學院圖書館藏清乾隆四年潞河書院刻本影印。(陳錦春)

### 孝經義疏補九卷首一卷　(清)阮福撰(第152册)

阮福(1801—?),字賜卿,一字喜齋,儀徵(今江蘇儀徵)人。阮元次子。蔭生,官至甘肅平涼知府。博雅好古,夙承家學,又從江藩、凌曙等遊,學殖深厚。更著有《兩浙金石志》、《歷代帝王年表續》、《滇南古金石録》,輯有《文筆考》、《小琅嬛叢記》等。事略見《清朝續文獻通考》卷二五九,又見《清儒學案》附《儀徵學案》。

阮元以孔子言"吾志在《春秋》,行在《孝經》",故多方闡釋《孝經》之大義。既作《曾子注釋》,復命其子阮福作《孝經義疏補》。是書全載《注疏》、《音義》原文,《孝經序》題"唐明皇撰,元行沖疏,宋邢昺校",卷一以下則變"撰"作"御注",而於其下、"元行沖疏"上增"陸德明音義"。凡阮氏所説,皆明注"補"字。書中所補,大抵有三:一是以正德本爲主,以阮元《十三經校勘記》之《孝經》部分校核衆本,增列校記;二是以阮元《曾子注釋》、《孝經解》、《論語論仁論》、《孟子論仁論》等説對《孝經注疏》作補充解釋或新解,發明《孝經》,考據孔、曾授受大義;三是輯補唐宋以來亡佚散落之《孝經》鄭氏注,並下己意。惟阮氏父子並以鄭注作者爲鄭玄之孫鄭小同,而非鄭玄,多被學者所議。其書體例謹嚴,又能曲鬯旁通,既博且精。雖名"補疏",實與疏通全經無異,亦足徵其家學淵源,堅於樸學。

此書經二年而成,有十卷本與一卷本之别。十卷本爲足本,有北京大學圖書館藏稿本、道光九年(1829)春喜齋刻本、嘉、道間文選樓刻本等。一卷本爲節本,以札記體將此書删節刻入《皇清經解》中,道光十六年福山王德瑛日省吾齋輯《今古文孝經彙刻》,乃將此書屬於阮元,誤甚。倫明撰《續修四庫全書總目提要》,亦誤將其分屬阮氏父子,蓋皆失考。此書初刻於道光九年雲貴總督節署,北京大學圖書館等有收藏。中國人民大學圖書館藏此本有嚴厚民跋文,上海圖書館藏本則有鍾文烝校語。然以刊刻時間較早,字跡不整,故阮福在作增訂以後,由其弟阮孔厚於道光十四年再刻於雲貴總督節署,其版與道光九年本近,惟卷末有阮孔厚識語一則,故往往被誤作道光九年刻本。此本據國家圖書館藏道光十四年刻本影印,唯書首題籤誤作"道光九年刻本",謹據阮氏識語訂正。(陳錦春)

### 孝經述注一卷　(清)丁晏輯(第152册)

丁晏,有《周易述傳》等,已著録。

是書集唐玄宗、司馬光、范祖禹三家注,以爲玄宗《御注孝經》遵用今文,取鄭玄、王肅、韋昭、虞翻、劉劭、劉瓛、魏真克諸家,摘要薈蕞,約文敷暢,是注家之善者。其他注家雖有數十家之多,而以司馬光《孝經指解》與范祖禹《孝經説》爲明白正大,惜其誤信古文之説,變異篇章,改竄字句,乃失其真。故此書經文一依今文分作十八章,而訓釋輯録三家之説,亦以今文爲準的。然司馬光《孝經指解》本尊信古文,而丁氏一例改成今文,難免貽人口實。此書簡潔有當,本爲方便童蒙誦讀,故其門弟子陶鑲跋云"雖述古之文無所謬杅而剗偽存真、鑒別精審,表彰聖經,厥功甚鉅",亦非虚言。

丁氏咸豐五年(1855)序云"年逾六旬,輯爲斯注",蓋書成於此時。此書有咸豐七年刻本及咸豐間刻《頤志齋叢書》本。咸豐七年刻本前有南豐譚祖同題籤,後有陶鑲跋文,國家圖書館、南京圖書館等並有藏。其刊刻時間較早。此本據上海辭書出版社圖書館藏清咸豐七年刻本影印。(陳錦春)

**孝經集證十卷**　（清）桂文燦撰（第 152 册）

桂文燦,有《毛詩釋地》等,已著録。

桂氏以《孝經》爲用極大,而自古以來文字竄亂,今古紛争,故徵引鄭玄、王肅、韋昭、魏真克、劉炫諸家之説作注,撰成《孝經集解》一卷。其主旨在正文字,明訓詁。此書則采《易》、《書》、《詩》、《周禮》、《儀禮》、《禮記》、《大戴禮記》、《春秋左氏傳》、《公羊傳》、《論語》、《孟子》、《國語》、《荀子》、《吕氏春秋》、《新語》、《史記》、《漢書》、《後漢書》、《春秋繁露》、《説苑》、《新序》、《列女傳》、《韓詩外傳》、《潛夫論》、《漢官儀》、《五經異義》、《春秋説題詞》及諸緯書等,以與經文相證,務在闡釋微言大義。二書實可並觀。

此書撰作時間不確,《禹貢川澤考》附桂氏諸子所撰《先考皓庭府君事略》著録此書爲四卷,王欣夫《蛾術軒篋存善本書録》以爲係進呈抄本。今本係王欣夫倩何澄一自故宫博物院中鈔出者,其首有 1949 年王氏識語,略叙抄書及與桂家相交往之經過。首頁鈐"王大隆"陰文、"欣夫"陽文印,版心下方標有"學禮齋校録"字樣。此本據復旦大學圖書館藏王氏學禮齋抄本影印。(陳錦春)

**孝經學七卷**　曹元弼撰（第 152 册）

曹元弼,有《古文尚書鄭氏注箋釋》等,已著録。

《孝經學》七卷,蓋應張之洞要求而撰,分《明例》、《要旨》、《圖表》、《會通》、《解紛》、《闕疑》、《流別》七目,立治經提要鉤玄之法。《明例》含三部分,首《孝經脈絡次第説》,次《孝經微言大義略例》,次《陳氏澧説孝經要略》。《要旨》節録諸書有關《孝經》宏旨者。《圖表》分今文、古文兩欄,今文又立"今文"、"今文鄭注"、"鄭注偽本"三子目,古文分"古文"、"古文偽本"兩子目,考據名家著述。《會通》以《易》、《書》、《詩》、《禮》、《春秋》、《論語》、《孟子》、《爾雅》與《孝經》相證發。《解紛》辨陳澧删述阮元《孝經》"郊祀宗祀説"。《闕疑》簡略,幾無可述。《流別》則分"《孝經》注解傳述人考證"與"《孝經》各家撰述要略",考《孝經》著述者及其著作,並附注疏各本得失。

此本據華東師範大學圖書館藏民國刻本影印。(陳錦春)

# 四書類

**讀論語叢説三卷**　（元）許謙撰（第 153 册）

許謙(1270—1337),字益之,自號白雲山人,金華(今浙江金華)人。數歲而孤,力於學,從金履祥學,盡得其奥。延祐初,居東陽八華山,開門講學,從者數千人。與何基、王柏、金履祥合稱"北山四先生"。更著有《讀四書叢説》、《詩集傳名物鈔》、《白雲集》等。《元史》、《宋元學案》卷八二有傳。

許氏以爲學以聖人爲準的,聖賢之心具在《四書》,而《四書》之義備於朱子,乃作《讀四

書叢説》，補朱子《集注》所未備。是書當爲
《讀四書叢説》之一。《四庫》著録《讀四書叢
説》，獨缺《論語》，得此可爲完璧。

是書上、中、下三卷，共二百七十六章。未
録《論語》及《集注》原文，依《論語》篇次，列
章闡説，每章冠以標題。或考證史實名物，或
詮釋音義，或發揮義理。如有難曉，則以圖明
之，務使無所凝滯，如“伯牛疾”章，繪古代房
屋圖以釋“牖”。許氏於訓詁名物，亦頗有
考證。如“廄焚”節，《集注》曰：“非不愛
馬，然恐傷人之意多，故未暇問。蓋貴人賤
畜，理當如此。”朱子只述此節大義，許氏則
對“廄”字予以詳解：“廄，養馬之閑也。凡
牧馬之數，四馬爲乘、三乘爲皁、三皁爲繫、
六繫爲廄。一廄二百六十一馬，廄，即閑
也。”是書對朱子之誤多予糾正，不曲爲之
解。如“川上”章，《集注》曰：“不舍晝夜。
舍，上聲。”許氏則改爲“舍，去聲，止息也。
見《楚辭章句》，《集注》未及改”，於朱子一
家之學，可謂有所發明。時人黃滔稱：“程子
之道得朱子而復明，朱子之大得許公而益
尊。”吳師道言：“欲通《四書》之旨者，必讀朱
子之書，欲讀朱子之書者，必由許君之説。”

此本據國家圖書館藏清鈔本影印。
（耿佳）

**論語詳解二十卷讀論語一卷**　（明）郝敬撰
（第153册）

郝敬，有《周易正解》等，已著録。

是書爲郝氏《九經解》之一。據卷首《讀論
語》，郝氏以爲《論語》爲六經之菁華所在，因
病漢儒之解經詳於博物而失之誣，宋儒則詳
於説意而失之鑿，乃自爲之解。全書凡二十
卷，書末附先聖遺事。每篇皆摘取章首二字
標目，自有次第。因“漢儒諸家訓詁膚淺，朱
晦菴《集注》自謂獨得，然往往以自家學術質
正聖言，失圓融之旨”，乃對先儒，尤其是朱
子學予以批駁。如《學而》章注曰：“賢賢易

色，即好仁者無以尚之，此忠信之心，制行之
本。事親竭力，事君忘身，交友有信，皆自此
一念流行。朱注配列爲四皆人倫之事，非
也”；又雜糅漢宋，疏通證明。如釋《爲政》章
“子曰：‘爲政以德，譬如北辰，居其所而衆星
拱之’”，先注解疏通文義，發揮義理，又引
《淮南子》、《春秋題辭》、《天文志》、孟康注及
緯書釋“星”，再引《左傳》釋“辰”；郝氏更長
於發揮義理，抒以己見。如《衛靈公》章提出
“知仁爲運治之本，莊敬爲修身之要，禮爲化
民之準”，言此章乃爲爲政者提供治民之道，
此説較前賢成説，確發前人所未發。是書雖
亦有私意穿鑿之弊，然其新見之注經方式拓
展了明末經學之局面，黄宗羲稱其：“疏通證
明，一洗訓詁之氣，明代窮經之士，先生實爲
巨擘。”

此本據南京圖書館藏明萬曆郝千秋、郝千
石刻《九部經解》本影印。（耿佳）

**論語説四卷**　（清）程廷祚撰（第153册）

程廷祚，有《讀易管見》等，已著録。

此書之著始於清乾隆二十年（1755），其間
四易其稿，二十三年乃定。全書凡四卷，徵引
孔安國、趙岐、馬融、鄭玄、包咸、周生烈、邢
昺、鄭樵、朱熹、顧炎武、閻若璩諸儒之説及諸
經傳，多言義理，亦考訂《論語》之分章、句讀
及文義。其説不主一偏，持論能見其大，於朱
熹之説間有駁正。如卷三《顏淵》篇釋“克
己”，駁朱注解“己”爲身之私欲，不惟古無此
訓，且使經之克己由己，俄傾頓有異同。又如
卷一《爲政》篇釋“衆星共之”，即謂“天下之
士皆願立于其朝，天下之農皆願耕于其野之
類。舊注以無爲爲訓，朱注載以簡御繁，以静
制動之説，雖與黄老之學有間，然直與經旨不
合”。此説既否定舊注、朱注，亦附著己説，
頗爲卓異。

此本據南京圖書館藏清道光十七年東山草
堂刻本影印。（耿佳）

## 皇氏論語義疏參訂十卷附録一卷　（清）吳
## 騫撰（第153冊）

吳騫，有《子夏易傳釋存》，已著録。

此書成於清乾隆四十六年（1781），前有自序及例言。據吳氏自序，梁皇侃《論語義疏》自乾隆間從日本傳回中國，浙江布政使王亶望據日本寬延中根伯修本始爲刊行，中多臆改；未幾復由日本傳入《七經孟子考異補遺》，吳氏遂據之以校勘皇疏異同，乃成是書。全書凡十卷，依《論語》章節考辨異文，審定傳本，其見於他書者，並爲援證。及名器、事物、章句、訓詁等間與先儒異説者，亦稍加詮訂。間有引語而吳氏復作按語，又有周廣業、周志祖校語，俱附録在書上方。

書後附録日人高橋均編校勘記。

此本據日本京都大學藏鈔本影印。（耿佳）

## 論語古注集箋十卷論語考一卷附一卷
（清）潘維城撰（第154冊）

潘維城，生卒年不詳，字閬如，吳縣（今江蘇蘇州）人。初從同里夏文燾游，繼受業於元和李鋭，爲錢大昕再傳弟子，得聞經師緒論。事見《清史列傳》卷六九。

此書成於清同治十一年（1872）。書後有其子錫爵及同里吳元炳跋。據錫爵跋，潘氏以爲，《論語》爲何晏所亂，何晏學無師法，孔安國雖爲古今文家之祖，然其注早已亡佚不傳，然何氏采之，證諸《説文》多不合，可知其僞；而鄭玄兼通古今文，集諸儒大成。故是書從《集解》中紬去孔、何兩家，蒐輯鄭注，采漢魏古義及近儒之説，又參考陳鱣、宋翔鳳、臧庸之作，乃作是書。初箋語或列簡端，或爲條記，然未及編次而卒，其子錫爵續成，對箋內互相違伐之説，略加芟薙。因鄭玄《六藝論》云："注《詩》宗毛爲主，毛義若隱略，則更表明。如有不同，即下己意，使可識別也"，故書名曰"箋"，又因非出一人，名爲《集箋》。

全書凡十卷，後附《論語考》，羅列王應麟、臧琳、馮景、錢大昕等人學説，論述《論語》傳授註釋源流，又附鄭玄《論語敘》及《論語孔子弟子目録》之輯佚。每卷於《論語》原文下有"注"和"箋"。"注"多引漢魏古注，並標明出處；"箋"多采清儒之説，也有古注佚文。其於皇、邢二《疏》，無申明駁正，概弗徵引。箋説不專古義，以申古義者列於前，異議者列於後，並間附己説。是書雖博采近儒之説，然罕有發明，於義有不當者，亦未及校正。如"傳不習乎"注引鄭曰："魯讀'傳'爲'專'"，箋引宋翔鳳《論語發微》云："孔子爲曾子陳道，而有《孝經》。《孝經》曰：'《春秋》屬商，《孝經》屬參'，則曾子以《孝經》專門名其家。故《魯論》讀'傳'爲'專'。"然其尊重漢儒，廣蒐勤討，亦有功於此經。

此本據華東師範大學藏清光緒七年江蘇書局刻本影印。（耿佳）

## 論語後録五卷　（清）錢坫撰（第154冊）

錢坫，有《車制考》，已著録。

此書成於清乾隆四十年（1775）。書前有自序，錢氏原擬將此書附於何晏《論語集解》後，故名曰《後録》。書凡五卷，五百七十余條，引漢石經、唐石經及魏晉以下衆家之説。一考異本。漢時有齊、魯、古文三家，自《集解》行後雜而不分。然互見於本注及《禮》、《易》、《詩》注者，不少又爲《史記》、《漢書》、《説文解字》所引據，往往不合。大抵皆三家之異。是書但有所見，必備載。二校謬刊。謂當時行本爲後代儒者所亂，字句多煩簡、脱落。故本漢《熹平石經》、唐《開成石經》及諸書所引，互校之。三鈎佚説。《集解》所載諸家注非全備。凡爲何氏所不收，而雜見於他書及魏晉之後名家義説，皆具述。四補剩義。凡諸家所未及，必附以己意。五正舊注。諸家有非是者，必正之。六采通論。如閻若璩、惠棟諸君子之説，必采入。七存衆説。凡諸家異義不可折一，案而不斷。錢氏所論大多確當。

此本據華東師範大學圖書館藏清嘉慶七年擁萬堂刻《錢氏四種》本影印。（耿佳）

### 論語駢枝一卷　（清）劉台拱撰（第154冊）

劉台拱（1751—1805），字端臨，寶應（今江蘇寶應）人。乾隆三十五年（1770）舉人，官丹徒縣訓導。邃於古學，天文、律呂、聲音、文字靡不該貫。更著有《經傳小記》、《國語補校》、《荀子補注》、《方言補校》、《淮南子補校》、《漢學拾遺》等，都爲《端臨遺書》，凡八卷。《清史稿》有傳。

是書僅一卷，釋《論語》十六條。其以《論語》、《禮記》爲孔氏微言大義所在，乃廣引三《禮》，兼及《尚書》、《爾雅》、《左傳》、《春秋穀梁傳》等子史典籍疏證《論語》，考訂名物，疏通文意。如釋“如切如磋，如琢如磨”據《爾雅》之文；釋“有事，弟子服其勞，有酒食，先生饌”據《內則》之文；釋“子貢欲去告朔之餼羊”據《周官》、《大戴禮記》、《穀梁傳》之文；釋《關雎》，樂而不淫，哀而不傷”據“鐘鼓樂之，維以不永傷”之文；釋“師摯之始，《關雎》之亂”據《周官》、《儀禮》之文；釋“自入宮門”以下據《聘禮·記》之文；釋“吉月，必朝服而朝”“孔子時其亡也，而往拜之”據《玉藻》之文。皆聖經之達詁，而傳注所未及。雖辨説無多，而持論精核。如《泰伯》篇“子曰‘師摯之始，《關雎》之亂，洋洋乎，盈耳哉’”章，劉氏據《樂記》、《周禮》及《儀禮》指出此處“始”、“亂”皆就音樂而言，“始者，樂之始；亂者，樂之終”，此條論説俱當，舉此以概其餘，世多稱其精邃。凌廷堪《禮經釋例》、程廷祚《論語説》並略同。是書學者評價甚高，范希曾《書目答問》評曰“所説不多而條條精確”，俞樾稱其精鑿不磨，學者重之，徐世昌稱其精深諦確，發先儒所未發。

此本據上海辭書出版社圖書館藏清嘉慶十一年阮常生刻《劉端臨先生遺書》本影印。（耿佳）

### 論語古訓十卷附一卷　（清）陳鱣撰（第154冊）

陳鱣，輯鄭玄所注《孝經》，已著録。

此書刊於清乾隆五十九年（1794），全書凡十卷，前有阮元序及陳氏自序，書後附鄭玄《論語敍》及《論語孔子弟子目録》。以何晏《論語集解》爲本，考諸載籍所引遺説，旁搜附益，凡經文從邢昺《正義》本，而以漢唐石經、皇侃《論語義疏》、高麗《集解》本、《經典釋文》及日本山井鼎《七經孟子考文補遺》等校注於下。因邢本《集解》多舛謬，致意不屬，則改從皇本、高麗本。又因與《尚書》傳文不同，且姑從《集解》。《集解》外，又蒐輯漢儒鄭玄之説獨多，且爲之疏通證明，以補疏家所未備。是書並存鄭玄之師馬融及攻難鄭者王肅之説，意在發明鄭注。其所徵引及考證，簡而不蕪，尤見其善。如卷一《爲政》章：“子曰，《書》云‘孝乎惟孝友于兄弟’”，包讀“孝于惟孝”句，漢石經及皇本“乎”作“于”，所引並同，乃知“乎”爲“于”字之僞；又如卷二《八佾》章：“子曰：‘繪事後素’”，鄭曰：“繪，畫文也。凡畫繪先布衆色，然後以素分其間以成文。”此與《考工記》“畫繢之事後素功”合，“若謂素上施采，則古人繪事施諸衣服、旌旗，不皆以素爲質”。

此本據上海圖書館藏清嘉慶元年刻本影印。（耿佳）

### 讀論質疑一卷　（清）石韞玉撰（第155冊）

石韞玉（1756—1837），字執如，號琢堂，又號花韻庵主人，晚稱獨學老人，吳縣（今江蘇蘇州）人。清乾隆五十五年（1790）進士，授翰林院修撰，歷任福建鄉試正考官、湖南學政、重慶知府、山東按察使等，後掌教杭州紫陽書院、江寧尊經書院、蘇州紫陽書院。更著有《多識錄》、《袁文箋正》、《獨學廬詩文集》、雜劇《花間樂府》等。《清史列傳》卷七二有傳。

是書僅一卷，釋《論語》七十七條。博采馬融、包咸、孔安國、鄭玄、朱熹、皇侃、邢昺等衆家之説，首錄原文，次錄諸儒之説。

此本據國家圖書館藏清刻本影印。（耿佳）

### 論語魯讀考一卷　（清）徐養原撰（第155冊）

徐養原，有《周官故書考》，已著錄。

此書成於清嘉慶八年（1803）。前有自序，稱漢末鄭玄就《魯論》篇章，考之齊、古爲之注，所讀正五十事，見於《釋文》者，僅二十三事，皆從古。其從齊者當有二十七事，而《釋文》不載，或陸氏時鄭注已多佚脱，《魯》讀或尚有之，而《齊》讀盡缺。今取《魯》讀，考其異同，附以石經殘碑，乃成是書云云。書一卷，前有徐氏自序，書後附石經殘碑，並對其“略存《魯》讀”之可知者加以解釋。多采漢以前經史傳注，漢後僅采惠棟一家，綜考《魯》、《古》之異，以及鄭注所謂《魯》讀。如《學而》篇“傳不習乎”釋云：“《魯》讀‘傳’爲‘專’，今從《古》。養原按：《説文》寸部‘專，六寸簿也’，《左傳》桓公二年‘衮、冕、黻、珽’，注‘珽，玉笏也。若今吏之持簿’，《正義》曰‘禮之有笏者’，《玉藻》云‘凡有指畫于君前，用笏，造受命于君前，則書於笏’。”又引《釋名》、《車服儀制》、《蜀志》等詳加考證，徐氏曰“或疑‘專’爲‘傳’之省文，非也。古文省，今文繁；古文多假借，今文多用本字。今《古論》作‘傳’，而《魯論》作‘專’，其非同字，明矣。”

此本據上海辭書出版社圖書館藏清光緒間湖城義塾刻《湖州叢書》本影印。（耿佳）

### 論語通釋一卷　（清）焦循撰（第155冊）

焦循，有《易章句》等，已著錄。

此書成於清嘉慶八年（1803），前有自序，稱嘉慶癸亥夏五月，鄭柿里舍人以書來問“未可與權”，適門人論“一貫”，不知曾子忠恕之義，因而推説之，凡百餘日，得十有五篇，乃成是書，統而名之曰《通釋》云云。書僅一卷，分篇十五：釋一貫忠恕五條、釋異端八條、釋仁十一條、釋聖五條、釋大二條、釋學五條、釋多六條、釋知二條、釋能二條、釋權八條、釋義二條、釋禮五條、釋仕三條、釋據二條、釋君子小人一條。首篇總論一貫忠恕之道，以下分論，末篇闕文甚多。焦氏以爲，漢魏以來士人並未得孔學旨要，因其“未嘗以孔子之言參孔子之言也”，故仿戴震《孟子字義疏證》，以孔注孔，“復以孟子之言參之”，“佐以《易》、《詩》、《春秋》、《禮記》之書，或旁及荀卿、董仲舒、楊雄、班固之説”，反復推求，發明聖義、闡發己見。梁啟超言：“焦氏之學，以經治經，條分縷析，脈絡分明，今之以分類法求學術之系統者，由此派而出者也。”

此本據上海辭書出版社圖書館藏清光緒間李氏刻《木犀軒叢書》本影印。（耿佳）

### 論語旁證二十卷　（清）梁章鉅撰（第155冊）

梁章鉅（1775—1849），字閎中，又字茝林，晚年自號退庵，長樂（今福建長樂）人。嘉慶七年（1802）進士，改庶吉士，散館授禮部主事，充軍機章京，官至江蘇巡撫，兼署兩江總督。與林則徐爲同鄉好友，曾嚴飭煙販，抗英設防。更著有《孟子旁證》、《夏小正通釋》、《倉頡篇校正》、《國朝臣工言行記》、《樞垣紀略》、《稱謂拾遺》、《文選旁證》等。《清史列傳》卷三八有傳。

此書成於道光十七年（1837），凡十卷。前有俞樾序，稱《論語》一書，聖人之微言大義，自漢至今，學者循誦，各有所得。漢儒於義理亦有精勝之處，宋儒於訓詁亦未必無可取。乃合漢宋而貫通之，俾讀者知從事宋學仍當不廢漢學，以救自明以來時文家之積弊。義蘊精深，體例詳慎，大都原本紫陽，比附古義，廣徵博引，折衷師友之言，繁而不冗，簡而不漏，貫通漢宋，使空疏者不至墨守講章，高明者亦不敢輕相詬病，於學術士風非小補云云。

此本據南京圖書館藏清同治十二年刻本影印。（耿佳）

**論語説義十卷　（清）宋翔鳳撰（第 155 册）**

宋翔鳳，有《周易考異》等，已著録。

此書成於清道光二十年（1840）。書前有自序，稱孔子受命作《春秋》，其微言備於《論語》。自漢以來，諸家之説，時合時離，不能畫一，嘗綜敷古今，有《纂言》之作，因其文繁多，遂別録私説，乃作是書。全書凡十卷，每卷於卷首列出所説篇目，或直引經文下附己按，或不録經文而自爲之説。是書以公羊之義解説《論語》，闡發聖人微言大義。以樸學研究今文經學，援引《春秋》三傳、《易》、《爾雅》，兼及史傳諸子，訂句讀、窮義理，考證人物制度，時有卓見。是書亦多穿鑿附會之説，如《子罕》章，謂“罕者，稀也，微言。罕言者，猶微言也”，并斷言：“孔子存微言之教，以爲百世之師者，備于利與命與仁中矣。”章炳麟曾言：“長洲宋翔鳳，最善附會，牽引飾説，或采翼奉諸家，而雜以讖諱神秘之辭。”

此本據清光緒十四年南菁書院刻《皇清經解續編》本影印。（耿佳）

**論語偶記一卷　（清）方觀旭撰（第 155 册）**

方觀旭，生卒年不詳，字升齋，錢塘（今浙江杭州）人。嘉慶十六年（1811）進士，改庶吉士，散館授廣西武緣縣知縣。爲諸生時，嘗肄業詁經精舍，爲阮元所重。于諸經皆有研究，於《論語》致力尤勤。事見《清儒學案》卷二〇二。

是書僅一卷，釋《論語》及《集注》四十餘條。其説注重考證，不尚空言。如釋“揖讓而升，下而飲”，以爲孔子所言者飲也，非言

揖讓而升射。鄭玄《詩箋》與《禮注》不同，《詩箋》所解斷章取義，實不如《禮注》；又如釋“禘自既灌而往者，吾不欲觀之矣”，謂王子雍嘗為“禮不王不禘”之文爲“宗廟五年殷祭”之説，後儒多承其僞説，遂解《論語》之“禘”爲魯祭文王於周公之廟，而以周公配之，指爲非禮。方氏謂實不然也，並舉孔注云：“禘祫之禮，爲序昭穆，故毀廟之主及群廟之主皆合食于太廟。既灌之後，列尊卑，序昭穆，而魯逆祀，躋僖公，故不欲觀之”，稱解甚直截，無魯禘本爲非禮之義。此説是。是書以經解經，頗自明暢。

此本據華東師範大學圖書館藏清道光九年廣東學海堂刻《皇清經解》本影印。（耿佳）

**論語異文考證十卷　（清）馮登府撰（第 155 册）**

馮登府，有《三家詩遺説》，已著録。

此書成於清嘉慶十八年（1813）。書前有馬應潮、李富孫、洪頤煊三序及馮氏自序。馬序稱馮氏鑒於《論語》有齊、古、魯三家，版本衆多，傳寫至訛，漢魏以下，經史傳注，子家文集，其所徵引，又往往有增損竄易，無所折衷，乃作是書。全書十卷，凡《論語》異文所散見者，悉搜羅薈萃，考出《論語》異文九百五十二條。參之以群經子史，旁及唐宋文集、金石碑刻，以迄顧炎武、毛奇齡、何焯、錢大昕、翟灝之説，稽同異之旨，訓音讀、考人物、明經義。凡一字之歧，靡不考訂精審。如卷二《里仁》“貧與賤是人之所惡也，不以其道得之，不去也”，馮氏云：“高麗本無‘也’字，下‘不去也’亦無‘也’字。阮氏《校勘記》曰：‘是人之所欲也’及下‘是人之所惡也’，兩‘也’字疑後人所加。《初學記》十八、《文選·幽通賦注》引此二段皆無‘也’字。又《晉·皇甫謐》《王沈》二傳並云‘富貴人之所欲，貧賤人之所惡’，亦無‘也’字。《後漢·李通傳》論、《陳蕃傳》注、《晉書·夏侯湛

傳》、《文選·鮑照〈擬古詩〉注》、《太平御覽》四百七十一單引此句,亦無'也'字。《四書考異》云此'也'字,唐以前人引述悉略去,未必不謀而同也,恐是當時傳本如此。《校勘記》又以古人引書每多節省,況有《義疏》可證,以《考異》爲非。余謂高麗本無'也'字,可據以知古本實無'也'字。《校勘記》前說是也,不去也。《疏》亦云'則仁者不處',亦無'也'字。《皇》本'處'下有'也'字,是與高麗本不同也。"學者皆稱賅博。是書初爲廣東學使李泰交刊於廣州學海堂,僅成六卷,而泰交歿,以版還馮氏補刊成書。

此本據國家圖書館藏清道光十四年廣東學海堂刻本影印。(耿佳)

**論語後案二十卷**　(清)黄式三撰 (第 155 册)

黄式三,有《易釋》等,已著録。

此書成於清道光二十四年(1844)。書前黄氏《聚珍版論語後案弁言》稱,釋經難,釋《論語》尤難,此書稿成數年,隨時删改,未敢遽刊問世。然鈔本存家塾亦無以求正於有道君子,後有聚珍版之印。因仿王鳴盛《尚書後案》之例,前録何晏《論語集解》、朱熹《論語集注》,後加按語,以別同異,明是非,故名曰《後案》云云。全書凡二十卷,書後有黄氏自叙及其弟黄式穎叙。式穎叙謂於文字、訓詁、聲音、名物制度、事蹟考證詳明,而義理之學專取其切合於事情者,無虛玄渺遠不可究詰之辭云云。廣而不覺其濫,多而不覺其雜。吳鍾峻、朱緒曾、劉粲、王約諸人皆以此爲漢宋持平之著。章太炎《清儒》評價其"時有善言,異于先師,信美而不離其樞者也"。

此本據南京圖書館藏清道光二十四年活字印本影印。(耿佳)

**論語正義二十四卷**　(清) 劉寶楠撰 (清)
劉恭冕補 (第 156 册)

劉寶楠,有《易古訓》,已著録。

劉恭冕(1821—1880),字叔俛,寶應(今江蘇寶應)人。劉寶楠子。光緒五年(1879)舉人,守家學,通經訓,幼習《毛詩》,晚年治《公羊春秋》,崇尚樸學。更著有《何休注訓論語述》、《廣經室文鈔》等。《清史稿》有傳,又見《碑傳集三編》卷三三。

道光八年(1828),寶楠應省試,與劉文淇、梅植之、包慎言、柳興恩、陳立相約各治一經。寶楠發策得《論語》,因病皇、邢《疏》蕪陋,故仿焦循《孟子正義》例,先爲長編,次薈萃而折衷之,是爲《論語正義》。後因官事繁冗而未卒業,命子恭冕續成之。恭冕審核繕録,並增入《群經平議》、《諸子評議》之俞樾、孫詒讓等批校,續成七卷。書前有陳立序及恭冕所撰《凡例》,第二十四卷爲何晏《論語序》、鄭玄《論語序逸文》及恭冕《後敘》。

全書依《論語》二十篇各自爲卷。因《八佾》、《鄉黨》二篇多言禮樂制度,故析《八佾》爲二卷、《鄉黨》爲三卷,書後又疏《論語序》一卷。凡經文、注文皆從邢疏本,至於注文錯訛處,則多從皇本及後人校改。其體例先録原文,注則首列何晏《論語集解》,以存魏晉人著録之舊,次列邢昺《論語注疏》。於注義之完備者,據注以釋經;注義之闕略者,依經以補疏;注文之違失者,則先疏經文,次及注義。原則上悉録漢學,擇取唐宋,詳載異說,以期發揮聖道,證明典禮。衆説紛歧者,則辨正之;舛誤不安者,則覈勘之。其所徵引,上自先秦,下至清代,涉及經史、文集、小學、輿地、金石、碑刻、曆算等諸類典籍達三百七十余種,對於清人注解,如段玉裁《説文解字注》、宋翔鳳《論語發微》、翟灝《四書考異》、阮元《論語校勘記》等亦詳加采録。

劉氏治學,考據與義理並重。其於考據,廣引《爾雅》、《説文》、《釋文》等書以詳釋名物,遍釋字義,考訂異文,辨明禮儀,兼下己意。立説言必有據,如《爲政》篇"舉直錯諸枉"釋"錯",先引《經典釋文》"錯,鄭本作措",又引

《説文解字》"措,置也",再引《費鳳碑》"舉直措枉"爲證,據此肯定"措"爲正字,"錯"爲假借字。其於義理,則兼取朱熹《論語集注》、《論語或問》及張栻《論語解》以闡明經義,不拘囿於漢宋門户之見,如釋有子言禮之用,發明《中庸》之説;夫子五十知天命,是知天生德於予之義;乘桴浮海,是之今之高麗地;興於詩、立於禮,成於樂,民可使由之,不可使知之,是夫子教門弟子之法等即是。亦有故標新説而牽强弗通之處,如《雍也》"子見南子"章謂天即指南子,"天厭之"謂觸南子之怒,殊爲荒誕。然其薈萃衆説,匡正謬誤,詳博精覈,超邁前修,無愧爲《論語》研究集大成之作。

據劉恭冕《後敍》,此編初刻於同治五年(1866),然書中所引俞樾《群經平議》、《諸子平議》及戴望《論語注》分别刊於同治六年、九年和十年,則是書刊行當在同治十年(1871)之後。此本據南京圖書館藏清同治間刻本影印。(單承彬)

**論語孔注證僞二卷**　(清)丁晏撰(第156册)

丁晏,有《周易述傳》等,已著録。

此書成於清嘉慶二十二年(1817)。據書前自序,丁氏幼即疑《論語孔注》之僞,久之確見其贋,遂以《尚書》孔安國傳與王肅注比例,乃作是書,以求證孔傳爲王肅所依託,補閻若璩所未及。全書上、下兩卷。書前有王引之序及丁氏自序及發凡,書後有顧廷龍跋。王引之序謂是書卷首即提出《論語孔注》係王肅僞作,舉其要證有四:一、兩漢諸儒皆不言孔安國爲《論語訓》;二、孔注不諱高祖名;三、孔安國卒於武帝元狩之末,不得至天漢後訓解《論語》;四、孔注與書傳、《家語》、《孔叢》説多相似云云。上卷取顏師古《漢書·儒林傳》注,何氏《集解》邢本、皇本證之,下卷詳及孔傳之僞,而於閻若璩、惠棟諸儒所已言者,概不復及。是書雖援證博富,持

之有故,又詳列《論語》孔注與鄭注之異,以爲"孔義皆遜于鄭",揚鄭而抑孔。

此本據民國三十四年《合衆圖書館叢書》本影印。(耿佳)

**論語經正録二十卷**　(清)王肇晉撰(第156册)

王肇晉,據是書署名,爲深澤(今河北深澤)人。生卒事跡不詳。

此書成於清光緒十七年(1891)。王氏嘗謂國家以經取士,首試《四書》,天下士由諸子之學而上窺鄒魯,沿襲已久,逐末忘本,乃纂集是書,以救時弊。因晚年病作,未及詳加搜討,命其子用誥續成。全書二十卷,書前有王用誥序例並附其采録諸儒姓氏。是書仿朱子《論孟精義》及衛湜《禮記集説》例,薈萃衆説,闡明經義大旨。依《論語》次第,悉録原文,次録《朱子語類》及宋、元、明、清諸儒之説。凡與《集注》異者,加按語以辨異同。而於爲學入德、返身切己之言,録之甚詳。凡言章旨、節旨、虛神語脈以及今漢學家獨標一義、附會經旨之説,皆所不取。又采近世漢學家訓詁、名物、制度之考證頗詳者,録其説之精確,使學者於義理考證本末兼資。是書於《論語》無發明之功,略以收采富博見長。

此本據北京大學圖書館藏清光緒二十年刻本影印。(耿佳)

**朱子論語集注訓詁考二卷**　(清)潘衍桐撰(第157册)

潘衍桐(1841—1899),原名汝桐,字峚庭,號嶧琴,南海(今屬廣東佛山)人。同治七年(1868)進士,官至翰林院侍講學士。歷任國史館纂修、國子監司業、文淵閣校理、浙江學政等。更著有《拙余堂詩文集》、《兩浙輶軒續録》、《爾雅正郭》、《緝雅堂詩話》等。《清史稿》有傳,又見《晚晴簃詩匯》卷一六四。

此書成於清光緒十六年(1890)。書前有

潘衍桐自序,謂朱子注《論語》,長於義理,亦不廢訓詁,而世儒却詆其不明訓詁。潘氏官浙江學政時,取朱子《論語集注》,命詁經精舍諸生詳加尋繹,考之群經子史注證其所出,嗣經潘氏詳加裒采,定爲上、下兩卷。其義易曉或簡奧者,援某生之説以申明,而於鄒壽祺、陳景條、崔適、樓蔚然、王正春、袁堯年、汪昌烈、陸以增、楊譽龍等諸人之説,又偶有訂正。如《哀公問》章:"《家語》記'伯子不衣冠而處'。"潘氏按:"今《家語》無此文,見《家語後敘》,又見《説苑》第十九篇,遷移也。"又如《柴也愚》章:注云:"《家語》記其'足不履影,啟蟄不殺,方長不折;執親之喪,泣血三年,未嘗見齒'。"潘氏按:"《家語・弟子行篇》文無'泣血三年'四字。"是書之價值,在於明朱子《論語集注》之由來。

此本據上海辭書出版社圖書館藏清光緒十七年浙江書局刻本影印。(耿佳)

### 戴氏注論語二十卷　（清）戴望撰（第 157 册）

戴望(1837—1873),字子高,德清(今浙江德清)人。爲詁經精舍名宿周中孚甥。諸生。一赴秋試,遂棄舉業。始好辭章,繼讀博野顏元書,爲顏氏學。後謁長洲陳奐,通聲音訓詁,復從宋翔鳳授《公羊春秋》,通公羊之學。精校勘,同治中任金陵書局校勘。更著有《管子校注》、《顏氏學記》、《謫麟堂遺集》等。生平事蹟見《續碑傳集》卷七五。

戴氏深善劉逢祿《論語述何》及宋翔鳳《論語説義》,以爲欲求素王之業,太平之治,非宣究其説不可。然顧其書皆約舉,大都不列章句,輒復因其義據,推廣未備,於是博稽衆家,三易其稿,乃作是書。全書凡二十卷,書後附戴氏自序及王欣夫跋,末卷論及《論語》篇次及篇旨。依《論語》篇目分卷,每卷先列卷名,再標次序,篇下列章句一一注解。註釋精湛簡要,兼采漢宋,雖欲隱括《春秋》及五經之義例,庶幾發先漢齊學所遺,邵公所傳。

此本據復旦大學圖書館藏清同治十年刻本影印。(耿佳)

### 論語稽二十卷　（清）宦懋庸撰（第 157 册）

宦懋庸(1842—1892),字伯銘,號莘齋,遵義(今貴州遵義)人。監生。苦心向學,然未就鄉試,遊幕江浙三十年,歷充江浙州縣幕府。後入上海知縣莫祥芝幕,鈎稽財用出入,經營鹽業商事。清光緒八年(1882),試京兆,得謄録而不就。學識淵博,晚年攻治許、鄭之學,著述宏富。更著有《六書略平議》、《説文疑證編》、《詩餘》、《讀史記稗言》、《讀前漢書私記》、《兩論蠡測》等。

全書凡二十卷。書前有黎元洪、夏壽康、陳澹然、陳焕章、黎庶昌、王荑中序及其子宦應清《敘例》。書後附宦應清《後序》、《先子行狀》及《論語稽校勘記》。首篇列宦應清撰《論語不背共和意旨説》及宦氏《孔子世家稽》。全書依《論語》次第,將所録古注夾注於正文下。又以各家章節互有歧異者,仿皇疏體例變通之,以著其章節之别。於古注、朱注各取所長,遍徵近代毛奇齡、閻若璩、黄宗羲、龔自珍等諸家之説,間下己意。凡宦應清所增注,悉加"清按"以别之。是書對《論語》之文字訓詁、禮儀制度均有考證。如卷十《鄉黨稽》"入公門"二十一句,宦氏訓"此記者觀夫子在朝之容,由外朝而治朝,而燕朝,通記之";卷三《八佾稽》"與其易也",訓"易"爲"變除之次";卷十八《微子稽》訓"微箕非國,皆殷圻之地,以其食邑稱之",訓"子非爵",子乃男子之美稱,辨證尤詳,可正鄭注之誤。宦氏所論辯多有依據。

此本據復旦大學圖書館藏民國二年維新印書館鉛印本影印。(耿佳)

### 天文本單經論語校勘記一卷　（清）葉德輝撰（第 157 册）

葉德輝(1864—1927),字奐彬,一作焕彬,號直山,又號郋園,湘潭(今湖南湘潭)人。清光緒十八年(1892)進士,授吏部主事。戊戌政變,與王先謙等攻擊新學,反對康有爲、梁啓超變法改良;民國時支持袁世凱稱帝,成立"籌安會"湖南分會並任會長,請願勸進;宣統二年(1910),因囤積居奇,積穀萬石,引起飢民搶米風潮,爲清政府削籍。生平長於治經,尤精小學及版本目録學,旁及星命、醫術等。家富藏書,多海内善本,所校刻書籍極富,著述亦多。更著有《書林清話》、《六書古微》、《郋園讀書志》、《觀古堂所著書》等。生平事蹟見許崇熙《郋園先生墓誌銘》。

此書成於清光緒二十三年(1897)。書前有自序,稱日本相傳中國《論語》之本甚多,天文癸巳刻單經爲善本之一,日本天文癸巳相當於明嘉靖十二年(1533),雖並不甚古,然於今本已有差異。於廠肆間得此本,又取日本諸本,校録異同,並載入傳刻唐卷子本,乃作是書云云。全書僅一卷,因其傳自日本,書後附撰跋文一篇。葉氏舉其合於宋以前傳本者,分爲數類,至於文字異同,僅校其明白可證者,言其或衍或誤,其餘但列異文,不加按語,極爲慎重,以便學者據以考證。

此本據上海辭書出版社圖書館藏清光緒二十八年刻本影印。(耿佳)

**鄉黨圖考補證六卷** (清) 王漸鴻撰 **校鄉黨圖考補證札記一卷** (清) 張庭詩撰 (第157冊)

王漸鴻(1828—1897),字儀堂,號秋樵,黃縣(今山東龍口)人。清同治元年(1862)舉人,官觀城縣教諭,東平州學正。同治十年,續修《黃縣志》。生平篤學嗜古,讀一經兼淹貫諸經,以會其通。其治學多以經解經,尤潛心於三《禮》,爲當時學者所重。更著有《三禮條辨》、《明堂禮制考》、《養静齋札記》等。生平事蹟見是書前張庭詩撰《刻鄉黨圖考補正序》、《王儀堂傳》。

張庭詩(1826—?),字二南,一字伯訓,又字亦廬,黃縣(今山東龍口)人。清光緒十五年(1889)進士。官日照縣教諭、四川鄉試同考官、四川昭化縣令等。嘗修纂《黃縣志》、《日照縣志》。更著有《漢十四博士字法考》、《爾詩釋詩異文記》、《炳燭録》等。

此書成於清光緒二十一年(1895),刊於光緒三十四年。全書凡六卷。書前有張庭詩、宋書升、淳于鴻恩序及王氏自序,並附張庭詩撰《王儀堂傳》。書後有《校鄉黨圖考補正札記》及丁樹楨跋。自序稱《鄉黨》篇爲《論語》之難通者,其所記動涉禮制,大而朝廟、祭祀、聘享,細而衣服、飲食、容止,考核不精便歧誤層出。江永嘗援據注疏,作《鄉黨圖考》。因引證詳明,學者奉爲圭臬。然其守一家之言,仍有襲謬承訛之説,故補其闕略,正其訛誤,引經典而參考之,乃作是書云云。是書專取《鄉黨圖考》與《鄉黨》篇相密切者,或補缺訂訛、或施以駁正,復爲之引申觸類。其於《鄉黨》篇無甚關係者,則未暇悉辨。而於《鄉黨圖考》辯説已明,然後人以他説亂之者,復爲之論斷證明,擇之精而語之詳。此書成後,張庭詩爲之校勘,並附《札記》一卷於書後。

此本據華東師範大學圖書館藏清光緒三十四年丁氏海隅山館刻本影印。(耿佳)

**孟子要略五卷首一卷** (宋) 朱熹撰 (清) 劉傳瑩輯 (清) 曾國藩按 (第157冊)

朱熹,有《詩序辨説》,已著録。

劉傳瑩(1817—1848),字椒雲,漢陽(今屬湖北武漢)人。道光十九年(1839)舉人,官國子監學正。家富藏書,好詩文,於音韵、文字、考據方面頗有建樹。更著有《漢魏石經考》、《覺書》、《明性篇》、《明教篇》、《明治篇》、《劉椒雲遺書》及詩文集等。《清史稿》有傳,又見《清儒學案·湘鄉學案》。

曾國藩(1811—1872),字居武,又字伯涵,號滌生,初名子城,派名傳豫,諡文正,湘鄉(今湖南湘鄉)人。道光十四年(1834)舉人,道光十八年賜同進士出身。道光年間曾任翰林院庶吉士、翰林院内閣學士兼禮部侍郎、繼而兼署兵部右侍郎等,後官至兩江總督、直隸總督、武英殿大學士,同治年間封一等毅勇侯。與郭嵩燾、劉蓉、梅曾亮、邵懿辰、劉傳瑩爲友。更著有《曾文公家書》、《求闕齋文集》、《詩集》、《讀書録》等。《清史稿》有傳,又見黎庶昌《曾文公正年譜》。

此書卷首先有道光二十九年曾國藩二序,次有《朱子語類》五則、《朱子文集》一則、《真西山文集》一則、朱竹垞《經義考》一則、王懋竑《朱子年譜》一則,卷五末有戊申(道光二十八年,1848)七月劉傳瑩序。《孟子要略》又名《孟子指要》、《孟子要旨》、《孟子旨要》,歷代《藝文志》雖不載,然從《朱子語類》、《朱子文集》、《朱子年譜》及真德秀序中可知朱熹確曾著此書。據卷末劉傳瑩序可知此書成於宋光宗紹熙三年(1192),據卷首可知金履祥《孟子集注考證》中所輯出的《孟子要略》乃朱熹從《孟子》書二百六十章中選出八十五章輯爲《要略》,清末劉傳瑩復輯《孟子要略》,曾國藩作按語,復將未入《孟子要略》之《孟子》章節一一列出,並爲之刊行。據曾國藩序云"因頗仿《近思録》之例,疏明分卷之大指,俾讀者一覽而得焉"。此書凡五卷,卷一言人性本善,欲人存心養性,以復其初;卷二論孝弟之道;卷三嚴義利之辨;卷四辨王霸之方,明治道之要;卷五言孟子尚論古人,而自言其爲學要領。曾國藩在每卷開頭指明其主旨,每章下間有按語。書中輯録之《孟子》原文以大字録之,曾氏按語則用雙行小字附後,其間列舉朱熹、程頤、金履祥等諸家注釋考證,並校正其訛誤處。

此本據上海師範大學圖書館藏清道光二十九年漢陽劉氏刻本影印。(湯佰會)

**標孟七卷**　(清)汪有光撰　(第157册)

汪有光(約1630—?),字謙子,新安(今屬安徽黄山)人。爲人勤奮、樸實,嚴於義利、修德,爲文務資實用,與休寧張膽相交甚密,講道石林三十餘年。著有《東漢草堂類語》、《讀史碎言》、《批點檀弓》、《黟縣山水紀略》等。

此書前有汪有光康熙丁巳(十六年,1677)自序、康熙丙寅(二十五年,1686)曹貞吉序。曹序稱《孟子》文章多受名家推崇,爲文須先通曉《孟子》。後世之名文章家者無不知讀《孟子》,昌黎《原道》,自堯、舜歷數之至於孔孟,程子謂其必有所見。其《送王秀才序》,喜其好舉孟子之所道者。若蘇氏父子,皆喜讀孟子書,諸君子皆以《孟子》文章爲榜樣云云。從序中可知汪氏作此書之目的爲"蓋將欲斯世由孟子之文而坐進於斯道也"。是書刊於清康熙十六年,凡七卷,每卷又分上、下,與《孟子》七篇十四章相對應。每卷卷下著有"新安汪有光謙子甫評,弟汪有聲駿子甫校"。是書行文間有評論,每節後又有總評,在評論《孟子》文法之時,又教士子們如何爲文。曹貞吉謂此書"有光此書出,使天下之士伏而讀之,其于文也幾矣,彼區區摹擬秦、漢者,奚爲也",以爲《標孟》一書可使士子據之學習《孟子》之文,較模仿秦漢文章者,受益更多。然是書與《孟子》經義無涉,當入文評類。

此本據中國科學院圖書館藏清康熙刻本影印。(湯佰會)

**孟子札記二卷**　(清)范爾梅撰　(第158册)

范爾梅(約1633—?),字梅臣,號雪菴,洪洞(今山西洪洞)人。雍正間貢生。宗程朱之學。著有《讀書小記》等。事見《四庫全書總目》卷九八。

此書成書年代不詳,分爲兩卷,内有讀《孟》若干則,如"孟子見梁惠章"、"孟子對曰地方節"、"齊桓晉文章"、"齊人伐燕取之章"等。是書特點有以下數端：其一，内容多爲評論《孟子》文句章法，歸納各章節要旨。其二，推崇程朱思想，排斥佛老思想。如《孟子·公孫丑上》中有孟子關於"人皆有不忍人之心"一段言論，朱子曰："天地以生物爲心，而所生之物，因各得夫天地生物之心爲心，所以人皆有不忍之心也。"范氏先謂"不忍之心"爲孟子"性善論"之基礎，復肯定朱熹"人皆有不忍人之心"之説。再如"所惡執一者節"曰："如琴之七徽爲中聲，以五調論之，則不專主七徽也，若能致中而立，天下之大本自然時中。佛、老之賊道亦然。"將清初佛、老之説視作"賊道"，足見其思想傾向。其三，引詩解經，見解獨到。例如《孟子·公孫丑上》中"乃所願，則學孔子也"曰："杜詩云'會當凌絶頂，一覽衆山小'，可況願學之意。"引唐代詩人杜甫《望岳》中的名句，喻孟子説乃説學習孔子，將孔子之思想喻爲泰山之巓，孟子向孔子學習，領會其思想精髓，猶如登泰山之巓，便可以俯瞰衆山（賢人）。其四，范氏之書中亦時見其讀書感受。如"夫子加齊之卿相章"，范氏云"每讀此章如登泰岱而望滄海之大觀也"。

是書乃對《孟子》中一些章節進行評論，少有文字訓詁内容。《四庫全書總目》儒家類存目有范氏《讀書小記》三十卷，是書即其中之一部分，提要謂其書非手訂，故多缺略，其所爲諸經札記皆隨意綴語，初非依經立訓云云。

此本據北京大學圖書館藏清雍正七年敬恕堂刻《讀書小記》本影印。（湯佰會）

**孟子字義疏證三卷**　（清）戴震撰（第 158 册）
戴震，有《尚書義考》等，已著録。

此書首有戴震自序，稱因今人無論正邪，盡以意見名之曰"理"，禍斯民也，故作是書以正人心云云。序下題"戴氏遺書之九"。關於是書成書時間，段玉裁稱爲"作于丙申，丁酉春前"（段玉裁：《答程易田丈書》，載《戴震全書》卷七）。全書分上、中、下三卷，八目，四十四條。卷上"理"十五條，卷中"天道"四條、"性"九條，卷下"才"三條、"道"四條、"仁義理智"二條、"誠"二條、"權"五條。這些條目主要針對宋儒在這些概念上之不同觀點而提出。卷末附有《答彭進士書》，爲戴震對陸王派學者彭允初批駁《孟子字義疏證》之回應。是書以"求觀聖人之道，必自孟子始"爲宗旨，從考據、訓詁角度闡釋《孟子》一書中"理"、"天道"、"性"、"才"、"道"、"仁義理智"、"權"等重要哲學範疇之根本意義，以正本清源，故名曰"字義疏證"。"字"即"概念範疇之字"（張岱年《中國古典哲學概念範疇要論》自序）；"疏證"即"疏通證明"（戴震《孟子字義疏證》卷中）。戴氏借疏證《孟子》以闡發其哲學思想，批判宋明理學。是書體例如下：其一，戴氏先對這些哲學範疇賦予新的内涵。其二，對這些哲學範疇下完定義後，引用經書以實例分析之方法予以疏證。其三，戴震採用問答體形式，在《疏證》中通篇以"問"及"曰"爲標志，在對所疏證之字下完定義後，便開始一問一答的論證，按提出問題、分析問題、解決問題之思路以疏證每一個字，闡述自己的哲學思想。

是書充分體現了戴氏之哲學思想。譬如"理存于欲"、"理在物中"，"理"爲"天地陰陽之理"，"天地、人物、事爲之理"等。其視"理"爲陰陽五行之氣及天地萬物之必然性，乃是典型的唯物論思想。對"道"亦有其獨到見解，以爲"道"乃物質性實體，"道"爲"氣化流行，生生不息，是故謂之道"等。故而戴氏以此書爲其平生得意之作。

是書問世之後，評價褒貶不一。朱筠、姚鼐、翁方綱等持否定態度，視戴氏學説爲異端邪説，如姚鼐《惜抱先生尺牘》云"欲言義理以奪洛閩之席，可謂愚妄不自量之甚矣"。

洪榜、錢大昕、焦循、阮元、黄式三及近人梁啟超等則竭力推崇，給予很高評價。如梁啟超《中國近三百年學術史》云"戴東原的《孟子字義疏證》，爲清代第一流名著，但其目的不專在釋《孟子》，别于戴氏學專篇論之"。

戴氏是書提出"理存乎欲"的思想，具有進步意義，然則其旨爲評駁程朱思想，闡發己意，故其闡釋多帶主觀色彩，實則違背了訓詁、疏證之規範及原則。

此本據上海辭書出版社圖書館藏清乾隆孔氏刻《微波榭叢書》本影印。（湯佰會）

## 孟子四考四卷　（清）周廣業撰　（第 158 册）

周廣業（1730—1798），字勤圃，一作勤樸，號耕崖，海寧（今浙江海寧）人。乾隆四十八年（1783）舉人，以舉人兩應禮部試不第，遂棄舉業。與周春、陳鱣、吳騫等友。曾參與《四庫全書》分校工作。南歸後，受薦主講安徽廣德州書院，並參與纂修《廣德州志》。通經史，好詩文。更著有《石經紀略》、《讀五經隨筆》、《蓬廬詩文鈔》、《廣德直隸州志》等。《清史列傳》卷六八有傳，又見《清儒學案·耕崖學案》、民國《杭州府志》卷八八。

此書成於乾隆四十六年（1781）。前有乾隆五十五年（1790）朱珪序，介紹是書緣起及其内容，又有乾隆乙巳（五十年，1785）南匯吳省欽序，云"周耕厓廣業樸學覃思，言必徵信"。亦有乾隆四十六年周氏自序。後有清代學者朱珪《書孟子四考後》，在對是書充分肯定之下復對孟子生卒年月及里居之辨進行申述。又有乾隆六十年周氏後序，敘其成書時間及書名確定過程。是書題曰"四考"，即《逸文考》第一，《異本考》第二，《古注考》第三，《出處時地考》第四。每考各一卷，凡四卷。每考前有序，敘其作此考之緣由。卷四末載侄勛元、勛伊、勛懋、勛常校字，同時卷四末附糾正王世貞妄論。周廣業序中稱"經史涉獵子流中所稱引《孟子》往往爲内篇所無，

是'逸文'也"。《孟子逸文考》共考證逸文五十九條，内容多涉仁義理智信及人性善惡，均與《孟子》内容相關；《孟子異本考》按《孟子》七篇順序，逐章考定，其與内篇錯出者爲"異本"，共考一百四十九條。以汲古閣注疏本爲主，參考宋本石經條録。自漢至宋，凡有異者，皆著録之，於注疏本與今注不同者，亦列之。於篡改之過處，則附見各章之後。《孟子古注考》列"漢趙岐孟子注"、"漢鄭（元）〔玄〕孟子注"、"漢劉熙孟子注"、"晉綦毋邃孟子注"、"附闕名注"五家中若干條古注對比分析，提出作者的見解，頗有價值；《孟子出處時地考》考證三十四個與孟子及《孟子》有關之問題。考證的内容主要有：一考孟子生平、里居、父母、家冢、師承、弟子、宦游仕事等，如年世序略、生卒年月、冢墓、宦游序略等。二考《孟子》之作者、篇章章指等，如論篇第大旨。三考《孟子》書中所涉之相關史實及主要人物。如論鄒穆公、辨伐燕非（泯）〔湣〕王、辨喪敗皆在未至梁前等。《孟子出處時地考》尤以翔實審慎著稱，考證問題詳盡，成就顯著，其考證結論多爲後世學者所認可。是書考證翔實、全面，見解獨到，爲清代考據學之佳作，影響深遠。清代焦循《孟子正義》引用《孟子四考》之文甚多，朱珪序贊此書"後之學者欲於孟氏之學有所津逮焉，舍是書何以哉?"其《書孟子四考後》中又云"諸國事者，故當仍以本書爲據"。可見評價之高。

此本據復旦大學圖書館藏清乾隆六十年省吾廬刻本影印。（湯佰會）

## 逸孟子一卷　（清）李調元撰　（第 158 册）

李調元，有《周禮摘箋》等，已著録。

此書首有自序，稱竊閒嘗考之遺文墜緒，見於諸子百家者尚復不少，實秦火之後所逸也。因不揣愚昧，爲采集成編，述曰《逸孟子》云云。是書僅一卷，卷下題"綿州李調元童山

輯”。全書共輯得《孟子》逸文六十條，每條之下皆注明出處。其中二十七條皆今文所無，其餘三十三條爲與今文有異之逸文。前者如《後漢書注》之“孟子曰：仁義理智信，天爵也”。後者如《文選注》之“孟子曰：墨子兼愛摩頂致于踵”。逸文主要來源於《鹽鐵論》、《文選注》、《法言》、《説苑》、《北堂書鈔》、《太平御覽》、《藝文類聚》、《韓詩外傳》、《抱朴子》、《水經注》、《風俗通》以及一些史書等，凡二十六種。如《意林》之“見孺子入井，非孺子之父母，亦有惻隱之心”，體現了孟子“性善論”思想。如《太平御覽》之“孟子曰：桀紂逆天暴萬民，故棄之，民去之。湯武從天理萬物，故天下欲之，民歸之”，體現了孟子“仁政”思想。如《三輔黃圖》之“孟子曰國與民同其利也”，體現了孟子的民本思想。逸文中亦涉及孟子之經歷及《孟子》書中之重要人物。孟子三歲喪父，母親對其影響很大，然其母事迹史書中不載，僅能從他書中獲得只言片語，李調元從《闕里志》、《列女傳》、《韓詩外傳》等書中輯得《孟母傳》附於後，内容包括孟母生平之主要事迹，重點爲孟母對孟子之教誨，如“孟母三遷”、“孟母斷織教子”、“買肉啖子”等。是書對還原《孟子》原貌及後代學者研究《孟子》有重要作用。

此本據北京大學圖書館藏清乾隆李氏萬卷樓刻《函海》本影印。（湯佰會）

**孟子篇敘七卷年表一卷**　（清）姜兆翀撰（第 158 册）

姜兆翀（1740—?），字孺山，號茸城鎡備（一作塓備），華亭（今屬上海）人。乾隆三十五年（1770）舉人，曾爲景山官學教習，乾隆四十九年任安徽舒城縣學教諭，後辭職返里。更著有《漱芳齋詩話》、《松江明末忠節録》、《國朝松江詩鈔》等，劇作有《孔雀記》傳奇。

此書刊於嘉慶五年（1800），流傳甚罕。前有嘉慶七年李保泰序、嘉慶六年沈步垣序、嘉慶五年南匯吳省欽序。沈序指出姜氏是書與趙岐《孟子篇敘》的差異及其特點云：“今姜子既詳著其篇第，次類既非如趙氏之僅以篇目聊綴，而又按切時勢，旁引取證，參觀而折中之。”次爲《孟子篇敘凡例》，以明是書緣起、體例及各章主要内容。是書凡七卷，孟子篇章七篇各爲一卷。卷前列《孟子年表》，繼以七篇分敘，篇下再分章。

李保泰序稱此書“數千百年後，始一昌明之者，君之功於趙氏不淺，而所闡發於此書者亦不少”。沈步垣序中謂此書“發前人未發之奇，闡先儒未聞之秘”。近代學者倫明稱此書“讀《孟子》者當以讀此書最善”。可見評價之高。

此本據北京圖書館藏清嘉慶七年漱芳書塾刻本影印。（湯佰會）

**孟子文説七卷**　（清）康濬撰（第 158 册）

康濬（約 1750—?），字百川，合陽（今陝西合陽）人。乾隆四十四年（1779）舉人，官幹州學正，與岳震川爲友。更著有《大學文説》、《中庸文説》等。

是書首有嘉慶九年（1804）黃靖本序、嘉慶十二年岳震川序及嘉慶七年康氏自序，可知是書乃康氏授徒釋《孟》之講稿。次爲雜論十則，主要涉及對《孟子》文章之評價、《孟子》文章對後代的影響、孟子的語言特色等。其後有凡例五條，云是書體例“逐層逐叚，分之合之，細爲批導”，“看文章第一要尋主意……書内遇此等要緊字句，必用雙鈎或直抹或大圈或圓點隨在標出”。故是書體例有别於其他釋《孟》著作，隨文指點，逐句串講且兼有評論。如卷一“梁惠王曰寡人之于國也”章中“以五十步笑百步，則何如”下康濬云“特爲梁惠王畫一等身圖，而使之自忖。妙”。於逐句串講中指出《孟子》之行文脉絡及孟子之論辯特色。是書側重文句章法之講解，探究《孟子》之散文特色,無關經義,亦當入文評類。

此本據華東師範大學圖書館藏清嘉慶九年刻本影印。(湯佰會)

### 孟子正義三十卷　(清)焦循撰(第158冊)

焦循,有《易章句》等,已著錄。

前有阮元《通儒揚州焦君傳》,稱焦氏於學無所不通,於經無所不治,乃精深博大之"通儒",又稱此書"合孔孟相傳之正指"。焦氏弱冠即好《孟子》,立志爲《孟子正義》,以學他經輳而不爲,至嘉慶丙子(二十一年,1816)冬與子廷琥纂爲《孟子長編》三十卷,越兩歲方畢,戊寅(1818)十二月初七日,立定課程,次弟爲《正義》三十卷,至己卯(1819)秋七月草稿粗成。焦循書成而歿,其子廷琥完成《孟子正義》之校對、抄錄。然半年有餘,道光元年(1821)廷琥亦以病終。《孟子正義》終於道光五年由焦循之弟焦徵付梓完成。是書三十卷,七十餘萬言。焦氏將趙岐《孟子章句》析爲三十卷,條分縷析,解釋句字。卷一爲《孟子題辭》,卷二至卷二十九爲《孟子》七篇十四章内容,卷三十爲《孟子篇敍》。全書凡二百六十章,篇幅浩大,内容豐富。《孟子正義》注疏分章進行,先著錄經文及趙注,經文下加注,注文乃趙岐對《孟子》之理解。趙注以小原文一號字體著錄,以"注"字爲標志。注後加疏,焦循之疏以"疏"字爲首,疏文以雙行小字著錄。"疏"字後先以"注,某某至某某",表明所疏經或注之具體内容,後以"○正義曰"引出疏文,疏文或對經文進行注釋,或對注文進行引申。疏解時若有説法不一者,以"謹按"或"延琥按"以明己見。所疏主要對東漢趙岐注,較少徑解《孟子》原文。推崇趙注,又不墨守唐人"疏不破注"之成法,於趙氏之説或有所疑,不惜駁破以相規正。至諸家或申趙義,或與趙殊,或專翼孟,或雜他經,兼存備錄,以待參考。徵引同時代學者著作六十餘

家,如顧炎武、毛奇齡、閻若璩、李光地、馬驌、程瑶田、孔廣森、錢大昕、盧文弨、邵晉涵、趙佑、段玉裁、孫星衍、周廣業、周柄中、翟灝等,徵引其餘歷朝歷代之經史資料更不勝枚舉。是書爲清代第一部獨用一家之注之新疏,於訓詁考證最詳,除訓詁考證外,對《孟子》義理有所發揮,論點與戴震、程瑶田近,但較其更爲精審。

是書徵引詳博,考證精審,自問世以來評價一直很高。如《書目答問補正》云"清人注《孟子》,焦書最完善",梁啟超《中國近三百年學術史》云"此書實爲後此新疏家模範作品,價值是永垂不朽的"。

此本據上海辭書出版社圖書館藏清嘉慶道光間焦氏雕菰樓刻《焦氏叢書》本影印。(湯佰會)

### 孟子趙注補正六卷　(清)宋翔鳳撰(第159冊)

宋翔鳳,有《周易考異》等,已著錄。

此書成於道光二十年(1840),版心下鐫"廣雅書局刊",每卷卷末題"宿松羅忠濟初校,陽湖吳寅翊覆校"。首有宋氏自序,稱因年少即讀《孟子》,後又受師友影響決定補正趙岐注,乃於簿書之暇粗事寫定云云。是書凡六卷,前五卷與《孟子》七篇順序一致,第六卷爲《孟子》"告子章句"及"盡心章句"兩章合編。東漢趙岐《孟子章句》爲流傳至今之《孟子》最早注本,宋氏此書乃針對趙著之考據性著作,以補趙注之缺,正趙注之誤。宋氏徵引者主要有《詩經》、《尚書》、《周禮》、《史記》、《説文》、《廣韻》、《水經注》等及清代顧炎武、毛奇齡、閻若璩、惠棟、江永、孔廣森、王念孫、翟灝等數十家之作。宋氏對趙注之補正涉及字詞、音義、人物、地理、制度數端。

是書意在保存漢人學説,推崇漢學。雖亦有可商榷處,然是書廣徵博引,考證翔實,頗具價值。

此本據上海辭書出版社圖書館藏清光緒十七年廣雅書局刻本影印。（湯佰會）

## 孟子趙注考證一卷　（清）桂文燦撰（第159册）

桂文燦，有《毛詩釋地》等，已著録。

此書成於道光二十六年（1846），前有桂氏自序，下題“經學叢書之十二”，自序稱趙注於每章之後，本有章指，孫奭竟删節其語入之疏中，僞疏乃依文而解，無異村塾講義，嘗考群經傳注以證明之，欲補僞疏之失云云，乃知此書爲補孫奭疏之失。此書一卷，共考證趙注六十七條，桂氏以趙注爲本，糾孫疏之誤，並説明己見。如“曾子居武城章昔沈猶有負芻之禍”注云：“趙注，沈猶氏時有作亂者曰負芻，來攻沈猶氏。”桂氏云“錢辛楣謂《春秋》有曹伯負芻，《史記》有楚王負芻”。趙注本不誤，亦當從趙注，但“僞疏乃云有寇賊自負其芻來攻我室”。桂氏斥曰“夫芻草豈能攻人室家之具。攻人者當衣甲執兵，未聞有負芻草者。苟負芻草，實取敗耳。僞疏失趙意遠矣”。桂氏博引群經，證《孟子》趙注中的訓詁依據，對後代學者研究趙岐《孟子章句》具有參考價值。

此本據上海圖書館藏清光緒十九年刻《南海桂氏經學叢書》本影印。（湯佰會）

## 大學古本傍釋一卷大學古本問一卷　（明）王守仁撰（第159册）

王守仁（1472—1529），字伯安，别號陽明子，謚文成，世稱陽明先生，餘姚（今浙江餘姚）人。弘治十二年（1499）進士，官至南京兵部尚書。有《王文成公全書》傳世。《明史》有傳。

《大學》本在《禮記》之中，朱熹依二程錯簡、闕文之説推而廣之，分别經、傳，并補入《格物》一章，成爲定本，元明以來懸爲科舉功令。陽明則認爲古本《大學》並無錯簡、闕文，朱熹定本非孔門本旨，因自《禮記》中録出《大學》，復鄭玄本之舊，不再分别經傳，並作簡注，正如《大學古本序》所謂“去分章而復舊本，傍爲之釋，以引其義”。其注甚簡，多發明誠意，以申其致良知之説。是書有《函海》本及《百陵學山》本。《函海》本題作“大學古本旁注”，與《明史·藝文志》合。《百陵學山》本題作“大學古本傍釋”，與朱彝尊《經義考》合。

《大學古本問》是陽明弟子錢德洪在嘉靖六年（1527）陽明平思田之亂時所録陽明對《大學》之解釋。是書實與《大學古本傍釋》相表裏，故鄒守益跋云：“陽明先師恐《大學》之失其傳也，既述古本以息群疑，復爲問答以闡古本之藴，讀者虛心以求之，泝濂洛以達孔孟，其爲同爲異，必有能辨之者。”此書之宗旨可見。此書之成在陽明卒前二年，故可視爲陽明之晚年定論。

此本據華東師範大學圖書館藏明萬曆間《百陵學山》本影印。（王耐剛）

## 大學辨一卷　（清）陳確撰（第159册）

陳確（1604—1677），字乾初，原名道永，字非玄，海寧（今浙江海寧）人。崇禎六年（1633）諸生。師從劉宗周，於程朱之學深致其疑。明亡後，自請削去儒籍，潛心著述，並更名爲確，更字爲乾初。更著有《瞽言》等。《清史列傳》卷六六、《碑傳集》卷一二七有傳。

此書主旨在於辨明《大學》非孔門之書，故其開篇即説“《大學》首章非聖經也，其傳十章非賢傳也”。是書謂《大學》言辭支離虛誕，絶非秦以前儒者所作。至於《大學》所言義理，是書以爲其言“知止”，與禪家頓悟之説相似，其“言知不言行”則必爲禪學無疑。是書又以爲程朱、陸王之説皆合儒家宗旨，之所以有所差異，皆爲救《大學》之弊，故而“《大學》廢則聖道自明，《大學》行則聖道不明”。

此書有清抄本一卷,藏國家圖書館,《大學辨》後有巢飲朱型附抄之查旦《大學闕疑》及朱奇齡《與陳敬之書》,皆與陳氏此書論難者,又有朱型跋文數篇。上鈐“拜經”圖記,知即《拜經樓藏書題跋記》著録之本。又有《乾初先生遺集》本,四卷,與一卷本相較,卷一增《答格致誠正問》《答唯問》《辨迹補》、《翠薄山房帖》,其後三卷則爲答復張履祥、劉汋等人之書信,皆爲之反復論難。

　此本據國家圖書館藏清抄本影印。(王耐剛)

### 大學知本圖説一卷　(清) 毛奇齡撰 (第159 册)

毛奇齡,有《河圖洛書原舛編》等,已著録。

此書大旨在以《大學》古本攻駁朱熹所補“格物”之傳。首爲《大學知本圖説》一篇,次爲《大學知本圖》四,曰《大學有本》《格物知本》《格物以修身爲本》《修身以誠意爲本》,有圖有説,並有附録。其又有《知本後圖》二,曰《大學知本》《中庸立本》,亦有圖説、附録。此書雖以古本爲宗,但其立説則與鄭玄之説不同,而以量度釋格物。是書收入《四庫全書總目》四書類存目,提要以爲奇齡歷詆先儒而頗尊其鄉學,乃以王陽明“良知”爲知本,以劉宗周“慎獨”爲誠意也。

此本據上海辭書出版社圖書館藏清康熙李塨等刻《西河合集》本影印。(王耐剛)

### 大學疏略一卷　(清) 張沐撰 (第159 册)

張沐,有《周易疏略》,已著録。

此書爲張氏所撰《五經四書疏略》之一。此書謂《大學》一篇本在《禮記》之中,自程朱而降始有經、傳之分,然朱熹卒前尚改定《大學》“誠意”一章,則《大學章句》爲未定之本,其説爲未決之説,是深疑於朱熹所補“格物”之傳,而謂《大學》或有錯簡,絕無闕文。由是張氏既不從《大學》古本,又不從朱熹改定之本,乃重新調整《大學》原文之序,析爲十章。其解説於朱熹《章句》有因有革,如以“和睦”釋“親”與朱熹以“親”爲“新”異。此尚其小者,至若以存養爲致知,謂此心既爲虛靈之體,止定則明,靜之益明,安之益明,再加思慮以窮理,又以爲知行合一,此則其大者。故孫海波以爲張氏學宗陸王。

此本據中國科學院圖書館藏清康熙刻本影印。(王耐剛)

### 大學辨業四卷　(清) 李塨撰 (第159 册)

李塨,有《郊社考辨》,已著録。

是書前有李氏自序、凡例目録及孔尚任諸人《題辭》。此書四卷,多引諸家之説後辨而正之、引而申之,其間內容錯落,並無一定之規。

是書收入《四庫全書總目》子部儒家類存目,提要謂是書發明古《大學》之法,以辨俗學之非云云。此書大旨有三,一是別大學小學,朱熹以灑掃應對、禮樂射御書數爲小學,而以窮理正心、修己治人隸梏大學之旨,此書則以朱熹爲大謬,古無是説。二是攻駁《大學》改本,以爲大學並無經傳之分,二程始分析章句,然並無經傳之分,至朱熹乃分爲經一章、傳十章,又補格物之傳,後世儒者雖有尊信,但改本仍甚多,如王柏改本、蔡清改本、季本改本等,皆竄亂古本,故申而辨之,又此書卷二全載《大學》古本,並爲之解説。三則以躬行實踐解格物。此書以爲“格物”之“物”即《周禮・大司徒》“以鄉三物教萬民而賓興之”之“物”,所謂“三物”者,一曰六德,智仁聖義中和,二曰六行,孝友睦婣任恤,三曰六藝,禮樂射御書數。以此三物爲古聖之學。

此本據上海辭書出版社圖書館藏清光緒五年《畿輔叢書》本影印。(王耐剛)

## 大學困學録一卷　（清）王澍撰（第 159 册）

王澍（1668—1739），字若霖，號虛舟，金壇（今江蘇金壇）人。康熙五十一年（1712）進士，充三朝國史館編修，官至吏部員外郎。更著有《中庸困學録》、《虛舟題跋》等。事見王步青《巳山先生文集》卷八。

王氏此書與《中庸困學録》皆爲研讀朱熹《大學章句》、《中庸章句》而作。此書體似語類，有論說，有問答，然大要以朱熹爲宗，羽翼《章句》，發明《或問》等，務求析理詳明。是書收入《四庫全書總目》四書類存目，提要謂王氏是書獨發揮學問之功，其識在時文制藝者之上。此書既以朱熹爲宗，故於陸王之説多有駁斥，然亦有闌入陸王之説者，《四庫提要》已有辯駁。此書卷首有《語類》所載《大學》原圖，又列王氏重爲校正之圖，並爲之圖説，王氏以爲原圖雖出朱子之意，然或有與《章句》歧異者，或門人於師説或有所失，故重爲更定。

此本據湖北省圖書館藏清乾隆二年刻《積書巖六種》本影印。（王耐剛）

## 大學説一卷　（清）惠士奇撰（第 159 册）

惠士奇（1671—1741），字天牧，一字仲儒，自號半農人，吳縣（今江蘇蘇州）人。康熙四十八年（1709）進士，官侍讀學士，督學廣東。士奇承祖有聲、父周惕之學，長於訓詁考據，其子棟更將家學發揚光大，爲乾嘉學術之翹楚，故世謂惠氏一門，四世傳經。著述頗豐，更著有《禮説》、《春秋説》、《半農先生集》等。《清史稿》有傳，又見錢大昕《潛研堂文集》卷三八《惠士奇先生傳》。

惠氏此書分章大體以朱熹改定之本，以"此謂知本此謂知之至也"屬第一章之末，復古本之舊，又不再分別經傳，"所以存疑"。蓋疑朱熹"孔子之言，曾子述之"之説。所爲解説，於朱子《大學章句》或有所取，然亦多所更定。此書大旨在解"格物"、"知本"，以

明朱熹補傳之非。如《大學》"物有本末，事有終始"，朱熹《章句》以爲此二句乃是總結上文，惠氏則以此二句乃啟下文，故無須補傳。又朱熹以"明德爲本，親民爲末"釋之，惠氏則以爲此乃朱子誤解二語，故云以德爲本則可，云以民爲末則不可，是"本末"並不指明德、親民而言，而就格物致知爲説，本末終始乃格物之學，猶上下前後左右爲絜矩之方，絜矩猶格物。又惠氏以度釋格，云猶以人度人，以情度情，以類度類。其中亦有批評朱熹之語，如謂朱熹《章句》"一旦豁然貫通"乃釋氏參禪頓悟之説，非儒者所宜言。此書之一大特色，乃在引故訓古説以爲證，如"人之其所親愛而辟焉"取鄭康成説等，非純就義理空談者所可比，故段玉裁稱贊此書云"精言碩論，根極理要"。

此本據上海圖書館藏稿本影印。另有《璜川吳氏經學叢書》本。（王耐剛）

## 大學偶言一卷　（清）張文薳撰（第 159 册）

張文薳，生卒年不詳，字風林，一字樹聲，蕭山（今屬浙江杭州）人。康熙五十三年（1714）舉人，官至澄江府知府。受學於毛奇齡。著有《螺江雜記》等。事見《四庫全書總目》卷三七、卷一二六。

此書凡四十六條，論理氣、心性、陰陽，以辨諸家説之是非，而內容多涉《中庸》，僅有數條言及《大學》，然卷首所載劉紹放序則以《大學》爲説，似此書是講《大學》者。是書收入《四庫全書總目》四書類存目，提要謂其書多論理氣心性，辨諸家之是非，説《中庸》者多，解《大學》者僅數條，未喻其故云云。案是書非《大學偶言》。卷端無名氏批語已有所疑，以爲當更名爲"中庸偶言"。此本"《大學》章次"條云："《大學》首章當以'大學之道'至'慮而後能得'爲一節，自'物有本末'至'此謂知之至也'爲一節，已詳予《大學偶言》中。"書中又有"予友彭警隅閱予《大學偶

言》，有書後數則，摘録於左"云云，據此可知，張氏有《大學偶言》一書，然非此書，故此書中屢次提及《大學偶言》，館臣云"未喻其故"，是考之未詳。又考中國科學院圖書館藏乾隆十七年二銘軒刻《大學偶言》一卷，該書與此本不同，其中所論皆關乎《大學》一篇者，其中有云"首章當以'大學之道'至'能得'爲一節，自'物有本末'至'此謂知之至也'爲一節"，正與前揭引文相合。該書卷首亦有劉紹攽序，内容與此本相同，則中科院所藏者爲真《大學偶言》。是書成書在《大學偶言》後，或張氏續作。本與《大學偶言》同册，後《大學偶言》脱落，僅存劉紹攽序與此四十六條，後人不察，而以是書爲《大學偶言》，故真假淆亂。

此本據南京圖書館藏清乾隆十七年刻本影印。（王耐剛）

**大學古義説二卷**　（清）宋翔鳳撰（第159册）

宋翔鳳，有《周易考異》等，已著録。

此書名古義者，蓋與宋以來理學家之説相對也，亦以明其所説之有本。是書以《大學》本爲《禮記》之一，首尾完具，脈絡貫通，本無經傳之分，亦無闕亡可補，是以不從朱熹改定之本，而從孔穎達《禮記正義》之本，乃因宋氏以孔氏之本爲六朝以來相傳之本，其解説亦多與宋明以來之説相異。如以大學爲禮所謂明堂，而明堂又爲明明德之所出。其解"事有終始"云："帝王之事，五德遞嬗，終而復始"，是以帝王之事解"事"字，又以五德終始循環之説解"終始"，又牽合帝王世系以爲説，故繪製帝王世系表以明之。蓋宋氏受學於武進莊氏，長於今文經之學，其他著述亦有類此者，故以今文經説以解大學，名之古義，實則今文經説雖古，而其解大學則新義。

此本據湖北省圖書館藏清刻本影印。另有《清經解續編》本。（王耐剛）

**大學章句質疑一卷**　（清）郭嵩燾撰（第159册）

郭嵩燾，有《禮記質疑》，已著録。

郭氏此書，於《大學》依古本而重加分章，又各録朱熹《章句》於其下，於朱熹義有未安者辨而析之於後，故名"質疑"。是書之大旨在《大學》一書以誠意、致知爲本，誠意爲知，致知爲行，修身、齊家、治國、平天下皆在其中。其立説有與朱子不同者，如是書論《大學》非曾子之書，而爲子思所作；又云《大學》本無錯簡、脱文，後人紛紛改本，皆未得要領；有以爲朱子三綱領之説不妥，止於至善見三代立學之大旨，兼明德、新民，與明德成己、新民成物之學層次不同，故不宜與明德、新民二者並列。郭氏辨析朱子之説可見一斑，然郭氏大旨乃在完善朱子之學，非務與朱子立異，故雖有批駁，但仍云朱子指明格物致知爲聖學之基，其功不淺。而書中又痛駁王學知行合一之説，則郭氏之駁朱與姚江一派之駁朱以發明陸王之説者其旨異趣。

此本據華東師範大學圖書館藏清光緒十六年思賢講舍刻本影印。有郭氏自序及王先謙序，後又有郭氏跋文。（王耐剛）

**大學古義一卷**　（清）劉光蕡撰（第159册）

劉光蕡，有《尚書微》一卷，已著録。

劉氏此書依《大學》古本而爲之説解。劉氏之學本於陽明良知之説，故此書中又發明王學之説者，如云"意爲心之主"，乃心能爲好惡之根，故天下物皆意中物。然書中又云"此謂知本此謂知之至"以上爲經，以下爲傳，是又並不以程朱以來分別經傳之論爲非。又以致知爲知，誠意爲行，云大學以修身爲本，人所以修身者不出知行兩途，是又並不認同陽明知行合一之説，於王學亦有所更張。其名雖爲古義，蓋以其依據古本，略引古説耳。

此本據上海辭書出版社圖書館藏民國九年

王典章思過齋刻《煙霞草堂遺書》本影印。
（王耐剛）

### 讀中庸叢説二卷　（元）許謙撰（第 159 冊）

許謙，有《讀論語叢説》，已著録。

是書乃許氏《讀四書叢説》之中庸部分，其大旨乃就朱熹《中庸章句》加以發明，引而伸之，補而備之，其説平實。《四庫全書》著録許謙《讀四書叢説》爲四卷，其中《大學》、《中庸》各一卷，《孟子》二卷，提要謂“《中庸》闕其半，《論語》則已全闕”，是《四庫全書》所録之本乃是殘本，故今重爲著録，以補《四庫全書》之未備。此本二卷，卷一自《中庸章句序》至第十九章，卷二則自第二十章至第三十二章。文淵閣《四庫全書》本與此相較，不獨闕下卷，上卷“薦其食章句引周禮”及以下亦並缺失，“天官庖人”條，四庫本亦佚去大半。

此本據嘉慶影元抄者影印。（王耐剛）

### 中庸説要一卷　（明）宋大勺撰（第 159 冊）

宋大勺（1508—？），字道成，號仲石，餘姚（今浙江餘姚）人。嘉靖二十年（1541）進士，歷官晉江令、汝寧知府，又提學山西。事跡略見《禮部志稿》及《（乾隆）晉江縣志》等。

是書卷首有黃桂嘉靖二十七年序，云：“余嘉先生是説深有神於後學而又重諸子之愛且樂也，相與定其名曰‘中庸説要’，遂捐俸鍰諸梓。”由是知此書之名乃黃桂等人商定。是書多就義理上論説，一尊朱熹《中庸章句》，爲之疏通發明，間及《中庸或問》之説。於朱注盡力闡發，與明中葉以來以時文制藝爲務者殊科，有功於朱子之學。

黃桂序而外，此本尚有張紹芳嘉靖三十九年序，張文憲跋、郭文焕後序，楊表嘉靖三十五年後序。由張紹芳序知，此書嘉靖二十七年爲第一刻，有黃桂序。宋氏官汝寧知府時又重加刊刻，此本則爲第三刻。然卷首署名仍有“英德月溪黃桂校刊”銜名，則後之重刻

者，蓋據黃氏刻本。今前二刻已不存，僅存張氏嘉靖三十九年序刻本。

此本據中國科學院圖書館藏明嘉靖三十九年刻本影印。（王耐剛）

### 中庸疏略一卷　（清）張沐撰（第 159 冊）

張沐，有《周易疏略》，已著録。

此爲張氏《五經四書疏略》之一，其自序略云此書之大旨，謂《大學》爲平天下之書，《中庸》則性命之書，一爲帝王傳治理而不外於心法，一爲學者傳心法而不外乎治理，二書互爲表裏。有讀《中庸》不明者則參之《大學》，而讀《大學》不明者則參之《中庸》。其説實本之程子，以《大學》講爲學次第，《中庸》講孔門心法，以道統聯繫之，張氏則申説之，雖爲新見，亦理學家之窠臼，且蹈主觀之弊，二書之關聯，未必如此。

此本據中國科學院圖書館藏清康熙刻本影印。（王耐剛）

### 中庸傳注一卷中庸傳注問一卷　（清）李塨撰（第 159 冊）

李塨，有《郊社考辨》等，已著録。

《中庸傳注》乃是李氏爲《中庸》所作新注，收入《四庫全書總目》四書類存目。提要謂其解釋經義，多與宋儒相反，於程朱之講習、陸王之證悟，凡不切立身經世者，一概謂之空談，而於心性之學排擊尤甚。《中庸傳注》不取朱子天道、人道之説，一切歸於實際，證以人事，較爲完密云云。是書大旨乃在躬行實踐，故説解多就人倫日用之實際立説。如解“天命之謂性，率性之謂道”云：“天以元亨利貞之德命之人，而爲仁義禮智，是之謂性。人率其仁義禮智之性而之於君臣父子夫婦昆弟朋友，是之謂道。”其解説率多類此。《傳注問》則仿《四書或問》而作，於諸家解説之長短是非加以辨析，以明《傳注》一書去取之義。

此本據民國十二年四存學會鉛印《顏李叢

書》本影印。（王耐剛）

**恕谷中庸講語一卷**　（清）李塨撰（第 159 册）

李塨，有《郊社考辨》等，已著録。

是書乃李氏門人弟子記録其講授《中庸》之語，門人原名此書爲"中庸續統約言"，李氏自謙，乃重加訂正，定爲今名。書中大旨與《中庸傳注》同，如以天理爲禮，而禮乃人倫日用之常，由此可見顔李學派重踐履之宗旨。此書出於一時講録，故論説不及《傳注》詳。然二書仍可互相發明，如是書云："《易》曰'一陰一陽之謂道，繼之者善也，成之者性也'，是'天命之謂性'注；《孟子》曰'親親仁也，敬長義也，達之天下也'，是'率性之謂道'注。"此説於《中庸傳注》之説相合。他多類此。

此本據上海辭書出版社圖書館藏民國二十四年四存學會鉛印《顔李叢書》本影印。（王耐剛）

**中庸困學録一卷**　（清）王澍撰（第 159 册）

王澍，有《大學困學録》，已著録。

是書與《大學困學録》並收入《四庫全書總目》四書類存目，其旨與《大學困學録》相類，乃發明朱子《章句》之説，一求羽翼朱注，明其言無虚發。此書全是論説，此與《大學困學録》不同。有《名篇》一篇，乃詮釋《中庸》名篇之義。

此本據國家圖書館藏乾隆二年刻《積書巖六種》本影印。（王耐剛）

**易大義一卷**　（清）惠棟撰（第 159 册）

惠棟，有《周易本義辨證》等，已著録。

惠氏此書以《易》解《中庸》，故其於"中庸"題下注云："非明《易》不能通此書也。"惠氏《松崖文鈔》載《上制軍尹元長先生書》云："子游《禮運》、子思《中庸》純是《易》理，乃知師法家傳，淵源有自，此則棟獨知之契，用

敢獻諸左右者也。"與此書之説可相印證。是書以《周易》"中和"之説解"中庸"之義，故書中多引《周易》以明其説。於朱熹《中庸章句》之外，可備一解。然以今觀之，難免有牽強附會之嫌，故或譏之爲"支離附會"。然則有不可不知者，惠氏著《周易述》，有以《易》理解《中庸》，實則乃以《易》理通貫群經，是則其經學思想之特色。

此本爲清嘉慶刻本，附於江藩《周易述補》之後。其後有江藩嘉慶二十五年跋，云："惠松崖徵君《周易述》三十八卷，内闕十五卦及《序卦》、《雜卦》二傳。其《易大義》三卷，目録云：'《中庸》二卷，《禮運》一卷，闕。'乾隆中葉以後，惠氏之學大行，未刻之《易例》、《明堂大道録》、《禘説》、《易漢學》，好事者皆刊板流傳矣，惟《易大義》世無傳本。嘉慶二十三年春，客游南昌，陽城張孝廉子絜出此見示，爲艮庭先師手寫本，云係徐述卿學士所贈。藩手録一帙，知非《易大義》，乃《中庸》注也。蓋徵君先作此注，其後欲著《易大義》以推廣其説，當時著於目而寔無其書。"是江藩以爲此書非《易大義》。然此書以《中庸》《周易》二書互相發明，與惠氏之説相合。蓋《易大義》乃惠氏爲《中庸》、《禮運》二篇所作新注，然《禮運》注未成或已亡佚，是則今存之《易大義》爲不完之書。

是書除清嘉慶刻本外，尚有《節甫老人雜著》本及道光、咸豐間《海山仙館叢書》本，三本皆題爲《易大義》。又有道光《指海》本，後有錢熙祚跋文，則題作《易大誼》。錢氏跋文稱"庚辰二月，從家心庵假得江鐵君本鈔録"。

此本據湖北省圖書館藏清嘉慶刻本影印。（王耐剛）

**中庸札記一卷**　（清）范爾梅撰（第 159 册）

范爾梅，有《孟子札記》，已著録。

是書乃范氏《讀書小記》之一，記其讀《中

庸》所得，故其文長短不一，大致簡而有當。如開篇云："分《中庸》爲四大支，此乃朱子之《中庸》也，子思未必盡如此分晰，然數千年來誰能如此分晰，此見朱子之大識力，大有功於學者。"此以朱子所解《中庸》未必盡合《中庸》作者本義，有肯定朱子之功，誠爲通達之論。又解説"自誠明謂之性"云："《中庸》四章知行相因，二十一章誠明相因，二者並行不悖，即朱陸薛王之學不必聚訟矣。○道之不行也由不明也，明則誠矣，晦翁謂格物爲窮理，以此也。道之不明也由不行也，誠則明矣，陽明謂格物爲去欲，以此也。學者各因其性之所近可也。"其論亦不爲無見。書中亦有以他書與《中庸》相比附者，蓋尋求《中庸》言外之意，又以群經相通，故多引他書以爲證。書中論理偶用詩，或五言或七言，如"温恭容易執別難，何況溥博與淵泉。平地無有上天路，好向服膺問顔淵"。詩格不甚高古，或似格言俗語，然於説理之書中，亦是一特色。

此本據北京大學圖書館藏雍正七年敬恕堂刻《讀書小記》本影印。（王耐剛）

### 中庸補注一卷　（清）戴震撰（第 159 册）

戴震，有《尚書義考》等，已著録。

是書先録《中庸》文，次鄭玄注，次戴氏補注，然戴氏補注至"柔遠人也懷諸侯也"而止，其下僅有《中庸》及鄭玄注，知爲未成之書。段玉裁《戴東原先生年譜》云："《大學補注》一卷，《中庸補注》一卷，玉裁向未得見。今乃得哲嗣中孚郵寄讀之，蓋亦癸未以前所爲，未暇竟成之耳。"癸未爲乾隆二十八年（1763），是此書寫作在戴震中年之時。《年譜》又云："其言理皆與《原善》、《孟子字義疏證》無纖微不合者，皆存鄭注而補之。"戴氏此書棄朱注而用鄭注，其立場可知。

此本據國家圖書館藏清戴氏長留閣抄本影印。（王耐剛）

### 中庸章句質疑二卷　（清）郭嵩燾撰（第 159 册）

郭嵩燾，有《禮記質疑》等，已著録。

是書全録朱熹《中庸章句》，又以朱氏"求之過密，析之過分"，故又附按語於各文段之後，以辨析别白，故書以"質疑"爲名。是書以爲中庸之爲理，以至誠爲歸宿，而慎獨乃至誠功夫，慎獨必又依於知、仁、勇三達德之用，是故《中庸》一書詳乎知、仁、勇三者，而朱子説解輕乎勇，郭氏以爲此實未達《中庸》之旨。是書又云行道之實在於成己成物，此中庸之效用，而行道之大體又以禮爲宗主，《中庸》多言禮，故郭氏解《中庸》重於致用，而不以程朱所謂孔門心法爲然。是書説解大體通達，可爲一家之言，而不必以其必合乎《中庸》之本旨。是書質疑朱子《章句》，較《大學章句質疑》爲甚，然書中於姚江之學亦深不以爲然，而多引王夫之之説。要之，書中雖質疑朱注，然不務立異，實屬朱學之流裔。至於王先謙序中所謂"此書越二千年得先生發明之而始有正解"，則譽之過甚，近乎溢美。

此本據華東師範大學圖書館藏清光緒十六年思賢講舍刻本影印。（王耐剛）

### 四書箋義纂要十二卷補遺一卷續遺一卷（宋）趙惠撰（第 159 册）

趙惠，生卒年不詳，號鐵峰，宋宗室，宋亡後隱居豫章東湖。更著有《詩辨説》。事略見《四庫全書總目》卷一六。

是書凡《大學章句箋義》一卷，《大學或問箋義》一卷，《大學注疏纂要》一卷，《中庸章句箋義》一卷，《中庸或問箋義》一卷，《中庸注疏纂要》一卷，《論語集注箋義》三卷，《孟子集注箋義》三卷，《補遺》、《續遺》則補十二卷所未備者。是書之箋義，乃摘録朱子《四書章句集注》，大旨在考證朱注之出處，發明朱子之義。注疏纂要，趙氏自序所云"四書之學必先觀注疏而後知朱子發明理學之精"。又《論語》、《孟子》部分又有附錄，乃摘録他書與二書經文相似者，以類證旁通。是書大體詳於考證，而與趙順孫《四書纂疏》詳於義理者不同。張存中譏此書失於冗繁，然不妨此書羽翼朱子，爲讀朱注之一助。

是書卷首自序凡例云："朱子曰學問須以《大學》爲先，次《論語》，次《孟子》，次《中庸》，今是書之編次亦然。庶學之有序而不失朱子教人之意。"是知趙氏原書乃以《大學》、《論語》、《孟子》、《中庸》爲次。然此本以《大學》、《中庸》、《論語》、《孟子》爲序，與趙氏所自言不同，故錢熙祚跋文云"豈草稿未定耶，抑經後人竄亂耶"，亦深致疑焉。

此本據清道光二十四年錢氏《守山閣叢書》本影印。另有《宛委別藏》本，二本同源。

（王耐剛）

**四書待問二十二卷**　（元）蕭鎰撰（第159册）

蕭鎰，生卒年不詳，據是書序及署名，知其字南金，臨江（今江西樟樹）人。

元時科舉取士，以經疑爲試藝之首，即辨別四書之同異疑似，或闡義理，或用考證，故元人有以此經疑爲書以爲士子助者，如袁俊翁《四書疑節》、王充耘《四書經疑貫通》，蕭氏此書亦是其類。

是書凡二十二卷，其中《四書互義》五卷，《論語》七卷，《大學》、《中庸》各二卷，《孟子》六卷，皆設爲問答，故書名"待問"。其《四書互義》五卷，乃以四書同異參互比較者。其問答有注"薔蕡"者，鎰自作，有注"自修"者，乃歐陽蒙作。即蕭氏自序所云"比客建城，與友人歐陽養正讀書之次，隨時採集，因成是編"。其所采擇，大體以朱子之説爲主，又兼及張栻、謝諤、黃幹、陳淳、輔廣等凡一十三家，而以己意貫穿之。是書雖爲科舉而作，然書中於四書及朱子之義或有發明，亦不失爲讀四書之一助。

諸家目録如黃虞稷《千頃堂書目》、徐乾學《傳是樓書目》等，皆著録作二十二卷，而朱彝尊《經義考》、錢大昕《補元史藝文志》則著録爲八卷，張金吾《愛日精廬藏書志》以爲朱彝尊，錢大昕"殆未見足本"。此本據國家圖書館藏清嘉慶影元抄本影印。（王耐剛）

**四書輯釋四十三卷**　（元）倪士毅輯釋（元）程復心章圖（元）王元善通考（第160册）

倪士毅（1303—1348），字仲弘，休寧（今安徽休寧）人，學者稱爲道川先生。性至孝，授徒以養親。事略見《東山存稿》卷七《改葬志》。

程復心（1257—1340），字子見，號林隱。敏悟敦厚，好讀書，曾任徽州路學教授。更著有《纂釋》。事見《新安文獻志》卷七一。

王元善，生卒年不詳，據是書署名及《四庫全書總目》卷三七云爲莆田（今福建莆田）人，餘事不詳。

自元以降，朱子《四書章句集注》懸爲科舉功令，故多發明之書。顧炎武《日知録》云："自朱子作《大學中庸章句或問》、《論語孟子集注》之後，黃氏有《論語通釋》。而采《語録》附於朱子《章句》之下，則始自真氏，名曰《集義》，止《大學》一書，祝氏乃仿而足之，爲《四書附録》，後有蔡氏《四書集疏》、趙氏《四書纂疏》、吳氏《四書集成》。昔之論者病其泛濫，於是陳氏作《四書發明》，胡氏作《四書通》，而定宇之門人倪氏合二書爲一，頗有删正，名曰《四書輯釋》。"由是可知倪氏此書之大概。

程氏《四書章圖纂釋》本自別行，乃取朱子《四書章句集注》之説，分章析義，各布爲圖，又取《語類》、《或問》等，辨證異同，損益詳略，名曰纂釋，然亦有學者頗不以爲然，明儒薛瑄譏此書云"破碎義理，愈使學者生疑"。

王氏通考則引諸家説，或有按語，間有引程氏《章圖纂釋》説者，則其説或本爲針對《輯釋》而作。或書賈並諸書爲一,非復舊貌矣。此本署名作"後學新安倪士毅輯釋,新安林隱程復心章圖,莆田貢士王元善通考",僅有三種,嗣後之書賈又附以"王逢訂定通義",至若明人劉剡又改爲《四書通義》,則離舊貌益遠。是書收入《四庫全書總目》四書類存目,提要云:"自剡以後,重訂者又不知凡幾,蓋隸首不能算其數也,而大旨皆曰前人未善,吾不得已而作焉,實則轉相剽襲,改換其面貌,更易其名目而已,輯一四書講章,是何名山不朽之業而紛紛竊據如此,是亦不可以已乎?"斯言頗中肯綮。

此本據國家圖書館藏明初刻本影印。
(王耐剛)

## 四書近語六卷　(明) 孫應鰲撰 (第160冊)

孫應鰲(1527—1586),字山甫,號淮海,清平(今貴州凱里)人。明嘉靖三十二年(1553)進士,選庶吉士,官至南京工部尚書,卒謚文恭。更著有《淮海易談》《律呂分解》等,清光緒六年(1880)莫友芝輯爲《孫文恭公遺書》。事跡詳莫友芝《孫文恭小傳》,萬斯同《明史稿》、康熙間《黔書》等有傳。

是書前有王樗序、戴嗣方序、戴嗣方《重刻四書近語序》及孫氏自序。據自序,知是書乃孫氏弟子輯錄,乃孫氏與弟子講論《四書》之語。孫氏之學出於姚江,故論說多與王學一派相合,而與朱子《四書章句集注》不同。戴嗣方序所云"其標新立異"或得其實,至若所云"與《章句》異者,意在發明,實非牴牾",或非孫氏本旨。又是書以爲四書之中,《大學》之關鍵所在乃是"誠意",而《中庸》之關鍵則爲"慎獨",《論語》爲言"仁"之書,《孟子》爲釋"義"之書,所載解聖人之學。

此本據南京圖書館藏清光緒六年莫氏刻《孫文恭公遺書》本影印。(王耐剛)

## 四書評十九卷　(明) 李贄撰 (第161冊)

李贄,有《九正易因》,已著錄。

是書據朱熹所定四書文字,不錄朱熹之注解,依文評點於各章之末,亦有眉批,是則明人評點文字之風。其論或評文體,如以《大學》五引《詩經》爲結文之法,故云"五引《詩》是文章家亂體",以爲作者深有義於此。或批評朱熹《四書章句集注》,如《大學》"此謂知本,此謂知之至也",朱注以爲二句釋"本末",是書則以爲朱注之説不了,《大學》文字皆釋三綱領、八條目,何以獨此句釋"本末",而其他諸如"終始"、"先後"皆無所釋,故當以二句釋"格物",而朱子補傳亦所不必。其文字有極精要者:"真正學問,真正經濟,内聖外王,具備此書,豈若後世儒者,高談性命,清論玄微,把天下百姓痛癢置之不問,反以説及理財爲濁耶? 嘗論不言理財者,決不能平治天下,何也? 民以食爲天,從古聖帝王無不留心於此者,故知《大學》一書,平天下之底本也。有志者,豈可視爲舉業筌蹄而已。"然時亦不免師心自用,鑿之過深,如解《論語·公冶長》"女與回也孰愈"章云:"夫子造就子貢處,大有禪機。"是書大體尊經,故或有疑其與李氏思想不符者,如盛于斯即以是書乃葉文通所作,《休菴影語》云:"近日《續藏書》貌李卓吾……又若《四書眼》、《四書評》、批點《西遊》、《水滸》等書,皆稱李卓吾,其實皆葉文通筆也。"

此本據華東師範大學圖書館藏明刻本影印。(王耐剛)

## 焦氏四書講錄十四卷　(明) 焦竑撰 (第162冊)

焦竑,有《易筌》,已著錄。

是書首爲《高皇帝講義》,正文十四卷,凡《大學》二卷、《中庸》一卷、《論語》四卷、《孟子》七卷。是書講解四書,不全錄經文,説解之體亦無一定之規,或主於論説以引申大義,或析辨朱熹、王陽明等人之説,或設爲問答,然大旨近於王陽明之學,以心爲宗,故其講説以求諸己心爲標準,又主知行合一之説,時亦雜入禪道。書中有批評朱熹之説者,如云:"晦菴格物諸説都是中年未定之見,至其晚年痛自悔艾,以爲自誑誑人,罪不可贖。"然書中於時人惟講良知不講工夫之説亦多批評,其説云:"陽明良知之説,亦要善理會。自良知未講以前,學者尚有些得力處。自此講盛行,於今數十年矣,得力者反多不逮於前,何也?人人只説良知,不説工夫,縱拈工夫,便指爲外道。此等若是陽明復生,恐亦不免攢眉。"類此之説,或與焦氏深於考據之學有關。焦氏講解四書義理多近於王陽明,然於《大學》文本則不以陽明所倡古本説爲是,而謂朱熹分經別傳得其實。惟以爲不必補格物之傳,以其錯簡在《大學》經文之中,只當提出立一傳耳。焦氏所謂"錯在經文之中",乃是以"知止而後有定"至"則近道矣"爲格物致知之傳,並調整其文字順序:"所謂致知在格物者,物有本末,事有終始,知所先後,則近道矣。知止而後有定,定而後能靜,靜而後〔能〕安,安而後能慮,慮而後能得,此謂知之至也。"又將"子曰聽訟"四句删去,以爲其牽强且不合大旨。

此本據大連市圖書館藏明萬曆二十一年書林鄭望雲刻本影印。(王耐剛)

### 大學意一卷中庸意二卷大學説一卷中庸説一卷語孟説略二卷　(明)顧憲成撰 (第162册)

顧憲成(1550—1612),字叔時,號涇陽,世稱東林先生,無錫(今江蘇無錫)人。萬曆八年(1580)進士。歷官户部東宮主事,吏部考功司主事等,因與權臣抵牾罷官,後與高攀龍等重建東林書院,從事講學。明崇禎四年(1631),賜謚端文。更著有《小心齋札記》、《還經録》等,後人編爲《顧端文公遺書》三十七卷。《明史》有傳,又見顧樞《顧端文公年譜》。

顧氏此諸書皆不見於《顧端文公遺書》,其中《大學意》、《中庸意》二書,録《大學》、《中庸》原文,而各節後加以講論,其分章、説解一依朱熹《章句》,雖少發明而言語平實,不務高玄虚遠,亦讀學庸之一助。《大學説》、《中庸説》二書則不録原文,其説解亦不盡與朱熹之説相合,故或有與《大學意》、《中庸意》之説不一致者。如《大學意》不以朱熹補傳爲非,至《大學説》則云:"格物者,格透此本,每有個至善所在也。如舜祇載、克諧、徽典、敕揆工、虞教養,各得其理,真是善格物,如本文好惡、欺慊、上下、前後、左右、本末、内外等,皆格物也。'自明'章專言明德,'盤銘'章將明德連親民説,曰用極即止至善,亦該言之,'邦畿'章言知止能得,所謂'君子無所不用其極也'。'聽訟'節略舉使無訟之旨,而修身爲本了然矣。可見格物致知原未曾缺亡,細看下文'誠意'幾章,那一件不是修身爲本。"是《大學説》以朱子所補格物致知傳爲非。則《大學説》與《大學意》於朱注依違不同。考顧氏《答馮少墟》云:"格物之功非一,其要歸於知本,知修身爲本而本之,天下無餘事矣。……程朱錯認'此謂知本'是闕文,而謂格致別有傳,遂令修身、爲本二節無歸著。"其説正與《大學説》之義相合。《語孟説略》二卷則顧氏輯薛甲、徐儆弦、李林諸人之説講《語》、《孟》二書者。考《顧端文公年譜》萬曆二十九年正月有"集《語孟説略》"條,云:"樞、柱初習舉子業,公喜,謂其可謂嗣書香也,取宋大儒諸集手批口授,並采近人所發《語》、《孟》大義節略示之,多取薛畏齋、徐儆弦之説,意主起闢,非屑屑爲制藝津梁者。"則此書之作爲課藝之用,且成於顧氏晚年。

此諸書流傳殊少,此本據復旦大學圖書館藏清鈔本影印。(王耐剛)

### 四書説約三十三卷　(明)鹿善繼撰 (第162册)

鹿善繼(1575—1636),字伯順,號乾岳,定興(今河北定興)人。萬曆四十一年(1613)進士,歷官户部主事、兵部職方主事,官至太常寺少卿。清兵攻陷定興,死節,謚忠節。自謂其學得於陽明,更著有《鹿忠節公集》二十一卷。《明史》有傳,又見錢謙益《贈大理寺卿鹿公墓志銘》。

是書前有鹿氏《四書説約引》,次門人姓氏,次《認理提綱》,正文三十三卷,凡《大學》二卷、《中庸》四卷、《論語》二十卷、《孟子》七卷。是書收入《四庫全書總目》四書類存目,提要謂其大旨主於致良知,發明姚江之學,與洛閩之學不同,其言良是。是書首卷爲《認理提綱》,皆論"理"之言,大旨以爲心外無理,求理當求諸心,求諸心之關鍵乃在日用之間,而非玄空。其説頗契合於孫奇峰之旨,故孫氏亟稱之。其重日用倫常之説,又合於顔元、李塨等人踐履之説者,故李塨《恕谷中庸講語》中亦屢引其説。其正文則多講良知、良心,於陽明之説極爲推崇,但又不離人事,其説以爲論心不論事,論己不論民,皆離聖賢之旨,故與陽明後學中重於義理流入禪老者不同。黄宗羲《明儒學案》亦載其言曰"離職掌言學,則學爲無用之物,聖賢爲無用之人矣"。與此書之説相合。

此本據湖北省圖書館藏清道光二十四年刻本影印,卷首有賀長齡道光二十四年《重刻四書説約序》。中國科學院圖書館亦藏是刻,卷首有順治十年(1653)孫奇峰《鹿忠節説約序》,則此本脱去,讀者宜知之。(王耐剛)

**四書湖南講十一卷**　(明)葛寅亮撰　(第163 册)

葛寅亮,生卒年不詳,字冰鑑,號屺瞻。錢塘(今浙江杭州)人。萬曆二十九年(1601)進士,官至兵部侍郎。更著有《金陵梵刹志》。傳見《浦城縣志》卷五。

是書前有《四書湖南講序》、《學庸詁序》,次爲《湖南講課語》,題注"内有關看書者録五條",次《大學詁》,次《中庸詁》,次《四書湖南講》九卷。《學庸詁》與《四書湖南講》本爲二種書,《四庫全書總目》四書類存目著録《四書湖南講》九卷,未録《學庸詁》,此本將《學庸詁》併入《湖南講》不當。

《湖南講》爲葛氏與弟子講論四書之作,《四庫提要》謂其分標三例,曰測、曰演、曰商。測爲析論一章之大旨,主於講明經文。演則就經文語氣順講,主於論説。商則爲葛氏與諸門人問答之語云云。葛氏深於禪釋之説,故時引之以印證孔孟之言,於朱、王之説亦不盡從。

《學庸詁》二卷,亦頗雜禪釋之説,且改變原文章節次第。其《大學》以"此謂知本,此謂知之至"入首章爲經,而後以朱子改本之傳第六章至第十章接續經文,爲其改本之第二至六章,後又以"詩云瞻彼淇奧"至"以此没世不忘也"接續朱子改本之傳之首章、二章及"詩云邦畿千里"至"與國人交止於信"及朱子改本傳之第四章,以爲其改本之末章。葛氏《中庸》之分章亦與朱子之本不同,其並朱子本之第三、第四章爲一章,第五、第六章爲一章,第七、第八章爲一章,第九、第十章爲一章,第十八、第十九章爲一章,故其分《中庸》爲二十八章。書有葛氏弟子鄭尚友序及葛氏《學庸詁序》,其文有"予與諸生揚榷,業有《湖南講》,詳哉其言之矣。復取學庸二書,訂其章次、錯簡,約所言而爲詁"云云,則《學庸詁》一書之大旨可見,且其成書在《湖南講》之後。

此本據中國科學院圖書館藏明崇禎間刻本影印。(王耐剛)

**重訂四書説叢十七卷**　(明)沈守正撰　(第163 册)

沈守正(1572—1623),字允中,改字無回,錢塘(今浙江杭州)人。明萬曆三十一年(1603)舉人。官黄巖教諭,擢國子助教,官至都察院司務。更著有《詩經説通》、《雪堂集》等。生平仕履見《雪堂集》後所附行狀、傳略、墓志銘等,又見《牧齋初學記》卷五四。

此書乃沈氏彙集衆家之説以解四書,故以"説叢"名之。其所引諸家,除四書注説之外,他經之説解,以及史、子、文集,乃至佛老家言亦有所及,間有己説以斷,其所去取亦無一定之旨。是書《四庫全書總目》四書類存目,提要謂其"不免傷於蕪雜",然其見識固在以時文制藝爲務者之上。其書主於義理,至若名物典制則較少涉及,故書前凡例云:"制度、人物須自成一書加以辨駁,庶幾足觀。是書義專釋經,力不暇及,間疏一二,以便初學。"

《四書説叢》刊刻於明萬曆四十三年,天啟七年(1627)章炫然、沈尤含重訂。此本據南京圖書館藏明刻本影印。(王耐剛)

## 四書約説六卷題説二卷　(明)孫肇興撰(第164冊)

孫肇興(?—1662?),字興公,莘縣(今山東莘縣)人。天啟二年(1622)進士,曾官山陽知縣、工部郎中等。入清後,曾提學山西,官江蘇布政使等,以工部左侍郎致仕。《康熙實録》元年(1662)正月云"予故原任工部左侍郎孫肇興祭葬如例",則孫氏或卒於此時。生平仕履散見於《國榷》、《(乾隆)江南通志》、《清秘述聞》、《東華録》等。

是書卷首有《看書摘訓》,皆論讀書之法,大旨教人看書當涵詠本文,實字觀義理,虛字審精神,參以語録,心自體會。又其弁言云:"從紫陽以見經,從諸名説以見紫陽,因流會原,即明得光,總蘄以經説經,力省功倍,不至支離多端,有礙于聖賢辭意明白洞達者而已耳。"其大概可知。是書於四書每章皆由説解,意取簡明透析,言明關鍵,以符由博返約

之旨,與明儒空談玄虛者異趣。其中説解,大體與朱注相合,更有解釋朱熹之説者,如《論語·學而》"學而時習之,不亦説乎"注"其進自不能已矣",孫氏云:"注'其進自不能已',方是'説'字,所謂樂此不爲疲也,且朋來而樂、人不知不愠意俱已吸盡。"然其必於字字句句求之,以爲聖賢字字有深意在,則不免鑿之過深,而蹈支離之弊。是書又有《題説》二卷,補《約説》所略與未及者。《約説》、《題説》並有崇禎六年孫氏自序,則二書皆成於明。

此本據中國科學院圖書館藏明崇禎刻朱墨套印本影印。(王耐剛)

## 四書箋解十一卷　(清)王夫之撰(第164冊)

王夫之,有《周易大象解》等,已著録。

此書有夫之八世孫王之春序,謂此書乃王夫之爲家塾弟子講解四書所作,其旨在批駁明季時文講章之弊,使學者能涵詠原書,因文見道。故書中於時文講章批評之處甚多,書中説解大體就朱熹《四書章句集注》敷陳,然亦有不從朱注者,如釋《論語》"人而不仁"章云:"此章外注以爲僭禮樂者發,非也。僭者,非其所可用之禮樂,失在禮樂,此失在仁不仁,則雖其可用之禮樂,而私欲錮蔽之人傲慢乖戾,氣習已成,則與禮樂全不相應,有文無情,終不成禮樂也。"又如《孟子》"盡其心"章,《集注》謂知性而後能盡心,張載則云盡心然後能知性,夫之則以張載説爲是,云:"若必要依注,亦只可云能察識吾性實有之理,則自能盡其心以窮天下之理,必不可以知性爲格物也。"觀之全書,其雖爲講塾所作,論説亦不詳盡嚴密,然能救當時學者之弊,其功亦爲不小,可與王氏《讀四書大全説》、《四書訓義》等書互爲表裏。

此本據湖北省圖書館藏清光緒二十年鄂藩官廨刻本影印。(王耐剛)

## 讀四書大全説十卷　（清）王夫之撰（第164册）

王夫之，有《周易大象解》等，已著録。

是書爲王氏讀《四書大全》之札記，書中所論多涉朱熹《四書章句集注》，或辨析《大全》所引諸家闡釋朱注之是非長短，或發揮引申朱注之説，或駁斥陸王及其後學以及佛老異説，由是可見船山之學術立場。然其論説朱注亦不盲從。如其釋正心與朱子不同，船山以爲心有二，一爲明德之心，乃人禽之所以别，統性情而無不正者，正心之心則近於《孟子》所言“志”。又船山重視“氣”，故云“理即氣之理，氣當得如此便是理，理不先而氣不後”，又云“理只是以象二儀之妙，氣方是二儀之實。健者，氣之健也。順者，氣之順也。天人之藴，一氣而已。從乎氣之善而謂之理，氣外更無虚託孤立之理也”。是船山於朱熹理氣二分之説並不認同，故後世學者多以船山理氣之説與張載相近。然就此書而言，船山仍尊主程朱，其駁朱非朱之處，乃是完善朱説，非務求立異者，與毛奇齡等人之駁難朱注不同，學者不可不措意於此。因此，船山之子敔評價乃父之學云：“至於守正道以屏邪説，則參伍於濂洛關閩，以辟象山之謬，斥錢王羅李之妄。”是書析理多精，遠過於《四書箋解》及《四書訓義》。

此本據華東師範大學圖書館藏清同治四年湘鄉曾氏金陵節署刻《船山遺書》本影印。

（王耐剛）

## 四書稗疏二卷附考異一卷　（清）王夫之撰（第164册）

王夫之，有《周易大象解》等，已著録。

是書爲船山諸經稗疏之一，其《周易》、《尚書》、《詩經》、《春秋》四稗疏，《四庫全書總目》已著録，蓋時未見此書，故《總目》不加著録。此書爲考證札記，於四書之疑礙不通處加以考索，故每條首舉四書數字，而不載全文。其考證，或明訓詁音釋，如讀“大學”爲“泰學”，釋“填然鼓之”爲“遲久而後鼓以進”；或考人物生平，如以公冶氏爲魯公族；或詳明史地，如考負夏、畢郢之所在；或詳典制，如論“千乘之國”，論徹制等。其所考證，雖不能無誤，然大體引證有據，論説詳密，雅有條理，非望文生義、武斷臆測、空談義理者所可及。《四庫全書總目》論船山之《周易稗疏》云“卷帙雖少，固不失爲徵實之學焉”，以館臣是語論船山此書，亦無不可。是書所附《考異》乃以許慎《説文解字》所引四書文字校勘傳世本四書，凡八十六條。大體羅列音釋，間有考證。

是書有道光二十二年守遺經書屋刊《船山遺書》本，後光緒十三年潞河啖柘山房本即從該本出。又有同治四年湘鄉曾氏金陵節署刻《船山遺書》本，後《清經解續編》本及民國時太平洋書店版《船山遺書》本皆由該本出。然二系統之間，差異極大。分卷不同，守遺經本爲二卷，然金陵本爲一卷，《續經解》雖爲三卷，乃是就金陵本重加編次，文字並無不同。條目多寡不同，守遺經本爲九十九條，而金陵本則爲一百零五條。其尤要者，乃在考證結論不同，如“百畝之糞”條，守遺經本依《禮記·王制》以“分”釋“糞”，以“糞”爲假借字，而金陵本則據《左傳》等以“除”釋“糞”。此類不勝枚舉。於二本之差異，清人劉毓崧以爲守遺經本乃改竄船山原本，其《通義堂文集》卷八《船山遺書校勘記自序》云：“前此新化鄒叔績漢勛校刻叢書，於經書稗疏五種多所點竄。”劉氏謂守遺經本“有另改他説與原本迥異者”，是書解長府爲泉府，守遺經本改爲僭王者之府，今考《讀四書大全説》卷六云“爲長府蓋錢法也，詳《稗疏》”，似此者萬無改理；有“别立一説反指原本爲或説者”，是書“葬於魯”條，守遺經本所謂或説，據原本即王氏之説；“有襲取諸儒之説羼入原本者”，是書言狼藉乃落錯疊韻，暗用焦氏《孟子正義》，皆原本所無，守遺經本所增。據劉毓崧之説，則金陵本更近船山原本。

此本據湖北省圖書館藏清光緒十三年潞河啖柘山房刻本影印。此本乃出自守遺經本者，讀者宜與金陵本參看。（王耐剛）

### 四書改錯二十二卷　（清）毛奇齡撰（第165冊）

毛奇齡，有《河圖洛書原舛編》等，已著録。

是書爲駁正朱熹《四書章句集注》而作。先是，毛氏子弟門人裒輯毛氏説解四書者爲《四書正事》八卷，毛氏又自爲整理，增損移易，以成是書。分人類錯、天類錯、地類錯、物類錯、官師錯、朝廟錯、邑里錯、宮室錯、器用錯、衣服錯、飲食錯、井田錯、學校錯、郊社錯、禘嘗錯、禮樂錯、喪祭錯、故事錯、典制錯、記述錯、章節錯、句讀錯、引書錯、據書錯、改經錯、改注錯、自造典禮錯、添補經文錯、抄變詞例錯、小詁大詁錯、貶抑聖門錯，凡三十餘類，四百數十餘條，其卷二十二爲附録，乃毛氏與及門弟子答問之語。是書引證詳贍，誠足以補朱注所未備，正朱注之謬誤。然書中語氣激烈，則爲學者所不滿。至若毛氏所言“真所謂聚九州四海之鐵鑄不成此錯矣”，則言過其實，故嗣後清人嚴可均有《毛氏四書改錯改》，戴大昌有《駁四書改錯》，楊希閔有《四書改錯平》。

此本卷末有金孝柏跋文，云：“西河全集中説經數十種皆入《四庫全書》著録，行世已久。其《四書改錯》一種，刊成旋毁，故流傳甚少。己巳夏，余偶從書賈得此書，繼因求觀者衆，遂付剞劂。”金氏之説蓋本之全祖望《蕭山毛檢討別傳》，其云：“抑聞西河先生晚年雕《四書改錯》，摹印未百部，聞朱子升祀殿上，遂斧其板。”是以此書流傳不廣。

此本據上海辭書出版社圖書館藏清嘉慶十六年金孝柏學圃刻本影印。（王耐剛）

### 四書反身録六卷續録二卷　（清）李顒撰（第165冊）

李顒（1627—1705），字中孚，盩厔（今陝西周至）人。學者稱二曲先生。以理學倡導關中，博通經史，學宗陸、王，康熙間在東南無錫、江陰及陝西華陰等地講學，學者衆多，禮部薦博學鴻儒，堅辭不就。有《關中李二曲先生全集》傳世。《清史稿》有傳。

是書收入《四庫全書總目》四書類存目，提要謂二曲之學本於姚江，故是書立説多與朱熹不同云云。其説大體不誤。如書中以讀書爲支離，又解“尊德性”云“德性本吾故物，一意涵養德性而浚其靈源，悟門既辟，見地自新”。是書卷首王心敬《識言》亦云：“《四書反身録》者，録二曲先生教人讀四書反身實踐之語也。”王氏此語申明李氏爲學之大旨。

此書初刻於康熙二十五（1686）年，即陝西督學許孫荃四硯齋刊本，後翻刻頗夥。此本據天津圖書館藏清康熙三十一年肇慶知府李彥瑈翻刻思硯齋本影印。（王耐剛）

### 吕晚村先生四書講義四十三卷　（清）吕留良撰（第165冊）

吕留良（1629—1683），字莊生，初名光輪，字用晦，號晚村。崇德（今浙江桐鄉）人。順治十年（1653）諸生。晚歲拒清廷博學鴻詞、山林隱逸之徵召，後又削髮爲僧，僧名耐可，字不昧，號何求老人。雍正間因曾靜案牽連而被戮尸，闔門受誅，吕氏著述亦遭禁毁。其著述除此書而外，尚有詩七卷，文集八卷，續集四卷，又有門人所輯《四書語録》、《吕子評語》等。生平事跡見張符驤《吕晚村先生事狀》。

是書爲吕氏門人陳鏦所編，凡《大學》三卷，《論語》二十卷，《中庸》六卷，《孟子》十四卷，此本之編次如此。先是，坊間有吕氏《四書語録》之刻，然其説混雜，且多刻書者以意增損之處。陳氏因與同學蔡大章、留良子葆中等商榷討論而成是書。呂氏論學主於朱子，故是書大體以朱熹《四書章句集注》爲宗，而加以發明引申，亦或有心得，要之，非當時制藝時文高頭講章所可企及。書中多辟陸王之非，如謂其爲"陽儒陰釋"，又謂之爲"大亂之道"、"邪説"、"異説"，又云："除却俗學、異學，即是大學之道。俗學者，今之講章時文也。異學者，陽儒陰釋以講學者是也。"是可見此書大旨所在。又云："江西頓悟，是知有明明德而不知明明德之有至善也。永康事功，是知有新民而不知新民之有至善也。"可謂謹守朱子門户，深膺朱子之學。

此本據湖北省圖書館藏康熙間天蓋樓刻本影印。（王耐剛）

**顏習齋先生四書正誤六卷**　（清）顏元撰（第166冊）

顏元（1635—1704），字易直，又字渾然，號習齋。直隸博野（今河北博野）人。論學主實踐，其弟子李塨亦守其説，故世稱顏李學派。更著有《四存編》、《朱子語類評》等。《清史稿》有傳，又見李塨《顏習齋先生年譜》。

是書爲顏氏讀朱熹《四書章句集注》之札記及與諸門人弟子講論之語，大旨在辨析朱注義理之疑似，進而黜曲學，去異端，明王霸。其説之要者，如解《大學》"格物致知"，言非讀書、講問、思辨以致其知，而在於行以致知，故以格物爲"手格猛獸"之"格"。於宋以來《大學》、《中庸》之分章亦頗不以爲然，以爲二篇本不必分章，乃是宋儒以章句訓詁爲學，亦要將經書作訓詁章句體段。又駁朱熹《論語集注》所解"克己"二字，謂"克"古訓能也，勝也，未聞"克去"之解，"己"古訓身也，人之對也，未聞"己私"之解，乃以克己爲將自己一身反還乎天則之正，其説簡潔明了。又謂聖人之道乃在習行經濟，而非著述文字，"漢宋之儒，但見孔子敘《書》、傳禮、删《詩》、正樂、繫《易》、作《春秋》，誤認纂修文字是聖人，則我傳述注解便是賢人，讀之熟，講之明而會做書文者，皆聖人之徒矣。遂合二千年成一虚花無用之局"，而使堯舜周孔之道盡晦。是宋儒謂孟子之後道不得其傳，而己任之，而顏氏又謂宋儒亦未得其道。然則矯枉過正，故所論亦不無偏頗。如謂"予之《正誤》也，只偶舉大端耳，其實朱注之支離妄謬不可勝指"。朱注雖不能無誤，然精華多有，謂其"支離妄謬"，實有失公允。又書中責難程朱之處多，及乎陸王之處少，故《四庫全書總目》謂顏氏之學"大抵源出姚江而加以刻苦"。

是書原有六卷，今佚其卷五，故缺上《孟》之《梁惠王》、《公孫丑》、《滕文公》三篇，諸本皆然。此本據南開大學圖書館藏清嘉慶元年張與齡抄本影印。後有乾隆十四年鍾錂跋文，又有張與齡鈐印。然此抄本與《顏李叢書》本相較，有條目之脱誤，少數條目文字亦有差異，故二本當參看。（王耐剛）

**四書按稿三十卷**　（清）江永撰（第166冊）

江永，有《儀禮釋例》等，已著録。

是書主於義理，大旨就朱熹《四書章句集注》爲説，多引諸家説解，而加以按語，故名"按稿"。所引諸家，以陸隴其《四書講義困勉録》爲多，又涉及《四書存疑》、《蒙引》、《淺説》、《大全》諸書，亦有爲科舉而纂者如《四書翼注》、《體注》、《賽合注》之類。亦有引述呂留良《四書語録》者。由是可知，江氏此書大體爲科舉而設，故辨析義理主於重在某字，語不涉玄虚，雖淺近而在理，蓋亦時風所趨。既以科舉爲準，則其説一本朱熹，然亦有引及姚江後學之説。江氏本樸學名家，書中又引呂留良涉禁之書，且諸家目録未載，故或有疑此書非出於江永實乃後人僞托者。然其所論無顯證，多有推測，可備一家之説，而不可視爲定論。是書或江氏早年所撰，故其引呂氏之説亦在其被禁之前。此書與江氏《四書典林》《四書古人典林》體雖不同，然皆爲科舉而設，亦爲謀生所計。是故江氏本不之重，後又以涉及禁書，故江氏未嘗示人，亦未可知。

此本據復旦大學圖書館藏清乾隆十五年抄本影印。（王耐剛）

### 四書古人典林十二卷　（清）江永撰（第166冊）

江永，有《儀禮釋例》等，已著録。

是書專考四書所涉及人物事跡及古人在朱熹《章句集注》當考其事者，江氏徵引經史子集，共涉及二百餘人，分帝王、古臣、古賢、聖賢、諸侯、大夫、雜人、列女諸部，舉證詳晰，條理分明。江氏撰爲此書，乃續其前作《四書典林》，前書重典制史事，此書則詳於人物事跡。江氏於前人所撰四書人物考之書深爲不滿，病其駁雜而不精審，故是書意亦在矯前人之弊，糾舊作之誤。江氏此書實爲科舉而作，以便士子。其答汪紱書云："至若拙刻，有《四書典林》三十卷、《四書古人典林》十二卷，此別有故。蓋食貧不免授徒，授徒需講時藝。學徒資分不齊，不能盡讀經書，臨文多有寒儉之病，所讀時藝多不得其典據。是以設爲方便法門，取四書中有典實處，分爲門目，援衆籍以實之，此猶《初學記》、《北堂書鈔》、《韻府群玉》之類，令時文家便於取材爾。徒輩憚其鈔録之煩，遂梓之。非欲引人爲之習。"是更可詳知江氏撰爲此書之初衷。然此書體例嚴謹，采擇詳審，亦屬無徵不信實事求是之學，故不可以其爲授徒制藝所作而輕之。

此本據湖北省圖書館藏清乾隆三十九年集道堂刻本影印。（王耐剛）

### 四書溫故録十一卷　（清）趙佑撰（第166冊）

趙佑，有《尚書質疑》等，已著録。

趙氏自序云："天地之理莫大於復，寒則閉，溫則生，故終則有始，君子以之溫故而知新，故無窮也，溫亦無窮也。"故趙氏以"溫故"名其書。趙氏又云："其在四書以五經爲故，讀四書不進之以五經，不足以通四書也；其在《四書集注》以古注疏爲故，讀《集注》不兼之以古注疏，不足以見紫陽采集之精，體經明道之功。""凡故之異乎朱子而紕繆顯然者，既非讀之，不足以見其有同乎朱子，而仍不及朱子，或較過於朱子，與夫雖異乎朱子而未嘗不足以備學者質疑析難，參今注所不逮者，則亦朱子所以俟學者之善求而自得之，初無礙乎其爲遵失者也。"考書中立論，或與朱子相異，如或引孫奇峰之説，然所依據多爲故説以自出新意，又有以朱注是而謂駁之者爲非者。以今觀之，固不可以尊朱、反朱例之。是書大體據古注舊疏於四書之人物、典制、訓釋、句讀加以疏説，間有論及義理是非者。是書詳於《論》、《孟》而略於《學》、《庸》。其考證雖博，然精詳不足，不逮前之王夫之、毛奇齡輩，後之焦循、劉寶楠等更無論焉。

此本據華東師範大學圖書館藏清乾隆間刻《清獻堂全編》本影印。（王耐剛）

### 四書考異七十二卷　（清）翟灝撰（第167冊）

翟灝（1712—1788），字大川，改字晴江，號艮山，仁和（今浙江杭州）人。乾隆十九年（1754）進士。歷官衢州、金華府學教授。更著有《爾雅補郭》、《通俗編》、《湖山便覽》等。生平事跡見《碑傳集》卷一三四，《清史稿·儒林傳》附其事跡於《孫志祖傳》之後。

是書分總考、條考，各三十六卷。總考即專論，就四書中某一問題而考辨之，以學庸語孟爲序。條考則主於四書文字異同之辨析、音讀訓釋之考索，所引證者不唯四書之各種版本，亦及經史子集諸書中引及四書文句者，其中亦徵引清人如閻若璩《四書釋地》等書。所引既博，故所見時精。如"齊宣王見孟子於雪宮"，《元和郡縣志》引《晏子春秋》"齊侯見晏子於雪宫",翟氏云:"按,今《晏子春秋》無此語,當因下文述晏子事遂訛孟子爲晏子也。"或以按斷較少短是書,然清人考證之書大多如此,以材料淹博見長,故不必求全於古人,責備乎先學。時人亦多徵引是書,如焦循《孟子正義》。

此本據國家圖書館藏清乾隆刻本影印。又有《清經解》本,然多節略,僅有條考三十六卷。(王耐剛)

### 四書典故辨正二十卷附録一卷　(清)周柄中撰　(第167册)

周柄中(1738—1801),字理衷,號燭齋,溧陽(今江蘇溧陽)人。乾隆三十三年(1768)舉人。爲學不尚空談,然亦不墨守。更著有《群經考》、《石經字韻》等,似未傳世。生平事跡詳見《(嘉慶)溧陽縣志》卷一三《儒林傳》。

是書主於考證,以朱子《章句集注》深詳義理而略於典故,然考證固不可廢,故撰爲是書。周氏於前人所已言如地理、人物等經先儒辨定者多付闕如,而主於訂正義疏之是非同異,用以淘汰積疑,期至於顏師古所謂"務得事實,每求真是"。由是可知此書之體例。雖與江永《四書典林》、《四書古人典林》同主於考證,然重點各異,江氏主於方便士子,而周氏則主於求明經義,故於經説多有辨證。如《孟子》"釁鐘"條,云:"釁鐘,趙注云'塗其釁郄',孫疏以爲厭變怪禦妖釁,二説不同。按,'釁'之義有三,如雍人釁廟、釁門、夾室,小子釁社稷、五祀之壇墠,圉師釁廄,司約釁藏約之户,此是祓除不祥之義。大司馬浴釁軍器,小子釁邦器及軍器,則是彌縫罅隙,使完固之義。大司馬浴釁主,龜人釁龜,大史釁龜筴,天府釁寶鎮、寶器,則又取其膏澤護養精靈之義。鐘爲邦器,釁是塗其罅隙,疏説非也。"此説良是。其説大多類此,能博引經傳以發明四書之義,雖名爲考典故,但絕不限於

典故,於經義發明亦大有裨益,是考古徵實之學。其附録一卷,則周氏與族弟午生、族侄懷珍問答質難之語,二人皆助其校核是書者。

此本據上海辭書出版社圖書館藏清嘉慶刻本影印。(王耐剛)

### 四書典故辨正續五卷　(清)周柄中撰　(第167册)

周柄中,有《四書典故辨正》,已著録。

是書爲補續《四書典故辨正》而作,故其大旨與前書同,重在辨析諸家説解之同異、是非,亦有糾正《辨正》之誤者。如"舜年百有十歲"條,略云"《史記》載舜年百歲,余前編以爲與《尚書》不合,及細檢孔仲達《正義》,知《史記》亦本之《尚書》"。是書前有史炳等刻書序,謂周氏是書多駁張甄陶《四書翼注論文》,考之本書,正如史炳所言。大凡考證之書,不能求其無誤,當重其有裨經義。

此本據上海辭書出版社圖書館藏清嘉慶刻本影印。(王耐剛)

### 四書經注集證十九卷　(清)吴昌宗撰　(第168册)

吴昌宗,生卒年不詳,據是書阮元序,知其字文園,蘇州(今江蘇蘇州)人。

此書實爲朱子《四書章句集注》所作義疏,然主於考證而非詳於義理。故而是書於四書本文所涉訓釋、典故爲之詳説,於朱熹訓釋之本源、所引諸家生平、所用典故等亦詳加疏通。其體例詳明,引據廣博,故雖仿《四書纂箋》而博深實有過之。雖疏説大旨以朱注爲依違,而於朱注之義有未安者亦不曲護,所謂"是編一遵朱子,復間採其異義者",切於實事求是之旨。是書又多引諸家之説,如《四書答問》、《十一經問對》等,而猶以顧炎武、閻若璩、江永諸人之説爲多。然是書影響不甚廣泛,蓋自乾嘉以降,漢學興起,爲四書作疏者多,如焦循《孟子正義》、劉寶楠父子《論

語正義》,皆以古注爲本加以考證疏通。吳氏此書與焦、劉二書相比,引據之詳贍、按斷之精審皆有所不逮。又朱子《四書章句集注》之長本在義理深刻詳明,吳氏雖另闢一途,然終有舍大重小之嫌。是書卷首有《孔子弟子考》、《孟子弟子考》二篇,可備參考。

此本據上海辭書出版社圖書館藏清嘉慶三年汪廷機刻本影印。(王耐剛)

### 四書偶談內編二卷外編一卷續編內編二卷外編一卷　(清) 戚學標撰 (第 168 册)

戚學標,有《毛詩證讀》等,已著錄。

是書卷首有戚氏自序,云:"遇友朋聚會商榷則談,生徒及門請業則談,當夫興之所至,或縱己之見爲談,或旁引他人之説爲談。或篇談其一章,章談其一句,句談其一字,無倫次先後,亦不取備。"庶幾可知其命名之義與是書大旨。大較而言,此書體無一例,或主於考據,或談義理,或敷文爲説,乃是札記之體,爲戚氏讀四書之心得,故其名"偶談"。細繹此書,談名物考證者,大致要言不煩,談及義理者,則大體淺近明白,不事玄遠,故倫明謂其"合漢宋學之長而去其短"。其書分內外編者,戚氏自序云:"分別其説之有醇有駁者爲正續內外編。"

此本據中國科學院圖書館藏清乾隆五十四年景文堂刻本影印。(王耐剛)

### 四書續談內編二卷補一卷外編二卷補一卷　(清) 戚學標撰 (第 169 册)

戚學標,有《毛詩證讀》等,已著錄。

是書爲戚氏《四書偶談》之續作,其例亦如《偶談》,分內外二編。《偶談》考證或有所得,此書則詳於大義之析辨,多言章句字之輕重,體轉類講義。偶有涉及考證者,似不及《偶談》爲精。外編則多載異説,加以考證。如"攻乎異端",以《論語》證《論語》,考察"攻"字之義,力主闢異端爲是。又如"子貢欲去告朔之餼羊"條可與《偶談》相發明,此類甚多,故讀是書者當參《偶談》。

此本據浙江圖書館藏清嘉慶二十四年四明青照樓刻本影印。(王耐剛)

### 四書疏記四卷　(清) 陳鱣撰 (第 169 册)

陳鱣,輯《孝經鄭注》等,已著錄。

是書乃爲校勘朱子《四書章句集注》之作,所引用有"宋本",又有《四書或問》、《儀禮經傳通解》、《四書纂疏》、《四書纂箋》等。多列異文,偶加考證。四書自元懸爲功令,刻本、注本極夥,然異文不多,情況亦不甚複雜,故是書篇卷無多。惟須知《集注》有改定,故或有不同,如"古之欲明明德"注,或作"欲其一於善而無自欺也",或作"欲其必自慊",如此之類,當是朱子改定之本與改定前本之異。又陳氏《經籍跋文》中有《宋本四書跋》一篇,當與此書互參。

此本據浙江圖書館藏稿本影印。(王耐剛)

### 四書典故考辨一卷　(清) 戴清撰 (第 169 册)

戴清(1762—1827),原名寧,以避道光帝廟諱而改今名,字靜齋,儀徵(今江蘇儀徵)人。嘉慶十八年(1813)貢生,在籍候選訓導。更著有《群經釋地》。事詳劉文淇《戴靜齋先生傳》。

戴氏以宋儒講論四書遂於義理,而以典故爲粗跡,遂致空疏之習,故撰爲是書,是則此書大旨主於考證,雖有細碎之嫌,要之有裨經義。又劉文淇序云:"吾鄉戴靜齋先生著述甚多,其尤精者《四書典故考辨》十二卷,《群經釋地》十卷。喆嗣宗謝、子揚兩君藏其稿於家,未能付梓。文淇謹於二書中各擇數十條,編爲兩卷,寫成樣本,吳陶伯中翰、汪醇卿太史暨及門岑生仲陶捐資刊刻。"由是知是書原稿十二卷,劉文淇擇別而刻之,故《戴靜齋先生遺書》所錄是書及《群經釋地》皆各一卷。又戴氏自序云:"我朝文教覃敷,名儒丕振,即四子書考據者不下數十家,誠足駕越漢魏,何論唐宋。流覽之下,勤加采録,垂二十載。是者仍之,非者正之,闕者補之,鱗次得千有餘條。列孔孟年譜及弟子考於卷首,尊古聖也。列記載注疏引用沿襲之譌於卷末,砭俗儒也。餘分十二卷,顔之曰《四書典故考辨》,無待考辨者弗及焉。”由是知十二卷之外,尚有孔孟年譜、弟子考及記載注疏引用沿襲之譌,惜今已不得見。

此本據中國科學院圖書館藏清咸豐元年劉文淇等刻《戴静齋先生遺書》本影印。(王耐剛)

### 駁四書改錯二十一卷　(清)戴大昌撰 (第169册)

戴大昌(1752—1825),字泰之,婺源(今江西婺源)人。乾隆五十一年(1786)舉人。歷任舒城、懷遠、宣城教官。著有《補餘堂四書問答》等。事跡本末詳《婺源縣志》。

是書依毛奇齡《四書改錯》之例,分三十二類,先載朱注,次列毛氏之説,而後爲戴氏按語,將毛奇齡誤駁之處一一別白。毛氏《四書改錯》一書失於平和,學者多所譏彈,戴氏矯其弊,誠朱注之功臣,毛氏之諍友。其中有精到可信者,如柳下惠、公叔文子條駁毛説,其論有據。是書雖駁毛翼朱,然大體主於無徵不信,故於朱注之義有未安者亦不曲護。如“折枝”,戴氏不以毛氏説爲是,亦不以朱熹所謂“折草木之枝”之説爲是,乃從陸筠“磬折腰肢”之説爲是。是知此書瑕瑜互見,需别白言之。

此本據中國科學院圖書館藏清道光二年刻本影印。(王耐剛)

### 補餘堂四書問答二十四卷附録一卷　(清)戴大昌撰 (第169册)

戴大昌,有《駁四書改錯》,已著録。

是書乃戴氏彙録其在芝陽書院、宛陵學社等處與諸生徒所講論者,多引舊注之説,加以辨析考證,以明朱熹《章句集注》之本源。或有析朱子之誤者,如《論語》“學則不固”,朱熹以“固”爲堅固,戴氏則以爲該章各爲一句,“學則不固”於上文“不重”不相連屬,故以固陋釋之,説亦可通。又如“有恥且格”亦不取朱注之説,而從何晏,其論亦可從。是書大旨以徵實爲主。所考論者亦不僅局限於四書經義,如《論語》“詩三百”條辨司馬遷所言古詩三千餘篇不可信,《孟子》“偶”條,辨析今本《説文》“桐人”乃是“相人”之譌。亦有駁及毛奇齡《四書改錯》者,則可與其《駁四書改錯》相發明。又戴氏《駁四書改錯》自序有“大昌所著文集、讀經一册,《四書問答》前後編於《本義》、《集傳》、《集注》,多有異同,固非回護朱子者也”云云,則是書之成在《駁四書改錯》之前,且意主徵實,於朱子並不回護,觀此書所考,亦與斯言相合。又其言有前後編,倫明云“大昌尚有《續四書問答》十卷,未刊”,或本書即戴氏所稱前編,而未刊之續問答則爲後編。其附録則《四書字義不同集注所未備著略采備覽》、《各本石經四書字句不同者略采備覽》、《歷代石經附考》、《古今輿地考略》,亦有補經義者。

此本據南京圖書館藏清嘉慶十五年刻本影印。(王耐剛)

### 四書典故覈八卷　(清)凌曙輯 (第169册)

凌曙,有《禮説》等,已著録。

明清之後,言四書典故之書甚夥,而乾嘉之時尤多,此類著作之興,一則以制藝時文所需,一則以考據徵實之學大盛。凌氏此書亦其類。是書不詳人物、輿地,以陳禹謨、閻若璩所言皆有可取,觀書中所考者,以典制爲多,蓋以凌氏邃於禮學。所考大多觸類以及,廣徵博引,凡諸書中有與四書典制相關者,皆引於其下,采各家之説以辨證折衷。如《孟子》“泰山明堂”條,乃天子朝諸侯之壇,與祭祀之明堂不同，又引諸家之説以詳其制。又論"三鼎五鼎"，備考其説，而列圖於後。諸如此類，皆其書之所長。然其書不能無誤，如論"虡鐘"，似不及周柄中《四書典故辨正》爲詳。要之，瑕不掩瑜，爲徵實有信之學。

此本據上海辭書出版社圖書館藏清嘉慶十三年蜇雲閣《凌氏叢書》本影印。（王耐剛）

**四書釋地補一卷續補一卷又續補一卷三續補一卷**　（清）樊廷枚撰（第170冊）

樊廷枚，山陰人，生平仕履不詳，書前有嘉慶二十一年（1816）汪廷珍序，稱"今生年甚盛志甚鋭"，則樊氏或乾嘉時人。

是書録閻若璩《四書釋地》原文，其要有二，一則注於原文之下，名曰"補注"，注明閻氏引用文字之出處。其二則附於閻氏文末，名曰"補"，或承閻氏所考而補其未備，實則引申以證閻説之確，或正閻氏之誤，以匡其失。周中孚《鄭堂讀書記》云："蓋百詩可謂朱注之功臣，而廷枚又可謂閻《釋》之功臣矣。"

此本據華東師範大學圖書館藏清嘉慶二十一年梅陽海涵堂刻本影印。（王耐剛）

**四書解瑣言四卷補編一卷**　（清）方祖範撰（第170冊）

方祖範，生卒年不詳，字受之，一字養餘，是書卷首署名"方祖範香宇"，香宇或即其號。青浦（今屬上海）人。清嘉慶十九年（1814）貢生。事跡略見《（光緒）青浦縣志》。

是書大旨在考論朱子《四書章句集注》，旁及《或問》、《語類》、《朱子文集》及元明以下諸儒之説，至清時毛奇齡等人。或論義理，或考典故。是書大旨平實明白。然其所創新説則或不可憑信，如"三以天下讓"，方氏以爲"三"字乃是"正"字之譌，引佛經及四書中其他魯魚亥豕之誤爲説。然佛經之"三"、"正"之譌與此無涉，其他如"素"、"索"之譌，亦與此無關，説雖新而實不可信。

此本據湖北省圖書館藏清道光元年刻本影印。（王耐剛）

**四書地理考十五卷**　（清）王塗撰（第170冊）

王塗（1786—1843），初名仲鎏，字子兼、亮生，號荷盤山人。吳縣（今江蘇蘇州）人。諸生。屢試不第。以幕僚爲生，喜爲考據之學。更著有《錢幣芻言》等。張履《積石文稿》卷一七有《王君亮先生傳》，又見《（同治）蘇州府志》等。

考四書地理志書，以閻若璩《四書釋地》最爲精核有名。王氏此書則期以正閻氏之説、補閻氏所缺，廣閻氏未備。其分地名、國名、山名、水名、宮室名、以地爲氏名六類，較閻書有統系。其考證亦有較閻氏爲精者，如閻氏以爲《論語》"中牟"無考，王氏則引洪亮吉説，又引《管子》、《韓非子》之言爲證。是書雖徵引廣博，然至若以"陋巷"爲地名，實乃後世附會，非時有其地，如此之類當加辨證者則有所未備，故倫明譏其"貪多務博"。是書有沈維鐈道光十三年序，稱王氏書宗旨有八："一曰證今，凡地先標今名也；一曰稽古，凡古書所見必徵引也；一曰擇雅，凡古説不雅馴者不載也；一曰削繁，凡引書删其冗長也；一曰旁通，因考一地兼及他義也；一曰折衷，諸説紛淆，定一是也；一曰正訛，舊説有誤，駁正之也；一曰闕疑，無可考定，不敢臆決也。"所言八指，雖不無溢美，然深知王氏其書之體要精華所在。

此本據浙江圖書館藏清道光十五年墾舟園刻本影印。另有清光緒十七年習靜齋重刻本。（王耐剛）

**四書釋地辨證二卷**　（清）宋翔鳳撰（第170冊）

宋翔鳳，有《周易考異》等，已著録。

是書以閻若璩《四書釋地》精核自多，亦不免粗疏間出，恐學者震乎盛名，不求夫實是，故爲之辨證。上卷二十七條，下卷二十三條，摘閻氏原文於前,辨證於後。如閻氏不詳轉附、朝儛二山所在,宋氏則以爲轉、附皆動詞,朝、儛乃二水名,乃齊桓伐楚故道,其説雖未必是,然廣徵博引,非師心自用。此正其跋所謂"夫曰好自立異,攻掊前賢以來譏訾者,則非蒙之所感受也"。又宋氏深於今文經學,故時以今文之説解四書,如宋氏以《中庸》改《論語》杞宋並不足徵爲"有宋存焉",乃是子思發揮《春秋》尊王之旨,不以閻氏子思因宋作《中庸》爲宋諱之説爲是。宋氏之説固失之牽強,然此正是宋氏以今文經學之觀點解四書之特色所在。

此本據上海圖書館藏清嘉慶二十五年刻《浮谿精舍叢書》本影印。(王耐剛)

### 四書緯四卷　(清)常增撰(第170册)

常增,生卒年不詳,字高安,泰州(今江蘇泰州)人。清道光五年(1825)拔貢。更著有《禮儀瑣辨》等。事見《(民國)續纂泰州志》。

此書雖名"緯",乃主於考證,與所謂緯書不同,自謂"凡所乎輯,未敢妄參經義,此緯之所由名也"。其所訓釋,如"親民"從舊説,而以盤銘"日新"等釋"明明德",不從程朱"親"當作"新"之説。其書多引古義,而深明朱子《四書章句集注》之所本,故書中多言"《集注》本此"。大體考證詳審,有助經義。

此本據上海圖書館藏清道光十六年刻本影印。(王耐剛)

### 四書説苑十一卷首一卷補遺一卷續遺一卷

(清)孫應科輯(第170册)

孫應科(1777—?),字彦之。高郵(今屬江蘇)人。道光十三年(1833)舉人。事略見《(民國)寶應縣志》。

是書彙聚群言,敘而不斷,多存異説,以廣見聞,其體例有似劉向《説苑》,故以名其書。其大旨主於訓詁考證,備引群籍以羽翼朱子,然亦有不從朱子之説者,如《大學》"親民",

仍從舊説,且引翟灝《四書考異》之説,以爲民相親愛,即《孟子》所云"人倫明於上,小民親於下"之義。然此書於毛奇齡、王復禮、戴震之説,一字不引,亦可謂篤於尊朱,深守門户者。其所引諸書,不獨四書訓解及考證之書,亦有文集、筆記,如楊慎《丹鉛録》,錢大昕《潛研堂集》等。此亦乾嘉以降,四書考證之書之一大特色。其首一卷,録清朝御纂諸經説解中關涉四書者,置於卷首,以尊當朝。其補遺、續遺則補前編所未及者。

此本據上海辭書出版社圖書館藏清道光刻本影印。(王耐剛)

### 四書辨疑辨一卷　(清)俞樾撰(第170册)

俞樾,有《易貫》等,已著録。

俞氏以元人陳天祥《四書辨疑》不墨守朱子而多所辨正,讀其書而善之,故於陳氏義有未盡者復爲之説,而成此書。其中有補陳氏之説者,如"顧諟天之明命",辨"是"、"諟"二字。有駁陳氏之説者,如"湯之盤銘",陳氏以"盛今飲食諸物之盤"駁朱熹沐浴之盤説,俞氏則以爲是盤匜之盤,乃是盥器。或疏通朱熹或陳氏説之源,如"不時不食",朱注云"五穀不成果蔬未熟之類",陳氏以張栻説"不時,非食時也"爲是,俞氏則辨析二家説法之源流,陳氏所駁固當,然不知南軒亦有所本。他説率多類此。是書大體考證詳密,雖未必皆合四書原意,然説必主無徵不信,此亦俞氏學術之大概。

此本據清光緒二十五年刻《春在堂全書·俞樓雜纂》本影印。(王耐剛)

# 群經總義類

### 五經異義疏證三卷　(清)陳壽祺撰(第171册)

陳壽祺,有《三家詩遺説考》等,已著録。

《五經異義》係東漢許慎所撰。漢代今古文經學紛爭，許慎"以五經傳説臧否不同，於是撰爲《五經異義》"，逐條羅列群經及今古文經學異説，折衷群言而作定論。其内容涉及婚冠、聘問、錫命、喪祭、明堂、社稷、征役、田税、器物、樂舞諸事，而綜合今古，間下已意。《隋志》著録作十卷，兩《唐志》著録卷數同，鄭玄《駁五經異義》附許書每條之後，故題"許慎撰，鄭玄駁"。《宋志》不再著録此書，蓋亡佚於唐宋間。

清儒從事輯校《五經異義》、《駁五經異義》者先後有王謨、王復、袁鈞、孔廣林、黄奭等人。嘉慶十三年（1808），陳壽祺參考武英殿聚珍本、王復本、莊述祖本、錢大昭本、孔廣林本，爲之修訂條理，並引證經義疏、史志傳記、《説文》、《通典》及時賢著述與許、鄭相發者，以資考核，疏通證明。踰五年而書成，釐作三卷，題爲《五經異義疏證》。其例則以許慎《五經異義》與鄭玄《駁五經異義》爲經，以諸家説解爲疏義，如下已意，則加按語。其書博綜今古，不主一家，故多被學者稱賞。

是書經陳氏弟子王捷南校訂後，嘉慶十八年（1813）刻於陳氏家塾，復收入《左海全集》。道光九年（1829）收入《皇清經解》。前有陳氏自序，其後爲王捷南後序。此本據上海辭書出版社圖書館藏嘉慶十八年刻本影印。（陳錦春）

## 駁五經異義疏證二卷 （清）皮錫瑞撰（第171冊）

皮錫瑞，有《尚書古文疏證辨正》等，已著録。

是書係皮氏專攻鄭學之作，皮氏自序稱，其書據袁鈞所輯、袁堯年補輯《鄭氏佚書》本《駁五經異義》，"補其闕遺，剔其蕪濫"，或駁或立，皆有所説。如下已意，則加按語。皮氏評陳書有漏略、習非、闊疏、炫博四失，要在不苟同於陳壽祺之不主於一家，而大抵偏主於今文。其疏釋節目清晰，如網在綱，要言不煩，合爲疏家典範。

是書成於清光緒二十五年（1899），有光緒二十五年長沙思賢書局刻本，民國二十三年（1934）經邵瑞彭弟子武福鼒校勘，河間李涵楚古鑑齋重刻。此本據南京圖書館藏民國間李氏重刻本影印。（陳錦春）

## 六藝論疏證一卷 （清）皮錫瑞撰（第171冊）

皮錫瑞，有《尚書古文疏證辨正》等，已著録。

《後漢書》鄭玄本傳云康成遍注群經，又撰作《六藝論》諸書。《隋志》、兩《唐志》著録並作一卷。《日本國見在書目》亦載一卷，題鄭玄撰，方叔機注。叔機不詳何人，惟孔穎達《禮記正義》采其注一節。《六藝論》久亡，清儒陳鱣、洪頤煊、孔廣林、黄奭、王謨、馬國翰、袁鈞、臧庸、嚴可均等皆嘗從事輯佚。諸家大抵據經疏、唐宋類書及《路史》等采摭，所得略有出入。

是書亦係皮氏專攻鄭學之作。皮氏自序稱鄭玄早通今學，後兼采古文，故"鄭學宏通，本先今而後古著書次序，實始緯而次經"。《六藝論》即鄭玄注讖緯後，草創《三禮注》時所撰，分總論、《易》論、《書》論、《詩》論、《禮》論、《春秋》論、《孝經》論七部分，各輯得條目若干。其中論及《毛詩》、《春秋》、《孝經》，則屬後來補記。皮氏是書參合陳鱣、洪頤煊、嚴可均諸本，爲之疏解，所采較爲完備，惟缺袁鈞、孔廣林、黄奭等所輯《易·繫辭》曰《易》之興也"一節。葉德輝序稱是書"考訂殘闕，别白是非，無一語不求其安，無一字不徵諸實"，未免溢美。《六藝論》喜言瑞命，皮氏則牽合證實，偏袒今文，江瀚《續修四庫全書總目提要》對此已有譏刺。

是書成於光緒二十四年（1898），而刻成於光緒二十五年（1899），後收入《師伏堂叢書》及《皮氏經學叢書》。此本據上海辭書出版社圖書館藏清光緒二十五年刻本影印。
（陳錦春）

### 鄭志疏證八卷鄭記考證一卷答臨孝存周禮難一卷　（清）皮錫瑞撰（第171册）

皮錫瑞，有《尚書古文疏證辨正》等，已著録。

《後漢書》鄭玄本傳云玄卒後，"門生相與撰玄答諸弟子問五經，依《論語》作《鄭志》八篇"，《隋志》著録《鄭志》十一卷，云"魏侍中鄭小同撰"，著録《鄭記》六卷，云"鄭玄弟子撰"。《四庫全書總目》考《通典》、《初學記》等所引，以爲《鄭志》皆玄與門人問答之詞，《鄭記》則其門人互相問答之詞。兩《唐志》著録《鄭記》卷數同《隋志》，而《鄭志》作九卷，其篇卷或有散逸。至宋《崇文總目》始不著録，蓋亡於北宋初年。《四庫全書總目》著録《鄭志》三卷，依舊本校訂，復據經疏、史志及唐宋類書所輯定稿，上卷六十五條，中卷四十八條，下卷六十二條。其漏略尚多，采摭氾濫，編次尤爲錯雜失序。乾嘉以還，孔繼涵、孔廣林、陳鱣、吳騫、錢東垣、錢繹、錢侗等從事輯佚校訂，往往依《四庫全書》舊輯成書，訛謬相傳，難得釐正。袁鈞所輯，以經疏、唐宋類書及《通典》爲主，依五經歸類，各類按篇序排比，編次最善，搜輯亦較舊輯爲備。又諸書引《鄭記》及《答臨孝存周禮難》之文，舊輯或混入《鄭志》中，袁氏皆一一析出，各自爲輯，不相雜厠。

皮氏以袁鈞輯本後出而最爲詳審，故據其本作疏。袁氏所輯《鄭志》間有疏失，則參合諸本爲之訂正。其疏則博引漢人經説，及清儒新解，考證名物，訓釋文字，疏通大義。袁氏所輯《鄭記》如有疏略，則據孔氏等輯本及《玉燭寶典》訂補。《答臨孝存周禮難》諸家皆從《毛詩正義》、《周禮注疏》、《禮記正義》等輯得六節，文字無異，皮氏一依袁氏輯本作疏證，所説往往偏主今文。其疏通

鄭學大旨，於鄭氏一家之學，亦可謂功臣。

是書始成於光緒二十二年（1896），而刻成於光緒二十五年，後收入《師伏堂叢書》和《皮氏經學叢書》。此本據上海辭書出版社圖書館藏光緒二十五年思賢書局刻本影印。
（陳錦春）

### 九經疑難十卷（存卷一至卷四）　（宋）張文伯撰（第171册）

張文伯，生卒年不詳，字正夫，樵陽人。清阮元《四庫未收書提要》疑其爲宋末人。今考此書目録，第八卷《春秋》下注云宋高宗紹興十四年（1144），"先君鱣堂用《春秋》連取首選"，又據王之道（1093—1169）《相山集》、張孝祥（1132—1170）《于湖集》記載，文伯常與王氏唱和詩詞，與張孝祥曾同登禪智寺，而《相山集》、《于湖集》並稱"文伯"之名，是王之道、張孝祥蓋文伯父執輩，文伯或生於宋高宗紹興二年（1132）之後，卒於宋理宗寶慶元年（1225）之前，阮氏之説非是。《宋史·藝文志》子類兵書類載其"《百將新書》十二卷"，集類别集類載"《江南凱歌》二十卷"。《郡齋讀書附志》類書類著録"《秘府書林》二十二卷"，注云："張文伯正夫所編。"

《九經疑難》十卷，《宋史·藝文志》不著録，明朱睦㮮《授經圖義例》卷二十、清黄虞稷《千頃堂書目》卷三、朱彝尊《經義考》卷二四四並誤作"張伯文"。黄氏將其闌入"不知時代"之著作，朱彝尊注曰"未見"，惟輯得張氏自序一篇。考其自序，此書本爲切於場屋之用而纂。文伯自幼受《春秋》，涉獵之餘，乃取五經、三禮與《語》、《孟》，講究大概，綜引先儒議論，尤備録新奇之説，高遠之意。所謂"九經"，即《周易》、《尚書》、《毛詩》、《禮記》、《周禮》、《儀禮》、《春秋》、《論語》、《孟子》。經各一卷，而弁以《總敍》一卷，講明六經大義、學習關節，故合爲十卷。今其書僅存

前四卷，《禮記》以下，並皆亡佚。雖吉光片羽，亦可考南宋疑經辨古之風氣，覘當時學界之動態，可謂彌足珍貴。

是書版本主要有明末祁氏澹生堂藍格抄本、清阮元刻《宛委別藏》本。《宛委別藏》本係傳抄澹生堂本，澹生堂抄本原爲明山陽祁氏所有，乾隆五十六年（1791），嚴元照得之於杭州書坊。書前後有嚴氏跋二通、題詩一首，歷敘此書得來緣由。嚴氏卒後，書歸何元錫。書後有道光二十九年（1849）錢東垣跋一通。此本據國家圖書館藏明祁氏澹生堂抄本影印。（陳錦春）

### 疑辨録三卷　（明）周洪謨撰　（第 171 册）

周洪謨（1420—1491），字堯弼，長寧（今四川長寧）人。正統十年（1445）登進士，授編修。後爲南京國子監祭酒，母喪服闋改北監，進禮部尚書，加太子少保。弘治元年（1488）致仕歸，三年後卒於家，謚文安。更著有《敘州志》、《南臯子雜言》、《箐齋讀書録》、《箐齋集》、《南臯集》等。《明史》有傳。

是書係洪謨爲國子監祭酒時與諸生講論辨疑之作，辨先儒訓釋五經、四書未妥處，糾先儒訓釋有害、有誤、不協經旨者一百四條，發明先儒言外之意者一百九條。書中所論，前二卷尚有可觀，末卷則大抵空言，四庫館臣已譏之。

是書蓋成於成化十五年（1479），本名《疑辨録》，而明朱睦㮮《授經圖義例》作《五經疑辨録》，《千頃堂書目》與《經義考》作《經書疑辨録》，《四庫全書總目》作《群經辨疑録》，列入存目。《明史·藝文志》則既有《經書辨疑録》三卷，又有《四書疑辨録》三卷，蓋以五經、四書將其書一分爲二。其版本主要有明成化間刻本、嘉靖十三年刻本、清道光十年寶仁堂刻《璜川吳氏經學叢書》本、清吳氏繡谷亭抄本等。國家圖書館藏明成化間刻本，其周氏自序下署"成化十六年五月五日禮部右

侍郎"，故學者多定爲"成化十六年刻本"。然其卷一大題下復署"禮部尚書周洪謨撰"，則其刊定，不得早於成化十七年周氏進尚書職前。此本據北京圖書館藏明成化十六年刻本影印。（陳錦春）

### 石渠意見四卷補缺一卷　（明）王恕撰　（第 171 册）

王恕，有《玩易意見》，已著録。

王氏以爲五經、四書皆載道之器，聖賢微言義理深遠，無先儒傳注，初學不易通曉，然先儒傳注議論紛紜，同異互歧，學者不知適從，故推己意以作體認，辨析諸家異同，別白是非，凡有新意，則筆之於書，成《石渠意見》四卷。其前三卷辨《大學》、《中庸》、《論語》、《孟子》諸朱熹集注之非，卷四則辨五經程頤、朱熹、蔡沈、胡安國、陳澔諸家注，如有異同，則下按斷辯白。書成後又有所得，故續作《拾遺》二卷。後有增補，復作《補缺》一卷。其説不株守朱熹等先儒舊注，善以己意爲之新解，不尚考據，不免臆説，四庫館臣譏爲"游談無根"，蓋亦當時風氣使然。

《石渠意見》成於弘治十二年（1499），《拾遺》成於十四年，《補缺》成於十六年，均年過八旬之作，《四庫全書總目》贊爲"耄而好學"，誠然當矣。今考《石渠意見拾遺補缺序》，云《意見》四卷，《拾遺》二卷，《補缺》一卷。而《千頃堂書目》、《明史·藝文志》著録《意見》二卷、《拾遺》一卷、《補缺》一卷，《四庫全書總目》著録《意見》四卷、《拾遺》二卷、《補缺》二卷，列入存目。蓋諸家所得版本各有不同，篇卷容有分合。

此本據南京圖書館藏明正德刻本影印，雖《拾遺》亡佚，而篇卷與其自序相合，刊刻時間較早。吉林省圖書館與甘肅天水市圖書館藏明正德本，《意見》、《拾遺》、《補缺》篇卷和《四庫全書總目》著録並同，而與王氏自序所

述不同。（陳錦春）

### 五經疑義二卷　（明）嚴天麟撰（第 171 冊）

嚴天麟，據是書署名，知其字龍塘，蕭山（今屬浙江杭州）人。生平事跡無考。

是書蓋嚴氏讀五經之札記，如有所得，則筆錄之，得《易》義二十七條、《書》義十四條、《詩》義十三條、《春秋》義三十八條、《禮》義二十七條，勒成二卷。其書倡爲議論，不事考據，往往能自出機杼。如品評世儒説《易》，云“但據圖書位次異同妄生意義，則辭繁而理逾晦”，其説不爲無識。又論《詩》之體要，以爲“六經各有體，《易》道陰陽，《書》道政事，《春秋》道名分，而《詩》道性情。其旨與各經不同，三百篇皆約情合性，而歸之道德，然未嘗有道德字，亦未嘗有性情字”，其説亦易通曉。全書大旨皆類此，而不尚考證，難免時出臆説。

此書經嚴天節校正後刊行，天節爲天麟之弟，字少陽，生平事跡亦無考。此本據國家圖書館藏明刻本影印，即天節所校定刊行者，經鄭振鐸收藏。（陳錦春）

### 談經九卷　（明）郝敬撰（第 171 冊）

郝敬，有《周易正解》等，已著録。

是書一名《經解緒言》，以所著《九經解》篇帙浩繁，故郝氏撮其大要，先行刊定，成編於天啓四年（1624）。凡得《周易》七十條、《尚書》三十條、《毛詩》五十四條、《春秋》五十六條、《禮記》十三條、《儀禮》二十條、《周禮》四十二條、《論語》二十六條、《孟子》三十二條，勒爲九卷。

是書收入《四庫全書總目》五經總義類存目，提要謂郝敬天資高朗，論多創闢，而臆斷者亦復不少，其詳皆具《經解》中，此亦可見所學之大概云云。是書主旨在闢先儒解經之非，立今人讀經之法。如論《易》，以“緯候占測無補於經，而適以滋惑”，以朱熹《周易本義》論八卦著策準邵雍先天圖爲牽强附會。論諸經序，以爲“讀《易》先讀《序卦》，讀《詩》先讀古序，《書序》無足觀”。論《詩》，則抨擊朱子《詩集傳》不用《毛詩》古序等。其論率皆類此，雖多創發，而臆斷者亦復不少。其詳具於各經解中，此書則《九經解》之綱目，於此亦可見其所學之大概。

此本據上海辭書出版社圖書館藏明崇禎郝洪範刻《山草堂集》增修本影印。（陳錦春）

### 敬修堂講録不分卷　（清）查繼佐撰（第 172 冊）

查繼佐（1601—1676），初字三秀，更字支三，號伊璜，又號與齋、敬修子。海寧（今浙江海寧）人。崇禎六年（1633）舉人。順治二年（1645），清軍南下，曾參與抗清，兵敗後避難隱居。晚罹莊廷鑨《明史》案，得友人相助脱身。畢生主要從事講學。更著有《國壽録》、《罪惟録》、《魯春秋》、《東山國語》、《兵權》、《原書》、《馬史論》等。生平事跡詳其門人沈起撰《查東山先生年譜》。

是書蓋輯録查氏晚年在敬修堂授課之講義而成，以《敬修堂詩經講録》爲主，兼及四書。《詩經》講授三頌，經文頂格寫，串講大意低一格寫。説解重在詮釋詩文章句、章旨及作法，不重考據。三頌唯《周頌·噫嘻》未講，《商頌·殷武》未録經文，則或有脱落。書前有《敬修堂講儀》，書後附《敬修講堂條例》、《敬修堂四書講録自序》、《敬修堂學庸講録敘》、《講堂大指説》、《敬修講堂約》、《庚戌二月敬修堂講録》、《敬修堂閏二月初集講録》、《敬修堂庚戌閏之第一次答難十》、《爲吳子卜功北堂葉太母孝行開講魯論二章》等，大抵皆以講授四書爲主，而以“誠”字立意。

《敬修堂學庸講録敘》作於順治十二年（1655），《庚戌春二月敬修堂講録》、《敬修堂閏二月初集講録》、《敬修堂庚戌閏之第一次答難十》並作於康熙九年（1670），則是書之彙輯，亦可謂久矣。全書未經梓行，僅以稿抄本傳世。國家圖書館藏本，原爲劉承幹嘉業堂所有，向被學者定爲清抄本。然以劉氏嘉業堂舊藏查氏《罪惟録》稿本校之，此書殆亦查氏所著稿本。海内惟此孤本，故本書據以影印。（陳錦春）

### 經義雜記三十卷　（清）臧琳撰　敘録一卷
（清）臧鏞堂編（第172册）

臧琳（1650—1713），字玉林，武進（今屬江蘇常州）人。康熙中補縣學生。與閻若璩相友。生平博極群書，尤精《爾雅》、《説文》之學。畢生隱居著述，更著有《尚書集解》、《大學考異》、《水經注纂》、《知人編》、《困學鈔》等。《清史稿》有傳。

臧鏞堂，即臧庸，輯《周易鄭注》等，已著録。

《經義雜記》係臧氏平日讀書札記，偶有所得，隨筆記之，積而成書，都三十卷。每卷有標目，而不分門，凡五百十七則。臧氏篤志古學，治學以漢唐注疏爲主，講求以文字、聲韻、訓詁通義理。此書大抵皆會粹唐以前諸儒之説，辨其離合，決斷是非，而引據廣博，皆有確徵，非出臆測。閻若璩、王鳴盛、錢大昕、段玉裁、江聲、嚴元照等俱稱頌此書揄揚古學，崇尚考據，謂臧氏能實事求是，別白精審，誠然公允。《敘録》爲臧琳玄孫臧鏞堂所編，彙集諸家序跋，並列本書目録。

錢大昕《潛研堂文集》有《臧玉林經義雜識序》，江瀚撰《續四庫全書總目提要》以是書原名《經義雜識》，不名"雜記"。然考是書諸序、跋及段玉裁《經韻樓集》，則是書並不作"雜識"，或錢氏晚年定稿偶誤，而江氏之説實非。是書始成於康熙三十六年（1697），有閻若璩序一篇。復經改定，有臧琳自序一篇。此書一直庋藏於臧家，四傳而至臧鏞堂，始於嘉慶四年（1799）付梓鋟版，即同述觀刻

《拜經堂叢書》本，又稱拜經堂刻本。道光九年（1829），阮元將其節録成十卷，刻入《皇清經解》中。故本書要有三十卷本和十卷本兩個版本系統。此外，復旦大學圖書館藏有《經義雜記》二十六卷、《敘録》一卷，焦廷琥編《仲軒群書雜著》又有《群書雜記》二卷，蓋皆此二本之衍化。嘉慶四年刻本刊刻時間早，校勘精審。此本據上海辭書出版社圖書館藏清嘉慶四年臧氏拜經堂刻本影印。（陳錦春）

### 經玩二十卷　（清）沈淑撰（第172册）

沈淑（1689—1730），字立夫，又字季和，號頤齋，常熟（今江蘇常熟）人。雍正元年（1723）進士，選翰林院庶吉士，散館授編修，告假歸以奉母。更著有《周官翼疏》等。生平事跡詳方苞撰《沈編修墓志銘》及《（光緒）蘇州府志》卷一〇〇。

是書抽繹陸德明《經典釋文》中文字之異者爲《陸氏經典異文輯》，勒爲六卷。又以經傳、注疏、《史記》、《漢書》、《説文》諸書所引經傳文字之異者，亦得六卷，號《經典異文補》。又自《左傳》中輯出列國地名，以國别爲經，以春秋十二公時序爲緯，勒成二卷，稱《春秋左傳分國地名》。又從《左傳》中輯出各國職官、器物、宫室，職官、宫室依國别立，器物依時序立，亦得二卷，稱《左傳職官器物宫室》。復從十三經注疏中輯出語近淺俗或稱名特異者，號《注疏瑣語》，勒成四卷。全書殆抄撮群書爲之，如有説，則圈而識之，復加按語。是書收入《四庫全書總目》五經總義類存目，提要謂是書檢核之功可謂勤篤，然無所考證發明。若補《毛詩》異文，又多引僞申培《詩説》，尤失考也云云。至全書以金、石、絲、竹、匏、土、革、木八音分帙，尤近乎遊戲。書名《經玩》，適相符合。

是書始成於雍正三年，定稿於雍正七年。由常熟沈氏孝德堂刊版印行。前有雍正三年

沈淑識語，舊多據此定爲雍正三年刻本，實誤。其識語下靠版心下方有"吳門湯士超鐫"字，士超爲乾隆間蘇州刻工，乾隆四十一年（1776）曾刻過懷煙閣本《吳越所見書畫錄》。據此，學者定此本爲乾隆間刻本。光緒八年（1882），鮑廷爵輯刻《後知不足齋叢書》，將此書刻入，惟《左傳職官器物宮室》二卷分作《左傳列國職官》一卷、《左傳器物宮室》一卷爲異，更名爲《沈氏經學六種》。

此本據華東師範大學圖書館藏清乾隆刻本影印。（陳錦春）

**經考五卷** （清） 戴震撰 （第172冊）

戴震，有《尚書義考》等，已著錄。

是書係戴氏早年讀經時所作札記，其例一般以經書內容標目，其下摘錄經文、注疏及各家說解，如有所得，則加按語表出。首卷爲《周易考》，第二卷爲《尚書考》，第三卷爲《詩經考》，第四卷爲《禮經考》，含《周禮》、《儀禮》、《逸禮》、《禮記》、《大戴禮記》等，第五卷爲《春秋考》、《論語考》、《孟子考》、《爾雅考》等。其中多引朱熹、顧炎武、閻若璩等人之說，江瀚撰《續修四庫全書總目提要》以爲"大都鈔撮舊說，按而不斷"。然戴氏畢生治學，於《易》發明無多，賴此書而存其說。至《尚書》、《詩經》等，則各有專著擴充，適可自此書而觀其學之演變，亦可窺見當時之學風流尚。未可以其爲戴氏早年之作，即遽廢棄。

是書成於何時，學界至今尚有爭議。戴氏《與是仲明論學書》始云"僕所爲《經考》，未嘗敢以聞於人，恐聞之而驚顧狂惑者眾"，其自許如此。段玉裁序《戴震文集》，將其繫於乾隆十八年（1753），則至此時，是書當已初成。後有續訂，如卷四"大戴禮記八十五篇"條，下署"乾隆丁丑夏東原氏記"，是至乾隆二十二年，戴氏尚在校訂輯錄。

是書主要有四卷本、五卷本和六卷本三個版本系統。五卷本傳布最廣，有國家圖書館藏李

文藻家抄本、光緒二十六年南陵徐氏刻《郋齋叢書》本、北京大學圖書館藏清末抄本等。北京大學圖書館藏李文藻家抄四卷本、光緒九年柯劭忞待刊寫樣六卷本（殘存四至六卷）與李文藻家抄五卷本均爲分卷不同，其內容則無二致。此本據國家圖書館藏清李文藻家抄本影印，書中有邵晉涵校語，書末有李文藻跋文，殆各本之祖。（陳錦春）

**惜抱軒九經說十七卷** （清） 姚鼐撰 （第172冊）

姚鼐（1731—1815），字姬傳，一字夢穀，室號惜抱軒，世稱惜抱先生，桐城（今安徽桐城）人。乾隆二十八年（1763）進士，選庶起士。曾任禮部主事、刑部郎中等職，歷充鄉試考官、會試同考官等。嘉慶十五年（1810）重宴鹿鳴加四品銜。長於古文，曾先後主講江南、紫陽、鍾山等書院。更著有《三傳補注》、《老子章義》、《莊子章義》、《惜抱軒文集》、《法帖題跋》等，合爲《惜抱軒全集》，另編選《古文辭類纂》、《今體詩選》。《清史稿》有傳。

是書係姚氏說《易》、《書》、《詩》、《周禮》、《儀禮》、《禮記》、《春秋》、《論語》、《孟子》九經之札記，不全引經文，惟摘錄數語，敷演大義而已。如《易說》以爲"凡古人之說經也，以明理教人而已，不必與所說經拘拘牽合"，故姚氏多以己意解經。《書說》以爲"僞古文所採，其具有精理者，數語而已。其餘義雖無謬，然不免廓落而不切，碎細而無統"，故書中多攻僞孔傳之非。至《詩說》，既以朱子說《關雎》爲不可易，又對朱子說《國風》淫詩持疑義。說他經亦多類此。其說雖亦或有在理處，然不事考據，大抵皆抒發己見而已。或強經就我，或牽合史傳以證己說，宜乎爲治考據者所刺。

此本據上海辭書出版社圖書館藏清同治五年省心閣刻《惜抱軒全集》本影印。（陳錦春）

**群經識小八卷** （清）李惇撰 （第 173 冊）

李惇，有《左傳通釋》，已著録。

是書輯録李氏解諸經之文。首有王念孫序，次阮元撰《孝臣李先生傳》，次爲惇子培紫撰凡例，次標目，凡分八卷，卷一説《易》，卷二説《書》，卷三説《詩》，卷四《三禮》，卷五《三傳》，卷六、卷七《附録》，卷八《補遺》。據凡例，知其前五卷爲李氏手定，卷六、卷七《附録》及卷八《補遺》，蓋李氏未定而培紫補葺。其説之精者，如"子孫其逢"條，舊説以"子孫其逢吉"爲一句，李氏則以此節通體用韻爲據，以"逢"字句，"吉"字則連下文，又以"逢"與"豐"字音近義通，故以大釋"逢"，言其後必大，是以體例、訓詁、聲音三者並有依據。又如"悼公之喪"條，舊説以"食粥"以下皆孟敬子之言，李氏則以爲"食粥天下之達禮也"爲敬子之言，"吾三臣者"以下乃季昭子之言，且曰"答辭中少一'曰'字，古書問答之語甚多"，此兼及古書之通例。其書大體考證精核，故王念孫以"言之鑿鑿"許之。

此本據復旦大學圖書館藏清道光李培紫刻本影印。（王耐剛）

**經讀考異八卷句讀敘述二卷** （清）武億撰 （第 173 冊）

武億，有《三禮義證》，已著録。

是書皆專講句讀，《考異》辨析經書句讀，凡八卷，卷一考《易》，卷二考《書》，卷三考《詩》、《周禮》、《儀禮》，卷四考《禮記》，卷五考《左傳》，卷六考《公羊傳》、《穀梁傳》、《爾雅》，卷七考《論語》，卷八考《孟子》。如《周易》以"夕惕若厲"爲一句，而以"夕惕若"爲句者非，並引古説以爲證。又如《孟子》"暴其民甚則身弑國亡"據，不從舊説，而以"甚"字屬下爲句，與下文"不甚"相對成文。或載異説，如《論語》"吾與回言終日不違如愚"，武氏以爲，此句有兩讀，一讀至"言"字絶句，"終日"屬下爲句，一則至"日"字絶句，"不違

如愚"一句，義並可通。其説大多類此，藉此數例，可窺其書之大旨。

《考異》前爲《句讀敘述》二卷，則裒輯古書中關涉句讀者，有辯論質難則下以按語。分上下二卷，下有小目，上卷分題句讀之始、句讀名義、古曰言今曰句、經句長短之異、章句之學、授讀之難，下卷分題誤讀之弊、訂正諸讀破析，與《考異》可相發明。

此本據華東師範大學圖書館藏清乾隆五十四年小石山房刻本影印。（王耐剛）

**群經義證八卷** （清）武億撰 （第 173 冊）

武億，有《三禮義證》等，已著録。

此書凡《書》一卷，《詩》一卷，《左氏傳》三卷，《公羊傳》、《穀梁傳》一卷，《論語》一卷，《孟子》一卷。其大旨在引舊説以疏通證明經義。如《尚書》"光被四表"，引《漢書》、《水經注》、《隸釋》、《三國志》、《毛詩傳》、《釋名》等書，明"光"與"横"、"廣"等聲近義通，而不取孔傳"光，充也"之説。又如《孟子》"狗彘食人食而不知檢"，引《漢書·食貨志》、《隸續》等證"檢"、"斂"通用。其書之説大多類此，主於考古徵實。

此本據國家圖書館藏清嘉慶二年授堂刻本影印。（王耐剛）

**五經小學述二卷** （清）莊述祖撰 （第 173 冊）

莊述祖，有《尚書今古文考證》，已著録。

是書爲莊氏考訂群經義疏文字訓詁、補述大義之作，本擬作"經疏補闕"，訂補《尚書》、《毛詩》、《周禮》、《儀禮》、《禮記》、《春秋》諸經疏誤，卷一得二十一條，卷二得十二條，其中考辨《楚辭·天問》章句一則，凡三十三條。其考釋皆從文字、音韻、訓詁入手，而説皆有徵，往往出人意表。如《小雅·斯干》"似續妣祖"，傳："似，嗣也。"箋云："似，讀如巳午之巳。巳續妣祖者，謂巳成其宮廟也。"《毛詩正義》謂箋意爲於巳地建宮廟。莊氏

引《説文》、《廣韻》、《經典釋文》、《詩譜》等，以巳訖之巳與辰巳之巳本字同音同，"似續妣祖"之"似"爲"巳"字假借，故讀若巳午之巳。又駁山井鼎《七經孟子考文》以《毛詩》疑"巳成其宫廟也""巳"下有"地"字，其説皆確而不移。至其辨《禮記》、《儀禮》、《周禮》、《爾雅》、《春秋傳》、《孟子》、《荀子》、《管子》、《莊子》、《吕氏春秋》、《淮南子》、《方言》、《釋名》諸書中"鬻"、"糜"、"饘"、"酏"、"餌"、"餅"、"資"、"飴"、"餳"、"饊"、"糗"等字，並引據《説文》、《玉篇》等，説皆有徵。

此書梓行於道光十六年（1836），並被輯入嘉道間刻《珍埶宦遺書》中。此本據上海辭書出版社圖書館藏清道光十六年莊氏刻本影印。（陳錦春）

**經傳小記三卷**　（清）劉台拱撰（第 173 册）

劉台拱，有《論語駢枝》，已著録。

是書大抵以釋經典文字爲主，凡説《周易》一條、《尚書》六條、《詩經》八條、《周禮》十九條、《儀禮》四十四條、《禮記》九十三條、《國語》一條、《爾雅》一條、《方言》十五條、《釋名》一條，計一百九十條。其説皆簡短，如説《尚書·康誥》"乃由裕民"，劉氏按語云："由、猷音義同。"説《詩經·邶風·泉水》，以沘、禰、干言"疑皆所嫁之國地名"，而四詩句"皆所謀於諸姬之詞"，本於毛、鄭之説。

此本據浙江圖書館藏清嘉慶十一年刻《劉端臨先生遺書》本影印。（陳錦春）

**經學卮言六卷**　（清）孔廣森撰（第 173 册）

孔廣森，有《大戴禮記補注》等，已著録。

是書所論，凡《周易》三十一條、《尚書》三十四條、《毛詩》四十六條、《爾雅》二十條、《論語》二十七條、《孟子》二十六條、《左傳》三十四條。其説之可從者，如《孟子》"使虞敦匠事"，以"治"釋"敦"，又如"得侍同朝甚喜"句，以"得侍同朝"爲一句，以之爲謙辭，

"甚喜"爲一句，乃是王自言甚喜，以俗讀"得侍"絶句者誤。其説多如此，可謂菁華多有。然大凡考據之書，不能使人無異詞，如前所舉"敦"字例，或以爲趙注云"厚作棺"，則敦當訓厚，與下文"木巳美"相承。又如"不由其道而往者與鑚穴之類也"，孔氏以爲"與"音"歟"，絶句。或則以"如"字釋"與"，似較孔説爲妥。諸如此類者，則在學者審其考證而已。

此本據華東師範大學圖書館藏清嘉慶刻《顨軒孔氏所著書》本影印。（王耐剛）

**頑石廬經説十卷**　（清）徐養原撰（第 173 册）

徐養原，有《周官故書考》等，已著録。

此書乃徐氏説經之文，書凡十卷，每卷分篇若干。其文或論大義，如《易論》一篇，以爲舍卜筮無以盡《周易》，而卜筮絶非術士之學。或詳名物典制，如《規矩準繩説》詳考規之制。或詳地理，如《黑水考》詳考黑水所在。是書考證居多，而尤詳禮制，如《明堂説》、《禘祫辨》、《廟制辨》、《黄鍾諸宫解》等，蓋以徐氏精於三禮之學。

此本據清光緒十四年南菁書院刻《皇清經解續編》影印。（王耐剛）

**周人經説四卷**　（清）王紹蘭撰（第 173 册）

王紹蘭（1760—?），字南陔，蕭山（今屬浙江杭州）人。乾隆五十八年（1793）進士，官至福建巡撫，以同官牽累去職。後一意著述，學宗許鄭。更著有《説文段注訂補》等。《清史稿》有傳。

是書專采先秦舊籍中解《周易》、《尚書》、《詩經》、《春秋》者，故以"周人"名之。如解《周易》，多取《左氏傳》中涉及《周易》者，解《書》則又並搜輯佚文。然周人説及諸經者，本或不爲解經而設，故或有不合經文原旨者，王氏以漢注未必合乎經旨而專輯周人之説，實失之拘牽。是書原八卷，據王氏卷首按語，

知爲《易説》一卷,《書説》二卷,《詩説》四卷,《春秋説》一卷,然今自《詩説》第二卷以下並已亡佚無存,故僅有四卷,即《易説》一卷,《書説》二卷,《詩説》一卷。

此本據清光緒潘氏刻《功順堂叢書》本影印。(王耐剛)

### 王氏經説六卷 （清）王紹蘭撰 （第173冊）

王紹蘭,有《周人經説》,已著録。

是書凡説《周禮》一卷,《禮記》一卷,《左氏傳》三卷,《公羊》、《穀梁》一卷。或校勘經文,如謂《周禮》"贊玉幣爵事"之"玉"當作"王"。或考名物,如辨簠、簋,毛傳、鄭注《周禮》等以爲簋圓而簠方,《説文》則以簠圓而簋方,王氏以爲二説實無不同,毛傳等據内爲説,《説文》則據外而言。或辨訓詁,如"撟邦令",鄭玄、顏師古、賈公彥皆以"矯"釋"撟",王氏則以爲撟、矯二字音同而義異,當據《説文》訓"撟"爲"擅",乃專擅之義。或補舊注之未足,如"子羔之襲也玄冕",鄭玄以爲玄冕乃大夫之服,未聞子羔何爲襲之。王氏則據《史記・衞世家》集解引賈逵説"子羔,衞大夫高柴",以爲子羔嘗爲大夫,故得襲玄冕。其説大多類此。

此本據光緒潘氏刻《功順堂叢書》本影印。(王耐剛)

### 隸經文四卷續隸經文一卷 （清）江藩撰 （第173冊）

江藩,有《周易述補》,已著録。

是書爲江氏説經之文,卷一爲議,卷二爲辨、論、解,卷三爲説,卷四爲釋及雜文,凡四十三篇,實乃文集之屬。其中多詳於禮制,如《明堂議》、《廟制議》、《特廟議》、《昭穆議》等,李慈銘許爲"洋洋大文,説禮名家"。又如《私謚非禮辨》、《諸侯五廟論》、《祧廟説》、《居喪不文説》等,張舜徽稱其"説經鏗鏗,言之成理",《答程在仁書》謂居喪不當稱棘人,《與伊墨卿書》辨稽顙拜、拜稽顙之異,張氏亦謂之"足以訂正俗譌,發明經旨"。或詳名物,如《藪説》、《弱説》等,解研讀《考工記》所不當廢。又是書之文,或與江氏《炳燭室雜文》互見重出,曾釗序引江氏之言云"此從諸文中删存著,苟非説經皆不録",是則江氏之文,説經者則入《隸經文》,他則入《炳燭室雜文》,至若有重出互見者,張氏以爲或出於編次時對勘之疏,或得其實。《續隸經文》一卷,則有《顧命康王之誥辨》、《尚書今古文辨》、《書書敘後》、《原命解》、《用然後郊解》、《與阮侍郎書》六篇。

此本據浙江圖書館藏清道光元年刻本影印。《粵雅堂叢書》本則僅有《隸經文》四卷,而無《續隸經文》。(王耐剛)

### 群經宮室圖二卷 （清）焦循撰 （第173冊）

焦循,有《易章句》等,已著録。

是書雖以宮室爲名,實則不限於宮室,別類有九,又爲圖四十九,卷上城圖七、宮圖十、門圖三、屋圖十一,又附圖七;卷下社稷圖二、宗廟圖三、明堂圖七、壇圖一、學圖五,又附圖五。圖各有説。古來考宮室者,多以《儀禮》爲據,焦氏則蹊徑獨闢,以《考工記》所載爲本,參以《儀禮》,而又擴展及群經。如考"閎",焦氏云有二説,引《左傳》成公十七年云"齊慶克與婦人蒙衣承輦入於閎",焦氏以此閎爲巷頭之門,《左傳》襄公十一年"萌諸侯閎",注云"僖公之門",昭公十二年"華齊御公孟及閎中"注"閎,曲門中",焦氏云:"曲門者,即曲城。僖公之門者,即《聘禮》每曲揖之曲,是每曲之門亦名閎也。"此乃焦氏是書之特色所在。焦氏治學主於徵實求是,故不泥於舊注,書中有云"名爲鄭學者,亦徒泥其言,莫窮其蘊,一蔽於祇之,又蔽於護之,真足悲也"。故焦氏駁舊注舊説所在多有,如明堂諸室,鄭玄以太廟大室居中,其餘四室在四隅,而焦循則以爲四室居四方之正。不曲護舊說亦焦氏此書之特色。

此本據華東師範大學圖書館藏清道光間半九書塾刻《焦氏遺書》本影印。（王耐剛）

## 詩書古訓六卷　（清）阮元輯（第 174 冊）

阮元,有《三家詩補遺》等,已著録。

是書以"萬世之學以孔孟爲宗,孔孟之學以《詩》、《書》爲宗",故裒輯三禮、三傳、《國語》、《論語》、《孟子》等先秦舊籍及兩漢諸子、《史記》、《漢書》等書之中關涉《詩經》、《尚書》經義者,列於經文之後,不加按斷,使讀者自得。又江瀚云:"是書疑不出元手,蓋與《經籍纂詁》同係幕僚編録,篇中兩見'光琦謹案',即其證。"考是書卷首阮福識語云:"昔家大人撰集《十三經經郛》,一時所采之書未得詳盡,且抄胥遺錯不能付刊,久藏於篋。道光十五、六年,在京師欲撰《詩書古訓》,將《詩》、《書》二經提出,録成六卷,付門下士畢韞齋(光琦)校定之、删節之、增補之,遂爲完書。"據此,則是書源自《經郛》之稿本,且經畢光琦删訂者。

此本據復旦大學圖書館藏清道光二十一年刻本影印。（王耐剛）

## 經義述聞三十二卷　（清）王引之撰（第 174—175 冊）

王引之(1766—1834),字伯申,號曼卿,謚文簡,高郵(今江蘇高郵)人。嘉慶四年(1799)進士,官至工部尚書。與其父王念孫皆爲乾嘉學術巨擘,世稱"高郵二王"。長於考據,尤精小學。更著有《經傳釋詞》等。《清史稿》有傳,又見龔自珍《工部尚書高郵王文簡公墓表銘》)。

王氏以書中多敍其父念孫之說,故名"述聞",取"善則歸親之義",然其中引之之說亦復不少。此書大旨主於聲音、文字、訓詁一以貫之,以此法解經、校經,此正所謂"用小學說經,用小學校經"。此書之尤爲創見者,則歸納通則:經文假借、語詞誤解以實義、經義不同不可强爲之說、經傳平列二字上下同義、經傳數句平列不當上下歧異、經文上下兩義不可合解、增字解經諸條乃有關訓詁文義者;衍文、形譌、上下相因而誤,後人改注疏釋文,則分析致誤之由關乎校勘者;上文因下而省,則古書行文之通例。上述歸納,啟發來學不少。要之,是書創獲極多,故焦循稱是書及《廣雅疏證》云:"訓詁聲音,經之門户,不通聲音,不知訓詁。訓詁不知,大道乃沮。字異聲同,一通形假。或轉或因,比例互著。高郵王氏,鄭許之亞,借張揖書,示人大路。《經義述聞》,以子翼父。"又或以爲王引之早年汲汲於舉業,入仕後又歷官要職,政務冗繁,治學頗受影響,此書中標"引之謹案"之條目多有出自王念孫者,念孫託名歸美其子。然此亦一家之言,未必合乎事實,故不可視爲定論。

是書之初刻爲十五卷,凡《周易》、《尚書》各一卷,《毛詩》二卷,《周官》、《儀禮》、《大戴禮》各一卷,《禮記》、《左傳》各二卷,《國語》、《公羊》、《穀梁》、《通說》各一卷。其後又有增益,故今本爲三十二卷,凡《周易》、《尚書》各二卷,《毛詩》三卷,《周禮》二卷,《儀禮》一卷,《大戴禮》、《禮記》、《左傳》各三卷,《國語》二卷,《公羊》、《穀梁》各一卷,《通說》二卷,又增《春秋名字解詁》二卷,《太歲考》二卷、《爾雅》三卷。

此本據華東師範大學圖書館藏清道光七年王氏京師刻本影印。（王耐剛）

## 左海經辨二卷　（清）陳壽祺撰（第 175 冊）

陳壽祺,有《三家詩遺說考》等,已著録。

是書乃陳氏說經之文。或析經典之流傳,如《今文尚書泰誓後得說》、《今文尚書有序說》、《今文尚書有古文說》等。或辨析經義,如《八遷五遷辨》等。至其《九拜考》,張舜徽謂詳於段玉裁《釋拜》,《説文經字考》一篇則可補錢大昕《潛研堂答問》之未及。皆可補前修未備。《漢讀舉例》一篇則貫穿漢儒音讀之法,尤爲縝密。然考證論説,皆就所舉證而言,疏誤亦在所難免,故江瀚所云"經義深廣,固非一人所能盡,孰從孰違,惟在慎思明辨之耳",誠爲篤實之論。

此本據復旦大學圖書館藏清道光三年刻本影印。(王耐剛)

### 娛親雅言六卷 (清)嚴元照撰 (第175冊)

嚴元照(1783—1817),字九能,一字修能,歸安(今浙江湖州)人。諸生。嚴氏治經務篤實,尤精《爾雅》、《説文》之學。更著有《爾雅匡名》、《娛親雅言》、《悔菴文鈔》等。傳見《清史列傳》卷六九。

是書前有嘉慶十四年(1809)段玉裁序、嘉慶元年錢大昕序及吳庭蘭、徐養原、錢大昕、段玉裁等跋文多篇,又嘉慶十二年嚴氏自序。自序稱,嘉慶元年其父年六十三,患河魚之疾,思以此娛之,因以"娛親"名書,其曰"雅言",乃其父所定名云云。由是知此書之名義由來。

是書六卷,卷一論《周易》、《尚書》,卷二論《毛詩》,卷三論三《禮》,附《大戴禮》,卷四論《春秋三傳》,附《國語》,卷五論《論語》、《孝經》、《孟子》,卷六論《爾雅》。是書多援據古義,如《論語》"賢賢易色",引《漢書·李尋傳》顏師古注及皇侃《義疏》之説,又如"貧而樂富而好禮",謂"樂"下有"道"字者,孔安國之本,無"道"字者,鄭玄之本,二本本不同,何晏混而爲一。《孟子》"存乎人者莫良於眸子",據《爾雅》以"察"釋"存"。如是之類,皆可信據。其書經錢大昕、段玉裁、孫志祖、徐養原、臧庸、丁杰、梁玉繩、趙春沂等人審閲,故或有小注以載上述諸人之説,以見著述時之往復討論,故謝章鋌云"是讀書集善之妙則,要非以考據沽名者矣"。

此本據南京圖書館藏清嘉慶刻本影印。又是書亦見子部雜家類,乃據上海辭書出版社圖書館藏清光緒《湖州叢書》本影印。(王耐剛)

### 惕齋經説四卷 (清)孫經世撰 (第176冊)

孫經世(1783—1832),字濟侯,號惕齋,惠安(今屬福建泉州)人。清道光十一年(1831)優貢生。長於小學,更著有《説文會通》、《爾雅音疏》、《釋文辨證》、《韻學溯源》、《十三經正讀定本》、《釋詞附錄》等。事跡詳包世臣《清故優貢生孫君墓志銘》及《(道光)惠安縣志》本傳。

孫氏深研理學,又云"不通經學無以爲理學,不明訓詁無以通經,不知聲音文字之原無以明訓詁",此可見其治學大旨所在。是書爲孫氏説經之文,多辨析文字,如據《毛詩》傳、《説文》、鄭箋、《釋文》等言《詩經》"言秣其駒"、"乘我乘駒"、"我馬維駒"、"皎皎白駒"之"駒"爲"驕"之譌。又如析《周易音義》所引《説文》五十餘條,分補備、刪譌、考正、依定、據勘、參酌、兼存諸例,可考二書流傳中之文字訛誤。至若《説文解字假借考》所引詳備,其析也細,其采也博。

此本據清道光二十三年刻本影印。又此本無序跋,江瀚所見亦道光二十三年刻本,謂有徐樹銘、蘇廷玉二序,又有杜彥士輓詩六首及陳金城所撰孫氏傳文。或別是一本,或此本有脱。(王耐剛)

### 介菴經説十卷介菴經説補二卷 (清)雷學淇撰 (第176冊)

雷學淇,生卒年不詳,字瞻叔,一字竹卿,號介菴,通州(今屬北京)人。嘉慶十九年(1814)進士,官山西和順知縣、貴州永從知縣。更著有《竹書紀年義證》、《亦囂囂齋文集》等。《清史稿》有傳。

此書爲雷氏説經之文。卷一《周易》,卷二

《尚書》，卷三《毛詩》，卷四《周禮》，卷五《儀禮》，卷六《禮記》，卷七《春秋傳》，卷八《論語》，卷九《孟子》，卷十《孝經》、《爾雅》。每卷分篇若干，各有篇目。其書雖不名家法，兼采漢宋，時有新見，引證辨博，雖不無疏失，如以《爾雅》出於周公之類，然大體可信之説爲多。其補二卷，則論説《周易》、《尚書》者。

此本據浙江圖書館藏清道光間通州雷氏刻本影印。（王耐剛）

**實事求是齋經義二卷**　（清）朱大韶撰（第176冊）

朱大韶，有《春秋傳禮徵》，已著録。

朱氏此書多詳禮制，如其辨《周禮》之"士庶子"與他經旨庶子尤不相涉，又引證詳博以明其職掌。又其謂"二名不偏諱"，"偏"當作"徧"，謂段玉裁説近其實，其後又一一評論諸家説法之長短。三《禮》而外，亦涉他經，如《以字爲謚辨》一篇，説《左傳》者，謂"謚"當作"氏"，然亦引禮制爲證，可見其治學之特色乃在以禮通貫群經。

此本據清光緒十四年南菁書院刻《清經解續編》本影印。另有光緒九年刻本及光緒二十年封氏修補印本。（王耐剛）

**讀書偶識十卷附一卷**　（清）鄒漢勛撰（第176冊）

鄒漢勛（1805—1854），字叔績，號績父，新化（今湖南新化）人。咸豐元年（1851）舉人。官安徽廬州知縣、直隸州同知等。更著有《穀梁傳例》、《夏小正義疏》、《斅藝齋文存》及《詩存》等，後輯爲《鄒子遺書》。《清史稿》有傳。

鄒氏此書自序云"破前人之訓故，必求唐前之訓故方敢用；違箋傳之事證，必求漢前之事證方敢從"，此可見此書之特色乃在據古説以駁古説。是書或考典制，如論明堂之制，據《考工記》，以爲其源於夏之世室、殷之重屋，又據《周書·明堂篇》言其制度，簡而明了，不糾纏舊説之紛繁。然考明堂之制度者，各有依據，鄒氏所言未必確實，然其依古爲説，要非私臆。或考名物字義，如謂"短褕"似"今之馬褂"，汗襦爲"今之緊身"之類，則措意於古今名實異同。鄒氏經説大都簡短有據，雖不能及乾嘉大儒如錢大昕、王念孫輩，但補苴罅漏之功亦不可泯没。

此本據復旦大學圖書館藏清光緒九年左宗棠刻《鄒子遺書》本影印。另有《清經解續編》本。（王耐剛）

**巢經巢集經説一卷**　（清）鄭珍撰（第176冊）

鄭珍，有《輪輿私箋》等，已著録。

鄭氏禮學名家，治禮宗鄭玄爲主，故是書論及三《禮》者爲多。如《曾子問昏禮既納幣有吉日女之父母死節》一篇，云所謂致命，非辭婚，乃致其緩娶之命；所謂弗取而後嫁，非別嫁，乃女氏強嫁於壻。孔疏誤解鄭玄注，而陳澔襲之。又如《禮記注脱鼠》一篇，以疏文爲證，云《文王世子》鄭注"席之制三尺三寸三分"當作"三尺三寸三分寸之一"，如此方合"三席函一丈"之説。又如《考定喪父大功章大夫之妾二條鄭氏注原本》一篇，明舊讀合兩條爲一之誤，以明鄭玄改讀之由。又其《補正爾雅釋親宗族》、《姒娣》諸文，亦關乎禮制者。他如《辨日本國古文孝經孔氏傳之僞》、《僞古文尚書誤採左傳》等，則發疑辨僞，可補《四庫全書總目》、閻若璩《尚書古文疏證》之説。至若《古文孝經》及孔氏傳之真僞，鄭氏所云雖未必是確，然以證據而立論，不逞私臆，可爲一家之言。

此本據南京圖書館藏清咸豐刻《巢經巢集》本影印。另有《清經解續編》本等。（王耐剛）

**句溪雜著六卷**　（清）陳立撰（第176冊）

陳立，有《公羊義疏》，已著録。

此書乃陳氏説經釋字議禮之文,並其他雜文如書札、序跋等,而皆有關經義者。其中涉及禮制者居多,如《路寢孔碩辨》一文,謂孔疏以路寢爲君之正寢,陳氏據《詩》義及《周禮》等以爲路寢即大寢,爲伯禽廟寢。又《爲人後者服其本親議》一篇,駁段玉裁所説禮經爲人後者爲其本親之服四條,亦似可從。至若《九獻疏》一篇,貫串禮經並鄭、崔、孔、賈注疏之義而通釋之,尤爲典覈。他如《書十經文字通正書後》,列錢坫之誤,云此書旁通曲證,雖於小學有功,但似不及段玉裁之精。《説文母猴説》一篇,謂"母"爲語詞,長言之爲母猴,短言之則爲猴,猶越之名於越,吳之名句吳。張舜徽稱陳氏此書云:"是編載文雖不甚多,而篇篇歸於徵實,皆有用之文。"

是書前有劉文淇序、陳氏自序。據陳氏所云,知道光二十三年(1843)始刻是書二卷於揚州,咸豐二年(1852)又刻二卷於京師,同治三年(1864)合輯爲五卷,刻於江寧。又目錄後有立子汝恭跋語云:"汝恭謹檢未刻文字請寶應劉先生恭冕、儀徵劉君壽曾擇存十四首,續刊之爲第六卷。"此本即據上海圖書館藏清同治三年刻光緒陳汝恭續刻本影印。(王耐剛)

## 通介堂經説三十七卷 (清)徐灝撰(第177册)

徐灝(1810—1879),字子遠,自號靈州山人。番禺(今屬廣東廣州)人。以幕僚入仕,歷官柳州府通判、陸川縣知縣、署慶遠府知府等。更著有《説文注箋》、《通介堂文集》、《靈州山人詩録》等。《(宣統)番禺縣續志》有傳。

是書主於考據,徐氏自序亦云服膺高郵二王,冀以此書輔翼之,則其治學之宗尚可見。書中多明通之説,如《論語》"有朋自遠方來",包咸注曰同門曰朋,朱注云同類,毛奇

齡則以爲朋是門户之名,朱注云同類爲非,徐氏則以爲朋之本義起於兩貝爲朋,引申之凡相對比者皆曰朋,包曰同門、朱曰同類皆此引申之義,毛氏失之遠矣。又《孟子》"何以異鄒敵楚哉,蓋亦反其本矣",據下文,以此"蓋"當作"盍"。又其卷五"箕子之明夷"條云:"此皆學人好奇之過,因墨守謬説,遂以臆見輕詆先儒,亦失言之甚矣。"則徐氏論學蓋主於求是而輕於佞古。

此本據上海辭書出版社圖書館藏清咸豐四年刻本影印。(王耐剛)

## 通義堂集二卷 (清)劉毓崧撰(第177册)

劉毓崧,有《周易舊疏考正》等,已著録。

是書皆劉氏説經之文,凡十二題十六篇。如《有字訓狀物之詞説》本王引之《經傳釋詞》之説而廣之,備舉其例,以糾不明古訓者穿鑿之弊。書中論説大多類此,引據詳贍,考證亦博。其中亦有不少涉及禮制,如《嫁殤非未婚守志辨》,云凡未婚守志死而合葬,實古禮之所有,聖賢之所許,非若嫁殤之宜禁。又劉氏有《通義堂文集》十六卷,而本書之文亦見《文集》之中,本書卷上除《周易履霜履讀爲禮解》、《莧陸當作莧睦解》二文四篇見於《文集》卷一外,他皆見於《文集》卷二;卷下除《助字辨略跋》見於《文集》卷四外,他皆見於《文集》卷三。蓋是書摘自《文集》,或《文集》爲續刻重編者。

此本據華東師範大學圖書館藏清光緒十六年思賢講舍刻本影印。(王耐剛)

## 茶香室經説十六卷 (清)俞樾撰(第177册)

俞樾,有《易貫》等,已著録。

俞氏説經之書,以《群經平議》爲著。是書自序言及《群經平議》,又云:"自主講浙江詁經精舍,已逾二十載,評閱課卷及與門下士往復講論,每有觸發,隨筆記録,積久遂多。去年夏,右骹生瘍,精力益衰,故秋間不至西湖,

於吳下寓廬閉門養疾,遂將所記錄諸條又益以二百餘事,編纂成書,釐爲十六卷。因此書之成適在《茶香室三鈔》成書之後,故即名之曰《茶香室經説》。"此其成書之大概。故書中往往有更正《平議》之説者,如《周易》"賁亨小"條,《平議》以"亨小"爲不辭,故以"亨"字絶句,"小"字屬下,而是書則以"亨小"絶句,並明云《平議》之説爲非。他説亦有廣見聞者,如《孟子》"子莫執中",趙注以子莫爲魯之賢人,諸家皆無所考,俞氏則疑子莫即子牟,見於《莊子》、《吕氏春秋》,牟、莫音近相通,惟子牟非魯人。然其中亦有未盡確實者,如《詩經》"哀窈窕"條,謂鄭箋改"哀"爲"衷"爲非,又解"哀"爲"愛",恐於義爲未安。又如《論語》"貧而樂富而好禮",鄭玄本如此,孔安國本作"貧而樂道富而好禮",俞氏則謂當作"貧而好樂,富而好禮",樂爲禮樂之樂,二者恰好相對。諸如此類,未可遽以爲確論。

此本據清光緒二十五年刻《春在堂全書》本影印。(王耐剛)

**群經平議三十五卷**　（清）俞樾撰　（第 178 册）

俞樾,有《易貫》等,已著録。

俞氏此書自序謂"治經之道,大要有三,正句讀,審字義,通古文假借,得此三者以治經,則思過半矣",又云:"三者之中,通假借爲尤要,諸老先生惟高郵王氏父子發明故訓,是正文字至爲精審。"是書即仿高郵王氏《經義述聞》而作,故其大旨以明假借發古義爲主。如《尚書·堯典》"巽朕位",孔傳以順解"巽"字,陸德明《釋文》引馬融云:"巽,讓也。"《史記集解》引鄭玄:"入處我位。"俞氏則以爲諸家之説並非。其據《史記·五帝本紀》"巽"作"踐",以"巽"爲"踐"之假字。踐從戔聲,古音與"巽"相近,宓不齊字子賤,任不齊字子選是其證。又如《孟子》"益烈山澤而焚之",趙岐訓烈爲熾,云"益視山澤草木熾盛

而焚燒之",俞氏則以爲"烈"乃"列"之假字,《禮記·玉藻》"山澤列而不賦",鄭玄以遮訓列,即《説文》之"迾"字。其説似可從。李慈銘云:"其書涵詠經文,務抉難詞疑義,而以文從字順求之,蓋本高郵王氏家法,故不主訓詁,惟求達詁。亦往往失於武斷,或意過其通,轉涉支離。然多識古義,持論有本,證引疏通,時有創獲,同時學者,未能或之先也。"頗中肯綮,亦深明俞氏此書精粹所在,可爲定評。

此本據清光緒二十五年刻《春在堂全書》影印。(王耐剛)

**群經説四卷**　（清）黄以周撰　（第 178 册）

黄以周,有《周易注疏賸本》等,已著録。

是書爲黄氏説經之文,其識語云:"初予治《易》,有《十翼後録》,《書》、《詩》、《春秋》內外傳、《論語》、《孟子》、《爾雅》未有成書,而有《讀書小記》前編,文之成篇幅者若干篇,王祭酒采入《經解續編》中,今復重定,出四篇,增二十三篇。"則是書經黄氏手定,與《清經解續編》所收《經説略》二卷已不同。其中《鄭解周易字義》二篇,論《連山》、《歸藏》非神農、黄帝之號,以申鄭玄之説。《讀王肅易注》則謂讀其書知有同一經文而異讀者,有獨守本文而不從讀改字者,有依衆家本而定其字者,有衆家已無考見而可以參存者,亦有私改經文獨異衆家而不可信用者,於王肅《易》注之長短評論允當。其言《詩》亦如是,或以鄭箋之説爲是而正俗解之誤,如《申鄭箋仕於泠官義》,或以三家詩之義爲是,如《婦無公事説》。可見黄氏治經,不主一家,唯是是求。他如《釋既》、《釋曰》二篇,補王氏《經傳釋詞》所缺,義並允當,亦可見黄氏小學之精。

此本據上海辭書出版社圖書館藏清光緒二十年南菁講舍刻《儆季雜著》本影印。(王耐剛)

## 經學博采録十二卷 （清）桂文燦撰（第179 冊）

桂文燦，有《毛詩釋地》等，已著録。

是書體類江藩《漢學師承記》，記載乾、嘉、道、咸四朝學術源流。或録學者之行事，或載學者之經説，或記學者著述之大要。其所記載諸學者，以漢學爲主，然亦收入曾國藩等。是以倫明稱此書云：“其體例視江藩《漢學師承記》較寬，視張星鑒《經學名儒記》較詳。其間或單録一人，或並録數人，又或只録一書一事。所録之人，每詳其爵里、行事，間及軼聞，亦有從略者，則其人已著稱於時，無俟詳也。又所録之人，每詳其撰著。”可謂深明其體要。書中除論學而外，亦有總論學術源流者，如卷四“經書自宋以前無梓本”條，詳述歷代石經之刻與所刻經典之目。又如卷八“國朝重熙累洽”條，總論一代學術，謂清儒所過於前人者有數端：一曰辨群經之僞，一曰存古籍之真，一曰發明微學，一曰廣求遺説，一曰駁正舊解，一曰創通大義，所舉各例皆清代學術之創獲。故郭則澐稱是書云“大之可補國史，次之亦可代學案”。

此本據國家圖書館藏民國三十一年《敬躋堂叢書》本影印。又有民國三十一年《辛巳叢編》本，乃王欣夫據稿本整理重編。此本卷首有郭則澐序，略云：“吾友黃君緯藏有桂氏遺著多種，皆未刊之稿，《經學博采録》在焉。……會吳縣王君欣夫主輯《辛巳叢編》，采及是書，先印成見寄。竊幸衰晚寂寥，乃有銅山洛鐘之應。及取以互斠，則兹編條舉增於《叢編》本者凡二十有一，其卷二自首至末皆彼本所無。餘雖並見，而兹之所載，時復增詳，疑此爲最後寫定者。其間譌脱互異則就兩本衡較，擇其善者從之，而復授手民刊正焉。”是則此本詳於《辛巳叢編》本。對比二本，不惟條目多少不同，條目先後亦有差異。又遼寧省圖書館藏有廣雅書局鈔本，近於此本。（王耐剛）

## 經述四卷 （清）林頤山撰（第179 冊）

林頤山（1847—1907），字晉霞，慈溪（今浙江慈溪）人。光緒十八年（1892）進士，江蘇即用知縣。主講南菁書院，更著有《群經音疏補正》、《水經注箋疏》、《蒙溪遺稿》等。事跡略見《蒙溪遺稿》所附傳及《清朝續文獻通考》卷二五九。

是書乃林氏説經之文，多釋《周禮》者，如《釋井田三》云：“鄭君囊括網羅，事事務求宏通，本傳載其傳經餘緒，兼通九章術，爲後漢時所傑出，匪特方田等章洞悉原委，即近今流質重學、地面阻力、水流速率，雖據大較而説，亦早已略見及此矣。方知中土人材困於不試，合古今而同慨，豈真遜於泰西之學耶？”又如《土圭測徒深考一》以《周禮》鄭注“凡日影於地千里差一寸”，引《周髀算經》、《淮南子》等明鄭玄所本，又以《時憲術》推算其數，信而有徵，末云鄭時曆學尚疏，非責難於古人。

此本據復旦大學圖書館藏稿本影印。此本爲四卷。又《清經解續編》亦收入林氏此書，則唯有前三卷。（王耐剛）

## 國朝漢學師承記八卷附録一卷 （清）江藩撰（第179 冊）

江藩，有《周易述補》等，已著録。

是書卷一首有江氏前言，云：“經術一壞於東西晉之清談，再壞於南北宋之道學，元明以來，此道益晦。至本朝三惠之學盛於吳中，江永、戴震諸君繼起於歙，從此漢學昌明，千載沉霾，一朝復旦。暇日詮次本朝諸儒爲漢學者，成《漢學師承記》一編，以備國史之採擇。”由是可見江氏此書之大旨。是書收録清初至嘉慶時治漢學者，凡正記四十人，附十七人，考其生平，述其學旨、師承，故阮元序云“讀此可知漢世儒林家法之承授，國朝學者經學之淵源”。是書之撰，或以爲門户之見過深，然江氏爲惠棟再傳弟子，撰爲此書義在表彰漢學，故所謂門戶之見在所不免。亦有稱許江氏此書者，如李慈銘云："江氏謹守漢學，不容一字出入，殊有班氏《儒林傳》、《藝文志》家法，非陸氏《釋文敍錄》等書所得比肩。遺文軼事，亦多藉以考見，誠有功於諸儒矣。"以今而言，研治清學者，不能不讀此書，不能不藉此書知清人之學術史觀。

其附錄則《經師經義目錄》一卷，爲漢學家著述目錄，其仿陸德明《釋文敍錄》之例，大旨在補《師承記》所未及，故述諸經傳傳授之源流，而後列江氏所采清代學者之著述，其中無關經義、不宗漢儒、書未成者、雖成而未見及撰者尚存者，皆不著錄。

是書流傳甚廣，版本衆多。其中以清嘉慶二十三年刻本爲最早，後有修版之處。其後諸本如嘉慶二十五年揚州黃氏藝古堂刊本、《節甫老人雜著》本、《粤雅堂叢書》本，皆由嘉慶二十三年初刻本出。

此本據天津圖書館藏清嘉慶時刻本影印。天津圖書館著錄爲"嘉慶十七年刻本"，大誤，蓋以汪喜孫跋爲據，《續修四庫全書》襲其誤。（王耐剛）

**兩漢五經博士考三卷**　（清）張金吾撰（第179冊）

張金吾（1787—1829），字慎旃，號月霄，昭文（今江蘇常熟）人。道光諸生。以藏書名家，更著有《愛日精廬藏書志》、《續志》，又編有《金文最》等。事跡見自撰年譜《言舊錄》、黃廷鑑《朝議大夫張君行狀》等。

是書凡三卷，卷一引《漢書》、《後漢書》、《通典》等所載博士之制，如置立博士之始、博士所領之事、前後辟舉之法、增益之數以及兩漢歷朝詔疏等，總一書之綱。卷二依諸經之次，記諸家立學之始，著其傳承。卷三則錄諸博士姓名，先載建元以前博士，次之以五經博士，終之以諸侯博士，各詳其人。卷首有《覆陳君子準論五經博士書》及陳氏原札，以

爲此書之序例。是書主言必有徵，寧缺毋濫，孫原湘序所云"其採摭也辯，其多聞而闕疑也慎"，蓋非虛語。

清人考博士制度者，張氏此書而外，又有胡秉虔《西京博士考》，二書皆導王國維《漢魏博士考》之先路，然其失也疏，故王國維云："張氏書徵引雖博，而苦無鑒裁，又前後往往失次。胡氏之書，至不知博士與博士弟子員之別。其於六藝流別及兩漢制度均有所未究，不獨於諸經立學之事茫然無可考也。"故王氏論張氏及胡氏之失誤有六，一則不別博士與博士弟子員，二則以他人姓名爲博士之姓名，三則以一人爲二人，四則誤以徵試博士爲博士，五則博士之徵而不至者與已任職者無別，六則誤從古書以列儒林、文苑之人泛稱博士。由是知考據之難，亦知考據之後出轉精。

此本據國家圖書館藏清道光十五年刻本影印。（王耐剛）

**經學歷史一卷**　（清）皮錫瑞撰（第179冊）

皮錫瑞，有《尚書古文疏證辨正》等，已著錄。

皮氏此書歷敍經學發展之歷史，分經學開闢時代、流傳時代、昌明時代、極盛時代、中衰時代、分立時代、統一時代、變古時代、積衰時代、復盛時代，開近代以來經學史研究之先河。其於經學之分期如此，分派則分今文經、古文經與宋學三派。此其大綱，其分期、分派未必盡合史實，然乃皮氏體認經學史之視角。書中論説有極精者，如論後漢經學盛於前漢者有二，一則前漢多專一經，兼通數經者罕，後漢則多能兼通；一則前漢篤守遺經，罕有撰述，章句略備，文采未彰，後漢則著述繁密。又言前漢重師法，後漢重家法。其論隋唐時南北經學之統一，略云："學術隨世運爲轉移，亦不盡隨世運爲轉移。隋平陳而天下統一，南北之學亦歸統一，此隨世運爲轉移者

也。天下統一，南并於北；而經學統一，北學反并於南，此不隨世運爲轉移者也。"又云："經學統一之後，有南學無北學。南學、北學，以所學之宗主分之，非以其人之居址分之也。"是皆於經學史之發展有細緻之觀察，所論雖未必盡確，然非以論代史者所可比。皮氏治經學主西漢今文經學，故書中宣揚孔教救國、六經致用、緯候足徵之說亦時有之，故古文經學之學者對此書或有譏彈。如章太炎以"鈔疏原委，故妄以己意裁斷，疑《易》、《禮》皆孔子所爲，愚誣滋甚"。章氏或詆之太過，究其實言之，此書言經學發展之變遷，未必盡合其實，然脈絡清晰，引證亦密，於治經學史頗爲有功。

是書以清光緒三十二年思賢書局刻本爲最早，此本據以影印。今則以周予同注釋本最爲通行。（王耐剛）

### 今古學考二卷　廖平撰（第179冊）

廖平，有《易經古本》等，已著錄。

廖氏此書區分今文經學、古文經學。其卷上諸表，分別兩漢經學著作之今、古，其卷下則經話一百餘則。廖氏區別今、古之依據爲《王制》與《周禮》，其說以今文經學宗《王制》，古文經學宗《周禮》，此其創見。其說又云："孔子初年問禮，有從周之言，是尊王命畏大人之意也。至於晚年，哀道不行，不得假手自行其意，以挽弊補偏，於是以心所欲爲者書之《王制》，寓之《春秋》。當時名流莫不同此議論，所謂因革繼周之事也。後來傳經弟子因爲孔子手訂之文，專學此派，同祖《王制》，其實孔子一人之言前後不同。"以孔子早年、晚年之說從屬《周禮》、《王制》，而別古學、今學之分，亦其創說。其書大旨如此。廖氏自稱此書云："《今古學考》排難解紛，如利剪之斷絲，犀角之分水，今古學派始能各自成家，門户森嚴，宗旨各別。"

此本據上海辭書出版社圖書館藏清光緒十

二年成都刻《四益館經學叢書》本影印。（王耐剛）

### 新學僞經考十四卷　康有爲撰（第179冊）

康有爲（1858—1927），字廣廈，號長素，南海（今屬廣東佛山）人。光緒二十一年（1895）進士。主張並助光緒帝進行變法，然以失敗告終。一生著述甚豐，更著有《孔子改制考》、《大同書》、《春秋董氏學》等。《清史稿》有傳，又見《康南海自編年譜》。

康氏此書，大旨謂古文諸經皆劉歆僞造，皆爲新莽之學，故康氏稱其爲"新學"，名之曰"僞經"。其序略云："始作僞亂聖制者自劉歆，布行僞經，篡孔統者，成於鄭玄。"又云："凡後世所指目爲'漢學'者，皆賈、馬、許、鄭之學，乃新學，非漢學也。即宋人所尊述之經，乃多僞經，非孔子之經也。"故康氏尊信西漢今文經學，謂秦焚書並未及六經，漢十四博士所傳諸經皆孔門足本，並無殘缺。又謂孔子時所用文字乃秦漢間篆書，即以"文"論，亦絕無今古之目。又謂劉歆爲彌縫其作僞之迹，校中秘書時，於一切古書多所篡亂。此其說之大概。或以康氏此書立論與廖平《今古學考》有相同之處，便以爲康氏多受廖平之影響。又有以康氏此書失之武斷，如符定一謂其徵引也博，屬詞也肆，制斷也武，立誼也無稽，言之也不怍，可謂深中其弊。然此書爲變法張本，故亦不可以單純辨僞之書視之。

此本據上海辭書出版社圖書館藏清光緒十七年康氏萬木草堂刻本影印，爲是書之初刻。又民國六年康氏重刻此書，其序云："光緒辛卯，初刊於廣州，各省五縮印。甲午，奉旨毀板，戊戌、庚子，兩次奉旨毀板。"是康氏此書三遭毀板，又迭經重刻。（王耐剛）

### 經學通論五卷　（清）皮錫瑞撰（第180冊）

皮錫瑞，有《尚書古文疏證辨正》等，已著錄。

是書凡五卷，依《易》、《書》、《詩》、三《禮》、《春秋》編次。於各經之大義、流傳以及前人之說各有討論。如《論變易不易皆易之大義》一篇，其說明通，其中引據《易緯乾鑿度》以之爲說《易》最古之書，則其今文經學之立場可見。又其論卦辭、爻辭之作者，以爲前人所云卦辭文王所作、爻辭周公所作，皆無明據，當爲孔子所作，其所據亦西漢今文經學家之説與緯書之辭。其論《尚書》，大抵亦尊今而抑古，於僞孔傳則批評甚力。如焦循以孔傳雖僞亦有可取，本爲矯時人之弊，然皮氏則撰《論焦循稱孔傳之善亦當分別觀之》，所論似不及焦氏。又其以僞孔傳爲王肅所作，亦無明證。然皮氏深於《尚書》之學，故所論大體平實可信。其《論三家詩大同小異史記儒林傳可證》，所言頗可信據，其較諸家以爲某説必爲齊、爲魯、爲韓遠爲通達，今人攻研三家《詩》者當借鑒其説。至若其論《詩》則多批評毛傳而曲護三家，以爲毛傳不及三家《詩》之訓詁則失之偏頗，實則不唯三家，《毛詩》之訓詁於三家同者亦復不少。其論三《禮》，如以《王制》爲今文大宗，即《春秋》素王之制，用其説可以治天下，其書應分篇別出，又以《周禮》爲古文大宗，其説與廖平《今古學考》之説相合。其論《春秋》，則以之爲孔子所作而非鈔録，是經而非史。其於三《傳》則以《公羊》最能發明《春秋》之義，而《左氏傳》則非解經。是書之大概如此，其今文經學立場鮮明可見。

此本據清光緒三十三年思賢書局刻本影印。（王耐剛）

### 經典釋文考證三十卷　（清）盧文弨撰（第180 冊）

盧文弨，有《儀禮注疏詳校》，已著録。

《經典釋文》一書，清人甚重之，徐乾學《通志堂經解》刊之於前，盧文弨抱經堂又重刻之。是書即盧氏校勘《經典釋文》之札記，所用校本主要用宋本蓋即清人所傳葉林宗鈔本、通志堂本及注疏中所附釋文，又引用清人如顧炎武、閻若璩、惠棟、錢大昕、段玉裁、丁傑等人之説，改正諸本之錯謏，其中抱經堂刊刻《經典釋文》多據以改正。其説多精核者，如《尚書·泰誓中》"渴"字條云："官本注作'竭'字，音巨列反。案，此'渴日'當如《公羊》'渴葬'之'渴'，似不當作'竭'。"考之岳氏刻本，盧氏所言甚是。又如《禹貢》"島"字條，盧氏據《史記·夏本紀》及集解所引鄭注云當作"鳥"。又如"雎鳩"條"鳥之有至別者"，據毛傳、鄭箋之説以爲當作"鳥之至而有別者"，而於抱經堂本《經典釋文》未嘗改此字，此又可見盧氏之審慎。故其説云："宋本自勝近世所行本，然亦多錯誤。今取他書互證之，其灼然斷在不疑者，則就改本文，而注其他所謏者於下，使後來者有所考。若疑者、兩通者，則但注其下而已。"盧氏之後，阮元校勘《十三經注疏》與《經典釋文》，於盧氏此書之説多有所取，則其價值可見。

此本據復旦大學圖書館藏清乾隆常州龍城書院刻《抱經堂叢書》本影印。（王耐剛）

### 十三經注疏校勘記二百十八卷附釋文校勘記二十七卷　（清）阮元撰（第 180—183 册）

阮元，有《三家詩補遺》等，已著録。

是書乃阮氏組織江浙學人所纂成，其分纂諸人，李鋭校《周易》、《穀梁》、《孟子》，徐養原校《尚書》、《儀禮》，顧廣圻校《毛詩》，臧庸校《周禮》、《公羊》、《爾雅》，洪震煊校《禮記》，嚴傑校《左傳》、《孝經》，孫同元校《論語》，阮元總其成，其中段玉裁亦出力不少。

此書之要有三。一爲網羅版本衆多，當時所經見或藏書家所藏、學者所校之白文、經注、單疏、注疏之重要版本，皆有涉及。其校勘之工作底本，《尚書》、《儀禮》用毛氏汲古閣本，《爾雅》則用明吳元恭仿宋經注本及單疏本，《孝經》則用翻宋本，《論語》則不主一本,唯是而從;其他諸經則以十行本爲底本,此爲實際之情形。而本書凡例所云《周易》、《尚書》、《毛詩》、《周禮》、《禮記》、《春秋左氏傳》、《公羊傳》、《穀梁傳》、《論語》、《孟子》十經用十行本,《儀禮》、《爾雅》用單疏本,《孝經》用翻宋本,則非實情。二則引説廣博且審慎,其中有如《六經正誤》、《儀禮識誤》等,亦有時人如惠棟、盧文弨、錢大昕、戴震、段玉裁、王念孫等人校勘、考證之説。其體則出其文於上,此列衆本異文,而後引諸家之説加以按斷。三則觀念科學,乾嘉學者重視文本結構之分析,所謂以孔還孔、以賈還賈,區別底本之是非與經説之是非。因此,是書集歷代經書校勘之大成,焦循稱此書云"群經之刻,譌缺不明,校以衆本,審訂獨精,於説經者,饋以法程"。然亦有批評此書者,如翁方綱謂其"輕付他手,謬誤紛出",至若以十行本爲宋本,時人已有此説,此不足以深責阮元及其他校勘之人。以公允而論,是書固不能無謬誤,亦不能無以非爲是,以是爲非者。大較而言,在漏校、誤校兩端。漏校或由校勘者之粗心,或由版本所見不廣。誤校則學術觀點不同爲多。故其後汪文臺有《十三經注疏校勘記識語》,孫詒讓有《十三經注疏校記》,皆足以補此書之未備,發此書之誤。然大體瑕不掩瑜,精華多有,故阮元亦自信此書爲"大清國之經典釋文"。

據《雷塘菴主弟子記》,是書之成在清嘉慶十一年(1806),其初刻亦在是年。然今所見諸本多有段玉裁嘉慶十三年序,又或本段氏序外又有嘉慶二十一年進書表,且諸本之間仍有文字差異,是則書成之後,刷印不只一次,且有修改之處。此本據南京圖書館藏清嘉慶阮氏文選樓刻本影印,有段玉裁序,無阮元進書表,無脱葉,則其刷印當在嘉慶十三年至二十一年之間。此爲單行之全本。又有附於嘉慶二十一年南昌府學所刻《十三經注疏》各卷之後者,此爲摘録本,乃盧宣旬摘録,且該本與《注疏》相配,故其底本皆改從所刻《注疏》之底本,與單行之本有異,亦有利用北監本、毛本補校者。其後,又有《清經解》本,則於摘録之本深致不滿而據單行之本重爲刊刻。以流傳廣泛程度而言,以摘録本爲最,然若詳讀此書並冀得其全貌者,則不能舍此本。(王耐剛)

### 十三經注疏校勘記識語四卷　（清）汪文臺撰　（第183冊）

汪文臺(1796—1845),字南士,黟縣(今安徽黟縣)人。府廩生。更著有《淮南子校勘記》,輯有《七家後漢書》。事跡略見《(光緒)重修安徽通志》。

汪氏此書乃爲就正阮元所纂《十三經注疏校勘記》而作,其跋語亦云:"道光庚寅,買得南昌盧本,點看一遍,意有未安,別爲表識,實求其是云爾。"如"崔覲劉貞簡"條,阮校云"寫本'簡'上有'周'字",並無按語,汪氏則補其説云:"《孝經疏》亦云今文劉貞簡有説,即劉瓛也,謚貞簡先生。依寫本即是二人,唐以前説《易》諸儒無劉貞、周簡名。"其説甚是,可補《校勘記》之不足。然是書所據《校勘記》乃是盧宣旬摘録本,故汪氏所言亦有盧本誤而原本不誤者。如《尚書》"河南其性安舒厥性寬豫"條,汪氏所據《校勘記》云"宋板、閩本同,毛本作'其氣著密,厥性安舒'",其識語云:"案《公羊》莊十年疏、《爾雅》疏引同毛本,是也。"然全本《校勘記》則云:"此及上條,《爾雅疏》所引俱與毛本同。"又如《喪服》疏文"人道之至文者也",汪氏所引盧本以毛本作"文"作"大"爲是,汪氏識語云:"案,毛本誤,《禮記疏》'三年喪於人道之中至極文理之盛者'。"今核全本《校勘記》,以"文"爲是,以"大"爲非,是則汪氏所正者乃盧氏之誤,非阮元之誤。

此本據上海辭書出版社圖書館藏清光緒三年江西書局刻本影印。(王耐剛)

## 歷代石經略二卷　（清）桂馥撰（第 183 冊）

桂馥（1736—1805），字冬卉，號未谷，又號雲門，曲阜（今山東曲阜）人。乾隆五十五年（1790）進士，官雲南永平知縣。治學博通群籍，尤精《説文》。更著有《説文解字義證》、《札樸》、《晚學集》等。《清史稿》有傳。

是書彙考歷代所刻石經，以朝代爲綱，時代爲次，論列諸書中關涉石經之文獻，又附以後代補刻石經之記載，於各家記載之誤時有指正。是書多參顧炎武《石經考》、《金石文字記》及朱彝尊《經義考》，而所考較其更廣，益知考據之學後出轉精。其於漢石經，將引據史料分“不言漢石經爲一字三字”、“誤以漢石經爲三字”、“考定漢石經爲一字”三類，可謂條分縷析，觀點明確。其他歷代石經，其論列亦有章法。

此本據上海辭書出版社圖書館藏清光緒九年吳重憙陳州郡齋刻本影印。（王耐剛）

## 石經補考十二卷　（清）馮登府撰（第 184 冊）

馮登府，有《三家詩遺説》等，已著録。

石經之刻，始於漢之熹平，自此而後，曹魏、唐、後蜀、兩宋及清皆刻爲石經，顧炎武、萬斯同、杭世駿皆各著其書以考原委，然於石經文字之異同，則措意無多，故馮氏因三家之書，益以洪适、黃伯思以下各家著録及他書之考及石經文字者，詳加別擇，附以己見，明晰古今通借之原委而撰爲是書。計有《國朝石經考異》二卷、《漢石經考異》二卷、《魏石經考異》二卷、《唐石經誤字辨》一卷、《後蜀石經考異》二卷、《北宋石經考異》一卷、《南宋石經考異》二卷，凡七種，每種卷首皆有自序。然大凡考據之書，以無誤爲難，周中孚言馮氏以蔡邕習《魯詩》，然考之蔡邕《獨斷》，蔡邕所習爲《毛詩》。然大體英華多有，阮元序所稱“爲世之言石經者不可少之書”絶非溢美。

此本據國家圖書館藏清道光八年刻本影印。（王耐剛）

## 石經殘字考一卷　（清）翁方綱撰（第 184 冊）

翁方綱，有《禮記附記》等，已著録。

是編乃翁氏所見黃易等人所藏漢熹平石經殘字摹本，乃録其文字，加以考述，而成是書，冀能追比洪适《隸釋》。計其篇目，有《尚書》之《盤庚》五行半，二十六字，又半字五；《洪範》十行七十七字，又半字十一；《君奭》二行十一字，半字三。《詩經·魏風》八行，七十一字，又半字九；《唐風》四行三十二字，又半字二；《儀禮·大射儀》七行三十五字，又半字五；《聘禮》六行三十一字；《春秋公羊傳》隱四年，三行十八字，又半字二；《論語·爲政》八行五十三字，又半字十一；《微子》八行一百七十二字，又半字四；《堯曰》四行，凡上下兩段，上段二十七字又半字四，下段四十字又半字五，《論語》篇末識語殘字三行十八字，又半字四。每經之後，皆有考述，與洪适《隸釋》等書所載漢石經文字及翁氏所見漢石經傳世拓本相校勘，並考漢石經之形制行格等，間或引用前人考述之説。末又附《漢石經殘字歌》及《南昌學宮摹刻漢石經殘字歌》二首。

此本據國家圖書館藏清刻本影印。（王耐剛）

## 漢魏石經考三卷　（清）劉傳瑩撰（第 184 冊）

劉傳瑩，輯有《孟子要略》，已著録。

是書分上、中、下三篇，上篇考漢石經，中篇考魏石經，下篇則雜考諸書之有關漢魏石經説之文，凡十一篇。其考漢石經者，取史傳中關涉石經之文字，並爲之注釋説明，考魏石經者略同。然其采擇範圍不甚廣泛，不如桂馥《歷代石經略》，未出顧炎武、萬斯同、朱彝尊、杭世駿諸家之外，更無論校勘文字異同，此其所短。然雜考諸文，説有精者，如《洛陽伽藍記不可據説》謂酈道元所記早於楊衒之二十餘年，必由於目驗，楊氏所記在遷都之後，出於記憶，又列其不可據之證凡四。惜此書乃未完之書，下卷中有六篇乃是黃元吉等人所補輯，又書中或有姚晉圻、田明昶按語，蓋校理此書時，諸人所加。

此本據華東師範大學圖書館藏光緒十二年黃氏試館刻本影印。（王耐剛）

## 唐石經考異十三卷　（清）錢大昕撰（第184冊）

錢大昕，批注葉佩蓀《學易慎餘錄》，已著錄。

是書乃錢氏校勘唐石經之作。顧炎武以王堯惠補本爲正，且惑於裝潢者之顛倒舛錯，故所論未盡善，於是錢氏撰爲此書，以唐石經原拓本爲據，校以通行之本、各種經書刻本等，斥石經旁添字之謬誤，辨磨改之異同，又據石經正刻本之訛誤，多精確之論，導嚴可均《唐石經校文》之先路。

此本據國家圖書館藏清袁廷檮抄本影印，有瞿中溶、臧庸、顧廣圻批校，其他諸本如《涵芬樓秘笈》本即由此本出。（王耐剛）

## 唐開成石經考二卷　（清）吳騫撰（第184冊）

吳騫，有《子夏易傳釋存》等，已著錄。

吳氏是編取《唐會要》以下至錢大昕《潛研堂金石跋尾》等書中論考唐開成石經者，鈔而錄之，間或加以考證。如《唐會要》云《九經字樣》四十卷，吳氏則云：“《唐志》及宋《崇文總目》並載張參《五經文字》三卷，唐元度《九經字樣》一卷，合之止應四卷耳，而此云四十卷者，蓋衍‘十’字，後引《會要》者皆仍其誤。”然按語殊少，蓋吳氏輯錄材料，非著述之體。

此本據國家圖書館藏稿本影印。（王耐剛）

## 唐石經校文十卷　（清）嚴可均撰（第184冊）

嚴可均（1762—1843），字景文，號鐵橋，烏程（今浙江湖州）人。嘉慶五年（1800）舉人，官建德縣教諭。更著有《説文類考》、《鐵橋漫稿》等，輯有《全上古三代秦漢三國六朝文》。《清史稿》有傳。

嚴氏此書亦校勘唐開成石經之作，其大旨有三：一以正版本之誤，一以存石經之真，一以糾顧炎武之非。其所據底本則新拓之本，而不取顧炎武所用王堯惠補本。同時又參以通行之版本及宋元舊本。大體凡石經之磨改者、旁增者、與今本互異者，皆一一表出，並參以釋文、注疏、他書文獻等爲之證明。又其撰校例一篇，以明其書之體。其十二經之外，又兼及《五經文字》、《九經字樣》、《石臺孝經》。嚴氏此書較錢大昕《唐石經考異》爲詳，考證亦精。然有漏校之處，如《易・鼎》“象曰鼎黃耳”，石經“象”誤作“彖”，嚴氏失校。然似此等，實屬小疵，不足以掩嚴氏此書之善。

此本據上海辭書出版社圖書館藏清嘉慶間刻《四錄堂類集》本影印。（王耐剛）

## 蜀石經殘字三種四卷　佚名輯（第184冊）

五代後蜀廣政元年（938），蜀主孟昶命毋昭裔主持刊刻石經，立石於成都，至後蜀滅亡時尚未完成。世稱蜀石經或廣政石經。其特出之處，乃在經注並刻，故世重之。然蜀石經無整拓傳世，故殘石片子，皆彌足珍貴。

此蜀石經殘字鈔本爲吳騫舊藏，書凡三種，一爲《毛詩傳箋殘字》二卷，其《召南・鵲巢》“維鵲有巢，維鳩居之”句鄭箋“爵位故以興焉”至卷末，又《邶風》一卷，其間有批校，卷末有黃丕烈、陳鱣跋語。其二則清趙坦撰《周禮夏官殘字校記》一卷，然僅出異文，並不錄石經全文，以汲古閣本參校，其卷末有趙坦題記，略云殘石起自《夏官・齊右》“陪乘”二字，至《馭夫》“種馬一”止，凡三十六行，每行大字十四、十五不等，小字十八、十九不等。三則《蜀石經左傳殘字》一卷，起昭公二年“唯晏子信之曰夫子君子也”之“子也”二字，至“子叔子知禮哉吾聞”，又起“卑讓禮之宗也”杜預集解“宗猶主也”之“主也”二字，至

“女罪之不恤而”。此本吳氏得之張燕昌。

此本據國家圖書館藏清鈔本影印。（王耐剛）

### 北宋汴學二體石經記一卷　（清）丁晏撰（第 184 册）

丁晏，有《周易述傳》等，已著録。

北宋石經始刻於慶曆元年（1041），至嘉祐六年（1061）完成，共刻《易》、《書》、《詩》、《周禮》、《禮記》、《春秋》、《論語》、《孝經》、《孟子》九經，立於汴京太學，字體爲篆書一行，楷書一行，故世稱嘉祐石經、二體石經。

丁氏此書，言其購得北宋石經，裝爲四册，以其紙墨俱舊，斷爲元以前舊拓。凡《周易》十八紙，《尚書》四十二紙，《毛詩》二十紙，《春秋》二十四紙，《禮記》二百十二紙，《周禮》二十八紙，《孟子》三十七紙，略舉各經文字與傳本之異者，以明石經之可寶。其後又附何紹基、丁氏二人論此北宋石經之唱和之作。

此本據上海辭書出版社圖書館藏清咸豐七年刻本影印。（王耐剛）

### 緯攟十四卷　（清）喬松年撰（第 184 册）

喬松年（1815—1875），字建侯，號鶴儕，謚勤恪，徐溝（今山西清徐）人。道光十五年（1835）進士，歷官安徽巡撫、陝西巡撫、河東河道總督等。更著有《蘿藦亭札記》等。《清史稿》有傳，又見方濬頤《太子少保東河總督喬公墓志銘》。

是書凡十四卷，前十二卷爲喬氏所輯緯書、圖讖等，有《七經緯》、《河圖緯》、《洛書緯》，所輯各條皆注明出處，間有按考，此其體例之善。又以《易緯》已收入《四庫全書》，且有殿本行世，故此書不録，而僅録殿本所未收之條。是書之意在補明人孫瑴《古微書》之闕，故各書之末注明總若干條、孫本所無者若干條。又其十三、十四兩卷，則曰《古微書訂誤》、《古微書存考》，一正誤，一存疑，則其用意更明。

此本據湖北省圖書館藏清光緒三年强恕堂刻《喬勤恪公全集》本影印。（王耐剛）

### 緯學原流興廢考三卷　（清）蔣清翊撰（第 184 册）

蔣清翊，生卒年不詳，字敬臣，吳縣（今江蘇蘇州）人。諸生，署理武義縣。光緒中，居山陽縣。所注《王子安集》以詳博名。事跡略見《（宣統）續纂山陽縣志》。

蔣氏此書乃緯學歷史之研究，是書專考緯書，以其可以翼經，而絶不雜讖書之論，務在考其名義，著其流別，述其興廢，敘其書目，説其師承，輯諸家之論説。大體條理明晰，嚴謹有法，所采固不及近人姜中奎《緯史論微》詳且博，然開源導路之功則固以蔣氏爲首。書末有蔣氏子黻跋語，略云蔣氏欲作《群緯釋文》，然欲探義蘊，當先考其源流，故上輯史傳，下及清顧炎武、朱彝尊等人論説，以成是編。

此本據上海師範大學圖書館藏會稽徐氏鑄學齋鈔本影印。（王耐剛）

# 小學類

### 爾雅三卷　（晉）郭璞注　爾雅音釋三卷（唐）陸德明撰（第 185 册）

郭璞（276—324），字景純，河東聞喜（今山西聞喜）人。晉惠帝末年避亂過江，爲宣城太守殷祐、王導參軍。元帝時，用爲佐著作郎，遷尚書郎。王敦謀逆，璞筮“無成”，敦怒斬之。後追贈弘農太守。好經術、古文奇字，妙於陰陽、算曆、卜筮之術，精於辭賦。更著有《晉弘農太守郭璞集》、《方言注》、《山海經注》等。《晉書》有傳。

陸德明，有《周易經典釋文殘卷》等，已著録。

郭璞於《爾雅》用力頗深，“沈研鑽極二九

載",另作有《爾雅音》、《爾雅圖》,惜亡於宋以後。其《爾雅》注爲現存最早且較完整之《爾雅》注解,歷代傳習不廢,後世注解《爾雅》皆以之爲底本。是書上、中、下三卷,卷上注解《釋詁》第一、《釋言》第二、《釋訓》第三、《釋親》第四;卷中注解《釋宮》第五、《釋器》第六、《釋樂》第七、《釋天》第八、《釋地》第九、《釋丘》第十、《釋山》第十一、《釋水》第十二;卷下注解《釋草》第十三、《釋木》第十四、《釋蟲》第十五、《釋魚》第十六、《釋鳥》第十七、《釋獸》第十八、《釋畜》第十九。郭氏將《爾雅》視作一部解釋古今方俗語言的詞典,其所作乃對《爾雅》所收詞語作注釋。此本每卷末均標有經文、注文之字數,據統計,注文一萬七千六百二十八字,經文一萬零八百零九字。前有郭璞自序,論及其注釋原則爲"綴集異聞,會稡舊説,考方國之語,采謠俗之志,錯綜樊孫,博關群言。剟其瑕礫,搴其蕭稂。事有隱滯,援據徵之。其所易了,闕而不論"。郭注多引證群書,全書引古籍近五十種。又重視以當時口語方言注釋《爾雅》之訓詁,如:"今江東通言'增'","今南陽冠軍樂鄉數道交錯,俗呼之'五劇鄉'","今西方人呼'蒲'爲'莞蒲'"。郭注《爾雅》不僅有助於《爾雅》之傳承理解,又是研究漢語史及漢語方言之可貴資料。此外,郭氏作注時所用"語之輕重"、"聲轉"、"語轉"等術語,在訓詁史上也有開先河之地位。其注釋嚴謹,不知者即謂"未詳"、"未聞"、"闕而不論"。宋邢昺稱其"甚得六經之旨,頗詳百物之形,學者祖焉,最爲稱首",堪爲的論。

《爾雅音釋》選自陸德明《經典釋文·爾雅音義》中的注音內容,无釋義。《爾雅音義》乃陸德明據郭璞《爾雅》注所作。《爾雅音釋》所出字頭爲《爾雅音義》之一部分,如《釋詁》第一中"詁、哉、胎、權、烝"等字並未出現。注音形式亦異於《爾雅音義》,雖用直音法及反切法,然無"音"、"反"等標注。是書保留大量漢魏六朝音切,於研究《爾雅》及郭注《爾雅》頗資參助。

此本據國家圖書館藏宋刻本影印。卷末有顧廣圻題記。(王群)

## 爾雅疏十卷　(宋)邢昺等撰　(第185冊)

邢昺(932—1010),字叔明,曹州濟陰(今山東曹縣)人。宋太宗時,擢九經及第,授大理評事,知泰州鹽城監。真宗咸平初,爲國子祭酒。咸平二年(999),爲翰林侍講學士,受詔與杜鎬、舒雅、孫奭等校定《周禮》、《儀禮》等七經義疏,邢氏爲其中之《孝經》、《論語》、《爾雅》作疏。官至禮部尚書。《宋史》有傳。

是書爲邢昺等人奉敕撰寫《爾雅》經文及郭璞《爾雅》注文之疏解。此十卷本,首有《爾雅疏敘》,敘其作疏主旨爲"考案其事,必以經籍爲宗;理義所銓,則以景純爲主"。卷第一爲郭璞《爾雅序》及《釋詁》之一部分,卷第二爲《釋詁下》,卷第三爲《釋言》,卷第四爲《釋訓》、《釋親》,卷第五爲《釋宮》、《釋器》、《釋樂》,卷第六爲《釋天》,卷第七爲《釋地》、《釋丘》、《釋山》、《釋水》,卷第八爲《釋草》,卷第九爲《釋木》、《釋蟲》、《釋魚》,卷第十爲《釋鳥》、《釋獸》、《釋畜》,分卷異於《四庫全書》所收《爾雅注疏》十一卷本。邢氏疏解,先列疏解對象範圍,後冠"釋曰"二字以引其疏。於《爾雅》經文,則"援引經據及諸家之説以證之";其難解處,對於郭注,指明引文具體篇目出處,如"云'有壬有林'者,《小雅·賓之初筵》文",又對其稍難理解之引文另引他文以作進一步説明,對所見與郭氏引文不同者亦有説明。黃侃《爾雅略説》云邢疏成就有三,一則補郭氏之闕,二則知聲義相通,三則達詞言之略云云,以見邢疏傳習不廢,自有其長。

此本據國家圖書館藏宋刻宋元明初遞修公文紙印本影印。(王群)

**爾雅新義二十卷**　（宋）陸佃撰　**敍録一卷**
（清）宋大樽撰　（第 185 册）

陸佃（1042—1102），字農師，號陶山，山陰（今浙江紹興）人。少受經於王安石。熙寧三年（1070），擢甲科，授蔡州推官，官至尚書左丞，後因黨籍遭詆，罷爲中大夫，知亳州，卒於官。精於禮學及名數之學。更著有《埤雅》、《禮象》及《春秋後傳》等。《宋史》有傳。

宋大樽（1746—1804），字左彝，一字茗香，仁和（今浙江杭州）人。乾隆三十九年（1774）舉人，爲國子監助教。更著有《茗香論詩》、《學古集》等。《清史稿》有傳。

此本爲宋大樽校本《爾雅新義》。首列陸氏元符二年（1099）五月所作《爾雅新義序》，其後爲宋大樽《敍録》一卷。《敍録》依次擇録陸宰《埤雅序》、王應麟《玉海·藝文》、《四庫全書總目》卷四〇《埤雅二十卷》提要及全祖望《經史問答》卷七、陳振孫《直齋書録解題·爾雅新義二十卷》有關《爾雅新義》之内容，間以已意附於諸條之後。《敍録》之末詳列《爾雅新義》"舊本二十卷目"與宋氏"新編定十八卷目"。此本編末附録載於《陶山集》之詩二首，並孫志祖、陸芝榮二跋。據陸跋云宋氏編爲十八卷以期合《直齋書録解題》原本十八卷之説，然陸佃曾孫陸子遹於南宋刊刻此書時已重編爲二十卷，此編猶南宋本之舊，故刻書時仍從二十卷。其注釋角度異於郭注與邢疏，並非泥於經注引證注解、補充説明，而側重於比較異同、探求語源，如"阻，艱難也"條下"以進則難，止而又艱，有爲之阻者矣"爲比較異同，"貘，白豹"條下"貘，静也，白猶如此"爲探明語源。如孫志祖所説"其博洽多識，視鄭漁仲注實遠過之"，然亦"間有傅會"。外此，其所據經文乃北宋善本，"可以證今監本之訛謬"。

此本據上海辭書出版社圖書館藏清嘉慶十三年陸氏三間草堂刻本影印。（王群）

**爾雅注疏參義六卷**　（清）姜兆錫撰　（第 185 册）

姜兆錫，有《書經參義》，已著録。

此編卷首爲雍正三年鄂爾泰序，其後爲《爾雅序論》三則及《爾雅注疏參義附論》三則。正文依《爾雅》十九篇順序分爲六卷：卷一《釋詁》，卷二《釋言》、《釋訓》，卷三《釋親》至《釋樂》，卷四《釋天》至《釋水》，卷五《釋草》、《釋木》，卷六《釋蟲》至《釋畜》。鄂爾泰序述姜氏因《爾雅》乃"先聖遺書，而真贗錯見"，乃作此參議。行文先列《爾雅》經文，單行大字，其後注文則爲雙行小字。注文首列音讀，但並不盡與《釋文》同，如卷二"斤，音僅"，卷一"鮮，上聲"，《釋文》爲"斤，居覲反"，"鮮，息淺反，又音仙"；注音之後説明《爾雅》體例，如卷一"朝旦"條下"此釋朝旦以下皆早之義也"，卷六"螫，天螻"條下"此雜釋諸蟲也"。或引郭璞注與邢昺疏，其後以"愚按"述明已意，或直接説明已意。其注或補充注疏所未詳，如卷一"儀、若、祥、淑"條後闡釋"省緜穀"爲"善"之意；或指明文字錯訛，如謂卷一"遹、遵、率、循、由、從，自也"條下"遹遵率循也"五字爲衍文；或辨別詞義異同，如卷一"賚貢"條注"賚，賜，上與下之詞；貢，下與上之詞；餘上下通"；或存疑，如卷一"卬、吾、台"條注"言爲我未詳，舊引言告師氏爲證"。此書失之於釋義往往少有例證，有主觀臆測之嫌。

此本據華東師範大學圖書館藏清雍正十年寅清樓刻《九經補注》本影印。（王群）

**爾雅補注四卷**　（清）周春撰　（第 185 册）

周春，有《古文尚書冤詞補正》，已著録。

此編卷首有葉德輝、齊召南、王鳴盛三序。正文凡四卷，卷一補注《釋詁》至《釋親》四篇，卷二補注《釋宫》至《釋水》八篇，卷三補注《釋草》、《釋木》兩篇，卷四補注《釋蟲》至《釋畜》五篇。卷一之首周氏自序其撰是書之意，以爲“郭博而鄭精，是書無餘蘊矣。因旁及諸家之説，彙爲一編，頗以管見參之”。其雖於注釋中多采鄭夾漈之説，却並不盲從，不避諱鄭氏之缺誤，如卷一“朡”字條下“鄭從之，然終屬牽合”；又卷一“僨，僵也”下注“鄭作‘强’，傳寫之誤”等，皆爲此例。是書援引甚豐，又不僅補注《爾雅》之經文，亦包括郭注、邢疏之内容。王鳴盛序稱其“補經注而行，正義疏之體。且其于注不但補其缺，又能正其誤，而于邢疏漏略處裨益尤多”。葉德輝則謂是書“援據精詳”，勝於翟、戴二家。

此本據上海辭書出版社圖書館藏清光緒三十四年葉德輝校刊本影印。（王群）

## 爾雅補郭二卷　（清）翟灝撰（第185冊）

翟灝，有《四書考異》，已著録。

此編分上下兩卷。上卷補説六十三條，下卷補説六十七條，凡一百三十條。卷上首有翟氏識語，言《爾雅》郭注未詳、未聞者百四十二科之多，邢疏補其十，而餘者皆闕如，乃“據誖識參衆家”，補説郭注中注明“未聞”“未詳”而邢氏又未疏解者。如《爾雅》“靖、惟、漠……如……謀也”條下郭注“如、肇，所未詳”，“肇”字邢氏已補，故翟灝對“如，謀也”作補注。翟氏補注每條之第一列均頂格，自第二列始低一字，補説對象與注文之間亦空一字，皆爲單行大字。另某些條目之後又有雙行小字，内容多爲相關詞語之補述。如卷上“西北隅謂之屋漏”條後兩行小字内容闡述“東北隅謂之宧”。翟灝補注内容廣泛，或對《爾雅》釋義作補證，或對前人釋義進行辨析；或辨析字形，勘正文字錯訛，如卷上“孟，勉也”條指出“孟”或因語之輕重而形成之别字。

此本據復旦大學圖書館藏清刻本影印。（王群）

## 爾雅校議二卷　（清）劉玉麐撰（第185冊）

劉玉麐（1738—1797），字又徐，號春圃，寶應（今江蘇寶應）人。乾隆四十二年（1777）拔貢，官廣西州判。更著有《甓齋遺稿》、《爾雅古注》、《爾雅補注殘本》等。《清史列傳》卷六八、《清儒學案》卷八二《程瑶田讓堂學案》有傳。

此本首有趙之謙及劉氏識語。據劉氏言，其受人所托校讎《爾雅注疏》，然劉氏纂集孫、李舊注之暇，並搜輯弘農逸注且有所考證，故援筆録於監本上方，終成《爾雅注疏》之校本。劉氏校本後由趙之謙所得，周祖謨《續雅學考擬目》云趙氏抄出劉批，名曰《爾雅校議》，錢塘汪大鈞刻入《食舊堂叢書》云云。此編分上下兩卷。上卷校議《釋詁》至《釋水》十二篇，下卷校議《釋草》至《釋獸》七篇。《釋鳥》一篇則非劉氏校注，乃汪德鉞所校。劉氏所用監本《釋鳥》一篇上已有汪氏注語，再無處著筆，故未校。此本體例，以所注《爾雅》經文頂格，後空一字爲注文，若校郭注、邢疏内容則上空一字，注文前亦空一字。劉氏校注内容不拘一格，或辨明字形，或勘校脱衍，或離析文句，或補充例證，或考證名物。博引古今文獻，廣參諸家學説，以“玉案”二字標注己見。劉氏校本成稿之時慮郝氏《正義》已出，於是多擇郝所未及者，由是可與郝氏之《正義》互參，且多確當而出邵、郝二家之外者。

此本據上海辭書出版社圖書館藏民國十四年汪氏刻《食舊堂叢書》本影印。（王群）

## 爾雅注疏箋補三卷　（清）任基振撰（第186冊）

任基振，生卒年不詳，字領從，號松齋，高郵（今江蘇高郵）人。乾隆三十四年（1769）進士，授内閣中書，後陞宗人府主事，官至吏部驗封司員外郎，兼考功司事。更著有《玉海訂正》、《松齋詩鈔》等。生平事蹟見《清史列

《傳》卷六八、《高郵州志》卷一〇、《再續高郵州志》卷六、《續纂揚州府志》卷二二。

此書爲任氏研讀《爾雅》之所成,定本於乾隆三十八年。此本每頁九行,箋補內容低於《爾雅》經文一字。前有題記一篇,其後分別爲李時沛、金兆燕、戴震三序及任氏自序。正文三卷,《釋詁》至《釋親》爲卷上,《釋宮》至《釋水》爲卷中,《釋草》至《釋畜》爲卷下。《爾雅》古注散逸難輯,世傳郭注刪節不全,邢疏又多疏漏,任氏乃援引《爾雅》以釋《詩》、《書》,據《詩》、《書》以證《爾雅》,旁及先秦典籍,如《易》、《禮記》、《逸周書》、《左傳》、《墨子》、《列子》等,並兼及《漢書》、《後漢書》、《釋名》、《說文》、《方言》、《白虎通》等,參之六書,據以聲音,考古訓之源,考索精詳,辨證明晰。任氏箋補內容之間另有小字注文,以"洪頤煊曰"字樣標注之內容爲多,此外有"俞氏正燮曰"、"洪氏亮吉曰"、"馮氏登府曰"、"陳奐曰"等,另有"江氏藩《爾雅釋魚補義》"之內容。

此本據上海圖書館藏稿本影印。（王群）

## 爾雅郭註補正九卷 （清）戴鏊撰（第186冊）

戴鏊,生卒年不詳,休寧（今安徽休寧）人。據是書署名,爲欽賜舉人,充三分四庫書校對官。

此編爲戴氏廣搜郭注、邢疏、鄭樵注,及散見於陸氏《釋文》、邢疏等之漢代舊注,證之以陸氏《音義》、陸佃《埤雅》、羅願《爾雅翼》,藉此"錄郭注之全,辨其亥豕",是爲補正。此編前有乾隆五十二年（1787）春戴氏所擬《進呈序》、郭注原序及補正目錄。正文三部,每部又各分爲三卷,是爲九卷。每條頂格列《爾雅》經文,另起一行並空一字以"註"字引出郭注,其下爲"補正"內容,有邢疏、鄭樵注,亦有"臣鏊"引入之按語。"註"與"補正"二字外均有框綫,戴氏補正所錄之邢疏,或僅爲疏《爾雅》之內容,或包括疏郭注之內容,

其文字、次第亦與前列宋刻邢昺疏解稍異。如《釋器》"璧大六寸謂之宣",疏云:"有司奉瑄玉嘉牲薦饗是也。"此作"有司奉瑄玉是也"。戴氏之按語或補郭注之未備;或示郭注之不足,如"郭以此條下不當引其詩";或辨析同義詞之異。是書於輯錄《爾雅》之舊注多有裨益。《爾雅詁林敘錄》稱其"實重補闕,略於疏正"云云,確有道理。

此本據上海圖書館藏清乾隆五十二年刻本影印。（王群）

## 爾雅古義二卷 （清）錢坫撰（第187冊）

錢坫,有《車制考》,已著錄。

惠棟曾作《九經古義》,但未涉《爾雅》,錢坫乃作是篇以補之。其時,錢坫客居西安,無書參考,僅錄其記憶者而完此《爾雅古義》二卷。據篇末所署"丁酉正月廿三日",應成書於乾隆四十二年（1777）。此編共二卷,第一卷自《釋詁》至《釋樂》,第二卷自《釋天》至《釋畜》,考釋內容計一百八十餘條。每條敘述角度不同,或對《爾雅》用字進行辨析,如"廓,大也,當用'郭'字";或比較同義詞異同,如錢氏引犍爲舍人注"獻珍物曰珍,獻食物曰享";或以經文佐證《爾雅》內容,如"《詩·常棣》'外禦其務',《左傳》正作'侮',是務有侮義";或說明字書之異解,如"銳而高,嶠。《釋名》作'銳而長'";或辨別名物,如"梅、柟……非酸果之梅也。古酸果字作某。柟梅字作梅。梅即木蘭,似桂,皮辛可食"。凡此種種,不一而足。錢氏之疏解多注重古本、古字、古義,以古爲本,於尋求文、義之本源有一定價值,且疏解有時亦能不受字形束縛,如"如,謀也"條郭氏未詳,錢氏引《詩·柏舟》"不可以茹",意謂"如"、"茹"實爲一詞,爲不限形體之妙用。錢氏疏解之中多引據許慎《說文解字》,然徑以《說文》校《爾雅》則實爲不妥。

此本據湖北省圖書館藏清抄本影印。篇末

有章鋌跋,申明爲道光廿五年(1845)於書肆得之。(王群)

### 爾雅釋地四篇注一卷　（清）錢坫撰（第187冊）

錢坫,有《車制考》等,已著録。

是書卷首有錢氏述,卷末有孫星衍、洪亮吉二序,及孫氏補序綴於最末。據孫序知,錢氏讀張守節所稱《晉地道記》"飛狐岌"之說,知《爾雅・釋山》"岌"、"峘"等皆山名,且《爾雅》從《釋地》以下四篇皆禹所命名,而其義存諸《釋地》諸篇,由是錢氏注《釋地》、《釋丘》、《釋山》、《釋水》四篇,循名課義,以今證古,以詳《爾雅・釋地》以下四篇所涉物名。如《釋山》"上正,章"條,錢氏以爲"章"爲山名,引《禹貢》内方亦曰章山爲據,並指出章山"在今安陸府鍾祥縣西";又如《釋水》"小洲曰坻"條,錢氏以爲"坻"爲水名,坻或從水,指泜水,泜水"出常山,今在順德府唐山縣",其他如"河南曰豫州"條,其注曰"自華以東居河之南。豫之言舒。河至是行平舒也",此爲循名課義;又如"鄭有圃田"條,錢氏注曰"在今開封府中牟縣西北",此爲以今之地證古地名。是書於錢氏説解之外,亦涉名物之字音、字形之考校,如"左澤定丘"條:"定讀如星定。《説文解字》有阫丘疑即是。"孫氏序贊其注解質核,有賈逵、高誘之遺風。

此本據華東師範大學圖書館藏清嘉慶七年擁萬堂刻《錢氏四種》本影印。(王群)

### 爾雅正義二十卷　（清）邵晉涵撰（第187冊）

邵晉涵(1743—1796),字與桐,號二雲,餘姚(今浙江餘姚)人。乾隆三十六年(1771)進士,歸班銓選,會四庫館開,特詔入館,改翰林院庶吉士,授編修,與撰史部《總目提要》。歷官侍講學士兼文淵閣直閣事、日講起居注官等。更著有《孟子述義》、《穀梁正義》、《韓詩内傳考》等。《清史稿》有傳。

此編前爲邵氏自序,序後爲目録,目列二十卷,除《爾雅・釋詁》分列兩卷之外,其他十八篇各成一卷。邵氏不滿於宋邢昺疏多掇拾唐人《毛詩正義》掩爲已説,兼采《尚書》、《禮記》正義,復多闕略,故殫慮精思十餘年,幾易其稿,於乾隆五十年完成是編。其主要内容即據唐石經暨宋槧本及諸書所徵引之《爾雅》内容以審定經文,增校郭注,其以"正義"命名者,乃以郭注爲主,而兼采諸家,其所徵引,有齊、魯、韓《詩》,馬、鄭之《易》注、《書》注,其所采有舍人、劉歆、樊光、李巡、孫炎、沈旋、顧野王、裴瑜之遺文,因此此編對於校正《爾雅》文字、采録古注多所貢獻,並以古書證《爾雅》,對郭璞注及邢昺疏亦有所補正。又邵氏於卷一首論及三個問題:《爾雅》之注釋對象、《爾雅》之作者、《爾雅》之分卷。其體例先疏正文,次疏注文;其疏正文爲先整體疏解,後依被釋詞語順序逐一疏解。邵氏以爲"聲音遞轉,文字日孳,聲近之字,義存乎聲",並將此觀點應用於訓詁實踐;又將金石文材料用於《爾雅》注釋,於方法運用、材料選取上創穫頗多。

此本據南京圖書館藏清乾隆五十三年邵氏面水層軒刻本影印。(王群)

### 爾雅注疏本正誤五卷　（清）張宗泰撰（第187冊）

張宗泰(1750—1832),字登封,號筠巖,甘泉(今屬江蘇揚州)人。乾隆五十四年(1789)拔貢,歷官天長、合肥教諭等。更著有《周官禮經注正誤》、《竹書紀年校補》、《質疑刪存》等。生平見《續碑傳集》卷七六。

張氏是書爲證《爾雅注疏》之誤。書分五卷,卷一正經文之誤,卷二正注文之誤,卷三正疏文之誤,卷四、卷五正音釋之誤,每卷内按《爾雅》十九篇順序排列。體例上先列注釋對象,後即爲正誤,如卷一"摟,聚也,摟,今本誤从木……《釋文》:摟,力侯反,从手,

本或作樓，非”，指明“摟”，今本誤作“樓”，正
《爾雅》經文之訛。又如卷四“頲，題也。《釋
文》：題，丁佞反，字又作定。今本丁誤作了，
佞誤作浧”，校正“頲”之反切。張氏之正誤
多引據陸氏之《經典釋文》，如卷二“汭，今本
誤作泗。《釋文》：汭，仁銳反”，即以陸氏
《釋文》之音注校訂今本郭注文字。但張氏
亦不盲從陸氏，於《釋文》之訛誤亦予以指
明。此外，張氏之考據亦引石經，並兼及《說
文》、《字林》、《廣雅》、《廣韻》等書。此編於
《爾雅》經、注、疏及《釋文》版本校勘有一定
價值，然張氏於校正所據版本未作説明，不利
於進一步之對比研究，且其考釋過程略顯簡
略粗疏。

此本據上海辭書出版社圖書館藏清光緒刻
《積學齋叢書》本影印。（王群）

### 爾雅郭注義疏二十卷　（清）郝懿行撰　（第187 冊）

郝懿行，有《易説》，已著録。

此編前有宋翔鳳序，其後爲胡珽識語；末有
郝聯蓀、聯薇識語。郝注疏解正文往往先注
釋詞，後對被釋詞逐一解釋；抑或在疏解正文
前對詞條從整體上予以説明。其疏解詞語常
先引《説文》，意由本字着手，以聲音貫串訓
詁，用因聲求義、音近義通之法，破除文字障
礙，以探求詞源，並證以典籍用例。其解經往
往據親歷之經驗。郝氏田居多年，其間遇不
識之草木蟲魚，必查問其名，詳察其形，繼又
考之古書，加以辨析，其與舊説不同者皆經目
驗。此編雖名“爾雅郭注”，然郝氏之注疏多
有棄郭注於不顧者。

郝氏之《義疏》稍晚於邵氏之《正義》，清
代學者多有推崇者，如阮元、宋鳳翔、段玉裁
等人，胡培翬則有郝氏“所造較邵氏《正義》
爲深”的論斷。近人梁啟超、黃侃等則有相
反意見，梁氏則以爲《義疏》剽説掠美，“不
能不取邵棄郝”。郝氏《義疏》確與邵氏《正

義》體例有類同之處，然郝氏之以聲音求詁
訓之內容又非邵氏所能比，其中或有濫用、
誤用者，終歸瑕不掩瑜。

此編初被阮元刊入《皇清經解》，後爲便流
傳，沔陽陸建瀛單行郝氏之《義疏》，兩者內
容無異，皆爲節本。删減者或謂高郵王念孫，
或謂錢塘嚴厚民，無以申明。嘉興高伯平得
厚民子鶴山所鈔足本，校阮、陸兩本多四分之
一，奉於河帥楊志堂，終由楊志堂及仁和胡珽
資助校刊，亦又損毀。後郝氏之孫聯薇於濟
南楊氏處得《義疏》原稿，並於同治五年刊
刻。此本即據清同治五年郝氏家刻本影印。
（王群）

### 爾雅郝注刊誤一卷　（清）王念孫撰　（第188 冊）

王念孫（1744—1832），字懷祖，號石臞，高
郵（今江蘇高郵）人。乾隆四十年（1775）進
士，選翰林院庶吉士，改工部主事。陞郎中，
擢陝西道御史，後累官至永定河道。與其子
引之，皆精於聲音、文字、訓詁之學。更著有
《廣雅疏證》、《讀書雜誌》等。《清史稿》
有傳。

此編前有羅振玉序，云庚申年所得郝懿行
《爾雅義疏》寫本，其上多有朱筆勾乙處，亦
對語之未安、字之訛脱予以訂正，對於尤未安
處則以墨標識，且以“念孫案”引出，由其書
跡看確出自石臞先生，於是命子福頤將寫本
中刊正郝疏之諸籤移録出來，另行刊印，並題
之爲《爾雅郝注刊誤》云云。此編刊誤內容
共計一百一十三條，每條前列《爾雅》經文，
次列郝疏內容，次列念孫案語。王氏刊定郝
注之內容廣泛，於第一條中糾郝氏“《爾雅》
之作主於辨别文字解釋形聲”之見，而認爲
《爾雅》之作在於“釋義”，此爲訂正郝氏對
《爾雅》主旨之判定；第五條“然皆形之通也，
或者不察，遂謂循修二字古通，誤矣”，辨字
際關係；《釋詁》最末一條“引方言者乃陸德

明非孫炎也"辨引文作者。王氏之刊定內容亦多運用因聲求義之法,如第七條"誠靜必有可信之色。靜乃古情字,非安靜之靜。情者,實也。故曰必有可信之色"。阮刻郝疏刪定本之刪改原由皆可據此編考明,然其刪除之內容非皆見之於此編,如《釋詁》"初、哉、首、基"條下所刪"落木隕墜之義"至"名若相反而義實相通"一節不見於是編,是此編所錄並非全部,亦或其他原因。要之,王氏之刊誤不僅於語言文字之考釋大有裨益,且於考證郝氏《義疏》之版本問題亦極有價值。

此本據上海辭書出版社圖書館藏民國十七年東方學會石印《殷禮在斯堂叢書》本影印。（王群）

### 爾雅小箋三卷　（清）江藩撰（第188冊）

江藩,有《周易述補》,已著錄。

江氏十八歲之時曾作《爾雅正字》一書,承其師江艮庭之學,以《説文》爲指歸,《説文》所無之字,或考定正文,或旁通假借。其時邵晉涵正作《爾雅正義》,江氏思待邵氏書出再加訂正,但因故擱置,至江氏年六十之時檢舊稿重加刪訂,更其名爲《爾雅小箋》,是爲此編。此編前有《爾雅小箋序目》,之後爲汪憙孫所作之序語。正文據古本分爲上、中、下三卷,下卷又分上、下兩部分。江氏以爲郭璞爲文章家,於小學僅涉獵而已,邢疏膚淺不足論,邵疏又因襲唐人義疏之弊,曲護注文,至於形聲則略而不言,因此其《小箋》內容以辨證字之形聲爲主。其辨證之字並非《爾雅》之全部,而是依據邵氏之《正義》進行擇選。邵疏引毛傳、鄭箋、《説文》諸書,讀所引之文即知某字爲訛字者不復辨正,正其誤,補其所不及。故其箋注內容多以單字立目,如卷上"淑"、"業"等條;亦有部分以《爾雅》一條立目者,如卷上"粮,糧也",或是選取一條中部分詞語,如卷上"強事謂"。

小學非江氏專門之業,其於字形之辨證往往僅指明某爲俗體,某字當作某,某通作某,雖有引證,但分析終是淺顯,未能深入詞義之系統,因此其《爾雅小箋》自不及王、段小學之書。但其説解亦能得其會通,如其對卷上"黃髮、齯齒、鮐背、耆老,壽也"及"諕、浪、笑、敖,戲謔也"之箋注,亦可使讀者類推隅反,博其旨趣。

此本據上海圖書館藏清抄本影印。（王群）

### 爾雅一切註音十卷　（清）嚴可均撰（第188冊）

嚴可均,有《唐石經校文》,已著錄。

此編十卷。每卷標目後皆題有"歸安嚴萬里鐵橋纂輯"字樣,是嚴氏纂集《爾雅》舊注所成之作。其體例,《爾雅》正文頂格排列,輯錄注文另起一行,且低一格。其所輯《爾雅》舊注有犍爲文學、樊光、李巡、孫炎、郭璞、裴瑜等諸家,此外亦有"某氏云""舊注云"等標注之內容。嚴氏於其所輯注文往往標明出處,以雙行小字排列,如卷一"裴瑜注序云依六書八體撮諸家注未盡之義勒成五卷并音一卷"後有雙行小字"玉海四十四卷"。其所引舊注多有出自《經典釋文》、《一切經音義》者,亦有出自《説文》、《方言》、《埤雅》、《龍龕手鑑》、《説文繫傳》等小學著作者,亦有引自經書注疏者,如《毛詩正義》、《周禮疏》、《禮記正義》等,及其他典籍,如《漢書》、《後漢書》、《史記索隱》、《文選注》等。嚴氏於此編不僅輯錄舊注,亦有對《爾雅》及注文之校訂,如卷二"華,皇也"下注曰"舊本誤作'皇,華也',茲依《釋文》及唐石經乙正";又如於卷三"宗族"二字下注曰"今本此二字訛題在前,茲從唐石經及鄭樵本改,下放此"。嚴氏所述《爾雅》版本有"今本"、"鄭樵本"、"宋本"、"舊本"等。

此編輯錄《爾雅》舊注纂爲一書,便於學者參互對照;其校訂文字亦皆有依據,於《爾雅》及舊注之校勘極有價值。此書雖題爲

"註音",然與音無涉。

此本據上海圖書館藏稿本影印。後附原書卅二張補輯校訂之紙籤。（王群）

## 爾雅匡名二十卷　（清）嚴元照撰（第 188 冊）

嚴元照,有《娛親雅言》,已著錄。

此編前有段玉裁、徐養原二序與嚴氏自序,篇末有仁和勞經原之跋文。嚴氏行文極爲規矩,正文之前列有"《爾雅》所據各本"、"《爾雅匡名》例言"、"《爾雅匡名》引用諸家論説姓名",對與此編相關之諸多問題詳加説明。正文二十卷,《爾雅》十九篇每篇自成一卷,另有"逸文"一卷,編録不見於《釋文》、石經而唐人引用之文三十餘條,如《禮記正義》曰"'顯,明',《釋詁》文",嚴氏則認爲"《釋詁》顯訓光又訓代,無明之一訓"。此編名爲"爾雅匡名",匡之爲言正也;名,文字也,匡名即對《爾雅》文字進行匡正,故其書主旨在於刊正文字,明字有假借。《爾雅》經文全錄,字體遵《釋文》,《釋文》所無則采石經。其方法則爲以《説文》校正《爾雅》,如卷一"即尼也,尼,定也"條下引《説文》"尼""昵"二字之注釋加以校正;又如卷一○"岸上,滸"條,"《説文》:滸,水厓也。从水,午聲。臣鉉等曰:今作滸,非是。"嚴氏以《爾雅》異文之形成往往辨明原因,或假借,或俗字,或訛誤,或古字,亦或隸變之後形成今字。匡名之外,亦辨明其他《爾雅》注疏之失。

《爾雅匡名》於《爾雅》異文佚訓廣爲蒐羅,其考正文字至爲精審,辨明了《爾雅》流傳過程中文字多訛誤現象。其於《爾雅》文字、版本、校勘等極具價值。其不足則在於部分考證不詳,僅以"《説文》同"一筆略過。

此本據中國科學院圖書館藏清嘉慶二十五年刻本影印。（王群）

## 爾雅古義二卷　（清）胡承珙撰（第 188 冊）

胡承珙,有《毛詩後箋》,已著錄。

此編上下兩卷,卷上三十二條,卷下三十六條。胡氏以爲《爾雅》乃訓詁之書,字形却爲後俗所亂,或增加偏旁,或改易古文,如"涼風"之"涼",《釋文》云:"本或作古颷字。""艁"亦見於古《爾雅》而今作"造"。由是胡氏廣爲蒐羅,以聲義關聯字形與《爾雅》所錄之不同者,藉此解釋與《爾雅》釋義相關之諸多問題。胡氏或辨明《爾雅》異文,如卷上"訏,大也"條,引用《韓詩》、《漢書·地理志》證明"訏",《爾雅》本又作"盱";或説明釋詞與被釋詞之關係,如卷上"雉、引,陳也"條,胡氏引用揚雄《甘泉賦》、《本草經》、《御覽》、《禮記》、《周禮》等文獻資料考證"引"與"雉"同聲故同訓;或對郭璞注釋内容作補充解釋,如卷上"基,謀也"條,胡氏引用《毛詩傳箋》、《禮記》等資料説明郭氏所云"見詩"之"詩"爲三家《詩》。由此觀之,此編雖僅七十條,然所涉問題廣泛,其主旨即以聲與義貫串形異之詞。其考釋多引《釋文》爲據,《毛詩》、《鄭箋》、《説文》亦多所引用,他如《淮南子》、《逸周書》等,可謂廣徵博引,且考證勘契。不足之處爲其所考證多囿於文字借用現象,較少梳理詞語内部意義之引申變化。

此本據上海辭書出版社藏清道光十七年求是堂刻本影印。（王群）

## 爾疋舊注考證二卷　（清）李曾白撰（清）李滋然補考（第 188 冊）

李曾白(? —1861),字省三,長壽(今屬重慶)人。道光五年(1825)鄉試中式,後五戰春闈不捷,閉門著書。道光二十四年選授黔江縣教諭。著書十餘種,多已散佚,唯《爾疋舊注考證》本爲趙雲帆借閲,幾經周折復歸其子滋然。生平見《(同治)續增黔江縣志》卷一及滋然爲本書所作序。

李滋然(1847—1921),字命三,長壽(今屬重慶)人。李曾白之子,王湘綺弟子。光緒十五年(1889)進士,以即用知縣分發廣東,歷電白、曲江、揭陽、順德知縣。三十三年,任職於駐日本使署。宣統登位,呈所著《群經綱紀考》、《周禮古學考》等書,得旨褒揚,賞主事銜,以學部小京官用。辛亥後,祝髮不問世事,自號采薇僧。更著有《采薇僧集》、《四書朱子集注古義箋》、《四庫全書書目表》等。

此編係李曾白、李滋然父子爲鈎輯考證《爾雅》舊注,特別是鄭玄注所撰之作。戴東原《爾雅文字考序》謂《爾雅》舊注散見者有犍爲文學、劉歆、樊光、李巡、鄭玄、孫炎六家,而馬國翰考輯《爾雅》佚注只得五家,受阮元《周禮校勘記》、謝啟昆《小學考》影響對鄭玄注闕而不論。李曾白於是博徵群籍,鈎考抉出六十二條漢儒舊注,皆與郭注不同,且爲馬氏漏略。李曾白之子李滋然於日本訪求遺書得《玉燭寶典》、《原本玉篇》(三卷)、《一切經音義》、《和名類聚抄》等書,從中鈎考所引《爾雅》舊注四十六條,以此補其父所輯,完成於光緒三十四年。此編上下兩卷,上卷《釋詁》至《釋地》,下卷《釋丘》至《釋畜》。前有李曾白、李滋然二序。李曾白與李滋然之考證内容並非前後相對分列,而依《爾雅》次第,穿插其間。其體例,先列《爾雅》中相關内容,後爲舊注考證。李曾白所作個別條目之後有"滋然謹按"引出補充内容。李滋然所考内容在相應《爾雅》條目後注以"補"字,且較其父之考證内容低一格。外此,於《爾雅》每卷考證内容從一條至十餘條數量不等。李氏父子所輯確爲漢儒舊注者,其中明確標爲"鄭注"者十四條,猶可補他人漏略。

此本據國家圖書館分館藏清光緒三十四年刻本影印。(王群)

**爾雅古注斠三卷** (清) 葉蕙心撰(第188册)

葉蕙心(1815—1905),字蘭如,甘泉(今屬江蘇揚州)人。幼承教於母杜氏,工詩善琴,祖父嘗授《爾雅》全册,及長歸李祖望,旨趣相投,切磋經義。更著有《蘭如詩抄》。生平事蹟見《續修江都縣志》)。

是書首有光緒二年(1876)劉壽曾識,書末有李祖望跋,述成書經過。葉氏認爲宋代以後《爾雅》舊注漸微漸湮,不復行於世,雖有裒輯,但無善本。如余蕭客之鉤沉詳備不足,尤多舛誤;邵氏、郝氏之《正義》、《注疏》雖采舊注,然因文附著而非專門輯録;句容陳氏、甘泉黃氏雖有輯本但未傳於世。"因刺取群經正義、《釋文》,逮唐宋類書",甄録五家之注及不標名氏之舊注;其他郭璞之後諸家,如沈旋、施乾、謝嶠、顧野王、裴瑜之音注,孫炎、高璉之義疏亦附録之;旁及異字逸文舊讀。另郭璞有音義、圖贊,但亦不傳,葉氏於稱引之者亦加著録。此書前有劉壽曾序,正文上、中、下三卷。此書不列《爾雅》全經,僅依經文次序一一羅列所輯舊注。此書徵引宏富,於網羅散佚《爾雅》舊注有功,其輯録亦對郭注雖録但不著姓名者追溯其所從出,可補郭注之不足。另外,葉氏於此書非止於輯録,注文之後亦多説通轉假借之例,以正郝、邵義疏之失,且其説多確,可與郝、邵二人之作互參。

此本據國家圖書館藏清光緒二年李氏半畝園刻本影印。(王群)

**爾雅經注集證三卷** (清) 龍啟瑞撰(第188册)

龍啟瑞(1814—1858),字輯伍,號翰臣,臨桂(今屬廣西桂林)人。道光二十一年(1841)進士,授翰林院修撰。咸豐七年(1857),授江西布政使。八年,卒於官。更著有《古韻通説》、《小學高注補正》、《莊子字詁》等。《清史稿》有傳。

此編前有龍氏自序,後爲引用書目,其中列有陸德明、邢昺、臧琳、全祖望、盧文弨、錢大昕、彭元瑞、邵晉涵、段玉裁、錢坫、孔廣森、武億、阮元、臧鏞堂、陳壽祺、郝懿行、宋翔鳳十七人二十一部著作。龍氏自序中言,《爾雅》

難讀蓋因其只立篇目不分科段,以致句讀混淆,而傳習中又亂之以別字,清之學者"箋疏文義以邵、郝之學爲尤精,訂正文字以盧、阮之書爲最備",於是博采郝、邵、盧、阮等諸家學説以發疑正讀。此編分上、中、下三卷,卷上一百二十三條,卷中一百零九條,卷下一百八十條,以《爾雅》經文及郭璞注文中相關内容立目,條目之下注明"經文"、"注文",標有"注文"者一百三十餘條。龍氏選録之原則爲輯録不易知及有關小學者。其所立目者或爲一字,或爲一詞,或爲一句;亦或爲釋詞,或爲被釋詞,或爲引文,不盡相同,如卷上"塊"、"冥幼也"、"見詩傳",卷下"莖下白蒻在泥中者",皆爲標目。條目下之内容或辨析經注異文,或辨文字之音讀,或考證文句訛脱、勾乙、句讀等,以集録別家成果爲主,亦在某些條目之下添加按語,正誤析疑。因此,龍氏此作初衷雖爲家塾便讀,但於《爾雅》經注之校勘亦頗資參助。

此本據中國科學院圖書館藏清咸豐四年刻本影印。(王群)

**爾雅正郭**　(清)潘衍桐撰　(第 188 册)

潘衍桐,更著有《朱子論語集注訓詁考》,已著録。

潘氏沿襲阮元"《爾雅》注郭氏後出不必精審"之見,參考他書以正郭璞注,是爲此書。此編前有潘氏自序,正文上、中、下三卷,共正郭注之失二百四十二條,卷上七十六條,卷中七十五條,卷下九十一條。體例上先頂格列出《爾雅》經文及郭璞注文,兩者間隔一字,後另起一行低一字以"正曰"二字引入考證内容。其所正者或爲郭注之詞語訓釋,如卷上"注:陪然,冥貌";或爲郭注之引文,如卷上"注:《詩》曰'我車既攻'";或兩者兼有,如卷上"注:縮者,約束之。《詩》曰'縮版以載'"。亦有多條相關注文並列而正之者,如卷上"遘、逢,遇也。注:謂相遘遇","遘、逢、

遇,遻也。注:轉復爲相觸遻","遘、逢、遇、遻,見也。注:行而相值即見"一例。潘氏認爲對於《爾雅》"苟非上求舍人、劉、樊、李、孫等古注,合校《毛詩傳》,揚子《方言》,許氏《説文》,鄭氏《詩箋》、《禮注》等書不足抉其幽隱以復舊觀",因此於書中多所徵引,並引《玉篇》、《釋文》等,亦涉清人著述,如卷上"檢,同也。注:模範同等"條下引錢大昕《潛研堂集》"檢讀爲斂"以明郭注訓檢之淺。

此本據上海辭書出版社圖書館藏清光緒十七年自刻本影印。(王群)

**爾雅釋例五卷**　(清)陳玉澍撰　(第 188 册)

陳玉澍,有《毛詩異文箋》,已著録。

此編前有《爾雅釋例》目録,顧實、黃以周、陳玉澍、陳鐘凡四序。正文五卷,共釋《爾雅》義例四十五條,如卷一"有假借無假借例"、"經文在上在下例"、"上下皆經文例"、"經有異文而爾雅並釋例"等。陳氏所釋之例多具有普遍意義,亦有部分條例僅就《爾雅》某一卷或某一具體問題而言,具有較强之針對性,如卷一"《釋訓》釋詩例",卷二"《釋地》四篇例"、"《釋草》七篇泛言例",卷三"《釋草》七篇專釋例"、"《釋畜》《釋獸》二篇例"、"《釋鳥》、《釋獸》、《釋畜》言雌雄牝牡例",卷五"郭氏改經例"、"釋文改郭例"等。陳氏此書於犍爲文學、孫、李、樊、郭之注,陸氏之音、邢氏之疏、邵氏《正義》、郝氏《義疏》、嚴氏《匡名》、翟氏《補郭》、臧氏《漢注》、錢氏《古注》《釋地四篇注》、王氏《述聞》、俞氏《平議》多所參看,亦有所匡正。作爲第一部專門研究《爾雅》義例之著作,陳氏有開拓之功,有助於《爾雅》義例之發明及《爾雅》之解讀,然亦有結論失之率意、略顯武斷之嫌。另外,陳氏所及並非全關《爾雅》義例,如"形近致誤例"、"郭氏改經例"、"釋文改郭例"、"附益例"等,乃關於《爾雅》之校勘考證諸問題。

此書作於光緒十六年(1890),民國五年

（1916）初刊於《中國學報》第四至第五冊，又於民國八年刊於《國故》雜志一至四期。另有民國十年南京高等師範學校鉛印本。

此本據復旦大學圖書館藏民國十年鉛印本影印。（王群）

### 讀爾雅日記一卷補記一卷 　（清）董瑞椿撰（第 188 冊）

董瑞椿，生卒年不詳，據是書題名爲吳縣（今屬江蘇蘇州）人。

《讀爾雅日記》及《補記》皆爲董瑞椿記其研讀考證《爾雅》心得之作。《日記》九十八條，以《爾雅》經文立目，大字頂格。其所考證或爲《爾雅》經文，如“副，審也”條後考證辨析“副”以“審”釋之原因，並指明“郭注‘副長’失之”；或爲郭注、邢疏相關內容，此類往往在經文之後以單行小字標舉考證辨析對象，如“基，經也”下列“郭注基業所以自經營”；所辨亦涉其他，如《釋名》、《釋文》、《校勘記》、《經義述聞》等，此亦於《爾雅》經文之後列出，如“偏高阿丘”後列“《釋名·釋丘》：‘阿，何也。如人擔荷物一邊偏高也’”。董氏個人之考證內容均以“案”字引入，因聲求義，不限形體，徵引廣泛，並兼及當時方言俗語，考證多有精審可信者。

《補記》八十五條，兩條涉及邢昺《爾雅疏序》，四條涉及郭璞《爾雅序》，其餘七十九條均爲考辨《釋詁》所作，如“祖，始也”，“胎，始也”，“落，始也”，最末一條爲“鶩、務、昏、暋、強也”，另有“釋詁第一”一條。此項側重考證校勘《爾雅》經文，或考證《爾雅》篇目，或考訂《爾雅》文字，引證豐富，於《爾雅》校勘有一定價值。此外董氏“別爲音圖用祛未寤”條下談及韋昭《爾雅音》、昭明太子《爾雅贊》，於“茂，勉也”條下附有於慧琳《經音義》中所輯錄之鄭玄注《爾雅》十七條。諸如此類，於《爾雅》注本之研究可資借鑑。

此本據復旦大學圖書館藏清光緒十六年刻《學古堂日記》本影印。（王群）

### 爾雅稗疏四卷 　（清）繆楷撰（第 189 冊）

繆楷，生卒年不詳，字嘯仙，江陰（今江蘇江陰）人。光緒丁酉（1897）拔貢，經學尤粹，廷試歸，多病，閉戶潛修。更著有《玉篇箋證》、《詩經大義》等。事見《江陰縣續志》卷一五。

此編雖名爲“稗疏”，實爲考證正誤之作。如卷一“林、烝，君也。郭云：《詩》曰：‘有壬有林。’又曰：‘文王烝哉。’”條考訂“林”、“烝”二字當屬“大也”節，錯亂在“君也”節；又如卷一“艐，至也。孫云：‘艐，古屆字。’郭云：‘宋曰屆，方言云。’”條考證“艐當爲奏之假借”。其所考證者多涉《爾雅》郭注及舍人注、孫注等，其他亦有翟灝《爾雅補》、王念孫《廣雅疏證》、王引之《經義述聞》、俞樾《爾雅平議》、邵晉涵《爾雅正義》、郝懿行《爾雅義疏》等。此書共四卷，卷一《釋詁》至《釋宮》，卷二《釋器》至《釋水》，卷三《釋草》至《釋魚》，卷四《釋鳥》至《釋畜》。繆氏此書並非於《爾雅》全文逐一考證，僅選錄部分內容，計有二百四十餘條。體例上先列《爾雅》經文及郭璞、舍人、孫氏及其他注文，之後以“楷案”引入考證內容。繆氏考證中常引《說文》、《方言》、《玉篇》等小學經典並及其他文獻，徵引豐富。其所考證者涉及《爾雅》義例、文字校勘、詞義訓釋、名物考證等多方面，繆氏此書不拘泥前人注釋，創獲頗多，如謂卷一“讖汔也”條是“以聲得義，非有定詁也”，確實是發前人之未及。然繆氏頗好求異求新，有些考證不免缺乏實證，失之偏頗。

此本據上海辭書出版社圖書館藏清光緒二十年江陰使署刻《南菁札記》本影印。（王群）

### 爾雅郭注佚存補訂二十卷 　王樹枏撰（第 189 冊）

王樹枏，有《尚書商誼》，已著錄。

此編前有王氏弁言,以爲郭景純《爾雅注》彙集晉以前諸家之注極爲詳洽,然傳抄中脱訛增加,故據陸氏《釋文》補訂《爾雅》郭注,陸氏有誤者,則以他本更正云云。此書正文二十卷,《釋詁》、《釋言》各分爲兩卷,《釋訓》一卷,《釋親》、《釋宮》爲一卷,《釋器》一卷,《釋樂》、《釋天》合爲兩卷,《釋地》、《釋丘》合爲一卷,《釋山》、《釋水》合爲一卷,《釋草》分爲兩卷,《釋木》、《釋蟲》、《釋魚》各爲一卷,《釋鳥》分爲兩卷,《釋獸》、《釋畜》各爲一卷。體例上先頂格列出《爾雅》經文,次低一格爲郭璞注文,王氏補入之内容例仿王念孫《廣雅疏證》,以小字旁記於郭璞注文之内,以示與原本區分。其補入之内容或爲一字,如卷一"辜、辟、戾、辠也"條郭注"皆刑罪"下補一"也"字;或補入訓釋,如卷三"貿、賈,市也"條郭注"詩曰抱布貿絲"前補入"交易物爲貿";或補入注音,如卷三"禦、圉,禁也"條下補"圉,音語",卷一四"女桑,桋桑"條下補"桋音題,又音夷"。此書中另有部分内容,體例上較郭璞注文低一格,或分析補入之原因,或説明《爾雅》不同版本之異文情況。王氏此書補訂極爲嚴謹,其所據陸氏《釋文》亦作校訂,别爲《爾雅釋文校正》以還陸氏《釋文》之舊貌。王氏所輯皆爲明確注明郭璞字者,對於不確者則另文説明,如卷一"貲、貢、錫、畀、予、貺、賜也"條,王氏疑玄應《音義》中"上與下之辭也"六字也是注文,蓋因證據不足故未補,愈加顯示其嚴謹學風。此書於《爾雅》郭注用力頗深,於郭注版本之研究亦頗資參助。然正如王氏所言,郭璞除《爾雅注》外,亦有《爾雅音義》一書,其所補入者誠出自於《音義》。

此本據湖北省圖書館藏清光緒十八年資陽文莫室刻本影印。(王群)

**雅學考一卷** (清)胡元玉撰 (第189册)

胡元玉,有《駁春秋名字解詁》,已著録。

此編考輯宋以前雅學著作,匡傳訛之繆。胡氏認爲宋代以來雅學諸書散佚,雖已有裒輯,但依然問題頗多,儻不亟爲釐正,致失先哲之苦心,亦後起者之罪也。於是就宋以前雅學著作,參稽衆言,並申以己見,共輯録雅學著作五種三十二家。一爲《爾雅》注,凡十二家:臣舍人、劉歆、樊光、李巡、鄭玄、孫炎、某氏、謝氏、顧氏、郭璞、沈旋、裴瑜;二爲《爾雅》序篇,一家:某氏;三爲《爾雅》音,凡十五家:樊光、李巡、孫炎、郭璞、沈旋、施乾、謝嶠、顧野王、某氏、江灌、陸德明、曹憲、裴瑜、釋智騫、毋昭裔;四爲《爾雅》圖讚,二家:郭璞、江灌;五爲《爾雅》義疏,二家:孫炎、高璉。其考證以作者及著作名稱立目,目下以雙行小字注釋作者爵里、時代及事跡見於記載者,其後廣徵博引前人評述,如引陸德明《釋文》、翁方綱《經義考補正》、盧文弨《經典釋文考證》及《隋志》、《新唐志》、《宋志》等史志目録,最末用"案"字以出己見。其後爲《袪惑》一篇,考辨於雅學著作記述混淆者,指出王肅、劉劭、李充、陶淵明、孫林、麻杲之《爾雅注》,及劉昌宗《爾雅音》、何承天《爾雅纂文》、顏延之《爾雅纂要》等九家本無其書,而文獻誤記。此書輯録宋以前雅學著作,考鏡源流,論斷多確切,於雅學研究極具價值。至於宋特别是清代雅學復興以後之著作闕而弗載,則不可不謂一大憾事。

書後附民國二十五年(1936)周祖謨《重印〈雅學考〉跋》,並附周氏所撰"續雅學考擬目",收列宋以後雅學著作,分校勘、輯佚、補正、文字、音訓、節略、疏證、補箋、考釋、釋例等十種七十一家,每種下以作者時代先後爲序,可補胡氏之不足。

是書有清光緒十七年(1891)長沙益智書局鉛印本,《續修四庫全書》著録據以影印,然從周跋觀之,當據民國二十五年周祖謨重印本影印。(王群)

**小爾雅廣注四卷**　（清）莫栻撰（第189册）

莫栻，生卒年不詳，字右張，錢塘（今浙江杭州）人。著有《清波類志》、《柳亭詩抄》。見《杭州府志》。

宋咸注《孔叢子》，《小爾雅》爲《孔叢子》之一，莫氏爲增廣宋咸《小爾雅》注而著是書。此書卷首有陳景鐘序，作於雍正甲寅。正文四卷，卷一《廣詁》；卷二《廣言》；卷三《廣訓》、《廣義》、《廣名》、《廣服》；卷四《廣器》、《廣物》、《廣鳥》、《廣獸》、《廣度》、《廣量》、《廣衡》。體例上頂格列出《小爾雅》内容，另起一行並低一格作注。其注釋或補充例證，如卷一"造、之、如，適也"條引《禮·王制》、《周禮·地官》、《詩·鄘風》、《禮·檀弓》、《莊子·人間世》、劉伶《酒德頌》等例爲證；或注音，如卷二"賈，價也"條下"賈，禡韻，音架"等。莫氏亦於某些條目下添加按語，如卷四"拔根曰擢"條下有"愚按，引者引其根出於土也"，以補充説明《説文》"擢，引也"。此書博引《説文》、《玉篇》、《釋文》、《韻會》等字書、韻書，且其所引多以時代爲序。莫氏作注極爲嚴謹，於異説兼具，如卷四"高平謂之原"條下分列《爾雅·釋地》"大野曰平，高平曰陸，廣平曰原"，"可食者曰原"，郭注"可種穀給食者"等不同釋義；且於不確處，往往注明"未知"、"未詳"、"俟考"等字。莫氏此作於宋咸未注者注之，注而未廣者廣之，比宋咸注增廣數倍，極有助於《小爾雅》之閱讀與研究。

此本據國家圖書館藏清高氏辨蟫居抄本影印。（王群）

**小爾雅疏八卷**　（清）王煦撰（第189册）

王煦（1758—?），字汾原，號空桐。上虞（今浙江上虞）人。乾隆四十四年（1779）舉人，官甘肅通渭知縣。更著有《説文五翼》等。生平見《清朝續文獻通考》卷二六〇。

此編前有王氏敍，論及《小爾雅》爲先秦古書，作者爲孔鮒，確爲《漢志》著録者。因《小爾雅》俗本流傳，脱訛嚴重，於是依據善本以及群書所徵引，校讎《小爾雅》之文，於漏略處訂正，並藉以發揮前人之意，是爲義疏云云。正文八卷，前有目録。體例上頂格列《小爾雅》白文，注、疏以"注"字、"疏"字標識緊隨其後，轉行均較白文低一格。其疏解嚴謹而有條理，内容有三：一、遵照《説文解字》，參以《玉篇》、《廣韻》等書，辨別字之子母、雅俗，以存古文。如卷一"承、贊、涼、助，佐也"條，王疏云"佐本當作左"，並引《説文》、《玉篇》、《釋名》爲證。二、旁徵漢讀，按定正聲，以存古音。如卷七"菜謂之疏"條，王氏參以何休注《公羊》、高誘《吕氏春秋注》、賈公彥《周禮疏》等注音之法認爲"蔌疏二字，長言之則曰疏，短言之則曰蔌，緩讀之則曰疏，疾讀之則曰蔌"。三、蒐集自秦漢至晉唐傳注中有關雅訓的内容，以存古訓。如"交，俱也"條，王氏徵引《説文》、《孟子》、《史記》以明"俱"之"偕"義，又引《孟子》、《戰國策》、《法言》以證"交"之"俱"義，其疏解兼及釋詞與被釋詞語。此書引證豐富，於《小爾雅》研究極具價值。然亦有疏漏不當之處，且其對字之形、音、義之考求過於泥古，以致其推求失之臆斷。

此本據復旦大學圖書館藏清嘉慶五年鑿翠山莊刻本影印。（王群）

**小爾雅義證十三卷補遺一卷**　（清）胡承珙撰（第189册）

胡承珙，有《毛詩後箋》等，已著録。

此編前有道光丁亥（七年，1827）胡氏自序，稱《小爾雅》乃"《爾雅》之羽翼，六藝之緒餘也"，漢儒訓詁亦多本之，特以不著書名，故後人疑其未經援及，則唐以後遂以爲僞書。然酈道元《水經注》、李善《文選注》、陸德明《釋文》，及孔、賈之義疏，小司馬之注史，釋玄應之譯經等所徵引者俱存於《小爾雅》，故《小爾雅》係完書，並非如戴東原之駁難謂其頗多竄亂。於是援引古義一一辨釋，又采輯經疏選注等所引成爲此書，正文十三卷，後有《補遺》一卷云云。其特色有二：一、廣泛徵引古注中與《小爾雅》相合者及魏、晉、隋、唐注疏中采用《小爾雅》之例者以證其訓釋，如卷一"控、彎、挽，引也"條徵引《說文》、《文選注》、《淮南子注》、《釋文》、《一切經音義》等訓詁材料；二、校勘訂正《小爾雅》傳本譌誤，如卷一"淵、懿、邃、賾，深也"條末指明"賾，近本誤作頤，今訂正"。另《補遺》一卷補列十三條文獻注疏中所徵引《小爾雅》之訓釋，如"碩，遠也"條下注云"《一切經音義》卷三引《小爾雅》"。此書引例豐富，其論證大多透徹精當，爲《小爾雅》注本中成就較高、影響較大者。此書仍頗多失誤，如徵引材料時有譌誤，或訓釋不確等。

此本據上海辭書出版社圖書館藏清道光七年求是堂刻本影印。（王群）

### 小爾雅訓纂六卷　（清）宋翔鳳撰（第 189 冊）

宋翔鳳，有《周易考異》等，已著録。

此編六卷，前五卷訓解《小爾雅》，卷一《廣詁》，卷二《廣言》，卷三《廣訓》、《廣義》、《廣名》，卷四《廣服》、《廣器》、《廣物》至《廣衡》爲卷五；卷六則爲"考"及"佚文"。宋氏之說解先列《小爾雅》白文，其後廣徵博引加以注釋，如卷四"杖謂之梃"條引《說文》、《廣雅》、趙岐《孟子章句》、高誘《呂氏春秋注》等訓詁資料以證"梃，杖也"，並論及相關詞語"白梃"。卷六"考"中，宋氏考辨《小爾雅》名稱、性質、作者、注釋者等問題；之後"佚文"收録散見其他文獻注解中之《小爾雅》訓釋九條。宋氏此作引證翔實，考辨精當，於《小爾雅》的研讀有一定價值，胡承珙《小爾雅義證》即多受其影響，其義證與宋氏此作多有相似處，某些條目之徵引材料極爲接近，且胡氏《補遺》一卷亦與宋氏卷六之"佚文"多所重合，

如"柤謂之楂，械謂之桎"，"碩，遠也"，"區，域也"等條皆見之於宋氏此作。不足之處是宋氏此作較之胡氏之《義證》某些條目略顯簡略，如卷二"校、戰，交也"條訓解"校""戰"何以有"交"義，宋氏只引《公羊傳》一例，胡氏徵引則涉《禮記》、《左傳》、《史記》等相關資料。此外，某些詞語宋氏略而不論，如"爰、換、變、貿、交、更，易也"條只論及"爰"、"貿"、"易"三詞，其他則付之闕如。

此本據華東師範大學圖書館藏清嘉慶刻《浮谿精舍叢書》本影印。（王群）

### 小爾雅約注一卷　（清）朱駿聲撰（第 189 冊）

朱駿聲，有《六十四卦經解》等，已著録。

此編前有朱駿聲序，謂《小爾雅》"亦六籍之襟帶，百氏之綱維也"。此書正文一卷，體例上先列《小爾雅》白文，單行大字，注文緊隨其後，雙行小字。朱氏多引文獻爲例作注，且一般每字下只列一例，如"振，救也"條下"左昭十四傳分貧振窮"；另有些注釋側重辨明文字之假借，如"封、巨、莫、莽、艾、祁，大也"條下"封借爲豐，巨借爲鉅，莫借爲幕，莽借爲舞，祁借爲衺"。朱氏亦引他人觀點，如"閱、搜、履、庀，具也"條朱氏於"履"字引用葛其仁之"當作展"。外此，朱氏之注亦涉相關文獻之刊誤，如"蹉，一舉足也"條下"蹉當作蹠，按字或作躢"，並進而指出《禮記·祭統》與《荀子·勸學》之誤字。朱氏此書於諸本多所參看，如其序所列陶宗儀《說郛》、何鏜《廣漢魏叢書》、余有丁綿眇閣本、郎奎《金堂策檻》本、陳趙鵠聽鹿堂本、顧元慶《文房》本，之後"鉤稽異同，審慎裁補，誼會其通，說反乎約"，内容雖不及別家豐富，但其行文簡約，極便觀覽。

此本據上海辭書出版社圖書館藏清光緒八年臨嘯閣刻《朱氏群書》本影印。（王群）

### 小爾雅疏證五卷　（清）葛其仁撰（第 189 冊）

葛其仁（1787—1862），字元肫，嘉定（今屬

上海）人。嘉慶二十四年（1819）舉人。見《清代人物生卒年表》。

是書五卷，前四卷疏證《小爾雅》，第五卷補證王寶仁所輯之《小爾雅》佚文。此書主要內容有二，一則“博采傳注，旁及群籍，審其義趣，明其指歸”，一則校正文字，訂正錯誤。葛氏之疏證較《小爾雅》其他各種注疏更爲詳盡、豐富。如卷二“晏、明，陽也”一條，對“晏”之疏解，各家所引相同，只是行文略異，但各家對“明”之疏解差異較大，或簡略，或牽強，而葛氏引《史記正義》、《淮南子‧墜形訓》，詳證“明，陽也”。本書徵引廣博，以經史及其注疏爲主，兼及群書，無證則闕如，不強爲疏解。態度審慎，如有確鑿證據，則明確指出文字訛誤，如遇孤證，則推斷某字當爲某字。阮元稱此書“詳備精審”，可謂恰如其分。

自序云其作於“甲戌長至後二日”，附記又云“是書成二十餘年”方付梓，是時爲“道光己亥（1839）”，故書當成於嘉慶甲戌（1814）。此本據南京圖書館藏清道光自刻本影印。（王群）

### 釋名疏證八卷續釋名一卷釋名補遺一卷

（清）畢沅撰（第 189 册）

畢沅，有《夏小正考注》等，已著錄。

《釋名疏證》八卷，主要疏解《釋名》，並考證《釋名》與《爾雅》、《說文》異同，兼及名物稱號之時代變遷。畢氏自序詳考劉熙與《釋名》之斷代，以及《釋名》大致成書經過，尤以斷代考訂最爲精闢。本書主要徵引經書、《史記》注、《漢書》注、唐宋類書及道釋二藏，以疏解詞義，考證異同。對異同之處皆有明確判斷，例如“石載土曰岨”一條，《釋名》、《說文》對此解釋相同，而《爾雅》與二書相反，是書引《毛詩‧卷耳傳》證《爾雅》之說爲誤。又辨正《釋名》之文字歧異，如《釋天》中“天，坦也”一句，衆多版本將“坦”寫爲“垣”，

是書據《玉篇》、《爾雅‧釋文》及《初學記》、《太平御覽》、《爾雅疏》引文均寫作“坦”，糾正了當時版本中之錯誤。《釋名疏證》後附《續釋名》、《釋名補遺》二卷。《續釋名》爲從《太平御覽‧時序部》輯出之《釋律呂》、《釋五聲》部分材料，且略作注疏；《釋名補遺》爲從古書中輯出不見於《釋名》之材料，且注明出處、疏解詞義。《釋名疏證》廣徵博引，辨別《釋名》與《爾雅》、《說文》異同，校訂版本文字，疏解詞義，使《釋名》有了一個較爲可靠、便於閱讀之本。此書爲後世研究《釋名》之基礎用書。

是書首末有王國維跋、識，乃經王氏校讀之本，書內批注小字當爲王氏手筆。又《書目答問》著錄是書，范希曾云“江聲爲畢沅撰書，署畢名”，《續釋名》亦當爲江聲所作。

此本據國家圖書館藏清乾隆五十四年畢氏靈巖山館刻《經訓堂叢書》本影印。（王群）

### 廣釋名二卷 （清）張金吾撰（第 190 册）

張金吾，有《兩漢五經博士考》，已著錄。

《廣釋名》兩卷，依劉熙《釋名》二十七篇之目，專采劉熙以前及同時代之著述訓詁，凡劉熙原書未釋及已釋而未詳，或其推闡未盡者，俱輯錄成書，意欲增廣劉熙之作，以助小學，故名曰《廣釋名》。《廣釋名》雖承劉熙《釋名》，但二者區別顯然，《釋名》實乃劉熙個人理論創作，就因聲求義之理論方法有開創之功，而《廣釋名》全然輯錄而成，功在廣博。張氏於《釋名》前之經史典籍中搜尋聲訓個例，與《釋名》相互參照，可以較爲清晰地掌握聲訓法之產生及發展過程，治學者讀此書可省卻大量翻檢古籍之時間，實爲研究《釋名》及聲訓者必讀之書。《釋名》共徵引逸書一百二十餘種，保存了諸多珍貴文獻。

此本據華東師範大學圖書館藏清嘉慶二十一年愛日精廬刻本影印。（王群）

## 釋名疏證補八卷續釋名一卷釋名補遺一卷釋名疏證補附一卷 （清）王先謙撰（第 190 冊）

王先謙，有《尚書孔傳參正》等，已著録。

此編共四種書，統題爲王先謙撰，其實不確。其中《釋名疏證補》及《釋名疏證補附》兩種爲王先謙撰，其餘則爲畢沅撰。先是畢沅撰成《釋名疏證》、《釋名補遺》及《續釋名》，王先謙在此基礎上，集中了王啟原、葉德炯、孫楷、皮錫瑞、蘇輿、王先慎等人校釋，又參酌甄録成蓉鏡、吳翊寅、孫詒讓等人之校勘成果，續注補校，撰成《釋名疏證補》，書成之後，又得到胡玉縉、許克勤二人之校語，王先謙作《補附》一卷，綴於書後。統題王先謙撰，當是誤解此編原刻本意。此編中最具價值者當是王先謙所撰《釋名疏證補》，顯著貢獻有二：其一，爲增廣疏證時不僅限於文獻考證，而且更注重音韻學成果之吸收，如成蓉鏡對九音來自西域抑或本於中國儒家之學之論證。其二，王先謙個人按語占詞條總數近兩成，其中在畢沅等人疏證下再做補述者一百五十六條，而在畢沅等人無注詞條之下加注者九十一條，均不乏真知灼見。

此本據華東師範大學圖書館藏清光緒二十二年思賢書局刻本影印。（王群）

## 廣雅疏義二十卷 （清）錢大昭撰（第 190 冊）

錢大昭（1744—1813），字晦之，一字竹廬，嘉定（今屬上海）人，錢大昕弟，學術多師承錢大昕。嘉慶元年（1796）舉孝廉方正，賜六品服。精通小學，曾參修《四庫全書》。更著有《爾雅釋文補》、《廣雅疏義》、《説文統釋》、《兩漢書辨疑》、《三國志辨疑》、《後漢書補表》、《詩古訓》、《經説》、《補後漢書藝文志》、《後漢郡國令長考》、《邇言》等。傳見《碑傳集》卷四九、《國朝先正事略》卷三四。

是書二十卷，目録錯標爲二十五卷。錢氏學術主張治經重訓詁，註史重達事。因此，

《廣雅疏義》個性鮮明，視小學爲根柢，註釋必先述《説文》、《釋名》等字書、訓詁之書，然後徵引經籍。又兼具目録學特徵，於題名之後敘述成書歷程，或於各"釋"之首，均敘述學術源流，類"提要"之體。此書歷經三十年而成，爲大昭嘔心之作，亦後世治學之捷徑，善莫大焉。

此本據上海圖書館藏清愛古堂抄本影印。（王群）

## 廣雅疏證十卷博雅音十卷 （清）王念孫（清）王引之撰（第 191 冊）

王念孫，有《爾雅郝注刊誤》，已著録。

王引之，有《經義述聞》等，已著録。

《廣雅疏證》十卷，王念孫共撰九卷，王引之撰第十卷，此書歷經十年而成。王念孫又校曹憲音釋部分，附於《廣雅疏證》之後，爲《博雅音》十卷。《廣雅疏證》考校精善，共訂訛字五百八十、脱字四百九十、衍字三十九、先後錯亂者百二十三、正文誤入音内者十九、音内字誤入正文者五十七。王氏以爲"訓詁之旨，本於聲音"，於是以聲音貫穿訓詁，而後知聲音訓詁之爲一物。聲近義同、聲轉義近，通過音之近或轉探求詞意，不拘泥於字之形體，是爲因聲求義之法。《廣雅》收字多轉注、假借，而義屬於形是爲轉注，義屬於聲是爲假借，不明聲音則不明假借，以古求今意方能正確認識假借，因聲求義之法爲訓詁學之一大貢獻。書中所謂"字異而義同"者，實乃文字之異體，假借之别稱；其云"某與某通"者，皆爲聲音相關之通假；其云"某之言某"，乃以聲音通訓詁，探求詞源。《廣雅疏證》一書，考證翔實，所取諸説，但求其是，不佞古，不薄今。大量徵引古代文獻，亦采録當代學説，方以智、顧炎武、惠棟、戴震、錢大昕、段玉裁、阮元等人學説，皆在徵引之列，使《廣雅》有了較好之定本，故王樹枏謂王氏"非惟張氏之功臣，抑亦曹君之諍友"。

此本據上海圖書館藏清嘉慶元年刻本影印。（王群）

## 廣雅疏證補正一卷　（清）王念孫撰　（清）王引之撰　（第 191 册）

王念孫，有《爾雅郝注刊誤》，已著録。

王引之，有《經義述聞》等，已著録。

《廣雅疏證》刊成後，王念孫、王引之補正五百零一則，皆細書於《廣雅疏證》刊本之上，或別籤夾入書中，意欲改刊而未果，後經黃海長、羅振玉整理刊刻，方有是書。此書前有羅振玉序，後有黃海長跋。此書對《疏證》補正之例有五，一曰補，一曰改，一曰乙，一曰乙而補，一曰乙而改。所謂補，有原無文獻例證而補者，如補“《太史公自序》云不既言不倍言，是既爲失也”，以證《廣雅》、《方言》對“既”之解釋；有原列文獻例證而補新證者，在於證明《疏證》中所繫聯各字間之意義關係，或是證明出現在釋義過程中涉及其他詞之詞義，使整個釋條更加明確；亦有爲證訛誤而補者。所謂改，大多爲改正原文訛誤。所謂乙，有删除整條引文者，也有删除引文部分詞語者。乙而補與乙而改，大致相同，多是替換例文。新補正例文中，諸子、史書常被徵引，目的應當是爲使論證更爲簡潔可靠。另外，許多古代金石文獻也成了徵引對象，其目的亦當與增補諸子、史籍同。王念孫、王引之自爲補正，不厭精審，虛衷求善至此，爲學人楷模。

此本據南京圖書館藏清光緒二十六年黃氏借竹宦刻本影印。（王群）

## 續廣雅二卷　（清）劉燦輯　（第 191 册）

劉燦（1780—1849），字星若，鎮海（今浙江鎮海）人。嘉慶二十四年（1819）優貢。更著有《支雅》、《詩輯補義》、《日知録記疑》等。傳見《續碑傳集》卷七一。

是書前有汪廷珍序、戚學標序、劉氏自識，後有王堃跋。正文二卷十九章，體例、條目均仿《爾雅》。劉燦本欲補唐劉伯莊佚書《續爾雅》之闕，書成之後仍名爲《續爾雅》，後經友人勸説，爲避文中子續經之譏而易名爲《續廣雅》。推劉燦原意，此書當是爲推闡《爾雅》而作，與《廣雅》並無關係，名爲《續廣雅》實乃無奈之舉，李宗昉稱此書爲《爾雅》之津梁，雖不免誇飾之辭，但也肯定了《續廣雅》對《爾雅》有所繼承。既爲續作，必於古有所承繼發明，於今有所增補。如《釋詁》之始、君、大諸條大多爲《爾雅》所有，但所列字詞均與《爾雅》不同，再如於《釋親》之古稱謂有所繼承，但又多新説。即便《爾雅》固有之詞，詞義之解釋也有所變化：如濟濟，《爾雅》曰止，而《續廣雅》曰容；如洋洋，《爾雅》曰思，《續廣雅》曰大。諸如此類，可以窺見古今變遷、風俗殊異。闡明意義，辨析原委，補前人之闕，有創新，是《續廣雅》最大貢獻，在研究詞義變化方面具有較大價值。

此本據華東師範大學圖書館藏清嘉慶二十四年刻本影印。（王群）

## 釋蟲小記一卷　（清）程瑤田撰　（第 191 册）

程瑤田，有《禹貢三江考》，已著録。

《釋蟲小記》一卷，共六篇，原載於程瑤田《通藝録》第二十四卷。《通藝録》是程氏考證名物之經典著作。六篇之中除《蜜蜂紀略》純爲記述之文外，其餘皆爲考據之作。程氏考據重“目驗”，所謂“陳言相因，不如目驗”，強調不能僅依前人之語，當深入自然、社會開展調查。爲證《小宛》之“螟蛉有子，蜾蠃負之”一句前人各種注疏之語，他調查僕人方言，聯繫自己故土方言及其他俗語，並納小蜘蛛於小櫃中觀察其變化，又觀察筆帽中之土蜂、牆壁等處蜂巢等各種相似物象，前後共歷時三載。爲證馬齒之數，他於肉市買馬首查驗牙齒數目，以證前人注疏之譌。爲證唐詩賦中“鸕鷀吐雛”之説，引述李時珍

《本草綱目》之論述，並依江岸之人之觀察結果加以考證。但此書中諸作水平參差不齊，如《蜜蜂紀略》描述蜜蜂築巢釀蜜過程，並借蜜蜂之行爲以喻仁、義、禮、智、信之德，實際是寫物之散文，並非考據之作。再如《鸕鶿吐雛辨》，過半篇幅不論鸕鶿而論述"浪汗猶闌干"，以述前人傳抄中不知雙聲疊韻之緣由以致傳寫之誤。此書中考據論證最爲精審者當屬《螟蛉蜾蠃異聞記》，是其考據方法與語言學研究完美結合之典範。與其説此文證螟蛉蜾蠃異聞，不如説此文在證明蜾蠃無定形、螟蛉無定名同時，根本還是在論述雙聲疊韻詞之形、音、義之關係，簡而言之，就是雙聲疊韻者擬諸形容，大率無專物，事物特徵及意義相近，語音相轉。

此本據清嘉慶八年刻《通藝録》本影印。（王群）

**釋草小記二卷** （清）程瑤田撰（第191冊）

程瑤田，有《禹貢三江考》等，已著録。

《釋草小記》兩卷，原載於程瑤田《通藝録》第十一卷，所釋草名皆關涉經史，或爲詩賦中關鍵名物典故，其功有裨於治義。内容又多他書所不及，是程瑤田名物考據之又一代表作。此書考據注重實證調查，皆得之於目驗，非抄撮陳言者比，每曰問之、聞之於山西農人、北方人、奚童等等，開展詳細調查，對物之品類形狀描繪格外細緻。同時，程氏轉語學説亦得以充分體現，其説聲音字形有四通六闢之妙，文中常有"音相近"、"聲相通"、"聲相轉"、"音既相通，義亦因之"之論斷，從聲音字形入手考證轉語、假借等名稱來源方式。再者，指出假借之法在名稱命名中之具體應用，云"品類既同，名可互假"，又云"假借通稱，名窮則變"，這些觀點都極其價值。此書考證翔實，又多創見，如其考藋與蓚相通，而證《論語》荷蓧之蓧非竹器、草田器，荷蓧乃"丈人薄暮將歸，採灰藋菜而荷之杖"等。

此本據清嘉慶八年刻《通藝録》本影印。（王群）

**果蠃轉語記一卷** （清）程瑤田撰（第191冊）

程瑤田，有《禹貢三江考》等，已著録。

是書乃程氏研究轉語之作，王念孫稱實爲訓詁家未嘗有之書。該記通過果蠃一詞，將與其音義相近之二百五十個連綿詞絲聯繩引，疏通證發，認爲它們皆爲一音之轉，系統論述了雙聲疊韻詞之轉語現象，認爲《史記》之"甌窶"（圓形竹器），《爾雅》之"果裸"（圓形瓜）、"果蠃"（圓腰蟲）及《説文》之"果蓏"（圓形果實）等皆同一音義形式之變體，從而得出了"果蠃之名无定矣"之結論。其理論核心仍是"因聲求義"、"引申觸類，不限形體"，認爲聲音先於文字，聲隨形命，字依聲立，古人對相類之物，往往賦以同一語音。程瑤田從"果蠃"入手，探究雙聲疊韻唯變所適之特點，使學者讀之而知絕代異語、別國方言無非一聲之轉。轉語之名，初見揚雄《方言》，但多就單字而言，清方以智《通雅》及黄生《字話》、《義府》偶涉雙音節轉語，但不成系統。程瑤田與戴震師出同門，雖同論轉語，但又有不同。戴震多就單字而論轉語，而程瑤田卻將轉語之研究拓展至雙音節詞語，就此而言，《果蠃轉語記》堪稱一大創舉。此書廣徵典籍，收羅各地方言，徵引之博，論證之精，堪稱學術典範。

此本據民國二十二年《安徽叢書》編印處刊本影印。（王群）

**奇字名十二卷** （清）李調元撰（第191冊）

李調元，有《周禮摘箋》，已著録。

此書共十二卷，分天文、地志、人物三類，八十餘門，搜集名物奇字。此書因楊慎《奇字韻》而作。李調元認爲楊氏之書主於輯韻，取徑較博，因此，李調元編定此書時，則嚴立程限,選字之奇而名不恒見者,依據事物類別編排。自序稱此作光怪陸離,無奇不搜,意頗自負。但是,詳考其作,亦有諸多不盡恰當之處。如太昊之名咸鳥、高辛氏之名夋、《南史》之吉翂、《考工記》之鮑人,則字與名皆不得謂之奇。代郡之步大汗薩、烏孫之卑援寔、怰列之襄加牙,其薩、寔、襄諸字雖奇,但是名字出於譯音,譯音之詞,不足爲奇。諸如此類,雖然字奇,但是名却不能稱奇。魚之名乡、龜之名靁,其名則奇,其字却常見,不能謂之奇。至於大禹之禹作㠯、雷震之震作霊,其實乃禹、震古文,郯孫之郯、洭水之洭,皆《説文》中小篆正文,更不得以奇字、奇名視之。但是,李調元將上述名字都視爲奇字名而收入書中。所以,此書雖自稱嚴立程限,却仍存不足。但與務求其博的《奇字韻》相比,《奇字名》仍稱精要。

此本據北京大學圖書館藏清乾隆綿州李氏萬卷樓刻嘉慶十四年李鼎元重校《函海》本影印。(王群)

**釋大八卷**　(清) 王念孫撰 (第 191 册)

王念孫,有《爾雅郝注刊誤》等,已著錄。

《釋大》八卷共八篇,專釋含有"大"義的詞彙,以古聲母爲目分類編排,一篇之中專收同一聲母詞彙。原稿七篇,分屬見、溪、群、疑、影、喻、曉七個聲母,後來王國維從王念孫遺稿中搜得匣母一篇,附於書後,以使牙、喉八母完備,只是前七篇有注文,第八篇無注文。王念孫作此書,當不止八篇之數,現存七篇注文中提及第十八篇、第二十三篇之數及其所收詞語,又因古音舌頭舌上、邪齒正齒、輕唇重唇並不區別,古三十六字母可歸爲二十三母,據此推斷《釋大》原著當爲二十三篇。只可惜,至今只有王國維搜得第八篇,其餘篇目不知去向,抑或王念孫只有構想,而未完成。此書以聲母爲序,本於王念孫聲音訓詁之一貫主張,書中常言"聲之轉"、"聲相近"。所謂"聲之轉",多解説同母詞語;所謂"聲相近",多解説同韻而不同聲之詞語。廣收聲近、聲轉詞彙,並依聲歸類,其目的在於實證其所説"聲同字異、聲近義同"。王國維稱此書主旨爲"示聲義相通之理,使學者推而用之",此説極爲恰當。

此本據湖北省圖書館藏民國嚴氏賁園刻本影印。(王群)

**拾雅二十卷**　(清) 夏味堂撰 (第 192 册)

夏味堂,有《詩疑筆記》,已著錄。

《拾雅》現存版本有六卷本、二十卷本之分,六卷本爲無注本,二十卷本爲有注本。六卷本刻後,或曰無注不足行遠,夏味堂乃請其弟、侄爲注,於次年孟春刻二十卷有注本,六卷本便漸稀少。張之洞《書目答問》將此書歸爲小學類《説文》之屬。《拾雅》之"拾"乃拾遺之義,所謂"拾雅",爲補足《爾雅》、《廣雅》之遺漏。本書二十卷共由三部分組成,分別稱爲《拾雅釋》、《拾廣釋》、《拾遺釋》,其內容依次爲:一補《爾雅》各部已釋而未詳,二補《廣雅》詁訓已釋而未詳,三補《爾雅》、《廣雅》所遺釋。同時,本書對六類情況不予采錄:一是經傳所已釋者,二是自有專書者,三是前雅反覆互訓者,四是古體字不復出者,五是《方言》、《説文》、《三倉》字不爲經史群籍采用者,六是見於《小爾雅》、《釋名》亦不復出者。其題仍依前雅部居,《釋詁》各條,皆循經、史、子、集爲次,義訓錯出,不以類敍;《釋訓》以下則事物類敍不復計原書先後。此外,則凡文同義異,文近義同,經師別解,皆詳著於篇。其旨在於同者得其會通,異者博其旨趣。

此本據上海辭書出版社圖書館藏清嘉慶二十四年遂園刻本影印。(王群)

**比雅十九卷**　(清) 洪亮吉撰 (第 192 册)

洪亮吉,有《毛詩天文考》等,已著錄。

是書乃洪亮吉遺稿,經陳慶鏞整理,於道光年間首次刊刻,後又有洪亮吉曾孫洪用勤整理的十卷本。此編是在陳慶鏞十九卷本的基礎上重新校勘的咸豐年間版本。此編序言題爲《六書轉注録序》,是陳慶鏞所作。《六書轉注録》與《比雅》爲兩書,但又有密切的内在聯繫。《比雅》或曰《轉注考》,陳慶鏞云洪亮吉在作《六書轉注録》後,"復譔爲《比雅》"(此據《粵雅堂叢書初編》本《六書轉注録序》,而本編則曰"繼復譔《比雅》"),可知《比雅》乃在《六書轉注録》的基礎上形成。同時,《六書轉注録》與《比雅》同爲遺稿,又一起被陳慶鏞發現,一併刊刻,所以陳序實爲二書合序。《比雅》仿《爾雅》之目,又略有不同,其將《釋天》、《釋地》、《釋山》、《釋水》四篇移到《釋親》之前,又將《釋親》易名爲《釋人》,將《釋丘》併入《釋山》,又從《釋水》分出《釋舟》,並附以"釋車"。原書不分卷,後以篇目分爲十九卷。《比雅》之名或源於其體例,其依《爾雅·釋訓》、《釋言》之例,屬辭比事,歸檔合一,將義類相近的詞語訓釋比附在一起,因此名爲《比雅》。與《爾雅》專訓經義不同,《比雅》於老、莊、管、荀無不涉及。本書將古書舊訓中意義相關的内容排比羅列,在諸多雅書中很有特色,便於查找訓釋材料。其不足有二,一是有的釋義歸類不當,二是有的前後重見,皆因其爲遺稿,未經作者整理審定。

此本據清咸豐七年伍氏刻《粵雅堂叢書》三編本影印。(王群)

**駢字分箋二卷** (清) 程際盛撰 (第192册)

程際盛,有《周禮故書考》,已著録。

是書專收駢字。所謂駢字即雙音節合成詞、聯綿詞,本書共收録七百六十九個駢字,其中以雙音節合成詞爲主,所收之詞的兩字意義或相近或相關或相反,在詞語的選取上不同於其他駢字之書。大致依雅書事類次序,分類排列,收羅古書箋注。駢字之書衆多,大多摘取儷句文藻,或供辭章之用,而《駢字分箋》摘自群經諸子,以訓經義。其目的爲理群類、達神旨,進而通古今之言,知小學之重。因《駢字分箋》的著書宗旨與其他駢字之書不同,所以其内容也與其他駢字之書有明顯區別。如《駢字類編》僅引例而不釋義,《駢雅》僅釋整個雙音詞的意義而不對詞素或單字加以辨析。與上述二者比較,《駢字分箋》不僅篇幅相對簡短,且註釋詳盡,徵引古注中將兩字對照釋義的注文,以比較同異,如釋"雷電",引"有聲曰雷,無聲曰電"及"雷,其相擊之聲也。電,其相擊之光也"。不解釋詞語的整體意義,而將駢字分開解釋,乃是書一大特點。

此本據上海辭書出版社圖書館藏清嘉慶吴氏聽彝堂刻《藝海珠塵》本影印。(王群)

**證俗文十九卷** (清) 郝懿行撰 (清) 董恂補 (第192册)

郝懿行,有《易説》,已著録。

董恂(1807—1892),字韞卿,甘泉(今屬江蘇揚州)人。道光二十年(1840)進士,歷任順天府府尹、户部尚書。更著有《江北運程》。事略見清李放《皇清書史》卷二三。

《證俗文》十九卷,乃郝懿行纂集自己讀書札記而成。本書專收俗言俚語予以考辨,其中包括方言詞彙及外來語。一至十二卷屬名物制度,十三至十九卷專論語言文字,有文字考辨、奇字、別字、誤字、方言、外國、梵語。總目、子目共計一千五百餘條。原書無目録,董恂感翻檢不便,而爲其補寫目録。正文所列詞語雖未明確分類,但大致按類編排。其詞目用字或爲俗語,或僅爲目,而俗語列於釋文之中,如"袍"之目,袍不當爲俗語,其釋文中所論之"襖"當爲俗語。其對詞目的考釋,一則旁徵博引,材料翔實;一則常用按語,詳細闡述撰著者的見解。其考辨,關涉歷史、民俗、經濟、制度等內容,於諸多線索中考辨其義之源頭。如考“雌黃”一詞,證雌黃爲塗抹改易文字之物,所謂“雌黃滅誤”,乃譏諷隨意改易經籍的行爲,如同口中雌黃。至於俗語、方言,現在有的已不使用而僅存於古籍中,有的成爲今天的通用詞彙但人們往往不知其意義來源。讀《證俗文》可解古籍疑難,亦可明今之詞義來源。另外,其對奇字、別字、誤字的考辨,可證文字真偽,可知文字演變。

此本據清光緒十年東路廳署刻本影印。(王群)

### 駢雅訓纂十六卷卷首一卷　(明)朱謀㙔撰 (清)魏茂林訓纂 (第192冊)

朱謀㙔,有《周易象通》,已著錄。

魏茂林,字笛生,又字賓門,晚號蘭懷老人,龍巖(今福建龍巖)人。嘉慶十四年(1809)進士,授內閣中書。歷任廣東鄉試副考官、宗人府主事、刑部主事、刑部郎中、會試同考官、河間府知府、保定府知府等職。晚年客居泰州。《龍巖縣志》稱其與段玉裁、苗夔諸公齊名。曾師事紀昀、阮元,更著有《覃雅廣胲》、《天部類胲》等。

是書之撰,歷時二十年,可謂殫精竭力。本書分原書爲十六卷,箋釋分條進行,先列原書條目,下以小字逐詞引證最早出處與釋義,再下標明讀音。如係古音,仍用“讀如”、“讀若”,其餘均用反切;若有異讀,則一併標明;如原書無讀音,則根據《說文》、《玉篇》、《廣韻》補出。本書徵引廣博,共引書近三百種,徵引各書皆標明篇名、卷數、版本。如是佚書,則注明轉錄之處。此書體例精善,考證嚴謹,實大家風範。

此本據華東師範大學圖書館藏清道光十五年有不爲齋刻本影印。(王群)

### 支雅二卷　(清)劉燦撰 (第193冊)

劉燦,有《續廣雅》,已著錄。

《支雅》之名,謂爲《爾雅》支流。本書兩卷,共十篇,上卷九篇,下卷一篇。本書爲劉燦與他人著述之合集,前五篇《釋詞》、《釋人》、《釋官》、《釋學》、《釋禮》爲當世名人撰述,後五篇《釋兵》、《釋舟》、《釋車》、《釋歲》、《釋物》爲劉燦自編。《釋物》一篇獨占一卷,作者對其最爲推崇,稱此篇能廣人見聞、益人神智。《釋物》共包含三部分內容:一是分類列述鳥獸草木名稱,二是講解動植物的習性或異聞,三是講解穀、竹、果的種類及名稱。其中《通論鳥獸草木》指出所選名稱皆“詩之詠物”,例如“犬曰宋鵲,曰青鶹、白雀、白鵠、倉花鴨”。從這一特徵來看,《支雅》的功用、目的與其他雅書有明顯不同,雅書大多僅訓釋經書,而《支雅》將訓釋範圍拓展至詩文。另外,《釋物》一篇之訓釋方法也別具特色,諸如“穀,善也、養也”的傳統訓釋方法使用極少,更多在分類比較。

此本據上海辭書出版社圖書館藏清道光六年刻本影印。(王群)

### 釋穀四卷　(清)劉寶楠撰 (第193冊)

劉寶楠,有《易古訓》,已著錄。

是書在程瑤田《九穀考》基礎之上形成。劉氏認爲《九穀考》對禾、黍、稷三種穀物考辨精善,對麥、豆、麻三種穀物考辨多闕略,又因程瑤田《九穀考》與邵晉涵《爾雅正義》對粢稷衆秫、秬黑黍等穀物的解釋不同,又因二人都是當時通儒,受人信服,劉氏慮二人異見徒增學者學習之難,乃著《釋穀》。是書立論以《九穀考》爲本,而語言修辭典雅又在《九穀考》之上。《釋穀》多依程瑤田之說,然在繼承程氏觀點的同時,也對《九穀考》的部分觀點提出了不同意見。如《九穀考》以稃麥爲爵麥,而《釋穀》則稱下麥謂之稃;《九穀考》推測稑麥爲種稑,而《釋穀》證稑麥猶言麥種。是書徵引之書首選經史,若韻書及方言諸書中有可與經史相證明者,亦在徵引之列。其在考辨穀物的過程中，也運用了許多訓釋詞義的方法，如其在考辨蜀黍、戎菽、胡豆、胡麻一類穀物時，歸納説“凡物之大者皆得稱蜀、稱戎、稱胡”，此爲古人比類屬詞之通義。

此本據南京圖書館藏清咸豐五年刻本影印。（王群）

### 小學駢枝八卷 （清）田寶臣撰 （第 193 册）

田寶臣（1792—1858），字少泉，泰州（今江蘇泰州）人。精研經學、小學，尤精通《説文》。傳見《碑傳集補》卷四一。

是書專收兩字或四字駢語，以增補《駢雅》。田氏與其師魏茂林皆鑽研《駢雅》，魏茂林有《駢雅訓纂》，田氏有《小學駢枝》，二人皆成就斐然。此書寫成後，終田氏一生，未能刊刻。時值江南戰亂，田氏憂此書之不保，睠睠於是書，希望得鴻碩君子以存其書。當時此書僅有抄本，刊刻之本只有魏茂林《駢雅訓纂補遺》中摘録其十分之一，此書至民國時期方得以刊刻。全書八卷，共收詞條一百五十三條，所收詞語多爲聯綿詞。其説以《説文》爲主，以《爾雅》、《方言》、毛亨鄭玄傳注爲根柢，波瀾於孔、賈、郭、陸，旁及《荀子》、《莊子》、《淮南子》、《素問》、《大戴禮記》、《史記》三家注、《漢書》顏師古注、《後漢書》李賢注、《廣雅》、《釋名》、《水經注》、《顏氏家訓》、《文選》、《玉篇》、《衆經意義》、徐鉉徐鍇學説、《廣韻》、《集韻》、《類篇》以及乾嘉以來名家學説。此書旁徵博引，追溯詞義源始，分析詞語演變，論述翔實，堪稱佳作。

此本據中國科學院圖書館藏清抄本影印。（王群）

### 疊雅十三卷 （清）史夢蘭撰 （第 193 册）

史夢蘭（1818—1898），字香崖，號硯農，樂亭（今河北樂亭）人。

是書專收重言疊字，以補《爾雅》、《廣雅》之闕。史氏深悟重言疊字妙處，稱“形容之妙，每用重言；名物之稱，亦多複字”。此書體例仿《爾雅》，分部別居但不標明門類。凡雅書已收疊字，則多方徵引，證其異同；雅書中未收的疊字，則廣泛采集，考其原委；字異而義同的疊字，則歸爲一部；字同而義異的疊字，則別爲一條。詞義解釋的格式，也遵循《爾雅》舊例，先解釋詞義，然後廣泛引證。此書收羅廣博，遠遠超出經史範圍，詩文、小説、戲劇之書也被徵引，例如《青樓集》頻被徵引。此書編排條例清晰，凡徵引之書皆標明出處，經書、子書標篇名，史書標卷名、傳名，詩文標作者時代及篇名。雖專論駢語之書較多，其中也有一些疊字，但像《疊雅》專收疊詞的書較爲罕見，這也使得《疊雅》在衆多雅書中別具特色。

此本據復旦大學圖書館藏清同治四年刻《止園叢書》本影印。（王群）

### 別雅訂五卷 （清）許瀚撰 （第 193 册）

許瀚，有《爾雅疏》，已著録。

是書爲訂正《別雅》錯漏而編，許瀚訂正之文以按語的形式逐一附於《別雅》各條之後，以“案”字引領，以區別於《別雅》原文，其最大成就在於細緻分析假借之法。《別雅》多收雙聲疊韻之詞語，而此類詞語又多假借，然吳氏對古音考察不精，對假借、轉注區分不清，不得要領。許氏則能因古音而通古義，評議恰當公允。許氏認爲：假借專以音，轉注專以義，音同或義同則是假借與轉注的根本區別，另外他還詳細提出了假借的“正”與“變”，云：“本無其字，依聲託事，假借之正也。既有其字，同聲相代，假借之變也。要皆是假借其理，全繫乎音。”故其訂正以明假借爲首要任務，按語中此類訂正較爲突出，如，吳氏認爲古字“韋、圍、違”三字義同，許氏則認爲此三字“仍是音同”，通觀許氏假借之理,這些字當以假借視之。此外,許氏還訂正了《別雅》引文及分類的一些問題,例如,《別雅》將"柴池"等釋爲參差,許氏則指出"柴池、傺池、柴虒三項,乃差池之別,亦作蹉跎,似當與參差劃而爲二"。

此本據清光緒三年潘氏八囍齋刻本影印。（王群）

### 方言據二卷續錄一卷　（明）岳元聲撰（第193冊）

岳元聲(1557—1628),字之初,號不帆,嘉興(今浙江嘉興)人。明萬曆十一年(1583)進士,歷任知縣、國子監丞、工部郎中、太僕卿、南京兵部右侍郎,晚年講學於天心書院。

是書撰成於明萬曆四十三年(1615),分上下兩卷並附續錄一篇。上卷輯録方言詞語百二十五條,下卷百二十九條,續錄五條,合計二百五十九條。所收詞語皆明代方言於經史、韻書可據者,因此名爲《方言據》。此書宗旨在於辨析聲音與文字的密切關係,弘揚同文之教,兼或有益於詩文好奇字者。其所考證,重點在於聲音、文字方面的來歷,即方言中諧本字成音及其字形相近的情況。解釋詞義、注音、引證來歷是本書考釋方言詞語的三項主要內容。此書於今世的價值體現在三個方面:一是體現了古代語言學關於聲音、文字、語言等複雜概念的理論系統,爲今天的語言研究提供借鑒;二是保留了珍貴的音韻資料,爲今天的漢語語音研究提供參照;三是當時方言許多已經進入今世的通用語言,但寫體不同,便於今世研究字形的演化與規範化。此書編排精要,論證嚴密,然詞語分類不夠明顯,不便檢索。

此本據上海辭書出版社圖書館藏清道光十一年晁氏木活字印《學海類編》本影印。（王群）

### 方言疏證十三卷　（清）戴震撰（第193冊）

戴震,有《尚書義考》等,已著錄。

是書與《四庫全書》所收題爲郭璞注之《方言》實同,《四庫》之《方言》即戴震在四庫館中校訂、疏證後的本子。此書共訂正訛字二百八十一,補脫字二十七,刪衍字十七。在《方言》正文、注文之後加按語,並以"案"字標識,此按語即戴震的疏證內容。其疏證內容爲戴震融會音韻、文字、訓詁之學之集中體現,其學說中獨具特色之轉語理論得到充分應用,使用術語有"一聲之轉"、"聲之轉"、"聲微轉"、"語之轉"、"轉語"、"語轉"、"聲之變轉"、"語之變轉"等。轉語理論在疏證中之應用大致有五方面:一是以音爲綱,辯證看待形、音、義之關係;二是用轉語理論繫聯同源詞;三是依靠轉語理論揭示詞義滲透現象;四是用轉語探討得名緣由;五是將轉語應用於校勘,爲校勘學提供新的方法。以轉語疏證《方言》,符合《方言》記錄各地不同語音詞彙的本質屬性,能使人悟語言之根本規律,得《方言》之旨,是爲《方言》之幸,亦轉語理論之幸。

此本據上海辭書出版社圖書館藏清乾隆孔繼涵刻《微波榭叢書》本影印。（王群）

### 續方言二卷　（清）戴震撰（第193冊）

戴震,有《尚書義考》等,已著錄。

是書選取漢代及以前的四部書,從中摘錄有關方言詞語釋義的條目約二百餘條,以補《方言》。這四部書分別是何休《春秋公羊解詁》、《荀子》、許慎《說文》、劉熙《釋名》。卷一收錄何休、《荀子》之語,卷二收錄許慎、劉熙之語,以所選之書爲類進行排列,並標明出處。卷二收錄《說文》方言詞語釋義時,如揚雄《方言》中有相關詞語釋義,則一並收錄,並在條目後注明出自《方言》的卷目。如卷二所錄"齊楚謂信曰訏,燕代東齊曰訦",其中"齊楚謂信曰訏"出自《說文》言部,"燕代東齊曰訦"出自《方言》卷一。戴震對選書之斷代,體現了他對漢代及以前方言材料之重視,也大體與揚雄《方言》之詞彙時代一致,表明戴震續補《方言》之目的爲盡可能探尋揚雄《方言》所反映之時代特徵。此書編排精善,卷一内容爲經書注解及子書材料,卷二内容爲專門之字書、詞書材料,分類清晰。

此本據上海辭書出版社圖書館藏民國二十五年《安徽叢書》編印處刊本影印。（王群）

## 輶軒使者絕代語釋別國方言疏證補一卷
（清）王念孫撰　（第193册）

王念孫,有《爾雅郝注刊誤》等,已著録。

是書簡稱《方言疏證補》,僅一卷,補正戴震《方言疏證》卷一之疏證,王氏補正以“謹案”標識。原戴震疏證内容在《方言疏證》中以“案”標識,在此書中則直接以“疏證”二字標識,然王氏並未選戴震疏證全文,僅節選而已,其删除之内容當是其認爲不妥之處。例如,其删除了戴震對“黨曉哲”條之疏證中孫綽賦及李善注文,補以《周官》鄭玄注及《漢書》應劭注内容,由此觀之,王氏更重古樸、經典材料。補正疏證材料外,王氏對《方言》正文及郭璞注亦做了詳細考證及校改,其校改與戴震有較多相同,亦有戴氏未見者。如王氏考證郭璞注中將“懇”注爲“音悝,或莫佳反”,此條註釋,戴震並未疏證,而王氏據《玉篇》、《廣韻》、《集韻》訂正懇音“埋”。是書還對《方言》其他校本中之錯誤加以批駁。如“詑”字,戴震校本之注爲“土和反”,而其他各本訛作“大和反”,王氏考《玉篇》、《廣韻》,批評了“大和反”之誤,此爲對戴震校本之維護和支持。

此本據湖北省圖書館藏民國二十七年嚴氏賁園刻本影印。（王群）

## 輶軒使者絕代語釋別國方言箋疏十三卷
（清）錢繹撰　（第193册）

錢繹(1770—1855),字以成、子樂,號小廬居士,錢大昭之子,江蘇嘉定(今屬上海)人。

是書簡稱《方言箋疏》,原爲錢侗所創,後經錢繹修改整理。此書規模兩倍於戴震《方言疏證》,其主因爲錢氏擴大了徵引範圍,擴充了徵引内容,所見之書,幾無不徵引。是書對《方言》中的地理進行了初步考證,是其創新之處,然此書雖博,其編排却顯雜亂。

此本據上海辭書出版社圖書館藏清光緒十六年紅蝠山房刻民國十八年補刻本影印。（王群）

## 續方言補正二卷　（清）程際盛撰　（第194册）

程際盛,有《周禮故書考》等,已著録。

是書爲補正杭世駿《續方言》而作,分兩卷,上卷爲補,下卷爲校正。程氏增補的方言詞及釋義選自《詩經》、三《禮》、三《傳》、《史記》、《漢書》、《山海經》、《楚辭》等書之注疏。下卷校正了杭世駿《續方言》五百零一條中的六十六條,並逐一以按語形式加以校正。校正重點主要是訂正文字錯誤,如《續方言》“黨所也所猶時齊人語也”一條,程氏訂正爲“按《公羊傳》注,所猶是誤刻時字”。程氏還校正了引文錯誤,如《續方言》引《說文》“楚人爲慚曰悚”,程氏訂正爲“按《說文》青徐謂慚曰悚”。另外,程氏還訂正了徵引書籍及篇目之錯誤,以及與上文重複之錯誤。

此本據上海辭書出版社圖書館藏清嘉慶吳氏聽彝堂刻《藝海珠塵》本影印。（王群）

## 續方言疏證二卷　（清）沈齡撰　（第194册）

沈齡,生卒年不詳,字與九,江都(今屬江蘇揚州)人。《續方言疏證》跋稱其爲“道咸間宿儒”,據懼盈齋本《舊唐書》阮元序,沈齡參與了該書的校字工作。《(光緒)江都縣志》卷二五有其小傳,簡評《續方言疏證》,却不載其生卒年。

本書疏證對象爲杭世駿《續方言》,所據材料以《方言》、《說文》、《爾雅》爲主,兼及《廣雅》、《玉篇》等,並引證經史詩文及其注疏。

疏證中常徵引劉毓崧的見解,標以"劉毓崧曰",與徵引其他典籍常言"云"者有明顯區別。據此推測,沈齡與劉毓崧曾探討過相關問題。本書文獻資料恰當,語言學功力深厚,能結合字形、字音、意義之相互關係加以論證。如"楚人名滿曰憑"一條,沈齡先引證《廣雅》中"憑,滿也"之釋義,繼而徵引《西京賦》及李善注,最後據《説文》而證明"滿字當是憑字之省"。聲相近、雙聲、轉語等語音學概念常常出現在沈齡之論述中,如"楚人名火曰燥"一條,沈齡據《方言》而證煤、火"轉語也"。此外,沈齡還考訂了古代典籍中的一些文字錯誤。

此本據上海辭書出版社圖書館藏清光緒十二年李氏刻《木犀軒叢書》本影印。(王群)

### 廣續方言四卷拾遺一卷　(清) 程先甲撰 (第 194 册)

程先甲(1870—1932),字鼎丞,又字一夔,號百花仙子,江寧(今屬江蘇南京)人。曾任教於江南高等學堂,後創設江寧簡字學堂,晚年主講南京國學專修館。又創立文藝團體"霞社",著有《選雅》等。

是書從斷代和材料兩方面對杭世駿《續方言》進行了擴充。一方面,將斷代截止至唐代,後世書籍中如有徵引唐代以前的材料,也予以徵引;另一方面,續補方言避免與《方言》、杭氏《續方言》及程際盛《續方言補正》重複。其在體例方面也有改善,程氏依《爾雅》之體將詞目分爲詁、言、訓、親、宮、器、樂、天、地、丘、山、水、草、木、蟲、魚、鳥、獸、畜共十九類,這種明確分類的方式是前面方言類著作所没有的。程先甲之所以這樣做,主要基於其對方言的獨特認識,程先甲認爲《方言》爲《爾雅》之苗裔、風詩之別録,研究方言,可以證經,可以通風俗,可以極故訓之變,可以窮聲音之變。

此本據遼寧省圖書館藏清宣統二年程氏刻

《千一齋全書》本影印。(王群)

### 續方言又補二卷　徐乃昌撰 (第 194 册)

徐乃昌(1869—1943),字積餘,號隨庵,南陵(今安徽南陵)人。曾任淮安知府、江南鹽巡道、金陵關總督等職。一生宦遊中外,經歷不凡,業績顯著,是晚清著名藏書家、文物收藏家。事見葉玉麟撰徐氏《墓表》。

是書在杭世駿、程際盛的續本之外,再次補録方言詞彙及釋義。卷上補二百零七條,卷下補一百四十一條,合計補録三百四十八條。輯録範圍較杭、程二人又有擴大。隋代以前的資料歷來受杭、程二人重視,却未被窮盡,如《尚書大傳注》及《顏氏家訓》的方言資料即被二人忽視,徐乃昌予以輯録補充。杭、程已經徵引的書籍,如《淮南子》高誘注、陸璣《詩疏》等當中被遺漏的方言資料,徐氏也詳細考證,一一抄録。本書徵引最多的是《集韻》、《類篇》、《玉篇》等書,其中以《集韻》徵引最爲頻繁。另外,徐氏對《一切經音義》等佛經典籍亦十分重視,從中輯録八十多條方言資料。

此本據清光緒二十六年徐氏刻《鄦齋叢書》本影印。(王群)

### 越語肯綮録一卷　(清)毛奇齡撰 (第 194 册)

毛奇齡,有《河圖洛書原舛編》等,已著録。

《越語肯綮録》一卷,《四庫全書》列入存目,記録毛氏家鄉蕭山一帶方言俗語,篇幅短小,僅記録解釋數十則而已。此本有句讀圈點,但編排不善。有的段落記録多個詞語,有的段落僅記録一個詞語。有的段落中多個詞語毫無關係,有的段落中多個詞語或許音韻相近。有的條目只是記録詞語,有的條目對詞語有詳細的考證。通觀全篇,應是對當地方言詞語的隨意記録,而非系統的統計研究,書名爲"越語肯綮",實在難副其實。其論述能據《説文》、《方言》及韻書,注意研究聲音與字形、字義的關係,反映了清初蕭山方言的部分特徵。

此本據復旦大學圖書館藏清康熙李塨等刻《西河合集》本影印。（王群）

### 直語補證一卷日貫齋塗説一卷筆史一卷
（清）梁同書撰（第194冊）

梁同書(1723—1815),字元穎,號山舟、不翁、石翁、新吾長翁,錢塘(今浙江杭州)人。乾隆十七年進士,選爲庶吉士,散館授編修,後任翰林院侍講。是清代著名書畫家、藏書家。

《直語補證》由《直語類録》删節而成。梁同書原來編寫了專門收録俗語的《直語類録》一書,但未刊行。後來翟灝的《通俗編》刊出,梁同書認爲翟氏之書賅博有加,遂節選《直語類録》中有能補翟氏之闕的條目編成《直語補證》。本書字、詞、語兼收,約四百餘條,其中多數爲《通俗編》未收録的詞語,另六十五條爲《通俗編》已經收録但徵引不同的條目。例如,"就親"一條,二人皆引《公羊傳》注文來釋詞義,但《直語補證》又徵引《舊五代史》"就親宣州"作爲例證。又如"男風"一條,翟灝徵引宋代資料,而梁同書則徵引《尚書》及賈逵的註釋,探尋了更爲久遠的詞義來源。

"日貫齋"乃梁氏藏書之所。《日貫齋塗説》一卷爲梁氏對其藏書的考釋、校訂輯録,共七十九條。考釋對象包含書籍及碑文,主要考釋其文字的形、音、義,例如"琟字無平聲,世人往往誤讀,唯杜詩巉巉珊琟器作平聲"。《日貫齋塗説》一書,記録了梁同書的許多發現,如云"《方言》'燕齊之間養馬者謂之娠',注今之温厚也,他書未見",即引《魏志·袁紹傳》"紹使弟術選温厚虎賁二百人,入禁中,代持兵黄門,陛守門户"爲其書證,填補了一項空白。除考釋文字外,梁氏還對名物、制度、風俗進行了輯録、考證。

《筆史》是中國古代研究毛筆歷史最爲詳盡之書,考證了毛筆的起源、形制、製作方法、歷代名匠等。是書當收入子部,誤録於此。

此本據湖北省圖書館藏清嘉慶二十二年刻《頻羅菴遺集》本影印。（王群）

### 恒言録六卷 （清）錢大昕撰（第194冊）

錢大昕,有《唐石經考異》等,已著録。

是書通常認爲乃專門輯録俗語之辭書,阮常生將此書與服虔《通俗文》並提。原爲錢大昕遺書,阮元令其子阮常生將此書刊刻,阮常生及張鑑爲此書作注,收入《文選樓叢書》,是此書的最早版本。此書主要采集史書中詞語用例以證詞源,分爲"吉語、人身、交際、毀譽、常語、單字、疊字、親屬稱謂、仕宦、選舉、法禁、貨財、俗儀、居處器用、飲食衣飾、文翰、方術、成語、俗諺有出"共十九類。分類大致依照事類標準,但也有語法分類。其分類中有"常語"一類,可知"恒言"與"常語"非等同概念。據此可初步斷定,所謂恒言,應是指當時詞彙中有恒久生命力、由古代沿襲演進而來的詞彙。所謂常語,或是使用頻率較高或結構固定的詞彙。另外,此書名爲"恒言",而不稱"俗語",或許二者也有所不同。由是觀之,是書不惟輯録豐富的當時詞彙,考證其源流,更爲語言學研究開闢了新的領域(恒言)。此前語言學研究多詮釋存於典籍的語言,而錢氏則集中研究當時語言的古代來源。同時,此書在語言學史上的意義是,其將語言學研究引向深入,使我們知道"恒言"、"常語"、"方言"、"俗語"當是不同性質的語言學概念,使漢語語法體系得到充實。

此本據上海辭書出版社圖書館藏清嘉慶十年刻《文選樓叢書》本影印。（王群）

### 通俗編三十八卷 （清）翟灝撰（第194冊）

翟灝,有《四書考異》,已著録。

本書收録士大夫所不習而百姓日常使用的俗語，約五千餘條，共三十八類，考證經史，探討詞義及來源，是現存古代俗語研究著作中規模最大的一部。此書徵引廣博，社會生活涉及面極廣，以致梁同書見此書而毁棄自己所編著的《直語類録》。本書力求考證詞語最早來源，例如其卷一"天然"條，翟灝引《後漢書·賈逵傳》"通天然之明，建大聖之本"而證"天然"一詞的最早用例。本書徵引以經史爲據，其次詩文。其所輯録的俗語許多來自詩文，例如"鵝毛雪"一條，引白居易"可憐今夜鵝毛雪，引得高情鶴氅人"而證其來源。故是書不僅是語言訓詁著作，也是文化傳播研究的專門著作。其不足之處，在文獻徵引方面體制不一，有時徵引原文，有時僅標明篇目，然後撰述原文，後世學者在引用此書時必須詳細考訂原文出處。翟灝當世俗語，至今仍大爲流傳，可有助於今世語言研究，也是文學、文化學、社會學、傳播學等學科研究的寶貴資料。

此本據清乾隆十六年翟氏無不宜齋刻本影印。（王群）

**吳下方言考十二卷**　（清）胡文英撰（第195册）

胡文英，生卒年不詳，約生活於雍正、乾隆時期，字繩崖，武進（今屬江蘇常州）人。更著有《詩經逢源》、《毛詩通義》等。

是書輯録考釋吳方言源流，其中對音韻的考訂是本書的特色。吳地自春秋時就成爲文物之邦，歷代科第文章甲天下，吳地方言對文字影響巨大，胡氏以爲土音本來相通，南北土音也多用於經籍，故對吳地方音格外重視。本書以平水韻爲目，收録音韻相近的吳地方言，韻數較少者附於某相近韻下。胡氏以爲古書中有有音無義者，有有義無音者，有音義俱無者，有音義俱存者，故本書於音義之間相互推求證明。另外，本書比較重視方言用字

的考訂，胡氏認爲與其杜撰而用俗字，不如用古人成字，尚爲典雅。例如卷十一"咋"條，胡氏據《莊子》"莫然有間"而認爲吳地方言中的"咋蕎頭"之"蕎作莫字尤雅"。胡氏又認爲《爾雅》中數十字釋一義，就是使用方言的結果，並認爲古人言語不尚文飾，其言辭中便有其"諺言土音"，故本書在解釋當世方言的同時，也是在考證古代方言，可見胡氏在方言研究中具有歷史視野和獨特眼光。《吳下方言考》徵引廣博，四部之中無所不包，其中許多詞彙、語音已進入現代普通話，在貫通古今的語言研究中具有舉足輕重的地位。

此本據清乾隆四十八年留芝堂刻本影印。（王群）

**方音一卷**　（清）戚學標撰（第195册）

戚學標，有《毛詩證讀》，已著録。

是書考察各韻在方言中的讀音，爲專門研究方言語音之作。是書編排依照平水韻韻部順序，但因本書爲稿本，故後附有作者增補内容，如"蒸"、"鄭"、"戌"分別屬於平水韻下平十蒸、去聲二十四敬、去聲二十六宥，此三韻順序間隔較大，又與前面所列順序不一致，顯然是戚學標增補内容，另外在部分條目上方也有以小字增補的内容。本書考證方音，以官韻爲目次，注以方音，這利於開展比較，以掌握方音與官韻之間的差異。如"墨"一條列於"赫"之後，而引《唐韻正》"今山東萊州人呼即墨爲濟迷"作爲注文，官韻與方音的差別一目了然。本書注文以輯録古代典籍、注疏爲主，也有個别條目的注文中包含作者的考證，例如"兄"一條，戚學標徵引《白虎通》、《釋名》中江南北和青徐人讀兄爲荒的記録，之後以按語的形式加以考證："按雖方音，乃正音"，並引《顔氏家訓》爲證。本書考證方音，徵引廣博，《爾雅》、《釋名》、《方言》及經史詩文無不涉及，即便《齊民要術》也在徵引之列，可見作者用心良苦。

此本據國家圖書館藏《古語遺録》稿本影印。（王群）

### 邇言六卷　（清）錢大昭撰　（第 195 冊）

錢大昭，有《廣雅疏義》，已著録。

是書輯録"俗語俗事之見於經史子集者"，以證明里巷中隻言片語皆合於古。錢氏認爲古代聖賢也不避免使用淺近之語，今世所稱古語在其當世未嘗不是淺近之語，今之淺近之語，後世也未嘗不視爲古語，可見錢氏將淺近之語提高到與"文言"、"雅言"等同地位，此見對語言、語體、文風的研究影響巨大。本書收録邇言約六百條，很多人認爲此書没有次序，但是錢大昭自己却説"類次"俗語俗事之見於經史子集者，應當説此書編排時已做分類，只不過未標明而已。究其原因，或許是因爲每類不能單獨成卷，或許是錢大昭認爲當時讀此書之人能够發現其類次。此書與錢大昕的《恒言録》相近，但收詞有差異，《邇言》更注重淺近的詞語，例如"姜太公"、"姜子牙"等俗稱。兩書也收録有相同的詞語，如"快活"、"抱佛脚"兩書皆收録，但引證不同。錢大昕引《北史》而證"快活"，而錢大昭引《五代史》而證"快活"，二者相比《北史》更爲久遠也；錢大昕轉引《古今詩話》中的孟郊詩句，而錢大昭直引孟郊詩集，比錢大昭的徵引更爲直接，但錢大昕徵引的《古今詩話》中的故事既能證詞語來源，也可以證明"抱佛脚"一詞的具體應用。二者優劣，一時難以辨别，種種差異緣於錢氏兄弟對"邇言"、"恒言"有不同認識。

此本據國家圖書館分館藏清咸豐元年刻本影印。（王群）

### 新方言十一卷　章炳麟撰　（第 195 冊）

章炳麟，有《春秋左傳讀敘録》，已著録。

是書旨在彌補以前方言類著作之不足。章氏認爲，前人此類著作，或廣收文字而不能疏通證明，或收詞無甄别，以致直白之語亦收録，或獨取史傳，或多本於唐宋之音等，均爲不足。章氏專門輯録當世方言，以探求聲音文字之本柢，自揚雄以後未有敢以"方言"命名己書者，章氏不僅以"方言"題名，更冠以"新"字，實將此書與揚雄《方言》相提並論。本書體例仿《爾雅》，按事類分爲十類，每類一卷，另加《音表》一卷，共十一卷，原書目録附有《嶺外三州語》一卷，但《續修四庫全書》未予收録。本書收録詞語八百餘條，以審音爲重點，探求古今音變。考釋詞語的本字和語源，以古語證今語，以今語通古語。上稽《爾雅》、《説文》、《方言》等書，向下考察各地現存方言詞語，並依照戴震《轉語》中"疑於義者，以聲求之；疑於聲者，以義正之"的原則，運用漢語聲韻演變規律以及古今音轉的理論來考察詞語在不同時代和不同地域的演變。每一條目，一般先列書證，以證詞義，再列方言詞語，揭示這些方言詞語與古籍中某字在聲音、意義上的關係，從而證明古某字即爲今某方言詞的本字。《新方言》能以當世現存方言資料爲研究對象，繼承了揚雄《方言》研究活語言的優良傳統，這是與那些一味從古書中抄録方言資料的著作最大的不同。經過章炳麟的輯録、考釋，古語與方言得到相互參證，使許多難字便於理解了。然章氏認爲"今之殊言，不違姬漢"，往往要將方言詞語都在《爾雅》、《説文》等書中尋得本字，難免穿鑿附會。

此本據上海辭書出版社圖書館藏民國浙江圖書館刻《章氏叢書》本影印。（王群）

### 重訂冠解助語辭二卷　（元）盧以緯撰　（日本）毛利貞齋編輯　（第 195 冊）

盧以緯，字允武。生平事蹟不詳。

毛利貞齋，日本人，著有《會玉篇大全》等。生平事蹟不詳。

此編包括兩部分内容，一爲盧以緯所作之

《助語辭》，一爲毛利貞齋對《助語辭》所作之注釋。排版頗爲特殊，《助語辭》排列於中縫兩側下方，僅占不到四分之一的版面，毛利貞齋注文與《助語辭》以框綫相隔，且正文字體明顯大過注文，因此極便於閱讀。《助語辭》前有萬曆壬辰錢塘胡文煥序，謂"（助語）易曉而不易用"，正體現盧氏《助語辭》專釋虛字之功用。此編上下兩卷，上卷三十則，下卷三十三則，一則之中多有語義相近而合併訓釋者，亦有一詞爲一則者，其所釋虛詞共計百十九個，其中複音虛詞六十一個。盧氏訓釋虛詞異常重視不同虛詞之間用法的比較，如"所字活，于字死"，又如"惟從心，心之專也。唯從口，口語之專也。維從糸，縈繫之專也"；同時盧氏之訓釋語言淺顯易懂，多以俗語釋義，如"已"字下"此有俗語了字之說，如曰王之所欲可知了、山下之石即是我了"；此外盧氏之排列虛詞也並非雜亂無章，而是將相關相類詞語前後接續排列。總之作爲第一部專釋虛詞之作，《助語辭》創穫頗多。當然，漏略之處也在所難免，如收詞數量較少，引例不夠豐富，甚至有的條目沒有引例。即便如此，其依然有着不可替代的學術價值。毛利貞齋爲《助語辭》作注的原因由編末其跋語來看，蓋是由於盧氏"引證少舉例稀，後生憾難通曉"，因此多補充例證。在胡文煥序言之後此編有"重訂增廣冠解引證舉例助語辭大全援書目"，列舉引證書目。此外毛氏亦對疑難詞句作解，某些地方添加有按語闡述己見。其貢獻不只在於《助語辭》一書的流傳，且有益於更深入地解讀該書。

此本據復旦大學圖書館藏日本享保二年神雒書林梅村玉池堂刻本影印。（王群）

### 助字辨略五卷　（清）劉淇撰（第 195 册）

劉淇，生卒年不詳，字武仲，一字龍田，號南泉，漢軍鑲白旗人，寓居山東濟寧，工詩文。生平事跡見《清史稿》。

此編前有盧承琰序及劉淇自序。劉氏謂"虛字一乖，判於燕越"，"一字之失一句爲之蹉跎，一句之誤通篇爲之梗塞"，由是博求衆書，捃拾助字，是爲此編。此編以四聲分卷，其中平聲兩卷，上、去、入各一卷，共計五卷。每卷前列有目録，一字一條，卷一有一百零三條，卷二有七十六條，卷三有九十九條，卷四有一百零五條，卷五有九十二條，共計四百七十五條。但正文實是四百七十六條，卷三"枉"字條目録中未列。每卷内虛詞按照平水韻之次第排列。其體例或是先釋義後列書證，或是先列書證後釋義。其釋義或是引自諸家文獻訓詁注解，或是個人概括，不盡相同。一字有多個意義者，一條之内逐一列舉，並附以與之相關的複音詞及音同音近、義同義近字。其引證材料蒐羅廣泛，上起先秦下至宋元，經傳諸子詩詞小說，可謂無所不包。其考證辨析也較爲詳備，且常引方言俗語，如"可中，正適之辭，猶俗云恰好也"。劉氏此書是中國第一部較爲系統的虛詞學著作，其收詞數量多，編排方式條理有序，且對虛詞作了系統分類。劉氏自序將虛詞分爲三十個類别，以今之觀念來看，雖然不盡是虛詞類别問題，不是同一標準的科學分類，亦未能在正文中很好地體現，但是此前畢竟不曾有過。

此本據北京大學圖書館藏清康熙五十年海城盧承琰刻本影印，爲《助字辨略》之初刻本。其後主要版本有康熙五十九年海城盧氏刊本、乾隆四十四年福源堂精刊本、咸豐五年海源閣刊本等。（王群）

### 虛字説一卷　（清）袁仁林撰（第 195 册）

袁仁林，生卒年不詳，字振千，三原（今陝西三原）人。更著有《古文周易參同契注》。見《四庫全書總目》卷一四七。

此編前有康熙四十九年袁氏自序，後有乾

隆十一年王德修跋。此書是袁氏爲童子説書過程中形成的,因此極便初學者閲讀。正文一卷,共五十一條。多以所釋虛詞立目,僅一條以"古詩歌所用語辭大概取其聲之長以寫欣戚意也"一語領起,其下收入用於古詩歌句尾的虛詞十六個。共收虛詞一百四十三個,每條一至十二個不等。此外,在某些條目中會提及相關虛詞,如"且況矧抑"條下列舉與"且"字相關虛詞二十二個。排列上標目低兩格,釋語頂格,一條中包含多個虛詞者,轉釋别詞則另起一行;列舉一詞之多種用法時,之間空一字格。以上内容皆爲單行大字,另有雙行小字,或對條目中虛詞注音,或列舉虛詞某一用法的書證,或就某一問題作進一步闡述。袁氏往往多角度解説虛詞,如總括虛詞用法;分述不同語境或某一文句中的使用情況;探求虛詞與相應實字義的關聯,當然並非是每一虛詞的解釋兼具以上各方面。袁氏此書引證豐富,其中多有引自《論語》、《詩經》、《禮記》、《孟子》等經書者,亦有其他子、史、集類文獻,其引例多達三百條,但並非所有引例都注明出處,未注明者蓋因其極爲常見,如引自《論語》、《孟子》者多不注明。此書卷末有《虛字總説》一文,談到虛字的作用、虛實的區别、動静虛實的轉化等問題,較爲全面地反映了袁氏對虛詞及相關問題的看法。袁氏此書解説虛詞眉目清晰、分析詳盡透徹,對古籍閲讀及詩文寫作有一定作用;同時在虛字的解説、研究上也有極大價值,後世的《馬氏文通》就深受其影響。當然袁氏此書亦有不足,如以"聲氣""口吻"解説虛詞有時流於玄虛,涉及音理時有謬誤。

此本據中國科學院圖書館藏清咸豐刻本影印。此編前有豐城熊羅宿《刻虛字説緣起》,申明即據道光年間《惜陰軒叢書》本校刻。

(王群)

**經傳釋詞十卷** （清）王引之撰（第195册）

王引之,有《經義述聞》等,已著録。

此書專釋經傳虛詞。前有阮元序,作於嘉慶二十四年(1819);次爲王氏自序,作於嘉慶三年。王氏自序謂"自漢以來,説經者崇尚雅訓,凡實義所在既明著之矣,而語詞之例則略而不究,或即以實義釋之,遂使其文扞格而意亦不明",因此廣爲蒐羅撰成此書。正文十卷,釋詞一百六十個,按古聲紐唇舌齒牙喉五音排列:卷一至卷四爲喉音,卷五爲牙音,卷六爲舌音,卷七爲半舌半齒音,卷八、卷九爲齒音,卷十爲唇音。目録以單字立目,而正文中的條目在單字後增入了異寫字或假借字,如目録有"欥"字條,因其"字或作聿,或作遹,或作曰,其實一字",正文中標目於"欥"後便多出"聿遹曰"三字。訓釋時先列出虛詞的意義用法,如一詞多義則逐條列舉。此項内容有些采自古籍注文、字典辭書,如鄭注《考工記》、孟康注《漢書·貨殖傳》、《爾雅》、《玉篇》、《廣雅》、《廣韻》、《集韻》等;有些是王引之父親王念孫的見解,文中注明"家大人曰";有些不曾標明出處,如"顧猶但也"、"徂猶及也",此類蓋是王引之自釋。繼之徵引古書例證,其所徵引者出自"九經三傳及周秦西漢之書"。此項内容並非簡單羅列,其間常以串講形式概括句意,如"惟四月既望越六日乙未,言自既望及乙未六日也";另有某些條目會由此引中開去,或對釋義過程詳加闡述,或分析相關詞語、意義之間的關聯,或對比其他文獻中的相同用法,或辨析文獻中的錯誤解釋,此項内容所涉文獻範圍較廣,如《顔氏家訓》、《經典釋文》、《一切經音義》、《日知録》等,形式上有些是雙行小字排列。王氏此作在經傳虛詞的解釋上多所發明,對前人解釋多所匡正,其"揆之本文而協,驗之他卷而通"的指導原則使其論斷多可信。王氏在虛詞釋義過程中使用的術語及其體現出來的對虛詞的性質、類别、虛詞與實詞的關聯等理論觀念對後世語法研究有極大影響。其不足是釋詞數量少，偶有疏漏不確之處。

此本據復旦大學圖書館藏清嘉慶二十四年刻本影印，爲是書初刻本。另有道光九年廣東學海堂刊《皇清經解》本，道光二十四年錢熙祚刻《守山閣叢書》本，同治七年《高郵王氏經傳釋詞並會安孫氏補再補》本。（王群）

### 文通十卷　（清）馬建忠撰　（第196冊）

馬建忠（1844—1900），字眉叔，丹徒（今屬江蘇鎮江）人。光緒間留學法國，得博士學位。歸國後入李鴻章幕，官至道員。善古文辭，精通英、法、拉丁文等。更著有《適可齋紀言紀行》。《清史稿》有傳。

馬氏認爲西文有一定之規矩，因此西文似難實易學，學者可循序漸進而知所止境；華文似易實難學，乃因華文經籍雖亦有規矩隱寓其中，然未被揭示，以至於所以載道明理之文消磨許多才力，由是馬氏因循西文已有規矩，於經籍中求華文義例所在。如此，不僅蒙童入學可藉此學文，亦可依此精求會通西文之道理。最終馬氏傾注十餘年時間完成中國最早的一部完整系統的語法著作，即爲此書。此編正文前有馬氏自序、後序，次爲例言、目錄。正文十卷：卷一“正名”，計有二十三條界說，界定實字、虛字、名字、代字、動字、靜字、狀字、介字、連字、助字、嘆字、句、起詞、語詞、内動、外動、止詞、次、主次、賓次、正次、偏次、司詞、讀等術語；卷二至卷六“實字”，其中卷二論名字、代字，卷三論次、靜字及相關問題，卷四、卷五論動字，卷六狀字；卷七介字，卷八連字，卷九助字，以上虛字；卷十“論句讀”。此書取材於四書、三《傳》、《史記》、《漢書》、韓愈之文，兼及諸子、《語》、《策》，資料豐富，並多有創見。此書雖是模仿西方語法，且存在厚古薄今的傾向，但開拓了語法研究的領域，貢獻極大。

此本據上海圖書館藏清光緒二十八年紹興府學堂刻本影印。（王群）

### 一切經音義一百卷　（唐）釋慧琳撰　續一切經音義　（遼）釋希麟撰　（第196—197冊）

釋慧琳（約736—820），唐京師西明寺沙門，一說大興善寺法師，俗姓裴，疏勒國（今新疆喀什）人。精通音韻訓詁之學。《宋高僧傳》有傳。

釋希麟，遼燕京崇仁寺沙門，生平不詳。

釋慧琳《一切經音義》又名《大藏經音義》、《慧琳音義》，成書於唐憲宗元和二年（807）。此書據《開元釋經録》注釋從《大般若經》到《護命放生法》一千三百部，五千七百多卷佛經，其中有一百多部只有書名沒有註釋，另轉録玄應《一切經音義》所釋三百多部，重訂三部，有三部《大般涅盤經》、《妙法蓮華經》、《華嚴經》是刪補元公、慧苑、大乘基等人音義著作而成，其餘皆爲慧琳所注。此編前有真察《新雕大藏音義序》，之後爲唐開成五年顧齊之《新收一切藏經音義序》、唐太常寺奉禮郎景審《一切經音義序》、《新雕慧琳藏經音義紀事》。其體例依照玄應《一切經音義》，基本是依佛藏順序，選録詞語注釋音義。其注音反切依《韻英》、《韻詮》、《考聲切韻》等秦音韻書，釋義則據《説文》、《玉篇》、《字統》、《古今正字》、《文字典説》、《開元文字音義》等字書，所未備者諸經、雜史、百家雜説，注音釋義，辨別字形，解説精密。其所用注音材料反映了唐代秦音面貌，是漢語語音史研究的珍貴資料；其徵引廣博，引用七百多種古籍，且多涉漢魏隋唐佚書，可藉以考訂佚文，“誠藝林不可少之書，亦今世不多得之本也”。

釋希麟於遼統和五年（987）後撰成《續一切經音義》，爲增補慧琳《一切經音義》而作。此書十卷，卷一前有釋希麟自序，正文從《續開元釋教録》所收佛經二百六十六卷中選録詞語注釋音義,體例全仿慧琳《音義》。

此本據日本元文三年至延享三年獅谷白蓮社刻本影印。(王群)

### 一切經音義二十五卷　(唐)釋玄應撰(第198冊)

釋玄應,生卒年不詳,唐長安大總持寺沙門,貞觀十九年(645)於弘福寺從玄奘譯經,二十二年隨玄奘居於大慈恩寺。博通字書,廣涉釋典。事蹟略見道宣《大唐內典錄》卷五及《續高僧傳》卷三〇。

此書《唐書·藝文志》稱《大唐衆經音義》,又稱《玄應音義》,是現存最早的一部佛家衆經音義書。此編前有清莊炘序、唐終南太一山釋氏序。此書二十五卷,其體例仿《經典釋文》,每卷前列有所釋佛典名目,計有《大方廣佛華嚴經》至《阿毗達磨順正理論》四百五十四種大小乘經律。標目之後分別據詞語在佛典中的先後順序摘錄訓釋。其訓釋一般是先注音後釋義,或是不注音讀僅釋詞義,若字有異寫,則先辨析字形,後釋音義。凡此種種,取決於字之音義的難易等因素。其所釋者有梵漢音譯或義譯的佛家專用術語,同時又兼有一般文字,這使此書具有佛學詞典和一般字書的雙重功用。此外,此書引證豐富,涉及近三百種文獻古籍,不少典籍爲後世亡佚者,如《三家詩》,鄭玄注《尚書》、《論語》,賈逵、服虔注《春秋》,其他如《蒼頡》、《字苑》、《字林》及漢代石經;甚至有史志目錄未曾著錄者,如《古今正字》、《人倫龜鏡》、《字鏡》、《韻譜》、《文字典説》。故是書在考訂輯佚方面有重要價值。

此書原存於釋藏,乾隆年間由莊炘從咸寧大興善寺得善本,施五百金刊行。其時錢坫、孫星衍、洪亮吉、程敦皆莊炘參加此書的校正,釋文中出現"炘曰"、"坫曰"、"星衍曰"、"亮吉曰"等即爲校正內容。莊炘刊行本後刻入《海山仙館叢書》。此本據清道光二十

五年南海伍氏刻《海山仙館叢書》本影印。(王群)

### 經籍籑詁一百零六卷補遺一百零六卷　(清)阮元撰(第198—201冊)

阮元,有《三家詩補遺》等,已著錄。

乾隆時期戴震在奉詔參編《四庫全書》後即欲纂集傳注,以便利學者,惜其不久因病離世。嘉慶初年大學士阮元曾邀孫星衍、朱錫庚、馬宗槤分書纂集,但是未及半而中輟。至嘉慶二年(1797)阮元提督浙江學政時乃親定凡例,遴拔兩浙學者三十餘人,匯集歷代故書字訓,分門編錄,期年分纂而成。後又擇選十人,每二人彙編一聲,嘉慶三年春交由臧鏞堂總編,於當年仲秋完成。此編前有錢大昕、王引之序,其後有臧鏞堂後序。繼之以阮元手訂凡例,另有編纂姓氏,分列總纂、總校、收掌、分纂、分韻、編韻、覆校、刊板覆校之姓氏。由其中所列參與者名氏,去其重者計四十三人。此編正文前有總目,編次按平水韻分部,一韻一卷,共一百零六卷,每卷之首亦有目次。正文以單字立目,收字則按《佩文韻府》,《佩文韻府》未載之字據《廣韻》補錄,《廣韻》所無則據《集韻》補,字有數音者則依韻歸入各部。每字下先列本義,次列引申義或假借義,義訓之後列出書證,標明出處。故訓重見者,即使數十次皆加以采錄,不避重複,以證"字有定詁,義有同訓"。此編蒐羅廣泛,兼及唐以前古籍正文注文、訓詁專書中訓詁材料,正如王引之序所言"展一韻而衆字畢備,檢一字而諸訓皆存,尋一訓而原書可識"。因此,此編對於閱讀古代文獻及研究古代漢語詞義訓詁具有很高的價值。另外,是書編排體例嚴謹,於阮元手訂凡例二十三條即可見一斑。然此編卷帙繁重,難免存在譌舛及疏漏之處,但終是瑕不掩瑜。

《經籍籑詁補遺》蓋成於嘉慶九年前阮元撫浙間,因其上題署"兵部侍郎兼都察院右

副都御使巡撫浙江等處地方提督軍務兼理糧餉阮元讎集”，據此可知補遺刊刻於嘉慶十三年前後。補遺正文前有“經籍籑詁補遺凡例”及“經籍籑詁補遺姓氏”，體例則依照正編，以平水韻分卷，每韻一卷，共一百零六卷，每卷前列有目次。所補之内容有二：一是補前失采之例，二爲補纂許氏《説文》及孔氏《易》、《書》、《詩》、《左傳》、《禮記》疏，賈氏《周禮》、《儀禮》疏等前所未采録者。

此本據華東師範大學圖書館藏清嘉慶阮氏琅嬛仙館刻本影印。（王群）

**小學鉤沈十九卷** （清）任大椿輯（第201册）

任大椿，有《深衣釋例》，已著録。

此編十九卷，前十二卷由王念孫校刊，後七卷經王引之校正而由任大椿弟子汪廷珍續刊。編首爲章學誠所作《任幼植別傳》，次爲汪廷珍之識語。此編以所輯逸文按書分別編録，蒐羅甚廣，其所輯先秦、漢、魏晉、南北朝、隋唐間散佚字書韻書三十八種：卷一、卷二《倉頡篇》，附《倉頡訓詁》、《倉頡解詁》；卷三、卷四《三倉》，附《三倉訓詁》、《三倉解詁》；卷五《凡將篇》、《古文官書》，附《古文奇字》、《郭訓古文奇字》、《勸學篇》、《聖皇篇》；卷六、卷七《通俗文》；卷八、卷九《埤蒼》；卷一〇《古文字詁》、《雜字》；卷一一《聲類》；卷一二《辨釋名》、《韻集》；卷一三《雜字解詁》、《周成難字》、《小學篇》、《字苑》、《字指》、《音譜》；卷一四《纂文》；卷一五《纂要》、《文字集略》、《字略》、《廣倉》；卷一六《字統》、《韻略》、《證俗音》、《文字指歸》、《切韻》；卷一七、一八《字書》；卷一九《字體》、《異字苑》、《字類》、《字諟》、《古今字音》、《聲譜》、《證俗文》、《異字音》。任氏於所輯條目之後往往注明出處，某些條目之後亦對字之形、音、義詳加考證。此編不僅保存了大量珍貴資料，且開清儒大規模專輯小學書之風氣，在古代小學典籍的輯佚方面有不

可磨滅之功。

此本據國家圖書館藏清嘉慶二十二年汪廷珍刻本影印。（王群）

**小學鉤沈續編八卷** （清）顧震福輯（第201册）

顧震福（約1872—1936），字竹侯，淮安（今江蘇淮安）人。清末民初文字學家、經學家、謎家。學識淵博，著述頗豐，僅收入《函雅故齋叢書》者多達十七種。

此編爲顧氏續任大椿《小學鉤沉》而作。顧氏認爲儒者治經必通小學，小學明經義明，古今人心同然之理乃因之以明。許慎《説文解字》雖兼顧字之形、音、義，但畢竟“形有別體，聲有轉音，義有後起之義”，然漢魏以來諸字書多散佚，古義多不存，於是清儒多有裒輯者，是書便爲輯佚著作之精者。但任氏之作亦有遺漏，於是顧氏依其體例補輯任氏所未引及者。此編前有羅振玉序、顧氏自序，其後爲凡例。正文八卷，另有補遺十二條。此編作爲續編，主要是任氏未及之條目，但亦有任氏所引之内容，此類包括三種情況：一是任氏引而未備者，二是任氏雖引但引文有誤者，三是與任氏所輯字同義異或字異義同者。顧氏所輯小學類著作四十六種，卷一有《倉頡篇》、《倉頡解詁》、《三倉》、《三倉解詁》、《凡將篇》、《古文官書》、《古文奇字》、《勸學篇》、《聖皇篇》、《通俗文》；卷二《埤蒼》；卷三《古文字詁》、《聲類》、《辨釋名》、《韻集》；卷四《字苑》、《字指》、《音譜》、《纂文》、《纂要》、《文字集略》、《字略》；卷五《廣倉》、《字統》、《韻略》、《證俗音》、《文字指歸》、陸詞《切韻》、孫愐《切韻》、郭知玄《切韻》、王仁煦《切韻》、祝尚丘《切韻》、《東宮切韻》、《釋氏切韻》、裴務齊《切韻》、《麻果切韻》、李審言《切韻》、蔣魴《切韻》、《考聲切韻》；卷六《字書上》；卷七《字書中》；卷八《字書下》、《字體》、《異字苑》、《字類》、《字諟》、《聲譜》。

其中有些輯自日本所出諸遺書,如《倭名類聚抄》、《慧琳音義》、《希麟音義》,爲其他諸家所未及。

此本據復旦大學圖書館藏清光緒十八年刻本影印。(王群)

## 六書統溯原十三卷 (元)楊桓撰(第202冊)

楊桓,生卒年不詳,字武子,號辛泉,兗州(今山東兗州)人。中統四年(1263)以郡諸生補濟州教授,累官太史院校書,監察御史,終國子監司業。著《六書統》、《書學正韻》等。《元史》有傳。

是書首有序言一篇,對指事、形聲及其具體分類進行解釋,爲全書綱要。卷一先羅列會意字,並分爲三類:天象之意,如"昖";地體之意,如"晶";人體之意,如"晶"。次列指事字,分爲五類:以形指形、以注指形、以聲指形、以意指形、以聲指意。後列轉注字,共分十二類,該卷兩類:天文之屬,内又分"日之屬"、"風之屬"、"雲之屬"、"雨之屬"、"多之屬"。地體之屬,内分"土之屬"、"山之屬"、"阜之屬"、"厂之屬"、"石之屬"、"水之屬"、"父之屬"、"谷之屬"、"鹵之屬"、"火之屬"、"炎之屬"、"田之屬"、"人之屬"、"身之屬"、"心之屬"、"口之屬"等表示地理概念及表示人體部位名稱之形符之字。卷二仍爲轉注字,分爲十類:人倫之屬,分"父之屬"、"母之屬"、"子之屬"、"女之屬"等以稱謂或人事名詞爲形符之字。人品之屬,分"宰之屬"、"巫之屬"等。人品事注,分"堯之屬"、"示之屬"等。彩色之注。宮室之注,分"穴之屬"、"宀之屬"、"廣之屬"等。衣服之注,分"絲之屬"、"衣之屬"、"巾之屬"等。飲食之注,分"麥之屬"、"豆之屬"等。器用之注,分"石之屬"、"金之屬"等。鳥獸之注,分"鳥之屬"、"虎之屬"、"鹿之屬"等。草木之注,分"林之屬"、"竹之屬"等。卷三至十三卷爲形聲字,共分十七類,有天文之聲、天運之聲、地體之

聲、人體之聲、人倫之聲、人倫事聲、人品之聲、人品事聲、彩色之聲、宮室之聲、衣服之聲、飲食之聲、器用之聲、鳥獸之聲、蟲魚之聲、草木之聲、怪異之聲。每一類中又分若干小類,如天象之聲下分"日之屬",又根據意義關係分"本聲"、"近聲"、"諧聲"、"近諧聲"四類,然後列字,每字列小篆形體,下以雙行小字列出反切,釋義和釋形,如天文之聲"日之屬"之"旺"字注:"其女切,暗也,從日巨聲。"釋義方式與《説文》同。由上所列,可見該書力圖重建漢字分類體系,于傳統六書之上,細行分類,條分縷析,思索可謂深邃,創建亦爲獨到。只是按字元意義歸類,不免主觀,名目之立,屬類之別,難以整齊。亦有互相交叉者,如轉注之中"萆"旁,既歸於鳥獸之屬,又歸於衣服之屬,可見其紊亂。該書收字衆多,多有異形,兼注音釋義,於研究漢字史和漢字學史之價值,自不待言。

此本據國家圖書館藏元至大元年江浙行省儒學刻元明遞修本影印。(張詒三)

## 説文解字補義十二卷 (元)包希魯撰(第202冊)

包希魯,生卒年不詳,字魯伯,進賢(今江西進賢)人。更著有《點四書凡例》等。生平事跡見《宋元學案》卷九二。

是書十二卷,此本卷首殘缺,不見封面、扉頁,殘存作者元至正乙未序一頁。雖名爲補《説文》,編排順序不依《説文》,而將《説文》五百四十部首按聲調分類,分平上去入四聲,又按韻書順序羅列。卷一、卷二爲上平聲,共一百零七部。卷三、卷四爲下平聲,共九十部。卷五至卷八爲上聲,共一百四十二部。卷九爲去聲,共八十二部。卷一〇至卷一二爲入聲,共一百一十九部。每字先列部首之字,書以篆形,下標本聲調之部首序號,次列説文釋義、解形及舊書注音,"補義曰"之後爲作者補充注解。次列該部首之字,亦列篆

形及舊注舊音,後爲作者"補義曰"。如卷一"上平聲"第一個部首爲"東",下雙行小字爲:"一,動也,從木。官溥説:從日在木中,凡東之屬皆從東。得紅切。補義曰:東,五行爲水,天干爲甲乙,地支爲卯,乃木王之方,暘谷之地,日所出也,故從日在木中。東海有若木,所謂日出榑桑,蓋指事也。故日在木上則爲杲,下則爲杳,相緣而生,則爲轉注焉。然轉注不一,有以正反倒順爲之者,有以增加爲之者,若後司厶了柬柰之類是也。餘可類推焉。"以上是對部首"東"的解釋。每部之下,收該部之字,解釋亦如東字。

此本據國家圖書館藏明刻本影印。(張詒三)

**六書精藴六卷** （明）魏校撰 **音釋舉要一卷** （明）徐官撰 （第 202 册）

魏校(1483—1543),字子才,一作子材,自號莊渠,崑山(今屬江蘇蘇州)人。弘治十八年(1505)進士。更著有《周禮沿革傳》、《周禮義疏》、《郊祀論》、《春秋經世》(一作《春秋經史書》)、《大學指歸》、《奕世增光録》、《官職會通》、《體仁説》、《魏莊渠粹言》、《巷牖録》、《莊渠遺書》、《莊渠詩稿全編》等。《明史》有傳。

徐官,著有《古今印史》等,其餘事蹟不詳。

《六書精藴》六卷,首有《六書精藴叙》,次爲《六書精藴目録》。書中將漢字按意義分類,第一卷爲象數、天文兩類,第二卷和第三卷爲地理類,第四卷爲人倫、人體兩類,第五卷爲宮室、飲食、衣服、器用四類,第六卷爲草木、鳥獸、蟲魚三類和"音釋"。每卷先列該卷字頭目録,均爲篆字。正文部分先列篆書,下雙行小字中列出楷書,次注反切,次釋義,次解形,次申議。如"囗"(圍)字:"囗,羽非切,周而繞之也。從〇(圓)而微囗之,以像六合之形,範囗天地也。愚按:自一至此,而一之變極也。〇函三體,囗函四體,囗則又

函六舉八矣。引而申之,轉而析之,其變可以無窮。俗書做圍,韋本從囗諧聲,今反以其聲諧而爲囗,迷厥初矣。囗者,圈也。體兼囗(方)〇(圓),故静而有動意,凡成于人者,用此爲畫母。"再如第四卷人體類"見"字:"見,古電切。目光所照也,從人從目。主之者心也,使其形者也。心反爲目使,我非夫矣,見之則爲見。形電切,顯也。"以此二例,可窺該書,注音依韻書,解形據《説文》,然作者之所闡發,則貫穿當時義理觀念。全書收録衆多不見於傳統字書之奇字異形,可知當時俗字之貌。

《音釋舉要》一卷,全名《六書精藴音釋舉要》,附於《六書精藴》六卷之後,分"形相類"、"聲相混"、"字聯綿"、"字變冒"等類。"形相類"區分形似之字,如"王玉"、"段叚"等,還包括一些異形字,如"易陽"。"聲相混"區別音近之字,如"泉錢"。"字聯綿"爲聯綿詞,如"枇杷"。"字變冒"爲字體變易者,如"影本作景"等。書後有明嘉靖十九年陸鰲後叙和嘉靖庚子魏希明跋。

此本據國家圖書館藏明嘉靖十九年魏希明刻本影印。(張詒三)

**六書正義十二卷** （明）吴元滿撰 （第 203 册）

吴元滿,生卒年不詳,字敬甫,歙縣(今安徽歙縣)人。專注於字學,更著有《六書總要》、《六書溯原直音》、《諧聲指南》等。事跡見《四庫全書總目》卷四三。

《六書正義》十二卷,首有吴元滿自序,序中於"六書"理論頗有創新:"一曰象形,象其物而畫其形;二曰指事,加畫於形體之上以成文;三曰會意,會合二文以成字;四曰諧聲,立部爲母,附聲音以叶和;五曰假借,假形、事、意、聲四體借爲他義之用;六曰轉注,轉形、事、意、聲四音注釋他義之用。"全書對漢字五百三十四部首按意義分十二類,卷一爲數位(附卜筮)、天文兩類,卷二、卷三爲地理

（附珍寶、井邑），卷四爲人倫，卷五至卷七爲身體（附人事），卷八爲飲食、衣服、宮室三類，卷九爲器用，卷一〇爲鳥獸，卷一一爲蟲魚、草木上，卷一二爲草木下。最後有"附錄誤收妄增"，内有"《説文》誤收四十四部"和"增補備考九部"。每部部首爲標題，並標明序號以及該部總況，如卷一數位第一部單行大字標題"一部第一"，下雙行小字"象形一指事一會意三諧音一叶轉三"，表示該部有一個象形字、一個指事字、三個會意字、一個諧音字和三個叶轉字。每字之前以陰文標明該字的類別，象形字爲"象××形"；指事分"加體指事"、"轉體指事"、"變體指事"、"消體指事"等；會意分"本體會意"、"二體會意"、"合體會意"、"消體會意"等；該書對形聲字分爲"叶本音平（上、去、入）"、"叶轉音平（上、去、入）"、"諧本聲平（上、去、入）"、"諧本音平（上、去、入）"等，諧音、叶音、本聲、本音皆據形聲字及其聲符之語音關係而定。每字之下列出注音、釋義以及文獻例證。如：第一卷"數位"類"一"部第一字："象畸畫形，一"下雙行小字注："一音乙，陽數之始。《廣韻》：初也，專主也。《增韻》：均同也。《大禹謨》：惟精惟一。《老子》：天得一以清，地得一以寧，王侯得一以爲天下正。象畸畫形。或作弌，俗用壹，涸乙。借，太一，天之貴神。"該書於六書理論及漢字分類，頗有獨見，注音悉用直音，於研究當時之語音，或有可資之材料。

此本據復旦大學圖書館藏明萬曆三十三年刻本影印。（張詒三）

**六書長箋七卷**　（明）趙宧光撰（第203册）

趙宧光（1559—1625），字凡夫，又字水臣，號廣平，南直隸太倉（今江蘇太倉）人。長期隱居寒山。一生不仕，以高士名冠吳中。精六書，工詩文，善書法。更著有《説文長箋》、《九圜史圖》、《寒山帚談》、《牒草》、《寒山蔓草》、《寒山集》等。生平見《許學考》卷六及《江南通志》卷五六《隱逸》。

是書首有作者《六書長箋漢義題詞》，故該書或名《六書漢義》。次爲目録，從目録可知作者把漢字分爲七類，曰"事一，事者，指其事歐"，"形二，形者，肖物橡歐"，"聲三，聲者，音義諧歐"。二文共事，菁結而成，半表義，半持聲"，"意四，意者，會意義歐"，"、五，、者，轉事示志識歐"，"借六，借者，假其名號歐"，"變第七，變者，六義之餘法"。以上可見，"事"即指事，"形"即象形，"聲"即形聲，"意"即會意，"、"即轉注，"借"即假借，"變"爲不能歸入六書之類。該書主體部分，羅列歷代字書所列之六書理論，如第一卷"事一"，先列舉漢許慎關於"指事"之解釋及其於六書中之排序，次爲班固，晉衛衡，唐賈公彥、張參，宋張有、鄭樵，元戴侗、楊桓、劉泰、余謙、周伯琦以及明代衆多學者關於"指事"之定義及字數。最後是作者"趙宧光子母原"，總結前人，並指出："指事有二，一獨體指事，謂一二三十之類；一坿體指事，謂上下本末之類。"該書不列具體漢字，僅對以往學者之理論進行總結討論，可以視之爲六書理論之綜述。書後有"長洲顧聽元方　吳衷坦去機　緬較"字樣。

此本據上海圖書館藏明崇禎四年趙均小宛堂刻《説文長箋》本影印。（張詒三）

**惠氏讀説文記十五卷**　（清）惠棟撰（清）江聲參補（第203册）

惠棟，有《周易本義辨證》等，已著録。

是書每半頁八行，行二十一字，首無序，卷題"惠氏讀説文記"，下署"吳縣惠棟原本，長洲江聲參補"字樣，該書實爲惠棟閲讀《説文》之劄記。書分十五卷，依據《説文》次第。《説文》原文頂格，惠氏劄記另行低三格。書中並非對《説文》中每一字皆作羅列，只列劄記涉及之條目。如第一卷：《説文》原文：

"一,惟初太始,道立於一。"惠氏劄記曰:"道立于一,故吾道一以貫之。一即太極,在《易》爲乾之初九,即乾元也。"《説文》:"福,祐也。"惠氏劄記曰:"祐當作備。"《説文》:"祐,《周禮》有'郊宗石室',一曰'大夫以石爲主'。"惠氏劄記曰:"《五經異誼》曰:古《春秋左氏》説,古者先王日祭于祖考,月薦于壇禘及郊宗石室。又云'大夫以石爲主',禮無明文。棟案:《管子·山至篇》云:君人之主,弟兄三世則昭穆同祖,十世則爲祐,此大夫以石爲主之證也。又,郊,郊祀也。宗,宗祀也。郊宗所祭之主,廟已毀者,皆藏於石室,故云'郊宗石室'。袁準曰:'終禘及郊宗石室。'虞喜亦云,又見《五經異誼》。"以上所引可見,惠氏讀《説文》,於《説文》解釋,或引證,或考據,隨手而記,編爲該書。

此本據上海辭書出版社圖書館藏清嘉慶刻《借月山房彙鈔》本影印。(張詁三)

### 説文引經考二卷補遺一卷 (清)吳玉搢撰(第203册)

吳玉搢(1698—1773),字籍五,號山夫,山陽(今江蘇淮安)人。乾隆十年(1745)歲貢生。更著有《六書述部敘考證》等。《清史稿》有傳。

該書分上下兩卷,上卷首有乾隆元年作者自序一篇,序言中説:"漢太尉祭酒汝南許叔重氏著《説文解字》十五卷,所引諸經數千餘言,按其同異大約參半,非獨與宋人抵牾,亦多與漢儒刺謬。字殊義別,不可畫一。前人多有説者,多以不合於今本訾其紕繆,或但以爲譌誤而已。搢竊疑之,用是反復推勘,參以昔賢經解,博考《釋文》所列諸經異本,並及鼎彝碑版、班馬文字、字書偏旁,考證韻書音讀通轉,久乃怳然有悟,知許氏固非盡馮肊改變,亦非盡別風淮雨。概歸獄於轉寫之咎也。"可知該書旨在摘出《説文》引經文句,進

行考辨分析。書中按《説文》先後次序,羅列《説文》引用《詩經》、《尚書》、《周禮》、《周易》、《春秋》等經典文句,然後核對原經,辨析異同,判斷正誤。如上卷"示部"首條:"《易》曰:'禔既平'"條下:"今《易·坎卦》作'祇既平',《經典釋文》云:'京作禔。'按:《易·復卦》'無祇悔',王肅、陸績本皆作'禔',《史記·韓長孺傳》'禔取辱耳'注:'禔亦作祇',祇、禔古字通。"再如該部《易》曰'兑爲口爲巫'"條下曰"今《易》《説卦》作'兑爲巫爲口舌',按《説文·兑》註亦引此文作'兑爲巫爲口',較今本少舌字,疑此誤。"該書實爲以《説文》引經校勘諸經文句之作,書末有程贊詠道光元年(1821)跋。

此本據復旦大學圖書館藏清刻本影印。(張詁三)

### 六書説一卷 (清)江聲撰(第203册)

江聲(1721—1799),本字鯨濤,改字叔澐,號艮庭,休寧(今安徽休寧)人。一生未仕。著有《論語質》、《恒星説》、《艮庭小慧》、《六書説》等。《清史稿》有傳。

是書爲江氏討論許慎《説文解字》之作,先引《説文》"六書"説:"一曰指事,視而可識,察而見意,上下是也。二曰象形,畫成其物,隨體詰詘,日月是也。三曰諧聲,以事爲名,取譬相成,江河是也。四曰會意,比類合誼,以見指撝,武信是也。五曰轉注,建類一首,同意相受,考老是也。六曰假借,本無其字,依聲托事,令長是也。"次引鄭玄解釋,再次闡述己説:"聲謂六書之名,見於《周禮》。其説詳於叔重,然其所從來也遠,當不始於周而始於造字之初乎?"又説:"蓋六書之中,象形、會意、諧聲三者是其正,指事、轉注、假借三者是其貳。指事統於形,轉注統於意,假借統於音。"該文於《説文》"六書"名義,以及《説文》中"凡某之屬皆從某"、"某亦聲"、"從某某省聲"等術語,亦予以解釋發明,多

有精闢之論,亦間有可商之處。文末附錢坫題記:"轉注之説,古無定解,得此足以破其的。"又有顧廣圻題記。

此本據復旦大學圖書館藏清咸豐元年李氏半畝園刻本影印。(張詒三)

## 説文解字理董十五卷（存卷七至卷十五）（清）吳穎芳撰（第204冊）

吳穎芳(1702—1781),字西林,自號樹虛,仁和(今浙江杭州)人。終生不應試。博覽群書,精音樂,能詩文。更著有《臨江鄉人詩集》、《吹豳録》、《音韻討論》、《文字源流》及《金石文釋》。生平見《許學考》卷六。

是書首有題識兩段,當爲藏書家所記。正文缺前六卷,從第七卷可以看出該書面貌。書依據《説文》體例,分卷以及每卷收字順序完全按照《説文》,其中插入吳氏補注或補字。每部在列舉《説文》所收字之間又補充若干新字,如卷七上於卷題之下曰:"五十六部　文七百一十四　重百一十五　凡八千六百四十七字　文四十二(新附)　今補三十二。""今補三十二"即爲吳氏所加,説明該卷補入的字數。書按五百四十部首順序列字,每字先抄録《説文》原文並徐鉉注音,即先列小篆形體,次釋義、解形、注音。之後爲吳氏所補注解。行間偶有"補"字,外加圓圈,次補充《説文》未收之字形並簡要解釋。如"日"字:"日,實也。太陽之精不虧,從囗、一,象形,凡日之屬皆從日。人質切。○象古文之形,字體從○,圓形也。一、丶之變。古文,象形。○囗象日圜,從乀象鳥形。補⊙,古文暴字、昌字之日如此,丶以志日。"可見,吳氏先録《説文》原文,於圈隔符之後以雙行小字補充注解,用補表示新補之字形。書後有馬敘倫民國三十八年跋。

此本據上海圖書館藏繆氏藝風堂抄本影印。(張詒三)

## 説文理董後編六卷（清）吳穎芳撰（第204冊）

吳穎芳,有《説文解字理董》,已著録。

是書爲吳氏對以往字書辨析、討論、駁正之作。卷一爲補充駁正徐鍇《説文解字繫傳》,有"唐校書郎徐鍇祛妄篇,繫傳第三十六"和"唐校書郎徐鍇疑義篇,繫傳第三十九"兩篇,"唐校書郎徐鍇祛妄篇,繫傳第三十六"題下曰:"撰《理董》既成,始得徐楚金《繫轉》四十篇讀之,中《祛妄》一篇力主許説而評駁李陽冰者,陽冰字説近已難得,藉此可見一斑。而楚金評駁亦多未允,今爲討論于左。"篇中羅列小篆形體,進行討論評判。卷二爲《宋鄭樵漁仲六書略討論上》,卷三爲《宋鄭樵漁仲六書略討論中》,卷四爲《宋鄭樵漁仲六書略討論下》,卷四最後有"諧聲、變體論二條,與六書《説文》無關,兹不録"字樣,可知該卷內容。卷五仍爲《宋鄭樵漁仲六書略討論下》。卷六爲《宋王魯齋正始之音六書説》、《方審之〈通雅〉引〈説文〉概論》、《〈日知録〉論〈説文〉數則》。書後有王昶撰《吳西林先生小傳》和譚獻《復堂日記》兩篇,記述吳穎芳生平事蹟。該書爲歷代六書之學專題討論之作,亦討論具體漢字形義問題。

此本據上海圖書館藏繆氏藝風堂抄本影印。(張詒三)

## 説文答問疏證六卷（清）錢大昕撰（清）薛傳均疏證（第204冊）

錢大昕,有《唐石經考異》等,已著録。

薛傳均,生卒年不詳,字子韻,甘泉(今屬江蘇揚州)人。更著有《文選古字通疏義》等。《清史稿》有傳。

是書扉頁有"道光十七年歲在彊圉作噩余月重彫"牌記,首有張瀛暹道光十七年(1837)序,次爲薛傳均序。每卷標題下題"嘉定錢大昕著　甘泉後學薛傳均注"。卷一爲"《易》二十一條"和"《書》二十三條",

卷二爲"《詩》五十八條",卷三爲"《春秋》三傳五十一條",卷四爲"《禮記》五十七條",卷五爲"《周禮》三十一條"、"《儀禮》五條"、"《論語》二十一條"和"《孟子》十七條",卷六爲"《爾雅》二十條"和"群經九十條"。從目録可知,該書以《説文》證群經用字,以問答形式提出問題展開討論。卷一開篇:"問:許叔重《説文解字》十四篇九千三百五十三文不見於經典者幾十之四,文多而不適於用,竊所未喻。曰:今世所行九經,乃漢魏晉儒一家之學,叔重生於東京全盛之日,諸儒講授師承各別,悉能通貫,故於經師異文采摭尤備,姑即予所知者言之。"次爲第一條:"如'塙'即《易》'確乎其不可拔'之'確'。《乾卦・文言》。"第四條:"'挎'即'哀多益寡'之'哀'。《謙卦・大象》。"卷一《書》二十三條之第三條:"'禷'即'類於上帝'之'類'。《舜典》。"第四條:"'攴'即'扑作教刑'之'扑'。《舜典》。"如是之類。每條之下一段文字低一格,對該條目進行論證疏解,當爲薛傳均注。書後跋語可謂結論:"今人視爲隱僻之字,大率經典正文也。經師之本,互有異同,叔重取其合乎古文者稱經以顯之。其文異而意可通者,雖不著書名,亦兼存以俟後人之決擇。"該書意在溝通《説文》與群經用字異同,故於上古漢字通假、異體、古今關係羅列頗多,大有助於經典讀解。

此本據國家圖書館藏清道光十七年史吉雲、張瀛遲刻本影印。(張諂三)

**轉注古義考一卷**　(清)曹仁虎撰(第204册)

曹仁虎(1731—1787),字來殷,號習菴,嘉定(今屬上海)人。乾隆二十六年(1761)進士,選庶吉士,授編修。著有《宛委山房詩集》、《蓉鏡堂文稿》等。《清史稿》有傳。

是書專門討論《説文》六書中"轉注"之作,先羅列許慎、衛恒、徐鍇、賈公彦、裴務齊、陳彭年、郭忠恕、毛晃、趙古則諸家關於"轉注"

的解釋,然後一一進行辯駁,説:"此數説者,或以爲左右成文則偏主於形體,或以爲彼此互釋則偏主於訓義,或以會意中之反體者爲轉注,或以會意中之合體者爲轉注而已與會意相混,或以爲諧聲中之不轉聲者爲轉注而已與諧聲相混,或以假借中之轉聲者爲轉注而又與假借相混。皆未合轉注之本旨。"又説:"欲定轉注之義,仍當以《説文》'建類一首'、'同意相受'二語求之,既曰'建類一首',則必其字部之相同,而字部異者,非轉注也;既曰'同意相受',則必其字義之相合,而字義殊者,非轉注也。"作者得出結論:"轉注近乎會意而與會意不同","轉注又近乎諧聲而與諧聲不同","蓋轉注又近於假借而與假借不同"。聯繫具體字例,條分縷析,見解新穎獨到;認同辨異,分析細緻入微。然後引楊慎、陸深、王應電、朱謀瑋、張位、焦竑、方以智等人觀點並一一辨析,可謂集轉注研究之綜論。

此本據復旦大學圖書館藏清光緒四年宏達堂刻本影印。(張諂三)

**汲古閣説文訂一卷**　(清)段玉裁撰

段玉裁,有《古文尚書撰異》等,已著録。

是書首有段玉裁嘉慶二年(1797)自序一篇,嘉慶二年當爲該書成書之年。段氏以明末毛氏汲古閣刊"大徐本"(初印本及五次校改本)爲底本,參照王昶所藏宋刊本(原刊今已流入日本,另有涵芬樓影印本),周錫瓚所藏宋刊本,明葉石君所藏鈔宋本,明趙靈均所鈔宋大字本,宋刊大字《五音韻譜》,明刊《五音韻譜》,《集韻》所引"大徐本",《類篇》所引"大徐本"、"小徐本"舊鈔善本等版本對《説文》進行校勘、訂正。該書主要校勘文字,以圖恢復許書原貌。基本依據《説文》列字次第,摘出各家文字出入之處,辨析駁正,去僞存真。如卷一"玉部""其聲舒揚,專以遠聞"句下曰:"初印本如此,趙本《五音韻譜》、《集韻》皆同。宋本、葉本做'專',誤字耳。專者,專壹之意。謂其堅,故遠聞。《聘義》所謂'清越以長',《管子·水地篇》說玉云:'其音清摶徹遠,純而不殺。'摶,古書多用爲專壹字,與《説文》正合。今依小徐剜改專字作專字。專者,布也,與上文舒揚,不爲複乎?"該書實爲作者注解《説文》之準備工作或初步工作,故其内容後來多被納入《説文解字注》。

此本據復旦大學圖書館藏清嘉慶二年五硯樓刻本影印。（張詒三）

### 説文解字注三十卷　（清）段玉裁撰（第204—208 册）

段玉裁,有《古文尚書撰異》等,已著録。

是書每半頁九行,行二十二字,單魚尾。首有嘉慶戊辰(1808)王念孫序。全書實爲三十二卷,前三十卷爲《説文》注,後二卷收《六書音均表》五卷。段氏窮畢生之力撰成該書。首先,參校《説文》衆本,校勘訂正《説文》,以求恢復許書原貌。段氏于嘉慶二年(1797)撰寫《汲古閣説文訂》,其校勘成果多采入該書。其校勘成就爲:改動篆文凡九十字,增加篆文二十四字,删去篆文二十一字。於《説文》説解亦有改動,如卷一四上"鉉"字條,許書原作"舉鼎也",段氏改爲"所以舉鼎也"。段氏雖未曾研究金石文字,更未曾見甲骨文,但許多校勘結論被後來之出土資料證實,可見段氏功力之深厚,見解之精闢。其次,對於《説文》原書發凡起例,《説文》一書,在列字、説解中,術語衆多,凡例計有二百餘條,許多需要解釋説明,段氏於此亦用力頗多。此類凡例有"凡某之屬皆從某",爲五百四十部首每部首之下必有術語,段氏謂"凡云'凡某之屬皆從某'者,自序所謂分别部居,不相雜厠也"。《説文·一部》"元"字下:"始也,從一兀聲。"段氏注:"凡言'從某某聲'者,謂於六書爲形聲也。凡文字有義、有

形、有音,《爾雅》已下,義書也;《聲類》已下,音書也;《説文》,形書也。凡篆一字,先訓其義,若'始也'、'顛也'是;次釋其形,若'從某某聲'是;次釋其音,若'某聲'及'讀若某'是。合三者以完一篆,故曰形書也。"再次,關於《説文》説解,段氏亦予以訂正補充。《説文》以説解本義爲主,段氏或補充引申義。如《説文·肉部》"腐,爛也"。"腐,爛也"。段氏於"腐"字條下注曰:"上文云'腑,爛也',爛之正義。此云'腐,爛也',歹部云'殯,爛也',爛之引申義。"《説文·火部》:"爛,火熟也。"此爲"爛"之本義,"腑,爛也"用"爛"之本義,"腐,爛也"之"爛"用引申義。對於古今字,段氏時有闡發:《説文·小部》"余"字注:"余、予,古今字。"段氏亦有時辨析俗字,如《説文·人部》"何,儋也",段注:"何俗作荷,猶佗之俗作駝,儋之俗作擔也。"段氏還對同義詞進行辨析,經常使用"渾言"、"析言"概念。段注並解釋歷史音變以及連語等内容。總之,是書校勘大徐本《説文》之不足,對《説文》本身進行發凡起例,對許慎之不足予以訂正,注意詞義歷史演變,注意同源詞和同義詞辨析。該書繼宋代徐鍇《説文繫傳》後注釋《説文》,發明良多。該書不足之處在於段氏過於自信,在缺乏證據時改動《説文》,有時拘泥於小篆形體而强作解釋等。但瑕不掩瑜,該書於清代衆多《説文》著作中獨秀於林,故王念孫評價爲"蓋千七百年來無此作矣"。

此本據國家圖書館藏清嘉慶二十年經韻樓刻本影印。（張詒三）

### 説文解字義證五十卷　（清）桂馥撰（第209—210 册）

桂馥,有《歷代石經略》,已著録。

是書扉頁題"道光三十年二月啓工,咸豐二年五月訖工,日照後學許瀚校字",編排順序完全依據《説文解字》,每條先引《説文》原

文,單行大字。桂氏義證另起一行,雙行小字。"義證"包括兩部分内容:一是舉例證明《説文》所説之本義;二是爲《説文》之説解補充文獻例證。在補充《説文》説解時,或引他書説解證實許説,或引他書所引許書以爲參證,或引他書以補充許説。若《説文》已舉《詩經》、《尚書》、《左傳》等書爲例,桂氏則注明篇名,若有異文,亦往往注出。如《説文·口部》:"和,相應也。從口禾聲。户戈切。"桂氏義證曰:"相應也者,徐鍇本作應。《一切經音義》九'和,相應也',《詩》云'唱予和汝',《周易》'鳴鶴在渚,其子和之',是也。《詩·棠棣》'妻子好合,如鼓琴瑟'箋云'如鼓琴瑟之聲相應也'。《葛覃》'其鳴喈喈'傳云'和聲之遠聞也'。《釋詁》'關關、嚶嚶,音聲和也',郭云'皆鳥鳴相和'。《六韜·守國篇》'爲之先唱而天下和之'。《鬼谷子·反覆篇》'其和也若比目魚'注云:'和,答問也,因問而言,申叙其解,如比目魚相須而行。'《大戴禮記·曾子立事篇》:'人言不信不和。'《論語》:'子與人歌而善,必使反之,而後和之。'桓譚《新論》:'有老人范蘭,初與人相見則喜而相應和。'《通鑑》:'劉子惠謂韓馥曰:兵者凶事,不可爲首,視他州有發動,然後和之。'"足見《義證》之體例。桂氏於《説文》每字之下,博引古籍,遍及經史子集;羅列群説,頗似故訓彙編。桂氏重視材料,但並非簡單羅列堆積,而是經過精心篩選,次序條理而組織成文。故王筠《説文釋例·自序》曰:"桂氏徵引雖富,脈絡貫通,前説未盡,則以後説補苴之;前説有誤,則以後説辨證之。"其瑕疵在過於崇信許慎,即使《説文》有誤,亦未嘗置疑,反而舉例補證。如《説文·爪部》:"爲,母猴也。"《義證》曰:"母猴也者,陸機云'楚人沐猴而冠',馥謂'沐'、'母'聲近。""沐"、"母"聲近,並不能證明"爲"可以訓"母猴"。然瑕不掩瑜,桂氏亦被尊爲清代《説文》研究"四大家"之一。

此本據清道光三十年至咸豐二年楊氏刻《連筠簃叢書》本影印。(張詒三)

### 説文解字群經正字二十八卷　(清)邵瑛撰(第 211 册)

邵瑛(1739—1818),字瑶圃,號桐南,餘姚(今浙江餘姚)人。乾隆四十九年(1784)進士,授翰林院編修,歷官國史館纂修、文淵閣檢閲等。精於訓詁,擅長書法。更著有《劉炫規杜持平》等。生平見《國朝經學名儒記》。

是書又名《群經正字》,群經者,十三經外,尚有《逸周書》、《大戴禮》、《國語》等。全書依《説文》部首爲序,每字先列許氏説解,次則一一羅列群經用字與《説文》所載異者,斷以己見,指出其"求便俗失本真"之處。邵氏自叙稱"非敢以字正群經,乃爰《説文》以明經字之有正也",這是較客觀的態度。漢字在使用過程中,爲求簡便,出現大量的俗體,勢所難免。這些俗體字,往往使漢字的表意功能受到削弱,是書據《説文》説明其正體及訛變情況,於學者理解經意,其助非小。書末余重耀叙稱"迪昧牖蒙,通群經之閫奧,非獨拾遺補闕,爲叔重氏之功臣而已",貼切指出了此書的優長。

此本據華東師範大學圖書館藏民國六年邵啓賢影印嘉慶二十一年桂隱書屋本影印,後有余重耀後叙及啓賢識語。(張建勇)

### 説文蠡箋十四卷　(清)潘奕雋撰(第 211 册)

潘奕雋(1740—1830),字守愚,號榕皋、三松居士、水雲漫士,吳縣(今屬江蘇蘇州)人。乾隆三十九年(1774)進士,官至户部主事。潘氏精書畫,長於文字之學,更著有《三松堂集》等。生平見《國朝耆獻類徵初編》。

《説文蠡箋》十四卷,書前有潘氏自叙,謂文字由於書寫者"但求便俗,漸失本原",加以傳寫訛誤,導致"六經諸史,恒苦難通",潘氏之書,廣泛搜集經史諸書及金石諸記中文字可與《説文》通者,逐一箋釋。是書無目録,以《説文》部首爲序,所箋諸字亦依《説文》之序。每字先列許氏之解説,另起一行爲潘氏之箋,引據經典以證某字與此通。潘氏之志,非爲引群籍以箋《説文》,實則考辨群書文字之通借,與嘉定錢坫《十經文字通正書》甚似,惟搜羅範圍較錢氏爲廣,經傳之外,更旁及子史群籍、《文選》注及韻書字書,金石碑志亦有采據。名爲箋釋《説文》,實乃通假專書。引證甚爲浩博,考據則較疏略,未能深入探其可通之由。而漏略之字亦復不少,難稱完備,然其搜羅之功,自有益於後學,於明通假讀古書,其功固不可廢。

此本據國家圖書館藏道光二十年重刊潘氏三松堂刻本影印,後有李慈銘、陳壽祺識語,李氏識語後有"李生"、"越縵堂藏書印"二章,陳氏識語後有"壽祺"、"纂喜堂勘定印"。（張建勇）

## 説文解字斠詮十四卷　（清）錢坫撰（第211 册）

錢坫,有《車制考》等,已著録。

是書正文前全録許氏原敘及錢氏手訂凡例。據凡例,是書所校爲毛晉刊本、宋徐鉉官本、宋徐鍇《繫傳》本及唐以前本之誤,欲掃除塵障,探許書真面。所詮者四端,一則傍解仍用而《説文》正解反晦者,一則後人誤讀通行而許氏原讀反晦者,一則經傳一字而許書數字者,一則經傳數字而許書僅一字者,涉及釋義、證音、辨形諸方面,實爲注體。是書全録《説文》,於有所校詮處則列於其字許氏説解之下。錢氏之校詮頗簡略,往往只説明結論,不事廣徵詳辨以炫其博,又有僅列異文異説而不斷者,然精處甚多。錢氏精於輿地之學,故書中有關地理之考辨者如辨九州之藪各家異説等,簡而有要,常發人所未發。

此本據清嘉慶十二年錢氏吉金樂石齋刻本影印。（張建勇）

## 説文解字校勘記一卷　（清）王念孫撰（第212 册）

王念孫,有《爾雅郝注刊誤》等,已著録。

是書前有桂馥記,後有許瀚識語。王氏雖不以《説文》名家,然觀段玉裁與王氏書,爲《説文解字注》求序,有"近來後進無知,咸以謂弟之學竊取諸執事"、"求序出於至誠"等語,王氏於《説文》一書,造詣實深。王氏曾擬注《説文》,聞段氏書成而輟。此校勘記僅存殘稿一百一十九條,各條注明"某篇弟某行",乃毛氏汲古閣所刊大徐本之次。每條以小徐本校之,並參《玉篇》、《廣韻》等書之引文,加王氏按語斷之。王氏主張《説文》一書"以文字而兼聲音訓詁者也",故此校勘記除比對各本異文外,常因聲以求義,從而校正文字訛誤及訓釋疏謬,精當之處甚多。曲阜桂馥得見殘稿,其《説文解字義證》一書多用其説。雖爲殘稿,亦可見王氏《説文》研究成就之一斑。

此本據遼寧省圖書館藏清種松書屋抄本影印。（張建勇）

## 説文引經考二十卷　（清）程際盛撰（第212 册）

程際盛,有《周禮故書考》等,已著録。

是書前有王鳴盛、王昶、程瑤田諸家序,又有作者之敘例和敘言。末有程氏"又跋",稱是書初成於乾隆丙申（1776）,兩年後作者在都中,取惠棟《九經古義》相校對,細加抽繹考證始成云云。又跋作於庚戌（1790）上元,則是書最後完成當在此年。程氏此書,用力頗勤,全書計二千五百九十三條,十三經外,尚有《逸周書》、《國語》、《逸論語》、《老子》、《莊子》、《楚辭》、《山海經》諸書,廣搜博輯,可稱完備。許叔重《説文》注明引經者約一千三百餘條,程氏於叔重不明言而實爲引經之處詳加考繹,故所得尤多。惟此書體例頗雜,既收許氏引經,亦收徐氏説解之引經,未爲允當。程氏所收,不限經文之句,甚多二字語,如《孟子》中"羊棗"、"鎡錤"、"規榘"等條,《尚書》中"嗇夫"、"昧爽"諸條,《毛詩》之"窈窕"、"籩簜"、"綢繆"、"阿衡"、"消摇"等條,此類語辭此書可用,彼書亦可用,因某經用之而稱之引經,甚爲牽强。又程氏書名爲"考",而書中往往僅指明引文來源,比勘文字異同,於異文間關係及造成異文之原因,則極少考辨。然此書收羅宏富,爲後學提供便利不少,亦小學之資糧,讀經之一助也。

此本據國家圖書館藏嘉慶十年程世勳刻本影印。世勳乃際盛之子,此刻據程氏原稿,又經世勳等人檢校,頗精,書末有程世勳識語。(張建勇)

## 説文古語考二卷 (清)程際盛撰(第212册)

程際盛,有《周禮故書考》等,已著録。

是書前有程氏自敍及李棻序。程氏搜輯《説文解字》許氏説解字義時引用的異方語辭薈爲一編,凡一百又三條,各條依《説文》部次爲序,先引原文,後引《方言》、《爾雅》、《玉篇》、《毛詩》、《楚辭》、《史記》、《漢書》等書以證。清人於古方言之搜集,如戴東原、杭世駿,均有《續方言》之作,而專力於《説文》之方言者,自程氏始。於古時方言之搜輯考辨,程氏用力甚多。此書之外,又有《續方言補正》之作,補杭世駿《續方言》六十六條。是書雖未加董理,依《説文》次序,稍顯蕪雜,不若《爾雅》之有序,然爬羅剔抉,其功非淺,廣徵博引,考辨精當。李序比之於郭景純注《爾雅》之《釋詁》、《釋言》。其後德清傅雲龍有《説文古語考補正》之作,有所訂補。

此本據中國科學院圖書館藏清木活字印《稻香樓雜著》本影印。(張建勇)

## 説文五翼八卷 (清)王煦撰(第212册)

王煦,有《小爾雅疏》,已著録。

是書前有王氏自敍,謂《説文》至唐宋而原貌漸失,李陽冰、徐鉉諸人於六書本末未有所得,而受命纂修,勉爲解事,遇不可解處,輒信手點竄,致晦許書真面。自弱冠時致力《説文》,思有以翼之,遇有所得,輒記簡端,宦游半生,念兹在兹,至老不忘初志,於五十之年重加董理,俾以類相從而成此編云云。翼者助也,欲復許書舊觀而助學者由小學而明經義也。五翼一曰證音,二曰詁義,三曰拾遺,四曰去復,五曰檢字。證音二卷,取經傳注疏考字之本音;詁義二卷,采群籍及金石文字有關字義者以明許書;拾遺一卷,爲以許證許,補《説文》之逸字;去復一卷,搜集許書重出之字;檢字兩卷,董理偏旁屬某部而字見別部之字以便搜檢。王氏於古韻知之未深,其考音限於零星之字,詁義實爲注疏之體,亦只疏解少數字,未成規模。然博觀慎擇,結論多可取,吉光片羽,亦足珍貴。拾遺一卷,補逸字達一百一十七字,爲前此諸家所不及,其後鄭子尹專力爲之,後出轉精,然王氏於逸字研究,實有開創之功。去復、檢字,於學者亦有裨助。王氏此書拓宇頗廣,惜未全力經營以就精深。然其考辨精詳,創見頗多,甚爲後學推重。其書末有"閱《説文五翼》師友簡札附録"一束,收韓城王杰、大興朱珪、光山胡季堂、仁和蔡廷衡、邵晉涵、茹棻、邵瑛、陽湖方聯聚、蔡之定、諸開琪、陳石麟、陳其堂、商載諸人札中評論此書文字,衆口稱讚,自不待言。

此本據湖北省圖書館藏芮鞠山莊刻本影印,爲是書初刻本。(張建勇)

## 説文解字校録十五卷 (清)鈕樹玉撰(第212册)

鈕樹玉(1760—1827),字藍田,號匪石山人,吳縣(今屬江蘇蘇州)人。精於文字聲音訓詁之學，又擅校讎，於《説文》一書，用力尤勤。更著有《段氏説文注訂》、《説文新附考》等。生平見《碑傳集補》。

是書爲鈕氏校勘大徐本《説文解字》之作。許叔重《説文解字》經數百年輾轉傳抄，又經唐人李陽冰刊定，錯舛訛脱，大失其真。宋徐鉉兄弟刊定之本，又經後人翻刻改易。鈕氏潛心學術，欲治《説文》，故先事校勘，以復許書舊觀。是書前有鈕氏自序及識語，謂宋本、《五音韻譜》、《集韻》、《類篇》可正毛氏之失，《繫傳》、《韻會舉要》可正大徐之失，《玉篇》可正少温之失云云。書後附《説文》、《玉篇》之比較。其校以《玉篇》爲主，旁取諸書所引，録其所異，互相參證。依大徐部次，釐爲十五卷，每卷各分上下。鈕氏此書，搜羅之博，考辨之精，於清人校勘《説文》著作中堪稱上乘。惟過於崇信《玉篇》，而所據版本爲張氏刊本《大廣益會玉篇》，去顧氏原書亦遠。則鈕氏之論，有時難免失之偏頗。用語亦有前後不一之處，如同引一書，時而《廣雅》，時而《博雅》。然大醇小疵，不害其爲《説文》校勘名著。

此本據上海辭書出版社圖書館藏清光緒十一年江蘇書局刻本影印。書後附有梁章鉅撰鈕氏墓誌，鈕氏之孫惟善識語及潘祖蔭識語。（張建勇）

### 段氏説文注訂八卷　（清）鈕樹玉撰（第213册）

鈕樹玉，有《説文解字校録》，已著録。

是書前有鈕氏自序。每條先列篆文及許氏説解，次引段氏注文，次則鈕氏按語，於段之改篆、增字、删字、説解，細加考辨，斷以己見。鈕氏指段氏之失六端，一曰以爲必用本字，二曰創十七韻部以繩九千餘文，三曰以轉注爲同義互受，四曰改易引證之文，五曰勇於删字，六曰過於篤信陸氏《釋文》、孔氏《正義》。其中十七韻部之分爲段氏高明之處，以此攻

段，適見其陋。轉注之説各爲一家之言，難言孰是。其餘四端，則有得有失，後人謂其得者十之七八。其訂段改易引文尤中其失，甚有功於段書。有指其爲昌言排擊者，非知言也。

此本據國家圖書館藏道光三年匪石居刻本影印。末署"男寶順、寶安校字"，書後附原書紙籤。（張建勇）

### 説文新附考六卷續考一卷　（清）鈕樹玉撰（第213册）

鈕樹玉，有《説文解字校録》，已著録。

是書前有錢大昕序，稱大徐之新附字爲承詔而作，多委巷淺俗，乖於《蒼》、《雅》之正，鈕氏博稽群籍，咨訪時賢，一一疏通證明其不必附、不當附，其爲駢拇枝指云云。此書依大徐次序，每字下先列鈕氏之結論，次則引字書比勘異文，並徵引衆籍説明其應用情況。鈕氏尊信《玉篇》，故多取其説，新附四百零二字，采《玉篇》者達三百七十七。鈕氏搜羅宏富，引用字書、韻書、類書、經史典籍、金石碑志等百餘種。鈕氏師事錢辛楣，故多引其説。每字必考其本字或借字，並從形、音、義角度考證其正俗、訛誤、通假。通過考察其使用情況，考證新附字之産生年代。其成果對於《説文》性質之研究、漢字演變研究，均有較大價值。雖其考證有牽强之處，但精當之處良多，頗受推重。清人王筠有《説文新附考校正》，對鈕氏之説有所增補、訂正。

此本據南京圖書館藏嘉慶六年匪石居刻本影印。（張建勇）

### 説文段注訂補十四卷　（清）王紹蘭撰（第213册）

王紹蘭，有《周人經説》，已著録。

是書前有潘祖蔭、李鴻章兩序，書末有胡燏棻後序。是書以《説文》部首爲序，廣采經籍，補段氏所略，訂其疏失。王氏"訂曰"、"補曰"皆低一格，凡訂段處，必録段注原文。

於前賢之説解,博采慎擇,引清人之説即有十八家。王氏尊段而不拘泥,勇於懷疑,訂段涉及説形、釋義、闡音、句讀、校勘諸方面,多中其失。凡立一説,必廣搜博采,言而有據。於《説文》體例亦有發明,如指"凡某之屬皆從某"不獨就本部而言,亦包它部從某之字。又如指部首之次序,凡一字相疊成另一字者,必先列所疊之字,後列疊之之字,均爲有見。又善用金石材料,以之解字形,頗補文獻之不足。運用圖畫以説明字義,是王書一大特色,書中圖凡十一幅,於説明字義大有裨益。如"磬"字條用圖畫三幅以説明"磬折"、"懸磬"之義,文省而義明。此書持論平實,不苟異同,大有功於段氏。考據偶失之煩瑣,注所不必注,當日學風使然,不足爲病。

是書有光緒十四年胡燏棻刻本,稱胡刻本。1914 年,劉承幹得海寧許子頌所藏稿本,收入《嘉業堂叢書》,稱劉刻本。劉刻本非完帙,僅胡刻本之半。此本據上海辭書出版社圖書館藏胡刻本影印。(張建勇)

### 説文訂訂一卷　(清)嚴可均撰(第 213 册)

嚴可均,有《唐石經校文》,已著錄。

是書爲嚴氏訂補段玉裁《汲古閣説文訂》之作。段氏苦學者習見之毛氏剜改本大徐《説文》已非鉉書之舊,故取毛氏初印本、宋刊明刊《五音韻譜》及《集韻》、《類篇》引鉉本文字校之,冀復鉉本真面,故有《説文訂》之作。時段氏已六十有三,助其成書者爲嚴氏之友吳縣袁廷檮。嚴氏於袁氏處得見段氏書之初印本及新印本,深佩其精,而又有與己見未合者六十二處,故作此書,以與段氏商榷。是書以段氏《説文訂》頁次爲序,每條先列頁數,次以嚴氏意見,並扼要説明原因。各條長短不拘,多簡略,亦有詳加考辨者,如"第五十二頁"一條長達一千七百餘字。嚴氏學殖深厚,於《説文》用力尤深,故其説多簡而有當,而辭氣則有時失之武斷。

此本據上海辭書出版社圖書館藏清光緒十三年許氏古均閣刻《許學叢刻》本影印。前有嚴氏識語,尾頁有"海寧後學許瀣祥校字"字樣。(張建勇)

### 説文校議三十卷　(清)嚴可均　(清)姚文田撰(第 213 册)

嚴可均,有《唐石經校文》等,已著錄。

姚文田(1758—1827),字秋農,又字社畬,歸安(今屬浙江湖州)人。嘉慶四年(1799)進士,授翰林院編修,官至禮部尚書。著有《説文聲系》、《古音諧》、《廣陵事略》等。《清史稿》有傳,又見《續碑傳集》卷八。

是書前有嚴氏敘,稱其與姚氏文田通力治《説文》,成《長編》四十五册,擬撰《疏義》。屬稿未半而孫星衍欲先睹爲快,故先成此書,撮舉大略,就毛氏汲古閣初印本,專正大徐之失。書凡三千四百四十條,依大徐本部次,凡十五卷,各分上下。各條以字爲首,字下列各本異同,斷以己見。比勘衆本,擇優而從,用小徐本、《韻會》説較多,亦廣稽類書及經史注疏引文,力求言必有據,然亦有僅據類書所引之孤證而斷去取者。書後附錄《説文問》四十六條及《許君事跡考》。《説文問》尤見嚴氏氣度,蓋學術乃天下公器,故將疑難不解之處公之於衆,以俟高明。嚴氏學問浩博,而非師心自用者。然嚴氏著書極多,遺憾亦復不少,孫星衍重刊宋本《説文解字》,頗采其説,而亦有摒而不用者。嚴氏堂弟嚴章福有《説文校議議》,於此書有所訂補。元和顧氏廣圻有《説文辨疑》一卷,亦摘此書二十餘條予以駁正,多中其失。

此本據天津圖書館藏清嘉慶二十三年冶城山館刻《四錄堂類集》本影印。(張建勇)

### 説文校議議三十卷　(清)嚴章福撰(第 214 册)

嚴章福,生卒年不詳,號松樵,烏程(今屬浙江湖州)人。嚴可均堂弟,更著有《經文通用考》等。

嚴鐵橋作《説文校議》三十卷，專正大徐本之失，章福細考其書，見尚有訛失之處，故作是書，正其訛誤，補其漏略。章福用力此書凡十八年，五易稿乃成。據《校議》之例，依大徐本爲序，於《校議》無異義者徑云“已見校議”，餘則一一詳考。凡三千五百九十條，超過《校議》一百五十條，蓋是書不獨爲糾《校議》而作，實對大徐本之全面校勘。章福此書之精審，似在《校議》之上，凡所指摘，必詳説之。指可均所據爲毛氏剜改本而非初印本，甚中其病。相與討論商訂者，有周氏學濂、王氏日楨、戴氏宗洛、蔣氏維培、許氏楗諸人。前人之著述，如王南陔《説文段注訂補》、錢可廬《説文統釋》、江叔雲《經史子字準繩》、徐謝山《説文段注匡謬》等，靡不廣采博稽。章福取之博，擇之精，於衆家之説平心折衷。其用功多，宜其收功大也。

此本據復旦大學圖書館藏清豫恕堂本影印，前有章福識語，各卷末有“近許齋彙編弟一”字樣，頁眉頁脚處有校記若干，書前有“隨分讀書齋”印文一方，書末有“宣統二年後學仁和吴昌綬上虞振玉敬讀”字樣，小印兩方不可辨，又有“歸安嚴啟豐章”一方。（張建勇）

**説文校定本二卷**　（清）朱士端撰（第214册）

朱士端（1786—1872），字銓甫，寶應（今江蘇寶應）人。道光元年（1821）舉人，曾官安徽廣德州訓導，後引疾歸里。朱氏精金石文字之學，更著有《説文形聲疏證》、《宜禄堂金石記》等。生平見《清史列傳》。

是書前有朱氏自敘，謂《説文》傳本幾經傳寫，二徐本已失其真，而後人又以私意妄改，並二徐之真面亦失，故以二徐相校，冀復宋本真面。朱氏以爲小徐本勝過大徐本，惜其殘缺，故以小徐爲主，以大徐補參。其説或從小徐，或從大徐。有所得則以按語闡明。其校取鐘鼎金石以校字形，取諸家之説指後人改竄，探許書之例議二徐得失，又以今本經傳與許書引文對勘以溯源追本，斷不執己見而改原書，甚得校書之體。朱氏有《説文形聲疏證》一書，亦節録附於各字之下。朱氏嘗學於高郵王念孫，多用其緒論。又與陳宗彝、汪喜孫、俞正燮、臧相、陳輅、陳潮諸通人相與辯難，精處甚多。據朱氏敘後識語，書稿繁多，力難鏤板，故撮其要略，所刊尚不足十一。朱氏原書依《説文》次爲十五篇，又各分上下，刊行時合爲二卷。

此本據上海辭書出版社圖書館藏清光緒九年姚氏刻《咫進齋叢書》本影印。（張建勇）

**説文解字段注匡謬十五卷**　（清）徐承慶撰（第214册）

徐承慶（1760—1833），字夢祥，號謝山，長洲（今江蘇蘇州）人。乾隆五十一年（1786）舉人，官至山西汾州知府。生平見《清史稿》。

是書意在匡正《説文》段注之失。徐氏歸納段氏之失誤爲十五類，一曰便辭巧説，破壞形體；二曰臆决專輒，詭更正文；三曰依他書改本書；四曰以他書亂本書；五曰以意説爲得理；六曰擅改古書以成曲説；七曰創爲異説，誣罔視聽；八曰敢爲高論，輕侮道術；九曰似是而非；十曰不知闕疑；十一曰信所不當信；十二曰疑所不當疑；十三曰自相矛盾；十四曰檢閲粗疏；十五曰乖於體例。每類爲一卷，卷下分條指段氏之誤。每條先列段説，次以己意。其匡段之謬大略有三：一則指段改字形之失，二則指段釋義有誤，三則糾段誤引文獻及前後抵牾之處。徐氏嘗師事嘉定錢辛楣，故其書多采錢説。其指段之失，時中其病。糾段氏説解字形之誤，常取金文、碑文以參古文、小篆，頗補段氏不足。其説解字義亦有勝段之處，指段自相矛盾處尤中段氏之失，故潘鍾瑞跋稱其爲“段氏之諍友”。惟徐氏尊許太過,多曲爲之説,故攻段過烈。其辭氣激烈,觀其十五目可知,而時亦以己之失攻段之不誤。學者著書,求其無失,難矣。段注不能無失,正如徐氏不能無失也。前賢之失,後學補之、糾之、駁之均無不可,而抨擊攻訐,肆意詆訶,則不必也。

是書稿成未刊,今存手稿本及清人抄本三種。清張氏寒松閣抄本後有張鳴珂後敘,有“鳴珂之印”、“公束”小印兩方,又有“癸酉夏六月至閏月郡後學長洲潘鍾瑞謹讀一過”字一行,下有“鍾瑞”、“麐生”兩印,其後又有潘鍾瑞跋語。此本據復旦大學圖書館藏清張氏寒松閣鈔本影印。（張建勇）

### 説文假借義證二十八卷首一卷　（清）朱珔撰　（第214—215册）

朱珔（1769—1850）,字玉存,號蘭坡、蘭友,涇縣（今安徽涇縣）人。嘉慶七年（1802）進士,官至翰林院侍講。更著有《經文廣異》、《小萬卷齋詩文集》等。生平見《清史稿》。

是書專爲考訂《説文》假借字,共收字頭三千五百二十四個,依《説文》次序,釐爲二十八卷。書前有作者之孫朱之堉所作序及補作凡例、目録,約略説明朱氏此書大旨。是書專明假借以爲通經識古之助,每字先列許氏説解,次則羅列此字於古書中之假借現象,少則一組,多者至二十餘組,必詳爲闡釋。是書搜羅廣博,引證宏富,凡六經諸子、經史百家,字書韻書,乃至金石文字,靡不徵引,引書超過二百種,引用碑文多至七十餘通。清儒治《説文》者衆,錢坫《十經文字通正書》、潘榕皋之《説文蟫箋》、吳俌之《説文假借例釋》等均專力於假借字之疏解。段、錢諸老亦多闡發。於諸儒之説,朱氏廣取博參,於段茂堂所取尤多。其書名爲《説文假借義證》,實乃集古今重要典籍假借字而詳釋,僅取《説文》之次序以貫穿耳。又《説文》六書,假借者,“本

無其字,依聲托事”。朱書所言之假借,範圍遠較此爲寬,如轉借、互借、通借,實合造字之假借與後世用字之通假而言。此書之長在博,省却後人翻檢之功,而難免過濫之失,在學者之深思慎取也。

是書以光緒十九年（1893）刻本爲最早,有缺佚;另有光緒二十一年嘉樹山房刻本、光緒二十五年約古閣刻本等。嘉樹山房本於初刻本缺佚處多所補證,並將朱氏《經文廣異》一書《尚書》部分附入各字之後。此本據上海圖書館藏嘉樹山房本影印,其中卷一四據北京大學圖書館藏本配補。後有胡樸安民國十七年跋語,跋後有“樸安”、“韞玉”兩印。（張建勇）

### 説文辨疑一卷　（清）顧廣圻撰　（第215册）

顧廣圻（1766—1835）,字千里,號澗薲,又號思適居士,元和（今江蘇蘇州）人。顧氏精於經學、小學,於目録校讎用力尤勤。更著有《思適齋集》等。事見《續碑傳集》卷七七。

是書前有雷浚敘及識語,謂孫星衍刻宋本《説文》,延顧氏與烏程嚴鐵橋校字,嚴氏用其《校議》説多所校改,而顧氏以爲不必改。顧氏此書專爲辨嚴氏《説文校議》之疑,故書名當題爲《説文校議辨疑》。顧氏摘嚴氏《校議》三十四條,擬一一詳議,成二十條而卒,故其目有三十四條,而後十四條有目無文。書中言“舊説”、“此説”者,《校議》之説也。各條以字立目,先列《校議》之説,案以顧氏考辨。每條少則近百字,多則數百言。考辨詳明,多中《校議》之失。如“瓶”字條指嚴氏誤引《後漢書》,“翡”字條指嚴氏將《藝文類聚》引《周書》文字誤認作《説文》,考證有力。其書精審,在《校議》之上,蓋嚴氏廣博,顧氏專精,各得一端也。

此本據清光緒二十七年貴池劉氏刻《聚學軒叢書》本影印。（張建勇）

### 説文繫傳校録三十卷　（清）王筠撰（第215冊）

王筠，有《毛詩重言》，已著録。

是書前有王氏自敘並識語三則。《説文解字繫傳》一書，流傳不廣，宋代即有佚闕，向無善本。汪憲借得影宋鈔本，時朱文藻館於汪憲家，參以傳本《説文》及所引諸書，爲作《考異》。王氏以朱書用力頗勤而尚有遺憾數端，朱氏於《説文》列部及部内列字知之未深，又以臆見改篆字形，所據之大徐本乃毛氏五次剜改本，乃與漢陽葉潤臣議改作之，葉任典故，而王任其文，參以《説文韻譜》、《五音韻譜》、《玉篇》、《廣韻》、《汗簡》諸書，遇有可疑，則斷以己意。王氏又嘗見道光十九年（1839）祁寯藻刻本，祁刻出於顧千里影宋抄本及汪士鐘宋槧殘本，又校以《説文篆韻譜》，甚爲精善，王氏以朱筠家藏本校之。其書以部列字，字下録王氏校記，細勘諸本異同。王氏遂於《説文》，所見之本較朱氏爲多，所據各書又多爲善本，態度極審慎，甚爲時人所重。書後附以朱文藻《考異》之《附録》，有《李燾五音韻譜序》、《十國春秋·徐鉉傳》、《朱文藻繫傳考異序》，又附王氏之《書説文繫傳考異後》、《復馬卧廬先生書》二文。以其與《繫傳》頗有關係，可資參考。

此本據復旦大學圖書館藏咸豐七年王彦侗刻本影印，後者由王彦侗、劉耀椿諸人勘校，書後有彦侗識語。（張建勇）

### 説文釋例二十卷　（清）王筠撰（第215—216冊）

王筠，有《毛詩重言》等，已著録。

是書爲王氏探討總結《説文》體例之作。段茂堂注《説文》，尤重闡明許書體例，發明良多，然其書爲注疏體，故所言體例往往散於相關字下，難免支離。其後治許書者，於體例亦有發明，而僅限於一枝一節，不成系統。王氏潛心《説文》二十餘年，欲探叔重著書之體。此書内容大致有四：一爲六書理論之闡發，凡五卷十八目；二爲收字及編排之例，凡四卷十一目；三爲説解字義之例，凡三卷十五目；四爲《説文》校勘之討論，凡八卷八目。全書五十二目，舉凡《説文》研究之重要課題如六書闡釋、校勘、釋義、正音、假借、新附字、引經，靡不涉及。王氏此書爲提綱挈領之研究，非補苴罅漏者可比。治《説文》者讀此書，當可執簡馭繁，綱舉目張。又有《存疑》十四篇，甚得論而不斷之妙。胡樸安稱其"能自成一書，解釋《説文》全部之例，足爲後學指導"。王氏又有《許學札記》稿本，較此書少"六書總説"、"象形"、"形聲"等三十四目，而多"兩通"、"變例"兩目，《釋例》當在《札記》基礎上補充加工而成。

此本據上海辭書出版社圖書館藏道光刻本影印。（張建勇）

### 説文解字句讀三十卷句讀補正三十卷（清）王筠撰（第216—219冊）

王筠，有《毛詩重言》等，已著録。

是書前有潘祖蔭序及王氏自序。王氏精研《説文》垂三十載，既作《釋例》補段茂堂所不備，復欲據群書所引以補傳寫之失，故取段茂堂、桂未谷、嚴鐵橋所輯及自得者裁爲一書，以便初學。名曰"句讀"，不加疏解，後納陳雪堂、陳頌南言而廣輯段氏、桂氏、嚴氏諸家説解，覃思慎取，擇善而從。於諸家之異同，允爲折衷。時閲十載，凡三易其稿乃成。咸豐八年（1858）又加補正。此書援據精博，又善用金石文字材料，達一百五十條之多。雖多整齊諸家之説，亦有王氏創見，述而能作，實乃鉅手。是書標識句讀，爲古書少見。又書末附録別爲一卷，收蔣和所撰《説文部首表》，嚴可均撰《許君事跡表》，桂氏《義證》附録、附説，毛氏節録，徐鍇《繫述》，徐鉉《校定説文序》、《進説文表》等，爲後學指示門徑，思慮周詳，津逮後學，其功至鉅。潘序贊其"持平心，求實義，絶去支

離破碎之說"，"補弊捄偏，爲功至巨"，非過
譽也。

是書王氏生前未刻，潘序作於同治四年五
月，首刻當刊於同治五年左右。又有光緒八
年四川尊經書局刻本。此本據復旦大學圖書
館藏清刻本影印，頁眉有楊沂孫眉批，書後又
有楊氏識語。（張建勇）

**文字蒙求四卷**　（清）王筠撰　（第 220 册）

王筠，有《毛詩重言》等，已著録。

是書王氏作之以爲童蒙識字之助，書前有
王氏自序，略述作書之由及其大指，書後有陳
山嵋跋。首卷象形，二卷指事，三卷會意，四
卷形聲，前兩卷按類列字，如日、月、雲、雨，後
二卷列字依《説文》本次。計收字二千零三
十六，另有補闕十四字。此書之旨，欲於童蒙
識字之初即教以六書造字之理，使知某爲象
形，某爲指事，而會意字即合此二者以成之，
形聲字即合此三者以成之。以此法識字，易
記而難忘，可收執簡馭繁之功。王氏以爲訓
蒙之捷徑，誠非虛語。識得二千餘字後，童蒙
於六書之義略窺門徑，又可由此而進於《説
文》之學。故不獨爲訓蒙之書，亦是文字學
入門之作。王氏爲《説文》大家而爲此蒙書，
其爲功豈鮮淺哉。

是書原名《字學蒙求》，道光十九年由其友
陳山嵋手寫付刻。道光二十六年，經王氏重
訂，改爲今名重刻。此本據華東師範大學圖
書館藏清道光刻《王氏四種》本影印。
（張建勇）

**説文引經異字三卷**　（清）吳雲蒸撰　（第
220 册）

吳雲蒸，生卒年不詳，字小巖，歙縣（今安
徽歙縣）人。餘事不詳。

是書前有阮元、果齊斯歡、段玉裁序。是書
匯集許氏所引經文與經傳今本異者，箋釋疏
通，勘校異同。以經爲綱，以《易》、《書》、

《詩》、《周禮》、《禮》、《春秋傳》、《春秋公羊
傳》、《論語》、《孝經》、《爾雅》、《孟子》、《春
秋國語》、《尚書大傳》、《逸周書》爲序，各經
下依字排列，先列許氏所引，再以今本對勘，
指明異字之爲通、爲假、爲隸變，考釋經文五
百零二條。與清人此類著作相較，吳玉搢
《説文引經考》一千一百十二條，柳榮宗《説
文引經考異》四百六十七條，陳瑑《説文引經
考證》五百二十二條，雷浚《説文引經例辨》
九百六十五條，承培元《説文引經證例》一千
二百五十一條，程際盛《説文引經考》兩千五
百九十三條。吳氏此書，所釋條目限於許氏
明言引某經者且與今本異者，同者在所不取，
故條目爲少，其考釋簡而有要，辨異字之通轉
假借亦多確切。

此本據湖北省圖書館藏清道光六年刻本影
印。（張建勇）

**説文通訓定聲十八卷分部柬韻一卷説雅一卷
古今韻準一卷補遺一卷**　（清）朱駿聲撰
（第 220—221 册）

朱駿聲，有《六十四卦經解》，已著録。

是書在《説文》研究諸作中堪稱別開生面
之作。朱氏打亂許氏以部首排列的做法，改
以諧聲聲符爲綱，按音分別歸於古韻十八部，
以一千一百三十七個聲符統率九千三百五十
三字，秩然有序。朱氏以爲識字必先明六書，
欲明六書須知古韻，故輯此書以發轉注、假借
之隱略，采稽經傳子史用字以通融之。書以
通訓爲旨歸，而訓詁之旨與聲音同條共貫，故
須定聲。説文者，表其所宗也。於字形之分
析，朱氏創獲不多。其古韻十八部，別之、支、
脂爲三，分幽、宵爲二，别侯於幽，在前賢研究
之上又有創新。就訓詁而言，則朱氏實遠過
前賢。每字之下，先釋《説文》本訓，引群書
古注爲證，對許説有補充、闡釋，亦有訂正。
次則臚舉詮釋每字在經籍中之通用義，闡釋
字之轉注（朱氏所言轉注實爲引申）和假借。

不得歸入轉注、假借者，則立別義。最後舉出上古韻文中之用韻來證明古音。蓋朱氏之訓詁，實兼本義、引申義、假借義而言，又有意識地注意其聯繫，屬系統之考察，尤見朱氏卓識。其言轉注最爲人詬病，然其轉注之義甚明，雖未必合於叔重原義，亦可自成一說。歷來治《說文》者，多借《說文》以讀經，不脫小學藩籬。此書體大思精，巍然重鎮，已非《說文》學所能局限，而進於全面之語言文字研究之域。

所附《分部束韻》一卷，取《說文》五百四十部首，改以筆畫多寡爲序，每部每字之上，冠以朱氏所定之韻。因《說文通訓定聲》以聲統字，總爲十八韻，捨通行《廣韻》之韻名不取，而用豐、升、臨、謙等《周易》卦名爲目，其不便使用，故作此以便查檢。《說雅》一卷，循《爾雅》以類相從之條例，貫穿許氏之說解，於初學者甚爲有用。《古今韻準》一卷，以《廣韻》、《平水韻》韻目以準古韻十八部，以見其分合，亦爲助查檢也。卷末有朱氏之子孔彰跋語及朱氏《行述》。是書刊版後，朱氏自校，又補八百餘條，仍依其十八部之序，輯爲《補遺》一卷。

此本據復旦大學圖書館藏道光二十八年臨嘯閣刻本影印。（張建勇）

### 廣潛研堂說文答問疏證八卷　（清）承培元撰（第 221 冊）

承培元，生卒年不詳，字守丹，江陰（今江蘇江陰）人。優貢生，師從李兆洛，承氏精小學，尤擅《說文》。更著有《說文引經證例》、《籀雅》、《經滯揭櫫》等。生平見《清史稿》。

是書前有黎庶昌、吳翊寅二序。又嘉定錢辛楣《說文答問》一篇，爲錢氏說解許書假借字之文，其說《說文》某字即經傳某字之異文或假借，所說多爲定論，惟群經通假，或以聲同相假，或以聲近相假，或以聲轉相假；而通假之字義，有引申之義，有轉注之義。錢氏指

明通假而未詳說，甘泉薛傳均爲作《疏證》，承氏此作，則踵錢氏之說而廣之，經傳之外，更遍及《莊子》、《淮南子》、《國語》、《國策》、《史記》、《漢書》，書凡八卷，計得四百四十六則，較辛楣所言多一百二十一條。每則仿薛傳均之例，詳爲疏證，於錢說有發明，亦有訂正，所論多確然有據。蓋不明字之假借通用，無以讀古書。故是書不獨有裨小學，亦讀古書之一助也。

此本據上海辭書出版社圖書館藏清光緒刻《廣雅書局叢書》本影印。（張建勇）

### 說文引經證例二十四卷　（清）承培元撰（第 222 冊）

承培元，有《廣潛研堂說文答問疏證》，已著錄。

李兆洛刻影宋鈔小徐本《說文》於江陰，承氏與夏灝、吳兆庚爲撰校勘記三卷，附於《繫傳》後。《說文》引書，以經傳爲大端，而傳本已非許氏之舊，體例駁雜。前此考《說文》引經之作，多止於考正文字異同，指明通假，雖於體例偶有涉及，而零落支離。承氏此書，排比經文，條分縷析，考明許氏所引經文之家數：或今文，或古文，或異文；探究引經目的：或證字，或證聲，或證假借作某，或證偏旁從某義，或證本訓外別一義；指明引經體例：或稱經說而不引經文，或用經訓而不著經名，或隱括經文而併其句，或刪節經文而省其字。而又有愍緯而稱《周禮》者，引《大傳》而稱《周書》者，引《左氏傳》稱《國語》者。承氏覃思精研，探賾抉隱，發明尤多。是書考釋《說文》引經一千二百五十一條，搜羅詳備，考釋較確。以經爲綱，按《周易》、《書經》、《詩經》、《周禮》、《禮記》、《左傳》、《爾雅》、《論語》、《孟子》、《國語》之序，每條經文皆指明見於某部某字下，次指明引自何書，引此經文之用，再考經文異同，斷以己意。執此以讀《說文》，於引經自可明其例，知其用。於校

《説文》,明經義,知訓詁,皆有助也。

承氏是書僅成草稿,後由其内侄夏勤邦讎校,釐爲二十四卷,卷末有吳翊寅、夏勤邦二跋,於清光緒二十一年由廣雅書局刊刻。此本據上海辭書出版社圖書館藏《廣雅書局叢書》本影印。(張建勇)

**説文古本考十四卷** (清)沈濤撰 (第222册)

沈濤(1792—1855),原名爾政,字西雍,號匏廬,嘉興(今浙江嘉興)人。嘉慶十五年(1810)舉人,歷官江蘇如皋知縣、正定府知府、江西鹽法道等。精於考訂及金石之學,更著有《論語孔注辨僞》、《常山貞石志》等。生平見《清史稿》。

《説文》一書,傳本多訛,欲治《説文》,必自校勘始,有清一代説文諸名家之作,對其文本均有訂誤。沈氏此書,搜羅他書引文,校其異同以訂其是,志在復許書之舊。是書依《説文》次序,僅録對今本有所考訂之字。每字先録舊本説解,次以"濤案"指出許書原貌,有時亦指出今本致誤之由。每立一説,必廣引字書、類書以證之。如"祖"字下引《初學記》所引"《説文》祈請道神謂之祖",沈氏據此認爲今本脱文,並引《詩·大雅·韓奕》、《烝民》篇鄭箋、《後漢書·吳祐傳》注以證"祖"古有路祭義,以證《初學記》所引有據。其説多言簡意賅,言人所未道。沈氏曾從段玉裁游,於段注所改多有采用而能更舉詳證以明之,如"禔"字條"安福也","福"爲衍文,茂堂據《文選》李善注徑删,沈氏更舉《史記·司馬相如傳》索隱、《易·坎卦》釋文、《易·復卦》釋文、《顔氏家訓·書證》引《蒼頡篇》以證許書本無"福"字,今本爲淺人據《玉篇》、《廣韻》妄加,補段氏之所未及,其説至確。於段氏之説亦不盡從,遇有强有力之證據,必駁正之,正乾嘉學術之風。

是書有潘氏滂喜齋刻本,前有清光緒十年潘祖蔭序,後有潘鍾瑞跋,爲此書之初刻本,

其中卷三上缺十一、十二頁,卷五下缺第五頁,卷一一下缺十一、十二頁。民國十八年,潘祖蔭之孫承弼據方子勤校鈔本補齊闕頁,補方恮、方琦序跋各一,補訂數字,重刊此書,爲較完備之本。此本據華東師範大學圖書館藏初刻本影印。(張建勇)

**説文經典異字釋一卷** (清)高翔麟撰 (第222册)

高翔麟(1782—1847),字文瑞,號苕堂,吳縣(今屬江蘇蘇州)人。嘉慶十三年(1808)進士,授翰林院編修,歷官河南道監察御史、陝西鳳翔府知府、湖南衡永郴桂道。更著有《説文字通》、《苕堂文稿》等。生平參見《詞林輯略》。

是書前有高氏自序,謂考經典相承之字與《説文》異者,輯爲是編云云。以經爲次,一《易》,二《書》,三《詩》,四《左》、《公羊傳》,五《禮》、《周禮》、《論》、《孟》,以經語立條目,每條首列今本經文,然後指出《説文》異字,簡要疏釋,凡三百八十三條。高氏以徐鍇《繫傳》較大徐本爲優,多取其説。高氏此書,實爲研究《説文》引經之作,與前人此類著作相較,其掛漏實多,而疏釋亦甚簡略。其説多取段茂堂、錢辛楣,於前人引經著作亦多參考。蓋是書本爲塾中訓蒙講貫之便而作,故其説不求艱深,頗有助於初學者讀經。

此本據南京圖書館藏清道光十五年吳青霞齋局刻本影印。(張建勇)

**説文字通十四卷** (清)高翔麟撰 (第222册)

高翔麟,有《説文經典異字釋》,已著録。

是書前有海昌查元偁序及高氏自序。高氏少時嘗師事嘉定錢大昕,錢氏謂字各有音,音各有義,先形事者,就可見以起意也。而意多字少,故假借爲多。錢氏曾作《説文答問》,謂《説文》某字即某經某字之通用或假借,影響頗大,凡三百二十五條,薛氏傳均曾爲作

《疏證》,承氏培元曾作《廣説文答問疏證》,高氏此書,頗受其師啟發,惟不限於經傳,凡《説文》之字見於他書,其字可通者,靡不廣搜博稽。故其所得遠較辛楣爲多。其書依説文部次,字下先列許氏説解,繼列其與某字可通,實包通用、假借、古今字、正體俗字在内。朱埰有《説文假借義證》之作,高氏此書與朱書體例頗似,二書言假借,言通,内容亦近似,惟均失之過濫,未能細辨。然其書材料甚富,固有功於字學也。

此本據南京圖書館藏清道光十八年刻本影印。(張建勇)

### 席氏讀説文記十五卷　(清) 席世昌撰 (第223冊)

席世昌,生卒年不詳,據是書署名,知其字子侃,常熟(今江蘇常熟)人。

席氏讀惠棟《讀説文記》而善之,欲推廣其例,作《説文疏證》,未成而卒。其從舅張若雲與妻東張鐸整理其遺稿,將席氏所校大徐本《説文》各條逐一録出,依《説文》原次,連綴成文而成此書。書前例言當爲席氏自訂,一曰疏證,引他書以解許書;二曰補漏,以許書内證及他書所引補正許書;三曰糾誤,正後人竄亂訛誤之文並以許書正六經訛字;四曰異義,以馬鄭諸儒之訓詁以參許書。觀其例言,可見席氏之志。正文前有《説文例》若干條,詳略不一,則席氏欲於《説文》條例有專門述作也。每字疏解有極詳者,亦有僅注數字者。張南皮《書目答問》已列其書,蓋雖非完璧,亦足珍也。

此本據中國科學院圖書館藏清嘉慶刻《借月山房匯鈔》本影印。又有錢氏刻《指海》本。(張建勇)

### 説文引經考異十六卷　(清) 柳榮宗撰 (第223冊)

柳榮宗(1802—1865),字翼南,號德齋,丹徒(今屬江蘇鎮江)人。通經學,精六書,著有《説文經字異同考》《説文引經考異》等。生平參見《京江柳氏宗譜》。

是書前有李玉貴序及柳氏自敘,略述其書大指。許叔重於經學爲古文家,其自敘稱引經皆古文,而考之經傳,則多今文家説,柳氏稱漢儒傳經,今古文家字異者固多,即共治今文,同爲古學,而由師授不同,字異者亦所在多有。是書就叔重所引經文,考以經籍,欲以究今古文之别,明其通假之旨,師讀之異,兼正今本俗書之謬。書十六卷,首卷《周易》,卷二至卷五《尚書》,卷六至卷一六《毛詩》,卷一三《周禮》、《儀禮》、《月令》,卷一四、一五《春秋左氏傳》,卷一六《爾雅》、《孝經》、《論語》、《孟子》,計考經文四百六十七條。以經文爲次,不以字繫。每條先引《説文》,次以今本考其同異,後加案語,辨其爲通用、假借或引申,柳氏通古音,明假借,又善用金石文字材料以與許書相參,其説多爲確論。每立一説,必廣徵博引以證。考證平實詳贍,多所發明。柳書對段注亦多所訂正,時中段氏之失。

此本據上海圖書館藏清咸豐五年刻本影印。末頁有"後尚有其姪森霖跋一篇未録"字樣,字下有"屈氏伯子"印文。(張建勇)

### 説文新附考六卷　(清) 鄭珍撰 (第223冊)

鄭珍,有《輪輿私箋》,已著録。

是書爲鄭氏考訂大徐本所增新附字之作,書前有姚覲元序及鄭氏自序。《説文》新附字多非許書之舊,清儒已屢言之。錢大昭、鈕樹玉等均有專書考訂。此書爲鄭氏少作,晚年更命其子知同重繹許書,廣稽載籍,數易其稿,鄭氏復爲點定。鄭氏故後,知同得見鈕氏之書,感其疏舛失當之處頗多,更加訂正,附於各字之後。每字篆文下先列徐氏説解,其下爲鄭珍按語、知同按語。於新附之四百零二字,一一考其性質,一爲《説文》之逸文十四字,此類已見鄭氏《説文逸字》,不加考辨;二爲《説文》逸收之先秦古文;三爲許氏未收之方言及名物字;四爲漢後産生之俗字。鄭氏廣徵文獻,判斷各字之産生年代,於其所未知,則注以"未詳所出",不强作解人。雖所斷未盡正確,然於字學,其功甚大。大徐注新附字甚簡略,其錯謬亦不在少,鄭氏父子詳加考辨,糾正頗多。於鈕氏書未當處,知同更爲考證,凡糾七十六條,多確鑿可信。鄭氏父子用力於此書四十餘年,精審之至,而亦難免掛漏,姚氏序已指數事,然瑕不掩瑜也。

此本據上海辭書出版社圖書館藏清光緒五年姚氏刻《咫進齋叢書》本影印。(張建勇)

### 説文逸字二卷 （清） 鄭珍　附録一卷
（清）鄭知同撰 （第 223 册）

鄭珍,有《輪輿私箋》等,已著録。

鄭知同(1831—1890),字伯更,遵義(今貴州遵義)人。鄭珍之子。光緒十三年(1887)受張之洞召入廣雅書局。更著有《説文淺説》、《説文本經答問》等。生平見《清儒學案》卷一六九。

是書爲鄭珍考辨《説文解字》逸字之專著。《説文解字》在流傳過程中,亡佚難免,後人所見,已非叔重原書。自宋時大小徐已增補逸字若干,段玉裁爲之作注,於逸字亦予關注,桂馥作《義證》,增"遺文"一百十九字。王筠《説文釋例·補篆篇》補九十一字。惟諸家之書,於逸字未暇專及,考辨亦難稱精審。鄭氏精於文字、訓詁之學,於《説文》用力尤勤,而專力於逸字、僞字之考訂,積三十餘年之心力,再四推證,撰成此書。是書凡收逸字一百六十五,其中正文一百零一,重文六十四,集逸字研究之大成。是書依大徐本部首爲次,將所補逸字歸入相應部下,重文則補於正體所屬部。解説依叔重條例,先釋其義,次析形體結構。另行爲鄭氏之考辨,多指明出處,並詳考其判定理由,分析逸脱原因及時代。前賢已補者,標明某説,有時更詳考以證之。鄭氏考訂嚴謹,多爲後人認可,於恢復許書之舊,極有價值。莫友芝贊是書爲"許君羽翼",非溢美也。

《附録》一卷,乃鄭珍命子知同所撰,某些字疑似逸字,或有某書稱引《説文》,或爲前人視爲逸字,而鄭氏考辨以爲非許書原有,故書中不收,而恐後之學者以此類字病己,故命知同匯爲一編,一一辨其非,此子尹之自信,亦子尹之審慎也。

此本據國家圖書館藏咸豐八年刻本影印。(張建勇)

### 説文解字段注考正十五卷 （清） 馮桂芬撰
（第 223—225 册）

馮桂芬(1809—1874),字林一,號景亭,吳縣(今屬江蘇蘇州)人。道光二十年(1840)進士,授翰林院編修。咸豐初在籍辦團練,同治初入李鴻章幕府。少工駢文,尤重經世致用之學,爲中國近代改良主義思想之先驅人物。在上海設廣方言館,培養西學人材。更著有《校邠廬抗議》、《顯志堂詩文集》等。《清史稿》有傳,又見《續碑傳集》卷一八。

是書爲馮氏補正段注之作。段氏注《説文》,所據文本以徐鉉本爲主,間或取徐鍇本及他書所引。是書對段玉裁氏《説文解字注》對大徐、小徐之去取一一探其本源,注明其文本出處。段注引文,率不注篇名,《春秋》三傳,不注某公某年,又有引文與今本異者,馮氏一據今本予以訂補。另段氏引文,或有删節,或有改竄,或據一家言徑改某字,雖大醇小疵,究於著書之體未盡合,馮氏廣徵衆籍,考其同異,細加補正。書依段注之部次,字下先節引段氏注文,次以馮氏之考辨,此注文較長者,則云"某某至某某"。馮氏之考正,既詳且明,實事求是,無徵不信,張南皮《書目答問》以未見其書爲憾。段氏一書,自是千古傑作,得馮氏之考訂而益明益精。馮澤涵跋稱其"許氏之功臣、段氏之諍友",非虛言也。

是書完稿後未付梓,民國十七年馮氏之曾孫澤涵得其友馬適齋、高吹萬諸人之助據稿本影印,書前有高吹萬(燮)序,後有澤涵跋。此本據上海辭書出版社圖書館所藏民國十七年影印清稿本影印。(張建勇)

## 説文解字注箋十四卷 (清) 徐灝撰　説文檢字三卷説文重文檢字一卷説文疑難檢字一卷今文檢字一卷 (清) 徐樾編 (第225—227冊)

徐灝,有《通介堂經説》,已著録。

徐樾,生卒年不詳,番禺(今屬廣東廣州)人。徐灝之子。餘事不詳。

是書乃徐氏爲段玉裁《説文解字注》所作箋釋。段注《説文》成,爲學者推崇,而訂補之作紛出。衆書以糾段注之失爲主。徐氏此書則爲箋體,對段注全面闡釋訂補。是書書前依大徐本次序列五百四十部標目及標目字反切。體例有三,或先列許慎説解原文,次節引段注,"箋曰"以下即徐氏所箋補;或段氏只注音切,則於許慎説解後徑加詮釋;於段注無疑義處,則只列許、段説解。徐氏精於小學,此書用力尤勤,旁徵博引,先秦經典之外,經史典籍諸如字書、韻書、類書等,多有徵引,多至百種。對當時新發現之金石文字,亦時加采證。新附字段氏多不注,徐氏多引鈕樹玉氏之説解之,亦時有闡發。箋釋時取戴侗之説,亦多獨到見解。對段注,或證、或補、或駁,多有創見,如許、段以爲"異"字本義爲"分",徐氏則據鐘鼎篆形斷其本義爲"怪物形",並引《論衡》及《孟子》趙注爲證。"止"字許説以爲"下基也",段注指出"止"爲"趾"古字,徐氏則更引鐘鼎文以證成其説。"雙"字段引《方言》"飛鳥曰雙,雁曰乘",徐則指出其字爲會意,本義爲手持兩鳥,引申爲兩兩相對之物。"革"字許、段以爲本義爲"更",

徐則據篆形以爲"象獸皮之形,上下頭尾四畫象四足"。均持之有故,頗能服人。論者比之鄭康成箋毛傳,雖嫌過譽,亦可見其書之見重。

據其子徐樾云,《注箋》一書本有檢字表,爲人輾轉借觀佚失,今書後所附《説文檢字》、《重文檢字》、《疑難檢字》、《今文檢字》爲徐樾所編,以部首及筆畫多少排列,頗便使用。

此本據上海辭書出版社圖書館藏清光緒二十年徐氏刻民國三年補刻本影印,後附徐樾所編《檢字》。(張建勇)

## 唐寫本説文解字木部箋異一卷 (清) 莫友芝撰 (第227冊)

莫友芝(1811—1871),字子偲,自號郘亭,又號紫泉、眲叟,獨山(今貴州獨山)人。通文字訓詁之學,更著有《聲韻考略》、《過庭碎録》、《宋元舊本書經眼録》、《郘亭詩抄》、《郘亭遺文》等。《清史稿》有傳。

是書首有曾國藩《唐寫本説文木部題辭》一篇,次爲《仿唐寫本説文解字木部》,凡九頁半,每頁書口有"唐説文"字樣,每半頁五行,分上下兩欄,各五字,篆書,字下注反切,再下列釋義。尾題"右唐人書篆法説文六紙,臣米友仁鑒定恭跋"字樣。正文題下署"獨山莫友芝"。是書後有莫氏、張文虎、劉毓崧等人附識,最後爲桐城方宗誠跋。

莫氏箋異內容有三:一者,據傳世大小徐本《説文》補足寫本:如唐寫本第一字只有"木",釋解部分只餘"木,且聲"。《箋異》謂:"二徐'柤'後次'槍'篆",爲"從木且聲",從而判定該殘字爲"柤"。《箋異》通過考釋,對照二徐次第,補足了唐寫本。二者,據唐寫本校訂二徐《説文》。如唐寫本:"柵,編豎木也。從木,删省聲。又白(切)。"《箋異》:"柵,編豎木也。《一切經音義》十四、十八引同,十九引'木'下有'者'字。二徐'豎'作

'樹',小徐無'也'字。按作'豎'是。《玉篇》、《晉書音義》引《字林》作'豎'。《廣韻》引'堅編木',形近到(致)誤也。"此爲利用唐寫本校訂二徐《說文》"柵"字條下"編樹木"當爲"編豎木也"。三者,以二徐本校訂唐寫本,如唐寫本:"枱,劍押也。從木,合聲。江洽(切)。"《箋異》曰:"二徐作柙是。"

此本據上海辭書出版社圖書館藏清同治三年曾國藩刻本影印。(張詒三)

## 説文引經例辨三卷　（清）雷浚撰（第227冊）

雷浚(1814—1893),字深之,一字廣文,號寓樓,又號甘溪,吳縣(今屬江蘇蘇州)人。以刻書爲業,通小學。更著有《說文外編》。事略見《許學考》卷一〇、卷一八。

是書首爲長洲潘鍾瑞敘及潘鍾瑞來書一通。正文開篇爲雷浚識語:"《說文》引經之例有三:一説本義所引之經與其字之義相發明者也;一説假借所引之經與其字之義不相蒙者也;一説會意所引之經與其字之義不相蒙而與其從某從某某聲相蒙者也。"又言及得陳琇《說文引經考》八卷,"及展卷,則厥病有六,不知《說文》引經之例有三"。可知該書爲針對陳琇《說文引經考》而作,意在闡明《說文》引經體例。書内標題有"引經説本義",占卷上和卷中兩卷。卷下爲"引經説假借"和"引經説會意"。書中所引《說文》原文爲單行大字,雷氏闡發爲雙行小字。書末雷氏總結曰:"又《說文》引經九百六十有五條,分爲三科如是。"又説:"許書引經有單稱人姓名者,如寮下引《論語》公伯寮之類,莫測許意爲説本義爲説假借,亦從蓋闕。"清人著作中,搜羅《說文》引經、考辨異同者有數家,該書以闡發《說文》引經體例爲主旨,可謂見識獨到。

此本據上海辭書出版社圖書館藏清光緒九年刻本影印。(張詒三)

## 説文外編十五卷補遺一卷　（清）雷浚撰（第227冊）

雷浚,有《說文引經例辨》,已著録。

是書首有俞樾光緒元年敘。正文前有雷氏識語,謂發現經典中有不少字不見於《說文》,曰:"浚偶取四子書,以《說文》校之,於《大學》校出九字,《中庸》校出十二字,《論語》校出四十四字,《孟子》校出七十六字,皆《說文》所無。"可知此書在於搜羅見於群經而不見於《說文》之字。卷一至卷一一"經字",爲見於《大學》、《中庸》、《論語》、《孟子》、《周易》、《詩經》、《春秋》、《周禮》、《左傳》、《公羊傳》、《穀梁傳》、《爾雅》等而不見於《說文》之字。卷一二至卷一五"俗字",爲見於《玉篇》、《廣韻》而不見於《說文》之字。卷一六爲"補遺",補前十五卷所遺漏。每字之下,説明出處,及其與《說文》某字之關係,解釋《說文》未收原因。如卷一"誼"字下曰:"《大學》引《詩》'終不可誼兮',《說文》無'誼'字,當依《詩》作'諼'。凡經典異文,《說文》録一則廢一,如喧、喧、誼、諼是也。餘可類推。"

此本據上海辭書出版社圖書館藏清光緒二年刻本影印。(張詒三)

## 説文經字考一卷　（清）陳壽祺撰　第一樓叢書附考一卷　（清）俞樾撰（第227冊）

陳壽祺,有《三家詩遺説考》,已著録。

俞樾,有《易貫》等,已著録。

《説文經字考》一卷,首有光緒乙酉春郭傳璞《重刻説文經字考序》。此書指出經典用字與《說文》收字之關聯,錢大昕已有類似著作,陳氏以爲許祭酒《說文》所載群經古篆等字,錢氏《潛研堂答問》枚舉三百餘字,外尚有可附益者云云。可見爲補益錢氏之作。以《說文》之"某字即某經某句之某字"句式,把經典用字與《說文》字體溝通起來,如《易》則'愁'即'夕惕若厲'之'惕'"。"'幣'即

'或賜之鞶帶'之'鞶'"。"《尚書》'曷'即
'暘谷'之'暘'"。所溝通者,有異體字,如
"愁"與"惕",有假借字或古今字,如"哥"與
"歌"、"煙"與"䙴"等。只羅列所見例字,並
無論證,所列各字,以《説文》注經,或以群經
解《説文》。

《第一樓叢書坿考》一卷,仍以溝通《説文》
與經典用字爲旨,開篇曰"《説文》所載九千
三百五十三文,有似隱僻不適於用而實爲經
典正文者"。俞氏在錢大昕和陳壽祺基礎
上,進一步補充例證,如"在《周易》則'敂'即
'德施普也'之'施','痍'即'明夷'之'夷'"
等。書後有孫鏘"坿記"和郭傳璞跋。

此本據上海辭書出版社圖書館藏清光緒十
一年《金峨山館叢書》本影印。（張詒三）

## 説文引經考證七卷説文引經互異一卷
（清）陳瑑撰（第 227 册）

陳瑑,生卒年不詳,字聘侯,一字恬生,江蘇
嘉定（分屬上海）人。道光二十四年（1844）
舉人。長於書數之學,自署六九學人。更著
有《國語翼解》、《春秋歲星算例》、《説文舉
例》等。生平見《清儒學案》卷八四。

《説文引經考證》七卷,每半頁十行,行二
十三字,書口單魚尾。卷一開篇有按語一段,
強調《説文》歷千數百年,已不復原貌。書中
依據《説文》編排順序,將引經文句摘出,凡
《説文》之引經與今經本字同者,概不復述,
其不同之字,或證通假,或明其錯誤,共計五
百二十二條。如卷一"禔,安福也。《易》曰
'禔既平'。今作祇,《釋文》曰'京房作禔',
鄭云'當爲坁'"。以上爲《説文》原文和前人
校勘資料,作者評議:"案：氏是古通用。《儀
禮》'太史是右'注'是,古文爲氏'。《漢書》
顔師古注'氏與是同'。《説文》'緹'之重文
作'祇'。是、氏通用,則禔、祇亦可通矣。"該
書廣泛引用時人研究成果多達百餘條,反映
乾嘉時期《説文》引經問題研究成果,同時闡

發《説文》體例,於《説文》版本校勘多有
評説。

《説文引經互異説》一卷,卷題爲"説文引
經互異説卷八",附於《説文引經考證》七卷
之後。該卷將《説文》引同一經句而文字不
同者集中討論,卷首弁言曰"説文稱經,往往
兩部互異,亦有一部互異者"。作者於經文
歧異之字,考辨其"似異而實同"、"文異而義
同"、"字異而音同"、"音近而義通"等。

此本據杭州大學圖書館藏清同治十三年湖
北崇文書局重刻本影印。（張詒三）

## 説文佚字考四卷　（清）張鳴珂撰（第 227 册）

張鳴珂（1829—1908）,原名國檢,字公束,
又字玉友,號玉珊,晚號寒松老人,窳翁,嘉興
（浙江嘉興）人。清咸豐十一年（1861）拔貢,
曾官江西德興縣知縣、義寧州知州。性嗜書,
藏書逾萬卷。更著有《寒松閣談藝瑣録》、
《寒松閣詩集》、《寒松閣詞》、《駢文》、《懷人
詩》等。生平見《許學考》卷一〇、《清儒學
案》卷五四。

是書首有李慈銘及王棻弁言各一篇,次爲
題辭。主要收録見於《説文》而未被專門解
釋之字,如"晶",《説文》玉部"璭"條曰:"玉
器也,從玉晶聲。"艸部"蕌"曰:"艸也,從艸
晶聲。《詩》曰'莫莫葛蕌'。"雨部"靁"條
曰:"陰陽薄動,雷雨生物者也。從雨晶聲,
象回轉形。"但《説文》九千三百五十三字中,
並無"晶"字,該書以爲《説文》"佚字"。每列
一字,先博引《説文》內證,次引段玉裁、桂馥
説解,然後予以評議。全書收"原佚"十九
字,"隸變"十八字,"累增"三十二字,"或體"
三十八字,"通假"五十八字,"沿訛"六字,
"匡謬"三十字,"正俗"四字,"辨誤"十字,"存
疑"十六字,凡二百三十一字,可補《説文》收
字之遺。書末有作者跋語一篇。

此本據南京圖書館藏清光緒十三年刻本影
印。（張詒三）

### 説文淺説一卷 （清）鄭知同撰（第227册）

鄭知同，有《説文逸字附録》，已著録。

是書首爲弁言，次爲《六書分類説》，於"象形"分爲"象形獨體第一"、"合體象形第二"、"象形兼聲第三"、"象形字加偏旁第四"、"象形字有重形第五"、"象形字有最初本形第六"六類。對指事未作分類。"會意"字分"會意正體第一"、"會意重形第二"、"會意中有象形第三"、"會意字有反形第四"、"會意字中有聲旁第五"、"會意字中有省旁第六"六類。"形聲"字分爲"形聲正體第一"、"形聲字有省形省聲第二"兩類。次爲"轉注"和"假借"，亦無分類。全書討論"六書"理論，或舉例分析，或綜合歸納，頗有獨到精闢之見。

此本據湖北省圖書館藏清光緒七年菽林山房刻《文選樓叢書》本影印。（張詒三）

### 説文發疑六卷 （清）張行孚撰（第227册）

張行孚，生卒年不詳，字子中，號乳伯，安吉（今浙江安吉）人。同治九年（1870）舉人。光緒間曾任兩淮鹽運大使。更著有《説文審音》、《説文揭原》、《汲古閣〈説文解字〉校記》、《海上墨林》等。生平見《許學考》卷一六、卷二三。

是書每半頁九行，行二十字，書口單魚尾。首有俞樾光緒九年序。全書六卷，討論《説文》"六書"、"讀若"等諸多問題。卷一闡述了"六書"次第、指事、轉注和假借。卷二主要討論"讀若"。卷三爲"小篆多古籀文"、"古文一字數用"、"同部重文異部重文中有古今文"、"説文與經典不同字"、"説文與經典相同之義見於他字説解中"、"説文解説不可過深求"等。卷四爲"説文逸字"。卷五爲"説文逸字識誤"和"唐人引説文舉例"。卷六爲"釋巜"、"釋雅"、"釋離"、"釋舊"等具體釋字。該書第二卷大量羅列《説文》讀若例，驗之文獻用例，分析"讀若"之

内涵。認爲"讀若"有二：一"有音義相通而讀若通行者"，如："亼，讀若集。亼，三合也；集，群鳥在木上也，音義俱近。"但經典用字只用"集"而不用"亼"，可知"音義俱通而讀若之字通行"。二"有音同義異而讀若通行莫非假借者"，如："欄，讀若杭。欄，絡絲柎也；杭，木也。"但經典用字只用"杭"而不用"欄"，爲"音同義異而讀若通行"。至於"某讀若某"兩字之間讀音關係：有"讀若本字而音義俱異者"，有"讀若本字義異而音不異者"，有"讀若本字而音義俱不異者"。可見，張氏於"讀若"用力最勤，辨析入微。

此本據上海辭書出版社圖書館藏清光緒十年《後知不足齋叢書》本影印。（張詒三）

### 説文經斠十三卷補遺一卷 （清）楊廷瑞撰（第228册）

楊廷瑞，生卒年不詳，據是書署名，知其字子杏，善化（今屬湖南長沙）人。

是書首有王闓運敍。每半頁九行，行二十四字，書口單魚尾，下有"澂園叢書"字樣。全書列舉經典用字，然後釋義，並以雙行小字注出經典文句。如卷一"易（篆體），開也"，下雙行小字《乾·象傳》'陽在下也'，'陽'當作'易'。陽（篆體），高明也"。再如："誼（篆體），人所宜也。《文言傳》'義之和也'，'義'當作'誼'。義（篆體），己之威儀也"。由此兩例可知，此書依據《説文》體例，先列小篆，次釋義，次引經典文句並校勘。所列字體並非見於《説文》，如"易，開也"，則《説文》未見。全書十三卷，卷一爲《周易》，卷末有"文九十　重四　埒四"字樣，爲本卷校釋字數。自《周易》始，《尚書》、《毛詩》、《周禮》、《儀禮》、《禮記》、《春秋左氏傳》、《春秋公羊傳》、《春秋穀梁傳》、《論語》、《孝經》、《孟子》、《爾雅》十三經，各一卷。《補遺》一卷，爲以上各卷之補充。

此本據華東師範大學圖書館藏清光緒十七年楊氏《澂園叢書》本影印。（張詒三）

## 説文正俗一卷　（清）楊廷瑞撰（第228冊）

楊廷瑞，有《説文經斠》，已著録。

是書版式同《説文經斠》。其内容主要羅列雙音聯綿詞，先列小篆字體，次列不同形體，次引據經典以釋義。如"劈歷（篆體）"下列楷體"霹靂"，另起一行釋義："'震，劈歷振物'者，是正字。《史記·天官書》、《漢書·天文志》皆作'辟歷'，係借字。《文選·羽林賦》作'霹靂'，俗字。"有時於一組詞列出多種小篆形體，如"參差"，列四組小篆字形。有時小篆形體下列出多種楷書形體，如"尚儀（篆體）"下列楷書"常儀"、"恒娥"、"常娥"、"姮娥"、"嫦娥"。全書共收釋聯綿詞一百五十二條。書後有楊廷瑞後敘及胡元直跋。

此本據華東師範大學圖書館藏清光緒十七年楊氏《澂園叢書》本影印。（張詒三）

## 説文經字正誼四卷　（清）郭慶藩撰（第228冊）

郭慶藩（1844—1896），字孟純，號子静，湘陰（今湖南湘陰）人。早年屢試不第，後參與鎮壓太平軍，升任浙江知府。更著有《説文經字考辨證》、《許書轉注説例》、《説文答問疏證補誼》、《合校方言》、《莊子集釋》、《泊然盦文集》、《梅花書屋詩集》、《静園剩稿》等。《清儒學案》卷一八二有傳。

是書每半頁十一行，行二十四字，書口單魚尾。首有李楨光緒二十年序。此書旨在溝通《説文》所收之字與經典用字之關係，於儒家經典逐一檢出可釋之字，博引例證，予以解釋。書凡四卷，卷一爲《易經》、《書經》，卷二爲《詩經》，卷三爲《春秋左傳》、《公羊》、《禮記》、《周禮》、《儀禮》，卷四爲《論語》、《孟子》、《爾雅》。如卷一《易經》第一條爲

"'僮'爲'匪我求童蒙'之'童'"，以下説解曰："《易·蒙卦》：'匪我求童蒙。'鄭注：'童，穉也，未冠之稱。'《釋文》：'童，字書作僮。'慶藩案：作僮是也。《説文》'僮，未冠也'，與鄭注義同，是'童'當作'僮'。陸氏引字書爲正字。《詩》'狂童之狂也且'，《玉篇·人部》引作'僮'。"郭氏以《説文》校勘，解釋經典用字，往往以《説文》之字爲正，以經典用字爲訛。對於不同字體間異體、古今、通假關係全然不顧，結論自或有可商。

此本據華東師範大學圖書館藏清光緒二十年湘陰郭氏刻本影印。（張詒三）

## 六書舊義一卷　廖平撰（第228冊）

廖平，有《易經古本》等，已著録。

是書首爲《總論六書名義》，主要討論班固《漢書·藝文志》、鄭玄《周禮》注和許慎《説文·叙》中關於"六書"名義和順序問題。廖氏最後采用班固《漢書·藝文志》説，把"六書"名義和順序定爲：象形、象事、象意、象聲、轉注、假借。以下分象形篇、象事篇、象意篇、象聲篇、轉注篇、假借篇，對每一類字專門討論。象形篇分象形字爲合象例、緟象例、加象例等十類。象事篇把象事（指事）字分爲八類。象意篇中，廖氏認爲"象意，武、信二字，無形、無事、無聲是也，必如此類乃爲象意"，其實是只把合文成字作爲"象意"，比一般所説"會意"狹隘許多。象聲篇中廖氏認爲"凡有聲者皆當入象聲"，擴大了象聲字範圍。轉注篇中，廖氏認爲雙音聯綿詞才是轉注，進而分轉注爲雙聲駢字例、疊韻駢字例、連語例等十類。假借篇則闡述了廖氏之假借論。廖氏"六書"名義以及各書所括之字和通行六書理論差異頗巨。

此本據復旦大學圖書館藏清光緒十三年刻《新訂六譯館叢書》本影印。（張詒三）

**説文二徐箋異二十八卷**　田吳炤撰（第228册）

田吳炤（1870—1926），名行照，一名潛，字伏侯，別字小純、小尊，號潛山，別署潛叟、郎菴，荆州（今湖北荆州）人。性嗜藏書，曾遊歷日本並購回中國古籍及日刻漢籍珍本近二十種。曾刊《移山堂叢書》、《廣唐賢三昧集》、《經進東坡文集事略》等。傳見《清代官員履歷檔案全編·宣統朝》。

是書首有羅振玉序及田氏自序。自序言及前十篇作於光緒丙申年（1896），後四篇成於宣統元年（1909），並述其著書意旨云：“因思段氏若膺曰‘二徐異處當臚列之以竢考訂’。”遂踵繼段氏，完成此篇。全書依據《説文》次第，凡十四篇，每篇兩卷，逐字比較大小徐異同。書中詳列二徐歧異之處，或正文，或重文，或正文説解，或重文説解，或引經，或讀若，或語句到順，或文字正俗，類皆先舉其文，考之群書，實事求是，便下己意，以爲識別。田氏以平津館本《説文》與祁刻本《繫傳》互參，於二本篆文、重文、説解、引經等異處共得一千二百零七字。據群書審辨二本得失，辨正後儒改竄之謬，校訂版本傳寫之訛。書後有作者宣統元年後敍和宣統二年李滋然跋，跋語稱“俾當世治《説文》者讀是編以考訂二徐原本，是非立判”，可謂評論得當。

此本據上海圖書館藏清宣統二年影印稿本影印。（張詒三）

**玉篇（殘卷）**　（梁）顧野王撰（第228册）

此殘卷現存自第八卷始，第八卷存“心”部五字。第九卷存“誩”部六字，又“言”部至“幸”部共二十三部。第十八卷後半部分存“放”部至“方”部共十二部。第十九卷存一部分：缺首尾的“水”部（“塗”至“洗”字）。第二十二卷存“山”部至“公”部共十四部。第二十四卷存“魚”部部分。第二十七卷存“糸”部至“索”部共七部。各卷筆跡都不相同，應爲不同抄本。該書不同於收入《四庫全書》之《重修玉篇》（三十卷），《重修玉篇》爲宋代陳彭年等增補重修本，此爲原卷殘存抄本。該書亦不同於收入《古逸叢書》之《原本〈玉篇〉零卷》，《古逸叢書》之《原本〈玉篇〉零卷》爲清末黎庶昌氏訪日本時抄得，比此書缺第八卷“心”部部分，並且第九卷“言”部在“誩”部之前。此殘卷與宋代《重修玉篇》差異很大，明顯不同在於其釋文繁詳，廣徵博引，往往有顧野王按語，而《重修玉篇》則注文簡略，且無顧野王按語。此殘卷被視爲《玉篇》原卷，可據以探知已亡佚之《玉篇》原貌。

此本據中國科學院圖書館藏日本昭和八年京都東方文化學院編《京都東方文化叢書》本影印。（張詒三）

**新修絫音引證群籍玉篇三十卷**　（金）邢準撰（第229册）

邢準，生卒年不詳，據是書署名，知其爲清池縣（今屬河北滄州）人。餘事不詳。

是書首有《梁顧博士玉篇序》及《大定甲申重修增廣類玉篇海序》，其後爲邢準金大定戊申年（1188）自序。從以上序言可知，該書在《玉篇》、王太《增廣類玉篇海》和祕祥等人《重修增廣類玉篇海》基礎上，參考當時九種字書、韻書，增字補注。邢氏自序稱“增新諸韻一千二百四十字，添重音一萬二千五百四十，續添姓氏、郡望、複姓、三字姓，上自一郡下至二十五望，依韻編注，一仿《玉篇》之體”，據首頁題下有“凡五百四十二部，二萬二千八百七十二言，注一十八萬六百四十字”字樣，知此書部首依據《玉篇》，比《説文》多兩部。每卷之下列出本卷所列部首，每部首之下注出本部首原有字數、新增字數、新增注音等數據。每字之下先注音，再釋義，釋義引《説文》等字書、韻書以及文獻例證。凡據《龍龕》、《廣韻》、《類篇》等字書、韻書補入之字，字上有專門代表某書之符號。部首收字特別多時,按筆畫多寡分爲二十段,此繼承《四聲篇海》。前三畫之部首不標記,自"四"畫至於"二十"畫,黑地陰文,標記於行間,此爲繼承。該書不惟收字衆多,注音釋義資料豐富,可據以研究宋元文字、音韻、訓詁之學。

此本據國家圖書館藏金刻本影印。(張詒三)

### 成化丁亥重刊改併五音類聚四聲篇海十五卷

(金) 韓孝彥 (金) 韓道昭撰 (明) 釋文儒 (明) 釋思遠 (明) 釋文通刪補 (第229冊)

韓孝彥,生卒年不詳,字允中,真定(今河北正定)人。著有《四聲篇海》。見《四庫全書總目》卷四三。

韓道昭,生卒年不詳,字伯暉,真定(今河北正定)人。更著有《五音集韻》。見《四庫全書總目》卷四二。

釋文儒,生卒年不詳,據是書署名爲大隆福寺首座。

釋思遠,生卒年不詳,據是書署名爲觀音寺沙門。

釋文通,生卒年不詳,據是書署名爲大隆福寺前堂首座。

是書前有韓道昭侄韓道昇泰和八年(1208)序,此外還有《五音改併增添明頭號樣》、《十翻號頌》、《五音檢篇入冊頌》、《改併重編校正姓氏》等。卷一爲總目錄一篇,《重編併部依三十六母再顯之圖》一篇,《新集背篇列部之字》一篇,"六書"、"八體"兩條。自卷二始,按三十六字母分部首排列全書之字。全書卷數和字母所在卷數之順序,可從書前《五音檢篇入冊頌》得知:卷二見、溪,卷三群、疑,卷四端、透、定、泥,卷五知、徹、澄、娘,卷六幫、滂,卷七並、明,卷八非、敷、奉、微,卷九精、清、從,卷一〇心、邪,卷一一照、穿、床,卷一二審、禪,卷一三曉、匣、影,卷一四喻,卷一五來、日。《說文》、《玉篇》之後,宋遼時又有《川篇》、《省篇》、《類篇》、《龍龕

手鏡》、《搜真玉鏡》等字書,韓氏父子彙集各家,集成一編。因此,《四聲篇海》實爲前代字書之彙編。該書收入字書九部:《玉篇》、《餘文》、《奚韻》、《類篇》、《龍龕手鏡》、《川篇》、《對韻音訓》、《搜真玉鏡》、《俗字背篇》。書中在每個部首下按筆畫多少分段排字,每一筆畫下,按上述順序排列這九部書的字。書中分別用不同符號來代替這九部書。該書收字衆多,但不免搜羅過濫。該書收入《四庫全書總目》小學類存目,提要曰:"殊體僻字,靡不悉載,然舛謬實多,徒增繁碎。"責之雖苛,亦中該書收字貪多求富之弊。

此本據北京大學圖書館藏明成化三年至七年明釋文儒募刻本影印。(張詒三)

### 番漢合時掌中珠不分卷　(西夏) 骨勒撰

(第229冊)

骨勒,生平不詳。

是書不分卷,爲西夏文和漢文對照詞彙表。刊於西夏仁宗乾祐二十一年(1190)。1909年曾在中國黑水城遺址(在今內蒙古額濟納旗)出土全本。木刻本,蝴蝶裝,共三十七頁。此處收入者爲殘本,只有十頁。第一頁有"此《掌中珠》者,三十七頁,内更新添十句"字樣,知原書亦是三十七頁。此殘本存原書之七、九、十、十一、十二、十三、十四、十五、十六、十七頁。書中收錄詞語依"天、地、人"三才分部,每部又分上、中、下三篇,即天體上、天相中、天變下,地體上、地相中、地用下,人體上、人相中、人事下。此殘本爲"天相中"兩頁(七、九)、"天變下"頁半(十、十一前半)、"地體上"一欄(在十一頁)、"地相中"半頁(十二頁前半)、"地用下"五頁(十二頁後半至十七頁前半)、"人體上"一欄(在十七頁)。該書每條詞語均由四行組成,並列四項,中間兩項分別是西夏文和漢譯文。第一行漢字爲第二行西夏字注音,第四行西夏字爲第三行漢字注音,第二行西夏字和第三

行漢字則爲西夏文、漢文對照詞語。

此本據華東師範大學圖書館藏民國羅氏貽安堂影印本影印。（張詒三）

**篇海類編二十卷**　題（明）宋濂撰（明）屠隆訂正　**附録一卷**　（明）張嘉和輯（第229—230册）

宋濂（1310—1381），字景濂，號潛溪，別號玄真子、玄真道士、玄真遁叟等，浦江（今屬浙江金華）人。元順帝至正中，隱居龍門山，後應朱元璋徵召，授江南儒學提舉，主修《元史》，官至翰林學士承旨、知制誥。爲明開國文臣之首，學者稱太史公。著有《宋學士文集》。《明史》有傳。

屠隆（1543—1605），字長卿，一字緯真，號赤水、鴻苞居士，鄞縣（今屬浙江寧波）人。萬曆五年（1577）進士，曾任吏部主事、郎中等官職。更著有《棲真館集》、《由拳集》、《采真集》、《南遊集》、《鴻苞集》等。《明史》有傳。

張嘉和，生平不詳。

是書首有陳繼儒、虞淳熙二序，次爲目録。次爲凡例十二則，爲一正訛、二纂輯、三別類、四定部、五從汰、六字母、七切字、八叶音、九辨義、十點畫、十一偏旁、十二二藏。再次爲附録，共有“字學淵源”、“經史引證”以及關於語音清濁、字母、切音等條目二十一條。正文將所收單字分別歸入四百四十四個部首，再將四百四十四個部首按意義分爲二十類：天文類、地理類、時令類、人物類、身體類、花木類、鳥獸類、鱗介類、宮室類、食貨類、文史類、珍寶類、器用類、數目類、聲色類、衣服類、人事類、干支類、蓍卜類、通用類等，每類再以部首編排，共二十卷，或一類數卷，或數類一卷。每部首之字按筆畫多少排列，一至三畫不作標記，自四畫至二十畫以數字外加圓圈標記於正文中。每字之下，先列反切注音，再列直音注音，然後釋義並引證古籍，且注出又

音。如第一部“天”部“奏：則侯切，音走，去聲，告上也。有‘節一’，音樂。又子侯切，音湊，同水，會也，聚也”。是書收入《四庫全書總目》小學類存目，提要已指出該書或非宋濂、屠隆撰作，今學者楊載武考證該書係《詳校篇海》之改編。

此本據國家圖書館藏明刻本影印。（張詒三）

**華夷譯語不分卷附高昌館來文一卷譯文備覽一卷**　（明）火原潔撰（第230册）

火源潔，生卒年不詳，蒙古族，郭爾羅斯氏，科爾沁（今屬内蒙古通遼）人。明洪武年間官至翰林侍講。編有《元朝秘史》等。見《萬姓統譜》卷八四。

是書不分卷，無序跋，爲諸番文字和漢文對照詞表。每部分按意義把詞語分爲天文門、地理門、時令門、花木門、人物門、宮殿門、飲食門、衣服門、方域門、珍寶門、身體門、器用門、文史門、鳥獸門、數目門、通用門等類別。每類之中先列舉外文書寫形式，次列該詞對譯之漢字，再次以漢字小字注出外文讀音。該書共四個部分，第一部分爲一種文字，其後有《緬甸館譯書考異》，可見，該部分外文應爲緬甸文。第二和第三部分在題目“華夷譯語”下，小字注曰：“百夷館”。明朝“百夷館”翻譯今德宏、耿馬一帶傣文。兩部分文字形體一致，爲同一種文字，這部分文字爲豎寫，應爲德宏傣文，但是從對“天”、“雲”等詞的漢字注音來看，前三部分應爲同一種語言：如“天”俱讀“法”，“雲”俱讀“莫”。第四部分爲阿拉伯字母文字，對比其他版本《華夷譯語》，可知該部分爲《回回館雜字》內容。該文字橫書，上爲該文字詞語，下爲漢字，再下以漢字小字注詞語讀音。

後附《高昌館來文》一卷。明代高昌地區主要包括哈密、吐魯番、火州、畏兀兒等地，該卷收入來自高昌之漢文文書，並有高昌文

(回鶻文)對照文書,共五十四篇。

《譯文備覽》一卷,應爲來自明代西番(今西藏)之文書,因漢文文本之後所列之文字明顯爲藏文。該卷收入文書共四十七篇。

《華夷譯語》可分三種版本,分別稱爲洪武本、永樂本、會同館本。洪武本爲洪武十五年(1382)明太祖命火源潔、馬沙亦黑等編撰,只有蒙古譯語一種,有蒙古語原文、漢字、漢字音譯蒙古語三部分。永樂本爲永樂五年(1407)初設四夷館之後,至清朝四譯館,由各館館員編修諸番語言和漢語對譯語彙,有諸番語言和漢語對譯《譯語》和《雜字》兩部分,有些《譯語》還有諸番語言和漢語互譯之"來文",即諸番來使向中國進貢表文。會同館本《華夷譯語》是明末茅瑞徵所輯,只有漢語和漢字音譯諸蕃語言,沒有諸蕃語言原文,且缺少"來文"。可知,該書既無蒙古語,應爲永樂本之殘本,作者亦未必火源潔。

此本據復旦大學圖書館藏明抄本影印。(張詒三)

**重訂直音篇七卷**　(明)章黼撰　(明)吳道長重訂　(第231冊)

章黼(1378—1469),字道常,別號守道,嘉定(今屬上海)人。更著有《韻學集成》。事略見《四庫全書總目》卷四四。

吳道長,生卒年不詳,字瘦生,匡廬(江西廬山)人。據《江南通志》等方志記載的零星材料可以推知,其人進士出身,於萬曆三十四年(1606)時任嘉定縣知縣,當是在任期間主持此書重訂之事。

是書前有侯方序,次有章氏自撰《題韻直音篇》,後爲總目,總目前有"七音清濁三十六母反切定局",是爲此書聲母系統。據章氏《題韻直音篇》,此書"搜集四萬三千餘字成編","又元《篇》有有音無注者三千餘字,今亦收之"。收字按部首"始一終亥"爲序,分作四百七十五部(末部爲雜字部)。每部所收之字,依韻排列;同韻之字,則依四聲爲序。字有異體,則附於正體說解之下,注明"同上"。此書雖名"直音",然注音間用反切。據楊寶忠考證,《直音篇》收字大多源於《篇海》"而"有所刪汰"(《疑難字考釋與研究》第692頁,中華書局2005年)。此書纂集了大量的直音材料,對於音韻學研究不無裨益。

此本據國家圖書館藏明萬曆三十四年練川明德書院刻本影印。另有明成化十七年刻本。(侯乃峰)

**新校經史海篇直音十卷**　(第231冊)

不題撰人名氏,無序跋,編撰者無考。

此書正文前有《背篇列部之字引》,收字五百有餘,大都標注直音且標明所屬部首,似與《成化丁亥重刊改併五音類聚四聲篇海》卷首《新集背篇列部之字補添印行》和《辛卯重編增改雜部》有繼承關係。正文主體部分共分十卷,卷前不設總目録,只在每卷前列出本卷部首目録。部首設立沿襲《改併五音類聚四聲篇海》,其排列順序亦按照五音三十六字母的順序。第一卷從金部到口部共五十部,第二卷從可部到歹部共二十九部,第三卷從東部到邑部共三十七部,第四卷從辵部到支部共四十部,第五卷從皮部到木部共三十三部,第六卷從馬部到人部共四十七部,第七卷從司部到山部共六十部,第八卷從書部到石部共三十一部,第九卷從香部到一部共五十四部,第十卷從雲部到日部共六十三部,共計四百四十四個部首。各部所收之字,亦與《改併五音類聚四聲篇海》相同,依筆畫多少排序,少者在前,多者居後。每部首之下標注此部所收總字數,據此統計,此書共收五萬五千餘字。此書采用直音法注音,方便查索,明清時人較爲重視,多將其與《洪武正韻》相提並論。

此本據復旦大學圖書館藏明嘉靖二十三年

金邑勉勤堂刻本影印。（侯乃峰）

### 重刊詳校篇海五卷　（明）李登撰（第232册）

李登（1553—1638），字士龍，一字如真，又字舜庸，自號如真生，南直隸上元（今江蘇南京）人。明嘉靖四十四年（1565）貢生，隆慶年間曾任湖北新野縣令，萬曆四年（1576）任崇仁縣教諭，書法獨步當時。更著有《六書指南》、《摭古遺文》、《書文音義便考私編》。生平事蹟略見《江南通志·李登傳》、《金陵詩徵》卷二三《李登小傳》、《上元縣志·儒林》等。

此書卷首有李氏自序，次《凡例》，次總目。《凡例》第二條稱：“舊本名《五音篇海》，其立部以三十六母爲序，意在辨音。音固不可無辨也，故悉因而不改。”可知此書是《改併五音類聚四聲篇海》的删節修訂本，故編寫體例仍舊者，於部中字多者亦按筆畫多少排序。惟此書較《篇海》多列一臭部，故總共爲四百四十五部。據每部下所記字數統計，此書收字共三萬九千有餘，較《篇海》收字少一萬五千多個。《凡例》第三條云：“字音不可不確。舊本《五音篇海》有切而無音，《海篇直音》有音而無切，一有差訛，便難訂證。今本既用反切，又加直音。不厭重復者，直欲人呼字確當而無差失也。”可知此書既注反切，又注直音，將兩種注音法優勢互補。此書較早兼採兩種注音法，此法爲後世字書如《字彙》、《字彙補》、《康熙字典》等所沿用。此書刊刻後曾流行一時，“在《字彙》、《正字通》未通行以前，是書蓋爲最通行之字典”（王重民《中國善本書提要》第61頁）。

此本據北京大學圖書館藏明萬曆三十六年趙新盤刻本影印。（侯乃峰）

### 字彙十二卷首一卷末一卷附韻法直圖一卷韻法橫圖一卷　（明）梅膺祚撰（第232—233册）

梅膺祚，生卒年不詳，字誕生，宣城（今安徽宣城）人。明代宣城“林中七子”梅鼎祚的從弟，清代數學家梅文鼎的先輩。一生嗜好讀書，著述多種，另外還與陳俊修等人編纂有《寧國府志》。生平略見《宣城縣志》。

此書前爲其從兄梅鼎祚序，據序文所説“誕生方强年，行且謁仕”和“徙而游國子，精治六書”等語推測，此書當是梅氏四十二歲前後在南京國子監爲生員時編撰，成書並初刻於萬曆四十三年（1615）。首卷分爲“運筆”、“从古”、“遵時”、“古今通用”、“檢字”；卷末附有“辨似”、“醒誤”、“韻法直圖”、“韻法橫圖”，對於規範用字、熟悉此書編排體例及用法均有裨益。此書將部首歸併爲二百一十四個，按照部首編排，部首和各部收字按筆畫多少順序排列，少者在前，多者在後，其便檢索。全書以地支爲序，分十二集，共收字三萬三千一百七十九字。此書於每字注解，《凡例》三云：“兹先音切以辨其聲，次訓詁以通其義，末采《説文》制字之旨，中有迂泛不切者删之。”於注音，《凡例》四云：“經史諸書有音者無切，有切者無音。今切矣，復加直音；直音中有有聲無字者，又以平上去入四聲互證之，如曰某平聲、某上聲、某去聲、某入聲；至四聲中又無字者，則闕之；中有音相近而未確者，則加一‘近’字，曰‘音近某’。”於訓釋，則常見義居前，偏僻義列後，釋義間出書證。此書作爲一部大型字典性質的字書，在編排方式、義項、書證等諸方面，均有超出已有字書之處，是按照部首編排法編纂字書的又一成功範例。此書開創性的將筆畫多少和部首相結合的編排體例不僅被後來的《正字通》、《康熙字典》吸收繼承，而且還影響到近現代的《中華大字典》、《辭源》、《辭海》等大型字典、辭書的編排體例，梅氏匠心由此可見。在《康熙字典》編成之前，此書作爲收字較完備且使用較便的大型字典而通行於世。《康熙字典》編成之後，此書遂沉晦不顯，至《四庫全書》未予著録，而僅在《康熙字典》條下提及"《字彙》疏舛……不足依據",未免有失公允。

此本據華東師範大學圖書館藏明萬曆四十三年刻本影印,此爲是書現存最早版本。(侯乃峰)

## 字彙補十二卷 （清）吴任臣撰（第233册）

吴任臣(1628—1689),字志伊,一字爾器,號托園,其先爲興化府平海衛(今屬福建莆田)人,後隨父遷至仁和(今浙江杭州)。康熙十八年(1679)召試博學鴻詞科,授翰林院檢討。更著有《十國春秋》、《山海經廣注》等。《清史稿》有傳。

此書前有嚴沆序,略述編纂緣起,即對梅膺祚《字彙》進行補遺校訛;次《例言》,次總目。此書因踵繼《字彙》而成,故部數、部序、注音等體例與《字彙》悉同。每部分的補遺校訛工作分補字、補音義、較訛三項。補字,即補《字彙》不收之字;補音義,即補《字彙》失收之音義;較訛,即校訂《字彙》形音義之誤。《康熙字典》於此書取字頗夥,其《凡例》稱:"《字彙補》一書,考校各書,補諸家之所未載,頗稱博雅。但有《字彙》所收誤行增入者,亦有《正字通》所增仍爲補綴者。"楊寶忠指出《字彙補》所收字,"其來源有三:一爲見於《篇海》而爲《字彙》所淘汰之字,一爲見於古代文獻而《字彙》失收之字(多爲俗訛字),一爲據出土古文字(如銅器銘文)楷寫者。三者之中,以前者爲最多"。又云:"該書補《字彙》音義、較《字彙》失誤及補《字彙》失收之文獻用字,小有可取;其餘則多屬狗尾。"(《疑難字考釋與研究》第696—697頁,中華書局2005年3月)由此書在歷史上的影響來看,楊氏評價不爲無據。

此本據清康熙五年彙賢齋刻本影印,爲是書初版本。(侯乃峰)

## 正字通十二卷附字彙舊本首卷一卷 （明）張自烈撰 （清）廖文英續（第234—235册）

張自烈(1597—1673),字爾公,號芑山,又號誰廬居士,南昌(今江西宜春市)人。崇禎末爲南京國子監生,入清後隱居廬山,主講白鹿書院。更著有《四書大字辨》、《古今文辨》等。傳見《(乾隆)袁州府志》卷二五。

廖文英,生卒年不詳,據《江西通志》知其康熙中官九江道南康府知府。

此書《四庫全書總目》經部小學類存目,提要云:考鈕琇《觚賸·粤觚下》,此書作者實爲張自烈,廖文英以金購得之,因掩爲己有云云;又裘君宏《妙貫堂餘談》稱文英歿後,其子售板於連帥劉炳,有海幢寺僧阿字知本爲自烈書,爲炳言之,炳乃改刻自烈之名,故此書所題作者諸本互異。今人或據澹歸和尚《遍行堂集》中《刊正正字通序(代)》的記載考證,張自烈書成後未及付梓即下世,廖文英於此書有刊刻之功。此説或近實情。《遍行堂集》中的記載最爲原始,入清後書遭禁毁而不行,遂致這段公案之本原罕爲人知,歧説由此滋生。

此書有訂補《字彙》之初衷,按部首編排,亦依地支分作十二集,其部數、部序、列字次第皆同《字彙》,惟字數略有增補。在體例上較《字彙》亦有改進之處。如《字彙》"各部有字非轉叶變韻,同字同音而分數切者,今皆定歸一切,不令糾紛"(《凡例》六);"各部同一物而分二字""前後兩見者",則"删其複重,曰'附見某注'"(《凡例》四)。同時,此書旁徵博引,爲一些字義的説解增補文獻例證,可謂有功於訓詁。此書上承《字彙》,下啓《康熙字典》,流行甚廣,然《四庫全書總目》是書提要云其"徵引繁蕪,頗多舛駁","不免穿鑿附會"。不過,以今人眼光平實而論,這些所謂的不足也是古代私家著述的通病,不必苛求。

此本據湖北省圖書館藏清康熙二十四年清

畏堂刻本影印,署"南昌張自烈爾公、連陽廖
文英百子全輯",前有吴源起敘,次廖文英
敘,次《凡例》,次《引證書目》,次總目;末附
《字彙》舊本首卷,此版本最後兩頁略有殘
泐。(侯乃峰)

### 字林考逸八卷附錄一卷　(清)任大椿撰
### 補本一卷　(清)陶方琦補　補附錄一卷
(清) 諸可寶補附 (第 236 册)

　　任大椿,有《深衣釋例》,已著録。

　　陶方琦,《鄭易小學》,已著録。

　　諸可寶(1845—1903),字遲鞠,號璞齋,錢
塘(今浙江杭州)人。同治六年(1867)舉人,
官崑山知縣。善書法,工山水。更著有《捶
琴詞》、《學古堂日記》、《璞齋詩集》等。生平
略見清徐世昌編《晚晴簃詩匯》卷一六四。

　　晉吕忱著《字林》,上承《説文》,下啓《玉
篇》,影響甚巨,然久已亡佚。此書即爲從各
書中廣爲輯録的《字林》輯佚本。卷一是任
大椿所撰《序例録目》,卷二至卷八爲正文。
正文據《説文》五百四十部首排列,每部皆標
明部别,共輯録《字林》字頭一千五百多個,
每個字頭下皆注明輯録出處。後附陶方琦
《字林考逸補本》一卷,則爲補任大椿書之闕
漏;又附諸可寶《補附録》一卷,是校補前文
之作;最末附瞿廷韶《後跋》。觀此書,可略
窺《字林》原貌。

　　此本據華東師範大學圖書館藏清光緒十六
年江蘇書局刻本影印。(侯乃峰)

### 古今文字通釋十四卷　(清)吕世宜撰 (第
236 册)

　　吕世宜(1784—1855),字可合,晚年號不
翁,馬巷廳金門(今屬臺灣金門)人。道光二
年(1822)舉人,執教廈門玉屏書院,幫助周
凱編《廈門志》、《金門志》,後又曾講學臺灣
海東書院。清代著名書法家,有"臺灣金石
學宗師"之稱,博學多聞,研究涉及文字學、

訓詁學、音韻學、書法及金石學等。更著有
《愛吾廬筆記》、《愛吾廬文鈔》等。生平略見
《臺灣通史》、《金門志》等。

　　此書前有自敘,略述編撰緣起,稱是"取段
氏《説文注》,或删或補,輯成此書",原題曰
《宜略識字》,友人莊誠甫改爲今名。次門人
林維源所撰之序。又次門人陳榮仁所撰之
序,云此書收字"蓋四千三百五十三字","凡
用段注者十之六,補段注者十之三,正段注者
十之一,略音韻而嫥講形義"。次正文,依
《説文》順序分十四卷,每卷前目録後標明本
卷所收字數。末附林爾嘉跋。此書略可視作
段玉裁《説文解字注》之摘抄改編本,而字形
流變較段注爲詳。作者身爲書法名家,大概
不精音韻,故專講形義。而究其實,離音韻恐
於形義亦難講也。是書疏通文字形體流變較
爲完備,對段玉裁《説文解字注》之形義研究
或有補益。

　　此本據上海辭書出版社圖書館藏民國十一
年吕氏菽莊刻本影印。作爲《菽莊叢書》第
一種,當爲是書初版。(侯乃峰)

### 俗書證誤一卷　(隋)顏愍楚撰 (第 236 册)

　　顏愍楚,生卒年不詳,推測生年約在北齊
(550—577)時,卒年當在隋大業(605—618)
年間或之後。琅琊臨沂(今山東臨沂),顏之
推次子。精於家傳音韻訓詁之學。歷仕秦小
記室、直内史省通事舍人,隋大業中因事左遷
南陽。名見《北齊書・顏之推傳》、《北史・
顏之推傳》及《顏氏家訓》。

　　據馮汝玠考證,此書曾次於唐顏元孫《干
禄字書》之後,首行標題撰人爲"宋顏愍楚"。
考《宋史》並無愍楚其人,惟新舊《唐書》之
《藝文》、《經籍》兩志載有《證俗音略》一書,
均注"顏愍楚撰",當即其人。而或云兩卷,
或云一卷者,則是此書前後兩部分可分可合
所致。至於此書原名《證俗音略》何時改易
今名,則無從稽考。

此編僅有四頁,甚爲簡略。所辨證之字凡一百有餘,前半卷每字下注"從某,從某非",是爲辨證當時俗書形體之譌舛;後半卷附"訛習諸字",每字下或兼辨音讀之訛。對於研究隋唐俗字形體及音讀當有助益。

此本據上海辭書出版社圖書館藏清道光十五年劉際清等刻《青照堂叢書》本影印。(侯乃峰)

**正名要錄附字樣(敦煌殘卷)** (唐)郎知本撰(第236冊)

郎知本,史書無載,書名下題"霍王友兼徐州司馬郎知本撰"。史籍載有"郎知年"一名,今人考證或以爲二人是同輩,或以爲二人爲同一人而其一爲誤,疑莫能定。而大致可推知者,其人當屬初唐時人。

此爲英藏敦煌文獻之影印本,編號 S.388。卷前爲《字樣》殘卷,卷首已殘,不見書名及作者名。其後接抄《正名要錄》。此書收字共分六個部分:第一爲"正行者雖是正體,稍驚俗;脚注隨時消息用";第二爲"正行者正體,脚注訛俗";第三爲"正行者楷,脚注稍訛";第四爲"各依脚注";第五爲"字形雖別,音義是同,古而典者居上,今而要者居下";第六爲"本音雖同,字義各別例"。周祖謨指出,此書"是一本分別古今字形的正俗和辨別音同字異的書",包括比較隸定字與通行楷體筆畫的異同、刊定正體與俗訛、辨正楷體與別體、定字形、定古今異體字、辨音同義異字六部分(周祖謨《敦煌唐本字書敘録》,《敦煌語言文學研究》,北京大學出版社 1988年)。張涌泉指出,此書"是現存的第一部完整的字樣學著作"(《從語言文字的角度看敦煌文獻的價值》,《中國社會科學》2001 年第2 期)。此書保存完整,具有較高的研究價值,現已出版有多種論著對其加以詳細研究。(侯乃峰)

**字寶(敦煌殘卷)** (唐)鄭氏撰(第236 冊)

此書國内歷代史志典籍不録,僅見於敦煌寫本。日釋圓仁《入唐新求聖教目録》載有"碎金一卷",或以爲即是此書。此書在敦煌寫本中共有五件,編號分別爲 P.2058、P.2717、P.3906、S.619、S.6204。其中 P.2058首題"大唐進士白居易千金字圖 次鄭氏字圖 鄭氏字寶 千金亦曰碎金"字樣,故題"唐鄭氏撰",然"鄭氏"其人無考。

此本據臺灣新文豐出版公司印行《敦煌寶藏》影印,此卷首頁左下方有"6204"字樣,知其編號當是 S.6204。首頁可見有倒書"考字之典"四字,知此頁當是卷背。張涌泉曾云:"卷背有後添的'考字之典'四字,應爲蔣孝琬或編目者所加。"(《敦煌經部文獻合集·字寶·題解》,中華書局 2008 年)此卷前爲序文,序首稍殘。正文部分完整,分"平聲(按:似脱"字"字)"、"上聲字"、"去聲字"、"入聲字"四部分。後附沈侍郎、白侍郎、吏部郎中王建等《讚碎金》詩四首,末署"壬申年正月十一日僧智貞記"。

此書收録當時口語詞彙四百餘條,對於隋唐語言文字以及當時文學作品的研究大有裨益。(侯乃峰)

**俗務要名林(敦煌殘卷)** (第236 冊)

此書未見著録,僅見於敦煌寫本,亦未題撰人名氏。敦煌寫本中有 P.5001、P.5579、S.617、P.2609 諸卷,均有殘損。然諸卷互勘,庶幾可窺此書全貌。其中 S.617、P.2609兩卷保存較爲完好,此即據英藏敦煌文獻 S.617影印。

據其題名可知,此書是輯録當時日常生活用語並加以注釋的通俗字書。書中按照所收之字的義類分部,且標明部類。每類下列舉字詞,並標有注音,或附簡短釋義。此卷存有田農部、養蠶及機杼部、女工部、綵帛絹布部、珍寶部、香部、彩色部、數部、度部、量部、秤部、市部、菓子部、菜蔬部、肉食部、飲食部、聚會部、雜畜部、獸部、鳥部、虫部、魚鱉部、木部、竹部、草部、舩部、車部、火部、水部等諸部。姜亮夫指出：“書中多俗字，往往不見於通常的字書和韻書，這同寫書目的——爲俗務要名而作，應是一致的。所以，它無疑是唐代社會，尤其是敦煌地區的社會生活的寫真，可以從中考見當時的語言情況和社會情況。”(《敦煌學概論》第 75 頁，北京出版社 2004 年)(侯乃峰)

### 集篆古文韻海五卷　（宋）杜從古撰（第 236 册）

杜從古，生卒年不詳，字唐稽，宋代著名書法家，宣和中(1119—1125)爲書學博士，官至禮部郎。名見《宋史》之《選舉三》、《徽宗二》。

此書是踵繼郭忠恕《汗簡》、夏竦《古文四聲韻》之後又一部輯録古文字形體的字書，不僅蒐輯當時書籍所見的傳抄古文，且旁及出土青銅器銘文和周秦碑刻文字等，故所收更爲廣博。然此書收字不注明出處，是其不足。或緣此故，此書不甚受前人重視，《四庫全書》亦未予著録。是書前有杜從古自序，云“比《集韻》則不足，校《韻略》則有餘，視竦所集則增廣數十倍矣”；次即正文，按四聲爲序，分爲五卷：卷一《上平聲》，卷二《下平聲》，卷三《上聲》，卷四《去聲》，卷五《入聲》。此書擴充了以前字書對古文字形體的收録範圍和數量，對於現今的傳抄古文研究不無裨益。

此本據商務印書館藏清嘉慶《宛委別藏》影摹舊鈔本影印。(侯乃峰)

### 隸韻十卷碑目一卷　（宋）劉球撰　隸韻考證二卷碑目考證一卷　（清）翁方綱考證（第 236 册）

劉球，生平無載。今傳是書前有進表而失其前幅，有月日而無年歲。《玉篇》卷四五記載“《隸韻》十卷，淳熙二年(1175)劉球撰，集石刻隸字爲之纂注”，可知其爲南宋孝宗時人。

翁方綱，有《禮記附記》，已著録。

是書《宋史》卷二○二《藝文志》有載，然傳世並不廣。嘉慶十四年(1809)，秦恩復得此書宋拓本十卷，又於天一閣得殘本碑目一卷及劉球進表半篇，重刊於揚州，並求序於翁方綱。翁氏爲之校訂訛誤，撰此書及碑目考證附於後，又撰《重刻淳熙隸韻序》弁於前。翁序後爲秦恩復後序，次劉球進表半幅，又次碑目，再次即正文。正文收字以四聲爲序，按韻排列，每韻下彙綴漢碑隸字形體不同者，且注明出處。第十卷末有“御前應奉沈亨刊”七字，當是仿宋本原貌。後附翁方綱《隸韻考證》二卷、《碑目考證》一卷。最末附董其昌跋語一篇。宋洪适《盤洲文集》卷八○《書劉氏子隸韻》提及此書，云：“予初見劉氏子《隸韻》《紀原》，凡《隸釋》碑刻無一不有，驚其何以廣博如是。及觀其書，乃是借標題以張虛數，其間數十碑，韻中初無一字。至他碑所有，則編次又其疏略。古碑率多模糊，辨之誠爲甚難。予因作《隸釋》，目爲之昏。”輕薄之未免過甚。此書收録漢碑有一百七十七通之多，原碑大都不存於世，有賴是書，聊可略窺一斑。

此本據上海辭書出版社圖書館藏嘉慶十五年秦恩復刻本影印。(侯乃峰)

### 增廣鐘鼎篆韻七卷　（元）楊鉤撰（第 237 册）

楊鉤，生卒年不詳，字信文，臨江(今江西清江)人。據此書馮子振序署“延祐”年號，可知其當爲元仁宗時人。

宋政和年間，王楚撰《鐘鼎篆韻》，紹興間，薛尚功撰《廣鐘鼎篆韻》。然此二書皆已亡佚。是書當是在撮鈔王、薛二書基礎上加以增廣而成。前有清人呈書手札一頁，説明經許印林(即許瀚)所校，書中空白處時有許氏校記；次許瀚手録阮元《揅經室外集》卷五《四庫未收書提要》之《增廣鐘鼎篆韻七卷提要》文；次馮子振、熊朋來序；再次即正文卷第一，首列鼎、尊、彝等器類目，後注曰"諸器凡四十品，其數三百有八。四聲爲字，總四千一百六十有六"；次爲"鼎彝、經典、文、碑銘、韻、印章"等類目，後同樣注明字數。書末附後記、許瀚書札，對於此書之版本來源有所交待。此書主體當是沿襲王、薛二書，故體例亦當是遵循故書，以四聲爲序，分韻輯録古文字形，每字下注明出處。每韻下時見"楊增"字樣，當是楊氏所增廣。王、薛二書久已亡佚，據此書或可睹宋人二書之概貌。元代金石學著作寥寥，楊氏之書能成此規模，實屬不易。然因刊刻技術所限，書中字形嚴重失真，今驗之於金石文字原形，書中所摹之字幾乎不堪卒讀，致使其利用價值大打折扣。

此本據上海圖書館藏清鈔本影印。（侯乃峰）

**續古篆韻六卷**　（元）吾衍撰（第237冊）

吾衍（1268—1311），又名吾丘衍，字子行，號竹房、貞白，開化（今浙江開化）人。工隸書，尤精小篆，兼善治印。更著有《周秦刻石釋音》《學古編》。生平可參明宋濂《宋文憲公全集》卷四〇《吾衍傳》。

是書前有清代金石學家莫友芝（號郘亭、眲叟）題識一頁；次陳宗彝《重刊續古篆韻敘》；次即正文六卷。第六卷爲"疑字"，收疑莫能定之字，同時每字下録諸家之説。

阮元《揅經室外集》卷三《四庫未收書提要》之《續古篆韻六卷提要》云："衍以石鼓文、詛楚文、比干盤、泰山、繹山等刻，依韻分纂。即遇無字之韻，亦接書之，非有闕佚，蓋留以待補，疑爲未成之本。故藏書家目録多未采入。末卷辨疑字，專爲鄭樵、薛尚功兩家石鼓音義而作。"此書摹寫字形較爲近真，對

於秦篆研究不無助益。

此本據復旦大學圖書館藏清道光六年陳宗彝獨抱廬重刻本影印。（侯乃峰）

**續復古編四卷**　（元）曹本撰（第237冊）

曹本，生卒年不詳，字子學，大名（今河北大名）人。嘗爲都昌丞，後佐信州幕府，困下僚卒。生平略見《鐵琴銅劍樓藏書目録》卷七經部小學類《續復古編四卷》提要。

宋代張有撰《復古編》以正俗書字體之訛，此書即爲續補張書之作。張氏之書下卷入聲後附辨證六類：曰聯緜，曰形聲相類，曰聲相類，曰形相類，曰筆迹小異，曰上正下訛。此書因張書而益其二：曰字同音異，曰音同字異。此書向未見著録。清阮元曾以抄本進呈內府，尚缺"上正下訛"一類。後姚覲元從陸心源䀓宋樓假得景元鈔本，"上正下訛"一類俱在，竟爲完璧，故爲校訂刊刻。是書首爲目録；次釋克新、宇文諒、李桓、危素、楊翺、蔣景武諸人之序；次曹本自序，稱其書"四卷一十三類，六千四十九字"；次正文。四卷之後附曹本、張紳後序，以及姚覲元後跋。據作者自序，此書近二十年方得藏事，用力不可謂不勤。然作爲一部辨正字體規範字形的字書，作者對於某些字形的辨析未免拘泥。如卷一"基"下云"別作鋕，非"，根本不顧古字同音通假之理。此書所輯録的諸字義項，對於字典編纂或有一定的參考價值。

此本據上海辭書出版社圖書館藏清光緒十二年姚氏咫進齋假䀓宋樓景元鈔本重模刊本影印。（侯乃峰）

**古俗字略五卷漢碑用字一卷俗用雜字一卷**
（明）陳士元撰（第238冊）

陳士元，有《易象鈎解》，已著録。

是書《四庫全書總目》經部小學類存目一著録，標爲"兩江總督採進本"，云"是編標

題之下題曰'歸雲別集'"。今本每卷前都標注有"歸雲別集"字樣，則與《四庫提要》所著録者並版本亦同。所不同者，《四庫提要》以此書爲七卷，是合作爲附録的第六卷"《漢碑用字》一卷"與第七卷"《俗用雜字》一卷"而言；今云五卷，則是將附録析出不計而言之。

此本據北京大學圖書館藏明萬曆刻《歸雲別集》本影印。（侯乃峰）

**問奇集二卷**　（明）張位撰　（第238冊）

張位，生卒年不詳，字明成，新建（今江西新建）人。隆慶二年（1568）進士，授編修，官至吏部尚書、武英殿大學士。更著有《詞林典故》等。《明史》有傳。

是書《四庫全書總目》經部小學類存目一已著録，標注此書爲"一卷"，而此標注爲"二卷"者，則是將原書"卷之上"、"卷之下"從分不從合所致。目録分二十門類，《四庫提要》則云此書"分十九門"。再查其所列十九門，則僅有十八條，或爲手民之誤。

此本據福建省圖書館藏明萬曆刻本影印。（侯乃峰）

**字學指南十卷**　（明）朱光家撰　（第238冊）

朱光家，生卒年不詳，字謙甫，明萬曆間上海（今屬上海）人。屢試不中，遂棄舉業而肆力字學。事跡見《四庫全書總目》卷四三。

是書成於萬曆二十九年（1601）。書前有張學詩序、張仲謙序、朱光家自序、王圻跋。自序稱其研窮考究《字母》、《佩觿》、《直音篇海》、《字學集成》等前代字學著述，領悟諸書機理，編著是書以裨正音識字讀書之道云云。後有《例論》及目録，《例論》述其編著體例，釋反切、六書之旨。正文凡十卷。前二卷為"辨體辨音"、"同音異義"、"古今變體"、"同音互體"、"駢奇解義"、"同體異義"、"正誤舉例"、"假借從譯"。卷三至卷

一〇以韻統字，以七十六韻分二十二組，每部以一字調四聲，又標一字為綱，列同音之字於下。四庫館臣謂是書本諸章黼《韻學集成》而稍變其例，而前二卷"斷斷"、"燈灯"等正俗之字臆斷分別，實則漫無考證，故入存目。

此本據上海圖書館藏萬曆二十九年刻本影印。（郭冲）

**隸書正譌二卷**　（明）吳元滿撰　（第238冊）

吳元滿，有《六書正義》，已著録。

此書爲辨析隸楷形音義之訛誤而作。書前有吳氏敘，略述其書編撰之緣起，謂隆慶間邢一鳳編有《同文正要》一書而未刊刻，萬曆三十年（1602），元滿《六書正義》始克成編，因擷其精華，撮其樞要，仿邢氏《同文正要》，集録五千餘字，乃爲是書。分類偏旁，但注俗楷而無音釋，聯屬字附於各類之後，以便撿閱云云。可知此書與《六書正義》有淵源關係。次《凡例》；又次目録，分卷上、卷下，卷上含五類：分類偏旁、篆備楷借、隸楷可法、變體差譌、諧聲偶誤；卷下含十七類：因形似誤、因聲同誤、形聲兼誤、三字溷雜、因聯差誤、假借辨別、俗字假借、聯屬假借、轉注俗字、轉音辨誤、轉音俗字、轉而復轉、一字三轉、雙聲並轉、轉音叶韻、不當假借、不當轉注。再次即正文二卷。《四庫提要》對《六書正義》評價不高，云"今觀是書，大抵指摘許慎而推崇戴侗、楊桓，根本先已顛倒"，當不至冤屈其人其書過甚。此書源自《六書正義》，且編撰於文字學落寞之明朝，其或對後來的文字形體規範有一定借鑒意義。

此本據中國科學院圖書館藏明萬曆刻本影印，此本最後十多頁中下部有殘泐。（侯乃峰）

**廣金石韻府五卷字略一卷**　（明）朱雲原輯（清）林尚葵廣輯（清）李根校正　（第238冊）

朱雲，生卒年不詳，字時望，毗陵（今江蘇

常州)人,明書法家,明豐坊撰《書訣》略有提及。

林尚葵,生卒年不詳,字朱臣,莆田(今福建莆田)人。見《四庫全書總目》卷四三。

李根,生卒年不詳,字阿靈,晉江(今福建晉江)。見《四庫全書總目》卷四三。

明時朱雲撰《金石韻府》一書,廣采博蒐古金石文字,以四聲爲序,按韻排列,影響較廣。此書即爲增補《金石韻府》之作。此所謂"字略一卷",是指卷前所附"纂集玉篇偏傍形似釋疑文字"而言。

此本據上海辭書出版社圖書館藏清康熙九年周亮工賴古堂刻本影印。原版當是朱墨套印。内封書名頁題有"賴古堂重訂　大業堂藏板"字樣;次爲周亮工所作之序。經周氏重訂,當有優於他本之處。(侯乃峰)

## 榕村字畫辨訛一卷　(清)　李光地撰(第239 冊)

李光地,有《周易通論》,已著録。

此書爲辨析俗書字體之訛而作,所收之字多是平時手書容易寫訛者。每字先列正體,下以小字注明此字所從,或標明寫作某種訛體爲非,如"須"字下注云"从彡,其从氵者古沫字"。此書僅一卷,十四頁,收字約二百八十餘,似是作者日常書寫時偶成之備忘札記,對於今日辨識清人手書俗訛之字當有助益。

此本據華東師範大學圖書館藏清道光九年李維迪刻《榕村全書》本影印。(侯乃峰)

## 辨字通考四卷首一卷　(清)　王在鎬撰(第239 冊)

王在鎬,生平無考,據此書前序及署名知其字西周,三原(今陝西三原)人,生活於道、咸年間。

此書内封書名頁"楚北余葵階(按:即爲此書作序之余庚陽)先生鑒定　行恕堂藏板"

字樣;次即時任三原知縣的余庚陽之序;次王氏自敘,略述是書編撰緣起,云時所用以楷書較各體爲最要,然因故產生各種訛誤;《康熙字典》集字學之大成,而學者每苦於簡帙浩繁,罕有盡辨之者,故其"集《字典》全部,合《備考》、《補遺》,參互考訂,逐部逐畫,載列正字。正字之下,各體具備。三易其稿,歷四年而始成。是非疑似,莫不分明;分韻異同,莫不註釋;古今體裁,莫不備載;正同俗訛,莫不考稽。共集爲四卷,使作字者瞭如指掌,知所適從。"可知此書是摘編《康熙字典》所收之字而辨析其字體之訛誤者。自敘後有凡例三十五則,其第二條注明"分韻異同,悉遵《佩文》韻";又次目録,再次即正文。此書對於後來以至今日規範楷體文字當有借鑒意義。

此本據中國科學院圖書館藏清咸豐刻本影印。(侯乃峰)

## 經典文字辨正不分卷　(清)　錢大昕撰(第239 冊)

錢大昕,有《學易慎餘録》等,已著録。

此書本是錢氏遺稿,無題名,亦無序跋,故其原名亦未知。《清史稿》卷一四五《藝文志》録有"《經典文字考異》一卷,錢大昕撰",同時録有"《經典文字辨正》五卷,畢沅撰"。據考,此書題名當以"經典文字考異"爲是。是書首頁鈐"上虞連氏枕湖樓珍藏"印,前有"錢竹汀先生經典文字辨正"字樣,或緣是而改題今名。又此本時見眉批,當爲錢氏手添。此書不分卷,錢氏以部首爲序,鈎稽"十三經"中文字之有異體、俗體者加以辨析而成。書中注文所引據之經典並不限於"十三經",間或旁及其他典籍。諸異體之間,多屬通假關係,由此可見錢氏小學功底之深邃。此書對於後人研讀"十三經"文字、探討古書同音通假之理大有裨益。

此本據浙江省圖書館藏清鈔本影印。
（侯乃峰）

### 説文解字舊音一卷經典文字辨證書五卷音同義異辨一卷　（清）畢沅撰（第239册）

畢沅，有《夏小正考注》等，已著録。

所謂“《説文解字》舊音”，是指《説文解字》成書之後魏晉六朝以至隋唐學者爲《説文》所作音切。畢氏從陸德明《經典釋文》、李善《文選注》、章懷太子《後漢書注》、司馬貞《史記索隱》、虞世南《北堂書鈔》、徐堅《初學記》等十餘種典籍中，詳盡蒐輯對《説文》中字加以注音的材料而成此書，對於研究《説文》唐以前之音切大有裨益。然此書不足之處亦較顯著，如所引書不注篇名、所輯材料較爲龐雜、考辨不甚精審之類皆是。

《經典文字辨證書》，據畢氏卷首自敘稱：“作是書有五例：一曰正，皆《説文解字》所有者也；二曰省，筆蹟稍省于《説文解字》……三曰通，變易其方而不繁于《説文解字》……四曰別，經典之字爲《説文解字》所無者也……五曰俗，流俗所用，不本前聞，或乖聲義，鄉壁虛造，不可知者是也。”可知此書是畢氏爲辨證經籍文字形體而作。所辨諸字依《説文》部首爲序，於每字下注明“正”、“俗”、“別”、“省”、“通”。畢氏於敘中口氣較自負，自認遠勝前人，然此書對於明“叚借之恉”或有助益，而於判定文字之或“正”或“俗”，恐莫可究詰也。

《音同義異辨》原附刊於《經典文字辨證書》後，是作爲前書之附録。據卷首敘，可知此書是爲畢氏輯録前書中音同義異之字而成編，同樣有助於明“叚借之恉”。

此本據上海辭書出版社圖書館藏清乾隆刻《經訓堂叢書》本影印。“經訓堂”乃畢氏藏書之所，《經訓堂叢書》由當時名家校理，刊

刻質量較高，向稱善本。（侯乃峰）

### 四庫全書辨正通俗文字不分卷　（清）陸費墀撰　（清）王朝梧增補（第239册）

陸費墀（1731—1790），字丹叔，號頤齋，桐鄉（今浙江桐鄉）人。乾隆三十一年（1766）進士，曾任《四庫全書》總校官，官至禮部侍郎。《清史稿》有傳。

王朝梧，生卒年不詳，錢塘（今浙江杭州）人。翰林院庶吉士，曾任《四庫全書》分校官，官至山東兖沂曹道。

此書之編，本當是供乾隆時參預《四庫全書》繕寫校録者作爲取用字體之參照。文字形體歷經變遷，轉寫刊刻，異體甚衆，乖謬亦多。《四庫全書》作爲官方主辦之事，繕寫校録出於衆手，用字不可無範，故編是書，以爲諸人書寫用字之章程。此書不分卷，僅有二十一頁，正文内容分“辨似”、“正訛”、“正帖通用”三類，而要以辨析文字形體、規範書寫用字爲依歸。

此本據中國科學院圖書館藏清乾隆重刻本影印。前有王朝梧重刻序，稱此書向被“恭繕館書者倚爲司南”，適可表明其編撰之緣起。（侯乃峰）

### 隸八分辨一卷　（清）方輔撰　（第239册）

方輔，生卒年不詳，字君任，號密菴，新安（今安徽歙縣）人。工書法，尤善分隸，兼善製墨。生平略見《揚州畫舫録》。

是書成於乾隆五十四年（1789），《書畫書録解題》有著録。隸書與八分書之別，書法史上歷來聚訟紛紜。此書踵繼顧藹吉《隸八分考》所論，欲爲之區劃分明。書前有彭元瑞、厲鶚諸人所作之序以及同里吳德治重刻之記。正文起首有一段相當於全書總綱性質的引言；次《引諸家言》，即引述前人相關言論，凡十九家；次《雜論》，爲作者據已有論述之發揮，凡十六條；次《送冬心徵君八分歌》；次

《訂諸家誤》，録前人論説原文凡十一篇，而以雙行小字注形式逐章予以辯駁考訂。方氏以爲程邈所造正書、楷書皆是隸書，而主"割程邈字八分取二分，割李篆字二分取八分"之説，以爲漢碑中字皆八分，不得稱爲隸。方氏工隸書，對於書體問題當有個人獨到的領悟。且是書搜集材料較爲詳備，雖然結論或有可商，然對於探討書法史上隸書與八分書之關係不無參考價值。

此本據南京圖書館藏清乾隆五十四年刻本影印。爲重刻本，經吳德治校訂數處，優於初刻本。（侯乃峰）

### 金石文字辨異十二卷　（清）邢澍撰（第239—240 册）

邢澍（1759—1823），字雨民，一字自軒，號佺山，階州（今甘肅武都）人。乾隆五十五年（1790）進士，任浙江永康、長興等縣知縣，官江西南安、饒州府知府。好古博聞，爲清代著名史學家及金石學家。更著有《關右經籍考》、《兩漢希姓録》、《守雅堂集》、《全秦藝文志》、《金石劄記》等，與孫星衍同輯《寰宇訪碑録》行世。《清史稿》卷四八六附有小傳。

此書爲作者據其所見唐宋以前金石文字以及宋元刊本《隸釋》、《隸續》等書字體不同者，加以考訂辨析而成。全書以四聲爲序，按韻歸字，分韻悉遵《佩文韻府》，遇有未載者則據《廣韻》、《集韻》存之。此書將校讎者何元錫所撰後序冠於前，次作者自序。正文上列字形，下以小字注明出處以及作者考辨之語。此書撰作於《寰宇訪碑録》成編之後，作者於碑刻既已有采銅於山之功夫，則其書資料價值自不容小覷。有清一代，金石學復興，著述層出不窮。此書作爲其中一種，對於探討清代金石學發展狀況以及研究古今文字形體演變皆有參考價值。

此本據華東師範大學圖書館藏清嘉慶十五年刻本影印。此爲初版本，撰者曾延請當時著名的金石學家何元錫校讎過，自屬善本。（侯乃峰）

### 漢隸異同十二卷　（清）甘揚聲輯（第240 册）

甘揚聲（1761—1837），字敬符，一字實求，崇仁（今江西崇仁）人。嘉慶十二年（1807）至十八年（1813）曾爲澠池縣令，當政期間主修《澠池縣志》行世。生平略見清修《崇仁縣志》等。

此書《清史稿·藝文志》有著録，爲輯録漢碑中隸書文字之不同於楷體者加以辨析而成。編撰體例依據《康熙字典》分十二集，每集中亦據《字典》部首排列。每部之內所收之字，最上列今字楷體，下列與此楷體有異之隸書，隸書下爲雙行小字注文，注明出處並辨析其筆畫異同。注文所引多屬漢碑，間引經史典籍、《説文》及印書。其所謂異體，若僅與楷體波磔不同，筆跡大同小異，則不予采録。此書前有甘氏序。此書對於研究文字形體結構從隸書到楷書的演變規律有一定參考價值。

此本據湖北省圖書館藏清道光十一年勤約堂刻本影印，爲是書初刊本。（侯乃峰）

### 正字略定本一卷　（清）王筠撰（第240 册）

王筠，有《毛詩重言》等，已著録。

此書是在陸費墀、王朝梧《四庫全書辨正通俗文字》基礎上，刊正其譌誤，增補其未備而成編。體例大致依據陸、王原書，以筆畫多少爲次。王筠作爲清代《説文》學之大家，對於文字形體有精深研究，故此書對於辨別當時書寫中易混易訛之字畫多有可取。然因當時文字學理論之局限，某些辨析亦未免流於拘泥。如"杯栝"下注云"上今下古，作盃非"，實則"盃"作爲替換義符之字，其存在並不爲非。若從統一文字形體以便規範書寫用字角度看，王氏之説可取；然若從文字發展角度看，則似有以今律古之嫌。

此書經多次刊刻,版本甚多。此本據湖北省圖書館藏清道光二十六年大盛堂刻本影印。爲王氏多次釐訂增補之後的定本,且經當時學者校正,或是衆多版本中較善者。是本内封書名頁題"重刊正字略",有"道光丙午年 大盛堂藏板"標記。次周景濤《重刊正字略引言》;次王氏之原序及重刊"又記"兩篇;次"避諱字樣",注明書中避本朝皇帝諱字之處理;次即正文,共計六十二頁,末附道光十九年王氏友人陳慶鏞跋。(侯乃峰)

### 字辨證篆十七卷　（清）易本烺撰（第240 册）

易本烺(?—1864),字眉孫,京山(今湖北京山)人。道光十五年(1835)舉人。勤於治學,著述甚豐。更著有《儀禮節次圖》、《春秋人譜》、《讀左劄記》、《雜字雅正》、《千文姓氏》、《春秋楚地答問》等。生平略見《(光緒)京山縣志》等。

易氏自謙此書原爲課徒之用,不敢博蒐濫録,然綜觀其内容仍頗龐雜,而要以溯源篆字形體以辨正楷書之俗訛者爲宗旨。書前有其兄所作敘。前五卷爲"五異門":首異門、腹異門、脚異門、左異門、右異門,據所辨之字的部位分爲五類。前五卷中所收之字,先依《康熙字典》次第列正楷,下次篆文,再下附雙行小字注文,注明形體從某作某之類,間引《説文》説解字義。五類外無類可分者,編爲卷六"雜辨"、卷七"通辨"。其本非省字而誤作省者、二字點畫相似而音義迥别俗多混寫者、俗多誤用者,分别編爲卷八"誤省"、卷九"誤通"、卷一〇"誤用"。其點畫雖異而通爲正文非俗寫者,編爲卷一一"通正"。有古只一字通用而後人加偏旁分用者、有古本是一字而後人别用者,編爲卷一二"古通今獨"。有《字典》所不録之俗字及非俗字而概斥爲俗者,編爲卷一三"俗字"。推原字體變訛,多沿隸書,作卷一四"訛字原隸"。考正楷與篆文沿革之故,作卷一五、一六"偏旁變省

考"。卷一七爲作者舊作《字體蒙求》一卷。末附其侄易崇堦跋。此書考辨字形,總計十七卷,洋洋大觀,然囿於時代局限,誤認篆文爲字形原始,所謂根本已偏,餘不足觀。其書或對研究文字隸變之後種種現象和規律有所幫助。

此書有道光十六年(1836)刻本傳世,當爲初版,而闕卷一七《字體蒙求》一卷。此本據湖北省圖書館藏清同治八年刻本影印。十七卷俱在,且經易氏後人校訂,自當優於初版。(侯乃峰)

### 汗簡箋正七卷首一卷　（清） 鄭珍撰（第240 册）

鄭珍,有《輪輿私箋》等,已著録。

宋郭忠恕撰《汗簡》專門蒐輯當時尚可見之傳抄古文奇字。然直至清代,學者對於書中所録古文字形仍多有懷疑。鄭氏撰此書之初衷,即是想通過箋正《汗簡》,證明其中所收之字除《説文》、石經而外,大抵好奇之輩影附詭託,不足憑信。此書次序依據《汗簡》,鄭氏於原字下以雙行小字形式加以箋注。鄭氏奉《説文》爲圭臬,故《汗簡》不合《説文》之處,輒妄加觝訿。然隨著地下出土古文材料尤其是戰國文字材料漸夥,學者逐漸意識到《汗簡》一書的價值所在,其中所收字形多淵源有自,故鄭氏撰此書之初衷本不足論。而作爲首部全面系統研究《汗簡》之專著,是書對其中徵引書目詳加考證,援引《古文四聲韻》校正《汗簡》,考證一些字形源流,依《汗簡》目録補充正編部首之遺漏,故鄭氏仍可謂《汗簡》功臣,其書至今仍不失爲研究《汗簡》極爲重要的參考著作。

此本據上海辭書出版社圖書館藏清光緒十五年廣雅書局刻本影印。内封書名頁標注"汗簡箋正八卷"字樣,蓋將卷首《汗簡書目箋正》視作獨立一卷。而本書録作"七卷"者,當是據原書正文實際所標卷數而言。書

名頁後次鄭氏箋正所據《汗簡》版本之原序；次鄭氏之子鄭知同所撰序；又次鄭思肖《汗簡》跋；再次李直方《汗簡》後序；再次爲鄭氏箋注《郭忠恕脩汗簡所得凡七十一家事蹟》，即《汗簡書目箋正》。《汗簡》原書編排是將"略敘"與"目録"合爲正文第七卷，鄭氏箋正亦一仍其舊。（侯乃峰）

### 通俗字林辨證五卷　（清）唐壎撰（第241册）

唐壎，生卒年不詳，字益菴，號蘇菴、雙瑣，別號蘇菴居士、蘇菴老人，室名竹西小築、小桃花塢，秀水（今屬浙江嘉興）人。道光初諸生，屢試不售，爲人司記室，入鄧廷楨幕府。曾遊臺灣，值寇警，以殺賊功銓富陽訓導，官至知府。善詩文，工隸書，更著有《蘇菴詩餘》行世。生平略見清丁紹儀撰《聽秋聲館詞話》卷一八《唐壎詞》。

此書自宋吳曾《能改齋漫録》、宋葉大慶《考古質疑》、宋袁文《甕牖閒評》、宋朱翌《猗覺寮雜記》、元李冶《敬齋古今黈》五種書内，摘録其中辨證字書音義、有裨於小學諸條，分門別類，並爲之芟薙複沓，裁剪句讀，訂正訛誤，參以己見，而自成一書。前有洪毓琛序；次唐氏自序。卷首有"音義總論"、"字畫增省"、"音義相反"三條，是爲全書總綱；後諸條目分"經籍（六十六則）"、"史册（八十二則）"、"詩文（六十一則）"、"名物（六十五則）"、"俗語（四十九則）"五門類。此書雖所録諸條目不出宋元五種書之外，大致相當於讀書摘記，然能引申發揮，觸類旁通，時出新見，對於中古文字音韻訓詁之研究甚有助益。

此本據北京大學圖書館藏清咸豐六年刻本影印。據作者自序知爲是書初版本。另有民國五年石印本，唐氏自序之後有其姪孫景崙付印時序。（侯乃峰）

### 隸通二卷　（清）錢慶曾撰（第241册）

錢慶曾（1809—1870），字又沂，號涫溪居士，江蘇嘉定（今屬上海）人，錢大昕曾孫。咸豐二年（1852）歲貢，歷任江蘇江陰、武進教諭，靖江訓導。喜研語言文字之學，更著有《魚衣廎隨筆》、《魚衣廎文稿》、《魚衣廎詩稿》、《魚衣廎詞稿》、《酬世集》、《周甲詩》、《養痾雜誌》、《饋貧糧》、《涫溪居士年譜》等。生平略見《（光緒）嘉定縣志》等。

此書《清史稿·藝文志》有著録，乃取金石刻通假之字，並取各書常用之字而不載於《説文》者，考其本體及義可相通者，略載變省各體，依《説文》分部排列而成。其有乖剌過甚之字，雖出漢碑，亦摒棄不收。錢氏秉承錢大昕家學，於是書中考辨意見多有可取之處，對於探討文字形體隸變過程以及研究漢人通假用字例均有助益。此書僅上下兩卷，卷前有錢氏自序。

此本據清光緒二十六年南陵徐乃昌刻《鄦齋叢書》本影印，爲據武進費氏傳鈔本校刊。（侯乃峰）

### 楷法溯源十四卷古碑目録一卷集帖目録一卷

（清）潘存原輯　（清）楊守敬編（第241册）

潘存（1817—1893），字仲模，又字存之，號孺初，文昌（今海南文昌）人。咸豐元年（1851）舉人，官至户部主事。同治初，旅居北京，與楊守敬結識，並指導其研究金石之學。後回家鄉主講瓊州書院，又籌辦溪北書院，存留至今。喜研經史，工詩文，善書法，收藏前人書法碑帖甚衆。更著有《克己集》、《論學十則》、《賞花有感》等。生平略見《（民國）文昌縣志》等。

楊守敬，有《禹貢本義》，已著録。

此書《清史稿·藝文志》有著録，乃爲前人碑帖文字之匯編。其書由潘、楊二人共同搜集材料，潘氏點出精要，楊氏據其所點出者，仿翟云升《隸篇》之體例，歷時十年而成編。此書前有畢保釐序，次楊氏所撰凡例，次所采古碑目録，次所采集帖目録。此書所采古碑、集帖皆按時代先後排列,正文所收之字,亦略依時代爲次第。其所采集之字自漢至五代,涉及碑帖計七百餘種,有名之碑大抵俱在。此書按體例不采行書,然古人所謂行楷者,間亦摘録。此書所録字形,仿《隸篇》之例,采用原體雙鈎白描之法。潘、楊二人皆爲書法名家,故書中所摹之字形深得古人筆法真意。此書蒐輯廣博,剪裁取捨匠心獨運,不僅可以從中考見古今書法字體之更替變遷,而且對於書法藝術史研究亦極具資料價值。

此本據華東師範大學圖書館藏清光緒四年刻本影印。此爲是書初版,正文起首處除潘、楊二人署名外,還有"東湖饒敦秩季音校"字樣,卷末署"宜都李宏讓鐫刻"。(侯乃峰)

### 隸篇十五卷隸篇續十五卷隸篇再續十五卷

(清) 翟雲升撰 (第 241—242 册)

翟雲升(1776—1860),字舜堂,號文泉,東萊(今山東萊州)人,桂馥弟子。道光二年(1822)進士,然無意仕途,終生布衣,藉著述名世,更著有《焦氏易林校略》、《隸樣》等。精於書法,尤工隸書,作品爲世所重。生平略見《(民國)四續掖縣志》等。

此書爲漢魏名碑刻中隸書字形之彙編。正編采碑刻據標題計百二十二種,續編據標題計六十六種,再續據標題計二十四種。所收之字以雙鈎描摹字形,按偏旁部首分列,每字下注明出處及辭例,間有考辨。此書編排諸字之體例概準《類篇》,而能斟酌損益,自成章法,雖襲前人成跡,而詳審倍之。此書正編前有陳官俊、楊以增序及翟氏自序;次金石目,以時代先後爲序排列;次部目,據《説文》部首始一終亥順序排列;次字目,即篇中所收諸字之目,以便檢索。正文末卷即第十五卷前爲"偏旁全目",推本《説文》,以篆爲綱;後爲"變隸通例",以隸爲綱。正編後爲續編、再續。據續、再續序所云,則是正編既成,復有所得,乃集爲續編,續編垂成,又有所得,是

爲再續。後二編體例皆仍前編。此書體例較爲完善,摹寫謹嚴,一絲不苟,字有點畫疑似,則付諸闕如,而於諸著録家無所販鬻,可爲考究漢魏碑刻以及隸書形體演變之資。

此本據上海辭書出版社圖書館藏清道光十八年翟氏五經歲遍齋刻本影印。此爲是書初刻,此書稿本現存山東省博物館。(侯乃峰)

### 隸樣八卷 (清) 翟雲升撰 (第 242 册)

翟雲升,有《隸篇》,已著録。

此書爲作者未刊手稿,卷首鈐有"希古右文"、"五經歲遍齋",卷末鈐有"文泉"、"翟雲升印信"章,可知此手稿曾經清末藏書家張鈞衡收藏過("希古右文"爲張氏藏書印)。此書收字按部首編排,部首次第大致以筆畫多少爲序,少者居前,多者在後。每字先以楷書列出,下列此字隸書寫法,並注明出處,間標辭例,偶加注釋,注明通用借用爲何字。所收隸書字體並非如翟氏《隸篇》那樣雙鈎描摹,而是側重間架結構及筆畫寫法。然考其所據諸碑刻,大致不出《隸篇·金石目》之範圍,則此書或當是翟氏編輯《隸篇》之附庸。

此本據國家圖書館藏稿本影印。(侯乃峰)

### 六朝別字記不分卷 (清) 趙之謙撰 (第 242 册)

趙之謙(1829—1884),初字益甫,號冷君,後改字撝叔,號悲菴、梅菴、無悶等,會稽(今浙江紹興)人。咸豐九年(1859)舉人,後五應會試不第,以國史館謄録勞歷任江西鄱陽、奉新、南城知縣。著名書畫家、篆刻家,兼工詩文。曾任《江西通志》總編,另撰有《補寰宇訪碑録》、《章安雜説》等。生平據其傳世著作、信札、書畫題跋、印章邊文等資料大致可考,清末民初朱彭壽編撰《稿本清代人物史料三編·皇清人物考略》對其生平亦略有介紹。

此書是選取六朝石刻文字中別字異體約六

百多字而成編。是書不分卷，似爲作者隨手札記，所録別字亦未明確分類，僅於該組首個別字下注明出處。其他石刻有重文異體者，則附録於下，亦注明所從出。每字下或引原石刻辭例，間或附有著名金石鑒藏學者考釋意見。此書收録別字形體，間附辭例，對於六朝石刻異體字形研究以及典籍校勘或有助益。惟古人臨文，多用假借，手書形體不拘一格。

此本據國家圖書館藏稿本影印。書名頁有"初稾寫字本"字樣；卷前有光緒年間凌霞序、同治年間胡澍序；卷末鈐"公度"、"蘊真堂"印，可知此稿本曾經清末收藏家馮恕（字公度）收藏過（"蘊真堂"爲馮氏庋藏善本之書室）。（侯乃峰）

### 六書類纂八卷讀篆臆存雜説一卷字學尋源三卷　（清）吳錦章撰（第242册）

吳錦章，生卒年不詳，別號峽山退士，室名守愚齋，興山（今湖北興山）人。咸豐八年（1858）優貢，官兵部主事，光緒間任湖南辰谿縣知縣，郴州、直隸州知州，衡永郴桂兵備道，參修《湖南通志》。事蹟略見《興山縣志》。

此書專爲辨析《説文》六書之本旨而作。書前有吳氏自序。卷一、卷二爲《原體篇》，分"指事"、"象形"、"形聲"、"會意"、"轉注"、"假借"分別討論。其中"指事"、"象形"後分別附"指事存疑"、"象形存疑"；"形聲"列"形聲兼會意字"；"假借"分"借形轉聲之字"、"借形不轉聲之字"、"引申轉聲之字"、"引申不轉聲之字"諸門類。每字先列小篆形體，下列楷體，再下訓釋字義並注音，説明字形所從，或加按語進一步闡發己見。卷三、卷四爲《偏旁考》，將《説文》五百四十部首由今隸之形，溯源篆文之體，每字下略具説解，欲藉此以識六書門徑。卷五爲《補逸》，綜輯諸家所録《説文》逸字，共計近二百

字，略加音訓。卷六爲《篆文疑似考》，就部首有疑似者加以考辨。卷七爲《辨疑編》，就各部所孳生之字疑似者加以考辨。卷八爲《正訛》，取日用淺近之字，加以訂正。卷八後附《讀篆臆存雜説》，未標卷數，爲就其所見之字，有疑而未安者，據諸家之書加以疏證，雜記以備參考。後次《字學尋源》三卷。卷上將《説文》五百四十部首，按類組合，分作"數目類"、"榦枝（即干支）類"、"天道類"、"地形類"、"居處類"、"器用類"、"人事類"、"形體類"、"物曲類"、"動物類"諸門類。每字下只加簡注，明其本訓本音，以便記誦，而不論其引申通假之義。卷中《楷字偏旁溯原》，是因梅膺祚《字彙》省併《説文》五百四十部首爲二百十四部，其中有改換篆體失其本真、與部首絶不相關無從説其形聲、非由部首所生之字約四百有餘，逐一檢出，注明屬篆文何部，本義何居，以使初學者略識形聲之大概。卷下《偏旁溯原》，裒輯隸楷諸字改易增減失六書之意者，參校《説文》，尋流溯源，以窺六書之真諦。清人尊《説文》爲圭臬，奉六書説爲準繩，抱守之而不敢越雷池半步。實則至清後半期，隨地下出土古文字材料漸夥，在某種程度上已突破六書之藩籬。吳氏是書亦不免局限於時代窠臼，而其將理論探討寓於文字形體分析之中，甚至能在當時佔據主流地位的"四體二用"説之外另樹一幟，則爲是書可取之處，對於傳統《説文》學六書理論研究亦不無小補。

此本據華東師範大學圖書館藏清光緒二十三年崇雅精舍刻本影印。另有清光緒二十年興山吳氏刻本，爲是書初刻。（侯乃峰）

### 漢隸辨體四卷　（清）尹彭壽撰（第243册）

尹彭壽（1835—?），字竹年，號慈經，諸城（今山東諸城）人。光緒十一年（1885）拔貢，歷官蘭山縣教諭、國子監學正，後任

沂州琅琊書院山長。精訓詁,善書法,尤工篆隸,爲晚清著名金石學家。更著有《諸城金石志》、《山左南北朝石刻存目》、《周秦魏晉石存目》、《石鼓文匯》等。生平略見《諸城縣鄉土志》等。

尹氏曾在國子監校修石經,因著《石刻證經》五卷,既而推本篆文以考求漢隸形體而撰是書。此書前有工部左侍郎、山東學政裕德向朝廷舉薦尹氏之奏摺;卷首有汪鳴鑾以篆文所書之序,次羅振玉序,次張昭潛跋,次尹氏自序及校刊者姓氏,又次凡例。正文以《説文》部首始一終亥爲次,輯録漢隸字形列於各篆文之下,遇有漢隸無其本字而有假借之字者,亦録假借之字於其下,並詳加解説,以考其假借通用之源流。尹氏學有淵源,謹守家法,是書旁徵博引,論斷亦多精審,在清代衆多研討漢隸的金石學著作中可佔一席之地。

此本據上海圖書館藏清光緒二十一年尚志堂刻本影印。(侯乃峰)

### 彙鈔三館字例六卷　(第243冊)

此書是清朝國史、方略、會典三館諸臣編輯抄纂官方史書時所訂立的用字章程之彙總,爲集體製定,故不題撰人。據書中行文用詞,可知此本當是會典館鈔録備用者。卷首書名處有凡例三則云:一、本館堂籤,總裁之所訂正也;一、國史館《正字考》,本館初校書時所據之本也;一、方略館《字例》,先本館而進呈之式也。正文首列“大部　二畫”,“大部”下注云:“首畫係橫者入此部,仿國史館‘江山千古’分部例而以‘大清會典’四字易之。”“二畫”下注云:“前總纂黄重訂《正字考》,每部以畫數多少爲次,其法最便,今從之。每部皆起二畫,訖三十畫。無字可隸者,暫空其紙,以備增補。”是爲此書編排體例。正文主體分作“大”、“清”、“會”、“典”四部,各統首畫係橫、點、撇、豎者,而每部所録諸字,則以

畫數多少爲次。每字下注明此字所從偏旁部首、書寫中不作某形,並標明係何館字例,而分別加注“國史”、“方略”、“堂籤”字樣。“典”部之後次“前總纂黄原定避寫字樣”,爲自“聖祖仁皇帝(康熙帝)”以下廟諱、御名避諱字處理辦法,截止於“皇上御名(光緒帝)”。其後次“字體畫一例”,下注云:“遵録堂籤者十之七八,堂籤所無而總纂酌定者十之二三。”則當是會典館舊例之鈔録。如規定“勾到,不作句”,“句結,不作勾”之類,極爲細緻詳備。此書或可作爲規範文字形體之借鑒。

此本據南京圖書館藏清宣統刻本影印。此書另有宣統精寫刻本,將避諱字處理辦法部分置於卷首,且凡例之“本館堂籤”改稱“會典館字例”,而其餘兩條凡例中仍稱“本館”。彼本與此本不同之處,或是經人改編。(侯乃峰)

### 碑別字五卷　(清)羅振鋆撰　(第243冊)

羅振鋆(1862—1886),字佩南,亦字佩蘅,祖籍浙江上虞,客寓江蘇淮安。羅振玉之兄,年二十四即病殁。羅振玉有《伯兄佩南先生傳略》一文概述其生平。

此書始撰於羅振鋆,而卒業於羅振玉,是采録古代碑刻異構俗體別字之不載字書者,仿吳玉搢《別雅》之例,按韻排列而成編。卷首有路祅、劉鶚、羅振玉之序;次羅振玉所撰《伯兄佩南先生傳略》、《貰碑圖記》,概述成書經過。所輯録諸字以四聲爲序,按韻分列。每字先並列諸異體,而於其末綴以正體,另起行降一字注明所據碑刻名稱。有所據碑刻不止一通者,則標明序號。此書對於研究碑別字以及書法藝術皆是重要的參考資料,然終如羅振玉序中所云,不過小學之支流耳。

此本據湖北省圖書館藏清光緒二十年劉氏食舊堂刻本影印。(侯乃峰)

### 説文古籀疏證六卷　（清）莊述祖撰（第243册）

莊述祖，有《尚書今古文考證》，已著録。

此書原名《古文甲乙篇》，莊氏以干支爲序，自甲至亥分爲二十二部，變通《説文》以古籀合篆文體例，擇録彝器銘文、《説文》古籀、魏三字石經、石鼓、《汗簡》、《古文四聲韻》中信而有徵之字形，而以篆文從古籀，先敘古文，次籀文，次篆文，然後解説字義。説義先敘《説文》本義，次采諸家之説，次附己見，以按語别之。此書卷首爲莊氏自序；次目録，附原目，後附條例。卷末有潘祖蔭跋。此書乘傳統金石學臻於鼎盛之機，收録了大量青銅器銘文以及傳世所見古籀字形，存古之功自不可没。然時處古文字學科肇始階段，加之莊氏囿於識見，不明古籀遞變演進之跡，其考古之功未免疏略。如卷一甲部首字"賓"下云"從尸省"又謂"從鼎省"，兩説全不可信，可見莊氏學術之一斑。至於條例中所謂"世所傳泉布，考其字體，皆是小篆，大底出於新莽之世"，妄下論斷，不知當置衆多先秦古幣及新莽後之篆文古幣於何地。

此本據清光緒十一年（1885）刻本影印。（侯乃峰）

### 説文古籀補十四卷補遺一卷附録一卷　（清）吳大澂撰（第243册）

吳大澂（1835—1902），字止敬，又字清卿，號恒軒、愙齋，吳縣（今屬江蘇蘇州）人。同治七年（1868）進士，歷任編修、太僕寺卿、左都御史、廣東巡撫、河南山東河道總督、湖南巡撫等職，後因甲午戰爭中兵敗被革職。性嗜金石，工詩文書畫，尤工篆書，兼善刻印，爲晚清著名金石學家、書畫家。更著有《愙齋集古録》、《古玉圖考》、《愙齋自省録》等。《清史稿》有傳。

此書選取鐘鼎彝器、石鼓、古幣、古鉥、古陶等器物上所見先秦古文字形三千五百餘字，大都是《説文》所未收者，按照《説文》體例編排成書。此書卷首有陳介祺、潘祖蔭敘，次吳氏自敘，次凡例。正文每卷之首皆有本卷字數、重文數統計。所收字形皆據墨拓原本摹寫，未見拓本者，概不采録。收字不分古籀，每字皆注明出處，間附考釋。卷末有補遺一卷，當爲後續所見未及録入正編者。後有附録一卷，爲舊釋可從而未能確信者，以及己意有所見而未爲定論者。此書所收之字，可補《説文》古籀之不足；字形摹寫精善，深得古文字原形真意；所創編排體例，被後來包括《金文編》在内的衆多古文字字編遵循沿用；書中考釋意見亦甚精審，可代表傳統金石學文字考釋之最高水準；是書對於後來的古文字學研究極具參考價值。尤其值得一提者，吳氏於敘中疑《説文》古文皆周末七國時所作，爲周末文字，古器習見之字，即成周通用之文，已開後來王國維所謂六國用古文説之先聲，而吳氏又可謂後來戰國文字研究理論之奠基者。

此本據上海圖書館藏清光緒七年刻本影印。當爲是書初刻，中有不知何人之批語。另有光緒二十一年湖南重刻本，較初刻版收字有所增加。（侯乃峰）

### 古籀餘論三卷　（清）孫詒讓撰（第243册）

孫詒讓，有《尚書駢枝》，已著録。

此書是孫氏考釋清人吳式芬《攈古録金文》一書中摹刻著録的一百零五篇重要青銅器銘文之作。卷首有孫氏所撰後敘，略述其研究青銅器銘文經過。孫氏承乾嘉諸老餘緒，學問淵博，小學功力精純，其治金文，善於聯繫典籍文獻，闡微發覆，創獲頗多。孫氏考釋古文字之法，對後之古文字學者影響甚大，於傳統金石學向現代學科意義的古文字學轉化亦有推動作用。此書與孫氏《古籀拾遺》，雖難免有誤釋之處，但仍爲金文考釋方面的經典著作，具有較高的研究價值。

此本據上海辭書出版社圖書館藏清光緒二十九年籀經樓刻本影印，爲是書初刻本，經孫氏同邑張揚校訂，陳準覆校，分上、中、下三卷。而據孫氏後敘所説，此書原爲二卷，與是本中實際分卷不同，或是孫氏偶誤，亦或是原定二卷而刊刻時改爲三卷。此書另有民國十八年（1929）容庚據王國維所得鈔本而付燕京大學刊刻本。容庚當是未曾見過籀經樓刻本，將鈔本的二卷改爲三卷，每卷所統之器與籀經樓刻本不同，合彼本卷一、卷二恰好相當於此本的卷上。（侯乃峰）

### 古籀拾遺三卷宋政和禮器文字考一卷

（清）孫詒讓撰（第243册）

孫詒讓，有《尚書駢枝》等，已著録。

此書是孫氏考釋校訂宋薛尚功《歷代鐘鼎彝器款識法帖》、清阮元《積古齋鐘鼎彝器款識》、清吳榮光《筠清館金文録》三書中所著録青銅器銘文的著作。孫氏依王念孫《讀書雜志·漢隸拾遺》例，由薛、阮、吳三書中分別選取十四器、三十器、二十二器，分爲上、中、下三卷，逐器加以考訂，分析字形，明其通假，立説多有精確可取之處。此書初名《商周金識拾遺》，後改今名。另附《宋政和禮器文字考》一卷，是孫氏對北宋政和年間禮制局奉勅所鑄仿古青銅禮器銘文的考訂，對於銅器辨僞有所裨益。

此本據上海辭書出版社圖書館藏清光緒十四年自刻本影印。卷首有孫氏以篆文所寫之敘，後次《宋政和禮器文字考》。卷末附劉恭冕跋。（侯乃峰）

### 急就章考異一卷　（清）孫星衍撰（第243册）

孫星衍，有《孫氏周易集解》，已著録。

此書是對漢史游所作《急就章》中異文的考訂。孫氏據法帖中北宋紹聖三年（1096）勒石本爲底本，參校所見其他諸本，校定文字異同，而於其字句箋釋，因已有前人注解，故

此不及。卷首有孫氏《急就章考異序并注》，序文大字，注文雙行小字。正文先標注本章次第，後以大字列本章文字，遇其餘諸本有不同於底本之異文，則以雙行小字注於該字下，間考各本字形致誤之故。因法帖僅餘三十一章，故此書亦至第三十一章而止。此書眉目清晰，使覽者對諸本文字異同一目瞭然，對於《急就章》之研究甚爲方便。尤其值得注意者，孫氏從具體的字形例證出發，於序文中提出"草從篆生"之説，"草書之始，蓋出于篆。或以爲解散隸體麤書之，非也"。對於後人探討草書字體形成過程很有啟發。經後來學者考證，這種説法是很有見地的，可以説孫氏已經開始觸摸到草書形成的事實真相。

此本據南京圖書館藏清嘉慶三年刻《岱南閣叢書》本影印。孫氏校勘謹嚴精審，《岱南閣叢書》向稱善本，此本經孫氏手校，堪稱善中之善。（侯乃峰）

### 倉頡篇輯本一卷　（清）孫星衍輯　續本一卷　（清）任大椿續輯　補本二卷　（清）陶方琦補輯（第243册）

孫星衍，有《孫氏周易集解》等，已著録。

任大椿，有《深衣釋例》，已著録。

陶方琦，有《鄭易小學》，已著録。

秦李斯所作《倉頡篇》以及漢代合纂之"三倉"，約至北宋時即已亡佚，然自漢至唐迄於北宋之典籍傳注及類書中頗見稱引。孫氏於《文選注》、《一切經音義》、《經典釋文》、《史記索隱》、《史記正義》、《後漢書注》、《玉篇》、《廣韻》、《太平御覽》、《藝文類聚》等故書中廣爲輯録佚文，以《説文》部首爲序，編纂成書。後任大椿賡續其事，據《小學鈎沈》本輯録孫氏所遺之佚文，成《續本》一卷，補充凡二十九部。後陶方琦又從《大藏音義》、《續一切經音義》、《玉燭寶典》、日本傳刻唐本《玉篇零部》（按：當即《影舊鈔卷子原本玉篇零卷》）等書中續有所得，輯成《補本》

二卷，以補孫本之未備。陶氏未卒業而病歿，其友諸可寶復爲編録，終得成書付梓。以上三書作爲《倉頡篇》輯本，體例精善，檢尋方便，對於《倉頡篇》研究具有重要的參考價值。

此三種輯本，前兩種原曾分別單獨刊行，後將三本合刻，以便觀覽。此本據國家圖書館藏清光緒十六年江蘇書局刻本影印。卷首有黃彭年合刻諸本時所作之序，次孫星衍輯本孫氏之自序；孫本卷末附洪亮吉之序、王開沃跋尾各一篇。孫本後次任氏續本，續本後次陶氏補本。陶本卷前有陶氏自序，卷末有諸可寶《書後》。此本天頭處時見王國維所作眉批，蓋是王氏作《重輯蒼頡篇》時之讀書札記。（侯乃峰）

## 柴氏古韻通八卷附正音切韻復古編一卷
（清）柴紹炳（第 244 册）

柴紹炳（1616—1670），字虎臣，號省軒，仁和（今浙江杭州）人。康熙八年（1669）詔舉山林隱逸之士，巡撫范承謨將薦之，力辭不就。更著有《省軒文鈔》、《詩鈔》、《白石軒雜稿》、《考古類編》、《古韻通》、《省過記年録》及《家誡明理記》等。《清史稿》有傳。

《古韻通》八卷，爲以韻圖形式表明古韻分部之作，書前有錢塘毛先舒序及柴氏自序，及門人陸繁弨後序。柴氏精通音韻，在《廣韻》基礎上，根據《詩經》等先秦韻文，分古韻爲四十部，其中平聲十一部、上聲十一部、去聲十一部、入聲七部。如平聲第一部爲合併《廣韻》一東二冬（並鍾）三江，平聲第二部爲合併《廣韻》四支五微八齊九佳十灰等。書中設全通、半通、間通、旁通四例。"全通者，如東冬江……諸韻合一，全部可通者也；半通者，如元通真文，又通寒删……之類，一韻兩屬，各分其半者也；間通者，如東通陽……之類，間出相通，難以統一之類；旁通者，如……誦用本宋而入冬之類，此數字偶通，不容牽合

者也。"從内容看，可謂是離析唐韻，爲古韻分部著作。但該書韻字羅列仍沿襲《廣韻》，未按古韻押韻情況羅列韻字，屬於古韻分部萌芽狀態。然柴氏生當明清之際，略與顧炎武同時，已經深明古韻别於今音，樹立語音之時地觀，古韻分部雖較顧炎武粗淺，仍有不可磨滅之功。

《正音切韻復古編》一卷，爲柴氏討論音韻理論之作，書口有"雜説"二字。首爲引言，依次爲《切韻源委説》、《辨字母等韻得失》、《十三門法是非辨》、《韻表説》、《反切三法》、《轉音經緯圖説》、《辨字母當存説》、《切韻分陰陽説》、《聲韻謬誤當正説》、《三十六字母分音》、《三十六母中古人常用切脚字》、《論閭呂》、《辨聲捷訣》、《三十六字母切韻例》，共十四題。以上題目可以看出該編内容，其中多有精闢實用之處，如《三十六母中古人常用切脚字》，以七言韻語列出每母常用反切上字："見中居舉九姑古，溪裏缺丘豈去苦，群用渠巨近强其，疑以魚元吾語五……"至今仍可作爲記誦反切上字之用。

該書有清代丁顯編《音韻學叢書四十二種》本，爲稿本；又清康熙刻本、乾隆四十一年刻本。此本據中國科學院圖書館藏清康熙刻本影印。（張詒三）

## 毛詩古音參義五卷首一卷　（清）潘相撰
（第 244 册）

潘相，有《周禮撮要》等，已著録。

該書繼承陳第、顧炎武、戴震諸氏"古音無叶音"説，力斥"叶音"之妄，並根據《詩經》押韻，歸併韻字。"故就《詩》論《詩》，依《詩》諧聲之次序，舉其一字，以後篇之同聲，編爲一類，用便查對，始'鳩'字終'奔'字，共二十有四聲。"意即根據《詩經》押韻，劃分二十四部：鳩、得、采、芼、萋、谷、筐、嵬、砠、纍、縈、訧、薨、揖、林、楚、肆、定、角、中、紞、包、轉、顏、奔（實爲二十五個韻目

字,該書序謂"二十有四聲",當是誤記)。每部之中,列出《詩經》韻腳字。潘氏分部雖多,但分合粗疏,且韻目自立,費人琢磨,故影響不及同時代之段玉裁、孔廣森等人之著作。

此本據復旦大學圖書館藏清嘉慶五年刻撝謙堂本影印。(張詒三)

### 聲韻考四卷聲類表九卷首一卷 (清) 戴震撰 (第 244 冊)

戴震,有《尚書義考》等,已著録。

《聲韻考》四卷爲戴氏音韻學論文集,第一卷探討反切之始、韻書之始、四聲劃分之始以及《切韻》與《廣韻》的情況;第二卷爲《考訂廣韻同用獨用四聲表》以及關於《韻略》和《集韻》等書的論述;第三卷討論古音;第四卷收《答江慎修先生論小學書》等學術書信與序跋。

《聲類表》九卷首一卷,爲戴氏研究古韻分部之作,分古韻爲九類二十五部,陰聲韻、陽聲韻、入聲韻三分並相配。其古韻格局是:第一類:阿、烏、堊;第二類:膺、噫、億;第三類:翁、謳、屋;第四類:央、夭、約;第五類:嬰、娃、厄;第六類:殷、衣、乙;第七類:安、藹、遏;第八類:音、邑;第九類:醃、旱。每一類三韻部分别是陽聲韻、陰聲韻、入聲韻,第八類和第九類僅有陽聲韻和入聲韻,無陰聲韻。每一部名稱如"阿、烏、堊"等均選擇影母字爲韻目。戴氏之"藹"部,基本相當於"祭"部,"祭"部獨立爲戴氏一大發明,陰、陽、入三分並相配,體現出戴氏之通曉音理、審音精深。

此本據國家圖書館藏乾隆四十四年孔繼涵刻《微波榭叢書》本影印。(張詒三)

### 六書音均表五卷 (清) 段玉裁撰 (第 244 冊)

段玉裁,有《古文尚書撰異》等,已著録。

是書五卷,分爲五篇:《今韻古分十七部表》、《古十七部諧聲表》、《古十七部合用類分表》、《詩經韻分十七部表》、《群經韻分十七部表》。古韻自顧炎武析爲十部,後江永復析爲十三部,段玉裁謂支、佳爲一部,脂、微、齊、皆、灰爲一部,之、咍爲一部,漢人猶未嘗淆借通用。晉、宋而後,乃少有出入。迄乎唐之功令,"支"注"脂、之同用","佳"注"皆同用","灰"注"咍同用",於是古之截然爲三者,罕有知之。又謂真、臻、先與諄、文、殷、魂、痕爲二,尤、幽與侯爲二,得十七部。段氏十七部分六類:第一類:之部;第二類:蕭、尤、侯、魚;第三類:蒸、侵、談;第四類:東、陽、庚;第五類:真、諄、元;第六類:脂、支、歌。段氏貢獻在於"之、支、脂"三分,真、文分立,幽、侯分立,以及提出"同諧聲者必同部"的重視漢字諧聲的觀點,其書始名《詩經韻譜》、《群經韻譜》。嘉定錢大昕見之,以爲鑿破混沌,後易其體例,增以新加,十七部仍如其舊。

該書多附於《説文解字注》,版本衆多。此本據南京圖書館藏清乾隆四十一年富順官廨刻本影印。(張詒三)

### 韻徵十六卷 (清) 安吉撰 (第 245 冊)

安吉,生卒年不詳,據是書署名,爲錫山(今屬江蘇無錫)人。

是書書名題"六書韻徵",扉頁爲"韻徵",爲安氏研究音韻學之著作。書前有祁寯藻道光十八年(1838)敘、王家相道光十七年敘、李兆洛道光十七年敘,以及嘉慶十二年(1807)安氏自敘。全書十六卷,按宮、商、角、徵、羽五音分類,如卷一爲"宮聲韻",卷二爲"變宮聲韻",卷三爲"商聲韻",卷四、卷五爲"角聲韻",卷六、卷七、卷八、卷九、卷一〇、卷一一爲"徵聲韻",卷一二、卷一三、卷一四爲"變徵韻",卷一五、卷一六爲"羽聲韻"。每一卷中仍分若干韻部,每一韻部以諧聲偏旁統字。所列字體爲小篆形體,然後以雙行楷書小字簡單釋義並有字形説解。

該書封面有"道光丁卯孟春月親仁堂開刊"字樣,道光年間無"丁卯",當爲翻刻"嘉慶丁卯孟春親仁堂刊"時致誤,實爲清道光十八年刻本。此本據湖北省圖書館藏清道光十八年親仁堂刻本影印。（張詒三）

### 漢學諧聲二十四卷説文補考一卷説文又考一卷 （清）戚學標撰 （第245冊）

戚學標,有《毛詩證讀》等,已著録。

是書爲戚氏集三十年心血而成,上溯《説文》,引證古讀,按漢字諧聲偏旁統字,每一字下先列小篆形體,再釋義,然後解釋形體。如卷二"㠯"字諧聲下,"諧聲字爲絹,績也,從絲㠯聲。葺,䓤,茨也,從艸㠯聲。……輯,車和輯也,從車㠯聲"。末附《説文考補》三卷。李慈銘評此書"辨正二徐(徐鉉、徐鍇)及孫愐《唐韻》之誤,徵引經籍傳注,精確爲多"。第二十四卷爲《讀説文》,是閲讀《説文》的劄記。

《説文補考》和《説文又考》各一卷,按《説文解字》列字之五百四十部順序,對説文所列漢字進行釋義、字形説解和補充例證。

此本據上海圖書館藏清嘉慶九年涉縣官署刻本影印。（張詒三）

### 詩音表一卷 （清）錢坫撰 （第245冊）

錢坫,有《車制考》等,已著録。

是書爲錢氏研究《詩經》雙音詞聲母關係之作。錢氏搜集《詩經》中大量雙音詞,根據雙音詞的聲母關係進行分類列表。全文分十一類：雙聲第一、出聲第二、送聲第三、收聲第四、影喻通出聲第五、曉喻通送聲第六、曉影通收聲第七、影喻同聲第八、本類通聲第九、來首聲第十、來歸聲第十一。每表最右一列列出三十六字母,往左列出符合的雙音詞,個別列出《詩經》原文,以標明詞語出處。如"雙聲第一"之"見"母下,列出"高岡"等,

"溪"列"洸潰"等。"出聲第二"主要是指雙音詞聲母都是不送氣聲母的,如"見端"、"見幫"、"見非"等聲母關係。"送聲第三",主要是聲母都是送氣聲母的和全濁聲母的,如"溪透"列"泣涕"等,"群定"列"求迪"等。"收聲第四"主要是聲母都是次濁聲母的,如"疑泥"列"雅南","泥疑"列"寧宜"等,至於"影喻通出聲第五"、"曉喻通送聲第六"等,顧名可曉其義。"本類通聲第九"指雙聲爲"見溪群疑"或"幫滂並明"同組聲母的。"來首聲第十"指雙聲之第一音節爲來母者。"來歸聲第十一"指雙聲第二字聲母爲來母者。可見,《詩音表》實爲錢氏對《詩經》雙音詞按聲母關係進行的歸類表,其中亦有錢氏研究《詩經》古音的卓見在：如將"匣"母歸入"喻"母,説明錢氏已經注意到"匣喻"的上古聯繫。

此本據民國二十四年渭南嚴式誨刻本影印。首頁題"錢氏詩音表一卷",並有"辛未五月渭南嚴氏用擁萬堂本刊于成都版心原式過小此表欄分一爲二取便觀覽並記"字樣,書末有徐書受乾隆四十二年六月二十五日跋。另有清嘉慶七年擁萬堂刻《錢氏四種》本。（張詒三）

### 古韻譜二卷 （清）王念孫撰 （第245冊）

王念孫,有《爾雅郝注勘誤》等,已著録。

是書爲王氏研究古音學之作,是上古音歸字表性質。王氏分古韻爲二十一部,分別是：東第一,蒸第二,侵第三,談第四,陽第五,耕第六,真第七,諄第八,元第九,歌第十,支第十一,至第十二,脂第十三,祭第十四,盍第十五,緝第十六,之第十七,魚第十八,侯第十九,幽第二十,宵第二十一。每部分平、上、去三類,有的韻部還配有入聲,把先秦古籍中的入韻字分別部居其中。王氏真、至分立,脂、祭分立,侵、緝分立,談、盍分立,較段玉裁多四部,分部更加精細。

此本據民國二十二年渭南嚴氏刻本影印。
（張詒三）

### 漢魏音四卷 （清）洪亮吉撰 （第245册）

洪亮吉，有《毛詩天文考》等，已著録。

是書爲漢魏音讀彙編，首有洪氏乾隆四十九年敘。該書編排依據《説文》部次，而以未見於《説文》者附於後。或《説文》所有而後復訛爲他字者，則注云"某字本某字"，不移其部。若傳訛已久則亦各從其部，正附兩列。每字之後單行大字注出音注，並以雙行小字注明出處。所收音注或有可議者，如劉氏《釋名》，多爲聲訓，實不足作爲音注。該書於漢魏舊注搜集豐富，多有補正。

此本據上海辭書出版社圖書館藏清乾隆五十年刻本影印。（張詒三）

### 音切譜二十卷 （清）李元撰 （第246册）

李元，生卒年不詳，據是書署名，知其字太初，京山（今湖北京山）人。

是書爲按韻列字之韻書，與一般韻書不同之處在於編排方式上有很大變革。卷一爲"字母"和"四等"，論述三十六字母的來源，認爲來源於西域三十六字母，並且闡述了三十六字母的清濁陰陽等問題；"四等"分"開口正音"、"開口副音"、"合口正音"和"合口副音"四等。卷二爲"反切"和"五音"，論述了反切的起源和原理以及五音的問題，列出了《廣韻》反切上字等。卷三至卷九爲"列韻"，分"上平聲"、"下平聲""上聲上"、"上聲下"、"去聲上"、"去聲下"和"入聲"七類，韻目基本依據《廣韻》，每一韻按三十六字母以及四等列出韻字，只列切語，未對韻字作解釋。卷一〇爲"韻攝"，卷一一至卷一六爲"通紐"，按聲母指出古書中互相押韻之字，應爲古韻研究。卷一七爲"互通"，卷一八爲"通韻"，卷一九爲"古韻"，卷二〇爲"今韻、四聲、通協"。是書爲李元研究音韻學之總匯，包含了他研究音韻學的各個方面的結論和看法。

此本據南京圖書館藏清道光二十八年廣漢李印堂較正本影印。（張詒三）

### 詩聲類十二卷詩聲分例一卷 （清）孔廣森撰 （第246册）

孔廣森，有《大戴禮記補注》等，已著録。

《詩聲類》十二卷，爲研究古音韻部之作。孔氏在顧炎武、江永等人的古音分部基礎上，分古韻爲十八部，其中陽聲韻九部：原、丁、辰、陽、東、冬、侵、蒸、談；陰聲韻九部：歌、支、脂、魚、侯、幽、宵、之、合。陰陽相配並對轉，原與歌、丁與支、辰與脂、陽與魚、東與侯、冬與幽、侵與宵、蒸與之、談與合，兩兩相配並對轉。"東"部獨立與"陰陽對轉"爲孔氏發明，尤其是"陰陽對轉"理論，揭示了語音演變的規律。孔氏不立入聲韻部，認爲入聲爲江左之變，上古則無入聲，實爲囿於山東方音之故。

《詩聲分例》一卷，爲討論《詩經》的押韻條例之作。對《詩經》押韻條例總結爲：偶韻例、奇韻例、偶句從奇韻例、疊韻例、空韻例、二句獨韻例、末二句換韻例、兩韻例、三韻例、四韻例、兩韻分協例、兩韻互協例、兩韻隔協例、三韻隔協例、四韻隔協例、首尾韻例、二句不入韻例、三句不入韻例、二句間韻例、三句間韻例、四句間韻例、聯韻例、續韻例、助字韻例、句中韻例、句中隔韻例、隔協句中隔韻例，凡二十七種。

此本據上海辭書出版社圖書館藏清乾隆五十七年孔廣廉謙益堂刻本影印。（張詒三）

### 説文聲系十四卷 （清）姚文田撰 （第246册）

姚文田，有《説文校議》，已著録。

是書爲姚氏研究音韻的主要著作。書首有姚氏嘉慶九年（1804）自序。全書把《説文解字》中之字按聲符排列，標注每字在《説文解字》中之卷次及聲符。如卷一下："屯,一下屯聲。"下列:萅,一下,經典作春;肫,四下;邨,六下;頓,九上;純,十三上;鈍,十四上。可見,"屯"爲聲符,下列"萅、肫、邨、頓、純、鈍"諸字皆以"屯"爲諧聲偏旁者。

此本據上海辭書出版社圖書館藏清嘉慶九年粵東使署刻光緒七年姚覲元補修重印本影印。(張詒三)

## 古音諧八卷首一卷　(清) 姚文田撰 (第246 册)

姚文田,有《説文校議》等,已著録。

是書爲姚氏研究上古音韻部的著作,屬於上古音歸字表性質。首一卷爲姚氏對於古音學觀點的論述,如"一論古無韻字"、"二論古人音學有專書"、"三論古今異讀"、"四論古字亦有數音"等,凡九論。正文八卷分別羅列古書中的押韻字,並進行分部。姚氏分古韻中平上去爲十七部,另列入聲八部。平上去十七部是:一東,二侵,三登,四之,五齊,六支,七真,八文,九寒,十青,十一麻,十二魚,十三侯,十四幽,十五爻,十六庚,十七炎。入聲九部是:一戠,二月,三易,四丩,五昔,六屋,七匊,八樂,九合。全書按韻部爲序,把古書中押韻的字歸入各個韻部之中。姚氏所分十七部,其部居完全與段玉裁相同,不同之處在於:段氏無去聲,姚氏無入聲,凡段氏歸入聲者,姚氏歸入去聲。

此本據華東師範大學圖書館藏清道光二十六年刻本影印。(張詒三)

## 説文聲類二卷　(清) 嚴可均撰 (第247 册)

嚴可均,有《唐石經校文》,已著録。

是書分上下兩卷,上卷八篇篇目爲:之類第一、支類第二、脂類第三、歌類第四、魚類第五、侯類第六、幽類第七、宵類第八。下卷八篇篇目爲:蒸類第九、耕類第十、真類第十一、元類第十二、陽類第十三、東類第十

四、侵類第十五、談類第十六。每類之中先列諧聲偏旁,然後列出該諧聲偏旁所屬之字,如之類第一"司"旁,列出"祠、嗣、笥、詞"等字。又如支類第二"圭"旁,列出"圭、珪、菫、街、卦、桂、鮭、佳、蛙、娃、掛、畦"等。每一卷之後有總結,説明文字,説明部次交織及參差出入情況。如"之類第一"卷尾曰:"文六百八十四,補文九,删文二。重一百十五,補重一,删重九。"又曰:"右類字據重文、讀若及諧聲之轉入他類者,可得古音通轉之證。"總之,該書爲結合《説文解字》爲漢字劃分韻部之作。

此本據南京圖書館藏清嘉慶九年四録堂刻光緒中吳氏二百蘭亭齋印本影印。(張詒三)

## 毛詩古韻雜論二卷　(清) 牟應震撰 (第247 册)

牟應震,有《毛詩物名考》等,已著録。

是書爲牟氏論述音韻學主要理論問題之作,全書共有十九篇,分題論古韻、論沈韻、論等韻、論分部、論本音、論元音、論五音、論十三聲、論入聲、論通轉、論不必改音、論古無叶音、論以音釋義、論古今音、論麻韻、論語詞、論六書、論轉注假借、論諸家韻學。其中論述古韻的性質、古韻的通轉、古韻的分部和分部的方法等,所論多有精當之見。

此本據南京圖書館藏清嘉慶刻道光二十九年至咸豐五年朱廷相、朱晼重修《毛詩質疑六種》本影印。(張詒三)

## 毛詩古韻五卷　(清) 牟應震撰 (第247 册)

牟應震,有《毛詩物名考》等,已著録。

是書爲牟氏利用《詩經》分析上古韻部之作。全書分古韻爲二十六部,其中陰聲九部:宵、幽、黝、侯、魚、歌、灰、咍、海;陽聲八部:陽、東、談、侵、清、蒸、元、真;入聲九部:洽、月、質、六、鐸、屋、錫、未、職。每部之中先列

出"合部"：即《廣韻》若干部合併爲上古一部，次"正音"：即表明牟氏認爲的標準音，切音以《廣韻》爲準，反音以《集韻》爲準，凡贅古音二字者以顧炎武《唐韻正》爲準。次"摘證"：摘舉《詩經》及群經傳注之例證。次"通轉"：分別列舉本部與他部通轉之本證與旁證。次"附論"：論述各部需要討論的問題。全書體例完備，條理清楚，論述精當。

此本據南京圖書館藏清嘉慶刻道光二十九年至咸豐五年朱廷相、朱畹重修《毛詩質疑六種》本影印。（張詒三）

### 毛詩奇句韻考四卷 （清）牟應震撰（第247冊）

牟應震，有《毛詩物名考》等，已著錄。

是書爲牟應震研究《詩經》押韻之作。如《周南‧關雎》條下："鳩、洲、女、逑韻，女轉讀妞。……《大叔于田》狃轉讀女。○二章菜、女韻，菜讀泚。流、求韻。○三章得、服、哉、側韻，得讀底，服讀俖，哉讀即，側讀直如得，側讀今音則，服讀迫或讀則。○四章采、友韻，采讀此，友讀乙，後同。○五章芼、樂韻，樂，五教反，後同。"由此可見，該書主要列出《詩經》每一首詩的韻腳字，對於今音不押韻的字，指出牟氏認爲應該讀的音。

此本據南京圖書館藏清嘉慶刻道光二十九年至咸豐五年朱廷相、朱畹重修《毛詩質疑六種》本影印。（張詒三）

### 韻譜一卷 （清）牟應震撰（第247冊）

牟應震，有《毛詩物名考》等，已著錄。

是書爲牟氏研究語音原理即等韻學之作。先分"十三聲"：光、官、公、緄、高、鈞、乖、規、歌、國、瓜、孤、基。又"聲分四音"：開、發、收、閉。"開"有光、官、公、緄等，爲合口呼；"發"有岡、干、庚、根，爲開口呼；"收"有江、堅、京、金，爲副開口呼；"閉"有惺、涓、泂、君等，爲副合口呼。然後按發音部位列出韻字。

發音部位分"前腭音"、"舌音"、"重唇音"、"齒音"、"牙音"等，每一音下按"十三聲"列出例字。終以總論。該書時有神秘附會之處，如"開、發、收、閉，說本邵子，而一音中各具四音，視沈韻之平上去入爲密矣。開，春也；發，夏也；收，秋也；閉，冬也。符四時也。光官公緄聲在舌外屬陽，餘舌內屬陰，陽一而陰二也。聲有十三，像月積十二成歲，而餘成閏也"。如此論述，未足爲據。

此本據南京圖書館藏清嘉慶刻道光二十九年至咸豐五年朱廷相、朱畹重修《毛詩質疑六種》本影印。（張詒三）

### 諧聲補逸十四卷 （清）宋保撰（第247冊）

宋保，生卒年不詳，字定之，一字小城。高郵（今江蘇高郵）人，宋綿初之子。更著有《爾雅集注》、《京筆雜記》、《治河紀略》等。見《續增高郵州志》。

是書每卷題"諧聲補逸弟幾"字樣，第二行下署名"高郵宋保"字樣。各頁書口無魚尾，只有一"卷"字，並無卷數，酷類稿本。頁十行，行二十一字。卷首有《諧聲補逸記》一篇，共五頁，第一、二頁已殘缺，不可通讀。篇末有"嘉慶癸亥嘉平月二十四日高郵宋保定之甫記"字樣，當是成書定稿時所作之序言。全書以《說文解字》五百四十部爲順序，列出每部之字所屬之韻部，並論證字韻與諧聲之關係或異體字不同諧聲之語音聯繫。字韻與諧聲韻相近者，往往簡略，如卷一《上部》"帝，皆朿聲，朿聲、帝聲，同部相近"。唯字韻與諧聲語音差異者，則用力補證，如卷一《一部》"元，從一兀聲。……元在元韻，兀在沒韻。古音術物迄沒與月曷末黠轄薛最相近，而月曷末黠轄薛爲元寒桓删山仙之轉聲"。有時解釋異體字不同諧聲之語音關係：如卷六《木部》："梅，每聲，重文作楳，某聲……某古音在止海部內，與母、每同部相近。某，古讀同每，凡從某聲，如謀媒楳等，皆讀同梅。今韻入灰、入尤、入厚，皆由之咍止海轉入，非古音也。"

此本據南京圖書館藏稿本影印。（張詁三）

### 説文解字音均表二卷　（清）江沅撰（第247册）

江沅（1765—1837），字子蘭，號鐵君。元和（今屬江蘇蘇州）人，江聲之孫。金壇段玉裁僑居蘇州，沅出入其門者數十年。更著有《説文釋例》等。見《清儒學案》卷七六。

是書本十七表，其中第十五表分上、下兩部分。每表先標諧聲聲符，後列該聲符"件系"之形聲字，每字目下注明該字在《説文》某篇某部，再引大徐本原文。如認爲某字小徐本的説解優於大徐本，則引小徐本之文。凡段氏校訂合理處，均予吸收；凡是他認爲段氏妄改之處一概不從，且在疏中説明。每個字引完説解即加疏語。若段氏有注，即在疏中引述段注要點，然後以按語形式或加以説明，或闡述己見。若段氏無注，則曰"段氏無注，經傳亦未見"，或云"未詳"、"字未見用者"等。凡他認爲非許氏書原有，而爲後人所附之字，即在字目外加一方框。若某字聲符在此部，而該字實際讀音在另一部，即于此部列一字目，外加圓圈表示存而勿論，並在另一部正式列該字字目。在十七表後面還排了二十三個缺音字。凡段注失誤之處，江氏也一一指出、並作糾正。如《説文·皀部》的"即"字説解云："即食也。"段注："'即'當作'節'，《周禮》所謂節飲食也。"江沅在《音均表》中糾正説："案此即食，謂就食也。言食者從皀，故引申爲就。"江氏雖未及見到"即"字甲金文，其見解却與甲金文暗合。江沅於段氏紕訛處略箋其失，如"䏌，讀若秘"，改爲"讀若逼"；必之"弋亦聲"，改爲"八亦聲"。又曰："段氏論音謂古無去，故譜諸書平而上入。……沅意古音有去無入，平輕去重，平引成上，去促成入。上入之字，少於平去，職是故耳。北人語言入皆成去，古音所沿，至今猶舊，非敢苟異，參之或然。"

此本據上海圖書館藏稿本影印，僅二表，非全帙。末頁有江文煒識語，道其原委："擬欲募刊，而手録之本未敢輕出。篋中有録副未竟者數卷，先出以問諸當世，冀名德鉅公爲之順風而呼，俾登梨棗。"後光緒間，王先謙輯刊《皇清經解續編》，收入了江沅此書全帙，始克完成江氏後人之心願。（張詁三）

### 形聲類篇二卷餘論一卷　（清）丁履恒撰校勘記一卷　（清）龐大堃撰（第247册）

丁履恒（1770—1832），字若士，一字道久，號東心，武進（今江蘇武進）人。更著有《思賢閣集》、《寫韻齋集》、《望雲聽雨山房劄記》、《宛芳閣雜著》、《春秋公羊例》、《左氏通義》、《毛詩名物志》等。見《清儒列傳》卷七二。

龐大堃，有《易例輯略》，已著録。

《形聲類篇》上、下二卷，《餘論》一卷，爲丁氏研究古韻分部之作。上卷爲"部分篇"，主要討論《廣韻》各韻部按古韻之分列，援引顧炎武以來各家分合，參以己意，進行考訂。用十天干字爲韻部名稱，各分上、下，唯丙部、辛部不分上、下，戊部分上、中、下，總計有十九部：東、冬、侵、談、蒸、陽、耕、真、文、元、脂、祭、支、歌、之、幽、宵、侯、魚。下卷爲"通合篇"，則列顧炎武、段玉裁、孔廣森、王念孫各家分部，類於古音學史，並對一些韻部的分合進行討論。"餘論"部分則討論了一些特殊情況，如"有同得聲字分收各部者"等。書後附常熟龐大堃校勘。

此本據國家圖書館分館藏清光緒二十二年《佚漢齋叢書》本影印。（張詁三）

### 古韻發明不分卷　（清）張畊撰（第247册）

張畊，生平不詳。

是書爲張畊研究古音學的著作。書前有道光六年(1826)阮元序和道光四年吳志忠序，並收有張氏與當時師友如袁鍊、許瀚、孫宗煥、時式玉等人討論古韻的書信，及《廣韻獨用同用四聲表》等。全書分古韻爲九類二十五部。第一類：一阿部，歌戈麻支佳；二烏部，模魚虞麻；三堊部，鐸藥覺陌麥昔錫。第二類：四膺部，蒸登；五噫部，之灰咍皆尤；六億部，職德屋麥。第三類：七翁部，東冬鍾江；八謳部，侯幽尤虞蕭宵肴豪；九屋部，屋沃燭覺錫。第四類：十央部，陽唐庚耕；十一天部，蕭宵肴豪；十二約部，藥覺鐸屋沃錫陌麥。第五類：十三嬰部，耕庚清青；十四娃部，支齊佳；十五厄部，昔錫麥陌。第六類：十六殷部，真諄臻文殷魂痕先仙；十七衣部，脂微齊灰皆咍；十八乙部，質術櫛物迄没屑薛黠鎋。第七類：十九安部，元寒桓删山先仙；二十靄部，泰夬怪祭廢霽；二十一遏部，月曷末黠鎋屑薛。第八類：二十二音部，侵覃談鹽添；二十三邑部，緝合盍葉怗。第九類：二十四醃部，覃談鹽添咸銜嚴凡；二十五諜部，合盍葉怗洽狎業乏。張氏根據《廣韻》考證《説文》，發現《説文》中的諧聲字往往跟《毛詩》用韻相合，乃分古韻爲九類二十五部。其所分前七類各三部，陰、陽、入相配，入聲韻兼配陽、陰聲韻。值得注意的是，第一類没有陽聲韻，有兩部陰聲韻，這樣入聲韻就和兩部陰聲韻相配；後兩類只有陽聲韻和入聲韻兩部，入聲韻和陽聲韻相配。可見該書已知用零聲母字代表韻母，分部細密，體系完整。

此本據上海辭書出版社圖書館藏清道光芸心堂刻本影印。（張詒三）

**諧聲譜五十卷附録二卷** （清）張惠言撰（清）張成孫編　**校記一卷**　戴姜福撰（第247 册）

張惠言，有《周易虞氏義》等，已著録。

張成孫，生卒年不詳，字彦惟，武進（今江蘇武進）人，張惠言之子。少時，惠言課以《説文》，令分六書譜之，成“象形”二卷。惠言著《説文諧聲譜》，未竟而卒，成孫乃續成之。卷第篇例多所增易，凡五十卷。見《清史稿》卷四八二。

戴姜福，生平不詳。

是書首有道光十七(1837)年阮元序。該書第一卷爲《部目》，第二卷爲《論五首》，第三卷至第二十二卷爲《諧聲譜》，第二十三卷至第四十二卷爲《絲連繩引表》，其實是具體韻腳繫聯資料。第四十三卷至四十五卷爲《詩經》、《周易》、《楚辭》等書韻字歸韻。第四十六卷至第五十卷爲《上古歸韻字簡表》。此書以《詩》韻爲經，以《説文》爲緯，“以韻別部，以部類聲，以聲諧《説文》之字”，分古韻爲二十部。二十部韻目：中部第一、僮部第二、麀部第三、林部第四、嚴部第五、筐部第六、縈部第七、秦部第八、訧部第九、干部第十、薘部第十一、隸部第十二、揖部第十三、支部第十四、皮部第十五、絲部第十六、鳩部第十七、芼部第十八、蔞部第十九、岨部第二十。將《詩經》、《楚辭》與《易經》的押韻字聯繫在一起，方便利用。此外他放棄了傳統的《廣韻》韻目，采用《詩經》先出之字爲韻目字，是其獨創。

此本據華東師範大學圖書館藏民國二十三年葉景葵影印本影印。（張詒三）

**江氏音學十書十二卷**　（清）江有誥撰（第248 册）

江有誥(？—1851)，字晉三，號古愚，歙縣（今安徽歙縣）人。年二十二爲學官弟子，無意舉業，遂專心古學，杜門著述。更著有《説文六書録》、《古韻總論》、《音學辨訛》、《隸書糾謬》等，多未刊。《清史稿》有傳。

是書前有段玉裁序，目録後有江有誥寫給段玉裁的信，以及王念孫的來信和江有誥的復信，均論及音韻。《音學十書》僅存九種，包括《詩經韻讀》四卷、《群經韻讀》一卷、《楚辭韻讀》一卷、《宋賦韻讀》一卷、《先秦韻讀》一卷、《諧聲表》一卷、《入聲表》一卷、《等韻叢說》一卷、《唐韻四聲正》一卷，共十二卷。江氏分古韻爲二十部，後來看到孔廣森的著作，接受孔廣森"東"部獨立觀點，遂將"東"、"冬"分立，並取"中"爲"冬"韻之名。江氏二十一部是：之部、幽部、宵部、侯部、魚部、歌部、支部、脂部、祭部、元部、文部、真部、耕部、陽部、東部、中部、蒸部、侵部、談部、葉部、緝部，基本與王念孫不謀而合。

《詩經韻讀》四卷，爲《詩經》韻脚標注，列出《詩經》原文，韻脚字加圓圈，並注明所屬韻部。

《群經韻讀》一卷，爲《易經》、《書經》、《儀禮》、《考工記》、《禮記》、《左傳》、《論語》、《孟子》、《爾雅》等書韻脚標注。該卷先按二十一部列出以上各書韻字，然後又列出以上各書有押韻的段落，圈出韻字，標出韻部。

《楚辭韻讀》一卷，爲《楚辭》韻脚標注，列出《楚辭》原文，韻脚字加圓圈，並注明所屬韻部。

《宋賦韻讀》一卷，爲宋玉賦韻脚標注，列出宋玉賦原文，韻脚字加圓圈，並注明所屬韻部。

《先秦韻讀》一卷，爲《國語》、《老子》、《管子》等先秦史書或諸子等先秦典籍韻脚標注，列出各書押韻段落原文，韻脚字加圓圈，並注明所屬韻部。

《諧聲表》一卷，爲按二十一部劃分的諧聲偏旁表。

《入聲表》一卷，先是關於入聲的討論，然後按三十六字母列表排列入聲字，並指出其爲何部入聲。

《等韻叢說》一卷，爲江氏研究等韻學的著作。

《唐韻四聲正》一卷，實爲按古韻分析《廣韻》，補訂《廣韻》之作。

此本據南京圖書館藏清嘉慶道光間江氏刻本影印。（張詒三）

### 詩古韻表廿二部集説二卷　（清）夏炘撰（第 248 冊）

夏炘，有《讀詩劄記》等，已著録。

是書有夏氏自序，首列鄭庠劃分的古韻六部，然後分述顧炎武、江永、段玉裁、王念孫、江有誥等人學説，並分別進行討論。卷下分列各韻韻字。采用江有誥二十一部，兼采王念孫至部，成爲二十二部。《詩經》入韻之字分隸各部，按平上去入四聲排列。每字之下或列反切，或列出《詩經》篇目，或列又音。每表之後又列出諧聲偏旁。從韻部的分合創立角度説，夏氏並無創建，但是兼采衆家之長，總結前人得失，則有綜述之功。

此本據中國科學院圖書館藏清道光十三年刻本影印。（張詒三）

### 五韻論二卷　（清）鄒漢勛撰（第 248 冊）

鄒漢勛（1805—1854），字叔績，新化（今湖南新化）人。咸豐元年（1851）舉人。致力於輿地學研究，其輿地學與當時魏源經史、何紹基書法並稱爲"湘中三傑"。更著有《五韻論》、《讀書偶識》、《水經移注》等三十餘種，多佚，後人刊有《鄒叔子遺書》七種。見《清史稿》卷四八二。

是書爲鄒氏研究音韻學著作，分上、下兩卷。上卷主要是"五音二十五論"，對平仄、長短、四聲、濁音、入聲等進行論述，又有"廿聲冊論"，涉及聲母起源等諸多問題。下卷爲"八呼廿論"和"十五類三十論"。所論涉及音韻學諸多問題，多有精闢與獨到之見。如"廿聲冊論"中，談到："二十八論泥娘日一聲（佚）"、"三十一論喻當并匣（佚）"。雖然只有標目，正文佚失，但也反映鄒氏已經先導了後來章太炎提出的"娘日二紐歸泥"和曾運乾論述的"喻三歸匣"，可見鄒氏好學深思,論述多有發明。

此本據中國科學院圖書館藏清光緒四年刻本影印。(張詒三)

### 説文諧聲孳生述不分卷　(清)陳立撰(第248冊)

陳立(1809—1869),字卓人,句容(今江蘇句容)人。道光二十一年(1841)進士,選翰林院庶吉士,後任刑部郎中,又任雲南曲靖知府。更著有《公羊義疏》、《白虎通疏證》等。見《清史稿》卷四八二。

是書不分卷,首篇爲"略例",歷述鄭庠、顧炎武、江永、戴震、段玉裁、王念孫、孔廣森諸家分韻異同得失,文末署"道光丁酉三月既望句容陳立撰"。"道光丁酉"爲1837年,應爲成書之年。書後有薛壽《説文諧聲孳生述書後》。書分古韻爲十九部,未列部目。陳氏生當王念孫之後,分部少於王氏,粗疏可見,然分部歸字,自有可取。

此本據上海辭書出版社圖書館藏清光緒二十六年徐氏積學齋刻本影印。(張詒三)

### 説文聲統十二標目二卷　(清)陳澧撰(第248冊)

陳澧,有《聲律通考》等,已著録。

是書爲根據漢字的諧聲偏旁列字的韻書,十七卷,蓋分古韻十七部,列出每部韻字。每行先列諧聲,然後列出所統之字,如卷一"又"部,收"右、祐、有、宥、賄"等字。可見實爲諧聲偏旁表。

此本據復旦大學圖書館藏王氏學禮齋抄本影印。(張詒三)

### 古音類表九卷　(清)傅壽彤撰(第248冊)

傅壽彤(1818—1887),原名昶,字青宇(餘),貴筑(今貴州貴陽)人。道光廿四年(1844)舉人,咸豐三年(1853)進士。授檢討,歷官南陽知府、河南布政使。更著有《澹勤室詩》、《孝經述》、《孔庭學裔》等。生平事跡見《澹勤室詩》卷末載《清故資政大夫河南按察使傅公傳略》。

是書成書於清道光二十七年,始刻于同治三年(1864),光緒二年(1876)用篆文重刻。前兩卷是古韻十五部有關理論闡述,包括五聲三統十五部二百六韻總表、韻分五聲説、宮徵有附聲説、五聲應三統説、三統生十五部説、十五部分合説、平入分配説、十五部分順逆旋轉説、十五部音轉樞紐説、五聲合韻説等。從第三卷開始,列出古音韻表,依據諧聲偏旁統字,編排順序基本依據《廣韻》,如卷三第一類"宮類天統諧聲表",大致相當於"東"部,先列出該韻部的諧聲,每一諧聲列出具體的字,如卷三"宮"類中,"中"條下列"仲、忠、沖、衷"等。

此本據北京大學圖書館藏清同治三年宛南郡署刻本影印。(張詒三)

### 古韻通説二十卷　(清)龍啟瑞撰(第248冊)

龍啟瑞,有《爾雅經注集證》,已著録。

是書首有王拯同治五年(1866)序兩篇。次"總論",有《論古韻寬嚴得失》等六篇。書分二十卷,每卷一個韻部,共二十個韻部,爲:東、冬、支、脂、質、之、歌、真、諄、元、魚、侯、幽、宵、陽、耕、蒸、侵、談、緝。每個韻部内,先列"詩韻"、"經韻",這是《詩經》等書的具體押韻材料;再列"本音",爲諧聲材料;三列"通韻",爲韻部間互押現象;四列"轉音",爲龍氏發明,認爲古雙聲字可以輾轉通押。五爲論、贊,論及各韻部之特點。龍氏古韻學繼承前人,續有發明,"轉音"之説,雖有可議,闡幽燭微,仍爲可貴。

此本據上海圖書館藏清同治六年刻本影印。(張詒三)

### 述均十卷　(清)夏燮撰(第249冊)

夏燮,有《五服釋例》等,已著録。

是書爲夏氏研究古韻之著作，前有夏氏自敘，言"述韻者，述顧、江、戴、孔、段五先生言韻之書也"。於顧、江、戴、孔、段五家古韻研究，評述其異同，討論其得失，兼論韻部分合，又及歸字取捨。書分十卷：第一卷討論"易音"、"脂文音近說"、"支歌音近說"、"幽侯入聲分配"、"真先之變"、"東冬不合分部"等問題；第二卷爲"論合韻"；第三卷爲"論古韻弇侈"、"論古音開合"、"論古音洪細"以及"考定古音弇侈開合洪細部分"；第四卷爲"論四聲"和"詩四聲分韻舉例"；第五卷爲"論入聲"；第六卷爲"漢讀四聲"等；第七卷爲"古韻等韻同條共貫"、"論正齒當分二支"和"論方音"等；第八卷爲"牙喉合用證"、"齒頭正齒半齒合用證"、"重唇輕唇合用證"等；第九卷爲"舌齒出入證"；第十卷爲"三十六字母說"。可見，該書以討論古音問題爲主。序言末尾有"道光庚子當塗夏燮謹敘"，"道光庚子"爲1840年，是爲成書之年。

此本據上海辭書出版社圖書館藏清咸豐五年番陽官廨刻本影印。（張詒三）

**聲譜二卷** （清）時庸勱撰 （第249冊）

時庸勱，生卒年不詳，字吉臣，單縣（今山東單縣）人。同治三年（1864）舉人，曾爲吳式芬幕僚，主講陳州書院。更著有《聲說》等。

是書封面右有"聽古廬聲學十種之一"，"聽古廬"應爲時氏書齋名。扉頁有"光緒十八年（1892）壬辰秋七月刊于河南星使行臺"。首爲光緒十九年海豐吳重熹敘。後又有助刊人名單、徐肇鋁敘、《二十部陰陽對轉同入表》。《凡例》說明分部依據王念孫，同時參考段玉裁、孔廣森等。列字以《說文》所收之字爲主。是書分上下二卷，上卷十部陽聲韻：陽、東、冬、蒸、青、真、文、元、侵、談；下卷十部陰聲韻：魚、侯、幽（合宵）、宵（合幽）、之、支（合歌）、歌（合支）、至、微（舊標

脂）、祭、摯（舊標緝）、瘵（舊標盍）。每一卷各有目錄，列每韻部之諧聲偏旁。主體部分先列韻部名稱，然後列出諧聲偏旁，再列出同諧聲之字。據《二十部陰陽對轉同入表》，時氏亦分出十部入聲韻，但是在列字時，入聲韻併入陰聲韻之中，比如"魚陽陰陽對轉同入於若"，其"若"大致相當於通常所說之"鐸"部，而該部諧聲偏旁都併入魚部。時氏已經提出陰陽入對轉並相配，並認爲宵、幽部當分列，入聲韻緝、盍可與陰聲韻去聲摯、瘵相配等。

此本據復旦大學圖書館藏清光緒十八年河南星使行臺刻《聽古廬聲學十書》本影印。（張詒三）

**聲說二卷** （清）時庸勱撰 （第249冊）

時庸勱，有《聲譜》，已著錄。

是書封面右有"聽古廬聲學十種之二"，扉頁有"光緒十八年壬辰秋七月刊于河南星使行臺"。全書討論漢字音形關係，以韻部編排，上下兩卷。上卷列十部：陽、東、冬、蒸、青、真、文、元、侵、談。下卷亦列十部：魚、侯、幽（合宵）、之、支（合歌）、至、微、祭、摯、瘵。上卷爲陽聲韻，下卷爲陰聲韻。每部之中列出韻字，然後列出《說文》的解釋，然後以雙行小字進行討論疏解，如陽部第一字："强，《說文》，虯也，从虫弘聲，徐鍇曰：弘與强聲不相近，秦刻石文從口，疑從籀文彊省，巨良切。"其下雙行小字曰："漢時無反切之學，許書但用聲讀。此巨良切，乃大徐采用孫愐《唐韻》，故其切音往往與聲讀不符。然亦有聲讀誤而切音得其正者，亦不可概廢。近發凡於此。後遇切音，皆孫徐之音，莫誤認許氏也。"然後又以單行大字曰："按徐說是也。若從弘聲，則別作一字，入蒸韻。"可見，該書主要討論漢字形體與古韻劃分。

此本據復旦大學圖書館藏清光緒十八年河

南星使行臺刻《聽古廬聲學十書》本影印。
（張詒三）

**詩古音繹一卷** （清）胡錫燕撰 （第249冊）

胡錫燕，生卒年不詳，字伯蓟，長沙（今湖南長沙）人，或說湘潭人。終身布衣，不試不仕。更著有《日知齋遺文》、《歷代地理圖說》、《資治通鑑校勘記》、《皇清地理圖》、《詩本音譜》等。

是書卷首凡例云："考古音不爲之譜，無以見部之當分也。譜之過於精密，又非初學所能從事也。今於每部之中以《詩》首見之韻爲目，即以此章之韻繫之，以後按其次第，通貫各章。"可見，該書韻目自設，分二十韻部：一得、二毛、三鳩、四蔞、五莫、六麃、七覃、八楄、九檻、十中、十一筐、十二縈、十三蓁、十四實、十五詵、十六轉、十七薆、十八掇、十九支、二十皮。每韻之中，列出韻段，並小字注出《詩經》篇目。凡本音外加口，合韻外加〇。實爲《詩經》押韻字表。

此本據華東師範大學圖書館藏清同治長沙胡氏刻《胡氏三種》本影印。（張詒三）

**古音輯略二卷古音備考一卷** （清）龐大堃撰 （第249冊）

龐大堃，有《易例輯略》等，已著録。

《古音輯略》分上、下二卷，上卷《古韻六部說》、《古韻六部分配七音說》，討論了《性理精義》、《音韻闡微》等書如何將古韻分爲支、佳、蕭、東、真、侵六部問題，他認爲後五部由第一部衍生而來。平、上、去、入四聲中，平、上、去三聲分爲六部，其中東、真、侵三部有入聲，如此，則以入聲歸入陽聲韻。同時，他根據顧炎武、戴震、段玉裁、王念孫等各家分部，以六部配七音：第一部（支）配宮、變宮，第二部（佳）配徵，第三部（蕭）配變徵，第四部（東）配角，第五部（真）配商，第六部（侵）配羽。《古韻十八部陰陽斂侈說》中，龐氏闡述了他的古韻分部體系：分古韻十八部，根據斂侈分別與七音相配。《音呼開合說》討論了韻部的開合等呼問題。《音轉說》則提出五種轉音之法：一是正轉，同部者是也；二是遞轉，同音者是也；三是對轉，同入者是也；四是旁紐，相比及相生者是也；五是雙聲，同母者是也。《雙聲假借說》討論了雙聲問題，《協韻說》討論了"協韻"問題，認爲"言協韻，不若言古音；言古合韻，不若言古轉音"。可見他已知"協韻"之妄。下卷的《古韻表》分古韻十八部，列以二十三圖，每圖開合口同圖，分列平、上、去、入四聲，每調再分四等。龐氏十八部和王念孫相比：接受了王氏的緝盍分立，對於真文分立、幽侯分立以及至部獨立，都沒有接受。總起來看，其古韻研究有可取之處，但是發明不多，其音轉說頗有可采。以古韻配以樂律，徒增玄虛，並無實用。

《古音備考》一卷，實爲古韻分部歸字表，如第一部列《廣韻》的一些韻部：歌、哿、果、過、麻、馬、禡、支、紙、寘。如果是整個韻部，每個韻部下面，則不再列出韻字，如果不是整個韻部，則列出具體韻字。

此本據上海辭書出版社圖書館藏民國二十四年常熟龐氏影印本影印。（張詒三）

**唐寫本切韻（殘卷）** （隋）陸法言撰 （第249冊）

陸法言（562—?），名詞，一作慈，以字行，魏郡臨漳（今河北臨漳）人。開皇年間任承奉郎，因父得罪朝廷，坐罪除名。《隋書》有傳。

《切韻》是前代韻書的繼承和總結，陸氏編成於仁壽元年（601）。《切韻》出現後，廣爲流傳，影響很大，在漢語音韻學研究領域具有舉足輕重的地位，可惜後來由於《廣韻》盛行，《切韻》就亡佚了，現僅存《切韻序》和一些在敦煌出土的殘卷。據王國維《書巴黎國民圖書館所藏唐寫本切韻後》云：此處所收者爲《切韻》三種殘本,第一種共兩頁半,存上聲海韻至銑十一韻,四十五行,復有斷爛,其中全行十九行。第二種存卷首至九魚共九韻,前有陸法言序和長孫訥言序,陸序前有一行云"伯加千一字",長孫序云:"又加六百字,用補闕疑。"可見,此爲長孫訥言箋注本。第三種存平聲上、平聲下二卷,上聲一卷,入聲一卷。平聲首缺東、冬兩韻,入聲末缺二十八鐸以下五韻,中間亦時有闕佚。王國維認爲:"又以書體言,則第一種爲初唐寫本,第二種、第三種爲唐中葉寫本,亦足證前者爲陸氏原本,後者爲長孫氏箋注本或其節本也。"

此本據上海辭書出版社圖書館藏民國十年影印王國維寫本影印。(張詁三)

### 唐寫本唐均(殘卷) (唐) 孫愐撰 (第249冊)

孫愐,生卒年不詳,唐代天寶年間官陳州司馬。

此本爲蔣斧所藏殘卷,共四十四頁。自去聲未韻始,至五十九乏韻。入聲有目録,列三十四韻。卷後稱爲吳彩鸞寫本。書後有蔣斧寫《唐寫本唐均記》一篇。

此本據復旦大學圖書館藏清光緒三十四年國粹學報館影印唐寫本影印。(張詁三)

### 刊謬補缺切韻 (唐) 王仁煦撰 (第249冊)

王仁煦,生卒年不詳,唐代人。

此爲是書刊刻本殘卷,每頁十行,書口爲單魚尾,有"瑣一〇一"字樣,未審何義。現存一百一十三頁,第一頁爲"支"韻半頁,書口有"四二九"字樣,可知前有四百二十八頁。第二頁爲"之"韻半頁。一直到平聲嚴、凡韻,各韻或殘或全,都有保存。上聲目列五十二韻,去聲目列五十七韻,入聲目列二十八韻。多殘頁。此書保存部分可見,印刷清晰,行列疏朗,可據以窺知《切韻》原貌。

此本據《影印敦煌掇瑣》本影印。(張詁三)

### 刊謬補缺切韻五卷 (唐) 王仁煦撰 (唐) 長孫訥言注 (第250冊)

王仁煦,有《刊謬補缺切韻》,已著録。

長孫訥言,生卒年不詳,據署名曾任德州司户參軍。

此爲"内府藏唐寫本刊謬補缺切韻",唐王仁煦撰,長孫訥言注,裴務齊正字。首頁題"秀水唐蘭仿寫行款字體一依原樣",可見爲唐蘭仿寫本。前有王仁煦序和長孫訥言序。平聲共五十四韻,卷一爲"平聲一",目列二十五韻,僅存一東至九之;卷二爲"平聲二",目列二十九韻,存三十四豪至五十四凡。卷三爲"上聲",共五十二韻。存一董至十八吻,四十三至五十二範。卷四爲去聲,目列五十七韻,皆存。卷五爲入聲,目列三十二韻,皆存。該書共一百九十五韻,比後來《廣韻》少十一韻。個别韻目亦與《廣韻》不同。書後有跋,有"萬曆壬午仲冬"字樣,跋稱"女仙吳彩鸞……以小楷書唐韻一部",知原爲吳彩鸞寫本。

此本據南京圖書館藏民國十四年石印唐蘭摹本影印。(張詁三)

### 刊謬補缺切韻五卷 (唐) 王仁煦撰 (第250冊)

王仁煦,有《刊謬補缺切韻》,已著録。

是書前有王仁煦序和陸法言序。共五卷,第一卷和第二卷爲平聲,共五十四韻。第三卷爲上聲,共五十二韻。第四卷爲去聲,共五十七韻。第五卷爲入聲,共三十二韻。書後有"右吳彩鸞所書《刊謬補缺切韻》……宋濂記",稱爲"宋濂跋"。該本亦稱"宋濂跋本",爲全本。

此本據北京大學圖書館藏民國三十六年故宫博物院影印唐寫本影印。(張詁三)

### 新刊韻略五卷 (金) 王文郁撰 (第250冊)

王文郁,生平不詳。

是書前有許古序言,略敘緣起。次《聖朝頒降貢舉三試程式》,列舉元代各皇帝廟號。次《考試程式》,規定"蒙古、色目人"和"漢人、南人"的考試場次和考試內容。次《章表回避字樣》。次《壬子新增分毫點畫正誤字》,分"上平聲"、"下平聲"、"上聲"、"去聲"、"入聲"五類,其實是正字表。次《壬子新雕禮部分毫字樣》,按聲調列出易訛字。第一卷題爲"新刊韻略上平聲第一",共十五韻。第二卷題爲"新刊韻略下平聲第二",共十五韻。第三卷題爲"新刊韻略上聲第三",共二十九韻。第四卷題爲"新定韻略去聲第四",共三十韻。第五卷題爲"新定韻略入聲第五",共十七韻。全書分一百零六韻。前三卷爲"新刊",後兩卷爲"新定",全書卷名非一。韻字爲合併《廣韻》而成,每一字下,簡單釋義,然後列出常用韻語,如上平一東"東"字條:"東,獨用。春方也,動也,德紅切。大一、潮一、易一、河一、山一、遼一、自一"("一"代表"東"),書前《考試程式》等皆爲元朝考試規定,應非王氏原書所有。可見,該書爲科舉應試而備。

是書有清影金抄本和清抄本。此本據上海圖書館藏清影金抄本影印。(張詒三)

## 書學正韻三十六卷 （元）揚桓撰 （第250—251冊）

揚桓,有《六書統溯原》等,已著録。

是書三十六卷,第一卷下題"奉直大夫國子司業揚桓撰集",其所分韻目,蓋因《集韻》之舊而稍有訂改。如真韻三等合口呼"麐、囷、蓊、筠"等字,移入於諄,諄韻四等開口呼逡字,移入於真,則真與諄一爲開口呼,一爲合口呼,兩不相雜。陸法言以魂、痕次元後,許敬宗等遂注三韻同用。是書移魂、痕於前,與真、諄、文、欣爲一類。移元於後,與寒、桓、删、山、先、仙爲一類。於古音以侈、斂分二部者,亦各從其類。至於平聲併臻於真,少一韻

目,而入聲不併櫛於質。與《集韻》不同者,每個韻部之內,按三十六字母列字,這三十六字母是:見谿群疑、端透定泥、知徹澄娘、幫滂並明、非敷奉微、精清從心邪、照穿床審禪、影喻曉匣、來日。如果該韻部無某字母字,則不列該字母,並在字母之下注出一、二、三、四等次。每字先列小篆形體,然後注出反切和釋義,最後列出該字隸書字體或其他字體。下注云"統指、統形、統聲、統意、統注"者,見於《六書統》者也。注云"原指、原形、原聲、原意、原注"者,見於《六書溯原》者也。指即指事,形即象形,聲即諧聲,意即會意,注即轉注。每卷韻數不等,如卷一爲東、冬、鍾三韻,卷二爲江韻,卷三爲支韻。上平聲二十七韻(比《廣韻》少一韻,併臻於真),下平聲二十九韻,爲一卷至十四卷。上聲五十五韻,爲十五卷至二十一卷。去聲六十韻,爲二十二卷至二十九卷。入聲三十四韻,爲三十卷至三十六卷。中間有個別缺頁。可見,該書基本爲韻書,但是收録了各字的不同形體,兼有字書之用。

此本據南京圖書館藏元刻明修本影印。(張詒三)

## 交泰韻不分卷 （明）呂坤撰 （第251冊）

呂坤,有《四禮翼》,已著録。

是書首有呂氏自序,次列凡例二十五條:明本旨、辨體裁、辨子聲、辨母字等。呂氏分二十一韻部:東、真、文、寒、删、先、陽、庚、青、支、齊、魚、模、皆、灰、蕭、豪、歌、麻、遮、尤。以入聲字配陽聲韻,認爲四聲具全者九韻,僅有平、上、去三聲者十二韻,各韻按聲調分列,則有七十二韻。呂氏聲母采用聲介合母法,實際有二十一聲母:見溪曉影、端透泥來、照穿審日、精清心、幫滂明、非微。聲調分爲六聲:陰平、陽平、上聲、去聲、陰入、陽入。書中大力改良反切,如平聲之字各以陰陽相切。又如"同"字舊用"徒紅切","通"字舊用

"他紅切"，書中以"他紅"二字仍切"同"字，不切"通"字，改"通"字爲"他翁切"。又上、去二聲各以本聲爲母。如"寵"字用"楚隴切"，"送"字用"素甕切"。平、入二聲則互相爲母。如"空"字用"酷翁切"，"酷"字用"空屋切"。該書音系具有近古河南方音特徵。

此本據南京圖書館藏明末胡正言十竹齋刻本影印。（張詒三）

### 書文音義便考私編五卷難字直音一卷

（明）李登撰（第251冊）

李登，有《重刊詳校篇海》等，已著録。

是書前有序文一篇，不署姓名時間。序後爲《書文音義便考私編目録》，下附《例論》三條："平聲字母"、"辨清濁"、"仄聲字母"。全書分五卷，分題上平聲乾、下平聲元、上聲亨、去聲利、入聲貞。該書分韻爲七十五部，平、上、去各二十二部，入聲九部。上平聲十二部：東、支、灰、皆、魚、模、真、諄、文、元、桓、寒。下平聲十部：先、蕭、豪、歌、麻、遮、陽、庚、青、尤。上聲二十二部：董、紙、賄、蟹、語、姥、軫、准、吻、阮、管、罕、銑、筱、稿、哿、馬、者、養、梗、拯、有。去聲二十二韻：送、寘、隊、泰、御、暮、震、稕、問、願、換、翰、霰、嘯、號、箇、禡、蔗、漾、諍、徑、宥。入聲九韻：屋、質、術、月、屑、藥、曷、黠、陌。全書不用反切和直音注音，每個小韻上注有聲母。平聲各韻有字母三十一個，上聲和去聲列字母二十一個。據趙蔭棠、羅常培考論，該書實際聲母爲二十一個，聲調五個：陰平、陽平、上聲、去聲、入聲。書中提出"捲"、"抵"、"正"等概念，在列字時，有字下注，每字右旁又列"旁注"，簡要注出該字的其他字形或方言、口語讀音，堪爲韻書創舉。

《難字直音》一卷，扉頁題"茹真先生編録古今等韻字學正訛"，第一頁首行題"書文音義便考難字直音"。有説明一篇，次筆畫目録。所收皆爲難字、僻字，注音方法主要是直音，有時注出多音，或僅注聲調，或僅注韻部。該書實爲難字注音表。

此本據故宮博物院藏明萬曆十五年陳邦泰刻本影印。（張詒三）

### 音韻日月燈六十四卷　（明）呂維祺撰

（明）呂維祜詮（第252冊）

呂維祺，有《孝經大全》，已著録。

呂維祜，有《孝經翼》，已著録。

是書前有呂維祺崇禎六年（1633）自敘，云："斯則羽翼《正韻》之所偶未及而休明之也，猶之日月麗天，能照窮山幽谷，或不及暗室，則日月窮，窮而有燈以繼之，斯無窮矣。"故"日月燈"之"日月"，即指《洪武正韻》，呂氏願爲其燈，既輔其光復耀之。是書分三部分：《韻母》、《同文鐸》、《韻鑰》。《韻母》五卷，前有呂維祺《引言》，該五卷實爲韻書。卷之一爲"平聲上"，十五韻。卷之二爲"平聲下"，十五韻。卷之三爲"上聲"，二十九韻。卷之四爲"去聲"，二十九韻。卷之五爲"入聲"，十七韻。韻目與平水韻同。每一韻按三十六字母及其等次列韻字，不列注釋。如卷之一爲"平聲上"之"一東"，列"（見一）公工功攻……（見三）弓躬宮"。可見，實爲同韻字表。《同文鐸》三十卷首四卷，卷首有呂維祺《引言》和楊文驄敘。卷首四卷，一爲"義例"。二爲"圖説"，爲韻圖。三爲"音辨"，辨一字多音。四爲"採證"，明其來源，類似今之參考文獻。《同文鐸》三十卷，前一至六卷爲"平聲上"，七至十二卷爲"平聲下"，十三至十八卷爲"上聲"，十九至二十四卷爲"去聲"，二十五卷至三十卷爲"入聲"。該部分實爲《韻母》部分的擴展，《韻母》部分只列韻字，不列注釋，《同文鐸》則於各字之下列出注釋。但列字順序依然按三十六字母以及等次。《韻鑰》二十五卷，前有呂維祺《引言》，前一至五卷爲"平聲上"，六至十卷爲"平聲下"，十一至十五卷爲"上聲"，十六至二十卷爲"去聲"，二十一卷至二十五卷爲"入聲"。該部分實爲《同文鐸》部分的進一步深入，列字次序與《韻母》和《同文鐸》同，不同者爲每字之下小字，《同文鐸》於每字之下列注釋，《韻鑰》則於每字之下列出不同讀音以及歷代音切，實爲音切材料之彙編。

此本據天津圖書館藏明崇禎六年楊文驄刻本影印。（張詒三）

### 詩詞通韻五卷首一卷反切定譜一卷　（清）樸隱子撰　（第253冊）

樸隱子，生平不詳。

《詩詞通韻》五卷，前有康熙二十四年（1685）樸隱子自序，次爲例説，次上平聲、下平聲、上聲、去聲、入聲各一卷。韻目依據平水韻一百零六韻目，每韻中列出開口呼、齊齒呼、合口呼、撮口呼字樣，並用宮、商、角、徵、羽外加圓圈標明五音，用一、二、三、四外加圓圈標明等次。每字之下或列出切語，或以直音注音。該書列字方式爲韻書，但雜以五音、等次和開合，借鑒了韻圖做法。作者在各韻韻目之下，注明用零聲母字代表的"音"，如平聲"東"、"冬"兩部下面都注"翁音"；"元"、"寒"、"删"三部下都注"安音"；"齊"、"微"、"灰"之下都注"伊音"。且"翁音"、"安音"、"伊音"爲不考慮聲調之"通音"，如上聲"董"、去聲"送"之下亦注以"翁音"，用於注音之字應爲實際韻母，根據這些字可以歸納出二十個韻部。可見，樸隱子雖按照平水韻列表，仍注以實際口語讀音，故該書所反映之音系具有雙重性。《反切定譜》一卷，首爲自敘，主體内容爲作者音韻理論闡述，内容首爲《字母説》，舊傳三十六字母，次爲韻圖，名爲《四呼七音三十一等字母全圖》，按開、齊、合、撮分爲四圖，只列平聲韻，不列仄聲韻，平聲無字之音用仄聲字代替。聲母有三十一個，和《詩詞通韻》相同，韻母則有三十八個。其音系接近

當時的北音系統。

此本據浙江省圖書館藏清康熙二十四年刻本影印。（張詒三）

### 音學辨微一卷　（清）江永撰　（第253冊）

江永，有《儀禮釋例》等，已著録。

是書前有江氏《引言》，稱作於乾隆乙卯（六十年，1795）仲春，時已七十九歲。是書爲闡發音韻理論之作，屬於等韻學著作。全書共討論了十二個音韻學的問題：一辨平仄，二辨四聲，三辨字母，四辨七音，五辨清濁，六辨疑似，七辨開口合口，八辨等列，九辨翻切，十辨無字之音，十一辨嬰兒之音，十二論圖書爲聲音之源。另有附録兩篇：《榕村等韻辨疑正誤》、《康熙字典等韻辨惑》。在《辨字母》中，列出三十六字母每個字的切語、聲調、韻部、開合口、等次，如"見，古電切，去聲，霰韻，開口呼，四等，第一位"。在《辨等列》部分，提出了分辨等次的著名論斷："一等洪大，二等次大，三四皆細，而四尤細。"在《辨翻切》部分，則按三十六字母列出了一些常用反切字的等次，類似於後來的反切上字表。

此本據湖北省圖書館藏清乾隆二十四年刻本影印。（張詒三）

### 四聲切韻表一卷凡例一卷　（清）江永撰　（第253冊）

江永，有《儀禮釋例》等，已著録。

《四聲切韻表》爲江氏會通古今音研究成果而寫成的專著。書前爲《凡例》六十二條，其後是羅有高敘。是書主體部分實爲等韻圖，共二十六幅，圖分五欄，最上一欄列"見溪群疑、端透定泥"等三十六字母，另四欄爲四等和開合口。每欄四行爲"平、上、去、入"四聲，四聲以韻目代替，如一東，列"東、董、送、屋"。聲韻交叉處爲具體韻字，無字者空格。與其他韻圖不同者，在於韻字之下，又列

出切語。

此本據浙江圖書館藏清乾隆三十六年恩平縣衙刻本影印。（張詒三）

**集韻考正十卷**　（清）方成珪撰（第253冊）

方成珪，有《干常侍易注疏證》等，已著録。

是書前有道光二十六年（1846）吳鍾駿序、道光丁未（二十七年）黄式三序和道光丁未方成珪自序，然後是目録和凡例。主體内容按《集韻》排韻順序摘出每韻中需要訂正、補充的字，或補充出處，或訂正字音，或訂正注釋，或校勘、訂訛。參校曹刻本和宋槧本《集韻》，收録段玉裁、嚴傑、汪遠孫、陳慶鏞四家校本，又悉心對核《經典釋文》、《方言》、《説文》、《廣雅》、《類篇》諸書，察證字體異形和點畫變化，"訂其訛誤，補其疏漏"。書後有孫詒讓跋。

此本據上海辭書出版社圖書館藏清光緒五年孫氏詒善祠塾刻本影印。（張詒三）

**切韻考六卷切韻考外篇三卷**　（清）陳澧撰（第253冊）

陳澧，有《聲律通考》等，已著録。

是書成於道光二十二年（1842），意在通過《廣韻》考出陸法言《切韻》本來面目。卷一爲《序録》，包括道光二十二年陳氏自序和《條例》。《條例》闡述了"反切系聯法"原則："切語之法，以二字爲一字之音。上字與所切之字雙聲，下字與所切之字疊韻。上字定其清濁，下字定其平、上、去、入。"切語上字與所切之字爲雙聲，則切語上字同用者、互用者、遞用者，聲必同類。同用者，如：冬，都宗切，當，都郎切，同用"都"字；互用者，如：當，都郎切，都，當孤切，"都、當"二字互用；遞用者，如：冬，都宗切，都，當孤切，"冬"字用"都"字，"都"字用"當"字。據此系聯之，得切語上字四十類云云。陳澧還總結了兩條補充條例，一是用於判定反切上字不同類：

《廣韻》同音之字不分兩切語，此必陸氏舊例也。其兩切語下字同類者，則上字必不同類。如：紅，户公切，烘，呼東切，'公、東'韻同類，則'户'、'呼'聲不同類。今分析切語上字不同類者，據此定之也。"另一條是在不能用"同用、遞用、互用"等方法時，判定反切上字同類："切語上字既系聯爲同類矣，然有實同類而不能系聯者，以其切語上字兩兩互用故也。如：多、得、都、當四字，聲本同類。多，得何切；得，多則切。都，當孤切；當，都郎切。多與得、都與當兩兩互用，遂不能四字系聯矣。今考《廣韻》，一字兩音者，互注切語。其同一音之兩切語，上二字聲必同類，如一東：凍，德紅切，又都貢切；一送：凍，多貢切。'都貢'、'多貢'同一音，則'都、多'二字實同一類也。今與切語上字不系聯而實同類者，據此以定之。"卷二爲《聲類考》，用"反切系聯法"歸納出《廣韻》中反切上字四十類，被視爲《廣韻》"聲類"。但"聲類"和聲母並不等同，反切上字四十類中，究竟包含多少聲母，還是不易確定。因爲反切上字之類別雖然反映聲母情況，但切語製定既有歷史原因，也有和韻母拼合以及等次不同等原因，不同聲類可能是同一聲母，所以"聲類"之歸納，只爲研究《廣韻》聲母提供必要參考，並不能揭示《廣韻》聲母系統。卷三爲"韻類考"，用"反切系聯法"歸納出《廣韻》反切下字爲三百一十一類。"韻類"同樣不同於"韻母"，但可以爲研究《廣韻》韻母提供依據。

此本據上海辭書出版社圖書館藏清光緒十年刻《番禺陳氏東塾叢書》本影印。（張詒三）

**切韻表五卷**　（清）成蓉鏡撰（第253冊）

成蓉鏡，有《周易釋爻例》等，已著録。

是書爲韻圖性質的韻書。前有序文一篇，卷一爲上平聲二十八韻，卷二爲下平聲二十九韻，卷三爲上聲五十五韻，卷四爲去聲六十韻,卷五爲入聲三十四韻。基本是每兩韻爲一表,如一東和二冬爲一表,三江和四鍾爲一表。每表五欄,最上一行自右至左列三十六字母,其餘四欄分屬兩韻,每韻佔據兩欄,開口、合口各一欄,韻目和開合口列於最右一列。可見仍是按照《廣韻》二百零六韻和三十六字母編排的韻圖。由於兩韻一表,不同於《韻鏡》等多韻合併,眉目自然清晰,但表中大量空白,圖表數目大增,則不如《韻鏡》、《切韻指掌圖》精練。

　　此本據上海圖書館藏稿本影印。（張詒三）

### 四聲韻譜九卷首一卷　（清）梁僧寶撰（第253冊）

　　梁僧寶,生卒年不詳,本名思問,字伯乞,號寒白退士,順德（今廣東順德）人。更著有《古易義》、《尚書淫渭錄》、《經籍纂詁訂訛》、《通鑑輯覽年表》、《説文條系隸正》、《古術今測》等。事跡見民國十八年《順德縣志》卷一九。

　　是書首一卷爲《四聲韻譜敘例》,實爲該書的凡例和説明。其後是《韻部異同表》,比較了《廣韻》、《集韻》和《禮部韻略》、《韻會舉要》、《佩文詩韻》的韻部異同。主體部分爲韻圖,全書共九卷,每卷一組圖,每圖五欄,最上一欄分列三十六字母,下四欄分列平、上、去、入四聲,以韻目代表四聲,如卷一右列東、董、送、屋,代表平、上、去、入。聲韻交叉處爲例字,每字上列該字切語,下列同音字。與《韻鏡》類韻書相同,不同者爲按等次列表,比如"東、董、送、屋"四韻,一等字爲一張表,三等字又一張表。如卷二江攝"江、講、降、覺"四韻只有二等,則只有一張圖。每卷一個攝,共九攝:通、江、宕、梗、曾、深、咸、臻、山,這些攝都是平、上、去、入俱全的攝。和傳統韻圖相比,特點有兩個方面:一是按平水韻目分攝列表;再是

每字之下列出同音字,這樣對於查檢每個字的聲、韻、調、等次、開合,自然方便。《四聲韻譜》實爲《廣韻》同音字表。

　　此本據國家圖書館分館藏清光緒十六年梁氏家塾刻本影印。（張詒三）

### 切韻求蒙一卷　（清）梁僧寶撰（第253冊）

　　梁僧寶,有《四聲韻譜》,已著錄。

　　是書首有《綱領十條》,討論反切、字母、韻書、分韻、十六攝、類隔等問題。次《攝韻總目》,爲十六攝和韻母劃分的對應表,其後是《音母等列》和《十六攝二百六韻四聲一貫考》。該書把《廣韻》六十一韻部分列在八十圖中,仍統於十六攝,各攝次序不依《廣韻》而按韻尾重新安排,先後爲:通、江、宕、梗、曾、深、咸、臻、山、止、蟹、果、假、遇、流、效。陽聲韻攝在前,陰聲韻攝在後。《敘例》中説:"觀是譜者,必先檢《切韻求蒙》,以《求蒙》爲綱,《譜》爲目也。"可見,《切韻求蒙》實爲配合《四聲韻譜》的綱目和簡編。

　　此本據國家圖書館分館藏清光緒十六年梁氏家塾刻本影印。（張詒三）

### 圓音正考一卷　（清）存之堂輯（第254冊）

　　存之堂,生平不詳。

　　是書實爲尖團音分辨表。書前錄文通道光十年（1830）序、存之堂乾隆癸亥年（八年,1743）原序,後列凡例、尖音字與團音字對照表,以及文通後序。文通序云:"斯《圓音正考》一書不知集自何人,蓋深通韻學者之所作也。前有存之堂一序,向無刻本,都係手抄,未勉（免）有魯魚亥豕之訛,而所謂見溪群曉匣五母下字爲團音,精清從心邪五母下字爲尖音,乃韻學中之一隅,而尖團之理一言以敝（蔽）之矣。夫尖團之音,漢文無所用,故操觚家多置而不講,雖博雅名儒、詞林碩士往往一出口而失其音,惟度曲者尚講之。惜曲韻諸書只別南北陰陽,亦未專晰尖團。而

尖團之音緐譯家絶不可廢,蓋清文中既有尖團二字,凡遇國名、地名、人名當還音處必須詳辨。存之堂集此一册蓋爲緐譯而作,非爲韻學而作也明矣。每遇還音疑似之間,一展卷而即得其真,不必檢查韻書,是大有裨益於初學也。"可見,該書爲滿人學習漢語或翻譯漢語而作。存之堂原序:"第尖團之辨,操觚家缺焉弗講,往往有博雅自詡之士一矢口肆筆而紕繆立形,視書璋爲麞、呼杕作杖者,其直鈞也。試取三十六母字審之,隸見溪郡(群)曉匣五母者屬團,隸精清從心邪五母者屬尖,判若涇渭,與開口閉口、輕脣重脣之分,有釐然其不容紊者。爰輯斯編,凡四十八音,爲字一千六百有奇,每音各標國書一字於首,團音居前,尖音在後,庶參觀之下,舉目瞭然。此雖韻學之一隅,或亦不爲小補云。"

此本據上海圖書館藏清道光十年京都三槐堂刻本影印。(張詒三)

**集韻編雅十卷** (清)董文焕撰 (第254册)

董文焕(1833—1877),字堯章,號研秋、峴嶕,洪洞(今山西洪洞)人。咸豐六年(1856)進士,散館,授翰林院檢討。更著有《峴嶕山房詩》、《藐姑射山房詩集》、《集韻編雅》、《孟郊詩評點》、《嚶鳴求聲集》等。

是書前有董氏自序和凡例。前四卷爲平聲,五、六卷爲上聲,七、八卷爲去聲,九、十卷爲入聲。韻目和《廣韻》、《集韻》相同。所不同者在於收字,《廣韻》、《集韻》是列單音字,而該書列雙音詞,每詞之下雙行小字爲該詞簡單釋義,有的列原文出處。如卷一"一東"韻,收有"瀧凍"、"叮噇"、"倥侗"、"崆峒"等。"崆峒"條下雙行小字:"山名,一曰崆峒,山深兒,亦作空同。○按《史記·五帝本紀》'西至於空桐','黄帝過空桐從廣成子',即此山。"可見該書是主要收釋生僻雙音詞的工具書,只是編排方式依據《集韻》。

此本據湖北省圖書館藏清同治十二年刻本影印。(張詒三)

**唐律通韻舉例二卷** (清)程道存撰 (第254册)

程道存(1856—1934),初名式縠,後以字行,號鈍堪,新建(今江西新建)人。光緒二十四年(1898)進士,授户部主事,以知府分發湖北,歷任漢陽、鄖陽、襄陽、德安知府。後因病解職。其時中國積弱,列強環伺,每多憂憤之詩。更著有《可乎可不可乎不可軒詩草》等。

是書實爲歸納唐代詩歌韻部之作。書前自序云:"隋陸法言撰《切韻》五卷,其分部二百有六,大率本之沈譜,唐初遵而行之,而限韻之體,由是生焉。天寶末孫愐作《唐韻》,仍循二百六部之舊。其各部下所注獨用同用之字,爲唐人功令。如一東獨用,二冬三鍾同用是也。終唐之世,詩賦取士,第可取同用之韻,不得取古詩歌通用之韻。"又云:"明于古體有律,則古體可用通韻,律詩亦可用通韻,斷斷然矣。"可見,作者認爲唐代律詩並非按照《切韻》同用規定押韻,亦有臨近韻部通押者,是書則搜羅此類通押詩歌,進行羅列。如卷上有《唐律東冬鍾通韻舉例》、《唐律江陽唐通韻舉例》,卷下有《唐律真諄臻文殷元魂痕寒桓删山先仙通用舉例》、《唐律蕭宵肴豪通韻舉例》、《唐律歌戈麻通韻舉例》等。可見該書爲歸納唐代律詩韻部之作,且指出唐代律詩實際押韻並不完全合於《切韻》。

此本據復旦大學圖書館藏民國八年鉛印本影印。(張詒三)

**韻鏡一卷** 佚名撰 (第254册)

是書爲配合《廣韻》的韻圖,爲現今發現的最早的等韻圖之一。該書作者和成書年代已不可考。前有張麟之嘉泰三年(1203)序,云:"是知此書,其用也博,其來也遠,不可得指名其人,故鄭先生(按:指鄭樵)但言梵僧傳之,華僧續之而已。"《韻鏡》將《廣韻》中的二百零六韻歸納成四十三圖,每圖最右邊一列分別標以"内轉"和"外轉"、圖的次序及"開"或"合",如"内轉第一開"。每圖的最左邊一列標明二百零六韻。兩列之外,每圖劃分五欄二十三列,二十三列代表三十六字母,但未標出三十六字母的名稱。"脣音"欄下有四列,分"清、次清、濁、清濁"分別代表"幫(非)、滂(敷)、並(奉)、明(微)"八個聲母,與此相類似,在"舌音"欄四列,則代表"端(知)、透(徹)、定(澄)、泥(娘)"八個聲母,"齒音"欄五列,分別表示"精(照)、清(穿)、從(床)、心(審)、邪(禪)"十個聲母,再加上"牙音"欄"見、溪、群、疑"四列,"喉音"欄"影、曉、匣、喻"四列和"舌齒音"欄"來、日"兩列,恰合二十三列。每張圖最上一欄標明"脣、舌、齒、牙、喉、半舌、半齒"七音(圖中把"半舌、半齒"合併成"舌齒音")和清濁,下面四欄表示"平、上、去、入"四聲,每一欄分四小行,分別代表"一、二、三、四"等。豎排二十三列代聲母,橫排十六行代韻等,行、列交叉處則是音節,出現在韻圖中的字都是實際存在的音節,用《廣韻》中每一小韻的首字表示,也代表這個小韻。實際上沒有的音節用○表示。這樣,韻圖實質上是平面化的單音字表,表現了韻書中所有音節的聲、韻、調、等、呼諸方面的同異及其配合關係,韻圖編製的原則是"開合不同則不同圖,洪細不同則不同等,聲紐不同則不同列"。在這一原則下通過圖示反映韻書的音系。該書在國内早已亡佚,清末黎庶昌出使日本,發現該書,後收入《古逸叢書》。

此本據清光緒十年黎庶昌日本東京使署刻《古逸叢書》本影印。(張詒三)

**皇極聲音文字通三十二卷(存卷一至卷三十)**
(明) 趙撝謙撰 (第254册)

趙撝謙,生卒年不詳,名謙,字撝謙,又作捴

謙,又字考古,餘姚(今浙江餘姚)人。更著有《六書本義》等。《明史》有傳。

是書爲模仿邵雍《聲音唱和圖》而作,作者意在以理數解釋聲韻,以聲韻配合關係來印證理數觀念,因而該書並非真正韻圖。現存該書卷前數頁已殘。考《皇極經世聲音唱和圖》,日、月、星、辰凡一百六十聲爲體數,去太陰、少陰、太柔、少柔之體數四十八,得一百一十二爲日、月、星、辰之用數。水、火、土、石凡一百九十二音爲體數,去太陽、少陽、太剛、少剛之體數四十,得一百五十二爲水、火、土、石之用數。此書則取音爲字母,聲爲切韻,各自相配,而注所切之字於上。凡有一音,和以十聲。因邵子之圖而錯綜引申。書中聲母分類沿用《聲音唱和圖》一百五十二"音",韻母分類襲用一百一十二"聲",但是書中反切系統與此並不一致,體現出一種實際存在之音系。《明史·藝文志》載該書爲一百卷。此本尚存三十二卷,蓋別本之流傳者。然卷首至卷一之四亦殘闕,不足取證。

此本據中山大學圖書館藏明抄本影印,卷一、卷二以北京大學圖書館藏抄本配補。(張詒三)

**音聲紀元六卷** (明) 吳繼仕撰 (第254册)

吳繼仕,生卒年不詳,據自序知其字公信,歙縣(今安徽歙縣)人。

是書首有焦竑萬曆辛亥(三十九年,1611)序,次爲作者自序。該書應刊於萬曆三十九年,編輯宗旨是"紀音聲之所自始"。卷一爲《發凡》,實爲總論,其下分篇若干,分題有音元論、聲元論、論梵、述古等。卷二爲韻圖,韻圖中把地支、二十四節氣等附會在一起,令人難解。卷三爲《律呂原流》,把音韻和樂律、陰陽五行和《周易》六十四卦聯繫起來。卷四爲《審音》。卷五爲配合陰陽、律呂的韻圖。卷六爲全書理論總結,有云:"余既爲前音聲譜以測

風氣,爲後音聲譜以分律吕矣。"書中綜以五音,合以八風,加以十二律,應以二十四氣。有圖有表,有論有述,而以《風雅十二詩》附之。該書設六十六字母,實際聲母爲三十個:見溪群疑、曉匣影喻、端透定泥來、照穿牀審禪、精清從心邪、幫滂並明、非奉微。韻母系統則可分爲二十四部,以"艮一"、"寅二"、"甲三"、"卯四"等表示。聲調有平上去入四聲。作者把音韻和陰陽五行、六十四卦、律吕聯繫起來,理論雖自成體系,然多有附會之處,難免故弄玄虚之嫌。

此本據國家圖書館藏明萬曆刻本影印。(張詒三)

### 聲韻雜著一卷文韻考衷六聲會編十二卷

(明) 桑紹良撰 (第 255 册)

桑紹良,生卒年不詳,字遂叔,號會臺,別號青郊,濮州(今屬河南范縣)人。明嘉靖三十四年(1555)舉人,仕文林郎,嵐縣知縣。

《聲韻雜著》一卷,書口題"青郊雜著",前有桑氏萬曆辛巳年(九年,1581)《聲韻雜著引》,應爲書序。次爲《青郊韻説》、《青郊字説》,闡述了桑氏關於音韻、文字的一些認識,再次是《青郊雜著》,有云:"韻有一十八部四科五位五品六級七十四母,條具于左,切字新法附。"然後逐條解釋一十八部、四科、五位、五品、六級、七十四母等概念。次列《十八部分合説略》、《舊定三十六母分屬次序》和《删定三十六母約爲二十母分屬次序》等。該書可以作爲《文韻考衷六聲會編》一書的凡例和説明。

《文韻考衷六聲會編》十二卷,全書主要爲表格,應爲韻圖性質。每圖分七欄,最上一欄列"啟"、"承"、"進"、"止"、"衍"字樣,次"沉平聲"、"浮平聲"、"上仄聲"、"去仄聲"、"淺入聲"、"深入聲"各一欄。該書分十八個韻部:東、江、侵、覃、庚、陽、真、元、歌、麻、遮、

皆、灰、支、模、魚、尤、蕭。雖云七十四母,實際聲母只有二十:見溪影曉、端透泥來、知徹日審、精清心、幫滂明非微。四科爲重科、次重科、輕科、極輕科,相當於合口、撮口、開口、齊齒四呼。五位指五音,分別是宮音(見溪影曉)、徵音(端透泥來)、角音(知徹日審)、商音(精清心)、羽音(幫滂明非微)。五品,一是啟音:見端知精幫;二是承音:溪透徹清滂;三是進音:影泥日明;四是止音:曉來審心微;五是衍音:非。可見,五位是按發音部位劃分的,五品基本是按發音方法劃分的。另外,該書還改良反切,在選擇反切上下字方面很有講究。書中頗有新意,可見桑氏於音韻研究之深邃、思索之獨到。

此本據北京大學圖書館藏明萬曆桑學夔刻本影印。(張詒三)

### 五先堂字學元元十卷

(明) 袁子讓撰 (第 255 册)

袁子讓,生卒年不詳,字仔肩,號七十一峰主人。彬州(今湖南彬州)人。萬曆二十九年(1601)進士,官至兵部員外郎。精通音韻。更著有《香海棠集》等。

是書簡稱《字學元元》。書前有范醇《刻字學元元引》,次爲王毓宗序、袁氏自序。第一卷爲通論性質,主要對三十六字母、四聲、開合等進行討論。自第二卷開始爲韻圖,每一卷有"題首",爲説明解釋内容。韻圖部分首列《古四聲等子二十四攝圖》,該韻圖模仿《四聲等子》體例並吸收《切韻指掌圖》特點,在所列各攝中注明攝名、内外轉、廣通偏狹等。縱分五欄,最上一欄橫列三十六字母,分爲二十三行。其餘四欄列四等,每一等中列平、上、去入四聲韻部。圖末注明開合口或獨韻。列字與《四聲等子》基本相同。袁氏對《四聲等子》之分攝立韻多有異議。第六卷爲《子母全編》,爲袁氏所作韻圖,主要是校訂舊韻,列出同音字。該

圖采用三十六字母,每一字母又分上開、上合、下開、下合四種,實際是開、合、齊、撮四呼。開合兩呼爲上等,齊撮兩呼爲下等,聲調分平上去入四聲,列二十二圖,一攝一圖。入聲配陽聲韻。第七卷爲《六書之概》,討論漢字六書問題。第八卷爲糾謬,主要指出《指南》、方音、俗讀的錯誤。第九卷爲針對邵雍《皇極經世三十四圖》的討論,第十卷爲《華嚴經四十二字母釋》、《增字學上下開合圖》等。後有跋文兩篇。

此本據上海圖書館藏明萬曆三十一年刻本影印。（張詒三）

### 韻表三十表聲表三十表　（明）葉秉敬撰（第 255 册）

葉秉敬(1562—1627),字敬君,衢州(今浙江衢州)人。萬曆二十九年(1601)進士,曾任工部主事、河南學政、江西布政使等職。更著有《字學疑似》、《詩韻綱目》等。

《韻表》成書於萬曆三十三年,前有葉秉敬自序,次凡例。凡例列“宗正韻”、“辯聲母”、“辯陰陽”等十六條,實際是此書的綱領。後列《分韻法門》,討論了從《廣韻》二百零六韻到《洪武正韻》二十二韻的分合情況;《分聲法門》則討論了聲母的變化。又有《分四派祖宗法門》、《讀韻表法門》、《讀聲表法門》。韻圖三十幅,每個韻圖按韻排列,每韻按開合分表,每表按洪細分上、下兩等,最上一欄列三十字母,最右一列列韻部,交叉處爲例字。《聲表》也是三十表,是按三十聲母列表,表中按韻列出該聲母的字。該書採用平水韻目,聲母採用三十字母,反映了聲母的變化,如完整保留了全濁聲母,但有與清音相混的清化現象;非、敷完全合併爲非,奉、微各自獨立;疑母與喻母合流爲御,零聲母擴大,中古雲餘母字少量混入微母,另有少量曉、匣母字與影、御相混;泥、娘完全合流爲泥;知、莊、章合流爲照、組等。

此本據北京大學圖書館藏明萬曆三十三年刻本影印。（張詒三）

### 元韻譜五十四卷　（明）喬中和撰（第 256 册）

喬中和,有《説易》等,已著錄。

是書首有崔數仞、黃雲師、蔣先庚序,後有喬氏萬曆三十九年(1611)自序。卷首《釋目》對“五聲”、“七音”、“三籟”、“十二佸”七十二母、切、陰陽、柔剛、律呂、十二佸應律圖、清濁、寄歸、轉叶、蒙音等一一詮釋,表明了作者系統的音韻思想。《韻譜》五十四卷,每卷一個韻部。卷一至卷一二爲“上平”,卷一三至卷二五爲“下平”,卷二六至卷三六爲“上聲”,卷三七至卷四八爲“去聲”,卷四九至卷五四爲“入聲”。該書“五聲”指五個聲調,“十二佸”指十二個五聲相連的大韻部,“五十四韻”則是五聲分立的五十四個韻部。該書還用“柔、剛、律、呂”表示“四響”:柔律爲合之開呼,柔呂爲合之合呼,剛律爲開之開呼,剛呂爲開之合呼。這四響實相當於四呼:柔律爲合口呼,柔呂爲撮口呼,剛律爲開口呼,剛呂爲齊齒呼。該書對介音作出了區分,所以聲母達到七十二個,據甯忌浮研究,如果不計介音,則實際只有二十一個聲母。

此本據國家圖書館分館藏清康熙梅墅石渠閣刻本影印。（張詒三）

### 韻通一卷　（清）蕭雲從撰（第 257 册）

蕭雲從(1596—1673),字尺木,號默思、于湖老人、無悶道人,蕪湖(今安徽蕪湖)人。更著有《易存》、《杜律細》等。

是書前有蕭氏自序,後爲總說,自定二十聲母,四十四韻部,五個聲調。二十聲母是:見溪疑、定透泥、幫滂明、精從心、照穿審曉、方微來日。這二十聲母反映出全濁聲母消失、非敷奉合併、知照合流等。五個聲調:陰、陽、上、去、入。書列四十四表,每表爲一個韻部,每表上標陰、陽、上、去、入五聲,每列按聲母次序列字。可見,該書實爲韻圖,不分等次、開合等,只是簡單列出聲韻調之配合。至於該表所反映之音系,尚須深入研究。

此本據國家圖書館藏清抄本影印。(張詒三)

### 大藏字母九音等韻十二卷 （清）釋阿摩利諦譯 （第 257 册）

釋阿摩利諦,生平不詳,每卷題下注"清天中竺沙門釋阿摩利諦譯",知其爲明末清初時之印度僧人。

是書爲《大藏經》用字注音表,全書十二卷,每卷一攝,共十二攝:迦攝第一、結攝第二、岡攝第三、庚攝第四、祴攝第五、高攝第六、該攝第七、傀攝第八、根攝第九、干攝第十、鉤攝第十一、歌攝第十二。所選各攝用字均爲見母字。每卷又按開合口分爲兩個部分,先列開口,再列合口,每呼又有正、副兩類,"開口正韻"爲開口呼,"開口副韻"爲齊齒呼,"合口正韻"爲合口呼,"合口副韻"爲撮口呼。每一類之中按三十六字母"見溪群疑、端透定泥、知徹澄娘、幫滂並明、非敷奉微、精清從心邪、照穿床審禪、影曉匣喻、來日"列字,無字之字母則不列,字母下又分平上去入四聲,每聲之下列字,每字之下列出切語和出現字數。是書爲佛經注音音表,爲等韻圖性質。韻分十二攝,不再分韻,此"攝"當即"韻"義。此爲當時實際語音韻部,但聲母仍用三十六字母,則與實際語音不符。書中反切注音所用上下切字應爲作者根據當時實際讀音新定,可據以考知當時音系。

此本據北京大學圖書館藏清康熙滄江愚叟抄本影印。(張詒三)

### 諧聲韻學十六卷(存卷一至卷二、卷四至卷九、卷十一至卷十四、卷十六) （清）釋阿摩利諦撰 （第 257 册）

釋阿摩利諦,有《大藏字母九音等韻》,已著録。

是書凡十六卷,爲韻書性質,全書亦分爲若干攝,一至四卷爲及攝,五至七卷爲干攝,八至九卷爲庚攝,卷一〇缺,卷一一爲根攝,卷一二爲該攝,卷一三爲傑攝,卷一四爲高攝,卷一五缺,卷一六爲祴攝。與《大藏字母九音等韻》同者,"攝"名悉用見母字,但具體攝名並不全同,如該書有"及"攝,《大藏字母九音等韻》則無此名。現存只有八攝,全書應不止十六卷。攝下並無分韻,則"攝"實爲韻部。每攝下分"開口正韻"、"開口副韻"、"合口正韻"、"合口副韻"四個部分,分別代表開口呼、齊齒呼、合口呼、撮口呼。每頁上列三十六字母,每字母下列"調"、"理"、"音"、"韻",分別代表陰平、陽平、上聲、去聲四個聲調。列字之下有切語或簡單釋義。書中反切注音所用上下切字應爲作者根據當時實際讀音新定,亦可據以考知當時音系。

此本據上海圖書館藏稿本影印。(張詒三)

### 善樂堂音韻清濁鑑三卷 （清）王祚禎撰 （第 257 册）

王祚禎,生卒年不詳,自序落款稱"析津洛浦居士",又有"楚珍氏"印,知其字楚珍,號析津居士,大興(今屬北京)人。

是書凡三卷,首有康熙六十年(1721)作者自序、康熙六十年馬墫元序和康熙五十七年姚椿序,次爲凡例,分《論韻分增》、《辨音韻》、《證母呼訛》、《辨反切法》、《調四聲》等篇,再次爲《玉鑰匙門法》,内有十三種門法以及辨開合不論、明等第、明雙聲等内容。書中分韻以《中原音韻》爲依據,但是把齊微分爲機其、歸微二韻,把魚模分爲居魚、沽模二韻,共有二十一韻部:東鍾、江陽、支思、機其、歸微、居魚、沽模、皆來、真文、寒山、桓歡、先天、蕭豪、歌戈、家麻、車遮、庚青、尤侯、侵尋、監咸、廉纖。該書聲用三十六字母,分韻類用四等,仍遵循傳統韻圖做法。

此本據中國科學院圖書館藏清康熙六十年善樂堂刻本影印（張詁三）

### 拙菴韻悟一卷　（清）趙紹箕撰　（第257冊）

趙紹箕，生卒年不詳，據自序落款及印文，知其字寧拙，易水（今河北易縣）人。

是書凡一卷，成於清康熙十三年（1674），爲稿本，未刊行。該書爲等韻學著作，書中名目繁多，術語繁複，區分了許多不同的概念。首爲自序，然後是一些概念介紹，有"十要"和"六呼"等。該書用"十要"來分析漢語音韻，"十要"爲：呼、應、吸、聲、音、韻、經、緯、分、合。"十要"是趙氏分析語音、編排韻圖之綱目。此書分出六奇韻：姑、格、基、支、咨、居，實爲六個單母音。六奇韻之外，又有八十四偶韻，八十四偶韻歸納爲二十八通韻，又歸納爲十四通韻，即十四韻類。是書主體部分由九種韻圖構成：分別是《韻綱總圖》、《韻目圖》、《入聲韻綱圖》、《入聲韻目圖》、《獨韻會聲圖》、《通韻會聲圖》、《獨韻會韻圖》、《通韻會韻圖》、《入聲會韻圖》。書中以儀像、五音、干支、花甲、陰陽術數等名稱來應和聲、韻、調的分類，難免玄妙難解。該書首次分出兒化韻，意義重大。

此本據國家圖書館分館藏清康熙五十五年楊作棟抄本影印。（張詁三）

### 馬氏等音一卷　（清）馬自援撰　（第257冊）

馬自援，生卒年不詳，書前題識有"字槃什，雲南人"之語。

是書凡一卷，爲等韻圖類著作。書前有題識數行，說明有關情況，應爲藏書者所作。主體部分先是凡例性說明文字，次爲韻圖。全書共分十三個韻部：光、官、公、裩、高、乖、鉤、規、鍋、國、孤、骨、瓜，另以宮、商、角、徵、羽分析韻類，實際是四呼系統。聲母爲二十一個：見溪疑、端透泥、幫滂明、非微、精清

心、照穿審、曉影、來日。聲調分平、上、去、入、全五類，"全"其實是陽平。該書先把韻部分爲宮、商、角、徵、羽五類，一類之中按聲調之不同列圖，聲調亦標以宮、商、角、徵、羽，每一圖冠以"某某調"之名，實爲以"呼"和"調"結合起來分圖，同呼、同調之字同列一圖。各圖之內，橫列二十一聲類，以見、溪、疑等標目，上面再注明"喉音"、"舌音"等，縱列十三韻，縱橫交叉處爲例字，無字者以"○"表示，全書凡二十五圖。該書所反映之音系爲綜合方音和古音而成，具有反映實際口語的特點，但不夠徹底。

此本據中國科學院圖書館藏抄本影印。（張詁三）

### 類音八卷　（清）潘耒撰　（第258冊）

潘耒（1646—1708），字次耕，又字稼堂，晚號止止居士，吳江（今屬江蘇蘇州）人。康熙十八年（1679）舉博學鴻詞，授翰林院檢討，參與纂修《明史》，主纂《食貨志》。《清史稿》有傳。

是書首有周振業康熙壬辰（五十一年，1712）序，次有雍正三年（1725）沈彤撰《潘氏行狀》。書分八卷：卷一爲"音論"，討論語音源流以及南北、古今之音以及反切；卷二爲"圖說"，有《五十母圖說》、《四呼圖說》、《二十四類圖說》、《一百四十七韻圖說》等；卷三爲"切音"，分《平聲二十四類》、《上聲二十四類》、《去聲二十四類》、《入聲十類》等，該卷實爲韻圖，最上一行列開、齊、合、撮四呼，每呼下列五音，表中列字，字下小字列出聲母、韻部；卷四至卷八爲"韻譜"，共分一百四十七韻，平聲四十九韻，上聲三十四韻，去聲三十八韻，入聲二十六韻，按韻列字，字下雙行小字注解。推考該書音系，五十字母之中，有字之音三十二母，無字之音十八母，三十二母比三十六母少知、徹、澄、娘、敷五母，又將日分爲二母。韻部雖分一百四十七韻，實際有

二十四類：支微、規窺、遮車、遮車分音、灰回、皆咍、敷模、敷模分音、尤侯、尤侯分音、歌戈、家麻、看蕭、豪宵、真文、元先、删山、東冬、庚青、江唐、陽姜、侵尋、覃鹽、咸凡。聲調仍爲平、上、去、入四聲。作者意在理出"人人本有之音"，因而參考南北方音，具有綜合性質，非單一音系。

此本據上海辭書出版社圖書館藏清雍正潘氏遂初堂刻本影印。（張詒三）

### 等切元聲十卷 （清）熊士伯撰 （第 258 册）

熊士伯，生卒年不詳，字西牧，江西南昌人。康熙拔貢生，官廣昌縣教諭。通音韻文字之學。更著有《古音正義》等。見《四庫全書總目》卷四四。

是書成於康熙四十二年（1703），康熙四十五年尚友堂重刊。首有康熙四十五年湯燦序，次爲作者自序。卷一至卷四爲理論探討，討論涉及韻書、韻圖、反切、字母、清濁、等第、開合、内外、門法等音韻學問題；卷五和卷六爲《元聲全韻》，爲分韻列字之韻書；卷七《元聲韻譜》，爲等韻圖之類；卷八爲《閲釋氏字母》和《閲西儒耳目資》，討論梵文和西文；卷九爲《閲清書字頭》，討論滿文；卷一〇爲《閲諸韻書》。該書分韻仍分十六攝，但與傳統做法不同：熊氏併江於陽，併梗於曾，又從支分出微，從假分出遮，其十六攝是：通、支、微、遇、蟹、臻、山、效、果、假、遮、宕、曾、流、深、咸。熊氏自謂"兹主中音"，其實是以中原通語爲據。聲母方面，在三十六字母基礎上進行增删，得四十二母，分成陰陽兩類。其韻圖則橫列四十二母，按攝分圖，標明輕、重、開、合、上、下，例如東一爲重合上，東三爲重合下。主圖分四欄，列四等之字，一欄之中，列四聲之字，其中入聲字，加圈表示其爲借入，反映當時入聲已經消失，但顧及古音，仍姑存之。

此本據清華大學圖書館藏清康熙尚友堂刻本影印。（張詒三）

### 詩韻析五卷首一卷末一卷校勘記一卷 （清）汪烜撰 （第 258 册）

汪烜，生卒年不詳，據是書序及署名，知其字燦人，號雙池，新安（今安徽歙縣）人。

是書成于雍正元年（1723），爲規範流行詩韻而作，包含了五十七韻圖及與之音系相同之韻書。書前有序及自敘。卷首討論音韻問題，分題九音方位、四聲方位、四聲定譜、五聲次序等，卷一上平，卷二下平，卷三上聲，卷四去聲，卷五入聲。韻目與平水韻一百零六韻同。另有卷末，涉及"頂嚴平仄法"、"六體指南"、"八病"和"正體"等，爲作詩指導。該書以詩韻爲宗，兼及音理討論，又回歸于詩韻。其所反映音系已見平分陰陽、濁上變去和入聲衰微，音系尚兼及南北，融合古今。

此本據湖北省圖書館藏清光緒九年紫陽書院刻本影印。（張詒三）

### 五聲反切正均不分卷 （清）吳烺撰 （第 258 册）

吳烺（1719—1771），字衫亭，又字荀叔，全椒（今安徽全椒）人。吳敬梓長子。乾隆十六年（1751）得賜舉人，授中書舍人，官至武寧府同知。工詩文。更著有《金木山房集》、《周髀算經補注》等。事跡參孟醒仁撰《吳敬梓年譜》。

是書爲吳氏音韻學著作。全書分六部分：辨五聲第一、論字母第二、審縱音第三、定正韻第四、詳反切第五、立切腳第六。吳氏已經注意到三十六字母與實際語音的不合，主張廢除三十六字母，把三十六字母合併爲十九聲母，説明他已經注意到全濁聲母清化，知照二組合一，非敷奉合一，疑喻微變爲零聲母。是書爲研究近代漢語語音史和安徽全椒方音史提供了寶貴資料。

此本據華東師範大學圖書館藏民國二十一

年《安徽叢書》編印處影印南陵徐氏藏杉亭集原刻本影印。（張詒三）

### 等韻精要一卷　（清）賈存仁撰　（第258册）

賈存仁（1724—1784），字木齋，浮山（今山西浮山）人。乾隆辛卯（三十六年，1771）科副榜，事親至孝，不樂仕進。工書法，精音韻。更著有《弟子規正字略》等。事略見光緒及民國《浮山縣志》。

是書刊於乾隆四十年，爲等韻圖著作。先有賈氏自序。是書內容分兩大部分，前爲論說，包括述原、總論、圖說、別傳、備考五部分；後爲圖說，爲韻圖，共十二張圖，代表十二個韻部：一獅、二馬、三蛇、四駝、五牛、六葵、七豽、八龜、九龍、十羊、十一猿、十二麟，每韻分開、齊、合、撮四呼。在韻圖中，賈氏務求簡潔，每一韻圖右上角標以第一韻、第二韻、第三韻字樣。每圖最上一欄爲聲母，只標以發音部位和序號，如"喉音"欄，列出一、二、三、四、五代表具體聲母"衣、希、基、溪、疑"。韻圖主體部分分四大欄，標以開、齊、合、撮，代表四呼，每呼之中分中（陰平）、平（陽平）、上、去、入五聲。賈氏將入聲韻字配入陰聲韻，注明"寄"某某韻，說明入聲韻尾正在衰微。

此本據國家圖書館分館藏清乾隆四十年河東賈氏家塾刻本影印。（張詒三）

### 切韻考四卷　（清）李鄴撰　（第258册）

李鄴，生卒年不詳，約康熙年間人，字衡山。廣陵（今江蘇揚州）人。

是書成於康熙年間。書前有作者自序，全書分四卷：集說、圖表、韻譜、切法。聲母爲二十一個，分七音：喉音爲見、溪群、疑影喻，舌音爲端、透定、泥娘，重唇音爲幫、滂並、明，縫唇音爲非、敷奉、微，齒音爲精、清從、心邪，腭音爲照知、穿床、審禪，餘音爲曉匣、來、日。凡是兩個字的聲母，應爲作者認爲合併的聲

母。韻分十二部：繃、逋、陂、牌、賓、波、巴、邦、包、哀、鞭、班，可見韻部用字皆爲唇音字。聲調有陰、陽、上、去、入五類。其音系大體上是江淮官話，但却擺脱不了中古等韻圖的束縛，以古音和時音交織，與清代官話和現代揚州話均不一致。但畢竟含有方音成分，可爲研究近代方音史之資料。

此本據上海圖書館藏清刻本影印，徐乃昌積學齋舊藏。（張詒三）

### 四聲均和表五卷示兒切語一卷　（清）洪榜撰　（第258册）

洪榜（1745—1780），字汝登，號初堂，歙縣（今安徽歙縣）人。乾隆三十三年（1768）舉人，乾隆四十一年應天津召試第一，授內閣中書。更著有《周易古義録》、《書經釋典》、《詩經古義録》、《詩經釋典》、《儀禮十七篇書後》、《春秋公羊傳例》、《論語古義録》、《初堂讀書記》、《初堂隨筆》、《許氏經義》等。《清史稿》有傳。

《四聲均和表》五卷，爲配合《廣韻》編製的韻圖，每韻一圖，二百零六韻共二百零六圖，按照《廣韻》的次序，分上平、下平、上聲、去聲、入聲五卷。圖中區分的韻類符合反切系聯的原則，對宋元等韻圖區分的假二等和假四等，則在圖中注出。聲母仍用三十六字母，每個音節列出《廣韻》各小韻的第一個字。和傳統韻圖不同之處在於，是書豎列三十六字母，橫列等次和開合口，其實是每韻按三十六字母列字，并區分等次和開合口。

《示兒切語》一卷，爲反切上字常用字表。卷首云："凡切字俱上一字定位，下一音定音，同位爲雙聲，同音爲疊韻。今欲三十六字母定位分等，悉采《廣韻》所用切音上一字，各歸其母，并列其等，作三字句，而以古切音歌録於篇首。"如"見母字"列出："一古公、姑詭各、過沽工，二等佳、交格乖，三俱居、紀幾九、蹇舉拘，四等兼、稽經吉、規頸堅。"可見，

是書希望熟記反切上字,用於拼讀反切,辨別等第。

此本據華東師範大學圖書館藏清道光梅華書院刻《二洪遺稿》本影印。(張詒三)

## 音泲一卷 （清）徐鑑撰 （第 258 册）

徐鑑,生平不詳,據是書署名,知其字香垞,大興(今屬北京)人。

是書前有張問彤和趙由忠二序。全書内容分六部分,分題五聲、切韻、射字、字韻、字母、餘論。"字母"部分爲全書主體内容,主要是韻圖。是書分韻爲三十六部:公、穹、更、京、昆、君、根、斤、官、捐、干、奸、高、交、鉤、鳩、撅、接、兹、基、姑、拘、歸、而、光、岡、姜、乖、該、皆、瓜、渣、家、鍋、哥、約。主要用見母字爲韻目。但是在韻圖中,每部又有標目之字,如公韻以"松"、穹韻以"榕"等木旁字爲標目。聲母十九個:見溪曉影、幫滂明非、端透泥來、精清心、照穿審日。每一韻圖上列陰、陽、上、去、入五聲,分聲母列字。圖中不列開、合等呼,十分簡潔。據趙蔭棠研究,該書所反映之音系爲北音,三十六韻實爲將四呼分爲不同韻部所致。

此本據中國科學院圖書館藏清嘉慶二十二年刻本影印。(張詒三)

## 正音切韻指掌一卷 （清）莎彝尊撰 （第 258 册）

莎彝尊,生平不詳。

是書刊於咸豐庚申(十年,1860),書前有游顯廷和梁次楠二序。後爲《凡例》,云"是書特爲習正音者作也"。所謂"正音","遵依欽定《字典》、《音韻闡微》之字音即正音也",應爲接近當時官話的音系。該書列二十聲母,三十五韻部。全書相當於同音字表,以韻表形式列同音字,以韻目冠首,豎列二十聲母,每一韻中選各聲母一代表字大寫,旁邊注反切和滿語發音,橫列與此聲母相同之字。

是書所反映之音系無特殊之處,但編排方式別具一格。

此本據上海圖書館藏清咸豐十年塵談軒刻本影印。(張詒三)

## 音韻逢源四卷 （清）裕恩撰 （第 258 册）

裕恩,生平不詳。

是書刊於道光庚子(二十年,1840),書前有其兄禧恩序,云:"五方之音,清濁高下各有不同,當以京師爲正。其入聲之字,或有作平聲讀者,或有作上去二聲讀者,皆分隸於三聲之内。"可見,是書以當時北京音爲準。書中將韻類分爲四部,實即四呼:第一乾部,合口呼光等十二音是也;第二坎部,開口呼剛等十二音是也;第三艮部,齊齒呼江等十二音是也;第四震部,撮口呼(居汪切)等十二音是也。韻分十二攝:子、丑、寅、卯、辰、巳、午、未、申、酉、戌、亥,每攝分四部,如"子"攝分光、剛、江、(居汪切)(實際無字的以切語代之)四部,實際上是四呼。聲母分爲二十一個,用二十八宿代替:角、亢、氐、房、心、尾、箕、斗、牛、女、虛、危、室、壁、奎、婁、胃、昂、畢、觜、參。聲調爲四聲:翼部第一上平聲,離部第二上聲,坤部第三去聲,兑部第四下平聲。上平相當於陰平,下平相當於陽平。正文各圖按攝分圖,一攝之中分爲四部。橫列聲母,以角一、亢二、氐三表示,下面用滿文注音,縱分四欄,分列四聲,一格之中列同音字,無字處則以切語代替。

此本據北京大學圖書館藏清道光聚珍堂刻本影印。(張詒三)

## 韻籟四卷 （清）華長忠撰 （第 258 册）

華長忠,生平不詳,據李鴻藻序,當爲天津(今天津)人。

是書首爲高陽李鴻藻光緒十五年(1889)序文一篇。書中將聲母分爲五十個,以符合"大衍之數",分別爲:各、客、赫、額、額、德、特、諾、勒, 狄、惕、匿、力、日, 獨、秃、訥、鹿、弱、伯、迫、莫、弗、必、僻、覓、角、闋、雪、月、節、妾、挈、葉、國、廓、或、渥、責、測、瑟、浙、徹、涉、作、錯、索、卓、綽、説。可見華氏對聲母區分了開合口, 如, 三十六字母中的"見"母, 區分爲"各"(開口)和"國"(合口)兩個。該聲母系統已經明確列出舌面音聲母, 而且按其來源分爲兩組: 角、闋、雪來自"見"組, 節、妾、挈來自"精"組。韻母共有三十八個, 分爲十二大類: 一昂、二恩、三更、四謳、五鏖、六哀、七阿、八安、九巴、十非、十一衣烏迂支、十二兒約。聲調分爲陰平、陽平、上聲、去聲、入聲五類, 但入聲低一個字排列, 表示入聲已經消失。是書爲天津音之歷史記録, 爲研究天津近代語音變遷提供了重要資料。

此本據上海圖書館藏清光緒十五年華氏松竹齋刻本影印。(張詒三)

**等韻學不分卷**　(清)許惠撰　(第258冊)

許惠, 生平不詳, 字慧軒, 桐城(今安徽桐城)人。著作輯爲《擇雅堂初集》、《擇雅堂二集》。

是書收入《擇雅堂初集》中。書前有趙光祖序, 次爲鄭輝朝"弁言"。是書先討論了五聲(聲調)、五音、等韻母(韻部)、等音母(字母)、反切法等理論問題。主體部分爲韻圖, 每韻一圖, 最上一行列陰平、陽平、上聲、去聲、入聲, 豎列按聲母排列韻字。是書分十二韻部: 東、支、虞、灰、真、删、先、蕭、歌、麻、陽、尤。因采用聲介合母方式, 列聲母三十八個, 實際只有二十三個: 公、空、烘、昂、東、通、農、隆、中、充、胸、雍、宗、忽、松、今、琴、心、因、冰、平、明、風。聲調分陰平、陽平、上、去、入五聲。所反映音系有安徽桐城方言的特點。

此本據國家圖書館分館藏清光緒八年刻《擇雅堂初集》本影印。(張詒三)

**蒙古字韻二卷**　(元)朱宗文撰　(第259冊)

朱宗文, 生卒年不詳, 字彦章, 劉更序又稱朱伯顏, 蓋其蒙古語名。

是書分爲上、下兩卷, 全書共六十九頁。卷下第三十頁下半頁(麻韻部分)至卷尾回避字樣的上半頁已殘闕。序文每半頁六行, 每行十二字;正文每半頁十行, 每行除所冠八思巴字外, 各十六字。是書正文包括《校正字樣》、《蒙古字韻總括變化之圖》、《字母》、《篆字母》、《韻書正文》、《回避字樣》等。韻書正文分爲十五個韻部: 一東、二庚、三陽、四支、五魚、六佳、七真、八寒、九先、十蕭、十一尤、十二覃、十三侵、十四歌、十五麻, 各韻順序按收聲類聚, 大致不紊。東、庚、陽爲穿鼻韻, 支、魚、佳爲展輔韻(魚兼斂唇韻), 真、寒爲抵齶韻, 蕭、尤爲斂唇韻, 覃、侵爲閉口韻, 歌、麻爲直喉韻。每一韻又分爲若干韻類, 每一韻類按照三十六字母的順序(始見終日)排列同音字組, 上冠八思巴字字頭, 下列所拼漢字, 漢字標明平、上、去、入(支魚佳蕭歌麻六韻有入)四聲, 四聲相承。共收八思巴字八百一十四個, 殘闕處可補約三十五個;共收漢字九千多個, 殘闕處可補約三百餘。是書係以八思巴字拼寫漢語的"通用備檢之本"。其音系反映當時漢語共同語語音系統, 爲研究八思巴字和元代漢語語音之重要文獻。

此本據中國社會科學院語言研究所圖書館藏昭和三十一年日本關西大學東西學術研究所影印大英博物館藏舊抄本影印。(張詒三)

**韻略易通二卷**　(明)蘭廷秀撰　(第259冊)

蘭廷秀(1397—1474), 名茂, 號止菴, 別號和光道人, 以字行, 嵩明(今雲南嵩明)人。賦性簡淡, 不樂仕進。更著有《玄壺集》、《鑒義折中》、《經史餘論》等。事跡見《嵩明舊志》。

是書成書於元正統七年(1442)九月, 書前有高岐《韻略易通説》和作者自序。是書併平聲爲二十部，上、去、入三聲隨而隸之。以東洪、江陽、真文、山寒、端桓、先全、庚晴、侵尋、緘咸、廉纖有入聲者十部爲上卷，以支辭、西微、居魚、呼模、皆來、蕭豪、戈何、家麻、遮蛇、幽樓無入聲者十部爲下卷。又併字母爲二十攝，以"東風破早梅，向暖一枝開。冰雪無人見，春從天上來"二十字爲目，盡變古法以就方音。每韻之中，上列"東風破早梅"等二十聲母，每聲母之下按平、上、去、入列出韻字，每字之下列出簡要注釋。是書爲反映實際口語之作，爲研究明代官話語音之重要資料。

此本據華東師範大學圖書館藏明嘉靖三十二年高岐刻本影印。（張詒三）

**併音連聲字學集要四卷**　（明）陶承學（明）毛曾輯（第259冊）

陶承學（1518—1598），字子述，號泗橋，會稽（今浙江紹興）人。嘉靖二十六年（1547）進士，歷任南京御史、徽州知府，官至南京禮部尚書。事見《獻徵録》卷三四。

毛曾，生平不詳。

是書前有陶氏自序，稱得於吳中，原書無撰人名氏，屬其同邑毛曾刪除繁冗，以成是編云云。序之後爲目録、《切字要法》。全書共四卷。該書併上、下平爲二十二部，以上、去、入三聲分隸平聲之下，並略爲箋釋字義。《切字要法》於三十六字母刪去群、疑、透、床、禪、知、徹、娘、邪、非、微、匣十二母，又增入勤、逸、嘆三母。蓋以勤當群，以逸當疑，以嘆當透。三十六字母減九，實爲二十七字母。承學序乃比之爲徐鍇《説文韻譜》與李燾《説文五音譜》。據甯忌浮《漢語韻書史・明代卷》，是書所反映之音系爲當時吳地之口語，是研究吳語歷史難得的史料。

此本據浙江省圖書館藏明萬曆二年周恪刻本影印。（張詒三）

**音韻正訛四卷**　（明）孫耀撰（第259冊）

孫耀，宣城（今安徽宣城）人，生平不詳。

是書成書於崇禎年間。卷一扉頁題"宣城廷燦孫耀輯，道生吳思本訂"。卷首有崇禎甲申（十七年，1644）梅標言序。序後有《凡例》八條、《又凡例》六條、《四聲指掌》圖一幅。該書分韻爲六十五部（書中稱韻部爲"音"），其中平聲廿九部、上聲十五部、去聲十四部、入聲七部。編排體例以四聲分統諸韻，與《廣韻》、《洪武正韻》基本同。該書韻部分六十五個，韻目全部用民間日常用字：天、地、陰、梅、雨、卑、一、兩、萬、上、太、火、夫、父、王、韓、李、壽、沙、草、蛇、林、海、鬼等。甯忌浮《漢語韻書史・明代卷》謂，是書六十五個韻部，舒聲韻部有五十八個，如果不考慮聲調，實際韻部爲平聲韻部十五個：一天部四類：干、官、堅、涓，二元部二類：言、元，三班部二類：奸、關，四陰部四類：庚、昆、金、君，五憂部二類：勾、鳩，六夫部二類：姑、居，七剛部三類：剛、光、薑，八公部二類：公、兄，九梭部一類：戈，十癡部二類，十一卑部一類：圭，十二蕭部二類：高、交，十三皆部二類：皆、乖，十四沙部二類：家、瓜，十五遮部二類：遮、嗟。入聲韻部七個：一月部二類：結、決，二徹部二類：格、國，三一部二類：質、吉，四約部三類：閣、腳、钁，五讀部一類：谷，六曲部一類：曲，七臘部二類：甲、刮。是書聲類有二十六個：見溪群疑、曉匣影、端透定泥來、精清心邪、知徹審禪、幫滂並明非奉。聲調有陰平、陽平、上聲、去聲、入聲五個。該書所見音系具有明顯的宣城方言特色，因而對於研究宣城方言語音歷史具有重要價值。

此本據北京大學圖書館藏清乾隆五十四年書業堂刻本影印。（張詒三）

**西儒耳目資不分卷**　（法）金尼閣撰（第259冊）

金尼閣（Nicolas Trigault，1577—1629），字

四表,原名尼古拉·特里戈,法國人。明萬曆三十八年(1610)來華傳教,在南京學習漢語,曾到杭州、開封、山西、陝西一帶。更著有《況義》、《耶穌會在華開教史》等。事見《四庫全書總目》卷四四。

是書前有"谷口病夫張問達"明天啟六年(1626)《刻西儒耳目資序》,後有王徵、韓雲序及《西儒耳目資釋疑》等。是書主體部分爲三編:第一編《譯引首譜》内有目録、自序、《萬國音韻活圖》、《中原音韻活圖》等,次《音韻經緯總局》,是一個漢語聲、韻拼合表,《音韻經緯全局》則是一個聲韻調配合表。第二編《列音韻譜》從拼音查漢字,分爲五十個攝,實爲五十個韻母,主要羅列同音字。第三編《列邊正譜》是從漢字查拼音。

是書自稱沿襲利瑪竇所創體制,即用利瑪竇二十五字母互相結合,上加五個字調記號,來拼切一切漢字的讀音。是書是第一本用丁字母給漢字注音的字彙,也是一部最早用音素字母給漢字注音的字彙。注音方案是在利瑪竇方案基礎上加以修改,人稱"利金方案"。是書把聲母稱做"同鳴字父",共二十個:百、魄、麥、弗、物、德、特、搦、勒、則、測、色、者、撦、石、日、格、克、黑、額。把韻母稱爲"字母",分爲五十攝,而實際韻母爲四十一個。聲調有陰平、陽平、上聲、去聲、入聲五個。金尼閣的羅馬字注音方案只用了二十五個字母(五個母音字母,二十個輔音字母)和五個表示聲調的符號,就可以拼出當時"官話"的全部音節。這種比"反切"簡單、容易得多的方法,引起了當時中國音韻學者極大的注意和興趣。有的學者還從中受到啟發,產生了中國文字可以拼音化的設想。如方以智在所著《通雅》中說:"字之紛也,即緣通與借耳。若事屬一字,字各一義,如遠西因事乃合音,因音而成字,不重不共,不尤愈乎。"至於該書所反映之音系,有的認爲爲山西方言,有的認爲爲南京方言,並無定論。因該書反映了明代的實際語音面貌,爲近代漢語語音史之重要史料。

此本據北京大學圖書館藏明天啟六年王徵、張問達刻本影印。(張詒三)

### 五方元音二卷　(清)樊騰鳳撰　(第260册)

樊騰鳳(1601—1664),字凌虛,堯山(今屬河北邢臺)人。十九歲考取邑庠生員,後屢試不第,遂棄學務農。結交江湖,好爲俠義。通天文、地理、易學及奇門諸術。見《四庫全書總目》卷四四。

是書成於順治、康熙年間。書前《自敘》云:"因按《韻略》一書,引而伸之……删煩就簡,韻有兼該;博收約取,音有同歸。……同邑太學生魏大來宗孔孟正傳,猶精於韻學,余與之往復參訂,共成《五方元音》一書。"可見是書在《韻略易通》基礎上删補而成。全書分上、下兩卷。前有《凡例》,闡述樊氏關於音韻理論的一些認識,並且説明韻部、聲母的多少和名稱,並且按韻部列十二張圖,每圖橫列二十個聲母,縱分四個部分,分列開、齊、合、撮四呼,一呼之中,再縱列陰、陽、上、去、入五個聲調。全書共分十二個韻部,上卷爲天、人、龍、羊、牛、獒六部,下卷爲虎、駝、蛇、馬、豺、地。每個韻部按二十個聲母列字,二十個聲母是:梆、匏、木、風;斗、土、鳥、雷;竹、蟲、石、日;剪、鵲、系、雲;金、橋、火、蛙。以入聲韻配陰聲韻。

此本據清文秀堂刻本影印。(張詒三)

### 新鎸彙音妙悟全集不分卷　(清)黄謙輯　(第260册)

黄謙,生卒年不詳,據自序知其字思遜,號柏山主人。

是書前有作者叔父黄大振嘉慶五年(1800)序,是年爲該書成書之年,後有自序和例言,稱模仿《戚林八音》,根據泉州方音著成此書。内容以"五十字母"爲經,以"十五音"爲緯,再以"八音聲調"梳櫛貫穿其間,而形成"三推成字法"。全書總體意圖即所謂"因音以識字,使農工商賈按卷而稽,無事載酒問字之勞"云云。所以例言部分列出新數念法:一從主、二半口、三點水、四殘月、五一角、六鉤耳、七倒戈、八左戾、九草斤、十歸滾。並有三推成字歌訣:"先從字母弁于頭,反切聲音左位收。平仄分明居右畔,完成一字傳千秋。三推之法意何如,但願世人喜讀書。凡字旁通心内得,無忘昔日誦於斯。"是書韻母分五十字母:春、朝、飛、花、香、歡、高、卿、杯、商、東、郊、開、居、珠、嘉、賓、莪、嗟、恩、西、軒、三、秋、箴、江、關、丹、金、鉤、川、乖、兼、管、生、基、貓、刀、科、梅、京、雞、毛、青、燒、風、箱、三、熊、嘐。聲母分十五音:柳、邊、求、氣、地;普、他、争、入、時;英、文、語、出、喜。聲調八個:方(上平)、訪(上上)、放(上去)、福(上入)、皇(下平)、奉(下上)、鳳(下去)、伏(下入)。是書所反映之音系爲泉州方音,因而在漢語方音史方面具有重要價值。

此本據國家圖書館分館藏清光緒三十一年上海萃英大一統書局石印本影印。(張詒三)

**彙集雅俗通十五音八卷**　（清）　謝秀嵐撰（第 260 册）

謝秀嵐,生平不詳。

是書據黃謙《彙音妙悟》等書改編而成,爲反映漳州方音之韻圖。謝氏承《戚林八音》、《彙音妙悟》等書餘緒,純以漳州音爲主。該書無書序,首列"字母共五十字",實際是五十個韻母:君、堅、金、規、嘉、干、公、乖、經、觀、沽、嬌、稽、恭、高、皆、巾、姜、甘、瓜、江、兼、交、迦、檜、監、艍、膠、居、丩、更、褌、茄、梔、薑、驚、官、鋼、伽、閒、姑、姆、光、閂、糜、嗊、箴、爻、扛、牛,用字與《彙音妙悟》有所不同。次列"切音十五字,字頭起連音呼",實際爲聲母,分十五音:柳、邊、求、去、地、頗、他、曾、入、時、英、門、語、出、喜,用字與《彙音妙悟》基本相同。再次爲"呼十五音法"和"五十字母分八音"等。每卷先列出字母,實際是韻部,如卷一開篇爲"卷一字母:君、堅、金、規、嘉",然後是"君上平聲,君字韻"。

此本據北京大學圖書館藏清嘉慶二十三年文林堂刻朱墨套印本影印。(張詒三)

**李氏音鑑六卷**　（清）李汝珍撰（第 260 册）

李汝珍(1763—1830),字松石,直隸大興(今屬北京)人。曾在河南任縣丞。長於音韻。更著有《鏡花緣》、《受子譜》等。事跡見吳魯星撰《許李年譜》、李洪甫撰《李許年譜考略》。

是書首有余集、石文煃、李汝璜三序,卷首爲《凡例》、《目録》。全書六卷,共三十三問。前五卷討論字母、反切、韻書、四聲平仄、南北方音、擊鼓射字等問題,第六卷爲字母五聲圖。李氏分韻爲二十二部:第一韻江陽、第二韻真文元侵、第三韻東冬、第四韻魚虞、第五韻蕭肴豪、第六韻支佳灰、第七韻支微齊、第八韻麻、第九韻元寒删覃咸、第十韻先鹽、第十一韻元寒先、第十二韻尤、第十三韻歌、第十四韻麻、第十五韻支微齊佳灰、第十六韻真文元、第十七韻庚青蒸、第十八韻删咸、第十九韻歌、第二十韻麻、第二十一韻支佳灰、第二十二韻江陽,有些韻目用字相同但韻部内所收字不同,實爲不同韻部。聲母共有三十三字,而實際聲母只有二十一個:博便、盤飄、瞞眠、粉,對蝶、陶天、嫩鳥、巒漣,醉酒、翠清、松仙,中、春、水、然,簡驚、空溪、紅翾、鷗堯。聲調有五個:陰平、陽平、上聲、去聲、入聲。李氏之圖,以三十三字母爲綱,每母一圖,縱列五種聲調,横列二十二韻之字,韻部的次序就是上列二十二韻排列法。李氏力圖反映南北方音,其書所見音系非單一音系,但仍能反映當時語音實際。

此本據華東師範大學圖書館藏清嘉慶十五年寶善堂刻本影印。（張詒三）

**同音字辨四卷**　（清）劉維坊撰（第260册）

劉維坊，生卒年不詳，當爲清代道光年間人，字言可，號樂山山人，山東人。清朝治印藝人，更著有《印文詳解》等。

是書首有道光己酉（二十九年，1849）賈楨序，同年作者自序，次有《字原》、《文字辨》、《音聲辨》、《六義辨》、《反切辨》、《附辨》、《學韻入門訣》等，再次爲凡例八條。該書體例似韻書，正文按聲類歸列字音，同聲之下列上平、下平、上聲、去聲、入聲五調之字。各字之下釋義，聲母標目不用固定漢字，如陽韻用“姜羌央將槍湘”等，東韻則用“公空翁”等。這些作爲聲母標目之字，實際亦爲各小韻代表字，劉氏於韻類之前將其列爲一圖，一韻之字列一圖，全書分二十八韻，共二十八圖。該書實際聲母爲十九個，以東韻（個別陽韻）用字代表：公空翁、東通濃、崩烹蒙、宗聰嵩、張昌商香方、籠雍。韻部爲二十八韻：姜、公、庚、高、居、鉤、干、京、姑、涓、巾、歌、扃、官、裩、瓜、家、岡、根、基、堅、交、鳩、皆、光、規、該、鈞。該書實爲韻書，唯分韻列字以聲韻調條分縷析，故有等韻之用。

此本據中國科學院圖書館藏清道光二十九年刻本影印。（張詒三）